珪啟近蒙
寵臨偶出不果奉伫弟積悚懷少艰歉一
而聞来早戒無事幸
見顧不避坐邀為愧也謹馳手啟不宣珪再拜
監倉國博 齋格
初九日

王珪《寵臨帖》(《鳳墅帖》續帖卷一二)

『十三五』國家重點出版物出版規劃項目

唐宋文學編年繫地譜叢刊　王兆鵬　陳冠明　主編

王珪行年繫地譜

金傳道　著

中國教育出版傳媒集團

高等教育出版社·北京

圖書在版編目（CIP）數據

王珪行年繫地譜 / 金傳道著 . -- 北京：高等教育
出版社，2024.1

（唐宋文學編年繫地譜叢刊 / 王兆鵬，陳冠明主編）

ISBN 978-7-04-060213-5

Ⅰ.①王… Ⅱ.①金… Ⅲ.①王珪（1019-1085）-
年譜 Ⅳ.① K827=441

中國國家版本館 CIP 數據核字 (2023) 第 044997 號

王珪行年繫地譜
WANGGUI XINGNIANXIDIPU

策劃編輯	于　嘉	責任編輯	于　嘉	封面設計	王凌波	版式設計	王艷紅
責任繪圖	于　博	責任校對	張　薇	責任印製	趙義民		

出版發行	高等教育出版社	諮詢電話	400-810-0598
社　　址	北京市西城區德外大街 4 號	網　　址	http://www.hep.edu.cn
郵政編碼	100120		http://www.hep.com.cn
印　　刷	北京盛通印刷股份有限公司	網上訂購	http://www.hepmall.com.cn
開　　本	787 mm×1092 mm　1/16		http://www.hepmall.com
印　　張	51		http://www.hepmall.cn
字　　數	780 千字	版　　次	2024 年 1 月第 1 版
插　　頁	1	印　　次	2024 年 1 月第 1 次印刷
購書熱綫	010-58581118	定　　價	166.00 元

本書如有缺頁、倒頁、脫頁等質量問題，請到所購圖書銷售部門聯繫調換
版權所有　侵權必究
物 料 號　60213-00

《唐宋文學編年繫地譜叢刊》總序

王兆鵬

《唐宋文學編年繫地譜叢刊》，是我主持完成的國家社會科學基金重大項目"唐宋文學編年繫地信息平臺建設"的綫下成果，綫上成果爲2017年上綫的"唐宋文學編年地圖平臺"。綫上地圖平臺的作家活動和作品編年繫地數據，是從綫下的作家年譜和編年的別集、總集中挖掘提取而來。作家年譜，大多是利用前賢今彦已有的著述成果，部分爲我們團隊成員新近撰著。我們的著述，之所以稱"編年繫地譜"，而不沿用"年譜"之名，是因其從學術理念到操作範式，與傳統的年譜都有顯著不同。

一、编年、繫地觀念探源

编年和繫地，向來被分隔在兩個學科。編年是史學的任務，繫地則是地理學的職責。中國史學，重編年而輕繫地，編年的傳統要比繫地的觀念早得多。編年體史書，始於《春秋》；"編年"的概念，《春秋公羊傳·隱公六年》《春秋穀梁傳·桓公元年》就已明確提出：

> 夏，五月，辛酉，公會齊侯盟於艾。秋，七月，此無事何以書？《春秋》雖無事，首時過則書。首時過則何以書？《春秋》編年，四時具，然後爲年。[1]

---

[1] 何休解詁，徐彦疏，刁小龍整理《春秋公羊傳注疏》卷三，上海古籍出版社2014年版，第91~92頁。

冬，十月，無事焉。何以書，不遺時也。《春秋》編年，四時具，而後爲年。[1]

編年體和紀傳體，是中國史書的兩種基本體式。唐劉知幾《史通·六家》説：

爲紀傳者則規模班、馬，創編年者則議擬荀、袁。[2]

班、馬，指班固《漢書》和司馬遷《史記》，荀、袁指荀悦《漢紀》和袁宏《後漢紀》。胡應麟《經籍會通》卷二亦謂：

編年，昉自《春秋》，荀悦、袁宏浸盛，至李燾《長編》一千六十三卷，極矣。[3]

除了《資治通鑑》《續資治通鑑長編》《續宋中興編年資治通鑑》和《靖康要錄》《中興小紀》《建炎以來繫年要錄》這類編年體史書，《皇宋通鑑長編紀事本末》《三朝北盟會編》《宋史紀事本末》等紀事本末體史書和《唐會要》《宋會要輯稿》等會要體史書，也帶有編年性質，只是分類分事編年而已。甚至紀傳體史書中的本紀，也是編年敘事。因我國編年史盛行，編年觀念深入人心，因而編撰以個體生平行實爲中心的年譜，也往往以編年爲主。

相較於"編年"的觀念和實踐，人物事迹的"繫地"觀念，要滯後很多。就管見所及，直到中唐時期繫地意識才產生。白居易贈元稹詩《十年三月三日，別微之於灃上。十四年三月十一日夜，遇微之於峽中。停舟夷陵，三宿而別，言不盡者以詩終之。因賦七言十七韻以贈，且欲記所遇之地與相見之時，爲他年會話張本也》[4]，所言"記所遇之地與相見之時"，體現出一種比較自覺

---

[1] 范寧注，楊士勳疏，黃侃經文句讀《春秋穀梁傳注疏》卷三，上海古籍出版社 1990 年版，第 27 頁。
[2] 劉知幾撰，浦起龍釋《史通通釋》卷一，上海古籍出版社 1978 年版，上冊第 16 頁。
[3] 胡應麟《少室山房筆叢》卷二，上海書店出版社 2001 年版，第 22 頁。
[4] 謝思煒《白居易詩集校注》卷一七，中華書局 2006 年版，第 1428 頁。

的繫地編年意識。詩題明確記述所遇之地與相見之時，目的是作爲人生歷程的記憶，以便“他年會話”時有所依憑。雖然白居易是就創作而言，但對後來作家年譜的編撰和詩文別集的編纂有直接的啓發意義和實質性影響。

到了北宋，人們已意識到編詩文集應該編年又繫地。蘇軾就有這樣的編年繫地意識。元豐四年（1081），陳師道之兄陳傳道（字師仲）寫信告知謫居黄州的蘇軾，説在爲他編次《超然》《黄樓》二集，蘇軾回信時特地叮囑，編詩集，不必按古體、律詩分類編次，而應以時間爲先後，“以日月次之，異日觀之，便是行記”[1]。行記，即行程日記。詩集按年月先後編次，多年之後，就可以當作行記來看。蘇軾雖然只説按時間月日編次，但其中也隱含空間定位之意。因爲詩人行迹所至，也包含相關地點區域，只是他没有特別強調繫地而已。從詩集題作《超然集》《黄樓集》來看，實已隱含繫地之意。《超然集》當是輯録蘇軾在密州時所作詩，而《黄樓集》則是收録他在徐州期間的作品。後來南宋楊萬里自編詩集，分別題爲《江湖集》《荆溪集》《西歸集》《南海集》《朝天集》《江西道院集》等，一地一集，就是繼承蘇軾的依地分集法。在蘇軾的觀念裏，詩歌可以當作“行記”來閱讀，編年繫地之後，能反映詩人一生或某個階段的活動軌迹和心路歷程。這與白居易“欲記所遇之地與相見之時，爲他年會話張本”的編年繫地意識，是一脈相承的。

蘇軾在詩歌創作實踐中，也常把詩歌當行記來寫。最典型的莫過於他早年在鳳翔所作《壬寅二月，有詔令郡吏分往屬縣減决囚禁。自十三日受命出府，至寶雞、虢、郿、盩厔四縣。既畢事，因朝謁太平宫，而宿於南溪溪堂，遂並南山而西，至樓觀、大秦寺、延生觀、仙遊潭。十九日乃歸，作詩五百言，以記凡所經歷者寄子由》，題目將所行之時與所行之地記述得清清楚楚，詩作更是逐日記述所“經歷”之地與見聞。詩中蘇軾自注：

> 十三日宿武城鎮，即俗所謂石鼻寨也，云：孔明所築。是夜二鼓，寶雞火作，相去三十里，而見於武城。

---

[1] 蘇軾《答陳師仲主簿書》：“見爲編述《超然》《黄樓》二集，爲賜尤重。從來不曾編次，縱有一二在者，得罪日，皆爲家人婦女輩焚毀盡矣。不知今乃在足下處。”（孔凡禮點校《蘇軾文集》卷四九，中華書局1986年版，第4冊第1428~1429頁）

十四日，自寶雞行至虢。聞太公磻溪石在縣東南十八里，猶有投竿跪餌兩膝所著之處。

十五日至郿縣，縣有董卓城，其城象長安，俗謂之小長安。

是日晚，自郿起至清秋鎮宿。道過太白山，相傳云：軍行鳴鼓角過山下，輒致雷雨。山上有湫，甚靈，以今歲旱，方議取之。

十六日至盩厔，以近山地美，氣候殊早。縣有官竹園，十數里不絕。

十七日，寒食。自盩厔東南行二十餘里，朝謁太平宮二聖御容。此宮乃太宗皇帝時，有神降於道士張守真，以告受命之符所爲立也。神封翊聖將軍，有殿。

十八日，循終南而西，縣尉以甲卒見送。或云，近官竹園，往往有虎。

是日遊崇聖觀，俗所謂樓觀也，乃尹喜舊宅。山脚有授經臺，尚在。遂與張杲之同至大秦寺早食而別。有太平宮道士趙宗有，抱琴見送，至寺，作《鹿鳴》之引，乃去。又西至延生觀。觀後上小山，有唐玉真公主修道之遺迹。下山而西行十數里，南入黑水谷，谷中有潭名仙遊潭。潭上有寺三，倚峻峰，面清溪，樹林深翠，怪石不可勝數。潭水，以繩縋石數百尺不得其底，以瓦礫投之，翔揚徐下，食頃乃不見。其清澈如此。遂宿於中興寺。寺中有玉女洞，洞中有飛泉，甚甘，明日以泉二瓶歸至郿。又明日，乃至府。[1]

此詩儼然是一周"行記"，詩與注相互印證，沿途所歷之地，每日所見之景與所遇之事，巨細無遺。蘇軾"以記凡所經歷者寄子由"，與白居易"記所遇之地與相見之時"寄元稹，如出一轍。

蘇軾這類詩作並非個案。他同期在鳳翔所作《七月二十四日，以久不雨，出禱磻溪。是日宿虢縣。二十五日晚，自虢縣渡渭，宿於僧舍曾閣。閣故曾氏所建也。夜久不寐，見壁間有前縣令趙薦留名，有懷其人》《二十六日五更起行，至磻溪，天未明》《是日自磻溪，將往陽平，憩於麻田青峰寺之下院翠麓

---

[1] 王文誥輯注，孔凡禮點校《蘇軾詩集》卷三，中華書局 1982 年版，第 1 冊第 122～129 頁。

亭》《二十七日，自陽平至斜谷，宿於南山中蟠龍寺》《是日至下馬磧，憩於北山僧舍。有閣曰懷賢，南直斜谷，西臨五丈原，諸葛孔明所從出師也》[1]，也是逐日記述遊歷之地，無不體現出以詩爲“行記”的意識。

如果説蘇軾是在創作上記時記地，隱含編年繫地的意識，那麼，賀鑄在整理編次自己的詩集時，就表現出明確而自覺的編年與繫地並重的觀念。紹聖三年（1096），四十五歲的賀鑄“裒拾”平生所爲詩歌，自編成《慶湖遺老詩集》，並給每首詩加上題注，標明創作的時間、地點和創作緣由，以記錄人生軌迹、留下生命印記。他在自序中宣稱：

> 隨篇敍其歲月與所賦之地者，異時開卷，回想陳迹，喟然而歎，莞爾而笑，猶足以起予狂也。[2]

“隨篇敍其歲月與所賦之地”，就是在每篇詩歌題下標注創作時間和地點，如《黃樓歌》題注：

> 熙寧丁巳，河決白馬，東注齊、宋之野。彭城南控吕梁，水匯城下，深二丈七尺。太守眉山蘇公軾，先詔調禁旅，發公廩，完城堞，具舟檝，拯溺療饑，民不告病。增築子城之東門，樓冠其上，名之曰黄，取土勝水之義。樓成水退，因合宴以落。坐客三十人，皆文武知名士。明年春，蘇公移守吴興，是冬，謫居黄岡。後五年，轉徙汝海。余因賦此以道徐人之思。甲子仲冬彭城作。[3]

又如《彭城三詠》題注：

> 元豐甲子，余與彭城張仲連謀父、東萊寇昌朝元弼、彭城陳師仲傳

---

[1] 王文誥輯注，孔凡禮點校《蘇軾詩集》卷四，中華書局 1982 年版，第 1 冊第 173～179 頁。
[2] 賀鑄《慶湖遺老詩集》卷首《慶湖遺老詩集序》，景印文淵閣《四庫全書》，臺灣商務印書館 1986 年版，第 1123 冊第 197 頁。
[3] 賀鑄著，王夢隱、張家順校注《慶湖遺老詩集校注》卷一，河南大學出版社 2008 年版，第 3 頁。

道、臨城王適子立、宋城王班文舉，採徐方陳迹分詠之。余得戲馬臺、斬蛇澤、歌風臺三題，既賦焉。戲馬臺在郡城之南，斬蛇澤在豐縣西二十里，歌風臺在沛縣郭中。[1]

另如《三鳥詠》題注：

> 元祐戊辰三月，之官歷陽石磧戍。日從事於田野間，始聞提壺、竹雞、子規三鳥。其聲殊感人，因賦之以寄京東朋好。[2]

這仿佛是自編的詩歌年譜。詩作的時間、地點、寫作背景，敘述得一清二楚。賀鑄編詩集時"隨篇敘其歲月與所賦之地"，與白居易"記所遇之地與相見之時"、蘇軾"記凡所經歷者"的觀念，也是一脈相承、先後呼應的。

至於"繫地"概念，到南宋初才正式出現。鄭樵（1104—1162）著有《集古繫時録》十卷、《繫地録》十一卷，首次將"繫時"（編年）與"繫地"並舉。陳振孫《直齋書録解題》謂此二書"大抵因《集古》之舊，詳考其時與地而繫之，二書相爲表裏"[3]。鄭樵將歐陽脩的《集古録》，重新按時間先後和地區分佈編成《集古繫時録》《繫地録》二書，相互參證，體現出明確的編年與繫地並重的理念。雖然鄭氏是編次金石目録，但與詩文別集的編次是相通的。

鄭樵《集古繫時録》《繫地録》二書久佚，幸而《嘉泰會稽志》還保存有《繫地（録）》三則佚文，可略見一斑：

> 桐柏山《金庭館碑》，沈約造，兒珪之正書，永元三年三月。石已亡。《繫地》云："在嵊縣東七十二里本觀内。"[4]

---

[1] 賀鑄著，王夢隱、張家順校注《慶湖遺老詩集校注》卷一，河南大學出版社 2008 年版，第5~6頁。
[2] 賀鑄著，王夢隱、張家順校注《慶湖遺老詩集校注》卷一，河南大學出版社 2008 年版，第12~13頁。
[3] 陳振孫撰，徐小蠻、顧美華點校《直齋書録解題》卷八，上海古籍出版社 1987 年版，第 237 頁。
[4] 施宿《嘉泰會稽志》卷一六《碑刻》，《宋元方志叢刊》，中華書局 1990 年版，第 7018 頁。

唐虞世南碑……《繫地》云："貞觀二年立，在會稽南二十里。龜趺猶存，碑已亡矣。"[1]

王右軍祠堂記……《繫地》云："范的書，碑無書人姓名、歲月。趙德父《金石録》附唐末，在府城蕺山戒珠寺。"[2]

《嘉泰會稽志》所引《繫地》，應該就是鄭樵的《繫地録》。《繫地録》詳載前代石碑所存地點方位，便於讀者尋訪。其後，陳思《寶刻叢編》、王象之《輿地碑記目》也沿例"繫地"編次碑目。[3] 人物事迹和作品繫地的理念，到南宋已完全確立。

二、年譜的源流和傳統觀念

年譜的起源，據現有考古發掘的文獻，最早可追溯至秦始皇時期。1975年12月，在湖北省雲夢縣睡虎地發掘出十二座戰國末至秦代的墓葬，其中十一號墓出土大量秦代竹簡。經整理，第一篇《編年記》記載一位名"喜"的人物，他很可能就是墓主。睡虎地秦墓竹簡整理小組《睡虎地秦墓竹簡》卷首《出版説明》據《編年記》考明，喜生於秦昭王四十五年（前262），在秦始皇時歷任安陸御史、安陸令史、鄢令史及鄢的獄吏等與司法有關的職務。《編年記》止於秦始皇三十年（前217），是年喜四十六歲。根據醫學部門對墓主人骸骨的鑑定，死者剛好是四十多歲的男子。[4] 由於《編年記》有喜的行年事迹，謝巍在追溯年譜的起源時將《編年記》徑稱《喜之譜》，説："春秋至秦代間出現了士大夫自編的年譜，以睡虎地的秦簡《喜之譜》來説，其編譜的目的是爲了記述國家、家庭、個人的大事，它的作用類似後世的墓文。自漢代以後，它逐漸變爲專記個人歷史的一種體裁。"[5] 謂《編年記》具有年譜的雛形尚可，直

[1] 施宿《嘉泰會稽志》卷一六《碑刻》，《宋元方志叢刊》，中華書局1990年版，第7019頁。
[2] 施宿《嘉泰會稽志》卷一六《碑刻》，《宋元方志叢刊》，中華書局1990年版，第7023頁。
[3] 永瑢等《四庫全書總目》卷八六《寶刻叢編提要》："是書蒐録古碑，以《元豐九域志》京府州縣爲綱，其石刻地理之可考者，案各路編纂。"（中華書局1965年版，上冊第737頁）
[4] 參睡虎地秦墓竹簡整理小組編《睡虎地秦墓竹簡》，文物出版社1990年版，第1~2頁。
[5] 謝巍編撰《中國歷代人物年譜考録》卷首《論年譜的作用和價值（代序）》，中華書局1992年版，第1頁。

接稱之爲《喜之譜》則依據不足。任何一種文體，從起源發展到定型，都有一個漫長的分合過程。後世的多種文體和詩體，都可以在《尚書》《詩經》中找到端倪，但不能直接説起源於《尚書》《詩經》。就《編年記》而言，後世的年譜、墓誌、傳記、行狀等文體樣式，都可以從中找到端倪，但並無直接的淵源關係。睡虎地秦墓竹簡整理小組將此定名爲《編年記》，是比較客觀、合適的，名實相副。

至於"年譜"之名，始見於《漢書》卷三〇《藝文志》著録"《古來帝王年譜》五卷"[1]。《古來帝王年譜》前有《黃帝五家曆》《顓頊曆》《夏殷周魯曆》《律曆數法》《帝王諸侯世譜》等，《漢書·藝文志》將其歸屬於"曆譜十八家"。[2] 小序説："曆譜者，序四時之位，正分至之節，會日月五星之辰，以考寒暑殺生之實。故聖王必正曆數，以定三統服色之制，又以探知五星日月之會。凶阨之患，吉隆之喜，其術皆出焉。此聖人知命之術也，非天下之至材，其孰與焉！道之亂也，患出於小人而强欲知天道者，壞大以爲小，削遠以爲近，是以道術破碎而難知也。"[3] 王先謙補注引沈欽韓曰："《隋志》：'漢初得《世本》，敘黃帝以來祖世所出。而漢又有《帝王年譜》。'"[4] 循名責實，與後世通常所説的"年譜"完全不同。

《北齊書·宋顯傳》載："顯從祖弟繪，少勤學，多所博覽，好撰述。魏時，張緬《晉書》未入國，繪依准裴松之注《國志》體，注王隱及《中興書》。又撰《中朝多士傳》十卷，《姓系譜録》五十篇。以諸家年歷不同，多有紕繆，乃刊正異同，撰《年譜録》，未成。河清五年並遭水漂失。"[5] 宋繪所著五部史書，《隋書·經籍志》無一著録。據行文及六朝通行的主流門閥意識，《年譜録》與《姓系譜録》一樣，都是"譜系"類著作。清張澍《古今姓氏書目考證·姓氏書總目》，先後並列宋繪《姓氏譜録》《年譜録》[6]，可證。

歐陽脩《新五代史》卷七一《十國世家年譜》，其實是五代十國時期的紀

[1] 班固撰，顏師古注《漢書》，中華書局 1962 年版，第 6 冊第 1766 頁。
[2] 班固撰，顏師古注《漢書》，中華書局 1962 年版，第 6 冊第 1765～1766 頁。
[3] 班固撰，顏師古注《漢書》，中華書局 1962 年版，第 6 冊第 1767 頁。
[4] 王先謙《漢書補注》，中華書局 1983 年版，第 899 頁。
[5] 李百藥《北齊書》卷二〇，中華書局 1972 年版，第 1 冊第 271 頁。
[6] 張澍《姓韻》，三秦出版社 2003 年版，下冊附録第 8 頁。

年表。《十國世家年譜》的寫作原委是："十國皆非中國有也，其稱帝改元與不，未足較其得失，故並列之。作《十國世家年譜》。"[1] 此"年譜"爲年表、圖表，所列縱爲年份，橫爲十國之名，是"年世圖譜"之意。

年譜之中，有一種稱爲"行年考"。所謂"行年"，意爲行事編年。"行年記"最早出現在唐初。《新唐書·藝文志》著錄劉仁軌《劉氏行年記》二十卷，譜牒研究者見有"行年"二字，以爲是年譜之始，實則不然。《新唐書》將此歸入"雜史類八十八家"[2] 之一。《舊唐書·劉仁軌傳》説："仁軌身經隋末之亂，輯其見聞，著《行年記》行於代。"[3]《宋史·藝文志》"傳記類四百一部"著錄劉仁軌《河洛行年記》十卷，即《劉氏行年記》，然已散佚一半。這是一部隋末亂世群雄逐鹿中原的行年載錄及人物傳記。古代《行年記》大多屬此類。宋劉摯（1030—1098）有《劉忠肅公行年記》一卷，陳振孫《直齋書錄解題》卷七《傳記類》著錄[4]，這是最早的名爲"行年記"的自編年譜。謝巍《中國歷代人物年譜考錄》已著錄。[5] 劉摯爲仁宗嘉祐間進士，官至尚書右僕射，謚忠肅。李燾《續資治通鑑長編》卷四〇二哲宗元祐二年（1087）六月"王巖叟既辭起居舍人"事下原注："張舜民事已用王巖叟繫年編修。劉摯《行年記》三年六月八日載其事，大略與巖叟同，今附注此。……此一段事予奪適當，《時政記》備書之。"[6] 因爲是朝廷大臣，故所記兼及國家大事。與年譜相比，"行年記"相對靈活，不必如年譜，必須從生到死有始有終。"行年考"取譜主某一段即可，不必有始，鮮克有終，而且往往就是因爲譜主生年或卒年不詳，故用"行年考"形式。發展到後來，也有有始有終者，這就與年譜沒有區別，只是名稱不同而已。

作家年譜，始於北宋中葉。現存最早的年譜，應是神宗元豐七年（1084）呂大防所作《杜工部年譜》《韓吏部文公集年譜》。這是作家年譜的兩部開山之作。呂大防在《杜工部年譜後記》《韓吏部文公集年譜後記》中説：

---

[1] 歐陽脩撰，徐無黨注《新五代史》，中華書局 1974 年版，第 3 冊第 873 頁。
[2] 歐陽脩、宋祁《新唐書》卷五八，中華書局 1975 年版，第 5 冊 1469 頁。
[3] 劉昫等《舊唐書》卷八四，中華書局 1975 年版，第 8 冊 2796 頁。
[4] 陳振孫撰，徐小蠻、顧美華點校《直齋書錄解題》，上海古籍出版社 1987 年版，第 211 頁。
[5] 謝巍編撰《中國歷代人物年譜考錄》，中華書局 1992 年版，第 161 頁。
[6] 李燾撰，上海師範大學古籍整理研究所、華東師範大學古籍整理研究所點校《續資治通鑑長編》，中華書局 1992 年版，第 27 冊第 9781～9782 頁。

予苦韓文杜詩之多誤，既讎正之，又各爲年譜，以次第其出處之歲月，而略見其爲文之時，則其歌時傷世、幽憂切歎之意，粲然可觀。[1]

注重譜主的活動編年和作品編年，即“出處之歲月”和“爲文之時”，成爲後來作家年譜的基本範式。現存宋人所撰作家年譜，都注重考實譜主的活動歲月，而不注重考明譜主的行止地理。南宋紹興五年（1135）文安禮《柳文年譜後序》也説：

予以先生文集與唐史參考，爲時年譜，庶可知其出處，與夫作文之歲月，得以究其辭力之如何也。[2]

文安禮所説“作文之歲月”，與吕大防所言“次第其出處之歲月”，以見其“爲文之時”，是一樣的意思，都只重視作品編年，而不大顧及繫地。

早在吕大防撰杜甫年譜的二十年前，曾鞏在宋敏求編次的李白詩集基礎上爲李白詩編年，也只强調考其詩作年月之先後，而未提及考明創作地點。英宗治平元年（1064）曾鞏作《李白詩集後序》説：

《李白詩集》二十卷，舊七百七十六篇，今千有一篇，雜著六十篇者，知制誥常山宋敏求字次道之所廣也。次道既以類廣白詩，自爲序，而未考次其作之先後。余得其書，乃考其先後而次第之。[3]

所謂“考其先後而次第之”，就是考明詩作創作時間，按創作年代的先後來編次詩集。其後薛仲邕在曾鞏等人編年的基礎上，“取唐史諸紀傳與李陽冰、魏灝、樂史、宋敏求、曾鞏所序述，參校文集”，撰爲《李翰林年譜》，也是注重

---

[1] 佚名《分門集注杜工部詩》卷首《年譜》，《四部叢刊》，高等教育出版社 2016 年版，第 143 冊第 216~217 頁；吕大防等撰，徐敏霞校輯《韓愈年譜》，中華書局 1991 年版，第 6 頁。

[2] 童宗説撰，張敦頤音辨，潘緯音義《增廣注釋音辨唐柳先生集》附録，《四部叢刊》，高等教育出版社 2016 年版，第 155 冊第 765 頁。

[3] 曾鞏撰，陳杏珍、晁繼周點校《曾鞏集》卷一二，中華書局 1984 年版，第 193 頁。此文編年，參李震《曾鞏年譜》，江西人民出版社 2019 年版，第 151 頁。

譜主李白的行蹤及其創作時間，所謂"先生遍遊宇内，篇什最多，然往往不著歲月，故可考者少"[1]，而不大留意李白的行經之地和寫作之地。

元明清人作年譜，也大多承傳宋人所作年譜的範式，重時而輕地。如元人李庭《跋陶淵明年譜序》説：

> 詩家之有年譜尚矣。所以著出處之實，記述作之由。千載之後，使人誦其詩，而知其志。……六十三年之間，災變廢興，班班可考。[2]

所謂"著出處之實"，凸顯的是譜主活動的時序，行止出處的地理非所措意。清代著名史學家章學誠曾説：

> 年譜之體，仿於宋人。考次前人撰著，因而譜其生平時事與其人之出處進退。而知其所以爲言，是亦論世知人之學也。[3]

清沈峻《沈存圃自訂年譜》也強調年譜是"詳敘世系，詮次歲月"[4]。近人朱士嘉《中國歷代名人年譜目録序》亦謂："敘一人之道德、學問、事業，纖悉無遺而繫以年月者，謂之年譜。"[5]二人都是強調時間維度的編年，而忽略空間維度的繫地。

唐宋時代在詩歌創作和別集編次上已形成的編年繫地並重的觀念，並沒有被年譜所吸收採納。自北宋以來形成的作家年譜體例和觀念，都只重編年，而不注重繫地。雖然歷來的年譜並非完全忽視譜主活動的地點，但編年意識自覺強烈，而繫地意識相對淡薄。加之年譜作者，大多不熟悉歷史地理，連翁方

[1] 薛仲邕《李翰林年譜·跋》，北京圖書館編《北京圖書館藏珍本年譜叢刊》，北京圖書館出版社1999年版，第9冊第428頁。
[2] 李庭《寓庵集》卷八《跋陶淵明年譜序》，《元人文集珍本叢刊》，新文豐出版股份有限公司1985年版，第50頁。
[3] 章學誠《韓柳二先生年譜書後》，《章學誠遺書》，文物出版社1985年版，第70頁。
[4] 沈峻《沈丹厓年譜》，北京圖書館編《北京圖書館藏珍本年譜叢刊》，北京圖書館出版社1999年版，第110冊第482頁。
[5] 朱士嘉《中國歷代名人年譜目録序》，李士濤編纂《中國歷代名人年譜目録》卷首，商務印書館1941年版，第1頁。

綱這樣的大學者，也"於史學地理，實非所長"[1]，以致所編《元遺山年譜》不無缺失。一般學者對歷史地理就更加生疏。清代地理學家顧祖禹曾感慨：《大明一統志》一向稱爲善本，然"於山川條列，又復割裂失倫，源流不備。夫以一代之全力，聚諸名臣爲之討論，而所存僅僅若此。何怪今之學者，語以封疆形勢，惘惘莫知"[2]。編撰一代地理志的學者對山川地理、封疆形勢尚且莫知其詳，那一般學者對地理的陌生就更不用說了。歷來年譜的作者重編年而輕繫地，與知識結構的局限不無關係。

三、"編年繫地譜"的理念與範式

鑑於歷代年譜重時間編年而輕空間繫地的缺失，我們梳理了史上編年與繫地的學理資源，在 2012 年度國家社會科學基金重大項目"唐宋文學編年繫地信息平臺建設"的投標書中，明確標舉"繫地"概念，並在項目成果《唐宋文學編年繫地譜叢刊》中堅持編年與繫地並重的理念，力圖改變傳統作家年譜重時輕地的觀念和以時間爲中心的"時間＋人物＋事件（活動）＋作品"的四要素範式，而轉變爲時地並重的"時間＋地點＋人物＋事件（活動）＋作品"的五要素範式，作家活動和作品寫作的時間、地點信息一併考實。本叢刊體制上與年譜相同，但特別注重繫地，既編年又繫地。體例上，在每年年份、年歲的綱目之下，首先標明譜主"在某地"活動或"居某地"，以凸顯繫地的宗旨。

地點信息，也不滿足於落實到州縣級行政區，而是盡可能細化到具體的地點、場所，以便讀者深入瞭解譜主創作地點、場所的自然地理環境和人文環境，考察不同地理環境對作家創作心態的影響。[3]

我們這套叢刊，力圖構建年譜的新觀念、新範式，強調編年與繫地並重，並非空無依傍，而是有先例可循。

《分門集注杜工部詩》卷首所輯宋呂大防《杜工部年譜》、蔡興宗《杜工部年譜》、魯訔《杜工部草堂詩年譜》三家年譜，雖簡略疏陋，且理念上仍注

---

[1] 李光廷《廣元遺山年譜》卷首，北京圖書館出版社影印室編《遼金元名人年譜》，北京圖書館出版社 2005 年版，第 8 頁。
[2] 顧祖禹撰，賀次君、施和金點校《讀史方輿紀要》卷首《總敘》，中華書局 2005 年版，第 12 頁。
[3] 參肖鵬、王兆鵬《宋詞的深度閱讀與現場還原》，《中國文化研究》2016 年第 4 期。

重譜主"出處之歲月"和"爲文之時",但在寫作實踐中还是偶有繫地之舉。如吕大防《杜工部年譜》:"乾元二年庚子,是年棄官之秦州,自秦適同谷,自同谷入蜀。時有遣興三百首。""大曆三年己酉,離峽中,之荆南,至湘潭。大曆五年辛亥,有《追酬高適人日》詩。是年夏甫還襄、漢。卒於岳陽。"蔡興宗、魯訔也援例跟進。蔡興宗《杜工部年譜》:乾元"二年己亥,春三月,回自東都。有《新安吏》《石壕吏》《潼關吏》《新婚别》《垂老别》《無家别》詩";"上元元年庚子,是歲春,卜居成都浣花溪上,賦詩至多";大曆"四年己酉,春,初發岳陽,泛洞庭,至潭州"。魯訔《杜工部草堂詩年譜》:開元"二十五年丁丑,史云公少不自振,客遊吳、越、齊、趙";大曆"五年庚戌,公年五十九。春去潭,至衡。……秋已還潭,暮秋北首。其卒當在衡、岳之間,秋冬之交"[1]。

清代浦起龍《讀杜心解》卷首《發凡》更明確强調繫地:"編杜者,編年爲上,古近分體次之,分門爲類者乃最劣。蓋杜詩非循年貫串,以地繫年,以事繫地,其解不的也。余此本則寓編年於分體之中。"[2]卷首又有《少陵編年詩目譜》,年份之下,均有"繫地"。如"玄宗開元間"下注:"二十四年後,公年二十五,下第遊齊、趙。""開元二十九年至天寶三載"下注:"此四年,俱在東都。""天寶四載"下注:"是年,再遊齊州。""天寶五載至十三載"下注:"此九年,俱在長安。""大曆四年"下注:"是年,自岳之潭州,尋之衡州,又回潭州。""大曆五年"下注:"春,在潭州。""夏,潭有臧玠之亂,遂入衡州。欲如郴州依舅氏崔偉,至耒陽,不果。""秋冬之間,回湖,欲北還,未遂,竟以旅卒,年五十九。"[3]浦起龍認爲,如果不是"以地繫年,以事繫地",會影響對杜詩的準確理解,故《發凡》之後,作《少陵編年詩目譜》示範。職是之故,後人在研究杜詩的過程中,很注重"讀萬卷書,行萬里路","學杜萬里行"。詩、地互證,書、路結合,是杜詩研究的一大特點。

類似浦起龍所説"以地繫年,以事繫地"的編年、繫地方式,明代著作已

[1] 佚名《分門集注杜工部詩》卷首,《四部叢刊》,高等教育出版社 2016 年版,第 143 册第 237、267~268 頁。
[2] 浦起龍《讀杜心解》,中華書局 1961 年版,第 8 頁。
[3] 浦起龍《讀杜心解》,中華書局 1961 年版,第 19~60 頁。

經出現。明鄭若曾（1503—1570）撰《籌海圖編》，嘉靖四十一年（1562）三月，范惟一《籌海圖編序》曰："功實不明，則忠勇不奮，死事者不録，志士無所勸矣。自望海堝之戰，迄於維揚之捷，以事繫地，以地繫年，以年繫月。凡發縱之元臣，戮力之諸帥，死綏之士卒，握節之群黎，核其功次，紀其履實，使勞臣猛將勳名爛然，可勒旂常，而忠魂烈節昭揭日月，兼慰冥漠。此良史紀事之體也。"[1] 所謂"以事繫地，以地繫年，以年繫月"，是指鄭若曾《籌海圖編》卷八上《嘉靖以來倭夷入寇總編年表》，此表縱爲嘉靖年份，横列惠潮、漳泉、興福、温台、寧紹、杭嘉、蘇松、常鎮、淮揚九個地區。[2] "以事繫地，以地繫年，以年繫月"，井井有條，一目瞭然，故被稱爲"良史紀事之體"。

清同治五年（1866），李光廷在翁方綱《元遺山年譜》基礎上作《廣元遺山年譜》，也是時地並重。陳澧序説：

> 讀遺山詩文，辭章之學也，爲之年譜，則史學也。史學豈可不明地理哉？李君明地理，故於元兵伐金所至之地，瞭如指掌。由是遺山奔走流寓之地，皆瞭如指掌。而凡遺山之詩文，皆可因其地而知其時。遺山詩千三百六十一首，李君考得時地者，千二百七十九首。其不可知者，八十二首而已。[3]

李光廷兼擅史學與地理學，對元好問奔走流寓之地及行走路綫，瞭若指掌，故對其詩文，皆能"因其地而知其時"，時地並重，時地互證。李光廷在《自敍》中更明確標舉"繫年"與"繫地"並重的理念：

> 嘗取先生文集讀之，見其流移所寓，道里所經，以月繫年，以人繫地。始知先生年譜，自作已竟。而歌謡慷慨，唱吟遥俯，即境見心，標旨

---

[1] 鄭若曾撰，李致忠點校《籌海圖編》附録，中華書局2007年版，第993頁。

[2] 鄭若曾撰，李致忠點校《籌海圖編》，中華書局2007年版，第491~568頁。

[3] 李光廷《廣元遺山年譜》卷首，北京圖書館出版社影印室編《遼金元名人年譜》，北京圖書館出版社2005年版，第7~8頁。

斯在。爰乃以文爲經，以詩爲緯，考之輿圖，以求其蹤迹；博之史集，以證其交遊。[1]

"以月繫年，以人繫地"正是賀鑄編詩集時"隨篇敘其歲月與所賦之地"的觀念和鄭樵"繫時""繫地"並重理念在年譜中的實踐與發展。只是這類年譜如空谷足音，鮮有迴響。

綜觀年譜、別集編年的歷史，古人雖有"繫地"的實踐，但一直沒有確立"繫地"意識，或者說，沒有"繫地"的著述意識；現當代的作家作品研究和年譜著作，未能很好地繼承前人"繫地"的方法，也幾乎沒有"繫地"的著述實踐。

我們在總結前賢撰述年譜經驗教訓的基礎上，希望改變年譜原有的傳統觀念，建立年譜的新範式，期待今後的作家年譜，能"編年"與"繫地"並重，不僅編次譜主的"出處之歲月"和"作文之歲月"，還要"考之輿圖，以求其蹤迹"，博之方志，以明其地理環境。爲求名實相副，我們這套叢刊，特將"年譜"之名，改爲"編年繫地譜"和"行年繫地譜"，以凸顯編年繫地並重的新觀念和新範式。

我們這套叢刊的選題，有兩類來源：一是補闕新譜，二是增廣舊譜。補闕新譜，是原無其譜，我們補闕而新撰，爲唐宋文學編年地圖補充所需作家行迹數據；增廣舊譜，是在原有年譜基礎上進行修訂，以完善原譜所缺的編年繫地信息。

無論是補闕新譜還是增廣舊譜，我們都是編年與繫地並重。編年考訂，我們不輕忽；繫地信息，更是力爲補苴。繫地考證，我們最爲著力的是六個方面：出生地、任職地、經行地、寓居地、創作地和終老地。

譜主的出生地，以前的年譜不太在意。有些作家的出生地確實不可考，有些則是可考而未考。比如宋南渡之際葛勝仲的出生地，我的舊作《葛勝仲年譜》就闕而未考，因史無明載，當時也沒有特別留意。這次明確了繫地觀念、建立年譜新範式之後，重新檢閱有關文獻，發現葛勝仲的出生地其實可考。葛

---

[1] 李光廷《廣元遺山年譜》卷首，北京圖書館出版社影印室編《遼金元名人年譜》，北京圖書館出版社 2005 年版，第 9~10 頁。

勝仲生於熙寧五年（1072），乃父葛書思熙寧六年中進士第。葛書思進士及第前，居家鄉江陰（今屬江蘇）。進士及第後，爲侍養父母，也未曾出仕，而居鄉養親。葛勝仲爲乃父撰寫的《朝奉郎累贈少師特謚清孝葛公行狀》載："中六年進士第，調睦州建德縣主簿。方是時，通議公（按，勝仲祖父葛密）以清節高尚，退老於家。""遂投劾侍養，自爾居親側，積十餘年。"[1] 葛勝仲之父因侍養之需，熙寧六年中進士前後均在家鄉居家養親，而葛勝仲在乃父進士及第前一年出生，自當生於家鄉江陰。這次修訂《葛勝仲行年繫地譜》，即將葛勝仲出生地考定在家鄉江陰。又如秦檜是江寧（今江蘇南京）人，但並非生於故里。陳思晗《秦檜行年繫地譜》據范成大《吳船錄》和祝穆《方輿勝覽》的記載，將其出生地考定在黃州（今湖北黃岡）臨皋亭。

有些作家的出生地，前賢所考，時或有誤。本叢刊盡可能予以訂正。如范仲淹是蘇州人，南宋樓鑰《范文正公年譜》說范仲淹出生於徐州："公生於徐州節度掌書記官舍。"[2] 而郭紅欣《范仲淹作品編年繫地譜》在給范仲淹作品編年時，注意到范仲淹《與韓魏公書》其二十曾自言生於真定："真定名藩，生身在彼。自識別以來，卻未得一到。"[3] 范仲淹出生時，其父范墉任真定府節度掌書記，故范仲淹實生於真定府（今河北正定）官舍，而非徐州。

譜主的任職地，以往的年譜也時常缺乏應有的交代説明。古人做官，如果是朝官，任職地自然在京城；如果是在地方州縣任職，其地自然就在當地州縣，似乎不言自明。久而久之，形成習慣，任職地可以默認爲職官所在地。但有些路級官司，如宋代的安撫司、常平司、提點刑獄司、轉運司等治所，並不一定在同一地方。如：南宋江南西路安撫司在隆興府（今江西南昌），而提刑司在贛州（今屬江西）；南宋荊湖北路安撫司在江陵府（今湖北荆州），轉運司則在鄂州（今湖北武漢），而常平司在鼎州（今湖南常德）。後人所作宋人年譜，常常沒有注明這些官司所在地。比如，鄧廣銘先生的《辛稼軒年譜》，載述淳熙二年（1175）六月十二日"稼軒出爲江西提點刑獄"，但未言明江西提

[1] 葛勝仲《丹陽集》卷一五，《宋集珍本叢刊》，綫裝書局 2004 年版，第 32 冊第 641 頁。
[2] 樓鑰《范文正公年譜》，《范文正公全集》，影印清康熙歲寒堂刻本，浙江文藝出版社 1998 年版。
[3] 范仲淹《范文正公尺牘》卷中，《范文正公全集》，影印清康熙歲寒堂刻本，浙江文藝出版社 1998 年版。

刑司在何地，好在接敘"秋七月初，離臨安，至江西贛州就提刑任"[1]，讀者尚可明白辛棄疾是去江西贛州任江西提刑。然而該譜續述淳熙三年辛棄疾"調京西轉運判官"[2]，卻沒有注明京西轉運司在何地，以致唐宋文學編年地圖平臺錄入數據時，無法給辛棄疾的這段行程進行空間定位，不得不自行查考有關著述予以補明。

這提醒我們，譜主的任職地，撰寫年譜時必須一一考明或標注，而不能依傳統年譜的慣例，只是依相關職官而"默認"其地。特別是宋高宗建炎年間，金兵南侵，政局不定，高宗行朝，先後流轉於建康、平江、越州、明州、溫州、台州等地。[3] 當時扈從行在的大臣，也隨朝轉徙，當時的任職地自不能默認在南京（今河南商丘）或臨安（今浙江杭州），而須嚴密考證，力求準確繫地。

作家的經行地，指行迹過往之地。詩人因遷徙、遠遊、貶謫、赴任，常常從此地到彼地。以前的年譜，只關注目的地，而不重視經行地點和經行路綫。我以前做年譜，就是如此。比如拙撰《鄧肅年譜》，述鄧肅建炎元年（1127）十月罷職後，就直接說回到福建沙縣故里："十月，罷左正言，回鄉里。有《亦驥軒記》和《偶題》諸詩。"[4] 而沒交代從哪裡出發，途經哪些地方，沿途走的是什麼路綫。這次修訂，有了明確的繫地意識，注意其經行地和經行路綫，就發現他途中經過徽州，而將綱目改爲："十月，罷左正言，從南京回鄉里。途經徽州，有七言、五言《偶成》詩。"並參考李常生所作蘇轍從績溪至杭州的路綫圖[5]，推知鄧肅離南京後，當是乘船沿運河南下到杭州，再逆浙江、新安江經桐廬、建德、青溪抵徽州，然後過婺源，越玉山，穿浦城、建陽，回到沙縣。有了繫地意識，關注譜主的經行地，就豁然發現以前未編年的鄧肅兩首五言、七言律詩《偶成》，原來就作於此次過徽州途中，從而爲這兩首詩作了相應的編年和繫地。

有了繫地觀念，注意經行地的行蹤路綫，也能發現舊譜中的一些失誤。如

---

[1] 鄧廣銘《辛稼軒年譜》，上海古籍出版社 1979 年版，第 42~43 頁。
[2] 鄧廣銘《辛稼軒年譜》，上海古籍出版社 1979 年版，第 50 頁。
[3] 參王明清《揮麈錄》第三錄卷一，上海書店出版社 2001 年版，第 176~177 頁。
[4] 王兆鵬、王可喜、方星移《兩宋詞人叢考》，鳳凰出版社 2007 年版，第 268 頁。
[5] 李常生《蘇轍行蹤考》，城鄉風貌工作室 2020 年版，第 510 頁。

拙著《吕本中年譜》，將《舟行次靈璧二首》繫於政和四年（1114）的揚州。[1]
修訂時細核吕本中這年前後的行蹤，發現政和三年他離京回揚州，沿汴河南
下，途經南京（今河南商丘），過靈璧（今屬安徽），涉泗上（今江蘇盱眙），
越寶應（今屬江蘇），下高郵（今屬江蘇），夏秋間回到揚州。政和四年至五年
他一直居揚州。此後多年，吕本中也無舟次靈璧的行迹記述，表明他到靈璧
只有這一次。從詩作内容看："往來湖海一扁舟，汴水多情日自流。已去淮山
三百里，主人無念客無憂。"[2] 也可見其行程方向是離京城開封後沿汴水南下到
淮南，正與吕本中政和三年的行迹相合。《舟行次靈璧二首》應該是政和三年
吕本中回揚州途中過靈璧時所作，而非作於揚州，也不可能是其政和四年居揚
州後返回至靈璧所作。

　　譜主的經行地，還要注意空間位移、行程變化的合理性。年譜作者，往
往注意文獻的可靠性，注重譜主的行程有無文獻依據作支撐，而不大留意譜
主行程路綫變化是否合理。比如，《黄庭堅年譜新編》載，徽宗建中靖國元年
（1101）春天，黄庭堅離貶所出川，沿長江東下。正月初離江安，經瀘州，過
合江；二月三日，到漢東；二月二十六日，寓萬州；三月，至峽州。所至之
處，都有文獻依據。二月三日到達漢東，更有黄庭堅《題校書圖後》爲證：
"建中靖國元年二月甲午，江西黄庭堅自戎州來，將下荆州，泊舟漢東市。"[3]
從文獻上看，黄庭堅這次出峽行程似乎没有問題。但録入數據與地圖結合後就
會發生疑問。正月至三月間，黄庭堅一直是乘船沿江出峽東下，可二月三日，
忽然離開長江三峽去漢水流域的湖北隨縣（在今湖北隨州），當月又重返長江
逆流而上三峽，回到萬州（今屬重慶），再沿江東下到宜昌。這顯然不合常理。
原來問題出在"漢東市"的理解和空間定位上。宋代隨州，又名漢東郡，故宋
人多用漢東指隨州，於是年譜作者很自然地想到這個漢東就是隨州，而没有考
慮到行程距離的可能性和空間的合理性。課題組請作者鄭永曉先生復核，"漢
東市"是否爲四川境内長江邊上的市鎮。結果鄭先生在《大清一統志》查到江

[1] 王兆鵬《兩宋詞人年譜·吕本中年譜》，文津出版社（臺北）1994 年版，第 345 頁，
[2] 吕本中撰，沈暉點校《東萊詩詞集》，黄山書社 1991 年版，第 92 頁。
[3] 鄭永曉《黄庭堅年譜新編》，社會科學文獻出版社 1997 年版，第 342 頁。

津縣西南一百五十里的江邊有"漢東市"[1]。重新確定"漢東市"位於長江邊上的江津（今屬重慶）後，黄庭堅的行程就豁然貫通：過了合江，到江津漢東，再經萬州，出峽赴宜昌。這次鄭先生修訂黄庭堅行年繫地譜，對舊譜的失誤就做了訂正。

爲了減少繫地的錯誤，我們在撰寫《唐宋文學編年繫地譜叢刊》時，要求每位作者手邊常備中國歷史地圖，以便像李光廷撰《廣元遺山年譜》那樣"考之興圖，以求其蹤迹；博之史集，以證其交遊"[2]。地理學家考察古代地理，要求史地互證，用清代著名地理學家顧祖禹的説法就是："以古今之方輿，衷之於史，即以古今之史，質之於方輿。史其方輿之嚮導乎，方輿其史之圖籍乎？"[3]我們今天做古人的年譜，考察其流寓經行之地，必須"考之興圖"，"質之於方輿"。

作家的寓居地，指在他鄉異縣的寄寓之地。古代方志中的人物志，常有"流寓"或"寓賢"一類，專門介紹非本籍而在本地居住的名賢勝士，如：《嘉靖清苑縣志》卷五，在"名宦志""人物志"之外專設"寓賢志"，錄"寓居"本地的"賢人君子"[4]；《崇禎吳縣志》卷五一《人物·寓賢》也是收錄"寓迹"本地的"歷世高賢"[5]。古人離家至他鄉寓居的原因有很多，或因任職，或因貶謫，或因依附，或因侍親，或因避難。本叢刊既重視編年繫地，要求考實譜主每年的行止及其所在地，就必須考訂譜主每年的寓居地，而無論寓居期間譜主有無事件可述可載。比如，葛勝仲十九歲時曾隨父居楚州漣水縣，四十七歲罷官後，又僑居漣水兩年。十九歲時尚未及第，本無事可載，四十七歲罷官後也無要事可述。過往的年譜可能會付之闕如，而拙撰《葛勝仲行年繫地譜》則予以考實。葛勝仲《題佛本行經》自述："元祐庚午歲，侍先君官此邑。丁內艱，

---

[1] 和珅等《大清一統志》卷二九五，景印文淵閣《四庫全書》，臺灣商務印書館 1986 年版，第 481 册第 97 頁。

[2] 李光廷《廣元遺山年譜》卷首，北京圖書館出版社影印室編《遼金元名人年譜》，北京圖書館出版社 2005 年版，第 9～10 頁。

[3] 顧祖禹《讀史方輿紀要》卷首《凡例》，中華書局 2005 年版，第 1 頁。

[4] 李廷寶《嘉靖清苑縣志》卷五，《天一閣藏明代方志選刊續編》，上海書店 1990 年版，第 1 册第 232 頁。

[5] 王焕如《崇禎吳縣志》卷五一，《天一閣藏明代方志選刊續編》，上海書店 1990 年版，第 19 册第 365 頁。

嘗誦萬壽經藏。後二十有八年自大司成出領宮祠寓居，再閱大藏。"[1] 又據葛勝仲《朝奉郎累贈少師特謚清孝葛公行狀》所載"知楚州漣水縣丞"[2]，知其父葛書思當時爲漣水縣丞。"此邑"，即漣水縣（今屬江蘇）。葛勝仲先是侍居此地，二十八年後再寓居此地兩年。

又如，紹聖四年（1097）葉夢得考取進士後，授丹徒縣尉。按照一般年譜的慣例，會將這兩件事一併敘述，途中經過何地、住在何處，不會顧及。而拙撰《葉夢得行年繫地譜》，則查考葉夢得《避暑錄話》所述："歐陽文忠公在揚州，作平山堂，壯麗爲淮南第一，上據蜀岡，下臨江南數百里，真、潤、金陵三州，隱隱若可見。……余紹聖初始登第，嘗以六、七月之間館於此堂者幾月。屬歲大暑，環堂左右，老木參天，後有竹千餘竿，大如椽，不復見日色。"[3] 據以考知其自京師開封赴丹徒，沿汴河南下，途經揚州，曾寓居平山堂近一月。這類寓居地信息，本叢刊都注意考訂。

作品創作地，是我們編年繫地譜特別著力的部分。古人給作家詩人編年譜，只注重行事出處的編年，雖然也給作品編年，但不太著意。今人做的年譜，注重作品編年，但又忽略繫地。比如，歐陽脩的名作《朝中措·送劉仲原父出守維揚》，劉德清先生《歐陽脩紀年錄》據歐陽脩《集賢院學士劉公墓誌銘》和《續資治通鑑長編》所載，考定此詞作於嘉祐元年（1056）閏三月九日[4]，但沒說作於何地。其後，胡可先、徐邁《歐陽脩詞校注》所定此詞作年相同，也同樣沒有考證其創作地點。其實，此詞"輯評"中錄有傅幹《注坡詞》一則記載："公在翰林，金華劉原父出守維揚，公出家樂飲餞，親作《朝中措》詞。"[5] 明確說明《朝中措》詞是歐陽脩任翰林學士時在汴京的家宴上所作。弄清此詞是在家中私宴上所作，對理解詞人的創作心態和詞作主旨大有

[1] 葛勝仲《丹陽集》卷九《題佛本行經》，《宋集珍本叢刊》，綫裝書局 2004 年版，第 32 冊第 590 頁。
[2] 葛勝仲《丹陽集》卷一五《朝奉郎累贈少師特謚清孝葛公行狀》，《宋集珍本叢刊》，綫裝書局 2004 年版，第 32 冊第 642 頁。
[3] 葉夢得《石林避暑錄話》卷一，影印宛委堂本，上海書店 1990 年版，第 2 頁。
[4] 劉德清《歐陽脩紀年錄》，上海古籍出版社 2006 年版，第 280 頁。嚴傑《歐陽脩年譜》繫年相同（南京出版社 1993 年版，第 194 頁）。
[5] 歐陽脩著，胡可先、徐邁校注《歐陽脩詞校注》，上海古籍出版社 2015 年版，第 36 頁。

助益。[1] 歐陽脩此詞本可繫地而未繫地，不是沒有相關文獻史料，而是受年譜和別集箋注長期形成的重編年輕繫地的傳統觀念所限，沒有想到應該爲作品繫地。

又如南宋首任宰相李綱，傳存詩文作品甚多。今人趙效宣《李綱年譜長編》只注意爲其活動編年，將李綱的行實細化到月日，但對李綱作品的編年繫地則很簡略。李綱《梁溪先生文集》中的詩文，基本上是按年編次，而《李綱年譜長編》就把李綱同一年所作詩文篇目全編列在一起，至於每篇作品，寫於何地，作於何月，則不再細考。這次本叢刊的作者之一李欣所撰《李綱作品編年繫地譜》，就專力考證李綱作品的作時與作地。比如建炎二年（1128），李綱貶謫鄂州（今湖北武漢）居住，他從江蘇無錫出發，經宜興，過溧陽，歷安徽寧國，越歙縣，寓休寧，宿黟縣，涉江西九江溢浦，登琵琶亭，訪陶淵明故居，過江西南康、星子，上廬山，下德安，由武寧，出分寧，入湖北通城，居崇陽。未到達鄂州，就命移澧州（今湖南澧縣），於是經湖北赤壁，趨湖南岳陽，渡洞庭湖，過華容，至澧州。沿途所作詩文，有一百多篇，《李綱年譜長編》原來只是列目一處，不分先後，不分地域。而《李綱作品編年繫地譜》則一一考證每篇詩文所涉地名的具體方位，結合譜主的交遊唱和，確定每篇詩文的寫作時日與地點，從而完整地呈現出李綱建炎二年的行程路綫和創作歷程。跟李光廷一樣，做到了"考之輿圖，以求其蹤迹；博之史集，以證其交遊"[2]。

本叢刊的部分編年繫地譜，是在已有年譜基礎上進行增訂的，尤其注重作品的編年繫地。如范仲淹傳世詩文作品近820篇，南宋樓鑰《范文正公年譜》比較注重作品編年，然編年作品不足三成，僅有230餘篇，至於繫地非所措意。而郭紅欣新撰《范仲淹作品編年繫地譜》，編年繫地作品達769篇，九成多的作品都已編年繫地。

終老地，指作家晚年的養老地或去世地。宋代文士，葉落歸根的意識似乎沒有我們想象的那麼强烈，有的退休後不住家鄉，而選擇在他鄉終老。蘇軾平

[1] 參肖鵬、王兆鵬《歐陽脩〈朝中措〉詞的現場勘查與詞意新解》，《北京大學學報（哲學社會科學版）》2018年第1期。

[2] 李光廷《廣元遺山年譜》卷首，北京圖書館出版社影印室編《遼金元名人年譜》，北京圖書館出版社2005年版，第9～10頁。

生對故鄉眉山念茲在茲[1]，晚年卻沒有回鄉終老的打算，最後是在常州買房終老並病逝。友人張劍曾注意到這個現象，並做了合乎情理的分析："宋代的兩個大文豪廬陵歐陽脩和眉山蘇洵開創了宋以降的家譜體例（歐蘇譜式），強調敬宗收族，但是歐陽脩晚年退居於安徽潁州（今阜陽），蘇洵的兒子蘇轍晚年也退居於河南許州（今許昌），他們爲什麼不回到各自的家鄉居住？也許其中一個重要原因，正是敬宗收族的觀念，使宋代官員一旦入仕，照顧族人似乎成爲一種義務，有的甚至爲之入不敷出，負擔過重，故不得不有所逃避。清代於此，似過之而無不及。常見達官顯宦，因食指浩繁，而負債累累者。對於他們，家鄉既是樂土的象徵，又是煩惱的淵藪。"[2] 本叢刊的作者之一葉燁曾著《北宋文人的經濟生活》一書，其中第三章"北宋文官的開支狀況"第一節"北宋文官的家庭、家族成員贍養開支"，也專門探討過宋代官員入仕後有照顧族人義務因而增加經濟負擔的問題。[3] 宋代作家，究竟是選擇在他鄉終老的多還是在故鄉終老的多，不在家鄉終老的原因是否與避免人情困擾、減輕經濟負擔有關，只有在切實弄清宋代作家的終老情況之後，才能作出具體的統計分析。所以本叢刊對作家的養老地和去世地，也頗爲留意，能考證清楚的都會儘量考證。比如：葛勝仲、葛立方父子，本是江蘇江陰人，晚年卻定居湖州，最後都在湖州去世；葉夢得是江蘇蘇州人，也同樣是在湖州終老；福建邵武人李綱，早年生活在江蘇無錫，晚年卻退居福建福州；王之望出生於故鄉湖北穀城，晚年則定居浙江台州，並終老於斯。當然，也有在故鄉終老的，如劉一止生於湖州歸安，致仕後還鄉居歸安養老，直到去世。

出生地、任職地、經行地、寓居地、創作地、終老地，是繫地的六大構成要素，也是本叢刊繫地的六大著力點。

四、撰寫編年繫地譜的學術團隊

一個重大項目，要能産出一批成果，搭建一個平臺，培養一支隊伍。我們已在網上建立起唐宋文學編年地圖平臺，日後將上下延展，把它打造成中國文

---

［1］參王兆鵬、陳朝鮮《蘇軾的鄉思情結及其化解方式》，《貴州社會科學》2019年第4期。

［2］張劍《華袞之畚——晚清高官的日常煩惱》，中華書局2020年版，第57頁。

［3］參葉燁《北宋文人的經濟生活》，百花洲文藝出版社2008年版，第95頁。

學知識圖譜平臺，融中國文學編年地圖和中國文學史料數據於一體。本叢刊，則是我們項目團隊產出的第一批成果。在建設平臺和撰寫年譜過程中，我們也鍛煉、培養了一支既精通文獻考據又熟悉數字人文技術、擅長處理數據的學術隊伍。

本叢刊的學術團隊，老中青結合，既有年長資深的專家教授，也有初出茅廬的研究生。大家精誠團結，時常共享文獻資料，分享考訂心得，相互支持，共同進步。

團隊中最年長資深又起關鍵作用的是陳冠明教授。冠明先生和易誠篤，學問高深而爲人低調。我與他相識較晚。2002 年 5 月，在重慶西南師範大學中文系主辦的"中國唐代文學學會第十一屆年會暨唐代文學國際學術研討會"上，他提交的大會論文《崔融年譜》，引起我的注意，於是相識。2007 年，他寄贈由上海古籍出版社出版的力作《杜甫親眷交遊行年考》，我拜讀一過，深服其引證豐富、考訂扎實，從時人無可著力處而大力開拓。2011 年 9 月，在河南大學主辦的"中國宋代文學學會第七屆年會暨宋代文學國際學術研討會"上，他的長篇論文《論〈文苑英華〉的分類體系》引發與會者的關注，我也印象深刻。再次相逢後，他又惠贈《蘇味道年譜》《李嶠年譜》兩部大著，我越發佩服他對唐代文史的造詣之深。2012 年，我的重大項目"唐宋文學編年繫地信息平臺建設"獲准立項後，特邀他加盟。他又帶來新著《唐代裴度集團平叛日曆考》，分贈給團隊成員學習。爲提高叢刊的學術水準、保障叢刊的學術品質，我請他合作任叢刊主編，負責審稿。他果然不負所託，且讓我大喜過望。2019 年元月，我給他兩篇青年學者寫的篇幅較短的年譜審閱，一個月後，收到他的回復，讓我大爲驚歎：當今居然有這樣無私、認真、負責的主編！我給他的是兩個文檔，他回復的竟有六個文檔。每篇年譜原稿之外，另加一篇補充史料和審讀劄記。其中一篇原稿不到一萬字，而他補充的史料竟有一萬五千字，大大超過了原稿的篇幅。每篇審讀劄記，也都有兩三千字，詳列原譜存在的問題，提出改正的意見，指點史料的綫索，建議寫作的規範。審讀了幾篇年譜稿後，他專門寫了一篇八千多字的"撰稿建議"。我參酌他的意見，調整了叢刊格式規範和體例，並將他的建議發給團隊成員學習參照。

他的意見和建議，既是平生經驗的積累，也是調查研究之所得。比如地方志的注釋格式，五花八門，團隊成員無所適從。我請他提出一個折中方案，結果他竟花了一個多月的時間調查多種文史研究專著和目錄學著作中有關方志的著錄情況，寫出兩篇各兩萬多字的調研報告：《地方志書名標示亂象的考察及其建議》《〈唐宋文學編年繫地譜叢刊〉的另一種創新——關於地方志、地方文獻史料的徵引與利用》，詳細闡述了地方志的來龍去脈、著錄案例和本叢刊注釋的方案。我著實被他的專業精神、敬業精神所震撼！本叢刊的學術水準是否達到預期的精品目標，我不敢說，但有了陳冠明先生的審稿把關，質量是有保障的。

他既是主編，又是作者，而且唯有他一人貢獻了兩部書稿：《初唐學士宰輔創作群體編年繫地譜》和《中唐裴度創作群體編年繫地譜》。前者是在未刊稿《文章四友李嶠蘇味道崔融杜審言年譜》基礎上修訂而成，後者則融合了《裴度年譜》《唐代藩鎮動亂平叛編年史表》兩部書稿的成果。二著積累多年，又重加修訂，自是精審。

熊飛教授，是我多年的老朋友。他早年在咸寧師專學報編輯部工作時，我們就多有交往。他長於考據，一直致力於唐人生平的考訂，2000 年調往廣東韶關學院任教後，就專力做張九齡和張說的研究，先後在中華書局出版《張九齡集校注》《張說集校注》，又曾出版《張九齡年譜新編》和《張說年譜新編》。他在原來兩種年譜基礎上增訂《盛唐張說張九齡詩文編年繫地譜》，可謂駕輕就熟。

上海師範大學李定廣教授，近年因中央廣播電視總臺熱播的系列節目《中國詩詞大會》而爲人矚目。他是該節目的學術總負責人，其廣博的學識和嚴謹的態度得到節目組和廣大觀衆的一致認可。作爲他碩士時代的老師，我自感欣慰。他擅長文獻考訂，曾與陳伯海先生合著《唐詩總集纂要》，考訂歷代唐詩總集版本源流、內容及編者生平；又先後出版《羅隱年譜》《羅隱集繫年校箋》，對晚唐詩人詩壇尤爲諳熟。這次他與其高足裘江博士合作，由點及面，由羅隱而擴展至晚唐其他詩人，撰寫《晚唐詩人行年繫地譜》，自然是遊刃有餘。

中國社會科學院文學研究所鄭永曉研究員，與我的研究方向相同，都治宋代文學，因而相識甚早。後來他從劉揚忠先生攻讀碩士、博士學位，而我跟揚忠先生關係至爲親密，於是跟他又多了一份親切感。他先治文獻，後來致力於古典文學與技術的融合，在數字人文方面多有開拓。我主持的"唐宋文學編年繫地信息平臺建設"項目，從申報到完成結項，都得到他的有力支持。2020年春天，與他商討黃庭堅一篇作品繫地的疑問，得到他的快速回應並最終得以解決。這次我建議他將舊著《黃庭堅年譜新編》修訂爲《黃庭堅行年繫地譜》，他欣然應允。因他此前編撰有《黃庭堅全集輯校編年》，對黃庭堅作品的編年早就成竹在胸，再完善作品的繫地信息，自然是得心應手。

陳才智研究員，是鄭永曉的同事，人如其名，才學與智慧兼具。他治學嚴謹，做一個專題力求竭澤而漁，掌握所有資料。前幾年我主持一項國家社科基金項目，在廣泛搜集20世紀海內外有關唐代文學研究的論著目錄基礎上，做計量學術史的統計分析，自以爲搜羅的目錄比較完備。在一次學術會議上，他瞭解我所做的項目後，主動將他多年收集整理的白居易研究論著目錄電子文檔，無償地發給我參考。我一對比，發現無論體量還是文獻來源的覆蓋面，他的目錄比我搜集的都要豐富完備得多。2019年在江西南豐曾鞏研討會上，知他著有《白居易詩集編年》書稿，打磨了多年還沒出版，於是動員他按我們編年繫地譜的體例要求，修訂成《白居易詩歌編年繫地譜》，收入本叢刊。承他俯允，大爲快慰。

內蒙古大學金傳道博士，出於名校名門，師從復旦大學陳尚君教授，頗得乃師真傳，也長於考據。我們原本不熟悉，我是在讀了他的《徐鉉年譜》後，邀請他加入我的團隊的，並請他將《徐鉉年譜》轉錄成徐鉉活動編年繫地數據。他接到任務後，又快又好地完成，可謂盡心盡力。從此，我們的信任與友誼俱增。後來本叢刊在團隊內組稿，他又自告奮勇，將積累多年的《王珪年譜》修訂成《王珪行年繫地譜》，並且很快完稿。陳冠明先生審閱後，很讚賞他用力之深、搜羅的文獻史料之富。收到修改意見後，他又抱病修訂，精益求精，令人感刻。

朱光立博士，是我老友莫礪鋒教授與英國愛丁堡大學聯合培養的博士生，又是我師兄鍾振振教授指導的博士後。他喜歡做文獻考據，2008年在愛丁堡讀博時，就常來電郵，跟我交流分享他發現的域外所藏文獻信息，讓我大開眼界。他一直稱我爲師叔，我也視他爲及門。博士後出站，他攜筆從戎，到中國人民解放軍國防大學政治學院任技術軍官，現爲上校。他雖在軍營，但還是堅持做文獻研究。他的博士學位論文是《尤袤研究》，其中輯考尤袤的生平事迹創獲甚豐。博士研究生畢業後他又一鼓作氣，繼續做同時的蕭德藻、徐夢莘和李結等中興時期詩人、學者、畫家的生平考證。此次他按本叢刊的規範要求，將考證成果擴展爲《南宋中興詩人行年繫地譜》。他身披戎裝，頗有軍人雷厲風行的作風，遇事反應迅速，我給團隊成員發的通知，他總是第一個回復。他的這部書稿，也成爲本叢刊第一部正式推出的著作。

本叢刊有著作 24 部、作者 30 人，其中 20 餘人是我的及門弟子。考據，本是"唐門硬功"，是先師唐圭璋先生傳承的"家法"。我治學，也是從考據做起。本科畢業論文是《張元幹生平事迹考》，後來擴展爲碩士學位論文《張元幹年譜》，讀博士時修訂出版。在寫博士學位論文《宋南渡詞人群體研究》之前，按唐師的要求，寫了十幾家南渡詞人年譜稿，以深入瞭解南渡詞人及其創作背景。博士畢業後，將葛勝仲、葛立方父子與葉夢得、呂本中、向子諲五家年譜修訂爲《兩宋詞人年譜》，由臺北文津出版社出版。後來又主持完成國家社科基金項目《兩宋詞人叢考》，2007 年在鳳凰出版社出版。

我一直琢磨著，怎樣結合自己多年做年譜的經驗教訓，快速而有效地將唐門家法傳授給學生。受電腦程序的啓示，我將文獻考據的方法，像電腦程序那樣分成若干步驟，一步一步地教學生如何查找史料，如何整理史料，如何剪輯運用史料，寫成初稿後怎樣根據有關綫索再去發掘間接史料、隱性史料。從2005 年開始，我在武漢大學碩士生課堂教學中進行這種"程序式教學法"的試驗，教學效果比預期的還好。經過一學期的課堂教學和寫作實踐，門下碩士生和旁聽的博士生基本能掌握考據的步驟和方法，並寫出有學術含量的考據論文，大多公開發表。2008 年我在北京大學出版社出版的《詞學研究方法十講》，就是這一教學方法的課堂實錄。此後每屆碩士、博士生，我都堅持用這種方法教學，並不斷改進和完善，教學效果比較顯著。本叢刊中的 15 部著作，可以說是這種教學方法的實踐性成果。

王可喜教授，一直在湖北科技學院做管理工作。2005 年春，他到武漢大學跟隨我做訪問學者。當時我正在用程序式教學法給研究生講考據方法課，沒有任何考據經驗的他，認真聽課，課後實踐，寫出初稿後給我修改，一學期下來，就寫出《南宋詞人王質沈瀛李洪生卒年小考》和《南宋詞人易祓行年考》等論文，當年就在《文學遺產》和《中國韻文學刊》刊出。《南宋詞人沈瀛李處全生平考略》，次年又在《文史》發表。幾年後，他又跟隨我讀博，並順利取得博士學位。他的《兩宋作家行年繫地譜》就是以博士論文《宋代詩人叢考》爲基礎，幾經修訂打磨而成的。

方星移教授，長期在黄岡師範學院任教，她跟可喜君同時到我門下做訪問學者，一樣用功，也一樣有收穫。一樣没有考據基礎的她，一年後就寫出李光、汪藻、劉一止、王之望年譜，後結集爲《宋四家詞人年譜》出版。她和可喜又在同一年晉升教授。我的程序式教學法，他倆應用實踐的效果最爲突出。她的《宋南渡詩人行年繫地譜》就是在《宋四家詞人年譜》基礎上增擴而成。原著没有注意繫地，這次在作品編年繫地方面用力甚多，學術含量又提升不少。因爲我的書稿題作《宋南渡詞人行年繫地譜》，爲避免混淆，她的書就以"南渡詩人"爲名，以相區别。

湖州師範學院潘明福教授，早年在貴州大學跟隨房開江教授讀碩士時，就能嫻熟地做考據。考入我門下讀博之後，發表了《〈兩宋詞人叢考〉小補》《宋七家詞人考略》等多篇考據論文，他的考據功夫更加老練堅實。近些年，他致力於湖州地方文化名人和南宋中後期文士群體的生平考證。這次他選擇前人没做過年譜的四位宰輔大臣進行考訂，結集爲《南宋四名臣行年繫地譜》，以補宋人年譜之未備。譜主雖是名臣，亦爲作家，都有詩文傳世。

武漢大學譚新紅教授，早年跟隨我讀碩士研究生，後負笈杭州，師從吳熊和先生攻讀博士學位。在吳先生的嚴格要求和熏陶下，他很快掌握了考據方法。博士學位論文做的是《清詞話考述》，出版後頗獲好評。吳先生親炙於夏承燾，夏先生是詞學領域年譜之學的開拓者。新紅君傳承著唐、夏兩門的考據功夫，做起作家年譜來自是遊刃有餘。夏竦年譜，他積累材料多年，曾發表論文《夏竦年譜新編》。合作者黄貞子是他的博士生，文静聰慧，是有民國範的才女，讀碩士階段也聽過我的考據方法課，發表有《道潛〈參寥子詩集〉版本考述》。這次師生合作，《夏竦行年繫地譜》更臻完善。

河南科技大學應用工程學院、三門峽職業技術學院郭紅欣教授，大學畢業後工作了十幾年，三十幾歲才考入武漢大學讀碩士。雖然學術研究的起步比較晚，但他基礎好，悟性高，上手快，聽我的課後，總能找到自己感興趣的論文題目，寫出有學術含量的論文。他做事細緻認真，跟我合作編教材、做項目、錄數據，總是出色完成任務。《范仲淹作品編年繫地譜》雖然是他第一部考據性的專著，但創獲甚多。他將范仲淹 94% 的作品都做了編年繫地，較之南宋樓鑰《范文正公年譜》，編年繫地作品的比重提高了六成多。這是不小的學術進步。

柯貞金副研究員，也是當了十來年的中學老師後，年過三十才考取武漢大學的碩士研究生。所以，他特別珍惜這來之不易的學習時光。一邊聽我的考據方法課，一邊寫作實踐，陸續寫成版本考和作家生平考的論文，論文修訂之後都公開發表。研究生畢業後，他到廣東輕工職業技術學院做行政管理工作，本可以不做學問，但他不放棄對學術的追求，一直堅持做宋代作家的生平考證，而且由點及面，由個體而考及群體。2013 年，他參加我的重大項目，做作家數據錄入，發現數據的來源文獻中前人所作楊時和游酢等年譜，編年繫地信息多有不確和缺失，於是重加增訂；又見粵籍作家的活動數據匱乏，於是爲李昂英、崔與之等作家作品進行編年繫地考證，結集爲《兩宋閩粵作家行年繫地譜》，糾謬補闕，多有貢獻。

武漢紡織大學李欣副教授，是我的首屆博士生，長期致力於南北宋之交的詩人詩壇研究，文獻考據與理論闡釋兼擅。讀博士期間，她就發表論文《程俱年譜》，後來在博士學位論文基礎上出版專著《宋南渡詩壇的格局與變遷》。我主持的第一個重大項目立項後，她負責錄入李綱的活動數據，發現所依據的趙效宣《李綱年譜長編》雖對李綱行事出處的編年做得很深入，對作品的編年卻比較粗略，更缺乏繫地。於是，她自己動手來訂補。補多了，漸漸積累了好幾萬字的劄記和史料。我建議她乾脆另寫一部《李綱作品編年繫地譜》，以與趙先生的年譜相互補充參證。一年後，她就寫出二十萬字的初稿，我看過之後，提了些修訂意見，結果越修訂發掘的文獻史料越多，篇幅擴展到四十多萬字，比趙先生的《李綱年譜長編》多了一倍。更重要的是，她將李綱的絕大部分作品做了準確的編年和繫地，爲進一步研究李綱和南渡詞壇詩壇，提供了豐富可靠的史料和經過嚴謹考訂的編年繫地成果。

西安外事學院陳小青副教授，是位富有遠見、敢作敢爲又能作能爲的女學者，文静優雅的外表下潛藏著風風火火的工作熱情。她原是新疆塔里木大學生命科學系負責實驗的技術員，因爲赶上武漢大學援疆的機遇，考上了武漢大學的在職研究生。順利拿到碩士學位後，她又考取我的博士研究生。雖是理科出身，文獻基礎比較薄弱，但讀博之後，她很快就進入學術狀態，聽完一學期的考據方法課程，就寫成《范鎮年譜》，並公開發表。因唐宋文學編年地圖數據採集的需要，我建議她的博士學位論文做北宋初期散文的編年繫地考證，爲全面系統地給《全宋文》編年繫地做前期的探索。結果她如期完成，三年就順利拿到了博士學位。《全宋文編年繫地初考》就是在她博士學位論文基礎上修訂而成，學術含量更上層樓。

葉燁副教授，是我第三屆博士生。他的女友劉學早一年在我門下讀博士，爲了愛情，他也努力考入我門下，畢業後又雙雙到中南大學任教，成就一段佳話。讀博士期間，他就學會了考證，發表有《北宋詞人王仲甫王觀事迹考辨》一文。王仲甫和王觀兩位詞人，常被混淆爲一人，葉燁經過細心考辨，最終考定真身是兩人，了結了一段詞史公案。因做博士學位論文《北宋文人的經濟生活》，他廣泛考察和熟悉了宋人的行事出處和典章制度。後來我主編《宋才子傳校箋》，他又做了米芾等人傳記的考釋。故而此次他做《劉敞行年繫地譜》，就輕車熟路。時賢雖做過《劉敞年譜》，但記事簡略，作品編年幾未措意。葉燁此稿，不僅細密梳理了劉敞的行蹤履迹，更著力考訂其作品編年繫地和譜主交遊人物，創獲多多。

朱興艷，是我 2005 年在上海大學任特聘教授時指導的碩士生。我給這些碩士生也講過考據方法，並鼓勵他們碩士學位論文選做年譜，爲今後的學術發展打好文獻基礎。選擇什麼樣的作家來做年譜練習，初入門的學生往往感到爲難。我擬定過選擇譜主的三條原則：一是前人沒做過年譜，不用回避重複的；二是有詩文集傳世，本人作品中含有豐富的活動信息的；三是最好有傳記資料的，如行狀、墓誌銘、神道碑或正史本傳等。興艷據此選擇了前賢未曾做過年譜的南宋中興四大名臣之一的趙鼎爲譜主。爲了廣泛搜羅資料，她從趙鼎的家鄉山西聞喜縣檔案館找到趙鼎的族譜。畢業時，她寫成二十多萬字的《趙鼎年譜》提交碩士學位論文答辯，得到答辯委員會的一致好評。畢業後，爲愛情，她隨男友到廣東河源開放大學任教，現在是高級講師。雖然在成人高校工作，但她一直繫念學術，打磨增訂趙鼎年譜，曾專程去浙江常山，得到趙鼎家族墓葬的第一手資料。她最終完成的《趙鼎行年繫地譜》，篇幅增加到五十多萬字，學術含量的提升也不啻倍蓰。

邵大爲，本是工科女。在武漢理工大學最牛的材料學院讀本科時，偶然到武漢大學蹭聽文學課，不料不可救藥地愛上了古代文學。畢業後又一不小心考取武漢大學文學院的研究生，跟我研習唐宋文學。後來又順利跟我讀博。她的博士學位論文，我原本想讓她發揮理科專業背景的優勢，沿著碩士學位論文的理路繼續做古代文學的定量分析。誰知她對文獻考據更感興趣，博士學位論文做以黃鶴樓爲中心的文化名樓興廢史的考訂，發表了相關系列論文。沒承想，幾年後她就成長爲文化名樓研究專家。《北宋詩人行年繫地譜》，是她與同門趙瑞華、田甘、黃盼、黃俊傑、吳瓊合作的成果。幾篇不足單獨成書的年譜，合爲一書。雖文出衆手，但幾經修訂，齊整如一，質量可觀。趙瑞華、黃盼、吳瓊，是譚新紅教授指導的博士生，但平時都是跟我指導的博士生一同上課和活動，我一併視作及門，不分彼此，他們也互認同門，關係親密。她們三人所作的沈與求、張昇、王洙行年繫地譜，原本都是課堂作業，幾經修訂後都曾公開發表。田甘和黃俊傑是我門下博士，所作崔鶠、孫何兄弟的行年繫地譜，最初也是課堂練習，修訂成文後也分別在學術期刊上揭載。這次再增廣繫地信息，一併收入。他們不計較排名的先後，甚至不在意姓名是否上封面和版權頁，合作精神讓我感動。

江卉，原是廈門大學劉榮平副教授的碩士生。而劉榮平是我指導的碩士，酷愛考據，博士畢業後不遺餘力地整理研究詞籍文獻，所編《全閩詞》考校精審，有逾前修。他指導的研究生，個個能做考證。受其熏陶，江卉君也喜做考據，讀碩士時就發表過《范純仁行年考》。到武漢大學跟我讀博後，得到進一步鍛煉，在范純仁行年考的基礎上，將范純仁三位兄弟純佑、純禮、純粹一併囊入考訂。畢業後，她又細加打磨，不斷修訂《范純仁兄弟行年繫地譜》，力求完善。

鄭棟輝，以讀書爲至樂。他在武漢大學跟隨我讀碩士、博士多年，閱讀廣泛，又過求勝解，寫作追求完美。畢業論文《張耒行年繫地譜》遲遲不能結稿，原因是，本以爲可考的都考了，該搜集的史料都搜集到位了，結果再讀書，發現某篇未編年的作品仍可以編年繫地，某篇已編年繫地的作品還有史料可以補證得更加堅確，於是遷延往復，不斷修補。畢業後，他又再三打磨增廣，直到心滿意足爲止。

王艷和陳思晗，是我在中南民族大學指導的研究生。王艷博士在讀，碩士階段學習中國現當代文學，在古代文學的考據上原本沒有任何基礎，但悟性很高。陳思晗剛剛碩士畢業，之前也沒有文獻考據的經歷，然性格沉靜，好學深思，才情既富，又極用功。2018 年春，我給二人講了一學期的考據方法課，他們就能運用自如。選擇譜主做練習時，我建議二人考慮從前賢不願意爲之做年譜的反面人物來試手，比如蔡京、秦檜之類。蔡京、秦檜因入《宋史·姦臣傳》，而被永遠釘在歷史的恥辱柱上。然歷史上公認的姦臣，並不是以姦臣的面目步入歷史舞臺的，他們也許壓根就沒想到自己將成爲被歷史唾罵的姦臣。他們從能臣甚或忠臣（如秦檜）最終走向姦臣，經歷了怎樣的人生裂變，受到什麼環境的影響，有著怎樣的心路歷程，需要我們以實事求是的態度去探討。編年繫地譜，也許不可能直接回答這些問題，但可以爲解決這些問題提供翔實的史料依據。於是，王艷選做蔡京，思晗選做秦檜。一學期結束，他們各自寫出了四萬多字的像模像樣的年譜。其後，利用每月同門讀書會的機會，他們分別主講，同門逐字逐句討論，我再從史料的運用、觀點的論證、語言的表述、注釋的規範和史源的拓展、綫索的發現等方面予以點評和提示。一年下來，兩種行年繫地譜打磨得日益成熟。原計劃蔡京、秦檜行年繫地譜合成一書。隨著史料的不斷發掘，一家行年繫地譜就有二十多萬字，於是各自獨立成書，又因蔡京、蔡卞兄弟同列《宋史·姦臣傳》，故蔡卞一併考述，分別爲《蔡京蔡卞行年繫地譜》和《秦檜行年繫地譜》。

站在今天的文學立場來看，蔡京兄弟和秦檜這樣的姦臣似乎不能稱爲作家。殊不知，他們都有詩文傳世[1]，只是受因人廢言傳統的影響，三人留存作品不多。蔡氏兄弟曾同爲中書舍人，共掌朝廷書命，時人艷羨不已[2]；又先後

---

[1] 《全宋詩》《全宋文》都錄存有蔡京、蔡卞和秦檜的詩文作品，《全宋詞》還錄存蔡京詞一首。時賢另有輯補，見姚大勇《蔡京詩詞補遺》（載《江海學刊》2000 年第 4 期）、吳宗海《〈全宋詞〉蔡京詞補遺》（載《南京師範大學文學院學報》2003 年第 3 期）。
[2] 《宋史》卷四七二《姦臣二·蔡京傳》："使遼還，拜中書舍人。時弟卞已爲舍人，故事，入官以先後爲序，卞乞班京下。兄弟同掌書命，朝廷榮之。"（中華書局 1977 年版，第 39 冊第 13721 頁）

任翰林學士，爲朝廷"主筆"。更讓我們想象不到的是，蔡卞死後曾被謚爲"文正"。"文正"，在宋代謚號中是非常崇高的榮譽，南宋李心傳就説："大臣謚之極美者有二，本勳勞，則'忠獻'爲大；論德業，則'文正'爲美。"[1] 北宋時期，只有王旦、范仲淹和司馬光等寥寥幾位名高德劭者被謚爲"文正"。人們都熟悉宋仁宗賜謚夏竦爲"文正"卻被劉敞等大臣駁回的故事。[2] 而蔡卞被謚爲"文正"，雖與徽宗本人的態度和宣政年間特殊的政治環境有關，但畢竟是朝廷對其人的蓋棺論定，反映了特定時期朝廷對他的評價。一個曾被謚爲"文正"的名臣最終卻被列入《姦臣傳》，這種現象本身就值得探究。而秦檜本是文章高手，在獨相專權的十幾年間，左右著當時的文壇風向，是與特定時期文學發展密切相關的政治人物。爲他們撰編年繫地譜，有助於瞭解南北宋之際文壇的風尚及其變遷。

從 2012 年度國家社科基金重大項目"唐宋文學編年繫地信息平臺建設"立項至今，歷時八年。團隊成員團結協作，埋頭苦幹，繼推出綫上唐宋文學編年地圖平臺之後，又奉獻出這套《唐宋文學編年繫地譜叢刊》，令人欣慰。本叢刊 2018 年獲國家出版基金資助，2019 年又列入"十三五"國家重點出版物出版規劃項目。這是對本叢刊的肯定，也是對我們作者團隊的鞭策。期待讀者不吝指教，使我們不斷進步、不斷完善。

---

[1] 脱脱等李心傳撰，徐規點校《建炎以來朝野雜記》甲集卷九《大臣謚之極美者》，中華書局 2000 年版，第 189 頁。

[2] 陸游撰，李劍雄、劉德權點校《老學庵筆記》卷七："夏竦莊，初謚文正，劉原父持以爲不可，至曰：'天下謂竦邪，而陛下謚之"正"。'遂改今謚。宋子京作祭文，乃曰：'惟公温厚粹深，天與其正。'蓋謂夏公之正，天與之，而人不與。當時自有此一種議論。"（中華書局 1979 年版，第 93 頁）脱脱等《宋史》卷三一九《劉敞傳》亦載："夏竦薨，賜謚文正。敞言：'謚者，有司之事，竦行不應法。今百司各得守其職，而陛下侵臣官。'疏三上，改謚文莊。"（中華書局 1977 年版，第 30 冊第 10383 頁）

目　　録

居汴京。

《唐宋文學編年繫地譜叢刊》凡例

　　唐劉知幾《史通·序例》説："夫史之有例，猶國之有法。國無法，則上下靡定；史無例，則是非莫準。"故制定本叢刊凡例。

　　編年繫地譜是對傳統年譜的更新升級，旨在創立年譜新範式，强調編年與繫地並重，而著意突出繫地。

　　一、爲凸顯繫地要素，譜主每年事迹、活動，首先交代所處地點。

　　二、本叢刊主要是爲作家撰編年繫地譜，故特別注重作品之編年繫地。編年繫地作品篇名，都在二級綱目中呈現，以求醒目。

　　三、各家編年繫地譜，結構上暗分卷首、正文、附録三个部分。卷首考述譜主字號、籍貫、世系及著述，正文考訂譜主活動、創作的編年繫地，附録選輯譜主主要傳記資料。

　　傳統的行狀、墓誌銘，往往首述名諱字號、里籍居所、祖宗家世，次述履歷言行、卒葬謚贈，末述妻室、子孫及詩文著述。今稍作調整，將祖宗、子孫部分合併爲世系，將詩文著述移至卷首，以求條理清晰、層次分明。

　　世系，大致考上下八代。往上可考至高祖，往下可考至曾孫。曾孫以下如有名望、影響者，也可酌情考述。

　　著述，主要考述譜主的著述及版本。版本要盡可能考明傳刻源流。如時賢已有相關研究成果，應盡量取資參考。

　　譜主活動、創作的編年繫地，逐年考述。無事迹可考年份，亦立綱目，以求年譜的完整性。

　　每年首列年份和譜主年歲。爲求簡省，綱目中一般不出譜主姓名，若人物較多，則列譜主姓名，以免混淆。譜主統一稱姓名，不稱字號、謚號，亦不用"先生""公"等稱謂。

　　一年如有多項事迹可考，則按時間先後，依次立綱目。原則上一事立一目，如路經多地，則一地立一目。作品可單獨列綱目，也可與事件、時地並列。

　　綱目分兩級。一級綱目，位於年份、年歲之下，概述該年主要事迹，包含三方面信息：該年主要活動地點、任職情況或重要事件、可考的編年繫地作品的統計數目。此條屬總括性質，爲二級綱目中所列事迹及寫作活動之概要。二級綱目，提示譜主言行事迹、寫作活動的要點。各二級綱目之下，引證史料，並作考辨分析。若某年行事簡略，可只立一級綱目，而不强分二級。

　　事迹有年月日可考者，則依年月日先後順序列述。如某事僅知在某年內，不詳具體月日，可放在當年年末交代。如知某事或寫作在某個季節，就放在相應季節之末考述。僅知其事或作品在某個時段而不能確定在某年，可在該時段的末年考述，並做相應説明。

　　傳記資料，正史本傳列於最前，餘者大致按其成書時代先後排列。

　　四、爲使書前目録兼具譜主年表的功用，特將年份年歲與一級綱目列入目録，使讀者能快速瞭解譜主一生的主要事迹和創作活動。

　　五、各書之末，附引用文獻和索引（包括人名索引、地名索引和編年繫地作品索引），以便读者查用檢索。索引與目録、譜文三者交相爲用，共同構成立體的信息系統。

　　書末索引均爲全書索引，索引條目依音序排列。

　　人名索引中的人名包括姓名與字號，括號中爲其字、號、別名等。

　　地名索引中兩個行政區劃連書的地名分開録入，不録省市縣州府等政區名，但單字地名則保留政區名，如涇縣。山水名、村名、里名保留後綴，如東湖、白石里等。

　　六、有關時間、地點的處置方式。

　　文中用年號或干支紀年的，括注公元年，如"太平興國八年（983）"。同屬二級綱目下（包括脚注）的年號括注，遵循承上省略及類推原則，以免重複冗贅。

　　古籍多以干支記日，重要的干支日，標注數字日期。

　　文中涉及古地名者，括注今地名。屬行政區劃者，括注治所今地名，如"柳開時知潤州（今江蘇鎮江）"。古今地名一致者，則只括注今屬省份，如

“范仲淹知蘇州（今屬江蘇）”。

七、有關注釋的處置方式。

正文正規徵引，一般要求“書名＋卷數＋篇名”，脚注只注作者、書名、版本、頁碼，不再出現卷數、篇名，以免疊床架屋；正文非正規徵引，即在行文中雖出引文，但未出現書名、卷數、篇名，則在脚注中補充相關信息。

特別常用的文獻，如譜主本集、常見的史書等，可採取簡省方式出注。即只在首見時詳注版本，還可約定簡稱，以後出現則用“書名簡稱＋卷數＋篇名”的形式，並在引文後括注頁碼。

著述責任者的著録：如無分工責任者，“撰”“著”“修”省略；有分工責任者，則不省略。著述責任者最多列兩位，原書署名有三位及以上的，就在第一人後加“等”字。對於既有編寫者又有主編的叢書套書，一般只著録所引之書的編寫者，不録主編。著述責任者中國人一律不注朝代，外國人以方括號注明國別。

八、其他。

引文或書名中，［　］表補入，（　）表説明。

《王珪行年繫地譜》前言

　　王珪（1019—1085）爲華陽王氏之代表人物，進士第二，歷仕仁、英、神、哲四朝，官至左僕射兼門下侍郎。北宋中期政治家，"熙豐變法"領袖人物之一，輔助王安石變法，在王安石去位後仍能屬行新法。其人生軌迹與北宋中後期政治運動、新舊黨争有著錯綜複雜之聯繫。典内外制十八年，朝廷大典策，多出其手，詞林稱之。其詩世號"至寶丹"；其人因此被視爲西昆派後勁；其文閎侈瓌麗，自成一家。王珪爲人處世老成持重，瞻前顧後，思慮周全，故能長住京城，身居高位，但亦以此被目爲"三旨宰相"，又因舊黨不遺餘力之攻擊污蔑，大爲物論所不予。後人以爲人品事業皆無可取。因此其人歷來受人輕視，少有學者關注。然考索其一生行迹，考辨其詩文創作，對於釐清北宋中後期政治活動、人物事迹、人際關係及文學發展等有至爲重要之意義，故撰其行年繫地譜。

字號

王珪，字禹玉。

《宋史》卷三一二《王珪傳》（以下簡稱"《宋史》本傳"）云："王珪字禹玉。"[1]《東都事略》卷八〇《王珪傳》（以下簡稱"《東都事略》本傳"）、晁公武《郡齋讀書志》卷一九、趙希弁《讀書附志》卷下、陳振孫《直齋書錄解題》卷一七、章定《名賢氏族言行類稿》卷二四及李清臣《王太師珪神道碑》（以下簡稱"《神道碑》"）等所記同。

洪邁《夷堅志》甲志卷二《詩謎》云："元祐間，士大夫好事者取達官姓名爲詩謎，如'雪天晴色見虹蜺，千里江山遇帝畿，天子手中朝白玉，秀才不肯著麻衣。'謂韓公絳、馮公京、王公珪、曾公布也。"[2]胡仔《苕溪漁隱叢話》前集卷三三《半山老人一》引此則。

徐光浦《自號錄》雜類部分謂"張綱彥正、王珪禹玉"皆號"華陽"[3]，恐有誤。除《自號錄》外，未見有文獻記載王珪號"華陽"者。

籍貫

祖籍成都華陽，徙籍開封，再徙籍舒州懷寧。

《宋史》本傳云："成都華陽人，後徙舒。"（第 10241 頁）陳振孫《直齋書錄解題》卷一七著錄《華陽集》，云："丞相岐國文恭公龍舒王珪禹玉撰。本成都人，故稱《華陽》。"[4]宋人多以"龍舒"指稱舒州。[5]趙希弁《讀書附志》卷下謂王珪"成都華陽人"[6]。《嘉慶華陽縣志》卷三〇《人物·王

---

[1] 脫脫等《宋史》，中華書局 1977 年版，第 29 冊第 10241 頁。以下所引本傳，俱據此本，僅括注頁碼。

[2] 洪邁撰，何卓點校《夷堅志》，中華書局 1981 年版，第 1 冊第 18 頁。

[3] 徐光浦《自號錄》，《宛委別藏》，江蘇古籍出版社 1988 年影印本，第 84 冊第 43 頁。

[4] 陳振孫撰，徐小蠻、顧美華點校《直齋書錄解題》，上海古籍出版社 1987 年版，第 498 頁。

[5] 參陳靜《〈宋人佚簡〉之"舒州"、"龍舒"地名考》，《滄州師範專科學校學報》2011 年第 3 期。

[6] 趙希弁《讀書附志》，晁公武撰，孫猛校證《郡齋讀書志校證》，上海古籍出版社 1990 年版，第 1178 頁。

珪》亦稱王珪爲“華陽人”[1]。《東都事略》本傳云：“成都華陽人也，徙家開封。”[2]晁公武《郡齋讀書志》卷一九、章定《名賢氏族言行類稿》卷二四所記同。徐自明《宋宰輔編年錄》卷七徑謂王珪爲“開封人”[3]。考《神道碑》云：“公五世祖及曁，高祖景圖，成都華陽人。曾祖永爲西畿令，從蜀王昶歸朝，……自公貴，三世贈太師、中書令兼尚書令，而曾祖封公於榮國，……由榮國以下，葬河南，始徙籍於舒”“維者（考）漢公，始徙家舒”[4]。可知：王珪祖籍成都華陽（今四川成都雙流）；宋太祖乾德三年（965），其曾祖王永隨後蜀國主孟昶降宋，舉家東遷開封（今屬河南）；後王準徙籍舒州。祝穆《方輿勝覽》卷四九《淮西路·安慶府·堂閣》記英輔齋“在太平寺東，乃王禹玉讀書之地。公自舒發解，至登台輔。守朱綽易此名”[5]。《正德安慶府志》卷二七《文學傳·王珪傳》云：“成都華陽人，後徙舒，遂爲舒人。”卷二六《仕籍傳·王罕傳》云：“王罕，成都人，徙家懷寧，即今潛山鳳凰山麓（今呼爲王家坦）。”[6]《康熙安慶府志》卷二《山川》記潛山縣有鳳凰山，在城北十里，其地有“王珪岐公故宅”。卷四《古迹》記潛山縣有英輔齋，“在太平寺東。宋王珪讀書處。珪自舒發解，登台輔。”[7]《乾隆潛山縣志》卷一〇《人物志·文苑》有《王珪傳》。[8]按，懷寧（今屬安徽）在宋代爲舒州治所，元代屬安慶府。至治三年（1323），析懷寧縣之清朝、玉照二鄉置潛山縣。[9]鳳凰山地望在潛山（今屬安徽）。

---

［1］吳鞏、董淳修，潘時彤等纂，李文澤、王小紅校點《嘉慶華陽縣志》，《成都舊志》，成都時代出版社 2007 年版，第 13 冊第 222 頁。

［2］王稱撰，孫言誠、崔國光點校《東都事略》，《二十五別史》，齊魯書社 2000 年版，第 672 頁。以下所引本傳，俱據此本，僅括注頁碼。

［3］徐自明撰，王瑞來校補《宋宰輔編年錄校補》，中華書局 1986 年版，第 2 冊第 428 頁。

［4］杜大珪《名臣碑傳琬琰集》上集卷八，《宋代傳記資料叢刊》，北京圖書館出版社 2006 年影印本，第 14 冊第 137～138、143 頁。以下所引本碑，俱據此本，僅括注頁碼。

［5］祝穆撰，祝洙增訂，施和金點校《方輿勝覽》，中華書局 2003 年版，第 876 頁。

［6］胡纘宗修《正德安慶府志》，《四庫全書存目叢書》，齊魯書社 1996 年影印本，史部第 185 冊第 637、629 頁。

［7］張楷修，安慶師範學院、安慶市地方志編纂委員會整理《安慶府志》，中華書局 2009 年版，第 53、100 頁。

［8］參李載陽修，游端友、張必剛纂《乾隆潛山縣志》，《故宮珍本叢刊》，海南出版社 2001 年影印本，第 102 冊第 289～290 頁。

［9］參顧祖禹撰，賀次君、施和金點校《讀史方輿紀要》卷二六《南直八·安慶府》，中華書局 2005 年版，第 3 冊第 1307～1308 頁。

宋代名“王珪”者至少有五人：一爲本譜譜主，即華陽王珪；二爲宋初隨劉鋹降宋者，見李燾《續資治通鑑長編》（以下簡稱“《長編》”）卷一二開寶四年五月乙未、《宋史》卷四八一《南漢劉氏世家》；三爲王光祖之父，見曾鞏《隆平集》卷一九《王珪傳》，《東都事略》卷一一〇《王珪傳》，黄震《古今紀要》卷一八《仁宗·忠義》，《宋史》卷三二五《王珪傳》、卷三五〇《王光祖傳》等；四爲紹興二十七年（1157）任殿中侍御史者，見李心傳《建炎以來繫年要録》卷一七七紹興二十七年八月庚申、李心傳《建炎以來朝野雜記》甲集卷一六《鑄錢諸監》、《宋史》卷一八〇《食貨志二》等；五爲萬州隱士號志堂居士者，見《正德夔州府志》卷九《人物》[1]、《乾隆萬縣志》卷三《隱逸》[2]等。偶有將二人事迹誤爲一人者。如：《宋人傳記資料索引》華陽“王珪”下列有《隆平集》卷一九《王珪傳》[3]，此乃王光祖之父傳記；《宋人傳記資料索引補編》將《嘉靖武康縣志》卷二所記宋武康縣令中之王珪列於華陽“王珪”下[4]，此王珪當爲紹興二十七年任殿中侍御史者，華陽王珪未嘗任縣令之職。又如蔣一葵《堯山堂外紀》卷五一《宋·王珪》、廖用賢《尚友録》卷九《王珪》均將華陽王珪與萬州王珪事迹雜糅爲一。前者云：“王珪，字禹玉，封岐公。監維陽郡日，王安石爲幕官，陳升之爲衛尉丞。時韓魏公出守是邦，初夏，圃内芍藥開有金腰帶四朵，公召四人同賞，各簪一朵。後相繼爲相，果花瑞也。晚築室南溪，號志堂居士，左右松竹，逍遥其下。一時名流雅慕之，題曰‘竹隱’。”[5]後者云：“字禹玉，萬州人。弱歲即奇警，日誦數千言。慶曆中及第。試學士院。其文典麗，有西漢風，朝廷大典册，多出其手。治平四年，召至蕊珠殿，兼端明學士，賜盤龍金盆。監維陽郡，陳升之爲幕官，王安石爲衛尉丞。時韓琦出守是邦，初夏，圃内芍藥開有金腰帶四朵，公召四人同賞，各簪花一朵。

---

[1] 參吳潛修，傅汝舟纂《正德夔州府志》，《天一閣藏明代方志選刊》，上海古籍書店 1962 年影印本。

[2] 參劉高培修，趙志本纂《乾隆萬縣志》，《中國地方志集成·重慶府縣志輯》，巴蜀書社 2017 年影印本，第 28 册第 101 頁。

[3] 參昌彼得等編，王德毅增訂《宋人傳記資料索引》，中華書局 1988 年版，第 1 册第 153 頁。

[4] 參李國玲《宋人傳記資料索引補編》，四川大學出版社 1994 年版，第 1 册第 69 頁。

[5] 蔣一葵《堯山堂外紀》，《續修四庫全書》，上海古籍出版社 1996 年影印本，第 1194 册第 460 頁。

後相繼爲相，果花瑞也。累官尚書左僕射、兼門下侍郎，封岐國公。卒，贈太師，謚文恭。所著有《華陽集》百卷。晚築室南溪，號志堂居士，左右松竹，逍遙其下。一時名流慕之，題曰'竹隱'。"[1] 王珪卒於相位，無退隱南溪之事。此文中人物籍貫及其隱居之事，乃發生於宋代另一王珪身上，據《正德夔州府志》《乾隆萬縣志》等記載，此人爲萬州（今屬重慶）人，終身不仕。萬寶謙（1859—1928）有《南溪》詩，題下注云："萬縣，王珪晚年築室南溪，左右修竹，名流樂與之遊，題曰竹隱，亦名志堂居士。"詩云："志堂居士老無官，築室南溪膝以安。勝會昔簪花一朵，濃陰今得竹千竿。月明曲徑停琴賞，客有可人握手歡。長此逍遙娛晚景，好從物外認祥鸞。"[2] 此蓋據《堯山堂外紀》或《尚友錄》吟詠而成。

此外，唐代和元代亦有名王珪者。唐代王珪（571—639），字叔玠，太原祁縣（今屬山西晉中）人，仕隋爲奉禮郎，入唐官至侍中，與房玄齡、李靖、溫彥博、戴胄、魏徵同知國政，貞觀十三年卒，年六十九，謚曰懿，《舊唐書》卷七〇、《新唐書》卷九八有傳。元代王珪（1264—1354？）[3]，字均章，一作君璋，他在《泰定養生主論自序》中自稱"逸人洞虛子王中陽"，常熟（今屬江蘇）人，曾被辟爲辰州同知，辭不就，壯歲隱居虞山之下，善鼓琴，又工畫，著有《泰定養生主論》《還原奧旨》《原道集》《四書道統》《山居幽興集》等，除第一種外皆失傳，年九十餘卒。生平事迹見《泰定養生主論》卷首段天祐《泰定養生主論序》、王珪《泰定養生主論自序》、吳寬《家藏集》卷一一《題海虞錢氏所藏王均章虞山圖》、《嘉靖常熟縣志》卷九《邑人隱逸志》、徐春甫《古今醫統大全》卷一《歷世聖賢名醫姓氏》、丹波元胤《中國醫籍考》[4] 等。若不加區別，可能會將唐代或元代王珪誤爲宋代華陽王珪。如有人以爲范祖禹《帝學》卷五記"王珪曰：'人臣

---

[1] 廖用賢輯《尚友錄》，《四庫全書存目叢書》，齊魯書社 1996 年影印本，子部第 218 冊第 516 頁。

[2] 萬文武、萬文周主編《萬氏詩詞》，武漢出版社 1998 年版，第 435 頁。

[3] 元代王珪生卒年史無明載。此據褚玄仁、李順保《王珪生平年表》，《江蘇中醫》1995 年第 1 期；李珊麗《王珪小考》，王珪著，沈澍農、李珊麗校注《〈泰定養生主論〉新注》，人民衛生出版社 2017 年版，第 170～175 頁。

[4] 參 [日] 丹波元胤編《中國醫籍考》卷五二，人民衛生出版社 1983 年版，第 686～688 頁。

若無學業，豈堪大任。’”的王珪是北宋華陽王珪。[1] 實際上，《帝學》所引乃吳兢《貞觀政要》卷七《崇儒學第二十七》中語，其中王珪是唐代太原王珪。武秀成、趙庶洋《玉海藝文校證》卷一五《唐貞觀政要太宗勳史》云：“宋朝仁宗慶曆七年四月辛未，嘗讀《太宗政要》，亦云：‘太宗言任人必以德行學業爲本。’王珪曰：‘人無學業，豈堪大任？’帝復曰：‘人臣不可不知書，宰相尤須有學。’”[2] 亦將唐代太原王珪誤爲北宋華陽王珪。

世系

五世祖及暨、高祖景圖，皆未仕。

《神道碑》云：“公五世祖及暨、高祖景圖，成都華陽人。”（第 137 頁）按，莊綽《雞肋編》卷中謂王珪“曾祖景圖”“登進士第”[3]，當是將王珪曾祖永誤爲景圖。及暨、景圖當皆未仕。許光疑《宋故朝請郎尚書倉部員外郎致仕飛騎尉賜緋魚袋王公墓誌銘》云：“王氏世以儒學進，自魏國公之父榮國公諱永始顯於朝，至公之諸父，乃大耀當世。”[4]

曾祖永，官至起居舍人，追贈太師、中書令兼尚書令、開府儀同三司，追封爲榮國公；曾祖母尹氏，累追封爲韓國太夫人、吳國太夫人、燕國太夫人。

《神道碑》云：“曾祖永爲西畿令，從蜀王昶歸朝，授右補闕，遷起居舍人。……自公貴，三世贈太師、中書令兼尚書令，而曾祖封公於榮國，母尹氏封太夫人於燕國”（第 137～138 頁）。王安禮《王魏公集》卷二有《王珪曾祖永皇任起居舍人贈太師可特贈太師中書令制》《曾祖母追封韓國太夫人尹氏可追封吳國太夫人制》。曾鞏《元豐類稿》卷二一有《左僕射門下侍郎王珪追封三代並妻制》，其中有《曾祖永贈開府儀同三司》《曾祖母尹氏封燕國太夫人》。按，莊綽《雞肋編》卷中謂王珪“曾祖景圖”，當誤，許光疑《宋故朝請郎尚書倉部員外郎致仕飛騎尉賜緋魚袋王公墓誌銘》所記王珪曾

[1] 參韋人方《王珪詩歌研究》，西南交通大學 2017 年碩士學位論文，第 17 頁。
[2] 王應麟撰，武秀成、趙庶洋校證《玉海藝文校證》，鳳凰出版社 2013 年版，第 696 頁。
[3] 莊綽撰，蕭魯陽點校《雞肋編》，中華書局 1983 年版，第 76 頁。
[4] 郭茂育、劉繼保編著《宋代墓誌輯釋》，中州古籍出版社 2016 年版，第 433 頁。

祖亦爲"榮國公諱永"[1]。《民國華陽縣志》卷九所附《華陽王氏世族表》謂王永"字景圖，右補闕。《宋史》有傳"[2]，然考《宋史》並無王永傳，亦無相關記載，不詳此志何據。

祖贄，官至兵部郎中，追贈太師、中書令兼尚書令，累追封爲昌國公、蜀國公、魏國公；祖母丘氏，累追封爲陳國太夫人、秦國太夫人、魏國太夫人。

許光疑《宋故朝請郎尚書倉部員外郎致仕飛騎尉賜緋魚袋王公墓誌銘》云："公諱仲原，字深之，其先蜀人也。兵部郎中、贈太師、中書令兼尚書令、魏國公諱贄之曾孫。"[3]《神道碑》云："祖贄歷侍御史，三司判官，九爲轉運使，更領十州，所至有能名。……自公貴，三世贈太師、中書令兼尚書令，……祖封魏國，……祖母丘氏、姒薛氏封太夫人，各從其國。"（第137~138頁）王安禮《王魏公集》卷二有〔王珪〕祖贄皇兵部郎中贈太師中書令兼尚書令追封昌國公可追封蜀國公餘如故制》《祖母陳國太夫人丘氏可追封秦國太夫人制》。曾鞏《元豐類稿》卷二一有《左僕射門下侍郎王珪追封三代並妻制》，其中有《祖贄追封魏國公》《祖母丘氏追封魏國太夫人》。《全宋文》卷一九七收王贄文三篇。

《正德姑蘇志》卷三《古今守令表中》云："王贄字至之，華陽人，咸平五年六月由湖北轉運使改任。"[4]所記有誤。考北宋名王贄者有兩人：一爲成都華陽（今四川成都雙流）人，一爲吉州太和（今江西泰和）人。後者字至之，見張方平《樂全先生文集》卷三九《朝散大夫守尚書戶部侍郎致仕上柱國太原郡開國公食邑二千九百戶食實封五百戶賜紫金魚袋王公墓誌銘並序》。《正德姑蘇志》誤二人爲一人。

《宋史》本傳云："曾祖永，事太宗爲右補闕。吳越納土，受命往均賦，至則悉除無名之算，民皆感泣。使還，或言其多弛賦租。帝詰之，對曰：'使新附之邦，蒙天子仁恩，臣雖得罪，死不恨。'帝大悅。"（第10241頁）

[1] 郭茂育、劉繼保編著《宋代墓誌輯釋》，第433頁。
[2] 陳法駕、葉大鏘等修，曾鑑、林思進等纂，王曉波等校點《民國華陽縣志》，《成都舊志》，成都時代出版社2007年版，第15冊第257頁。
[3] 郭茂育、劉繼保編著《宋代墓誌輯釋》，第433頁。
[4] 王鏊等修纂《姑蘇志》，《中國史學叢書》初編，臺灣學生書局1986年影印本，第31頁。

曹學佺《蜀中廣記》卷四二《人物記二·川西道下》所記略同。[1]此言王永均兩浙雜稅。然龔明之《中吳紀聞》卷一《王贄運使減租》云："初，錢氏國除，而田稅尚仍其舊，畝稅三斗，浙人苦之。太宗乃遣王贄爲轉運使（轉運廨，舊在姑蘇州治之西偏），均兩浙雜稅。贄悉令畝稅一斗。使還，大臣有責其增減賦額者。贄謂畝稅一斗，天下之通法。兩浙既已爲王民，豈可復循僞國之制？上從其說，浙人至今便之。"[2]此言王贄均兩浙雜稅。考王珪《華陽集》卷五三《壽安縣太君呂氏墓誌銘》云："吾祖尚書有重名天下，爲兩浙轉運使。"[3]則當以《中吳紀聞》所記爲是。

沈括《夢溪筆談》卷九《人事一》云："兩浙田稅畝三斗，錢氏國除，朝廷遣王方贄均兩浙雜稅，方贄悉令畝出一斗。使還，責擅減稅額，方贄以謂：'畝稅一斗者，天下之通法。兩浙既已爲王民，豈當復循僞國之法？'上從其說。至今畝稅一斗者，自方贄始。唯江南、福建猶循舊額，蓋當時無人論列，遂爲永式。方贄尋除右司諫，終於京東轉運使，有五子，皋、準、覃、鞏、罕，準之子珪爲宰相，其他亦多顯者，豈惠民之報歟？"[4]張鎡《仕學規範》卷三〇引此則。胡道靜懷疑"方贄"爲王永之字，但又指出："如方贄爲永字，則珪祖名將與曾祖字犯同字"，因此《宋史》本傳、《中吳紀聞》和《夢溪筆談》所記均兩浙雜稅者究爲何人"疑莫能明"[5]。筆者認爲，證之《神道碑》，沈括所記當爲王贄，"王方贄"中之"方"字，應爲衍文。何以致衍？很可能是沈括在抄錄相關材料時，一時疏忽，誤將王永、王贄之名連綴在一起，又誤"永"爲"方"。王之道《相山集》卷二四《論增稅利害代許敦詩上無爲守趙若虛書》云："當太宗時，錢氏既納土，朝廷遣王方贄使兩浙以均稅。始畝稅三斗，方贄至則爲減三分之二，以聞於上而不復請。使還，太宗詰其擅減之由，方贄曰：'畝稅一斗，天下之通法也。兩

---

[1] 參曹學佺《蜀中廣記》，景印文淵閣《四庫全書》，臺灣商務印書館 1986 年版，第 591 冊第 541 頁。

[2] 龔明之撰，孫菊園校點《中吳紀聞》，上海古籍出版社 1986 年版，第 24 頁。

[3] 王珪《華陽集》，景印文淵閣《四庫全書》，臺灣商務印書館 1986 年版，第 1093 冊第 391 頁。以下所引王珪詩文，除特別注明者外，俱據此本，簡稱"本集"，僅注頁碼。

[4] 沈括撰，金良年點校《夢溪筆談》，中華書局 2015 年版，第 94 頁。

[5] 沈括著，胡道靜校證《夢溪筆談校證》，上海古籍出版社 1987 年版，第 375～376 頁。

浙今既爲王民矣，至於租税，豈容尚循僞國之制哉？'太宗善之，而兩浙之民至今畝輸一斗。今萬乘駐蹕兩浙，中外廓然無事。而方贄之子準實生丞相珪，珪之子孫布在仕版，大而爲公卿，小而爲郡邑，與國咸休，永世無窮。若方贄可謂善爲民計而利及乎國者，初亦曷嘗爲身與子孫之計哉？身享顯榮而子孫昌熾如此，職有由矣。"[1]《民國華陽縣志》卷九所附《華陽王氏世族表》亦謂王永之子爲王方贄，當是均受《夢溪筆談》影響所致。陸容《菽園雜記》卷一〇引《紹興志》載"兩浙田税畝三斗"事，謂主其事者爲"方贄"[2]，又脱"王"字。

本集卷五七《同安郡君狄氏墓誌銘》云："夫人性柔順，父母愛賢之。擇名士，宜歸我叔父之室。甫年十七，能自朝夕飭婦事。方侍吾祖司空之疾，夫人念不及姑之養，惟恐奉承之不能。居其喪，如事存之不少怠。"（第420~421頁）可知王贄當卒於狄氏十七歲時或稍後。狄氏生於咸平四年（1001），其十七歲當天禧元年（1017）。

伯父皋，曾官侍郎。

沈括《夢溪筆談》卷九《人事一》記王贄"有五子，皋、準、覃、鞏、罕"，則王皋當爲王贄長子。本集卷五三《壽安縣太君吕氏墓誌銘》記王覃死後，其妻吕氏"攜諸孤往依廬江伯父侍郎之官下"（第391頁），此"伯父侍郎"當即王皋。

王琪當爲王皋之子。王琪（生卒年不詳），字君玉，成都華陽（今四川成都雙流）人，徙籍開封（今屬河南），再徙籍舒州懷寧（今安徽潛山），舉進士，官至樞密直學士，卒年七十二，《宋史》卷三一二、羅願《新安志》卷九等有傳，《全宋詩》卷一八七録其詩十五首、殘句若干，《全宋文》卷一〇四二收其文五篇。《大明一統志》卷一四《安慶府·流寓》、《正德安慶府志》卷二六《仕籍傳·王罕傳》、《康熙安慶府志》卷一五《事業傳·懷寧》、《乾隆潛山縣志》卷一〇《人物志·文苑》、《民國華陽縣志》卷九所附《華陽王氏世族表》等謂王琪爲王罕之子，《蜀中廣記》卷四二《人物記

[1] 王之道《相山集》，景印文淵閣《四庫全書》，臺灣商務印書館1986年版，第1132冊第707~708頁。
[2] 陸容撰，佚之點校《菽園雜記》，中華書局1985年版，第123頁。

二·川西道下》謂王琪爲王準之子,《光緒重修安徽通志》卷一七八《人物志·宦績》、《民國潛山縣志》卷一三《人物志·宦績》等則謂王琪乃王罕從子。王覃、王準、王罕之子史料記載較爲明確,其中並無王琪。因此王琪應是王皋或王鞏之子。《宋史》本傳謂王琪爲王珪從兄,章定《名賢氏族言行類稿》卷二四則謂王琪爲王珪從弟。考王琪比王珪年長近二十歲(參熙寧五年譜),應是王珪從兄,他最有可能是王皋之子。

仲父覃,字慶之,官至少卿;伯母吕氏,夢巽第三女,封壽安縣太君。

本集卷五三《壽安縣太君吕氏墓誌銘》云:"夫人姓吕氏,其先并州人。……父諱夢巽,尚書虞部員外郎、知海州、贈太常少卿。夫人實第三女也。……吾祖尚書有重名天下,爲兩浙轉運使。方是時,海州宰蘇之吴縣,夫人遂歸我伯父少卿。少卿諱覃,字慶之,尚書次子也。潛心經術,嘗疾世之詭隨,故持論方介,不爲勢少屈。海州之婿共五人,有過郡者率陳以鐘鼓觴豆之娛。及遇少卿,則肅其衣冠,終日語不及私。少卿天性孝篤,侍尚書左右二十餘年,未始一日違去。……不幸少卿暴疾早世,夫人方年三十餘,躬治喪於廣陵。既而携諸孤往依廬江伯父侍郎之官下。……晚尤愛京洛之風,長子因請畿之太康。未幾,夫人感疾,終於官第,實嘉祐四年三月某日也,享年七十,封壽安縣太君。明年,卜葬少卿於揚州某縣某鄉之原,以夫人祔焉,其用十月壬申之吉。子三人:璀,尚書比部員外郎;珣,尚書職方員外郎;璩,杭州南新縣令。孫男十五人:仲均,舉進士;仲猷,太廟齋郎;次仲鄰、仲説、仲蒙、仲威;餘尚幼。孫女三人。"(第390~391頁)可知王覃爲王贄次子。吕氏卒於嘉祐四年(1059),享年七十,則當生於淳化元年(990)。假定王覃卒於吕氏三十三歲時,則王覃當卒於乾興元年(1022),其卒年當不超過四十歲。

本集卷七有《南郊乞姪仲鄰恩澤奏狀》,當作於嘉祐五年(1060)以後某次南郊大禮推恩百官之時。

王曤當爲王覃曾孫。王曤(?—1175),字日嚴,揚州廣陵(今江蘇揚州)人,紹興十五年(1145)以朝奉郎、太府寺主簿試博學宏詞科中第,官至翰林學士承旨,《全宋文》卷四六五九收其文十篇。《建炎以來繫年要錄》卷一五三紹興十五年四月辛丑謂王曤爲王珪之孫王晼從弟,從其占籍來看,應爲王覃之後。

叔父鞏。

《夢溪筆談》所記王贊五子排行有誤，王覃當年長於王準。《民國華陽縣志》卷九所附《華陽王氏世族表》謂"王方贊"五子排行爲皋、覃、準、鞏、罕，當是。王鞏，生平事迹不詳。

季父罕，字師言，以蔭入仕，官至光祿卿；嬸母狄氏，棐女，初封長壽縣君，累封同安郡君。

王罕（生卒年不詳），字師言，以蔭入仕，官至光祿卿，卒年八十，《宋史》卷三一二有傳。王罕娶狄棐女。狄棐（977—1043），字輔之，潭州長沙（今屬湖南）人，一作潭州湘潭（今屬湖南）人，路振之婿，咸平三年（1000）進士，官終知揚州，慶曆三年卒，年六十七，《宋史》卷二九九有傳，生平事迹見王安石《臨川先生文集》卷八九《尚書工部侍郎樞密直學士狄公神道碑》。《尚書工部侍郎樞密直學士狄公神道碑》云："六女子：嫁衛尉卿王罕，衛尉卿魏琰，樞密直學士何中立，尚書駕部郎中王信民，二人早死。"[1] 本集卷五七《同安郡君狄氏墓誌銘》云："夫人姓狄氏，其先家河東，本唐梁公之後，五代時避亂於長沙。……父諱棐，樞密直學士、尚書工部侍郎，母曰武城縣君路氏。三世皆不返河東，而爲長沙人。夫人性柔順，父母愛賢之，擇名士，宜歸我叔父之室。甫年十七，能自朝夕飭婦事。……夫人以熙寧二年四月庚戌卒，明年十一月丙申葬潤州丹徒縣崇德鄉永安里，享年六十九。初封長壽縣君，累封同安郡君。四男子：璪，太常博士；璐，昭州平樂縣主簿；璹，衛尉寺丞；璋，台州黃巖縣主簿。璐先夫人而亡。三女子，以適尚書水部郎中晁仲蔚，尚書都官員外郎趙唐，殿中丞、監察御史裏行唐淑問。孫男八人：曰仲聰，試將作監主簿；曰仲求，太廟齋郎；六幼未名。孫女七人，長適贊善大夫鄭祐，餘未嫁。"（第 420~421 頁）狄氏卒於熙寧二年（1069），年六十九，則當生於咸平四年（1001）。

姑王氏，歸晁宗愨，封安康郡太夫人。

本集卷五〇《提點京東諸路州軍刑獄公事兼諸路勸農事朝散大夫行尚書

---

[1] 王水照主編《王安石全集》，復旦大學出版社 2017 年版，第 7 冊第 1475~1476 頁。

祠部員外郎充秘閣校理上輕車都尉借紫晁君墓誌銘》記晁仲衍"烈考妣：資
政殿學士、給事中、贈吏部尚書、諡文莊諱宗愨；安康郡太夫人王氏。安
康，余之先姑也"（第 373 頁）。按，晁宗愨（985—1042），字世良，澶州
清豐（今屬河南）人，晁迥之子，大中祥符間賜進士及第，官至參知政事，
慶曆二年卒，年五十八，《宋史》卷三〇五、《隆平集》卷七、《東都事略》
卷四六有傳，《全宋詩》卷一五三錄其詩一首，《全宋文》卷三三二收其文
二篇。

父準，官太常博士、秘閣校理、三司鹽鐵判官，追贈太師、中書令兼尚書
令，累追封爲兖國公、魯國公、漢國公；母薛氏，映女，累追封爲周國太
夫人、兖國太夫人、漢國太夫人。

《東都事略》本傳云："父準，爲太常博士、秘閣校理。"（第 672 頁）許
光疑《宋故朝請郎尚書倉部員外郎致仕飛騎尉賜緋魚袋王公墓誌銘》云：
"公諱仲原，……三司鹽鐵判官、太常博士、秘閣校理、贈太師、中書令兼
尚書令、漢國公諱準之孫。"[1]《神道碑》云："考諱準，以辭學擢秘閣校理，
終鹽鐵判官。自公貴，三世贈太師、中書令兼尚書令，……考封漢國，祖
母丘氏、妣薛氏封太夫人，各從其國。"（第 137~138 頁）王安禮《王魏公
集》卷二有《[王珪]父準皇任三司鹽鐵判官太常博士秘閣校理贈太師中書
令兼尚書令追封兖國公可追封魯國公餘如故制》《母追風（封）[2]周國太夫
人薛氏可追封兖國太夫人制》。曾鞏《元豐類稿》卷二一有《左僕射門下侍
郎王珪追封三代並妻制》，其中有《父準追封漢國公》《母薛氏追封漢國太
夫人》。

費袞《梁谿漫志》卷一《三省勘當避諱》云："舊制，三省文字下部勘
當，本謂之勘會。嘉祐末，曾魯公當國，省吏避其父名，改爲勘當，至今沿
襲。省中出敕，舊用'準'字，輒去其下'十'字，或云蔡京拜相時，省吏
亦避其父名。然王禹玉父亦名準，而寇萊公亦嘗作相。不知書敕避諱，自何
時始也，近年稍稍復舊。"[3]

---

[1]郭茂育、劉繼保編著《宋代墓誌輯釋》，第 433 頁。

[2]誤字徑出，括注正字。下同。

[3]費袞撰，金圓校點《梁谿漫志》，上海古籍出版社 1985 年版，第 5 頁。

薛氏當爲薛映之女。本集卷五九《朝請大夫守司農少卿贈兵部侍郎上柱國賜紫金魚袋薛公墓誌銘》中王珪自稱爲薛季卿外甥，而季卿之父即薛映。薛映（951—1024），字景陽，李沆之婿[1]，世爲華陽（今四川成都雙流）人[2]，太平興國三年（978）進士[3]，官終刑部尚書、集賢院學士，天聖二年卒，年七十四，謚文恭，《宋史》卷三〇五、《東都事略》卷四五有傳。按，薛映卒年，吕陶《薛文恭公尚書真像記》謂"至景祐某年薨於位"[4]，當誤，《宋會要輯稿》（以下簡稱"《宋會要》"）禮四一之四八記天聖二年七月仁宗爲刑部尚書、分司南京薛映輟朝一日，儀制一一之四又載刑部尚書、分司南京薛映天聖二年七月贈右僕射，而職官四六之四云：天聖"二年四月，以知曹州、刑部尚書、集賢院學士薛映本官分司南京，仍於曹州居住"[5]，可證薛映卒於天聖二年。

有兄弟三人：兄瓘，字文玉，官至朝議大夫、集賢校理，追贈銀青光禄大夫，有《北道刊誤志》傳世；弟玘、玩，玩曾官都官郎中等職。

莊綽《雞肋編》卷中謂"漢國公準子四房"，卷下又云："王琪字君玉，其先蜀人，從弟珪、瓘、玘、玩，皆以文章名世。世之言衣冠子弟能力學取富貴，不藉父兄資蔭者，唯韓億諸子及王氏而已。時翰林學士彭乘不訓子弟，文學參軍范宗韓上啓責之曰：'王氏之琪、珪、瓘、玘，器盡璠璵，韓家之綜、絳、縝、維，才皆經緯。非蔭而得，由學而然云。'"[6]可知王珪有兄弟三人，分別是王瓘、王玘和王玩。許光疑《宋故朝請郎尚書倉部員外郎致仕飛騎尉賜緋魚袋王公墓誌銘》乃王瓘之子王仲原墓誌銘，其中王仲原稱王珪爲仲父，則王準四子排行當爲：王瓘、王珪、王玘、王玩。《民國華陽縣志》卷九所附《華陽王氏世族表》載王準之子僅有王珪、王瓘二人，

[1] 參楊億《武夷新集》卷一〇《宋故推忠協謀佐理功臣光禄大夫尚書左僕射兼門下侍郎同中書門下平章事監修國史上柱國隴西郡開國公食邑三千八百户食實封一千二百户贈太尉中書令謚曰文靖李公墓誌銘》，《宋集珍本叢刊》，綫裝書局 2004 年影印本，第 2 册第 283 頁。

[2] 參吕陶《净德集》卷一四《薛文恭公尚書真像記》，景印文淵閣《四庫全書》，臺灣商務印書館1986 年版，第 1098 册第 107 頁。

[3] 參文瑩《玉壺清話》卷三，文瑩撰，鄭世剛、楊立揚點校《湘山野録 續録 玉壺清話》，中華書局 1984 年版，第 32 頁。

[4] 吕陶《净德集》卷一四，景印文淵閣《四庫全書》，第 1098 册第 107 頁。

[5] 劉琳等校點《宋會要輯稿》，上海古籍出版社 2014 年版，第 7 册第 4261 頁。

[6] 莊綽撰，蕭魯陽點校《雞肋編》，第 77、90~91 頁。

不確。

王瓘（生卒年不詳），生平事迹見《宋史》卷三一二《陳升之傳》，《長編》卷二三二熙寧五年四月乙卯、卷二三九熙寧五年十月戊寅，《宋會要》職官五一之四九、瑞異三之三九，許光疑《宋故朝請郎尚書倉部員外郎致仕飛騎尉賜緋魚袋王公墓誌銘》，蘇頌《蘇魏公文集》卷三三《三司度支判官尚書刑部郎中充集賢校理王瓘可尚書兵部郎中依前集賢校理充三司度支判官群牧判官尚書比部郎中王誨可尚書司勳郎中依前群牧判官制》，劉昌詩《蘆浦筆記》卷五《趙清獻公充御試官日記》，孫汝聽《蘇穎濱年表》等。晁載之《續談助》卷二抄錄王瓘《北道刊誤志》，末謂“王瓘字君玉”[1]，其字與《宋史》《雞肋編》等所記其從兄王琪字相同，二者當有一誤。考司馬光有《送王瓘同年河南府司錄》，題下注：“字文玉，先君嘗爲此官。”文玉，一作文正。[2]許慎《説文解字》云：“瓘，玉也。從玉，雚聲。”[3]則王瓘當字文玉，非文正。王瓘與司馬光爲同年，而司馬光乃景祐五年（1038）進士。許光疑《宋故朝請郎尚書倉部員外郎致仕飛騎尉賜緋魚袋王公墓誌銘》云：“公諱仲原，……朝議大夫、充集賢校理，贈銀青光禄大夫諱瓘之子。”[4]

王玘，生平事迹不詳。

王玩（生卒年不詳），曾官都官郎中等職。《全宋詩》卷六八九録其詩一首，小傳謂王玩爲王珪從弟，蓋據陸心源《宋詩紀事補遺》卷二一之説。考《長編》卷三〇四元豐三年五月庚午、《宋會要》禮三二之四四，皆謂王玩乃王珪之弟。王允中《宋故降授西上閤門使新就差知鎮戎軍事兼管内勸農使兼管勾涇原路沿邊安撫司公事武功縣開國男食邑三百户上騎都尉郭公墓誌銘》記熙寧中王珪弟“倩玉”與郭景脩遊善[5]，此“倩玉”當爲王玘或王玩之字。

王瓘之子可考者二人。一爲王仲原。王仲原（1051—1108），字深之，

---

[1] 晁載之《續談助》，《叢書集成初編》，商務印書館 1939 年版，第 45 頁。

[2] 北京大學古文獻研究所編《全宋詩》（全七十二冊）卷五〇三，北京大學出版社 1991—1998 年版，第 9 冊第 6101 頁。

[3] 許慎撰，徐鉉校定《説文解字》，中華書局 1963 年影印本，第 10 頁。

[4] 郭茂育、劉繼保編著《宋代墓誌輯釋》，第 433 頁。

[5] 羅振玉輯《山左冢墓遺文》，《歷代碑誌叢書》，江蘇古籍出版社 1998 年影印本，第 15 冊第 329 頁。

登進士第，官至倉部員外郎，大觀二年卒，年五十八，生平事迹見許光疑《宋故朝請郎尚書倉部員外郎致仕飛騎尉賜緋魚袋王公墓誌銘》。《宋故朝請郎尚書倉部員外郎致仕飛騎尉賜緋魚袋王公墓誌銘》云："娶晁氏，水部郎中仲蔚之女。一子耆，以文學登科，今爲通仕郎、衛州新鄉縣令。一女，適廩延吕彦祖。四孫：子口、子澑、子潮、子瀜。"[1] 王耆（生卒年不詳）崇寧四年（1105）登科。[2] 二爲王仲覓。王仲覓（生卒年不詳），洛陽（今屬河南）人，曾續其父作《北道刊誤志》，生平事迹見晁載之《續談助》卷二所抄《北道刊誤志》卷末、吕祖謙《宋文鑑》卷一〇王仲覓《南都賦》，《全宋文》卷二二七七收其文一篇。

王琬之子可考者有王仲甫。王仲甫（生卒年不詳），字明之，自號逐客，賜《毛詩》及第，曾官翰林學士，生平事迹見葉燁《王仲甫考》[3]，《全宋詩》卷八七四錄其詩一首。按，范成大《吳郡志》卷五〇《雜志》引《石林詩話》云："王明之，岐公之子。在姑蘇有所愛，比至京師，爲公强留之。逾時作詩云：'黄金零落大刀頭，玉箸歸期畫到秋。紅錦寄魚風逆浪，碧簫吹鳳月當樓。伯勞知我經春别，香蠟窺人徹夜愁。好去渡江千里夢，滿天梅雨是蘇州。'句甚工。"[4] 所記當有誤，現存葉夢得《石林詩話》中無此則。相似之記載見許顗《彦周詩話》及龔明之《中吳紀聞》卷四《王主簿》，前者未言王明之與王珪之關係，後者云："王仲甫，字明之，岐公之猶子。"[5] "猶子"即姪子。瞿佑《歸田詩話》卷上謂王明之爲王珪之子，蓋受《吳郡志》影響。

另有三人可確定爲王珪之姪，但不詳爲何人之子。一爲王仲孜。王仲孜（生卒年不詳），王珪弟之子，有子名王昂，生平事迹見《建炎以來繫年要錄》卷五一紹興二年二月丁亥、《鷄肋編》卷中、米芾《書史》等。王昂，一作王昂（1090—？），字叔興，重和元年（1118）狀元，官至秘書少監，《全宋文》卷三九八九收其文二篇。二爲王仲閎。王仲閎（生卒年不詳），南

[1] 郭茂育、劉繼保編著《宋代墓誌輯釋》，第 433 頁。
[2] 參莊綽撰，蕭魯陽點校《鷄肋編》卷中，第 77 頁。
[3] 王兆鵬、王可喜、方星移《兩宋詞人叢考》，鳳凰出版社 2007 年版，第 36～44 頁。
[4] 范成大撰，陸振岳點校《吳郡志》，江蘇古籍出版社 1999 年版，第 671 頁。
[5] 龔明之撰，孫菊園校點《中吳紀聞》，第 100 頁。

渡後居閩中，曾官兩浙路轉運副使等職，生平事迹見《宋史》卷九六《河渠志六》、卷二〇七《藝文志六》、卷四七〇《朱勔傳》，《宋會要》職官六九之二一、兵一八之二三，洪邁《容齋續筆》卷一五《紫閣山村詩》，孫覿《鴻慶居士文集》卷三〇《語本序》，《淳熙三山志》卷二五《秩官類六·提刑司官》，《寶慶會稽續志》卷二《提刑題名》，《萬曆紹興府志》卷二五《職官志一》，何喬遠《閩書》卷四三《文蒞志·提點刑獄司》《文蒞志·提舉常平茶司》等。三爲王仲京。王仲京（生卒年不詳），曾任光禄寺丞、監饒州永平監，通直郎、楚州鹽城縣監都鹽倉等職，生平事迹見《長編》卷三三一元豐五年十一月乙巳、卷三八一元祐元年六月甲寅，《宋會要》職官六六之三四，本集卷五九《朝奉郎守尚書屯田郎中致仕上騎都尉賜緋魚袋蒲君墓誌銘》，彭汝礪《宋故夫人李氏墓銘》[1]等。

妻鄭氏，戬長女，封鄭國夫人，累追封爲越國夫人、楚國夫人，追賜冲静大師。

《神道碑》云："夫人鄭氏，奉國軍節度使戬之女，今舉以祔。"（第143頁）按，鄭戬（988—1049）[2]，字天休，蘇州吴縣（今江蘇蘇州吴中）人，天聖二年（1024）進士，官至樞密副使，皇祐元年卒，年六十二，《宋史》卷二九二、《東都事略》卷五五有傳，生平事迹見胡宿《文恭集》卷三六《宋故宣徽北院使奉國軍節度使明州管内觀察處置等使金紫光禄大夫檢校太保使持節明州諸軍事明州刺史兼御史大夫判并州河東路經略安撫使兼并代澤潞麟府嵐石兵馬都部署上柱國滎陽郡開國公食邑二千五百户食實封三百户贈太尉文肅鄭公墓誌銘》，《全宋詩》卷一七四録其詩一首、殘句一聯。《贈太尉文肅鄭公墓誌銘》云："二女，長適三司鹽鐵判官、太常丞、直集賢院王珪，次未嫁。"[3]王安禮《王魏公集》卷二有《[王珪]亡妻鄭國夫人追賜冲静大師鄭氏可特追封越國夫人制》。曾鞏《元豐類稿》卷二一有《左僕射門下侍郎王珪追封三代并妻制》，其中有《妻鄭氏追封楚國夫人》。

---

[1] 陳孟慶《新近出土宋代狀元彭汝礪所撰的墓誌銘》，《波陽文史資料》第11輯，政協波陽縣委員會文史資料研究委員會1996年版。

[2] 胡宿《贈太尉文肅鄭公墓誌銘》記鄭戬卒於皇祐五年十一月甲子，李裕民考"五年"爲"元年"之誤（李裕民《宋人生卒行年考》，中華書局2010年版，第361~362頁）。

[3] 胡宿《文恭集》，景印文淵閣《四庫全書》，臺灣商務印書館1986年版，第1088冊第939頁。

有子五人：長子仲脩，字敏甫，熙寧三年進士，曾官著作佐郎；次子仲端，曾官宣義郎、軍器少監等，妻趙氏，叔象女；三子仲巘，字豐甫，官至顯謨閣待制，金兵侵袁州，以城降，年八十餘卒，贈特進，葬於平江府長洲縣；四子仲㫅，字衡甫，後避欽宗諱，改名仲山，金兵侵撫州，以城降，有女歸秦檜；五子仲煜，曾官承事郎、宣教郎。

《神道碑》云："子：仲脩，以學登進士第，今爲秘書省著作佐郎；仲端，承事郎、籍田令；仲巘，承奉郎；仲㫅、仲煜，承事郎。"（第142頁）

王仲脩，一作仲修（生卒年不詳）[1]，字敏甫，王珪長子，熙寧三年（1070）進士，曾官著作佐郎，《全宋詩》卷八七六錄其《宮詞》一百首、詩二首，《全宋文》卷二五二八收其文一篇。按，莊綽《雞肋編》卷中謂王仲脩元豐中登第，有誤。《宋人傳記資料索引》據陸心源《宋詩紀事小傳補正》卷二之記載，以爲登熙寧三年進士第之王仲修爲鄞縣王致子。考臧麟炳、杜璋吉《桃源鄉志》卷三《列傳志三·醇儒》及《康熙鄞縣志》卷一二《王致傳》，王致之子名王訴，前者更載王訴熙寧九年登第，不詳陸心源何以致誤。

王仲端（生卒年不詳），王珪次子，曾官宣義郎、軍器少監等，娶趙叔象之女爲妻，生平事迹見《長編》卷三一七元豐四年十月庚申、卷三四七元豐七年七月甲寅、卷四〇一元祐二年五月丁丑，《宋會要》職官六八之六，翟汝文《忠惠集》卷二《判登聞檢院王仲端除軍器少監制》，慕容彦逢《摛文堂集》卷一四《故和義郡君胡氏墓誌銘》等。

王仲巘，一作仲嵓（生卒年不詳），字豐甫，一作豐父，王珪三子，官至左正議大夫、顯謨閣待制，建炎三年（1129），金兵侵袁州，以城降，年八十餘卒，贈特進，葬於平江府長洲縣（今江蘇蘇州）[2]，《全宋詩》卷一六三〇錄其詩殘句二聯，《全宋文》卷二七〇八收其文八篇。徐夢莘《三

---

[1] 今存《宋故安化郡夫人富氏墓誌銘並序》，署名"左朝奉郎樞密院編修經武要略并條例判登聞鼓院飛騎尉賜緋魚袋蔡騊撰，左朝奉郎行秘書省正字護軍王仲脩書，左奉議郎秘書省正字武騎尉鄧忠臣篆蓋"（中國文物研究所、河南省文物研究所編《新中國出土墓誌·河南（壹）》，文物出版社1994年版，上冊第378頁），則王珪長子之名當以"仲脩"爲是。

[2] 參孫覿《鴻慶居士集》卷四〇《宋故秦國夫人王氏墓誌銘》，景印文淵閣《四庫全書》，臺灣商務印書館1986年版，第1135冊第437頁。

朝北盟會編》卷一三五引《中興遺史》謂王"仲嶷字峰甫"[1]，當誤。王明清《揮塵餘話》卷二謂"王仲嶷字豐父"[2]，許顗《彥周詩話》謂"王豐父待制，岐公丞相之子"[3]，黃任《鼓山志》卷六《石刻》錄有李綱等人遊鼓山靈源洞題名，其中有"華陽王仲嶷豐甫"[4]。《宋史》卷三八三《辛次膺傳》謂王仲嶷爲秦檜妻兄，亦誤，秦檜妻爲王仲琓之女。

王仲琓，一作仲琬（生卒年不詳），字衡甫，後避欽宗諱，改名仲山，王珪四子，南渡後居信州，建炎三年，金兵侵撫州，以城降，有女歸秦檜，生平事迹見《三朝北盟會編》卷一三四、卷一三五、卷二二〇，《建炎以來繫年要錄》卷二八建炎三年十月辛丑、卷二九建炎三年十一月丁卯、卷三一建炎四年二月乙亥、卷三八建炎四年十月辛未、卷一一八紹興八年正月丙午、卷一七五紹興二十六年閏十月癸卯，王明清《玉照新志》卷四，王安禮《王魏公集》卷二《王珪男仲琓可大理評事制》等。王明清《揮塵餘話》卷二及錢士昇《南宋書》卷三一《王仲山傳》誤王仲嶷爲王仲山之弟。

王仲煜（生卒年不詳），王珪五子，曾官承事郎、宣教郎，劉攽《彭城集》卷二〇有《承事郎王仲煜可宣教郎承務郎孫樸可承奉郎制》）。

有女四人：長女適李格非，次女適閭丘籲，三女適鄭居中，幼女適許光凝。前三女並封蓬萊縣君。

《神道碑》云："女：長適鄆州教授李格非，早卒；次適前權太常博士閭丘籲；次許嫁前進士鄭居中，並封蓬萊縣君；次尚幼。"（第142頁）

李格非（生卒年不詳），字文叔，齊州章丘（今屬山東濟南）人，李清照之父，熙寧九年（1076）進士，官至禮部員外郎，卒年六十一，《宋史》卷四四四、《東都事略》卷一一六有傳，《全宋詩》卷一〇三一錄其詩九首、殘句二聯，《全宋文》卷二七九二收其文十篇。閭丘籲（生卒年不詳），登進士第，曾官蘇州教授、宗正少卿、太僕卿等，《全宋文》卷三二〇四收其

---

[1] 徐夢莘《三朝北盟會編》，上海古籍出版社1987年影印本，第979頁。

[2] 王明清《揮塵錄》，上海書店出版社2001年版，第242頁。

[3] 何文煥輯《歷代詩話》，中華書局1981年版，第400頁。

[4] 黃任《鼓山志》，《故宮珍本叢刊》，海南出版社2001年影印本，第261冊第65頁。按，《乾隆福州府志》卷七三《碑碣·附古篆摩崖題名》、陳榮仁《閩中金石略》卷五《宋三·鼓山宋人題名七十九段·李綱等題名》等亦錄此題名。

文三篇。鄭居中（1059—1123），字達夫，開封（今屬河南）人，元豐八年（1085）進士，官至太宰、兼門下侍郎，宣和五年卒，年六十五，謚文正，《宋史》卷三五一、《東都事略》卷一〇二有傳，《全宋詩》卷一一九九録其詩二首、殘句三聯，《全宋文》卷二七九一收其文十三篇。

王珪幼女當嫁許光凝。莊綽《雞肋編》卷中記王準孫婿九人，其中有"許光疑"，爲翰林學士。[1]陳鵠《西塘集耆舊續聞》卷三《王岐公華陽集内制最得體》云："許尚書光凝君謨，論本朝内制，惟王岐公《華陽集》最爲得體。蓋禹玉仕早達，所與唱和，無四品以下官。同朝名臣，非歐陽公與王荊公，銘其葬者，往往出禹玉手。《高二王》《狄武襄碑》，尤有史法，而貴氣粲然。君謨，岐公婿也。"[2]按，許光疑、許光凝當爲同一人。傳世文獻中，《雞肋編》卷中、王明清《揮麈後録》卷二、陳振孫《直齋書録解題》卷一七、趙希弁《讀書附志》卷下、范成大《吳郡志》卷一一《題名》等作"許光疑"；《宋史》《宋會要》《續資治通鑑長編紀事本末》《皇宋十朝綱要》《宋大詔令集》等作"許光凝"。《千唐誌齋藏誌》[3]《宋代墓誌輯釋》中收録《宋故朝請郎尚書倉部員外郎致仕飛騎尉賜緋魚袋王公墓誌銘》，《新中國出土墓誌·河南（壹）》中收録《宋宗室保大軍節度使仲聘第十四男士橙墓記》《宋宗室内殿承制子莊妻于氏墓誌銘》《宋宗室保大軍節度使第二十九男墓記》《宋宗室贈婺州觀察使東陽侯世職夫人壽安縣君陳氏墓誌銘並序》《宋宗室内殿崇班子元夫人賈氏墓誌銘並序》[4]，《北宋皇陵》中收録《宋宗室東頭供奉官子驥妻周氏墓誌銘並序》[5]等，均署名"許光疑撰"。孫繼民以爲"疑"爲本字，"凝"爲訛字。[6]考吳曾《能改齋漫録》稱其名、字爲

[1] 莊綽撰，蕭魯陽點校《雞肋編》，第77頁。
[2] 李廌、朱弁、陳鵠撰，孔凡禮點校《師友談記 曲洧舊聞 西塘集耆舊續聞》，中華書局2002年版，第312頁。
[3] 河南省文物研究所、河南省洛陽地區文管處編《千唐誌齋藏誌》，文物出版社1984年版，第1310頁。
[4] 中國文物研究所、河南省文物研究所編《新中國出土墓誌·河南（壹）》，下冊第315~317、318頁。
[5] 河南省文物考古研究所編《北宋皇陵》，中州古籍出版社1997年版，第554頁。
[6] 孫繼民《黑水城所出〈宋靖康元年趙德誠狀〉考釋》，盧向前主編《唐宋變革論》，黃山書社2006年版，第458~459頁。

"許光凝嘉謨"[1]，而陳鵠《西塘集耆舊續聞》卷三稱其名、字爲"許尚書光凝君謨"，又一本"謀"作"謨"[2]。以名、字意義對應來判斷，其名、字來源當爲《尚書·皋陶謨》："百僚師師，百工惟時，撫於五辰，庶績其凝。"孔安國釋"皋陶謨"云："謨，謀也。皋陶爲帝舜謀。"[3]張表臣釋"謨"云："陳其謀而成嘉猷者謂之謨。"[4]據此可知，其名當爲"許光凝"；至於其字，作"嘉謨""君謨""君謀"皆可通，以何者爲是，暫不能定。按，"疑"通"凝"，二字一聲之轉。[5]古人書寫隨意，本不拘泥，蓋當時人包括許光凝自己在書寫名字時，"凝""疑"混用。猶如歐陽修本名"脩"，時人多寫爲"修"，最終爲其本人所接受。[6]許光凝（生卒年不詳），字嘉謨，一作君謨，一作君謀，河南府洛陽（今屬河南）人，登進士第，官終吏部尚書，生平事迹見郭思《林泉高致集》附錄許光凝《林泉高致集後序》，蔡絛《鐵圍山叢談》卷五，《揮麈後録》卷二，《西塘集耆舊續聞》卷三《王岐公華陽集內制最得體》，吳曾《能改齋漫録》卷一八《神仙鬼怪·擊大鼓享厚味》，《吳郡志》卷一一《題名》，《宋大詔令集》卷二一〇《許光凝降官制》，慕容彥逢《摘文堂集》卷三《賜新除翰林學士許光凝辭免不允詔》、卷九《宣召翰林學士許光凝入院口宣》，翟汝文《忠惠集》卷四《顯謨閣待制知鄧州許光凝轉朝散大夫制》，以及《宋史》《宋會要》《續資治通鑑長編紀事本末》《皇宋十朝綱要》等。

按，李廌《師友談記》云："豐甫言：頃其女兄之夫高旦，受知於相國司馬溫公，已除河北糴便糧草。一日，謁溫公，方起立稟事，忽瞑目，口不能言，遽蹶而仆，溫公遭壓焉。衆公扶救溫公，而旦已不知人。溫公令人肩舁以歸，即死。明日，溫公使吏問安否，且曰已改除本路提點刑獄矣。吏

[1] 吳曾《能改齋漫録》（全二冊）卷一八《神仙鬼怪·擊大鼓享厚味》，上海古籍出版社 1979 年版，第 511 頁。
[2] 李廌、朱弁、陳鵠撰，孔凡禮點校《師友談記 曲洧舊聞 西塘集耆舊續聞》，第 312、322 頁。
[3] 孔安國傳，孔穎達疏《尚書正義》卷四，《十三經注疏》，中華書局 1980 年影印本，第 138、139 頁。
[4] 張表臣《珊瑚鉤詩話》卷三，何文煥輯《歷代詩話》（全二冊），第 476 頁。
[5] 參王海根編纂《古代漢語通假字大字典》，福建人民出版社 2006 年版，第 595 頁。
[6] 參劉德清《歐陽修紀年録》，上海古籍出版社 2006 年版，第 1 頁。

以死聞，溫公甚歎之，厚賻其家。"[1] 王仲嶷所言之女兄當爲其堂姊。晁補之《濟北晁先生雞肋集》卷六四《朝散大夫提擧河北糴便糧草高公墓誌銘》記高旦元祐元年（1086）五月十八日卒，年五十七，先後娶有馮氏、楊氏、文氏和王氏四位夫人，而王氏之母爲晁氏。

孫男可考者十二人： 昭，曾官承奉郎；晏；晟；暎，字顯道，鄭居中婿，官至工部侍郎；曾，字元叟，暎弟，官至兵部侍郎；晌，暎弟，官終右中奉大夫、直秘閣、知太平州；輗，秦檜妻兄，曾官右承議郎、秀州通判；曆，字義道，暎弟、李璆婿，曾官湖南路安撫司幹辦公事，宣義郎、江南西路轉運司主管文字，右通直郎、江南東路安撫司參議官等，以右朝奉郎致仕；著，曉兄，曾官溫州通判等；曉，字浚明，曾官溫州通判、潭州通判、知撫州、太府少卿等；時，曾官户部員外郎、知郴州、知無爲軍等；昌，曾官廬陵縣令。暎、曾、晌、輗、曆、著、曉爲仲岏子，時爲仲嶷子，其他四人不詳爲何人之子。

《神道碑》云："孫男三人：昭，承奉郎；次晏，次晟。"（第 142～143 頁）王昭、王晏、王晟三人生平事迹皆不詳。此外，王珪之孫可考者尚有王暎、王曾、王晌、王輗、王曆、王著、王曉、王時、王昌等。按，王暎以下排行暫無確鑿依據，爲大體排序。

王暎（？—1147），字顯道，王仲岏（王仲山）之子、鄭居中之婿，官至工部侍郎，紹興十七年卒，《正德姑蘇志》卷三九《宦迹三》有傳。《三朝北盟會編》卷一三五引《中興遺史》云："仲山，瑛之父也，有婿曰秦檜。"[2] 此處"瑛"當爲"暎"之誤，王珪孫輩之名皆帶"日"旁，《三朝北盟會編》卷一八〇、《建炎以來繫年要録》卷四六紹興元年八月丁卯、《宋史》卷三八三《辛次膺傳》，以及王份《宋故資政殿學士左通議大夫致仕東萊郡開國侯贈左光禄大夫辛公墓誌銘》[3]、徐元杰《楳埜集》卷一一《王從事墓誌銘》等皆記王暎爲王仲山之子。

---

[1] 李廌、朱弁、陳鵠撰，孔凡禮點校《師友談記 曲洧舊聞 西塘集耆舊續聞》，中華書局 2002 年版，第 24 頁。
[2] 徐夢莘《三朝北盟會編》，第 980 頁。
[3] 陳柏泉編著《江西出土墓誌選編》，江西教育出版社 1991 年版，第 140～146 頁。

王會（生卒年不詳），字元叟，王映之弟，官至兵部侍郎，生平事迹見《建炎以來繫年要錄》卷一四七紹興十二年十一月戊申，卷一五三紹興十五年五月癸亥，卷一五六紹興十七年四月庚戌，卷一六〇紹興十九年十二月壬子，卷一六二紹興二十一年四月甲辰、閏四月癸巳，卷一六八紹興二十五年四月辛丑，卷一六九紹興二十五年七月癸亥、十月甲辰，卷一七〇紹興二十五年十一月辛未和十二月辛卯、乙未、丙申、戊戌，卷一七三紹興二十六年六月甲戌、丁丑和七月壬寅、丁未，卷一七五紹興二十六年十月乙未、十一月癸巳，卷一七六紹興二十七年二月丁未，以及《三朝北盟會編》卷二二〇，《宋會要》職官六三之一四，職官七〇之四一、四二，職官七一之三二，崇儒七之六四，食貨二一之四，《宋史全文》卷二二上紹興二十五年十一月辛未和十二月乙未、丙申，范成大《吳郡志》卷一一《牧守題名》，陸游《老學庵筆記》卷三等。

王晌（？—1157），王映之弟，官終右中奉大夫、直秘閣、知太平州，紹興二十七年卒，生平事迹見《建炎以來繫年要錄》卷一五五紹興十六年八月辛亥，卷一六〇紹興十九年十月庚午，卷一六一紹興二十年六月庚申，卷一六三紹興二十二年二月丙子，卷一七〇紹興二十五年十一月辛未，卷一七二紹興二十六年三月癸卯、四月甲申，卷一七六紹興二十七年正月丙子，范成大《吳郡志》卷七《官宇》、卷一一《牧守題名》，洪邁《夷堅志》乙志卷一二《王晌惡識》等。

王轕（生卒年不詳），秦檜妻兄，曾官右承議郎、秀州通判，生平事迹見《三朝北盟會編》卷二二〇，《建炎以來繫年要錄》卷一六九紹興二十五年九月辛酉、卷一七一紹興二十六年二月丙申、卷一七三紹興二十六年九月壬寅等。

王曆[1]（生卒年不詳），字義道，王映之弟、李璆之婿，曾官湖南路安撫司幹辦公事，宣義郎、江南西路轉運司主管文字，右通直郎、江南東路安撫司參議官等，以右朝奉郎致仕，生平事迹見《三朝北盟會編》卷二二〇，《建炎以來繫年要錄》卷一五四紹興十五年十月乙酉、卷一六四紹興二十三

---

[1] 王曆之名，清人皆諱改爲"歷"。

年三月癸丑、卷一六六紹興二十四年正月丁丑、卷一七二紹興二十六年三月乙卯，汪應辰《文定集》卷一三《論王歷（曆）不當與致仕恩澤書》，李庚《幼幼新書序》[1]，王明清《揮麈餘話》卷二等。

王著（生卒年不詳），王曉之兄，曾官溫州通判等，生平事迹見《建炎以來繫年要録》卷一七二紹興二十六年三月戊辰、卷一七九紹興二十八年二月壬子，《宋會要》職官七一之二等。

王曉（生卒年不詳），字浚明，或謂王仲嶷之子，或謂王會之弟，劉子健認爲是王仲山之子[2]，姑從之，曾官溫州通判、潭州通判，知撫州、太府少卿等，生平事迹見《建炎以來繫年要録》卷一六九紹興二十五年八月壬午、卷一七二紹興二十六年三月戊辰、卷一七九紹興二十八年二月壬子、卷二〇〇紹興三十二年六月壬辰，《宋會要》職官七一之二、七二之七、四四，何異《宋中興百官題名·中興行在雜買務雜賣場提轄官題名》，王明清《揮麈後録》卷一、卷七，王明清《揮麈餘話》卷二等，《全宋詩》卷二四四二録其詩一首，《全宋文》卷四九六〇收其文一篇。

王時（生卒年不詳），王仲嶷之子，曾官户部員外郎、知郴州、知無爲軍等，生平事迹見《宋會要》職官七一之二、一八，食貨一四之三四和六五之九〇，《建炎以來繫年要録》卷一〇八紹興七年正月乙酉，王明清《揮麈餘話》卷二等，《全宋文》卷四四二四收其文一篇。

王昌，胡銓《廬陵縣重修先聖廟記》謂廬陵縣"令君成都王昌，故相岐公之孫"[3]。

王亞之、王伯是，韓元吉《南澗甲乙稿》卷五有《次韻王亞之來過横碧》《亞之出示其祖岐公墨迹及惠崇小景且和前韻復次答之》二詩[4]，韓元吉之子韓淲《澗泉集》卷一七有《過王伯是乃岐公孫也》。[5] 亞之、伯是乃王

[1] 參劉昉《幼幼新書》卷首，人民衛生出版社 1987 年版。
[2] 參劉子健《秦檜的親友》，劉子健《兩宋史研究彙編》，聯經出版事業公司 1987 年版，第 156 頁。
[3] 胡銓《胡澹庵先生文集》卷一七，清乾隆二十二年（1757）胡氏練月樓刻本（中國國家圖書館藏）。
[4] 參韓元吉《南澗甲乙稿》，景印文淵閣《四庫全書》，臺灣商務印書館 1986 年版，第 1165 冊第 59、60 頁。
[5] 參韓淲《澗泉集》，景印文淵閣《四庫全書》，臺灣商務印書館 1986 年版，第 1180 冊第 812 頁。

珪兩孫之字，不詳爲上考八人中哪兩人之字，或是另有其人，姑錄以備考。

王子溶，陸游《老學庵筆記》卷五云：“秦太師娶王禹玉孫女，故諸王皆用事。有王子溶者，爲浙東倉司官屬，郡宴必與提舉者同席，陵忽玩戲，無不至。提舉者事之反若官屬。已而又知吳縣，尤放肆。郡守宴客，初就席，子溶遣縣吏呼伎樂伶人，即皆馳往，無敢留者。上元吳縣放燈，召太守爲客，郡治乃寂無一人。又嘗夜半遣廳吏叩府門，言知縣傳語，必面見。守醉中狼狽，攬衣秉燭出問之。乃曰：‘知縣酒渴，聞有鹹齏，欲覓一甌。’其陵侮如此。守亟取，遣人遺之，不敢較也。”[1]此王子溶或亦爲王珪之孫，子溶當是其字，姑附以備考。

此外，有名王昞者，一作昺（生卒年不詳），字子華，歙州婺源（今屬江西）人，《建炎以來繫年要錄》卷五六謂是王映之弟，卷一七三又稱是王會從弟，宣和六年（1124）進士，官至知吉州，生平事迹見《宋史》卷三八一《黃龜年傳》，《建炎以來繫年要錄》卷五六紹興二年七月丁卯、卷五七紹興二年八月壬子、卷五八紹興二年九月庚申、卷一七三紹興二十六年六月丁丑，《宋會要》職官七一之一，羅願《新安志》卷八《進士題名》，《弘治徽州府志》卷八《人物·宦業》等。考陳昱《杭州鹽官縣重建縣廳記》稱“子華名昞，大丞相岐公之從孫”[2]，則王昞當爲王珪兄弟之孫。

孫女可考者三人：一爲仲嶷女，歸孟忠厚；二爲仲皖女，歸秦檜；三爲女尼，號慈明大師，南渡後募衆重建蘇州妙湛尼寺。

孫覿《宋故秦國夫人王氏墓誌銘》云：“秦國夫人王氏，故三司使鹽鐵判官、秘閣校理、贈太師、中書令、兼尚書令、漢國公諱準之曾孫，故金紫光祿大夫、尚書左僕射、兼門下侍郎、岐國公、贈太師諱珪之孫，故左正議大夫、顯謨閣待制、贈特進諱仲嶷之女。年十九歲，適孟氏，寔昭慈聖獻皇后之母弟中散大夫、贈太師、吳興郡王諱彦弼之婦，今少傅、保寧軍節度使、醴泉觀使、信安郡王忠厚之妻。……享年五十四，以紹興十九年五月壬午薨於平江府之私第。……生四男子：曰克，右朝進郎、通判平江軍府事；

---

[1]陸游撰，李劍雄、劉德權點校《老學庵筆記》，中華書局1979年版，第63頁。

[2]陳讓、夏時正纂修《成化杭州府志》卷一四《公署·海寧縣》，《四庫全書存目叢書》，齊魯書社1996年影印本，史部第175冊第202頁。

曰嵩，右宣教郎；曰雍，右承事郎；女在室。孫男女三人。信安王以其年八月庚申葬夫人於常州無錫縣富安鄉許峴村吴越國夫人之次若干步。維王氏先世家於蜀之華陽，後徙舒。至特進公葬於平江之長洲縣，今又爲平江人。"[1]此王仲嶷女卒於紹興十九年（1149），年五十四，當生於紹聖三年（1096）。按，孟忠厚（？—1157），字仁仲，洺州（今河北邯鄲永年）人，官至樞密使，《宋史》卷四六五有傳，《全宋文》卷四一〇收其文七篇。《宋史·孟忠厚傳》謂其爲哲宗廢后孟氏之兄，而《宋史》卷二四《高宗本紀一》、卷三七五《滕康傳》、卷三七八《衛膚敏傳》及汪藻《靖康要録》卷一二、《三朝北盟會編》卷九二、熊克《中興小紀》卷一等皆謂其乃孟氏之姪，證以其妻王氏墓誌，當以後説爲是。

《三朝北盟會編》卷一三五、卷二二〇，《建炎以來繫年要録》卷一五〇紹興十三年十一月癸丑，王明清《揮麈後録》卷一一、《揮麈餘話》卷二等皆記秦檜爲王仲㟽（王仲山）之婿。按，秦檜（1090—1155），字會之，江寧府江寧（今屬江蘇南京）人[2]，政和五年（1115）進士，官至左僕射，紹興二十五年卒，年六十六，謚忠獻，改謚謬醜，又謚謬狠，《宋史》卷四七三有傳，韓酉山編有《秦檜年譜》[3]，《全宋詩》卷一七五九録其詩一首、殘句一聯，《全宋文》卷三九八三、卷三九八四收其文近二卷。

范成大《吴郡志》卷三一《府郭寺》云："妙湛尼寺，在提舉常平司之東。寺舊有塔，兵燼後，王岐公之孫女慈明大師者，募衆重建。"[4]此慈明大師不詳爲何人之女。

曾孫可考者二人：一爲秦檜之子秦熺，字伯陽，本王唤之庶子，紹興十二年進士，官至知樞密院事；二爲王唤之子王子治，曾官宣義郎。

王明清《揮麈餘話》卷二云："秦熺，本王唤之孽子。唤妻鄭氏，達夫之女。唤䌷婦家而早達，鄭氏怙勢而妒。熺既誕，即逐其所生，以熺爲會之乞子。會之任中司，虜拘北去，夫婦偕行，獨留熺於會之夫人伯父王仲嶷豐

[1] 孫覿《鴻慶居士集》卷四〇，景印文淵閣《四庫全書》，第1135冊第435～437頁。
[2] 參韓酉山《秦檜研究》，人民出版社2008年版，第4頁。
[3] 參韓酉山《秦檜研究》附録二。
[4] 范成大撰，陸振岳點校《吴郡志》，第472頁。

父家。豐父子時憍而傲，每凌侮之。其後會之用其親黨，遍躋要途，獨時每以參議官處之。"[1] 可知秦熺爲王映庶子。按，秦熺（？—1161），字伯陽，一作伯暘，以蔭入仕，紹興十二年（1142）進士，官至知樞密院事，三十一年卒，生平事迹見《宋史》卷四七一《秦檜傳》，《建炎以來繫年要錄》卷一一、卷三〇、卷四四、卷一二二、卷一二四、卷一三六、卷一三七、卷一四四、卷一四五、卷一四六、卷一四七、卷一四八、卷一四九、卷一五〇、卷一五一、卷一五二、卷一五三、卷一五四、卷一五五、卷一五六、卷一五七、卷一六〇、卷一六一、卷一六二、卷一六五、卷一六六、卷一六七、卷一六八、卷一六九、卷一七〇、卷一七一、卷一七二、卷一七三、卷一七五、卷一七六、卷一七八、卷一七九、卷一八七、卷一八八、卷一八九，周密《齊東野語》卷一一《曹泳》等，《全宋詩》卷一九二三錄其詩二首、殘句一聯，《全宋文》卷四二九八收其文十三篇。秦熺原娶鄭居中次子鄭修年之女爲妻[2]，續娶曹彬之六世孫女曹氏。[3]

　　徐元杰《王從事墓誌銘》云："有宋元豐間，岐文恭王公珪由翰苑登宰輔，賜第開封，族蕃以大。今參錯江浙，多其裔。岐公生累贈少師、中大夫仲山，避難始寓吾信。少師生累贈少傅、寶文閣學士、正議大夫、提舉萬壽觀映。少傅生宣義郎子治。宣義生公與公之伯氏宷。"又載王子治長子王宷擢嘉定十六年（1223）進士；次子王宏（1174—1243），字伯如，自號林隱，紹定二年（1229）特賜進士出身，官至嘉興海鹽尉，淳祐三年卒，年七十，娶游九言之女，"子男四人：祖愿，鄉貢進士；祖直、祖簡、祖強，皆習進士業。祖強兩年卒。女三人：長適進士宋子懷，次適漕貢進士趙汝瀘，次未行。孫男二人：阿崇、阿真"[4]。

---

[1] 王明清《揮麈錄》，第241~242頁。

[2] 參徐夢莘《三朝北盟會編》卷二二〇，第1586頁。

[3] 參成崗《秦檜家族墓主人身份公開　秦檜家族史或要改寫》，《南京晨報》2007年2月10日。按，《建炎以來繫年要錄》卷一五〇：紹興十三年十月，"戊子，右宣教郎、新監行在左藏西庫曹泳添差通判秀州。泳，彬五世孫，秦熺婦兄也，始以武易文，故有是命。"（李心傳編撰，胡坤點校《建炎以來繫年要錄》，中華書局2013年版，第6冊第2833頁）姑從新出土之曹氏墓誌銘之說。

[4] 徐元杰《楳埜集》卷一一，《宋集珍本叢刊》，綫裝書局2004年影印本，第84冊第18~19頁。

此外，《樓鑰集》卷七三《跋王岐公端午帖子》謂王珪某曾孫嘉定二年（1209）時任大宗正丞兼權吏部郎，不詳所指爲何人。

華陽王氏在宋代爲華宗盛族。

莊綽《雞肋編》卷中云："岐國公王珪在元豐中爲丞相，父準、祖贄、曾祖景圖，皆登進士第。其子仲修，元豐中登第。公有詩云：'三朝遇主惟文翰，十榜傳家有姓名。'注云：'自太平興國以來，四世凡十榜登科。'後姪仲原子耆、仲孜子昴相繼登科，昴又魁天下。本朝六世登第者，與晁文元二家。而晁一世賜出身也。崇寧四年，耆初及第，歧（岐）公長子仲修作詩慶之曰：'錫宴便傾光禄酒，賜袍還照上林花。衣冠盛事堪書日，六世詞科只一家。'又漢國公準子四房，孫婿九人，余中、馬珌、李格非、閭丘籲、鄭居中、許光疑、張燾、高旦、鄧洵仁皆登科。鄧、鄭、許相代爲翰林學士。曾孫婿秦檜、孟忠厚同時拜相開府，亦可謂華宗盛族矣。"[1]孫覿《宋故秦國夫人王氏墓誌銘》亦云："維王氏先世家於蜀之華陽，後徙舒，至特進公葬於平江之長洲縣，今又爲平江人。熙寧、元豐間，岐公被遇神宗，仕至宰相，鴻名碩實，具載國史。逮今六十餘年，子孫以文學政事世其家，踐臺省，登侍從，奉使典州，前後相望，率常數十人。而女公子之貴，尤稱於天下。故相太宰華原王鄭公之夫人封越國，於今太師平章僕射秦公之夫人封某國，隆貴蓋如此。而夫人又以碩媛作配侯王，賜號秦國，福禄始終，於是爲盛。"[2]"特進公"指王仲嶷。華陽王氏在宋代以累世科考成功而著稱於世，王善軍對此有專門研究。[3]

華陽王氏世系簡表，參見圖一。

---

[1]莊綽撰，蕭魯陽點校《雞肋編》，第76~77頁。

[2]孫覿《鴻慶居士集》卷四〇，景印文淵閣《四庫全書》，第1135冊第436~437頁。

[3]參王善軍《宋代華陽王氏家族科舉論略》，《中華文化論壇》2005年第1期。

王及曁
王景圖
王永
王贄
王皋　王覃　王準　王鞏　王罕
王瓘　王珪　王玘　王玧
王仲脩　王仲端　王仲蘒　王仲㽚　王仲煜
王昭　王晏　王晟　王昌　王時　王映　王會　王晌　王鞠　王曆　王著　王曉
秦熺　王子治

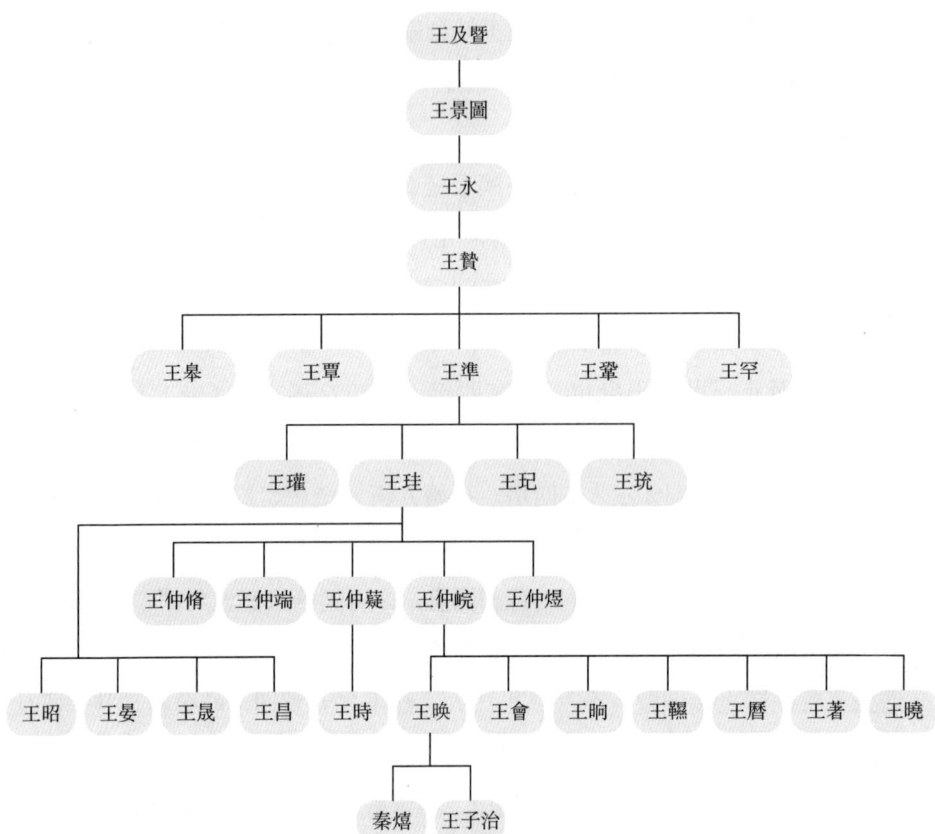

圖一　華陽王氏世系表

著述

王珪詩，世號"至寶丹"；其文閎侈瓌麗，自成一家。

　　王珪詩，世號"至寶丹"，但究爲何人首創此稱，則有不同説法。陳師道《後山詩話》云："王岐公詩喜用金玉珠璧，以爲富貴，而其兄謂之至寶丹。"[1] 魏慶之《詩人玉屑》卷一一《詩病·至寶丹》引此則。胡仔《苕溪漁隱叢話》前集卷二六《晏元獻》亦引此則，但"金玉珠璧"作"金璧珠碧"。又引《王直方詩話》云："王禹玉詩，世號至寶丹，以其多使珍寶，如黄金必以白玉爲對。"[2] 曾慥《類説》卷五七《王直方詩話》引此則。阮閲《詩話

[1] 何文焕輯《歷代詩話》，第 314 頁。
[2] 胡仔纂集，廖德明校點《苕溪漁隱叢話·前集》，人民文學出版社 1962 年版，第 176 頁。

總龜》前集卷七《評論門三》亦引此則，但作"晁以道云"[1]。蔡絛《西清詩話》卷上云："魯公嘗云：'應制詩，人罕得體，獨少陵深踐閫域，如"翼亮貞文德，丕承戢武威"。"戢武威"，唐人猶間能道之，至"丕承"字，何人敢入詩？亦道所不到也。是真得應制體，不在於南金大貝，疊積滿前。前輩亦論，詩家何假金玉而後見富貴。東坡評王禹玉詩是"至寶丹"，何金珠玳瑁之多也。'"[2]"魯公"指蔡京。葛立方《韻語陽秋》卷一云："人言居富貴之中者，則能道富貴語，亦猶居貧賤者工於説饑寒也。王岐公被遇四朝，目濡耳染，莫非富貴，則其詩章雖欲不富貴得乎？故岐公之詩，當時有至寶丹之喻。如'寶藏發函金作界，仙醪傳羽玉爲臺'，'夢回金殿風光別，吟到銀河月影低'等句甚多。"[3]劉克莊《跋章仲山詩》云："詩非達官顯人所能爲，縱使爲之，不過能道富貴人語。世以王岐公詩爲至寶丹，晏元獻不免有腰金枕玉之句，繩以詩家之法，謂之俗可也。故詩必天地畸人、山林退士，然後有標致；必空乏拂亂，必流離顛沛，然後有感觸；又必與其類鍛鍊追琢然後工。"[4]范晞文《對牀夜語》卷五云："商隱詩：'鬭鷄回玉勒，融麝暖金釭。玳瑁明珠閣，琉璃冰酒缸。'七言云："不收金彈拋林外，却惜銀牀在井頭。綵樹轉燈珠錯落，繡檀回枕玉雕鎪。'金玉綵繡，排比成句，乃知號'至寶丹'者，不獨王禹玉也。"[5]胡應麟《詩藪》外編卷五云："王平甫不惟論新法異乃昆，詩亦大異介甫，豐碩整麗，不作一奇字怪語，在熙寧足爲名家。禹玉、子京，亦其流也。""王禹玉好用貴重字，人目爲至寶丹；秦少游好用艷麗字，世以爲小石調：絶是天生的對。然二君各有佳處，毋用爲嫌。"又謂"宋之……學王建者，王禹玉"[6]。瞿佑《歸田詩話》卷上《至寶丹》云："王岐公詩，喜用金玉珠翠等字，世謂之至寶丹。其子明之在姑蘇有所愛，比至京師，公強留之。逾時，作詩云：'黃金零落大刀頭，玉箸歸期畫到秋。紅錦寄魚風逆浪，紫簫吹鳳月當樓。伯勞知我經春別，香蠟窺人徹

[1] 阮閱編，周本淳校點《詩話總龜·前集》，人民文學出版社1987年版，第83頁。
[2] 張伯偉編校《稀見本宋人詩話四種》，江蘇古籍出版社2002年版，第178頁。
[3] 何文煥輯《歷代詩話》，第490頁。
[4] 劉克莊著，辛更儒箋校《劉克莊集箋校》，中華書局2011年版，第10冊第4517頁。
[5] 丁福保輯《歷代詩話續編》，中華書局1983年版，第442頁。
[6] 胡應麟《詩藪》，上海古籍出版社1979年版，第212、215頁。

夜愁。好去渡江千里夢，滿天梅雨是蘇州。'句意甚工，而富艷奇巧。蓋得公家法也。"[1]《四庫全書總目》卷一五二著録王珪《華陽集》，提要云："其詩以富麗爲主，故《王直方詩話》載時人有'至寶丹'之目，以好用金玉錦繡字也。然其捵藻敷華，細潤熨貼，精思鍛鍊，具有爐錘。名貴之篇，實復不少。正不獨葛立方、方回所稱《明堂慶成》《上元應制》諸篇爲工妙獨絶矣。"[2]《四庫全書簡明目録》卷一五著録王珪《華陽集》，提要云："珪不出國門，坐致卿相，無壯遊勝覽拓其心胸，亦無羈恨哀吟形於筆墨，故其文多臺閣之體，其詩善言富貴，當時謂之至寶丹。然論其詞華，則固二宋之亞也。"[3]王珪作詩，講究用韻。朱熹《晦庵先生朱文公文集》卷八二《書楚辭叶韻後》云："始予得黃叔垕父所定《楚辭叶韻》而愛之，以寄漳守傅景仁。景仁爲刻板置公帑，未幾，予來代景仁，景仁爲予言，《大招》'昭''邊'同韻，此謂'邊'當爲'遭'，似矣。然嘗讀王岐公集，銘詩中用'邊'字正入'昭'韻，則《大招》之'邊'自不當改。然又疑其或反是承襲此篇之誤，因考《漢書・敘傳》，則有'符'與'昭'韻者（《高惠功臣侯表》），'區'與'驕'韻者（《西南夷兩粵傳》），乃知《大招》本文誠不爲誤，而岐公用韻，其考之亦詳也。"[4]"至寶丹"之喻到底出自何人之口，現已難指實。錢基博認爲："宋之文章，大端不出二者，而推其原皆出於唐：其一原出李商隱；自宋初西崑之楊億、劉筠、錢惟演以迄宋氏庠、祁兄弟、夏竦、胡宿、王珪，詞取妍華而不免庸膚，此承唐人之頹波，而未能出新意者也。其一原本韓愈；自宋初柳開、穆修以迄，石介、尹洙、蘇舜欽、歐陽修、梅堯臣、王安石、曾鞏、蘇洵及其子軾、轍兄弟、秦觀、張耒、黃庭堅、陳師道，氣必疏快而力袪茂興，此發宋文之機利，而以殊於唐格者也。詩古文然，推之於四六及詞，亦無不然。"[5]祝尚書、段莉萍、張立榮等將王珪視爲

[1] 丁福保輯《歷代詩話續編》，第 1251 頁。

[2] 魏小虎編撰《四庫全書總目彙訂》，上海古籍出版社 2012 年版，第 8 冊第 4898~4899 頁。

[3] 永瑢等《四庫全書簡明目録》，古典文學出版社 1957 年版，第 618 頁。

[4] 朱熹撰，朱傑人、嚴佐之、劉永翔主編《朱子全書（修訂本）》，上海古籍出版社、安徽教育出版社 2010 年版，第 24 冊第 3891 頁。

[5] 錢基博《中國文學史》，中華書局 1993 年版，第 453 頁。

後期西崑派詩人。[1]谷曙光不認同這種觀點，指出"至寶丹"體之突出特點是鑲金嵌玉、雕潤典麗，此爲沾溉歐陽修、梅堯臣等新變派之膏馥而不脱富貴氣之館閣詞臣之詩。[2]

《宋史》本傳云："珪以文學進，流輩咸共推許。其文閎侈瓌麗，自成一家，朝廷大典策，多出其手，詞林稱之。"（第10243頁）吳泳《答程季與書》其一云："王岐公被遇三朝，大典冊獨出其手，每一篇出，人爭誦之，亦華陽人也。"[3]許光疑《華陽集序》云："公少登顯塗，未嘗遷謫。故平生著述，多代言應制之文，而無放逐無聊感憤之作。仁宗嘗稱公文有體，英宗嘗謂輔臣學士唯王珪能草制。神考每有聖作，多令公視草。嘗奉詔述高康王、衛王碑，天語稱以'真大手筆'。進仁、英二帝紀，批詔以比班、馬。"[4]李邴《初寮集序略》云："本朝承五季之後，楊、劉之學盛於一時，其裁割纂組之工極矣！石介憤然以楊公破碎聖人，爲世巨害，著論排之甚力。然當時文宗巨儒司翰墨之職者，亦必循本朝故事。如近世張公安道高簡粹純，王公禹玉溫潤典裁，元公厚之精麗穩密，蘇東坡先生雄深秀偉，皆制詞之傑然者。譬之王良造父，策驥騄而騁康莊，一日千里，而節以和鑾，馳之蟻封，亦必中度，豈能彼而不能此哉！"[5]王銍《四六話》卷上云："先公言本朝自楊劉，四六彌盛，然尚有五代衰陋氣。至英公表章，始盡洗去。四六之深厚廣大、無古無今皆可施用者，英公一人而已，所謂四六集大成者。至王歧（岐）公、元厚之，四六皆出於英公。王荆公雖高妙，亦出英公，但化之以義理而已。"[6]王應麟《辭學指南》卷二云："詔書或用散文，或用四六"，"散文當以西漢詔爲根本，次則王岐公、荆公、曾子開詔，熟觀然後約以今時格式，不然則似今時文策題矣"。卷三云："華陽《賀老人星

[1] 參祝尚書《論後期"西崑派"》，《社會科學研究》2002年第5期；段莉萍《後期"西崑派"研究》，巴蜀書社2009年版，第99頁；張立榮《北宋前期七言律詩研究》，中國社會科學出版社2014年版，第262頁。

[2] 參谷曙光《論王珪的"至寶丹"體詩》，《文學遺產》2005年第5期。

[3] 吳泳《鶴林集》卷二七，景印文淵閣《四庫全書》，臺灣商務印書館1986年版，第1127冊第267頁。

[4] 解縉等奉敕纂《永樂大典》卷二二五三六，中華書局1986年影印本，第8冊第7873頁。

[5] 王安中《初寮集》卷首，《宋集珍本叢刊》，綫裝書局2004年影印本，第33冊第143頁。

[6] 王水照主編《歷代文話》，復旦大學出版社2007年版，第1冊第8~9頁。

見表》曰：‘金行貫敍，顯氣肅乎西成；珠緯躔空，祥輝麗乎南極。乾文朗潤，宵景澄夷。’又曰：‘薦人君之壽，既稽元命之圖；表天下之安，又載西京之志。’一時慶語無出其右。"[1] 陸游《渭南文集》卷二七《跋〈高康王墓誌〉》亦云："王岐公文章閎麗，有西漢風"[2]。袁桷《跋王岐公帖》云："前賢作家問，語質而情周，非如今人從事筆墨長語。今觀此帖，亦足以少勵薄俗矣。"[3]《四庫全書總目》卷一五二著録王珪《華陽集》，提要云："人品事業，皆無可取。然其文章則博贍瓌麗，自成一家。計其登翰苑、掌文誥者幾二十年，朝廷大典策皆出其手，故其多而且工者，以駢儷之作爲最，揖讓於二宋之間，可無愧色。王銍、謝伋、陸游、楊萬里等往往稱之，殆非虛美。"[4] 錢基博以爲王珪爲文，駢散兼善，不必以"閎侈瑰麗"爲大手筆，云："文則奏表、內外制、冊文、祝文、祭文、賀詞、啓，皆駢文，自是臺閣之體；然多寂寥短章，不見所謂‘閎侈瑰麗’。而內外制不拘屬對，頗如元稹之‘追用古道’。如《賜臺諫官詔》《皇長子潁王頊乞班在富弼允弼允良下不允詔》《宰臣韓琦免恩命不允詔》……，皆以古文出之；其辭簡切，其氣疏宕，豈必以‘閎侈瑰麗’爲大手筆。及其爲古文，如《御製龍圖天章觀三聖御書詩序》《送太子少保致仕李柬之歸西京詩序》《送刑部侍郎致仕李受歸廬山詩序》，雍容揄揚而出以跌宕昭彰。其他如《追封成國程公坦神道碑》《夏文莊公竦神道碑》《狄武襄公青神道碑》……，紆徐委備而能爲條達疏暢。辭達而情昭，氣舒而韻流，雖不如歐陽修之風神駘蕩，而實同歐陽修之意思安閑；隨筆曲注，若無意爲文，而引物連類，不煩繩削而自合。而碑誌之作，尤爲冠絕；所敍皆同時朝貴，雖諛墓之文，而得失互見；其有事涉數人，往往事略於此而文著於彼，是非較然不掩，焯有史法；其言詳而覈，信而達。

---

[1] 王水照主編《歷代文話》，第1冊第958~959、973頁。按，原文標點有誤。以下引文中標點有誤者，徑改。又，本集卷四一有《賀壽星見表》《賀老人星見表》，《辭學指南》所引文字見《賀壽星見表》，而非《賀老人星見表》。

[2] 錢仲聯、馬亞中主編《陸游全集校注》，浙江教育出版社2011年版，第10冊第173頁。

[3] 袁桷著，楊亮校注《袁桷集校注》，中華書局2012年版，第5冊第2027頁。

[4] 魏小虎編撰《四庫全書總目彙訂》，第8冊第4898頁。按，《宋史》本傳謂"珪典內外制十八年"，《神道碑》則謂"掌文誥二十年"，顧吉辰以爲後者可信（顧吉辰《〈宋史〉比事質疑》，書目文獻出版社1987年版，第389頁）。考王珪皇祐四年（1052）始爲知制誥，熙寧三年（1070）罷翰林學士，其典文誥共歷十九年；其中嘉祐二年（1057）七月至四年十月丁母憂罷職，實際典文誥十八年。故當以《宋史》爲是。言"二十年"者，約而言之也。

讀《宋史》（夏竦、狄青、龐籍、宋庠、高瓊、賈昌朝、邵亢、梁適、王素、趙概、賈黯）諸傳，皆襲珪碑誌之文。乃知珪之所爲焯然自成一家者，在當日流輩之所推，雖是臺閣體之‘閎侈瓌麗’，而千古信史之所繫，實在碑誌文之詳暢練覈。《四庫提要》及《簡明目録》云云，特囿於一時流輩之所推許，而不免尋聲逐響之談也。如以臺閣體之‘閎侈瓌麗’而論，則膚詞濫調，不如二宋警切多矣。"[1]

有《華陽集》六十卷、《王岐公宮詞》一卷傳世。又有《王禹玉詩話》一卷，編修《嘉祐審官院編敕》十五卷，參修《仁宗實録》二百卷，監修《在京諸司庫務條式》一百三十卷、《六朝國朝會要》三百卷、《兩朝國史》一百二十卷，均佚。

《神道碑》記王珪有文集一百卷，未言其名。《東都事略》本傳、晁公武《郡齋讀書志》卷一九、趙希弁《讀書附志》卷下、陳振孫《直齋書録解題》卷一七、馬端臨《文獻通考》卷二三五《經籍考六十二》、楊士奇等編《文淵閣書目》卷九、張萱等編《内閣藏書目録》卷三、錢謙益《絳雲樓書目》卷三等著録王珪文集名爲《華陽集》，《宋史》卷二〇八《藝文志七・集類》則著録爲《王珪集》。洪邁《容齋五筆》卷三《三衙軍制》記洪邁曾"閱《華陽集》，王珪撰《高瓊神道碑》"[2]，陸游《渭南文集》卷三〇《跋世父大夫詩稿》記其伯父陸宰"嘗鈔王岐公《華陽集》百卷"[3]。《郡齋讀書志》《直齋書録解題》均謂因王珪祖居成都華陽，故其文集命名爲《華陽集》。王珪死後，因生前議建儲事被追貶，其文集久未行世。大觀二年（1108），王仲脩始奉詔編次其文集爲一百卷，鏤板以傳世。王仲脩刊本《華陽集》南宋時有廬陵翻刻本，明代猶有全本，約在萬曆朝後散佚。今傳《華陽集》乃四庫館臣自《永樂大典》中輯出者，編爲六十卷，抄入《四庫全書》。但《永樂大典》本《華陽集》刊入《武英殿聚珍版叢書》時，被刪去青詞、密詞、道場文、齋文、樂語之類"不可爲訓"之文，縮編爲四十卷。《武英殿聚珍

[1] 錢基博《中國文學史》，第476～478頁。

[2] 洪邁撰，孔凡禮點校《容齋隨筆》，中華書局2005年版，第865頁。

[3] 錢仲聯、馬亞中主編《陸游全集校注》，第10冊第271～272頁。

版叢書》有福建、廣州書局重刻本,《叢書集成初編》據聚珍本排印。[1]《永樂大典》本《華陽集》誤收、重出現象嚴重,輯佚也很不完備,勞格、欒明貴、王傳龍等學者對此有相關研究成果。[2]

趙與峕《賓退錄》卷五載宋人文集多有同名者,其中"王岐公、張彥正皆號《華陽集》"[3]。按,張綱(1083—1166),字彥正,自號華陽老人,潤州丹陽(今屬江蘇)人,政和四年(1114)進士,官至參知政事,乾道二年卒,年八十四,《宋史》卷三九〇有傳,生平事迹見張綱《華陽集》附錄洪箴《故資政殿學士左通議大夫丹陽郡開國公食邑二千二百户食實封一百户致仕贈左光禄大夫張公行狀》,有《華陽集》四十卷傳世,其文集以其號得名。

此外,唐人顧況文集亦名《華陽集》。按,顧況(727?—816?),字逋翁,自號華陽真逸,蘇州海鹽(今屬浙江)人,至德二載(757)進士,官至著作佐郎,《舊唐書》卷一三〇有傳,生平事迹見計有功《唐詩紀事》卷二八、辛文房《唐才子傳》卷三等,傅璇琮有《顧況考》[4],顧況文集《華陽集》原有二十卷,今傳本三卷。

《直齋書録解題》卷二〇著録王珪《王岐公宮詞》一卷,今存明嘉靖間常熟楊氏五川精舍銅活字本《王岐公宮詞》一卷,不詳是否源於宋本。除單行本外,《王岐公宮詞》還有合刊本。《直齋書録解題》卷一五著録《三家宮詞》三卷,云:"唐王建、蜀花蕊夫人、本朝丞相王珪三人所著。"[5]《文獻通考》卷二四八從之。今存明萬曆二十二年(1594)吳氏雲栖館刻《三體宮詞》、明末毛氏緑君亭刻《三家宮詞》可能源於宋槧。又有《十家宮詞》本,乃南宋末杭州陳氏睦親坊書籍鋪所刊,今存抄刻本源於此本者主要有三種:明末毛氏汲古閣影鈔宋書棚本《十家宮詞》,倪燦輯、康熙二十八年(1689)

---

[1] 參祝尚書《宋人別集敘録》,中華書局1999年版,第297~298頁。按,孫文泱謂王珪《華陽集》有《正誼堂全書》本(張之洞編撰,范希曾補正,孫文泱增訂《增訂書目答問補正》,中華書局2011年版,第448頁)。查《正誼堂全書》,其中並無《華陽集》。

[2] 參王傳龍、王一方《王珪〈華陽集〉的誤收、輯佚與流傳》,《中州學刊》2016年第2期。

[3] 趙與峕著,齊治平校點《賓退錄》,上海古籍出版社1983年版,第60頁。按,整理本《賓退錄》作者寫作"趙與時",有誤,《賓退錄》作者應爲"趙與峕",參陳偉文《〈賓退錄〉作者趙與峕考》,《文獻》2011年第4期。

[4] 參傅璇琮《唐代詩人叢考》,中華書局2003年版,第396~426頁。

[5] 陳振孫撰,徐小蠻、顧美華點校《直齋書録解題》,第447頁。

胡介祉刻《十家宫词》，以及民国间田中玉影宋刊《十家宫词》。《永乐大典》本《华阳集》中收有宫词，很可能《华阳集》原集中就收有宫词百篇，后人自集中抄出单行。葛立方《韵语阳秋》卷三云："唐王建以宫词名家。本朝王岐公亦作宫词百篇，不过述郊祀、御试、经筵、翰苑、朝见等事，至于宫掖戏剧之事，则秘不可传，故诗词中亦罕及。"[1] 阮阅《诗话总龟》后集卷五〇《拾遗门》引此则。《宾退录》卷一云："王平甫谓：'馆中校花蕊夫人《宫词》，止三十二首夫人亲笔，又别有六十六篇者，乃近世好事者旋加搜索续之，语意与前诗相类者极少，诚为乱真。'世又有《王岐公宫词》百篇，盖亦依托者。"[2] 赵与峕所言乃疑是之辞，不足为据。[3]

　　今传王珪宫词似已与宋本不同。程大昌《演繁露》卷一五《六更》云："禁中钟鼓院，在和宁门谯上。其上鼓记五更已竟，外间通用漏刻方交五更也。杀五更后，谯上不复更击钟鼓，需平明漏下二刻，方椎鼓数十声门开。人知促配五更，不击六鼓，何义也？唐王建《宫词》云：'每夜停灯熨御衣，银熏笼底火霏霏。遥听帐里君王觉，上直钟声始得归。'本朝王禹玉亦有词云：'焚香熨熨赭黄衣，恐怕朝阳进御迟。禁鼓六更交早直，归来还直立班时。'以二宫词详之，禁中记更鼓不究平晓者，盖交更之际，翌日当直宫女，须以未晓前先来受事。则凡应奉蚤朝，皆可夙办，若候正交五更始来，则不及事矣。王建言'上直钟声'者，禁中五更晓钟也。王禹玉谓'六更'者，明宫殿五更之外更有一更也。其实宫鼓以外间四更促为五更，故五鼓终竟时，蚤于外间耳，鼓节未尝溢六也。国朝大礼，车驾宿斋青城，则斋殿门内五更，均促使短如宫中常节，至青城门外，则五夜平分，须晓乃竟。故奉常具行礼序次，以授在事之人，皆以宫漏之外，别异其言曰：'街市几更，几更。'为此也。"[4] 李心传《旧闻证误》卷四节引此则，所引王珪宫词二句为：

[1] 何文焕辑《历代诗话》，第510页。

[2] 赵与峕著，齐治平校点《宾退录》，第1页。按，今人多以为后二句亦为王安国语，考王安国卒于熙宁七年（1074），王珪元丰八年（1085）始封为岐国公，则后二句当为赵与峕语。

[3] 参祝尚书《宋人别集叙录》，第296~297页；祝尚书《宋人总集叙录》，中华书局2004年版，第334~337页。

[4] 程大昌撰，许沛藻、刘宇整理《演繁露》，《全宋笔记》第四编，大象出版社2008年版，第9册第139~140页。

"禁鼓六更交直早，歸來還是立班時。"[1] 按，二書所引詩句見本集卷五《宮詞》一百首其七十九，全詩爲："焚香重熨赭黄衣，恐怕朝陽進御遲。禁鼓五更交早直，歸來還是立班時。"（第33~34頁）最大不同是變"六更"爲"五更"，與宋人所見者可謂差別大矣。此外，浦江清指出，曹學佺《蜀中明勝記》本花蕊夫人《宮詞》中混入王珪《宮詞》一首，明萬曆仿宋本花蕊夫人《宮詞》中混入王珪《宮詞》三十六首，《全唐詩》卷七九八收錄花蕊夫人《宮詞》時因之。[2]

鄭樵《通志》卷七〇《藝文略第八·詩評》宋人詩話中著錄《王禹玉詩話》一卷。焦竑《國史經籍志》卷五《集類·詩文評》亦著錄《王禹玉詩話》一卷。郭紹虞《宋詩話考》卷下著錄《王禹玉詩話》，云："是書惟《通志·藝文略》詩話類著錄，不見傳本。焦竑《國史經籍志》據以入詩文評類，疑亦未見其書，不足爲明代流傳之證。趙令時《侯鯖錄》、陸游《老學庵筆記》均稱禹玉詩善用事，惜未見其詩話，不知其議論若何也。或禹玉有筆記，未成書，此亦後人得其散稿，遂改題爲詩話者。"[3] 然胡震亨《唐音癸籤》卷三二《宋元人詩話》亦有"《王禹玉詩話》一卷，王珪撰"[4] 之記錄，似此書明代尚存。

蔡夢弼《杜工部草堂詩箋跋》云："又如宋次道、崔德符、鮑欽止，暨太原王禹玉、王深父、薛夢符、薛蒼舒、蔡天啓、蔡致遠、蔡伯世皆爲義說；其次如徐居仁、謝任伯、吕祖謙、高元之，暨天水趙子櫟、趙次翁、杜修可、杜立之、師古、師民瞻亦爲訓解。"[5] 按，此"太原王禹玉"當即王珪，本集卷五四《賈黯墓誌銘》中王珪曾自稱"太原王珪"（第400頁），當就其郡望而言。王珪所作杜詩義說已佚，蔡夢弼《杜工部草堂詩箋》亦未見引用，頗疑此即《王禹玉詩話》中之內容。

[1] 張世南、李心傳撰，張茂鵬、崔文印點校《遊宦紀聞 舊聞證誤》，中華書局1981年版，第57頁。
[2] 參浦江清《花蕊夫人宮詞考證》，浦江清《浦江清文錄》，人民文學出版社1989年版，第98~100頁。
[3] 郭紹虞《宋詩話考》，中華書局1979年版，第187~188頁。
[4] 胡震亨《唐音癸籤》，上海古籍出版社1981年版，第331頁。
[5] 蕭滌非主編《杜甫全集校注》，人民文學出版社2014年版，第12冊第6609頁。

　　《宋史》卷二〇四《藝文志三》著録"《審官院編敕》十五卷"[1]，不著撰人。按，此書實爲王珪所編。王應麟《玉海》卷六六《嘉祐審官院編敕》云："王珪以審官院《皇祐一司敕》至嘉祐七年以前續降敕剳一千二十三道編成條貫，並總例共四百七十六條，爲十五卷，以《嘉祐審官院編敕》爲目。"[2]《嘉祐審官院編敕》治平元年（1064）四月辛未編成奏進。[3]

　　《郡齋讀書志》卷六著録《仁宗實録》二百卷，云："右皇朝韓琦等撰。起藩邸，盡嘉祐八年三月，凡四十二年。嘉祐八年十二月，詔韓琦提舉，王珪、賈黯、范鎮修撰，宋敏求、呂夏卿、韓維檢討。治平中，又命陳薦、陳繹同編修。熙寧二年奏御。"[4]《直齋書録解題》卷四亦著録是書，云："學士華陽王珪禹玉、范鎮景仁，知制誥常山宋敏求次道撰。嘉祐八年奉詔，歷治平至熙寧二年七月書成。宰臣韓琦提舉。"[5]《玉海》卷四八《嘉祐仁宗實録》云："嘉祐八年十二月十二日庚辰，（時英宗已即位。）命翰林學士王珪、賈黯、范鎮修《仁宗實録》，以宋敏求、呂夏卿、韓維爲實録院檢討官。治平元年二月戊辰，命宰臣韓琦提舉。（治平四年五月，上遣使取净草二篇留觀禁中，賜史臣手詔。）熙寧二年七月己丑，韓琦等上之，凡二百卷。（又本有《事目》十卷。《長編》：'命王珪等爲檢討，入内都知任守忠管勾。敏求時知亳州，召用之。'無韓琦提舉事。）"[6]佚名《南宋館閣續録》卷一《沿革·實録院》引白剳子云："竊見累朝置院，修成《實録》，修書所占年月，少者止及二年，多者不過五六年，便見成書。只如仁宗一朝，四十二年之中，事迹可謂繁夥，然自嘉祐八年十二月奉詔修撰，至熙寧二年書已告成，首尾才閲六年；而當時修撰官止王珪、賈黯、范鎮、馮京，檢討官止宋敏求、呂夏卿、韓維、陳薦、陳繹，前後秉筆，不出此九人而已。"[7]可知《仁宗實録》實際編纂者多達九人，王珪僅爲其中之一，但"王珪自始至終總覽其事，較

[1] 脱脱等《宋史》，第 15 册第 5139 頁。
[2] 王應麟輯《玉海》，廣陵書社 2003 年影印本，第 2 册第 1260 頁。
[3] 參李燾撰，上海師範大學古籍整理研究所、華東師範大學古籍整理研究所點校《續資治通鑑長編》卷二〇一，中華書局 2004 年版，第 8 册第 4861 頁。
[4] 晁公武撰，孫猛校證《郡齋讀書志校證》，第 229～230 頁。
[5] 陳振孫撰，徐小蠻、顧美華點校《直齋書録解題》，第 129 頁。
[6] 王應麟撰，武秀成、趙庶洋校證《玉海藝文校證》，第 658 頁。
[7] 陳騤、佚名撰，張富祥點校《南宋館閣録 續録》，中華書局 1998 年版，第 166 頁。

之其餘史官貢獻爲大"[1]。《仁宗實録》原書已佚。

《宋史》卷二○四《藝文志三》著録"王珪《在京諸司庫務條式》一百三十卷"[2]。《長編》卷二○五云：治平二年（1065）六月"壬寅，提舉在京諸司庫務王珪等奏：都官郎中許遵編修提舉司并三司類例一百三十冊。詔行之，以《在京諸司庫務條式》爲名。遵，泗州人也"[3]。《玉海》卷六六《治平諸司條式》云："二年六月十四日壬寅，學士、提舉諸司庫務王珪等上提舉司并三司額（一作類）例一百五冊及都冊二十五冊共一百三十冊（《志》：一百三十卷）。詔以《在京諸司庫務條式》爲名。珪等言：'四海貢賦，漕挽以輸京師。又建官寺、府庫、委積、苑囿、關市、工冶之局，以謹出納。雖調用繫之三司，然綱領一總於提舉司。與三司所部凡一百二處，其額例自嘉祐七年秋許遵重修，迄今三年始成書。官吏之數，金布之籍，監臨賞罰之格，工器良窳之程，舟車受納之限，管榷虧贏之比，轉補之資敍，招收之等式，皆迹舊便今，芟繁之要。'"[4]按，《玉海》所引王珪等言，見本集卷八《進提舉司條式劄子》。可知《在京諸司庫務條式》乃許遵歷時三年編成，王珪以提舉監修而得以署名。

《郡齋讀書志》卷一四著録《六朝國朝會要》三百卷，云："右神宗朝以《會要》止於慶曆，命王珪續之。起於建隆之元，迄於熙寧十年，通舊增損成是書。總二十一類，八百五十五門。其間禮樂政令之大綱，儀物事爲之細目，有關討論，顧無不載，文簡事詳，一代之典備矣。"[5]《讀書附志》卷上著録《總類國朝會要》五百八十八卷，云："右《總類國朝會要》，由建隆而至乾道也。始，仁宗命章得象編，起建隆，止慶曆，爲一百五十卷。神宗又命王珪續編慶曆四年以後至熙寧末，凡三十四年，通前爲三百卷。"[6]《直齋書録解題》卷五亦著録《六朝國朝會要》三百卷，云："監修國史華陽王珪

[1]蔡崇榜《宋代修史制度研究》，文津出版社1991年版，第80頁。
[2]脫脫等《宋史》，第15冊第5139頁。
[3]李燾撰，上海師範大學古籍整理研究所、華東師範大學古籍整理研究所點校《續資治通鑑長編》，第8冊第4968頁。
[4]王應麟輯《玉海》，第2冊第1260頁。
[5]晁公武撰，孫猛校證《郡齋讀書志校證》，第660頁。
[6]晁公武撰，孫猛校證《郡齋讀書志校證》，第1153頁。

禹玉撰。始，仁宗命纂修，自建隆至慶曆四年，成八十五卷。熙寧三年，珪爲學士承旨，乞續修至熙寧十年，總二十一類，八百五十五門，舊書亦略增損，爲三百卷。"[1] 這些記載都將王珪視作《六朝國朝會要》作者，實際上王珪僅爲此書監修者。據學者研究可知：王珪於熙寧三年（1070）九月十六日乞續修《國朝會要》，並對舊書加以增損，神宗詔於崇文院修纂；四年四月二十三日戊寅，命集賢校理趙彥若兼崇文院檢討編修《會要》；八年三月二十七日己未，史館修撰宋敏求乞差著作佐郎、館閣校勘林希，光祿寺丞李德芻爲《會要》編修官，詔林希充檢閱文字，而李德芻因有贓罪，不復差；十年十二月，編修院上言，因編修官王存、林希要討論《兩朝國史》，乞差光祿寺丞李德芻、試校書郎陳知彦修《會要》，於是王存、林希不復兼修《會要》，而以李德芻、陳知彦代其職；元豐四年（1081）八月，又命曾鞏看詳《會要》；九月十六日己亥，王珪上《國朝會要》三百卷。[2] 可知《六朝國朝會要》編纂者先後有趙彥若、宋敏求、林希、王存、李德芻、陳知彦等，王珪作爲此書監修者得以署名。《宋史》卷二〇七《藝文志六》著錄《宋六朝會要》三百卷，署"章得象編，王珪續"[3]，似更合理。按，《直齋書錄解題》所謂"八十五卷"，"卷"當爲"年"之誤，"八十五年"指自建隆元年（960）至慶曆四年（1044）。《郡齋讀書志》卷一四、《讀書附志》卷上著錄章得象所進《國朝會要》均爲一百五十卷。《六朝國朝會要》原書已佚。

《郡齋讀書志》卷五著錄《兩朝國史》一百二十卷，云："右皇朝仁宗、英宗兩朝國史也，王珪等撰。元豐五年六月甲寅奏御。監修王珪、史官蒲宗孟、李清臣、王存、趙彥若、曾肇錫銀絹有差，蘇頌、黃履、林希、蔡卞、劉奉世以他職罷去，吳充、宋敏求前死，皆有錫賚。紀五卷，志四十五卷。比之《實錄》，事迹頗多，但非寇準而是丁謂，託之神宗詔旨。"[4]《直齋書錄解題》卷四亦著錄是書，云："熙寧十年，詔修仁宗、英宗正史，宋敏求、蘇頌、王存、黃履等編修，吳充提舉。元豐五年，王珪、李清臣等上之。"[5]

［1］陳振孫撰，徐小蠻、顧美華點校《直齋書錄解題》，第162頁。
［2］參蔡崇榜《宋代修史制度研究》，第152~153頁。
［3］脫脫等《宋史》，第15冊第5299頁。
［4］晁公武撰，孫猛校證《郡齋讀書志校證》，第197頁。
［5］陳振孫撰，徐小蠻、顧美華點校《直齋書錄解題》，第105頁。

《玉海》卷四六《元豐兩朝正史》云："熙寧十年丁巳，五月戊午，命官修兩朝正史。元豐五年六月甲寅，修成，一百二十卷，紀五卷，志四十五卷，（《天文》至《河渠》。）傳七十卷。（比之《實錄》，事迹頗多，但非寇準，而是丁謂，託之神宗詔旨。）上御垂拱殿，引監修國史王珪、修史官蒲宗孟、李清臣、王存、趙彦若、曾肇進讀紀，賜珪、宗孟銀、絹、對衣、金帶，清臣等遷官，及與修史官蘇頌、黄履、林希、蔡卞、劉奉世以他職罷去，各賜銀、絹有差，故相吳充、故史館修撰宋敏求賜銀、絹。七月丁未，以史成，燕垂拱殿。（燕修史官。）"[1] 可知因吳充罷相，王珪繼爲《兩朝國史》監修官，故書成領銜上之，《宋史》卷二〇三《藝文志二》著録"王珪《宋兩朝國史》一百二十卷"[2]，其原因即在於此。

周必大《省齋文稿》卷一七《跋王禹玉内外制草》云："中書舍人陳騤、翰林學士周某同觀岐文恭公内外制草。淳熙五年十月十三日。"[3] 按，淳熙五年（1178）陳騤、周必大所閲"岐文恭公内外制草"，當指王珪所作之部分内外制草稿，而非一種著作，姑附於此。

[1] 王應麟撰，武秀成、趙庶洋校證《玉海藝文校證》，第 568 頁。
[2] 脱脱等《宋史》，第 15 冊第 5087 頁。
[3] 周必大撰，王蓉貴、［日］白井順點校《周必大全集》，四川大學出版社 2017 年版，第 1 冊第 148 頁。

宋真宗天禧三年己未（1019），一歲

七月九日午時，生於開封。

《宋史》本傳云：元豐"八年，……五月，卒於位，年六十七"（第10243頁）。《神道碑》云："元豐八年……五月己酉，薨於位。""公享年六十七。"（第136、143頁）據此推算，王珪當生於天禧三年（1019）。朱翌《猗覺寮雜記》卷下云："韓莊敏少時，與吳沖卿、王禹玉同詣天禄山人卦鋪。二人推莊敏先看命，云：'己未七月九日生。'禹玉驚云：'怎早知珪命？'莊敏云：'此是某命。'又云：'甚時？'莊敏云：'寅時。'禹玉云：'某是午時。'天禄皆云：'極貴。寅時不作員外郎。'莊敏便作御史丞、臺，爲司封郎中，不作員外郎。三人皆宰相。見《韓莊敏遺事》。"[1]龐元英《文昌雜録》卷六云："左僕射王公珪，己未七月初九日生。知樞密院韓公縝同甲，月日皆同，惟時差異。五月十八日，王公薨。後數日，韓公拜右僕射。陰陽家之説果可信邪？"[2]本集卷四四《謝賜生日表二十二道》其三云："候貫初商之序，寵旌載育之辰。"其五云："時涉初秋之序，寵旌始育之辰。"（第319頁）其二十云："載臨流火之序，猶念射蓬之辰。"（第323頁）可證其生日確在七月。謝伋《四六談麈》云："王歧（岐）公在中書最久。生日，例有禮物之賜，集中謝表，其用事多同，而語不蹈襲。唐李衛公作《文箴》：'譬諸日月，雖終古常見，而光景常新。'"[3]胡仔《苕溪漁隱叢話》後集卷三五《本朝雜記上》引此則。

王珪一家，自其曾祖王永徙家開封。《長編》卷九二云：天禧二年十一月"甲戌，命翰林學士錢惟演、盛度，樞密直學士王曙，龍圖閣待制李虛己、李行簡，於秘閣再考定開封府得解舉人試卷，令秘閣校理王準封彌，定爲三等，具名以聞。乃詔從上解百五十人。準，質子也"[4]。按，此謂王準

---

[1] 朱翌撰，朱凱、姜漢椿整理《猗覺寮雜記》，《全宋筆記》第三編，大象出版社2008年版，第10冊第69頁。

[2] 龐元英《文昌雜録》，中華書局1958年版，第70頁。

[3] 王水照主編《歷代文話》，第1冊第35頁。

[4] 李燾撰，上海師範大學古籍整理研究所、華東師範大學古籍整理研究所點校《續資治通鑑長編》，第4冊第2129頁。

乃王質之子，當誤。考《宋史》卷二六九《王質傳》、范仲淹《范文正公集》卷一二《尚書度支郎中充天章閣待制知陝州軍府事王公墓誌銘》，王質（1001—1045），字子野，大名莘縣（今屬山東）人，官至知陝州，有子三人，分別是王愭、王規、王復，無名王準者。且天禧二年王質僅十八歲，即使有子名王準，此時亦斷無可能爲秘閣校理。可知《長編》誤"王贊"爲"王質"。《宋會要》選舉一九之六云：天禧"三年正月九日，以翰林學士錢惟演等權知貢舉，命……秘閣校理李垂、國子監丞王準點檢試卷"[1]。可知王準天禧二年、三年在京爲秘閣校理、國子監丞，故王珪當出生於開封府開封縣（今屬河南）。

真宗天禧四年庚申（1020），二歲

居汴京。

真宗天禧五年辛酉（1021），三歲

居汴京。

宋真宗乾興元年壬戌（1022），四歲

居汴京。

宋仁宗天聖元年癸亥（1023），五歲

居汴京。

仁宗天聖二年甲子（1024），六歲

居汴京。

---

[1] 劉琳等校點《宋會要輯稿》，第10冊第5624頁。

仁宗天聖三年乙丑（1025），七歲

居汴京。

仁宗天聖四年丙寅（1026），八歲

居汴京。

警悟力學，日誦數千言。

《神道碑》云："幼警悟力學，日誦數千言，識者奇之。"（第138頁）《東都事略》本傳云："珪少好學，日誦數千言，及長，博通群書。"（第672頁）按，《神道碑》謂王珪十二能文辭，姑繫其幼警悟力學於此。《宋會要》選舉一九之八云：天聖"四年八月十四日，命直集賢院鄭向、直史館張觀、監察御史王沿考試開封府舉人，秘閣校理王準、監察御史張須考試國子監舉人，殿中侍御史張億封彌卷首"[1]。可知王準天聖四年在京爲秘閣校理，王珪當隨父在京。

仁宗天聖五年丁卯（1027），九歲

居汴京。

仁宗天聖六年戊辰（1028），十歲

居汴京。

仁宗天聖七年己巳（1029），十一歲

居汴京。

---

[1] 劉琳等校點《宋會要輯稿》，第10冊第5624頁。

仁宗天聖八年庚午（1030），十二歲

居汴京。

已能文辭。

《神道碑》云："十二能文辭。"（第 138 頁）

仁宗天聖九年辛未（1031），十三歲

居汴京。

宋仁宗明道元年壬申（1032），十四歲

居汴京。

仁宗明道二年癸酉（1033），十五歲

居汴京。

宋仁宗景祐元年甲戌（1034），十六歲

由汴京遷居舒州懷寧。

約於是年，因父準去世，由汴京遷居舒州懷寧，隨季父罕生活。

本集卷五七《同安郡君狄氏墓誌銘》云："始叔父犇走小官，嘗游江淮，……夫人御骨肉有恩，善收孤遺而撫養之。又樂賙人之急，故終身無珠翠之玩。珪也少孤，蒙夫人撫養之甚厚。以至今日之成就，念夫人之恩，未始一日忘也。"（第 421 頁）此"叔父"指王罕。按，《禮記·曲禮上》曰"人生十年曰幼"[1]，鄭玄注《儀禮·喪服傳》云"子幼，謂年十五已下"[2]，

[1] 鄭玄注，孔穎達疏《禮記正義》卷一，《十三經注疏》，中華書局 1980 年影印本，第 1232 頁。
[2] 鄭玄注，賈公彥疏《儀禮注疏》卷三一，《十三經注疏》，中華書局 1980 年影印本，第 1108 頁。

皇侃疏《論語·季氏》曰"少，謂卅以前也"[1]，姑從鄭玄説，定王珪十六歲
喪父。王珪當在父親去世後，遷居舒州懷寧，隨叔父王罕生活。

仁宗景祐二年乙亥（1035），十七歲

居舒州懷寧。

仁宗景祐三年丙子（1036），十八歲

居舒州懷寧。

仁宗景祐四年丁丑（1037），十九歲

居舒州懷寧。

宋仁宗寶元元年戊寅（1038），二十歲

居舒州懷寧。

所作辭賦，出語驚人，從兄琪方之"駊騄"。

　　《宋史》本傳云："珪弱歲奇警，出語驚人。從兄琪讀其所賦，嗜曰：
'駊騄方生，已有千里之志，但蘭筋未就耳。'"（第 10241 頁）按，"弱歲"
即"弱冠"，指二十歲。唐柳宗元《同劉二十八院長述舊言懷感時書事奉寄
澧州張員外使君五十二韻之作因其韻增至八十通贈二君子》："弱歲遊玄圃，
先容幸棄瑕。"孫汝聽注："弱歲，謂弱冠也。"[2]

---

［1］皇侃撰，高尚榘校點《論語義疏》，中華書局 2013 年版，第 431 頁。
［2］柳宗元撰，尹占華、韓文奇校注《柳宗元集校注》，中華書局 2013 年版，第 8 冊第 2675、
　　2679 頁。

仁宗寶元二年己卯（1039），二十一歲

居舒州懷寧。

宋仁宗康定元年庚辰（1040），二十二歲

居舒州懷寧。

宋仁宗慶曆元年辛巳（1041），二十三歲

在舒州。應發解試，爲解頭。冬，赴汴京。

八月，在舒州應發解試，中選，爲解頭。

　　晁補之《寂默居士晁君墓表》云："文莊齊安夫人，宰相王祁公之姑。初，王公之自舒來貢於禮部也猶少，出入姑氏如家，後貴爲宰相，居士以布衣年少往游如平時，不怵於其貴，或飲醉其堂上，劇譚大笑，傾一座。"[1]"文莊"指晁宗愨，康定元年（1040）九月戊午除參知政事，慶曆二年三月辛酉罷。[2]"王祁公"，此指王珪，"祁"當爲"岐"之訛。"居士"指晁端禀。《方輿勝覽》卷四九《淮西路·安慶府》亦記王珪"自舒發解"[3]。然馬永卿《嬾真子録》卷一《瑚璉賦押木字》云："王禹玉年二十許就揚州秋解，試《瑚璉賦》。官韻：'端、木、賜、爲、宗、廟、之、器。'滿場中多第二韻用木字，云'唯彼聖人，粵有端木。'而禹玉獨於第六韻用之：'上睎顏氏，願爲可鑄之金；下笑宰予，耻作不雕之木。'則其奇巧，亦異矣哉。"[4]梁紹壬《兩般秋雨盦隨筆》卷八節引此則。此言王珪在揚州發解，恐誤。《瑚璉賦》全文失傳，今本《華陽集》《全宋文》未收此殘句。

　　馬端臨《文獻通考》卷三〇《選舉考三》云："宋朝禮部貢舉，設進士、

---

[1]晁補之《濟北晁先生鷄肋集》卷六三，明崇禎八年（1635）顧凝遠詩瘦閣刻本（中國國家圖書館藏）。

[2]參李燾撰，上海師範大學古籍整理研究所、華東師範大學古籍整理研究所點校《續資治通鑑長編》卷一二八、卷一三五，第5冊第3037頁、第6冊第3228頁。

[3]祝穆撰，祝洙增訂，施和金點校《方輿勝覽》，第876頁。

[4]馬永卿撰，崔文印校釋《嬾真子録校釋》，中華書局2017年版，第18頁。

九經、五經、《開元禮》、三史、三禮、三傳、學究、明經、明法等科，皆秋取解，冬集禮部，春考試。"[1] 據學者考證，"北宋諸路州府軍監解試時間大概一般爲八月初鎖院，八月中旬引試，九月開院放榜"[2]。王珪慶曆二年進士及第，當於慶曆元年八月在舒州應發解試。本集卷四六《謝進士及第啓》中有"始由舊里，濫居人之首推"句（第337頁），則王珪當爲解頭。

冬，赴汴京到省投狀報名。

宋代舉人到省投狀報名時間，宋初規定大概是在十月二十五日之前，景祐四年（1037）以後則以十一月二十五日爲限。[3] 王珪發解試中選後當於慶曆元年十一月二十五日之前赴京到省投狀報名。

仁宗慶曆二年壬午（1042），二十四歲

在汴京。進士及第，授揚州通判。有詩一首、文一篇。

在汴京。正月，應貢舉別頭試，中選。

歐陽修《歸田録》卷二云："禹玉，余爲校理時，武成王廟所解進士也。"[4] 胡仔《苕溪漁隱叢話》後集卷二一《王禹玉》引《蔡寬夫詩話》云："慶曆二年，歐陽文忠公爲別頭試官，王文恭公預薦。"[5] 阮閱《詩話總龜》後集卷一《榮遇門》亦引此則。

《宋會要》選舉一之一〇云：慶曆"二年正月十二日，以翰林學士聶冠卿權知貢舉，翰林學士王拱辰、蘇紳、知制誥吳育、天章閣待制高若訥並權同知貢舉"。選舉一九之一一一云：慶曆二年正月"十八日，以直集賢院知諫院張方平、集賢校理歐陽修考試知舉官親戚舉人"[6]。胡柯《廬陵歐陽文忠公年譜》繫此事於正月十二日丁巳，與《宋會要》稍有不同。北宋省試考

---

［1］馬端臨著，上海師範大學古籍研究所、華東師範大學古籍研究所點校《文獻通考》，中華書局2011年版，第2冊第875頁。

［2］張希清《中國科舉制度通史·宋代卷》，上海人民出版社2017年版，第136頁。

［3］參張希清《中國科舉制度通史·宋代卷》，第205頁。

［4］王闢之、歐陽修撰，呂友仁、李偉國點校《澠水燕談録 歸田録》，中華書局1981年版，第31頁。

［5］胡仔纂集，廖德明校點《苕溪漁隱叢話·後集》，第149頁。

［6］劉琳等校點《宋會要輯稿》，第9冊第5252頁、第10冊第5626頁。

試時間，"真宗、仁宗兩朝，一般是正月上旬或中旬命知貢舉官、鎖院，鎖院後十日左右引試，二月底或三月初奏名放榜"[1]。則王珪當於慶曆二年正月二十二日前後應貢舉別頭試。按，不詳王珪與哪位主考官爲親戚關係。考歐陽修《居士集》卷三二《資政殿大學士尚書左丞贈吏部尚書正肅吳公墓誌銘》，吳育娶王氏，此王氏或出於王珪一族。蘇頌亦參加慶曆二年別頭試，以第一名中選。[2]《居士集》卷四八有《武成王廟問進士策二首》《問進士策三首》，當作於歐陽修慶曆二年爲別頭試官時。

或謂王珪慶曆二年"先應武成軍州試，當時歐陽修任武成軍節度判官廳公事，參加試士"[3]，此誤。武成王廟乃祭祀姜太公呂尚之廟宇。王應麟《玉海》卷一一三《建隆武成王廟》云："建隆三年九月十六日壬申，詔於東京舊城南建武成王廟，與國學相對。命左諫議大夫崔頌（一作"判國子監崔頌"）、中使盧德岳董其役。仍命頌檢閱唐末以來謀臣、名將勳績尤著者，具名以聞。（考試舉人權就武成王廟。）"[4] 孟元老《東京夢華錄》卷二《朱雀門外街巷》云："龍津橋南西壁鄧樞密宅，以南武學巷内曲子張宅、武成王廟。"[5]

三月十五日，參加殿試。

《宋會要》選舉七之一六云："慶曆二年三月十五日，帝御崇政殿試禮部奏名進士，内出《應天以實不以文賦》《吹律聽鳳鳴詩》《順德者昌論》題，得楊寘已下四百三十六人，第爲五等，並賜及第、出身、同出身。"[6]

三月二十二日，進士及第，名列一甲第二。

《宋史》本傳云："舉進士甲科。"（第10241頁）《長編》卷一三五云：慶曆二年三月"乙丑，御崇政殿，賜進士楊寘等二百三十七人及第、一百二十二人出身、七十三人同出身"[7]。乙丑爲二十二日。《神道碑》、《東

---

[1] 張希清《中國科舉制度通史·宋代卷》，第227頁。

[2] 參蘇頌著，王同策等點校《蘇魏公文集》附錄顏中其《蘇頌年表》，中華書局1988年版，第1251頁。

[3] 谷曙光《論王珪的"至寶丹"體詩》，《文學遺產》2005年第5期。

[4] 王應麟輯《玉海》，第3冊第2095頁。

[5] 孟元老撰，伊永文箋注《東京夢華錄箋注》，中華書局2007年版，第100頁。

[6] 劉琳等校點《宋會要輯稿》，第9冊第5396頁。

[7] 李燾撰，上海師範大學古籍整理研究所、華東師範大學古籍整理研究所點校《續資治通鑑長編》，第6冊第3228頁。

都事略》本傳、《宋會要》選舉二之七、晁公武《郡齋讀書志》卷一九、趙希弁《讀書附志》卷下、章定《名賢氏族言行類稿》卷二四等皆載王珪廷試第二；惟《宋宰輔編年錄》卷七謂其廷試第三，當誤。

此榜所取進士數，各書所載有異，有四百三十六人、四百三十五人、四百三十二人三種説法。[1] 省元、狀元均爲楊寘，殿試王珪第二，韓絳第三，王安石第四，此外還有呂公著、韓縝、蘇頌等，號爲得人。洪邁《容齋隨筆》卷九《高科得人》云："國朝自太平興國以來，以科舉羅天下士，士之策名前列者，或不十年而至公輔。呂文穆公蒙正、張文定公齊賢之徒是也。及嘉祐以前，亦指日在清顯。東坡《送章子平序》，以謂仁宗一朝十有三榜，數其上之三人，凡三十有九，其不至於公卿者，五人而已。蓋爲士者知其身必達，故自愛重而不肯爲非，天下公望亦以鼎貴期之，故相與愛惜成就，以待其用。至嘉祐四年之制，前三名始不爲通判，第一人才得評事、簽判，代還升通判，又任滿，始除館職。王安石爲政，又殺其法，恩數既削，得人亦衰矣。觀天聖初榜，宋鄭公郊、葉清臣、鄭文肅公戩、高文莊公若訥、曾魯公公亮五人連名，二宰相，二執政，一三司使。第二榜，王文忠公堯臣、韓魏公琦、趙康靖公槩連名。第三榜，王宣徽拱辰、劉相沆、孫文懿公抃連名。楊寘榜，寘不幸即死，王歧（岐）公珪、韓康公絳、王荊公安石連名。劉煇榜，煇不顯，胡右丞宗愈、安門下燾、劉忠肅公摯、章申公惇連名。其盛如此。治平以後，第一人作侍從，蓋可數矣。"又《容齋續筆》卷一三《貞元制科》云："本朝韓康公、王岐公、王荊公亦同年聯名，熙寧間，康公、荊公爲相，岐公參政，故有'一時同榜用三人'之語，頗類此云。"[2]葉夢得《石林燕語》卷三云："本朝以科舉取士，得人爲最盛。宰相同在第一甲者，……惟楊寘榜，王禹玉、韓子華、王荊公三人，皆又連名，前世未有也。"卷六云："熙寧末，王荊公相，韓康公、王禹玉爲參知政事，三人亦皆同年，仍在第甲連名，禹玉第一，康公第二，荊公第三。……荊公再入，仍與康公並相，尤爲難得。時陸子履作詩云：'須信君王重儒術，一時

---

[1] 參龔延明、祖慧編撰《宋登科記考》，江蘇教育出版社 2009 年版，第 188 頁。
[2] 洪邁撰，孔凡禮點校《容齋隨筆》，第 120~121、377 頁。

同榜用三人。'"[1]葉夢得《避暑錄話》卷上云："國初猶右武，廷試進士多不過二十人，少或六七人。自建隆至太平興國二年，更十五榜，所得宰相畢文簡公一人而已。自後太宗始欲廣致天下之士，以興文治。是歲一百九人，遂得呂文穆公爲舉首，與張僕射齊賢宰相二人。自是取人益廣，得士益多。百餘年間，得六人者一榜，楊寘榜王岐公、韓康公、王荆公、蘇子容、呂晦叔、韓師朴。得四人者一榜，蘇參政易簡榜李文正、向文簡、寇萊公、王魏公，而岐公、康公、荆公皆連名。得三人者四榜，王沂公榜沂公、王文惠、章郇公；劉煇榜劉莘老、章子厚、蔡持正；改科後焦蹈榜徐擇之、白蒙亨、鄭達夫；畢漸榜杜公美、唐欽叟、呂元直。中間或一人、兩人，而劉煇榜劉莘老、章子厚二人，亦連名。蓋莫多於蘇、楊二榜，而王岐公等三人皆第一甲而連名，尤爲盛也。"[2]馬永卿《嬾真子錄》卷三《進士得人之盛》云："本朝取士之路多矣，得人之盛無如進士。蓋有一榜有宰相數人者，古無有也。……慶曆三年，楊寘下王珪、韓絳、王安石、呂公著、韓縝、蘇頌。……其餘名臣不可勝數，此進士得人之明效大驗也。"[3]"慶曆三年"之"三"當爲"二"之誤。

王銍《默記》卷下云："慶曆二年，御試進士，時晏元獻爲樞密使。楊察，晏婿也，時自知制誥，避親，勾當三班院。察之弟寘時就試畢，負魁天下望。未放榜間，將先宣示兩府，上十人卷子。寘因以賦求察問晏公己之高下焉。晏公明日入對，見寘之賦已考定第四人，出以語察。察密以報寘。而寘試罷與酒徒飲酒肆，聞之，以手擊案歎曰：'不知那個衛子奪吾狀元矣！'不久唱名，再三考定第一人卷子進御。賦中有'孺子其朋'之言，不懌曰：'此語忌，不可魁天下。'即王荆公卷子。第二人卷子即王珪，以故事，有官人不爲狀元；令取第三人，即殿中丞韓絳；遂取第四人卷子進呈，上欣然曰：'若楊寘可矣。'復以第一人爲第四人。寘方以鄙語罵時，不知自爲第一人也。然荆公平生未嘗略語曾考中狀元，其氣量高大，視科第爲何等事而增

[1] 葉夢得撰，宇文紹奕考異，侯忠義點校《石林燕語》，中華書局1984年版，第41、85頁。按，何焯校語指出："按文當云禹玉第二，康公第三，荆公第四，狀元乃楊寘也。"
[2] 葉夢得撰，徐時儀整理《避暑錄話》，《全宋筆記》第二編，大象出版社2006年版，第10冊第265頁。
[3] 馬永卿撰，崔文印校釋《嬾真子錄校釋》，第116頁。

重耶！"[1] 按，此謂王珪進士及第前已有官職在身，然遍查資料，不見相關記載，姑存疑待考。

是月，有《謝進士及第啓》。

本集卷四六有《謝進士及第啓》，云："三月二十二日，皇帝御崇政殿放榜，伏蒙聖恩賜進士及第，仍當日釋褐者。……此蓋伏遇某官厚兼容之度，躬與進之風，多銓品於人倫，喜獎訓於士類。致此甄擢，亦被庸虛。敢不飭己之勤，奉公以潔？"（第336~337頁）按，此啓所上對象不詳，疑爲張方平或聶冠卿。

四月二十三日，授大理評事、揚州通判。

《宋史》本傳云："通判揚州。"（第10241頁）《神道碑》云："授大理評事，通判揚州。"（第138頁）《宋會要》選舉二之七云："慶曆二年四月二十三日，詔新及第進士第一人楊寊爲將作監丞，第二人王珪爲大理評事，第三人韓絳爲太子中允，並通判；第四人王安石爲校書郎，第五人曾公定爲奉禮郎，並僉書諸州判官事；第六人已下兩使職官。"[2] 揚州今屬江蘇。

十月，遊雷塘，有《雷塘晚歸》詩。

本集卷二有《雷塘晚歸》詩，云："塘梢黯黯夕雲低，蒼莽荒原望四迷。海日光寒銜島樹，江潮聲暴壓城聲。喬林風勁橫鵰眼，淺草霜乾快馬蹄。戰血未收邊戍苦，玉龍誰爲一提携。"（第10頁）雷塘，漢代稱雷陂，在揚州城北，隋唐以來爲遊覽勝地，隋煬帝葬於此。[3] 尾聯所寫當爲北宋與西夏間之戰爭。李元昊於寶元元年（1038）十月稱帝，自康定元年（1040）至慶曆二年間多次進攻宋境。其中規模較大者有三次，即康定元年正月之"三川口之戰"、慶曆元年二月之"好水川之戰"和慶曆二年閏九月之"定川砦之戰"，均爲西夏勝。此後經一年餘議和，雙方於慶曆四年五月達成和約。[4] 此詩當作於王珪到揚州通判任後不久，詩中所寫爲初冬景致，姑繫於此。

十二月，攝行知揚州事，置大校於法。

《宋史》本傳云："通判揚州。吏民皆少珪，有大校嫚不謹，捽置之法。"

---

[1] 王銍、王栐撰，朱傑人、誠剛點校《默記　燕翼詒謀録》，中華書局1981年版，第38~39頁。

[2] 劉琳等校點《宋會要輯稿》，第9冊第5268頁。

[3] 參陳橋驛主編《中國都城辭典》，江西教育出版社1999年版，第697頁。

[4] 參吳天墀《西夏史稿》，商務印書館2010年版，第65頁。

（第 10241 頁）《神道碑》云："自初服政，已若宿練。其在揚州攝行太守事，大校以公年少，藐視不虔，立命捽首付獄。"（第 139 頁）按，王珪任揚州通判期間，先後有五位知州：宋庠、蘇紳、陳商、王逵和韓琦。[1] 宋庠慶曆元年五月辛未罷參知政事，出知揚州[2]，後改知鄆州。其改知鄆州時間史無明載，但可考知。王安石《臨川先生文集》卷八三《揚州新園亭記》云："揚，古今大都，方伯所治處，制度狹庳，軍實不講，俎豆無以容，不以逼諸侯哉？宋公至自丞相府，化清事省，喟然有意其圖之也。今太常刁君實集其意，會公去鎮鄆，君即而考之。占府乾隅，夷茀而基，因城而垣，并垣而溝，周六百步，竹萬箇覆其上。故高亭在垣東南，循而西三十軌，作堂曰'愛思'，道僚吏之不忘宋公也。……始慶曆二年十二月某日，凡若干日卒功云。……慶曆三年四月某日，臨川王某記。"[3] 可知宋庠離揚赴鄆當在慶曆二年十二月或稍前。王瑞來《二宋年譜》繫宋庠徙知鄆州在慶曆三年十二月[4]，不確。《宋會要》職官六四之四三云：慶曆三年"七月三日，翰林學士、禮部郎中、知制誥、史館修撰蘇紳爲龍圖閣學士、知揚州"[5]。則王珪攝行知揚州事最早當在慶曆二年十二月或稍前，姑繫於此。

仁宗慶曆三年癸未（1043），二十五歲

在揚州。任通判。

六月，議出郊掩擊王倫。

《宋史》本傳云："王倫犯淮南，珪議出郊掩擊之，賊遁去。"（第 10241 頁）《神道碑》云："王倫大掠淮海，將及境，州將恐懼，公奮厲其衆，欲要擊之。賊聞，乃由他道去。"（第 139 頁）王倫爲京東路捉賊虎翼卒，慶曆三

---

[1] 參李之亮《宋兩淮大郡守臣易替考》，巴蜀書社 2001 年版，第 11~12 頁。
[2] 參李燾撰，上海師範大學古籍整理研究所、華東師範大學古籍整理研究所點校《續資治通鑑長編》卷一三二，第 6 冊第 3127 頁。
[3] 王水照主編《王安石全集》，第 7 冊第 1475~1476 頁。
[4] 參王瑞來《知人論世——宋代人物考述》，山西教育出版社 2015 年版，第 165 頁。
[5] 劉琳等校點《宋會要輯稿》，第 8 冊第 4789~4790 頁。按，《長編》卷一四二慶曆三年七月戊辰將蘇紳知揚州誤爲知河陽。

年五月癸巳"殺沂州巡檢使、御前忠佐朱進以叛"。六月癸丑，知諫院歐陽修言王倫"過楚、泰等州"。七月乙亥，"江、淮制置發運使言捕殺軍賊王倫於和州。倫初起沂州，欲寇青州，不得入，遂轉掠淮南，所向莫敢當。京東安撫使陳執中遣都巡檢傅永吉追之。制置發運使徐的督諸道兵合擊，倫於歷陽兵敗被殺"[1]。癸巳、癸丑、乙亥分別爲二十七日、十八日、十日。則王珪議出郊掩擊王倫當在慶曆三年六月。

仁宗慶曆四年甲申（1044），二十六歲

在揚州。任通判。有文一篇。

十一月，有《望都縣太君倪氏墓誌銘》。

　　本集卷五〇有《望都縣太君倪氏墓誌銘》，記許遜之母倪氏爲南唐主爵郎中倪弼之女、贈大理評事許規之妻，卒於開寶八年（975）十一月"天兵下秣陵"後不久，"慶曆四年十月丙辰，孫通州司户恂、太子中舍恢、海州司理怡、江淮制置判官某、太廟齋郎平、進士會，奉望都匶於廣陵，[十一月]壬申，葬於真州揚子縣甘露鄉之原，謖某銘"（第371頁）。丙辰爲二十八日，壬申爲十五日。則此文當作於慶曆四年十一月十五日之前。按，墓誌銘之寫作時間，一般在墓主人去世之後、下葬之前。本譜對於王珪所作墓誌銘之繫年，除特殊情況外，一般均繫於墓主人去世之月。

仁宗慶曆五年乙酉（1045），二十七歲

在揚州。任通判。

四月，預"四相簪花"盛集。

　　沈括《夢溪補筆談》卷三云："韓魏公慶曆中以資政殿學士帥淮南，一日後園中有芍藥一干分四岐，岐各一花，上下紅，中間黃蕊間之。當時揚州芍藥未有此一品，今謂之'金纏腰'者是也。公異之，開一會，欲招四客以

---

[1] 李燾《續資治通鑑長編》卷一四一、卷一四二，第6冊第3381、3388、3398頁。

賞之，以應四花之瑞。時王岐公爲大理寺評事通判，王荆公爲大理評事簽判，皆召之，尚少一客，以判鈐轄諸司使（忘其名）官最長，遂取以充數。明日早衙，鈐轄者申狀暴泄不至，尚少一客，命取過客曆求一朝官足之，過客中無朝官，唯有陳秀公時爲大理寺丞，遂命同會。至中筵剪四花，四客各簪一枝，其爲盛集。後三十年間，四人皆爲宰相。"[1]此"四相簪花"之典故，後來屢屢爲人所稱道，如蔡絛《鐵圍山叢談》卷六、陳師道《後山談叢》卷一、蘇象先《丞相魏公譚訓》卷一〇、《説郛》本陳正敏《遯齋閑覽》、彭□《墨客揮犀》卷一、周煇《清波雜志》卷三、胡仔《苕溪漁隱叢話》後集卷二三《六一居士》引孫宗鑑《東皋雜録》、牟巘《陵陽先生集》卷一五《題范氏文官花》等皆道及此事。除《鐵圍山叢談》外，諸書皆記四人爲韓琦、王珪、王安石和陳升之；《鐵圍山叢談》謂過客乃吕公著。韓琦慶曆五年四月五日到知揚州任，七年五月改知鄆州。[2]王珪、王安石皆是慶曆二年進士及第後到揚州任職，應於慶曆五年夏秋間任滿。[3]則"四相簪花"之事只能發生於慶曆五年。《丞相魏公譚訓》《東皋雜録》繫此事於春，《遯齋閑覽》《墨客揮犀》則繫於初夏。芍藥花期一般在農曆四五月份，姑從《遯齋閑覽》《墨客揮犀》。按，韓琦（1008—1075），字稚圭，相州安陽（今屬河南）人，天聖五年（1027）進士，官至門下侍郎、同中書門下平章事，熙寧八年卒，年六十八，謚忠獻，《宋史》卷三一二、《東都事略》卷六九有傳，生平事迹見杜大珪《名臣碑傳琬琰集》上集卷一宋神宗《兩朝顧命定策元勳之碑》、中集卷四八李清臣《韓忠獻公琦行狀》，韓忠彦《韓魏公家傳》，有《安陽集》五十卷傳世。楊希閔編有《韓忠獻公年譜》，今人除楊丹外，宗風奇亦編有《韓琦年譜》[4]。

任滿，因病滯留揚州。九月，有《夜意》詩。

本集卷二有《夜意》詩，云："沉寥爽澈游氛收，淡河如掃凝不流。影過遠水雁侵月，目斷故鄉人倚樓。黃葉半林霜送曉，悲笳一曲風橫秋。江

---

[1]沈括撰，金良年點校《夢溪筆談》，第305頁。
[2]參楊丹《韓琦年譜新編》，蘭州大學2013年碩士學位論文，第39、42頁。
[3]參劉成國《王安石年譜長編》，中華書局2018年版，第1冊第140~142頁。
[4]宗風奇《韓琦年譜》，廣西師範大學2008年碩士學位論文。

南幾載未歸客，燈寂帳寒心正愁。"（第 10～11 頁）按，本集卷四一《進所業表》云："而自解去下吏，被疾連延；趨還大廷，積日淹久。"（第 302 頁）王珪慶曆二年四月授揚州通判，當於慶曆五年四月任滿。由此文可知，其任滿後因病滯留揚州。此詩寫深秋景致，當作於慶曆五年九月。揚州雖地處江北，然古人視之爲江南之地。《爾雅·釋地》云："江南曰揚州。"[1]

仁宗慶曆六年丙戌（1046），二十八歲

自揚州返汴京。遷太子中允、直集賢院。有文二篇，約可繫詩四首。

九月，投進文章十卷，乞召試學士院，有《進所業表》。此前曾因滯留揚州遭人讒毀。

　　本集卷四一《進所業表》云："伏念臣……一命補外，半符留中。歲漕舟車之衝，日率文墨之繫。道路迎送之所交錯，簿書期會之所放紛。職幾以墮，學浸以落。而自解去下吏，被疾連延；趨還大廷，積日淹久。尚人言之未擯，繫天造之曲容。其敢自飾草茅之愚，以動朝廷之聽？徒以沿世清緒，遭時上文，過隨衆賢，嘗摲盛際。有伯魚之志，止圖一見之榮；無賈生之才，敢期半夜之召？疏賤之覬，怔忪不遑。伏望皇帝陛下均燭理之明，懋孤學之進，深惟下情之壅，寢廣上聰之聞。第公車之篇，或誤中於乙覽；給上方之札，特許從於試言。雖曲士之微，誠無補用之迹；而本朝之體，足長右賢之風。則臣千載蒙榮，萬死亡恨。謹以所業十軸，詣東上閤門隨後投進以聞。"（第 302 頁）卷四六《謝直集賢院啓》云："一會都於淮海，半符留於京師。無職事之皇居，有謗讒之交中。斥屏星之舊，幾去避於使威；矜佩刀之奇，或枉嘉其公器。因勞而厭俗，未老而驚衰。比雁門之終更，裁茂陵之自脫。屬[風]露之疾，寢留於江湖；而旦暮之心，常馳於省闈。連蹇自信，罷駑不支。間外邸之來趨，久高門之未省。奏公車之牘，分從報罷之歸；賦平樂之題，私有類倡之悔。"（第 338 頁）據此二文可知：王珪揚州通判任滿後，因病滯留揚州，遷延未能改官，自揚州返汴京當在慶曆六年；回

---

[1] 郭璞注，邢昺疏《爾雅注疏》卷七，《十三經注疏》，中華書局 1980 年影印本，第 2614 頁。

京後投進文章十卷，乞召試學士院。此前蓋因其滯留揚州而遭人讒毀。王珪十月七日召試學士院，則其投進文章、上《進所業表》當在九月。

十月七日，試於學士院，遷太子中允、直集賢院。

《宋史》本傳云："召直集賢院"（第 10241 頁）。《神道碑》云："召試優等，遷太子中允，直集賢院。"（第 138 頁）《東都事略》本傳所記略同。《宋會要》選舉三一之三一云：慶曆"六年十月七日，學士院試大理評事王珪，賦、詩三上，詔爲太子中允、直集賢院。以獻所業命試"[1]。

是月，有《謝直集賢院啓》。

本集卷四六有《謝直集賢院啓》，云："敢謂宗公過採，主澤誤沾，待以異倫，擢之逾等。"（第 338 頁）按，此啓當作於十月七日之後，所上對象不詳，疑爲賈昌朝，昌朝是時爲昭文相。

約於是年，遊金陵，有《金陵會月》《遊賞心亭》《新亭》《金陵懷古二首》其一等詩。

本集卷一有《金陵會月》（第 7 頁），卷二有《遊賞心亭》（第 10 頁），卷三有《新亭》（第 17 頁）、《金陵懷古二首》其一（"懷鄉訪古事悠悠"）（第 23 頁），此四詩約作於慶曆六年秋，參嘉祐四年譜。

仁宗慶曆七年丁亥（1047），二十九歲

在汴京。直集賢院。有文二篇，約可繫詩一首。

八月十一日，奉命同考試國子監舉人。

《宋會要》選舉一九之一一云：慶曆"七年八月十一日，命……殿中侍御史何郯、尚書屯田員外郎王疇、秘閣校理石揚休、直集賢院王珪同考試國子監舉人"[2]。

[1] 劉琳等校點《宋會要輯稿》，第 10 冊第 5857 頁。
[2] 劉琳等校點《宋會要輯稿》，第 10 冊第 5626 頁。

十一月二十五日，以加上真宗皇帝諡號禮畢，有《賀加上真宗皇帝徽號表》。

本集卷四一有《賀加上真宗皇帝徽號表》，云："臣某等言：今月二十五日，自大慶殿發冊、寶，赴太廟加上真宗皇帝諡號禮畢者。""適嚴郊報之秋，庸廣孝思之慕，所以追崇之禮厚，配享之道隆，萬福一新，洪圖更茂。"（第302頁）按，《宋會要》帝系一之一〇云：慶曆"七年七月八日，詔曰：'……將來南郊，宜增真宗皇帝諡，如先朝再上祖宗諡號之儀。其令兩制、太常禮院詳定以聞。'八月十一日，命宰臣陳執中撰加諡冊文，樞密使夏竦書。二十五日，翰林學士張方平請加上真宗諡號曰膺符稽古成功讓德文明武定章聖元孝皇帝。詔恭依。二十六日，召近臣觀冊，書真宗加諡位版於崇政殿。初，帝跪設位版，書畢，再拜，涕泣久之。十一月五日，詔學士院撰加上真宗諡號樂章。二十五日，帝詣大慶殿，備禮奉真宗加諡冊、寶，拜授攝太尉陳執中，持節奉冊升輅，赴太廟奉上"[1]。則此文當作於慶曆七年十一月二十五日加上真宗皇帝諡號禮畢後。

十一月二十八日，以南郊禮畢，有《賀南郊禮成表》。

本集卷四二有《賀南郊禮成表》，云："臣某等言：今月二十八日，南郊禮畢者。"（第308頁）按，王珪爲官期間，南郊大禮均在十一月舉行，而於二十八日舉行者僅有一次，即慶曆七年十一月二十八日南郊大禮。[2]則此文當作於十一月二十八日南郊禮畢後。

約於是年，與馬遵有書信往來。

馬廷鸞《跋先龍圖交游七君子帖後》云："某幼孤，聞宗人遺老之言，曰先龍圖公有七君子交游十二帖者，慶曆、皇祐間往來牋牘也。王文恭、蘇集賢三帖，當在慶曆之六七年；宋景文以下，當在皇祐之二三年；歐陽帖，在守南京時；王文安帖，在由給舍副樞庭時；呂公帖，在得請守杭時；施公帖，在同任東南使事時。兩王、蘇公敘交情，歐、宋諸人及時事者，蓋自西師勞敝，京師粟少，朝廷憂之，選才能明敏者，大發運東南六路七十二州之粟，以給汴都。……此十二帖者，先公奉使立朝之本末，略可由是推考

---

[1] 劉琳等校點《宋會要輯稿》，第1冊第7頁。
[2] 參江雲《北宋郊祀研究》，河北大學2016年碩士學位論文，第68~71頁。

焉。李兄叔翔爲馬氏甥，得之外家，寶如拱璧。"[1] 陳光崇考"龍圖公"爲馬遵。[2] 馬遵（1011—1057），字仲塗，饒州樂平（今屬江西）人，景祐二年（1035）進士，官至吏部員外郎、直龍圖閣，嘉祐二年卒，年四十七，《宋史》卷三〇二有傳，生平事迹見王安石《臨川先生文集》卷九五《兵部員外郎馬君墓誌銘》，《全宋詩》卷三六〇錄其詩一首，《全宋文》卷九九一收其文十九篇。馬遵慶曆六、七年間可能爲監察御史、江淮發運判官，或殿中侍御史、江淮發運副使。二人往來書信失傳，姑繫於此。

校勘經籍，有《校經東觀》詩。

葉廷珪《海錄碎事》卷一一下《臣職部・秘監門・書櫥》引"王禹玉《校經東觀》"詩云："舊蠹番書櫥，群訛正說鈴。"[3] 按，宋代集賢院爲三館之一，隸屬於秘書省，掌經史子集四庫圖籍修寫校讎之事，"以宰相一人充大學士，以給諫卿監以上充學士，以朝官充修撰，以京官以上充直院，校理皆無常員"[4]。此詩當作於直集賢院期間，姑繫於此。此詩殘句不見於今本《華陽集》，《全宋詩》亦失載。

仁宗慶曆八年戊子（1048），三十歲

在汴京。直集賢院。有文一篇。

十二月三日，有《賀冊貴妃張氏表》。

本集卷四一有《賀冊貴妃張氏表》，云："臣某等言：今月三日，文德殿發冊貴妃禮畢者。"（第302頁）《長編》卷一六五云：慶曆八年十二月"丁卯，貴妃張氏行冊禮，群臣表賀"[5]。丁卯爲三日。《宋會要》后妃三之一云："慶曆八年十月十八日制：以美人張氏爲貴妃，令所司擇日備禮冊

［1］馬廷鸞《碧梧玩芳集》卷一五，景印文淵閣《四庫全書》，臺灣商務印書館1986年版，第1187冊第109頁。

［2］參陳光崇《馬端臨家世考略》，陳光崇《中國史學史論叢》，遼寧人民出版社1984年版，第283～284頁。

［3］葉廷珪撰，李之亮校點《海錄碎事》，中華書局2002年版，第591頁。

［4］清高宗敕撰《續通典》卷二五《職官三・中書省・集賢學士》，商務印書館1935年版。

［5］李燾撰，上海師範大學古籍整理研究所、華東師範大學古籍整理研究所點校《續資治通鑑長編》，第7冊第3975頁。

命。”“二十三日，司天監言：‘選定十二月三日行冊命禮告。’詔可。”[1] 則此文當作於慶曆八年十二月三日張貴妃冊禮畢後。按，張氏（1024—1054）爲張堯封次女，仁宗寵妃，皇祐六年（1054）正月八日薨，年三十一，追冊爲皇后，謚溫成，《宋史》卷二四二、《東都事略》卷一三有傳。

宋仁宗皇祐元年己丑（1049），三十一歲

在汴京。直集賢院。有詩四首。

六月，有《贈太子太傅李康靖公挽詞二首》。

　　本集卷六有《贈太子太傅李康靖公挽詞二首》（第39頁）。《長編》卷一六六云：皇祐元年六月“戊子，太子少傅致仕李若谷卒，詔以子淑在近侍，優贈太子太傅，後毋得爲例”[2]。戊子爲二十七日。按，李若谷（970—1049），字子淵，徐州豐縣（今屬江蘇）人，咸平二年（999）進士，官至參知政事，皇祐元年卒，年八十，謚康靖，《宋史》卷二九一、《隆平集》卷七、《東都事略》卷五七有傳，《全宋詩》卷一〇九錄其詩三首，《全宋文》卷二七三收其文三篇。《司馬光集》卷七有《贈太子太傅康靖李公挽歌詞二首》，應爲同時之作。挽詞之寫作時間，一般在所挽對象去世之後、下葬之前。本譜對於王珪所作挽詞之繫年，除能確定時間者外，一般均繫於所挽對象去世之月。

十一月，有《贈太尉鄭文肅公挽詞二首》。

　　本集卷六有《贈太尉鄭文肅公挽詞二首》。其二後二聯云：“旌旆低寒色，簫笳慘夕霏。所嗟恩館淚，不到九原揮。”（第40頁）“鄭文肅公”指鄭戩。胡宿《贈太尉文肅鄭公墓誌銘》云：“皇祐五年冬十一月甲子，有宋儒帥宣徽北院使、奉國軍節度使鄭公薨於并。天子震嗟，朝不御者二日，以太尉贈冊告其第。大鴻臚賻以常典加等，官上易名之典請用‘文肅’，詔曰：‘噫，可。’……以明年八月二十八日，寧體魄於吳郡大塋之次，成公志

[1] 劉琳等校點《宋會要輯稿》，第1冊第303、304頁。
[2] 李燾撰，上海師範大學古籍整理研究所、華東師範大學古籍整理研究所點校《續資治通鑑長編》，第7冊第4003頁。

也。"[1] 李裕民考出"五年"當爲"元年"之誤；他又認爲皇祐元年十一月無甲子日，"十一月"可能爲"十月"或"十二月"之誤，也可能"甲子"爲"壬寅"之誤。[2] 筆者認爲，《長編》卷一六七、《宋會要》禮四一之四三均載鄭戩卒於皇祐元年十一月，而《宋會要》禮四一之五八謂皇祐元年十二月十三日、十四日爲鄭戩輟朝，此"十二月"當爲"十一月"之訛。文中"甲子"當爲"甲午"之誤。鄭戩卒於皇祐元年十一月五日甲午，十三日壬寅訃至朝廷，故仁宗隨後兩日爲之輟朝。按，鄭戩葬於蘇州，由"所嗟恩館淚，不到九原揮"云云，知王珪未至蘇州送葬。《司馬光集》卷七有《宣徽使河東經略使鄭文肅公挽歌二首》，當與王珪詩作於同時，其二云："柳翣喪容盛，江山故國遥。清時獨長往，何日重來朝。事與秋雲斷，榮如曉夢消。西風虎丘路，馬鬣又嶕嶢。"[3]"事與秋雲斷"云云，當指鄭戩下葬時間。

仁宗皇祐二年庚寅（1050），三十二歲

在汴京。爲三司鹽鐵判官、太常丞、直集賢院。有詩一首、文三篇。

八月三十日，祭奠李用和，有《隴西郡王祭文》。

本集卷四七有《隴西郡王祭文》，云："維皇祐二年歲次庚寅，八月乙卯朔，三十日甲申，具官某等謹以清酌庶羞之奠，祭於恭僖隴西郡王之靈。"（第344頁）"隴西郡王"指李用和。宋祁《李郡王墓誌銘》記李用和皇祐二年七月十九日甲辰卒，八月三十日甲申葬，"遺命辭詔葬，故遣近侍及中大夫職喪事"[4]。按，李用和（988—1050），字審禮，杭州（今屬浙江）人，仁宗之母章懿太后弟，官至節度使，贈隴西郡王，謐恭僖，《宋史》卷四六四、《東都事略》卷一一九有傳，生平事迹見宋祁《景文集》卷六一《李郡王行狀》、卷五八《李郡王墓誌銘》。《東都事略·李用和傳》記其卒年六十二，《李郡王行狀》則記其卒年六十三，茲從後者。

[1] 胡宿《文恭集》卷三六，景印文淵閣《四庫全書》，第1088冊第932頁。
[2] 參李裕民《宋人生卒行年考》，第361~362頁。
[3] 司馬光撰，李文澤、霞紹暉校點《司馬光集》，四川大學出版社2010年版，第1冊第244頁。
[4] 宋祁《景文集》卷五八，景印文淵閣《四庫全書》，臺灣商務印書館1986年版，第1088冊第550頁。

是月，對便殿，獲賜五品服，授同修起居注，遭人誣陷緣干請得任命，有《免修起居注奏狀》。

王珪直集賢院後授同修起居注，雖遭人誣陷並上狀請辭，但仁宗並未收回成命。《宋史》本傳云："召直集賢院，爲鹽鐵判官、修起居注。"（第10241頁）《東都事略》本傳云："直集賢院，同修起居注"（第672頁）。《神道碑》云："直集賢院。對便殿，賜五品服，同修起居注。"（第138頁）本集卷七有《免修起居注奏狀》，云："竊見八月中，特除何中立、呂溱知制誥，臣與韓綜並命修起居注。是時議論外騰，呂臻（溱）尋露章自辨。既朝指降諭，群疑釋然。其後數日，復聞造端設謗之人欲相汙染，反謂臣忝茲恩命亦緣干請。緣臣塵玷陛下科甲，九年於茲，身與世孤，在朝無纖芥之助。今一罹謗語，誠恐立身清朝，寢不得自明。廟堂深嚴，臣實不知詔除之繇，雖欲不言，勢不獲已。伏望陛下察臣孤危，如向來果有私託之因，願尋究其所從來，付之公行，庶幾事理明白。其同修起居注之命，臣即不敢當。伏望朝廷追寢，使臣免爲群小所陷。"（第45頁）《長編》卷一六九云：皇祐二年八月"辛酉，著作佐郎、直集賢院、同修起居注、判都磨勘司呂溱爲右正言。何郯言溱未嘗磨勘，特遷之"[1]。辛酉爲七日。胡柯《廬陵歐陽文忠公年譜》記歐陽修皇祐二年"十月己未，覃恩轉吏部郎中，加輕車都尉"，其制詞由"呂溱行"[2]。己未爲五日。可知前文之"八月"當指皇祐二年八月。按，呂溱（1014—1068），字濟叔，揚州（今屬江蘇）人，寶元元年（1038）狀元，官至翰林學士，熙寧元年卒，年五十五，《宋史》卷三二〇、《東都事略》卷七六有傳，程敏政《新安文獻志》卷九四上有洪邁《呂密學溱傳》，《全宋詩》卷三九九錄其詩二首、殘句一聯。

九月二十七日，以明堂禮成，有《賀明堂禮成表》《大饗明堂慶成詩》。

本集卷四一有《賀明堂禮成表》，云："今月二十七日，大享明堂禮畢者。"（第303頁）卷一有《大饗明堂慶成詩》，首聯云："皇祐更秋律，明

---

[1] 李燾撰，上海師範大學古籍整理研究所、華東師範大學古籍整理研究所點校《續資治通鑑長編》，第7冊第4056頁。

[2] 吳洪澤、尹波主編《宋人年譜叢刊》，四川大學出版社2002年版，第2冊第993頁。按，"呂溱"原作"呂□"，據影印本《廬陵歐陽文忠公年譜》補（四川大學古籍整理研究所編《儒藏·史部·儒林年譜》，四川大學出版社2007年影印本，第5冊第362~363頁）。

堂奉帝禋。"(第8頁)北宋共舉行明堂大禮十七次,其中仁宗朝二次,神宗朝二次。仁宗舉行明堂大禮是在皇祐二年九月二十七日辛亥和嘉祐七年(1062)九月七日辛亥,神宗舉行明堂大禮是在熙寧四年(1071)九月十日辛卯和元豐三年(1080)九月二十二日辛巳。[1]《長編》卷一六九云:皇祐二年九月"辛亥,大饗天地於明堂,以太祖、太宗、真宗配,從祀如圜丘。大赦,文武職官及分司、致仕官,並特與轉官"[2]。則此賀表及詩當作於皇祐二年九月二十七日明堂禮成後。

方回《瀛奎律髓》卷二收錄"王岐公"《大饗明堂慶成》詩。方回云:"禹玉爲詞臣,則摛藻細潤,典雅勁健,未有後來全句長句之病。詩號爲'至寶丹',以多用金玉珠璣錦繡之類。然亦有不全然者,此詩豈不謂之細潤典雅?"馮舒、馮班、紀昀、許印芳等對此詩亦有評點。[3]

約於是年,爲三司鹽鐵判官、太常丞、太常博士。

王珪直集賢院後仕歷,《宋史》本傳云:"爲鹽鐵判官、修起居注。接伴契丹使"(第10241頁)。《東都事略》本傳云:"同修起居注,改右正言、知制誥。"(第672頁)《神道碑》云:"對便殿,賜五品服,同修起居注。爲太常丞,遷博士。試中書,以右正言知制誥",又"嘗爲三司鹽鐵判官"(第138、139頁)。王珪皇祐三年爲接伴契丹使,四年爲知制誥,可知其慶曆六年(1046)十月至皇祐三年間仕歷大致爲:直集賢院,三司鹽鐵判官,同修起居注,太常丞,太常博士。胡宿《贈太尉文肅鄭公墓誌銘》作於皇祐二年八月二十八日鄭戩下葬之前,云:"二女,長適三司鹽鐵判官、太常丞、直集賢院王珪,次未嫁。"[4]則王珪皇祐二年八月之前已爲三司鹽鐵判官、太常丞,其遷太常博士當在皇祐二年八月以後,姑繫於此。

胡宿《王珪可太常丞制》云:"敕:具官某,策府入遊,所以養器用之識;計局參領,所以試才敏之能。績效既聞,朝賞宜懋。以爾出文儒之舊,用才辭之優,奮取甲科,服在書殿。粹和以應於物,沈默不流其心。紬繹典

---

[1] 參楊高凡《宋代明堂禮制研究》,河南大學2011年博士學位論文,第34~35頁。

[2] 李燾撰,上海師範大學古籍整理研究所、華東師範大學古籍整理研究所點校《續資治通鑑長編》,第7冊第4060頁。

[3] 參方回選評,李慶甲集評校點《瀛奎律髓彙評》,上海古籍出版社1986年版,第54~55頁。

[4] 胡宿《文恭集》卷三六,景印文淵閣《四庫全書》,第1088冊第939頁。

文，多證正之益；牢籠征算，著鉤校之勤。財府無朘民之譏，天官按考課之法，應書當陟，用例稍遷。丞諸樂卿，贊我邦禮。姑率舊職，無廢前勞，尚當勉之，識其遠者。"[1] 按，胡宿爲知制誥當在皇祐元年出使契丹歸來之後。[2]

上言請以正月爲端月。

　　宋祁《宋景文公筆記》卷上云："宦者、宮人言：正月與上諱同音，故共易爲初月。王珪爲修起居注，頗熟其聞，因上言：'秦始皇帝名政，改正（音政）月爲端月，以正（音政）爲正（音征）。今乞廢正征音一字不用。'遂下兩制義（議），兩制共是其請，表去其字。曾公亮疑而問予，予曰：'不宜廢。且月外尚有射正。《詩》曰"不出正兮"，不止正月矣。'曾寤，密語丞相府，罷之。"[3] 孔平仲《談苑》卷二云："仁宗朝，王珪上言：請以正月爲端月，爲與上名音相近也。"[4] 吳翌鳳《遜志堂雜鈔》辛集云："宋仁宗名禎。宦者宮人言，正月與上諱同音，故共易爲初月。王珪上言：秦始皇帝名政，改正（音政）月爲端月，以正（音政）爲正（音征），因乞廢正、征音一字不用。余謂正之讀征，如《尚書》音常，星宿音秀，自是當時所呼如此，豈二字亦有所諱邪？且政本字尚不改音，而獨改正月一音，不可通矣。"[5] 按，王珪上言請以正月爲端月在其爲同修起居注期間，具體時間不詳，姑繫於此。

仁宗皇祐三年辛卯（1051），三十三歲

在汴京。以太常博士、直集賢院、同修起居注爲正旦使，出使契丹。有詩六首。

三月，爲接伴使，至大名府迎接契丹賀乾元節使，折以舊例過魏必朝服。

　　《宋史》本傳云："接伴契丹使，北使過魏，舊皆盛服入。至是，欲便服，妄云衣冠在後乘。珪命取授之，使者愧謝。遂爲賀正旦使。"（第 10241

［1］胡宿《文恭集》卷一四，景印文淵閣《四庫全書》，第 1088 冊第 726 頁。
［2］參祝寧《胡宿行實著述編年》，杭州師範大學 2012 年碩士學位論文，第 30~33 頁。
［3］宋祁撰，儲玲玲整理《宋景文公筆記》，《全宋筆記》第一編，大象出版社 2003 年版，第 5 冊第 43 頁。
［4］孔平仲撰，池潔整理《談苑》，《全宋筆記》第二編，大象出版社 2006 年版，第 5 冊第 308 頁。
［5］吳翌鳳撰，吳格點校《遜志堂雜鈔》，中華書局 1994 年版，第 112 頁。

頁）《神道碑》云：“公平居，言色安徐，猝應事物，初若不用意，而敏捷精盡，雖素慮者無以加也。其迎虜使至北都，使者欲輕裘便面過闕，公折以舊例必朝服，乃給對服在後乘，公使馳取授之，虜人慚服。”（第 139 頁）按，王珪爲契丹正旦使在皇祐三年八月。《長編》卷一七〇云：皇祐三年四月“辛卯，契丹國母遣忠順節度使左金吾衛將軍耶律純、利州觀察留後曹昌，契丹遣懷德節度使蕭果、崇禄少卿劉永端，來賀乾元節”[1]。辛卯爲十一日。“魏”“北都”指大名府。王珪接伴者當即耶律純等人。四月十一日爲契丹使者覲見仁宗時間，王珪至大名府當在三月。

八月十七日，爲契丹正旦使。

《長編》卷一七一云：皇祐三年八月“乙未，翰林學士、刑部郎中、知制誥兼侍講、史館修撰曾公亮爲契丹國母生辰使，西京左藏庫使郭廷珍副之。工部郎中、知制誥、史館修撰兼侍講王洙爲契丹生辰使，閤門通事舍人李惟賢副之。户部判官、屯田郎中燕度爲契丹國母正旦使，内殿崇班、閤門祗候張克己副之。太常博士、直集賢院、同修起居注王珪爲契丹正旦使，東頭供奉官、閤門祗候曹偓副之”[2]。乙未爲十七日。

十月，離京，出使契丹。

本集卷三有《戲呈唐卿》詩，末聯云：“羈懷一夕猶難遣，況是辭家九十朝。”（第 17 頁）此詩作於皇祐四年正月由契丹返程途中，上推九十天，知王珪等人離京當在皇祐三年十月。按，蘇轍元祐四年（1089）八月十六日被任命爲契丹生辰使，十月十二日尚在京，隨後離京出使契丹。[3] 按照制度，生辰使、正旦使都是同時出發，故此亦可佐證王珪等人出使契丹當於十月離京。

十二月三十日，在鞾淀預遼帝三番大會，有《鞾淀除夕之會呈王原叔給事燕唐卿諫議》詩。

此詩見本集卷三，云：“歲華相逐走燕塵，此夕羈懷暫一申。把手豈辭

[1] 李燾撰，上海師範大學古籍整理研究所、華東師範大學古籍整理研究所點校《續資治通鑑長編》，第 7 冊第 4088～4089 頁。
[2] 李燾撰，上海師範大學古籍整理研究所、華東師範大學古籍整理研究所點校《續資治通鑑長編》，第 7 冊第 4105～4106 頁。
[3] 參孔凡禮《三蘇年譜》，北京古籍出版社 2004 年版，第 3 冊第 2032、2043、2046 頁。

三處酒，別家看作二年人。因逢塞雁驚來信，却憶江梅贈去春。莫向天涯
憂白髮，東風猶與到關新。"第三句下自注云："是夕例有三番之會。"（第
19頁）"韡淀"或寫作"靴淀"，又名"大平地""藕絲淀""廣平淀""中會
川""長寧淀"等，爲遼帝冬捺鉢之地，在潢河（今西拉木倫河）、土河（今
老哈河）合流之處[1]，即今内蒙古翁牛特旗東北部大興農場附近。由此詩可
知，王珪於皇祐三年除夕在韡淀受邀參加遼帝三番大會。皇祐三年除夕在
十二月三十日。按，王洙（997—1057），字原叔，或謂字源叔，或謂字尚
汶，應天府宋城（今河南商丘睢陽）人，天聖二年（1024）進士，官至翰
林學士，嘉祐二年卒，年六十一，《宋史》卷二九四、《隆平集》卷一四、
《東都事略》卷七〇有傳，生平事迹見歐陽修《居士集》卷三一《翰林侍
讀學士王公墓誌銘》，吳瓊、王兆鵬編有王洙年譜[2]，《全宋詩》卷二〇二録
其詩二首、殘句一句，《全宋文》卷四七八收其文十二篇。燕度（997？—
1066？），字唐卿，青州益都（今山東青州）人，燕肅子，天聖八年
（1030）進士[3]，官終右諫議大夫、知潭州，熙寧初卒，年七十，《宋史》卷
二九二有傳，《全宋詩》卷三九八録其詩殘句一聯，《全宋文》卷五八〇收其
文四篇。

是月，在韡淀與劉六符會食，屈之。

《神道碑》云："慶曆中，契丹數邀求生事，劉六符者號才點，公出使，
六符來會食，聲言將有所議，馳請公以動之，且觀其舉措。公怡然往，六
符大爲公屈，卒無所言。"（第139~140頁）按，此言王珪出使契丹在"慶
曆中"，不確。《長編》卷一七一皇祐三年八月乙未載，"使至韡淀，契丹使
劉六符來伴宴，且言耶律防善畫，向持禮南朝，寫聖容以歸，欲持至館中，
王洙曰：'此非瞻拜之地也。'六符言恐未得其真，欲遣防再往傳繪，洙力拒
之"[4]。此可與《神道碑》所記相互參驗。王珪等人十月離京，抵達韡淀當在

---

[1] 參傅樂焕《廣平淀續考》，傅樂焕《遼史叢考》，中華書局1984年版，第178頁。

[2] 吳瓊、王兆鵬《北宋杜集傳播奠基者王洙行年考》，《杜甫研究學刊》2015年第4期。

[3]《蔡襄集》卷八有《燕司封同年以詩見迎》詩，學者考"燕司封"爲燕度（蔣維鋌編著《蔡襄年
　譜》，廈門大學出版社2000年版，第165頁）。蔡襄爲天聖八年進士。

[4] 李燾撰，上海師範大學古籍整理研究所、華東師範大學古籍整理研究所點校《續資治通鑑長編》，
　第7冊第4106頁。

十二月。

冬，在出使契丹途中，有《市駿坊》《杏壇坊》《摸斗嶺》《長興館絕句》《一題白馬館》詩。

王珪出使契丹，所經路綫大致如下：出都城北城之陳橋門向東北行，經開封府之封丘縣（今屬河南）、長垣縣（今屬河南），滑州之韋城縣（在今河南滑縣東南），開德府之衛南縣（在今河南滑縣東北）、濮陽縣（今屬河南）、清豐縣（今屬河南），大名府之元城縣（今河北大名）、永濟鎮（在今河北臨西西南）、臨清縣（今河北臨西），恩州之清河縣（今屬河北），冀州之信都縣（今河北衡水冀州），深州之靜安縣（在今河北深州南）、武強縣（今屬河北），河間府之樂壽縣（今河北獻縣）、河間縣（今屬河北），莫州之任丘縣（今屬河北），雄州之歸信縣（今河北雄縣），渡白溝河進入遼境，經涿州之新城縣（在今河北高碑店東南）、范陽縣（今河北涿州），析津府之良鄉縣（在今北京房山東北），抵達遼南京（今北京）[1]，東北行，經望京館、順州（今北京順義）、檀州（今北京密雲）、金溝館、古北館、新館、臥如來館、柳河館、打造館、牛山館、鹿兒峽館、鐵漿館、富谷館、長興館，抵達遼中京（今內蒙古寧城）[2]，再北行，經殺虎河館、惠州（在今遼寧建平北）、榆林館、訥都烏館、香山子館、水泊館、張司空館等，抵達轒淀。[3]

以下各詩當作於前往轒淀途中。

本集卷四有《市駿坊》（第27~28頁），題下注“幽州”。按，市駿坊當爲遼南京街坊名。

又有《杏壇坊》（第28頁），題下注“檀州”。按，杏壇坊當爲遼檀州街坊名。

又有《摸斗嶺》（第27頁）。按，摸斗嶺又名墨斗嶺、纏斗嶺，位於臥如來館和柳河館之間，即今河北省灤平縣東北部之伊遜梁。

《永樂大典》卷一一三一三錄王珪《長興館絕句》云：“風霜守冢不知

---

[1] 參王文楚《宋東京至遼南京驛路考》，王文楚《史地叢稿》，上海人民出版社2014年版，第173~188頁。

[2] 參承德地區文化局遼驛調查組《遼中京至南京口外驛道調查》，《社會科學戰線》1984年第1期。

[3] 參胡廷榮《遼中京至廣平甸捺鉢間驛館考略》，《中國邊疆史地研究》2004年第1期。

年，犬類那思母愛偏。却謝漢恩頒五餌，載令梳洗向山前。"[1] 按，長興館今內蒙古寧城縣大雙廟鄉三官營子村附近[2]。又録《一題白馬館》云："白馬荒原非路岐，征夫未起雪侵肌。雁思水國猶南翥，人在冰天更北馳。狂吹欲號沙四作，凍雲無賴日西垂。平生可是嗟行役，一對胡觴亦自嘆。"[3] 按，關於白馬館所在地，賈敬顏認爲即水泊館[4]，胡廷榮則認爲是香山子館與水泊館之間新增之館驛，其地在水泊館南二十里白馬淀南緣（在今內蒙古敖漢旗長勝鎮白土梁子村附近）。[5]

仁宗皇祐四年壬辰（1052），三十四歲

自契丹返汴京。以右正言知制誥。有詩十六首、文十七篇。

在韓淀。正月一日，有《元日呈原叔給事唐卿諫議》詩。

　　本集卷三有《元日呈原叔給事唐卿諫議》，云："欲曉東風拂面來，征驂初喜共春回。九天應下階庭拜，萬蟄先驚漢地雷。冷徹貂裘須護節，和侵氊屋莫窮杯。出疆慷慨男兒事，未信霜顔便一摧。"（第18頁）此詩當作於皇祐四年正月一日，王珪時在韓淀，已完成出使任務，準備啓程返回。

正月五日，與契丹館伴使耶律防夜宴於永壽，有《正月五日與館伴耶律防夜燕永壽給事不赴留別》詩。

　　本集卷三有《正月五日與館伴耶律防夜燕永壽給事不赴留別》，云："萬里來持聘玉通，今宵賓燕爲誰同。鐃歌自醉天山北，漢節先隨斗柄東。半夜騰裝吹朔雪，平明躍馬向春風。使車少別無多戀，只隔燕南一信中。"（第16頁）此爲留別詩，作於皇祐四年正月五日；明日，王珪等人即離開韓淀，啓程返宋。按，賈敬顏以爲"永壽"似"永寧"之訛，而永寧館爲遼涿州在

[1] 解縉等奉敕纂《永樂大典》，第5冊第4818頁。

[2] 胡廷榮、劉建柱《遼棄通天館並遷址長興館考實》，《赤峰學院學報（漢文哲學社會科學版）》2020年第7期。

[3] 解縉等奉敕纂《永樂大典》，第5冊第4818頁。

[4] 參賈敬顏《宋綬〈契丹風俗〉疏證稿》，賈敬顏《五代宋金元人邊疆行記十三種疏證稿》，中華書局2004年版，第115頁。

[5] 參胡廷榮《遼中京至廣平甸捺鉢間驛館考略》，《中國邊疆史地研究》2004年第1期。

城館驛。[1] 此説誤,王珪正月一日尚在韃淀,不可能正月五日即返至千里外之涿州。由頸聯來看,永壽當爲韃淀某館驛之名稱,"給事"應指王洙。據閻萬章考證,耶律防即耶律褭履[2],字海鄰,活動於遼興宗、遼道宗時期,官至太子太師,善畫人物肖像,《遼史》卷八六有傳。

正月六日,自韃淀會同館出發,啓程返宋,有《發會同館》詩。

本集卷一有《發會同館》,云:"一持天子節,茲喜去龍庭。大漠夜猶白,寒山春不青。峯多常蔽日,地絶欲回星。同類惟所適,鳴鑣毋暫停。"(第7頁)會同館乃契丹於韃淀所設專門接待宋使之驛舍。[3] 此詩當作於王珪等人離開韃淀之日,即皇祐四年正月六日。

是月,在返回宋境途中,有《富谷館》《就日館》《戲呈唐卿》《會仙石詩》《柳河館》《新館》《思鄉嶺》《虎北口絶句》詩。

沈括熙寧八年(1075)爲回謝遼國使,"是時,契丹以永安山爲庭",沈括"以閏四月己酉出塞,五月癸未至單于庭,凡三十有六日。以六月乙未還,己未復至於塞下,凡二十有五日"[4]。永安山在遼上京道慶州,即今内蒙古巴林右旗白塔子廢城。由雄州出塞,至韃淀之距離較至永安山之距離要近一些,但考慮到季節因素,王珪等人由韃淀返至雄州當與沈括由永安山返至雄州所費時日差不多,推測王珪等人返至遼南京析津府時已入二月,《望京館》詩尾聯"二月塞亭行欲盡,初花猶未識歸人"[5] 可爲佐證。故定王珪返程途中在遼南京道之前各詩作於皇祐四年正月,遼南京道以下各詩作於二月。

本集卷一有《富谷館》,云:"萬雀噪山館,重來一扣扉。去年寒夢在,今日遠書違。殘雪留春槖,疏星挂曉衣。帝鄉不可望,心與白雲飛。"頷聯下自注云:"是日遣使走馬奏平安,初寄家書。"(第7頁)富谷館在遼中京大定府歸化縣南,即今河北省平泉市北五十家子鎮高家溝。

《永樂大典》卷一一三一三録王珪《就日館》云:"高原春霽蕩妖氛,使

[1]參賈敬顏《路振〈乘軺録〉疏證稿》,《五代宋金元人邊疆行記十三種疏證稿》,第40頁。
[2]參閻萬章《遼代畫家考》,《遼海文物學刊》1986年第2期。
[3]參傅樂焕《遼代四時捺鉢考五篇》,《遼史叢考》,第80頁。
[4]賈敬顏《沈括〈熙寧使契丹圖抄〉疏證稿》,《五代宋金元人邊疆行記十三種疏證稿》,第123頁。
[5]解縉等奉敕纂《永樂大典》卷一一三一三,第5册第4818頁。

駟重來路始分。雖遠長安初見日，漸親冀北已瞻雲。東風未破胡天凍，芳草應連紫陌薰。早晚旅魂還舊幹，晨鍾一到玉關聞。"[1] 按，就日館所在地，目前有三說：蔣祖怡、張滌雲以爲或在遼順州治所（今北京順義）[2]；陳子彬、齊敬之認爲是在今河北省平泉市境內[3]；胡廷榮則主張就日館很可能就是殺癵河館，而殺癵河館在今遼寧省建平縣境內。[4] 考蘇頌《和就日館》詩中自注云："十月五日出都，殆今四十一日矣。"[5] 結合王珪詩頷聯來看，當以平泉說爲是。就日館應在鹿兒峽館與鐵漿館之間。

本集卷三有《戲呈唐卿》，云："行到鹿兒山更峭，八千歸路可勝勞。長安日遠思親髮，紫漢星回促使軺。曉礎雲濃藏去驛，陰崖冰折斷前橋。羈懷一夕猶難遣，況是辭家九十朝。"（第 17 頁）鹿兒山當即鹿兒峽館所在地，在今河北省承德縣六溝鎮東山咀村蕎麥地溝。

又卷四有《會仙石詩》，云："奉使群材笑拍肩，玉漿春酒已酕然。當時曾舐淮南鼎，亦恐茲山自有仙。"（第 28 頁）葉廷珪《海錄碎事》卷四上《地部下・夷狄門・牛漿馬酒》引此詩首聯，作"被髮群胡笑拍肩，牛漿馬酒已酕然"，注出自"王禹玉《虜中詩》"[6]。會仙石位於打造館和牛山館之間，即今河北省隆化縣東南中關鎮于家店村。沈括《熙寧使契丹圖抄》云：自（打造）館"西南行十餘里至中頓。頓之西南有大山，上有建石，望之如人，曰會仙石。山下大川流水，川間有石，屹然對山，乃築館其上，傍有茂木，下湍水，對峙大山。大山之西有斷崖，上聳數百尺，挺攉如屏，而鳴泉漱其下。使人過此，必置酒其上，遂以爲常"[7]。據"春酒"云云，知此詩當作於返程途中。

《永樂大典》卷一一三一三録王珪《柳河館》云："柳河山外日暉暉，柳色猶枯草正腓。陰塹水聲多北注，晴峯雲影盡南飛。黃牛擁犢爭春耦，白馬

[1] 解緒等奉敕纂《永樂大典》，第 5 冊第 4818 頁。

[2] 參蔣祖怡、張滌雲整理《全遼詩話》，岳麓書社 1992 年版，第 271 頁。

[3] 參陳子彬、齊敬之《蘇頌〈使遼詩〉注釋》，《承德民族師專學報》1993 年第 2 期。

[4] 參胡廷榮《遼中京至廣平甸捺鉢間驛館考略》，《中國邊疆史地研究》2004 年第 1 期。

[5] 蘇頌著，王同策等點校《蘇魏公文集》卷一三，第 165 頁。

[6] 葉廷珪撰，李之亮校點《海錄碎事》，第 128 頁。

[7] 賈敬顏《沈括〈熙寧使契丹圖抄〉疏證稿》，《五代宋金元人邊疆行記十三種疏證稿》，第 147 頁。

彎弧落暮圍。路入隴塵誰與問，桑間胡女避人歸。"[1] 柳河館位於今河北省灤平縣紅旗鎮房山溝。

又錄《新館》云："偏箱嶺惡莫摧輪，遊子思親淚滿巾。萬里有塵遮白日，一行無樹識新春。幽禽縵囀已催客，狂石欲犇如避人。虜酒相邀絕峯飲，却因高處望天津。"[2] 新館位於今河北省灤平縣平坊村硴場溝。

本集卷四有《思鄉嶺》，云："曉入燕山雪滿旌，歸心常與雁南征。如何萬里沙塵外，更在思鄉嶺上行。"（第 27 頁）思鄉嶺又名辭鄉嶺、德勝嶺、摘星嶺、望云嶺，位於古北館和新館之間，即今河北省灤平縣西南之十八盤梁。據詩意來看，此詩應作於返程途中。

又有《虎北口絕句》，云："來無方馬去無輪，天險分明限一津。願得玉龍橫十萬，榆關重識故封人。"（第 26 頁）虎北口又稱古北口，即今北京市密雲區古北口鎮，其地有古北館。

二月二十七日，返回汴京途中，遊洛陽四并亭，有《四并亭詩》。

本集卷四有《四并亭詩》，云："躡林初躍玉羈旋，已覺芳菲近日邊。塞上胭脂侵酒面，江南寒食落尊前。魂迷一水花臨浦，醉入東風絮滿天。金谷更饒春色好，四難猶恐負華年。"（第 24 頁）據詩意來看，王珪出使契丹返回汴京途中，有洛陽之行。李格非《洛陽名園記》載李氏仁豐園"中有四并、迎翠、濯纓、觀德、超然五亭"[3]。皇祐四年清明節在二月二十九日[4]，寒食節在二月二十七日。

是月，在返回汴京途中，有《望京館》《涿州》《新城寄瓦橋郭太傅》《冀館春夕見月》詩。

《永樂大典》卷一一三一三錄王珪《望京館》云："一從絕漠返朱輪，便有東風逐去塵。和氣旋成燕谷暖，使華重照蘇門新。山川如避中原執，天地應酣上國春。二月塞亭行欲盡，初花猶未識歸人。"[5] 望京館原名孫侯館，

[1] 解縉等奉敕纂《永樂大典》，第 5 冊第 4818 頁。
[2] 解縉等奉敕纂《永樂大典》，第 5 冊第 4818 頁。
[3] 李格非、范成大《洛陽名園記 桂海虞衡志》，文學古籍刊行社 1955 年版，第 8 頁。
[4] 參張培瑜《三千五百年曆日天象》，大象出版社 1997 年版，第 271 頁。以下有關節氣之日期，均據此書。
[5] 解縉等奉敕纂《永樂大典》，第 5 冊第 4818 頁。

在遼南京析津府（治今北京城西南）東北三十里處，即今北京市朝陽區望京。[1] 由末聯可知，此詩當作於皇祐四年二月。

本集卷三有《涿州》，云："涿州亭下柳依依，誰折長條送客歸。曉月未消燕戍酒，春雲初拂漢臺衣。玉堂社燕宜先入，沙磧晴鴻已半飛。回首青山欲千里，行人猶自馬騑騑。"（第 16 頁）涿州治范陽縣（今河北涿州），其城南有修睦亭，館驛曰永寧館。

又有《新城寄瓦橋郭太傅》，云："冰天行絶駕歸軺，十里清烟望界橋。此夕離音留使節，一心上苑看晴霄。燕雲逐馬逢春斷，朔雪沾衣入塞銷。寄語當時四并客，東風應已遍柔條。"（第 22 頁）遼國涿州新城縣（在今河北高碑店東南）與宋境接壤，縣有在城驛。瓦橋在雄州城南易河（南易水）上。按，郭太傅名不詳，疑爲郭逵。郭逵（1022—1088），字仲通，河南府洛陽（今屬河南）人，康定元年（1040）以其兄遺恩録爲三班奉職，官至同簽書樞密院事，元祐三年卒，年六十七，謚忠穆，《宋史》卷二九〇、《東都事略》卷六二有傳，生平事迹見范祖禹《太史范公文集》卷四〇《檢校司空左武衛上將軍郭公墓誌銘》，《全宋文》卷一四二六收其文十七篇。

又卷二有《冀館春夕見月》，云："甚寵無如使牡行，曾同萬里聽秋聲。黄金臺下嘶宛馬，木葉山前度漢旌。纔到關南逢雁盡，重來海上見波平。故人臨月應相望，一夕寒光特爲明。"（第 9 頁）冀館指冀州在城驛。北宋冀州治信都縣（今河北衡水冀州）。

在汴京。五月，爲李丕旦作墓誌銘，有《朝奉郎尚書虞部員外郎監鳳翔府上清太平宫兼兵馬都監護軍李君墓誌銘》。

本集卷五〇有《朝奉郎尚書虞部員外郎監鳳翔府上清太平宫兼兵馬都監護軍李君墓誌銘》，云："皇祐四年五月二十二日，遘疾終於署寢，享年四十九。""女五人，長適前進士王琉，次未適。諸孫九人。其年八月二十四日，葬於萬年縣白鹿鄉之原，從先塋也。予接君姻好，又嘗聞其平生之言，且諸孤乞銘，宜爲之銘。"（第 371、372 頁）"李君"指李丕旦。李丕旦長女嫁王珪之弟王琉，"予接君姻好"云云指此。按，李丕旦（1004—1052），字

[1] 參鄭天挺等主編《中國歷史大辭典（音序本）》，上海辭書出版社 2007 年版，第 2767 頁。

晦之，李士衡第六子，京兆萬年（今陝西西安）人，以蔭入仕，官至虞部員外郎，皇祐四年卒，年四十九，生平事迹見王珪《李君墓誌銘》、范仲淹《范文正公集》卷一一《宋故同州觀察使李公神道碑銘》。

八月二十八日，草《兵部員外郎知滄州田京可工部郎中制》。

《長編》卷一七三載皇祐四年八月庚子，“兵部員外郎、直史館田京爲工部郎中。京前知滄州，轉運使言京能招輯流民，給田除稅租，增户萬七千，特遷之”[1]。庚子爲二十八日。本集卷三三有《兵部員外郎知滄州田京可工部郎中制》。

是月，試中書，以右正言知制誥，有《謝知制誥啓》。

《宋史》本傳記王珪爲契丹正旦使後“進知制誥”（第10241頁）。《東都事略》本傳云：“改右正言、知制誥。”（第672頁）《神道碑》云：“試中書，以右正言知制誥。”（第138頁）本集卷四六有《謝知制誥啓》，此文又見吕祖謙《宋文鑑》卷一二一，其中云：“如某者……偶濫偕於計吏，幾躐先於辭級。往裨劇治，趨駕屏星之車；還預雋遊，誤對高門之地。未及承明之廬，已攖司會之繁。一涉丹墀，得識天下之能事；更持紫橐，愧亡史臣之多聞。敢意睿獎之靡遺，乃擢瑣涼於非次。給北宫之札，才奉試言之榮；答淮南之章，俄參視草之寵。”（第339頁）按，“試中書”指參加知制誥選拔考試。《宋會要》職官六之六五云：“真宗至道三年四月，以工部郎中、史館修撰梁周翰爲駕部郎中、知制誥。故事，入西閣皆中書召試制誥三篇，二篇各二百字，一篇百字，惟周翰不召試而授焉。其後薛映、梁鼎、楊億、陳堯佐、歐陽修亦如此例。”[2] 王珪皇祐三年八月爲契丹正旦使，五年正月以知制誥權同知貢舉，則其試中書、以右正言知制誥當在皇祐四年。又王珪嘉祐元年（1056）十二月拜翰林學士，本集卷七《謝宣召入院奏狀》中有“代言西掖，空驚五載之遷”句（第46頁），“代言西掖”指任知制誥，自皇祐四年至嘉祐元年，正爲五年。考王珪所作制誥，時間最早者是作於皇祐四年八月二十八日之《兵部員外郎知滄州田京可工部郎中制》，則其試中書、以右正

---

[1] 李燾撰，上海師範大學古籍整理研究所、華東師範大學古籍整理研究所點校《續資治通鑑長編》，第7冊第4170頁。

[2] 劉琳等校點《宋會要輯稿》，第5冊第3198頁。

言知制誥當在皇祐四年八月或稍前，姑繫於此。此啓所上對象不詳，疑爲龐籍，是時龐籍獨相。

九月十四日，草《故侍衛親軍馬軍副都指揮使周美可贈忠武軍節度使制》。

《長編》卷一七三載皇祐四年九月丙辰，"馬軍副都指揮使、耀州觀察使周美卒。車駕臨奠，輟視朝一日，贈忠武節度使，謚忠毅"[1]。丙辰爲十四日。本集卷三五有《故侍衛親軍馬軍副都指揮使周美可贈忠武軍節度使制》。

九月十五日，草《宮苑使韶州團練使蔣偕可降授北作坊使制》。

《長編》卷一七二載皇祐四年六月丙申，"北作坊使、忠州刺史、知坊州蔣偕爲宮苑使、韶州團練使、廣南東路鈐轄"。卷一七三載皇祐四年九月戊申，"儂智高殺廣南鈐轄蔣偕於賀州太平場"；丙辰，降"廣南東路鈐轄兼捉殺蠻賊、宮苑使、韶州團練使蔣偕爲潭州都監"；丁巳，再降"宮苑使、韶州團練使蔣偕爲北作坊使、忠州刺史"[2]。丙申、戊申、丙辰、丁巳分別爲二十三日、六日、十四日、十五日。本集卷三三有《宮苑使韶州團練使蔣偕可降授北作坊使制》；此文亦見《宋大詔令集》卷二〇五，題作《宮苑使韶州團練使蔣偕降授北作坊使忠州刺史制》，題下注"同上"，而前一文題下注"皇祐四年九月丁巳"[3]。蓋因消息傳遞遲滯，此文作於蔣偕戰死之後。

是月，草《右正言知制誥蔡襄可起居舍人制》。

蔣維錟考蔡襄皇祐四年九月遷起居舍人、知制誥、兼判吏部流內銓。[4]本集卷三六有《右正言知制誥蔡襄可起居舍人制》，云："茲予命爾以左右史，惟爾職在綸闈，蓋亦望清而資美。"（第256頁）體會文意，蔡襄乃先授知制誥，後授起居舍人。

十月二十六日，草《江淮等路都大發運使許元可充天章閣待制制》。

《長編》卷一七三云：皇祐四年十月"戊戌，淮南、江、浙、荆湖制置

[1] 李燾撰，上海師範大學古籍整理研究所、華東師範大學古籍整理研究所點校《續資治通鑑長編》，第7冊第4712~4713頁。
[2] 李燾撰，上海師範大學古籍整理研究所、華東師範大學古籍整理研究所點校《續資治通鑑長編》，第7冊第4154、4171、4173頁。
[3] 司義祖整理《宋大詔令集》，中華書局1962年版，第766頁。
[4] 參蔣維錟編著《蔡襄年譜》，第105頁。

發運使、侍御史許元爲刑部員外郎、天章閣待制"[1]。戊戌爲二十六日。本集卷四〇有《江淮等路都大發運使許元可充天章閣待制制》。

是月，草《故廣南東路鈐轄蔣偕可贈武信軍觀察留後制》。

本集卷三五有《故廣南東路鈐轄蔣偕可贈武信軍觀察留後制》，云："具官某勁特之氣，毅然許國。蠻方不愞，俾爾南戮。受命之日，晝夜兼行。盛夏瘴熱，冒履山險。轉鬭之際，遭罹非命。朕之不能綏格遠夷，使爾捐軀萬里之外。終夜哀悼，予心曷已！其以兩使之襚，寵於幽冥。"（第249頁）前已考出，蔣偕皇祐四年九月六日戰死於賀州（今屬廣西）太平場，而朝廷九月十五日尚有制書降其爲北作坊使、忠州刺史。慮及廣州距汴京路途遙遠，消息傳遞遲滯，此文最有可能作於皇祐四年十月，姑繫於此。

十一月二十七日，草《故太子少師致仕任布可贈太子太傅制》。

《長編》卷一七三云：皇祐四年十一月"戊辰，知河南府、太子少師致仕任布卒。贈太子太傅，諡恭惠"[2]。戊辰爲二十七日。本集卷三四有《故太子少師致仕任布可贈太子太傅制》，此文亦見《宋大詔令集》卷二二〇。

十一月二十九日，草《贈團練使何宗父均可千牛衛將軍致仕制》《母太原縣君王氏可封太原郡君制》《妻河南縣君宋氏可封河南郡君制》。

《長編》卷一七三載皇祐四年九月戊申，"儂智高殺廣南鈐轄蔣偕於賀州太平場，莊宅副使何宗古、右侍禁張達、三班奉職唐峴皆没"。又載皇祐四年十一月庚午，贈"莊宅副使、廣東都監何宗古爲嘉州團練使"[3]。戊申爲六日，庚午爲二十九日。本集卷三九有《贈團練使何宗父均可千牛衛將軍致仕制》《母太原縣君王氏可封太原郡君制》《妻河南縣君宋氏可封河南郡君制》，其中第一文云："朕惟南征之際，仗節之士，其趨赴死難者，固已追寵之。又思褒其親，以錫忠孝之類。某父憑德之厚，克生俊臣。分提王師，以靖蠻孽。而遭命遇害，悼於予聞。眷爾衰年，創深子舍。特陞環尹之列，且

---

[1] 李燾撰，上海師範大學古籍整理研究所、華東師範大學古籍整理研究所點校《續資治通鑑長編》，第7冊第4177頁。

[2] 李燾撰，上海師範大學古籍整理研究所、華東師範大學古籍整理研究所點校《續資治通鑑長編》，第7冊第4181頁。

[3] 李燾撰，上海師範大學古籍整理研究所、華東師範大學古籍整理研究所點校《續資治通鑑長編》，第7冊第4171、4181頁。

慰下泉之思。"（第288頁）此何宗當即何宗古，蓋抄入或抄出《永樂大典》時漏却"古"字。何宗古父、母、妻當與宗古同時進封。

十二月二十四日，草《台州司士參軍顔似賢可婺州蘭溪縣尉制》。

《長編》卷一七三云：皇祐四年十二月"乙未，以台州司户參軍顔似賢爲婺州蘭溪縣尉。似賢，真卿裔孫也"[1]。乙未爲二十四日。考吕兆祥《陋巷志》卷三《授官》云："仁宗皇祐二年十一月，特授顔惟孜將仕郎、處州司士參軍，顔似賢守台州司士參軍。"[2] 本集卷四〇有《台州司士參軍顔似賢可婺州蘭溪縣尉制》。可知《長編》所記"司户參軍"當爲"司士參軍"。

是年，與杜衍等六十六人賦詩送王周致仕歸江陵。

蘇軾《書王太尉送行詩後》云："杜衍、賈黯、宋敏求、司馬光、王安石、蘇涣、王疇、邵亢、元絳、王純臣、吕夏卿、張瓌、何涉、謝仲弓、陳洙、胡恢、王舉正、趙槩、張揆、曾公亮、王珪、王洙、曾公定、胡宿、范鎮、李復圭、張芻、吳幾復、范百之、晁仲衍、石揚休、李絢、宋敏脩，右三十三人。丁度、郭勸、齊廓、馬仲甫、令狐挺、施昌言、吕居簡、孫沔、劉瑾、馮浩、黄灝、韓鐸、李師中、辛若渝、李壽朋、劉參、張師中、李先、楚泰、洪彄、周延雋、錢延年、解賓王、黄從政、孟詢、閻顗、謝徽、張孜、吳可幾、范寬之、張中庸、鮑光、閔從周，右三十三人。《送行詩》上下二卷，凡六十有六人。慶曆、皇祐間，朝廷號稱多士，故光禄卿贈太尉王公掛冠歸江陵，作詩紀行者，多一時之傑。嗚呼，唐虞之際，於斯爲盛，非獨以見王公取友之端，亦足以知朝廷得士之美也。"[3] 按，有學者據此謂："仁宗皇祐（1049—1053）間，六十六人爲王珪掛冠歸江陵作詩送行，也許是北宋規模最大的一次同題唱和'詩社'。"[4] 此説有誤，"王太尉"非指王珪，乃是王周。《宋史》卷二〇九《藝文志八》著録《送王周歸江陵詩》二

[1] 李燾撰，上海師範大學古籍整理研究所、華東師範大學古籍整理研究所點校《續資治通鑑長編》，第7冊第4184頁。
[2] 吕兆祥《陋巷志》，《儒藏·史部·孔孟史志》，四川大學出版社2005年影印本，第8冊第208頁。
[3] 孔凡禮點校《蘇軾文集》卷六八，中華書局1986年版，第5冊第2156～2157頁。
[4] 王兆鵬《宋南渡詞人群體研究》，鳳凰出版社2009年版，第43頁。

卷，小注云："杜衍等所撰。"[1]《送王周歸江陵詩》原書已佚，但其中詩作尚有三首完整存世。《司馬光集》卷八有《送光祿王卿周致仕歸荊南》，王安石《臨川先生文集》卷二四有《送王大卿致政歸江陵》。胡仔《苕溪漁隱叢話》後集卷二一《杜正獻》節引蘇軾此文後云："苕溪漁隱曰：《送行詩》，正獻有之，句法殊高古，今錄入《叢話》，云：'早修天爵邀人爵，才近耆年便引年。出處對揚多稱職，始終操履衆推賢。鑑湖賀老非陳迹，荊渚朱公合比肩。此去優游益吟詠，《枝江集》外別成編。'"[2]"杜正獻"指杜衍。王珪所作送行詩不見於今本《華陽集》，亦未見他書記載，當已佚。

《全宋詩》卷一五四錄王周詩一卷，小傳謂其皇祐四年致仕，但所據史料僅爲司馬光《送光祿王卿周致仕歸荊南》。考《臨川先生文集》卷九五有《贈尚書刑部侍郎王公墓誌銘》，乃王安石應王周之請爲其父王文亮所作墓誌，其中明確記載王文亮皇祐三年十二月七日甲申與其妻合葬於江陵縣（今屬湖北）龍山之西，是時王周所任官職爲光祿卿。而丁度卒於皇祐五年正月九日庚戌。[3]可知王周致仕當在皇祐四年。按，王周（生卒年不詳），諸史無傳，原爲明州奉化（今屬浙江寧波）人，其父母皇祐三年十二月合葬於江陵縣，很可能此時其家已由奉化遷居江陵，大中祥符五年（1012）進士[4]，乾興元年（1022）以大理寺丞知無錫縣，寶元二年（1039）以虞部員外郎知無錫縣[5]，慶曆四年（1044）左右知撫州[6]，八年以司封郎中知明州[7]，官至光祿卿。《全唐詩》卷七六五錄王周詩一卷，陳尚君認爲此屬誤收，王周

[1] 脫脫等《宋史》，第 16 冊第 5407 頁。

[2] 胡仔纂集，廖德明校點《苕溪漁隱叢話·後集》，第 144 頁。

[3] 參杜大珪《名臣碑傳琬琰集》上集卷三孫抃《丁文簡公度崇儒之碑》，《宋代傳記資料叢刊》，第 14 冊第 53 頁。

[4] 參張津等纂修《乾道四明圖經》卷一二《進士題名記》，《宋元浙江方志集成》，杭州出版社 2009 年版，第 7 冊第 3044 頁。

[5] 參史能之纂修《咸淳毗陵志》卷一〇《秩官四·知縣》，《宋元方志叢刊》，中華書局 1990 年影印本，第 3 冊第 3037 頁。

[6] 參楊淵纂修《弘治撫州府志》卷八《公署·職官·牧守題名》，《天一閣藏明代方志選刊續編》，上海書店 1990 年影印本，第 47 冊第 533 頁。

[7] 《乾道四明圖經》卷一二《太守題名記》載王周"慶曆年"以司封郎中知明州。王安石《臨川先生文集》卷三八《明州新刻漏銘》有"戊子王公，始治於明"句，"王公"即王周，戊子指慶曆八年（參劉成國《王安石年譜長編》，第 1 冊第 189~190 頁）。

乃宋真宗、宋仁宗朝人。[1] 周祖譔、賈晉華則以爲北宋有兩王周，《全唐詩》所收者“殆五代人而入宋者”[2]。筆者認同陳說。王周生年約略可考。胡宿《虞部員外郎致仕王周男某可試將作監主簿制》中稱王周“年及杖朝，表求解綬”[3]，《禮記・王制》謂“八十杖於朝”[4]，以王周皇祐四年致仕時年八十計，其生年當在開寶六年（973）。

草《捧日天武四廂都指揮使眉州防禦使紀質可侍衛親軍步軍都虞候制》。

《景定建康志》卷二六《官守志三・侍衛馬軍司》載“紀質皇祐五年二月，除都虞候。至和元年正月改差”[5]。本集卷三八有《捧日天武四廂都指揮使眉州防禦使紀質可侍衛親軍步軍都虞候制》，云：“比遷廂部之領，益嚴城徼之訶。屬疇次於事勞，宜進聯於候弇。”（第282頁）體會文意，紀質當是先授步軍都虞候，後授馬軍都虞候。此文當作於皇祐四年八月王珪爲知制誥之後。

草《內藏庫使李定可皇城使制》。

本集卷四〇有《內藏庫使李定可皇城使制》，云：“蠻荒弗譓，毒我五管，勞師谿谷之間，逾時未殄。朕思勁武沈慮之才，能佐吾將略者，寵而遣之。”（第293頁）按，北宋至少有七人名李定，此李定當爲參與平定儂智高起義之武臣。[6] 皇祐五年鐫《平蠻三將題名》記第三將余靖屬下第一人即爲“皇城使廣南西路兵馬鈐轄李定”[7]。考《長編》卷一七二至一七四，儂智高皇祐四年五月一日攻占邕州（今廣西南寧），隨後連克橫（今廣西橫縣）、貴（今廣西貴港）、龔（今廣西平南）、藤（今廣西藤縣）、梧（今屬廣西）、封（今廣東封開）、康（今廣東德慶）、端（今廣東肇慶）等州，圍攻廣州（今屬廣東）達五十七日，不克，經賀州（今屬廣西）、昭州（今廣西平樂）、賓

［1］參陳尚君《〈全唐詩〉誤收詩考》，陳尚君《唐代文學叢考》，中國社會科學出版社1997年版，第20~22頁。

［2］傅璇琮主編《唐才子傳校箋》，中華書局1990年版，第4冊第371頁。

［3］胡宿《文恭集》卷一九，景印文淵閣《四庫全書》，第1088冊第789頁。

［4］鄭玄注，孔穎達疏《禮記正義》卷一三，《十三經注疏》，第1346頁。

［5］周應合撰，王曉波等點校《景定建康志》，《宋元珍稀地方志叢刊》甲編，四川大學出版社2007年版，第2冊第1243頁。

［6］參方健《北宋士人交遊錄》，上海書店出版社2013年版，第491~492頁。

［7］陸增祥《八瓊室金石補正》卷九八，文物出版社1985年影印本，第688頁。

州（今廣西賓陽）等回師邕州，次年正月爲狄青所敗。則此文當作於皇祐四年八月王珪爲知制誥之後。

草《故右班殿直陳孝先可贈南作坊副使制》。

本集卷四〇有《故右班殿直陳孝先可贈南作坊副使制》，云："日者遠蠻背恩，旅拒篁竹之間，寖以稽戮。爾懍疾狂寇，奮不顧命，勢寡力迫，離於賊鋒。朕嘉死事之節，特厚恤終之典。命諸介使，寵於忠魂。"（第295頁）"遠蠻背恩"云云，當指皇祐四年儂智高起義。陳孝先無考。皇祐四年、五年，宋廷對平定儂智高起義期間戰歿將士多有封贈。[1]據文意來看，此文當作於皇祐四年八月王珪爲知制誥之後。

草《河東轉運使周沆可三司度支副使制》。

鄭獬《户部侍郎致仕周公墓誌銘》云："復以直史館知潭州。……居二年，南方益堅固，乃除河東路轉運使。入爲度支副使。南越罹儂賊戕毁，俾公爲西路安撫使，詔非賊所經歷不須行。"[2]周沆慶曆八年（1048）七月癸卯爲直史館、知潭州、兼荆湖南路安撫使，皇祐五年二月壬辰以度支副使、工部郎中爲廣南西路體量安撫使。[3]可知其除河東路轉運使當在皇祐二年，入爲度支副使當在皇祐四年。本集卷四〇有《河東轉運使周沆可三司度支副使制》，當作於皇祐四年八月王珪爲知制誥之後。

仁宗皇祐五年癸巳（1053），三十五歲

在汴京。爲知制誥。有詩二首、文六十八篇，約可繫文九篇。

正月十二日，權同知貢舉。

《宋會要》選舉一之一一一云：皇祐"五年正月十二日，以翰林學士承旨王拱辰權知貢舉，翰林學士曾公亮、翰林侍讀學士胡宿、知制誥蔡襄、王珪並權同知貢舉。"選舉一九之一二云：皇祐"五年正月十二日，以翰林學士

[1]參《長編》卷一七三皇祐四年八月丙戌、九月己未、十一月月庚午，卷一七四皇祐五年二月乙未、六月甲午，卷一七五皇祐五年十二月乙巳等。

[2]鄭獬《郧溪集》卷二〇，《宋集珍本叢刊》，綫裝書局2004年影印本，第15冊第189頁。

[3]參李燾撰，上海師範大學古籍整理研究所、華東師範大學古籍整理研究所點校《續資治通鑑長編》卷一六四、卷一七四，第7冊第3957、4200頁。

王拱辰等權知貢舉，起居舍人知諫院韓贄、直龍圖閣薛紳封印卷首，太常博士黃泊、秘書丞宋敏修、大理評事韓維、國子監直講裴煜、編修唐書官呂夏卿充點檢試卷官，天章閣侍講盧世宗、屯田員外郎王元亨、太常博士王維熙、國子博士王九思、大理寺丞傅宣充諸科考試官"。"二十三日，命直史館唐詢、集賢校理孫錫考試知舉官親戚舉人。"[1] 按，皇祐五年殿試進士在三月十二日壬子，放榜在三月二十一日辛酉，賜二百人及第、一百五十人出身、一百七十人同出身[2]，本年進士省元徐無黨、狀元鄭獬。[3]

是月，鎖院中有《采藻爲旟》詩。

本集卷一有《采藻爲旟》詩，題下注："皇祐五年，南省擬試。"（第8頁）按，皇祐五年正月十二日命知貢舉官，二十三日命唐詢、孫錫爲別頭試主考官[4]，引試當在正月二十三日之後。

二月十五日，草《狄青男諮閤門祗候可閤門通事舍人制》。

《宋史》卷二九〇《狄青傳》載，狄青以平定儂智高起義有功，"復爲樞密副使，遷護國軍節度使、河中尹。還至京師，帝嘉其功，拜樞密使，賜第敦教坊，優進諸子官秩"[5]。《長編》卷一七四載皇祐五年二月乙酉，"東頭供奉官、閤門祗候狄諮爲西染院副使兼閤門通事舍人，右侍禁狄詠爲閤門祗候。諮、詠，皆青之子也"[6]。乙酉爲十五日。本集卷三四有《狄青男諮閤門祗候可閤門通事舍人制》。

草《入内内侍押班充荆湖南等路安撫副使石全彬可綿州防禦使制》。

《長編》卷一七四載皇祐五年二月乙酉，"廣南東西、湖南、江西路安

[1] 劉琳等校點《宋會要輯稿》，第9冊第5252頁、第10冊第5627頁。按，此"盧世宗"當爲"盧士宗"之誤，參至和元年八月譜。
[2] 參李燾撰，上海師範大學古籍整理研究所、華東師大學古籍整理研究所點校《續資治通鑑長編》卷一七四，第7冊第4202、4203頁。
[3] 參馬端臨著，上海師範大學古籍研究所、華東師範大學古籍研究所點校《文獻通考》卷三二《選舉考五·舉士》，第2冊第944頁。
[4] 參劉琳等校點《宋會要輯稿》選舉一九之一二，第10冊第5627頁。
[5] 脫脫等《宋史》，第28冊第9720頁。
[6] 李燾撰，上海師範大學古籍整理研究所、華東師範大學古籍整理研究所點校《續資治通鑑長編》，第7冊第4199頁。

撫副使、入内押班、内園使、陵州團練使石全彬領縣州防禦使"[1]。本集卷三四有《入内内侍押班充荆湖南等路安撫副使石全彬可綿州防禦使制》。

草《樞密直學士知潭州孫沔秘書監知桂州余靖可並給事中制》。

《長編》卷一七四云：皇祐五年二月"乙酉，廣南東西、湖南、江西路安撫使、樞密直學士、右諫議大夫孫沔，知桂州、秘書監余靖並爲給事中"[2]。本集卷三六有《樞密直學士知潭州孫沔秘書監知桂州余靖可並給事中制》。按，李之亮繫此文於至和二年（1055），並據此定孫沔至和二年知潭州[3]，不確。

二月二十五日，草《故荆湖北路駐泊都監孫節可贈忠武軍節度觀察留後制》。

《長編》卷一七四載皇祐五年二月乙未，"贈荆湖北路都監、西京左藏庫副使孫節爲忠武軍留後，封其妻王氏爲仁壽郡君，賜冠帔，官其子二人，從子三人，給諸司副使俸終喪"[4]。乙未爲二十五日。本集卷三五有《故荆湖北路駐泊都監孫節可贈忠武軍節度觀察留後制》。

四月十三日，草《秘書省宋敏修可太常博士供備庫副使李平可殿中丞將作監主簿楊愔可通判保定軍任粹可太常博士制》。

《宋會要》選舉三一之一六云："皇祐五年四月十三日，學士院試供備庫副使李評，賦、詩、論並四上，殿中丞宋敏修賦、詩三上，將作監主簿楊愔賦、詩四下，論四上。詔評換殿中丞，敏修太常博士，不隔磨勘，愔太常寺太祝。評以魏國大長公主遺恩，敏修以兩制上所著《春秋列國類纂》，愔以上父偕家集，並命試。"[5]本集卷三七有《秘書省宋敏修可太常博士供備庫副使李平可殿中丞將作監主簿楊愔可通判保定軍任粹可太常博士制》。按，"李平""李評"當爲同一人。

---

［1］李燾撰，上海師範大學古籍整理研究所、華東師範大學古籍整理研究所點校《續資治通鑑長編》，第 7 冊第 4199 頁。

［2］李燾撰，上海師範大學古籍整理研究所、華東師範大學古籍整理研究所點校《續資治通鑑長編》，第 7 冊第 4199 頁。

［3］參李之亮《宋兩湖大郡守臣易替考》，巴蜀書社 2001 年版，第 241 頁。

［4］李燾撰，上海師範大學古籍整理研究所、華東師範大學古籍整理研究所點校《續資治通鑑長編》，第 7 冊第 4201 頁。

［5］劉琳等校點《宋會要輯稿》，第 10 冊第 5848 頁。

是月，草《工部侍郎劉夔可户部侍郎致仕制》。

《長編》卷一七二云：皇祐四年正月“壬申，樞密直學士、工部侍郎、知福州劉夔請解官歸武夷山爲道士，不許，尋命知建州。夔，建州人也。遂以户部侍郎致仕”。注云：“知建州在今年十月戊戌，致仕在明年四月，今并書之。”[1] 本集卷三四有《工部侍郎劉夔可户部侍郎致仕制》。

五月一日，草《前鄉貢進士鄭獬可將作監丞通判陳州制》。

本集卷三六有《前鄉貢進士鄭獬可將作監丞通判陳州制》。《宋會要》選舉二之八云：皇祐“三年五月初一日，以新及第進士第一人鄭獬爲將作監丞”[2]。此“三年”當爲“五年”之誤。《宋會要》選舉七之一七云：皇祐“五年三月十三日，帝御崇政殿試禮部奏名進士，内出《圓丘象天賦》《吹律聽軍聲詩》《樂本人心論》題，得鄭獬已下五百二十人，第爲五等，並賜及第、出身、同出身”[3]。《長編》卷一七四云：皇祐五年三月“辛酉，御崇政殿，賜進士鄭獬等二百人及第，一百五十人出身，一百七十人同出身。獬，安陸人也”[4]。馬端臨《文獻通考》卷三二《選舉考五》、彭百川《太平治迹統類》卷二八《仁宗科舉取士》等亦載鄭獬皇祐五年進士及第。王珪皇祐三年尚未任知制誥，亦無可能草此制。

是月，草《知杭州錢塘縣鄭民彝可光禄寺丞制》。

本集卷四〇有《知杭州錢塘縣鄭民彝可光禄寺丞制》，云：“朕惟世禄子弟，多溺於綺紈之間，而鮮克令器。惟爾名臣之後，穎然好學，追試禁林，而綴辭雅麗，參列優等。迹其官簿，且有歲月之勞。擢丞列卿，懋爾遠至。”（第297頁）本集卷五二《秘書省著作佐郎鄭君墓誌銘》云：“［丁］外艱，服除，召試學士院。當是時，朝廷患貴執之人數奸試以希恩，於是遣中貴人鎖學士院，又命右正言、直集賢院賈黯封彌謄録，如禮部考格。既而被絀者逾半，而署君文優等。君既賜科，自太常寺太祝除光禄寺丞、知杭州錢

［1］李燾撰，上海師範大學古籍整理研究所、華東師範大學古籍整理研究所點校《續資治通鑑長編》，第7冊第4130頁。

［2］劉琳等校點《宋會要輯稿》，第9冊第5269頁。

［3］劉琳等校點《宋會要輯稿》，第9冊第5397頁。

［4］李燾撰，上海師範大學古籍整理研究所、華東師範大學古籍整理研究所點校《續資治通鑑長編》，第7冊第4203頁。

塘縣。"（第383頁）《宋會要》選舉九之一二云：皇祐"五年四月九日，賜大理寺丞宋克國、太常寺太祝鄭民彝進士出身。克國，宰相庠之子，以恩陳乞，民彝獻父戲家集，並召試學士院，命之"[1]。《宋會要》職官一一之一四云：皇祐"五年五月四日，審官院言：'檢會將作監主簿任逸皇祐二年九月明堂覃恩，以當年十月賜同進士出身，有詔依無出身人例轉官。今太常寺太祝鄭民彝今年四月賜同進士出身，昨三月內合該磨勘，係未賜出身前已三周年。'詔民彝依進士出身人例轉官"[2]。可知鄭民彝皇祐五年四月九日召試學士院，五月磨勘轉官光祿寺丞。

六月，草《西京左藏庫副使蘇安靜可供備庫使制》。

本集卷四〇有《西京左藏庫副使蘇安靜可供備庫使制》，云："太原雁門，扼晉山河，北有強敵，西有勁羌，蓋天下精兵之處。總戎一道，非材略之武，則疇若予寄？以爾嘗事朕左右，而忠慎幹力，有足稱者。今薦形帥府，謂可任以邊幾。宜擢諸使，委以鈐護之職。"（第296頁）《長編》卷一七四云：皇祐五年正月"壬戌，觀文殿學士、吏部侍郎、知定州韓琦為武康節度使、知并州""寧化軍天池顯應廟在禁地中，久不葺，契丹冒有之。琦遣鈐轄蘇安靜抵境上，召其酋豪諭曰：'爾嘗求我修池神廟，得爾國移文固在，今曷為見侵也？'契丹無以對，遂歸我冷泉村。代州陽武寨地，舊用黃嵬山麓為界，契丹侵耕不已。琦又遣安靜斬地立石限之，自此不敢耕山上。"卷一八二云：嘉祐元年六月"丁巳，供備庫使、并代鈐轄蘇安靜領忠州刺史，留再任。安靜與契丹爭辨寧化軍天池廟地界，既定，特擢之"。注云："事具皇祐五年正月也。"[3]結合文意可知，蘇安靜當是皇祐五年因韓琦之薦為供備庫使、并代鈐轄，嘉祐元年六月丁巳留再任。《長編》繫韓琦遣蘇安靜諭契丹事於皇祐五年正月壬戌，屬於連書手法，非事件實際發生時間。按三年一任來推算，蘇安靜初任并代鈐轄當在皇祐五年六月，姑繫於此。

[1] 劉琳等校點《宋會要輯稿》，第9冊第5439頁。
[2] 劉琳等校點《宋會要輯稿》，第6冊第3318頁。
[3] 李燾撰，上海師範大學古籍整理研究所、華東師範大學古籍整理研究所點校《續資治通鑑長編》，第7冊第4194、4409頁。

闰七月十四日，草《禮賓使劉温潤等可英州刺史制》。

《長編》卷一七五云：皇祐五年閏七月"庚辰，秦鳳路經略安撫司言，古渭寨、啞兒峽、廣吳嶺諸蕃部數出擾邊，道阻不通。尋令部署劉涣爲中軍，鈐轄劉温潤、都監郭恩爲先鋒，知鎮戎軍郭逵爲策先鋒，都監吳貴、崔懿爲殿後，走馬承受周世昌隨中軍捕討之。涣得首二百四級，温潤得五百六十五級，恩得九百二十五級，逵得四百五十九級，貴得二十八級，世昌得二十七級。辛巳，涣自澤州團練使遷防禦使，温潤自禮賓使領英州刺史，恩自內殿承制、閤門祇候爲崇儀副使，逵自內殿承制、閤門祇候爲禮賓副使，貴自內殿承制爲供備庫副使，懿自西頭供奉官、閤門祇候爲東頭供奉官，世昌自西頭供奉官爲東頭供奉官"[1]。庚辰爲十三日，辛巳爲十四日。本集卷四〇有《禮賓使劉温潤等可英州刺史制》。

八月七日，草《秘書郎馮京可直集賢院著作郎沈遘可集賢校理制》。

《宋會要》選舉三一之三三云：皇祐"五年八月七日，學士院試秘書郎馮京，賦三上、詩三下，著作佐郎沈遘賦、詩三上，詔並爲太常丞，京直集賢院，遘充集賢校理。以上所業命試"[2]。本集卷三四有《秘書郎馮京可直集賢院著作郎沈遘可集賢校理制》。

是月，爲晁仲衍作墓誌銘，有《提點京東諸路州軍刑獄公事兼諸路勸農事朝散大夫行尚書祠部員外郎充秘閣校理上輕車都尉借紫晁君墓誌銘》。

本集卷五〇有《提點京東諸路州軍刑獄公事兼諸路勸農事朝散大夫行尚書祠部員外郎充秘閣校理上輕車都尉借紫晁君墓誌銘》，記晁仲衍（1012—1053），字子長，澶州清豐（今屬河南）人，晁迥之孫、晁宗慤之子，賜進士及第，官至秘閣校理、京東提點刑獄，皇祐五年八月二十四日卒，年四十二，十一月一日葬於鄭州新城縣旌賢鄉賈村，其子晁端彥請銘於王珪（第372~375頁）。

九月六日，草《侍御史知濠州吳祕可降授屯田員外郎制》。

《長編》卷一七五云：皇祐五年九月"壬申，降侍御史、知濠州吳祕爲

[1] 李燾撰，上海師範大學古籍整理研究所、華東師範大學古籍整理研究所點校《續資治通鑑長編》，第7冊第4224~4225頁。

[2] 劉琳等校點《宋會要輯稿》，第10冊第5858頁。

屯田員外郎,坐失舉也。既而,中書按所舉乃非用祕章遷改,復還其官"。注云:"祕復遷故官,乃戊寅日,今并書。"[1] 壬申爲六日,戊寅爲十二日。本集卷三八有《侍御史知濠州吳祕可降授屯田員外郎制》。

九月十二日,草《降授屯田員外郎知濠州吳祕可都官員外郎制》。

本集卷三八有《降授屯田員外郎知濠州吳祕可都官員外郎制》,云:"向以坐舉不明,絓於有司之議。御史中執濾言爾所薦未嘗用,而吏更因它章以冒寵格。今而緣累,理有足矜。中都副郎,復秩華省。"(第283頁)據前引《長編》卷一七五皇祐五年九月壬申及注,可知吳祕皇祐五年九月六日降授屯田員外郎,九月十二日復爲都官員外郎。

十一月十二日,以南郊禮成,獲推恩加官。

《蔡襄集》卷一五《王珪制》云:"敕:朕入清明之宮,親泰元之祀,祖考天地,況施無疆。厥有秉文之士,左右顯相,而熙福之蕃,嘉與均被。具官某,才資敏茂,行實端方。奥學切於本元,懿文美於訓令。回翔禁近,光顯名譽。逮嚴事於崇丘,常先途於法乘。奉珍瓚於七室,貢吉玉於中壇。禮容雍和,志慮齊栗。序升階次,疏列社封。并爲寵渥之華,益表褒甄之異。"[2] 由"逮嚴事於崇丘"云云,知此文爲某次南郊大禮加恩制誥。考蔡襄爲知制誥在皇祐四年九月至六年六月間。[3] 在此期間僅舉行過一次南郊大禮。《長編》卷一七五云:皇祐五年十一月"己巳,合祭天地於圜丘,大赦","丁丑,加恩百官"[4]。己巳爲四日,丁丑爲十二日。

草《觀文殿學士王舉正父化基可追封冀國公制》《母宋氏可追封曹國太夫人制》。

本集卷三三有《觀文殿學士王舉正父化基可追封冀國公制》《母宋氏可追封曹國太夫人制》。前者云:"方予徹祠於郊,冒天下以福。睠維股肱之良,世載令德。既加寵於厥躬,又用閟冊以追顯其先烈。"後者云:"朕己巳

---

[1] 李燾撰,上海師範大學古籍整理研究所、華東師範大學古籍整理研究所點校《續資治通鑑長編》,第7冊第4232頁。

[2] 蔡襄著,徐焌等編,吳以寧點校《蔡襄集》,上海古籍出版社1996年版,第291頁。

[3] 參蔣維鈞編著《蔡襄年譜》,第105、118頁。

[4] 李燾撰,上海師範大學古籍整理研究所、華東師範大學古籍整理研究所點校《續資治通鑑長編》,第7冊第4238、4239頁。

日至禮於崇邱，欽惟我一祖二宗之靈，以配上帝。豈曰能饗，實報之盡。時吾烈文之臣，固亦怵霜露之履，不盼閔書，奚以慰其永思？"（第230頁）《長編》卷一七四云：皇祐五年五月"癸亥，尚書左丞、兼御史中丞王舉正爲禮部尚書、觀文殿學士、知通進銀臺司兼門下封駁事，兼提舉祥源觀事"。卷一九〇云：嘉祐四年十二月"己卯，觀文殿學士、兼翰林侍讀學士、禮部尚書王舉正爲太子少傅致仕"[1]。在此期間，僅皇祐五年十一月四日己巳舉行過一次南郊大禮。則此二文當作於皇祐五年十一月十二日南郊大禮推恩百官之時。

草《殿前都指揮使許懷德曾祖秉可贈太子太保制》《許懷德父均可贈太尉制》。

本集卷三三有《殿前都指揮使許懷德曾祖秉可贈太子太保制》《許懷德父均可贈太尉制》。前者云："祭者必有惠術，以及其下。蓋神明薦鰲，非可專己之饗。故朕竣祠之始，澤漏淵泉。"後者云："方予大旅於郊，陟配三后，而孝德孚於天下。眷吾武烈之臣，時亦愴親庭之養。不盼閔書，奚以慰其永思？"（第231頁）《宋史》卷三二四《許懷德傳》云："歲餘，復爲殿前副都指揮使。祀明堂，進都指揮使。"[2]許懷德復殿前副都指揮使在皇祐元年九月二十一日辛亥。[3]《宋大詔令集》卷一〇〇有《許懷德檢校尚書左僕射充殿前都指揮使保平軍節度使加恩制》，題下注"皇祐二年十月明堂"[4]。可知許懷德皇祐二年十月以明堂大禮加恩，進殿前都指揮使，此後直至嘉祐六年（1061）去世，均任此職。在許懷德任殿前都指揮使期間，僅皇祐五年舉行過一次南郊大禮。則此二文當作於皇祐五年十一月十二日南郊大禮推恩百官之時。

草《國子博士晁仲蔚父宗愨可贈尚書右僕射制》。

本集卷三三有《國子博士晁仲蔚父宗愨可贈尚書右僕射制》，云："朕荷

---

[1]李燾撰，上海師範大學古籍整理研究所、華東師範大學古籍整理研究所點校《續資治通鑑長編》，第7冊第4211頁、第8冊第4601頁。

[2]脫脫等《宋史》，第30冊第10477頁。

[3]參李燾撰，上海師範大學古籍整理研究所、華東師範大學古籍整理研究所點校《續資治通鑑長編》卷一六七，第7冊第4015頁。

[4]司義祖整理《宋大詔令集》，第368頁。

上帝右序，夙夜而不敢康。乃飭躬齋戒，己巳拜覬於郊。對越三后，禮成休明。睠予朝闈之彦，外有獻力之敏。亦思所以顯其親者，豈不望澤於茲虖？"（第233頁）本集卷五〇《提點京東諸路州軍刑獄公事兼諸路勸農事朝散大夫行尚書祠部員外郎充秘閣校理上輕車都尉借紫晁君墓誌銘》記晁仲衍卒於皇祐五年八月二十四日，是時"君之仲氏國子博士仲蔚官鄭州"（第373頁）。由"己巳拜覬於郊"云云，知此文當作於皇祐五年十一月十二日南郊大禮推恩百官之時。

草《翰林學士承旨王拱辰父代恕可贈刑部侍郎制》《母李氏可追封延安郡太君制》《母趙氏可追封永安郡太君制》《翰林學士承旨吏部侍郎王拱辰加勳邑制》。

　　本集卷三三有《翰林學士承旨王拱辰父代恕可贈刑部侍郎制》《母李氏可追封延安郡太君制》《母趙氏可追封永安郡太君制》，卷三五有《翰林學士承旨吏部侍郎王拱辰加勳邑制》。第一文云："朕攬成周之頌，莫隆天地之祠；采盛漢之歌，未有祖宗之事。迺郊陟三后，以詠功德之休；又腏延群神，以合福瑞之況。舉天下以漏其澤，思孝子之篤於親。"（第233~234頁）第四文云："朕美《詩·頌》之章，恭成命以昭天地之報；索《豫》卦之《象》，作新樂以崇祖考之配。乃己巳右饗，越昧爽肅成。百神祗歡，萬寓蒙祉。疇相予事，思懋爾恩。"（第243頁）按，王拱辰曾三拜翰林學士。一是慶曆元年（1041）五月以左正言、知制誥拜，二年三月以右諫議大夫、權御史中丞罷[1]；二是慶曆六年正月七日戊子復拜翰林學士、兼龍圖閣學士、權三司使[2]，十一月十二日戊子罷爲翰林侍讀學士、兼龍圖閣學士、知亳州[3]；三是皇祐四年充翰林學士承旨、兼翰林侍讀學士[4]，至和元年（1054）九月

---

[1] 佚名《學士年表》，傅璇琮、施純德編《翰學三書》，遼寧教育出版社2003年版，第1冊第87頁。

[2] 參劉摯撰，裴汝誠、陳曉平點校《忠肅集·忠肅集拾遺·王開府行狀》，中華書局2002年版，第474頁；李燾撰，上海師範大學古籍整理研究所、華東師範大學古籍整理研究所點校《續資治通鑑長編》卷一五九慶曆六年十一月戊子注，第7冊第3852頁。

[3] 李燾撰，上海師範大學古籍整理研究所、華東師範大學古籍整理研究所點校《續資治通鑑長編》卷一五九，第7冊第3851頁。

[4] 劉摯撰，裴汝誠、陳曉平點校《忠肅集·忠肅集拾遺·王開府行狀》，第475頁。

以任三司使罷。[1] 王拱辰任翰林學士期間，舉行過兩次南郊大禮：一在慶曆元年十一月二十日丙寅，二在皇祐五年十一月四日己巳。王珪皇祐四年八月始任知制誥，則此四文當作於皇祐五年十一月十二日南郊大禮推恩百官之時。

草《入內內侍押班石全彬可封平原郡開國侯加食邑制》。

本集卷三四有《入內內侍押班石全彬可封平原郡開國侯加食邑制》，云：“國家一陽大報，三歲親祠。受記於群靈，轇熙於遠極。眷惟近從，當首茂恩。”（第239~240頁）石全彬至和二年（1055）三月十八日丙子由入內押班升爲入內副都知[2]，王珪皇祐四年八月始任知制誥。在此期間，僅皇祐五年舉行過一次南郊大禮。則此文當作於皇祐五年十一月十二日南郊大禮推恩百官之時。

草《刑部郎中楊紘父億可贈右僕射制》。

本集卷三四有《刑部郎中楊紘父億可贈右僕射制》，云：“維爾子秉德之懿，揚於外廷。肆予考邃古，祗事於郊廟。又有述職相祀之勤，得非教忠之然邪？”（第240頁）《長編》卷一七四皇祐五年四月甲戌注云：“楊紘，三年六月以刑中爲湖南轉運使，五年四月仍以刑中徙福建漕，不見遷官，當考。”[3] 則此文當作於皇祐五年十一月十二日南郊大禮推恩百官之時。按：《宋會要》選舉九之七亦載楊紘爲楊億之子；而《長編》卷一五七慶曆五年九月甲辰謂其爲楊“億從子”[4]，當誤。

草《封百官父制》《封百官母制》《封百官妻制》《樞密承旨賈德明並五房副承旨等加勳邑制》《三司判官轉運使等加勳制》《內外朝官加勳制》《虞部郎中監曹州酒稅馮況可駕部員外郎制》《龍衛右廂都指揮使謝榮田辛進封開國公加勳邑制》《洛苑使裴德興可英州刺史制》《見任兩府奏薦子孫

---

[1] 陳元鋒《北宋〈學士年表〉疏誤補證》，鄧喬彬編《第五屆宋代文學國際研討會論文集》，暨南大學出版社2009年版，第593頁；張驍飛《北宋〈學士年表〉正補》，《古籍研究》2014年第1期。

[2] 參李燾撰，上海師範大學古籍整理研究所、華東師範大學古籍整理研究所點校《續資治通鑑長編》卷一七九，第7冊第4323頁。

[3] 李燾撰，上海師範大學古籍整理研究所、華東師範大學古籍整理研究所點校《續資治通鑑長編》，第7冊第4205頁。

[4] 李燾撰，上海師範大學古籍整理研究所、華東師範大學古籍整理研究所點校《續資治通鑑長編》，第7冊第3802頁。

弟姪制》《在外前兩府奏薦子孫弟姪制》《西上閤門使劉貽孫等加勳邑制》《內外待制制》。

本集卷三四有《封百官父制》《封百官母制》《封百官妻制》，卷三八有《樞密承旨賈德明並五房副承旨等加勳邑制》《三司判官轉運使等加勳制》《內外朝官加勳制》，卷三九有《虞部郎中監曹州酒稅馮況可駕部員外郎制》《龍衛右廂都指揮使謝榮田辛進封開國公加勳邑制》《洛苑使裴德輿可英州刺史制》，卷四〇有《見任兩府奏薦子孫弟姪制》《在外兩府奏薦子孫弟姪制》《西上閤門使劉貽孫等加勳邑制》《內外待制制》。第一文云：“方朕大報於郊，逆三神之釐。凡在九州四海之衆，罔不蒙澤。”第二文云：“朕因郊熙成，嘉與外廷竣喆之士（武臣即云‘內廷忠幹之士’），共承茲休。”第三文云：“方予講大典，郊見上帝。惟是中外之士，莫不獻力以相予於成，豈非梱儀之助哉？”（第 241 頁）第四文云：“朕順皇之德，承神之尊。乃候律元之摯，以躬郊況之拜。竣祠隤祉，浹宇敷榮。”第五文云：“朕承神至尊，懼德不明於禮樂。乃飭躬齋己，以大報於郊。遭天地況施，禮成熙明，嘉與士大夫共應茲祉。”第六文云：“夫郊報所以反物之始，惠術所以觀政之廣。朕親陟泰時，靡神不宗。樵蒸配黎，休氣蒙被。”（第 281 頁）第七文云：“夫人子之事親也，不敢違朝夕之養。汝頃者委親而之官，於孝之心安乎？乃言者謂汝親有去里之難，而勉汝使行，是則不孝之迹，良匪然邪？今因郊布澤，還汝中臺之秩。”（第 286 頁）第八文云：“比講事於郊丘，方憺威於邊圉。（田辛云：‘叱嚴鸞路之行，實董虎賁之扈。’）已祀布慶，在律先勞。”第九文云：“以景至之吉，大報於郊。禮成熙明，天下蒙澤。”（第 287 頁）第十文云：“朕以景至吉序，祇見上帝。惟是一二股肱之良，罔不肅雍，以顯相予祀。朕思寵延於家，共樂無疆之休。”第十一文云：“朕以天元穀旦，郊見上帝。有懷一二舊政之臣，亦既均邦之釐。又恩寵延於家，共樂無疆之休。”（第 292 頁）第十二文云：“朕薦美樂於清廟，以歌舞三后之功；奠吉土於崇丘，以神明上帝之德。坤靈祇於右席，乾文燁於泰垓。精誠孚通，景氣休晏。思與禁途之列，共綏純覛之蕃。”（第 296 頁）第十三文云：“朕款太室以奉黃流之祼，禮崇丘以升紫烟之燔。鴻儀訖成，純覛丕格。乃眷畯良之器，夙參侍從之華。亶有職勤，并均德施。”（第 299 頁）此十三文均屬於制誥。王珪皇祐四年八月至嘉祐元年（1056）十二月間爲知制誥，其間僅舉行過一次南郊大禮，即皇祐五年十一月四日己巳南郊大禮。則此十三文當作於皇祐五年十一月十二日南郊大禮推恩百官之時。

按，本集卷三八至卷四〇所收文章基本上都是外制，其中所涉人物多爲名不見經傳者，撰寫時間亦多不能確指。然據其中少數可繫年者來看，這些外制當均作於嘉祐元年（1056）十二月王珪拜翰林學士之前，即作於皇祐四年至嘉祐元年王珪任知制誥期間。文繁不録，姑於此説明。

草《觀文殿大學士兵部尚書晏殊加食邑實封制》。

此文見本集卷三四，云："乃己巳景至，郊配陟三后，蒙神之貺，嘉瑞並見，思與一二舊政之臣，共承茲休。"（第242頁）晏殊皇祐二年冬以觀文殿大學士知永興軍，五年秋徙知河南府兼西京留守，至和二年（1055）卒。[1] 在此期間，僅皇祐五年十一月四日己巳舉行過一次南郊大禮。則此文當作於皇祐五年十一月十二日南郊大禮推恩百官之時。

草《翰林學士禮部侍郎知制誥楊察加勳邑制》。

本集卷三五有《翰林學士禮部侍郎知制誥楊察加勳邑制》，云："帝者壹華夏之歸，所以率三歲而大報；聖人尊祖考之奉，莫如合兩儀而并侑。朕揆天之正，既以嚴躬饗之禮；擁神之祐，則必均祇（祇）事之臣。維予雋德，用先寵格。"（第243頁）按，楊察曾三拜翰林學士。第一次是慶曆六年（1046）正月以右正言、知制誥拜，七年四月以右諫議大夫、權御史中丞罷。[2] 第二次爲翰林學士拜罷時間不詳。考《開封府題名記》碑，楊察曾三知開封府：一是慶曆六年三月以翰林學士權知，九月罷；二是慶曆八年閏正月以翰林學士權知，四月罷；三是皇祐五年四月以端明殿學士權知，六年二月罷。[3] 可知楊察慶曆八年時曾爲翰林學士。楊察又曾三爲三司使。第二次是至和元年（1054）十一月"癸亥，翰林學士承旨、兼端明殿學士、侍講

［1］參唐紅衛、李光翠、陽海燕《二晏年譜長編》，南開大學出版社2016年版，第293、304、317頁。

［2］參佚名《學士年表》，《翰學三書》，第1冊第87頁。

［3］參劉順安《〈開封府題名記〉碑研究》，劉順安主編《開封研究》，中州古籍出版社2001年版，第179、180、181頁。

學士、户部侍郎楊察權三司使事"[1]。癸亥爲四日。第三次是至和二年六月己亥，"翰林學士承旨、端明殿學士、翰林侍讀學士、户部侍郎楊察罷職，以本官爲三司使"[2]。己亥爲十二日。楊察第一次權三司使事當是接替田况。[3]《長編》卷一七六載至和元年二月壬戌，"三司使、禮部侍郎田况爲樞密副使"[4]。《宋史》卷一二《仁宗本紀四》、卷二一一《宰輔表二》，《宋史全文》卷九上等所記時間同《長編》；而《東都事略》卷六《仁宗本紀二》、《宋宰輔編年録》卷五則繫於三月己巳。壬戌爲二十八日，己巳爲五日。筆者以爲，結合楊察皇祐六年即至和元年二月罷權知開封府來看，他很可能是在至和元年二月二十八日繼田况權三司使事，而在此之前已復兼翰林學士，此爲楊察第三次拜翰林學士，罷任是在至和二年六月十二日。楊察卒於嘉祐元年（1056）七月二十一日辛丑。[5]則此文當作於皇祐五年十一月十二日南郊大禮推恩百官之時。此可證皇祐五年十一月時，楊察已爲翰林學士。

草《翰林侍讀學士禮部侍郎宋祁加勳邑制》。

本集卷三五有《翰林侍讀學士禮部侍郎宋祁加勳邑制》，云："越仲冬景至，合祀神祇。永惟一祖二宗，休功豐烈之無窮。亦用並侑於郊，以孚予之孝心。惟福瑞之至，則有懷雋德之臣，共承其休。"（第244頁）據王瑞來《二宋年譜》考證，宋祁皇祐四年七月以禮部侍郎知成德軍，五年正月二十一日壬戌徙知定州，嘉祐六年（1061）五月十五日丁酉卒。[6]在此期間，僅皇祐五年舉行過一次南郊大禮。則此文當作於皇祐五年十一月十二日南郊大禮推恩百官之時。

草《工部郎中知制誥王洙可封太原縣開國男加食邑制》。

本集卷三五有《工部郎中知制誥王洙可封太原縣開國男加食邑制》，云：

---

[1] 李燾撰，上海師範大學古籍整理研究所、華東師範大學古籍整理研究所點校《續資治通鑑長編》卷一七七，第7冊第4289頁。

[2] 李燾撰，上海師範大學古籍整理研究所、華東師範大學古籍整理研究所點校《續資治通鑑長編》卷一八〇，第7冊第4252~4353頁。

[3] 參李之亮《宋代京朝官通考》，巴蜀書社2003年版，第1冊第417頁。

[4] 李燾撰，上海師範大學古籍整理研究所、華東師範大學古籍整理研究所點校《續資治通鑑長編》，第7冊第4254頁。

[5] 參李燾撰，上海師範大學古籍整理研究所、華東師範大學古籍整理研究所點校《續資治通鑑長編》卷一八三，第8冊第4430頁。

[6] 參王瑞來《知人論世——宋代人物考述》，第185、186、202~203頁。

"昔我文考，翼予丕丕基，曰：'朕祇事郊廟，夙夜齋栗。'懼德莫承祖宗無
疆之休，乃景至大旅於帝，而咸通群靈。實維爾顯德之臣，相予肆祀，以臻
此也。"（第 244 頁）王洙至和元年（1054）九月三日癸亥以工部郎中、知制
誥、兼侍講、史館修撰拜翰林學士，嘉祐二年（1057）九月甲戌朔卒。[1] 至
和元年以前最近一次南郊大禮爲皇祐五年十一月四日己巳南郊大禮。則此文
當作於皇祐五年十一月十二日南郊大禮推恩百官之時。

草《工部侍郎余靖魏瓘加食邑制》。

本集卷三五有《工部侍郎余靖魏瓘加食邑制》，云："日者蠻荒狂肆，嶠
俗震駭。維番禺之會，民物欷困，時則須寬厚之術；維桂零之交，夷落雜
處，時則賴威懷之孚。肆予大事之熙，適有南陬之滯。進勸胙邑，莃福之
從。予念遠人，重申茲訓。"（第 244 頁）余靖皇祐四年六月七日庚辰以秘書
監爲廣南西路安撫使、知桂州，五年二月十五日乙酉進給事中，五月八日丁
未進工部侍郎，至和二年（1055）六月十八日乙巳爲户部侍郎，留再任知桂
州 [2]；魏瓘皇祐四年六月十三日丙戌爲工部侍郎、集賢院學士、知廣州，嘉
祐元年（1056）五月二十四日乙巳爲龍圖閣直學士、知荆南。[3] 皇祐四年至
至和二年間僅舉行過一次南郊大禮，即皇祐五年十一月四日己巳南郊大禮。
則此文當作於皇祐五年十一月十二日南郊大禮推恩百官之時。

草《内侍省内侍左班都知史志聰等加勳邑制》。

本集卷三五有《内侍省内侍左班都知史志聰等加勳邑制》，云："報莫隆
於天地，故親祠之禮巨；孝莫尊於祖考，故並侑之典嚴。朕迎至於吉序，接
神於泰時。精誠之交，則福瑞靡不應；熙事之就，則澤施所以均。維予信
臣，不可後賞。"（第 244 頁）《長編》卷一七九載至和二年三月丙子，"左騏
驥使、英州刺史、入内副都知史志聰領忠州團練使"[4]。丙子爲十八日。此文

[1] 參李燾撰，上海師範大學古籍整理研究所、華東師範大學古籍整理研究所點校《續資治通鑑長
編》卷一七七、卷一八六，第 7 冊第 4279 頁、第 8 冊第 4490 頁。
[2] 參李燾撰，上海師範大學古籍整理研究所、華東師範大學古籍整理研究所點校《續資治通鑑長
編》卷一七二皇祐四年六月乙亥注、卷一七四、卷一八〇，第 7 冊第 4147、4199、4209、4355 頁。
[3] 參李燾撰，上海師範大學古籍整理研究所、華東師範大學古籍整理研究所點校《續資治通鑑長
編》卷一七二、卷一八二，第 7 冊第 4152、4408 頁。
[4] 李燾撰，上海師範大學古籍整理研究所、華東師範大學古籍整理研究所點校《續資治通鑑長編》，
第 7 冊第 4323 頁。

當作於至和二年以前某次南郊大禮之後，而王珪皇祐四年八月始爲知制誥，其間僅在皇祐五年舉行過一次南郊大禮。則此文當作於皇祐五年十一月十二日南郊大禮推恩百官之時。

草《三司使禮部侍郎田況祖行周可贈工部員外郎制》《祖母王氏可追封太原郡太君制》《父延昭可贈右神武軍將軍制》《三司使田況妻富氏翰林學士承旨王拱辰妻薛氏並追封樂安郡君制》。

本集卷三六有《三司使禮部侍郎田況祖行周可贈工部員外郎制》《祖母王氏可追封太原郡太君制》《父延昭可贈右神武軍將軍制》《三司使田況妻富氏翰林學士承旨王拱辰妻薛氏並追封樂安郡君制》。第一文云："朕承神之尊，以反物始之報。乃己巳景至，帝臨中壇。神靈冥娭，光照紫幄。對越三后，孝心永孚。"（第256頁）第四文云："朕以歲卜習祥，天元錯事，粢盛蠲吉，璧玉華光。擁神之鑾，既已寵侍從之儁；考典之舊，則又旌室家之賢。"（第257頁）田況皇祐二年閏十一月六日己未爲樞密直學士、權三司使，五年九月十六日壬午進禮部侍郎、三司使，至和元年（1054）二月二十八日壬戌拜樞密副使。[1]在此期間，僅皇祐五年十一月四日己巳舉行過一次南郊大禮。則此四文當作於皇祐五年十一月十二日南郊大禮推恩百官之時。

草《樞密副使王堯臣祖礪可贈太師制》《父瀆可贈太子太師制》《母仇氏可追封南陽郡太夫人制》。

本集卷三六有《樞密副使王堯臣祖礪可贈太師制》《父瀆可贈太子太師制》《母仇氏可追封南陽郡太夫人制》。第一文云："朕以天元穀旦，有事於郊。尊祖嚴父，以配上帝。躬繹孝思，不顯惟烈。眷予左右秉德之臣，夙夜在祀，豈不有霜露之感乎？"（第257頁）王堯臣皇祐三年十月二十三日辛丑拜樞密副使，嘉祐元年（1056）閏三月癸未朔進户部侍郎、參知政事。[2]在此期間，僅於皇祐五年舉行過一次南郊大禮。則此三文當作於皇祐五年

---

[1] 參李燾撰，上海師範大學古籍整理研究所、華東師範大學古籍整理研究所點校《續資治通鑑長編》卷一六九、卷一七五、卷一七六，第7冊第4067、4232、4254頁。
[2] 參李燾撰，上海師範大學古籍整理研究所、華東師範大學古籍整理研究所點校《續資治通鑑長編》卷一七一、卷一八二，第7冊第4116、4399頁。

十一月十二日南郊大禮推恩百官之時。

草《前宰相龐籍祖贈太師文進可特追封榮國公制》《祖母陳氏特追封秦國太夫人制》《父贈太師令格可特追封徐國公制》《母邢氏可特追封齊國太夫人制》。

　　本集卷三六有《前宰相龐籍祖贈太師文進可特追封榮國公制》《祖母陳氏特追封秦國太夫人制》《父贈太師令格可特追封徐國公制》《母邢氏可特追封齊國太夫人制》。第一文云："祭者必有惠術，以及其下。蓋神明薦螯，非可專己之饗，故朕竣祠於郊，澤漏淵泉。"（第258頁）龐籍皇祐五年閏七月五日壬申罷相知鄆州[1]，嘉祐八年（1063）三月四日丙午卒。[2]在此期間，僅皇祐五年舉行過一次南郊大禮。則此四文當作於皇祐五年十一月十二日南郊大禮推恩百官之時。

草《韓琦祖母李氏可追封安平郡太夫人制》《母羅氏可追封文安郡太夫人母胡氏可追封河東郡太夫人制》《妻崔氏可進封樂安郡夫人制》。

　　本集卷三六有《韓琦祖母李氏可追封安平郡太夫人制》《母羅氏可追封文安郡太夫人母胡氏可追封河東郡太夫人制》《妻崔氏可進封樂安郡夫人制》。第一文云："朕遭天地況施，懼德之弗承。乃吉巳親執珪幣，大報於郊。神人祇歡，百嘉順嚮。睠吾碩輔，本兵於邊。曾是貢職之勤，將予肆祀。今其漏澤於天下，盍先私廟之恤哉？"（第259頁）"吉巳親執珪幣"，指皇祐五年十一月四日己巳南郊大禮。則此三文當作於皇祐五年十一月十二日南郊大禮推恩百官之時。韓琦皇祐五年正月二十一日壬戌爲武康節度使、知并州，至和二年（1055）二月十八日丙午徙知相州。[3]

草《侍衛親軍馬軍副都指揮使張茂實加勳邑制》。

　　《景定建康志》卷二六《官守志三·侍衛馬軍司》載"張茂實皇祐四

[1] 參李燾撰，上海師範大學古籍整理研究所、華東師範大學古籍整理研究所點校《續資治通鑑長編》卷一七五，第7冊第4223頁。

[2] 參王珪《華陽集》卷四八《推誠保德翊戴功臣開府儀同三司太子太保致仕上柱國潁國公食邑八千四百户食實封二千一百户贈司空兼侍中龐公神道碑銘》，景印文淵閣《四庫全書》，第1093冊第354頁。

[3] 參李燾撰，上海師範大學古籍整理研究所、華東師範大學古籍整理研究所點校《續資治通鑑長編》卷一七四、卷一七八，第7冊第4194、4316頁。

年九月，除副都指揮使。嘉祐六年五月罷"[1]。實際上，張茂實至和元年（1054）五月十二日乙亥因事罷馬軍副都指揮使，爲寧遠節度使，知潞州，嘉祐四年（1059）十一月二十三日甲寅復爲馬軍副都指揮使。[2] 本集卷三九有《侍衛親軍馬軍副都指揮使張茂實加勳邑制》，云："朕以仲冬吉巳，祗事丘疇，陟配三后，記秩百神。諸福之物，擁佑來格。均施之澤，宜自近始。"（第289頁）在張茂實爲馬軍副都指揮使期間，僅於皇祐五年舉行過一次南郊大禮。則此文當作於皇祐五年十一月十二日南郊大禮推恩百官之時。

草《供備庫副使沈惟恭等可康州刺史制》。

《長編》卷一七四云：皇祐五年正月"庚午，降西京左藏庫使、康州刺史沈惟恭爲供備庫使、監蔡州稅，西染院副使兼閤門通事舍人張承衍爲供備庫副使、監汝州稅，並坐勾當會靈觀遺火故也。惟恭，德妃弟。承衍，樂安郡主婿。命既下，妃主皆爲上章乞留京師，上曰：'已行之命，爲國戚所回，則法徒設矣。'"卷一八三云：嘉祐元年八月"丙寅，刑部員外郎、知制誥石揚休爲契丹國母生辰使，文思使、康州刺史沈惟恭副之"[3]。本集卷四〇有《供備庫副使沈惟恭等可康州刺史制》，云："朕以景至之吉，大報於郊。禮成熙明，天下蒙澤。以爾等向護靈館，火禁弗嚴，緣瀆解官，省咎不懈。方州握符之重，西閣宣詔之榮。並膺新書，往祗舊服。"（第293頁）此文當作於皇祐五年十一月十二日南郊大禮推恩百官之時。

草《皇城使王遂可坊州刺史制》。

《長編》卷一七四云：皇祐五年六月"丙申，荊南鈐轄、皇城使、資州刺史王遂上所制臨陣拐槍"。注云："遂四月甲戌以平邕州第一等功，自左衛將軍遷皇城使、資州刺史。未詳何許人。"[4] 皇祐五年鐫《平蠻三將題名》記第一將狄青屬下第一人爲"左衛將軍、荊湖北路兵馬鈐轄王遂"，又記該年

---

［1］周應合撰，王曉波等點校《景定建康志》，《宋元珍稀地方志叢刊》甲編，第2冊第1243頁。

［2］參李燾撰，上海師範大學古籍整理研究所、華東師範大學古籍整理研究所點校《續資治通鑑長編》卷一七六、卷一九〇，第7冊第4260頁、第8冊第4599頁。

［3］李燾撰，上海師範大學古籍整理研究所、華東師範大學古籍整理研究所點校《續資治通鑑長編》，第7冊第4196~4197頁、第8冊第4438頁。

［4］李燾撰，上海師範大學古籍整理研究所、華東師範大學古籍整理研究所點校《續資治通鑑長編》，第7冊第4214頁。

四月詔"王遂而下定功爲五等，第一等者轉官五資，餘增秩有差"[1]。本集卷四〇有《皇城使王遂可坊州刺史制》，云："維爾戎寄之舊，被憲絀官。屬王師南征，乃屩然思奮，戮力殄寇，懵天威靈。前詔郊燔之期，復寵州契之命。夙勞是念，慶典其孚。"（第294頁）體會文意，此文當作於皇祐五年十一月十二日南郊大禮推恩百官之時。

是月，以南郊禮成，有《郊祀慶成詩二首》其二及《進郊祀慶成詩引狀二道》其一。

本集卷一有《郊祀慶成詩二首》，其二首四句云："國重天之報，神歆德所存。孝須三后配，禮莫一郊尊。"（第8頁）卷七有《進郊祀慶成詩引狀二道》，其一云："恭以皇帝陛下御天欽明，孝心祇順。乃仲冬吉巳，郊見上帝。齋戒之暮，神光交燭。樵蒸焜上，福瑞如山。雖古寥瀏之典，豈足儗盛於今哉！臣備員禁掖，獲覩熙事，其敢亡辭，以揚國家之鴻休？謹齋沐撰成《南郊慶成詩》一首十韻。"（第52頁）王珪歷事仁宗、英宗、神宗、哲宗四朝，然仕哲宗僅兩月餘。仁、英、神三朝共舉行南郊大禮十四次，其中於"仲冬吉巳"舉行者僅一次，即皇祐五年十一月四日己巳南郊大禮。詩中"三后"指太祖、太宗和真宗。則《郊祀慶成詩二首》其二、《進郊祀慶成詩引狀二道》其一當作於皇祐五年十一月四日南郊大禮之後。

草《賜集賢校理馮浩等進南郊慶成詩獎諭敕書》。

馮浩爲天聖五年（1027）進士。[2]皇祐二年正月二十七日，以宰臣文彥博薦，試於學士院，賦、詩三上，充集賢校理。[3]嘉祐元年（1056）十二月二十一日戊辰，爲李諒祚母喪祭奠使，時爲開封府判官、祠部郎中、集賢校理。[4]皇祐至嘉祐年間僅舉行過一次南郊大禮，即皇祐五年十一月四日己巳南郊大禮。本集卷二四有《賜集賢校理馮浩等進南郊慶成詩獎諭敕書》，當作於皇祐五年十一月四日南郊大禮之後。

[1] 陸增祥《八瓊室金石補正》卷九八，第687、688頁。
[2] 參龔延明、祖慧編著《宋代登科總錄》，廣西師範大學出版社2014年版，第1冊第396頁。
[3] 參劉琳等校點《宋會要輯稿》選舉三一之三二，第10冊第5858頁。
[4] 參李燾撰，上海師範大學古籍整理研究所、華東師範大學古籍整理研究所點校《續資治通鑑長編》卷一八四，第7冊第4462頁。

草《吏部尚書陳執中姊陳氏可封安康郡太君制》。

　　本集卷三六有《吏部尚書陳執中姊陳氏可封安康郡太君制》，云："朕以吉巳景至，陟后在天，而孝德孚於寓內。時予股肱元老，承邦之鼇，思及其近親，庸勿遂其美乎？……維爾介弟，侍祠熙成。願還中壼之澤，推廣同氣之愛。"（第254頁）張方平《推誠保德崇仁守正忠亮翊戴功臣開府儀同三司守司徒致仕上柱國岐國公食邑一萬九百户食實封三千九百户贈太師兼侍中諡曰恭穎（穎）川陳公神道碑銘並序》云："秉政五年，以足疾辭機務，章十餘上。除尚書左丞、知陳州。上意不足，公曰：'先臣終此官，臣幸已過。'後相更以爲言，乃拜兵部尚書。祀明堂，進天官，加觀文殿大學士。制授集慶軍節度使、同平章事、判大名府。復以吏部尚書召冠宰司。"[1]陳執中皇祐元年八月二日壬戌罷相爲兵部尚書、知陳州，三年四月七日丁亥加觀文殿大學士，四年三月七日壬子爲集慶軍節度使、同平章事、判大名府，五年閏七月五日壬申爲吏部尚書、平章事、昭文館大學士、監修國史，嘉祐四年（1059）四月十九日癸未卒。[2]所謂"祀明堂，進天官"，當指皇祐二年九月二十七日辛亥明堂大禮後進吏部尚書。而皇祐二年至嘉祐四年間僅舉行過一次南郊大禮，即皇祐五年十一月四日己巳南郊大禮。則此文當作於皇祐五年十一月十二日南郊大禮推恩百官之後，姑繫於此。

草《樞密副使王堯臣親姑王氏可封壽安縣太君制》。

　　本集卷三六有《樞密副使王堯臣親姑王氏可封壽安縣太君制》，云："朕乃者大報於郊，遭天地施集丕福。亦維爾烈文辟公，顯相予成。朕布大慶於天下，若爾私門之渙，豈茲後乎？……乃兄弟之子，實管予之幾政。今願還壼中之澤，以君爾大邑。"（第258頁）王堯臣皇祐三年十月二十三日拜樞密副使，嘉祐元年（1056）閏三月一日拜參知政事，在此期間僅皇祐五年舉行過一次南郊大禮。則此文當作於皇祐五年十一月十二日南郊大禮推恩百官之後，姑繫於此。

---

[1] 張方平《樂全先生文集》卷三七，《宋集珍本叢刊》，綫裝書局2004年影印本，第6冊第175頁。
[2] 參李燾《續資治通鑑長編》卷一六七、卷一七〇、卷一七二、卷一七五、卷一八九，第7冊第4009、4088、4138、4223頁、第8冊第4561頁。

十二月，草《賜定遠將軍張智常獲儂智高母弟獎諭敕書》。

《長編》卷一七五云：皇祐五年"十二月丁酉，廣西安撫司言，捕獲儂智高母阿儂及智高弟智光、子繼宗繼封，詔護送京師"[1]。丁酉爲二日。本集卷二四有《賜定遠將軍張智常獲儂智高母弟獎諭敕書》，當作於皇祐五年十二月二日之後，姑繫於此。

是年，草《皇城使封州刺史康德輿可西上閣門使制》。

《宋史》卷三二六《康德輿傳》將"提舉金堤，累遷西上閣門使"置於"至和中"之前[2]，則康德輿進西上閣門使當在皇祐中。胡宿《文恭集》卷二六有《賜新授閣門使康德輿口宣》，而胡宿皇祐五年五月始拜翰林學士。[3]本集卷三九有《皇城使封州刺史康德輿可西上閣門使制》，云："具官某器懷沈武，咨尚謹孚。領戍邊衝，自雄北道之禦；總徒提役，卒固大河之防。朕前詔有司，俾甄乃績。按期茲至，齎伐自言。宜陞使範之華，尚寄兵鈐之重。"（第288頁）此文當作於皇祐五年。

奉命作夏竦神道碑，有《夏文莊公竦神道碑銘》。

本集卷四七有《夏文莊公竦神道碑銘》，云：皇祐"五年七月辛酉，葬公於許州陽翟縣三封鄉洪長之原。既葬，有詔史臣珪論次公之世系，與夫行事，以刻其墓碑"（第347頁）。此文當作於皇祐五年七月二十四日辛酉之後。按，夏竦（985—1051），字子喬，江州德安（今屬江西）人，以蔭入仕，景德四年（1007）舉賢良方正科，官至樞密使，皇祐三年卒，年六十七，謚文莊，《宋史》卷二八三、《隆平集》卷一一、《東都事略》卷五四有傳，生平事迹見王珪《夏文莊公竦神道碑銘》，有《永樂大典》本《文莊集》三十六卷傳世。

洪邁《容齋續筆》卷一五《王韶熙河》云："王韶取熙河，國史以爲嘗游陝西，采訪邊事，遂詣闕上書。偶讀《晁以道集・與熙河錢經略書》，云：'熙河一道，曹南院棄而不城者也。其後夏英公喜功名，欲城之，其如韓、范

---

[1] 李燾撰，上海師範大學古籍整理研究所、華東師範大學古籍整理研究所點校《續資治通鑑長編》，第7冊第4239頁。

[2] 脫脫等《宋史》，第30冊第10537頁。

[3] 參佚名《學士年表》，《翰學三書》，第1冊第90頁。

之論何？又其後有一王長官韶者，薄游陽翟，偶見《英公神道碑》所載云云，遂穴以爲策以干丞相。時丞相是謂韓公，視王長官者稚而狂之，若河外數州，則又王長官棄而不城者也。彼木征之志不淺，鬼章之睥睨尤近而著者，隴拶似若無能，頗聞有子存，實有不可不懼者。'此書蓋是元祐初年，然則韶之本指乃如此。予修史時未得其説也。《英公碑》，王岐公所作，但云嘗上十策。若通唃厮囉之屬羌，當時施用之，餘皆不書，不知晁公所指爲何也？"[1]

約於是年，爲陳庸求詩於士大夫。

《司馬光集》卷三有《晉康陳生庸家世以孝悌聞，有異木連理生其庭，郡欲旌表其門，不果，王禹玉爲之求詩於朝之士大夫以紀之》詩，云："靈珠蟠泥沙，積水不能掩。賢人畜美德，豈必自標檢。陳生世同財，百口共豐儉。遠居嶺海間，天質非陶染。邦人慕其行，鬩辨日衰減。祥木并殊柯，童童植軒檻。或欲揭其門，令人識儀範。愚公私不然，外獎由內歉。已能孝悌著，默致神靈感。何必賜牛酒，然後明褒貶。況茲詩詠末，瑣瑣事鉛槧。才薄不敢辭，適能爲污點。"[2] 按，晉康，唐宋時期稱康州，治端溪縣（今廣東德慶）。陳庸，生平事迹不詳。李之亮認爲此詩爲司馬光"皇祐中試館閣校勘、同知太常禮院時作"[3]。顧棟高《司馬太師溫國文正公年譜》考證，司馬光皇祐元年召試館閣校勘，同知太常禮院，四年遷殿中丞，除史館檢討，改集賢校書，至和元年（1054）除群牧司判官，又被龐籍辟爲鄆州通判。[4] 顧氏所考不夠精確。《宋會要》選舉三一之三二云：慶曆八年（1048）"十一月十七日，學士院試大理寺丞、國子監直講司馬光，賦、詩三下，詔充館閣校勘，候二年，除校理。以參知政事龐籍薦命試"[5]。《長編》卷一七一皇祐三年十月注云："司馬光以皇祐三年七月爲史討，十月改集校。"[6] 而龐籍皇祐五年閏七月五日壬申罷相知鄆州，其辟司馬光通判鄆州當在皇祐五年閏七

[1] 洪邁撰，孔凡禮點校《容齋隨筆》，第405～406頁。
[2] 司馬光撰，李文澤、霞紹暉校點《司馬光集》，第1冊第54～55頁。
[3] 李之亮箋注《司馬溫公集編年箋注》，巴蜀書社2009年版，第1冊第119頁。
[4] 參馬巒、顧棟高編著，馮惠民整理《司馬光年譜》，中華書局1990年版，第37、43、44頁。
[5] 劉琳等校點《宋會要輯稿》，第10冊第5857頁。
[6] 李燾撰，上海師範大學古籍整理研究所、華東師範大學古籍整理研究所點校《續資治通鑑長編》，第7冊第4116～4117頁。

月。則王珪爲陳庸求詩於士大夫，應在慶曆八年至皇祐五年與司馬光同在館閣供職期間，姑繫於此。

草《引進副使馬懷德可西上閣門使制》。

本集卷三三有《引進副使馬懷德可西上閣門使制》，云：“井岷之區，梁益分鎮。寔有戍統，委之戎鈐。匪由材推，孰副朝選？具官某器幹茂拔，智識通明。早陪内使之聯，久寄禦羌之任。今茲閲邊吏之瑣，見環守之能。宜握外兵，可使臨蜀。仍權登於上閣，俾榮重於西州。”（第232頁）按，《蔡襄集》卷一一有《西上閣門使新差高陽關路鈐轄馬懷德可雄州刺史仍舊西上閣門使兼知雄州引進副使新差充益州路鈐轄宋守約可西上閣門使制》。可知馬懷德爲益州路鈐轄時進西上閣門使，後爲高陽關路鈐轄兼知雄州，而宋守約繼之爲益州路鈐轄。蔡襄爲知制誥在皇祐四年九月至六年六月間。《宋會要》職官六〇之三〇云：“至和二年二月十七日，河北都轉運使周沆言：‘知雄州、西上閣門使馬懷德註審用心，乞令終任。’詔雄州知州近年頻有替移，懷德宜令久任。”[1] 可知馬懷德知雄州當在至和元年或皇祐五年。據李之亮考證，馬懷德是繼李緯知雄州。[2]《宋史》卷二八七《李緯傳》記李緯卒於知雄州任上。《長編》卷一七四云：皇祐五年六月“丁亥，知雄州、右騏驥使、榮州刺史李緯爲西上閣門使，留再任”[3]。《宋會要》儀制一一之二七云：“東上閣門使、榮州刺史李緯至和五年五月贈引進使、陵州團練使。”[4] 至和年號只有三年，疑“五年”爲“元年”之誤。至和元年即皇祐六年。王珪皇祐四年八月始爲知制誥。則李緯去世、馬懷德繼知雄州當在至和元年夏，馬懷德爲益州路鈐轄、西上閣門使當在皇祐四年或五年，姑繫於此。

草《集賢校理馮浩可司封員外郎制》。

本集卷三八有《集賢校理馮浩可司封員外郎制》《開封府推官王疇可開封府判官司封員外郎馮浩可開封府推官制》。馮浩嘉祐元年（1056）十二月二十一日戊辰爲李諒祚母喪祭奠使，時爲開封府判官、祠部郎中，其爲開封

[1] 劉琳等校點《宋會要輯稿》，第8冊第4675頁。
[2] 參李之亮《宋河北河東大郡守臣易替考》，巴蜀書社2001年版，第110頁。
[3] 李燾撰，上海師範大學古籍整理研究所、華東師範大學古籍整理研究所點校《續資治通鑑長編》，第7冊第4213頁。
[4] 劉琳等校點《宋會要輯稿》，第5冊第2546頁。

府推官約在至和元年（1054）、二年間，爲司封員外郎約在皇祐五年前後。姑繫前者於此。

草《知孟州河陰縣事張鞏可虞部員外郎制》。

《宋史》卷三二六《張君平傳》云："子鞏，皇祐中，以尚書虞部員外郎爲河陰發運判官，管勾汴口，嗣其父職云。"[1] 本集卷三八有《知孟州河陰縣事張鞏可虞部員外郎制》。皇祐年號共六年，而王珪皇祐四年八月始爲知制誥。則此文當作於皇祐四、五年間，姑繫於此。

草《如京副使劉用可南作坊副使知瀘州制》。

《長編》卷一七六云：至和元年（1054）"秋七月壬戌朔，録南作坊副使劉用子世昌爲三班借職、世隆三班差使殿侍。用嘗知瀘州，招來蠻賊八百餘人，又一子戰没，特恤之"[2]。本集卷三九有《如京副使劉用可南作坊副使知瀘州制》。王珪皇祐四年八月始爲知制誥，則劉用知瀘州當在皇祐四年或五年，姑繫於此。

草《崇儀副使劉温潤可禮賓使制》。

本集卷三九有《崇儀副使劉温潤可禮賓使制》。劉温潤皇祐五年閏七月十四日辛巳自禮賓使領英州刺史[3]，則此文當作於皇祐五年閏七月之前，姑繫於此。

草《端明殿學士禮部侍郎李淑可起復舊官制》。

《宋史》卷二九一《李淑傳》云："父喪免官，終喪起復，再爲翰林學士。諫官包拯、吳奎等言淑性姦邪，又嘗請侍養父而不及其母，罷翰林學士，以端明、龍圖閣學士奉朝請。丁母憂，服除，爲端明、侍讀二學士。"[4] 本集卷四〇有《端明殿學士禮部侍郎李淑可起復舊官制》，云："哭踊既卒，可斷門内之恩；訪對所思，勉就殿中之業。"（第 291 頁）李淑之父李若谷卒

［1］脱脱等《宋史》，第 30 册第 10526 頁。
［2］李燾撰，上海師範大學古籍整理研究所、華東師範大學古籍整理研究所點校《續資治通鑑長編》，第 7 册第 4264 頁。
［3］參李燾撰，上海師範大學古籍整理研究所、華東師範大學古籍整理研究所點校《續資治通鑑長編》卷一七五，第 7 册第 4224 頁。
［4］脱脱等《宋史》，第 28 册第 9741 頁。

於皇祐元年六月二十七日戊子[1]，而王珪皇祐四年八月始任知制誥，故知此文當作於李淑之母去世後。《長編》卷一七二云：皇祐四年二月"乙酉，端明殿學士兼龍圖閣學士、禮部侍郎、集賢殿修撰李俶，以母老乞解官奉養，從之"。卷一八一云：至和二年十一月"丙寅，邇英閣讀《太史公傳》，上謂李淑曰：'太史公欲行其道而不果，身未免於禍，深可悲也。顧其是非不繆於聖人，真良史之才矣。'"[2]"李俶"乃"李淑"之誤。李淑爲母服喪期滿至遲在至和二年十月，則其母當卒於皇祐四年二月至五年七月間。所謂"哭踊之卒"，乃指卒後百日之卒哭祭。則此文當作於皇祐四、五年間，姑繫於此。

草《贈六宅使王永吉可贈高州刺史制》。

本集卷四〇有《贈六宅使王永吉可贈高州刺史制》，云："朕常思嶠南之戰，有仗義死節而褒或未至者。今使者列爾向離難虞，賊屈不拜，毅然秉色，至捐軀命。不有旌顯，何以勸忠？州刺刻章，再飾爾隧。庶夫英憤之魄，識予哀寵之厚。"（第293頁）所謂"嶠南之戰"，當指儂智高起義。王永吉名不見經傳，宋廷對其封贈當在皇祐四、五年間，姑繫於此。

草《單州團練使王興可龍神衛四廂都指揮使兗州防禦使制》。

本集卷三八有《步軍都虞候王從政可馬軍都虞候捧日天武四廂都指揮使王興可步軍都虞候制》，卷四〇有《單州團練使王興可龍神衛四廂都指揮使兗州防禦使制》。《景定建康志》卷二六《官守志三·侍衛馬軍司》云："王從政至和元年二月，除都虞候。五月改差。"[3]可知至和元年（1054）二月，王從政除馬軍都虞候，王興除步軍都虞候，而王珪皇祐四年八月始爲知制誥，則《單州團練使王興可龍神衛四廂都指揮使兗州防禦使制》當作於皇祐四年或五年，姑繫於此。

草《工部郎中直昭文館王逵可刑部郎中制》。

曾鞏《刑部郎中致仕王公墓誌銘》云："明年，遷尚書工部郎中、淮南

[1] 參李燾撰，上海師範大學古籍整理研究所、華東師範大學古籍整理研究所點校《續資治通鑑長編》卷一六六，第7冊第4003頁。
[2] 李燾撰，上海師範大學古籍整理研究所、華東師範大學古籍整理研究所點校《續資治通鑑長編》，第7冊第4132、4384頁。
[3] 周應合撰，王曉波等點校《景定建康志》，《宋元珍稀地方志叢刊》甲編，第2冊第1243頁。

轉運使。歲饑，又多所全活。就加直昭文館，知越州、浙東兵馬鈐轄，遷尚書刑部郎中，判刑部，加直龍圖閣，知荆南府、荆湖北路兵馬鈐轄。"[1]《宋會要》選舉三三之八云：皇祐四年"六月十五日，淮南轉運使、工部郎中王逵直昭文館、知越州"[2]。《嘉泰會稽志》卷二《太守》載王逵"皇祐四年八月，以工部郎中、直昭文館知。五年七月，以遷葬去任"[3]。本集卷四〇有《工部郎中直昭文館王逵可刑部郎中制》，云："進列郎位，莫匪士望之擇；考用歲閥，茲為吏勤之勸。以爾識裕而文邃，行端而氣直。乘清詔之傳，至必屏姦；更劇郡之符，去皆留愛。且懷材之衆譽，何積效之久鬱。就遷西火之次，益華東觀之業。勉祗茂命，尚服遠途。"（第300頁）"王達"當為"王逵"之訛。體會文意，王逵當是在知越州任上轉刑部郎中。則此文當作於皇祐四、五年間，姑繫於此。按，王逵（991—1072），字仲達，濮陽（今屬河南）人，天禧三年（1019）進士，官至兵部郎中，熙寧五年卒，年八十二，生平事迹見曾鞏《元豐類稿》卷四二《刑部郎中致仕王公墓誌銘》，《全宋詩》卷一七四錄其詩七首、殘句一聯，《全宋文》卷四〇〇收其文一篇。

日僧成尋《參天台五臺山記》卷五錄"慶曆戊子歲夏六月""前河東轉運使尚書刑部員外郎王達上"《宿瑯車寄一二知己》詩一首[4]，此"王達"亦為"王逵"之誤。"慶曆戊子"即慶曆八年（1048）。曾鞏《刑部郎中致仕王公墓誌銘》載王逵曾以刑部員外郎為河東轉運使。《長編》卷一六二載慶曆八年正月戊戌，"刑部員外郎王逵為河東轉運使"[5]。有學者曾據《參天台五臺山記》輯錄《全宋詩》失收詩，將《宿瑯車寄一二知己》列於王達名下[6]，可改歸王逵。

[1] 曾鞏撰，陳杏珍、晁繼周點校《曾鞏集》，中華書局1984年版，第574頁。
[2] 劉琳等校點《宋會要輯稿》，第10冊第5884頁。
[3] 沈作賓等修，施宿等纂《嘉泰會稽志》，《宋元浙江方志集成》，杭州出版社2009年版，第4冊第1671頁。
[4] 參［日］成尋著，王麗萍校點《新校參天台五臺山記》，上海古籍出版社2009年版，第369~370頁。
[5] 李燾撰，上海師範大學古籍整理研究所、華東師範大學古籍整理研究所點校《續資治通鑑長編》，第7冊第3905頁。
[6] 參［日］蔡毅《從日本漢籍看〈全宋詩〉補遺——以〈參天台五臺山記〉為例》，沈松勤主編《第四屆宋代文學國際研討會論文集》，浙江大學出版社2006年版，第657頁。

宋仁宗至和元年甲午（1054），三十六歲

在汴京。爲知制誥。有文十五篇，約可繫文十三篇。

二月二十五日，草《工部郎中張掞可三司户部副使制》。

> 《長編》卷一七六云：至和元年二月“己未，工部郎中、直史館張掞爲户部副使”[1]。己未爲二十五日。本集卷四〇有《工部郎中張掞可三司户部副使制》。

二月二十八日，草《樞密副使孫沔資政殿學士知杭州制》《三司使禮部侍郎田況可樞密副使制》。

> 《長編》卷一七六云：至和元年二月，“樞密副使、給事中孫沔，數言追册温成於禮不可，且曰：‘皆由佞臣贊茲過舉。’宰相陳執中等甚銜之。沔不自安，力求解職。壬戌，授資政殿學士、知杭州”。“三司使、禮部侍郎田況爲樞密副使。”[2]壬戌爲二十八日。本集卷三六有《樞密副使孫沔資政殿學士知杭州制》《三司使禮部侍郎田況可樞密副使制》；此二文又見《宋宰輔編年録》卷五，後者又見《宋文鑑》卷三八。

草《翰林學士知開封府楊察可權三司使制》。

> 《宋史》卷二九五《楊察傳》云：“加端明殿學士、知益州。再遷禮部侍郎，復權知開封府，復兼翰林學士、權三司使。”[3]本集卷三四有《翰林學士知開封府楊察可權三司使制》，云：“綢繆禁林之直，密勿秘殿之言。以至撫綏井絡之區，肅安京兆之衆。任煩皆慎，譽衆見優。宜咨心畫之良，往都財府之長。”（第237頁）此文當作於楊察第一次權三司使時，而他很可能是在至和元年二月二十八日繼田況權三司使事，參皇祐五年譜。

是月，草《龍圖閣直學士吕公弼可權知開封府制》。

> 《開封府題名記》碑記吕公弼皇祐六年二月以龍圖閣直學士權知開封

---

[1] 李燾撰，上海師範大學古籍整理研究所、華東師範大學古籍整理研究所點校《續資治通鑑長編》，第7册第4254頁。

[2] 李燾撰，上海師範大學古籍整理研究所、華東師範大學古籍整理研究所點校《續資治通鑑長編》，第7册第4254頁。

[3] 脱脱等《宋史》，第28册第9856頁。

府。[1] 皇祐六年即至和元年。《長編》卷一七六載至和元年七月己巳，"權知開封府、龍圖閣直學士、兵部郎中呂公弼爲樞密直學士、知益州"[2]。己巳爲八日。本集卷三四有《龍圖閣直學士呂公弼可權知開封府制》。

草《步軍都虞候王從政可馬軍都虞候捧日天武四廂都指揮使王興可步軍都虞候制》。

本集卷三八有《步軍都虞候王從政可馬軍都虞候捧日天武四廂都指揮使王興可步軍都虞候制》。據《景定建康志》卷二六《官守志三·侍衛馬軍司》所載可知，王從政至和元年二月除馬軍都虞候，王興除步軍都虞候乃在同時。

五月二十三日，草《禮賓副使蕭注可西上閣門副使制》。

《長編》卷一七六云：至和元年三月"庚午，三班奉職黃獻珪爲左班殿直，邕州司户參軍石鑑、道州進士吳舜舉並爲大理評事，黃汾爲衛尉寺丞，賞獲儂智高母子之功也。知桂州余靖加集賢院學士、知邕州蕭注遷西上閣門副使"。注云：余靖"加集賢乃二月辛酉，今附此"，蕭"注五月丙戌乃遷，今并書"[3]。庚午、辛酉、丙戌分別爲六日、二十七日、二十三日。本集卷三三有《禮賓副使蕭注可西上閣門副使制》。

是月，草《故西上閣門使知雄州李緯可贈陵州團練使制》。

《宋會要》儀制一一之二七云："東上閣門使、榮州刺史李緯至和五年五月贈引進使、陵州團練使。"[4] 至和僅有三年，"五年"應爲"元年"之誤。本集卷三九有《故西上閣門使知雄州李緯可贈陵州團練使制》。按，《宋史》卷二八七《李緯傳》、《長編》卷一七四皇祐五年六月丁亥等均載李緯卒時爲西上閣門使，《宋會要》記其卒時爲東上閣門使當有誤。

七月六日，草《端明殿學士給事中程戡可參知政事制》。

《長編》卷一七六云：至和元年七月"丁卯，端明殿學士，給事中、知

益州程戡爲參知政事"[1]。丁卯爲六日。本集卷三三有《端明殿學士給事中程戡可參知政事制》，此文亦見《宋宰輔編年録》卷五。

七月二十三日，草《天章閣待制知江寧軍府事劉湜知廣州制》。

《廣東通志初稿》卷七《秩官上》載劉湜"皇祐年任"知廣州州軍事[2]，《道光廣東通志》卷一四《職官表五》記劉湜"皇祐五年知廣州軍州事"[3]，均誤。《景定建康志》卷一三《建康表九》載皇祐四年（1052）四月"二十三日，劉湜以天章閣待制知府事"，至和元年"七月二十三日，湜轉户部郎中，就差知廣州"[4]。本集卷三六有《天章閣待制知江寧軍府事劉湜知廣州制》。

八月，草《直龍圖閣盧士宗可天章閣待制兼侍講制》。

《宋史》卷三三〇《盧士宗傳》云："侍講楊安國以經術薦之，仁宗御延和殿，詔講官悉升殿聽其講《易》。明日，復命講《泰卦》，又召經筵官及僕射賈昌朝聽之。授天章閣侍講，賜三品服，加直龍圖閣、天章閣待制、判流内銓。"[5]《長編》卷一六七云：皇祐元年十二月"乙丑，御延和殿，召虞部員外郎盧士宗講《周易·泰卦》，面授士宗天章閣侍講，賜三品服。士宗，濰州昌樂人，楊安國所薦也"。卷一七六載至和元年八月壬寅，"司封員外郎、直龍圖閣、兼天章閣侍講盧士宗爲契丹正旦使"[6]。乙丑爲六日，壬寅爲十一日。本集卷三八有《直龍圖閣盧士宗可天章閣待制兼侍講制》，云："朕聽政之餘，躬即講帷，爾嘗據經守正，從容爲予陳聖賢之論者，固有日矣。朕思置爾於法從之列，而咨於弼政，僉允爾材，茲朕所以崇獎道藝之本意也。使軺北旋，綸書下省，其一時之極寵歟？"（第282頁）體會文意，此文當作於至和元年八月十一日盧士宗爲契丹正旦使之後。

[1] 李燾撰，上海師範大學古籍整理研究所、華東師範大學古籍整理研究所點校《續資治通鑑長編》，第7冊第4264頁。
[2] 戴璟主修《廣東通志初稿》，廣東省地方史志辦公室2003年影印本，第141頁。
[3] 阮元修、陳昌齊、劉彬華等纂《廣東通志》，上海古籍出版社1990年影印本，第1冊第291頁。
[4] 周應合撰，王曉波等點校《景定建康志》，《宋元珍稀地方志叢刊》甲編，第1冊第553、554頁。
[5] 脱脱等《宋史》，第30冊第10628~10629頁。
[6] 李燾撰，上海師範大學古籍整理研究所、華東師範大學古籍整理研究所點校《續資治通鑑長編》，第7冊第4025、4271頁。

十一月二十四日，草《西京作坊使高州刺史王道卿可西上閤门使制》。

《長編》卷一七七云：至和元年十一月“癸未，西京作坊使、高州刺史王道卿爲西上閤门使。初，道卿以父貽永罷樞密使恩例，後二年除閤門使。至是，道卿又自援大長公主子孫類多歷橫行，故未滿歲特遷”[1]。癸未爲二十四日。本集卷三四有《西京作坊使高州刺史王道卿可西上閤门使制》。

十二月二十日，草《故入内内侍省都知張惟吉可贈昭信軍節度觀察留後制》。

《長編》卷一七七云：至和元年十二月“己酉，如京使、果州團練使、入内都知張惟吉卒，贈保順軍節度使，諡忠安”[2]。己酉爲二十日。《宋會要》儀制一三之三云：“如京使、果州團練使、入内内侍省内侍都知張惟吉，至和元年十二月贈保順軍。”[3] 所記均有誤。《宋史》卷四六七《張惟吉傳》云：“遷如京使、果州團練使，復領皇城司，卒。……贈昭信軍節度觀察留後。逾月，又贈保順軍節度使，諡忠安。”[4] 可知張惟吉至和元年十二月二十日獲贈昭信軍節度觀察留後，“逾月”即至和二年正月始獲贈保順軍節度使。本集卷三五有《故入内内侍省都知張惟吉可贈昭信軍節度觀察留後制》。

是年，草《禮賓副使蕭注可禮賓使制》。

《宋史》卷三三四《蕭注傳》云：“智高走大理國，母與二弟寓特磨道。注帥師往討，獲一裨將。引致臥内，與之語，具得賊情，悉擒送闕下。拜西上閤門副使。”[5] 本集卷三三有《禮賓副使蕭注可禮賓使制》，云：“日者南方不虞，而蠹集之妖，薄至城下。爾能資糧海上，以濟吾師。迨群蠻之潰，擢爾邑守，委以邊事之宜。而復遣説異域，俘厥親孥，以慰遠人之憤。茲予進爾内使之列，爾其益勵前勞，思荷予之殊寵。”（第232頁）此文當作於蕭注至和元年五月二十三日拜西上閤門副使之後。

[1] 李燾撰，上海師範大學古籍整理研究所、華東師範大學古籍整理研究所點校《續資治通鑑長編》，第7冊第4292頁。
[2] 李燾撰，上海師範大學古籍整理研究所、華東師範大學古籍整理研究所點校《續資治通鑑長編》，第7冊第4295頁。
[3] 劉琳等校點《宋會要輯稿》，第4冊第2569頁。
[4] 脱脱等《宋史》，第39冊第13635頁。
[5] 脱脱等《宋史》，第31冊第10733頁。

草《改周惇頤大理寺丞制》。

度正《周敦頤年譜》載周敦頤至和元年“用薦者言，改大理寺丞，知洪州南昌縣”[1]。本集卷三八有《改周惇頤大理寺丞制》。按，今本《華陽集》此文首爲“敕惇頤”，而岳麓書社版《周敦頤集》所附《改大理寺丞制詞》作“敕惇實”[2]。考度正《周敦頤年譜》，周敦頤原名惇實，後避英宗舊諱，改名惇頤。英宗爲濮安懿王趙允讓之子，景祐三年（1036）賜名宗實，嘉祐七年（1062）八月四日戊寅立爲皇子，九日癸未改名曙。[3] 則周敦頤改名當在嘉祐七年八月以後。故此文題名及正文中之“惇頤”當作“惇實”。

約於是年，草《集賢校理判吏部南曹吳充可太常博士制》。

李清臣《吳正憲公充墓誌銘》云：“父喪服除，復知禮院，權判尚書吏部南曹。自大理寺丞再遷爲太常博士。歐陽文忠公判流内銓，張侁、胡宗堯例改京官，批旨以二人嘗犯法，並循資。明日引對，與文忠公立殿陛，公即奏宗堯所坐薄，且更赦去官，於法當遷。仁宗諭所以然。會文忠仇家奏宗堯父宿顯近，疑有司用宿故授宗堯，文忠出知同州。公上疏辨直，文忠復留修《唐史》，而公以此改知禮院。”[4]《長編》卷一七一皇祐三年十二月戊戌注載吳充父待問卒於皇祐二年十一月丙戌。卷一七六云：至和元年“八月癸巳，判吏部南曹、太常博士、集賢校理吳充同知太常禮院，同判吏部南曹、太常丞、直集賢院馮京同判登聞鼓院。二人皆以胡宗堯故易任”[5]。丙戌爲三日，癸巳爲二日。可知吳充父喪服除復知禮院當在皇祐五年二月，其遷太常博士當在皇祐五年、至和元年間。本集卷三三有《集賢校理判吏部南曹吳充可太常博士制》，姑繫於此。

草《河北都轉運使高良夫可主客郎中益州路轉運使制》。

張方平《宋故推誠保德功臣宣徽南院使安武軍節度使冀州管内觀察處置等使開府儀同三司檢校太傅使持節冀州諸軍事冀州刺史兼御史大夫鄜延路馬

---

[1] 周敦頤著，陳克明點校《周敦頤集》附録，中華書局 1990 年版，第 104 頁。

[2] 周敦頤撰，梁紹輝等點校《周敦頤集》，岳麓書社 2007 年版，第 197 頁。

[3] 參脱脱等《宋史》卷一三《英宗本紀》，第 2 冊第 253、254 頁。

[4] 杜大珪《名臣碑傳琬琰集》中集卷二七，《宋代傳記資料叢刊》，第 15 冊第 233 頁。

[5] 李燾撰，上海師範大學古籍整理研究所、華東師範大學古籍整理研究所點校《續資治通鑑長編》，第 7 冊第 4269 頁。

步軍都總管經略安撫使判延州軍州事管內勸農使上柱國廣平郡開國公食邑五千二百戶食實封一千六百戶贈太尉諡曰康穆程公神道碑銘並序》云："帝屬意良厚，優除端明殿學士、知益州。到部，彭州果有訛傳兵起者，即捕斬之，人心以定。自孟昶歸朝，守者務爲安静，苟遠嫌訾，至城堞毁圮，莫敢增葺。公曰：'城以保民者也，故萃以除戎器，戒不虞。聚而莫保，民何依焉？'遂議版築，浚池隍。今蜀城修完，公之力也。明年，召除參知政事。"[1] 程戡皇祐四年（1052）十二月六日丁丑爲端明殿學士、知益州，至和元年七月六日丁卯拜參知政事。[2] 李大臨《唐安修城記》云："皇祐六年春王正月甲午，城唐安。朝廷從端明殿學士、知益州廣平程公之請，益之旁郡皆得從廣平之命而役焉。"[3] 楊慎《全蜀藝文志》卷二六有《仁宗賜程戡修城池獎諭詔》，即獎諭程戡在益州修城之功，其中有"省益州路轉運司高良夫奏云云"[4]。則高良夫爲益州路轉運使當在至和元年以前。本集卷三四有《河北都轉運使高良夫可主客郎中益州路轉運使制》，姑繫於此。

草《皇帝乳母韓國賢和佑聖夫人林氏可進封秦晉國永壽佑聖夫人制》。

《宋會要》后妃三之三〇云："仁宗秦晉國夫人林氏……慶曆元年十二月進韓國賢和祐聖，益秦、晉二國，更號永壽祐聖，又號肅恭賢正。至和二年八月卒，贈秦晉國祐賢肅聖夫人。"[5] 可知林氏進封秦晉國永壽佑聖夫人當在至和元年以前。本集卷三五有《皇帝乳母韓國賢和佑聖夫人林氏可進封秦晉國永壽佑聖夫人制》，姑繫於此。

草《河北路安撫使宋守約可引進副使知恩州制》。

《宋史》卷三四九《宋守約傳》云："以父任爲左班殿直，至河北緣邊安撫副使，選知恩州。"[6]《長編》卷一七六云：至和元年二月"辛丑，詔禁軍逃至緣邊，經一宿捕獲者斬。初，河北緣邊安撫副使宋守約言比歲河北軍士

---

［1］張方平《樂全先生文集》卷三六，《宋集珍本叢刊》，第 6 冊第 170 頁。

［2］參李燾撰，上海師範大學古籍整理研究所、華東師範大學古籍整理研究所點校《續資治通鑑長編》卷一七三、卷一七六，第 7 冊 4182、4264 頁。

［3］傅增湘原輯，吳洪澤補輯《宋代蜀文輯存校補》卷一九，重慶大學出版社 2014 年版，第 2 冊第 647 頁。

［4］楊慎編，劉琳、王曉波點校《全蜀藝文志》，綫裝書局 2003 年版，第 691 頁。

［5］劉琳等校點《宋會要輯稿》，第 1 冊第 319 頁。

［6］脫脫等《宋史》，第 32 冊第 11063 頁。

數逃入契丹，良由捕逃軍法輕，請復天聖舊制，去三日内捕獲貸死之法。故更著此條"[1]。辛丑爲七日。則宋守約知恩州當在至和元年二月以後。本集卷三六有《河北路安撫使宋守約可引進副使知恩州制》，姑繫於此。

草《集賢殿脩撰知鄧州張友直可天章閣待制知陝州制》。

胡宿《宋故朝散大夫尚書工部郎中充天章閣待制兼集賢殿修撰知越州兼管内堤堰橋道勸農使提點銀場公事充兩浙東路屯駐駐泊兵馬鈐轄温台明越衢婺處州等諸州軍並都同巡檢兵甲賊盜公事護國軍清河縣開國男食邑三百户賜紫金魚袋贈工部侍郎張公墓誌銘》云："嘉祐二年春，天章閣待制兼集賢殿修撰張公以静退之性，勞侍從之事，聞東南佳山水，而會稽第一，章請自效，詔俞其往。在郡三歲，政清民恬。方且合符，歸奏計於天子，無何暴疾，以己亥七月丙辰，卒於州廨之寢。""文懿公薨，釋服，除刑部，仍前修撰。嘗感蔣氏姁恤典未及，表讓史職，移慰先慈，從之，詔以鄃爲太夫人封國。上以捐己爲美，仍換公集賢殿修撰，成美志也。糾察在京刑獄，改判尚書刑部。……以先公冢舍甫就，表碣未立，章累上，求便郡，出知鄧州。……還朝，除天章閣待制，修撰如故。尋出知陝州。代還，侍宴於集英殿，公坐侍臣，猶衣五品服，仁宗見之愕然，遽命取三品服，即御前以賜，公拜手謝，殿上觀者榮之。至是出知會稽。"[2]"文懿公"指張友直之父張士遜，卒於皇祐元年（1049）正月二日乙未[3]，張友直釋服當在皇祐三年四月。《長編》卷一六六載皇祐元年二月丁卯，"前刑部員外郎張友直爲史館修撰，用其父士遜遺奏也。御史何郊言，史館修撰，故事皆試知制誥，友直素無學術，不當得。乃改集英殿修撰"。注云："改集撰乃三年四月戊子，今并書之。"[4]丁卯爲四日，戊子爲八日。《嘉泰會稽志》卷二《太守》載張友直"嘉祐二年四月，以工部郎中充天章閣待制、集賢殿修撰知。四年七月，

［1］李燾撰，上海師範大學古籍整理研究所、華東師範大學古籍整理研究所點校《續資治通鑑長編》，第7册第4253頁。

［2］胡宿《文恭集》卷三八，景印文淵閣《四庫全書》，第1088册第947、948頁。

［3］宋祁《景文集》卷五七《張文懿公士遜舊德之碑》謂張士遜皇祐元年正月己未薨於第，己未爲二十六日；然《長編》卷一六六、陳均《皇朝編年綱目備要》卷一四、《宋史全文》卷九上等均載仁宗皇祐元年正月庚戌臨奠張士遜喪，庚戌爲十七日。則"己未"當是"乙未"之訛。

［4］李燾撰，上海師範大學古籍整理研究所、華東師範大學古籍整理研究所點校《續資治通鑑長編》，第7册第3984頁。

終於官"[1]。可知張友直出知鄧州很可能是在皇祐四年，任滿還朝、出知陝州約在至和元年，三年後改知越州。本集卷三七有《集賢殿脩撰知鄧州張友直可天章閣待制知陝州制》。

草《集賢校理通判秦州陸詵可太常丞制》。

《宋史》卷三三二《陸詵傳》云："加集賢校理、通判秦州。范祥城古渭，詵主饋餉，具言：'非中國所恃，而勞師屯戍，且生事。'既而諸羌果怒爭，塞下大擾，經二歲乃定。判太常禮院、吏部南曹，提點開封縣鎮。"[2]《宋會要》選舉三一之三三云：皇祐三年（1051）"九月二十一日，學士院試屯田員外郎張師中、太子中允陸詵，賦、詩三上，詔師中充秘閣校理，詵充集賢校理。師中以某人薦、詵以判大名府賈昌朝薦命試"[3]。陝西轉運使范祥城古渭州在皇祐五年三月。[4]本集卷三七有《集賢校理通判秦州陸詵可太常丞制》，云："向服書殿，有繙經之敏；比試邊郡，多投檄而解。今考諸功令，而以歲當陟。"（第 276 頁）陸詵很可能皇祐三年九月授集賢校理後不久即通判秦州，三年任滿當在至和元年，姑繫於此。

草《開封府推官王疇可開封府判官司封員外郎馮浩可開封府推官制》。

《東都事略》卷五五《王疇傳》云："至和中，爲開封府推官，又爲判官。宦者李允良疑人毒死其叔父，訴請發棺驗視。疇獨曰：'驗而無實，是無故暴人尸。此安知非允良有姦？'既而窮治，果引伏，與叔家有怨。"[5]李元綱《厚德錄》卷四云："王忠簡公疇，博文之子也。至和初，爲開封府判官，宦者李允良疑人毒死其叔父，訴請發棺驗視。疇獨曰：'驗而無實，是無故暴人尸。此安知非允良有姦？'既而窮治，果引仇與叔家有怨。"[6]《長編》卷一八四云：嘉祐元年（1056）十二月"乙丑，輟視朝，以諒祚母喪故也。戊辰，開封府判官、祠部郎中、集賢校理馮浩爲祭奠使，文思副使張惟

［1］沈作賓等修，施宿等纂《嘉泰會稽志》，《宋元浙江方志集成》，第 4 冊第 1671 頁。
［2］脫脫等《宋史》，第 31 冊 10680 頁。
［3］劉琳等校點《宋會要輯稿》，第 10 冊第 5858 頁。
［4］參李燾撰，上海師範大學古籍整理研究所、華東師範大學古籍整理研究所點校《續資治通鑑長編》卷一七四皇祐五年三月丁巳，第 7 冊第 4202~4203 頁。
［5］王稱撰，孫言誠、崔國光點校《東都事略》，第 437 頁。
［6］李元綱撰，朱旭強整理《厚德錄》，《全宋筆記》第六編，大象出版社 2013 年版，第 2 冊第 282 頁。

清爲弔慰使”[1]。乙丑爲十八日，戊辰爲二十一日。本集卷三八有《開封府推官王疇可開封府判官司封員外郎馮浩可開封府推官制》，云：“以爾疇文醇行潔，專前史筆削之任，而有灝可觀；以爾浩學粹志和，典太常禮樂之緒，而靡墜不緝。今雖即遷所以旌歲伐，初薾所以閱其材，然朕待時峻茂之德，益有華近之綴。”（第 281 頁）由以上材料可以推知，王疇爲開封府判官、馮浩爲開封府推官約在至和元年，姑繫於此。

草《衛尉少卿許宗壽宋純可並光禄少卿制》。

胡聘之《山右石刻叢編》卷一三收録《宋故翊衛功臣侍衛親軍步軍都虞侯（候）涇原儀渭州鎮戎軍駐泊馬步軍副都部署金紫光禄大夫檢校太子賓客使持節端州諸軍事端州刺史充本州防禦使兼御史大夫騎都尉樂安郡開國侯食邑一千八百户食實封二百户孫公神道碑銘並序》，題下署：“翰林學士兼侍讀學士、朝散大夫、尚書吏部郎中、知制誥、充史館修撰、判館事、提舉在京諸司庫務、權判尚書都省、知通進銀臺司兼門下封駁事、騎都尉、樂安縣開國伯、食邑八百户、賜紫金魚袋孫抃撰。朝散大夫、守衛尉少卿、知河中軍府事兼管内勸農使、管勾駐泊軍馬、提舉河解慶成軍兵甲巡檢賊盗公事、上柱國、賜紫金魚袋宋純□。宣德郎、守太子中允、新差知杭州仁和縣事句謀篆額。”其中云：“皇祐壬申夏，儂賊反，南方繹騷。君從今西樞孫公進兵誅殄，既平而還，謂抃曰：‘先人葬凡十七年矣，而平生事狀，缺然亡所志。兄方執史氏筆，能書其實以示子孫乎？’”[2]“君”指孫宗旦，“儂賊”指儂智高。皇祐無壬申年，“壬申”當爲“壬辰”之誤。孫抃皇祐五年（1053）五月二十四日癸亥罷翰林學士，爲右諫議大夫、權御史中丞。[3]可知宋純皇祐五年春夏間尚爲衛尉少卿。《長編》卷一七六至和元年五月乙亥載“光禄少卿許宗壽”鞫審縈用事，注云：“用配賓州，乃七月辛未，今並書。”[4]辛未

[1]李燾撰，上海師範大學古籍整理研究所、華東師範大學古籍整理研究所點校《續資治通鑑長編》，第 8 册第 4462 頁。

[2]胡聘之《山右石刻叢編》，山西人民出版社 1988 年影印本，第 3 册第 45～46、51 頁。

[3]參李燾撰，上海師範大學古籍整理研究所、華東師範大學古籍整理研究所點校《續資治通鑑長編》卷一七四，第 7 册第 4211 頁。

[4]李燾撰，上海師範大學古籍整理研究所、華東師範大學古籍整理研究所點校《續資治通鑑長編》，第 7 册第 4261 頁。

爲十日。可知許宗壽進光禄少卿當在至和元年七月之前。本集卷三八有《衛尉少卿許宗壽宋純可並光禄少卿制》，當作於皇祐五年、至和元年間，姑繫於此。

草《提點淮南刑獄公事度支員外郎孫錫可司封員外郎制》。

王安石《臨川先生文集》卷九七《宋尚書司封郎中孫公墓誌銘》云："復爲開封府推官，……道士趙清貺出入龐宰相家，受賕，御史以劾龐，府治實清貺自爲，龐不知也。清貺坐杖配沙門島，行兩日死。御史又劾府希宰相指，故杖清貺，殺之滅口，仁宗亦疑，乃悉罷知府、推判官，而以公知太平州。初，清貺事獨判官王礪劾決，公不自辨也。""未幾，仁宗即寤，罷者皆復，而以公提點淮南路刑獄。在淮南二年，……還爲三司户部判官。"[1]《長編》卷一七五云：皇祐五年（1053）閏七月"壬辰，降翰林侍讀學士、刑部郎中吕公綽爲龍圖閣學士、知徐州，御史臺吴祕知濠州，提點淮南路刑獄、度支員外郎、集賢校理孫錫知太平州，度支員外郎王礪知信州。初，諫官、御史言公綽前知開封府受龐籍旨，決趙清貺杖近脊下，故清貺不至配所死。公綽遂得罪，而錫坐前爲推官，礪爲判官，祕亦獨不彈奏，故皆責及之。既而，公綽上章自辨，乃詔知開封府楊察按其事，具言杖清貺實在判官廳，非公綽所臨。然其命已行，但令劄示公綽而已"[2]。壬辰爲二十五日。梅堯臣有《送淮南提刑孫學士》《送孫學士知太平州》詩，朱東潤繫於皇祐五年。前者云："淮南木老霜欲飛，順令恐縱諸侯威。命書纔出邸掾謁，已見衣繡車迎歸。樂莫我聽筵莫迓，清如蟾蜍夜吐暉。不須久作平反吏，自合橫經親帝闈。"[3]蓋皇祐五年秋，孫錫由開封府推官出爲提點淮南刑獄公事，未及行而改知太平州，旋即復爲提點淮南刑獄公事。本集卷三八有《提點淮南刑獄公事度支員外郎孫錫可司封員外郎制》，云："爾早以詞華，與游文館。自委劇於中，將憲於外，而臨事敏發，見稱良能。夫三年大比，隆周之典也。朕惟賢者固不以積日之勞，而朝廷所以官人之柄，寧可廢諸？宜進中臺之秩，且

---

[1] 王水照主編《王安石全集》，第 7 冊第 1669～1670 頁。

[2] 李燾撰，上海師範大學古籍整理研究所、華東師範大學古籍整理研究所點校《續資治通鑑長編》，第 7 冊第 4226～4227 頁。

[3] 梅堯臣著，朱東潤編年校注《梅堯臣集編年校注》，上海古籍出版社 1980 年版，第 694 頁。

隆使範之寵。”（第 284 頁）體會文意，孫錫是在提點淮南刑獄公事任上進封司封員外郎，姑繫於此。

草《引進副使張希一可西上閤門使制》。

《長編》卷一七六云：至和元年五月“戊寅，刑部員外郎、兼侍御史知雜事郭申錫爲河北體量安撫使，西上閤門使張希一副之”[1]。戊寅爲十五日。《宋會要》職官四一之九一亦載此事，但謂張希一時爲“西上閤門副使”[2]，恐誤。考張希一慶曆五年（1045）八月十一日甲子爲契丹生辰副使時已爲西上閤門副使[3]，王珪皇祐四年（1052）八月始爲知制誥，則張希一授西上閤門使當在皇祐四年八月以後、至和元年五月以前。本集卷三九有《引進副使張希一可西上閤門使制》，姑繫於此。

草《太常寺祝充集賢校書鞠真卿服闋可舊官制》。

《長編》卷一七七載至和元年十一月辛酉，降“太常寺太祝、集賢校理鞠真卿知淮陽軍”[4]。辛酉爲二日。《宋會要》職官六五之一三亦載此事，但繫於十一月三日。王珪皇祐四年（1052）八月始爲知制誥。則鞠真卿服闋復舊官當在皇祐四年八月以後、至和元年十一月以前。本集卷四〇有《太常寺祝充集賢校書鞠真卿服闋可舊官制》，姑繫於此。

草《東上閤門使李珣可德州刺史制》。

《長編》卷一六九載皇祐二年（1050）八月丁卯，“步軍都虞候、西上閤門使李珣領文州刺史”。卷一七七云：至和元年九月“辛巳，三司使、吏部侍郎王拱辰爲回謝契丹使，德州刺史李珣副之”[5]。丁卯爲十三日，辛巳爲二十一日。胡宿《王中庸可引進使王果李中吉可東上閤門使並加輕車都尉靳宗説可西上閤門使英州刺史李珣可東上閤門使加上騎都尉制》云：“朕以季

---

[1] 李燾撰，上海師範大學古籍整理研究所、華東師範大學古籍整理研究所點校《續資治通鑑長編》，第 7 冊第 4262 頁。

[2] 劉琳等校點《宋會要輯稿》，第 7 冊第 4045 頁。

[3] 參李燾撰，上海師範大學古籍整理研究所、華東師範大學古籍整理研究所點校《續資治通鑑長編》卷一五七，第 7 冊第 3797 頁。

[4] 李燾撰，上海師範大學古籍整理研究所、華東師範大學古籍整理研究所點校《續資治通鑑長編》，第 7 冊第 4288 頁。

[5] 李燾撰，上海師範大學古籍整理研究所、華東師範大學古籍整理研究所點校《續資治通鑑長編》，第 7 冊第 4057、4281 頁。

秋吉亥，循復饗典，纘戎祖考，對越天地。告虔盡備物之志，委瑞有如山之崇。泛推曲恩，以澤庶位。"[1] 此指皇祐二年九月二十七日辛亥明堂大禮後李珣由西上閤門使進封東上閤門使。王珪皇祐四年八月始爲知制誥。則李珣授德州刺史當在皇祐四年八月以後、至和元年九月以前。本集卷四〇有《東上閤門使李珣可德州刺史制》，姑繫於此。

草《供備庫副使藍元震可文思副使制》。

《宋史》卷四六七《藍繼宗傳》載藍元用、藍元震爲宦官藍繼宗養子，"元用終左藏庫使、梓州觀察使"[2]。《宋會要》儀制一三之二云："左藏庫使、梓州觀察使、入內內侍省內侍副都知藍元用二年三月贈司徒、保大軍節度使。"[3] "二年"指至和二年。可知藍元用卒於至和二年三月。本集卷四〇有《供備庫副使藍元震可文思副使制》，云："維爾兄元用事朕左右，小心一德，今夫往來聘好之事，朕所劇委也。乃引年以辭，願澤其天倫之親。矧歷載之勞，庸勿襃乎？"（第295頁）此文當作於皇祐四年（1052）八月王珪爲知制誥以後、至和元年以前，姑繫於此。

仁宗至和二年乙未（1055），三十七歲

在汴京。爲知制誥。有詩三首、文十四篇，約可繫文一篇。

正月，有《贈司空侍中晏元獻公挽詞二首》。

本集卷六有《贈司空侍中晏元獻公挽詞二首》。歐陽修《觀文殿大學士行兵部尚書西京留守贈司空兼侍中晏公神道碑銘並序》云："至和元年六月，觀文殿大學士、行兵部尚書、西京留守、臨淄公以疾歸於京師。……明年正月，疾作，不能朝。……其月丁亥，以公薨聞，……贈公司空兼侍中，諡曰元獻。……以其年三月癸酉，葬公於許州陽翟縣麥秀鄉之北原。"[4] 丁亥爲二十八日，癸酉爲十五日。按，晏殊（991—1055），字同叔，撫州臨川（今

---

[1] 胡宿《文恭集》卷一七，景印文淵閣《四庫全書》，第1088冊第766頁。
[2] 脫脫等《宋史》，第39冊第13634頁。
[3] 劉琳等校點《宋會要輯稿》，第4冊第2569頁。
[4] 歐陽修著，洪本健校箋《歐陽修詩文集校箋》，上海古籍出版社2009年版，第636~637頁。

屬江西撫州）人，官至集賢相，至和二年卒，年六十五，諡元獻，《宋史》
卷三一一、《隆平集》卷五、《東都事略》卷五六有傳，生平事迹見歐陽修
《居士集》卷二二《觀文殿大學士行兵部尚書西京留守贈司空兼侍中晏公神
道碑銘並序》，宛敏灝、夏承燾分別編有《二晏年譜》，唐紅衛、李光翠、陽
海燕編有《二晏年譜長編》，有《珠玉詞》一卷傳世，《全宋詩》卷一七一至
卷一七三錄其詩三卷，《全宋文》卷三九七、卷三九八收其文二卷。

草《贈昭信軍節度觀察留後張惟吉可贈保順軍節度使制》。

張惟吉至和元年十二月二十日卒，贈昭信軍節度觀察留後，二年正月又
贈保順軍節度使，參至和元年譜。本集卷三五有《贈昭信軍節度觀察留後張
惟吉可贈保順軍節度使制》。

二月九日，草《陵州團練使武繼隆可果州防禦使制》。

《長編》卷一七八載至和二年二月丁酉，"皇城使、陵州團練使、内侍
押班武繼隆領果州防禦使"[1]。丁酉爲九日。本集卷四〇有《陵州團練使武繼
隆可果州防禦使制》。

二月十七日，草《觀文殿學士富弼可宣徽南院使判并州制》。

《長編》卷一七八云：至和二年二月"乙巳，觀文殿學士、户部侍郎、
知河陽富弼爲宣徽南院使、判并州"[2]。乙巳爲十七日。本集卷三五有《觀文
殿學士富弼可宣徽南院使判并州制》。

二月十八日，草《翰林學士吕溱可翰林侍讀學士知徐州制》。

《長編》卷一七八載至和二年二月丙午，"初，翰林學士吕溱上疏，論
宰相陳執中外雖强項，内實姦邪，朝廷故事多不諳練，除改官序，常至差
錯，平居不接士人，惟陰陽卜祝之流，延入卧内，干預政事。又歷數其過惡
十餘事，上還其疏，溱進曰：'若止用口陳，是陰中大臣也，請付執中令自
辨。'於是溱改翰林侍讀學士、知徐州。辭日，特賜燕資善堂，遣使諭曰：
'此會特爲卿設，可盡醉也。'仍詔自今由經筵出者亦如例"。注云："詔乃三

---

[1] 李燾撰，上海師範大學古籍整理研究所、華東師範大學古籍整理研究所點校《續資治通鑑長編》，
第 7 册第 4308 頁。
[2] 李燾撰，上海師範大學古籍整理研究所、華東師範大學古籍整理研究所點校《續資治通鑑長編》，
第 7 册第 4316 頁。

月丙寅，今并書。"[1] 丙午爲十八日，丙寅爲八日。本集卷三三有《翰林學士呂溱可翰林侍讀學士知徐州制》。

是月，草《皇帝乳母故魏國肅成賢穆夫人許氏可追封吳越國肅成賢穆夫人制》。

《宋會要》后妃三之三一云："仁宗吳越國夫人許氏……寶元二年三月卒，詔輟視朝三日，帝爲制服發哀，追改號肅成賢穆。至和二年二月贈吳越國夫人。"[2] 本集卷三五有《皇帝乳母故魏國肅成賢穆夫人許氏可追封吳越國肅成賢穆夫人制》。

三月，草《西上閤門使李惟賢可高州刺史知莫州制》。

《宋史》卷四六四《李惟賢傳》云："累遷西上閤門使，尋領高州刺史、知莫州。"[3] 李惟賢皇祐四年（1052）七月以東上閤門副使奏事，至和元年六月二十七日、二年二月十五日癸卯均以西上閤門使奏事。[4] 考歐陽修《內制集》卷二《撫問宣徽南院使彰信軍節度使判真定府李昭亮口宣》云："卿宣勞邊鄙，頗歷歲時。因乃子之言行，俾過家而賜問。式彰寵眷，以耀私門。"題下注至和二年"四月六日"[5]。李惟賢爲李昭亮之子。所謂"乃子之言行"，當即指李惟賢離京赴知莫州任。則李惟賢授知莫州當在至和二年三月。本集卷四〇有《西上閤門使李惟賢可高州刺史知莫州制》。

六月六日，草《丁憂人邵亢亡母劉氏可追封孝感縣太君制》。

《長編》卷一八〇云：至和二年六月"癸巳，贈前太子中允、館閣校勘邵亢母劉氏爲孝感縣君。亢既遭母喪，願納官以求贈，特予之"[6]。癸巳爲六日。本集卷三六有《丁憂人邵亢亡母劉氏可追封孝感縣太君制》。

[1] 李燾撰，上海師範大學古籍整理研究所、華東師範大學古籍整理研究所點校《續資治通鑑長編》，第 7 冊第 4317~4318 頁。

[2] 劉琳等校點《宋會要輯稿》，第 1 冊第 319 頁。

[3] 脫脫等《宋史》，第 39 冊第 13564 頁。

[4] 參劉琳等校點《宋會要輯稿》儀制一之九、禮四五之一三，第 4 冊第 2302 頁、第 3 冊第 1726 頁；李燾撰，上海師範大學古籍整理研究所、華東師範大學古籍整理研究所點校《續資治通鑑長編》卷一七八，第 7 冊第 4312 頁。按，李惟賢至和二年二月奏事，《宋會要》儀制六之一二繫於二十三日。

[5] 歐陽修著，李逸安點校《歐陽修全集》，中華書局 2001 年版，第 4 冊第 1211 頁。

[6] 李燾撰，上海師範大學古籍整理研究所、華東師範大學古籍整理研究所點校《續資治通鑑長編》，第 7 冊第 4352 頁。

八月，接蔡襄過蘇州時所寄詩。

《蔡襄集》卷六有《過真慧素上人院見紅薇盛開因思西閣後軒數株遂成短章寄翰林原叔八丈禹玉閣長兼書真慧壁間以記所遇》，乃蔡襄至和二年八月赴知泉州任途中於蘇州真慧上人院題壁詩。[1] 按，歐陽修有《與蔡忠惠公》書簡云：“修啓。辱手教兼惠題名，豈勝感愧！不思霖潦，畿民訴蠲秋租，費大農心計，乃以閑事相干，此重爲慚爾。不知此晴遂得牢否。人還，草草，修頓首白君謨給事。十五日。聞有與禹玉《花》詩，乞一本。”[2] 洪本健考此簡約作於治平元年（1064）秋後，《花》詩疑即《過真慧素上人院見紅薇盛開因思西閣後軒數株遂成短章寄翰林原叔八丈禹玉閣長兼書真慧壁間以記所遇》。按，蔡襄（1012—1067），字君謨，興化軍仙遊（今屬福建）人，天聖八年（1030）進士，官至三司使，治平四年卒，年五十六，乾道中賜諡忠惠，《宋史》卷三二〇、《東都事略》卷七五有傳，生平事迹見歐陽修《居士集》卷三五《端明殿學士蔡公墓誌銘》，今人羅清能、蔡文福、劉琳、蔣維鍈等編有年譜。[3] 有別集傳世，其中版本時間最早者爲南宋王十朋刊《莆陽居士蔡公文集》三十六卷。

秋，有《送山人程惟象東歸》詩。

本集卷一有《送山人程惟象東歸》詩，云：“君來客京洛，奇術世所聞。人事固倚伏，物情徒糾紛。衣沾九門雨，夢繞故山雲。飲罷忽東去，浩歌秋日曛。”（第4頁）程祁《三靈山人程惟象傳》引皇甫泌《程惟象傳》云：“甲午歲，自右省出守雒陽，故人王億與則之俱來。”[4]“甲午歲”指至和元年。《長編》卷一七八載至和二年二月庚子，殿中侍御史趙抃上疏彈劾宰相陳執中，云：“夫宰輔事業，聖君倚毗，宜爲國家廣納賢善。而執中之門，未嘗待一俊傑，禮一賢能，所與語者苗達、劉抃、劉希叟之徒，所預坐者

---

[1] 參蔣維鍈編著《蔡襄年譜》，第128頁。

[2] ［日］東英壽考校，洪本健箋注《新見歐陽脩九十六篇書簡箋注》，上海古籍出版社2014年版，第74頁。

[3] 羅清能編《蔡襄年譜》，真義出版社1986年版；蔡文福《蔡襄年譜簡編》，蔡金發主編《蔡襄及其家世》，福建人民出版社1990年版；劉琳《蔡襄年譜》，四川大學古籍整理研究所、四川大學宋代文化研究資料中心編《宋代文化研究》第4輯，四川大學出版社1994年版。

[4] 程敏政輯撰，何慶善、于石點校《新安文獻志》卷一〇〇上，黃山書社2004年版，第3冊第2595頁。

普元、李寧、程惟象之輩。奈何處臺鼎之重，測候災變，窮占吉凶，意將奚爲，衆所共駭。"又載二月丙午，翰林學士呂溱因上疏論宰相陳執中"平居不接士人，惟陰陽卜祝之流，延入臥內，干預政事"等事，改翰林侍讀學士、知徐州。[1] 庚子爲十二日，丙午爲十八日。陳執中皇祐五年（1053）閏七月五日壬申由判大名府拜昭文相，至和二年六月十一日戊戌罷爲鎮海節度使。[2] 可知程惟象客居京洛在至和元年前後，其離京返鄉很可能是在至和二年六月陳執中罷相之後。據"浩歌秋日曛"，繫此詩於至和二年秋。按，程惟象（？—1083），字則之，自號三靈山人，歙州婺源（今屬江西）人，以占算遊京師，言人貴賤禍福若神，頗爲時人所重，生平事迹見羅願《新安志》卷八《仙釋》、程敏政《新安文獻志》卷一〇〇上程祁《三靈山人程惟象傳》、王闢之《澠水燕談錄》卷六等。

十月十五日，有《進士諸科名額奏狀》。

《玉海》卷一一六《景德考試新格祥符歲貢常數慶曆貢舉條例》云：至和二年十月"十五日，判禮部王珪言：'前詔進士諸科奏名以四百人爲額，以革仕進之弊。'"[3]《宋會要》選舉三之三二云："至和二年十月十五日，判禮部貢院王珪言：'竊惟貢舉之法，盛於有唐。自貞觀迄於開元，文章最隆。其較藝有千餘人，而所收者無幾。咸亨、上元中，嘗增其數，然無及百人者。國初取士之科，皆襲唐制。興國中，始大擢貢士。其後寖以益廣，無有定數。故近年以來，官吏猥濫，溢於常員，甚非國家所以取人之意。前詔禮部，應進士、諸科奏名，皆以四百人爲額。茲誠聖慮所欲革仕進之弊而敦治原之要也。伏慮將來群士皆至闕下，一有扇搖，而言者輒議衝改。望申飭有司，令固守之。'又言：'天下發解諸科人，不及禮部元額，蓋元額至多僅七千餘，因循不曾詳定。緣進士已有定額，請自今南省考送毋得過進士之數。'並從之。"[4]"又言"前所引見本集卷七《進士諸科名額奏狀》。傅增湘

---

[1] 李燾撰，上海師範大學古籍整理研究所、華東師範大學古籍整理研究所點校《續資治通鑑長編》，第 7 冊第 4309、4317~4318 頁。

[2] 參李燾撰，上海師範大學古籍整理研究所、華東師範大學古籍整理研究所點校《續資治通鑑長編》卷一七五、卷一八〇，第 7 冊第 4223、4352 頁。

[3] 王應麟輯《玉海》，第 4 冊第 2149 頁。

[4] 劉琳等校點《宋會要輯稿》，第 9 冊第 5301~5302 頁。

《宋代蜀文輯存》卷二據《宋會要》收録王珪奏疏，擬題爲《論貢舉宜守定額疏》，似無必要。

十月二十五日，有《諸科問經義奏狀》。

《神道碑》云："尤明典章，善論事，其語潔齊易聽，故多施行。嘗言貢舉諸科滯於記誦，已立法使兼通本經大義，將有造浮説以揺前令者，願確守之，法卒不廢。"（第140頁）《長編》卷一八一云：至和二年十月"己酉，知制誥王珪言：'唐自貞觀訖開元，文章最盛，較藝者歲千餘人，而所收無幾。咸亨、上元中，嘗增其數，然亦不及百人。國初取士，大抵襲唐制。逮興國中，增辟貢舉之路，其後寖以益廣，無有定數。比年以來，官吏猥溢於常員，故近詔限數四百。茲誠所以懲仕進之弊也。取士惟進士、明經、諸科，明經先經義而後試策，三試皆通爲中第，其大略與進士等，而諸科既不問以經義，又無策試之式，止以誦數精粗爲中否，則其專固不達於理，安足以長民治事哉？前詔諸科終場，問本經大義十道，《九經》止問義而不責記誦，皆已著之於令。臣慮言者以爲難於遽更，而圖安於弊也。惟陛下申敕有司，固守是法，毋輕易焉。'"[1] 己酉爲二十五日。《宋史》卷一五五《選舉志一》所記略同。所引文字後半部分見本集卷七《諸科問經義奏狀》。蓋《長編》《宋史》所記本於王珪主編《兩朝國史》，而《兩朝國史》對王珪所作《進士諸科名額奏狀》《諸科問經義奏狀》二文作了合併和潤色。[2]

是月，爲吕公綽作墓誌銘，有《翰林侍讀學士朝散大夫尚書右司郎中集賢殿修撰中都縣開國伯食邑八百户護軍賜紫金魚袋特贈左諫議大夫吕公墓誌銘》。

本集卷五一有《翰林侍讀學士朝散大夫尚書右司郎中集賢殿修撰中都縣開國伯食邑八百户護軍賜紫金魚袋特贈左諫議大夫吕公墓誌銘》，記吕公綽（999—1055），字仲裕，吕夷簡長子，壽州（今安徽鳳臺）人，以蔭入仕，官至翰林侍讀學士，"至和二年十月，遷右司郎中，未拜命，疾革，是月十四日以訃聞，賜其誥於家，年五十七""明年某月某日，遂葬公於鄭州

---

[1] 李燾撰，上海師範大學古籍整理研究所、華東師範大學古籍整理研究所點校《續資治通鑑長編》，第7册4380~4381頁。
[2] 參何忠禮《宋史選舉志補正（修訂本）》，中華書局2013年版，第36頁。

新鄭縣懷忠鄉神崧里"（第376、379頁）。按，呂公綽，《宋史》卷三一一、《東都事略》卷五二有傳。

十一月十五日，草《賜李日尊進象敕書》。

《宋史》卷四八八《交阯傳》云：李德政"至和二年，卒。其子日尊遣人告哀，命廣南西路轉運使、尚書屯田員外郎蘇安世爲弔贈使，贈德政爲侍中、南越王，賻賚甚厚。尋除日尊特進、檢校太尉、静海軍節度使、安南都護，封交阯郡王"。熙寧"五年三月，日尊卒"[1]。李日尊（1023—1072）爲越南李朝第三代皇帝，即李聖宗。考有關史料，李日尊在位期間，曾兩次向宋廷進貢馴象。第一次是在至和二年十一月，第二次是在嘉祐八年（1063）正月。《長編》卷一八一云：至和二年十一月"己巳，安南王李德政之子日遵遣使告德政卒，仍進奉遺留物及獻馴象十。癸酉，贈德政侍中、南越王，賻賚甚厚。命廣西轉運使、屯田員外郎蘇安世爲弔贈使。乙亥，授日遵静海節度使、安南都護、交阯郡王"[2]。己巳、癸酉、乙亥分別爲十五日、十九日、二十一日。本集卷二四有《賜李日尊進象敕書》，此文又見《宋大詔令集》卷二三八，云："卿保有南裔，列爲外藩，屬疆事之就寧，馳奏函而申款。"（第177頁）體會文意，此文當作於至和二年十一月十五日。

十二月二十二日，草《御史梁蒨可刑部員外郎直史館知襄州制》。

《宋會要》選舉三三之八云：至和二年"十二月二十二日，侍御史梁蒨爲刑部員外郎、直史館、知襄州"[3]。本集卷三七有《御史梁蒨可刑部員外郎直史館知襄州制》。

是年，看詳王沼《春秋通義》。

洪邁《容齋三筆》卷一二《侍從兩制》云："予家藏王沼《春秋通義》一書，至和元年，鄧州繳進，二年有旨送兩制看詳，於是具奏者十二人皆列名銜：學士七人，曰學士承旨、禮部侍郎楊察，翰林學士、中書舍人趙槩、楊偉，刑部郎中胡宿，吏部郎中歐陽脩，起居舍人呂溱，禮部郎中王洙；知

[1] 脱脱等《宋史》，第40冊第14068、14069頁。
[2] 李燾撰，上海師範大學古籍整理研究所、華東師範大學古籍整理研究所點校《續資治通鑑長編》，第7冊第4384頁。按，《宋大詔令集》《宋史》《越史略》《大越史記全書》等記李聖宗之名皆爲"日尊"，而《長編》此處與《宋會要》蕃夷四之三三作"日遵"，不確。
[3] 劉琳等校點《宋會要輯稿》，第10冊第5884頁。

制誥五人，曰起居舍人王珪，右司諫賈黯，兵部員外郎韓絳，起居舍人吳奎，右正言劉敞。"[1]

草《真宗皇帝乳母故秦國肅明賢順夫人劉氏可追封齊魯國肅明賢順夫人制》。

《宋會要》后妃三之二九云："真宗齊魯國夫人劉氏……天聖四年改號秦國肅明賢順，至和二年追封齊魯國夫人。"[2] 本集卷三五有《真宗皇帝乳母故秦國肅明賢順夫人劉氏可追封齊魯國肅明賢順夫人制》。

草《供備庫副使馬慶等可西京左藏庫副使制》。

本集卷四〇有《供備庫副使馬慶等可西京左藏庫副使制》，云："自宗祀均寵，五載於茲，其可以甄勤而録滯矣。"（第296頁）"宗祀"當指皇祐二年（1050）九月二十七日辛亥明堂大禮。下推五年，當爲至和二年。

約於是年，判禮部，遷起居舍人。

《神道碑》云："自起居舍人四遷爲給事中。"又記王珪曾"判禮部、刑部"（第138、139頁）。王應麟《玉海》卷一一六《景德考試新格祥符歲貢常數慶曆貢舉條例》、《宋會要》選舉三之三二均載至和二年十月十五日判禮部王珪言事，洪邁《容齋三筆》卷一二《侍從兩制》載至和二年王珪以起居舍人身份看詳王沇《春秋通義》，可知王珪判禮部、遷起居舍人當在至和二年以前。按，葉夢得《石林燕語》卷三云："舊大朝會等慶賀，及春秋謝賜衣，請上聽政之類，宰相率百官奉表，皆禮部郎官之職，唐人謂之'南宮舍人'。元豐官制行，謂之'知名表郎官'。禮部別有印曰'知名表印'，以其從上官一人掌之。"汪應辰《石林燕語辨》云："禮部知名表印，舊有之。未改官制前，館閣中能文者，同判禮部，使掌牋表，王禹玉嘗爲之。後遷舍人學士，仍領其任。此云元豐官制謂之'知名表'，郎官別有印，曰'知名表印'，非始於元豐官制也。"[3] 可知王珪判禮部在拜起居舍人之前。

草《北作坊使郭諮可英州刺史制》。

《宋史》卷三二六《郭諮傳》云："除益州路兵馬鈐轄，累遷英州刺史，

---

[1] 洪邁撰，孔凡禮點校《容齋隨筆》，第572頁。

[2] 劉琳等校點《宋會要輯稿》，第1冊第318頁。

[3] 葉夢得撰，宇文紹奕考異，侯忠義點校《石林燕語》，第42~43、190頁。

後爲契丹祭奠副使、知汾州。"[1]《長編》卷一八〇載至和二年八月癸丑,"龍圖閣直學士、兵部郎中吕公弼爲契丹祭奠使,西上閤門使、英州刺史郭諮副之"[2]。癸丑爲二十八日。可知郭諮遷英州刺史當在至和二年八月以前。本集卷三九有《北作坊使郭諮可英州刺史制》,姑繫於此。

宋仁宗嘉祐元年丙申(1056),三十八歲

在汴京。拜翰林學士。有詩二十一首、文二十九篇,約可繫詩一首、文三篇。

正月,接劉敞在古北口所寄詩。

劉敞《元日發古北口寄禹玉直孺昌言三閣老》云:"桂酒椒盤共發春,山川雖舊物華新。仲尼魯史王正月,泰帝河圖歲甲寅。玉殿聳聞擊白獸,火城想見接清塵。應憐二使星安在,北斗杓端析木津。"題下自注:"初入燕境。"頷聯下自注:"今年歲至甲寅,與河圖天元同。"[3]"禹玉"指王珪,"直孺"指賈黯,"昌言"指石揚休,三人是時均在京爲知制誥。《長編》卷一八〇載至和二年八月辛丑,"右正言、知制誥劉敞爲契丹生辰使,文思副使竇舜卿副之"。"甲寅,改命劉敞、竇舜卿爲契丹國母生辰使。"[4]李裕民確認此詩爲劉敞出使契丹回程中所寫,時在至和三年即嘉祐元年正月一日。[5]按,劉敞(1019—1068),字原父,或作原甫,號公是,臨江軍新喻(今江西新余)人,慶曆六年(1046)進士,官至集賢院學士、判南京留司御史臺,熙寧元年卒,年五十,《宋史》卷三一九、《東都事略》卷七六有傳,生平事迹見歐陽修《居士集》卷三五《集賢院學士劉公墓誌銘》、劉攽《彭城

[1]脱脱等《宋史》,第30冊第10531頁。

[2]李燾撰,上海師範大學古籍整理研究所、華東師範大學古籍整理研究所點校《續資治通鑑長編》,第7冊4366頁。

[3]劉敞《公是集》卷二五,景印文淵閣《四庫全書》,臺灣商務印書館1986年版,第1095冊第610頁。

[4]李燾撰,上海師範大學古籍整理研究所、華東師範大學古籍整理研究所點校《續資治通鑑長編》,第7冊4365、4366頁。

[5]參李裕民《劉敞〈楊無敵廟〉詩考釋》,張小兵主編《陝北歷史文化與楊家將文化學術研討會論文集》,陝西人民出版社2012年版,第195~197頁。

集》卷三五《故朝散大夫給事中集賢院學士權判南京留司御史臺劉公行狀》，張尚英編有《劉敞年譜》[1]，有《永樂大典》本《公是集》五十四卷傳世。

有《和劉原父舍人雪霽早朝》詩。

本集卷二有《和劉原父舍人雪霽早朝》詩，云："琪樹無聲粉蕊圓，岧嶤雙闕射雲鮮。寒交玉珮趨三殿，曉拜珠旒下九天。仙仗影翻初照月，高門塵絕欲生烟。燕餘寶陌騰歸馭，更爲都人賦有年。"（第12頁）"燕餘"指燕地。據李裕民考證，劉敞至和二年（1055）八月二十九日被任命爲契丹國母生辰使，十二月七日自遼上京啓程返回，以每日一站之速度趲路，嘉祐元年正月十六日抵達冀州。[2]冀州至汴京共十一站，劉敞返至汴京當在正月二十七日左右。則此詩當作於嘉祐元年正月二十七日以後，姑繫於此。

二月二十四日，上《賀皇帝痊復表》。

《長編》卷一八二載嘉祐元年正月甲寅朔，仁宗暴感風眩，二月"甲辰，御延和殿，帝康復。丙午，宰臣率百官拜表稱賀"[3]。甲辰爲二十二日，丙午爲二十四日。《宋史》卷一二《仁宗本紀四》、《東都事略》卷六《仁宗本紀二》等亦記嘉祐元年二月甲辰仁宗疾愈，御延和殿。本集卷四四有《賀皇帝痊復表》，云："今月二十三日，聖體康復，御延和殿親見群臣者。"（第324頁）宋祁《景文集》卷三六《定州賀聖體康復表》、文同《丹淵集》卷二七《賀聖體康復表》亦謂仁宗二月二十三日御延和殿，親見群臣。當以各文所記爲是。

閏三月一日，草《給事中參知政事程戡可户部侍郎樞密副使制》《樞密副使給事中王堯臣可户部侍郎參知政事制》。

《長編》卷一八二云：嘉祐元年"閏三月癸未朔，樞密副使、給事中王堯臣爲户部侍郎、參知政事，給事中、參知政事程戡爲户部侍郎、樞密副

[1] 參吳洪澤、尹波主編《宋人年譜叢刊》，第4冊第2057～2102頁。
[2] 參李裕民《劉敞〈楊無敵廟〉詩考釋》，《陝北歷史文化與楊家將文化學術研討會論文集》，第194～201頁。
[3] 李燾撰，上海師範大學古籍整理研究所、華東師範大學古籍整理研究所點校《續資治通鑑長編》，第7冊第4397頁。

使，以戩與文彥博姻家故也"[1]。本集卷三五有《給事中參知政事程戩可戶部侍郎樞密副使制》，卷三六有《樞密副使給事中王堯臣可戶部侍郎參知政事制》，此二文又見《宋宰輔編年録》卷五。

五月，草《故保平軍節度使王貽永男西上閤門使道卿可貴州團練使制》《故王貽永二女縣君王氏等可進封郡君制》《故王貽永女婿左藏庫副使夏元昌可文思副使制》。

《長編》卷一八二云：嘉祐元年五月"丙午，彰德節度使、兼侍中王貽永卒，贈太師、中書令，謚康靖"[2]。丙午爲二十五日。本集卷三四有《故保平軍節度使王貽永男西上閤門使道卿可貴州團練使制》《故王貽永二女縣君王氏等可進封郡君制》《故王貽永女婿左藏庫副使夏元昌可文思副使制》。第一文云："朕適嗟娴館之瘁，遽攬遺章之陳。迹稔勞於宥廷，將續慶於勳胄。"第二文云："予維右弼之倚，有謝昭辰之悲。方録遺於舊門，宜胙封夫名郡。"（第240頁）第三文云："眷若外舅，勞於幾廷。遽愴遺封之聞，冀推渥典之及。"（第242頁）體會文意，此三文當作於王貽永去世後不久，姑繫於此。

草《觀文殿大學士行戶部尚書知許州宋庠可兵部尚書知河陽制》。

《長編》卷一八二云：嘉祐元年五月，"觀文殿大學士、兵部尚書宋庠自許州徙知河陽。戊子，入朝，詔綴中書門下班，出入視其儀物"[3]。戊子爲七日。宋庠五月七日入朝，則任命其知河陽當在五月七日之前。本集卷三五有《觀文殿大學士行戶部尚書知許州宋庠可兵部尚書知河陽制》，姑繫於此。

六月七日，草《供備庫使蘇安静可忠州刺史制》。

《長編》卷一八二云：嘉祐元年六月"丁巳，供備庫使、并代鈐轄蘇安静領忠州刺史，留再任"[4]。丁巳爲七日。本集卷四〇有《供備庫使蘇安静可

[1] 李燾撰，上海師範大學古籍整理研究所、華東師範大學古籍整理研究所點校《續資治通鑑長編》，第7冊第4399頁。

[2] 李燾撰，上海師範大學古籍整理研究所、華東師範大學古籍整理研究所點校《續資治通鑑長編》，第7冊第4408頁。

[3] 李燾撰，上海師範大學古籍整理研究所、華東師範大學古籍整理研究所點校《續資治通鑑長編》，第7冊第4408頁。

[4] 李燾撰，上海師範大學古籍整理研究所、華東師範大學古籍整理研究所點校《續資治通鑑長編》，第7冊第4409頁。

忠州刺史制》。

六月八日，草《龍圖閣直學士施昌言可樞密直學士知澶州制》。

《長編》卷一八二云：嘉祐元年六月"戊午，龍圖閣直學士、給事中施昌言爲樞密直學士、知澶州。時六塔河既修復決，朝廷猶欲成之，因以澶州授昌言，冀便役事云"[1]。戊午爲八日。本集卷三三有《龍圖閣直學士施昌言可樞密直學士知澶州制》。

是月，草《賜知辰州竇舜卿進謝恩馬敕書》。

《長編》卷一八二云：嘉祐元年五月"甲辰，文思副使竇舜卿爲西京左藏庫副使、權荆湖北路鈐轄兼知辰州，代宋守信也"[2]。甲辰爲二十三日。本集卷二五有《賜知辰州竇舜卿進謝恩馬敕書》，云："卿素推勇概，屢撫邊衝。適進董於戎昭，當茂均於邦給。翊章宸幄，驍駿天閑。"（第180頁）此文當作於竇舜卿知辰州到任後，姑繫於此。

七月，草《西上閣門使馬懷德可四方館使英州刺史制》。

本集卷三三有《西上閣門使馬懷德可四方館使英州刺史制》，云："河朔勁兵之萃，瓦橋極塞之衝。本朝寄之重，則匪議才之易；因邊最之申，則宜第寵之速。"（第232頁）按，《長編》卷一八七云：嘉祐三年七月"己丑，降前知雄州、舒州團練使馬懷德爲四方館使、英州刺史，前高陽關路鈐轄、北作坊使、廉州團練使閻士良爲崇儀使，御史呂景初言懷德在雄州，因士良入奏事，而嘗以牛黃、麝臍賂之故也"[3]。己丑爲二十一日。《宋會要》職官六五之一八亦載此事。然王珪嘉祐二年七月至四年十月丁母憂罷職，不可能於嘉祐三年七月作制誥。體會文意，馬懷德授四方館使、英州刺史時仍在知雄州任，且此授屬獎擢，而非降任。考歐陽修《內制集》卷四《賜新授四方館使依舊英州刺史馬懷德進奉謝恩馬敕書》云："汝近以疇勞，擢陞要職。乃求良駿，來備貢輸。深推報國之誠，更俟奮身之效。良深嘉獎，當悉眷

---

[1] 李燾撰，上海師範大學古籍整理研究所、華東師範大學古籍整理研究所點校《續資治通鑑長編》，第7冊第4409頁。

[2] 李燾撰，上海師範大學古籍整理研究所、華東師範大學古籍整理研究所點校《續資治通鑑長編》，第7冊第4408頁。

[3] 李燾撰，上海師範大學古籍整理研究所、華東師範大學古籍整理研究所點校《續資治通鑑長編》，第8冊第4517頁。

懷。"題下注至和三年"八月十日"[1]。至和三年即嘉祐元年。則此文當作於嘉祐元年七月。

八月，代中書草《請皇帝罷謁太廟第一表》《第二表》《第三表》。

《長編》卷一八二云：嘉祐元年五月"甲申，詔以九月於大慶殿行恭謝之禮"[2]。《宋會要》禮一七之一三云："嘉祐元年八月十七日，宰臣文彥博等請罷恭謝前一日謁太廟，表三上，詔曰：'朕前款廟祐，則將遍迪饋賞；還裡路庭，所以各答穹厚。永惟灌鬯，疇可弗躬？而卿等因謂，在天之后已配帝而申嚴，觀德之宮有遣官之著式。質諸典禮，皆適經權。將來恭謝，特遣大臣詣宗廟攝事。'"[3]《長編》卷一八三嘉祐元年八月丙寅亦載此事，但謂"表二上"[4]，"二"當爲"三"之訛。本集卷四二有《請皇帝罷謁太廟第一表》《第二表》《第三表》，第一表題下注"代中書"，云："臣某等竊覩詔下太常，以九月十二日於大慶殿行恭謝天地之禮，前一日詣太廟者。"（第308頁）此三文當作於嘉祐元年八月十七日以前。按，《宋會要》禮一七之一九載紹興七年（1137）翰林學士朱震上表云："又仁宗時，詔下太常，以九月十二日於大慶殿行恭謝天地之禮，前一日詣太廟。群臣以聖躬始和，三上表請罷謁太廟。其詞曰：'且天地念生民之深，時則錫九宸之福；維祖宗懷繼統之重，豈欲殫大輅之勤？'"[5]所引表詞即出自王珪《請皇帝罷謁太廟第一表》。

草《皇姪宗望故新婦張氏可追封永嘉郡太夫人制》。

賈黯《皇從姪右武衛大將軍道州團練使清源郡公宗望故夫人永嘉郡夫人張氏墓誌銘並序》云："以景祐三年八月歸於清源郡公宗望，始封平原縣君，俄進封安邑郡君。至和三年八月遘疾，終於邸第，追封永嘉郡夫人，享年三十七。"[6]至和三年即嘉祐元年。本集卷三四有《皇姪宗望故新婦張氏可追

［1］歐陽修著，李逸安點校《歐陽修全集》，第4冊第1240頁。
［2］李燾撰，上海師範大學古籍整理研究所、華東師範大學古籍整理研究所點校《續資治通鑑長編》，第7冊第4406頁。
［3］劉琳等校點《宋會要輯稿》，第2冊第894頁。
［4］李燾撰，上海師範大學古籍整理研究所、華東師範大學古籍整理研究所點校《續資治通鑑長編》，第8冊第4438頁。
［5］劉琳等校點《宋會要輯稿》，第2冊第901頁。
［6］郭茂育、劉繼保編著《宋代墓誌輯釋》，第183頁。

封永嘉郡太夫人制》，云：“爾德儀柔穆，歸我公族。賦命之嗇，芳華遽萎。特徹名郡之腴，以正小君之號。”（第 240 頁）題中“太”字疑衍。

草《翰林學士知制誥知審刑院胡宿可兼侍讀學士制》。

《長編》卷一八三載嘉祐元年八月丙寅，“翰林學士胡宿知審刑院”[1]。丙寅爲十七日。本集卷三五有《翰林學士知制誥知審刑院胡宿可兼侍讀學士制》，云：“適更審於中刑，尚協欽於庶獄。宜兼學士之組，進讀金華之書。”（第 250 頁）體會文意，此文當作於胡宿知審刑院後不久，姑繫於此。

九月十八日，草《虞部員外郎晁仲蔚父宗愨可贈尚書左僕射制》《晁仲蔚母王氏可追封懷德郡太夫人制》。

《長編》卷一八四云：嘉祐元年九月“辛卯，恭謝天地於大慶殿，大赦，改元。丁酉，加恩百官”[2]。辛卯爲十二日，丁酉爲十八日。本集卷三三有《虞部員外郎晁仲蔚父宗愨可贈尚書左僕射制》《晁仲蔚母王氏可追封懷德郡太夫人制》。前者云：“朕惟王者大孝之本，莫若虔天地之報。然祭不欲其數也，必三歲而躬行之。朕前詔有司，崇禮嚴配。孝奏之夕，神光交錯。時惟我在廷之賢，夙夜將予於成。今竣祠逆釐，需其澤天下。維爾先正之烈，可追榮之後乎？”（第 233 頁）體會文意，此二文當作於嘉祐元年九月十八日恭謝天地大禮加恩百官時。

草《翰林學士知制誥曾公亮封廬陵郡開國侯加食邑制》。

曾公亮皇祐三年（1051）四月二十九日己酉拜翰林學士[3]，至和元年（1054）九月除端明殿學士、集賢殿修撰、知鄭州[4]，嘉祐元年四月五日丙辰復入爲翰林學士，十二月五日壬子拜參知政事。[5] 本集卷三五有《翰林學士

---

[1] 李燾撰，上海師範大學古籍整理研究所、華東師範大學古籍整理研究所點校《續資治通鑑長編》，第 8 冊第 4438 頁。

[2] 李燾撰，上海師範大學古籍整理研究所、華東師範大學古籍整理研究所點校《續資治通鑑長編》，第 8 冊第 4447 頁。

[3] 參李燾撰，上海師範大學古籍整理研究所、華東師範大學古籍整理研究所點校《續資治通鑑長編》卷一七〇，第 7 冊第 4091 頁。

[4] 參佚名《學士年表》，《翰學三書》，第 1 冊第 90 頁。

[5] 參李燾撰，上海師範大學古籍整理研究所、華東師範大學古籍整理研究所點校《續資治通鑑長編》卷一八二、卷一八四，第 7 冊第 4401 頁、第 8 冊第 4460 頁。按：曾公亮拜參知政事時間，《宋史》卷一二《仁宗本紀四》、卷二一一《宰輔表二》，《宋宰輔編年錄》卷五同於《長編》；而《東都事略》卷六《仁宗本紀二》繫於嘉祐元年十二月戊申朔；《學士年表》則繫於嘉祐三年十二月。當以《長編》等爲是。

知制誥曾公亮封廬陵郡開國侯加食邑制》，云："朕躬執裸圭，奏端文之曲；夙戒齋軑，次欽天之居。乃景至未明，大饗於帝；而孝思亡極，并侑我先。翁受百神之鑿，首敷衆哲之侍。具官某行純而節正，色裕而氣嚴。入典禁林之辭，出孚邦號之渙。久侍華光之席，日窮經術之淵。休有德名，賁諸器蘊。屬親大事之報，包舉上義之文。奉璋趣前，既陪祠位之肅；端弁拜俯，又助精誠之通。還朝清明，班時福順。進階所以馭貴，疇邑所以修封。"（第243頁）"入典禁林之辭，出孚邦號之渙"指曾公亮爲翰林學士和出知鄭州兩事，"朕躬執裸圭"云云當指嘉祐元年九月十二日於大慶殿舉行之恭謝天地大禮。則此文當作於嘉祐元年九月十八日恭謝天地大禮加恩百官時。

草《將仕郎守秘書丞楊儀可祠部員外郎制》。

本集卷三九有《將仕郎守秘書丞楊儀可祠部員外郎制》，云："朕以季商吉卯，饗成路寢。天下靡不望澤，況吾儒林之彥，乃卒見廢者邪？以爾雅遊道山，敷藻有裕，偶罹謫籍，淹遲江湖。朕維思議罰之過，而往或莫申；推惠之齒，而疏者未録。茲復爾省署之秩，寵以軍壁之符。"（第286頁）"季商吉卯，饗成路寢"當指嘉祐元年九月十二日於大慶殿舉行之恭謝天地大禮。則此文當作於九月十八日恭謝天地大禮加恩百官時。《長編》卷一六五載慶曆八年（1048）八月丁丑，"户部判官、祠部員外郎、集賢校理楊儀奪三官，責授邵州別駕"[1]。此即所謂"偶罹謫籍，淹遲江湖"。

十一月二十七日，草《河北都運使李參可諫議大夫江淮等路大發運使高良夫可司勳郎中制》。

《長編》卷一八四云：嘉祐元年十一月"乙巳，河北轉運使、少府監李參爲右諫議大夫"[2]。乙巳爲二十七日。本集卷三五有《河北都運使李參可諫議大夫江淮等路大發運使高良夫可司勳郎中制》。

是月，有《伎術官各以其類推恩奏》。

《神道碑》云："又論伎術官蔭子孫，宜各以其類，若醫官使奏醫學，教

---

［1］李燾撰，上海師範大學古籍整理研究所、華東師範大學古籍整理研究所點校《續資治通鑑長編》，第7冊第3961~3962頁。

［2］李燾撰，上海師範大學古籍整理研究所、華東師範大學古籍整理研究所點校《續資治通鑑長編》，第8冊第4459頁。

坊使補色長，不獨使專其業，且以杜入官之濫，至今行之。"（第 140 頁）
《長編》卷一八四云：嘉祐元年十一月"丙申，詔：'伎術官合奏蔭者止授以
伎術官，仍一次而止。其封贈，初以副率，次正率，次小將軍，毋得隔資
而授。司天監官聽贈至大卿、監止。'初，知制誥王珪言：'近歲伎術官，因
緣進拔者甚衆，其合奏蔭者，又參用士人之條而無定數，雜污仕塗，莫斯
爲甚。請自今各以其類推恩，若醫官使奏醫學，教坊使奏色長之類，仍只
許奏一人，不惟使世專其藝，誠足以革入官之濫。'下兩制並以伎術官封贈
詳定，而翰林學士承旨孫抃等以謂伎術官，法毋得任子及封贈，今若以類
推恩，亦近漢疇人子弟之法，故著此條"[1]。丙申爲十八日。《宋會要》職官
三六之一一三亦載此事。《全宋文》卷一一五三據《長編》收錄王珪奏疏，
題作《伎術官各以其類推恩奏》。此文當作於嘉祐元年十一月十八日之前，
姑繫於此。

十二月十二日，拜翰林學士，舉韓絳自代，有《除翰林學士舉官自代奏狀》。

　　章定《名賢氏族言行類稿》卷二四謂王珪"元祐初爲翰林學士"[2]，"元
祐"乃"嘉祐"之誤。《東都事略》本傳云："嘉祐初，爲翰林學士。"（第
672 頁）宋敏求《春明退朝錄》卷上記王珪三十八歲爲翰林學士，江少虞
《宋朝事實類苑》卷二四《衣冠盛事·少年掌詞翰》引此則。《學士年表》載
王珪嘉祐元年"十二月，以翰林侍讀學士、起居舍人拜"[3]翰林學士。本集
卷七有《謝宣召入院奏狀》，云："右臣今月十二日，翰林待詔李九思至臣所
居，奉宣宸旨，召臣入院充學士者。"（第 45~46 頁）則王珪拜翰林學士當
在嘉祐元年十二月十二日。

　　本集卷七有《除翰林學士舉官自代奏狀》，云："伏蒙天恩，特授臣依前
官充翰林學士，依敕節文舉官自代者。臣伏見尚書禮部員外郎、知制誥韓
絳，士林之英，國器之寶，風節足以厲俗，材謀足以經邦。願回詔旨，庶協
公論。"（第 47 頁）此文當作於嘉祐元年十二月十二日王珪接到翰林學士任

---

[1] 李燾撰，上海師範大學古籍整理研究所、華東師範大學古籍整理研究所點校《續資治通鑑長編》，
　　第 8 冊第 4455~4456 頁。
[2] 章定《名賢氏族言行類稿》，景印文淵閣《四庫全書》，臺灣商務印書館 1986 年版，第 933 冊第
　　357 頁。
[3] 佚名《學士年表》，《翰學三書》，第 1 冊第 91 頁。

命之後。按，韓絳（1012—1088），字子華，許州長社（今河南許昌）人，韓億子，慶曆二年（1042）進士，官至同中書門下平章事，元祐三年卒，年七十七，謚獻肅，《宋史》卷三一五、《東都事略》卷五八有傳，生平事迹見范純仁《范忠宣公集》卷一五《司空康國韓公墓誌銘》、杜大珪《名臣碑傳琬琰集》上集卷一一李清臣《韓獻肅公絳忠弼之碑》，《全宋詩》卷三九四錄其詩十三首，《全宋文》卷一〇二五、卷一〇二六收其文二卷。

是月，權發遣開封府。

《宋史》本傳謂王珪"爲翰林學士"後、"遭母憂"前"知開封府"（第10241頁），《神道碑》記王珪曾"權發遣開封府"（第139頁）。考《開封府題名記》碑載王珪"嘉祐元年十二月翰林學士權發遣"，而王珪之前爲曾公亮，"至和二年八月翰林學士權知"，王珪之後爲錢明逸、包拯，分別是"嘉祐二年正月翰林侍讀學士權發遣""嘉祐二年三月龍圖閣直學士權知"[1]。按，《長編》卷一八四載嘉祐元年十二月壬子，"翰林學士、兼侍讀學士、中書舍人、集賢殿修撰、權知開封府曾公亮爲給事中、參知政事，龍圖閣直學士、刑部郎中、知江寧府包拯爲右司郎中、權知開封府"[2]。壬子爲五日。《景定建康志》卷一三《建康表九》載包拯嘉祐元年十二月二十日赴闕，授右司郎中、知開封府，此月日當是包拯知江寧府離任時間。有學者認爲，《開封府題名記》碑所載或是包拯就任之年月[3]，當是。可知王珪權發遣開封府時間較短，僅一月。李之亮《北宋京師及東西路大郡守臣考》開封府部分失載王珪。

有《立春內中帖子詞》。

本集卷五有《立春內中帖子詞》（第35~36頁），包括《皇帝閣》五絕二首、七絕四首，《皇后閣》五絕二首、七絕三首，《溫成皇后閣》五絕二首、七絕二首，《夫人閣》五絕二首、七絕三首。帖子詞是宋代一種宮廷節日（通常爲立春、端午兩節）門帖用詩，一般由翰林學士以五七言絕句組

[1] 劉順安《〈開封府題名記〉碑研究》，《開封研究》，第182~183頁。
[2] 李燾撰，上海師範大學古籍整理研究所、華東師範大學古籍整理研究所點校《續資治通鑑長編》，第8冊第4460頁。
[3] 參孔繁敏編《包拯年譜》，黃山書社1986年版，第94~95頁。

詩形式撰寫，詩作剪貼於羅帛之上，粘貼在宮中門帳等處。魏泰《臨漢隱居詩話》云："溫成皇后初薨，會立春進詩帖子。是時，永叔、禹玉同在翰林院，以其虛閣，故不進。俄而有旨，令進溫成閣帖子。永叔未能成，禹玉口占一首云：'昔聞海上有仙山，烟鎖樓臺日月閑。花下玉容長不老，只應春色勝人間。'永叔深歎其敏麗。"[1]胡仔《苕溪漁隱叢話》前集卷二八《王岐公》引此則。釋惠洪《冷齋夜話》卷二《立春王禹玉口占一絕》、《續墨客揮犀》卷四《歐公贈禹玉詩》有相同記載。謝維新《古今合璧事類備要》前集卷一五《節序門·立春》下亦有此則，但謂出自《溫公日録》。朱弁《曲洧舊聞》卷七所記與諸書不同："歐公與王禹玉、范忠文同在禁林。故事進春帖子自皇后、貴妃以下諸閣皆有。是時，溫成薨未久，詞臣闕而不進。仁宗語近侍，詞臣觀望，溫成獨無有，色甚不懌，諸公聞之惶駭。禹玉、忠文倉卒作不成。公徐曰：'某有一首，但寫進本時，偶忘之耳。'乃取小紅牋，自録其詩云：'忽聞海上有仙山，烟鎖樓臺日月閑。花下玉容長不老，只應春色勝人間。'既進，上大喜。禹玉拊公背，曰：'君文章真是含香丸子也。'"[2]按，《曲洧舊聞》所記至少有兩處錯誤。首先，諸書所引春帖子詞見本集卷五《立春內中帖子詞·溫成皇后閣》，不見於歐陽修之文集，可證它確實是王珪所作。其次，歐陽修、王珪、范鎮三人同爲翰林學士僅在嘉祐五年。《學士年表》記范鎮嘉祐五年始拜翰林學士，但未言在何月。考《宋會要》儀制三之二五載范鎮嘉祐五年正月二十二日仍以知制誥身份言事，而嘉祐五年立春在上年十二月二十五日，據此可以排除他作嘉祐五年春帖子詞之可能。而歐陽修嘉祐五年十一月十六日辛丑拜樞密副使，罷翰林學士[3]，而嘉祐六年立春在正月七日，據此又可以排除三人同作嘉祐六年春帖子詞之可能。因此，歐陽修、王珪、范鎮三人從未一起作過春帖子詞。溫成皇后張氏皇祐六年（1054）正月八日薨。張曉紅認爲王珪此組春帖子詞當是爲嘉祐二年立春而作[4]，可從。嘉祐二年立春在嘉祐元年十二月二十三日，故知此組

---

［1］魏泰著，陳應鸞校注《臨漢隱居詩話校注》，巴蜀書社 2001 年版，第 149 頁。

［2］李廌、朱弁、陳鵠撰，孔凡禮點校《師友談記 曲洧舊聞 西塘集耆舊續聞》，第 180 頁。

［3］參李燾撰，上海師範大學古籍整理研究所、華東師範大學古籍整理研究所點校《續資治通鑑長編》卷一九二，第 8 冊第 4651 頁。

［4］參張曉紅《宋代帖子詞研究》，西北師範大學 2010 年博士學位論文，第 50 頁。

春帖子詞當作於嘉祐元年十二月二十三日之前。

賀裳《載酒園詩話》評王珪詩云："'六鼇'、'雙鳳'，詞誠巨麗，然尚不及唐人早朝應制。惟宮詞多佳者，然亦工於鋪敘耳，求如子雲之勸百而諷一，亦未易言也。"黃白山對此不以爲然："'昔聞海上有仙山，烟鎖樓臺日月閑。花似玉容長不老，只應春日勝人間。'此岐公立春進溫成閣帖子，時溫成已薨，有旨並進如生時。薨後進詞，極難體貼，立意稍近，即似挽詩矣。此作玲瓏活脫，真有水月鏡花之妙，置之唐絶，豈可復辨，乃賀竟不之及何耶！"[1]按，"六鼇""雙鳳"指王珪《恭和御製上元觀燈》詩。

《全宋詩》卷一四三王曾名下據陳元靚《歲時廣記》輯録《皇帝閣立春帖子》一首及殘句十二聯，實際上均出自王珪《立春內中帖子詞》《端午內中帖子詞》。[2]王曾封沂國公，《歲時廣記》編者蓋因此將"王岐公"誤爲"王沂公"。

有《謝敕設奏狀》《謝賜對衣金帶鞍轡馬奏狀三道》其一。

本集卷七有《謝敕設奏狀》，云："右臣伏蒙聖慈以臣入院，特賜敕設者。"（第46頁）《宋史》卷一六二《職官志二》云："凡初命爲學士，皆遣使就第宣詔旨召入院。上日，敕設會從官，宥以樂。"[3]本集卷七又有《謝賜對衣金帶鞍轡馬奏狀三道》，其一云："右臣伏蒙聖慈，特授臣依前官充翰林學士，賜衣一襲、金腰帶一條、金鍍銀鞍轡馬一匹者。"（第50頁）此二文當作於王珪就任翰林學士之後。

草《賜翰林學士歐陽修乞洪州不允詔》。

歐陽修《表奏書啓四六集》卷二有《乞洪州劄子》《乞洪州第二劄子》《乞洪州第三狀》《乞洪州第四劄子》《乞洪州第五劄子》《乞洪州第六狀》《乞洪州第七狀》，劉德清繫第一文於嘉祐二年冬，繫第二至第四文於嘉祐四年正月，繫第五至第七文於嘉祐五年七月。[4]《乞洪州劄子》云："臣去冬曾有奏陳，乞差知洪州一次，尋以差入貢院，無由再述懇私。"題下注"嘉祐

［1］郭紹虞編選，富壽蓀校點《清詩話續編》，上海古籍出版社1983年版，第1冊第421頁。

［2］參張如安《〈全宋詩〉訂補稿》，群言出版社2005年版，第146~147頁。

［3］脫脫等《宋史》，第12冊第3812頁。

［4］參劉德清《歐陽修紀年録》，第306、319、345頁。

二年"[1]。歐陽修嘉祐二年正月六日奉命知貢舉[2]，可知其首乞洪州當在嘉祐元年十二月。嘉祐二年七月至四年十月王珪丁母憂去職。本集卷一八有《賜翰林學士歐陽修乞洪州不允詔》，此文最有可能作於嘉祐元年十二月。

是年，草《入内内侍省副都知利州觀察使石全彬可宣政使制》。

《長編》卷一八二載嘉祐元年四月甲戌，"内副都知石全彬領寧遠留後，任守忠領洋州觀察使，鄧保吉領榮州防禦使，史志聰領嘉州防禦使，並以聖體康復，給事有勞也"。卷一八四云：嘉祐元年九月"丁未，宣政使、寧遠留後、入内副都知石全彬爲宣慶使、武信留後，罷入内副都知"[3]。甲戌爲二十三日，丁未爲二十八日。仁宗二月二十三日身體康復，御延和殿，親見群臣。本集卷三四有《入内内侍省副都知利州觀察使石全彬可宣政使制》，云："朕比復節宣之適，實繫親信之護。遂第陟於禁省，特加領於留鎮。而抗牘靡回，避榮非飾。乃謂任國之憂以盡節，適所以報；因君之疾以邀賞，固不足勸。嘉爾沖識，邁於輿聞。宜更別使之崇，且旌内宰之望。"（第239頁）石全彬授宣政使當在嘉祐元年二月二十三日之後、四月二十三日之前。

草《天章閣待制知潭州劉元瑜知桂州制》。

《宋史》卷三〇四《劉元瑜傳》云："後除三司鹽錢副使，以天章閣待制知潭州。徭人數爲寇，元瑜使州人楊謂入梅山，說酋長四百餘人出聽命，因厚犒之，籍以爲民，凡千二百户。徙桂州，固辭，降鄧州。坐在潭州擅補畫工易元吉爲畫助教，降知隨州。"[4]《長編》卷一八四云：嘉祐元年十一月"庚寅，録潭州進士楊謂爲郊社齋郎。先是，蠻猺數寇邊，史館檢討張茤責監潭州税；及天章閣待制劉元瑜知潭州，茤遂以説干元瑜，使謂入梅山招諭。其酋長四百餘人，皆出聽命，因厚犒之，籍以爲民，凡千一百户，故朝廷特録謂功"。注云："張茤責官潭州，在至和元年二月。劉元瑜知潭州在元年四月。"卷一八八云：嘉祐三年九月"丁亥，降知鄧州、吏部郎中、天章閣待制劉元瑜知隨州，坐前知潭州私補畫工易元吉爲助教"。注云："《會

［1］歐陽修著，李逸安點校《歐陽修全集》，第4冊第1335頁。
［2］參劉德清《歐陽修紀年録》，第292頁。
［3］李燾撰，上海師範大學古籍整理研究所、華東師範大學古籍整理研究所點校《續資治通鑑長編》，第7冊第4405～4406頁、第8冊第4449頁。
［4］脱脱等《宋史》，第29冊第10072頁。

要》在二年九月。今從《實録》。"[1]《宋會要》職官六五之一六繫劉元瑜降知隨州在嘉祐二年九月十六日，疑當以《宋會要》爲是。可知劉元瑜至和元年四月知潭州，三年任滿當在嘉祐二年。本集卷三六有《天章閣待制知潭州劉元喻知桂州制》，云："向由内閣之秘，往蒞湘川之澳，歲登而俗阜，訟清而教輯。適眷嶺符之缺，載飭使輶之行。按秩職之互遷，視歲月之未幾。"（第252頁）此"劉元喻"乃"劉元瑜"之誤。體會文意，劉元瑜知潭州未滿任即遷知桂州。此次改官，當是與余靖互换知州。余靖由知桂州遷知潭州在嘉祐元年。[2]

草《國子監直講胡瑗可太子中允天章閣侍講制》。

歐陽修《居士集》卷二五《胡先生墓表》、《蔡襄集》卷三三《太常博士致仕胡君墓誌》均載胡瑗嘉祐元年遷太子中允，充天章閣侍講。胡鳴盛《安定先生年譜》繫此事於嘉祐元年十二月[3]，可能是據《長編》。《長編》卷一八四云：嘉祐元年十二月"乙卯，太子中允、天章閣侍講胡瑗管勾太學"。注云："《實録》稱瑗以天章閣侍講管勾太學。按墓表，嘉祐元年，遷太子中允、天章閣侍講，仍居太學，然不見初除天章閣侍講是何月日。當考。"[4]乙卯爲八日。可知胡瑗遷太子中允、天章閣侍講確在嘉祐元年，然具體月日不詳。本集卷三六有《國子監直講胡瑗可太子中允天章閣侍講制》。

約於是年，知審官院，拜翰林侍讀學士。

《宋史》本傳云："進知制誥，知審官院，爲翰林學士，知開封府。"（第10241頁）《神道碑》云："拜翰林侍讀學士，入翰林爲學士。"（第138頁）。可知王珪在任知制誥之後、拜翰林學士之前曾知審官院、拜翰林侍讀學士，姑繫於此。王珪治平三年（1066）亦知審官院，參本書治平三年譜。

草同年沈某致仕制詞。

韓元吉《跋沈寺丞墓誌》云："國朝設科進士，前輩謂惟慶曆二年得人

---

[1] 李燾撰，上海師範大學古籍整理研究所、華東師範大學古籍整理研究所點校《續資治通鑑長編》，第8冊第4455、4528頁。

[2] 參黃志輝《余靖生平事迹考述》，《韶關師專學報》1988年第4期。

[3] 四川大學古籍整理研究所編《儒藏·史部·儒林年譜》，第5冊第306頁。

[4] 李燾撰，上海師範大學古籍整理研究所、華東師範大學古籍整理研究所點校《續資治通鑑長編》，第8冊第4461頁。

最盛，蓋王岐公居第二，先獻肅公居第三，王文公第四，而呂正獻公、先莊敏公、蘇魏公皆在榜中，相踵至相位，祖宗至今未有也。此外猶多賢士大夫，寺丞沈公信其一矣。沈公素以行藝表其鄉，年未艾輒請老。時獻肅判吏銓，岐公在西掖，故制詞甚美。究觀誌文所載，位不既其材德，而著見若此，其餘慶將有待而發耶？"[1]"獻肅公"指韓絳。李清臣《韓獻肅公絳忠弼之碑》云："久之，求補外，遷吏部員外郎，以職知河陽，辭遷官不拜。數月，召判吏部流內銓。李仲昌塞六塔河不成，瀕河諸郡大水，出爲河北安撫使。"[2]考韓絳至和二年（1055）五月二十一日戊寅遷吏部員外郎、知河陽，嘉祐元年六月二十八日戊寅出爲河北體量安撫使[3]，其判吏部流內銓當在至和二年秋冬間至嘉祐元年六月。沈寺丞名不詳，與王珪、韓絳爲同年，其致仕當在至和二年或嘉祐元年，姑繫於此。

有《依韻和王原叔內翰禁直有懷》詩。

王洙至和元年（1054）九月拜翰林學士，嘉祐元年閏三月罷。[4]本集卷一有《依韻和王原叔內翰禁直有懷》，頷聯云："銀花無奈冷，瑤草又還芳。"（第5頁）此詩又見方回《瀛奎律髓》卷二，題作《依韻和王原叔內翰有懷》，當作於至和二年或嘉祐元年正月，姑繫於此。王洙原詩不存。按，周密《癸辛雜識》別集卷下《銀花》載高文虎"親書與其妾銀花一紙"，其中引到"王禹玉《和賈直孺內翰》詩'銀花無奈冷，瑤草又還芳'"[5]，可能是誤記詩題。

草《國子監直講裴煜可大理寺丞制》。

梅堯臣有《裴直講得潤州通判周仲章鹹豉遺一小餅》《贈裴直講水梨二顆言太尠答吳柑三顆以爲多走筆呈之》，朱東潤繫於皇祐四年（1052）。[6]《宋會要》選舉一九之一二云：皇祐"五年正月十二日，以翰林學士王拱

[1] 韓元吉《南澗甲乙稿》卷一六，景印文淵閣《四庫全書》，第1165冊第252頁。
[2] 杜大珪《名臣碑傳琬琰集》上集卷一〇，《宋代傳記資料叢刊》，第14冊第163頁。
[3] 參李燾撰，上海師範大學古籍整理研究所、華東師範大學古籍整理研究所點校《續資治通鑑長編》卷一七九、卷一八二，第7冊第4338、4414頁。
[4] 參佚名《學士年表》，《翰學三書》，第1冊第90、91頁。
[5] 周密撰，吳企明點校《癸辛雜識》，中華書局1988年版，第272頁。按，有學者認爲《銀花》一帖非高文虎作（左宏濤、張恒《兩宋浙東高氏家族研究》，海洋出版社2010年版，第98~99頁）。
[6] 參梅堯臣著，朱東潤編年校注《梅堯臣集編年校注》，第644頁。

辰等權知貢舉，……太常博士黃泊、秘書丞宋敏修、大理評事韓維、國子監直講裴煜、編修唐書官呂夏卿充點檢試卷官”[1]。則裴煜進大理寺丞當在皇祐五年以後、嘉祐元年十二月王珪爲翰林學士之前。本集卷三八有《國子監直講裴煜可大理寺丞制》，姑繫於此。有學者繫此文於嘉祐四年[2]，並無確據。

草《三司檢法官張適可大理寺丞制》。

本集卷三八有《三司檢法官張適可大理寺丞制》。按，北宋名張適者至少有三人。其一是太平興國五年（980）進士，《宋史》卷二七七有傳；其二熙寧九年（1076）六月四日戊子爲大理寺丞。[3] 此二人相關事迹與王珪爲知制誥時間不符。《宋會要》刑法一之六云：“嘉祐二年十月三日，三司使張方平上新修《祿令》十卷，詔頒行。先是元年九月，樞密使韓琦言：‘內外文武官俸入、添支並將校請受，雖有品式，而每遇遷徙，須由有司檢勘申覆，至有待報歲時不下者。請命近臣就三司編定。’命知制誥吳奎、右司諫馬遵、殿中侍御史呂景初爲編定官，太常博士張子諒、太常丞勾諶、大理寺丞張適爲刪定官。至是上之。”[4] 此張適當即王珪文中提及者，則張適遷大理寺丞當在嘉祐元年九月以前，姑繫於此。

草《保靜軍節度判官趙至忠可殿中丞制》。

《長編》卷一八五云：嘉祐二年四月“辛未，通判黃州、殿中丞趙至忠上《契丹地圖》及《雜記》十卷”[5]。辛未爲二十五日。本集卷三八有《保靜軍節度判官趙至忠可殿中丞制》，此文當作於嘉祐元年十二月王珪爲翰林學士之前，姑繫於此。

---

[1] 劉琳等校點《宋會要輯稿》，第 10 冊第 5627 頁。

[2] 參王秀雲《宋裴煜生平事迹初考》，《中國古代散文國際學術研討會（北京）暨中國古代散文學會第十屆年會論文集》，首都師範大學 2014 年版，第 579 頁。

[3] 參李燾撰，上海師範大學古籍整理研究所、華東師範大學古籍整理研究所點校《續資治通鑑長編》卷二七六，第 11 冊第 6741 頁。

[4] 劉琳等校點《宋會要輯稿》，第 14 冊第 8216～8217 頁。

[5] 李燾撰，上海師範大學古籍整理研究所、華東師範大學古籍整理研究所點校《續資治通鑑長編》，第 8 冊第 4475 頁。

仁宗嘉祐二年丁酉（1057），三十九歲

在汴京。爲翰林學士，丁母憂罷職。有詩二十六首，約可繫詩一首。

正月六日，奉命權同知貢舉。

《宋會要》選舉一之一一一云："嘉祐二年正月六日，以翰林學士歐陽修知
貢舉，翰林學士王珪、龍圖閣直學士梅摯、知制誥韓絳、集賢殿修撰范鎮並
權同知貢舉。"選舉一九之一二云：嘉祐"二年正月五日，以翰林學士歐陽
修等權知貢舉，天章閣侍講盧士宗、集賢校理張師中封印卷首，館閣校勘張
洞、王獵充覆考官，梅堯臣、張子諒、張唐民、董儻、吳秉、鮮于侁充點檢
試卷，張師顏、劉坦、李昌言、孫固、崔台符充諸科考試官。十五日，命直
集賢院祖無擇、集賢校理錢公輔考試知貢舉官親戚舉人"[1]。按，《長編》卷
一八五、胡柯《廬陵歐陽文忠公年譜》均繫此事於正月六日癸未。梅堯臣有
《和正月六日沈文通學士遺溫柑》詩，作於嘉祐二年正月六日，其中云："明
朝鎖禮闈，何暇醉鄰里。"[2]可知王珪等人入院當在六日。[3]

**是月，鎖院中，與歐陽修唱和，有《和永叔思白兔戲答公儀憶鶴雜言》，
與梅堯臣唱和，有《和聖俞莫登樓》《依韻和梅聖俞從登東樓三首》。**

歐陽修《歸田錄》卷二云："嘉祐二年，余與端明韓子華、翰長王禹玉、
侍讀范景仁、龍圖梅公儀同知禮部貢舉，辟梅聖俞爲小試官。凡鎖院五十
日，六人者相與唱和，爲古律歌詩一百七十餘篇，集爲三卷。禹玉，余爲校
理時，武成王廟所解進士也，至此新入翰林，與余同院，又同知貢舉，故
禹玉贈余云：'十五年前出門下，最榮今日預東堂。'余答云'昔時叨入武成
宮，曾看揮毫氣吐虹，夢寐閑思十年事，笑談今此一罇同。喜君新賜黃金
帶，顧我宜爲白髮翁'也。天聖中，余舉進士，國學南省皆忝第一人薦名，

---

[1] 劉琳等校點《宋會要輯稿》，第 9 冊第 5252 頁、第 10 冊第 5627 頁。

[2] 梅堯臣著，朱東潤編年校注《梅堯臣集編年校注》，第 911 頁。

[3] 朱東潤認爲梅堯臣正月初七入闈，蓋據梅堯臣《和正月六日沈文通學士遺溫柑》《出省有日書事
和永叔》，前者有"明朝鎖禮闈，何暇醉鄰里"句，後者有"辭家綵勝人爲日，歸路梨花雨合晴"
句。據學者考證，"宋代考官任命之後，要求立即伴送入貢院鎖宿，不准停留與外人交談，更不准
回家"（張希清《中國科舉制度通史·宋代卷》，第 322 頁）。蓋歐陽修等主考官正月六日入闈之
後，始"辟梅聖俞爲小試官"，故梅堯臣晚一日入闈。

其後景仁相繼亦然，故景仁贈余云‘澹墨題名第一人，孤生何幸繼前塵’也。聖俞自天聖中與余為詩友，余嘗贈以《蟠桃詩》有韓、孟之戲，故至此梅贈余云：‘猶喜共量天下士，亦勝東野亦勝韓。’而子華筆力豪贍，公儀文思溫雅而敏捷，皆勃敵也。前此為南省試官者，多窘束條制，不少放懷。余六人者，懽然相得，群居終日，長篇險韻，衆製交作，筆吏疲於寫錄，僮史奔走往來，間以滑稽嘲謔，形於風刺，更相酬酢，往往烘堂絕倒，自謂一時盛事，前此未之有也。"[1]江少虞《宋朝事實類苑》卷二四《衣冠盛事·禮闈之盛》、胡仔《苕溪漁隱叢話》後集卷二一《王禹玉》、阮閱《詩話總龜》後集卷一《榮遇門》引此則。王珪等人正月六日入貢院，鎖院凡經五十日，則出院當在二月二十六日。歐陽修《居士集》卷一二《出省有日書事》云："誰向兒童報歸日，為翁寒食少留餳。"[2]本集卷三《和永叔出省有日書事》云："漢殿未傳紅蠟燭，到家猶得趁清明。"（第16頁）嘉祐二年清明節在二月二十五日。

鎖院結束後，歐陽修編集衆人唱和詩作，成《禮部唱和詩集》三卷。歐陽修《書簡》卷五《與梅龍圖》云："唱和詩編次得成三卷，共一百七十三首，亦有三兩首不齊整者，且刪去。其存者，皆子細看來，衆作極精，可以傳也。盛哉盛哉。然其中亦有一時乘興之作，或未盡善處，各自諸公修換也。內《刑部竹》詩，欲告公儀更修改令簡少為幸，緣五篇各不長故也。拙序續呈，乞改抹。"[3]《居士集》卷四三《禮部唱和詩序》云："嘉祐二年春，予幸得從五人者於尚書禮部，考天下所貢士，凡六千五百人。蓋絕不通人者五十日，乃於其間時相與作為古律長短歌詩雜言，庶幾所謂群居燕處言談之文，亦所以宣其底滯而忘其倦怠也。故其為言易而近，擇而不精。然綢繆反復，若斷若續，而時發於奇怪，雜以詼嘲笑謔，及其至也，往往亦造於精微。……於是次而錄之，得一百七十三篇，以傳於六家。"[4]《宋史》卷二〇九《藝文志八》著錄歐陽修《禮部唱和詩集》三卷；鄭樵《通志》卷

[1]王闢之、歐陽修撰，呂友仁、李偉國點校《澠水燕談錄 歸田錄》，第31~32頁。
[2]歐陽修撰，洪本健校箋《歐陽修詩文集校箋》，第389頁。
[3]歐陽修著，李逸安點校《歐陽修全集》，第6冊第2440頁。
[4]歐陽修撰，洪本健校箋《歐陽修詩文集校箋》，第1107頁。

七〇《藝文略第八·文類·詩總集》著録《嘉祐禮闈唱和集》三卷，當即《禮部唱和詩集》。本集卷三《和公儀上馬詩》有"詩似神仙並姓梅"句，其下自注云："公儀、聖俞賡唱最多。"（第20頁）《禮部唱和詩集》已佚，但其中詩作多半尚存於世。陸胤核之諸家本集及詩話筆記，統計得出《禮部唱和詩集》存世詩計九十一首、句三聯，其中歐陽修詩三十三首、句二聯，梅堯臣詩三十六首，王珪詩二十二首，范鎮句一聯。[1] 按：陸胤漏計《喜定號》一首，誤將歐陽修《禮部貢院閲進士就試》算作王珪詩；又《仁字卷子》《信字卷子》二首，尚不能判定爲此次唱和之作，因王珪曾四知貢舉。故王珪此次禮部貢院唱和詩傳世者至少有二十首。

因歐陽修改革文風之故，此次禮部唱和引起軒然大波。蔡絛《西清詩話》卷中云："嘉祐初，歐陽公、王禹玉珪、梅公儀摯、韓子華絳、范景仁鎮，五人名在當世，同掌春闈，有《禮部唱和》傳落華夏。時梅聖俞爲其屬，有《閲進士就試》云：'萬蟻戰酣春晝永，五星明處夜堂深。'舉子戲曰：'主文自目爲星，我輩爲蟻，此試官謙德也。'"[2] 葉夢得《石林詩話》卷下云："至和、嘉祐間，場屋舉子爲文尚奇澀，讀或不能成句。歐陽文忠公力欲革其弊，既知貢舉，凡文涉雕刻者，皆黜之。時范景仁、王禹玉、梅公儀等同事，而梅聖俞爲參詳官，未引試前，唱酬詩極多。文忠'無嘩戰士銜枚勇，下筆春蠶食葉聲'，最爲警策。聖俞有'萬蟻戰時春日暖，五星明處夜堂深'，亦爲諸公所稱。及放榜，平時有聲，如劉輝輩，皆不預選，士論頗洶洶。未幾，詩傳，遂閧閧然，以爲主司耽於唱酬，不暇詳考校。且言以五星自比，而待我曹爲蠢蟻，因造爲醜語。自是禮闈不復敢作詩，終元豐末，幾三十年。元祐初，雖稍稍爲之，要不如前日之盛。然是榜得蘇子瞻爲第二人，子由與曾子固皆在選中，亦不可謂不得人矣。"[3]《苕溪漁隱叢話》前集卷二九《六一居士上》引此則。

以下將王珪與歐陽修、梅堯臣、梅摯等人唱和之作略作分類，分繫於正

---

[1] 參陸胤《北宋科舉鎖院詩考論》，張伯偉、蔣寅主編《中國詩學》第13輯，人民文學出版社2008年版，第127頁。
[2] 張伯偉編校《稀見本宋人詩話四種》，第210頁。
[3] 葉夢得撰，逯銘昕校注《石林詩話校注》，人民文學出版社2011年版，第156頁。

月、二月。

正月，與歐陽修唱和，有《和永叔思白兔戲答公儀憶鶴雜言》。

《居士集》卷六有《思白兔雜言戲答公儀憶鶴之作》，劉德清等繫於嘉祐二年正月，謂歐陽修"時以翰林學士權知禮部貢舉"[1]，姑從之。梅堯臣有《和永叔內翰思白兔答憶鶴雜言》，朱東潤繫於嘉祐二年。[2]本集卷一有《和永叔思白兔戲答公儀憶鶴雜言》（第4頁）。按，歐陽修（1007—1072），字永叔，始號醉翁，晚號六一居士，吉州永豐（今屬江西）人，天聖八年（1030）進士，官至參知政事，熙寧五年卒，年六十六，謚文忠，《宋史》卷三一九、《東都事略》卷七二有傳，生平事迹見韓琦《安陽集》卷五〇《故觀文殿學士太子少師致仕贈太子太師歐陽公墓誌銘》、蘇轍《欒城後集》卷二三《歐陽文忠公神道碑》、《歐陽文忠公集》附錄卷一吳充《故推誠保德崇仁翊戴功臣觀文殿學士特進太子少師致仕上柱國樂安郡開國公食邑四千三百戶食實封一千二百戶贈太子太師歐陽公行狀》，年譜有胡柯《廬陵歐陽文忠公年譜》、楊希閔《歐陽文忠公年譜》、華孳亨《增訂歐陽文忠公年譜》、今人嚴傑《歐陽修年譜》[3]、劉德清《歐陽修紀年錄》等，有周必大編《歐陽文忠公集》一百五十三卷傳世。

與梅堯臣唱和，有《和聖俞莫登樓》《依韻和梅聖俞從登東樓三首》。

梅堯臣有《莫登樓》，朱東潤繫於嘉祐二年。[4]《居士集》卷一二有《答梅聖俞莫登樓》，題下注："在禮部貢院鎖試進士，上元夜作。"[5]《苕溪漁隱叢話》前集卷二九《六一居士上》引《蔡寬夫詩話》云："故事：春試進士，皆在南省中東廂。刑部有樓甚宏壯，旁視宣德，直抵州橋。鎖院每以正月五日，至元夕，例未引試，考官往往竊登樓以望御路燈火之盛。宋宣獻公在翰林時，上元以修史促成書，特免扈從。嘗賦詩云：'屬書不得陪春豫，結客何妨事夜遊。還勝南宮假宗伯，重扉深鎖暗登樓。'蓋謂此。至嘉祐中，歐

---

[1] 歐陽修撰，劉德清、顧寶林、歐陽明亮箋注《歐陽修詩編年箋注》，中華書局2012年版，第3冊第1312頁。

[2] 參梅堯臣著，朱東潤編年校注《梅堯臣集編年校注》，第927頁。

[3] 嚴傑《歐陽修年譜》，南京出版社1993年版。

[4] 參梅堯臣著，朱東潤編年校注《梅堯臣集編年校注》，第924～925頁。

[5] 歐陽修撰，洪本健校箋《歐陽修詩文集校箋》，第172頁。

陽文忠公知舉，梅聖俞作《莫登樓詩》，諸公相與唱和，自是遂爲禮闈一盛事。予崇寧初爲點檢試卷官，嘗亦屢登，壁間猶有前輩題字甚多，然無復數公之樂矣。今省廢爲開封府，樓亦隨毀。”[1]本集卷一有《和聖俞莫登樓》（第4頁）。

梅堯臣有《上元從主人登尚書省東樓》《自和》《又和》三詩，朱東潤繫於嘉祐二年。[2]《居士集》卷一二有《和梅聖俞元夕登東樓》《再和》《又和》，洪本健繫於嘉祐二年[3]，劉德清等繫第一首於嘉祐二年正月十五日，繫第二、第三首於正月中旬[4]，姑從之。本集卷三有《依韻和梅聖俞從登東樓三首》（第19頁）。按，梅堯臣（1002—1060），字聖俞，世稱宛陵先生，宣州宣城（今屬安徽）人，以蔭入仕，皇祐三年（1051）賜同進士出身，官至都官員外郎，嘉祐五年卒，年五十九，《宋史》卷四四三、《東都事略》卷一一五有傳，生平事迹見《居士集》卷三三《梅聖俞墓誌銘》，張師曾有《宛陵先生年譜》，今人吳孟復、劉守宜亦編有梅堯臣年譜[5]，有《宛陵先生文集》六十卷傳世。

二月二十七日，接歐陽修所寄書簡，指揮封卷。

歐陽修《與王文恭公》書簡四篇其三云：“修啓。乍闊言笑，頓爾索然，宿來體況何似？昨日寫榜了，第一甲八個卷子，不知曾封起否？修到家，始覺四體病如醉人。今日方思得，適已令人去問陳寺丞也。更告禹玉，特指揮陳寺丞，或傳語聖俞，且令速去封起。此事最切，却乞批示。客多，忙，不謹。修再拜。”[6]據內容來看，此簡當作於出貢院次日。

是月，鎖院中得蘇軾省試論與策稿本。

李廌《師友談記·王豐甫言郇公得東坡進士舉論策稿》云：“王仲薿承事，字豐甫，相國郇公之子也。昔爲廌言：東坡公頃應進士舉，到省時，郇

[1] 胡仔纂集，廖德明校點《苕溪漁隱叢話·前集》，第205頁。
[2] 參梅堯臣著，朱東潤編年校注《梅堯臣集編年校注》，第922～923頁。
[3] 參歐陽修撰，洪本健校箋《歐陽修詩文集校箋》，第379頁。
[4] 參歐陽修撰，劉德清、顧寶林、歐陽明亮箋注《歐陽修詩編年箋注》，第3冊第1300、1304、1305頁。
[5] 吳孟復《梅堯臣年譜》，吳孟復《吳孟復安徽文獻研究叢稿》，黄山書社2006年版；劉守宜《梅堯臣詩之研究及其年譜》，文史哲出版社1980年版。
[6] [日]東英壽考校，洪本健箋注《新見歐陽脩九十六篇書簡箋注》，第97頁。

公以翰林學士知舉，得其論與策二卷稿本，論即《刑賞忠厚之至》也。凡三次起草，雖稿亦記塗注，其慎如此。論卷竊爲道人梁冲所得，今所存惟策稿爾。冲以吐納醫藥爲術，東坡貶時識之，今在京師，豐甫欲訴於官取之爾。"[1]

鎖院中有《又東樓詩》。

　　本集卷三《依韻和梅聖俞從登東樓三首》之後有《又東樓詩》，云："漢家宮省青槐下，信斷龜峯日易斜。應爲能言鏁鸚鵡，翻愁無思學楊花。風波滾滾驚人事，文字孳孳老歲華。偶向東樓望春色，歸心不覺到天涯。"（第19頁）"東樓"當即《蔡寬夫詩話》所稱禮部貢院中之刑部樓。據"楊花"云云，知此詩當作於嘉祐二年二月鎖院中。

鎖院中，與歐陽修、梅堯臣等唱和，首唱《呈永叔書事》《較藝書事》《較藝書事再呈永叔并同院諸公》《較藝將畢呈諸公》《喜定號》，與歐陽修唱和，有《依韻和永叔戲書》《和永叔出省有日書事》，與梅堯臣唱和，有《和聖俞春雪》《和梅聖俞感李花》《和聖俞春雨》，與梅摯唱和，有《小桃絶句》《和公儀小桃絶句》《和公儀飲茶》《和公儀送白鷴於永叔》《和梅公儀琴高魚同聖俞》《和公儀上馬詩》。

　　與歐陽修、梅堯臣等唱和，首唱《呈永叔書事》《較藝書事》《較藝書事再呈永叔并同院諸公》《較藝將畢呈諸公》《喜定號》等。

　　本集卷三有《呈永叔書事》，云："詔書初捧下西廂，重棘連催暮鑰忙。緑繡珥貂留帝詔，紫衣鋪案拜宸香。卷如驟雨收聲急，筆似飛泉落勢長。十五年前出門下，最榮今日預東堂。"第三句下自注云："是夕有緑衣中使傳宣。"（第20頁）《居士集》卷一二有《答王禹玉見贈》，云："昔時叨入武成宫，曾看揮毫氣吐虹。夢寐閑思十年舊，笑談今此一罇同。喜君新賜黄金帶，顧我宜爲白髮翁。自古薦賢爲報國，幸依精識士稱公。"[2] 梅堯臣有《謝永叔答述舊之作和禹玉》《較藝贈永叔和禹玉》，後者題下注："此篇在《答

---

[1] 李廌、朱弁、陳鵠撰，孔凡禮點校《師友談記　曲洧舊聞　西塘集耆舊續聞》，第24頁。
[2] 歐陽修撰，洪本健校箋《歐陽修詩文集校箋》，第382頁。

述舊》前。”[1]劉德清等繫歐詩於嘉祐二年二月[2]，姑從之。葉夢得《石林燕語》卷八云：“蘇參政易簡登科時，宋尚書白爲南省主文。後七年，宋爲翰林學士承旨，而蘇相繼入院，同爲學士。宋嘗贈詩云：‘昔日曾爲尺木階，今朝真是青雲友。’歐陽文忠亦王禹玉南省主文，相距十六年，亦同爲學士。故歐公詩有‘喜君新賜黄金帶，顧我今爲白髮翁’之句。二事誠一時文物之盛也。”[3]洪遵《翰苑遺事》亦載此則。胡仔《苕溪漁隱叢話》後集卷二一《王禹玉》引《蔡寬夫詩話》云：“蘇參政易簡取開封府解，時宋尚書白爲試官，是歲狀頭登第；後十年，白爲翰林學士，易簡亦繼召入，故易簡贈白詩云：‘天子昔取士，先俾分媸妍。濟濟俊兼秀，師師麟與鸞。小子最承知，同輩尋改觀。甲第叨薦名，高飛便凌烟。遂使拜宸坐，果得超神仙。迄今才七歲，相接乘華軒。’慶曆二年，歐陽文忠公爲別頭試官，王文恭公預薦；至嘉祐初，文忠在北門，文恭亦同院，仍同知貢舉，故文恭公詩有‘十五年前門下客，最榮今日預東堂’之句。座主門生同列，固儒者盛事，而玉堂尤天下文學之極選，國朝以來，惟此二人，前此所未有也。”[4]

本集卷三有《較藝書事》《較藝書事再呈永叔并同院諸公》（第21頁）。梅堯臣有《較藝和王禹玉內翰》及《再和》，朱東潤繫於嘉祐二年。[5]《居士集》卷一二有《和較藝書事》，詩題又作《奉答禹玉再示之作》，劉德清等繫於嘉祐二年二月下旬清明節前[6]，可從。

本集卷三有《較藝將畢呈諸公》（第21頁）。梅堯臣有《較藝將畢和禹玉》，朱東潤繫於嘉祐二年。[7]《居士集》卷一二有《和較藝將畢》，劉德清等繫於嘉祐二年二月下旬清明節前[8]，可從。

本集卷一有《喜定號》（第9頁）。梅堯臣有《定號依韻和禹玉》，朱東

[1]梅堯臣著，朱東潤編年校注《梅堯臣集編年校注》，第931~932頁。
[2]參歐陽修撰，劉德清、顧寶林、歐陽明亮箋注《歐陽修詩編年箋注》，第3冊第1346頁。
[3]葉夢得撰，宇文紹奕考異，侯忠義點校《石林燕語》，第117~118頁。
[4]胡仔纂集，廖德明校點《苕溪漁隱叢話·後集》，第149頁。
[5]參梅堯臣著，朱東潤編年校注《梅堯臣集編年校注》，第930、931頁。
[6]參歐陽修撰，劉德清、顧寶林、歐陽明亮箋注《歐陽修詩編年箋注》，第3冊第1356頁。
[7]參梅堯臣著，朱東潤編年校注《梅堯臣集編年校注》，第934頁。
[8]參歐陽修撰，劉德清、顧寶林、歐陽明亮箋注《歐陽修詩編年箋注》，第3冊第1360頁。

潤繫於嘉祐二年。[1]《居士集》卷一二有《喜定號和禹玉內翰》，劉德清等繫於嘉祐二年二月下旬清明節前[2]，可從。

與歐陽修唱和，有《依韻和永叔戲書》《和永叔出省有日書事》。

《居士集》卷一二有《戲書》，劉德清等繫於嘉祐二年二月，謂歐陽修“時以翰林學士權知禮部貢舉”[3]，姑從之。本集卷三有《依韻和永叔戲書》（第19~20頁）。

《居士集》卷一二有《出省有日書事》，劉德清等繫於嘉祐二年二月下旬清明節前[4]，可從。梅堯臣有《出省有日書事和永叔》，朱東潤繫於嘉祐二年。[5] 本集卷三有《和永叔出省有日書事》（第16頁）。

《居士集》卷一二有《答王內翰范舍人》，云：“相從一笑歡無厭，屢獲新篇喜可涯？自昔居前誚糠秕，幸容相倚愧兼葭。白麻詔令追三代，青史文章自一家。我亦諫垣新忝命，君恩未報髮先華。”尾聯下自注：“禹玉新除學士，景仁新兼修撰。”[6] 歐陽修嘉祐二年正月二十八日轉官右諫議大夫，劉德清等因而繫歐詩於嘉祐二年二月，謂歐陽修“時以翰林學士權知禮部貢舉”[7]，可從。王珪、范鎮詩不存。

梅堯臣有《二月五日雪》，《居士集》卷一二有《春雪》，本集卷一有《和聖俞春雪》（第7頁），三詩韻腳相同。《苕溪漁隱叢話》前集卷三一《梅聖俞》云：“《王直方詩話》云：‘聖俞在禮部考校時，《和歐公春雪詩》云：“有夢皆蝴蝶，逢袍只紵麻。”諸人不復措手，蓋韻惡而能用事如此可貴也。’苕溪漁隱曰：‘余閱《宛陵集》，聖俞此《雪詩》，即非和歐公韻，乃是唱首，此詩聖俞自注云：“聞永叔謂子華曰：明日聖俞若無詩，修輸一杯酒。”歐公集中亦有《和聖俞春雪詩》，皆在禮部時唱和，以此可見矣。王直方不切審細，遂妄有韻惡而能用事之語，蓋其《詩話》中似此者甚眾，吾故辨證

[1] 參梅堯臣著，朱東潤編年校注《梅堯臣集編年校注》，第936頁。
[2] 參歐陽修撰，劉德清、顧寶林、歐陽明亮箋注《歐陽修詩編年箋注》，第3冊第1362頁。
[3] 歐陽修撰，劉德清、顧寶林、歐陽明亮箋注《歐陽修詩編年箋注》，第3冊第1324頁。
[4] 參歐陽修撰，劉德清、顧寶林、歐陽明亮箋注《歐陽修詩編年箋注》，第3冊第1358頁。
[5] 參梅堯臣著，朱東潤編年校注《梅堯臣集編年校注》，第936頁。
[6] 歐陽修撰，洪本健校箋《歐陽修詩文集校箋》，第382~383頁。
[7] 歐陽修撰，劉德清、顧寶林、歐陽明亮箋注《歐陽修詩編年箋注》，第3冊第1349頁。

之。’”[1]可知梅、歐、王三人唱和春雪當在嘉祐二年二月五日。

與梅堯臣唱和，有《和聖俞春雪》《和梅聖俞感李花》《和聖俞春雨》。

梅堯臣有《感李花》，題下原注“二月九日”，朱東潤繫於嘉祐二年。[2]《居士集》卷六有《和聖俞感李花》，本集卷一有《和梅聖俞感李花》（第3頁）。則梅、歐、王三人唱和李花當在嘉祐二年二月九日。按，陳景沂《全芳備祖》前集卷九《花部·李花·七言絕句》截取王珪《和梅聖俞感李花》前四句，標注爲王安石之詩，實誤。

梅堯臣有《春雨呈主文》，朱東潤繫於嘉祐二年。[3]《居士集》卷一二有《和聖俞春雨》，劉德清等繫於嘉祐二年二月，謂歐陽修“時以翰林學士權知禮部貢舉”[4]，可從。本集卷三有《和聖俞春雨》（第19頁）。

與梅摯唱和，有《小桃絕句》《和公儀小桃絕句》《和公儀飲茶》《和公儀送白鷴於永叔》《和梅公儀琴高魚同聖俞》《和公儀上馬詩》。

本集卷四有《小桃絕句》，云：“小桃常憶破正紅，今日相逢二月中。自是粉闈人未識，莫因花晚笑春風。”其後又有《和公儀小桃絕句》，云：“粉闈飄雪對清晨，二月桃花始見春。莫向東風恨開晚，鳳城猶有未歸人。”（第27頁）梅堯臣有《和公儀龍圖小桃花》，云：“三分春色一分休，始見桃花著樹頭。霰雪斗來如約勒，爲公留作上林遊。”[5]朱東潤繫於嘉祐二年。《居士集》卷一二有《小桃》，詩題又作《和公儀正月桃》，洪本健繫於嘉祐二年正月[6]，劉德清繫於正月二十日[7]，後又繫於二月上旬。[8]繫於正月者，所據主要是陸游《老學庵筆記》卷四：“歐陽公、梅宛陵、王文恭集，皆有《小桃詩》。歐詩云：‘雪裏花開人未知，摘來相顧共驚疑。便當索酒花前醉，初見今年第一枝。’初但謂桃花有一種早開者耳。及遊成都，始識所謂小桃者，上元前後即著花，狀如垂絲海棠。曾子固《雜識》云：‘正月二十間，天章

[1] 胡仔纂集，廖德明校點《苕溪漁隱叢話·前集》，第216頁。
[2] 參梅堯臣著，朱東潤編年校注《梅堯臣集編年校注》，第929頁。
[3] 參梅堯臣著，朱東潤編年校注《梅堯臣集編年校注》，第933頁。
[4] 歐陽修撰，劉德清、顧寶林、歐陽明亮箋注《歐陽修詩編年箋注》，第3冊第1334頁。
[5] 梅堯臣著，朱東潤編年校注《梅堯臣集編年校注》，第929頁。
[6] 參歐陽修，洪本健校箋《歐陽修詩文集校箋》，第384頁。
[7] 參劉德清《歐陽修紀年錄》，第292頁。
[8] 參歐陽修撰，劉德清、顧寶林、歐陽明亮箋注《歐陽修詩編年箋注》，第3冊第1320頁。

閣賞小桃。'正謂此也。"[1] 實際上，歐陽修所謂"正月桃"是指小桃之別名，不是指其賦詩在正月。考《居士集》卷六有《和聖俞感李花》，首云："昨日摘花初見桃，今日摘花還見李。"[2] 此詩作於嘉祐二年二月九日，則"昨日"當指二月八日。梅摯原唱不存。

本集卷二有《和公儀飲茶》（第 12 頁）。梅堯臣有《嘗茶和公儀》，朱東潤繫於嘉祐二年。[3]《居士集》卷一二有《和梅公儀嘗茶》，劉德清等繫於嘉祐二年二月中旬春分後，謂歐陽修"時以翰林學士權知禮部貢舉"[4]，姑從之。梅摯原唱不存。

本集卷三有《和公儀送白鷴於永叔》（第 18 頁）。梅堯臣有《送白鷴與永叔依韻和公儀》，朱東潤繫於嘉祐二年。[5]《居士集》卷一二有《和公儀贈白鷴》《再和》，劉德清等繫於嘉祐二年二月，謂歐陽修"時以翰林學士權知禮部貢舉"[6]，姑從之。梅摯原唱不存。

本集卷四有《和梅公儀琴高魚同聖俞》（第 28 頁）。梅堯臣有《琴高魚和公儀》，朱東潤繫於嘉祐二年。[7]《居士外集》卷四有《琴高魚》，題下原注嘉祐三年作，洪本健認爲當是嘉祐二年禮部貢院唱和詩[8]，劉德清等繫於嘉祐二年二月，謂歐陽修"時以翰林學士權知禮部貢舉"[9]，姑從之。梅摯原唱不存。按，趙與峕《賓退錄》卷五云："《列仙傳》：'琴高，趙人也。以鼓琴爲宋康王舍人。行涓、彭之術，浮游冀州涿郡間二百餘年。後辭入涿水中取龍子。弟子潔齋候於水旁，且設祠屋。果乘赤鯉出，祠中留一月餘，復入水去。'今寧國涇縣東北二十里有琴溪，溪之側有石臺，高一丈，曰琴高臺，相傳琴高隱所，有廟存焉。溪中別有一種小魚，他處所無，俗謂琴高投藥滓所化，號琴高魚。歲三月，數十萬一日來集。漁者網取，漬以鹽而曝之。州

---

[1] 陸游撰，李劍雄、劉德權點校《老學庵筆記》，第 51 頁。
[2] 歐陽修著，洪本健校箋《歐陽修詩文集校箋》，第 178 頁。
[3] 參梅堯臣著，朱東潤編年校注《梅堯臣集編年校注》，第 929 頁。
[4] 歐陽修撰，劉德清、顧寶林、歐陽明亮箋注《歐陽修詩編年箋注》，第 3 冊第 1353 頁。
[5] 參梅堯臣著，朱東潤編年校注《梅堯臣集編年校注》，第 935 頁。
[6] 歐陽修撰，劉德清、顧寶林、歐陽明亮箋注《歐陽修詩編年箋注》，第 3 冊第 1342、1344 頁。
[7] 參梅堯臣著，朱東潤編年校注《梅堯臣集編年校注》，第 929 頁。
[8] 參歐陽修著，洪本健校箋《歐陽修詩文集校箋》，第 1365 頁。
[9] 歐陽修撰，劉德清、顧寶林、歐陽明亮箋注《歐陽修詩編年箋注》，第 3 冊第 1325 頁。

縣須索無藝，以爲苞苴土宜，其來久矣。舊亦入貢，乾道間始罷。前輩多形之賦詠，梅聖俞、王禹玉、歐陽文忠公，皆有《和梅公儀摯琴高魚》詩。"[1]王士禎《帶經堂詩話》卷一六引《賓退錄》此段文字後評云："公儀元倡未見；禹玉人不足道，詩句亦平平；歐梅大手，二絕句乃償父面目，以今視昔，熟謂古今人不相及耶？"[2]

本集卷三有《和公儀上馬詩》，云："太微星畔鑠中臺，五歲重叨第衆材。桃李更饒當日盛，詠觴尤喜一春陪。賦成英俊無過漯，詩似神仙並姓梅。拂曉便隨新榜出，九門風景馬前來。"第五句下自注："奏號第一。"第六句下自注："公儀、聖俞賡唱最多。"（第 20 頁）梅堯臣有《上馬和公儀》，朱東潤繫於嘉祐二年。[3]《居士集》卷一二有《和出省》，詩題又作《和公儀上馬有作》，劉德清等繫於嘉祐二年二月二十六日[4]，可從。梅摯原唱不存。按，梅摯（997—1061），字公儀，成都新繁（今四川成都新都）人，天聖五年（1027）進士，官終知河中府，嘉祐六年卒，年六十五[5]，《宋史》卷二九八、《東都事略》卷七五有傳，《全宋詩》卷一七八錄其詩四十二首、殘句四句，《全宋文》卷四一四收其文七篇。

爲王德用作墓誌銘。

《長編》卷一八四嘉祐元年十一月辛巳注謂王"德用墓銘王珪作，神道碑歐陽修作"[6]。王安石《魯國公贈太尉中書令王公行狀》、歐陽修《忠武軍節度使同中書門下平章事武恭王公神道碑銘並序》均載王德用卒於嘉祐二年二月辛未，《宋史》卷一二《仁宗本紀四》記王德用卒於二月癸酉，《長編》卷一八五又謂王德用卒於二月壬戌，辛未、癸酉、壬戌分別爲二十五日、二十七日、十六日，當以前者爲是。《忠武軍節度使同中書門下平章事武恭王公神道碑銘並序》記王德用嘉祐二年五月甲申葬於管城，甲申爲九

---

[1] 趙與峕著，齊治平校點《賓退錄》，第 57 頁。
[2] 王士禎著，張宗柟纂集，戴鴻森校點《帶經堂詩話》，人民文學出版社 1963 年版，第 446 頁。
[3] 參梅堯臣著，朱東潤編年校注《梅堯臣集編年校注》，第 937 頁。
[4] 參歐陽修撰，劉德清、顧寶林、歐陽明亮箋注《歐陽修詩編年箋注》，第 3 冊第 1364 頁。
[5] 參李裕民《宋人生卒行年考》，第 260~261 頁。
[6] 李燾撰，上海師範大學古籍整理研究所、華東師範大學古籍整理研究所點校《續資治通鑑長編》，第 8 冊第 4451 頁。

日，則王珪作王德用墓誌銘當在出貢院之後。此墓誌銘全文已佚，朱熹《五朝名臣言行錄》卷八之六《樞密使曾國王武恭公》有四則注出"王禹玉撰墓誌"[1]。按，王德用（979—1057），字元輔，鄭州管城（今河南鄭州）人，以蔭入仕，官至樞密使，嘉祐二年卒，年七十九，謚武恭，《宋史》卷二七八、《隆平集》卷一一、《東都事略》卷六二有傳，生平事迹見王安石《臨川先生文集》卷九〇《魯國公贈太尉中書令王公行狀》、歐陽修《居士集》卷二三《忠武軍節度使同中書門下平章事武恭王公神道碑銘並序》。

三月，接蘇軾謝及第啓。

嘉祐二年三月五日辛巳殿試禮部奏名進士，十一日丁亥賜章衡等二百六十二人進士及第、一百二十六人同進士出身。[2]蘇軾省試第二，殿試第六，放榜後有啓謝王珪。[3]蘇軾《謝王內翰啓》云："右軾啓。竊以取士之道，古難其全。欲求倜儻超拔之才，則懼其放蕩，而或至於無度；欲求規矩尺寸之士，則病其齷齪，而不能有所爲。進士之科，昔稱浮剽。本朝更制，漸復古風。博觀策論，以開天下豪俊之塗；精取詩賦，以折天下英雄之氣。使齷齪者望而不敢進，放蕩者退而有所裁。此聖人所以網羅天下之逸民，追復先王之舊迹。元臣大老，皆出此塗。伏惟內翰執事，天材俊麗，神氣橫溢。奇文高論，大或出於繩檢；比聲協句，小亦合於方圓。蓋天下望爲權衡，故明主委之黜陟。軾之不肖，與在下風。顧惟山野之見聞，安識朝廷之忌諱。軾亦恃有執事之英鑑，以爲小節之何拘。執事亦將收天下之遺才，觀其大綱之所在。驟置殊等，實聞四方。使知大國之選材，非顧當時之所悅。眇然陋器，雖不能勝多士之喧言；卓爾大賢，自足以破萬人之浮議。方將奔走厥職，屬精乃心。苟庶幾無朝夕之愆，以辱知己；亦萬一有毛髮之效，少答至仁。感懼之懷，不知所措。"[4]按，蘇軾（1037—1101），字子瞻，一字和仲，號東坡居士，眉州眉山（今屬四川）人，嘉祐二年進士，官至禮部尚書，建中靖國元年卒，年六十六，《宋史》卷三三八、《東都事略》

---

[1] 朱熹《五朝名臣言行錄》，《四部叢刊》，商務印書館 1919 年影印本。
[2] 參李燾撰，上海師範大學古籍整理研究所、華東師範大學古籍整理研究所點校《續資治通鑑長編》卷一八五，第 8 冊第 4472 頁。
[3] 參孔凡禮《三蘇年譜》，第 1 冊第 225~226 頁。
[4] 孔凡禮點校《蘇軾文集》卷四六，第 4 冊第 1338~1339 頁。

卷九三有傳，生平事迹見蘇轍《欒城後集》卷二二《亡兄子瞻端明墓誌銘》，年譜有何掄《眉陽三蘇先生年譜》、施宿《東坡先生年譜》、王宗稷《東坡先生年譜》、傅藻《東坡紀年録》，今人易蘇民《三蘇年譜彙證》[1]、曾棗莊《蘇軾年譜》[2]、孔凡禮《蘇軾年譜》[3]及王水照、朱剛《蘇軾年表》[4]等，有程宗刊《蘇文忠公全集》一百一十二卷、茅維刊《蘇文忠公全集》七十五卷、康丕揚刊《重編東坡先生外集》八十六卷等傳世。

與趙槩、歐陽修、王洙、韓絳等會於李端愿來燕堂，有《來燕堂聯句》。

本集卷一有《來燕堂聯句》，云："賢侯謝郡歸，從遊樂吾黨。林泉富餘地，卜築疏陳莽。是時春正中，來燕音下上。若賀大廈成，喜留衆賓賞（槩）。得名因笑談，揮墨粲題榜。所夸賢豪盛，豈止池榭廣。人心樂且閑，鳥意頡而頏。吟罇敞花軒，醉枕酣風幌（修）。輕雲薄藻棟，初日麗珠綱。紅袂生暗香，清弦泛餘響。林深隱飛蓋，岸曲遲去槳。波光欄檻明，竹氣衣巾爽（珪）。虛容涼樾入，影與文漣蕩。晨飆轉綠蕙，夕雨滋膏壤。嘉辰喜盍朋，命駕期屢往。觴詠陶淑真，世俗豈吾仿（洙）。得以爲勝遊，蕭然散煩想。公子固好士，世德復可像。今此大基構，不圖專奉養。美哉風流存，來葉足師仰（絳）。"（第3頁）歐陽修《居士外集》卷四有《來燕堂與趙平叔王禹玉王原叔韓子華聯句》，內容與王珪詩一樣，但詩末有注云："賢侯謂鎮東軍節度觀察留後李端愿。"[5]陳鵠《西塘集耆舊續聞》卷五云："後觀趙子崧《中外舊事》，云：嘉祐丁酉，李駙馬都尉和文之子少師端愿，作來燕堂，會翰林趙叔平槩、歐陽永叔脩、王禹玉珪、侍讀王原叔洙、舍人韓子華絳，永叔命名，原叔題榜，聯句刻之石，可以想見一時人物之盛。蓋仁宗末年，文、富二公爲相，引用得人如此。"[6]歐集原繫此詩於嘉祐三年，洪本健認爲當作於嘉祐二年二月，劉德清等則繫於嘉祐二年三月[7]，姑從後者。

[1] 易蘇民《三蘇年譜彙證》，大學文選社1969年版。
[2] 曾棗莊《蘇軾評傳》附録，四川人民出版社1984年版。
[3] 孔凡禮《蘇軾年譜》，中華書局1998年版。
[4] 王水照、朱剛《蘇軾評傳》附録，南京大學出版社2004年版。
[5] 歐陽修撰，洪本健校箋《歐陽修詩文集校箋》，第1390頁。按，李之亮注來燕堂主人爲李端懿（參李之亮箋注《歐陽修集編年箋注》，巴蜀書社2007年版，第3冊第499頁），當誤。
[6] 李廌、朱弁、陳鵠撰，孔凡禮點校《師友談記 曲洧舊聞 西塘集耆舊續聞》，第341頁。
[7] 參歐陽修撰，劉德清、顧寶林、歐陽明亮箋注《歐陽修詩編年箋注》，第3冊第1366頁。

《全宋詩》卷一七七、卷三九四謝絳、韓絳名下重複收録此詩，據歐集詩題及《西塘集耆舊續聞》，詩中"絳"乃指韓絳。按，趙槩（998—1083），初名禋，字叔平，宋州虞城（今屬河南）人，天聖五年（1027）進士，官至參知政事，元豐六年卒，年八十六[1]，謚康靖，《宋史》卷三一八、《東都事略》卷七一有傳，生平事迹見本集卷六〇《太子少師致仕上柱國天水郡開國公食邑四千五百户食實封一千四百户贈太子太師謚康靖趙公墓誌銘》，《全宋詩》卷一八七録其詩四首、殘句一聯，《全宋文》卷四三六收其文九篇。李端愿（？—1091），字公瑾，開封（今屬河南）人，李遵勖子，官至太子太保，元祐六年卒，《宋史》卷四六四有傳，《全宋文》卷一五二五收其文二篇。

夏，有《送僧惠思歸錢塘》詩。

本集卷二有《送僧惠思歸錢塘》（第9頁）。梅堯臣有《送僧惠思》，朱東潤繫於嘉祐二年，時梅堯臣在京爲國子監直講。[2]《司馬光集》卷一一有《送惠思歸錢塘》，李壁《王荆文公詩箋注》卷四八有《送僧惠思歸錢塘》，鄭獬《郧溪集》卷二六有《送惠思歸杭州》，當作於同時。嘉祐二年五月，王安石離京赴知常州任。[3]而據顧棟高《司馬太師溫國文正公年譜》考證，嘉祐二年六月，司馬光解并州通判任，回京任職。[4]故定此詩作於嘉祐二年夏。按，惠思，又作慧思，杭州僧人[5]，與梅堯臣、王安石、司馬光、王珪、鄭獬、蘇軾、蘇轍等均有交往。蘇轍元豐八年（1085）過杭州，惠思來訪，蘇轍作《張惕山人，即昔所謂惠思師也，余舊識之於京師，忽來相訪，茫然不復省，徐自言其故，戲作二小詩贈之》。[6]

潘閬有《送崇教大師惠思歸山》，前二聯云："受知聖睠與誰同，師號封題寄梵宫。爲謝國恩來闕下，又承天澤去山中。"[7]顯然作於京師。而潘閬卒

---

[1] 參《宋宰輔編年録》卷七謂趙槩元豐五年卒，年八十八，當誤。

[2] 參梅堯臣著，朱東潤編年校注《梅堯臣集編年校注》，第950頁。

[3] 參劉成國《王安石年譜長編》，第1册396頁。

[4] 參馬巒、顧棟高編著《司馬光年譜》，第48頁。

[5] 參潘説友纂修《咸淳臨安志》卷七〇《人物志十一·方外》，《宋元方志叢刊》，中華書局1990年影印本，第4册3991頁；吳自牧《夢粱録》卷一七《歷代方外僧》，浙江人民出版社1984年版，第159頁。

[6] 參孔凡禮《三蘇年譜》，第2册第1622頁。

[7] 林師蒧等編《天台續集》卷下，景印文淵閣《四庫全書》，臺灣商務印書館1986年版，第1356册第504頁。

於大中祥符三年（1010）。[1] 則此惠思與王珪等人所送之惠思當非同一人，否則元豐八年時其年齡當已過百歲，恐難有精力再去拜訪蘇轍。

有《普浄院避暑呈陸子履學士》《再和林喬年學士普浄院避暑》詩。

本集卷三有《普浄院避暑呈陸子履學士》（第 21~22 頁）、《再和林喬年學士普浄院避暑》（第 22 頁），二詩韻脚基本相同，當爲同時之作。陸經慶曆元年（1041）十二月十五日庚寅爲集賢校理，四年十二月十八日乙巳責授袁州別駕[2]，至和元年（1054）十二月遇赦返京，官復集賢校理，嘉祐二年八月爲侍御史，隨即出判宿州。[3] 據《普浄院避暑呈陸子履學士》末聯“向晚斗城趨禁直，怳疑身不在塵寰”云云，此詩當作於王珪任翰林學士時。則王珪與陸經、林喬年唱和當在嘉祐二年夏。按，林喬年，名不詳，蘇頌《蘇魏公文集》卷七有《和林喬年學士》。陸經（？—1079？），字子履，自號嵩山老人，因其母再嫁陳見素，曾冒姓陳，越州（今浙江紹興）人，景祐元年（1034）進士，官至集賢殿修撰，約卒於元豐二年[4]，年不滿六十，生平事迹見《宣和書譜》卷六、蔡絛《西清詩話》卷上、周必大《平園續稿》卷一三《陸子履嵩山集序》及歐陽修《居士外集》卷一四《送陳經秀才序》《送陳子履赴絳州翼城序》等，《全宋詩》卷三九八録其詩六首、殘句二聯，《全宋文》卷五七九收其文三篇。

七月，丁母憂，罷職。

《宋史》本傳云：“遭母憂，除喪，復爲學士。”（第 10241 頁）《神道碑》云：“丁内艱，喪除復職”（第 138 頁）。《學士年表》載王珪嘉祐二年“七月，丁母憂”[5]，罷翰林學士。

約於是年，與歐陽修相約五十八歲致仕。

歐陽修《居士外集》卷七有《寄韓子華》詩，作於熙寧四年（1071）七

［1］參王兆鵬、王可喜、方星移《兩宋詞人叢考》，第 24 頁。

［2］參李燾撰，上海師範大學古籍整理研究所、華東師範大學古籍整理研究所點校《續資治通鑑長編》卷一三四、卷一五三，第 6 冊第 3207、3726 頁。

［3］參劉德清《陸經詩文酬唱及其對宋代文學的貢獻》，《江西社會科學》2007 年第 1 期。

［4］李裕民定陸經卒於熙寧十年（1077）（李裕民《宋人生卒行年考》，第 259~260 頁），當誤。其所據王汾於王官谷刻石，指王汾《書王禹偁五老峰詩後》，《雍正山西通志》卷二四《山川八·蒲州府·永濟縣》録此文，後署時間爲元豐二年二月十一日，而非元豐元年二月十一日。又《千唐誌齋藏誌》所録陸經《宋故樂夫人墓誌銘》載陸經元豐元年二月尚在知河中府任。

［5］佚名《學士年表》，《翰學三書》，第 1 冊第 91 頁。

月，其序云："余與韓子華、長文、禹玉同直玉堂，嘗約五十八歲致仕，子華書於柱上。其後薦蒙恩寵，世故多艱，歷仕三朝，備位二府，已過限七年，方能乞身歸老。俗諺云：'也賣弄得過裏。'"[1] 考《學士年表》知：歐陽修爲翰林學士在至和元年（1054）八月至嘉祐五年十一月間，其間至和二年六月以知蔡州罷，七月復拜；王珪爲翰林學士在嘉祐元年十二月至熙寧三年十二月間，其間嘉祐二年七月至四年十月以丁母憂罷任；韓絳爲翰林學士在嘉祐三年三月至四年三月；吳奎爲翰林學士在嘉祐四年三月至五年十一月。可知歐陽修、王珪、韓絳、吳奎四人未嘗同時任翰林學士。筆者推測，當是歐、王首先相約五十八歲致仕，韓、吳則是後來陸續加入。歐、王相約當在嘉祐元年十二月至二年七月間，韓絳將約定"書於柱上"或在嘉祐四年三月，姑繫於此。按，吳奎（1011—1068），字長文，潍州北海（今山東潍坊）人，天聖五年（1027）明經諸科及第，官至參知政事，熙寧元年卒，年五十八，謚文肅，《宋史》卷三一六、《東都事略》卷七三有傳，生平事迹見劉攽《彭城集》卷三七《吳公墓誌銘》，《全宋詩》卷三六〇錄其詩五首、殘句一聯，《全宋文》卷九八五收其文二十二篇。

接歐陽修書簡。

歐陽修《與王文恭公》書簡四篇其二云："修啓。承答教，以侍疾爲憂。早來因見張康，言太夫人脈似結滯，然不可便下，當以平順湯散解之。因聞其說，遂去諮問。所要醫工，下處醫婦人常用能（音耐，人姓）日宣者，今且令去。不知治傷寒如何，更乞審細相度。張康莫且可與商量否？憂心中，不宜忽遽，三兩日參假，祇候不宣。修再拜。"[2] 歐陽修自至和元年（1054）五月爲母守喪期滿，至治平四年（1067）三月罷參知政事、出知亳州，均在京任職，而王珪嘉祐二年七月丁母憂，則此簡當作於至和元年五月之後、嘉祐二年七月以前，姑繫於此。

有《和石昌言舍人酬王景彝學士雪霽有懷》詩。

本集卷二有《和石昌言舍人酬王景彝學士雪霽有懷》，頸聯云："芝封詔墨春生潤，綺結官錢夕帶陰。"（第 11 頁）按，石揚休（995—1057），

---

[1] 歐陽修撰，劉德清、顧寶林、歐陽明亮箋注《歐陽修詩編年箋注》，第 4 冊第 1893 頁。
[2] [日] 東英壽考校，洪本健箋注《新見歐陽脩九十六篇書簡箋注》，第 96～97 頁。

字昌言，眉州眉山（今屬四川）人，嘉祐二年卒，年六十三，《宋史》卷二九九、《東都事略》卷六四有傳，生平事迹見杜大珪《名臣碑傳琬琰集》中集卷一六范鎮《石工部揚休墓誌銘》，《全宋詩》卷一七八錄其詩三首、殘句一聯。《司馬光集》卷七五《石昌言哀辭》云："眉山石昌言，年十八，州舉進士，倫輩數百人，昌言爲之首，聲振西蜀。四十三乃及第，及第十八年知制誥，又三年以疾終。"[1] 石揚休爲景祐五年（1038）進士[2]，下推十八年，即自至和二年（1055）始，至嘉祐二年十一月二日去世，爲知制誥共三年。王疇（1007—1065），字景彝，曹州濟陰（今山東曹縣）人，天聖八年（1030）進士，官至樞密副使，治平二年卒，年五十九，謐忠簡，《宋史》卷二九一、《隆平集》卷一〇、《東都事略》卷五五有傳，《全宋詩》卷二七九錄其詩二首，《全宋文》卷六六〇收其文二十篇。詩題中之"學士"非指翰林學士，乃是對館職之尊稱。[3] 王疇皇祐三年（1051）三月二十七日試學士院，充集賢校理，嘉祐元年七月十三日以前直秘閣。[4] 王珪嘉祐二年七月丁母憂罷職。則此詩當作於至和二年至嘉祐二年間某年春，姑繫於此。石揚休原詩不存。

仁宗嘉祐三年戊戌（1058），四十歲

自汴京赴蘇州。居母喪。有詩一首、文一篇。

七月，爲岳母李氏作墓誌銘，有《丹陽郡夫人李氏墓誌銘》。

本集卷五一有《丹陽郡夫人李氏墓誌銘》，云："太尉鄭文肅公夫人李氏，以嘉祐三年七月己卯終於常州之官第。越八月庚申，歸祔於吳郡薦福山文肅之封。其孤以余嘗被文肅之知，又有姻好之舊，泣以請銘，義不得辭。""享年六十二。""子五人：民彝，著作佐郎；民初、民秀，大理評事；民度，太常寺太祝；民用，秘書省正字。女二人：長適翰林學士、起居舍人

---

［1］司馬光撰，李文澤、霞紹暉校點《司馬光集》，第 3 冊第 1530 頁。

［2］參劉琳等校點《宋會要輯稿》選舉二之七，第 9 冊第 5268 頁。

［3］參龔延明《中國歷代職官別名大辭典》，上海辭書出版社 2006 年版，第 464 頁。

［4］參劉琳等校點《宋會要輯稿》選舉三一之三三、選舉一九之一二，第 10 冊第 5858、5627 頁。

王珪，次適三司判官、祠部郎中呂公孺。"（第379~380頁）己卯爲十一日，
庚申爲二十二日。"鄭文肅公"指鄭戩。

携妻赴常州奔岳母喪，舟過京口，有《京口遇大風》詩。

本集卷二有《京口遇大風》（第11頁）。此詩作年不詳，推測作於嘉祐
三年七月。王珪岳母李氏嘉祐三年七月十一日卒於常州，接到訃告後，王珪
當携妻赴常州奔喪。此行所走路綫可能是乘船經汴河入淮水，再轉大運河，
過京口。《宋會要》選舉三二之一四云："皇祐二年正月二十五日，詔：'故
宣徽使鄭戩家，令常州借係官空廨舍居住，仍量修整。'"[1] 可知鄭戩去世後，
其家屬居於常州。《嘉定鎮江志》卷六《地理·山川》云："京江水，在城北
六里，東注大海，西接上流，北距廣陵。《祥符圖經》謂之京口水，《寰宇
記》謂之京江水。……《京口集》有王岐公珪《京江遇大風》。"[2]

是年，暫居蘇州，書張繼《晚泊》詩刻石。

范成大《吳郡志》卷三三《郭外寺·普明禪院》錄唐張繼《晚泊》詩，
其後錄有程師孟詩："門對雲山畫不如，師今一念六年居。邇來寺好尤瀟灑，
張繼留題內翰書。"末句下注云："今禹偁王內翰，丁太夫人憂。任其親寫是
詩，故不題名。"[3] 厲鶚《宋詩紀事》卷一三《程師孟》據此收錄程師孟詩，
題作《楓橋寺》，謂程師孟"自注：今禹玉王內翰丁太夫人憂，親寫是詩，
故不題名"[4]。朱長文《吳郡圖經續記》卷中《寺院》云："普明禪院，在吳
縣西十里楓橋。'楓橋'之名遠矣，杜牧詩嘗及之，張繼有《晚泊》一絕，
孫承祐嘗於此建塔。近長老僧慶來住持，凡四五十年修飾完備，面山臨水，
可以遊息。舊或誤爲'封橋'，今丞相王郇公頃居吳門，親筆張繼一絕於石，
而'楓'字遂正。"[5] 葉廷琯《鷗陂漁話》卷三《寒山寺王郇公書張繼詩石
刻》云："《吳郡圖經續記》論楓橋之名，謂'今丞相王郇公頃居吳門，親筆
張繼一絕於石，而"楓"字遂正'。閱者每以宋宰執中無王郇公爲疑。及檢

---

[1] 劉琳等校點《宋會要輯稿》，第10冊第5870頁。
[2] 史彌堅修，盧憲纂《嘉定鎮江志》，《宋元方志叢刊》，中華書局1990年影印本，第3冊第
2364頁。
[3] 范成大撰，陸振岳點校《吳郡志》，第500頁。
[4] 厲鶚輯撰《宋詩紀事》，上海古籍出版社2008年版，第1冊第346頁。
[5] 朱長文撰，金菊林校點《吳郡圖經續記》，江蘇古籍出版社1999年版，第36頁。

《吴郡志》采程師孟《楓橋寺》詩云：'邇來寺好尤瀟灑，張繼留題内翰書。'自注：'今禹偁王内翰丁太夫人憂，任其（毛刻有此二字不可解，疑是"在吴"之誤。）親寫是詩，故不題名。'又疑王元之未爲丞相，且無封號，恐非朱伯原所指寫詩者，况師孟不與元之並世，亦不應稱'今'。續檢《宋詩紀事》選師孟此詩，即從《吴郡志》采入，其自注則云：'今禹玉王内翰丁太夫人憂，親寫是詩，故不題名。'（憂下無'任其'二字，應是厲太鴻以其不可解而删之。）禹玉爲王珪之字，按《宋史》珪本傳，以熙寧九年作相而母憂正在爲翰林學士時，得此方知毛刻《吴郡志》之舛誤不足據，而師孟詩實與《圖經續記》相合，所謂王丞相者，即禹玉王内翰，郇公當是其初封而史傳逸之也。然則寒山寺中舊當有此石刻，不知何時失去，今惟存文待詔大行草寫此詩碑，在三門内西南隅壁間，若爲王丞相補此遺迹。此石與東壁唐解元書《募鐘疏》碑對峙，惜石已裂損，地更湫隘囂塵，更數十年後，安知不又爲王書之湮没乎？"[1] 葉昌熾《寒山寺志》卷二《志碑·宋王郇公書張繼詩石刻》謂王珪書張繼《晚泊》詩石刻乃"張繼詩第一石"，並繼葉廷琯之論云："王郇公與王元之，一字禹玉，一名禹偁，本易滋訛。元之曾知長洲縣事，有《移任長洲》詩五首，見《小畜集》，（《郡志》亦采入《藝文》。）此邦人士，耳熟能詳。郇公作此詩，在未參政前，誠如調生先生之説。然文穆追書其事，何以仍稱爲'内翰'，又冠以'字'也？竊謂宋時傳訛已久，並不自文穆始，汲古、守山兩刻，但未及糾正耳。"[2] 按，《吴郡志》稱"内翰"、稱字，乃是直接引用程師孟詩注，並非"追書其事"，葉昌熾理解有誤。蘇州乃王珪妻鄭氏之家鄉，王珪岳母李氏嘉祐三年七月去世，王珪當因携妻奔喪後而暫居蘇州。或以爲王珪書寫張繼詩刻石是在"他罷相後住在蘇州"[3] 時，實誤。

《吴郡志》卷一一《題名》記程師孟熙寧中曾知蘇州，《正德姑蘇志》卷三《古今守令表中》云："程師孟，范《志》壁記云熙寧中任，《續志》作六年，疑皆誤。"[4] 錢大昕《十駕齋養新録》卷二〇《程師孟無知蘇州事》

［1］葉廷琯撰，黃永年校點《吹綱録 鷗陂漁話》，遼寧教育出版社1998年版，第55頁。
［2］葉昌熾撰，張維明校補《寒山寺志》，江蘇古籍出版社1999年版，第39頁。
［3］施蟄存《唐詩百話》，上海古籍出版社1987年版，第467頁。
［4］王鏊等修纂《姑蘇志》，第33頁。

云:"《吴郡志·牧守題名》有程師孟,熙寧中任。按《宋史·師孟傳》但云知南康軍、楚州、洪州、福州、廣州、越州、青州,未嘗有知蘇州事。朱長文《吴郡圖經續記》臚舉牧鄉郡者,亦不及師孟名。蓋石湖修志時,唯南渡牧守題名碑石具在,其餘皆爲兵火所毀,雖廣爲采訪,固不能無舛訛矣。或繫之熙寧六年,考其時師孟正在廣州。予家藏《諫議程公禱雨記》石刻,年月分明,無緣至蘇也。"[1]均對程師孟知蘇州事表示否定。但從《楓橋寺》詩自注來看,程師孟熙寧三年以前知蘇州並非不可能,蓋因在任時間短,故史傳不書或漏書。按,程師孟(1009—1086),字公闢,蘇州吴縣(今江蘇蘇州吴中)人,景祐元年(1034)進士,官至給事中,元祐元年卒,年七十八,《宋史》卷三三一、卷四二六有傳,生平事迹見龔明之《中吴紀聞》卷三《程光禄》,《全宋詩》卷三五四録其詩四十首、殘句若干,《全宋文》卷九三〇收其文四篇。

與陳之奇交遊。

范成大《吴郡志》卷二五《人物》云:"陳之奇,字虞卿。……王岐公聞其喪曰:'吾嘗與陳君相從於闌門之下,觀其言,出入仁義之際,真君子哉。'"[2]龔明之《中吴紀聞》卷一《陳君子》云:"陳之奇,字虞卿。鄉人以其有賢德,故以君子稱之。初登第,爲鄱陽尉,後爲丹徒泰興令。李瑋尚秦國大長公主,下國子監舉通經術有行義者爲教授,遂以公充選。未幾,乞致仕,遷太子中允,時年未五十。俄除平江軍節度掌書記,復以爲教授,詔裝錢促遣之,力辭不赴。公道德著於鄉,雖閭巷小兒,亦知愛敬。有争訟久不決者,跨蹇驢至其家,以大義感動之,皆爲之革心。自挂冠後,閑居十八年。熙寧初卒,葬花山。王岐公爲作誌,題之曰《陳君子墓銘》。"[3]李瑋爲隴西郡王李用和次子,慶曆七年(1047)五月丙子選尚福康公主,即秦國大長公主。[4]按,陳之奇(生卒年不詳),字虞卿,蘇州吴縣(今江蘇蘇州吴中)人,丁謂外甥,寶元元年(1038)進士,官至隴西郡王宅教授,生平

[1] 錢大昕著,楊勇軍整理《十駕齋養新録》,上海書店出版社2011年版,第391頁。
[2] 范成大撰,陸振岳點校《吴郡志》,第374~375頁。
[3] 龔明之撰,孫菊園校點《中吴紀聞》,第4頁。
[4] 參李燾撰,上海師範大學古籍整理研究所、華東師範大學古籍整理研究所點校《續資治通鑑長編》卷一六〇,第7冊第3873頁。

事迹見《嘉定鎮江志》卷一七《丹徒縣令》，《吳郡志》卷二五《人物》、卷
二八《進士題名》，王安石《臨川先生文集》卷一〇〇《永嘉縣君陳氏墓誌
銘》及《中吳紀聞》卷一《丁陳范謝》《陳君子》，卷二《丁氏賢惠錄》《中
隱堂三老》，卷三《陳君子父殿丞》等。《蔡襄集》卷一一有《前泰州泰興縣
令故隴西郡王宅教授陳之奇可太子中允致仕制》，蔡襄皇祐四年（1052）九
月至六年六月間爲知制誥，可知陳之奇以太子中允致仕約在皇祐五年前後，
其卒年約在熙寧三年（1070）。王珪所謂“吾嘗與陳君相從於閭門之下”，當
指嘉祐三年暫居蘇州時事。

約於是年，令門生輯録經史對偶句。

王明清《揮麈後録》卷七云：“明清於王歧（岐）公孫曉浚明處，見歧
（岐）公在翰苑時令門生輩供經史對偶全句十餘冊，恨當時不曾傳之也。”[1]
按，王珪此舉蓋爲草擬詔書準備素材，姑繫於此。

在蘇州建香火院。

范成大《吳郡志》卷三一《府郭寺》云：“覺報寺，在府東南，舊名老
壽庵，王歧公家香火院也。靖康狄難，此寺賊酋所寓，故不得焚。吳下古
名屋，惟此寺耳。”[2]按，王珪以老壽庵爲香火院，當是嘉祐三年暫居蘇州時
事，姑繫於此。

仁宗嘉祐四年己亥（1059），四十一歲

**自蘇州返汴京。服闋復爲翰林學士，又兼翰林侍讀學士。有詩七首、
文十篇。**

**二月，自蘇州回汴京，受梅摯之邀，繞道金陵，有《金陵懷古二首》其
一、《金陵》《樓上會友述懷》《書四望亭》詩。**

本集卷二有《舟行述懷寄公儀》，云：“昔陪畫省對春菲，今日逢春未得
歸。灼灼海棠誰復折，差差燕子又還飛。清尊須惜良辰共，白髮俄驚萬事

---

[1] 王明清《揮麈録》，第 134 頁。
[2] 范成大撰，陸振岳點校《吳郡志》，第 477 頁。

非。昨夜淮山好風月，爲君中夕促瑤徽。"（第13頁）據首聯可知，此詩當作於嘉祐二年春王珪與梅摯同知貢舉之後。《宋史》卷二九八《梅摯傳》云："勾當三班院、同知貢舉。請知杭州，帝賜詩寵行。累遷右諫議大夫，徙江寧府，又徙河中，卒。"[1]《乾道臨安志》卷三《牧守》云："嘉祐二年九月戊寅，以龍圖閣直學士、尚書吏部郎中梅摯知杭州。三年六月丙辰，徙知江寧府。"[2]《景定建康志》卷一三《建康表九》云：嘉祐三年"九月，以龍圖閣直學士、吏部郎中梅摯知府事"，四年"十二月，摯改右諫議大夫，移知河中府"[3]。可知王珪當於嘉祐四年春自蘇州返汴京，因受梅摯之邀而繞道金陵。據詩中"海棠"云云，繫此次金陵之行於二月。

本集卷三有《金陵懷古二首》，似爲同時之作，然細讀二詩，並結合相關文獻，可知王珪曾兩至金陵，二詩乃兩次遊覽金陵之產物。先看第二首："控帶洪流古帝城，欲尋舊事半榛荆。六朝山色青終在，千古江聲恨未平。設險邱陵荒蔓草，壓邨桑柘接新畇。十年重到無人問，獨立東風一愴情。"（第23頁）此詩又見張耒《柯山集》卷二二，亦題作《金陵懷古》，僅個別字詞有異。此詩究爲誰作？宋業春認爲是張耒所作，理由爲：紹聖元年（1094）秋，張耒由知潤州遷守宣州，赴任途中過金陵，作十日遊；三年春，張耒罷守宣州，除管勾亳州明道宮，北歸途中再過金陵，作《金陵懷古》。"十年重到無人問"之"十年"當爲約數。[4]筆者認爲，張耒兩遊金陵，間隔時間僅一年餘，與"十年重到無人問"不相符。此詩作者當爲王珪，理由有二：一是方回《瀛奎律髓》卷三收錄此詩，亦題作《金陵懷古》，文字全同《柯山集》，但列於"王岐公"名下；二是文淵閣《四庫全書》本《兩宋名賢小集》卷三九《王岐公集》收錄此詩，亦題作《金陵懷古》，文字全同《柯山集》。[5]實際上，"十年重到無人問，獨立東風一愴情"點明了此詩

[1] 脱脱等《宋史》，第28冊第9902頁。

[2] 周淙纂修《乾道臨安志》，《宋元方志叢刊》，中華書局1990年影印本，第4冊第3244頁。

[3] 周應合撰，王曉波等點校《景定建康志》，《宋元珍稀地方志叢刊》甲編，第1冊第556頁。

[4] 參宋業春《張耒詩文真僞考辨》，《南京理工大學學報（社會科學版）》2009年第5期。

[5] 《兩宋名賢小集》舊題宋陳思編、元陳世隆補，多以爲是僞書，但胡念貽認爲其書不僞；即使主張該書爲僞書之四庫館臣，亦認爲"所編之詩則非贗託"（參祝尚書《宋人總集敘錄》，第362~364頁）。

寫作時間。"十年"何指？考察王珪一生行迹，他可至金陵之時段只有兩個：
一是爲揚州通判期間，二是爲母守喪期間。王珪約於慶曆六年（1046）離
開揚州回京，下推至嘉祐四年，過去了十三年，取其整數稱"十年"沒有問
題。王珪至蘇州在嘉祐三年秋，四年春回京，此詩寫春景，則只能作於嘉祐
四年春。

再看第一首："懷鄉訪古事悠悠，獨上江城滿目秋。一鳥帶烟來別渚，
數帆和雨下歸舟。蕭蕭暮吹驚紅葉，慘慘寒雲壓舊樓。故國淒涼誰與問，人
心無復更風流。"（第 23 頁）《王荆文公詩箋注》卷三七收錄此詩，題作《和
金陵懷古》，而《臨川先生文集》《王文公文集》均不載此詩；《景定建康志》
卷三七《詩章》、《宋文鑑》卷二四收錄此詩，亦題作《和金陵懷古》，皆列
於王安石名下。則此詩爲王安石作，似乎無可置疑。但《瀛奎律髓》卷三收
錄此詩，題作《依韻和金陵懷古》，署名"王岐公"，方回明確指出："此詩
誤刊荆公集中，今以岐公集爲正。"[1] 李燕新從詩作風格考量，也認爲是王珪
所作。[2] 王傳龍、王一方認定，此詩是王珪追和唐代劉禹錫之作。[3] 此詩寫
秋景，與第二首顯非同時之作，筆者認爲當是王珪任揚州通判期間遊覽金陵
之作。王珪慶曆二年至五年任揚州通判，任滿後因病滯留揚州，六年始回
京，姑繫此詩於慶曆六年秋。

本集卷一有《金陵》，卷三有《樓上會友述懷》，卷四有《書四望亭》，
此三詩均寫金陵春景，當與《金陵懷古》（控帶洪流古帝城）作於同時。樂
史《太平寰宇記》卷九〇《江南東道·昇州》云：上元縣有"四望山，在縣
西北十五里，高十七丈。西臨大江，南連石頭，北接盧龍山"[4]。所謂"四望
亭"，當指四望山上之亭。

本集卷一有《金陵會月》，卷二有《遊賞心亭》，卷三有《新亭》，此三
詩均寫金陵秋景，當與《依韻和金陵懷古》（懷鄉訪古事悠悠）作於同時。
厲鶚《宋詩紀事》卷一五《王珪》據何新之《詩林萬選》收錄《再登賞心

---

[1] 方回選評，李慶甲集評校點《瀛奎律髓彙評》，第 143 頁。

[2] 參李燕新《王安石僞詩考辨》，張高評主編《宋代文學研究叢刊》第 3 期，麗文文化事業公司
1997 年版，第 293 頁。

[3] 參王傳龍、王一方《王珪〈華陽集〉的誤收、輯佚與流傳》，《中州學刊》2016 年第 2 期。

[4] 樂史撰，王文楚等點校《太平寰宇記》，中華書局 2007 年版，第 4 冊第 1784 頁。

亭》，即此《遊賞心亭》；《景定建康志》卷二二《城闕志三·亭軒》亦載此詩，但未錄詩題。賞心亭與新亭均爲金陵名勝。《景定建康志》卷二二《城闕志三·亭軒》云："賞心亭，在下水門之城上，下臨秦淮，盡觀覽之勝。丁晉公謂建。""新亭，亦曰中興亭，去城西南十五里，近江渚。"[1]

回汴京途中，經淮水，有《舟行述懷寄公儀》《淮上阻雪寄梅公儀龍圖》詩。

本集卷二有《舟行述懷寄公儀》（第13頁），已見前引；卷四有《淮上阻雪寄梅公儀龍圖》，云："淮上驚波欲去難，更逢春雪下雲端。思君一夜如千里，手把瓊枝不奈寒。"（第27頁）此二詩當均作於嘉祐四年二月王珪由金陵返回汴京途中，其中所謂"淮山""淮上"，當指楚州淮陰（今屬江蘇淮安）至泗州盱眙（今屬江蘇）間之一段淮水。

秋，有《送富郎中守蘇州》詩。

本集卷四有《送富郎中守蘇州》（第24頁）。"富郎中"當指富嚴。富嚴曾兩守蘇州：第一次在慶曆元年（1041）三月；第二次在嘉祐四年，接王琪任，王琪同年八月徙知饒州。[2] 王珪慶曆元年尚未入仕，則此詩當作於嘉祐四年八月以后。按，富嚴（生卒年不詳），本青田（今屬浙江）人，其祖父始居蘇州，遂爲蘇州（今屬江蘇）人，大中祥符四年（1011）進士，生平事迹見程俱《北山小集》卷三一《宋故右迪功郎監潭州南嶽廟富君墓誌銘》、龔明之《中吳紀聞》卷一《富秘監》、范成大《吳郡志》卷二六《人物》、《正德姑蘇志》卷四九《人物七·名宦》等，《全宋詩》卷一五三錄其詩一首。

十月十七日，以祫享大禮加恩，授兼翰林侍讀學士，有《免兼侍讀學士奏狀》。

《宋史》本傳云："遭母憂，除喪，復爲學士，兼侍讀學士。"（第10241頁）王珪復拜翰林學士後授兼翰林侍讀學士。《長編》卷一九〇云：嘉祐四

---

[1] 周應合撰，王曉波等點校《景定建康志》，《宋元珍稀地方志叢刊》甲編，第2冊第1017、1028頁。

[2] 參李之亮《宋兩浙路郡守年表》，巴蜀書社2001年版，第97、99~100頁。

年十月"癸酉，袷於太廟，大赦"，"戊寅，文武百官並以袷享赦書加恩"[1]。
癸酉爲十二日，戊寅爲十七日。強至《祠部集》卷一四《代王禹玉内翰謝兼
侍讀學士表》云："侍牲幣告豐之聖饗，何有駿奔之勤；敷雷霆作涣之王言，
復無潤色之狀。詎意上恩之博，遽加中講之崇。"[2]據"侍牲幣告豐之聖饗"
云云，知王珪當是於嘉祐四年十月十七日袷享大禮加恩百官時授兼翰林侍讀
學士。本集卷七有《免兼侍讀學士奏狀》。

草《賜賈昌朝加恩告敕口宣》。

　　本集卷三二有《賜賈昌朝加恩告敕口宣》，云："朕明發孝思，涓成嘉
享。蕃被靈釐之錫，茂思舊政之均。"（第 228 頁）此文當作於嘉祐四年十月
十七日，時賈昌朝在判許州任。本集卷二〇有《賜鎮安軍節度使兼侍中賈昌
朝謝袷享加恩進馬詔》。本集卷五六《賈昌朝墓誌銘》載賈昌朝嘉祐三年以
鎮安軍節度使、右僕射、依前檢校太師兼侍中爲景靈宮使，隨即出判許州。
北宋時袷享大禮僅舉行過一次，即嘉祐四年十月十二日袷享大禮，而文武百
官以袷享赦書加恩在十七日。

是月，服闋復爲翰林學士、起居舍人、知制誥。

　　《神道碑》云："丁内艱，喪除復職。"（第 138 頁）《學士年表》載王珪
嘉祐四年"十月復拜"翰林學士[3]。按，王珪丁母憂前爲翰林學士、起居舍
人、知制誥，其喪除復職當在十月十二日袷享大禮之前。

**就任兼翰林侍讀學士，獲賜衣一襲、金腰帶一條、金鍍銀鞍轡馬一匹，請
強至代作謝表。**

　　強至《祠部集》卷一四有《代王禹玉内翰謝兼侍讀學士表》，云："右臣
伏蒙兼侍讀學士，特賜衣一襲、金腰帶一條、金鍍銀鞍轡馬一匹者。玉署代
言之地，老於文學之所居；金華進讀之聯，通厥古今而後與。兩塗踐一，已
爲儒者之極榮；孤宦獲兼，茲實聖時之盛遇。而又華韉良駟，以安其體；美
衣博帶，以文其容。難俯僂以循辭，輒服乘而拜貺。竊以珮服與德而相對，

---

［1］李燾撰，上海師範大學古籍整理研究所、華東師範大學古籍整理研究所點校《續資治通鑑長編》，
　　第 8 冊第 4595、4596 頁。

［2］強至《祠部集》，景印文淵閣《四庫全書》，臺灣商務印書館 1986 年版，第 1091 冊第 136 頁。

［3］佚名《學士年表》，《翰學三書》，第 1 冊第 92 頁。

始免於譏；車馬稽古之所蒙，可誇乎寵。而臣者，學未到聖賢之奧處，論或剽父師之緒餘。蓋緣科選之誤優，寘辱禁嚴之首據。侍牲幣告豐之聖饗，何有駿奔之勤；敷雷霆作渙之王言，復無潤色之狀。詎意上恩之博，遽加中講之崇。御府頒衣，天閑授駿。申錫副帶環之麗，餽金增轙葉之光。載省無堪，深虞不稱。洪私甚昵，屈名器之大公；危抱如丹，竭涓塵之少效。”[1] 此文當作於嘉祐四年十月十七日王珪授兼翰林侍讀學士之後。按，強至（1022—1076），字幾聖，錢塘（今浙江杭州）人，慶曆六年（1046）進士，官至祠部郎中，熙寧九年卒，年五十五，《宋史》卷三五六有傳，生平事迹見曾鞏《元豐類稿》卷一二《強幾聖文集序》、曾協《雲莊集》卷五《右中散大夫提舉台州崇道觀強公行狀》、《咸淳臨安志》卷六六《人物七·列傳》及強汝詢《求益齋文集》卷八《祠部公家傳》《祠部公年譜》等，有《永樂大典》本《祠部集》三十五卷傳世。據《祠部公年譜》考證，強至嘉祐四年浦江令任滿，“當遷，便道歸杭州，遂如京師”[2]。蓋強至在京待次期間，曾與王珪交往，珪賞識其材，適就任兼翰林侍讀學士，遂命其代作謝表。

草《賜虔州觀察使劉渙賀祫享進馬詔》。

本集卷一九有《賜虔州觀察使劉渙賀祫享進馬詔》，云：“乃者孟冬之良，合食太廟。逮迎至景，休氣薦臻。輸駿上閑，形於慶牘。”（第138頁）歐陽修《內制集》卷八有《賜虔州觀察使定州路副都部署劉渙進奉謝恩馬詔》，題下注嘉祐五年“六月十七日”[3]。可知此文當作於嘉祐四年十月十二日祫享大禮之後，姑繫於此。

草《賜彰信軍節度使同中書門下平章事李昭亮賀祫享進馬詔》。

本集卷二〇有《賜彰信軍節度使同中書門下平章事李昭亮賀祫享進馬詔》。《長編》卷一八四載嘉祐元年十一月壬午，“宣徽南院使、彰信節度使、判成德軍李昭亮加同平章事、判大名府”[4]。壬午爲四日。歐陽修《內制集》

[1]強至《祠部集》，景印文淵閣《四庫全書》，第1091冊第136頁。

[2]強汝詢《求益齋文集》，《清代詩文集彙編》，上海古籍出版社2010年影印本，第697冊第800頁。

[3]歐陽修著，李逸安點校《歐陽修全集》，第4冊第1305頁。

[4]李燾撰，上海師範大學古籍整理研究所、華東師範大學古籍整理研究所點校《續資治通鑑長編》，第8冊第4454頁。

卷八《除李昭亮檢校太保判定州制》載嘉祐五年二月十五日，李昭亮由判大名府徙判定州，其時官職爲：“可特授檢校太傅，依前同中書門下平章事，行兗州大都督府長史，充泰寧軍節度使，充定州路都部署，兼安撫使，判定州，加食邑七百户、食實封三百户，功臣、散官、勳、封如故。”[1]《宋史》卷四六四《李昭亮傳》云：“徙定州，改天平、彰信、泰寧軍節度使。”[2] 可知此文當作於嘉祐元年十一月至五年二月之間。北宋祫享大禮僅舉行過一次，即嘉祐四年十月十二日祫享大禮。則此文當作於嘉祐四年十月十二日之後，姑繫於此。

十一月三日，草《賜宰臣富弼乞退不允手詔》《賜宰臣富弼乞退第一表不允批答》。

本集卷一八有《賜宰臣富弼乞退不允手詔》，卷二六有《賜宰臣富弼乞退第一表不允批答》，前一文中有“惟卿負大材於天下，相予五年”之句（第 127 頁）。富弼至和二年（1055）六月十一日戊戌拜集賢相[3]，至嘉祐四年恰爲五年。《長編》卷一九〇載嘉祐四年十二月丁亥，“宰相富弼自祫享禮成，以母老累章求退，上不許，仍斷來章。弼又上劄子，一留中，一封還。又稱疾卧家，上遣中使召出之，乃復視事”[4]。丁亥爲二十六日。考歐陽修《内制集》卷七有《賜宰臣富弼乞退不允批答》，繫於嘉祐四年“十一月三日”[5]。則此二文當亦作於嘉祐四年十一月三日。按，《宋史》卷三二四《張孜傳》云：“遷昭信軍節度觀察留後、馬軍副都指揮使。孜長於宫禁中，内外頗涉疑似，言者請罷孜兵柄，乃出爲寧遠軍節度使、知潞州，徙陳州。仁宗以其無他，復召爲馬軍副都指揮使。御史中丞韓絳又言：‘孜不當典兵，而宰相富弼薦引之，請黜弼。’弼引咎求罷政事。諫官御史皆言進擬不自弼。絳家居待罪，曰：‘不敢復稱御史矣。’坐此謫知蔡州。”[6] 此言富弼乞退係因

［1］歐陽修著，李逸安點校《歐陽修全集》，第 4 冊第 1299 頁。
［2］脱脱等《宋史》，第 39 冊第 13564 頁。
［3］參李燾撰，上海師範大學古籍整理研究所、華東師範大學古籍整理研究所點校《續資治通鑑長編》卷一八〇，第 7 冊第 4353 頁。
［4］李燾撰，上海師範大學古籍整理研究所、華東師範大學古籍整理研究所點校《續資治通鑑長編》，第 8 冊第 4603 頁。
［5］歐陽修著，李逸安點校《歐陽修全集》，第 4 冊第 1284 頁。
［6］脱脱等《宋史》，第 30 冊第 10476 頁。

韓絳彈劾其薦引張孜復爲馬軍副都指揮使，不確。張孜原名張茂實，其復召爲馬軍副都指揮使在嘉祐四年十一月二十三日甲寅[1]，而在此之前富弼已上章求退。

十一月五日，與韓絳、范師道同詳定除放欠負。

《長編》卷一九〇云：嘉祐四年十一月"丙申，翰林學士王珪、御史中丞韓絳、同知諫院范師道同詳定除放欠負"[2]。丙申爲五日。

是月，草《賜河陽三城節度使同中書門下平章事文彥博謝袷享加恩進馬詔》《賜鎮安軍節度使兼侍中賈昌朝謝袷享加恩進馬詔》《賜定國軍節度使梁適謝袷享加恩進馬詔》。

本集卷一九有《賜河陽三城節度使同中書門下平章事文彥博謝袷享加恩進馬詔》，卷二〇有《賜鎮安軍節度使兼侍中賈昌朝謝袷享加恩進馬詔》《賜定國軍節度使梁適謝袷享加恩進馬詔》。北宋袷享大禮僅嘉祐四年舉行過一次。《長編》卷一九〇云：嘉祐四年十月"戊寅，文武百官並以袷享赦書加恩。……判河南府、河陽三城節度使、同平章事文彥博封潞國"[3]。戊寅爲十七日。歐陽修《内制集》卷七有《賜河陽三城節度使同中書門下平章事判河南府文彥博辭加恩不允詔》，題下注嘉祐四年"十一月十七日"[4]。則此三文當作於嘉祐四年十一月十七日之後，姑繫於此。是時賈昌朝判許州，梁適判并州。[5]

十二月，接胡宿呈詩。

胡宿《文恭集》卷五有《歲晚禁直呈承旨侍郎同院五學士》。考《學士年表》，嘉祐四年十月以後翰林學士有胡宿、歐陽修、孫抃、吳奎和王珪五人。《長編》卷一九〇嘉祐四年八月乙酉載翰林學士承旨孫抃等議事，知是時翰林學士承旨爲孫抃。歐陽修《居士集》卷一三有《和武平學士歲晚禁

---

［1］參李燾撰，上海師範大學古籍整理研究所、華東師範大學古籍整理研究所點校《續資治通鑑長編》卷一九〇，第8冊第4599頁。

［2］李燾撰，上海師範大學古籍整理研究所、華東師範大學古籍整理研究所點校《續資治通鑑長編》，第8冊第4597頁。

［3］李燾撰，上海師範大學古籍整理研究所、華東師範大學古籍整理研究所點校《續資治通鑑長編》，第8冊第4595、4596頁。

［4］歐陽修著，李逸安點校《歐陽修全集》，第4冊第1286頁。

［5］參李之亮《宋河北河東大郡守臣易替考》，第281～282頁。

直書懷五言二十韻》，乃和胡宿之作，劉德清繫於嘉祐四年十二月[1]，兹從之。韓維《南陽集》卷四有《和永叔言懷》，又是和歐陽修此詩。按，胡宿（996—1067），原字拱辰，後改字武平，常州晉陵（今江蘇常州）人，天聖二年（1024）進士，官至樞密副使，治平四年卒，年七十二，諡文恭，《宋史》卷三一八、《東都事略》卷七一有傳，生平事迹見《居士集》卷三四《贈太子太傅胡公墓誌銘》，祝寧編有《胡宿行實著述編年》，有《永樂大典》本《文恭集》五十卷傳世。

冬，草《賜權提點廣南西路刑獄公事李師中等興水利獎諭敕書》。

《長編》卷一八八云：嘉祐三年九月“丙子，屯田員外郎李師中提點廣南西路刑獄”。卷一九三云：嘉祐六年四月“庚申，提點廣南西路刑獄、屯田員外郎李師中權本路轉運使”[2]。丙子爲八日，庚申爲七日。《宋史》卷九七《河渠志七》云：“靈渠源即離水，在桂州興安縣之北，經縣郭而南。其初乃秦史禄所鑿，以下兵於南越者。……嘉祐四年，提刑李師中領河渠事重闢，發近縣夫千四百人，作三十四日，乃成。”[3]李師中《重修靈渠記》云：“嘉祐三年（一〇五八），詔置都水監。明年，以諸道提點刑獄兼領河渠事。既被命，圖所以稱明詔。按廣西湖南舊阻嶺弗接，秦史禄導海陽山水，逆爲石磧以激水，分嶺而下，會湘桂二水合爲一。北通京師，南入於海，厥功弗究。石互數十里不絕。自秦迄今千餘年，强民力爲隄；爲陡門以制水於石上，水漸而至，號曰渠。是渠也，寖以堙廢，公私患之。至是定計以聞。遂發遣縣夫千四百人授張竸曰：‘往營之！動而免險，功斯濟矣。’竸與石懷玉、孫約等親率其徒，燎石以攻，既導既闢，作三十四日乃成廢陡門三十六，舟楫以通。李師中、馬仲芳實領其事。”[4]本集卷二五有《賜權提點廣南西路刑獄公事李師中等興水利獎諭敕書》，云：“昔秦命御史監郡，史禄（禄）鑿柱（桂）之靈渠，漢益浚之，以通漕嶺西。然其道狹而流壅，其後卒以堙廢。爾奉職於外，究興利源，鐫石疏流，役不留月，舟航之濟，自公

---

[1] 參劉德清《歐陽修紀年録》，第333頁。
[2] 李燾撰，上海師範大學古籍整理研究所、華東師範大學古籍整理研究所點校《續資治通鑑長編》，第8冊第4527、4664頁。
[3] 脱脱等《宋史》，第7冊第2417頁。
[4] 唐兆民編《靈渠文獻粹編》，中華書局1982年版，第164頁。

及私。"（第182頁）王珪嘉祐四年十月復拜翰林學士，則此文當作於嘉祐四年冬。

仁宗嘉祐五年庚子（1060），四十二歲

在汴京。爲翰林學士。有詩六首、文五十一篇，約可繫文一篇。

正月，爲妻兄鄭民彝作墓誌銘，有《秘書省著作佐郎鄭君墓誌銘》。

　　本集卷五二有《秘書省著作佐郎鄭君墓誌銘》，其中記鄭民彝（1021—1060），字德常，吳郡（今江蘇蘇州）人，鄭戩長子、葉清臣之婿，以蔭入仕，官至秘書省著作佐郎，嘉祐五年正月二十四日卒，年四十，"其年四月二十六日甲申，葬於蘇州吳縣太平鄉橫仙源文蕭大墓之南"（第383頁）。

二月，草《賜端明殿學士知河南府王拱辰免恩命不允詔》。

　　安燾《宋故彰德軍節度相州管內觀察處置等使檢校太師持節相州諸軍事相州刺史充大名府路安撫使馬步軍都總管知大名府兼北京留守司公事畿內勸農使上柱國太原郡開國公食邑九千三百户食實封叁千肆佰户贈開府儀同三司謚懿恪王公墓誌銘並序》云：嘉祐"五年，改刑部，再留守西京"[1]。王拱辰當是接替文彥博判河南府，而文彥博由判河南府改判大名府在嘉祐五年二月十五日。[2] 本集卷二一有《賜端明殿學士知河南府王拱辰免恩命不允詔》，其中有"比勞西成之師，宜主別都之籓"句（第146頁）。此文當作於嘉祐五年二月。

三月二十八日，奉詔位在吳奎、賈黯等上。

　　《宋會要》儀制三之二五云：嘉祐五年"三月二十八日，翰林學士吳奎、賈黯等言：'學士王珪位本在上，欲乞依舊在上。'從之"[3]。

是月，至南京，與梅摯會飲，回京後有《又寄公儀四首》詩。

　　本集卷二有《又寄公儀四首》，其一云："紫掖新書換使符，春晴紅旆照行艫。曾持白簡風何厲，更伏青規論益孤。月露清吟應到骨，江山別夢欲

［1］洛陽地區文物工作隊《北宋王拱辰墓及墓誌》，《中原文物》1985年第4期。

［2］參李之亮《北宋京師及東西路大郡守臣考》，巴蜀書社2001年版，第52頁。

［3］劉琳等校點《宋會要輯稿》，第4冊第2343頁。

成圖。聞教雙鶴先歸去，還到遼城似舊無。"頷聯下自注云："公今官諫列。"
尾聯下自注云："聞先寄二鶴西歸別墅。"其二云："又擁雙旌去守蒲，波從
天上泛歸艫。青雲慷慨逢辰早，白髮逶迤事主孤。薄宦多端非我素，清吟終
日是君圖。錦江春色年年好，憶把遊人醉袖無。"尾聯下自注云："公謁告西
歸，久而未報。"其三云："千里行行近帝都，拍堤新浪喜銜艫。天涯芳草春
過盡，樓北浮雲客望孤。醉倚東風輕萬事，夢留滄海阻歸圖。爲憐何遜多才
思，還信休文帶減無。"其四云："花撲行人柳蔭渠，每逢嘉趣爲停艫。留連
一水風光暮，悵望今宵月影孤。漢橐暫持來法從，皋禽還引上仙圖。中條候
騎知非遠，肯盡都門別酒無。"頷聯下自注云："睢陽之會，又經再夕。"（第
14頁）按，梅摯嘉祐四年十二月由知江寧府改右諫議大夫，移知河中府。
河中府唐爲蒲州，應天府唐爲睢陽郡。可知梅摯嘉祐五年春乘船離金陵，經
長江、大運河、汴河回京，途經南京應天府時，與王珪相會。王珪提前返
京，寄詩梅摯，相約都門餞別。由"天涯芳草春過盡"云云，繫此組詩於
三月。

春，草《賜樞密使程戡乞致仕第五表不允批答》。

《長編》卷一九一云：嘉祐五年四月"癸未，樞密副使、吏部侍郎程戡
罷爲觀文殿學士兼翰林侍讀學士、同群牧置制使。戡與樞密使宋庠同府，戡
語多俗，庠鄙之，自是不協，爭議屢至失聲色。諫官、御史兩論之，戡亦
自請罷故也"。注云："據呂誨奏議，乃爭馬懷德管軍事，當考。去年十一月
甲寅，四方館使、英州刺史馬懷德爲象州防禦判官兼都虞候、鄜延路副部
署。"[1]癸未爲二十五日，甲寅爲二十三日。程戡與宋庠所爭之事，張方平
《贈太尉諡曰康穆程公神道碑銘》所記不同："至和二年，宰相文潞公復輔
政，公以通姻引避，除尚書禮部侍郎，改樞密副使。公才長於政事，既歷二
府，練達治要，處心積慮，期有以報特達之遇。而時爲樞密使者，與公情旨
不相得。邕州守將以賄聞，而奏請增補嵠洞酋長，且十餘上。公持不從，以
爲後必生事，數爭辯□帝前。因堅求解。五年，以吏部侍郎、觀文殿學士、

[1] 李燾撰，上海師範大學古籍整理研究所、華東師範大學古籍整理研究所點校《續資治通鑑長編》，
第8冊第4620~4621頁。

翰林侍讀學士領郡（群）牧制置使罷。"[1]"邕州守將"蓋指蕭注。《長編》卷一九〇云：嘉祐四年九月"戊申，提點廣南西路刑獄李師中言：'知邕州蕭注欲伐交趾，知宜州張師正欲取安化軍，恐遠人聞之不自安，請戒注等毋得爲邊生事。'從之。注在邕州久，陰以利啗廣源諸蠻，密繕甲兵，乃露奏曰：'交趾外奉朝貢，中包禍心，常以蠶食王土爲事。天聖中，鄭天益爲轉運使，嘗責交州不當擅賦雲河洞。今雲河洞乃入蠻徼數百里，蓋積歲月侵削以至於此。臣今盡得其腹心，周知要害之地，乘此時不取，他日爲患不細，願得馳至闕下，面陳方略。'論者以注且爲國生事，不省也"[2]。戊申爲十六日。可知程戡與宋庠不協乃嘉祐四年秋冬間事，程戡連續上表求罷當在嘉祐五年春。本集卷二八有《賜樞密使程戡乞致仕第五表不允批答》。程戡嘉祐元年閏三月癸未朔爲樞密副使[3]，未嘗任樞密使，此文當作於嘉祐五年春，題中"樞密使"當爲"樞密副使"。

四月，草《賜樞密副使孫抃免恩命不允斷來章口宣》。

《長編》卷一九一載嘉祐五年四月癸未，"翰林學士承旨兼侍讀學士、禮部侍郎、知制誥孫抃爲樞密副使"[4]。癸未爲二十五日。本集卷二九有《賜樞密副使孫抃免恩命不允斷來章口宣》，此文當作於四月二十五日之後，姑繫於此。

五月，草《賜美人董氏免恩命不允詔》《賜美人董氏免恩命回授與父安允詔》。

《長編》卷一九一云：嘉祐五年五月，"貴人董氏生皇第十一女，庚寅，

---

[1] 張方平《樂全先生文集》卷三六，《宋集珍本叢刊》，第 6 冊第 170~171 頁。

[2] 李燾撰，上海師範大學古籍整理研究所、華東師範大學古籍整理研究所點校《續資治通鑑長編》，第 8 冊第 4593 頁。

[3] 參李燾撰，上海師範大學古籍整理研究所、華東師範大學古籍整理研究所點校《續資治通鑑長編》卷一八二，第 7 冊第 4399 頁。按：《宋史》卷一二《仁宗本紀四》、卷二一一《宰輔表二》，《東都事略》卷六《仁宗本紀》，《宋宰輔編年錄》卷五，《宋史全文》卷九下等亦載程戡嘉祐元年閏三月癸未拜樞密副使；惟《樂全先生文集》卷三六《贈太尉謚曰康穆程公神道碑銘》謂程戡至和二年改樞密副使，當誤。

[4] 李燾撰，上海師範大學古籍整理研究所、華東師範大學古籍整理研究所點校《續資治通鑑長編》，第 8 冊第 4621 頁。

進位美人，固辭之，乞贈父官一級，如其請"[1]。庚寅爲三日。本集卷二二有《賜美人董氏免恩命不允詔》，卷二一有《賜美人董氏免恩命回授與父安允詔》，此二文當作於五月三日之後。

七月，有《呈景仁偶書》詩。

《長編》卷一五六載慶曆五年（1045）閏五月庚子，"大理寺丞、館閣校勘范鎮"，"爲編修《唐書》官"。卷一九二云：嘉祐五年七月"戊戌，翰林學士歐陽修等上所修《唐書》二百五十卷，刊修及編修官皆進秩或加職，仍賜器幣有差"[2]。庚子爲十五日，戊戌爲十二日。胡柯《廬陵歐陽文忠公年譜》載嘉祐五年七月庚子，歐陽修等人以修《唐書》成獲推恩賞，其中范鎮"可特授尚書吏部郎中，依前知制誥，充集賢殿修撰，散官、差遣、勳、封、賜如故"[3]。庚子爲十四日。本集卷三有《呈景仁偶書》，云："昔對芳樽常感慨，今同華髮半蕭疏。唐家一代成青史，漢殿多年誦子虛。丹鳳春裁西掖詔，白麻夜草北門書。幾時却奉承明謁，玉蕊花邊並直廬。"第三句下自注云："景仁新刊成《唐史》。"尾聯下自注云："景仁新被召集掖，與余直舍並在西廡。"（第 17 頁）"集掖"云云，即指范鎮爲知制誥、充集賢殿修撰。則此詩當作於嘉祐五年七月十四日之後。

草《賜翰林學士歐陽修修唐書成免恩命不允詔》。

慶曆五年（1045）五月立《唐書》局，嘉祐五年七月十二日歐陽修等進呈《新唐書》，十四日獲推恩賞，歐陽修轉禮部侍郎，分別於七月十四日、二十三日作有《辭轉禮部侍郎劄子》《再辭轉禮部侍郎狀》。[4]本集卷一八有《賜翰林學士歐陽修修唐書成免恩命不允詔》，云："朕惟唐有天下三百年，迹其所以廢興之由，厥監未遠。及觀書史之文，則煩而靡要，是非頗謬於所聞。頃因命官，更纂其本末，十有七年，而後書成。然非卿筆削之，則莫能示法於將來。今例遷一秩，猶未足酬歲月之勞。剡章以陳，良爲曲讓。"（第

---

[1] 李燾撰，上海師範大學古籍整理研究所、華東師範大學古籍整理研究所點校《續資治通鑑長編》，第 8 冊第 4624 頁。

[2] 李燾撰，上海師範大學古籍整理研究所、華東師範大學古籍整理研究所點校《續資治通鑑長編》，第 7 冊第 3778 頁、第 8 冊第 4635 頁。

[3] 吳洪澤、尹波主編《宋人年譜叢刊》，第 2 冊第 1002 頁。

[4] 參劉德清《歐陽修紀年録》，第 342～344 頁。

128頁）此文當作於七月十四日之後。

草《賜端明殿學士知鄭州宋祁修唐書成免恩命不允詔》。

宋祁《謝轉左丞表》云："三月十八日，進奏院遞到官誥敕牒各一道，以臣同修《唐書》成，除臣尚書左丞，依前充端明殿、翰林侍讀、龍圖閣等學士，集賢殿修撰。尋具奏陳讓，今月八日奉答詔不允者。"[1] 王瑞來《二宋年譜》據此認爲，《新唐書》至遲在嘉祐五年三月已成書，且在此月編修、刊修官員已進秩或加職。[2] 此説當誤。關於《新唐書》進呈時間，主要有兩種説法：一是嘉祐五年六月二十四日，今存《新唐書》南宋建安魏仲立宅刊本卷末、元大德間建康路儒學刊明南監修補本卷首有編修官、刊修官、提舉官等署名，明載嘉祐五年六月二十四日進呈《新唐書》，王應麟《玉海》卷四六《唐書嘉祐新唐書》亦謂"二本云六月二十四日進呈"《新唐書》[3]；二是嘉祐五年七月十二日，《長編》卷一九二、《宋史》卷一二《仁宗本紀四》、《玉海》卷四六《唐書嘉祐新唐書》、胡柯《廬陵歐陽文忠公年譜》等均載嘉祐五年七月戊戌歐陽修等上《新唐書》。宋敏求爲《新唐書》編修官之一，其《春明退朝録》卷下載《新唐書》成書於嘉祐五年六月。錢大昕《廿二史考異》卷五六《修〈唐書〉史臣表》云：嘉祐"五年庚子六月，書成。七月戊戌，奏上，刊修及編修官皆進秩，或加職，仍賜器幣有差"[4]。這一説法很可能符合事實。《廬陵歐陽文忠公年譜》載嘉祐五年"七月戊戌，上新修《唐書》二百五十卷。庚子，推賞，轉禮部侍郎"，後録劉敞行推賞制詞。此制詞是針對歐陽修、宋祁、范鎮、王疇、宋敏求五人而作，其中"端明殿學士、兼翰林侍讀學士、龍圖閣學士、朝請大夫、守尚書吏部侍郎、充集賢殿修撰、知鄭州、上柱國、常山郡開國公、食邑二千三百户、食實封六百户、賜紫金魚袋宋祁"，"可特授守尚書左丞，依前集賢殿修撰、充端明殿學士、兼翰林侍讀學士、龍圖閣學士，散官、差遣、勳、封、食實封、賜如故"[5]。戊戌爲十二日，庚子爲十四日。可知宋祁與歐陽修等人同於嘉祐五年七月

[1] 宋祁《景文宋公集》卷八五，《佚存叢書》，商務印書館1924年影印本。
[2] 參王瑞來《知人論世——宋代人物考述》，第198頁。
[3] 王應麟輯《玉海》，第2冊第875頁。
[4] 錢大昕著，方詩銘、周殿傑校點《廿二史考異》，上海古籍出版社2014年版，第826頁。
[5] 吳洪澤、尹波主編《宋人年譜叢刊》，第2冊第1000~1002頁。

十四日進秩加職，辭免恩命當在七月十四日之後。筆者推測，宋祁《謝轉左丞表》中之“三月”很可能是“七月”之訛。本集卷一八有《賜端明殿學士知鄭州宋祁修唐書成免恩命不允詔》，此文當作於七月十四日之後。

八月一日，草《賜宣徽南院使判延州程戡告敕口宣》。

《長編》卷一九二云：嘉祐五年八月“丁巳朔，觀文殿學士、吏部侍郎程戡爲宣徽南院使、判延州”[1]。本集卷三一有《賜宣徽南院使判延州程戡告敕口宣》。

八月八日，草《賜宣徽南院使判延州程戡免恩命不允詔》《賜判延州程戡免恩命第一表不允口宣》。

本集卷一八有《賜宣徽南院使判延州程戡免恩命不允詔》，卷三一有《賜判延州程戡免恩命第一表不允口宣》。前一文中有“歷職二府，輸勞六年”“會更西帥之律，進陟內徽之廷”等語（第132頁）。程戡至和元年（1054）七月六日拜參知政事，嘉祐元年閏三月一日拜樞密副使，嘉祐五年四月二十五日罷，此所謂“歷職二府，輸勞六年”；嘉祐五年八月一日，程戡爲宣徽南院使、判延州，此所謂“會更西帥之律，進陟內徽之廷”。歐陽修《內制集》卷八有《賜新除宣徽南院使檢校太保鄜延路馬步軍都部署經略安撫使判延州程戡讓恩命第一表不允斷來章批答》，題下注嘉祐五年“八月八日”[2]，當與此二文作於同日。

是月，有《贈侍中李良定公挽詞》。

《長編》卷一九二載嘉祐五年八月乙丑，“澶州言鎮潼軍留後李端懿卒。上方燕禁中，爲輟樂，賻其家黃金三百兩，贈感德節度使，謚良定。其弟端愿援蔡國公主子吳守禮例，再贈兼侍中”[3]。乙丑爲九日。歐陽修《鎮潼軍節度觀察留後李公墓誌銘》云：“嘉祐五年八月某日，鎮潼軍節度觀察留後、知澶州軍州事隴西李公得暴疾，薨於州之正寢。其以疾聞也，上方宴禁中，爲止樂，命中貴人馳國醫往視，未及行而以薨聞。詔輟視朝一日，賜其家黃

[1] 李燾撰，上海師範大學古籍整理研究所、華東師範大學古籍整理研究所點校《續資治通鑑長編》，第8冊第4639頁。
[2] 歐陽修著，李逸安點校《歐陽修全集》，第4冊第1306頁。
[3] 李燾撰，上海師範大學古籍整理研究所、華東師範大學古籍整理研究所點校《續資治通鑑長編》，第8冊第4640頁。

金三百兩，贈公感德軍節度使，已而又贈兼侍中。太常諡曰某。即以其年某月某日葬於開封府開封縣襃親鄉先塋之次。"[1] 可知李端懿卒於嘉祐五年八月九日之前。本集卷六有《贈侍中李良定公挽詞》（第 41 頁）。按，李端懿（1013—1060），字元伯，開封（今屬河南）人，李遵勖長子，官終鎮潼軍節度觀察留後、知澶州，嘉祐五年卒，年四十八，諡良定，《宋史》卷四六四有傳，生平事迹見歐陽修《居士集》卷三二《鎮潼軍節度觀察留後李公墓誌銘》。

草《賜翰林學士承旨宋祁免恩命不允詔》。

宋祁《讓加承旨表》云："右臣今月二十二日，閤門降到誥敕各一道，授臣翰林學士承旨，依前兼端明殿學士、翰林侍讀學士者。聞命震驚，撫躬愧汗。伏念臣病求解郡，恩許還朝。獲便醫藥之良，以救桑榆之晚。是爲再造，舉戴深仁。然自休偃於私居，尚苦纏綿於舊疹。深虞盈滿，遂致顛隮。今茲詔除，尤出望外。"[2] 題下有四庫館臣注，謂宋祁加翰林學士承旨在嘉祐五年。《東都事略》卷六五《宋祁傳》云："至是書成，祁進工部尚書，逾月拜翰林學士承旨，復除群牧使。"[3]《隆平集》卷五、章定《名賢氏族言行類稿》卷四二《宋祁傳》所記略同。《宋史》卷二八四《宋祁傳》云："《唐書》成，遷左丞，進工部尚書。以羸疾請便醫藥，入判尚書都省。逾月，拜翰林學士承旨，詔遇入直許一子主湯藥。復爲群牧使。"[4] 范鎮《宋景文公祁神道碑》云："《唐書》成，進尚書左丞。移疾自鄭還也，判尚書都省，序遷工部尚書，復領群牧使、翰林學士承旨，聽一子入侍。"[5]《長編》卷一九三云：嘉祐六年三月"甲辰，詔翰林學士承旨宋祁遇入直，許一人主湯藥。祁以羸疾請之也"[6]。甲辰爲二十一日。可知《東都事略》《宋史》等所記有省略和次序顛倒之問題，宋祁弟子范鎮所作神道碑最可信。王瑞來《二宋年譜》考

---

[1] 歐陽修撰，洪本健校箋《歐陽修詩文集校箋》，第 864 頁。
[2] 宋祁《景文集》卷三八，景印文淵閣《四庫全書》，第 1088 冊第 332 頁。
[3] 王稱撰，孫言誠、崔國光點校《東都事略》，第 538 頁。
[4] 脫脫等《宋史》，第 27 冊第 9598 頁。
[5] 杜大珪《名臣碑傳琬琰集》上集卷七，《宋代傳記資料叢刊》，第 14 冊第 124 頁。
[6] 李燾撰，上海師範大學古籍整理研究所、華東師範大學古籍整理研究所點校《續資治通鑑長編》，第 8 冊第 4664 頁。

出宋祁嘉祐五年七月由鄭州還京判尚書都省，八月拜翰林學士承旨。[1]厲鶚《宋詩紀事》卷一一《宋祁》據魏泰《東軒筆錄》卷一一之記載收錄宋祁爲翰林學士承旨後所作《玉堂作》一詩："粉署重來憶舊遊，蟠桃開盡海山秋。寧知不是神仙骨，上到鰲峰更上頭。"[2]可證宋祁爲翰林學士承旨確在秋天。或謂宋祁嘉祐五年六月爲翰林學士承旨[3]，當誤。本集卷一八有《賜翰林學士承旨宋祁免恩命不允詔》，此文當作於八月。

草《賜宰臣富弼已下賀壽星出見批答》《賜樞密使宋庠已下賀壽星出見批答》。

本集卷二六有《賜宰臣富弼已下賀壽星出見批答》《賜樞密使宋庠已下賀壽星出見批答》。前一文云："西郊肅物，適臨秋籥之中；南極騰輝，忽告星躔之瑞。"後一文云："灝氣中分，舒靈幾望。維清臺之占度，見南極之騰芒。"（第191頁）按，老人星亦稱"壽星""南極老人""南極壽星""南極""南真"，省稱"老人"。《史記》卷二七《天官書》云："狼比地有大星，曰南極老人。老人見，治安；不見，兵起。常以秋分時候之於南郊。"張守節《史記正義》云："老人一星，在弧南，一曰南極，爲人主占壽命延長之應。常以秋分之曙見於景，春分之夕見於丁。見，國長命，故謂之壽昌，天下安寧；不見，人主憂也。"[4]富弼至和二年（1055）六月十一日戊戌拜集賢相，嘉祐三年六月七日丙午拜昭文相，六年三月十六日己亥以丁母憂罷相。[5]宋庠曾兩任樞密使：第一次是慶曆八年（1048）五月二十四日辛酉至皇祐元年（1049）八月二日壬戌，第二次是嘉祐三年六月七日丙午至五年十一月十六日辛丑。[6]此二文當作於富弼爲首相、宋庠第二次爲樞密使期間。在此期間，有記載之老人星見春季有二次、秋季有三次：嘉祐三年八月十八

---

[1] 參王瑞來《知人論世——宋代人物考述》，第199~200頁。

[2] 厲鶚輯撰《宋詩紀事》，第1冊第257頁。

[3] 參陳元鋒《北宋〈學士年表〉疏誤補證》，《第五屆宋代文學國際研討會論文集》，第595頁。

[4] 司馬遷撰，裴駰集解，司馬貞索隱，張守節正義《史記》（點校本二十四史修訂本），中華書局2014年版，第4冊第1559、1561頁。

[5] 參李燾撰，上海師範大學古籍整理研究所、華東師範大學古籍整理研究所點校《續資治通鑑長編》卷一八〇、卷一八七、卷一九三，第7冊第4353頁，第8冊第4511、4663頁。

[6] 參李燾撰，上海師範大學古籍整理研究所、華東師範大學古籍整理研究所點校《續資治通鑑長編》卷一六四、卷一六七、卷一八七、卷一九二，第7冊第3952、4010頁，第8冊第4512、4651頁。

日丙辰，四年正月十五日庚戌、八月二十一日癸未，五年八月十四日庚午，六年正月二十九日癸丑。[1] 而王珪嘉祐二年七月至四年十月丁母憂罷職。則此二文當作於嘉祐五年八月十四日以後。

九月，草《賜樞密副使孫抃生日禮物詔》。

孫抃嘉祐五年四月二十五日拜樞密副使，十一月十六日拜參知政事。本集卷一八有《賜樞密副使孫抃生日禮物詔》，云：“履肅霜之素序，記射矢之初辰。”（第 125 頁）《詩經·豳風·七月》云：“九月肅霜，十月滌場。”[2] 可知孫抃生日在九月。則此文當作於嘉祐五年九月。

草《賜翰林侍讀學士知鄧州賈黯免恩命不允詔》。

劉放《賈公行狀》云：嘉祐“五年，謫吏部郎中、翰林侍讀學士、知鄧州。未行，近臣臺諫多推言其忠孝，宜在内省，復留爲翰林學士、知審官院”[3]。《學士年表》記賈黯始任翰林學士云：嘉祐五年“二月，以兵部員外郎、知制誥拜。九月，除翰林侍讀學士、知鄧州府，罷。十一月，復拜”[4]。本集卷一八有《賜翰林侍讀學士知鄧州賈黯免恩命不允詔》，此文當作於嘉祐五年九月，賈黯所辭當爲翰林侍讀學士。

草《賜宣徽南院使程戡謝恩進馬詔》。

本集卷二〇有《賜宣徽南院使程戡謝恩進馬詔》，云：“卿輟自内徽，頒非常數。方倚綏於絶塞，首飭貢於上閑。”（第 139 頁）程戡嘉祐五年八月一日爲宣徽南院使、判延州，到任當在九月，姑繫於此。

十月，草《賜知深州晁仲約爲野蠶成繭獎諭敕書》。

《長編》卷一九二云：嘉祐五年十月，“深州言野蠶成繭，被於原野”[5]。本集卷二五有《賜知深州晁仲約爲野蠶成繭獎諭敕書》，云：“饒陽之區，蒙澤豐楙，野蠶成繭，布於桑郊。”（第 182 頁）按，晁仲約（生卒年不詳），

[1] 參劉琳等校點《宋會要輯稿》瑞異一之二，第 5 冊第 2587 頁。

[2] 毛亨傳，鄭玄箋，孔穎達疏《毛詩正義》卷八，《十三經注疏》，中華書局 1980 年影印本，第 392 頁。

[3] 劉放《彭城集》卷三四，景印文淵閣《四庫全書》，臺灣商務印書館 1986 年版，第 1096 冊第 337 頁。

[4] 佚名《學士年表》，《翰學三書》，第 1 冊第 92 頁。

[5] 李燾撰，上海師範大學古籍整理研究所、華東師範大學古籍整理研究所點校《續資治通鑑長編》，第 8 冊第 4647 頁。

字質夫，濟州鉅野（今山東鉅野）人，慶曆二年（1042）進士，嘉祐三年知深州，其後知興州。[1]

草《賜知青州唐詢告敕並賜對衣金腰帶鞍轡馬等口宣》。

　　劉攽《翰林侍讀學士給事中唐公墓誌銘》云："出知蘇州，徙杭州。數歲，徙青州，遷吏部郎中，道拜翰林侍讀學士。"[2]《乾道臨安志》卷三《牧守·國朝》云："嘉祐三年六月丙辰，以知蘇州、尚書禮部郎中、知制誥唐詢知杭州。五年九月甲辰，除吏部郎中。"[3]丙辰爲十七日，甲辰爲十八日。可知唐詢赴知青州任當在嘉祐五年十月。本集卷三〇有《賜知青州唐詢告敕並賜對衣金腰帶鞍轡馬等口宣》，云："卿迪德粹明，秉懷高介。贊大謨於西掖，更美政於三州。每深宣室之思，固有周南之滯。宜進聯於經幄，尚留愛於明禋。"（第215頁）此文作於唐詢赴任途中。

奉命作宗室趙世邁、趙宗默、趙從贄、趙從審、趙從質、趙世崇、趙世及、趙守節妻魏氏、趙宗旦妻賈氏、趙宗訥妻賈氏、趙令□妻劉氏、趙宗立第四女墓誌銘，有《宗室金紫光禄大夫檢校國子祭酒行太子右清道率府率兼御史大夫上輕車都尉贈右領軍衛將軍墓誌銘》《宗室金紫光禄大夫檢校太子賓客左監門衛大將軍使持節昭州諸軍事昭州刺史兼御史大夫上護軍天水郡開國公食邑二千二百户贈金州觀察使安康侯墓誌銘》《宗室金紫光禄大夫檢校太子賓客左屯衛大將軍使持節溫州諸軍事溫州刺史充本州團練使兼御史大夫上柱國天水郡開國公食邑二千五百户食實封二百户贈鄧州觀察使南陽侯墓誌銘》《宗室金紫光禄大夫檢校太子賓客使持節復州諸軍事復州刺史充本州防禦使兼御史大夫上柱國開國侯食邑三千户食實封五百户贈寧國軍節度觀察留後追封宣城郡公墓誌銘》《宗室金紫光禄大夫檢校太子賓客左屯衛大將軍使持節信州諸軍事信州刺史充本州團練使兼御史大夫上柱國開國公食邑三千户食實封二百户贈定州觀察使博陵侯墓誌銘》《宗室金紫光禄大夫檢校國子祭酒右屯衛大將軍兼御史大夫輕車都尉天水郡開國伯食邑九百户贈洺州防禦使廣平侯墓誌銘》《宋宗室故金紫光禄大夫檢

---

[1] 參何新所《昭德晁氏家族研究》，上海古籍出版社2006年版，第39頁。

[2] 劉攽《彭城集》卷三八，景印文淵閣《四庫全書》，第1096冊第370頁。

[3] 周淙纂修《乾道臨安志》，《宋元方志叢刊》，第4冊第3244頁。

校國子祭酒行太子右監門衛將軍兼御史大夫上柱國天水縣開國伯食邑九百戶贈右武衛大將軍墓誌銘並序》《宗室丹陽郡王夫人任城郡夫人魏氏墓誌銘》《趙宗旦妻賈氏墓誌銘》《安陸侯妻賈氏墓誌銘》《宋宗室右千牛衛將軍夫人福昌縣君劉氏墓誌銘並序》《宋宗室左屯衛大將軍江州團練使之女墓記》。

本集卷五二有《宗室金紫光祿大夫檢校國子祭酒行太子右清道率府率兼御史大夫上輕車都尉贈右領軍衛將軍墓誌銘》，記趙世邁（1026—1049），字仲遠，曾祖趙德芳，祖趙惟能，父趙從古，官至太子右清道率府率，皇祐元年四月九日卒，年二十四，"越嘉祐五年冬，將從濮王葬於河南永安之原，申詔詞臣，條次其行而鑱於石"，"其葬十月乙酉之吉"（第 384 頁）。乙酉爲三十日。

又有《宗室金紫光祿大夫檢校太子賓客左監門衛大將軍使持節昭州諸軍事昭州刺史兼御史大夫上護軍天水郡開國公食邑二千二百戶贈金州觀察使安康侯墓誌銘》，記趙宗默（1018—1054），字潛真，曾祖宋太宗，祖趙元佐，父趙允升，官至左監門衛大將軍，皇祐六年二月三十日卒，年三十七，"嘉祐五年十月乙酉，葬於河南永安之原。臣職與辭禁，承詔以銘"（第 385 頁）。

又有《宗室金紫光祿大夫檢校太子賓客左屯衛大將軍使持節溫州諸軍事溫州刺史充本州團練使兼御史大夫上柱國天水郡開國公食邑二千五百戶食實封二百戶贈鄧州觀察使南陽侯墓誌銘》，記趙從贄（1007—1050），字子儀，曾祖宋太祖，祖趙德芳，父趙惟能，官至左屯衛大將軍，皇祐二年正月卒，年四十四，"其將葬也，臣奉詔以銘"，"嘉祐五年十月癸酉，引紼國門。乙酉，窆於河南永安縣之原"（第 385、386 頁）。癸酉爲十八日。

本集卷五三有《宗室金紫光祿大夫檢校太子賓客使持節復州諸軍事復州刺史充本州防禦使兼御史大夫上柱國開國侯食邑三千戶食實封五百戶贈寧國軍節度觀察留後追封宣城郡公墓誌銘》，記趙從審（1006—1051），字叔度，曾祖宋太祖，祖趙德昭，父趙惟和，官至左領軍大將軍，皇祐三年五月十八日卒，年四十六，"嘉祐五年庚子十月丙辰朔三十日乙酉，葬於河南永安縣之原。申命禁林，以識不朽"（第 388 頁）。

又有《宗室金紫光禄大夫檢校太子賓客左屯衛大將軍使持節信州諸軍事信州刺史充本州團練使兼御史大夫上柱國開國公食邑三千户食實封二百户贈定州觀察使博陵侯墓誌銘》，記趙從質（1010—1052），字子野，曾祖宋太祖，祖趙德昭，父趙惟忠，官至左屯衛大將軍，皇祐四年八月甲午卒，年四十三，"嘉祐五年十月乙酉，葬於河南之永安縣。有詔禁林，按閥以銘"（第389頁）。

又有《宗室金紫光禄大夫檢校國子祭酒右屯衛大將軍兼御史大夫輕車都尉天水郡開國伯食邑九百户贈洺州防禦使廣平侯墓誌銘》，記趙世崇（1021—1053），字德卿，曾祖趙德昭，祖趙惟忠，父趙從謹，官至右屯衛大將軍，皇祐四年十二月二十八日卒，年三十二，"嘉祐五年十月乙酉，葬於河南永安縣之原"（第389頁）。

《宋宗室故金紫光禄大夫檢校國子祭酒行太子右監門衛將軍兼御史大夫上柱國天水縣開國伯食邑九百户贈右武衛大將軍墓誌銘並序》記趙世及（1030—1056），字望之，趙從審第三子，官至右監門衛將軍，嘉祐元年十月卒，年二十七，"其葬河南永安縣，以五年十月乙酉之吉"。題下署："翰林學士、朝散大夫、行起居□□、知制誥、權判吏□□内銓、提舉集禧觀公事、□騎都尉、太原縣開國伯、食邑八百户、賜紫金魚袋臣王珪奉□撰。翰林書藝、儒林郎、守新州新興縣主簿、御書院祗候臣虞温奉聖旨書並篆蓋。"[1] 據下引王珪《宋宗室左屯衛大將軍江州團練使之女墓記》署名來看，此處殘泐之字當爲"舍人""部流""上"和"敕"。

本集卷五三有《宗室丹陽郡王夫人任城郡夫人魏氏墓誌銘》，記魏昭吉女、趙守節妻魏氏（1003—1059）嘉祐四年三月一日卒，年五十七，"又明年十月乙酉，舉夫人之喪，歸祔於河南永安縣丹陽王之塋"（第390頁）。

又有《趙宗旦妻賈氏墓誌銘》，記賈德滋女、趙宗旦妻賈氏（1014—1048）慶曆八年正月十二日卒，年三十五，"嘉祐五年十月乙酉，葬於河南永安縣之原"（第392頁）。

又有《安陸侯妻賈氏墓誌銘》，記賈德滋女、趙宗訥妻賈氏（1019—

---

[1] 河南省文物考古研究所編《北宋皇陵》，第526、525頁。

1054）至和元年五月己卯卒，年三十六，"以嘉祐五年十月乙酉，祔安陸侯以葬"（第393頁）。[1]

《宋宗室右千牛衛將軍夫人福昌縣君劉氏墓誌銘並序》記劉希正女劉氏乃東萊侯趙從恪孫趙令□夫人，嘉祐四年九月十四日卒，"明年葬於河南永安之新□，以□□□酉之吉"。題下署："翰林學士、朝散大夫、行起居舍人、知制誥、判吏部□内銓、提舉集禧觀公事、□騎都尉、太原縣開國伯、食邑八百户、賜紫金魚袋臣王珪奉敕撰。翰林書藝、御書院祗候臣亢琳奉聖旨書。"[2]按，據上引各墓誌來看，"以□□□酉之吉"中殘泐之字當爲"十月乙"三字；據下引王珪《宋宗室左屯衛大將軍江州團練使之女墓記》署名來看，此處署名中殘泐之字當爲"流"和"上"。

《宋宗室左屯衛大將軍江州團練使之女墓記》記趙宗立第四女（1044—1049）皇祐元年正月十五日卒，年六歲，"嘉祐庚子十月□酉葬河南永安之別域"。題下署："翰林學士、朝散大夫、行起居舍人、權判吏部流内銓、提舉集禧觀公事、上騎都尉、太原縣開國伯、食邑八百户、賜紫金魚袋臣王珪奉敕撰。翰林書藝、儒林郎、守新州新興縣主簿、御書院祗候臣虞温奉聖旨書。"[3]按，據上引各墓誌來看，"十月□酉"中殘泐之字當爲"乙"字。

以上各文當均作於嘉祐五年十月以前，姑繫於此。

爲伯母吕氏作墓誌銘，有《壽安縣太君吕氏墓誌銘》。

本集卷五三有《壽安縣太君吕氏墓誌銘》，記王覃之妻、王珪伯母吕氏嘉祐四年三月卒，年七十，"明年，卜葬少卿於揚州某縣某鄉之原，以夫人祔焉。其用十月壬申之吉"。"珪昔之髫兩髦，蒙夫人器奬之甚異。逮珪之塵二禁，猶見夫人無恙時。今將葬矣，而不得引車綍於墓下，追惟平昔之知，音徽永已，痛孰甚哉"（第391頁）。壬申爲十七日。據"今將葬矣"云云，知此文當作於嘉祐五年十月以前，姑繫於此。

---

[1]"己卯"原作"乙卯"。考至和元年五月甲子朔，無乙卯日，己卯爲十六日，故知"乙卯"當爲"己卯"之訛。
[2]河南省文物考古研究所編《北宋皇陵》，第526頁。
[3]河南省文物考古研究所編《北宋皇陵》，第525頁。

十一月十六日，草《賜判鄭州宋庠告敕口宣》。

　　《長編》卷一九二云：嘉祐五年十一月“辛丑，樞密使、兵部尚書、同
平章事宋庠罷爲河陽三城節度使、同平章事、判鄭州”[1]。《宋史》卷一二
《仁宗本紀四》、卷二一一《宰輔表二》，《東都事略》卷六《仁宗本紀二》，
《宋宰輔編年錄》卷五，《宋史全文》卷九下等亦載宋庠罷樞密使，授河陽三
城節度使、同平章事、判鄭州在嘉祐五年十一月辛丑，辛丑爲十六日。然
《宋大詔令集》卷一八八有《賜河陽三城三軍將吏僧道百姓等詔》，云：“今
特授宋庠依前檢校太尉、同中書門下平章事，使持節孟州諸軍事、行孟州刺
史、充河陽三城節度、孟州管內觀察處置河堤等使、判鄭州軍州事。”題下
注“嘉祐五年十月”[2]，“十月”當爲“十一月”之誤。本集卷二九有《賜判
鄭州宋庠告敕口宣》。

草《賜樞密使曾公亮告敕口宣》。

　　《長編》卷一九二載嘉祐五年十一月辛丑，“禮部侍郎、參知政事曾公
亮依前官充樞密使”[3]。辛丑爲十六日。本集卷二九有《賜樞密使曾公亮告敕
口宣》。

**是月，草《賜樞密使曾公亮免恩命第一表不允口宣》《賜樞密使曾公亮免
恩命第一表不允斷來章批答》《賜曾公亮免恩命第二表不允批答》。**

　　本集卷二九有《賜樞密使曾公亮免恩命第一表不允口宣》，卷二六有
《賜樞密使曾公亮免恩命第一表不允斷來章批答》《賜曾公亮免恩命第二表不
允批答》。曾公亮嘉祐五年十一月十六日拜樞密使，則此三文當作於十一月
十六日之後。

草《賜樞密副使歐陽修免恩命不允斷來章批答》。

　　《長編》卷一九二載嘉祐五年十一月辛丑，“翰林學士兼侍讀學士、禮
部侍郎、知制誥、史館修撰歐陽修”“爲樞密副使”[4]。辛丑爲十六日。本集

---

[1] 李燾撰，上海師範大學古籍整理研究所、華東師範大學古籍整理研究所點校《續資治通鑑長編》，
　　第 8 冊第 4651 頁。
[2] 司義祖整理《宋大詔令集》，第 688 頁。
[3] 李燾撰，上海師範大學古籍整理研究所、華東師範大學古籍整理研究所點校《續資治通鑑長編》，
　　第 8 冊第 4651 頁。
[4] 李燾撰，上海師範大學古籍整理研究所、華東師範大學古籍整理研究所點校《續資治通鑑長編》，
　　第 8 冊第 4651 頁。

卷二六有《賜樞密副使歐陽修免恩命不允斷來章批答》，此文當作於嘉祐五年十一月十六日之後。歐陽修《表奏書啓四六集》卷二有《辭樞密副使表》，當即此文批答對象。

草《賜樞密副使陳升之免恩命劄子不允詔》《賜樞密副使陳升之免恩命不允斷來章批答》。

陳升之初名旭，字升之，後避神宗嫌名，以字行，改字暘叔。曾兩拜樞密副使：第一次是嘉祐五年十一月十六日辛丑至六年四月二十七日庚辰[1]，第二次是治平二年（1065）五月四日癸亥[2]至四年九月二十六日辛丑[3]。本集卷一八有《賜樞密副使陳升之免恩命劄子不允詔》，卷二八有《賜樞密副使陳升之免恩命不允斷來章批答》，後一文云："矧久服諫垣，屢形讜論之益；比釐京邑，寖廣善聲之聞。甫參慮於機庭，已下書於綸省。再煩讓牘，深避寵途。"（第 204 頁）據文意來看，此二文當作於嘉祐五年十一月十六日陳升之首拜樞密副使之後。

草《賜判鄭州宋庠免恩命第一表不允批答》《賜宋庠免恩命第二表不允斷來章批答》《賜使相宋庠免恩命第二表不允斷來章口宣》。

本集卷二六有《賜判鄭州宋庠免恩命第一表不允批答》《賜宋庠免恩命第二表不允斷來章批答》，卷二九有《賜使相宋庠免恩命第二表不允斷來章口宣》，此三文當作於嘉祐五年十一月十六日宋庠罷樞密使，爲河陽三城節度使、同平章事、判鄭州之後。

草《賜參知政事張昇免恩命不允斷來章批答》《賜參知政事孫抃免恩命不允斷來章口宣》。

《長編》卷一九二載嘉祐五年十一月辛丑，"樞密副使、右諫議大夫張

---

[1] 參李燾撰，上海師範大學古籍整理研究所、華東師範大學古籍整理研究所點校《續資治通鑑長編》卷一九二、卷一九三，第 8 冊第 4651、4666 頁。按，《宋史》卷二一一《宰輔表二》亦載陳旭首拜樞密副使在嘉祐五年十一月辛丑；《宋宰輔編年錄》卷五則謂陳升之嘉祐五年十月除樞密副使，當漏却"一"字。

[2] 參李燾撰，上海師範大學古籍整理研究所、華東師範大學古籍整理研究所點校《續資治通鑑長編》卷二〇五，第 8 冊第 4963 頁。

[3] 參徐自明撰，王瑞來校補《宋宰輔編年錄校補》，第 2 冊第 372 頁。

昇，禮部侍郎孫抃並爲參知政事"[1]。辛丑爲十六日。本集卷二八有《賜參知政事張昇（昇）免恩命不允斷來章批答》，卷二九有《賜參知政事孫抃免恩命不允斷來章口宣》，此二文當作於十一月十六日之後。

草《宣召翰林學士賈黯入院口宣》。

本集卷五四《賈黯墓誌銘》云："明年，召入［爲］翰林學士、判昭文館。以疾復請郡，乃除翰林侍讀學士、户部郎中、知鄧州。未行，復以爲翰林學士，知審官院。"（第 401 頁）《學士年表》載賈黯嘉祐五年"二月，以兵部員外郎、知制誥拜。九月，除翰林侍讀學士、知鄧州府，罷。十一月，復拜"[2]。本集卷三〇有《宣召翰林學士賈黯入院口宣》，云："卿馳望士林，與班禁從。比稍違於常豫，且聽守於便符。未銜會稽之章，已虚宣室之席。當還儀於内署，庶增繹於皇猷。"（第 217 頁）由"比稍違於常豫，且聽守於便符"云云，知此文當作於嘉祐五年十一月。

是年，草《賜判定州李昭亮乞宫觀及移郡不允詔》。

本集卷一八有《賜判定州李昭亮乞宫觀及移郡不允詔》。按，李昭亮曾三知定州，但前兩次知定州時王珪尚未在京城爲官。[3]《宋史》卷四六四《李昭亮傳》記其第三次判定州云："在定州數言老疾不任邊事，願還京師，乃以爲景靈宫使，又改昭德軍節度使。"[4]《長編》卷一八九嘉祐四年三月注謂李昭亮嘉祐五年二月由判大名府徙判定州。歐陽修《内制集》卷八有《除李昭亮檢校太保判定州制》，題下注嘉祐五年"二月十五日"[5]。考陳旭嘉祐六年四月二十七日庚辰罷樞密副使，爲資政殿學士、知定州。[6]可知李昭亮嘉

---

[1] 李燾撰，上海師範大學古籍整理研究所、華東師範大學古籍整理研究所點校《續資治通鑑長編》，第 8 册第 4651 頁。

[2] 佚名《學士年表》，《翰學三書》，第 1 册第 92 頁。

[3] 參李之亮《宋河北河東大郡守臣易替考》，第 183～184、185 頁。

[4] 脱脱等《宋史》，第 39 册第 13564 頁。

[5] 歐陽修著，李逸安點校《歐陽修全集》，第 4 册第 1299 頁。按，文中謂"可特授檢校太傅"，《全宋文》卷六七一出校云："太傅：按題作'太保'，二者當有一誤。"（曾棗莊、劉琳主編《全宋文》，上海辭書出版社、安徽教育出版社 2006 年版，第 31 册第 317 頁）考胡宿《文恭集》卷二二有《除李昭亮依前檢校太傅同中書門下平章事充景靈宫使昭德軍節度使制》，故當以"太傅"爲是。

[6] 參李燾撰，上海師範大學古籍整理研究所、華東師範大學古籍整理研究所點校《續資治通鑑長編》卷一九三，第 8 册第 4666 頁。

祐五年二月至六年四月知定州，其以老疾乞宮觀及移郡當在嘉祐五年二月以後。

草《賜觀文殿學士程戡乞致仕不允詔》。

程戡嘉祐五年四月二十五日罷樞密副使，爲觀文殿學士兼翰林侍讀學士、同群牧制置使，八月一日爲宣徽南院使、判延州。本集卷一九有《賜觀文殿學士程戡乞致仕不允詔》，云：“卿識量閎粹，材謀敏强，與政七年，盡忠一德。乃援經解寵，抗牘露衷，豈陟降之厭勞，抑讒訾之惡直？今以陪紳祕殿，侍橐禁林。且事佚而道益冲，地清而責靡至，猶執謙挹，以蘄退休。”（第137頁）此文當作於嘉祐五年四月二十五日之後、八月一日之前。

草《賜觀文殿大學士龐籍乞致仕第一表不允詔》《賜龐籍乞致仕第二表不允詔》。

司馬光《太子太保龐公墓誌銘》云：“始公在并州，年甫七十，亟欲告老，會左遷，不敢，至青半歲乃上表自陳。朝廷不許，遷尚書左丞，徙知定州事、本路安撫使。公過京師入見上，面陳至誠。上曰：‘新進之臣，畏怯避事，定州兵驕日久，藉卿威名以鎮之，卿勉爲朝廷行也。’公不得已，請讓還左丞，及至定一年而歸老，上許之。如期復請，詔召還京師，公陳情不已。或謂公今精力克壯，年少所不及，主上注意方厚，何遽引去若此之堅？公曰：‘必待筋力不支，明主厭棄，然後乃去，是不得已，豈止足之謂邪？’凡上表者九、手疏二十餘通，朝廷不能奪。五年，聽以太子太保致仕。”[1]“五年”指嘉祐五年。歐陽修《内制集》卷七《賜觀文殿大學士尚書户部侍郎知定州龐籍乞退不允詔》云：“省所劄子，奏以年齒衰殘，自去年七月後，累奉表及劄子，輸瀝懇誠，尋蒙差知定州，亦曾面告，祇乞一年，許賜請老歸第，伏望早賜差人承替，得遂前懇事，具悉。”[2]該文作於嘉祐四年十一月。《長編》卷一八六云：嘉祐二年十一月“戊戌，昭德軍節度使、知并州龐籍爲觀文殿大學士、户部侍郎、知青州”。卷一八八云：嘉祐三年十二月“癸亥，賜知定州、觀文殿大學士、户部侍郎龐籍朝辭物如節度使例。初命籍爲尚書左丞，籍固辭不拜”。卷一九一云：嘉祐五年五月“甲

---

[1] 司馬光撰，李文澤、霞紹暉校點《司馬光集》卷七六，第3冊第1549～1550頁。
[2] 歐陽修著，李逸安點校《歐陽修全集》，第4冊第1286頁。

午，觀文殿大學士、戶部侍郎龐籍爲太子太保致仕。籍自定州召還，既入
見，詣中書白執政求致仕，執政曰：‘公康寧如是，且上意方厚，奈何欲去
之堅也？’籍曰：‘若待筋力不支，人主厭棄然後去，斯不得已爾，豈得爲
止足哉！’遂歸臥於家。前後凡七上表，其劄子不可勝數，乃許之，仍詔籍
出入如二府儀”[1]。戊戌、癸亥、甲午分別爲二十六日、二十七日、七日。可
知龐籍由定州召還當在嘉祐五年春。本集卷一九有《賜觀文殿大學士龐籍乞
致仕第一表不允詔》《賜龐籍乞致仕第二表不允詔》，後一文云：“卿頃實相
予，秉義忠一，勤勞夙夜，厥功茂焉。何感而上書，願乞骸以歸者至於拳
拳？況今麾攈以官職之累，其安以奉朝，讜謀嘉猷，匃以告朕之不逮。”（第
137頁）此二文當作於嘉祐五年春夏間。

草《賜知慶州韓絳告敕對衣金腰帶鞍轡馬錢三百貫文口宣》。

李清臣《韓獻肅公絳忠弼之碑》云：“罷知蔡州。數月，加翰林侍讀學
士，知慶州。”[2]《長編》卷一九一載嘉祐五年五月戊申，“降右諫議大夫、權
御史中丞韓絳知蔡州”[3]。戊申爲二十一日。可知韓絳授翰林侍讀學士、知慶
州當在嘉祐五年秋冬間。本集卷三〇有《賜知慶州韓絳告敕對衣金腰帶鞍轡
馬錢三百貫文口宣》，云：“卿本粹夷之德，蹈孤峻之風。惜去職於禁游，遂
分符於藩守。申念論思之舊，還儀侍從之聯。飭使驛之兼馳，致上臺之蕃
錫。”（第215頁）

約於是年，草《賜宣徽北院使保靜軍節度使曹佾乞邊任不允詔》。

《宋史》卷四六四《曹佾傳》云：“自右班殿直累進殿前都虞候、安化軍
留後。言者謂年未四十毋典軍，出知澶、青、許三州，徙河陽。以建武軍節
度使爲宣徽北院使，知鄆州，改保靜保平軍節度使、同中書門下平章事、景
靈宮使”[4]。《長編》卷一七六云：至和元年（1054）六月“壬寅，徙知澶州、
建武節度使曹佾知青州”。卷一八一至和二年十月乙酉注云：“至和元年六

[1]李燾撰，上海師範大學古籍整理研究所、華東師範大學古籍整理研究所點校《續資治通鑑長編》，第8冊4494、4539、4624~4625頁。
[2]杜大珪《名臣碑傳琬琰集》上集卷一〇，《宋代傳記資料叢刊》，第14冊第164頁。
[3]李燾撰，上海師範大學古籍整理研究所、華東師範大學古籍整理研究所點校《續資治通鑑長編》，第8冊第4626頁。
[4]脫脫等《宋史》，第39冊第13572頁。

月，佾自澶徙青，嘉祐元年八月，自青徙許。"[1] 胡宿《除曹佾特授依前檢校尚書左僕射充保静軍節度使加食邑制》云："近易東秦之節，俾臨舊許之邦。撫是襄封，陪茲京室。命書甫降，祀典告成。"[2] 由"近易東秦之節，俾臨舊許之邦"云云，知該文當作於曹佾自知青州移知許州後。所謂"祀典告成"，當指嘉祐元年九月十二日舉行之恭謝天地大禮，曹佾授保静軍節度使當在嘉祐元年九月十八日恭謝天地大禮加恩百官時。其任宣徽北院使當在判河陽之後。曹佾離河陽約在嘉祐四年，判鄆州約在嘉祐六年。[3] 嘉祐四年至六年出判鄆州前，曹佾很可能在京任宣徽北院使。可知《宋史·曹佾傳》所記不夠精確。本集卷二一有《賜宣徽北院使保静軍節度使曹佾乞邊任不允詔》，此文當作於曹佾在京任宣徽北院使期間，姑繫於此。

仁宗嘉祐六年辛丑（1061），四十三歲

在汴京。爲翰林學士。有詩十六首、文二十二篇，約可繫文四篇。

正月八日，奉命權知貢舉。

　　《宋會要》選舉一之一一一云：嘉祐"六年正月八日，以翰林學士王珪權知貢舉，翰林學士范鎮、御史中丞王疇並權同知貢舉"。選舉一九之一三云：嘉祐"六年正月八日，以翰林學士王珪等權知貢舉，殿中侍御史吕誨、太常博士齊恢封印卷首。十四日，命秘閣校理陳襄、集賢校理蘇頌考試知舉官親戚舉人"[4]。按，嘉祐六年殿試進士在二月二十七日[5]，放榜在三月十日[6]。本

[1] 李燾撰，上海師範大學古籍整理研究所、華東師範大學古籍整理研究所點校《續資治通鑑長編》，第7冊第4263、4378頁。

[2] 胡宿《文恭集》卷二二，景印文淵閣《四庫全書》，第1088冊第818頁。

[3] 參李之亮《北宋京師及東西路大郡守臣考》，第135、404頁。

[4] 劉琳等校點《宋會要輯稿》，第9冊第5252頁、第10冊第5627頁。

[5] 嘉祐六年殿試時間，《長編》卷一九三、《宋會要》選舉七之一八均繫於二月辛未，辛未爲十七日，趙抃《御試備官日記》則繫於二月二十七日。王瑞來認爲後者可信（參王瑞來《趙抃〈御試官日記〉考釋——兼論北宋殿試制度的演變，王瑞來《文獻可徵——宋代史籍叢考》，山西教育出版社2015年版，第259~260頁）。

[6] 參王安石著，李壁箋注，高克勤點校《王荆文公詩箋注》卷二九《和楊樂道韻六首》注引趙抃《手記》，上海古籍出版社2010年版，第703頁。

年進士取士人數，有一百八十三人、一百九十三人兩種説法。[1] 省元江衍，
狀元王俊民。[2]

是月，鎖院中有《戲書考簿後》《擬試置章御座詩二首》。

張邦基《墨莊漫録》卷一〇云：“王禹偁元之，久爲從官，而未嘗知舉。
有詩云：‘三入承明不知舉，看人門下放門生。’王岐公珪在翰苑，凡十七八
年，三爲主文。常在試闈，戲書考簿後云：‘黄州才藻舊詞臣，幾歎門生未
有人。自笑晚遊金馬客，曾來三鎖貢闈春。’”[3] 所引王珪詩不見於今本《華
陽集》，《全宋詩》亦失收。王珪曾四知貢舉：嘉祐六年、熙寧三年（1070）
爲知貢舉，皇祐五年（1053）、嘉祐二年爲同知貢舉。詩中既云“曾來三鎖
貢闈春”，則當作於嘉祐六年知貢舉時。本年王珪正月八日入貢院，出院當
在二月二十七日殿試進士之前，其詩最有可能作於正月。按，《墨莊漫録》
所引王禹偁詩不見於《小畜集》和《小畜外集》，全篇見釋文瑩《玉壺清話》
卷四、王闢之《澠水燕談録》卷七，謂王禹偁謫官黄州時作，周必大《二老
堂詩話·王禹偁不知貢舉》對此有辨證。

本集卷一有《擬試置章御座詩二首》。考孔文仲有“官題詩”《置章御
座》，韻脚與王珪擬作相同。[4] 孔文仲僅參加過嘉祐六年科舉考試，是年殿
試進士題爲《王者通天地人賦》《天德清明詩》《水幾於道論》[5]，則《置章御
座詩》必爲該年省試題。本年省試引試當在正月中旬，此二詩當作於其時。
按，孔文仲（1033—1088），字經父，臨江軍新淦（今江西峽江）人[6]，嘉祐
六年進士，官至中書舍人，元祐二年卒，年五十六，《宋史》卷三四四、《東
都事略》卷九四有傳，生平事迹見蘇頌《蘇魏公文集》卷五九《中書舍人孔
公墓誌銘》。今存南宋人編《三孔先生清江文集》四十卷乃孔文仲、孔武仲、

---

[1] 參龔延明、祖慧編撰《宋登科記考》，第 259 頁。
[2] 參馬端臨著，上海師範大學古籍研究所、華東師範大學古籍研究所點校《文獻通考》卷三二《選
　　舉考五·舉士》，第 2 冊第 945 頁。
[3] 張邦基范公偁、張知甫撰，孔凡禮點校《墨莊漫録 過庭録 可書》，中華書局 2002 年版，第
　　274 頁。
[4] 參孔文仲、孔武仲、孔平仲《三孔先生清江文集》，《宋集珍本叢刊》，綫裝書局 2004 年影印本，
　　第 16 冊第 28 頁。
[5] 參劉琳等校點《宋會要輯稿》選舉七之一八，第 9 冊第 5398 頁。
[6] 參李春梅《三孔事迹編年》，吳洪澤、尹波主編《宋人年譜叢刊》，四川大學出版社 2002 年版，
　　第 5 冊第 2862~2863 頁。

孔平仲三兄弟文集，其中卷一、卷二所收爲孔文仲詩文。

鎖院中與王疇唱和，有《呈景彝偶書》《和景彝誚扶出者》《和景彝正月二十八日偶書》詩。

　　本集卷三有《呈景彝偶書》，云："一從奉詔銀臺路，下馬成詩奪鳳毫。東觀已陪窺秘錄，南宮又接較群髦。芝封紫拔文章貴，星近端門氣象高。今是漢廷三獨坐，夜吟猶許醉春醪。"頷聯下自注云："皇祐中，嘗同較藝南宮。"頸聯下自注云："景彝近自西垣有中司之拜。"（第17頁）"景彝"爲王疇之字。"西垣"爲中書舍人之別稱，北宋元豐改制前實指知制誥，"中司"爲御史中丞之別稱。王疇嘉祐五年正月二十二日尚以知制誥身份言事，六年正月八日即以御史中丞身份同知貢舉[1]，則其爲御史中丞最早當在嘉祐五年。《長編》卷一九二載嘉祐五年十一月辛丑，"御史中丞趙槩""爲樞密副使"[2]。辛丑爲十六日。可知王疇當是代趙槩爲御史中丞。則此詩當作於嘉祐六年正月省試鎖院中。按，王珪皇祐五年（1053）曾權同知貢舉，但文獻所載該年禮部試考官中不見王疇之名。

　　本集卷一有《和景彝誚扶出者》。此詩述省試時夾帶書冊舉子被逐出考場之情況，當作於嘉祐六年正月省試鎖院中。王疇原唱不存。

　　本集卷三有《和景彝正月二十八日偶書》，云："樹含春色明兼暗，雲帶朝寒去復還。未有燕回羅幕上，不知人在玉樓間。吟魂幾遶青山曲，醉夢多遊紫府關。待得歸時花未老，莫因寥落起愁顔。"（第20頁）據詩意來看，此詩當作於嘉祐六年正月二十八日省試鎖院中。王疇原唱不存。

鎖院中與范鎮唱和，有《依韻和景仁寄河中公儀龍圖》詩。

　　本集卷四有《依韻和景仁寄河中公儀龍圖》云："錦江回日應迢遞，聞道秋來已到城。南省深沉春又鎖，東樓悵望雨中情。河聲欲轉吞鼙鼓，山色初明照旆旌。別後新詩有多少，鍾嶸那得爲君評。"頷聯下自注云："公儀昔同知舉，嘗登東樓賦《春雨》詩。"（第25頁）"景仁""公儀"分別爲范

---

[1] 參劉琳等校點《宋會要輯稿》儀制三之二五、選舉一之一一，第4冊第2343頁、第9冊第5252頁。
[2] 李燾撰，上海師範大學古籍整理研究所、華東師範大學古籍整理研究所點校《續資治通鑑長編》，第8冊第4651頁。

鎮、梅摯之字。梅摯嘉祐四年十二月由知江寧府移知河中府。本集卷二《又寄公儀四首》其二首聯云："又擁雙旌去守蒲，波從天上泛歸艫。"尾聯下自注云："公謁告西歸，久而未報。"（第 14 頁）可知梅摯接到知河中府任命後曾乞假回鄉探親，嘉祐五年秋始到任。據"南省深沉春又鎖"云云，知此詩當作於嘉祐六年正月鎖院中，范鎮是時爲翰林學士，與王珪同知貢舉。按，范鎮（1008—1088），字景仁，成都華陽（今四川成都雙流）人，寶元元年（1038）進士，官至翰林學士，元祐三年卒，年八十一，諡忠文，《宋史》卷三三七、《東都事略》卷七七有傳，生平事迹見《蘇軾文集》卷一四《范景仁墓誌銘》、韓維《南陽集》卷三〇《端明殿學士銀青光禄大夫致仕柱國蜀郡開國公食邑二千六百户食實封五百户贈右金紫光禄大夫諡忠文范公神道碑》、《司馬光集》卷六七《范景仁傳》，陳小青編有《范鎮年譜》[1]，《全宋詩》卷三四五、卷三四六録其詩二卷，《全宋文》卷八六二至卷八七三收其文十二卷。

二月，鎖院中賞識孔文仲之文。

蘇頌《中書舍人孔公墓誌銘》云："公舉進士時，故紫微吕夏卿爲南省點檢官，得公卷曰：'詞賦贍麗，策論深博，其文似荀卿、子雲。'主司以爲知言。"[2]"公"指孔文仲，嘉祐六年擢進士丙科[3]，故"主司"應指主考官王珪。嘉祐六年正月八日命知貢舉官，引試當在正月十八日前後，閱卷當在正月下旬至二月中旬間，姑繫於此。

鎖院中與王疇唱和，有《和王景彝中丞衰病》詩。

本集卷一有《和王景彝中丞衰病》，云："東風吹畫省，衰病若爲情。自惜春將過，相逢老已驚。夜愁聊把酒，早夢忽聞鶯。猶喜年來事，門前桃李生。"（第 7 頁）"畫省"乃尚書省之别稱，此指禮部貢院所在地。北宋自太平興國至元豐年間，禮部貢院均設在尚書省東廡。[4]王疇嘉祐五年十一月權御史中丞[5]，治平元年（1064）閏五月二十四日己丑拜翰林學士，唐介接任

[1] 陳小青《范鎮年譜》，《古籍研究》2015 年第 1 期。
[2] 蘇頌著，王同策等點校《蘇魏公文集》卷五九，第 903 頁。
[3] 參龔延明、祖慧編著《宋代登科總録》，第 2 册第 894 頁。
[4] 參祝尚書《宋代科舉與文學》，中華書局 2008 年版，第 168 頁。
[5] 參李之亮《宋代京朝官通考》，第 4 册第 20 頁。

權御史中丞。[1]在此期間，王珪僅在嘉祐六年與王疇同知禮部貢舉。據"自惜春將過"云云，知此詩當作於嘉祐六年二月鎖院中。王疇原唱不存。

草《賜秘書丞館閣校勘陳繹進擬御試賦獎諭敕書》。

本集卷二五有《賜秘書丞館閣校勘陳繹進擬御試賦獎諭敕書》，云："夫天地人之極，至蘊而莫窺也，誠非王者睿明神知，則莫能兼覽而參化之。朕比措文創題，以臨試天下承學之士，庶觀其所陳。卿才雋過人，退而作賦，欲朕傳五事以通三才，以要諸治亂之歸，夫豈特綴文之工歟？"（第182頁）按，蘇頌《太中大夫陳公墓誌銘》云："嘉祐三年，召試學士院。充館閣校勘，編定秘閣書籍，改著作佐郎、秘書丞，進集賢校理。刊《前漢書》中誤謬，以母喪去位，詔聽即其家校讎。"[2]《宋會要》選舉三一之三四云：嘉祐二年"十一月十四日，舍人院試前西京留守推官陳繹，賦三上、詩三下，詔充館閣校勘"。選舉一九之一三云：嘉祐八年正月"二十一日，命集賢校理王權、陳繹考試知舉官親戚舉人"[3]。王昶《金石萃編》卷一三五吳充《賜陳繹飛白書碑記》記陳繹之母嘉祐八年春卒於京師，其時陳繹所任官職爲秘書丞、集賢校理。嘉祐三年至八年間共行三次常科，分別在嘉祐四年、六年和八年。依正常遷轉程序，嘉祐四年時陳繹不當爲秘書丞，而嘉祐八年正月陳繹已爲集賢校理。可知此文當作於嘉祐六年。《宋會要》選舉七之一八云：嘉祐"六年二月［二］十七日，帝御崇政殿試禮部奏名進士，內出《王者通天地人賦》《天德清明詩》《水幾於道論》題，得王俊民已下一百八十三人，第爲五等，並賜及第、出身、同出身"[4]。此文所述，正合《王者通天地人賦》之意。陳繹進擬御試賦當在二月二十七日以後。

三月二十五日，侍仁宗於後苑賞花釣魚，有《應制後苑賞花釣魚》詩。

《全宋詩》卷四九七據葉廷珪《海錄碎事》卷一〇上《帝王部·儀衛門·華芝》收錄王珪《應制後苑賞花釣魚》詩殘句一聯："禁籞平明帳殿開，華芝初下未央來。"並注明"此二句又見《郹溪集》卷二七《春盡》二首之

---

［1］參李燾撰，上海師範大學古籍整理研究所、華東師範大學古籍整理研究所點校《續資治通鑑長編》卷二〇一，第8冊第4884頁。

［2］蘇頌著，王同策等點校《蘇魏公文集》卷六〇，第911頁。

［3］劉琳等校點《宋會要輯稿》，第10冊第5859、5627頁。

［4］劉琳等校點《宋會要輯稿》，第9冊第5398頁。

二"[1]。考鄭獬《春盡二首》之二云："禁籞平明帳殿開，華芝初下未央來。人間彩鳳儀昭曲，天上流霞滿御杯。花近赭袍偏照爛，魚窺仙仗亦徘徊。蓬萊絶景何曾到，自愧塵蹤此一陪。"[2]文淵閣《四庫全書》本《兩宋名賢小集》卷一三三鄭獬《幻雲居詩稿》亦收録此詩，列爲《恭和御製賞花釣魚二首》之二。方回《瀛奎律髓》卷五有宋仁宗《賞花釣魚御製》，云："晴旭輝輝苑籞開，氤氲花氣好風來。游絲冒絮縈行仗，墮蕊飄香入酒杯。魚躍文波時撥刺，鶯留深樹久徘徊。青春朝野方無事，故許游觀近侍陪。"[3]其後爲韓琦《和御製賞花釣魚》、鄭獬《和前韻》，再其後爲未署名之《和前韻》《奉詔赴瓊林苑燕餞太尉潞國文公出鎮西都》《送公闓給事自青州致政歸吳中》《送程公闓給事出守會稽兼集賢殿修撰》《寄程公闓》，其中未署名之《和前韻》即《春盡二首》之二。勞格《讀書雜識》卷一二《王珪華陽集》指出，此未署名五詩中之前四首爲王珪詩。[4]王傳龍、王一方亦證明此未署名之《和前韻》乃王珪之作。[5]陳小輝以爲此是鄭獬詩[6]，失考。

《宋會要》禮四五之三八載仁宗朝後苑賞花釣魚活動共有九次，即天聖三年（1025）三月二十一日、五年三月十日、六年三月十七日、七年閏二月二十九日、八年二月十九日[7]、九年三月十七日，明道二年（1033）三月十三日，景祐三年（1036）三月六日，嘉祐六年三月二十五日。其他年份没有舉行過賞花釣魚活動。[8]《長編》卷一九三云：嘉祐六年三月"戊申，幸後苑賞花釣魚，遂宴太清樓。出御製詩一章，命從臣屬和以進"[9]。胡柯《廬陵歐陽文忠公年譜》載嘉祐六年"三月戊申，侍上幸後苑，賞花華景亭，釣

---

[1] 北京大學古文獻研究所編《全宋詩》，第9冊第6006頁。

[2] 鄭獬《郧溪集》，《宋集珍本叢刊》，第15冊第242頁。

[3] 方回選評，李慶甲集評校點《瀛奎律髓彙評》，第217頁。

[4] 參勞格《讀書雜識》，《續修四庫全書》，上海古籍出版社2001年影印本，第1163冊第341頁。

[5] 參王傳龍、王一方《王珪〈華陽集〉的誤收、輯佚與流傳》，《中州學刊》2016年第2期。

[6] 參陳小輝《〈全宋詩〉之王珪、鄭獬、王安國詩重出考辨》，《湖南工業大學學報（社會科學版）》2017年第4期。

[7] 王應麟輯《玉海》卷三〇《天聖清輝殿山水石詩》、卷一六〇《天聖清輝殿崇德殿》載天聖八年後苑賞花釣魚在三月壬申，壬申爲十九日，當是。

[8] 參陳元鋒《北宋館閣翰苑與詩壇研究》，中華書局2005年版，第180~183頁。

[9] 李燾撰，上海師範大學古籍整理研究所、華東師範大學古籍整理研究所點校《續資治通鑑長編》，第8冊第4664頁。

魚涵曦亭，遂宴太清樓”[1]。戊申爲二十五日。邵博《邵氏聞見後録》卷一七云：“嘉祐六年三月，仁皇帝幸後苑，召宰執、侍從、臺諫、館閣以下賞花釣魚，中觴，上賦詩：‘晴旭暉暉花盡開，氤氳花氣好風來。游絲冒絮縈行仗，墮蕊飄香入酒杯。魚躍紋波時潑剌，鶯流深樹久徘徊。青春朝野方無事，故許歡遊近侍陪。’宰相韓琦，樞密曾公亮，參政張昇、孫抃，副樞歐陽修、陳旭以下皆和，帝獨稱賞韓琦‘輕陰閣雨迎天步，寒色留春送壽杯’之句。時翰林學士承旨宋祁久疾在告，明日和詩來上，帝覽之已悵然。不數日祁薨，益加震悼云。”[2]此次君臣唱和之作，現存者尚有韓琦《安陽集》卷九《御製後苑賞花釣魚奉聖旨次韻》、歐陽修《居士集》卷一三《應制賞花釣魚》、《司馬光集》卷一〇《御製後苑賞花釣魚七言四韻詩一首奉聖旨次韻》、蘇頌《蘇魏公文集》卷一《恭和御製賞花釣魚》等。

是月，草《賜樞密副使陳升之乞外郡第三表不允斷來章批答》。

《長編》卷一九三云：嘉祐六年四月“庚辰，樞密副使、右諫議大夫陳旭爲資政殿學士、知定州，三司使、給事中包拯爲樞密副使，禮部郎中、天章閣待制、知諫院唐介知洪州，右司諫趙抃知虔州，兵部員外郎兼侍御史知雜事范師道以本官知福州，殿中侍御史吕誨知江州。旭始除樞密副使，或言旭陰結宦者史志聰、王世寧等，故有此命。介等遂交章論列，且言：‘旭頃爲諫官，因張彦方事阿附貴戚，已不爲清議所與。及知開封府，嘗賤市富民馬，納外弟甄昂於府舍，恣行請託。’上以其章示旭，旭奏：‘臣前任言職，彈斥內臣，其桀黠用事如楊懷敏、何誠用、武繼隆、劉恢輩多坐黜逐，今言者乃以此汙臣。志聰臣不識面，世寧弟娶臣妻舅之孤女，久絕往來，若嘗薦臣，陛下必記其語。乞付吏辨劾。’遂家居求罷。上以手詔召出之，介等復閤門待罪，頃之復出，如是者數四。上顧謂輔臣曰：‘凡除拜二府，朕豈容內臣預議耶！’而介等言不已，故兩罷之”[3]。庚辰爲二十七日。《宋會要》職官六之五〇云：嘉祐“七年二月，學士院言：‘臣僚上奏并劄子陳請事，

———————————

[1] 吴洪澤、尹波主編《宋人年譜叢刊》，第 2 册第 1003 頁。

[2] 邵博撰，劉德權、李劍雄點校《邵氏聞見後録》，中華書局 1983 年版，第 131 頁。

[3] 李燾撰，上海師範大學古籍整理研究所、華東師範大學古籍整理研究所點校《續資治通鑑長編》，第 8 册第 4666 頁。

唯宰臣、親王、樞密使方降手詔、手書，自參知政事、樞密副使已下，即無體例。去年三月，因樞密副使陳升之請郡，內批令降不允手詔，當直學士胡宿亦曾論奏，以手詔體重，乞只降不允詔，而不從其請。竊緣近禁動成故事，恐成例，瀆廢典故。乞自今除宰執、親王、樞密使有所陳請事，依例或降手詔、手書，自餘臣僚更不降手書、手詔，許從本院執奏。'從之"[1]。洪遵《翰苑遺事》亦載此事。本集卷二八有《賜樞密副使陳升之乞外郡第三表不允斷來章批答》，云："朕比不次用卿，固有以謀合朕意者。乃人言紛紛，使卿不得安厥位，至三露章，情見懇激。雖欲遠讒保名，以全易退之節；然輕用人之禮，朕不愧於茲乎？"（第 208 頁）此文當作於嘉祐六年三月。

春，草《賜知台州李頎救濟水災獎諭敕書》。

《嘉定赤城志》卷九《秩官門二‧本朝郡守》載李頎嘉祐三年"九月以屯田郎中"知台州；六年"大水"，徐億"四月以職方員外郎知。修城"[2]。可知嘉祐六年春台州大水。本集卷二五有《賜知台州李頎救濟水災獎諭敕書》。

四月，草《賜樞密直學士知鄧州王琪進和後院賞花釣魚詩獎諭詔》。

《宋史》卷三一二《王琪傳》云："以龍圖閣待制知潤州。……徙知江寧。……復知制誥，加樞密直學士、知鄧州，徙揚州，入判太常寺，又出知杭州，復爲揚州、潤州。以禮部侍郎致仕。"[3] 此段對於王琪仕歷之記述，多有遺漏。《洪武蘇州府志》卷一九《牧守題名》云：王琪"皇祐三年四月乙巳自舒徙薦，四年六月乙未徙知潤州"。"嘉祐三年七月自龍圖閣待制知江寧府，改蘇州。四年八月坐失舉保任，降度支員外郎、知饒州。"[4]《景定建康志》卷一三《建康表九》云：嘉祐二年"二月二日，尚書工部郎中、龍圖閣待制王琪知府事"；三年"八月，琪除知制誥，就移知蘇州"；五年"二

---

[1] 劉琳等校點《宋會要輯稿》，第 5 冊第 3183 頁。

[2] 黃㑽、齊碩修，陳耆卿纂《嘉定赤城志》，《宋元方志叢刊》，中華書局 1990 年影印本，第 7 冊第 7351 頁。

[3] 脫脫等《宋史》，第 29 冊第 10246 頁。

[4] 盧熊《蘇州府志》卷一九《牧守題名》，《中國方志叢書》，成文出版社 1983 年影印本，華中地方第 432 號第 738~739、740 頁。按，《正德姑蘇志》卷三《古今守令表中》亦載王琪皇祐三年四月乙巳自知舒州徙知蘇州。而《宋會要》食貨八之三五引《三朝國史志》，有"皇祐二年，王琪再守潤"云云，姑從《洪武蘇州府志》《正德姑蘇志》。

月三日，工部郎中、知制誥王珪知府事，再至。四月，移知陳州”[1]。《乾道臨安志》卷三《牧守·國朝》云：“治平元年九月甲戌，以樞密直學士、同判太常寺王珪知杭州，十一月己（乙）亥，轉右諫議大夫，二年，徙知揚州。”[2]本集卷二三有《賜樞密直學士知鄧州王珪進和後院賞花釣魚詩獎諭詔》，云：“朕萬幾之豫，思燕群臣。暮春之和，遂啓秘苑。臨清流而發詠，惜餘葦以命觴。人心樂胥，天日延煦。雖未足掩魚藻之盛，而固已追柏臺之娛。卿蔚爲邦英，滯於郡守。聞華景之勝集，念清徽之素遊。遠託嘉辭，進賡新唱。矧儒林之碩望，有詩筆之舊名。玩味之餘，嘉歎何已！”（第168頁）王珪知鄧州、徙揚州、入判太常寺當在嘉祐五年至治平元年間。在此期間，賞花釣魚活動僅在嘉祐六年三月二十五日舉行過一次。王珪在鄧州任所進詩唱和，則此文當作於嘉祐六年四月。按，李之亮《北宋京師及東西路大郡守臣考》鄧州部分失載王珪。

草《賜樞密副使包拯免恩命不允斷來章批答》。

包拯嘉祐六年四月二十七日拜樞密副使。[3]本集卷二六有《賜樞密副使包拯免恩命不允斷來章批答》，此文當作於四月二十七日之後，姑繫於此。

六月二十六日，與吳奎詳定茶法。

《長編》卷一九三云：嘉祐六年六月“丁丑，命翰林學士吳奎、王珪同詳定茶法”。注云：“《實錄》：明年正月丁丑乃命王珪。今從《會要》。”[4]兩丁丑分別爲二十六日、二十九日。《宋會要》食貨三〇之一〇繫此事於嘉祐七年正月，茲從《長編》。

是月，有《留題吳仲庶省副北軒畫壁兼呈楊樂道諫院龍圖三首》。

本集卷二有《留題吳仲庶省副北軒畫壁兼呈楊樂道諫院龍圖三首》，其一尾聯下自注云：“僕被詔蠲欠，累至省中。”其二云：“誰將畫手分平遠，幾

---

［1］周應合撰，王曉波等點校《景定建康志》，《宋元珍稀地方志叢刊》甲編，第 1 冊第 555、556～557 頁。

［2］周淙纂修《乾道臨安志》，《宋元方志叢刊》，第 4 冊第 3244～3245 頁。按，治平元年十一月壬戌朔，無己亥日，“己亥”當爲“乙亥”之訛。

［3］參孔繁敏編《包拯年譜》，第 109～110 頁。

［4］李燾撰，上海師範大學古籍整理研究所、華東師範大學古籍整理研究所點校《續資治通鑑長編》，第 8 冊第 4677 頁。

度曾窺雁鶩洲。六月炎風方病暑，五湖烟景已迎秋。班趨規地來常晚，詩入籠紗思未休。爲惜主人林下意，暮鐘沉閣尚應留。"第五句下自注云："樂道裁定諸路酤額，日赴省中。"（第14頁）《王荆文公詩箋注》卷二九有《次韻吳仲庶省中畫壁》，《司馬光集》卷一〇有《依韻和仲庶省壁畫山水》，韻腳與王珪詩相同，應爲同時之作。吳中復嘉祐四年八月除三司戶部副使。[1] 楊畋嘉祐六年初改任知諫院，並自天章閣待制升任龍圖閣直學士，七年四月卒。[2] 則此三詩當作於嘉祐六年六月。"被詔躅欠"云云，當指奉命與吳奎同詳定茶法。劉成國繫王安石詩於嘉祐五年[3]，似不確。按，吳中復（1011—1078），字仲庶，興國軍永興（今湖北陽新）人，寶元元年（1038）進士，官至給事中，元豐元年卒，年六十八，《宋史》卷三二二、《東都事略》卷七五有傳，生平事迹見杜大珪《名臣碑傳琬琰集》下集卷一五《吳給事中復傳》，王可喜、王兆鵬編有《吳中復年譜》，《全宋詩》卷三八二錄其詩二十四首、殘句三聯，《全宋文》卷九三九收其文九篇。楊畋（1007—1062），字樂道，又字叔武，麟州新秦（今陝西神木）人，進士及第，官至龍圖閣直學士，嘉祐七年卒，年五十六，《宋史》卷三〇〇有傳，生平事迹見王安石《臨川先生文集》卷八四《新秦集序》、蘇轍《欒城集》卷一八《楊樂道龍圖哀辭敘》，《全宋文》卷六六二收其文四篇。

奉命祭社，有《大社祭告爲日交蝕祝文》。

本集卷一四有《大社祭告爲日交蝕祝文》，云："乃日食於六月之吉，陰慝之作，方晝而冥，豈邦之政事不修，抑神不能助陽宣精，以致厥咎歟？"（第102頁）考王珪在京爲官期間，發生於六月一日之日食有兩次：一在嘉祐六年，二在元豐元年（1078）。[4] 元豐元年日食無異常天象之記錄，而嘉祐六年這一次則不同。《長編》卷一九三云：嘉祐六年六月"壬子朔，日有

---

[1] 參王可喜、王兆鵬《吳中復年譜》，趙敏俐主編《中國詩歌研究》第9輯，社會科學文獻出版社2013年版，第332頁。

[2] 參何冠環《將門學士：楊家將第四代傳人楊畋生平考述》，李裕民主編《首屆全國楊家將歷史文化研討會論文集》，科學出版社2009年版，第56頁。

[3] 參劉成國《王安石年譜長編》，第2冊第540頁。

[4] 參李燾撰，上海師範大學古籍整理研究所、華東師範大學古籍整理研究所點校《續資治通鑑長編》卷二九〇，第12冊第7085頁。

食之。初，司天言當食六分之半。是日未初，從西食四分而雲陰雷電，頃之雨。渾儀所言不爲災。……於是詔百官毋得稱賀"。注云："胡宿請祭社或附此。"[1] 則此文當作於嘉祐六年六月一日之後，蓋因胡宿之請，王珪受命祭社。

草《賜樞密副使歐陽修生日禮物詔》。

歐陽修景德四年（1007）六月二十一日寅時生，嘉祐五年十一月十六日拜樞密副使，六年閏八月二十一日轉參知政事。[2] 本集卷一八有《賜樞密副使歐陽修生日禮物詔》，此文當作於嘉祐六年六月。

七月，草《賜起復宰臣富弼赴闕詔》《賜起復宰臣富弼赴闕口宣》。

《長編》卷一九三云：嘉祐六年三月"己亥，宰臣富弼以母喪去位"。六月"甲戌，富弼起復禮部尚書、平章事、昭文館大學士、監修國史，弼辭不拜。故事，執政遇喪皆起復，弼謂金革變禮，不可用於平世。上五遣使起之，卒不從命"[3]。己亥爲十六日，甲戌爲二十三日。《宋史》卷二一一《宰輔表二》亦載嘉祐六年"六月甲戌，富弼起復以前官同平章事，固辭"[4]。《宋宰輔編年錄》卷五則謂嘉祐六年"七月，以弼爲起復禮部尚書、平章事、昭文館大學士、監脩國史，不拜"[5]。富弼《上神宗敘述前後辭免恩命以辯讒謗》云："在中書爲首相，丁母憂，歸西京持服。仁宗五遣中貴人及御藥院使臣詔臣起復，臣每次瀝懇拜章，願滿三年之制，終免起復之行。"[6] 嘉祐六年六月二十三日第一次詔富弼起復，五遣使而卒不從命當在七月。本集卷二一有《賜起復宰臣富弼赴闕詔》，卷三二有《賜起復宰臣富弼赴闕口宣》。前一文云："卿遭艱以來，乃累詔未起，朕惟篤君臣者莫大乎義，則可以斷恩；顯父母者必揚其名，則可以稱孝。卿其抑餘哀，迪大節，以終惠子無

[1] 李燾撰，上海師範大學古籍整理研究所、華東師範大學古籍整理研究所點校《續資治通鑑長編》，第 8 冊第 4672~4673 頁。

[2] 參劉德清《歐陽修紀年錄》，第 10、349、357 頁。

[3] 李燾撰，上海師範大學古籍整理研究所、華東師範大學古籍整理研究所點校《續資治通鑑長編》，第 8 冊第 4663、4673 頁。

[4] 脫脫等《宋史》，第 16 冊第 5480 頁。

[5] 徐自明撰，王瑞來校補《宋宰輔編年錄校補》，第 1 冊第 336 頁。

[6] 趙汝愚編，北京大學中國中古史研究中心校點整理《宋朝諸臣奏議》卷七五，上海古籍出版社1999 年版，第 817 頁。

窮之休。"（第 158 頁）後一文云："卿德冠朝倫，功熙天載。屬內艱之去位，終上鉉之虛司。雖嚴詔驛之馳，猶固喪廬之慕。勉思大義，垂應群瞻。"（第 229 頁）據"累詔未起""雖嚴詔驛之馳，猶固喪廬之慕"云云，繫此二文於七月。

八月二十五日，爲制科御試考官，草《問賢良方正策》，有《被詔考制科呈胡武平内翰三首》。

本集卷二有《被詔考制科呈胡武平内翰三首》。其一云："奉詔金門草聖題，平明趨過殿西墀。宮牀賜筆宣名早，赭案焚香上策時。朝論只應收畯傑，皇心非不監安危。玉堂詞客承恩久，幾度曾來醉御厄。"（第 13 頁）"胡武平"指胡宿。考胡宿皇祐五年（1053）五月以兵部員外郎、知制誥爲翰林學士[1]，嘉祐六年閏八月二十一日辛丑以拜樞密副使罷翰林學士[2]。王珪自稱"玉堂詞客"，說明作此詩時亦爲翰林學士。可知此詩當作於嘉祐元年至六年間。在此期間共舉行過三次制科考試，分別在嘉祐二年、四年和六年。嘉祐二年制舉閣試在八月七日，御試在八月十九日；嘉祐四年制舉閣試在七月二十六日，御試在八月十三日[3]：此二次制科考試均在王珪丁母憂期間，故知此三詩當作於嘉祐六年。

《宋會要》選舉一一之八云：嘉祐"六年八月十七日，命翰林學士吳奎、龍圖閣直學士楊畋、御史中丞王疇、知制誥王安石，就秘閣考試制科。奎等上王介、蘇軾、蘇轍論各六首"。"二十五日，帝御崇政殿試賢良方正能直言極諫者著作佐郎王介、河南府福昌縣主簿蘇軾、河南府澠池縣主簿蘇轍。制策曰：'朕承祖宗之大統，先帝之休烈，深惟寡昧，未燭於理，志勤道遠，治不加進，夙興夜寐，於茲三紀。朕德有所未至，教有所未孚，闕政尚多，和氣或盩。田野雖闢，民多亡聊；邊境雖安，兵不得徹；利入已浚，浮費彌廣；軍冗而未練，官冗而未澄；庠序比興，禮樂未具；戶罕可封之俗，士忽廉讓之節。此所以訟未息於虞芮，刑未措於成康。意在位者不以

［1］參佚名《學士年表》,《翰學三書》，第 1 冊第 90 頁。

［2］參李燾撰，上海師範大學古籍整理研究所、華東師範大學古籍整理研究所點校《續資治通鑑長編》卷一九五，第 8 冊第 4718 頁。

［3］參劉琳等校點《宋會要輯稿》選舉一一之五、選舉一一之七，第 9 冊第 5473、5474 頁。

教化爲心，治民者多以文法爲拘。禁防繁多，民不知避，敘法寬濫，吏不知懼，纍繫者衆，愁歎者多。仍歲以來，災異數見，乃六月壬子日食於朔，淫雨過節，煗氣不效，江河潰決，百川騰溢。永思厥咎，深切在予。變不虛生，緣政而起。五事之失，六沴之作，劉向所傳，呂氏所紀。五行何修而得其性，四時何行而順其令。非正陽之月，代鼓救變，其合於經乎？方盛夏之時，論囚報重，其考於古乎？京師諸夏之根本，王教之淵源，百工淫巧無禁，豪右僭差不度。治當先內，或曰何以爲京師；政在摘姦，或曰不可撓獄市。推尋前世，探觀治迹，孝文尚老子而天下富殖，孝武用儒術而海內虛耗。道非有弊，治奚不同？王政所由，形於詩道。周公《豳》詩，王業也，而繫之《國風》；宣王北伐，大事也，而載之《小雅》。周以冢宰制國用，唐以宰相兼度支。錢穀大計也，兵師大衆也，何陳平之對，謂當責之內史？韋賢之言，不宜兼於宰相？錢貨之制，輕重之相權；命秩之差，虛實之相養。水旱畜積之備，邊陲守禦之方，圜法有九府之名，樂語有五均之義。富人強國，尊君重朝，弭災致祥，改薄從厚。此皆前世之急政，而當今之要務。子大夫其悉意以陳，毋悼後害。'軾策入第三等，介入第四等，轍入第四次等。詔軾爲大理評事、僉書鳳翔府判官公事，介爲秘書丞、知通州靜海縣，轍爲商州軍事推官。"[1] 按，施宿《東坡先生年譜》卷上謂嘉祐六年制科御試在九月[2]，與《長編》卷一九四嘉祐六年八月乙亥、《宋史》卷一二《仁宗本紀四》及《宋會要》等所記不同。《長編》與《東坡先生年譜》均記嘉祐六年制科御試考官有胡宿、沈遘、范鎮、司馬光、蔡襄，未及王珪。由此三詩來看，王珪亦爲嘉祐六年制科御試考官之一，且爲策題草擬者。今本《華陽集》《全宋文》失收此策題。

閏八月二十四日，草《賜樞密副使歐陽修免恩命允詔》。

本集卷一八有《賜樞密副使歐陽修免恩命允詔》，云："會參政本之司，進服地官之序。亟露衷於宸几，願回渥於制函。"（第 126 頁）"地官"指戶部侍郎。胡柯《廬陵歐陽文忠公年譜》載嘉祐六年"閏八月辛丑，轉戶部侍

---

[1] 劉琳等校點《宋會要輯稿》，第 9 冊第 5475～5476 頁。
[2] 參施宿《東坡先生年譜》，王水照編《宋人所撰三蘇年譜彙刊》，上海古籍出版社 1989 年版，第 33 頁。

郎、參知政事，進封開國公，加食邑五百户、食實封二百户。公辭轉官，許
之"。後録張瓌行制詞，其中謂"樞密副使、朝散大夫、守尚書禮部侍郎、
護軍、樂安郡開國侯、食邑一千八百户、食實封四百户、賜紫金魚袋歐陽
某"，"可特授依前守尚書禮部侍郎、參知政事，進封開國公，加食邑五百
户、食實封二百户，散官、勳、賜如故"[1]。而《長編》卷一九五云：嘉祐六
年閏八月"辛丑，參知政事孫抃，樞密副使歐陽修、趙槩、包拯並進官一
等，仍改修參知政事"。"甲辰，參知政事孫抃、歐陽修，樞密副使趙槩、包
拯並上表辭所除官，從之。"[2]辛丑爲二十一日，甲辰爲二十四日。可知歐陽
修轉官户部侍郎時，尚未授參知政事，故此文題中仍稱其爲"樞密副使"。

是月，詳定司馬光別分職任差遣爲十二等議。

　　王安石《臨川先生文集》卷六二《詳定十二事議》云："起居舍人司馬
光起請：'舊官九品之外，別分職任差遣爲十二等，以進退群臣。十二等之
制：宰相第一，兩府第二，兩制以上第三，三司副使、知雜御史第四，三司判
官、轉運使第五，提點刑獄第六，知州第七，通判第八，知縣第九，幕職第
十，令録第十一，判、司、簿、尉第十二。其餘文武職任差遣，並以此比類
爲十二等。若上等有闕，則於次之中擇材以補之。'奉聖旨，兩制詳定聞奏。
王珪等詳定：司馬光起請難盡施行外，'致治之要，在任官之久。欲乞知州
令滿三年爲一任；通判人緣審官院見今員多闕少，候將來差遣得行，亦別取
指揮；知縣人今後初入者，並滿六周年方入通判。仍乞下審官詳定條約聞
奏'者。臣愚以謂司馬光十二等之説，王珪等既以爲難行，而珪等所議知州
三年爲一任，知縣六年方入通判，亦無補於官人失得之數。朝廷必欲大修法
度，甄序人材，則以至誠惻怛求治之心博延天下論議之士，而與之反復，必
有至當之論可施於當世。凡區區變更，而終無補於事實者，臣愚竊恐皆不足
爲。"[3]司馬光嘉祐六年閏八月八日上《十二等分職任差遣劄子》[4]，則王珪等

[1] 吳洪澤、尹波主編《宋人年譜叢刊》，第2冊第1003～1004頁。
[2] 李燾撰，上海師範大學古籍整理研究所、華東師範大學古籍整理研究所點校《續資治通鑑長編》，
　　第8冊第4718、4719頁。
[3] 王水照主編《王安石全集》，第6冊第1148～1149頁。
[4] 參司馬光撰，李文澤、霞紹暉校點《司馬光集》卷一九，第2冊第555頁。

奉命詳定其議當在此後不久。李之亮繫王安石文於嘉祐七年[1]，失考。

草《賜宰臣韓琦免恩命不允批答》。

韓琦嘉祐三年六月七日丙午拜集賢相，六年閏八月二十日庚子拜昭文相[2]，治平四年（1067）九月二十六日辛丑罷相[3]。本集卷二六有《賜宰臣韓琦免恩命不允批答》，此文又見《宋文鑑》卷三三，云："向屬冢卿之缺，適登臺席之元。稽卜神謀，孚言朝聽。維百辟之是式，維兆民之是瞻。奚興曲讓之辭，殊闕大公之舉。"（第189頁）王珪嘉祐三年居母喪，則此文當作於嘉祐六年閏八月二十日之後。

草《賜參知政事歐陽修免恩命不允斷來章批答》。

歐陽修拜參知政事之時間，《長編》卷一九五、《宋史全文》卷九下、胡柯《廬陵歐陽文忠公年譜》等繫於嘉祐六年閏八月辛丑，而《東都事略》卷六《仁宗本紀二》、《宋宰輔編年録》卷五、《宋史》卷二一一《宰輔表二》等繫於閏八月庚子，辛丑爲二十一日，庚子爲二十日，姑從前説。本集卷二六有《賜參知政事歐陽修免恩命不允斷來章批答》，此文當作於嘉祐六年閏八月二十一日之後。歐陽修《表奏書啓四六集》卷二有《辭參知政事表》，當即此文批答對象，但題下注"嘉祐六年八月"[4]，不確。

草《賜宰臣曾公亮免恩命不允批答》。

《長編》卷一八四載嘉祐元年十二月壬子，"翰林學士、兼侍讀學士、中書舍人、集賢殿修撰、權知開封府曾公亮爲給事中、參知政事"。卷一九二載嘉祐五年十一月辛丑，"禮部侍郎、參知政事曾公亮依前官充樞密使"。卷一九五載嘉祐六年閏八月庚子，"樞密使、禮部侍郎曾公亮爲吏部侍郎、平章事、集賢殿大學士"[5]。壬子、辛丑、庚子分別爲五日、十六日、二十日。本集卷二七有《賜宰臣曾公亮免恩命不允批答》，此文又見《宋文

---

［1］參王安石撰，李之亮箋注《王荊公文集箋注》，巴蜀書社2005年版，第936頁。

［2］參李燾撰，上海師範大學古籍整理研究所、華東師範大學古籍整理研究所點校《續資治通鑑長編》卷一八七、卷一九五，第8冊第4512、4718頁。

［3］參徐自明撰，王瑞來校補《宋宰輔編年録校補》，第2冊第360頁。

［4］歐陽修著，李逸安點校《歐陽修全集》，第4冊第1348頁。

［5］李燾撰，上海師範大學古籍整理研究所、華東師範大學古籍整理研究所點校《續資治通鑑長編》，第8冊第4460、4651、4718頁。

鑑》卷三三，云：“頃陪議於宰臣，旋冠謨於宥省。邦之維度靡不舉，兵之紀律靡不張。屬上臺之進賢，宜右弼之膺寵。忽起舜庭之讓，未施鄧國之規。”（第196頁）“頃陪議於宰臣”指任參知政事，“旋冠謨於宥省”指任樞密使，而“宜右弼之膺寵”則指拜集賢相。則此文當作於嘉祐六年閏八月二十日之後。

九月八日，判史館。

王應麟《玉海》卷一六五《建隆昭文館》云：嘉祐“六年九月丁巳，翰林學士王珪判史館，馮京判昭文館，又置編校四員（一云置八員）”[1]。丁巳爲八日。

是月，草《賜知潞州李柬之乞西京留臺不允詔》。

本集卷一八有《賜知潞州李柬之乞西京留臺不允詔》，云：“近歲以來，何恙不已。夫退領閑務，曷若臨政惠民之深？其專精神，近醫藥，以自扶持。憲臺別印，非朕惜之。”（第127~128頁）按，《宋史》卷三一〇《李柬之傳》云：“知荆南、河陽、澶州，改集賢院學士，判西京留司御史臺。”[2]《宋會要》職官一七之三八云：“嘉祐六年九月，以龍圖閣直學士、尚書工部侍郎李柬之爲刑部侍郎、集賢院學士、判西京留司御史臺。柬之以老自請，從之。”[3]王安石《臨川先生文集》卷四九《龍圖閣直學士李柬之刑部侍郎充集賢院學士判西京留守司御史臺制》云：“具官某，名臣之子，能自修敕，出備蕃維之任，入爲侍從之官。而乃力辭顯榮，退就閑職。別都執憲，地清務簡，特峻秋官之秩，仍通麗正之班。”[4]可知李柬之當在接到知潞州任命後乞西京留臺，未獲允，再乞，獲允。則此文當作於嘉祐六年九月或稍前，姑繫於此。

秋，有《送何聖從龍圖將漕河東》詩。

本集卷三有《送何聖從龍圖將漕河東》詩，云：“平明捧詔未央宮，全晉山河九曲東。官着繡衣驚曼倩，文傳錦里壓揚雄。紅旌照日隣天上，玉

[1] 王應麟輯《玉海》，第5冊第3042頁。
[2] 脱脱等《宋史》，第29冊第10175頁。
[3] 劉琳等校點《宋會要輯稿》，第6冊第3469頁。
[4] 王水照主編《王安石全集》，第6冊第914頁。

劍橫秋入塞中。每下銀臺南畔路，風塵那復舊時同。"（第22頁）《王荆文公詩箋注》卷三四有《送何聖從龍圖》，乃同時之作。《宋史》卷三二二《何郯傳》云："唐介出荆南，敕過門下，郯封還之，介復留諫院。遷龍圖閣直學士，爲河東都轉運使。"[1]《長編》卷一九二云：嘉祐五年七月"甲午，户部員外郎、天章閣待制、知諫院唐介知荆南，從介請也。敕過門下，知封駁事何郯封還之，言：'介爲諫官，有補朝廷，不當出外。'詔介復知諫院如故"[2]。李之亮據此認爲何郯嘉祐五年任河東路都轉運使[3]，當誤。嘉祐六年三月，何郯尚在京爲御試進士詳定官，並與楊畋、王安石唱和詩歌。[4]歐陽修《書簡》卷五《與劉侍讀原父書二十七通》其二十一云："前日餞聖從，與景仁、介甫清坐終日，奉思之外，惟以鮮歡，相顧屢歎而已。恐知其近况，故輒及之。"題下注"嘉祐六年"[5]。"劉侍讀"指劉敞，時在知永興軍任上。[6]由"玉劍橫秋入塞中"云云，知何郯爲河東路都轉運使當在嘉祐六年秋。按，何郯（1004—1072），字聖從，成都（今屬四川）人，景祐元年（1034）進士，官至龍圖閣直學士，熙寧五年卒，年六十九，《宋史》卷三二二、《東都事略》卷七五有傳，《全宋詩》卷二七二録其詩一首，《全宋文》卷六一一至卷六一四收其文四卷。

十一月二十日，草《賜夏國主乞用漢儀詔》。

《長編》卷一九五云：嘉祐六年十一月"己巳，夏國主諒祚言：'本國竊慕漢衣冠，今國人皆不用蕃禮。明年欲以漢儀迎待朝廷使人。'許之"[7]。己巳爲二十。本集卷一九有《賜夏國主乞用漢儀詔》，此文亦見《宋大詔令集》卷二三四。

---

[1] 脱脱等《宋史》，第30冊第10441頁。
[2] 李燾撰，上海師範大學古籍整理研究所、華東師範大學古籍整理研究所點校《續資治通鑑長編》，第8冊第4635頁。
[3] 參李之亮《宋代路分長官通考》，巴蜀書社2003年版，第460頁。
[4] 參劉成國《王安石年譜長編》，第2冊第575~577、578~579頁。
[5] 歐陽修著，李逸安點校《歐陽修全集》，第6冊第2427頁。
[6] 參張尚英《劉敞年譜》，《宋人年譜叢刊》，第4冊第2095~2098頁。
[7] 李燾撰，上海師範大學古籍整理研究所、華東師範大學古籍整理研究所點校《續資治通鑑長編》，第8冊第4730頁。

十二月，草《除李璋殿前都指揮使武康軍節度使制》《賜殿前副都指揮使武康軍節度使李璋免恩命第一表不允批答》。

本集卷三六有《除李璋殿前都指揮使武康軍節度使制》，卷二六有《賜殿前副都指揮使武康軍節度使李璋免恩命第一表不允批答》；前一文又見《宋文鑑》卷三五、《宋大詔令集》卷一〇〇，分別題作《除李璋殿前副都指揮使武康軍節度使制》《李璋授殿前副都指揮使武康軍節度使制》，可知本集文題漏掉"副"字。《景定建康志》卷二六《官守志三·侍衛馬軍司》云：李璋"嘉祐六年九月，除副都指揮使。十二月改差"[1]。范學輝據此認爲李璋嘉祐六年九月晉升爲馬軍副都指揮使，當年十二月升遷爲殿前副都指揮使。[2]則此二文當作於嘉祐六年十二月。按，李璋（1021—1073），字公明，祖籍杭州（今屬浙江），後爲開封（今屬河南）人，李用和之子，官至振武軍節度使，熙寧六年卒，年五十三，謚良惠，《宋史》卷四六四有傳。《全宋文》卷一〇九七收《濟民倉記》一文，列於杭州李璋名下，然考該文内容，謂治平三年（1066）五月一日，"蘇士李璋"艤舟於秀州華亭之縣倉下[3]，可知作《濟民倉記》之李璋乃蘇州人，龔明之《中吳紀聞》卷一《李璋》所記即此人，與杭州李璋非同一人。

冬，草《賜侍衛親軍步軍副都指揮使郝質赴闕茶藥詔》。

《宋史》卷三四九《郝質傳》云：遷"馬軍殿前都虞候，加領賀州刺史、英州團練、眉州防禦使。奉詔城豐州，進步軍副都指揮使、宿州觀察使。召還宿衛，改馬軍。英宗立，遷武昌軍節度觀察留後，加安德軍節度使，爲殿前副指揮使"[4]。《長編》卷一九五云：嘉祐六年九月"丁丑，命太原府、代州副部署郝質，内殿崇班、閤門祗候、同管勾河東沿邊安撫司事郭鼐修豐州城"[5]。丁丑爲二十八日。《景定建康志》卷二六《官守志三·侍衛馬軍司》載郝質嘉祐四年十一月除馬軍都虞候，六年五月改差，十二月除

［1］周應合撰，王曉波等點校《景定建康志》，《宋元珍稀地方志叢刊》甲編，第 2 冊第 1243 頁。
［2］參范學輝《宋代三衙管軍制度研究》，中華書局 2015 年版，第 1058 頁。
［3］參曾棗莊、劉琳主編《全宋文》，第 50 冊第 346 頁。
［4］脫脫等《宋史》，第 32 冊第 11050 頁。
［5］李燾撰，上海師範大學古籍整理研究所、華東師範大學古籍整理研究所點校《續資治通鑑長編》，第 8 冊第 4722 頁。

馬軍都指揮使，治平元年（1064）八月改差。郝質之前，李璋嘉祐六年九月至十二月任馬軍副都指揮使；郝質之後，賈逵治平元年八月至元豐元年（1078）六月任馬軍副都指揮使。仁宗朝，馬軍司之馬軍都指揮使、步軍司之步軍都指揮使不再輕授，基本上等同於廢除。[1]此"都指揮使"當爲"副都指揮使"之誤。可知郝質嘉祐六年十二月除馬軍副都指揮使，其被召還宿衛當在此前不久。本集卷二三有《賜侍衛親軍步軍副都指揮使郝質赴闕茶藥詔》，云："卿護塞夙勤，提兵入衛。初奉詔函之峻，載嚴軍旆之驅。爰飭使瓘，往頒恩劑。"（第168頁）此文當作於嘉祐六年冬。

是年，以石嵒白招待蔡襄。

《墨客揮犀》卷四云："蔡君謨善別茶，後人莫及。建安能仁院有茶生石縫間，寺僧采造，得茶八餅，號石嵒白。以四餅遺君謨，以四餅密遣人走京師遺王内翰禹玉。歲餘，君謨被召還闕，訪禹玉，禹玉命子弟於茶笥中選取茶之精品者，碾待君謨。君謨捧甌未嘗，輒曰：'此茶極似能仁石嵒白，公何從得之？'禹玉未信，索茶貼驗之，乃服。"[2]按，蔡襄至和二年（1055）三月十一日罷權知開封府事，出知泉州，嘉祐元年閏三月改知福州，三年六月移知泉州，五年七月二日授翰林學士、權知開封府，六年四月到京，改授翰林學士、權三司使。[3]則蔡襄訪王珪當在嘉祐六年四月到京以後。

草《賜判鄆州曹佾免恩命第一表不允口宣》《賜宣徽北院使知鄆州曹佾到任謝恩進馬詔》。

《宋史》卷四六四《曹佾傳》云："以建武軍節度使爲宣徽北院使，知鄆州"[4]。沈遘《西溪文集》卷七《乞移鄆州劄子》云："遭遇朝廷大治，四方無事，臣得以優游養安於外，粗了職事，未從誅廢，不勝大幸。再念到任已逾二年，伏恐例當除替。臣竊聞鄆州曹佾到任亦已二年，或應召移，臣欲望聖慈特許就差臣知鄆州。"[5]沈遘嘉祐五年知制誥，六年十二月出知越州，七

[1] 參范學輝《宋代三衙管軍制研究》，第86頁。
[2] 趙令時、彭□、彭□撰，孔凡禮點校《侯鯖錄　墨客揮犀　續墨客揮犀》，中華書局2002年版，第325頁。
[3] 參蔣維鋏編著《蔡襄年譜》，第123、132、147、159、168頁。
[4] 脫脫等《宋史》，第39冊第13572頁。
[5] 沈遘、沈遼、沈括《沈氏三先生文集》，《四部叢刊三編》，商務印書館1936年影印本。

年七月移知揚州，八月改知杭州，治平元年（1064）召還朝。[1] 可知沈遘此劄子當作於其治平元年知杭州時。《西溪文集》卷五又有《宣徽北院使鎮寧軍節度使判鄆州充京東西路安撫使曹佾奏小方脈醫人李整［制］》。則曹佾出知鄆州當在嘉祐六年沈遘出知越州前不久。[2] 本集卷二九有《賜判鄆州曹佾免恩命第一表不允口宣》，卷二一有《賜宣徽北院使知鄆州曹佾到任謝恩進馬詔》。前一文云："卿襲慶勳門，參華徽府。願臨藩而宣績，俾換節以旌勤。成命之行，固宜欽受。"（第 211 頁）曹佾請辭者當爲京東西路安撫使。

奉命祭典記夫人王氏，有《典記夫人王氏堂祭文》。

《永樂大典》卷一四〇四九有《典記夫人王氏堂祭文》，注出"王珪《華陽集》"，云："維嘉祐六年歲次辛丑，某月日，皇帝遣某官致祭於故典記夫人王氏之靈。"[3] 按，《宋會要》后妃四之二載宋代宮廷女官有尚宮二人，"掌導引皇后，管司記、司言、司簿、司闈，仍總知五尚須物出納等事"，其中司記二人，"掌在內諸司文書入出目錄，爲記審訖付行監印等事。其佐有典記、掌記各二人，女史六人"[4]。典記夫人王氏生平不詳。

約於是年，草《賜定國軍節度使梁適賀冬至進馬詔》。

本集卷五八《梁莊肅公適墓誌銘》云："西人盜耕屈野河西田數十頃，朝廷欲更定封界，乃拜公定國軍節度使、檢校太傅、河東路經略使、知并州，盡復西人所侵地，仁宗遣使嘉勞之。"（第 430 頁）李之亮考梁適知并州在嘉祐四年至七年間。[5] 本集卷二〇有《賜定國軍節度使梁適賀冬至進馬詔》，此文當作於嘉祐四年至六年間某年冬至節前後，姑繫於此。

草《賜鎮寧軍三軍將吏僧道百姓等除曹佾爲本鎮節度使示諭敕書》。

本集卷二四有《賜鎮寧軍三軍將吏僧道百姓等除曹佾爲本鎮節度使示諭敕書》；此文又見《宋大詔令集》卷一八九，題作《曹佾授鎮寧軍節度使賜本鎮敕書》。文中云："朕以曹佾緒出元勳，地聯懿戚，顧宜勞於外閫，命徙

---

[1] 參方蔚《沈遘考》，華中科技大學文華學院學術委員會組編《華中科技大學文華學院十年校慶學術論文集》，華中科技大學出版社 2013 年版，第 292 頁。

[2] 參李之亮《北宋京師及東西路大郡守臣考》，第 404 頁。

[3] 解縉等奉敕纂《永樂大典》，第 6 冊第 6118 頁。

[4] 劉琳等校點《宋會要輯稿》，第 1 冊第 323 頁。

[5] 參李之亮《宋河北河東大郡守臣易替考》，第 281～282 頁。

節於鉅封。眷彼樂郊，居有雅俗，適登良翰，宜慰遐瞻。今特授光禄大夫，依前檢校司徒、使持節澶州諸軍事、行澶州刺史兼御史大夫、充宣徽北院使、鎮寧軍節度、澶州管内觀察處置河堤等使，加食邑七百户、食實封三百户，勳、封如故。"（第 173 頁）按，《宋史》卷四六四《曹佾傳》失載曹佾曾爲鎮寧軍節度使。沈遘《西溪文集》卷五有《宣徽北院使鎮寧軍節度使判鄆州充京東西路安撫使曹佾奏小方脈醫人李整［制］》，可證曹佾確曾爲鎮寧軍節度使。曹佾嘉祐六年知鄆州，此文中未提及知鄆州事，當作於曹佾知鄆州之前，姑繫於此。

作《撫問大名府文彦博口宣二道》其一。

本集卷三〇有《撫問大名府文彦博口宣二道》，其一云："矧北門之地重，方廣莫之風高。"（第 216 頁）按，文彦博曾兩判大名府，第二次是在熙寧七年（1074）四月十九日丙戌至元豐三年（1080）九月四日癸亥[1]，不在王珪任翰林學士期間。兹考其第一次判大名府時間。《文忠烈公彦博傳》云：嘉祐"五年，易節保平軍，判大名府。改成德軍節度使、尚書左僕射、判太原府。俄復保平軍節度、判河南"[2]。歐陽修《内制集》卷八有《除文彦博易鎮判大名府制》，題下注嘉祐五年"二月十五日"[3]。本集卷二一《賜判河南府文彦博乞罷使相第一表不允詔》云："乃孟夏壬寅，以成德之節，左揆之章，命爾以太原之行。朕惟卿有奉親之難，故改釐西都，又聽以還加秩之拜。"（第 146 頁）文彦博此次判河南府當是接替王拱辰。安燾《諡懿恪王公墓誌銘》載王拱辰嘉祐"五年，改刑部，再留守西京。七年，改户部，又兼龍圖閣學士，充定州路安撫使，知定州"[4]。可知文彦博嘉祐五年二月十五日判大名府，七年四月二十五日壬寅改判太原府，不久又改判河南府。則此文當作於嘉祐五年或六年冬，姑繫於此。

草《賜判許州賈昌朝赴闕茶藥口宣》。

本集卷三一有《賜判許州賈昌朝赴闕茶藥口宣》，云："卿爰趨召節，甫

［1］李燾撰，上海師範大學古籍整理研究所、華東師範大學古籍整理研究所點校《續資治通鑑長編》卷二五二、卷三〇八，第 10 冊第 6170 頁、第 12 冊第 7476 頁。
［2］杜大珪《名臣碑傳琬琰集》下集卷一三，《宋代傳記資料叢刊》，第 16 冊第 343~344 頁。
［3］歐陽修著，李逸安點校《歐陽修全集》，第 4 冊第 1298 頁。
［4］洛陽地區文物工作隊《北宋王拱辰墓及墓誌》，《中原文物》1985 年第 4 期。

次神圻。維大旆之遵塗，屬晚冬之屆候。宜推珍錫，用輔沖綏。”（第223頁）按，賈昌朝曾兩判許州：一在皇祐四年（1052）九月十六日戊午至五年閏七月六日癸酉間，二在嘉祐三年至七年間。[1]口宣爲内制，可知此文當作於賈昌朝第二次判許州時。王珪嘉祐二年七月至四年十月丁母憂罷任，而賈昌朝自判許州徙判大名府在嘉祐七年夏，則此文當作於嘉祐四年至六年間某年十二月，姑繫於此。

仁宗嘉祐七年壬寅（1062），四十四歲

在汴京。爲翰林學士。有詩十首、文一百〇四篇，約可繫文十七篇。

正月，檢詳郊廟未順之事，有《請以太祖等崇配天地議》《再陳享帝議》。

《太常因革禮》卷九《配帝三》引《禮院例冊》云：“嘉祐七年正月，翰林學士王珪等奏：‘據龍圖閣直學士、知諫院楊略（畋）劄子奏：“謹案：《洪範五行傳》曰：‘簡宗廟則水不潤。’下又曰：‘聽之不聰亦然。’竊見今年夏秋之交，久雨傷稼，澶州河决，淮浙等數路大水爲災。伏惟陛下臨御以來，每諮訪柄臣，容受直諫，非聽之不聰也；以孝事親，繼行恭謝祫享之禮，非簡於宗廟也。然而見此災異，臣愚以爲萬機之聽必有失於審者也，宗廟之享必有失於順者也。疊此差失，恬然不怪，臣下又無規正之言，惟是天意深愛陛下，俾其深思過差，復之正順也。臣欲乞事宗廟之禮有未順者，皆舉而行之，侑而正之，則必能上當天意，感格太和。”詔令太常禮院檢詳自來有未順事，悉具聞奏，當議下兩制臣僚，再行詳定。禮院檢詳到：“案《孝經》：‘郊祀后稷以配天，宗祀文王於明堂以配上帝。’《春秋傳》曰：‘自外至者無主不止。’然則天地之祭，必有所配，皆侑神作主之義也。且祖一而已，始受命也；宗無與數，待有德也。由宗而下，功德顯著，自可崇廟祜之制，百世不遷，重又（垂之）無窮。至於對越天地，則神無二主，所以奉上帝之尊，示不敢瀆。至唐垂拱中，始以三祖同配。開元十一年，明皇親享，遂罷同配之禮。伏見皇祐五年詔書：‘今來南郊，三聖並侑，欲且依舊。布告中

---

[1] 參李之亮《北宋京師及東西路大郡守臣考》，第75、76頁。

外，咸體至懷。'未幾復有並侑之詔。（詔）雖出孝思，頗違經禮。"欲乞集兩制臺省官定議：常祀至日、圓（圜）邱、夏至、皇地祇，以太祖配；孟春郊祀、祈穀，孟夏雩祀，冬祭神州，以太宗配；季秋大享五帝於明堂，以真宗配；孟春感生帝，以宣祖配。舊制已得允當，或遇親祀，欲亦依此。'詔再令兩制詳定。王珪等奏曰：'臣聞推尊尊以享帝，義之至；推親親以享親，仁之極。尊尊不可以瀆，故郊無二主；親親不可以僭，故廟止其先。今三后並配，欲以致孝也，而適所以瀆乎享帝；後宮有廟，欲以廣恩也，而適所以僭乎享親。推尊事亡，則非所以寧神也。臣等今詳議，欲乞如禮官所議。'詔恭依。"[1]《長編》卷一九六嘉祐七年正月乙亥，《宋會要》禮一〇之八、禮二五之八三，《宋史》卷九九《禮志二》、卷三〇〇《楊畋傳》、卷三一二《王珪傳》，《東都事略》本傳，《神道碑》等亦載此事，但以《太常因革禮》所記最詳。《宋代蜀文輯存》卷二據《太常因革禮》收錄王珪二文，前者擬題《請以太祖等崇配天地議》，後者擬題《再陳享帝議》。[2]後者又見本集卷四五，題作《太祖配享議》，乃是抄錄《宋史·禮志二》之文字；亦見王安石《臨川先生文集》卷四二，題作《議南郊三聖並侑劄子》，文字與《太常因革禮》基本相同。蓋因聯名進奏，故分入各人文集。《宋史·禮志二》及《楊畋傳》繫此事於嘉祐六年，顧吉辰辨明"六年"乃"七年"之訛。[3]

三月，草《賜參知政事孫抃趙槩免恩命允詔》。

《長編》卷一九六云：嘉祐七年三月"乙卯，禮部侍郎、參知政事孫抃為觀文殿學士兼翰林侍讀學士、同群牧制置使"，"樞密副使、禮部侍郎趙槩為參知政事"[4]。乙卯為八日。可知孫抃、趙槩二人未嘗同時任參知政事。本集卷一八有《賜參知政事孫抃趙槩免恩命允詔》，云："今二府更進，例有增秩之寵，乃露言予聞，至於懇激。"（第127頁）此文當作於三月八日之後，頗疑文題有誤。

---

[1] 歐陽修等奉敕編《太常因革禮》，《宛委別藏》，江蘇古籍出版社1988年影印本，第52冊第103～105頁。

[2] 參傅增湘原輯，吳洪澤補輯《宋代蜀文輯存校補》，第1冊第52頁。

[3] 參顧吉辰《〈宋史〉考證》，華東理工大學出版社1994年版，第254～255頁。

[4] 李燾撰，上海師範大學古籍整理研究所、華東師範大學古籍整理研究所點校《續資治通鑑長編》，第8冊第4743、4744頁。

草《賜樞密副使吳奎免恩命第一劄子不允詔》《賜吳奎免恩命第二劄子不允詔》《賜吳奎免恩命第三劄子不允詔》。

本集卷一八有《賜樞密副使吳奎免恩命第一劄子不允詔》《賜吳奎免恩命第二劄子不允詔》《賜吳奎免恩命第三劄子不允詔》；第三文又見《宋文鑑》卷三一，題作《賜吳奎免恩命不允詔》。第一文云："卿才爲衆推，資與時會。鄉從大冊之對，寖履近途之縣。嘗感慨以進規，亦周旋於試劇。適資畯德，升管宥司。圖前箸之勝謀，導北樞之密令。"（第130頁）據劉攽《彭城集》卷三七《吳公墓誌銘》，"鄉從大冊之對"指吳奎勸仁宗立英宗爲太子，"寖履近途之縣"指吳奎拜樞密副使之前權知開封府兼畿內勸農使。《長編》卷一九六載嘉祐七年三月乙卯，"翰林學士、右司郎中、知制誥、權知開封府吳奎爲右諫議大夫、樞密副使"[1]。乙卯爲八日。則此三文當作於三月八日之後。

草《賜參知政事趙槩免恩命不允斷來章批答》《賜參知政事趙槩免恩命不允斷來章口宣》。

本集卷二六有《賜參知政事趙槩免恩命不允斷來章批答》、卷二九有《賜參知政事趙槩免恩命不允斷來章口宣》，此二文當作於嘉祐七年三月八日趙槩拜參知政事之後。

春，有《和三司蔡君謨內翰麞猿蘆雁屏二首》。

本集卷二有《和三司蔡君謨內翰麞猿蘆雁屏二首》（第12頁），所和者爲《蔡襄集》卷八《和楊龍圖蘆雁屏》《和楊龍圖獐猿屏》。蔡襄嘉祐六年四月除翰林學士、權三司使，八年八月罷翰林學士，遷給事中，拜三司使。[2]則此二詩必作於嘉祐六年至八年間。《蔡襄集》將《和楊龍圖蘆雁屏》《和楊龍圖獐猿屏》置於《過楊樂道宅西桃花盛開》之後，蔣維鈗繫此三詩於嘉祐七年春，謂蔡襄、王珪、趙抃等人在"立春前後，應邀到楊畋家賞桃花、品畫屏，有詩唱和"[3]。"楊龍圖"指楊畋。何冠環考出楊畋嘉祐六年初升任龍

---

[1] 李燾撰，上海師範大學古籍整理研究所、華東師範大學古籍整理研究所點校《續資治通鑑長編》，第8冊第4744頁。
[2] 參蔣維鈗編著《蔡襄年譜》，第168、186頁。
[3] 蔣維鈗編著《蔡襄年譜》，第176～177頁。

圖閣直學士，七年四月卒，並在蔣維錢考證基礎上進一步發揮說："楊畋也不是天天埋首於奏章文稿中，有機會他也會和僚友及晚輩聚在一起談詩論畫賞書。據《蔡襄年譜》作者考訂，在是年立春前後，他的好友、已於嘉祐六年四月回京擔任翰林學士、權三司使的蔡襄，相約兩三個僚友，曾造訪楊畋的宅第，並與他論畫談詩。從蔡襄所撰的《和楊龍圖蘆雁屏》與《和楊龍圖獐猿屏》來看，楊畋的畫工書藝是入得大書畫家蔡襄的法眼的。"[1] 蔣、何二人此處有三點誤判：一是蔡襄《過楊樂道宅西桃花盛開》非作於立春前後。嘉祐七年立春在上年十二月十八日，當此季節，汴京桃花不可能盛開，除非氣候極端異常，而蔡襄詩中對此沒有交代。二是楊畋並非畫家，蘆雁屏、獐猿屏乃官衙屏畫。遜敏齋刻本《蔡忠惠集》卷六收錄《和楊龍圖蘆雁屏》與《和楊龍圖獐猿屏》，二詩後分別附趙抃所作和詩，其中《次蔡君謨蘆雁屏》首聯云："省宇屏圖哲匠成，寫傳蘆雁筆尤精。"[2] 蔡襄《和楊龍圖獐猿屏》云："畫莫難於工寫生，獐猿移得上幽屏。相逢平野初驚顧，共向薰風適性靈。引子晝遊新草綠，嘯群時望故山青。可憐官省沉迷處，每到中軒頓覺醒。"[3] 可證蘆雁屏與獐猿屏皆官衙屏畫，楊畋僅有詩詠之而已。三是蔡襄、王珪、趙抃三人並無一起去楊畋家做客之事。趙抃嘉祐六年四月二十七日庚辰出知虔州，七年七月十九日甲子召還爲禮部員外郎兼侍御史知雜事[4]，可知嘉祐七年春趙抃不在京城。實際情形當是：嘉祐七年春，楊畋首作二詩分詠某官衙中之蘆雁屏與獐猿屏，蔡襄和之，然後王珪、趙抃又和蔡襄。王珪和蔡襄當在楊、蔡唱和後不久，而趙抃和蔡襄既有可能在嘉祐七年春，亦有可能在嘉祐七年七月趙抃還京以後。

有《依韻和范景仁内翰張公舍人留題子履草堂》二首。

本集卷四有《依韻和范景仁内翰張公舍人留題子履草堂》二首。其一云："門前車馬走塵埃，偶到東園眼暫開。鼇嶺鳳池人去後，不知載酒又誰

[1] 何冠環《將門學士：楊家將第四代傳人楊畋生平考述》，《首屆全國楊家將歷史文化研討會論文集》，第 60 頁。
[2] 蔡襄撰，陳慶元等校注《蔡襄全集》，福建人民出版社 1999 年版，第 163 頁。
[3] 蔡襄著，徐炘等編，吳以寧點校《蔡襄集》卷八，第 153 頁。
[4] 參李燾撰，上海師範大學古籍整理研究所、華東師範大學古籍整理研究所點校《續資治通鑑長編》卷一九三、卷一九七，第 8 冊第 4666、4769 頁。

來。"其二云："聞君築圃多奇植，紅蕊黃花落又開。惟有庭前歲寒竹，時時
雙鳳下飛來。"（第 26～27 頁）"范景仁"指范鎮，"張舍人"指張瓌，"子
履"指陸經。《學士年表》記范鎮嘉祐五年拜翰林學士，胡柯《廬陵歐陽文
忠公年譜》載范鎮嘉祐五年七月庚子因修《新唐書》成，特授吏部郎中，依
前知制誥、充集賢殿修撰，可知范鎮拜翰林學士當在嘉祐五年秋冬間。嘉
祐年間張姓知制誥者僅張瓌一人。詩題中"張公"二字間當脫一"唐"字，
"唐公"爲張瓌之字。《宋史》卷三三〇《張瓌傳》云："入修起居注、知制
誥。草故相劉沆贈官制，頗言其附會取顯位。沆子瑾帥子弟婦女衰絰詣闕，
哭訴瓌挾私怨，且醜詆其人。執政以襃贈乃恩典，瓌不當爲貶詞，出知黃
州，然瑾亦竟不敢請父謚。還判流内銓。"[1]《長編》卷一九一云：嘉祐五年
五月"戊子朔，降户部郎中、知制誥張瓌知黃州"。卷一九五載嘉祐六年閏
八月己丑，"户部郎中、知制誥張瓌爲契丹國母生辰使"。卷一九九云：嘉
祐八年十月"癸未，左司郎中、知制誥張瓌爲左諫議大夫"[2]。可知張瓌嘉
祐六年閏八月以前已由黃州召還，仍爲知制誥。李之亮以爲張瓌嘉祐五年
至七年知黃州[3]，不確。陸經嘉祐五年回朝任侍御史，居住在東園草堂；治
平元年（1064）出知蘇州，次年改知潁州，至四年仍在知潁州任。[4]此詩
寫春景，最有可能作於嘉祐七年春或八年春。而范鎮嘉祐八年正月七日奉
命權知貢舉[5]，正月、二月當在鎖院中。則此詩當作於嘉祐七年春。按，張
瓌（1004—1073），字唐公，滁州全椒（今屬安徽）人，張洎孫，天聖二年
（1024）賜進士及第，官至翰林侍讀學士，熙寧六年卒，年七十，《宋史》卷
三三〇有傳，生平事迹見曾鞏《元豐類稿》卷三八《祭張唐公文》等，《全
宋詩》卷二六四錄其詩二首，《全宋文》卷五九八收其文七篇。

草《賜樞密副使包拯生日禮物詔》。

本集卷一八有《賜樞密副使包拯生日禮物詔》，其中有"眷秉軸於宏

---

[1] 脱脱等《宋史》，第 30 冊第 10625 頁。
[2] 李燾撰，上海師範大學古籍整理研究所、華東師範大學古籍整理研究所點校《續資治通鑑長編》，
　　第 8 冊第 4621、4717、4829 頁。按，《宋會要》職官六五之二〇謂張瓌嘉祐五年五月八日出知黃州。
[3] 參李之亮《宋兩淮大郡守臣易替考》，第 509 頁。
[4] 參劉德清《陸經詩文酬唱及其對宋代文學的貢獻》，《江西社會科學》2007 年第 1 期。
[5] 參劉琳等校點《宋會要輯稿》選舉一之一一，第 9 冊第 5253 頁。

廷，省夢熊之嘉月”句（第 125 頁）。包拯嘉祐六年四月二十七日拜樞密副使，七年五月二十五日卒。其生日史無明載，民間説法衆多，孔繁敏據此文中“嘉月”一詞定於春季[1]，姑從之。按，李良學謂包拯生日在二月十五日，理由有二：一是包拯後裔每年農曆二月十五日紀念包拯誕辰，二是此文中之“嘉月”指春月。[2] 姑録以備考。

草《賜參知政事孫抃乞外郡不允批答》。

本集卷二六有《賜參知政事孫抃乞外郡不允批答》，云：“忽願還於陪政，乃繼上於奏函。未照委成之懷，自期冲退之佚。人言胡恤，邦寄是圖。”（第 187 頁）按，蘇頌《朝請大夫太子少傅致仕贈太子太保孫公行狀》云：“公爲樞密不盡八月，以本官參知政事，……明年，御史捃公過失，不當久在政事。章入不報，或有謂公曰：‘事起無名，盍自辨於上。’公曰：‘吾老矣！退乃其分。自念平生不欲攻人之短，今幸得備執政，不能敦厚風俗，宜有愧矣。而反欲與新進士競口舌於上前耶？況知我者君，此曹其能洿我乎？’遂疏求罷。帝益嘉之，超拜觀文殿學士兼翰林侍讀學士，同群牧制置使。”[3]《長編》卷一九六云：嘉祐七年三月“乙卯，禮部侍郎、參知政事孫抃爲觀文殿學士兼翰林侍讀學士、同群牧制置使。抃居兩府，年益耄，頹惰無所可否，又善忘，語言舉止多可笑，好事者至傳以爲口實。性不便騎馬，或驚，雖通逵必下而趨。時樞密使張昇請老，朝論以抃當次補，必不勝任。殿中侍御史韓縝因進見，極言抃不才，雖無顯過，保身持禄，實懷姦之大者，乞置諸散地。監察御史裏行傅堯俞亦言：‘抃望實俱輕，徒以高科，久居清列。薦更二府，積有歲時，當萬幾之繁，無一毫之助。昏塞之語，日以流聞，傳笑士民，取輕夷狄。每進趨軒陛，百僚具瞻，勞力之臣，爲之解體。宜賜罷免，少抑貪幸。’後數日，輔臣朝退，韓琦、曾公亮獨留，抃下殿謂歐陽修曰：‘丞相留身何也？’修曰：‘得非奏君耶？’抃曰：‘抃有何事？’修曰：‘韓御史言君，君不知耶？’抃乃頓足摘耳曰：‘殊不知也！’

---

[1] 參孔繁敏編《包拯年譜》，第 109～111 頁。
[2] 參李良學《李良學講包公》，南開大學出版社 2014 年版，第 9～10 頁。
[3] 蘇頌著，王同策等點校《蘇魏公文集》卷六三，第 969 頁。

遂移疾求免，上許之”[1]。乙卯爲八日。此蓋據司馬光《涑水記聞》卷一〇所記。可知孫抃爲言官彈劾而乞退當在嘉祐七年春。

四月二十五日，草《文彦博授依前檢校太師尚書左僕射同中書門下平章事成德軍節度使判太原府制》。

本集卷三六有《文彦博授依前檢校太師尚書左僕射同中書門下平章事成德軍節度使判太原府制》，云：“兩踐中階之冠，比均留籥之司。勤勞邦事之圖，荏苒歲陰之隔。按常山而徙節，即揆路以陞聯。”（第251頁）文彦博嘉祐七年四月二十五日由判大名府改成德軍節度使、左僕射、判太原府。

是月，草《回契丹賀乾元節書》《回契丹達皇太后賀乾元節謝書》。

本集卷二四有《回契丹賀乾元節書》《回契丹達皇太后賀乾元節謝書》；此二文又見《宋大詔令集》卷二二九，分別題作《皇帝回契丹皇帝賀乾元節書》《皇帝請契丹皇帝達皇太后賀乾元節謝書》，前一文題下注“嘉祐七年”[2]。本集此二文之首均稱“四月一日，兄大宋皇帝致書於弟大契丹聖文神武睿孝皇帝闕下”（第175頁），而《宋大詔令集》作“四月日，伯大宋皇帝致書於姪大契丹聖文神武睿孝皇帝闕下”。宋仁宗嘉祐七年爲遼道宗清寧八年，宋仁宗與遼道宗相當於叔姪關係，故應以《宋大詔令集》爲是。乾元節爲仁宗誕節，時間在四月十四日，作“四月一日”顯誤。此二文當作於嘉祐七年四月十四日前後。

五月，有《送程公闢刑部出守南昌》詩。

本集卷四有《送程公闢刑部出守南昌》（第27頁）。“程公闢”指程師孟。王安石《臨川先生文集》卷六有《送程公闢守洪州》，《蔡襄集》卷八有《送程刑部出守洪州》，強至《祠部集》卷八有《送程公闢郎中知洪州二首》，當爲同時之作。王安石詩亦見《王荊文公詩箋注》卷八，題作《送程公闢之豫章》，李壁注云：“公闢先爲夔州路提點刑獄，夷數犯渝州邊，公闢自夔乞徙治渝州，大賑民饑。旋徙節河東路，入爲三司判官、刑部郎中，出知洪

[1] 李燾撰，上海師範大學古籍整理研究所、華東師範大學古籍整理研究所點校《續資治通鑑長編》，第8冊第4743~4744頁。
[2] 司義祖整理《宋大詔令集》，第889頁。

州，時嘉祐七年五月。"[1] 蔡襄《致程修撰帖》云："向觀除目，承有江西之行。適奉手牘，暫還姑蘇。水流數日，無緣接盃酒、通殷勤，甚悵然也。涉秋浮江，景風澄爽，發人清思。循行之外，吟詠爲適。仕宦豈尋常之所泪，隨寓自如，乃是了達也。南都食物可以奉親，但胡公來緩，當阻泝流。暑毒甚，道中多愛。不宣。"[2] "程修撰"當即程師孟。可知程師孟在知洪州命下後先回蘇州省親，立秋後啓程赴任。王安石詩云："畫舡插幟摇秋光，鳴鐃伐鼓水洋洋。"所述當是想象之情景，而非送别之時況。王珪等人送别程師孟當在五月。按，蔣維錟繫蔡襄詩於嘉祐八年冬[3]，吳廷燮以爲程師孟治平二年（1065）知洪州[4]，李之亮認爲程師孟嘉祐五年、六年在知洪州任[5]，均誤。度正《周敦頤年譜》記程師孟治平元年冬尚在知洪州任。[6]

夏，草《賜保平軍三軍將吏僧道百姓等除賈昌朝爲本鎮節度使示諭敕書》《賈昌朝授依前檢校太師行尚書右僕射保平軍節度使判大名府兼北京留守司事加食邑實封制》《賜判大名府賈昌朝告敕口宣》《賜保平軍節度使兼侍中判大名府賈昌朝赴闕茶藥詔》《賜判大名府賈昌朝朝見到闕都城門外排御筵酒果口宣》。

本集卷二四有《賜保平軍三軍將吏僧道百姓等除賈昌朝爲本鎮節度使示諭敕書》，卷三四有《賈昌朝授依前檢校太師行尚書右僕射保平軍節度使判大名府兼北京留守司事加食邑實封制》，卷三二有《賜判大名府賈昌朝告敕口宣》，卷二〇有《賜保平軍節度使兼侍中判大名府賈昌朝赴闕茶藥詔》，卷三〇有《賜判大名府賈昌朝朝見到闕都城門外排御筵酒果口宣》。第一文又見《宋大詔令集》卷一八八，題下注"嘉祐三年以後"[7]，云："今特授昌朝依前尚書右僕射、檢校太史（師）、兼侍中、充保平軍節度、陝州管内觀察處置等使、陝州大都督府長史，仍改賜推誠保德崇仁守正忠亮佐運翊戴

---

[1] 王安石著，李壁箋注，高克勤點校《王荆文公詩箋注》，第 204 頁。

[2] 蔡襄著，徐燉等編，吳以寧點校《蔡襄集》佚文，第 767 頁。

[3] 參蔣維錟編著《蔡襄年譜》，第 188~189 頁。

[4] 參吳廷燮《北宋經撫年表》，吳廷燮撰，張忱石點校《北宋經撫年表 南宋制撫年表》，中華書局 1984 年版，第 302 頁。

[5] 參李之亮《宋兩江郡守易替考》，巴蜀書社 2001 年版，第 302 頁。

[6] 參度正《周敦頤年譜》，周敦頤著，陳克明點校《周敦頤集》附録，第 108 頁。

[7] 司義祖整理《宋大詔令集》，第 689 頁。

功臣，散官、勳、封如故，仍放辭謝。”（第 175 頁）第四文云：“卿外易帥垣，入趨召節。適次神機之近，正離伏暑之煩。飭使驛之兼途，致上亹之珍錫。式推異禮，以輔至和。”（第 140 頁）第五文云：“卿易藩北道，錫對西清。載惟行旆之勤，適冒炎曦之熾。”（第 214 頁）按，賈昌朝曾三判大名府：第一次是慶曆七年（1047）三月二十一日乙未罷相爲武勝軍節度使、同平章事、判大名府兼北京留守司、河北安撫使[1]，第二次是皇祐五年（1053）閏七月六日癸酉由判許州徙判大名府[2]，第三次是在嘉祐七年。本集卷五六《賈昌朝墓誌銘》云：嘉祐“七年，以保平軍節度使、陝州大都督府長史復徙大名，爲本路安撫使”（第 413~414 頁）。據“正離伏暑之煩”“適冒炎曦之熾”云云，知賈昌朝第三次判大名府當在嘉祐七年夏，其授保平軍節度使、陝州大都督府長史當在判大名府之前，姑全繫於此。

八月一日，詳定裴煜乞廟祭與忌日同者不去樂之議，有《廟祭與忌日同請不去樂及加牲香議》。

《長編》卷一九七云：嘉祐七年八月“乙亥朔，内出明堂樂章迎神、送神曲，隸於太常。太常博士、秘閣校理裴煜奏：‘……臣以爲凡祀天地、日月、社稷與忌日同者，伏請用樂，其在廟，則如寬之議。所冀略輕存重，不失其稱。’下其章禮官，議曰：‘……今七廟連室，難分廟忌之尊卑，欲依唐舊制及國朝故事，廟祭與忌同日，並縣而不作，其與別廟諸后忌同者，作之；若祀天地、日月、九宮、太一及祀百神，並請作樂，社稷以下諸祀，既卑於廟，則樂可不作。’翰林學士王珪等謂：‘社稷，國之所尊，其祀日若與別廟諸后忌同者，伏請亦不去樂。’詔恭依”[3]。所引王珪之言見本集卷四五《廟祭與忌日同請不去樂及加牲香議》。《太常因革禮》卷一二《牲牢》、卷一三《香》、卷二〇《樂》，《宋會要》樂五之六、禮一四之三六、禮二六之九，《宋史》卷一二七《樂志二》，《文獻通考》卷一四八《樂考二十一》等

---

[1] 參李燾撰，上海師範大學古籍整理研究所、華東師範大學古籍整理研究所點校《續資治通鑑長編》卷一六〇，第 7 冊第 3865 頁。

[2] 參李燾撰，上海師範大學古籍整理研究所、華東師範大學古籍整理研究所點校《續資治通鑑長編》卷一七五，第 7 冊第 4223 頁。

[3] 李燾撰，上海師範大學古籍整理研究所、華東師範大學古籍整理研究所點校《續資治通鑑長編》，第 8 冊第 4771~4772 頁。

亦載此事，或全或略，文字内容亦多有差異。《宋代蜀文輯存》卷二據《宋會要》樂五之六、禮二六之九收録王珪二文，分别擬題爲《議國忌日祠祭作樂疏》《請如禮官議祭加羊豕奏》[1]，實際均出自《廟祭與忌日同請不去樂及加牲香議》。按，《太常因革禮》卷二〇《樂》謂是時王珪官職爲翰林學士、尚書禮部郎中。

八月三日，以韓琦令草立皇子詔有疑，上疏求對。

《神道碑》云："英宗爲皇子，中書召公草詔，公對曰：'天下屬望立嗣子久矣，然必出自陛下意，則後莫能揺。一有揺動，所以階禍亂也。'帝諭以'決自朕意'，乃進稿。歐陽文忠公以爲得學士體。"（第 141～142 頁）《長編》卷一九七云：嘉祐七年八月"丁丑，琦召翰林學士王珪令草詔，珪疑焉。戊寅，請對，言：'此大事也，後不可悔。外議皆云執政大臣强陛下爲此，若不出自陛下，則禍亂之萌未可知。'上指心曰：'此決自朕懷，非由大臣之言也。不如此，衆心不安。卿何疑焉？'乃再拜殿上曰：'陛下能獨斷爲宗廟社稷計，此天下之福也。'退而草詔以進。己卯，詔……"[2] 王應麟《玉海》卷三四《嘉祐手札》云：嘉祐"七年八月丙子，上謂輔臣曰：'皇姪少養於宫中，欲以爲皇子。'續有親書手札付外。是日，降手令中書、密院翌日進呈。丁丑，召學士王珪草詔頒天下。戊寅，珪對於崇政殿，上諭曰：'決自朕懷。'己卯，詔曰：'立愛之道，自親者始。其以爲皇子。'"[3] 丙子、丁丑、戊寅、己卯分别爲二日、三日、四日、五日。歐陽修《歸田録》卷二云："仁宗初立今上爲皇子，令中書召學士草詔，學士王珪當直，詔至中書諭之，王曰：'此大事也，必須面奉聖旨。'於是求對。明日面稟得旨，乃草詔。群公皆以王爲真得學士體也。"[4] 江少虞《宋朝事實類苑》卷二九《詞翰書籍‧得學士體》引此則。王鞏《聞見近録》云："韓忠獻當國，召王翰林珪至中書受立英宗爲皇子詔。王曰：'此事須面得旨。'中書以爲得體。及對，乃曰：'事出陛下耶？大臣耶？今宫中有將臨月者，姑俟之可乎？'

---

[1] 參傅增湘原輯，吳洪澤補輯《宋代蜀文輯存校補》，第 1 册第 60、64 頁。

[2] 李燾撰，上海師範大學古籍整理研究所、華東師範大學古籍整理研究所點校《續資治通鑑長編》，第 8 册第 4773 頁。

[3] 王應麟輯《玉海》，第 1 册第 641～642 頁。

[4] 王闢之、歐陽修撰，吕友仁、李偉國點校《澠水燕談録 歸田録》，第 28 頁。

上曰：'事出朕意，天使朕有子，則豫王不夭矣，立之以慰人心。'又曰：'爲誰之子而立之？'上曰：'天知地聞，濮王子也。'遂退草詔，詔有'濮安懿王之子猶朕子也'之句。"[1]按，韓琦、歐陽修是時分別任昭文相和參知政事。周必大《省齋文稿》卷一七有《跋王禹玉立英宗爲皇子詔草及當日請對奏稿》，可知王珪嘉祐七年八月三日曾上疏求對，其請對奏稿失傳。

詳定吕公著乞宗廟祭祀增牲牢之議，有《乞依吕公著説增牲牢議》。

《太常因革禮》卷一二引《禮院例册》云："嘉祐七年八月三日，翰林學士王珪等奏：'准照詳定同判禮院吕公著奏："伏以國家富有四海，尊奉七廟，而牲牢之禮尚有未備。雖聖孝承祀，務在竭盡，豈有司循故，寢失講求？竊見每歲孟享太廟，七室共用二羊二豕，奉慈廟一室亦然。酌之豐寡，未合宜稱。臣輒詳典禮，謹定宗廟牲牢之數：孟享臘享，舊太廟七室共用羊豕各二，今請用羊七豕七；后廟四室，孟享臘享舊用羊二豕二，今請用羊四豕四。臣竊謂爲天至尊，無物可稱其德，故祭用犢以貴，誠百王不易之制也。至於宗廟、社稷用太牢，以別天神之祭。楚觀射父曰：'天子舉以太牢，祀以會。'鄭康成曰：'殺牲盛饌曰舉。'韋昭曰：'舉，人君朔望之盛饌也。會，三太牢也。'《通典》周制祫祭，每廟各一牢。《漢舊儀》宗廟大祫祭，每牢中分之，左辦上帝，右辦上后，俎餘委肉積於前數千斤。周、漢宗廟牲牢之富，從可知矣。據孔穎達云：'王者之祭，無不用牛，日月以下常祀則用羊。'唐四時孟月享太廟，每室各用一太牢。至肅宗上元二年九廟時享，攝事共用一犢，羊、豕各三。今有司攝事不用犢，變唐之禮，頗爲折中。若太廟七室、后廟四室各增羊、豕，寔得前代豐寡之中。"臣等看詳：公著之議，實爲允當，伏乞付［有］司施行。'詔可。"[2]《宋代蜀文輯存》卷二據此收錄王珪奏疏，擬題爲《乞依吕公著説增牲牢議》。《長編》卷一九七、《宋會要》禮一七之一三亦載此事，繫於八月甲申"詔可"之日，甲申爲十日。按，《全宋文》失收此文及吕公著奏疏。

八月四日，乞郊廟升歌之樂宜增柷敔，有《乞奏爲今登歌之樂闕一音劄子》。

本集卷八有《乞奏爲今登歌之樂闕一音劄子》，此文又見《太常因革禮》

---

［1］王珪撰，戴建國整理《聞見近錄》，《全宋筆記》第二編，大象出版社2006年版，第6册第9頁。
［2］歐陽修等奉敕編《太常因革禮》，《宛委別藏》，第52册第140~142頁。

卷二〇《樂》、《宋會要》樂五之七、《長編》卷一九七嘉祐七年八月乙酉、《宋史》卷一三七《樂志二》等。按，《神道碑》云："嘗作《明堂樂章》，因言升歌闋柷敔，無終始之節，而節鼓非雅音，乃詔增柷敔搏拊而黜節鼓。"（第140頁）《宋會要》樂五之七云：嘉祐七年八月"四日，翰林學士王珪言：'昔之作樂，以五聲播於八音，調和諧合，而與治道通。先王用於天地、宗廟、社稷，事於山川、鬼神，使鳥獸盡感，況於人心乎？然則樂雖盛而音虧，未知其所以爲樂也。今郊廟升歌之樂，有金、石、絲、竹、土、革，而無木音。夫所謂柷敔者，聖人用以著樂之始終，顧豈容有缺邪？亦嘗竊迹國朝以來議樂之文，蓋莫究其所失之因。且樂莫隆於《韶》，《書》曰"戛擊鳴球，搏拊琴瑟"，又曰"下管鼗鼓，合止柷敔"。孔安國以戛擊是柷敔之用，既云"管下鼗鼓"，知鳴球與琴瑟之在堂，故傳曰堂上堂下各有柷敔也。今陛下躬祠明堂，去並侑之瀆，又將以薦至樂之和，願詔有司考古而增定之，下太常寺詳定。'既而本寺言：'乞依所請，堂上增置柷敔，以合《尚書》八音之數，仍乞下有司依法製造。其節鼓本出於江左清樂，至唐雅樂升歌用之，其事非古，欲乞停罷，復用搏拊，以備革音。'從之"[1]。《長編》卷一九七云：嘉祐七年八月"乙酉，詔太常寺登歌用柷敔"[2]。乙酉爲十一日。

草《立皇子詔》。

本集卷二〇有《立皇子詔》，此文又見《宋大詔令集》卷二六、《宋文鑑》卷三一。據上考，此文作於嘉祐七年八月四日。

周必大《省齋文稿》卷一七《跋王禹玉立英宗爲皇子詔草及當日請對奏稿》云："岐公既於中書聚廳處受御劄立皇子，夫復何疑？猶請對而後草詔，可謂過乎思慮矣。然卒不免於讒語，賴英宗聖明，延見蕊珠，進職端明，且有瑞龍金合之賜。逢辰則然，智力何有哉！不然，先日之謹畏，衹足以成後來之罪戾耳。"[3]

《樓鑰集》卷六九《跋汪季路書畫·王岐公立英宗詔草》云："昭陵以

---

[1] 劉琳等校點《宋會要輯稿》，第1冊第410頁。

[2] 李燾撰，上海師範大學古籍整理研究所、華東師範大學古籍整理研究所點校《續資治通鑑長編》，第8冊第4775頁。

[3] 周必大撰，王蓉貴、［日］白井順點校《周必大全集》，第1冊第148~149頁。

英宗爲皇子，詔曰：‘濮安懿王之子，猶朕之子也。’思陵以壽皇爲皇子，詔曰：‘藝祖皇帝七世孫也。’明白洞達，曉然使天下後世知之。前聖後聖，其歸一揆。大哉王言，茲豈詞臣之力也哉！”[1]

八月十三日，爲真宗御容奉安禮儀使，奉安真宗御容於壽星觀，有《奉安真宗皇帝御容於壽星觀永崇殿導引歌詞》《壽星觀開啓奉安真宗御容道場青詞》《壽星觀永崇殿奉安真宗御容祝文》。

《宋會要》禮一三之三云：“崇先觀永崇殿。先是上清宮火，壽星殿獨存，遂建爲觀，命起此殿。嘉祐六年十一月成，七年八月，自禁中迎真宗御容奉安，命翰林學士王珪爲禮儀使，復迎舊御容藏天章閣。”[2]《宋史》卷一二《仁宗本紀四》云：嘉祐七年八月“丁亥，奉安真宗御容於壽星觀”[3]。丁亥爲十三日。

本集卷六有《奉安真宗皇帝御容於壽星觀永崇殿導引歌詞》，卷一三有《壽星觀開啓奉安真宗御容道場青詞》，卷一四有《壽星觀永崇殿奉安真宗御容祝文》；《奉安真宗皇帝御容於壽星觀永崇殿導引歌詞》又見《宋會要》樂八之三〇，題作《真宗御容赴壽星觀奉安〈導引〉》，題下注“嘉祐七年”[4]。此三者當作於嘉祐七年八月十三日奉安真宗御容於壽星觀前後，姑繫於此。按，或繫《奉安真宗皇帝御容於壽星觀永崇殿導引歌詞》於天聖元年（1023）三月[5]，顯誤。

八月二十六日，以立皇子告天地、宗廟，有《天地社稷太廟皇后廟奉慈廟奏告爲立皇子已賜名曙祝文》。

《宋會要》禮一四之三七云：嘉祐“七年八月二十六日，以立皇子，命翰林學士王珪告天地、宗廟，遣官告諸陵”[6]。本集卷一四有《天地社稷太廟皇后廟奉慈廟奏告爲立皇子已賜名曙祝文》；此文又見《宋大詔令集》卷

---

[1] 樓鑰撰，顧大朋點校《樓鑰集》，浙江古籍出版社 2010 年版，第 4 冊第 1218 頁。
[2] 劉琳等校點《宋會要輯稿》，第 2 冊第 719 頁。
[3] 脫脫等《宋史》，第 1 冊第 249 頁。
[4] 劉琳等校點《宋會要輯稿》，第 1 冊第 491 頁。
[5] 參朱德才主編《增訂注釋全宋詞》，文化藝術出版社 1997 年版，第 1 冊第 163 頁。
[6] 劉琳等校點《宋會要輯稿》，第 2 冊第 761 頁。

二六，題作《立皇子告天地宗廟諸陵文》，題下注"嘉祐七年八月庚子"[1]。庚子爲二十六日。按，《全宋文》卷一一六八據《華陽集》收此文於王珪名下，卷九八四又據《宋大詔令集》收於宋仁宗名下，失考。

九月七日，有《嘉祐明堂赦文》。

《長編》卷一九七云：嘉祐七年九月"辛亥，大饗明堂，大赦。文武升朝官父母妻並與官封；轉朝官在今年冬至已前者，父母亦特推恩；臣僚合該奏薦，赦後奏至，舊例即不行，自今特展限一月"[2]。辛亥爲七日。本集卷九有《嘉祐明堂赦文》；此文又見《宋文鑑》卷三二；亦見《宋大詔令集》卷一二五，題作《嘉祐七年明堂赦天下制》，題下注"九月辛亥"[3]。

草《皇后曹氏賀明堂禮成表》《婕妤俞氏等賀明堂禮成表》《沂國公主等賀明堂禮成表》。

本集卷一〇有《皇后曹氏賀明堂禮成表》《婕妤俞氏等賀明堂禮成表》《沂國公主等賀明堂禮成表》，此三文當爲王珪代曹皇后等人作。曹皇后（1016—1079）乃仁宗皇后，真定（今河北正定）人，祖父曹彬，景祐元年（1034）冊爲皇后，元豐二年薨，年六十四，《宋史》卷二四二、《東都事略》卷一三有傳。在《皇后曹氏賀明堂禮成表》中，曹皇后自稱"妾"。婕妤俞氏不詳，當爲仁宗婕妤。沂國公主（1038—1070）爲仁宗長女，下嫁李瑋，熙寧三年薨，年三十三，《宋史》卷二四八有傳。《長編》卷一九六云：嘉祐七年三月"壬子，兖國公主降封沂國公主"。卷一九七云：嘉祐七年十一月"己巳，進封沂國公主爲岐國公主"[4]。則此三文當作於嘉祐七年九月七日明堂大禮之後。

草《明堂禮成文德殿樞密使已下稱賀批答》《賜文武百僚宰臣已下賀明堂禮成批答》《明堂禮成文德殿文武百僚宰臣已下稱賀批答》。

本集卷二六有《明堂禮成文德殿樞密使已下稱賀批答》《賜文武百僚宰

---

[1] 司義祖整理《宋大詔令集》，第132頁。

[2] 李燾撰，上海師範大學古籍整理研究所、華東師範大學古籍整理研究所點校《續資治通鑑長編》，第8冊第4778頁。

[3] 司義祖整理《宋大詔令集》，第431頁。

[4] 李燾撰，上海師範大學古籍整理研究所、華東師範大學古籍整理研究所點校《續資治通鑑長編》，第8冊第4743、4784頁。

臣已下賀明堂禮成批答》《明堂禮成文德殿文武百僚宰臣已下稱賀批答》。王
珪爲翰林學士期間，明堂大禮僅舉行過一次，即嘉祐七年九月七日明堂大
禮。此三文當作於九月七日明堂大禮之後。

九月十五日，草《賜使相知相州宋庠加恩誥詔》《宋庠授依前檢校太尉同中書門下平章事充河陽三城節度使莒國公加食邑實封功臣制》。

　　本集卷一八有《賜使相知相州宋庠加恩誥詔》，卷三五有《宋庠授依前
檢校太尉同中書門下平章事充河陽三城節度使莒國公加食邑實封功臣制》。
前一文云："朕禮成明堂，福不敢專，思與一二舊政之臣，以共享之。乃己
未大昕，告於外庭。蓋所以迹靈況之來，録德褒功，賞不可稽。"（第 124
頁）後一文云："日者考諸儒之儀，傳六經之文。鑑軒皇拜帝之圖，舉姬周
陟文之典。敢曰能饗，又茲歷年。粤季秋之嘉辰，會五氣之精德。師象山則
之固，孝奏天儀之光。慶靡專承，法繇近始。……屬奉堂筵之禋，適寄闓符
之劇。"（第 250～251 頁）據王瑞來《二宋年譜》考證，宋庠嘉祐五年十一
月辛丑罷樞相，爲河陽三城節度使、同平章事、判鄭州，六年徙判相州，七
年召還京師。[1]《長編》卷一九七云：嘉祐七年九月"辛亥，大饗明堂"；"己
未，内外官並以明堂赦書加恩"[2]。辛亥爲七日，己未爲十五日。則此二文當
作於嘉祐七年九月十五日內外官以明堂赦書加恩之時。

草《賜淮康軍節度使知曹州張茂實加恩告敕詔》《賜淮康軍節度使知曹州張茂實加恩告敕口宣》。

　　《長編》卷一九三云：嘉祐六年五月"己亥，馬軍副都指揮使、淮康節
度使張茂實落管軍，知曹州"[3]。本集卷一八有《賜淮康軍節度使知曹州張茂
實加恩告敕詔》，卷二九有《賜淮康軍節度使知曹州張茂實加恩告敕口宣》。
前一文云："朕以季秋之良，薦至精於上帝；又以萬國之歡心，以事於我文
考。"（第 124 頁）此二文當作於嘉祐七年九月十五日內外官以明堂赦書加恩
之時。

---

[1] 參王瑞來《知人論世——宋代人物考述》，第 200～202、205 頁。
[2] 李燾撰，上海師範大學古籍整理研究所、華東師範大學古籍整理研究所點校《續資治通鑑長編》，
　　第 8 冊第 4778、4780 頁。
[3] 李燾撰，上海師範大學古籍整理研究所、華東師範大學古籍整理研究所點校《續資治通鑑長編》，
　　第 8 冊第 4669 頁。

草《賜静海軍節度使同中書門下平章事安南都護交阯郡王李日尊明堂加恩告敕敕書》《李日尊授静海軍節度使加封邑功臣制》。

　　本集卷二四有《賜静海軍節度使同中書門下平章事安南都護交阯郡王李日尊明堂加恩告敕敕書》，卷三七有《李日尊授静海軍節度使加封邑功臣制》；此二文又見《宋大詔令集》卷二三八，後者題作《李日尊加恩封功臣制》，題下注“明堂”[1]。《長編》卷一八一云：至和二年（1055）十一月“乙亥，授日遵（尊）静海節度使、安南都護、交阯郡王”[2]。李日尊在位期間，宋廷共舉行過兩次明堂大禮，一在嘉祐七年九月七日，二在熙寧四年（1071）九月十日。而王珪嘉祐元年十二月至熙寧三年十二月爲翰林學士，故知此二文當作於嘉祐七年九月十五日内外官以明堂敕書加恩之時。按，《宋史》卷四八八《交阯傳》謂嘉祐八年“四月戊寅，以大行皇帝詔及遺留物賜日尊，加同中書門下平章事”[3]，當有誤，據前一文可知，李日尊加同中書門下平章事當在嘉祐七年九月以前。

草《賜樞密使張昇明堂加恩告敕口宣》。

　　本集卷三一有《賜樞密使張昇（昇）明堂加恩告敕口宣》。張昇嘉祐六年閏八月二十日庚子拜樞密使，治平二年（1065）七月二十二日庚辰罷。[4]在此期間僅舉行過一次明堂大禮，即嘉祐七年九月七日明堂大禮。則此文當作於嘉祐七年九月十五日内外官以明堂敕書加恩之時。

草《韓琦授依前同中書門下平章事進封儀國公加食邑實封制》。

　　《長編》卷一九七云：嘉祐七年九月“己未，内外官並以明堂敕書加恩，宰相韓琦封儀國公”[5]。己未爲十五日。本集卷三五有《韓琦授依前同中書門下平章事進封儀國公加食邑實封制》；此文又見《宋大詔令集》卷

[1] 司義祖整理《宋大詔令集》，第930頁。
[2] 李燾撰，上海師範大學古籍整理研究所、華東師範大學古籍整理研究所點校《續資治通鑑長編》，第7冊第4384頁。
[3] 脫脫等《宋史》，第40冊第14068頁。
[4] 參李燾撰，上海師範大學古籍整理研究所、華東師範大學古籍整理研究所點校《續資治通鑑長編》卷一九五、卷二〇五，第8冊第4718、4979頁。
[5] 李燾撰，上海師範大學古籍整理研究所、華東師範大學古籍整理研究所點校《續資治通鑑長編》，第8冊第4780頁。

六○，題下注"宋祀，嘉祐七年"[1]；又見《宋文鑑》卷三五，題作《除韓琦授依前同中書門下平章事進封儀國公加食邑實封制》。

草《李昭亮授依前檢校太傅同中書門下平章事充昭德軍節度使加食邑實封功臣制》。

《宋史》卷四六四《李昭亮傳》云："在定州數言老疾不任邊事，願還京師，乃以爲景靈宮使，又改昭德軍節度使。卒，贈中書令，謚良僖。"[2]李昭亮嘉祐五年二月十五日由判大名府徙判定州，六年四月爲景靈宮使，八年三月甲寅卒。[3]本集卷三五有《李昭亮授依前檢校太傅同中書門下平章事充昭德軍節度使加食邑實封功臣制》，云："朕居總章之右个，卜季秋之上辛。載度禮神之筵，益修嚴父之事。"（第247頁）據"卜季秋之上辛"云云，知此文當作於嘉祐七年九月十五日內外官以明堂赦書加恩之時。

草《賈昌朝授依前右僕射檢校太師兼侍中充保平軍節度使許國公加食邑封功臣制》。

本集卷三五有《賈昌朝授依前右僕射檢校太師兼侍中充保平軍節度使許國公加食邑封功臣制》，云："朕會三歲之虔，歷西成之吉。始歌德於清廟，遂報功於上穹。崇堂鄉明，美玉薦信。蓋悽愴怵惕之感集，則孝所以興；聰明齋蕭之志形，乃福爲之降。肆嚴禋之就緒，睠舊政之敏謀，誕賦神休，茂揚廷號。"（第245頁）按，本集卷五六《賈昌朝墓誌銘》云：嘉祐"三年，以鎮安軍節度使、右僕射依前檢校太師兼侍中爲景靈［宮］使。其年，復出判許州。七年，以保平軍節度使、陝州大都督府長史復徙大名，爲本路安撫使"（第413～414頁）。據文意來看，此文當作於嘉祐七年九月十五日內外官以明堂赦書加恩之時。

草《李璋依前殿前副都指揮使武康軍節度使加食邑實封功臣制》。

本集卷三六有《李璋依前殿前副都指揮使武康軍節度使加食邑實封功臣制》，此文又見《宋大詔令集》卷一○一，題下注"明堂"[4]。其中云："夫物

---

[1]司義祖整理《宋大詔令集》，第302頁。

[2]脫脫等《宋史》，第39冊第13564頁。

[3]參李燾撰，上海師範大學古籍整理研究所、華東師範大學古籍整理研究所點校《續資治通鑑長編》卷一九八，第8冊第491頁。

[4]司義祖整理《宋大詔令集》，第371頁。

莫不本於天，人莫不嚴於父。朕靡牲玉之愛極，所以反始之祈；感霜露之臨怵，所以奉先之饗。於是稽祥符之肇志，酌皇祐之闊文，載躅路寢之居，以放合宮之位。……朕富有中區，靡逮親顏之侍；恩流外戚，莫隆舅族之賢。"（第253頁）據"舅族"云云，知此文當作於仁宗朝。仁宗朝舉行過兩次明堂大禮：一在皇祐二年（1050）九月二十七日，二在嘉祐七年九月七日。李璋嘉祐六年十二月爲殿前副都指揮使。則此文當作於嘉祐七年九月十五日內外官以明堂赦書加恩之時。

草《皇伯允弼授依前北海郡王加食邑制》。

本集卷三七有《皇伯允弼授依前北海郡王加食邑制》；此文又見《宋大詔令集》卷四二，題作《皇伯祖允弼授依前北海郡王加食邑實封功臣制》，題下注"熙寧宗祀"[1]。其中云："朕肅膺駿命，懋述先猷。思所以廣嚴父之慈，昭事神之道，而合宮寓制，太微寓饗。且皇祐之議，猶參百靈之從；故辛亥之獻，獨尊上帝之配。相我大事，時維茂親。休有寵章，格於公聽。"（第270頁）按，趙允弼爲趙元偓之子、太宗之孫，於仁宗爲兄，於英宗爲伯，於神宗爲祖。《宋會要》帝系一之三四載趙允弼"慶曆四年七月，封北海郡王"，"英宗即位，改護國軍，兼中書令，封東平郡王"，"熙寧二年七月薨"[2]。所謂"宗祀"，當指明堂大禮。此文當作於嘉祐七年九月十五日內外官以明堂赦書加恩之時，理由有四：其一，王珪皇祐四年（1052）始任知制誥，嘉祐元年十二月至熙寧三年（1070）十二月爲翰林學士，在此期間僅嘉祐七年九月七日辛亥舉行過明堂大禮；其二，神宗朝舉行明堂大禮是在熙寧四年九月十日辛卯和元豐三年（1080）九月二十二日辛巳，均在趙允弼去世之後[3]；其三，趙允弼在嘉祐八年英宗即位後已進封東平郡王，直至去世均

---

[1] 司義祖整理《宋大詔令集》，第225頁。
[2] 劉琳等校點《宋會要輯稿》，第1冊第23頁。
[3] 本集卷五七《宗室推誠保順同德亮節守正佐運翊戴功臣鳳翔雄武等軍節度管內觀察處置等使開府儀同三司檢校太傅守太保兼中書令行鳳翔尹使持節泰州諸軍事泰州刺史上柱國東平郡王食邑一萬七千一百戶食實封四千八百戶贈太師尚書令兼中書令追封相王謚孝定墓誌銘》記趙允弼"熙寧三年七月癸酉"薨（第418頁），然熙寧三年七月己丑朔，無癸酉日。考《宋會要》帝系一之三四、五七，帝系三之五、一一，禮四一之一、一八、二四，以及《宋史》卷一四《神宗本紀一》等皆記趙允弼熙寧二年七月薨，《宋史》卷二四五《趙允弼傳》亦謂其熙寧二年薨，可知墓誌銘中"熙寧三年"乃"熙寧二年"之誤，趙允弼實薨於熙寧二年七月九日癸酉。《宋史·神宗本紀一》記趙允弼熙寧二年七月甲戌薨，甲戌爲十日，乃訃到之日。

帶此王爵，沒有史料記載他熙寧年間又降封爲北海郡王，故此文當作於嘉祐八年以前；其四，文中明謂“辛亥之獻”，必作於嘉祐七年明堂大禮之後。可知本集此文題目誤“皇兄”爲“皇伯”，而《宋大詔令集》編者以英宗朝未舉行明堂大禮，故屬之於熙寧四年，又於題中加一“祖”字，以坐實其判斷，實誤。

是月，爲明堂大禮作朱表、青詞、祝文、道場疏多篇，有《明堂禮成奏謝內外諸神御殿表》《明堂禮成奏謝名山諸佛表》《明堂禮成奏謝諸陵表二道》《明堂內中奏告三清玉皇聖祖及諸神御殿表》《明堂奏告內中諸神及在京宮觀表》《明堂內中廣聖宮開啓靈寶道場青詞》《明堂車駕出內前一日奏告景靈宮道場青詞》《明堂禮成內中福寧殿罷散恭謝道場青詞》《明堂朝謁景靈宮天興殿聖祖奏告道場青詞》《明堂朝謁景靈宮保寧閣元天大聖后奏告道場青詞》《明堂奏告在京諸宮道場青詞》《明堂祭告在京諸神廟祝文》《奏告太廟七室祝文》《奏告天地社稷祝文》《明堂太廟皇后廟奉慈廟雅飾奉告土地祝文》《車駕出內前一日祭告在京諸神廟祝文》《明堂禮成謝永安陵永昌陵永熙陵永定陵祝文》《禮成謝在京諸神祝文》《朝謁太廟祭七祠祝文》《禮成謝五嶽四瀆祝文》《明堂預告泗州普照明覺大師道場疏》《明堂禮成開啓謝在京諸廟道場疏》等。

本集卷一〇有《明堂禮成奏謝內外諸神御殿表》《明堂禮成奏謝名山諸佛表》，卷一一有《明堂禮成奏謝諸陵表二道》《明堂內中奏告三清玉皇聖祖及諸神御殿表》《明堂奏告內中諸神及在京宮觀表》，卷一二有《明堂內中廣聖宮開啓靈寶道場青詞》《明堂車駕出內前一日奏告景靈宮道場青詞》《明堂禮成內中福寧殿罷散恭謝道場青詞》《明堂朝謁景靈宮天興殿聖祖奏告道場青詞》《明堂朝謁景靈宮保寧閣元天大聖后奏告道場青詞》《明堂奏告在京諸宮道場青詞》，卷一四有《明堂祭告在京諸神廟祝文》《奏告太廟七室祝文》《奏告天地社稷祝文》《明堂太廟皇后廟奉慈廟雅飾奉告土地祝文》《車駕出內前一日祭告在京諸神廟祝文》《明堂禮成謝永安陵永昌陵永熙陵永定陵祝文》《禮成謝在京諸神祝文》《朝謁太廟祭七祠祝文》《禮成謝五嶽四瀆祝文》，卷一五有《明堂預告泗州普照明覺大師道場疏》《明堂禮成開啓謝在京諸廟道場疏》等。按，宋代皇家御用青詞等均由翰林學士撰寫。[1] 王珪嘉祐元年十二月至熙寧三年十二月爲翰林學士，其間僅在嘉祐七年舉行過一次明堂大禮。以上各文當作於九月七日明堂大禮前後，姑繫於此。

有《集禧觀崇禧殿開啓羅天大醮爲貴人董氏禳災道場青詞》。

《長編》卷一九七云：嘉祐七年九月"丁未，以貴人董氏爲充媛。己酉，朝饗景靈宮。庚戌，饗太廟。辛亥，大饗明堂，大赦"。"初，帝享明堂，方宿齋，而充媛董氏疾革，使白皇后曰：'妾不幸即死，願勿亟聞以橈上精意。'后泫然從之。壬子，帝臨奠悽惻，追贈婉儀。癸丑，加贈淑妃，特遷其父右侍禁安爲內殿崇班，官其弟姪四人，葬奉先資福院。"[2] 丁未、己酉、庚戌、辛亥、壬子、癸丑分別爲三日、五日、六日、七日、八日、九日。本集卷一三有《集禧觀崇禧殿開啓羅天大醮爲貴人董氏禳災道場青詞》，此文當作於嘉祐七年九月三日之前，姑繫於此。

草《賜皇后曹氏答詔》《賜沂國公主等答詔》《賜婕妤俞氏等答詔》。

本集卷一八有《賜皇后曹氏答詔》《賜沂國公主等答詔》《賜婕妤俞氏等答詔》。此三文乃是針對本集卷一〇《皇后曹氏賀明堂禮成表》《沂國公主等賀明堂禮成表》《婕妤俞氏等賀明堂禮成表》而作，當作於嘉祐七年九月七日明堂大禮之後。

草《賜皇子曙免恩命第二表不允詔》《賜皇子曙免恩命第三表不允詔》。

本集卷二〇有《賜皇子曙免恩命第二表不允詔》《賜皇子曙免恩命第三表不允詔》。前一文云："敕皇子曙：省所再上表：'乞還寵命，蒙降詔不允者。未遂私誠，莫遑寧處。敢汙斧鉞，再布腹心。……惟陛下聖明，既已子臣，而微臣愚戇，既已父陛下矣，則當教之，使知正道，豈可私之，使竊天官？況藩宣重大之任，禦侮雄權，臣實無狀，不知優寵之所自。蓋陛下徒私小臣而忽天下之儀，使賢不肖無所勸沮，臣曷敢以爲榮而致於私親之過哉？所有誥敕，不敢祗受，早賜寢停。'事具悉。……今命書之下，累牘固辭，豈副予親親之意？所乞宜不允，令便授誥敕。"（第144頁）《長編》卷

---

[1] 參谷曙光《貫通與駕馭：宋代文體學述論》，人民文學出版社2016年版，第155～156頁。

[2] 李燾撰，上海師範大學古籍整理研究所、華東師範大學古籍整理研究所點校《續資治通鑑長編》，第8冊第4777～4778、4779頁。

一九七云：嘉祐七年九月“乙巳朔，以皇子爲齊州防禦使，進封鉅鹿郡公”。十月“乙亥，皇子上表辭所除官，賜詔不允”[1]。乙亥爲二日。則此二文當是針對趙曙請辭齊州防禦使而作。趙曙初上表辭官在九月一日之後，十月二日當是最終之裁決。

草《賜司農卿知滑州馬尋賀皇子加恩進絹詔》。

《宋史》卷三〇〇《馬尋傳》記馬尋曾知湖、撫、汝、襄、洪、宣、鄧、滑八州。考馬尋嘉祐三年十二月三日知鄧州，而五年七月知鄧州者已爲魏瓘[2]，可知馬尋知滑州當在嘉祐五年以後。本集卷二一有《賜司農卿知滑州馬尋賀皇子加恩進絹詔》，云：“比以旄賢上嗣，疏爵近封。攬列土之飛章，充大庭而備用。”（第155頁）“疏爵近封”云云，指嘉祐七年九月一日以皇子趙曙爲齊州防禦使，進封鉅鹿郡公。

草《賜樞密使張昇免明堂恩命第一表不允批答》《賜張昇免明堂恩命第二表不允斷來章批答》《賜樞密使張昇免明堂恩命第一表不允口宣》。

本集卷二六有《賜樞密使張昇（昇）免明堂恩命第一表不允批答》《賜張昇（昇）免明堂恩命第二表不允斷來章批答》，卷二九有《賜樞密使張昇（昇）免明堂恩命第一表不允口宣》。王珪爲翰林學士期間，僅嘉祐七年九月七日舉行過明堂大禮，則此三文當作於嘉祐七年九月十五日內外官以明堂赦書加恩之後。

草《賜韓琦免明堂恩命第一表不允批答》《賜韓琦免明堂恩命不允批答》《賜宰臣韓琦免明堂恩命第一表不允口宣》《賜韓琦免明堂恩命第二表不允斷來章口宣》。

本集卷二六有《賜韓琦免明堂恩命第一表不允批答》《賜韓琦免明堂恩命不允批答》，卷二九有《賜宰臣韓琦免明堂恩命第一表不允口宣》《賜韓琦免明堂恩命第二表不允斷來章口宣》。第二文又見《宋文鑑》卷三三，云：“噫，何其禮之盛歟！非爾元宰之臣，孰總裁之？故己未之制，爲百辟先。”

---

[1]李燾撰，上海師範大學古籍整理研究所、華東師範大學古籍整理研究所點校《續資治通鑑長編》，第8冊第4777、4781頁。

[2]參劉琳等校點《宋會要輯稿》職官六一之三九、職官四一之九二，第8冊第4709頁、第7冊第4046頁。

（第 190 頁）王珪爲翰林學士期間，僅舉行過一次明堂大禮。“己未之制”，指嘉祐七年九月“己未，内外官並以明堂赦書加恩”[1]，己未爲十五日。則此四文當作於嘉祐七年九月十五日内外官以明堂赦書加恩之後。

秋，草《皇帝請契丹皇帝達皇太后正旦禮物書》《皇帝賀契丹皇帝正旦書二道》其一。

本集卷二四有《皇帝請契丹皇帝達皇太后正旦禮物書》《皇帝賀契丹皇帝正旦書二道》其一，此二文又見《宋大詔令集》卷二二九。《宋大詔令集》將《皇帝賀契丹皇帝正旦書二道》其一、《皇帝請契丹皇帝達皇太后正旦禮物書》《皇帝回契丹皇帝賀乾元節書》三文排在一起，前、後二文題下均注“嘉祐七年”。北宋任命賀契丹正旦使一般在八月[2]，但使者離京一般在十月，則此二文當作於嘉祐七年八、九月間。按，本集此二文中均有“正月一日，兄大宋皇帝致書於弟大契丹聖文神武睿孝皇帝闕下”（第 174 頁），而《宋大詔令集》作“正月一日，伯大宋皇帝致書於（姪）大契丹聖文神武睿孝皇帝闕下”[3]。宋仁宗嘉祐七年爲遼道宗清寧八年，宋仁宗與遼道宗相當於叔姪關係，故當以《宋大詔令集》所載爲是。

十月，與趙抃薦丘與權充國子監直講，有《薦邱與權劄子》。

本集卷八有《薦邱與權劄子》，云：“伏見福州閩縣主簿邱與權，景祐中有聲科場，自爾二十餘年，困於州縣。然孤潔自遠，不能苟合於當途之人。觀其藝文優深，議論純正，竊謂遭時右文，宜見收采。臣今保舉堪充國子監直講，如經擢用，犯正用己贓，臣甘同罪。”（第 54～55 頁）趙抃《舉丘與權充直講狀》云：“臣勘會國子監直講王逢，准敕差通判徐州。伏見新授福州閩縣主簿丘與權有文學士行，頃嘗服闕，閑居建州數年，鄉里生徒從學僅百餘人，孜孜誨誘不倦。前後任充汀州府并蘇州教授，所至學者如歸。今其尚困州縣之職，固窮守道，未始隕穫。臣今保舉堪充國子監直講，替王逢滿闕。如經擢用，後犯正入己贓，并不如所舉，甘當同罪。如賜俞允，許令依

［1］李燾撰，上海師範大學古籍整理研究所、華東師範大學古籍整理研究所點校《續資治通鑑長編》卷一九七，第 8 册第 4780 頁。

［2］參張亮采編《補遼史交聘表》，中華書局 1958 年版，第 97 頁；傅樂焕《宋遼聘使表稿》，《遼史叢考》，第 210 頁。

［3］司義祖整理《宋大詔令集》，第 888 頁。

錢藻、孫思恭例，權入監供職，待次充填，所貴講授得人。”題下注“十月十日”[1]。《宋史》卷四四三《王逢傳》云：“久之，以太常博士通判徐州，未至，卒。”[2]王安石《臨川先生文集》卷九三《王會之墓誌銘》云：“通判徐州，以疾不赴，求監蘇州酒，以嘉祐八年正月六日不起，年五十九，至太常博士。”[3]可知《舉丘與權充直講狀》題下所注時間乃嘉祐七年十月十日，趙抃時任禮部員外郎、兼侍御史知雜事。[4]王珪當是與趙抃同時薦舉丘與權充國子監直講。按，“邱與權”之“邱”字當作“丘”，改用“邱”乃清人爲避孔丘名諱。丘與權，字與生卒年均不詳，建州（今福建建甌）人，景祐元年（1034）進士，曾任崑山縣主簿、汀州府教授、蘇州教授、閩縣主簿等職，生平事迹見范成大《吳郡志》卷一九《水利上》所載丘與權《至和塘記》、《洪武蘇州府志》卷二六《人物·名宦》、《嘉靖崑山縣志》卷九《名宦》、蘇頌《蘇魏公文集》卷二《和丘與權秘校詠寶寄林成之進士》及上引王珪、趙抃二文等，《全宋詩》卷六一九録其詩殘句一。《同治蘇州府志》卷五四《職官三·蘇州府儒學》、《民國吳縣志》卷八《職官表七·儒學》等記丘與權嘉祐九年任蘇州教授，當誤。

草《賜保平軍節度使兼侍中賈昌朝謝明堂加恩進馬詔》。

本集卷二〇有《賜保平軍節度使兼侍中賈昌朝謝明堂加恩進馬詔》，云：“曠禮之行，載涓宗祀。靈釐之委，首錫輔臣。方膚制檢之頒，遽閱貢函之上。”（第139頁）賈昌朝嘉祐七年夏以保平軍節度使、陝州大都督府長史徙判大名府，此文當作於嘉祐七年九月十五日內外官以明堂赦書加恩之後，最有可能作於十月，姑繫於此。

草《賜判河南府文彥博生日禮物口宣》。

本集卷二九有《賜判河南府文彥博生日禮物口宣》。按，王珪任翰林學士期間，文彥博曾三判河南府。《文忠烈公彥博傳》載嘉祐三年，文彥博罷史館相，“以檢校太師、同平章事、河陽三城節度判河南府。四年，封潞國

[1] 趙抃《趙清獻公文集》卷一〇，《宋集珍本叢刊》，綫裝書局2004年影印本，第6冊第812頁。
[2] 脱脱等《宋史》，第37冊第13099頁。
[3] 王水照主編《王安石全集》，第7冊第1615頁。
[4] 參李燾撰，上海師範大學古籍整理研究所、華東師範大學古籍整理研究所點校《續資治通鑑長編》卷一九七嘉祐七年七月甲子，第8冊第4780頁。

公。五年，易節保平軍，判大名府。改成德軍節度使、尚書左僕射、判太原府。俄復保平軍節度，判河南。丁母憂。八年，英宗即位，起復同平章事、成德軍節度，加冠軍大將軍、左金吾衛大將軍。三上表乞終喪，許之。詔給俸賜比宰臣之半，力辭不受。治平二年，服闋，復以舊官判河南。尋除侍中、淮南節度使，判永興"[1]。據此可知，文彥博曾三判河南府。

第一次判河南府在嘉祐三年六月七日至五年二月十五日之間。《長編》卷一八七云：嘉祐三年六月"丙午，吏部尚書、平章事文彥博，罷爲河陽三城節度使、同平章事、判河南府"[2]。丙午爲七日。歐陽修《内制集》卷八有《除文彥博易鎮判大名府制》，題下注嘉祐五年"二月十五日"[3]。

第二次判河南府在嘉祐七年至八年正月之間。文彥博嘉祐七年四月二十五日壬寅判太原府，不久即接替王拱辰改判河南府。申利據韓琦《安陽集》卷四三《祭文潞公太夫人文》，定文彥博繼母申氏卒於嘉祐八年二月。[4]考歐陽修《表奏書啓四六集》卷七有《回文相公謝服闋入覲書》《又回文相公服除遷侍中移判永興書》，前者題下注"治平二年"，後者題下注"治平二年四月"[5]。依宋人爲父母守喪三年（實際爲二十七個月）之規定，申氏去世時間不會晚於嘉祐八年正月。《長編》卷一九八云：嘉祐八年四月"丁酉，起復文彥博，固辭。表三上，乃聽終喪。尋有詔給俸賜比宰相之半，彥博又辭，許之"[6]。丁酉爲二十六日。本集卷二一《賜起復冠軍大將軍左金吾衛上將軍員外置同正員依前成德軍節度使同中書門下平章事判河南府文彥博免恩命第一表不允詔》云："卿位履將相，不幸有喪親之憂。朕用故事，以哭踴之卒而復位於常。乃創巨之情，執禮而不可奪。"（第152頁）所謂"哭踴之卒"，乃指距卒日約百日之卒哭祭。由此推算，申氏當卒於嘉祐八年正月中旬。

[1] 杜大珪《名臣碑傳琬琰集》下集卷一三，《宋代傳記資料叢刊》，第16冊第343~344頁。

[2] 李燾撰，上海師範大學古籍整理研究所、華東師範大學古籍整理研究所點校《續資治通鑑長編》，第8冊第4511頁。

[3] 歐陽修著，李逸安點校《歐陽修全集》，第4冊第1298頁。

[4] 參申利編著《文彥博年譜》，巴蜀書社2011年版，第132頁。

[5] 歐陽修著，李逸安點校《歐陽修全集》，第4冊第1464、1465頁。

[6] 李燾撰，上海師範大學古籍整理研究所、華東師範大學古籍整理研究所點校《續資治通鑑長編》，第8冊第4804頁。

　　第三次判河南府在治平二年（1065）四月，旋即改判永興軍，參治平二年譜。

　　文彥博生日在十月，而王珪嘉祐二年七月至四年十月因丁母憂罷職。則此文最有可能作於嘉祐七年十月。

奉命祭仁宗贈淑妃董氏，有《贈淑妃董氏堂祭文》《攢所祭文》。

　　《宋會要》后妃三之七記仁宗充媛董氏嘉祐六年九月卒，當誤。董氏嘉祐七年九月七日明堂大禮前卒，追贈婉儀，又贈淑妃。本集卷四七有《贈淑妃董氏堂祭文》《攢所祭文》，此二文均云：“維嘉祐七年歲次壬寅，十月某日，皇帝遣某官致祭於故贈淑妃董氏之靈。”（第344、345頁）

十一月，有《送元厚之待制出守福唐》詩。

　　本集卷四有《送元厚之待制出守福唐》（第25頁）。“福唐”原爲唐代福州所轄縣名，因其“本閩縣之地”[1]，而閩縣爲福州治所，後遂用以指代福州。《王荊文公詩箋注》卷一三有《送元厚之待制知福州》，《司馬光集》卷一〇有《送元待制絳字厚之出牧福唐》，鄭獬《郧溪集》卷二三有《送元待制知福州》，乃同時之作。《淳熙三山志》卷二二載元絳嘉祐七年“十一月以兵部郎中、天章閣侍（待）制知”福州，治平二年（1065）“正月，絳移知南京”[2]。劉成國繫王安石詩於嘉祐七年十一月[3]，可從。蔡絛《西清詩話》卷中云：“元厚之生平嗜富貴，不喜處外，而轉徙牧守，意多觖望。比再領長樂，親舊祖道都門，勉以東閩盛府，百僚所聚，且壑源之茗，泉南之甘，烏石之荔子，珍絕天下，溪山風物，足以遊衍。厚之下車，寄詩謝之：‘丹荔黃甘北苑茶，勞君誘我向天涯。爭如太液樓邊看，池北池南總是花。’”[4]按，元絳（1009—1084），字厚之，杭州錢塘（今浙江杭州）人，天聖八年（1030）進士，官至參知政事，元豐七年卒，年七十六，謚章簡，《宋史》卷三四三、《東都事略》卷八一有傳，生平事迹見王安禮《王魏公集》卷八《資政殿學士太子少保致仕贈太子少師謚章簡元公墓誌銘》、蘇頌《蘇魏公文

---

［1］樂史撰，王文楚等點校《太平寰宇記》卷一〇〇，第4冊第1994頁。

［2］梁克家纂修《淳熙三山志》，《宋元方志叢刊》，中華書局1990年影印本，第8冊第7977~7978頁。

［3］參劉成國《王安石年譜長編》，第2冊第626~627頁。

［4］張伯偉編校《稀見本宋人詩話四種》，第208頁。

集》卷五二《太子少保元章簡公神道碑》，《全宋詩》卷三五三録其詩三十二首、殘句若干，《全宋文》卷九二八、卷九二九收其文二卷。

奉命作狄青神道碑，有《狄武襄公神道碑銘》。

本集卷四七有《狄武襄公神道碑銘》，云："至和三年八月，上以樞密使、護國軍節度使、檢校太尉、河中尹天水狄公拜中書門下平章事，出判陳州。明年三月，感疾於州。未幾，以薨聞。天子盡然，輟視朝二日，發哀苑中，贈中書令。太常誄行，諡曰武襄。既葬於汾之西河，有詔史臣，以刻其墓隧之碑。""其葬也……卜用嘉祐四年二月甲申之吉。"（第350、353頁）錢大昕《潛研堂金石文字目録》卷四著録《狄武襄公神道碑》，其《潛研堂金石文字跋尾》卷一三對此碑有考釋。魯燮光《山右訪碑記》亦著録此碑。考胡聘之《山右石刻叢編》卷一三所載《狄青碑》，全名爲《宋故推誠保德守正翊戴功臣護國軍節度管内觀察處置節度使特進檢校太尉同中書門下平章事行河中尹判陳州軍州事兼管内堤堰橋道勸農使上柱國天水郡開國公食邑七千七百户食實封貳阡壹佰户贈中書令兼尚書令諡武襄狄公神道碑銘並序》，署"翰林學士、朝散大夫、尚書禮部郎中、知制誥、充史館修撰、判昭文館、知審官院、提舉集禧觀公事、上騎都尉、長安縣開國伯、食邑八百户、賜紫金魚袋臣王珪奉敕撰，三司度支判官、朝奉郎、尚書刑部員外郎、充集賢校理、上騎都尉、賜緋魚袋臣宋敏求奉敕書"，文末題"嘉祐七年十一月二十六日建。中書省玉冊官臣張景隆奉聖目鐫並□□"[1]。則王珪奉命作狄青神道碑當在嘉祐七年十一月以前，姑繫於此。按，狄青（1008—1057），字漢臣，汾州西河（今山西汾陽）人，官至樞密使，嘉祐二年卒，年五十，《宋史》卷二九〇、《隆平集》卷一一、《東都事略》卷六二有傳，生平事迹見余靖《武溪集》卷一九《宋故狄令公墓銘並序》、王珪《狄武襄公神道碑銘》，《全宋文》卷八九〇收其文七篇。

十二月二十一日，草《德妃沈氏進封貴妃制》《賢妃苗氏進封德妃制》。

《宋會要》后妃三之六云："真宗貴妃沈氏。故相倫之孫、光禄少卿繼宗之女。……慶曆元年十二月進婉容，四年九月進賢妃，尋加德妃。……嘉祐

---

[1] 胡聘之《山右石刻叢編》，第3冊第1163~1164、1172頁。

七年十二月，進貴妃。”[1] 本集卷三三有《德妃沈氏進封貴妃制》；此文又見《宋大詔令集》卷二一，題作《德妃沈氏特進封貴妃制》，題下注“嘉祐七年十二月二十一日”[2]。

《宋會要》后妃三之一三云：“仁宗德妃苗氏。嘉祐七年十二月二十一日，賢妃苗氏爲德妃，令所司備禮冊命。嘉祐七年十二月二十三日，參知政事趙槩爲德妃冊禮使，樞密副使吳奎副之，翰林學士賈黯撰冊文并書冊印。”[3] 本集卷三七有《賢妃苗氏進封德妃制》；此文又見《宋文鑑》卷三五；又見《宋大詔令集》卷二一，題作《賢妃苗氏特進封德妃制》。

十二月二十三日，隨仁宗至龍圖閣、天章閣，觀三聖御書，又至寶文閣，於仁宗所書飛白書上題寫歲月及所賜臣僚姓名，預群玉殿宴，有《依韻恭和聖製龍圖天章閣觀三聖御書》詩，奉命作《御製龍圖天章閣觀三聖御書詩序》。

《宋史》本傳云：“帝宴寶文閣，作飛白書分侍臣，命珪識歲月姓名。再宴群玉，又使爲序，以所御筆、墨、箋、硯賜之。”（第10242頁）《長編》卷一九七云：嘉祐七年十二月“丙申，幸龍圖、天章閣，召輔臣、近侍、三司副使、臺諫官、皇子、宗室、駙馬都尉、主兵官觀祖宗御書。又幸寶文閣，爲飛白書，分賜從臣，下逮館閣。作《觀書》詩，韓琦等屬和。遂宴群玉殿，傳詔學士王珪撰詩序，刊石於閣”[4]。王應麟《玉海》卷三〇《嘉祐飛白御製觀書詩》云：“七年十二月二十三日丙申，幸龍圖、天章閣，召輔臣、待制、臺諫官、皇子、宗室觀三聖御書。又幸寶文閣，帝親爲飛白書以分賜從臣。仍出御製《觀書》詩一首，賜近臣繼和（命韓琦等屬和）。遂宴群玉殿。是日，復詔翰林學士王珪撰詩序，刊石寶文閣（《紀》作丙申）。王珪序曰：‘臣琦等二十有八人賡宸唱以進。壬子，再召觀瑞物，又陳先朝述作之文，復宴群玉殿，大合樂，出禁中肴醴。’（《本紀》《實錄》：‘庚子，召從臣於天章閣觀瑞物。’）又王珪和詩云：‘筆回丹穴鳳，歌起沛中雲。’臣僚應制

---

[1] 劉琳等校點《宋會要輯稿》，第1冊第306頁。
[2] 司義祖整理《宋大詔令集》，第106頁。
[3] 劉琳等校點《宋會要輯稿》，第1冊第310頁。
[4] 李燾撰，上海師範大學古籍整理研究所、華東師範大學古籍整理研究所點校《續資治通鑑長編》，第8冊第4785頁。

詩三十八首。”卷三四《嘉祐寶文閣飛白書龍圖天章閣觀三聖御書》云:“嘉祐七年十二月丙申(王珪序云戊申),幸龍圖、天章閣,召輔臣、侍從、諫官、御史、管軍臣僚觀三聖御書。又幸寶文閣,親爲飛白書,群臣揢笏以觀。命學士王珪各題歲月及所賜臣僚名。又出御製《觀書》詩賜韓琦以下,令屬和以進。遂宴群玉殿。復詔珪撰詩序,刻石寶文閣。序云:‘十二月戊申(紀云丙申),乘暇日延群臣觀三聖神翰於龍[圖]、天章閣,玩心文明,藻思濬發,遂賦《觀書》之詩。又幸寶文閣,親爲飛白書,使左右縱觀。驚鸞驚鳳,與夫烟雲布濩之象,莫不回薄於筆下。蓋天縱之能,世莫得以曾窺也。因分賜從臣。臣琦等二十八人賡宸唱以進。(云云。)壬子(紀云庚子),再召觀方國頃所上瑞物,其木石皆有文。又陳先朝述作之文。復燕群玉殿,出禁中肴醴、芳花、異香瑰奇未見之物。’(一云:庚子,再會天章閣,觀瑞物。復燕群玉,賜禁中花、金盤、香藥。)”[1]本集卷四六《御製龍圖天章閣觀三聖御書詩序》云:“嘉祐七年冬十有二月戊申,皇帝乘暇日延群臣觀三聖神翰於龍圖、天章閣。玩心文明,藻思濬發,遂賦《觀書》之詩。又幸寶文閣,親爲飛白書,使左右縱觀。若驚鸞驚鳳,與夫烟雲布濩之象,莫不回薄於筆下。蓋天縱之能,世莫得以曾闚也。因以其書分賜從臣。於是尚方給筆札,臣琦等二十有八人咸賡宸唱以進。既置酒群玉殿,上猶慊然有未盡意。越壬子,再召觀方國貢所瑞物,其木石皆有文,實天所以啓宋永命之符。又陳先朝述作之文,載披載繹,以示祖宗稽古之學而百王之絶儗也。已而復燕群玉殿,乃大合樂。其初有詔曰:‘幸天下久無事,今日之樂期與卿等共之,唯盡醉勿復辭。’遂出禁中肴醴、芳花、異香瑰奇未見之物。觴每行,必命醻者至於三四,衣冠愉愉,不知涵濡君德之醉也。……臣與游禁林,又塵太史氏之職,恭承明詔,敢拜稽首,[以]揚鴻休。”(第339~340頁)嘉祐七年十二月甲戌朔,無戊申、壬子日,“戊申”“壬子”當爲“丙申”“庚子”之訛,丙申爲二十三日,庚子爲二十七日。

　　本集卷一有《依韻恭和聖製龍圖天章閣觀三聖御書》,此詩又見方回《瀛奎律髓》卷二,云:“半夜傳君召,西清閱帝文。筆回丹穴鳳,歌起沛中

___
[1] 王應麟輯《玉海》,第1冊第590、641頁。

雲。御幄金虬轉，仙墀羽仗分。君王自天縱，況復睿心勤。"（第6頁）《蔡襄集》卷四有《觀三聖御書應制》，歐陽修《居士外集》卷七有《觀龍圖閣三聖御書應制》，韓琦《安陽集》卷九有《御製天章閣觀三聖御書奉聖旨次韻》，《司馬光集》卷一〇有《奉和御製龍圖等閣觀三聖御書詩》，胡宿《文恭集》卷六有《召赴天章寶文閣觀御集賜御書飛白扇子群玉殿錫宴》，當爲同時之作。

按，《蔡襄集》卷四有五言長律《群玉殿賜宴》，其中有五個小注，對嘉祐七年十二月兩次群玉殿宴集情形有明確記載。第一次宴集："嘉祐七年十二月二十三日，詔宰臣以下龍圖、天章閣觀三聖御書。""又幸寶文閣作飛白字，召臣僚觀，人賜一軸，兼賜紙筆墨各有差。""賜御詩一首，令群臣次韻和進。""賜宴群玉殿。"第二次宴集："二十七日幸寶文閣，召宰臣以下觀太宗《遊藝集》、瑞物十三種，仍賜御書，宴群玉殿，宣諭太平無事，令群臣盡醉。"[1] 則《依韻恭和聖製龍圖天章閣觀三聖御書》當作於嘉祐七年十二月二十三日，而《御製龍圖天章閣觀三聖御書詩序》當作於十二月二十七日之後。

十二月二十四日，有《宮詞》記事。

本集卷五有《宮詞》一百首，其七十三云："昨日龍輿幸寶文，宸毫金軸展風雲。前朝御印從頭拆，重整牙籤甲乙分。"（第33頁）"昨日"云云，當指嘉祐七年十二月二十三日仁宗召輔臣等至龍圖閣、天章閣觀三聖御書，又至寶文閣作飛白書賜從臣事。

十二月二十七日，再隨仁宗至龍圖閣、天章閣，觀太宗、真宗御集及瑞物，又至寶文閣，於仁宗所書飛白書上題寫所賜臣僚姓名，預群玉殿宴，有《再召至龍圖閣觀書》詩。

《長編》卷一九七云：嘉祐七年十二月"庚子，再會於天章閣觀瑞物，復宴群玉殿。帝曰：'天下久無事，今日之樂，與卿等共之，宜盡醉勿辭。'賜禁中花、金盤、香藥，又召韓琦至御榻前，別賜酒一巵。從臣沾醉，至

---

[1] 蔡襄著，徐熥等編，吳以寧點校《蔡襄集》，第59頁。

暮而罷”^[1]。邵博《邵氏聞見後録》卷一云：“仁皇帝以嘉祐七年十二月丙申，幸天章閣，召兩府、兩制、臺諫等觀三朝御書。置酒賦詩於群玉殿。庚子，再幸天章閣，召兩府以下觀瑞物十三種。一、瑞石，文曰‘趙二十一帝’；二、瑞石，文曰‘真君王萬歲’；三、瑞木，曰‘大運宋’，隱起成文；四、七星珠；五、金山，重二十餘斤；六、丹砂山，重十餘斤；七、馬蹄金；八、軟石；九、白石，乳花；十、瑞木，左右異色；十一、瑞竹，一節有二弦並生其中；十二、龍卵，有紫斑而小；十三、鳳卵，色白而大。觀太宗真宗御集，面書飛白，命翰林學士王珪題姓名遍賜之。又幸群玉殿置酒作樂，親諭以前日之燕草創，故再爲之，無惜盡醉。獨召宰相韓琦至榻前，酌鹿胎酒一大杯，琦一舉而盡。各以金盤貯香藥，分賜之。明年三月，帝升遐。故韓琦哀冊文云：‘因驚前會之非常，似與群臣而敘別’也。”^[2]丙申爲二十三日，庚子爲二十七日。《蔡襄集》卷二八《群玉殿曲宴記》云：“嘉祐七年十二月二十七日，上幸天章閣，召輔臣近侍，出太宗《遊藝集》、真宗文集以示之。又出瑞物，石之類五：一曰‘趙二十一帝’；二曰‘真君王萬歲’；三曰‘天下太平’，石本如拳，皆隱起成字；四曰石佛像，石一面平，有黑理如浮屠像；五曰軟石，狀如界尺，可長五六寸，持其兩端而曲之。木之類一，不知何木，長一尺許，中分之，白質黑文，曰‘大連木’。竹斷兩節，直剖之，雙弦屬其上下，命曰‘君臣合歡竹’。龍鳳卵二，龍卵可容三升，鳳卵可一升，皆中空，以黃金飾之，爲瓶狀。金珠之類四：生金山一，重七斤十四兩，嵌嵩峭突，有山狀；丹砂一，重十二斤八兩，色黑若鐵，間有芙蓉頭；七星珠一，徑寸之四分，有北斗星文，旁出輔星，皆隆如粟粒；裹蹄金三，漢武帝詔所制以應祥瑞者。凡一十三種。既已，移幸寶文閣，親書飛白四十餘字，遍賜群臣，遂宴於群玉殿。是日，名香珍餌、金縷綵花，皆自中出。宣諭以太平無事，卿等盡醉。乃索鹿頭酒，易以大杯。丞相韓公得金蕉葉，一引空杯。上舉醆以屬曰：‘可更飲否？’又引一杯。上喜甚，左右顧，令盡飲，恩意隆厚。伏惟陛下臨御天下四十一年，宴享之勤，未有如

[1] 李燾撰，上海師範大學古籍整理研究所、華東師範大學古籍整理研究所點校《續資治通鑑長編》，第8冊第4785頁。
[2] 邵博撰，劉德權、李劍雄點校《邵氏聞見後録》，第5頁。

群玉曲宴之盛。群臣感激際會，咸進詩歌，稱詠其事。明年正月八日，翰林學士、尚書吏部郎中、知制誥、權三司使臣蔡襄謹記。"[1]歐陽修《表奏書啓四六集》卷二《謝賜飛白並賜宴詩狀》云："右臣去月二十七日，伏蒙聖慈召赴天章閣觀太宗、真宗御集，次赴寶文閣觀御飛白書，賜以金花牋字，遂賜宴於群玉殿。臣本出寒儒，遭逢盛旦，誤被獎擢，參贊鈞衡。陛下憂勤萬機，德被四海，邊鄙不聳，年穀順成，民物熙閑，聖心怡豫。臣於此際，既得以尸素偷安，而又獲親侍清光。便蕃恩錫，一時之盛事，千載之難遇，臣不勝至榮至幸，謹課成《召赴天章閣寶文閣觀祖宗御集賜飛白群玉殿賜宴》五言八韻詩一首，隨狀上進。干瀆宸嚴，無任惶恐戰汗屏營之至。"題下注"嘉祐八年正月"[2]。

本集卷二有《再召至龍圖閣觀書》詩，云："君王又詔蓬萊宴，三閣崔嵬壓海鼇。翠玉裝輿容扈蹕，黃金塗紙看揮毫。堯文自與星辰爛，漢殿常依日月高。四十年來無此會，恩深不覺醉仙醪。"（第13頁）《翰苑新書》後集上卷一八《賜書翰》載鄭獬有《謝賜飛白書》[3]，《蔡襄集》卷四有《群玉殿賜宴》，歐陽修《居士集》卷一三有《群玉殿賜宴》，乃同時之作。

范鎮《東齋記事》卷一云："嘉祐七年十二月二十三日，召近臣天章閣下觀書、閱瑞物。上親作飛白書，令左右掎笏以觀。又令禹玉跋尾，人賜一紙。既而置酒群玉殿，上謂群臣曰：'今天下無事，故與卿等樂飲。'中坐賜詩，群臣皆和。又賜太宗時斑竹管筆、李廷珪墨、陳遠握墨、陳朗麝圍墨，再就坐。終宴，更大盞，取鹿頭酒視封，遣內侍滿斟遍勸。韓魏公琦一舉而盡，又勸一杯。盧公彦平生不飲，亦釂一巨盃。又分上前香藥增諸釘中，各令持歸。至二十六日，温州進柑子，復置會，自臺諫、三館臣僚悉預，因宣諭：'前日太草草，故再爲此會。'其禮數一如前，但不賦詩矣。"[4]按，所記

［1］蔡襄著，徐焴等編，吳以寧點校《蔡襄集》，第482～483頁。
［2］歐陽修著，李逸安點校《歐陽修全集》，第4冊第1350頁。
［3］今本《鄖溪集》及《全宋詩》皆失收此詩。
［4］范鎮、宋敏求撰，汝沛、誠剛點校《東齋記事 春明退朝録》，中華書局1980年版，第8頁。按，周城《宋東京考》卷二《殿閣》"六閣"條引《東齋記事》云："仁宗嘉祐間，召群臣天章閣下觀書，并閱瑞物，親作飛白書，令掎笏以觀。歐陽修爲記，王珪爲跋。"（周城撰，單遠慕點校《宋東京考》，中華書局1988年版，第36頁）今本《東齋記事》不見此則，當爲誤引。

當有兩點誤差：一是將第二次宴集繫於二十六日，二是將賜鹿頭（胎）酒置於第一次宴集中。胡柯《廬陵歐陽文忠公年譜》云：嘉祐七年"十二月丙申，上幸龍圖、天章閣，召輔臣至待制、三司副使以上、臺諫官、皇子、宗室、駙馬都尉、管軍觀三聖御書。又幸寶文閣親飛白書，分賜群臣。公得雙幅大書'歲'字，下有御押，加以御寶。王珪夾題八字云'嘉祐御札，賜歐陽修'，仍於絹尾書'翰林學士臣王珪奉聖旨題賜名'。又出御製《觀書》詩一首，令群臣屬和，（公和篇在《外集》。）遂宴群玉殿。庚子，再召近臣及三館臣僚赴天章閣，觀三朝瑞物、太宗真宗御集。次赴寶文閣，觀御飛白書，賜公金花牋字。復燕群玉殿。後數日，公以狀進詩謝。（狀在《四六集》，詩在《居士集》。）按，兩宴皆有賜書，而《實錄》及范蜀公《東齋記事》止載丙申有賜。當時王歧（岐）公親奉詔為序，亦不及庚子再賜。而《實錄》及序又不及館職預召，惟《東齋記事》言之。公記陸子履家藏飛白字，明言'群玉殿所賜，時子履任集賢校理'，與《東齋記事》合。但不知是日公得何字，其為金花牋則無疑。然陳無己《六一堂圖書》詩乃云'黃絹兩大字'，又何也？韓忠獻公謝詩云'鸞拂宮綃舞'，胡文恭公亦有《謝御飛白扇子》詩，得非預坐者眾，所賜或不同耶？《實錄》二十三日丙申，二十七日庚子，而歧（岐）公序乃作戊申、壬子，不應差誤如此，殆傳寫訛耳。（歧〔岐〕公《再觀書》詩'黃金塗紙看揮毫'。又司馬溫公《涑水記聞》亦載兩賜飛白。）"[1] 今本《涑水記聞》未見此則記載。

胡仔《苕溪漁隱叢話》後集卷二一《王禹玉》引《復齋漫錄》云："嘉祐七年冬，宴群臣於群玉殿，英宗以皇子預坐，在舍人、待制之後。岐公詩云：'翠輦生香容扈蹕，黃金塗紙看揮毫。'介甫云：'何不言翠玉裝輿？'岐公改之以進。"[2] 阮閱《詩話總龜》後集卷一《御燕門》亦引此則。

是月，草《賜翰林學士賈黯進宴群玉殿詩獎諭詔》。

本集卷二〇有《賜翰林學士賈黯進宴群玉殿詩獎諭詔》，云："三聖之文，秘在延閣。朕乘聽政之豫，詔近臣以觀之，且陳鐘鼓豆觴之盛，以娛乎太平。卿與游詞禁，材思豐華，奏篇之來，絕於群唱。"（第141頁）據《學

---

[1] 吳洪澤、尹波主編《宋人年譜叢刊》，第2冊第1005頁。
[2] 胡仔纂集，廖德明校點《苕溪漁隱叢話·後集》，第148頁。

士年表》，賈黯嘉祐五年二月至治平二年（1065）二月爲翰林學士，其中嘉
祐五年九月至十一月暫罷。據文意，知此文當作於嘉祐七年十二月二十三日
之後。

草《撫問判河南府文彦博口宣》。

　　本集卷三一有《撫問判河南府文彦博口宣》，云：“卿舊德之良，久去廊
廟。往釐西宅，忽又歲闌。”（第222頁）按，在王珪任翰林學士期間，文彦
博曾三判河南府：第一次是嘉祐三年六月七日至五年二月十五日，第二次是
嘉祐七年至八年正月，第三次是在治平二年（1065）四月。王珪嘉祐二年七
月至四年十月丁母憂罷職，可知此文當作於嘉祐四年或七年。文彦博第一次
判河南府爲罷相後出任，談不上“久去廊廟”；第三次時間短暫，未經改歲。
則此文最有可能作於嘉祐七年歲末。

**是年，草《賜夏國主乞買物詔》《賜夏國主乞贖大藏經詔》《賜夏國主乞工
匠詔》。**

　　本集卷一九有《賜夏國主乞買物詔》《賜夏國主乞贖大藏經詔》《賜夏國
主乞工匠詔》，此三文又見《宋大詔令集》卷二三四。周春《西夏書》卷六
繫此三文於嘉祐七年[1]，茲從之。按，是時西夏國主爲李諒祚。

**草《梁適授忠武軍節度使知河陽加食邑實封制》《賜忠武軍節度使知河陽
梁適避祖諱免恩命不允詔》《賜梁適乞換文資不允詔》。**

　　本集卷五八《梁莊肅公適墓誌銘》記梁適知并州後云：“未幾，暴得風
眩，求罷邊，易忠武軍節度使、檢校太尉、知河陽。”“曾祖諱惟忠，祖諱
文度，考諱顥，皆贈太師、中書令、尚書令，追封夏、魏、周三國公。”（第
430、431頁）李之亮考梁適嘉祐七年至治平二年（1065）知河陽[2]，姑從之。
本集卷三六有《梁適授忠武軍節度使知河陽加食邑實封制》，卷一九有《賜
忠武軍節度使知河陽梁適避祖諱免恩命不允詔》《賜梁適乞換文資不允詔》。
第三文云：“卿早以傑材，固嘗陪予廟堂之論矣，今稍攖疾疢，遽欲遷上忠
武之節，豈朕所以遇大臣之體哉？矧河橋近藩，非有邊瑣之虞，其專精神，
近醫藥，以自扶持。”（第136頁）梁適當在授忠武軍節度使、知河陽後以避

[1]　參周春撰，胡玉冰校補《西夏書校補》，中華書局2014年版，第2冊第624~626頁。
[2]　參李之亮《北宋京師及東西路大郡守臣考》，第135~136頁。

曾祖諱辭忠武軍節度使之命。

草《賜判河南府文彥博乞罷使相第一表不允詔》。

本集卷二一有《賜判河南府文彥博乞罷使相第一表不允詔》，云："乃孟夏壬寅，以成德之節，左揆之章，命爾以太原之行。朕惟卿有奉親之難，故改釐西都，又聽以還加秩之拜。猶俯而未安也，願得舊鎮以領之。吁，何其辭避之至也！"（第146頁）文彥博嘉祐七年四月二十五日壬寅判太原府，旋即改判河南府，八年正月因丁繼母憂罷任。則此文當作於嘉祐七年四月之後。

草《賜端明殿學士知定州王拱辰免恩命不允詔》《賜端明殿學士知定州王拱辰乞移許州不允詔》《賜知定州王拱辰告敕並賜對衣金腰帶鞍轡馬等口宣》。

安燾《謐懿恪王公墓誌銘》云：嘉祐"七年，改戶部，又兼龍圖閣學士，充定州路安撫使，知定州。八年，英宗皇帝即位，改兵部。治平二年，遷吏部，移留守北都"[1]。可知王拱辰嘉祐七年至治平二年在知定州任。李之亮以爲王拱辰嘉祐七年、八年知定州[2]，不確。本集卷二二有《賜端明殿學士知定州王拱辰免恩命不允詔》《賜端明殿學士知定州王拱辰乞移許州不允詔》，卷三〇有《賜知定州王拱辰告敕並賜對衣金腰帶鞍轡馬等口宣》。第一文云："以卿業由義府，謀有將機，既委以中山之鎮，又寵以戶卿之行。庶俾任隆而恩稱，望重而勢立。忽攬連牘，願官近親。"第二文云："眷中山之巨屏，控朔野之三關。擁一道之全師，須萬里之沈畫。爲國重寄，擇時美才。宜即於宣，諒難圖佚。"（第163頁）此三文當作於嘉祐七年。蓋王拱辰接到知定州任命後，先上章辭免，不許，再乞改知許州，又不許。

約於是年，對司馬光言包拯事。

司馬光《涑水記聞》卷一〇云："王禹玉曰：包希仁知廬州，廬州即鄉里也，親舊多乘勢擾官府。有從舅犯法，希仁撻之，自是親舊皆屏息。"[3]江少虞《宋朝事實類苑》卷二三《官政治績·包希仁》引此則，注出《楊文公談苑》，當有誤。包拯皇祐五年（1053）至至和二年（1055）知廬州，嘉

[1]洛陽地區文物工作隊《北宋王拱辰墓及墓誌》，《中原文物》1985年第4期。
[2]參李之亮《宋河北河東大郡守臣易替考》，第187頁。
[3]司馬光撰，鄧廣銘、張希清點校《涑水記聞》，中華書局1989年版，第190頁。

祐七年五月二十五日卒於京。[1]《涑水記聞》是司馬光爲編寫《資治通鑑後紀》所作資料彙編之一種，其撰寫始於嘉祐年間。據顧棟高《司馬太師溫國文正公年譜》考證，司馬光自嘉祐二年六月至熙寧三年（1070）十月在京任職。[2]則王珪對司馬光言包拯事當在此期間，姑繫於包拯去世之年。按，包拯（999—1062），字希仁，廬州合肥（今屬安徽）人，天聖五年（1027）進士，官至樞密副使，嘉祐七年卒，年六十四，諡孝肅，《宋史》卷三一六、《隆平集》卷一一、《東都事略》卷七三有傳，生平事迹見張田編《孝肅包公奏議》附錄《國史本傳》，吳奎《宋故樞密副使朝散大夫給事中上輕車都尉東海郡開國侯食邑一千八百戶食實封四百戶賜紫金魚袋贈禮部尚書諡孝肅包公墓誌銘並序》[3]，今人所編年譜主要有汴力（周寶珠）《包拯年表》[4]、齊濤《包公年譜》[5]、孔繁敏《包拯年譜》等，有張田編《孝肅包公奏議》十卷傳世。

有《集英殿乾元節大燕教坊樂語》。

本集卷一七有《集英殿乾元節大燕教坊樂語》。按，教坊樂語乃宋代一種特殊文體，爲公私宴饗場合優伶獻伎時串聯不同表演環節之臺詞。宋代宮廷教坊樂語主要用於國家慶典、皇家壽誕婚喜、正旦及春秋兩季君臣大宴、接待外國使節等重大場合，其作者一般爲翰林學士。[6]王珪嘉祐元年十二月至熙寧三年（1070）十二月爲翰林學士，其間嘉祐二年七月至四年十月丁母憂罷職。乾元節爲仁宗誕節，在四月十四日，而仁宗薨於嘉祐八年三月二十九日。則此文當作於嘉祐二年、五年至七年間某年四月，姑繫於此。

有《教坊致語》。

呂祖謙《宋文鑑》卷一三二有王珪《教坊致語》；此文又見一百二十六

[1] 參孔繁敏編《包拯年譜》，第87~89、111頁。
[2] 參馬巒、顧棟高編著，馮惠民整理《司馬光年譜》，第48、158頁。
[3] 參包拯撰，楊國宜校注《包拯集校注》附錄，黃山書社1999年版，第273~280頁。
[4] 汴力《包拯年表》，《河南大學學報（社會科學版）》1985年第1期。
[5] 齊濤《包公年譜》，《安徽史學》1986年第1期。
[6] 有關宋代教坊樂語之情況，參見楊曉靄《宋代聲詩研究》第七章《樂語口號聲詩》，中華書局2008年版；任競澤《宋代文體學研究論稿》第十章《樂語》，商務印書館2011年版；谷曙光《貫通與駕馭：宋代文體學述論》上編第三章第二節《翰林學士·教坊樂語·宮廷禮樂》；黎國韜《"致語"不始於宋代考》，《中山大學學報（社會科學版）》2010年第2期。

卷本《聖宋名賢五百家播芳大全文粹》卷一〇五，題作《集英殿秋燕教坊樂語》。其《女弟子致語》中有“紹一祖二宗之烈”[1]句，可知此文作於仁宗朝。按，《全宋文》卷一一七一以爲此文即本集卷一七《集英殿皇子降生大燕教坊樂語》，實誤，兩篇文章内容完全不同。此是一篇爲某次秋宴而作之教坊樂語。宋朝於每年二月或三月、八月或九月舉行春、秋大宴。[2]王珪嘉祐元年十二月至熙寧三年十二月爲翰林學士，其間嘉祐二年七月至四年十月因丁母憂罷職，而仁宗薨於嘉祐八年三月二十九日。則此文當作於嘉祐五年至七年間某年秋，姑繫於此。

草《賜契丹皇帝賀乾元節大使茶藥詔》《賜賀乾元節副使茶藥詔》《賜契丹皇太后賀乾元節大使茶藥詔》《賜賀乾元節副使茶藥詔》《雄州撫問契丹皇帝賀乾元節人使口宣》《恩州賜契丹皇帝賀乾元節人使茶藥口宣》《恩州賜契丹皇太后賀乾元節人使茶藥口宣》《都亭驛賜契丹皇帝賀乾元節人使内中酒果口宣二道》《都亭驛賜契丹皇帝賀乾元節人使銀鈔鑼等口宣》。

本集卷一八有《賜契丹皇帝賀乾元節大使茶藥詔》《賜賀乾元節副使茶藥詔》《賜契丹皇太后賀乾元節大使茶藥詔》《賜賀乾元節副使茶藥詔》，卷三〇有《雄州撫問契丹皇帝賀乾元節人使口宣》《恩州賜契丹皇帝賀乾元節人使茶藥口宣》《恩州賜契丹皇太后賀乾元節人使茶藥口宣》《都亭驛賜契丹皇帝賀乾元節人使内中酒果口宣二道》《都亭驛賜契丹皇帝賀乾元節人使銀鈔鑼等口宣》。乾元節爲仁宗誕節，在四月十四日，而仁宗薨於嘉祐八年三月二十九日；王珪嘉祐元年十二月至熙寧三年（1070）十二月爲翰林學士，而嘉祐二年七月至四年十月因丁母憂罷職。則此十文當作於嘉祐二年、五年至七年春夏間，姑繫於此。

草《賜賈昌朝文彦博宋庠李昭亮程戡各進乾元節上壽金酒器並馬詔》。

本集卷一九有《賜賈昌朝文彦博宋庠李昭亮程戡各進乾元節上壽金酒器並馬詔》，云：“卿中留廟畫，外布藩條。罄輪忠瘁之深，申祝壽祺之茂。”（第138頁）此文當作於賈昌朝、文彦博、宋庠、程戡四人罷宰執後在外任

---

[1] 呂祖謙編，齊治平點校《宋文鑑》，中華書局1992年版，第1847頁。
[2] 參李小霞《宋代官方宴飲制度研究》，河南大學2015年碩士學位論文，第19頁。

職期間；李昭亮嘉祐元年十一月己丑加同平章事、判大名府[1]，此後基本上都在地方任職。乾元節爲仁宗誕節，在四月十四日，而仁宗薨於嘉祐八年三月二十九日；文彦博嘉祐三年六月丙午罷昭文相，賈昌朝同日罷樞密使，程戡嘉祐五年四月癸未罷樞密副使，宋庠嘉祐五年十一月辛丑罷樞密使。[2]則此文當作於嘉祐六年或七年四月，姑繫於此。

草《賜龍圖閣學士知池州王贄進方物詔》。

本集卷二三有《賜龍圖閣學士知池州王贄進方物詔》。按，此王贄非王珪之祖，而是吉州太和（今江西泰和）人。張方平《朝散大夫守尚書户部侍郎致仕上柱國太原郡開國公食邑二千九百户食實封五百户賜紫金魚袋王公墓誌銘並序》云：“久之，遷龍圖閣學士，移高陽關路馬步軍都總管兼安撫使、知瀛洲。……以任官坐累，降秩一等，内閣如故，知池州。尋復左諫議大夫，知江寧府。”[3]《長編》卷一九五載嘉祐六年閏八月丁酉，“降龍圖閣直學士、右諫議大夫、知瀛州王贄爲吏部郎中、知池州，坐失保任也”[4]。《景定建康志》卷一三《建康表九》云：嘉祐七年“十月十三日，申錫改禮部郎中，移知滄州，以左諫議大夫王贄知府事”[5]。則此文當作於嘉祐六、七年間，姑繫於此。

草《賜廣南東路轉運使董詢捉殺海賊獎諭敕書》。

本集卷二五有《賜廣南東路轉運使董詢捉殺海賊獎諭敕書》。董詢嘉祐六年至七年任廣南東路轉運使[6]，此文當作於嘉祐六、七年間，姑繫於此。

草《賜判鄆州曹佾生日禮物口宣》。

本集卷二九有《賜判運（鄆）州曹佾生日禮物口宣》，云：“卿薦領藩符，比持台鉞。屬炎煇之杪候，紀誕慶之初辰，俾續遐齡，式將優禮。”（第

[1] 參李燾撰，上海師範大學古籍整理研究所、華東師範大學古籍整理研究所點校《續資治通鑑長編》卷一八四，第8冊第4454頁。
[2] 李燾撰，上海師範大學古籍整理研究所、華東師範大學古籍整理研究所點校《續資治通鑑長編》卷一八七、卷一九一、卷一九二，第8冊第4411、4512、4620、4651頁。
[3] 張方平《樂全先生文集》卷三九，《宋集珍本叢刊》，第6冊第213~214頁。
[4] 李燾撰，上海師範大學古籍整理研究所、華東師範大學古籍整理研究所點校《續資治通鑑長編》，第8冊第4718頁。
[5] 周應合撰，王曉波等點校《景定建康志》，《宋元珍稀地方志叢刊》甲編，第1冊第558頁。
[6] 參李之亮《宋代路分長官通考》，第1051頁。

209 頁）曹佾嘉祐六年至治平元年（1064）判鄆州[1]，其生日在六月。"比持台鉞"當指曹佾判鄆州前授鎮寧軍節度使。則此文當作於嘉祐六年或七年六月，姑繫於此。

草《撫問大名府文彥博口宣二道》其二。

本集卷三〇有《撫問大名府文彥博口宣二道》，其二云："候臨春物之闌，地重留都之寄。"（第216頁）文彥博嘉祐五年二月十五日至七年四月二十五日判大名府，《撫問大名府文彥博口宣二道》其一作於上一年冬，則此文當作於嘉祐六年或七年三月，姑繫於此。

仁宗嘉祐八年癸卯（1063），四十五歲

在汴京。爲翰林學士。有詩八首、文九十九篇，約可繫文六篇。

正月十一日，草《戒諭夏國主詔》。

《長編》卷一九八云：嘉祐八年正月"癸丑，詔夏國主諒祚：'所遣進奉人石方，稱宣徽南院使，非陪臣官號。自今宜遵用誓詔，無得僭儗！'"[2] 癸丑爲十一日。本集卷二〇有《戒諭夏國主詔》；此文又見《宋文鑑》卷三一；又見《宋大詔令集》卷二三四，題作《賜夏國主不得僭儗詔》。其中云："維乃祖考，克有西土，世爲漢藩輔。今爾弗蹈於前烈，乃竊署重爵，以奉幣於朝。方邊吏拒還，乃復稽留境上，不及廷見之期。泊朕親攬貢函，而僭我王命，實如所聞。朕疑風俗荒遠，未達朝廷之儀。雖然，棄信慢常，誼不可長。其務思先世之約，以保綏於斯民。毋忽是圖，以奸我有邦之罰。今後所差使人，即不得僭儗。"（第143頁）胡玉冰繫此文於嘉祐八年正月[3]，茲從之。按，《長編》所載，蓋據此文及相關史料撮述。

是月，草《賜端明殿學士知成都府韓絳乞內郡不允詔》。

李清臣《韓獻肅公絳忠弼之碑》載韓絳"嘉祐八年正月，進端明殿學

---

[1] 參李之亮《北宋京師及東西路大郡守臣考》，第404頁。

[2] 李燾撰，上海師範大學古籍整理研究所、華東師範大學古籍整理研究所點校《續資治通鑑長編》，第8冊第4789頁。

[3] 參周春撰，胡玉冰校補《西夏書校補》，第2冊第626頁。

士、知成都府"[1]。本集卷一八有《賜端明殿學士知成都府韓絳乞内郡不允詔》，云："井絡之區，其地阻而俗蕃，常擇通材篤望之臣以鎮守之。方春發生，朕哀遠民之失職，卿乃求徙内郡，豈稱所以宣布德澤之望乎？"（第127頁）此文當作於嘉祐八年正月。

草《撫問判河南府文彦博爲母亡口宣》。

　　本集卷三一有《撫問判河南府文彦博爲母亡口宣》。前已考出，申氏當卒於嘉祐八年正月中旬，參嘉祐七年譜。此文應作於申氏卒後不久。

二月二十一日，撰真宗德妃沈氏進封貴妃冊文，並書冊、印，有《冊貴妃沈氏文》。

　　《宋會要》后妃三之六載真宗德妃沈氏嘉祐七年十二月進封貴妃，"八年八月二日，以參知政事歐陽脩爲貴妃冊禮使、樞密副使胡宿副之，翰林學士王珪撰冊文並書冊、印"[2]，後錄冊文。《全宋文》卷一一二○據此收錄王珪冊文，題作《德妃沈氏進貴妃冊文》，繫於嘉祐八年八月，疑有誤。《宋會要》所收冊文見《宋大詔令集》卷二四，題作《冊貴妃沈氏文》，其中載冊封時間爲"維嘉祐八年，歲次癸卯，二月癸酉朔，二十一日癸巳"[3]。

三月，草《賜婉容周氏免恩命不允詔》。

　　《宋會要》后妃三之七云："仁宗貴妃周氏。……［嘉祐］五年七月進婕妤，八年三月進婉容，熙寧九年三月進賢妃"[4]。本集卷一八有《賜婉容周氏免恩命不允詔》，云："省所再上表：'今月一日，蒙聖恩降詔書一道，不允臣妾辭乞婉容者。竊以婉容之位，當選於柔良，乞於嬪御之間，別圖於授受，實乃心之至願，冀維睿之矜從。'陳乞事具悉。"（第126頁）按，周氏爲仁宗之妃，《宋史》卷二四二有傳。《宋會要》后妃三之一五記熙寧九年三月冊周氏爲賢妃事，點校本《宋會要》據天頭原批"神宗賢妃周氏"，在正文"賢妃周氏"前補"神宗"二字[5]，實誤。

---

[1] 杜大珪《名臣碑傳琬琰集》上集卷一○，《宋代傳記資料叢刊》，第14冊第164頁。
[2] 參劉琳等校點《宋會要輯稿》，第1冊第306頁。
[3] 司義祖整理《宋大詔令集》，第117頁。
[4] 劉琳等校點《宋會要輯稿》，第1冊第306頁。
[5] 參劉琳等校點《宋會要輯稿》，第1冊第311頁。

四月一日，草《仁宗遺詔》，惶懼不知所爲，以韓琦之言，乃下筆。

《長編》卷一九八云：嘉祐八年三月"辛未晦，上暴崩於福寧殿。……夏四月壬申朔，輔臣入至寢殿。后定議，召皇子入，告以上晏駕，使嗣立。……又召翰林學士王珪草遺制，珪惶懼不知所爲，韓琦謂珪曰：'大行在位凡幾年？'珪悟，乃下筆"[1]。辛未爲二十九日。本集卷二〇有《仁宗遺詔》；此文亦見《宋大詔令集》卷七，題作《嘉祐遺制》。

四月二日，以英宗即位推恩，轉官加食邑。

王安石《臨川先生文集》卷四九《翰林學士兼侍讀學士知制誥充史館修撰王珪轉官加食邑制》云："先帝投天下之艱以屬朕身，永惟所與濟此者，豈非左右之良哉？具官某，秉哲迪義，士民所望，論思潤色，有補於時。大賚之恩，外通四海，況於親近，豈可以忘？往服寵章，愈其慎毖！可。"[2]王安石嘉祐六年六月二十七日授知制誥，八年八月丁母憂罷職。[3]可知此外制當作於英宗即位推恩時。《長編》卷一九八云：嘉祐八年四月"癸酉，大赦。除常赦所不原者，百官進官一等，服緋紫及十五年者，與改服色"[4]。癸酉爲二日。

草《嘉勒斯賚授河西節度使食邑實封制》。

本集卷三三有《嘉勒斯賚授河西節度使食邑實封制》；此文亦見《宋大詔令集》卷二三九，題作《唃厮囉加恩制》，題下注"即位"[5]。文中云："朕膺天寶命，纂國鴻圖。内則股肱大臣，以維社稷之固；外則藩衛群后，以禦封疆之衝。矧當視政之初，敢後疇庸之典？"（第230頁）按，"嘉勒斯賚"即唃厮囉，清人改譯爲嘉勒斯賚、置勒斯賚。唃厮囉（997—1065），又作夾厮囉、角厮羅，原名欺南陵温，號瑪薩籛逪，北宋時期吐蕃青唐部第一代大首領，治平二年卒，年六十九，生平事迹見《宋史》卷四九二《吐蕃傳》、

---

[1] 李燾撰，上海師範大學古籍整理研究所、華東師範大學古籍整理研究所點校《續資治通鑑長編》，第8冊第4792~4793頁。

[2] 王水照主編《王安石全集》，第6冊第917頁。

[3] 參劉成國《王安石年譜長編》，第2冊第587、656頁。

[4] 李燾撰，上海師範大學古籍整理研究所、華東師範大學古籍整理研究所點校《續資治通鑑長編》，第8冊第4794頁。

[5] 司義祖整理《宋大詔令集》，第936頁。

《隆平集》卷二〇《唃厮囉傳》、《東都事略》卷一二九《西蕃傳》。王珪爲翰林學士期間，共有兩位皇帝登極，一爲英宗，二爲神宗。則此文當作於嘉祐八年四月二日英宗即位推恩百官時。

草《賈昌朝授依前左僕射兼侍中鳳翔節度使進封魏國公加食邑實封制》。

本集卷五六《賈昌朝墓誌銘》云："英宗即位，拜鳳翔節度使、左僕射、鳳翔尹，進封魏國公。"（第 414 頁）本集卷三七有《賈昌朝授依前左僕射兼侍中鳳翔節度使進封魏國公加食邑實封制》，云："王者誕膺寶命，肇纉丕圖。協乾應於天飛，渙風孚於邦號。顧以涼菲，荷於燕詒。永惟訪落之勤，參倚守藩之輔。顯申茂冊，告錫明廷。"（第 264 頁）此文當作於嘉祐八年四月二日英宗即位推恩百官時。

草《曹佾授保平軍節度加食邑實封制》。

《宋史》卷四六四《曹佾傳》云："以建武軍節度使爲宣徽北院使，知鄆州，改保靜保平軍節度使、同中書門下平章事、景靈宮使，加兼侍中，封濟陽郡王。"[1]《長編》卷二〇一載治平元年（1064）五月丙辰，"加宣徽北院使、保平節度使、判鄆州曹佾同平章事"[2]。丙辰爲二十一日。可知曹佾授保平軍節度使當在知鄆州期間。本集卷三七有《曹佾授保平軍節度加食邑實封制》；此文又見《宋文鑑》卷三五，題作《除曹佾保平軍節度使加食邑實封制》。文中云："朕承景歷之昌，嗣丕搆之重。渙敷大命，胥澤群元。咨我方岳之良，時維屏翰之憲。念宣勞於劇委，稽渙獎於陟文。"又云："肆纉膺於聖統，方倚輔於英藩。載疏冡社之榮，增視上公之峻。隆階表貴，衍食敦封。萃爲寵休，以睦媾近。"（第 261 頁）據文意來看，此文當作於嘉祐八年四月二日英宗即位推恩百官時。

四月四日，草《賜文武百僚宰臣韓琦已下乞聽政第一表不允批答》。

本集卷二八有《賜文武百僚宰臣韓琦已下乞聽政第一表不允批答》，此文又見《宋大詔令集》卷一四六，云："夫以朕眇末之身，遭國大故，嬛嬛在疚，若無所容。而有司列章，遽以聽事爲請。夫三年之喪，猶未成服，乃

---

[1] 脱脱等《宋史》，第 39 冊第 13572 頁。
[2] 李燾撰，上海師範大學古籍整理研究所、華東師範大學古籍整理研究所點校《續資治通鑑長編》，第 8 冊第 4871 頁。

欲臨便殿、見群臣，其可得乎？”（第201頁）《宋大詔令集》將此文置於仁宗與神宗兩朝詔令之間，可知當爲英宗朝所作。《長編》卷一九八云：嘉祐八年四月“乙亥，群臣表請聽政，不從”。“丁丑，群臣三上表請聽政。戊寅，詔許之，既而以疾不果。”“己亥，群臣上表請臨朝聽政，表三上，乃許之。”[1]乙亥、丁丑、戊寅、己亥分別爲四日、六日、七日、二十八日。據文意來看，此文當作於嘉祐八年四月四日。

四月五日，奉命議仁宗謐號。

《宋會要》禮二九之三六云：“嘉祐八年三月二十九日，仁宗崩於福寧殿。”四月“五日，命宰臣韓琦撰哀冊文及陵名，曾公亮撰謐冊文，參知政事歐陽修書哀冊、謐寶，趙槩書謐冊，翰林學士王珪議謐號”[2]。

奉命作仁宗挽詞，有《仁宗皇帝挽詞五首》。

仁宗薨於嘉祐八年三月二十九日，其靈柩十月六日發引。[3]《宋會要》禮二九之三七載嘉祐八年四月五日，“詔兩省、御史臺文班各撰挽歌詞二首，付太常寺教習”[4]。武英殿聚珍本《華陽集》卷二有《仁宗皇帝挽詞五首》。[5]清鈔本胡宿《文恭集》卷二有《挽仁宗皇帝詞》五首，余靖《武溪集》卷一有《仁宗皇帝挽詩二首》，張方平《樂全先生文集》卷三有《仁宗皇帝挽辭三首》，韓琦《安陽集》卷四五有《仁宗皇帝挽辭三首》，《蔡襄集》卷七有《仁宗皇帝挽詞七首》，金君卿《金氏文集》卷上有《挽仁宗皇帝詞》五首，韓維《南陽集》卷一二有《仁宗皇帝挽歌三首》，文同《丹淵集》卷二〇有《仁宗皇帝挽詩十首》，曾鞏《元豐類稿》卷六有《仁宗皇帝挽詞三首》，劉敞《公是集》卷二二有《挽仁宗皇帝歌四首》，《司馬光集》卷一〇有《仁宗皇帝挽歌詞二首》，王安石《臨川先生文集》卷三五有《仁宗皇帝挽辭四首》，鄭獬《郧溪集》卷二六有《挽仁宗皇帝辭五首》，强至《祠部集》卷五有《仁宗皇帝挽歌辭四首》，應爲同時之作。

[1] 李燾撰，上海師範大學古籍整理研究所、華東師範大學古籍整理研究所點校《續資治通鑑長編》，第8冊第4795、4804頁。
[2] 劉琳等校點《宋會要輯稿》，第3冊第1338、1339頁。
[3] 參劉琳等校點《宋會要輯稿》禮二九之四三，第3冊第1343~1344頁。
[4] 劉琳等校點《宋會要輯稿》，第3冊第1339頁。
[5] 參王珪《華陽集》，《叢書集成初編》，商務印書館1935年版，第14頁。

四月七日，草《賜文武百僚宰臣韓琦已下乞聽政第三表宜允批答》。

本集卷二八有《賜文武百僚宰臣韓琦已下乞聽政第三表宜允批答》，此文又見《宋大詔令集》卷一四六，云："朕奉先帝顧命，以付畀四方，夙夜憂懼，若涉淵冰。今雖悲哀之中，不敢違公卿大夫之言，以起圖事。然而斷恩從變，不亦喪紀之薄乎！"（第202頁）據前引《長編》卷一九八所載，此文當作於嘉祐八年四月七日。

草《賜李日尊進金帛犀象敕書》。

《宋會要》蕃夷四之三四云：嘉祐"八年正月八日，交阯貢馴象九"[1]。《宋史》卷四八八《交阯傳》云：嘉祐"八年，遣文思使梅景先、副使大理評事李繼先貢馴象九。四月戊寅，以大行皇帝詔及遺留物賜日尊，加同中書門下平章事。是日，交阯使辭，命內侍省押班李繼和喻以申紹泰入寇，本路屢乞討伐，而朝廷以紹泰一夫肆狂，又本道已遣使謝罪，故未欲興兵"[2]。戊寅爲七日。可知李日尊第二次進貢馴象在嘉祐八年正月八日，其使者離汴京在四月七日。本集卷二四有《賜李日尊進金帛犀象敕書》，此文又見《宋大詔令集》卷二三八，云："朕紹膺丕命，奄宅多方。睠世守於南陬，能首虔於內貢。"（第177頁）

四月十一日，以仁宗崩告天。

《宋會要》禮一四之三七云：嘉祐"八年四月十一日，英宗即位未改元，命翰林學士王珪等九人以大行皇帝崩告天地、社稷、宗廟及景靈宮、集禧、建隆、醴泉觀；又命龍圖閣直學士韓贄等九人分告即位"[3]。

四月十三日，草《皇伯允弼授檢校司徒兼中書令改封東平郡王加食邑實封制》《韓琦授門下侍郎兼兵部尚書依前同中書門下平章事進封衛國公加封邑制》。

本集卷三七有《皇伯允弼授檢校司徒兼中書令改封東平郡王加食邑實封制》；此文又見《宋大詔令集》卷四二，題作《皇伯允弼檢校司徒兼中書令

[1] 劉琳等校點《宋會要輯稿》，第16冊第9791頁。
[2] 脫脫等《宋史》，第40冊第14068頁。
[3] 劉琳等校點《宋會要輯稿》，第1冊第761頁。

護國軍節度使東平郡王加恩制》，題下注"嘉祐八年四月十二日"[1]。本集卷
三七有《韓琦授門下侍郎兼兵部尚書依前同中書門下平章事進封衛國公加
封邑制》；此文又見《宋文鑑》卷三五，題作《除韓琦門下侍郎兼兵部尚書
進封衛國公制》；又見《宋大詔令集》卷六一，題作《韓琦受門下侍郎兼兵
部尚書依前同中書門下平章事進封衛國公加食邑實封制》，題下注"嘉祐八
年四月十二日"[2]；又見韓忠彦《韓魏公家傳》卷五，内容最爲完整。《長編》
卷一九八云：嘉祐八年四月"甲申，宰相韓琦加門下侍郎兼兵部尚書，進封
衛國公"。注云："琦本傳稱進封衛國，《實錄》稱魏國，今從本傳。"[3]甲申
爲十三日。疑《宋大詔令集》題下注"二"爲"三"之訛，趙允弼改封東
平郡王、韓琦進封衛國公當在同日。按：《宋史》卷三一二、《東都事略》卷
六九《韓琦傳》，《韓魏公家傳》，《宋大詔令集》，杜大珪《名臣碑傳琬琰集》
上集卷一宋神宗《兩朝顧命定策元勳之碑》等皆謂韓琦此次進封衛國公；其
進封魏國公在治平二年（1065）十一月二十五日南郊大禮加恩百官時。

四月十六日，言英宗聖體已安，乞皇太后罷權同聽政，有《皇太后第一次
付中書門下還政書》。

英宗即位不久，因病不能料理朝政，故皇太后曹氏垂簾聽政。《長編》
卷一九八載嘉祐八年四月丁亥，"翰林學士王珪上言：'聖體已安，皇太后乞
罷權同聽政。'即命珪草還政書，既而不行"。注云："《司馬光日記》：十六
日丁亥，珪乞皇太后還政。《實錄》無其事。又據珪集，有《皇太后第一次
還政書》，注云：嘉祐八年四月十八日辰時，通進司降到御寶劄子令撰，當
日未時進入。十八日，己丑也，《實錄》亦無其事。今依《日記》載此，更
須考詳。"[4]《宋大詔令集》卷一四有《皇太后第一次付中書門下還政書》，題
下注云："嘉祐八年四月十六日辰時，降到御寶劄子令撰，當日未時却於通

[1] 司義祖整理《宋大詔令集》，第222頁。
[2] 司義祖整理《宋大詔令集》，第303頁。
[3] 李燾撰，上海師範大學古籍整理研究所、華東師範大學古籍整理研究所點校《續資治通鑑長編》，
第8冊第4799頁。
[4] 李燾撰，上海師範大學古籍整理研究所、華東師範大學古籍整理研究所點校《續資治通鑑長編》，
第8冊第4802頁。

進司進入，不曾降出。"[1]此文今本《華陽集》失載。

四月二十六日，草《賜文武百僚宰臣韓琦已下請御正殿第一表不允批答》。

本集卷二八有《賜文武百僚宰臣韓琦已下請御正殿第一表不允批答》，
此文又見《宋大詔令集》卷一四六，云："朕離國之憂，不及行高宗諒陰之
事，固已惄然於懷。今易日而除，公卿大夫又欲朕御大昕之朝，以延見群
臣。朕哀荒未究，鬱於大道，將何以處之哉？"（第202頁）所謂"易日"，
指繼位皇帝爲前任皇帝守喪之期限。韓愈《順宗實錄》卷五引唐順宗遺詔
云："但聖人大孝，在乎善繼。樞務之重，軍國之殷，纘而成之，不可蹔闕。
以日易月，抑惟舊章。皇帝宜三日而聽政，十三日小祥，二十五日大祥，
二十七日釋服。"[2]宋承唐制，亦以二十七日爲"易月之期"，此點可由《宋
大詔令集》卷七宋太祖《開寶遺制》來證明。《宋大詔令集》將此文置於仁
宗與神宗兩朝詔令之間，當爲英宗朝所作。仁宗薨於嘉祐八年三月二十九
日，英宗釋服當在四月二十六日，其詔許聽政在四月二十八日，則此文當作
於四月二十六日。

四月二十七日，草《賜文武百僚宰臣韓琦已下請御正殿第二表不允批答》。

本集卷二八有《賜文武百僚宰臣韓琦已下請御正殿第二表不允批答》，
此文又見《宋大詔令集》卷一四六，置於《賜文武百僚宰臣韓琦已下請御正
殿第一表不允批答》之後，據前考，當作於嘉祐八年四月二十七日。

四月二十八日，草《賜文武百僚宰臣韓琦已下請御正殿第三表宜允批答》。

本集卷二八有《賜文武百僚宰臣韓琦已下請御正殿第三表宜允批答》，
此文又見《宋大詔令集》卷一四六，置於《賜文武百僚宰臣韓琦已下請御正
殿第二表不允批答》之後，據前考，當作於嘉祐八年四月二十八日。

**是月，以皇太后、皇后將於南郊大禮後行冊禮告天地、社稷、太廟、皇后
廟、奉慈廟，有《天地社稷太廟皇后廟奉慈廟奏告奉行冊禮祝文》。**

本集卷一四有《天地社稷太廟皇后廟奉慈廟奏告奉行冊禮祝文》，云：
"伏以誕膺天命，祇守聖圖。上極母儀之承，內繫婦德之助。伺嚴禋之就緒，
奉寶冊以揚徽。祇告令期，庶孚靈監。"題下注："爲將來南郊祀禮成，行

---

[1] 司義祖整理《宋大詔令集》，第68頁。
[2] 韓愈《順宗實錄》，《叢書集成初編》，商務印書館1936年版，第22頁。

皇太后、皇后冊禮之意。"（第 103 頁）按，《長編》卷一九八云：嘉祐八年四月"丙子，尊皇后曰皇太后"；庚子，"立京兆郡君高氏爲皇后，北作坊使遵甫之女"。卷二〇六云：治平二年（1065）十一月"壬申，祀天地於圜丘"，"御文德殿，發寶冊上皇太后，又冊皇后"[1]。丙子、庚子、壬申分別爲五日、二十九日、十六日。可知英宗立皇太后、皇后分別在嘉祐八年四月五日和二十九日，而行冊禮是在治平二年十一月十六日南郊大禮後。《宋會要》后妃一之三記慈聖光獻皇后曹氏嘉祐八年三月被尊爲皇太后，當誤。此文當作於嘉祐八年四月二十九日以後，時王珪奉命以皇太后、皇后將於南郊大禮後行冊禮告天地、社稷、太廟、皇后廟、奉慈廟，姑繫於此。

草《賜夏國主賀大行皇帝乾元節進馬詔》。

本集卷二〇有《賜夏國主賀大行皇帝乾元節進馬詔》，云："詔夏國主：邦禍上延，宸遊永隔。逮念世封之守，夙持歲貢之來。寵有常規，勵於素節。"（第 140 頁）胡玉冰繫此文於嘉祐八年四月[2]，茲從之。

草《賜翰林侍讀學士知汝州劉敞賀登寶位進馬詔》。

本集卷二一有《賜翰林侍讀學士知汝州劉敞賀登寶位進馬詔》。此文文題或有誤。劉敞嘉祐五年九月除翰林侍讀學士、知永興軍，八年八月召赴闕，勾當三班院，徙判太常寺兼禮儀事，治平元年（1064）九月除知衛州，未行，改知汝州，三年召還，以疾不能朝，十一月改集賢院學士、判南京留司御史臺，熙寧元年（1068）四月八日卒於任。[3] 其知汝州期間無新皇帝登基事。此文當作於英宗登基時，其時劉敞爲翰林侍讀學士、知永興軍。姑繫於此。

草《賜起復冠軍大將軍左金吾衛上將軍員外置同正員依前成德軍節度使同中書門下平章事判河南府文彥博免恩命第一表不允詔》。

本集卷二一有《賜起復冠軍大將軍左金吾衛上將軍員外置同正員依前成德軍節度使同中書門下平章事判河南府文彥博免恩命第一表不允詔》。嘉祐

---

[1] 李燾撰，上海師範大學古籍整理研究所、華東師範大學古籍整理研究所點校《續資治通鑑長編》，第 8 冊第 4795、4806、5007 頁。

[2] 參周春撰，胡玉冰校補《西夏書校補》，第 2 冊第 627 頁。

[3] 參張尚英《劉敞年譜》，《宋人年譜叢刊》，第 4 冊第 2095~2102 頁。

八年四月二十六日詔起復文彥博，此文當作於四月二十六日之後。歐陽修《表奏書啓四六集》卷七有《回文相公辭起復使相判河南書》，題下注“嘉祐八年四月”[1]，乃同時之作。

草《賜韓琦免恩命第一表不允批答》《賜韓琦免恩命第二表不允斷來章批答》《賜韓琦免恩命第一表不允口宣》。

本集卷二八有《賜韓琦免恩命第一表不允批答》《賜韓琦免恩命第二表不允斷來章批答》，卷三二有《賜韓琦免恩命第一表不允口宣》。第一文云：“朕猥以眇質，獲承至尊。初攬萬機，未昭大道。咨爾元輔，濟於丕圖。班號在廷，議勞有典。”（第200頁）第二文云：“卿股肱大臣，先帝嘗所改容而禮之也。朕蒙遺德休烈，既已布澤四海之遐。矧定策禁中，以安社稷。褒功賦爵，庸敢後乎？”（第201頁）此三文當作於嘉祐八年四月十三日韓琦授門下侍郎兼兵部尚書、進封衛國公之後。韓琦《安陽集》卷二七有《辭免登極覃恩第一表》《辭免登極覃恩第二表》，乃此三文所針對者。

五月二日，草《寶壽公主進封順國長公主制》。

《長編》卷一九三云：嘉祐六年三月“壬寅，封皇第十一女爲永壽公主，第十二女爲寶壽公主”。注云：“寶壽，周賢妃所生，後封冀國。永壽，董淑妃所生，後封邠國。”卷一九八云：嘉祐八年五月“癸卯，進封公主爲長公主，岐國改越國，福安改康國，慶壽改惠國，永壽改榮國，寶壽改順國”[2]。壬寅爲九日，癸卯爲二日。見本集卷三五《寶壽公主進封順國長公主制》；此文又見《宋大詔令集》卷三七，題下注“英廟”[3]。

五月九日，草《皇長女封德寧公主制》。

《長編》卷一九八云：嘉祐八年五月“庚戌，封長女爲德寧公主，第二女爲寶安公主，第三女爲壽康公主”[4]。庚戌爲九日。此文見本集卷三七；又

［1］歐陽修著，李逸安點校《歐陽修全集》，第4冊第1460頁。
［2］李燾撰，上海師範大學古籍整理研究所、華東師範大學古籍整理研究所點校《續資治通鑑長編》，第8冊第4664、4806頁。
［3］司義祖整理《宋大詔令集》，第195頁。
［4］李燾撰，上海師範大學古籍整理研究所、華東師範大學古籍整理研究所點校《續資治通鑑長編》，第8冊第4806頁。

見《宋大詔令集》卷三七，題下注"英廟"[1]。

草《昭陵不得科率人民詔》。

《長編》卷一九八載嘉祐八年五月庚戌，"詔：'山陵所用錢物，並從官給，毋以擾民。'詔雖下，然調役未嘗捐也"。注云："此據《司馬光日記》，《王珪集》亦載此詔文。"[2]庚戌爲九日。此文見《宋大詔令集》卷一四三，當即王珪所作。《全宋文》卷一七三〇據《宋大詔令集》收此文於宋英宗名下，不確，當移歸王珪。今本《華陽集》失載此文。

五月十七日，草《賜樞密使富弼赴闕詔》《賜樞密使富弼赴闕口宣》。

《長編》卷一九三云：嘉祐六年三月"己亥，宰臣富弼以母喪去位"。卷一九八云：嘉祐八年五月"富弼既除喪，戊午，授樞密使、禮部尚書、同平章事"[3]。己亥爲十六日，戊午爲十七日。此二文分別見本集卷二一、卷三二。前一文云："卿材德之粹，名世而生。昔在先朝，實登上宰。銜憂去位，日月既除。末予沖人，嗣膺大曆。聿懷元老，共濟厥圖。還冠樞臣，左右同體。已降制命，除卿樞密使、特進、檢校太師、行禮部尚書、同中書門下平章事，令乘遞馬疾速發來赴闕。"（第158頁）

五月十九日，有《謚號當先告天議》。

《長編》卷一九八云：嘉祐八年五月"庚申，翰林學士王珪奏：'謹按《曾子問》曰："賤不誄貴，幼不誄長，禮也。惟天子稱天以誄之。""《春秋公羊》說，讀誄、制謚於南郊，若云受之於天然。"乾興元年夏既定真宗皇帝謚，其秋始告天於圜丘。史臣以爲天子之謚，當集中書門下御史臺五品以上、尚書省四品以上、諸司三品以上，於南郊告天，議定然後連奏以聞。近制唯詞臣撰議，即降詔命，庶僚不得參聞，頗違稱天之義。臣奉命撰上先帝尊謚，欲望明詔有司，稽詳舊典，先之南郊，而後下臣僚之議，庶先帝之茂德休烈，可信萬世之傳。'詔兩制詳議。翰林學士賈黯等議如珪奏，從

---

[1] 司義祖整理《宋大詔令集》，第195頁。

[2] 李燾撰，上海師範大學古籍整理研究所、華東師範大學古籍整理研究所點校《續資治通鑑長編》，第8冊第4806頁。

[3] 李燾撰，上海師範大學古籍整理研究所、華東師範大學古籍整理研究所點校《續資治通鑑長編》，第8冊第4663、4808頁。

之"[1]。庚申爲十九日。所引王珪奏疏見本集卷四五《謚號當先告天議》。《宋會要》禮一四之三七、禮二九之三九，《宋史》卷一二二《禮志二十五》、卷三一二《王珪傳》等亦載此事。

五月二十七日，爲英宗祈福，有《天地社稷太廟皇后廟奉慈廟祈福祝文》。

本集卷一四有《天地社稷太廟皇后廟奉慈廟祈福祝文》，云："蓋聞王者修飾五事，以當天心，故蒙天保佑，陳錫無疆。今新承大統，政未有以感動之也。乃懷不能恭事之疾，誠懼德素薄，不足以奉祖宗之祀。夙夜祗栗，未識厥圖。茲命秉政之臣，庶其忠信可以接神也。敢請命於上帝之靈，惟念先皇帝仁孝之德，宜膺祉福，畀矜沖人，疾病日復，永保宗廟而作民主，毋敢失墜。"（第102頁）文中"新承大統"者當指英宗。《長編》卷一九八載嘉祐八年四月壬申朔英宗即皇帝位，乙亥"忽得疾，不知人，語言失序"，至己卯仁宗大斂時，"上疾增劇，號呼狂走，不能成禮"。五月戊辰，"初御延和殿。上疾猶未平，命輔臣祈福於天地、宗廟、社稷及景靈宮、寺觀，又遣使二十一人禱嶽、瀆、名山"[2]。乙亥、己卯、戊辰分別爲四日、八日、二十七日。

是月，草《賜樞密使富弼免恩命第一劄子不允詔》《賜富弼免恩命第二劄子不允詔》《賜樞密使富弼免恩命第一表不允批答》《賜富弼免恩命第二表不允斷來章批答》《賜樞密使富弼免恩命第一表不允口宣》《賜富弼赴闕生料口宣》。

本集卷二一有《賜樞密使富弼免恩命第一劄子不允詔》《賜富弼免恩命第二劄子不允詔》，卷二七有《賜樞密使富弼免恩命第一表不允批答》《賜富弼免恩命第二表不允斷來章批答》，卷二九有《賜樞密使富弼免恩命第一表不允口宣》，卷三二有《賜富弼赴闕生料口宣》。第六文云："卿喪廬終服，靡奪至情。宥府冠謀，益旌宿望。遘國哀之未幾，聞君召之載馳。適稅塗裝，爰頒禮餼。"（第229頁）"宥府冠謀"指任樞密使。富弼嘉祐八年五月

---

[1] 李燾撰，上海師範大學古籍整理研究所、華東師範大學古籍整理研究所點校《續資治通鑑長編》，第8冊第4808頁。

[2] 李燾撰，上海師範大學古籍整理研究所、華東師範大學古籍整理研究所點校《續資治通鑑長編》，第8冊第4795、4809頁。

十七日授樞密使、禮部尚書、同平章事，曾屢辭新命，不獲允。[1] 則此六文當作於嘉祐八年五月十七日之後，姑繫於此。

草《賜步軍都虞候趙滋告敕口宣》。

《宋史》卷三二四《趙滋傳》云：“徙知雄州。……朝廷更以爲能，擢龍神衛四廂都指揮使、嘉州團練使，遷天武、捧日四廂都指揮使。英宗即位，領端州防禦使、步軍都虞候，賜白金五百兩，留再任。未幾，卒，贈遂州觀察使。”[2]《長編》卷一九三嘉祐六年五月庚戌注：“趙滋先以宮苑使知保州，四月甲戌領忠州刺史、知雄州。”卷一九五云：嘉祐六年九月“丙子，宮苑使、忠州刺史、知雄州趙滋爲龍、神衛四廂都指揮使”。注云：“滋六年九月擢龍、神衛廂主，十二月遷天武、捧日廂主，八年五月又遷步軍都虞候。”卷二〇一載治平元年閏五月癸酉，“步軍都虞候、端州防禦使、知雄州趙滋卒，贈遂州觀察使”[3]。本集卷二九有《賜步軍都虞候趙滋告敕口宣》，云：“卿夙明軍志，外懾王威。進提虎旅之嚴，環總星藩之衛。往祇茂獎，毋墜素勞。”（第210頁）此文當作於嘉祐八年五月趙滋授步軍都虞候時。

六月十七日，有《陵寢議》。

《長編》卷一九八載嘉祐八年六月丁亥，“翰林學士范鎮言：‘竊聞大行皇帝受命寶及沿寶法物，與平生衣冠器用，皆欲舉而葬之，恐非所以稱大行皇帝恭儉之意。其受命寶，伏乞陛下自寶用之，且示有所傳付。若衣冠器玩，則請陳於陵寢及神御殿，歲時展視，以慰思慕。’詔檢討官討尋典故及命兩制、禮官詳議。翰林學士王珪等奏曰：‘受命寶者，猶傳國璽也，宜爲天下傳器，不當改作。古者藏先王衣服於廟寢，至於平生器玩，則前世既不納於方中，亦不盡陳於陵寢。謂今宜從約，以稱先帝恭儉之實。’然時已更造受命寶，而珪等所議弗用”[4]。丁亥爲十七日。所引王珪等奏見本集卷三五

[1] 參曹清華《富弼年譜》，吳洪澤、尹波主編《宋人年譜叢刊》，四川大學出版社2002年版，第2冊第945頁。

[2] 脫脫等《宋史》，第30冊第10497頁。

[3] 李燾撰，上海師範大學古籍整理研究所、華東師範大學古籍整理研究所點校《續資治通鑑長編》，第8冊第4672、4720、4721、4883頁。

[4] 李燾撰，上海師範大學古籍整理研究所、華東師範大學古籍整理研究所點校《續資治通鑑長編》，第8冊第4813頁。

《陵寢議》。《宋會要》輿服六之一〇亦載此事，繫范鎮上疏事於六月十三日。
是月，有《太廟修八室奏告祝文》。

　　《長編》卷一九八載嘉祐八年六月，"禮院言，大行祔廟，而太廟七室
皆滿，請增置一室。詔兩制及待制以上與禮官考議"，於是孫抃等人建議將
太廟擴建爲八室，"戊寅，翰林學士、權三司使蔡襄爲修奉太廟使。襄乃
以八室圖奏御，又請廣廟室並夾室爲十八間"[1]。戊寅爲八日。《宋會要》禮
一五之四云：嘉祐"八年六月二十四日，修奉太廟使蔡襄以《太廟八室圖》
奏御，請廣廟室并夾室爲十八間。從之。初，廟室前楹狹隘，每禘祫序昭
穆，南北不相對，左右祭器填委，不中儀式。嘉祐親祫，增築土階，張幄
帟，乃可行禮。至是宗正丞趙觀請因修廟室，增廣檐陛，如親祫時。詔從其
請。凡增廣二丈七尺"[2]。本集卷一四有《太廟修八室奏告祝文》，此文當作
於嘉祐八年六月。

草《賜契丹皇帝弔慰大使茶藥詔》《賜弔慰副使茶藥詔》《賜契丹皇太后弔
慰大使茶藥詔》《賜弔慰副使茶藥詔》《賜契丹皇太后祭奠大行皇帝大使茶
藥詔》《賜契丹皇帝祭奠大行皇帝大使茶藥詔》《賜祭奠大行皇帝副使茶藥
詔》《都亭驛賜契丹皇帝弔慰人使銀鈔鑼等口宣》《都亭驛賜契丹皇帝祭奠
人使銀鈔鑼等口宣》。

　　本集卷二一有《賜契丹皇帝弔慰大使茶藥詔》《賜弔慰副使茶藥詔》《賜
契丹皇太后弔慰大使茶藥詔》《賜弔慰副使茶藥詔》《賜契丹皇太后祭奠大行
皇帝大使茶藥詔》，卷二三有《賜契丹皇帝祭奠大行皇帝大使茶藥詔》《賜
祭奠大行皇帝副使茶藥詔》，卷三〇有《都亭驛賜契丹皇帝弔慰人使銀鈔鑼
等口宣》，卷三一有《都亭驛賜契丹皇帝祭奠人使銀鈔鑼等口宣》。文中有
"溽暑御辰""炎歊正煩"（第153頁），"炎御流空""暑威煩溽""暑氣鬱興"
（第154頁），"道離煩暑"（第170頁），"屬秋暑之未闌"（第219頁），"冒
征炎陸"（第223頁）等語。按，遼朝漢文國號有過幾次變遷，916—937年
爲大契丹，938—982年爲大遼（燕雲漢地）、大契丹（遼朝故地），983—

　[1] 李燾撰，上海師範大學古籍整理研究所、華東師範大學古籍整理研究所點校《續資治通鑑長編》，
　　　第8冊第4809、4811頁。
　[2] 劉琳等校點《宋會要輯稿》，第2冊第814頁。

1065 年爲大契丹，1066—1125 年爲大遼。[1] 可知"大行皇帝"當指仁宗。《宋會要》蕃夷二之一九云：嘉祐"八年三月，（英宗即位未改元。）仁宗崩。契丹國母遣使林牙、左金吾衛上將軍蕭福延，觀書殿學士、尚書禮部侍郎、同修國史張嗣復，國主遣昭德軍節度使蕭遜、給事中王籍，爲祭奠使；左驍騎上將軍耶律逵，衛尉卿、昭文館學士劉霖，安東節度使耶律衍，四方館使韓夷慶，爲吊慰使"[2]。《宋史》卷一三《英宗本紀》云：嘉祐八年"六月辛卯，契丹遣蕭福延等來祭弔"[3]。辛卯爲二十一日。則此九文當作於嘉祐八年六月二十一日前後。

夏，有《送吳仲庶待制出守長沙》詩。

本集卷四有《送吳仲庶待制出守長沙》詩，云："畫船催鼓送將行，一醉離觴下玉京。延閣漏閑空紫橐，洞庭波起獵紅旌。曾冠獬豸姦回讋，却佩龍泉種落驚。莫向江城歎卑濕，賈生不似使君榮。"（第 24 頁）《王荊文公詩箋注》卷八有《和仲庶出守潭州》，《永樂大典》卷五七七〇錄鄭獬《送吳中復鎮長沙》，《蔡襄集》卷八有《送仲庶待制知澤州》，當爲同時之作。《宋史》卷三二二《吳中復傳》云："遷御史知雜事、户部副使，擢天章閣待制，知澤州。"[4] 此處及蔡襄詩題中之"澤州"應爲"潭州"之訛。王安石《臨川先生文集》卷三八《潭州新學詩並序》云："治平元年，天章閣待制興國吳公治潭州之明年正月，改築廟學於城東南。"[5] 李壁注云："仲庶自三司户部副使，以天章待制知潭。"[6] 李德身繫王安石詩於嘉祐七年[7]，顯誤；劉成國繫於嘉祐八年四月[8]，王可喜、王兆鵬《吳中復年譜》亦考吳中復嘉祐八年知潭州。[9] 鄭獬詩云："初登西漢文章府，便領吳王第一州。遠郭白雲衡嶽

[1] 參劉浦江《遼朝國號考釋》，《歷史研究》2001 年第 6 期。
[2] 劉琳等校點《宋會要輯稿》，第 16 冊第 9749 頁。
[3] 脱脱等《宋史》，第 2 冊第 254 頁。
[4] 脱脱等《宋史》，第 30 冊第 10442 頁。
[5] 王水照主編《王安石全集》，第 6 冊第 737 頁。
[6] 王安石著，李壁箋注，高克勤點校《王荊文公詩箋注》，第 188 頁。
[7] 參李德身《王安石詩文繫年》，陝西人民出版社 1987 年版，第 153~154 頁。
[8] 參劉成國《王安石年譜長編》，第 2 冊第 648 頁。
[9] 參趙敏俐主編《中國詩歌研究》第 9 輯，第 333 頁。

近，滿帆明月洞庭秋。"[1] 可知吳中復到知潭州任當在秋天，王珪等人賦詩送行應在嘉祐八年夏。

草《賜侍衛親軍副都指揮使馬懷德赴闕茶藥詔》。

《宋史》卷三二三《馬懷德傳》云："坐違法賂宦官閻士良，爲安撫呂景初奏，降四方館使、英州刺史。大名府路總管，侍衛親軍步軍都虞候、象州防禦使、鄜延路副都總管，遷馬軍都虞候，徙環慶路。環州蕃官蘇恩以其屬叛，往降之。又遷殿前都虞候、步軍副指揮使、隨州觀察使。英宗即位，遷靜難軍節度觀察留後，召還，卒，贈安遠軍節度使。"[2] 馬懷德嘉祐四年十一月二十三日甲寅爲相州防禦判官兼都虞候、鄜延路副部署[3]，六年五月除馬軍都虞候，九月改差[4]，是年秋奉韓絳之命往降蘇恩[5]，七年五月以前已爲步軍副都指揮使，八年六月卒[6]，而英宗嘉祐八年四月一日繼位。則馬懷德遷靜難軍節度觀察留後、召還當在嘉祐八年夏。本集卷二三有《賜侍衛親軍副都指揮使馬懷德赴闕茶藥詔》，云："卿比持帥節，外遏邊衝。還司禁旅之屯，甫近神畿之舍。特頒珍錫，以寵素勤。"（第 168 頁）

七月十一日，有《集禧觀開啓仁宗百日道場青詞》《仁宗開啓百日道場疏》《仁宗百日開啓道場疏》。

本集卷一三有《集禧觀開啓仁宗百日道場青詞》，一百二十六卷本《聖宋名賢五百家播芳大全文粹》卷九三有王珪《仁宗開啓百日道場疏》《仁宗百日開啓道場疏》。仁宗嘉祐八年三月二十九日薨，其百日祭當在七月十一日。按，本集卷一五有《英宗開啓百日道場疏》，與《集禧觀開啓仁宗百日道場青詞》相較，僅缺開頭"伏以"二字，其他全同。

［1］解縉等奉敕纂《永樂大典》，第 3 冊第 2534 頁。按，此詩又見《方輿勝覽》，作"郭獬《送吳中復》詩"（祝穆撰，祝洙增訂，施和金點校《方輿勝覽》卷二三《湖南路·潭州》，第 426 頁）。
［2］脫脫等《宋史》，第 30 冊第 10467 頁。
［3］參李燾撰，上海師範大學古籍整理研究所、華東師範大學古籍整理研究所點校《續資治通鑑長編》卷一九一嘉祐五年四月癸未注，第 8 冊第 4620~4621 頁。
［4］參周應合撰，王曉波等點校《景定建康志》卷二六《官守志三·侍衛馬軍司》，《宋元珍稀地方志叢刊》甲編，第 2 冊第 1243 頁。
［5］參李燾撰，上海師範大學古籍整理研究所、華東師範大學古籍整理研究所點校《續資治通鑑長編》卷一九五嘉祐六年十一月戊午，第 8 冊第 4729 頁。
［6］參劉琳等校點《宋會要輯稿》職官三二之三、儀制一一之一七，第 6 冊第 3814 頁、第 4 冊第 2540 頁。

七月十七日，草《賜夏國主今後表章如舊稱姓名詔》。

《長編》卷一九九云：嘉祐八年七月“丙辰，夏國主諒祚遣使來弔慰，見於皇儀殿門外。其使者固求入對，弗許。諒祚所上表輒改姓李，賜詔詰之，令守舊約”。注云：“詔書見《王珪集》，《司馬光日記》亦具載之。”[1] 丙辰爲十七日。本集卷一九有《賜夏國主今後表章如舊稱姓名詔》；此文亦見《宋大詔令集》卷二三四，題作《賜夏國主今後表章如舊稱賜姓名詔》。

七月二十九日，與百官請仁宗謚於南郊。

《長編》卷一九九云：嘉祐八年七月“戊辰，百官請大行皇帝謚於南郊，用王珪議也”[2]。戊辰爲二十九日。

八月十一日，議上大行皇帝謚曰神文聖武明孝，廟號仁宗，有《仁宗謚號議》。

《長編》卷一九九云：嘉祐八年八月“庚辰，王珪議上大行皇帝謚曰神文聖武明孝，廟號仁宗”[3]。庚辰爲十一日。《宋會要》帝系一之五亦載此事，並引《宋朝會要》云：“謚議，翰林學士王珪撰；冊文，宰臣曾公亮撰；哀冊文，宰臣韓琦撰。”[4]《太常因革禮》繫此事於八月十二日，與《長編》稍異。本集卷四五有《仁宗謚號議》；此文亦見《宋大詔令集》卷八，題作《仁宗謚議》；《太常因革禮》卷九一《仁宗謚議》；《宋會要》禮二九之四〇至四二；李攸《宋朝事實》卷一《祖宗世次》等。《仁宗謚號議》云：“臣伏奉敕命，以七月二十九日集官於南郊壇告天，請到大行皇帝謚曰神文聖武明孝皇帝，差臣撰謚及廟號文者。”（第326頁）

八月二十三日，草《賜文武百僚宰臣韓琦已下乞立壽聖節宜允批答》。

《宋會要》禮五七之一七云：“嘉祐八年（英宗即位未改元。）八月二十三日，宰臣韓琦等上言，請以正月三日爲壽聖節。從之。”[5] 本集卷二七

---

[1] 李燾撰，上海師範大學古籍整理研究所、華東師範大學古籍整理研究所點校《續資治通鑑長編》，第8冊第4823頁。

[2] 李燾撰，上海師範大學古籍整理研究所、華東師範大學古籍整理研究所點校《續資治通鑑長編》，第8冊第4824頁。

[3] 李燾撰，上海師範大學古籍整理研究所、華東師範大學古籍整理研究所點校《續資治通鑑長編》，第8冊第4825頁。

[4] 劉琳等校點《宋會要輯稿》，第1冊第3頁。

[5] 劉琳等校點《宋會要輯稿》，第4冊第1990頁。

有《賜文武百僚宰臣韓琦已下乞立壽聖節宜允批答》；此文又見《宋文鑑》卷三三，題作《賜宰臣韓琦已下乞立壽聖節宜允批答》；又見《宋大詔令集》卷一，題作《宰臣等乞立壽聖節表批答》。

是月，有《天地社稷太廟七室皇后廟奉慈廟奏告祝文》《天地太廟七室皇后廟奉慈廟奏告仁宗皇帝謚號祝文》。

本集卷一四有《天地社稷太廟七室皇后廟奉慈廟奏告祝文》《天地太廟七室皇后廟奉慈廟奏告仁宗皇帝謚號祝文》。前一文題下注"仁宗上仙"，云："伏以蒼生寡祐，仁宗皇帝奄棄天下，靡潰煩冤，情何可處！國有大變，不敢不告。"（第 102~103 頁）後一文云："伏以仁宗皇帝遺德餘烈蒙被天下，施之無窮。乃群臣請謚於郊，曰神文聖武明孝皇帝，廟號仁宗。今靈几薦稱，不敢不告。"（第 103 頁）此二文當作於嘉祐八年八月十一日王珪上仁宗謚號之後。

九月十三日，草《賜皇子進封淮陽郡王頊告敕口宣》。

《長編》卷一九九云：嘉祐八年九月"辛亥，皇子、光國公仲鍼爲忠武軍節度使、同平章事、淮陽郡王，改賜名頊"[1]。辛亥爲十三日。本集卷三一有《賜皇子進封淮陽郡王頊告敕口宣》。

是月，草《賜皇長子淮陽郡王頊免恩命不允批答》《賜皇長子頊免恩命第一表不允口宣》《賜皇長子頊免恩命第二表不允斷來章口宣》。

本集卷二七有《賜皇長子淮陽郡王頊免恩命不允批答》，卷三一有《賜皇長子頊免恩命第一表不允口宣》《賜皇長子頊免恩命第二表不允斷來章口宣》。前一文又見《宋文鑑》卷三三，題作《賜皇長子淮陽郡王免恩命不允批答》，云："今朕纂厥服，惟稽古建爾元子於有邦。乃季秋辛亥，群公庶尹，罔不祗朕言於廷。"（第 197 頁）此三文當作於嘉祐八年九月十三日趙仲鍼改名頊之後。

草《賜皇子鄂國公頵生日禮物口宣》。

《宋會要》帝系一之三七云："益王頵，英宗子，初名仲恪。嘉祐八年四月，自右內率府副率爲博州防禦使、大寧郡公。八月，遷耀州觀察使、鄂國

---

[1] 李燾撰，上海師範大學古籍整理研究所、華東師範大學古籍整理研究所點校《續資治通鑑長編》，第 8 冊第 4827 頁。

公。治平元年六月，遷左衛上將軍，命給前禄。四年正月，加檢校太尉、同中書門下平章事、武勝軍節度使，封樂安郡王。"[1]然《長編》卷一九九載嘉祐八年九月辛亥，皇子"大寧郡公仲恪爲耀州觀察使、鄂國公，賜名頵"[2]。《宋史》卷一三、《東都事略》卷七《英宗本紀》亦繫此事於嘉祐八年九月辛亥。辛亥爲十三日。則《宋會要》"八月"或爲"九月"之誤。《宋史》卷一四《神宗本紀一》云：治平四年（1067）正月"戊辰，……弟東陽郡王顥進封昌王，鄂國公頵進封樂安郡王"[3]。戊辰爲十九日。可知趙頵爲鄂國公在嘉祐八年九月十三日至治平四年正月十九日之間。本集卷三一有《賜皇子鄂國公頵生日禮物口宣》，云："甫就寄觚之學，載逢吉夢之期。近飲菊之佳辰，有承箱之賜式。"（第221頁）"甫就寄觚之學"，當指入小學之年齡。西周貴族入小學之年齡，有八歲、十歲、十三歲、十五歲等不同説法，但古人多采用《大戴禮記·保傅》篇之説："古者年八歲而出就外舍，學小藝焉，履小節焉。"[4]范祖禹《宋皇叔故成德荆南等軍節度管内觀察處置等使守太尉開府儀同三司真定尹兼江陵尹上柱國荆王食邑一萬二千三百户食實封三千三百户賜贊拜不名贈太師尚書令荆州牧徐州牧追封魏王墓誌銘》記趙頵元祐"三年七月戊申，薨於親賢宅之西位，年三十有三"[5]，可知其當生於嘉祐元年，八歲即嘉祐八年。"近飲菊之佳辰"，説明趙頵生日在重陽節前後。而趙頵嘉祐八年九月十三日始封爲鄂國公，可知其生日當在重陽節後。則此文當作於嘉祐八年九月十三日之後。

秋，草《賜知定州王拱辰乞再任西京迎奉靈駕不允詔》。

本集卷二二有《賜知定州王拱辰乞再任西京迎奉靈駕不允詔》，云："大行不復，巨創攸同。七月戒期，三川在望。忽觀需牘，願奉靈輿。"（第163頁）王拱辰嘉祐七年至治平二年（1065）知定州。仁宗嘉祐八年三月二十九日薨，十月六日靈柩發引。據文意來看，此文最有可能作於嘉祐八年秋。

---

[1] 劉琳等校點《宋會要輯稿》，第1冊第25頁。

[2] 李燾撰，上海師範大學古籍整理研究所、華東師範大學古籍整理研究所點校《續資治通鑑長編》，第8冊第4827頁。

[3] 脱脱等《宋史》，第2冊第264頁。

[4] 方向東《大戴禮記彙校集解》，中華書局2008年版，第377頁。

[5] 周到《宋魏王趙頵夫妻合葬墓》，《考古》1964年第7期。

十月十九日，有《請以王曾呂夷簡曹瑋配享仁宗廟庭奏》。

《宋會要》禮一一之二云："英宗嘉祐八年十月十九日，翰林學士王珪等奏：'准詔，下兩制定議，仁宗祔廟當以何人配享。臣等伏以仁宗享國長久，勵精政治。以知人之明，得馭臣之體，是以豪英材傑，樂爲之用。外宣威靈，内經廟略，臣主感會，馴致太平。輔相則有故尚書右僕射、贈尚書令、謐文正王曾，忠允清亮，履德經哲，致位上宰，燮和大政。乾興之初，輔翊兩宫，仗正持重，中外乂安。所謂以道事君，無愧前哲。故太尉、贈尚書令、謐文靖呂夷簡，聰明亮達，規模宏遠。服在大僚，歷登三事，左右皇極，勤勞王家，二十餘年，厥功茂焉。將帥則有故彰武軍節度使、贈侍中、謐武穆曹瑋，敦詩閱禮，秉義經武。參謀帷幄，折衝萬里，鎮綏方面，隱如長城。加以恂恂循道，有古名將之風焉。皆有功迹，見稱於世，伏請並配享仁宗廟庭。'從之。"[1]《宋代蜀文輯存》卷二據此重複收録王珪奏疏，分別題作《仁宗廟廷配享議》《請以王曾呂夷簡曹瑋配享仁宗廟庭奏》，《全宋文》卷一一五三取後者收録。《長編》卷一九九云：嘉祐八年十一月"丙午，祔仁宗神主於太廟，樂曰《大仁之舞》，以王曾、呂夷簡、曹瑋配享廟庭"。注云："配享議《實録》載八月癸酉，今附此。"[2]丙午爲九日，癸酉爲四日。八月四日當是詔兩制定議仁宗祔廟以何人配享。

十月二十七日，有《仁宗掩皇堂皇帝奏告表》《皇太后奏告表》《仁宗掩皇堂奏告祝文》《仁宗掩皇堂畢於陵左爲方壇上設五方神座鎮謝墓法祝文》。

《長編》卷一九九云：嘉祐八年十月"甲午，葬仁宗神文聖武明孝皇帝於永昭陵"[3]。甲午爲二十七日。《宋會要》禮二九之四五云：嘉祐八年十月"二十七日，永昭陵掩皇堂"[4]。本集卷一〇有《仁宗掩皇堂皇帝奏告表》《皇太后奏告表》，卷一四有《仁宗掩皇堂奏告祝文》《仁宗掩皇堂畢於陵左爲方壇上設五方神座鎮謝墓法祝文》。"皇太后"指慈聖光獻皇后曹氏。

[1]劉琳等校點《宋會要輯稿》，第2冊第697頁。
[2]李燾撰，上海師範大學古籍整理研究所、華東師範大學古籍整理研究所點校《續資治通鑑長編》，第8冊第4832頁。
[3]李燾撰，上海師範大學古籍整理研究所、華東師範大學古籍整理研究所點校《續資治通鑑長編》，第8冊第4829頁。
[4]劉琳等校點《宋會要輯稿》，第3冊第1344頁。

是月，有《太廟七室奏告修仁宗廟室畢工祝文》。

本集卷一四有《太廟七室奏告修仁宗廟室畢工祝文》，云："伏以文考遐登，七月而葬。承祀萬世，將食祖宗。新宮既成，不敢不告。"（第103頁）仁宗嘉祐八年十月二十七日下葬，十一月九日祔於太廟。此文當作於仁宗下葬後、祔廟前，姑繫於此。

草《賜西京汝州祔葬皇親等茶藥詔》《賜宗室從信新婦並文安郡主等茶藥詔》《賜大内永嘉郡夫人朱氏等茶藥詔》《賜德妃苗氏等茶藥詔》《賜山陵行事官屯田郎中郎潔等茶藥詔》《賜山陵使宰臣韓琦茶藥詔》《賜山陵禮儀使范鎮等茶藥詔》。

本集卷二〇有《賜西京汝州祔葬皇親等茶藥詔》《賜宗室從信新婦並文安郡主等茶藥詔》《賜大内永嘉郡夫人朱氏等茶藥詔》《賜德妃苗氏等茶藥詔》。第二文云："敕從信新婦等：哀奉仙輴，肅安真域。方冒凝寒之候，載馳長陸之勞。申念丹誠，往頒渥命。"（第140頁）按，本集卷五四《宗室金紫光禄大夫檢校太子賓客左屯衛大將軍使持節雄州諸軍事雄州刺史充本州防禦使兼御史大夫上柱國榮國公食邑三千八百户食實封七百户贈保寧軍節度使追封楚國公墓誌銘》載趙從信嘉祐七年十二月十四日卒，八年十月二十七日甲午從仁宗西葬河南永安之原。德妃苗氏爲仁宗嬪妃，嘉祐七年十二月二十三日由賢妃冊封爲德妃。文安郡主與永嘉郡夫人朱氏，具體身份不詳。此四文當均作於嘉祐八年十月。

本集卷二一有《賜山陵行事官屯田郎中郎潔等茶藥詔》《賜山陵使宰臣韓琦茶藥詔》。前一文云："汝祗護靈輿，肇新神域。眷夙宵之勤事，均霜露之感懷，宜有寵頒，以綏沖履。"後一文云："卿神輿即路，總使先期。陵土復宮，庀司終事。"（第153頁）按，王珪爲翰林學士期間，有兩位皇帝駕崩，一爲仁宗，二爲英宗。仁宗靈柩嘉祐八年十月六日發引，二十七日葬於永昭陵；英宗靈柩治平四年（1067）八月八日發引，二十七日葬於永厚陵。[1] 韓琦既爲仁宗山陵使，又爲英宗山陵使。[2] 考嘉祐八年寒露在九月七

---

[1] 參劉琳等校點《宋會要輯稿》禮二九之五三，第3冊第1343~1344、1350~1351頁。

[2] 參李燾撰，上海師範大學古籍整理研究所、華東師範大學古籍整理研究所點校《續資治通鑑長編》卷一九八嘉祐八年四月乙亥、卷二〇九治平四年正月己未，第8冊第4829頁、第9冊第5074頁。

日，霜降在九月二十三日；而治平四年寒露在八月二十日，霜降在九月六日。由“均霜露之感懷”云云，知前一文當作於嘉祐八年十月；後一文與前一文排在一起，或作於同時，姑繫於此。

本集卷二三有《賜山陵禮儀使范鎮等茶藥詔》，云：“敕：卿扈靈輴之舉，宅神阜之安。馳驅郊甸之勞，偃薄風霜之厲。特推珍賜，以輔沖綏。”（第 169 頁）按，《宋會要》禮二九之三七云：嘉祐八年四月“四日，命宰臣韓琦爲山陵使，翰林學士范鎮爲禮儀使，權御史中丞王疇爲儀仗使，龍圖閣直學士周沆爲鹵簿使，翰林學士、權知開封府馮京爲橋道頓遞使”[1]。仁宗靈柩嘉祐八年十月六日發引，十五日安放於永昭陵地宮，二十七日掩皇堂。則此文當亦作於嘉祐八年十月。

草《賜判大名府賈昌朝乞辭陵不允詔》。

本集卷二一有《賜判大名府賈昌朝乞辭陵不允詔》，云：“省所上表：‘今者靈輿啓行，虞祭有日。伏望許臣暫交割府事，便路詣永昭陵，奉辭梓宮，却回本任。’陳乞事具悉。七月之初，靈輴將御；三川之下，寶劍空留。”（第 150 頁）永昭陵爲仁宗陵墓，“靈輿啓行”指發引。仁宗靈柩嘉祐八年十月六日發引，二十七日安葬。則此文當作於嘉祐八年十月二十七日之前。

奉命作宗室趙從信、趙世昌、趙世英、趙宗望、趙慶慶、趙士弇、趙世謨夫人王氏等墓誌銘，有《宗室金紫光禄大夫檢校太子賓客左屯衛大將軍使持節雄州諸軍事雄州刺史充本州防禦使兼御史大夫上柱國榮國公食邑三千八百户食實封七百户贈保寧軍節度使追封楚國公墓誌銘》《宗室金紫光禄大夫檢校國子祭酒右屯衛大將軍使持節達州諸軍事達州刺史兼御史大夫上護軍天水郡開國公食邑二千一百户贈洋州觀察使洋川侯墓誌銘》《宗室金紫光禄大夫檢校國子祭酒右監門衛將軍兼御史大夫上柱國天水郡開國侯食邑一千二百户贈右武衛大將軍墓誌銘》《宗室金紫光禄大夫檢校太子賓客右武衛大將軍使持節舒州刺史充本州防禦使兼御史大夫上柱國清源郡公食邑二千一百户食實封三百户贈安化軍節度觀察留後高密郡公墓誌銘》《宗室左武衛大將軍均州防禦使殤子墓記》《宗室右監門率府率墓記》《宋

［1］劉琳等校點《宋會要輯稿》，第 3 册第 1339 頁。

宗室右驍衛大將軍賓州刺史夫人山陽縣君王氏墓誌銘並序》。

本集卷五四有《宗室金紫光禄大夫檢校太子賓客左屯衛大將軍使持節雄州諸軍事雄州刺史充本州防禦使兼御史大夫上柱國榮國公食邑三千八百户食實封七百户贈保寧軍節度使追封楚國公墓誌銘》《宗室金紫光禄大夫檢校國子祭酒右屯衛大將軍使持節達州諸軍事達州刺史兼御史大夫上護軍天水郡開國公食邑二千一百户贈洋州觀察使洋川侯墓誌銘》《宗室金紫光禄大夫檢校國子祭酒右監門衛將軍兼御史大夫上柱國天水郡開國侯食邑一千二百户贈右武衛大將軍墓誌銘》《宗室金紫光禄大夫檢校太子賓客右武衛大將軍使持節舒州刺史充本州防禦使兼御史大夫上柱國清源郡公食邑二千一百户食實封三百户贈安化軍節度觀察留後高密郡公墓誌銘》。第一文記趙從信（1012—1062），字君瑞，趙德昭之孫、趙惟忠之子，官至左屯衛大將軍，嘉祐七年十二月十四日卒，年五十一，"明年十月甲午，從仁宗皇帝西葬河南永安之原。其將葬也，宮僚臣恂上公之行於太常，而博士臣夏卿作謚曰安僖。有詔銘其墓中，太史臣珪實爲之銘"（第 395 頁）。甲午爲二十七日。第二文記趙世昌（1020—1061），字保之，趙惟忠之孫、趙從恪之子，官至右屯衛大將軍，嘉祐六年六月二十八日卒，年四十二，"八年十月甲午，從仁宗皇帝葬河南永安之原"（第 396 頁）。《全宋詩》卷五一六録其詩殘句二聯。《新中國出土墓誌·河南（壹）》《北宋皇陵》收録趙世昌墓誌，題作《宋宗室故金紫光禄大夫檢校國子祭酒右屯衛大將軍使持節達州諸軍事達州刺史兼御史大夫上護軍天水郡開國公食邑二千一百户贈洋州觀察使洋川侯墓誌銘並序》，題下署"（上泐）充史館修撰、判館事、提舉任（在）京諸□〔□〕務、輕車都尉、□□郡開國侯、食邑一千三百户食實封二百户、賜紫金魚袋臣王珪奉敕撰"，"（上泐）御□□□御書祗候臣孫珪奉聖旨書"[1]。趙世昌爵位，武英殿聚珍本《華陽集》卷三九寫作"洋州侯"，《北宋皇陵》所收趙世昌墓誌録文亦作"洋州侯"；《新中國出土墓誌·河南（壹）》所收趙世昌墓誌録文則作"洋川侯"，該書所附趙世昌墓誌拓片，誌題中"洋□侯"之"□"字雖有殘泐，但基本上可以確定爲"川"字。另有一關鍵證據，可證趙世昌之爵

---

[1] 中國文物研究所、河南省文物研究所編《新中國出土墓誌·河南（壹）》，下冊第 283 頁。

位確爲洋川侯。《新中國出土墓誌·河南（壹）》還收有顧臨撰趙世昌之子趙令襄墓誌，其中云："父世昌，贈洋州觀察使，洋川侯。"[1] 所附該誌拓片，"川"字清晰完整。第三文記趙世英（1028—1063），字務實，趙惟和之孫、趙從審之子，官至右監門衛將軍，嘉祐八年二月四日卒，年三十六，十月甲午"葬河南永安之原"，"從昭陵，永以固"（第396頁）。第四文記趙宗望（1020—1063），字子國，趙元佐之孫、趙允言之子，官至右武衛大將軍，嘉祐八年三月十七日卒，年四十四，"其年十月甲午，仁宗皇帝葬昭陵，遂舉公之喪西祔於文惠之園"（第397頁）。《宋史》卷二四五有《趙宗望傳》。

本集卷六○有《宗室左武衛大將軍均州防禦使殤子墓記》《宗室右監門率府率墓記》。前者記趙世靜第十四子小名慶慶（1059—1063），小字善源，嘉祐八年七月甲子卒，年五歲，"以未賜名，故爵命弗及焉。其年十月甲午，葬河南永安縣"，"矧從仁宗皇帝靈趨西引，且祔於先王之園"（第445頁）。後者記趙仲嬰之子趙士弇（1060—1063），官至右監門率府率，嘉祐八年九月二十三日卒，年四歲，"十月甲午，從仁宗皇帝葬河南永安縣。雖不幸而夭也，亦詔史臣刻文於其墓，蓋國家篤親親之分，不以長幼異云"（第445頁）。

《宋宗室右驍衛大將軍賨州刺史夫人山陽縣君王氏墓誌銘並序》記趙世謨夫人王氏四代祖王審琦，父王克基，嘉祐五年十一月六日卒，年三十三，"八年十月甲午，葬河南永安之原"。題下署："翰林學士、兼侍讀學士、朝散大夫、尚書吏部郎中、知制誥、充史館修撰、判館事、提舉在京諸司庫務、輕車都尉、太原郡開國侯、食邑一千三百戶食實封二百戶、賜紫金魚袋臣王珪奉敕撰，翰林書藝、御書院祗候臣馮皋奉聖旨書。"[2] 按，此署名可校補《新中國出土墓誌·河南（壹）》和《北宋皇陵》所收趙世昌墓誌題下署名之殘泐及錯錄之文字。該墓誌《全宋文》失收。

王珪奉命作趙從信、趙世昌、趙世英、趙宗望、趙慶慶、趙士弇、王氏墓誌銘當在嘉祐八年十月以前，姑繫於此。

按，《神道碑》記王珪所任官職中有"提舉諸司庫務"（第139頁）。《宋

---

[1] 中國文物研究所、河南省文物研究所編《新中國出土墓誌·河南（壹）》，下冊第298頁。
[2] 河南省文物考古研究所編《北宋皇陵》，第528、527頁。

宗室右驍衛大將軍賓州刺史夫人山陽縣君王氏墓誌銘並序》載王珪嘉祐八年時已提舉在京諸司庫務，而《長編》卷二一四載王珪熙寧三年（1070）八月乙酉時仍任此職，可知王珪提舉在京諸司庫務時間頗久。

十一月八日，有《乞張方平立班在上奏》。

《宋會要》儀制三之二九云：嘉祐八年"十一月八日，翰林學士王珪、賈黯、范鎮、馮京等言：'伏見端明殿學士兼龍圖閣學士、禮部尚書張方平自應天府徙鄆州，已乞朝見。緣方平踐歷近列，在臣輩之先，乞許立班在上。'從之"[1]。《全宋文》卷一一五三據此收錄王珪奏疏，題作《乞張方平立班在上奏》。

是月，草《賜賀登寶位大使茶藥詔》《賜賀登寶位副使茶藥詔》《班荊館賜契丹皇帝賀登寶位人使到闕酒果口宣》《都亭驛賜契丹皇帝賀登寶位人使射弓例物口宣》《都亭驛賜契丹皇帝賀登寶位人使朝辭酒果口宣》《恩州賜契丹兩番賀登寶位人使茶藥口宣》。

本集卷二三有《賜賀登寶位大使茶藥詔》《賜賀登寶位副使茶藥詔》，卷三〇有《班荊館賜契丹皇帝賀登寶位人使到闕酒果口宣》《都亭驛賜契丹皇帝賀登寶位人使射弓例物口宣》《都亭驛賜契丹皇帝賀登寶位人使朝辭酒果口宣》《恩州賜契丹兩番賀登寶位人使茶藥口宣》。第一文中有"驅馳原隰，蒙犯風霜"之句（第170頁）。按，《長編》卷二〇七及《宋史》卷一三《英宗本紀》均載治平三年（1066）正月癸酉，契丹改國號爲大遼；《宋會要》蕃夷一之一、蕃夷二之二〇則謂治平二年十二月，契丹改國號爲大遼。蓋契丹改國號爲大遼在治平二年十二月，遼國遣使通報宋廷在治平三年正月十八日癸酉。遼國此後直至滅亡，未再更改國號。[2]《宋史》卷一三《英宗本紀》云：嘉祐八年十一月"辛亥，契丹遣蕭素等來賀即位"[3]。《遼史》卷二二《道宗本紀二》云：咸雍三年（1067）六月"辛亥，宋以即位，遣陳襄來報，即遣知黃龍府事蕭圖古辭、中書舍人馬鉉往賀"[4]。前一辛亥爲十四日，後一

---

[1] 劉琳等校點《宋會要輯稿》，第4冊第2345頁。
[2] 參劉浦江《遼朝國號考釋》，《歷史研究》2001年第6期。
[3] 脫脫等《宋史》，第2冊第255頁。
[4] 脫脫等《遼史》（點校本二十四史修訂本），中華書局2017年版，第1冊第302頁。

辛亥爲四日。可知賀英宗登極之契丹使者到達宋廷時間是在嘉祐八年十一月十四日。則前五文當作於嘉祐八年十一月十四日前後，後一文當作於嘉祐八年十一月以前，姑繫於此。

書《韓國華神道碑》。

王昶《金石萃編》卷一三五收錄《韓國華神道碑》，全名爲《大宋故太中大夫行右諫議大夫上柱國南陽縣開國男食邑三百户賜紫金魚袋贈開府儀同三司太師中書令兼尚書令魏國公韓公神道碑銘並序》，題下署"推忠協謀同德守正佐理功臣、樞密使、特進、檢校太師、行禮部尚書、同中書門下平章事、上柱國、河南郡開國公、食邑六千八百户、食實封二千四百户富弼撰。翰林學士兼侍讀學士、朝散大夫、尚書吏部郎中、知制誥、充史館脩撰、判館事、輕車都尉、太原郡開國侯、食邑一千八百户、食實封二百户、賜紫金魚袋王珪書。武寧章友直篆額"，文末題"嘉祐八年十一月十四日建。中書省玉冊官王克明、騫億刊"[1]。按，錢大昕《潛研堂金石文字目録》卷四亦著錄此碑。按，韓國華（957—1011），字光弼，相州安陽（今屬河南）人，韓琦之父，太平興國二年（977）進士，官至右諫議大夫、知泉州，《宋史》卷二七七有傳，生平事迹見尹洙《河南集》卷一六《故太中大夫右諫議大夫韓公墓誌銘》及富弼所作神道碑。王珪書《韓國華神道碑》當在嘉祐八年十一月十四日之前，姑繫於此。

十二月二日，贊劉敞能直言。

劉攽《故朝散大夫給事中集賢院學士權判南京留司御史臺劉公行狀》云：嘉祐八年"八月，召赴闕，勾當三班院，徙判太常寺、兼禮儀事。上初即位，有疾，皇太后嘗臨朝。上疾愈，乃歸政。適有小人言二宮不歡，諫者或訐而過直。公以謂當以義理從容感諷，不可以口舌爭也。是時方進讀《史記》，至'堯授舜以天下'，公因陳前説曰：'舜至側微也，堯越四嶽禪之以位，天地享之，百姓戴之，非有他道，惟其孝友之德光於上下。何謂孝友？善父母爲孝，善兄弟爲友。'辭氣明暢，上竦體改容，知其以諷諫也。左右屬聽者無不嗟喜動色，即日傳其語於外。既退，王翰林謂公曰：'公直言至

[1]王昶輯《金石萃編》，中國書店1985年影印本。

此乎？'慈壽聞之，亦大喜"[1]。《長編》卷一九九云：嘉祐八年十二月"己巳，始御延英閣，召侍讀、侍講講《論語》，讀《史記》。……劉敞讀《史記》至'堯授舜以天下'，因陳説曰：'舜至側微也，堯越四岳禪之以位，天地享之，百姓戴之，非有他道，惟其孝友之德，光於上下。何謂孝友？善事父母爲孝，善事兄弟爲友。'辭氣明暢，上竦然改容，知其以諷諫也。左右屬聽者皆動色，即日傳其語於外。既退，王珪謂敞曰：'公直言至此乎！'太后聞之，亦大喜"[2]。己巳爲二日。

十二月八日，以仁宗御書、御集藏寶文閣，奉命撰記立石。

《宋史》卷一六二《職官志二》云："嘉祐八年，英宗即位，詔以仁宗御書、御集藏於閣，命王珪撰記立石。"[3] 馬端臨《文獻通考》卷五四《職官考八》所記同。《長編》卷一九九載嘉祐八年十二月乙亥，"以仁宗御書藏寶文閣，命翰林學士王珪撰記立石"[4]。乙亥爲八日。按，王應麟《玉海》卷三四《嘉祐寶文閣飛白書》、卷一六三《慶曆寶文閣》亦繫此事於嘉祐八年十二月乙亥；《宋會要》崇儒六之九繫於十二月；而岳珂《愧郯錄》卷一四《九閣》、《宋會要》職官七之一七則繫於嘉祐八年八月十二日，蓋月、日誤乙。

十二月十三日，奉命與賈黯、范鎮等撰《仁宗實録》。

《長編》卷一九九云：嘉祐八年十二月"庚辰，命翰林學士王珪、賈黯、范鎮撰《仁宗實録》，集賢校理宋敏求、直秘閣呂夏卿、秘閣校理韓維兼充檢討官，入內都知任守忠管勾。敏求時知亳州，召用之"[5]。庚辰爲十三日。

是月，草《賜皇叔華原郡王允良生日禮物口宣》。

趙允良爲趙元儼之子，於仁宗爲弟，於英宗爲叔，於神宗爲祖。《宋會

[1] 劉敞《彭城集》卷三五，景印文淵閣《四庫全書》，第 1096 冊第 351 頁。
[2] 李燾撰，上海師範大學古籍整理研究所、華東師範大學古籍整理研究所點校《續資治通鑑長編》，第 8 冊第 4839~4840 頁。按，北宋無延英閣。《宋史》卷一三《英宗本紀》云：嘉祐八年"十二月己巳，初御邇英閣，召侍臣講讀經史"。當以《宋史》爲是。
[3] 脱脱等《宋史》，第 12 冊第 3820 頁。
[4] 李燾撰，上海師範大學古籍整理研究所、華東師範大學古籍整理研究所點校《續資治通鑑長編》，第 8 冊第 4840 頁。
[5] 李燾撰，上海師範大學古籍整理研究所、華東師範大學古籍整理研究所點校《續資治通鑑長編》，第 8 冊第 4840 頁。

要》帝系一之三五載趙允良"慶曆四年七月，封華原郡王"，"英宗即位，進兼中書令，改封襄陽郡王"，"治平四年三月薨"。儀制二之一五云："英宗治平元年五月二十一日，詔曰：'……皇伯東平郡王允弼，皇叔襄陽郡王允良，寧國軍節度使、同中書門下平章事允初，其免常朝，五日一次赴起居。'"[1]本集卷三一有《賜皇叔華原郡王允良生日禮物口宣》，云："顧維冬之杪候，屬載誕之初辰。"（第221頁）據文題中稱趙允良爲"皇叔華原郡王"可知，此文當作於英宗朝，而趙允良改封襄陽郡王當不在嘉祐八年，而是在治平元年五月以前。則此文當作於嘉祐八年十二月。

冬，草《賜使相宋庠乞致仕不允斷來章批答》。

本集卷四八《推誠保德崇仁守正忠亮佐運翊戴功臣開府儀同三司守司空致仕上柱國鄭國公食邑一萬一千六百戶贈太尉兼侍中宋元憲公神道碑》云：嘉祐"五年，公數求去位，不許。公固請之，除河陽三城節度使、檢校太尉、同平章事、判鄭州。明年，徙相州。即言：'臣年及七十矣，不可以重祿處閑地，願乞骸骨以歸。'乃召公還，以老蠲其拜舞，公請不已。英宗即位，以爲武寧軍節度使、徐州大都督府長史、加檢校太師、徙封鄭國公。既又以爲景靈宮使。公嘗有肺疾，及奉仁宗諱，一慟輒嘔血不止。昭陵祔廟後願上印綬。英宗每見公不以名，且諭以初臨天下，未可遽休大臣。治平元年，出判亳州。居數月，公請終不已，聽以司空致仕"（第361頁）。據王瑞來《二宋年譜》考證，宋庠由相州召還在嘉祐七年[2]，而"昭陵祔廟"在嘉祐八年十一月九日。可知宋庠在嘉祐七年知相州時已上表乞致仕，八年十一月以後又多次上表乞致仕。本集卷二七有《賜使相宋庠乞致仕不允斷來章批答》，云："朕甫躬萬幾，鬱於大道。實仰衆德，經之遠猷。卿舊弼之臣，先朝所器。向辭右府，屢寄於藩。肆纂丕圖，適還在位。傳經議政，甘盤之學未親；緣寵退身，老氏之風何屬？露章三至，秉節一詞。雖欲進徇遺榮之高，顧不終懷匄告之慕？"（第193頁）體會文意，此文當作於嘉祐八年十一月或十二月。

---

[1] 劉琳等校點《宋會要輯稿》，第1冊第24頁、第4冊第2323頁。
[2] 參王瑞來《知人論世——宋代人物考述》，第205頁。

是年，爲仁宗靈柩發引作《平調發引二首》。

曾慥《類説》卷一六引《倦遊雜録·平調二曲》云："昭陵梓宫發引，王禹玉作平調二曲云：'玉宸朝晚，忽掩赭黄衣。愁霧瑣金扉。蓬萊待得仙丹至，人世已成非。龍軒天仗轉西畿，旌旆入雲飛。望陵宫女垂紅淚，不見翠輿歸。'又云：'上林春晚，曾是奉宸遊。水殿戲龍舟。玉簫吹斷催仙馭，一去隔千秋。遊人重到曲江頭，事往涕難收。空餘御幄傳觴處，依舊水東流。'"[1] 按，《全宋詞》據此收録王珪二詞，題作《平調發引》，並指出前一首徐本立《詞律拾遺》卷一誤作王禹偁詞。[2] "昭陵"即永昭陵，爲仁宗陵墓。仁宗靈柩發引在嘉祐八年十月六日，則此二詞當作於嘉祐八年夏秋間。或以爲《平調發引二首》與《奉安真宗皇帝御容於壽星觀永崇殿導引歌詞》爲一組詞，均作於元豐七年（1084）[3]，顯誤。

遭人讒毁，乞出守一州，又欲乞轉運使之職，有《乞外任劄子》《易漕帖》。

本集卷八有《乞外任劄子》，云："臣資識迂陋，蒙先帝擢置侍從者舊矣。伏遇陛下嗣膺大統，不以不材，使復塵諸禁林。然臣自惟文章器業不足以補裨朝廷，今者又奉職無狀，遭離讒搆，若不能容。伏望宸慈特許出守一州。且臣犬馬之年未至衰荼，敢不悉心民事，庶幾圖報於萬一。"（第 55 頁）此文當作於嘉祐八年四月一日英宗即位之後。所謂"遭離讒搆"，應指有人針對嘉祐七年八月三日，韓琦召王珪草立皇子詔，王珪有疑，上疏求對事向英宗進讒言。

岳珂《寶真齋法書贊》卷一一《王文恭易漕帖》收録王珪書簡一件："十五姨縣君：玉履萬福。聞所苦猶未平，嘗記揚州法雲寺有一居院，有素傳膏藥，傅瘡腫無不愈，試一用之。郡君再三申懇，不及別書。謝惠瓜薑，今附酥一桶子。珪上閑郡無所施，當且易要路一漕也。"[4]《全宋文》卷一一五三據此收録王珪書簡，題作《易漕帖》，但出處誤作《寶真齋法書贊》卷一〇。此簡或亦作於嘉祐八年，蓋王珪先乞知州之任，後又欲乞轉運使之

［1］曾慥編纂，王汝濤校注《類説校注》，福建人民出版社 1996 年版，第 521 頁。
［2］參唐圭璋編纂，王仲聞參訂，孔凡禮補輯《全宋詞》，中華書局 1999 年版，第 1 冊第 260 頁。
［3］參胡可先《〈全宋詞〉綜考（一）》，張高評主編《宋代文學研究叢刊》第 6 期，麗文化事業公司 2000 年版，第 300 頁。
［4］岳珂《寶真齋法書贊》，《叢書集成初編》，商務印書館 1936 年版，第 166 頁。

職。姑録以備考。

有《資薦仁宗投送金龍玉簡醮詞》。

本集卷一四有《資薦仁宗投送金龍玉簡醮詞》；此文又見一百一十卷本《五百家播芳大全文粹》卷七二，題作《資薦仁宗投送金龍玉簡道場青詞》，云：“大行不復，永慕仙游；三洞按科，具資道果。撤清場於禁宇，投寶信於靈淵。願契真風，往賓妙境。”（第98頁）文中稱仁宗爲“大行”，則此文當作於嘉祐八年八月十一日王珪上仁宗廟號之前。按，一百二十六卷本《聖宋名賢五百家播芳大全文粹》卷八八收録此文，題作《資薦神宗投送金龍玉簡道場青詞》，當有誤，神宗去世時王珪非翰林學士，不當作青詞。

草《程戡授武安軍節度加食邑實封判延州制》。

張方平《贈太尉謚曰康穆程公神道碑銘》云：“尋亦罷樞密使者，拜公宣徽南院使、檢校太保、鄜延路馬步軍都總管、經略安撫使、判延州。……英宗踐阼，視秩帝傅。是歲，就錫命，以安武軍節旄再判延州。”[1]程戡嘉祐五年八月一日爲宣徽南院使、判延州，其再判延州當在嘉祐八年夏秋間。本集卷三七有《程戡授武安軍節度加食邑實封判延州制》；此文又見《宋文鑑》卷三五，題作《除程戡安武軍節度使再判延州制》。按，程戡所授當爲安武軍節度使，《華陽集》文題偶誤。安武軍治冀州（今屬河北衡水）；武安軍爲唐五代方鎮名，治潭州（今湖南長沙），北宋初廢。

約於是年，薦孫侔、林希爲國子監直講，有《薦孫侔林希劄子》。

本集卷八有《薦孫侔林希劄子》，云：“臣伏見試秘書省校書郎孫侔，行義純正，好學不倦。少嘗游於場屋，其後遂退居江湖，然其所爲詞章，非下於諸生也。知永興軍劉敞奏掌本道機宜，亦辭不就辟。夫士於困窮之中，秉節自高，顧今豈多得邪？又新杭州於潛縣尉林希，材學逸群，衆所共知。昨罷官閩中，略至京師，不擇禄而去，未嘗一涉權勢之門。彼誠安於中而不慕於外，與夫謟謟然苟營於人者，不亦遠哉？伏望朝廷並擢爲國子監直講，庶使闡劃道藝，於勸學之路豈云無補也！其後不如所舉，臣並伏同罪。”（第57頁）《長編》卷一九〇云：嘉祐四年七月“甲寅，校書郎致仕孔旼爲國

---

[1]張方平《樂全先生文集》卷三六，《宋集珍本叢刊》，第6冊第171頁。

子監直講，揚州進士孫侔爲試校書郎、本州州學教授，皆以近臣薦其行義也。兩人卒辭不就。侔讀書多自得，文甚奇古，嘗舉進士不中，母病革時以爲恨。侔自誓不復求仕，客居江淮間，士大夫敬畏之。劉敞知揚州，嘗薦侔曰：'侔居則孝弟，仕則忠信，足以矯俗扶世。求之朝廷，吕公著、王安石之流也。'及敞帥永興，奏辟掌機宜，侔亦不就"[1]。劉敞嘉祐五年九月一日除翰林侍讀學士、知永興軍，八年八月召赴闕，勾當三班院，徙判太常寺、兼禮儀事。[2]可知王珪薦孫侔、林希當在嘉祐五年九月以後、八年八月以前，姑繫於此。按，孫侔（1019—1084），原名處，字正之，後改名侔，字少述，吳興（今屬浙江湖州）人，嘗舉進士不第，終身不求仕進，劉敞、沈遘、王陶、韓維等屢薦於朝，皆辭不就，元豐七年卒，年六十六，《宋史》卷四五八有傳，生平事迹見《宋文鑑》卷一五〇林希《孫少述傳》、王令《廣陵先生文集》附錄《孫侔先生行實》，《全宋詩》卷五一四錄其詩殘句一聯，《全宋文》卷一一一六收其文二篇。林希（1035—1101），字子中，號醒老，福州福清（今屬福建）人，嘉祐二年進士，官至同知樞密院事，建中靖國元年卒，年六十七，謚文節，《宋史》卷三四三、《東都事略》卷九七有傳，《全宋詩》卷七四八錄其詩十首、殘句六聯，《全宋文》卷一八一一、卷一八一二收其文二卷。王珪嘉祐二年權同知貢舉，林希是年登進士第[3]，二人是座主門生關係。據此文可知林希嘉祐年間曾爲於潛尉，此前在閩地任職。

草《賜使相宋庠生日禮物詔》《賜使相宋庠生日禮物口宣二道》。

本集卷一八有《賜使相宋庠生日禮物詔》，卷二九有《賜使相宋庠生日禮物口宣二道》，《賜使相宋庠生日禮物詔》云："履四氣之首和，紀左弧之凤慶。"（第124頁）《賜使相宋庠生日禮物口宣二道》其二云："卿入司臺鉉，出擁帥旄。乘在木之照辰，紀維熊之嘉兆。"（第209頁）按，《長編》卷二〇〇云：治平元年正月，"故事，執政生日皆有賜予，詔言助其燕喜。時帝在諒闇，曾公亮及宋庠生日，翰林學士賈黯當草詔。己未，黯言：'前

---

[1] 李燾《續資治通鑑長編》，第8冊第4580頁。

[2] 參張尚英《劉敞年譜》，《宋人年譜叢刊》，第4冊第2095、2099頁。

[3] 參龔延明、祖慧編撰《宋登科記考》，第261頁。

日壽聖節，契丹使上壽於紫宸殿，罷，群臣升殿間飲，才令獻一觴而退。將相大臣，同國休戚，宜權罷賜。'而曾公亮亦言：'朝廷向來止沿舊例，未經討論。今黯所言，實於人情爲順，望賜允從。'詔以大臣有已經賜者，令賜之如例"[1]。己未爲二十三日。可知宋庠生日在正月二十三日之後。歐陽修《内制集》卷五有《賜給事中參知政事曾公亮生日詔》，題下注嘉祐三年"二月二十五日"[2]。則宋庠生日當亦在二月。由前考可知，宋庠爲使相在嘉祐五年十一月至治平元年間。則此三文當作於嘉祐六年至八年間某兩年之正月或二月，姑繫於此。

草《賜天章閣待制權知審刑院吕公著斷絶獎諭詔》。

呂公著權知審刑院時間史無明載，僅知其嘉祐七年三月十三日庚申爲天章閣待制兼侍講，治平二年（1065）十月四日庚寅轉龍圖閣學士兼侍讀[3]，而治平元年知審刑院者爲盧士宗，參治平元年譜。可知吕公著權知審刑院約在嘉祐七年、八年間。李之亮認爲吕公著權知審刑院在熙寧三年（1070）[4]，不確。本集卷二〇有《賜天章閣待制權知審刑院吕公著斷絶獎諭詔》，姑繫於此。

草《賜皇兄北海郡王允弼生日禮物口宣》。

本集卷二九有《賜皇兄北海郡王允弼生日禮物口宣》。趙允弼於仁宗爲兄。王安石《臨川先生文集》卷四八《賜皇伯祖東平郡王允弼生日口宣》云："惟時獻歲之期，實兆元精之慶。"[5]"獻歲之期"指正月。趙允弼慶曆四年（1044）七月封北海郡王，英宗即位後改封東平郡王。王珪嘉祐元年十二月拜翰林學士，二年七月至四年十月丁母憂罷職。則此文當作於嘉祐二年、五年至八年間某年正月，姑繫於此。

[1] 李燾撰，上海師範大學古籍整理研究所、華東師範大學古籍整理研究所點校《續資治通鑑長編》，第 8 冊第 4846 頁。

[2] 歐陽修著，李逸安點校《歐陽修全集》，第 4 冊第 1258 頁。

[3] 參李燾撰，上海師範大學古籍整理研究所、華東師範大學古籍整理研究所點校《續資治通鑑長編》卷一九六、卷二〇六，第 8 冊第 4744、5003 頁。

[4] 參李之亮《宋代京朝官通考》，第 4 冊第 325 頁。

[5] 王水照主編《王安石全集》，第 6 冊第 897 頁。

宋英宗治平元年甲辰（1064），四十六歲

在汴京。爲翰林學士。有詩二首、文五十六篇，約可繫文八篇。

正月一日，有《年節皇帝酌獻永昭陵表》《年節皇太后酌獻永昭陵表》《正月旦起居仁宗永昭陵表》。

本集卷一〇有《年節皇帝酌獻永昭陵表》《年節皇太后酌獻永昭陵表》《正月旦起居仁宗永昭陵表》。年節指正月一日。孟元老《東京夢華錄》卷六《正月》："正月一日年節，開封府放關撲三日。"[1] 此三文當作於仁宗去世後之第一個年節，即治平元年正月一日。"皇太后"指慈聖光獻皇后曹氏。

有《天地社稷太廟皇后廟奉慈廟奏告改元祝文》。

本集卷一四有《天地社稷太廟皇后廟奉慈廟奏告改元祝文》，云："猥以眇躬，紹膺丕命。爰履上春之吉，肇更新曆之元。端授民時，不敢不告。以嘉祐九年改爲治平元年。"（第 104 頁）《長編》卷二〇〇云：治平元年正月"乙酉朔，改元"[2]。《宋史》卷一三《英宗本紀》則云："治平元年春正月丁酉朔，改元。"[3] 據陳垣《二十史朔閏表》及方詩銘、方小芬《中國史曆日和中西曆日對照表》，當以後者爲是。

正月十一日，有《依韻和賈直孺舍人初春祠左太乙二首》。

本集卷二有《依韻和賈直孺舍人初春祠左太乙二首》，其一云："嚴祠初綴漢墀班，爔爔珠煴照幄寬。玉殿威神來帝福，紫垣風骨敵春寒。芝華擁蓋陰猶合，桂醑流觴飲欲殘。拂曉東風迎馬首，鳴珂歸背月珊珊。"其二尾聯下自注云："昔年嘗被詔祠立春。"（第 15 頁）賈黯嘉祐五年（1060）二月拜翰林學士[4]，八年英宗即位後授中書舍人[5]，治平二年二月二十七日丁巳遷給事中、權御史中丞[6]。據詩意來看，賈黯是遷中書舍人後不久奉命於立春日

---

[1] 孟元老撰，伊永文箋注《東京夢華錄箋注》，第 514 頁。

[2] 李燾撰，上海師範大學古籍整理研究所、華東師範大學古籍整理研究所點校《續資治通鑑長編》，第 8 冊第 4845 頁。

[3] 脫脫等《宋史》，第 2 冊第 255 頁。

[4] 參佚名《學士年表》，《翰學三書》，第 1 冊第 92 頁。

[5] 參劉攽《彭城集》卷三四《賈公行狀》，景印文淵閣《四庫全書》，第 1096 冊第 338 頁。

[6] 參李燾撰，上海師範大學古籍整理研究所、華東師範大學古籍整理研究所點校《續資治通鑑長編》卷二〇四，第 8 冊第 4949 頁。

祠祭東太乙宮。治平元年立春在正月十一日，二年立春在上年十二月二十一日。則此詩當作於治平元年正月十一日。賈黯原詩不存。由詩中自注可知，王珪此前亦曾奉命於立春日祠祭東太乙宮。按，賈黯（1022—1065），字直孺，鄧州穰縣（今河南鄧州）人，慶曆六年（1046）狀元，官至給事中，治平二年卒，年四十四，《宋史》卷三〇二、《隆平集》卷一四、《東都事略》卷七六有傳，生平事迹見劉攽《彭城集》卷三四《賈公行狀》，本集卷五四《賈黯墓誌銘》，《全宋詩》卷五七九錄其詩二首，《全宋文》卷一四二七收其文二十二篇。

是月，草《賜觀文殿學士孫抃乞致仕不允詔》。

本集卷二一有《賜觀文殿學士孫抃乞致仕不允詔》，云："卿早事先朝，嘗更二府。道逾久而彌篤，年未至而請休。"（第 152 頁）考蘇頌《朝請大夫太子少傅致仕贈太子太保孫公行狀》云："治平元年二月，以太子少傅致仕。於是公年方六十九，將還政之前，有語公曰：'《禮》"七十老而傳"，人或過之而不去。公乃未至而告休，斯不近於矯時乎？'公曰：'強力而仕，不能而止，士君子之通義也。奚必年至而後去乎？'遂連上表得請。"[1] 則此文當作於治平元年正月前後，姑繫於此。

草《賜夏國主賀登寶位進方物詔》。

《宋史》卷四八五《夏國傳上》云："治平初，求復榷場，不許。既而遣吳宗等來賀英宗即位，詔令閤見，使者不從，至順天門，且欲佩魚及儀物自從，引伴高宜禁之，不可，留止廄置一夕，絶其供饋。宗語不遜，宜折之，使如故事，良久，乃聽入。及賜食殿門，又訴於押伴張覿，詔命還赴延州與宜辨。宗度理屈，不復置對。遂詔諒祚懲約之。"[2]《長編》卷二〇二云：治平元年九月"庚午，賜諒祚詔，戒以自今宜精擇使人，毋俾生事。"[3] 庚午爲八日。本集卷二一有《賜夏國主賀登寶位進方物詔》，胡玉冰繫於治平元年正月[4]，姑從之。

［1］蘇頌著，王同策等點校《蘇魏公文集》卷六三，第 970 頁。
［2］脫脫等《宋史》，第 40 冊第 14002 頁。
［3］李燾撰，上海師範大學古籍整理研究所、華東師範大學古籍整理研究所點校《續資治通鑑長編》，第 8 冊第 4905 頁。
［4］參周春著，胡玉冰校補《西夏書校補》，第 2 冊第 629 頁。

有《仁宗配享議》。

《長編》卷二〇〇云：治平元年正月"辛酉，詔以仁宗配享明堂"。"初，禮院奏乞與兩制同議仁宗當配何祭。故事，……季秋大饗明堂，祀昊天上帝，以真宗配。翰林學士王珪等議：'……今請循周公嚴父之道，以仁宗配享明堂。'"[1] 辛酉爲二十五日。所引王珪等議見本集卷四五《仁宗配享議》，當上於正月二十五日之前，姑繫於此。按，《太常因革禮》卷九《配帝三》，《宋會要》禮二四之三三、禮二五之八七，王應麟《玉海》卷九六《治平明堂配饗議》，《宋史》卷二九一《王疇傳》，《東都事略》本傳等亦載此事，《太常因革禮》所載最詳。

接劉敞呈詩。

劉敞有《中使傳宣二月一日史院賜筵某亦預召作七言呈禹玉真（直）孺景仁三內翰》，云："虞書紀典上稽唐，魯史傳經近屬商。刻玉春山瞻氣象，積星東壁聚鉤芒。朝思膏飫懍情洽，天令中和盡刻長。雖引客卿譏子墨，翰林還許望清光。"[2] 按，王珪、賈黯、范鎮三人同爲翰林學士在嘉祐五年（1060）二月至治平元年閏五月間。[3] 劉敞嘉祐五年九月一日由起居舍人、知制誥爲翰林侍讀學士、知永興軍，八年八月召赴闕，以吏部郎中、翰林侍讀學士勾當三班院，徙判太常寺、兼禮儀事，治平元年九月除知衛州，改知汝州。[4] 則此詩當作於治平元年二月一日史院賜筵之前。考嘉祐八年十二月十三日，命翰林學士王珪、賈黯、范鎮等修《仁宗實錄》，治平元年二月"戊辰，命韓琦提舉修撰《仁宗實錄》"[5]。戊辰爲二日。可知二月一日史院賜筵乃因修《仁宗實錄》開局。

二月一日，預史院賜筵。

見上考。

---

[1] 李燾撰，上海師範大學古籍整理研究所、華東師範大學古籍整理研究所點校《續資治通鑑長編》，第 8 冊第 4846~4847 頁。

[2] 劉敞《公是集》卷二五，景印文淵閣《四庫全書》，第 1095 冊第 608 頁。

[3] 參李之亮《宋代京朝官通考》，第 1 冊第 665~667 頁。

[4] 參張尚英《劉敞年譜》，《宋人年譜叢刊》，第 4 冊第 2095~2100 頁。

[5] 李燾撰，上海師範大學古籍整理研究所、華東師範大學古籍整理研究所點校《續資治通鑑長編》卷二〇〇，第 8 冊第 4852 頁。

三月二日，有《武舉分等授職狀》。

《宋會要》選舉一七之九云："嘉祐八年十月八日，樞密院言：'文武二選，所關治亂，不可闕一。與其任用不學無術之人，臨時不知應變，以撓師律，不若素習韜略，頗閑義訓之士，緩急驅策，可以折衝圖勳。況今朝廷所用武人，稍有聲稱者由武舉而得，則此舉不可廢罷甚明。'詔尚書兵部與兩制詳議所習舉業及較試舉人推恩之數，條件以聞。英宗治平元年三月二日，翰林學士王珪等言：'參詳復置武舉，除依舊制，欲乞較試以策略定去留，以弓馬定高下。其間以策略、武藝俱優者爲優等，策優藝平者爲次優，藝優策平者爲次等，策、藝俱平者爲末等。如策下藝平或策平藝下者，並爲不合格。朝廷既設此科，必欲招來豪俊，推恩命官，直稍優厚。欲望中優等者與殿直，次優者與奉職，次等者與借職，末等者與殿侍、三班差使。如有策略雖下而武藝絶倫者，未得落下，別取旨。其已有官人，並於舊官上比類推恩。仍並與三路沿邊差遣，試其效用。'詔可。仍今後武舉，差直學士已上，或正任或橫行使各一員，與軍頭司共試驗。"[1]《宋代蜀文輯存》卷二、《全宋文》卷一一五三據此收録王珪奏疏，題作《武舉分等授職狀》。

三月二十九日，有《初忌酌獻永昭陵表》、《奏告福寧殿景陵宮永昭陵表三道》其一、《内中廣聖宮開啓仁宗小祥道場密詞》、《仁宗小祥開啓道場疏》。

本集卷一〇有《初忌酌獻永昭陵表》《奏告福寧殿景陵宮永昭陵表》，後者爲《奏告福寧殿景陵宮永昭陵表三道》其一；卷一四有《内中廣聖宮開啓仁宗小祥道場密詞》；一百二十六卷本《聖宋名賢五百家播芳大全文粹》卷九三有王珪《仁宗小祥開啓道場疏》。第一文云："伏以春籥正闌，仙園何邈。空留言於玉几，已駐景於崑臺。適及遺弓之辰，靡勝濡露之感。就陳嘉獻，尚鑑哀悰。"（第70頁）第二文云："伏以靈輿厭代，已隔於僊游；駒隙流陰，忽臨於練祭。""爰歷上賓之旦，何勝永幕之懷！"（第71頁）第三文云："伏以宮車不復，永悼仙游。春露載零，欻周歲景。瑶壇薦式，蕊笈繙文。緬竚靈觀，暢申孝慕。"（第97頁）第四文云："神機厭代，仙都賓空。

---

[1] 劉琳等校點《宋會要輯稿》，第9冊第5589頁。

忽驚歲籥之周，空結宸衷之慕。"[1]"初忌"當指仁宗去世一周年祭。"練祭"即小祥祭，此處當指父母去世一周年之祭禮，而非以日易月之小祥祭。考仁宗嘉祐八年（1063）三月二十九日薨，以日易月之小祥在四月十二日，大祥在四月二十五日，禫除在四月二十七日，而"宰臣韓琦上陵名曰永昭"是在四月二十五日。[2]則此四文當是爲治平元年三月二十九日仁宗去世一周年祭而作。

四月五日，進《嘉祐審官院編敕》，有《乞施行審官院敕劄子》。

《長編》卷二〇一載治平元年四月辛未，"知審官院王珪奏新編本院敕十五卷，詔行之"[3]。辛未爲五日。本集卷八有《乞施行審官院敕劄子》，云："今將審官院《皇祐一司敕》，至嘉祐七年終以前續降敕劄，新舊計一千二十三道，承詔研精，越於再歲。……其新編成條貫并總例共四百七十六條，爲五十卷，委得允當，謹隨狀進呈。如許頒行，欲以《嘉祐審官院編敕》爲目，仍乞却降付本院修寫成冊，送中書用印，下院遵守施行。"（第60頁）文中"五十卷"當爲"十五卷"之誤。

四月十四日，有《永昭陵乾元節酌獻表》。

本集卷一〇有《永昭陵乾元節酌獻表》，云："伏以白日賓天，早促乘雲之御；薰風紀節，載追感露之祥。撫玉几以悼心，望栢城而霣涕。敢陳芳薦，庸達孝思。"（第71頁）乾元節爲仁宗誕節，在四月十四日；而韓琦上仁宗陵寢名曰永昭在嘉祐八年四月二十五日。則此文當是爲治平元年四月十四日仁宗第二個冥誕而作。

是月，草《賜宰臣富弼乞退不允批答》。

本集卷二六有《賜宰臣富弼乞退不允批答》；此文又見《宋文鑑》卷三三，云："朕肇履邦圖，每恭天戒。屬初炎之在序，偶時澤之弗滋。且止於近畿，顧民災之未遠。然應不旋日，知人事之已修。卿還來相予，居位未久。奚抗章而引咎，將援故而辭權？"（第190頁）按，富弼嘉祐六年

---

[1] 魏齊賢、葉棻編著《聖宋名賢五百家播芳大全文粹》，《中國史學叢書》初編，臺灣學生書局1985年影印本，第676頁。

[2] 參劉琳等校點《宋會要輯稿》禮二九之三八，第3冊第1339、1340頁。

[3] 李燾撰，上海師範大學古籍整理研究所、華東師範大學古籍整理研究所點校《續資治通鑑長編》，第8冊第4861頁。

（1061）三月十六日以丁母憂罷相，八年五月十七日授樞密使、禮部尚書、同平章事，治平二年七月五日罷爲鎮海節度使、同平章事、判河陽。[1] 由"朕肇履邦圖""屬初炎之在序"云云，可知此文當作於治平元年四月以後。《宋史》卷六六《五行志四》云："治平元年春，京師逾時不雨。鄭滑蔡汝潁曹濮洺磁晉耀登等州、河中府、慶成軍旱。"[2]《長編》卷二〇一云：治平元年四月"甲午，祈雨於相國天清寺、醴泉觀"[3]。甲午爲二十八日。由"應不旋日"云云，可知此文當作於四月二十八日以後，姑繫於此。

草《賜皇長子淮陽郡王頊生日禮物口宣》。

本集卷三一有《賜皇長子淮陽郡王頊生日禮物口宣》。按，趙頊嘉祐八年（1063）九月十三日封淮陽郡王，治平元年六月五日己亥進封潁王。[4]《宋史》卷一四《神宗本紀一》載趙頊"慶曆八年四月戊寅，生於濮王宮"[5]。戊寅爲十日。則此文當作於治平元年四月十日之前。

五月十一日，有《皇太后第二次付中書門下還政書》。

《宋大詔令集》卷一四有《皇太后第二次付中書門下還政書》；此文亦見本集卷二〇、《宋文鑑》卷三一，題作《皇太后付中書門下還政書》。《宋大詔令集》此文題下注云："治平元年五月十一日未時，通進司降到御寶劄子令撰，當夜三更却於通進司進入。"[6]《長編》卷二〇一云：治平元年五月"戊申，皇太后出手書還政，是日遂不復處分軍國事"[7]。戊申爲十三日。

五月二十一日，草《賜皇伯允弼皇叔允良允初特免常朝五日一赴起居詔》。

《宋會要》儀制二之一五〇云："英宗治平元年五月二十一日，詔曰：'夫尊尊而親親，人道之極也。有若諸父，保有賢德，以藩屏於王家。朕承大統，思廣骨肉之恩，以風天下，匪尊遇之，何以見愛乎！皇伯東平郡王允

---

[1] 參曹清華《富弼年譜》，《宋人年譜叢刊》，第 2 冊第 943、945、950 頁。

[2] 脫脫等《宋史》，第 5 冊第 1441 頁。

[3] 李燾撰，上海師範大學古籍整理研究所、華東師範大學古籍整理研究所點校《續資治通鑑長編》，第 8 冊第 4864 頁。

[4] 參李燾撰，上海師範大學古籍整理研究所、華東師範大學古籍整理研究所點校《續資治通鑑長編》卷二〇二，第 8 冊第 4889 頁。

[5] 脫脫等《宋史》，第 2 冊第 263 頁。

[6] 司義祖整理《宋大詔令集》，第 69 頁。

[7] 李燾撰，上海師範大學古籍整理研究所、華東師範大學古籍整理研究所點校《續資治通鑑長編》，第 8 冊第 4865 頁。

弼，皇叔襄陽郡王允良，寧國軍節度使、同中書門下平章事允初，其免常朝，五日一次赴起居。'"[1] 所引詔書見本集卷二一《賜皇伯允弼皇叔允良允初特免常朝五日一赴起居詔》，然較本集更詳細。

是月，草《賜保平軍節度使同中書門下平章事判鄆州曹佾免恩命不允詔》。

本集卷二一有《賜保平軍節度使同中書門下平章事判鄆州曹佾免恩命不允詔》，此文當作於治平元年五月二十一日曹佾拜同平章事之後。

閏五月二十四日，草《宣召翰林學士王疇入院口宣》。

《長編》卷二〇一云：治平元年閏五月"己丑，御史中丞王疇爲翰林學士"[2]。己丑爲二十四日。本集卷三〇有《宣召翰林學士王疇入院口宣》。按，《學士年表》載王疇治平元年"五月，以給事中、權御史中丞拜。十二月，除樞密副使"[3]，"五月"當爲"閏五月"。

是月，草《賜韓琦免恩命第三表不允批答》。

《宋史》卷一三《英宗本紀》云：治平元年"閏月戊辰，輔臣進爵一等"[4]。《長編》卷二〇一云：治平元年閏五月"戊辰，宰臣韓琦遷右僕射"[5]。戊辰爲三日。韓忠彥《韓魏公家傳》卷五云："治平元年二月，提舉修《仁宗皇帝實錄》。英宗既聽斷，閏五月，推恩輔臣，以酬保護之勞。……公懇辭，凡七上章不得請，乃已。"[6] 本集卷二八有《賜韓琦免恩命第三表不允批答》，云："朕伏觀乾興詔書，受遺之臣，咸進位二等。卿先帝所屬，以輔眇躬，而即祚之恩，未加厚也。矧予哀荒在疚，而卿憂勞國事，夙夜以之，豈若先時之比乎？夫德至而寵未報，朕甚惡焉。戊辰之命，其祗勿辭。"（第 201 頁）此文當作於閏五月三日之後。韓琦所上表章不存。

六月一日，有《六月旦起居仁宗永昭陵表》。

本集卷一〇有《六月旦起居仁宗永昭陵表》，此文當作於治平元年六月

[1] 劉琳等校點《宋會要輯稿》，第 4 冊第 2323 頁。

[2] 李燾撰，上海師範大學古籍整理研究所、華東師範大學古籍整理研究所點校《續資治通鑑長編》，第 8 冊第 4884 頁。

[3] 佚名《學士年表》，《翰學三書》，第 1 冊第 93 頁。

[4] 脫脫等《宋史》，第 2 冊第 256 頁。

[5] 李燾撰，上海師範大學古籍整理研究所、華東師範大學古籍整理研究所點校《續資治通鑑長編》，第 8 冊第 4878 頁。

[6] 韓琦著，李之亮、徐正英校箋《安陽集編年箋注》，巴蜀書社 2000 年版，第 1815 頁。

一日。

是月，草《賜皇長子潁（穎）王頊乞班在允初下不允詔》。

《宋史》卷一三《英宗本紀》、《長編》卷二〇二均載趙頊治平元年六月
己亥進封潁王；而《東都事略》卷七《英宗本紀》則謂治平元年“閏月己
亥，皇長子封潁（穎）王”[1]，當誤，治平元年閏五月丙子朔，無己亥日。可
知趙頊治平元年六月五日己亥進封潁王。本集卷五四《宗室推誠保順守正翊
戴功臣寧國軍節度宣州管內觀察處置等使開府儀同三司檢校司空同中書門下
平章事使持節宣州諸軍事行宣州刺史上柱國天水郡開國公食邑七千六百户食
實封二千二百户贈中書令追封博平郡王謚安恭墓誌銘》云：“治平元年七月
戊辰，博平郡王諱允初薨於其第。”（第 398 頁）戊辰爲五日。本集卷二一有
《賜皇長子潁（穎）王頊乞班在允初下不允詔》，此文當作於治平元年六月五
日趙頊進封潁王之後不久。

草《賜諸路賀封東陽郡王進絹詔》。

《宋史》卷一三《英宗本紀》云：治平元年“六月己亥，以……祁國公
顥爲保寧軍節度使、同中書門下平章事、東陽郡王”[2]，己亥爲五日。趙顥爲
英宗次子。《宋會要》帝系一之三六亦記趙顥“治平元年六月，加檢校太傅、
同中書門下平章事、保寧軍節度使，封東陽郡王”[3]。惟《東都事略》卷七
《英宗本紀》謂治平元年閏五月己亥，“顥封東陽郡王”[4]，當誤，治平元年閏
五月丙子朔，無己亥日。本集卷二一有《賜諸路賀封東陽郡王進絹詔》，此
文當作於治平元年六月五日之後，姑繫於此。

草《賜太子賓客知相州趙良規賀封潁王進絹詔》。

本集卷二一有《賜太子賓客知相州趙良規賀封潁王進絹詔》，此文當作
於治平元年六月五日趙頊進封潁王之後，姑繫於此。

草《賜皇長子潁王頊免恩命第一表不允批答》《賜皇長子進封潁王頊免恩命第二表不允斷來章口宣》。

本集卷二七有《賜皇長子潁（穎）王頊免恩命第一表不允批答》，卷

[1] 王稱撰，孫言誠、崔國光點校《東都事略》，第 51 頁。
[2] 脫脫等《宋史》，第 2 冊第 256 頁。
[3] 劉琳等校點《宋會要輯稿》，第 1 冊第 25 頁。
[4] 王稱撰，孫言誠、崔國光點校《東都事略》，第 51 頁。

三一有《賜皇長子進封潁王頊免恩命第二表不允斷來章口宣》，此二文當作於治平元年六月五日趙頊進封潁王之後。

作《賜皇子東陽郡王顥免恩命第一表不允批答》《賜皇子進封東陽郡王顥免恩命第一表不允口宣》。

本集卷二七有《賜皇子東［陽］郡王顯（顥）免恩命第一表不允批答》，卷三一有《賜皇子進封東陽郡王顥免恩命第一表不允口宣》，此二文當作於治平元年六月五日趙顥進封東陽郡王之後。

夏，奉命與范鎮探望劉敞。

劉攽《故朝散大夫給事中集賢院學士權判南京留司御史臺劉公行狀》云：“治平元年四月，公得驚眩疾，數月不朝，告且滿百日，公求便郡養疾。上謂執政曰：‘劉某器識才學，朝廷未見其比者，雖病，固當留。’乃復賜告。嘗一日講畢，上謂學士諸公曰：‘曾見劉某否，病今何如？可往省之。’於是，王、范兩學士來見公，道上語。會內苑橙實初熟，上使中貴人以五十枚賜公，面問公起居，所以慰撫甚厚。公拜表謝，而病亦少間，因自陳家貧，復求補外，上愴然許之。九月，除知衛州，換汝州。”[1] 治平元年翰林學士有王珪、賈黯、范鎮、馮京、劉敞、王疇、錢明逸等人。[2] 其中，范鎮閏五月二十二日因草制不當罷爲翰林侍讀學士 [3]，而王疇閏五月二十四日己丑始爲翰林學士。[4] 則“王、范兩學士”當指王珪、范鎮，王、范二人奉命探望劉敞當在治平元年四月至閏五月間。

七月四日，草《賜皇子潁王頊乞班在富弼允弼允良下不允詔》。

《宋會要》儀制三之三〇云：治平元年“七月四日，皇子潁王上表乞序班於樞密使、平章事富弼之下。又言：‘閤門請移東平郡王允弼等俟班閤位，令在臣下，乞且仍舊。’並詔不允”[5]。本集卷二一有《賜皇子潁（潁）王頊乞班在富弼允弼允良下不允詔》。

---

[1] 劉攽《彭城集》卷三五，景印文淵閣《四庫全書》，第 1096 冊第 351～352 頁。

[2] 參李之亮《宋代京朝官通考》，第 1 冊第 667～668 頁。

[3] 參劉琳等校點《宋會要輯稿》職官六五之二三，第 8 冊第 4810 頁。

[4] 參李燾撰，上海師範大學古籍整理研究所、華東師範大學古籍整理研究所點校《續資治通鑑長編》卷二〇一，第 8 冊第 4884 頁。

[5] 劉琳等校點《宋會要輯稿》，第 4 冊第 2345 頁。

是月，薦留鄭叔熊校正醫書，有《薦鄭叔熊劄子》。

《宋會要》職官二二之三七云：治平元年“七月五日，詔以國子四門助教、太醫局祗應鄭叔熊改試將作監主簿，不理選限，仍支賜錢五十千，遣令自便。近臣薦其善醫，遂召入太醫局。叔熊辭以母老，不願在局，故恩賜遣之”[1]。本集卷八有《薦鄭叔熊劄子》，云：“臣等伏見試將作監主簿鄭叔熊，素通方書，其術精密。昨三司使蔡襄奉詔舉至京師，今乃罷去。且世鮮良醫，如叔熊者少見倫比，兼嘗在太學舉進士，其於醫尤有持論。伏望朝廷且留校正醫書，當有所補。”（第55頁）可知王珪等薦留鄭叔熊校正醫書當在七月五日之後。劉成國以爲王珪薦留鄭叔熊校正醫書在七月五日之前[2]，不確。按，鄭叔熊（生卒年不詳），初字正夫，改字野甫，福州福清（今屬福建）人，或謂泉州（今屬福建）人，曾爲國子四門助教、太醫局祗應、試將作監主簿、校書郎等職，生平事迹見劉敞《公是集》卷三四《鄭野甫字序》、蘇頌《蘇魏公文集》卷三二《追官勒停人鄭叔熊可試國子四門助教不理選限》、劉攽《彭城集》卷三五《故朝散大夫給事中集賢院學士權判南京留司御史臺劉公行狀》、蘇象先《丞相魏公譚訓》卷九、沈括《夢溪筆談》卷一八《技藝》、何喬遠《閩書》卷一二六《英舊志·福州府·福清縣》等，《王荆文公詩箋注》卷八有《送鄭叔熊歸閩》。江休復《江鄰幾雜志》、《長編》卷一九〇嘉祐四年七月甲寅將其名寫作“鄭叔雄”，當誤。

奉命爲趙允初作墓誌銘，有《宗室推誠保順守正翊戴功臣寧國軍節度宣州管內觀察處置等使開府儀同三司檢校司空同中書門下平章事使持節宣州諸軍事行宣州刺史上柱國天水郡開國公食邑七千六百戶食實封二千二百戶贈中書令追封博平郡王謚安恭墓誌銘》。

本集卷五四有《宗室推誠保順守正翊戴功臣寧國軍節度宣州管內觀察處置等使開府儀同三司檢校司空同中書門下平章事使持節宣州諸軍事行宣州刺史上柱國天水郡開國公食邑七千六百戶食實封二千二百戶贈中書令追封博平郡王謚安恭墓誌銘》，記趙允初（？—1064），原名允宗，字累之，宋太宗之孫、趙元儼之子，官至同中書門下平章事，治平元年七月戊辰卒，“其

[1] 劉琳等校點《宋會要輯稿》，第6冊第3635頁。
[2] 參劉成國《王安石年譜長編》，第1冊第365~366頁。

年十一月丙寅，具鹵簿儀物，葬於河南之永安縣，祔先恭肅王之園。有詔禁林，誌王之系出、官封，與夫始終之大節，納其墓中，臣珪實爲之”（第398頁）。戊辰、丙寅均爲五日。此文及《宋史》卷二四五《趙允初傳》均未記趙允初享年。其生年有兩説：一是生於天聖七年（1029），享年三十七歲。《長編》卷一一二明道二年四月己未注云：“按，允初卒於治平元年，年三十七，其初生當天聖七年。”[1] 二是生於天禧四年（1020），享年四十五歲。《宋會要》帝系一之三五云：“博平郡王允初，吳王元儼子。天聖二年二月，賜名允宗，授右千牛衞將軍。”[2] 王珪此文謂趙允初“甫五歲，授右千牛衞將軍”（第398頁）。據此，則其當生於天禧四年，治平元年去世時爲四十五歲。

八月一日，有《八月旦起居仁宗永昭陵表》。

本集卷一〇有《八月旦起居仁宗永昭陵表》，此文當作於治平元年八月一日。

是月，草《賜殿前副都指揮安德軍節度使郝質告敕口宣》《賜殿前副指揮使郝質免恩命第一表不允口宣》《賜郝質免恩命第二表不允斷來章口宣》。

《宋史》卷三四九《郝質傳》云：“英宗立，遷武昌軍節度觀察留後，加安德軍節度使，爲殿前副指揮使。”[3] 郝質嘉祐六年（1061）十二月除馬軍都指揮使，治平元年八月改差。則郝質當於治平元年八月授安德軍節度使、殿前副都指揮使。本集卷三二有《賜殿前副都指揮安德軍節度使郝質告敕口宣》，卷三一有《賜殿前副指揮使郝質免恩命第一表不允口宣》《賜郝質免恩命第二表不允斷來章口宣》。第二文云：“肆予纂服，宣有厥勞。”第三文云：“屬朕纂承之始，嘉乃宿衞之勞。”（第224頁）

九月，草《賜夏國主令發遣熟户仍不得侵踐地詔》。

《宋史》卷四八五《夏國傳上》云：治平初，“秋，夏人出兵秦鳳、涇原，抄熟户，擾邊塞弓箭手，殺掠人畜以萬計。程戡、王素、孫長卿論安諸

---

[1] 李燾撰，上海師範大學古籍整理研究所、華東師範大學古籍整理研究所點校《續資治通鑑長編》，第5冊第2613頁。

[2] 劉琳等校點《宋會要輯稿》，第1冊第24頁。

[3] 脱脱等《宋史》，第32冊第11050頁。

族首領，防誘脅散叛。遣文思副使王無忌齎詔問之，諒祚遷延弗受，已而因賀正使荔茂先獻表，歸罪宋邊吏”[1]。《長編》卷二〇二治平元年九月亦繫此事於治平元年秋。本集卷二一有《賜夏國主令發遣熟户仍不得侵踐地詔》；此文又見《宋大詔令集》卷二三五，題作《賜夏國主令發遣熟户仍不得侵踐漢地詔》。胡玉冰繫此文於治平元年九月[2]，姑從之。

秋，草《賜使相判亳州宋庠乞致仕不允詔》。

本集卷二一有《賜使相判亳州宋庠乞致仕不允詔》，云：“朕惕守基序，歷日未深。勤思俊賢，輔己不逮。載省披於藩奏，願退老於家傳。矧先帝大臣，德望光美。淮南近服，民風樂閑。至若沴雨乘秋，良疇變野，朕不能引咎而塞異，卿乃欲緣災而退身。”（第152頁）本集卷四八《贈太尉兼侍中宋元憲公神道碑》云：“治平元年，出判亳州。居數月，公請終不已，聽以司空致仕。”（第361頁）《長編》卷二〇〇云：治平元年正月，“景靈宮使、武寧節度使、同平章事宋庠屢請老，上曰：‘朕初嗣位，何可遽休大臣？’戊申，命庠判亳州”。卷二〇二云：治平元年八月“丁巳，以上供米三萬石賑宿、亳州水災饑民”[3]。戊申爲十二日，丁巳爲二十四日。司馬光治平二年所作《錢糧劄子》云：“臣伏見陳、許、潁、亳等州，止因去秋一次水災，遂致骨肉相食，積屍滿野。”[4]則此文當作於治平元年秋。宋庠《元憲集》卷一九有《再乞致仕表》，作於治平元年判亳州時。

草《賜使相判鄆州曹佾赴闕詔》《賜保平軍節度使判鄆州曹佾赴闕茶藥詔》《賜使相曹佾赴闕生料口宣》。

曹佾治平元年五月二十一日在判鄆州任上拜同平章事，而張方平治平元年十二月已在知鄆州任。[5]本集卷二一有《賜使相判鄆州曹佾赴闕詔》，卷二三有《賜保平軍節度使判鄆州曹佾赴闕茶藥詔》，卷二九有《賜使相曹佾

[1]脱脱等《宋史》，第40冊第14002頁。

[2]參周春著，胡玉冰校補《西夏書校補》，第2冊第632頁。

[3]李燾撰，上海師範大學古籍整理研究所、華東師範大學古籍整理研究所點校《續資治通鑑長編》，第8冊第4845、4901頁。

[4]司馬光撰，李文澤、霞紹暉校點《司馬光集》卷三三，第2冊第778頁。

[5]參李燾撰，上海師範大學古籍整理研究所、華東師範大學古籍整理研究所點校《續資治通鑑長編》卷二〇三治平元年十二月戊申注，第8冊第4927頁。

赴闕生料口宣》。第一文云:"卿承累世之貴,出外家之賢,自奉寄於藩符,且薦更於歲管。長樂之愛,豈無弟兄之懷?況元舅之歸,是亦文武之憲。宜膺迅召,式竢嘉猷。詔到日,卿可交割職分公事與轉運使或提點刑獄兼權管勾訖,發來赴闕。"(第145頁)第二文云:"卿爰趨召節,將次神畿。維大旆之遵塗,方高秋之凝候。宜推珍錫,以輔沖綏。"(第168頁)第三文云:"卿抗旌啓行,握節應召。甫及近郊之次,豈無夙駕之勞?何以將之,維牽及饙。"(第213頁)據文中"高秋"云云,可知此三文當作於治平元年秋。

十月一日,有《十月旦起居仁宗永昭陵表》。

本集卷一〇有《十月旦起居仁宗永昭陵表》,此文當作於治平元年十月一日。

十月二十一日,有《真宗雩祀配議》。

《神道碑》云:"仁宗既祔廟,以考位配明堂,而真宗當罷。御史請分太宗之大雩以配真宗,講官和之。公議曰:'嚴公配仁宗,得禮之正,而欲遞遷分祀以苟厭神靈之意,臣恐祖宗弗饗也。'知禮者以其言爲是。"(第140~141頁)《長編》卷二〇三載治平元年十月"壬子,翰林學士王珪等言"云云,"詔從珪等議"[1]。壬子爲二十一日。《宋史》卷一〇一《禮志四》,《宋會要》禮二四之三七、禮二五之九一亦載此事,但《宋會要》繫於十月二十五日。各書所引王珪奏疏見本集卷四五《真宗雩祀配議》,本集蓋據《長編》收錄。《宋代蜀文輯存》卷二據《宋會要》禮二五之九一收錄王珪奏疏,擬題爲《乞以仁宗與真宗並配明堂奏》,內容較《長編》爲詳。

是月,草《賜夏國主曆日詔》。

《宋會要》禮二四之七九載政和七年(1117)七月二十九日禮制局奏:"議每歲十月朔御明堂受來歲新曆頒之郡縣:'臣看詳太史局每年以十月朔就崇政殿進呈來歲曆日。謹按《月令》,以季秋之月爲來歲受朔日。考之夏以建寅爲正,商以建丑爲正,周以建子爲正,今以十月爲來歲,何也?蓋古者重穀敦本,三時務農大畢而歲功成,所以名一歲也。又以《詩》考之,"曰爲改歲,入此室處",十月閉塞而成冬,故謂之"改歲"也。《月令》以季秋

---

[1] 李燾撰,上海師範大學古籍整理研究所、華東師範大學古籍整理研究所點校《續資治通鑑長編》,第8冊第4911、4914頁。

受來歲朔日，正以十月爲來歲。今擬以每歲十月朔明堂設仗，受來歲新曆，退而頒之郡縣。其有隨月布政依此。'”[1]《宋史》卷一一七《禮志二十》云：“宣和元年，蔡京言：'周觀治象於正月之始和，以十二月頒告朔於邦國，皆不在十月。後世以十月者，祖秦朔故也。秦以十月爲歲首，故《月令》以孟冬頒來歲之朔，今不當用。請以季冬頒歲運於天下。'詔自今以正月旦進呈宣讀。”[2]《長編》卷一五七云：慶曆五年（1045）十月“辛未，始頒曆於夏國”[3]。辛未爲十九日。可知北宋宣和元年（1119）之前頒朔是在十月一日。本集卷二三有《賜夏國主曆日詔》，云：“適履上辰，更頒密度。今賜治平二年曆日一卷，至可領也。”題下注：“交趾郡王李日尊同。”（第 171 頁）此文當作於治平元年十月，時夏國主爲李諒祚。

草《賜外任臣僚曆日二道》其一。

本集卷二三有《賜外任臣僚曆日二道》，其一云：“今特賜卿治平二年曆日一卷，至可領也。”（第 172 頁）北宋頒曆一般在十月一日。此文當作於治平元年十月。

十一月一日，有《十一月旦起居仁宗永昭陵表》。

本集卷一〇有《十一月旦起居仁宗永昭陵表》，此文當作於治平元年十一月一日。

十二月，爲宰相擬以爲樞密副使。

劉克莊《沈內翰叡達帖》云：“忠惠在計省最久，有勞於國。治平初，副樞闕，宰相擬忠惠及王珪以進，厚陵不用而自擢王疇。文通所云'仰聽登用之命三年矣'，可見人望屬於忠惠如此。忠惠之不大用，猶以飛語中傷之故。文通方承眷寵，垂大用矣，年僅四十而夭。王疇輩材望不及二公遠甚，而名位過之，此所謂命耶？”[4]按，治平元年十一月二十七日戊子，吳奎以

---

[1] 劉琳等校點《宋會要輯稿》，第 2 冊第 1184 頁。

[2] 脫脫等《宋史》，第 9 冊第 2773 頁。

[3] 李燾撰，上海師範大學古籍整理研究所、華東師範大學古籍整理研究所點校《續資治通鑑長編》，第 7 冊第 3804 頁。

[4] 劉克莊著，辛更儒箋校《劉克莊集箋校》，第 10 冊第 4343 頁。

丁父憂罷樞密副使。[1]《宋宰輔編年録》卷六載治平元年十二月丙午，王疇拜樞密副使。"上嘗謂輔臣曰：'疇善文章。'歐陽修曰：'其人亦勁正，但不爲赫赫之名爾。'一日晚，上御小殿，召疇草詔，因從容談中外事，語移時。上喜曰：'卿清直好學，朕知之久矣，非今日也。'不數日，遂有是命。疇辭不敢拜，上遣内侍趣疇入，御延和殿以俟之。日已晚，須疇入乃歸。知制誥錢公輔封還詞頭，言疇資輕望淺，在臺素餐，不可大用。又頗薦近臣可爲輔弼者。上以初政除兩府，而公輔沮格制命不行，責授滁州團練副使。知諫院事吕誨言公輔責降太重，士論紛紜。吕公著亦上疏乞寢公輔責命，不報。"[2]丙午爲十五日。"忠惠"指蔡襄，治平元年在京任三司使。[3]是時韓琦爲昭文相，曾公亮爲集賢相，富弼爲樞相。則宰相擬以王珪爲樞密副使當在治平元年十二月。

草《賜樞密副使王疇免恩命不允斷來章批答》《賜樞密副使王疇免恩命不允斷來章口宣》。

《長編》卷二〇三云：治平元年十二月"丙午，翰林學士、禮部侍郎王疇爲樞密副使"[4]。丙午爲十五日。本集卷二七有《賜樞密副使王疇免恩命不允斷來章批答》，卷二九有《賜樞密副使王疇免恩命不允斷來章口宣》，此二文當作於治平元年十二月十五日之後。

冬，草《賜樞密使富弼乞假將治允詔》。

富弼嘉祐八年（1063）五月十七日除母喪，授樞密使、禮部尚書、同平章事，屢辭所命未得請；治平元年冬，以足疾告假，二年七月罷樞密使。[5]本集卷一八有《賜樞密使富弼乞假將治允詔》。

---

[1] 參李燾撰，上海師範大學古籍整理研究所、華東師範大學古籍整理研究所點校《續資治通鑑長編》，第 8 冊第 4923 頁。按，《宋史》卷二一一《宰輔表二》、《宋宰輔編年録》卷六謂吳奎治平元年十二月戊子以丁父憂罷樞密副使，然治平元年十二月壬辰朔，無戊子日。《長編》卷二〇四載治平二年二月己未詔起復吳奎，己未爲二十九日。《宋會要》職官七七之五載治平二年二月二十九日詔起復吳奎，此日當爲吳奎父喪百日卒哭之日。可知《宋宰輔編年録》及《宋史·宰輔表》之"十二月戊子"乃"十一月戊子"之訛。

[2] 徐自明撰，王瑞來校補《宋宰輔編年録校補》，第 1 冊第 348 頁。

[3] 參蔣維錟編著《蔡襄年譜》，第 186 頁。

[4] 李燾撰，上海師範大學古籍整理研究所、華東師範大學古籍整理研究所點校《續資治通鑑長編》，第 8 冊第 4923 頁。

[5] 參曹清華《富弼年譜》，《宋人年譜叢刊》，第 2 冊第 945、948~950 頁。

是年，草《賜知兗州梁適乞致仕不允詔》。

本集卷一九有《賜知兗州梁適乞致仕不允詔》，云："卿蚤縣碩望，嘗乂近司。逮紹履於至尊，頗更臨於外服。晝咨未接，時論無虧。奚累疏於衰侵，乃固蘄於謝去？"（第136頁）李之亮考梁適治平元年再知兗州[1]，兹從之。

草《賜判大名府賈昌朝乞罷使相第一表不允詔》《賜賈昌朝乞罷使相第二表不允詔》《賜賈昌朝乞罷使相第三表不允詔》《賜賈昌朝乞罷使相第四表不允詔》《賜賈昌朝乞罷使相第五表不允詔》。

本集卷二二有《賜判大名府賈昌朝乞罷使相第一表不允詔》《賜賈昌朝乞罷使相第二表不允詔》《賜賈昌朝乞罷使相第三表不允詔》《賜賈昌朝乞罷使相第四表不允詔》《賜賈昌朝乞罷使相第五表不允詔》。第三文云："朕猥以眇躬，新承聖緒。雖日念艱難之大業，猶未識輔弼之舊臣。"（第160頁）賈昌朝卒於治平二年，則"新承聖緒"者當為英宗。本集卷五六《賈昌朝墓誌銘》載賈昌朝徙判大名府後云："英宗即位，拜鳳翔節度使、左僕射、鳳翔尹，進封魏國公。治平元年，自言：'臣老矣，不任事，願得徙閑郡，且還鳳翔節度兼侍中。'詔不許。明年春，復徙許州。"（第413~414頁）《宋史》卷一六一《職官志一》云："親王、樞密使、留守、節度使兼侍中、中書令、同平章事者，皆謂之使相。"[2]則此五文當作於治平元年。

應龐籍諸子之請，為籍作神道碑，有《推誠保德翊戴功臣開府儀同三司太子太保致仕上柱國潁國公食邑八千四百戶食實封二千一百戶贈司空兼侍中龐公神道碑銘》。

本集卷四八有《推誠保德翊戴功臣開府儀同三司太子太保致仕上柱國潁國公食邑八千四百戶食實封二千一百戶贈司空兼侍中龐公神道碑銘》，云："嘉祐八年三月丙午，太子太保致仕龐公薨於其家。是時先帝方寢疾，乘輿不及歸奠，而震嗟者久之。於是其孤以公之功狀上於太常，而博士李育乃謚公曰'莊敏'。六月壬申，葬公於雍邱縣之谷林山。明年，會修《仁宗實錄》，其孤又請於史官王珪曰：'我先公位丞相，於朝蓋顯矣。其葬也，諫官

---

[1] 參李之亮《北宋京師及東西路大郡守臣考》，第348頁。
[2] 脫脫等《宋史》，第12冊第3774頁。

司馬光實爲之銘。今墓隧之碑未立，願得史官所書以刻之，以信其後人。'余遂考次公之族氏、官封，與夫行事之始終，復爲之銘。"（第 354 頁）葉夢得《石林燕語》卷一〇云："王禹玉作《龐潁公神道碑》，其家送潤筆金帛外，參以古書名畫三十種，杜荀鶴及第時試卷，亦是一種。"[1] 按，龐籍（988—1063），字醇之，單州成武（今屬山東）人，大中祥符八年（1015）進士，官至昭文相，封潁國公，嘉祐八年卒，年七十六，謚莊敏，《宋史》卷三一一、《隆平集》卷五、《東都事略》卷六六有傳，生平事迹見《司馬光集》卷七六《太子太保龐公墓誌銘》、王珪《贈司空兼侍中龐公神道碑銘》，《全宋詩》卷一六三錄其詩八首、殘句三聯又一句，《全宋文》卷三六五、卷三六六收其文近二卷。

約於是年，草《賜樞密副使吳奎生日禮物詔二道》。

吳奎嘉祐七年（1062）三月八日乙卯拜樞密副使，治平元年十一月二十七日戊子以丁父憂罷任，四年正月十七日丙寅復爲樞密副使[2]，三月二十五日癸酉除參知政事[3]。本集卷一八有《賜樞密副使吳奎生日禮物詔二道》，其一云："維時仲夏，氣盛南訛。乃生上賢，謀經右府。載歷祥弧之序，方隆政路之咨。"其二云："炎煒乘候，允執帝衡。景緯儲精，實生邦輔。方倚政塗之望，特推賜式之優。"（第 123 頁）此二文當作於嘉祐七年至治平元年間某兩年之五月，姑繫於此。

草《賜樞密使富弼生日禮物詔》。

富弼生於景德元年（1004）正月一日，嘉祐八年（1063）五月十七日授樞密使，治平二年七月五日罷任。[4] 本集卷一八有《賜樞密使富弼生日禮物詔》，云："四氣復元，太和滋物。時正上春之籥，祥開左戶之弧。"（第 123 頁）此文當作於嘉祐八年或治平元年十二月，姑繫於此。

草《賜龍圖閣直學士知審刑院盧士宗斷絕獎諭詔四道》。

《宋史》卷三三〇《盧士宗傳》云："李參、郭申錫有決河訟，詔士宗劾

---

[1] 葉夢得撰，宇文紹奕考異，侯忠義點校《石林燕語》，第 152 頁。

[2] 參徐自明撰，王瑞來校補《宋宰輔編年録校補》，第 2 冊第 357 頁。

[3] 參李燾撰，上海師範大學古籍整理研究所、華東師範大學古籍整理研究所點校《續資治通鑑長編》，第 9 冊第 5082 頁。

[4] 參曹清華《富弼年譜》，《宋人年譜叢刊》，第 2 冊第 893、945、950 頁。

之。士宗言兩人皆爲時用，有罪當驗問，不宜逮鞫。於是但黜申錫爲州。進龍圖閣直學士、知審刑院、通進銀臺司。”[1]後又載其議仁宗神主祔廟事。盧士宗受詔推劾郭申錫訟李參事在嘉祐三年（1058）五月，而其與司馬光議仁宗神主祔廟事在嘉祐八年六月。[2]李之亮蓋據此定盧士宗嘉祐三年至八年知審刑院。[3]《宋史》卷二〇〇《刑法志二》云：“三班奉職和欽貸所部綱錢，至絞，帝命貸死免杖，刺隸福建路牢城。知審刑院盧士宗請稍寬其罪，帝曰：‘刑故而得寬，則死者滋衆，非“刑期無刑”之道。俟有過誤，貸無傷也。’”[4]《宋會要》刑法六之一六繫此事於治平元年六月九日。《長編》卷二〇三載治平元年十二月丙午“龍圖閣直學士盧士宗因奏審刑院事對便殿”[5]云云，可知盧士宗治平元年尚在知審刑院任。1964年，山東莒縣出土傅卞之父傅現墓誌銘，誌蓋題《宋故贈尚書駕部員外郎傅府君墓誌銘》，署“翰林學士、朝散大夫、尚書户部郎中、知制誥、充群牧使、騎都尉、賜紫金魚袋吳奎撰，龍圖閣直學士、朝散大夫、尚書刑部郎中兼侍講、判司農寺、權判尚書刑部兼判户部、上輕車都尉、濮陽縣開國子、食邑六百户、賜紫金魚袋盧士宗書，龍圖閣直學士、朝散大夫、尚書右司郎中兼侍講、同判太常寺兼禮儀使、權判少府監、護軍、吳興縣開國子、食邑六百户、賜紫金魚袋錢象先篆蓋”，文中載傅卞之母“以嘉祐六年八月戊辰終太府之寺舍，八年十月十八日葬駕部君於密州莒縣莒城鄉善政里西原”[6]。而吳奎嘉祐七年正月以翰林學士權知開封府，三月八日乙卯爲右諫議大夫、樞密副使。[7]則吳奎作傅現墓誌銘、盧士宗書丹當在嘉祐六年秋冬間，其時盧士宗尚未知審刑院，其知審刑院最早也當在嘉祐六年冬。本集卷二〇有《賜龍圖閣直學士知審刑院盧士宗斷絕獎諭詔四道》，此四文約作於嘉祐六年至治平元年間，

[1] 脱脱等《宋史》，第30冊第10629頁。
[2] 參李燾撰，上海師範大學古籍整理研究所、華東師範大學古籍整理研究所點校《續資治通鑑長編》卷一八七嘉祐三年五月乙酉注、卷一九八嘉祐八年六月癸酉，第8冊第4511、4810頁。
[3] 參李之亮《宋代京朝官通考》，第4冊第323~324頁。
[4] 脱脱等《宋史》，第15冊第4989頁。
[5] 參李燾撰，上海師範大學古籍整理研究所、華東師範大學古籍整理研究所點校《續資治通鑑長編》，第8冊第4924頁。
[6] 于聯凱、馬慶民《〈宋贈尚書駕部員外郎傅府君墓誌銘並序〉考釋》，《臨沂師專學報》1997年第2期。
[7] 參李之亮《北宋京師及東西路大郡守臣考》，第19頁。

每年一道，姑繫於此。

草《賜判北京賈昌朝生日禮物口宣二道》。

　　本集卷二九有《賜判北京賈昌朝生日禮物口宣二道》，其一云："載臨六射之辰，特致上臺之錫。"（第 209 頁）胡宿《賜鎮安軍節度使行尚書右僕射檢校太師兼侍中判許州賈昌朝生日禮物詔》三道其二云："季商協辰，左弧在旦。"其三云："六射記辰，九秋肅氣。加惠隆於國典，爲壽盛於家情。"[1] "六射"指"六陽律"中之無射，對應十二月中之九月。"季商"爲九月之別稱。歐陽修《内制集》卷五有《賜樞密使山南東道節度使同中書門下平章事賈昌朝生日禮物口宣》，題下注"嘉祐二年九月五日"[2]，可證賈昌朝生日確在九月。賈昌朝曾三判大名府：第一次是慶曆七年（1047）三月二十一日乙未至皇祐元年（1049）三月十一日癸卯[3]，第二次是皇祐五年閏七月六日癸酉至嘉祐元年（1056）十一月三日辛巳[4]，第三次是嘉祐七年至治平二年春[5]。王珪嘉祐元年十二月始拜翰林學士。則此二文當作於嘉祐七年至治平元年間某二年之九月，姑繫於此。

英宗治平二年乙巳（1065），四十七歲

在汴京。爲翰林學士。有詩一首、文一百二十九篇，約可繫文四十一篇。

正月十三日，草《賜資政殿學士知河中府孫沔告敕口宣》。

　　畢仲游《孫威敏公沔神道碑》云："起知杭州，公不起，而請老，遂以禮部侍郎致仕，居符離。明年，英宗皇帝即位，侍郎富文忠在西府，薦公材略絶衆，不畏强禦，而輕進退，今雖老矣，猶壯也，可用。英宗亦雅知公

---

[1] 胡宿《文恭集》卷二五，景印文淵閣《四庫全書》，第 1088 冊第 839 頁。

[2] 歐陽修著，李逸安點校《歐陽修全集》，第 4 冊第 1251 頁。

[3] 參李燾撰，上海師範大學古籍整理研究所、華東師範大學古籍整理研究所點校《續資治通鑑長編》卷一六○、卷一六六，第 7 冊第 3865、3995 頁。

[4] 參李燾撰，上海師範大學古籍整理研究所、華東師範大學古籍整理研究所點校《續資治通鑑長編》卷一七五、卷一八四，第 7 冊第 4223 頁、第 8 冊第 4452 頁。

[5] 參王珪《華陽集》卷五六《賈昌朝墓誌銘》，景印文淵閣《四庫全書》，第 1093 冊第 413～414 頁。

名，遂以資政殿學士起公知河中府，詔趣上道。辭不獲，入見。英宗以官召之，而不名也。比退，日晏，改觀文殿大學士、知慶州。徙知延州，道得疾。聞上，上使中貴人挾醫視公，賜黃金良藥。公泣曰：'老臣蒙上知，未效犬馬而病死，目不瞑矣。'四年甲申薨於鄜州，年七十一。"[1]《長編》卷二〇四云：治平二年正月"癸酉，參知政事歐陽修言：'諒祚猖狂，漸違誓約。朝廷禦備之計，先在擇人。而自慶曆罷兵以來，當時經用舊人，唯戶部侍郎致仕孫沔尚在。沔守環慶，養練士卒，招撫蕃夷，恩信著於一方，今雖七十，聞其心力不衰，飛鷹走馬，尚如平日。雖中間曾以罪廢，棄瑕收使，政是用人之術。欲乞朝廷察訪，特加獎用，庶於人才難得之時，可備一方之寄。'詔以沔爲資政殿學士、知河中府"。癸酉爲十三日。卷二〇八云：治平三年"夏四月甲申朔，觀文殿學士、戶部侍郎孫沔自環慶改帥鄜延，未至，卒於道"。注云："去年五月始自河中移慶州。"[2]《宋會要》儀制一一之四亦載治平三年四月孫沔追贈兵部尚書，則"四年甲申"當是"四月甲申"之訛。可知孫沔致仕後居宿州符離（今屬安徽宿州），治平二年正月十三日起知河中府，五月覲見英宗時改知慶州。[3]本集卷二九有《賜資政殿學士知河中府孫沔告敕口宣》，云："朕甫親萬幾，適睠舊德。雖高謝事之舉，猶仰濟時之謀。"（第210頁）

正月二十五日，草《賜參知政事歐陽修乞退第一表不允批答》。

本集卷二八有《賜參知政事歐陽修乞退第一表不允批答》，云："朕猥承先猷，適履多難，朝廢食以思道，夜振衣而慮危。而卿秉喆在朝，勞精共政，忽露章而滋至，乃引疾以爲言。"（第208頁）李之亮認爲此文作於嘉祐六年（1061）八月，批答對象爲歐陽修《表奏書啓四六集》卷二《辭參知政事表》[4]，不確。此文批答對象應爲歐陽修《表奏書啓四六集》卷三《乞外任第一表》，題下注："治平二年正月二十三日上，二十五日批答不允。"

[1] 杜大珪《名臣碑傳琬琰集》上集卷二三，《宋代傳記資料叢刊》，第14冊第380~381頁。
[2] 李燾撰，上海師範大學古籍整理研究所、華東師範大學古籍整理研究所點校《續資治通鑑長編》，第8冊第4935、5048頁。
[3] 孫沔實未赴知河中府任。李之亮謂孫沔治平元年至二年知河中府（參李之亮《宋川陝大郡守臣易替考》，巴蜀書社2001年版，第279頁），不確。
[4] 參李之亮箋注《歐陽修集編年箋注》，第5冊第397頁。

其中云："加以年齡迫於衰晚，氣血損於憂傷。惟兩目之舊昏，自去秋而漸劇，精明晻藹，瞻視茫洋，冬春以來，職業多廢。"[1] 此即"引疾以爲言"所由來。

正月二十九日，草《賜歐陽修乞退第二表不允批答》。

本集卷二七有《賜歐陽修乞退第二表不允批答》，云："予欲上追二帝之盛，近摹四聖之休。"（第 193 頁）李之亮認爲此文作於嘉祐六年（1061）八月，批答對象爲歐陽修《表奏書啓四六集》卷二《辭參知政事表》[2]，不確。"二帝"蓋指堯、舜，"四聖"當指太祖、太宗、真宗、仁宗，可知此文當作於英宗朝。其批答對象應爲歐陽修《表奏書啓四六集》卷三《乞外任第二表》，題下注：治平二年"正月二十六日上，二十九日批答不允"[3]。

是月，草《賜資政殿學士知河中府孫沔免恩命第一表不允詔》《賜孫沔免恩命第一劄子不允詔》。

本集卷二一有《賜資政殿學士知河中府孫沔免恩命第一表不允詔》《賜孫沔免恩命第一劄子不允詔》。前一文云："卿早事先朝，嘗更二府。材匪難而弗濟，年未至而遽休。朕甫宅丕圖，有懷夙艾。特起林泉之逸，就賁章組之華。儀形未親，封奏來上。"後一文云："卿被遇先朝，嘗任大事。歸休故里，已蹈高風。屬興疆場之虞，遂還官職之舊。"（第 156 頁）此二文當作於治平二年正月十三日孫沔起知河中府之後。

二月二日，草《賜歐陽修乞退第三表不允斷來章批答》。

本集卷二七有《賜歐陽修乞退第三表不允斷來章批答》，云："朕蒙先帝遺烈，獲承至尊，夙夜震畏，不敢荒寧。乃去秋以來，敵數內寇，邊事靡飭，被害有象。方春東作，民至乏食，流離道路，不能自存。朕方勉思其所不及，而與政之臣，乃圖欲以去，朕豈所望焉？"（第 194 頁）李之亮認爲此文作於嘉祐六年（1061）八月，批答對象爲歐陽修《表奏書啓四六集》卷二《辭參知政事表》[4]，不確。此文批答對象應爲歐陽修《表奏書啓四六集》

---

[1] 歐陽修著，李逸安點校《歐陽修全集》，第 4 冊第 1357 頁。
[2] 參李之亮箋注《歐陽修集編年箋注》，第 5 冊第 397 頁。
[3] 歐陽修著，李逸安點校《歐陽修全集》，第 4 冊第 1358 頁。
[4] 參李之亮箋注《歐陽修集編年箋注》，第 5 冊第 397 頁。

卷三《乞外任第三表》，題下注：治平二年"正月二十九日上，二月二日批答不允"[1]。《長編》卷二〇二載治平元年"秋，夏國主諒祚數出兵寇秦鳳、涇源路，鈔熟户，擾邊寨弓箭手，殺掠人畜以萬計"。卷二〇四載治平二年二月辛丑，吕公著上疏云："今京畿諸縣及京東西、淮南州軍，類多遭饑歉，民有餓殍。"[2]辛丑爲十一日。此即文中"敵數内寇""民至乏食"所指。

二月十四日，草《賜文武百僚宰臣韓琦已下賀災異消復批答》。

本集卷二八有《賜文武百僚宰臣韓琦已下賀災異消復批答》，云："朕嗣守大器，述懷永圖。叢然萬務之微，居若一心之懼。乃匪德干異，方春爽和。陰賴祖宗之靈，顯膺天地之施。蒙氣遽釋，美祥大來。"（第203頁）韓琦嘉祐三年（1058）六月七日拜集賢相，六年閏八月二十日拜昭文相，治平四年九月二十六日罷相。此文當作於韓琦任昭文相期間。《宋史》卷一三《英宗本紀》云：治平二年"二月甲辰，大風，晝冥"[3]。甲辰爲十四日，此文當作於是日。

二月十五日，奉命作《左街大相國寺釋迦佛靈牙序》。

王瓘《北道刊誤志》云：大相國寺正殿"其西法華院，有佛牙碑，太宗、真宗、仁宗御製頌偈贊"。小注云："按佛牙碑，賈昌朝書，御製，韓琦立石，趙槩篆額，王珪撰序并書。"[4]志磐《佛祖統紀》卷四五云："治平二年，敕大相國寺造《三朝御製佛牙贊碑》，翰林學士臣王珪撰文，左僕射魏國公臣賈昌朝書，右僕射兼譯經潤文使衛國公臣韓琦立石。"[5]後録太宗、真宗、仁宗御製贊詩。本集卷四六有《左街大相國寺釋迦佛靈牙序》，末云："治平二年二月乙巳，臣謹序。"（第344頁）乙巳爲十五日。

二月二十七日，有《請權罷臘享議》。

《神道碑》云："及論喪畢禘祫、神主祔廟已嘗吉祭，不當於禫畢復行饋食之禮，以折禮官，衆論遂定。"（第141頁）《東都事略》本傳云："明年小

[1] 歐陽修著，李逸安點校《歐陽修全集》，第4冊第1359頁。
[2] 李燾撰，上海師範大學古籍整理研究所、華東師範大學古籍整理研究所點校《續資治通鑑長編》，第8冊第4905~4906、4944頁。
[3] 脱脱等《宋史》，第2冊第257頁。
[4] 晁載之《續談助》，第26頁。
[5] 志磐撰，釋道法校注《佛祖統紀校注》，上海古籍出版社2012年版，第1085頁。

祥，禮官言當以十月祫祭太廟，而未終三年之制，宜行時饗。既禪，請行
禘祭。珪曰：‘神主祔廟已嘗告祭，奈何禪畢復行饋食乎？’”（第 672～673
頁）小祥爲親喪一周年祭禮，大祥爲親喪二周年祭禮，此處“小祥”當爲
“大祥”之誤。《長編》卷二〇四云：治平二年二月“丁巳，翰林學士王珪等
奏：‘准詔詳定禮院及同知禮院吕夏卿禘祫異議，請如禮院所議，今年十月
祫，明年四月禘；如夏卿所議罷今年臘祭。’從之”[1]。丁巳爲二十七日。所
引王珪等奏見本集卷四五《請權罷臘享議》。

二月二十九日，草《賜樞密副使吴奎起復詔書口宣》。

《長編》卷二〇四云：治平二年二月“己未，起復前禮部侍郎、樞密副
使吴奎領故官職，奎固辭”[2]。己未爲二十九日。本集卷三一有《賜樞密副使
吴奎起復詔書口宣》。

三月七日，奉命作《明天曆序》。

本集卷四六有《明天曆序》。《長編》卷二〇四載治平二年三月丁卯，
“上初即位，命殿中丞、判司天監周琮及司天冬官正王炳，丞王棟，主簿周
應祥、周安世、馬傑，靈臺郎楊得言作新曆，三年而成。琮言《崇天曆》氣
節加時後天半日，五星之行差半次，日食之候差十刻。既而中官正舒易簡與
監生石道、李遘更陳家學。於是，詔翰林學士范鎮、諸王府侍講孫思恭、國
子監直講劉攽考定是非。推《尚書》‘辰弗集於房’與《春秋》之日食，參
今曆之所候，而易簡、道、遘等所學疏闊不可用，新書爲密。乃賜名《明天
曆》，詔翰林學士王珪序之。琮等各遷兩官，賜物有差。其後，《明天曆》亦
不可用，而琮等皆奪所遷官”。注云：“嘉祐六年七月乙卯，初命鎮等三人監
修曆，琮奪官在熙寧元年八月，又十一月。”[3]丁卯爲七日。王應麟《玉海》
卷一〇《治平明天曆》亦載此事，但謂“英宗治平二年三月己巳曆成”，“命

---

[1] 李燾撰，上海師範大學古籍整理研究所、華東師範大學古籍整理研究所點校《續資治通鑑長編》，
　　第 8 册第 4949 頁。
[2] 李燾撰，上海師範大學古籍整理研究所、華東師範大學古籍整理研究所點校《續資治通鑑長編》，
　　第 8 册第 4950 頁。
[3] 李燾撰，上海師範大學古籍整理研究所、華東師範大學古籍整理研究所點校《續資治通鑑長編》，
　　第 8 册第 4951 頁。按，嘉祐六年七月壬午朔，無乙卯和己卯日，《長編》所記當有誤。

學士承旨王珪爲序"[1]，有誤，王珪遷翰林學士承旨在治平四年九月。己巳爲九日。姑從《長編》。按，《宋史》卷七四《律曆七》有關於《明天曆》之詳細記載。

三月二十一日，有《乞令賈黯仍舊供職奏》。

《長編》卷二〇四云：治平二年三月"辛巳，翰林學士王珪奏：'權御史中丞賈黯前以學士同修撰《仁宗實錄》，自領臺憲，不復入院，望令仍舊供職。'從之。黯乞以《實錄》稿就臺修撰，有議事即三五日一赴院，詔止令三五日一赴院修撰"[2]。辛巳爲二十一日。《全宋文》卷一一五三據此收錄王珪奏疏，題作《乞令賈黯仍舊供職奏》。

三月二十九日，有《奏告福寧殿景陵宮永昭陵表三道》其三、《内中廣聖宫開啓仁宗大祥道場密詞》、《仁宗大祥開啓道場疏》二道。

本集卷一〇有《奏告福寧殿景陵宮永昭陵表》，爲《奏告福寧殿景陵宮永昭陵表三道》其三，卷一四有《内中廣聖宫開啓仁宗大祥道場密詞》，一百二十六卷本《聖宋名賢五百家播芳大全文粹》卷九三有王珪《仁宗大祥開啓道場疏》二道。第一文云："伏以白日賓空，莫返乘雲之御；暮春感節，載臨遏樂之辰。"（第71頁）按，宋代皇帝去世後之小祥、大祥、禫祭前後數日均須禁樂。《奏告福寧殿景陵宮永昭陵表三道》其一作於仁宗去世一周年即小祥祭時，其二作於爲仁宗服喪期滿即禫祭時，其三當作於仁宗去世兩周年即大祥祭時。《宋會要》禮二九之四六載仁宗治平二年三月"二十九日，大祥"[3]。

是月，草《宣召翰林學士范鎮再入院口宣》。

蘇軾《范景仁墓誌銘》云："遷翰林學士充史館修撰，改右諫議大夫。""英宗即位，遷給事中，充仁宗山陵禮儀使。坐誤遷宰臣官，改翰林侍讀學士，復爲翰林學士。"[4]《學士年表》載范鎮嘉祐五年（1060）拜翰林

[1] 王應麟輯《玉海》，第1冊第196頁。
[2] 李燾撰，上海師範大學古籍整理研究所、華東師範大學古籍整理研究所點校《續資治通鑑長編》，第8冊第4953頁。
[3] 劉琳等校點《宋會要輯稿》，第3冊第1345頁。
[4] 孔凡禮點校《蘇軾文集》卷一四，第2冊第438頁。

學士，治平元年"閏五月，遷侍讀學士，罷"，二年"三月，復拜"[1]。《宋會要》職官六五之二三云：治平元年閏五月"二十二日，翰林學士范鎮罷爲翰林侍讀學士。初，遷宰相各一官，而鎮草制，已遷曾公亮一官，誤以兼門下侍郎。後帝覺其誤，而公亮亦辭，遂帖制而紲鎮焉"[2]。本集卷三〇有《宣召翰林學士范鎮再入院口宣》，云："卿夙負瓌名，自躋顯序。偶緣書詔之累，稍去禁嚴之遊。靡遑回之介衷，乃樂易而迪德。還敷皇藻，益楙賢猷。"（第217頁）此文當作於治平二年三月。

春，草《賜判許州賈昌朝敕牒口宣》《賜判許州賈昌朝過闕朝見茶藥詔》。

本集卷三二有《賜判許州賈昌朝敕牒口宣》，卷二〇有《賜判許州賈昌朝過闕朝見茶藥詔》。前一文云："卿舊冠台衡，久司留籥。間閱露章之請，願從易鎮之行。姑徇所懷，往綏予寄。"（第227頁）後一文云："易符便鎮，駐節近郊。眷行李之攸勤，屬寒暄之未適。宜推邦錫，以導時休。"（第140頁）按，賈昌朝曾兩次出判許州：第一次是在皇祐四年（1052），第二次是在嘉祐三年（1058）。口宣爲内制，王珪嘉祐元年十二月始爲翰林學士，二年七月至四年十月丁母憂罷任，據此可排除皇祐四年和嘉祐三年作此二文之可能。嘉祐七年夏，賈昌朝自判許州徙判大名府。本集卷五六《賈昌朝墓誌銘》云："治平元年，自言：'臣老矣，不任事，願得徙閑郡，且還鳳翔節度兼侍中。'詔不許。明年春，復徙許州。及入覲，上以先帝大臣，益尊遇之。公亦從容言天下事甚衆，因固請還鳳翔節度兼侍中，卒不許。時京西大疫，特詔公候秋乃行。公既被病，召諸子謂曰：'勢且革矣，尚欲尸重禄邪？'於是復請，乃復以爲觀文殿大學士、判尚書都省。逾月公薨，享年六十八。"（第413~414頁）可知賈昌朝第三次判許州實未到任。則此二文當作於治平二年春。

四月，草《文彥博授依前檢校太師同中書門下平章事潞國公行真定尹充成德軍節度使加食邑實封制》《賜成德軍節度使同中書門下平章事判河南府文彥博赴闕朝見後赴任詔》《賜文彥博乞罷使相第二表不允詔》《賜判河南府文彥博赴闕生料口宣》《賜判河南府文彥博制敕并赴闕口宣》。

《文忠烈公彥博傳》云：嘉祐"八年，英宗即位，起復同平章事、成德

[1] 佚名《學士年表》，《翰學三書》，第1冊第93頁。
[2] 劉琳等校點《宋會要輯稿》，第8冊第4810頁。

軍節度，加冠軍大將軍、左金吾衛大將軍。三上表乞終喪，許之。詔給俸賜
比宰臣之半，力辭不受。治平二年，服闋，復以舊官判河南"[1]。《宋史》卷
三一三《文彥博傳》云："初，仁宗之不豫也，彥博與富弼等乞立儲嗣。仁
宗許焉，而後宮將有就館者，故其事緩。已而彥博去位，其後弼亦以憂去。
彥博既服闋，復以故官判河南，有詔入覲。英宗曰：'朕之立，卿之力也。'
彥博竦然對曰：'陛下入繼大統，乃先帝聖意，皇太后協贊之力，臣何力之
有？兼陛下登儲纂極之時，臣方在外，皆韓琦等承聖志受顧命，臣無與焉。'
帝曰：'備聞始議，卿於朕有恩。'彥博遜避不敢當。帝曰：'暫煩西行，即
召還矣。'尋除侍中，徙鎮淮南、判永興軍，入爲樞密使、劍南西川節度
使。"[2]文彥博繼母申氏卒於嘉祐八年正月，其守喪期滿在治平二年四月。本
集卷三五有《文彥博授依前檢校太師同中書門下平章事潞國公行真定尹充成
德軍節度使加食邑實封制》，卷二一有《賜成德軍節度使同中書門下平章事
判河南府文彥博赴闕朝見後赴任詔》《賜文彥博乞罷使相第二表不允詔》，卷
三一有《賜判河南府文彥博赴闕生料口宣》《賜判河南府文彥博制敕并赴闕
口宣》。第一文云："茲用徙常山之帥節，委西宅之宮符。尹正二郊之民，真
陪多邑之賦。北堂之戀，應深孝養之榮；東閣雖開，猶抑士林之望。姑從素
欲，并答成勳。"（第247頁）第二文云："卿以咸德之良，有同體之愛。自
遭家之大故，已去位之三年。既從日用之除，可復朝廷之事。雖仍外寄，且
佇來朝。令朝見後赴任。"（第155頁）第三文云："卿早負大名，嘗更重任。
自罹憂之去位，逮終制以還朝。儀形未親，寢寐如渴。奚再形於封奏，欲
過避於寵榮？"（第146頁）第四文云："卿枕塊終喪，追鋒應召。適及郊圻
之次，用將老（牢）餼之頒。"（第221頁）第五文云："特申渙命，起蒞西
都。"（第221頁）第一、第二、第五文當作於治平二年四月文彥博服闋、復
以舊官判河南府之時，第三文當作於文彥博已入京、尚未覲見英宗之前，第
四文當作於文彥博奉詔入京、將至京城之時。

五月十七日，有《論賈黯所奏允當疏》。

　　《宋會要》帝系二之一一云：治平"二年五月十七日，權御史中丞賈黯

---

[1] 杜大珪《名臣碑傳琬琰集》下集卷一三，《宋代傳記資料叢刊》，第16冊第344頁。
[2] 脫脫等《宋史》，第29冊第10261頁。

請自今皇子及宗室卑屬除檢校三師官者，隨其遷序，改授三公。詔兩制詳議。翰林學士王珪等言：‘按《官儀》，自魏以來，以太師、太傅、太保是爲三師，太尉、司徒、司空是爲三公，國朝因之。《六典》曰：三師，訓導之官也。蓋天子所師法。今皇子以師傅名官，於義弗安，蓋前世因循，失於釐正。傳不云乎："必也正名乎！"臣以謂，自今皇子及宗室卑者除官，並不可帶師傅之名，隨其遷序，改授三公之官。看詳黯言，委得允當。’詔俟加恩改正”[1]。《宋代蜀文輯存》卷二、《全宋文》卷一一五三據此收錄王珪奏疏，題作《論賈黯所奏允當疏》。

五月二十九日，有《奏告福寧殿景陵宮永昭陵表三道》其二、《仁宗禪除奏告永昭陵表》。

本集卷一〇有《奏告福寧殿景陵宮永昭陵表》《仁宗禪除奏告永昭陵表》。前一文爲《奏告福寧殿景陵宮永昭陵表三道》其二，云：“伏以昊天之德，雖懷欲報之心；三歲而除，敢越通喪之禮？恭惟尊諡皇帝宅靜淵之德，躬神睿之資。自仙馭之升遐，忽素冠之終制。顧言未遠，摧泣何勝！”（第71頁）此二文當作於仁宗禪除之時。《宋會要》禮二九之四六載仁宗治平二年“五月九日，服禪”。“二十九日，除禪服，群臣皆奉慰。”[2]

是月，草《賜起復樞密副使吳奎免恩命第二表不允詔》。

劉攽《吳公墓誌銘》云：“會丁父憂，去。既卒哭，天子必欲起之，再使內臣往。又召公子男璟上殿諭旨，故事所未嘗有也。公固請終喪，上不得已許之。召給半俸，用璟爲鄆州判官。公又辭俸，許之。”[3]《長編》卷二〇四云：治平二年二月“己未，起復前禮部侍郎、樞密副使吳奎領故官職，奎固辭，不許。奎遣其子大理評事璟奉表懇辭，上意必起之。韓琦曰：‘近年兩府大臣文彥博、賈昌朝、富弼各乞終喪，奎必不肯起。’歐陽修曰：‘若邊境有急，金革從事，則不容免。’上曰：‘方此西邊未寧，奎何自遂其私也？’乃詔璟於延和殿，面諭齎詔賜奎，奎終辭，上許之。詔令月給俸錢之半，奎固辭不受”。注云：“召璟見延和殿，乃五月辛酉，今并書之。”“辭

---

[1] 劉琳等校點《宋會要輯稿》，第1冊第45頁。
[2] 劉琳等校點《宋會要輯稿》，第3冊第1345頁。
[3] 劉攽《彭城集》卷三七，景印文淵閣《四庫全書》，第1096冊第361頁。

半俸，《會要》在六月，今并此。”[1]己未爲二十九日，辛酉爲二日。本集卷一八有《賜起復樞密副使吳奎免恩命第二表不允詔》。吳璪所上者或即吳奎辭起復樞密副使第二表，若然，此文當作於五月二日前後，姑繫於此。

草《賜觀文殿學士知慶州孫沔免恩命不允詔》。

本集卷二一有《賜觀文殿學士知慶州孫沔免恩命不允詔》，云：“朕觀先帝時，卿每有除命，則逡巡固辭；又年未及老，而上還君事，可謂有難進之風矣。今羌人跳梁，朕特起卿，屬以疆垂之虞，非若平日之可辭也。”（第156頁）孫沔治平二年五月由知河中府改知慶州。

草《賜陳升之免恩命不允斷來章批答》。

本集卷二八有《賜陳升之免恩命不允斷來章批答》，云：“國家纂四聖之緒，乘百年之安，而歲餌厭於天驕，塞氛留於氐落。眷幾廷之所本，維皇武之是經。甫登臨弼之賢，實重安危之倚。奚爲露牘，欲遂還恩？”（第204~205頁）“四聖”指太祖、太宗、真宗和仁宗，知此文當作於英宗朝。《長編》卷二〇五云：治平二年五月“癸亥，資政殿學士、禮部侍郎陳旭爲樞密副使”[2]。癸亥爲四日。則此文當作於治平二年五月四日之後。

六月十四日，進許遵編《在京諸司庫務條式》，有《進提舉司條式劄子》。

《宋會要》刑法一之六云：“英宗治平二年六月十四日，提舉在京諸司庫務王珪、尚書都官郎中許遵上新編提舉司並三司類例一百三十冊。詔頒行，以《在京諸司庫務條式》爲名。”職官二七之四六云：“英宗治平二年，提舉諸司庫務王珪言：‘本司與三司所部凡一百二處，其額例自嘉祐七年秋差都官郎中許遵重修，迄今三年，始成三司諸案，看詳別無抵牾。所編提舉司並三司額例，計一百五冊，及都冊二十五冊上進，仍乞賜別立新名。’詔以《在京諸司庫務條式》爲名。”[3]王應麟《玉海》卷六六《治平諸司條式》亦載此事，並載王珪等所上劄子片段。本集卷八有《進提舉司條式劄子》。

[1] 李燾撰，上海師範大學古籍整理研究所、華東師範大學古籍整理研究所點校《續資治通鑑長編》，第8冊第4950~4951頁。

[2] 李燾撰，上海師範大學古籍整理研究所、華東師範大學古籍整理研究所點校《續資治通鑑長編》，第8冊第4963頁。

[3] 劉琳等校點《宋會要輯稿》，第14冊第8217頁、第6冊第3734頁。

是月，草《賜前樞密副使吴奎辭特支請俸允詔》。

《宋會要》職官五七之三八云：治平“二年六月，詔前樞密副使吴奎月給俸錢之半，固辭之。以丁憂去位也”[1]。《長編》卷二〇四治平二年二月己未注亦云吴奎“辭半俸，《會要》在六月”[2]。本集卷一八有《賜前樞密副使吴奎辭特支請俸允詔》，云：“卿鄉離家難，遽去朝位。苴麻之飾，靡奪至情；禄稍之頒，未爲異數。露言何確，援比是辭。”（第127頁）

草《賜文武百僚宰臣韓琦已下乞舉樂第二表不允批答》。

本集卷二八有《賜文武百僚宰臣韓琦已下乞舉樂第二表不允批答》；此文又見《宋大詔令集》卷一四六，題作《賜文武百僚宰臣韓琦已下第二表乞舉樂不允批答》。《宋大詔令集》將此文置於仁宗與神宗兩朝詔令之間，當爲英宗朝所作。《長編》卷二〇五云：治平二年六月“癸巳，群臣表請聽樂，弗許，自是五上表，乃許之”[3]。癸巳爲五日。則此文當作於治平二年六月五日之後。

草《賈昌朝授依前左僕射觀文殿大學士判尚書都省加封邑制》。

本集卷三七有《賈昌朝授依前左僕射觀文殿大學士判尚書都省加封邑制》，云：“眷惟碩輔之臣，適領近藩之寄。忽露言於累牘，願還節於上臺。雖欲不從，其情已至。”“鄉更北道之符，爰錫西清之對。雖舊德之加遇，亦美謀之屢陳。且申伯言還，式是南邦之喜；而留侯多病，欲辭萬户之歸。”（第265~266頁）按，《宋宰輔編年録》卷五載皇祐元年（1049），“前宰相賈昌朝爲觀文殿大學士、判尚書都省”。小注云：“自山南東道節度使、同平章事、安國公、判鄭州授，依前尚書右僕射、充觀文殿大學士、判尚書省。”[4]其後所録制書即此文。《長編》卷一六六云：皇祐元年六月“甲戌，山南東道節度使、同平章事、祥源觀使賈昌朝爲觀文殿大學士、判都省，朝會班中書、門下，視其儀物。觀文殿置大學士自此始。仍詔自今非嘗爲宰相

---

[1] 劉琳等校點《宋會要輯稿》，第8冊第4578頁。
[2] 李燾撰，上海師範大學古籍整理研究所、華東師範大學古籍整理研究所點校《續資治通鑑長編》，第8冊第4951頁。
[3] 李燾撰，上海師範大學古籍整理研究所、華東師範大學古籍整理研究所點校《續資治通鑑長編》，第8冊第4968頁。
[4] 徐自明撰，王瑞來校補《宋宰輔編年録校補》，第1冊第281頁。

毋得除”[1]。《全宋文》卷一一四一據此繫此文於皇祐元年六月。然王珪皇祐四年始爲知制誥，不可能在皇祐元年寫作制書。據本集卷五六《賈昌朝墓誌銘》所載可知，賈昌朝治平二年春由判大名府徙判許州，入覲時改任爲觀文殿大學士、判尚書都省，逾月而薨。可知此文當作於賈昌朝第二次判尚書都省之時。賈昌朝卒於治平二年七月二十日戊寅，其第二次判尚書都省在卒前一月，則此文當作於治平二年六月。

有《濮安懿王典禮議》《濮安懿王合稱皇伯議》。

《長編》卷二〇五云：治平二年六月，“初，議崇奉濮安懿王典禮，翰林學士王珪等相顧不敢先發，天章閣待制司馬光獨奮筆立議，議成，珪即敕吏以光手稿爲案。其議曰：‘……濮安懿王雖於陛下有天性之親，顧復之恩，然陛下所以負扆端冕，富有四海，子子孫孫，萬世相承者，皆先帝之德也。臣等愚淺，不達古今，竊謂今日所以崇奉濮安懿王典禮，宜准先朝封贈期親尊屬故事，高官大國，極其尊榮；譙國、襄國太夫人、仙游縣君亦改封大國太夫人，考之古今，實爲宜稱。’議上，中書奏：‘王珪等議未見詳定濮王當稱何親，名與不名。’珪等議：‘濮王於仁宗爲兄，於皇帝宜稱皇伯而不名，如楚王、涇王故事。’”[2] 本集卷四五有《濮安懿王典禮議》《濮安懿王合稱皇伯議》。此二文；又見歐陽修《濮議》卷三，分別題作《兩制禮官議狀》《兩制禮官再議稱皇伯狀》，又見趙汝愚《宋朝諸臣奏議》卷八九，分別題作《上英宗議乞依先朝封贈期親尊屬故事》《上英宗議合稱皇伯》，均署名“王珪等”，後注“治平二年六月上”[3]。前一文又見《司馬光集》卷三三，題作《翰林學士王珪等狀》。據《長編》所載，可知《濮安懿王典禮議》爲司馬光所草，因聯名進奏，故入各人文集。《濮安懿王合稱皇伯議》亦爲聯名進奏。按，此二文寫作背景爲：治平二年“夏四月戊戌，詔禮官及待制以上，議

［1］李燾撰，上海師範大學古籍整理研究所、華東師範大學古籍整理研究所點校《續資治通鑑長編》，第7冊第4001頁。

［2］李燾撰，上海師範大學古籍整理研究所、華東師範大學古籍整理研究所點校《續資治通鑑長編》，第8冊第4971～4972頁。

［3］趙汝愚編，北京大學中國中古史研究中心校點整理《宋朝諸臣奏議》，第957～958、959頁。

崇奉濮安懿王典禮以聞”[1]，“濮議之争”正式揭開帷幕。司馬光、王珪、賈黯、吕誨、吕大防、范純仁、傅堯俞等“臺諫派”主張稱英宗生父濮安懿王趙允讓爲皇伯，而以韓琦、曾公亮、歐陽修爲代表的“中書派”則力主稱皇考。雙方争執不休，至治平三年正月，以吕誨、范純仁、吕大防等被貶結束。“濮議之争”對時任參知政事之歐陽修打擊最大，他被“臺諫派”指斥爲“佞臣”之“首惡”，並由此引發“長媳案”，導致他最終黯然下臺。[2]

《東都事略》本傳云：“詔議濮安懿王典禮，珪與禮官合奏，宜依先朝封贈期尊稱皇伯，濮安懿王三夫人當封大國。執政不以爲然，其後三夫人卒如珪議。”（第 673 頁）《宋史》本傳所記略同。李心傳《舊聞證誤》卷二辨之云：“按，《史》，三夫人未嘗加封，故李邦直熙寧八年撰《韓魏公行狀》曰：‘英宗所生，迄今爲仙游縣君。’識者皆疑其非禮，意元豐二年五月，始詔三夫人並稱曰王夫人，遷祔濮園，未嘗封大國也。李邦直撰《禹玉神道碑》亦云：‘治平中，議追尊濮王，公執用封期親尊屬故事，執政以爲不然，公持之，卒不奪。其後諫官、御史争論，久不決，帝以手詔裁定，多如其初。’邦直所云，但指不稱皇耳，此謂三夫人卒如珪議者，實甚誤。”[3]

王夫之對王珪等人之議不以爲然，其《宋論》卷五云：“至若王珪之言曰：‘陛下所以負扆端冕，萬世相承，皆先帝德也。’此言何爲而至於人子之耳哉？以貴爲天子、富有四海、傳之子孫爲德，而不可忘；則是以富貴故，而父非其父；以富貴所不在故，而不父其父。見利忘恩，人之所以異於禽獸者，泯矣。孝子於此，將有懷慚負痛、追悔出繼之非，斂屍天下，脱之而逃耳。以小人之心，議天倫之大，没天地祖宗之重任，懷榮其身、庇其子孫之私恩。珪乃昌言此不道之説於廷，而當時猶以爲允，世教之衰，非徒小人之亂之矣。夫濮王既不可稱考，抑不可稱伯，此中書所爲駁珪等議，而議以當稱何親？珪等窮矣。苟據典禮以求其允愜，自可不窮。濮王已薨，書召弗及矣。若祭，則天子於伯叔無喪畢致祭之禮。濮王自有子孫，世其爵，延其

[1] 李燾撰，上海師範大學古籍整理研究所、華東師範大學古籍整理研究所點校《續資治通鑑長編》卷二〇四，第 8 册第 4957 頁。
[2] 參劉德清《歐陽修與“濮議之争”》，《吉安師專學報》1993 年第 1 期。
[3] 張世南、李心傳撰，張茂鵬、崔文印點校《遊宦紀聞 舊聞證誤》，第 33～34 頁。

祀，俾奕世勿絕，則所以報本者已遂。而歲時修舉，自屬濮國之小宗，天子
弗與焉。天子弗與，則稱謂可絕，又何必致疑於名之何稱，而徒滋聚訟哉？
然而英宗有難處者於此：君子之守道也，不昧其初。濮王之薨，英宗嘗執三
年之喪矣。未爲天子而父之，已爲天子而不父，則始末不相應。而前之哀
戚，以大位而改其素，安能不耿耿焉。此則仁宗之過也。業已方四歲，而育
之宮中者二十五年，知之非不深矣。濮王超進大國之封，爲英宗故，立之非
不決矣。而不早正皇子之名，別爲濮王立後，以定其世系。仁宗一猶豫，而
授英宗以兩不自勝之情。故以韓公之秉正，而俛仰以從歐陽之議，實有其難
處者存也。處乎難處，而容以率然之心議之乎？求盡人倫之至者，研義以極
其精，乃能存仁以無所憾。孤持一義，不研諸慮以悦諸心，其不勝於邪説
也，必矣。況如王珪之以人欲滅天理者乎？"卷一一又云："王珪之諫英宗
曰：'陛下富有四海，傳之子孫，誰所貽而忍忘之？'鄙哉！其爲小人之言
也。仁宗以崇高富貴貽之己，而爲父母；濮王無崇高富貴貽之己，而即非父
母；然則利之所在，父母歸之，而人理絕矣。"卷一五又云："小人懷惠，而
天下隨傾，亦烈矣！故王珪之言曰：'陛下有富貴傳子孫，皆先帝之恩。'君
子甚惡其言。以有天下享崇高之奉，而感之以爲恩，此鄉里小生得一舉而感
舉主者，尊之爲師，戴之如父，寒乞之情也。然而不亡者，未之有也。"[1]

夏，草《賜樞密使張昇乞致仕第一表不允詔》《賜張昇乞致仕第一劄子不
允詔》《賜樞密使張昇乞致仕不允批答》《賜張昇乞致仕不允斷來章批答》。

《長編》卷一九五載嘉祐六年（1061）閏八月庚子，"右諫議大夫、參
知政事張昇爲工部侍郎，加檢校太傅，充樞密使"。卷二〇五載治平二年七
月庚辰，"樞密使、吏部侍郎張昇罷爲彰信節度使、同平章事、判許州。昇
久在病告，求罷，凡七上章，乃得請"[2]。庚子爲二十日，庚辰爲二十二日。
本集卷二一有《賜樞密使張昇（昇）乞致仕第一表不允詔》《賜張昇（昇）
乞致仕第一劄子不允詔》，卷二七有《賜樞密使張昇（昇）乞致仕不允批答》
《賜張昇（昇）乞致仕不允斷來章批答》。第一文云："矧舊惟共政之臣，年

［1］王夫之著，舒士彥點校《宋論》，中華書局1964年版，第113、206、258頁。
［2］李燾撰，上海師範大學古籍整理研究所、華東師範大學古籍整理研究所點校《續資治通鑑長編》，
　　第8冊第4718、4979頁。

耆而德茂。此朕朝以丐所告，而夕以圖所補也。卿進更柄府，勤勞五年。乃自春以來引疾杜門，介然有歸老之請。"（第148頁）"勤勞五年"，指張昪樞密使在任時間。則此四文當作於治平二年夏。

七月五日，草《賜武康軍節度使李端愿告敕口宣》《李端愿授武康軍節度知相州加食邑實封制》《賜武康軍將吏僧道百姓等除李端愿爲本鎮節度使示諭敕書》。

《長編》卷二〇五載治平二年七月癸亥，"寧海留後李端愿爲武康節度使、知相州。上未親政，端愿求對，言：'陛下當躬攬乾綱，以係人心，不宜退託，失天下望。'又上書敷陳懇切，太后既撤簾，端愿稱目疾，求謝事，乃命以旄鉞出鎮"[1]。癸亥爲五日。本集卷二九有《賜武康軍節度使李端愿告敕口宣》，卷三七有《李端愿授武康軍節度知相州加食邑實封制》，卷二四有《賜武康軍將吏僧道百姓等除李端愿爲本鎮節度使示諭敕書》；第三文又見《宋大詔令集》卷一八九，題作《李端愿授武康軍節度使賜本鎮敕書》。

草《賜鎮海軍三軍將吏僧道百姓等除富弼爲本鎮節度使示諭敕書》《賜判河陽富弼告敕口宣》《富弼授依前檢校太師同中書門下平章事鎮海軍節度使判河陽加食邑實封功臣制》。

《長編》卷二〇五載樞密使富弼治平二年七月"癸亥，罷爲鎮海節度使、同平章事、判河陽"[2]。癸亥爲五日。本集卷二四有《賜鎮海軍三軍將吏僧道百姓等除富弼爲本鎮節度使示諭敕書》，卷二九有《賜判河陽富弼告敕口宣》，卷三七有《富弼授依前檢校太師同中書門下平章事鎮海軍節度使判河陽加食邑實封功臣制》。第一文又見《宋大詔令集》卷一八八，題作《富弼授鎮海軍節度使賜本鎮敕書》；第三文又見《宋宰輔編年録》卷六。第一文云："今特授富弼依前檢校太師、同中書門下平章事、使持節青州諸軍[事]、行青州刺史、充鎮海軍節度、青州管内觀察處置等使、判河陽軍州事兼管内河堤勸農使，加食邑一千户、食實封四百户，仍賜推誠保德崇仁忠亮

---

[1] 李燾撰，上海師範大學古籍整理研究所、華東師範大學古籍整理研究所點校《續資治通鑑長編》，第8册第4978頁。
[2] 李燾撰，上海師範大學古籍整理研究所、華東師範大學古籍整理研究所點校《續資治通鑑長編》，第8册第4976頁。

翊戴功臣，散官、勳、封如故。”（第 176 頁）

七月七日，爲南郊禮儀使。

《長編》卷二〇五云：治平二年七月“乙丑，右僕射、兼門下侍郎、平章事韓琦爲南郊大禮使，翰林學士、諫議大夫王珪爲禮儀使，給事中、權御史中丞賈黯爲鹵簿使，翰林學士、給事中范鎮爲儀仗使，端明殿學士、户部侍郎、權知開封府韓絳爲橋道頓遞使。既而賈黯言：‘故事，當以中丞領儀仗，天聖二年用中丞薛奎領鹵簿，而翰林學士晏殊領儀仗，蓋誤也。’乃詔黯與鎮對易使名”[1]。乙丑爲七日。《宋會要》禮二八之八三亦載此事，但繫於七月六日，茲從《長編》。

七月二十一日，草《賜文武百僚宰臣韓琦已下上尊號第一表不允批答》。

本集卷二七有《賜文武百僚宰臣韓琦已下上尊號第一表不允批答》；此文又見《宋文鑑》卷三三，題作《賜宰臣韓琦等上尊號不允批答》；又見《宋大詔令集》卷四，題作《宰臣韓琦等上尊號不允批答》，題下注“治平二年七月庚寅”[2]。《長編》卷二〇五云：治平二年七月“辛卯，群臣上尊號曰體乾膺曆文武睿孝皇帝，詔答不允”[3]。治平二年七月己未朔，無庚寅、辛卯日。考《宋會要》禮四九之一八云：“英宗治平二年七月二十一日，宰臣韓琦等上表，請上尊號曰‘體乾膺曆文武睿孝’，表五上，詔答不允。”[4]《宋史》卷一三《英宗本紀》云：治平二年七月“己卯，群臣五上尊號，不允”[5]。己卯爲二十一日。據此可知，《宋大詔令集》“庚寅”應爲“庚辰”之誤，《長編》“辛卯”當爲“己卯”之訛，庚辰爲二十二日，詔書於是日頒布。

七月二十二日，草《張昇授依前檢校太尉同中書門下平章事彰信軍節度使判許州加食邑實封功臣制》。

本集卷三七有《張昇（昇）授依前檢校太尉同中書門下平章事彰信軍節

[1] 李燾撰，上海師範大學古籍整理研究所、華東師範大學古籍整理研究所點校《續資治通鑑長編》，第 8 冊第 4978 頁。

[2] 司義祖整理《宋大詔令集》，第 16 頁。

[3] 李燾撰，上海師範大學古籍整理研究所、華東師範大學古籍整理研究所點校《續資治通鑑長編》，第 8 冊第 4978 頁。

[4] 劉琳等校點《宋會要輯稿》，第 3 冊第 1790 頁。

[5] 脱脱等《宋史》，第 2 冊第 257 頁。

度使判許州加食邑實封功臣制》，此文又見《宋宰輔編年録》卷六。張昇罷樞密使爲彰信軍節度使、同中書門下平章事、判許州在治平二年七月二十二日，此文當作於是日。

草《文彥博授樞密使改賜功臣制》《賜樞密使文彥博赴闕詔》《賜樞密使文彥博赴闕口宣》《賜樞密使文彥博赴闕茶藥口宣》。

《長編》卷二〇五云：治平二年七月"庚辰，淮南節度使、兼侍中文彥博爲樞密使。初，彥博自河南入見，上謂曰：'朕在此位，公之力也。'彥博對曰：'陛下登儲纂極，乃先帝聖意，與皇太后協贊之功，臣何與焉！'上曰：'備聞始議，公於朕蓋有恩者。'彥博遜避不敢當，上曰：'暫煩西行，即召還矣。'彥博行未至永興，亟有是命，又遣中使促之，至永興才數日也"[1]。庚辰爲二十二日。本集卷三七有《文彥博授樞密使改賜功臣制》，卷一八有《賜樞密使文彥博赴闕詔》，卷三一有《賜樞密使文彥博赴闕口宣》《賜樞密使文彥博赴闕茶藥口宣》。第一文又見《宋文鑑》卷三五，題作《除文彥博樞密使賜功臣制》；亦見《宋宰輔編年録》卷六。第二文云："已降制命，除授卿依前檢校太師兼侍中、潞國公、充樞密使、淮南節度使。詔到日，卿可交割職分公事與轉運使一員兼權管勾訖，乘遞馬發來赴闕。"（第124頁）第四文云："屬秋暑之尚煩，涉關程之良勸。"（第221頁）此四文當均作於治平二年七月二十二日。

是月，草《賜樞密使文彥博免恩命第一劄子不允詔》《賜文彥博免恩命第二劄子不允詔》《賜文彥博免兼侍中劄子不允詔》。

本集卷二一有《賜樞密使文彥博免恩命第一劄子不允詔》《賜文彥博免恩命第二劄子不允詔》《賜文彥博免兼侍中劄子不允詔》。第一文云："卿於藩之行，去國未幾。方趣還於帥鉞，俾進翼於神機。何剡牘之遽來，欲辭權而自遠？"（第151頁）第三文云："朕遇二府之意隆矣。蓋左調陰陽，右鎮四夷，皆宰相之任也。今召用卿，而猶恐恩禮之未稱，乃欲上還納言之官，豈朕意哉？"（第152頁）文彥博治平二年四月除侍中、淮南節度使、判永興軍，七月二十二日拜樞密使。則此三文當作於七月二十二日之後，姑繫

---

[1] 李燾撰，上海師範大學古籍整理研究所、華東師範大學古籍整理研究所點校《續資治通鑑長編》，第8冊第4979頁。

於此。

草《賜知相州李端愿免恩命第一表不允口宣》《賜知相州李端愿免恩命第二表不允批答》。

本集卷二九有《賜知相州李端愿免恩命第一表不允口宣》，卷二六有《賜知相州李端愿免恩命第二表不允批答》，此二文當作於治平二年七月五日李端愿授武康軍節度使、知相州之後。

草《賜判河陽富弼免恩命第一表不允批答》《賜判河陽富弼免恩命第一表不允口宣》《賜富弼免恩命第二表不允斷來章口宣》。

本集卷二六有《賜判河陽富弼免恩命第一表不允批答》，卷三一有《賜判河陽富弼免恩命第一表不允口宣》《賜富弼免恩命第二表不允斷來章口宣》，此三文當作於治平二年七月五日富弼授鎮海軍節度使、同平章事、判河陽之後。

草《賜判許州張昇免恩命第一表不允批答》。

本集卷二七有《賜判許州張昇免恩命第一表不允批答》，此文當作於治平二年七月二十二日張昇授彰信軍節度使、同平章事、判許州之後。

草《賜文武百僚宰臣韓琦已下上尊號第三表不允批答》《賜文武百僚宰臣韓琦已下上尊號第四表不允批答》《賜文武百僚宰臣韓琦已下上尊號第五表不允批答》。

本集卷二七有《賜文武百僚宰臣韓琦已下上尊號第三表不允批答》《賜文武百僚宰臣韓琦已下上尊號第四表不允批答》《賜文武百僚宰臣韓琦已下上尊號第五表不允批答》；此三文又見《宋大詔令集》卷四，分別題作《[宰臣韓琦等上尊號]第三表不允批答》《第四表不允批答》《第五表不允批答》。本集卷二七《賜文武百僚宰臣韓琦已下上尊號第一表不允批答》作於治平二年七月二十一日，此三文置於其後，當作於七月二十一日之後。

草《賜樞密副使吕公弼免恩命不允斷來章批答》。

《長編》卷二〇五云：治平二年七月"辛巳，權三司使、龍圖閣學士、工部侍郎吕公弼爲樞密副使"[1]。《宋史》卷二一一《宰輔表二》、《宋史全文》

---

[1] 李燾撰，上海師範大學古籍整理研究所、華東師範大學古籍整理研究所點校《續資治通鑑長編》，第 8 冊第 4979 頁。

卷一〇亦繫此事於七月辛巳，而《東都事略》卷七《英宗本紀》、《宋宰輔編年録》卷六則繫於七月庚辰，辛巳爲二十三日，庚辰爲二十二日，茲從《長編》。本集卷二八有《賜樞密副使吕公弼免恩命不允斷來章批答》，此文當作於七月二十三日之後。

草《賜張昇爲仁宗皇帝上僊遺衣物口宣》。

本集卷三一有《賜張昇（昇）爲仁宗皇帝上僊遺衣物口宣》，云：“卿舊政之臣，請藩於外。重開邦福，慨慕想深。”（第 220 頁）按，張昇嘉祐六年（1061）閏八月二十日拜樞密使，治平二年七月二十二日罷爲彰信軍節度使、同平章事、判許州。《長編》卷一九八云：嘉祐八年四月“癸未，内出遺留物賜兩府、宗室、近臣、主兵官有差。富弼、文彦博時居喪，皆遣使就賜之”。注云：“賜富弼、文彦博在庚辰日，今并書之。”[1] 癸未爲十二日，庚辰爲九日。此文似作於嘉祐八年四月十二日，然據文中“請藩於外”“重開邦福”云云，可知此文當作於張昇授彰信軍節度使、同平章事、判許州之後，姑繫於此。

八月八日，草《雨災許言時政闕失詔》。

《長編》卷二〇六云：治平二年八月“庚寅，大雨”。“辛卯，地涌水，壞官私廬舍，漂殺人民畜産，不可勝數。”“乙未，詔曰：‘乃者庚寅大雨，室廬墊傷，被溺者衆，大田之稼，害於有秋。災變之來，曾不虛發，豈朕之不敏於德，而不明於政歟？將天下刑獄滯冤，賦斂繁苦，民有愁歎無聊之聲，以干順氣歟？不然，何天戒之甚著也？中外臣僚並許上封事，言時政闕失及當世利害，可以佐元元者，悉心以陳，無有所諱。執政大臣皆朕之股肱，其協德交修，以輔不逮。’初，學士草詔曰：‘執政大臣其惕思天變。’帝書其後曰：‘淫雨爲災，專以戒朕不德。’故更曰‘協德交修’。”[2] 庚寅、辛卯、乙未分別爲三日、四日、八日。所引詔書見本集卷二三《雨災許言時政闕失詔》；此文又見《宋文鑑》卷三一，題作《爲雨災許言時政闕失

[1] 李燾撰，上海師範大學古籍整理研究所、華東師範大學古籍整理研究所點校《續資治通鑑長編》，第 8 冊第 4997 頁。
[2] 李燾撰，上海師範大學古籍整理研究所、華東師範大學古籍整理研究所點校《續資治通鑑長編》，第 8 冊第 4984~4985 頁。

詔》，又見《宋大詔令集》卷一五三，題作《雨災求直言詔》，題下注"治平
二年八月乙未"[1]。《宋朝諸臣奏議》卷四一有呂誨《上英宗應詔論水災》，前
有"治平二年八月八日，詔曰"云云[2]，其後亦録此詔全文。

是月，草《賜宰臣韓琦雨災乞退第一表不允批答》《賜韓琦雨災乞退第二
表不允斷來章批答》《賜韓琦雨災乞退第三表不允斷來章批答》《賜宰臣曾
公亮雨災乞退第一表不允批答》《賜曾公亮雨災乞退第三表不允斷來章批
答》《賜參知政事趙槩雨災乞退第一表不允批答》《賜趙槩雨災乞退第二表
不允斷來章批答》《賜趙槩雨災乞退第三表不允斷來章批答》《賜參知政事
歐陽修雨災乞退第一表不允批答》《賜歐陽修雨災乞退第二表不允斷來章
批答》《賜歐陽修雨災乞退第三表不允斷來章批答》。

本集卷二八有《賜宰臣韓琦雨災乞退第一表不允批答》《賜韓琦雨災乞
退第二表不允斷來章批答》《賜韓琦雨災乞退第三表不允斷來章批答》《賜宰
臣曾公亮雨災乞退第一表不允批答》《賜曾公亮雨災乞退第三表不允斷來章
批答》，卷二六有《賜參知政事趙槩雨災乞退第一表不允批答》《賜趙槩雨災
乞退第二表不允斷來章批答》《賜趙槩雨災乞退第三表不允斷來章批答》《賜
參知政事歐陽修雨災乞退第一表不允批答》《賜歐陽修雨災乞退第二表不允
斷來章批答》《賜歐陽修雨災乞退第三表不允斷來章批答》。第一文云："顧
德不明，蒙淫雨之罰，水泉涌出，壞民室廬，朕甚懼焉。方反躬念愆，思有
以答天之戒。"（第 205 頁）第四文云："比積陰以愆和，乃淫雨之降儆。稼
穡卒瘁於近甸，室廬幾潰於横流。方責躬以永思，俄導順而來復。"（第 206
頁）此十一文當作於治平二年八月三日大雨之後。按，韓琦《安陽集》卷
二八有《災異待罪第一表》《災異待罪第二表》《災異待罪第三表》，即前三
文所批答者；歐陽修《表奏書啓四六集》卷三有《爲雨水爲災待罪乞避位第
一表》《乞避位第二表》《乞避位第三表》，即後三文所批答者，其中第一文
題下注"治平二年八月"[3]。

[1] 司義祖整理《宋大詔令集》，第 571 頁。
[2] 趙汝愚編，北京大學中國中古史研究中心校點整理《宋朝諸臣奏議》，第 471 頁。
[3] 歐陽修著，李逸安點校《歐陽修全集》，第 4 冊第 1360 頁。

九月十二日，草《問賢良方正策》。

《宋會要》選舉一一之一〇云："英宗治平元年八月二十一日，命天章閣待制司馬光、直史館邵亢、直集賢院韓維、秘閣校理錢藻，就秘閣考試制科。光等上范百祿、李清臣論各六首。""九月十二日，帝御崇政殿試賢良方正能直言極諫秘書省著作佐郎范百祿、晉州和州縣令李清臣。制策曰：……百祿等策並考入第四等。詔百祿爲秘書丞，清臣爲秘書郎。"[1] 所引制策見本集卷四〇《問賢良方正策》。《長編》卷二〇六亦節錄此文，然繫於治平二年九月己巳，己巳爲十二日。龔延明認爲當以《長編》爲是。[2]

十月，有《賈黯墓誌銘》。

此文見本集卷五四，云："治平二年十月戊子，翰林侍讀學士長樂賈君卒於京師。……明年正月辛酉，葬於鄧州穰縣冠軍里。將葬，其孤士彥以君功狀來求刻文而納於墓中，太原王珪爲之序，成都范鎮爲之銘。"（第399~400頁）戊子爲二日，辛酉爲六日。《順治鄧州志》卷七《輿地志・古迹附冢墓》記賈黯墓"在冠軍城南"，"墓臨湍水上，歲久崩陷，墓誌石出，郡貢士萬會極收藏之"[3]。中國國家圖書館藏有此墓誌拓片，題作《宋翰林侍讀學士朝散大夫給事中知陳州軍州事兼管內勸農使輕車都尉常山郡開國侯食邑一千三百户賜紫金魚袋贈尚書禮部侍郎賈公墓誌銘並序》，末署"始平馮京篆蓋，常山宋敏求書，清源呂夏卿排文"。可知《賈黯墓誌銘》由王珪撰序，范鎮撰銘，宋敏求書丹，呂夏卿排文，馮京篆蓋。吳式芳《金石彙目分編》卷九之四、甘鵬雲《崇雅堂碑錄》卷四著錄賈黯墓誌，謂是呂夏卿撰，治平三年立，其說有誤，呂夏卿只是"排文"者。柯昌泗《語石異同評》卷六云："宋賈黯誌題爲王珪撰序，范鎮撰銘，呂夏卿撰文，此三人合撰之例，尤爲少見。"又云："宋賈黯墓誌，王珪《華陽集》亦與石本不同。石本所直書者，集本皆略之。此乃王珪於上石以後寫定文集時，慮以文字貽患所追改者。史稱其爲相，依違迎合以保位，即此已可見其爲人。此又非傳訛之比

---

[1] 劉琳等校點《宋會要輯稿》，第9冊第5476~5477頁。

[2] 參龔延明《中國古代制度史研究》，浙江大學出版社2013年版，第681~682頁。

[3] 陳良玉纂修《順治鄧州志》，清順治十六年（1659）刻本（中國科學院圖書館藏）。

也。"[1] 按，此謂賈黯墓誌爲王珪、范鎮、吕夏卿三人合撰，亦屬誤讀誌文。將石本與集本《賈黯墓誌銘》對讀，文字差異較大者僅一處。石本云："益州推官桑澤，在蜀三年，不知其父死。及代還，銓吏不爲領文書，澤始去發喪。既服除，且求磨勘。君言：'澤與其父不通問者三年，借非匿喪，若是豈爲孝乎？'卒使坐廢田里。"集本闕"既服除"至"借非匿喪"二十三字。體會文意，此似非有意刪除者，或於抄入《永樂大典》時遺漏，或於抄出《永樂大典》時遺漏。

草《賜樞密使文彦博生日禮物詔三道》其一。

本集卷一八有《賜樞密使文彦博生日禮物詔三道》，其一云："凤駕鋒車，已竚執圭之覲；來咨籌幄，適縈借箸之謀。迎寒律於上冬，紀誕祥於左户。"（第125頁）據"鋒車"云云，知此文當作於文彦博剛任樞密使不久；據"上冬"云云，知文彦博生日在十月。文彦博治平二年七月二十二日拜樞密使，則此文當作於治平二年十月。

十一月十六日，以南郊禮成，有《郊祀慶成詩二首》其一及《進郊祀慶成詩引狀二道》其二。

本集卷一有《郊祀慶成詩二首》，其一首聯云："有宋乘炎運，於今邁百年。"（第7頁）卷七有《進郊祀慶成詩引狀二道》，其二云："臣竊塵禁林舊矣，自惟孤陋之學，不足以發揮朝廷事功，固已爲恨。茲者伏遇皇帝陛下肇禋於南郊，而臣幸得贊上儀、終熙事。神靈祗歡，諸福來下，其敢無辭以揚萬世之休哉？謹齋祓賦成詩一章十四韻，繕寫進呈。"（第52頁）此詩及引狀當作於北宋建立滿一百年即嘉祐五年（1060）之後、熙寧三年（1070）十二月王珪拜參知政事之前，在此期間南郊大禮舉行過兩次，分別是在治平二年十一月十六日和熙寧元年十一月十八日。據"有宋乘炎運，於今邁百年"云云，此詩及引狀最有可能作於治平二年十一月十六日南郊大禮之後。

有《皇后高氏賀南郊禮成表》《貴妃沈氏賀南郊禮成表》。

本集卷一〇有《皇后高氏賀南郊禮成表》《貴妃沈氏賀南郊禮成表》。前一文云："恭惟皇帝陛下膺上靈之眷，紹四聖之圖。乘三歲之屢登，合雨儀

---

[1] 葉昌熾撰，柯昌泗評，陳公柔、張明善點校《語石 語石異同評》，中華書局1994年版，第392～393、397～398頁。

之大報。”後一文云：“妾叨侍三朝，老居別掖。豈意微生之慕，猶欣盛事之逢！”（第72頁）“四聖”指太祖、太宗、真宗、仁宗，“三朝”指真宗、仁宗、英宗。此二文當是王珪代英宗皇后高氏、真宗貴妃沈氏而作。高皇后（1032—1093）是高繼勳孫女，亳州蒙城（今屬安徽）人，治平二年冊爲皇后，元祐八年薨，年六十二，《宋史》卷二四二、《東都事略》卷一四有傳。沈貴妃（994—1076）是沈倫孫女，開封府太康（今屬河南）人，嘉祐七年（1062）十二月進貴妃，熙寧九年薨，年八十三，《宋史》卷二四二有傳。英宗朝僅舉行過一次南郊大禮。《長編》卷二〇六云：治平二年十一月“壬申，祀天地於圜丘，以太祖配，大赦。……先是，以久陰雨晦，及車駕赴青城，中道開霽，人心大悅。御文德殿，發寶冊上皇太后，又冊皇后。百官自文德殿移班閤門，表賀皇太后於內東門”[1]。壬申爲十六日。

十一月二十五日，草《賜參知政事歐陽修南郊加恩告敕口宣》。

本集卷二九有《賜參知政事歐陽修南郊加恩告敕口宣》。按，歐陽修嘉祐六年（1061）閏八月二十一日辛丑拜參知政事，治平四年三月二十四日壬申罷。[2] 在此期間，僅於治平二年十一月十六日舉行過一次南郊大禮。《宋史》卷一三《英宗本紀》云：治平二年十一月“壬申，有事南郊，大赦。……辛巳，加恩百官”[3]。壬申爲十六日，辛巳爲二十五日。胡柯《廬陵歐陽文忠公年譜》載宋敏求行歐陽修加恩《制詞》。

草《賜判許州張昇南郊加恩告敕詔書口宣》《張昇依前同中書門下平章事充彰信軍節度使加封邑功臣制》。

本集卷三一有《賜判許州張昇（昇）南郊加恩告敕詔書口宣》，卷三七有《張昇（昇）依前同中書門下平章事充彰信軍節度使加封邑功臣制》。後一文云：“夫燎升於郊而天地通，祼將於廟而祖考格。朕迪先王之典，習三歲之祥，事於上下罔弗欽，飭於內外罔弗協。肆被群鼇之委，盍先同德之褒？”“屬肇祇於裡土，適退守於陪藩。載懷邦倚之良，實契天飛之舊。”

[1] 李燾撰，上海師範大學古籍整理研究所、華東師範大學古籍整理研究所點校《續資治通鑑長編》，第8冊第5007頁。

[2] 參李燾撰，上海師範大學古籍整理研究所、華東師範大學古籍整理研究所點校《續資治通鑑長編》卷一九五、卷二〇九，第8冊第4718頁、第9冊第5082頁。

[3] 脫脫等《宋史》，第2冊第258頁。

（第275頁）張昇治平二年七月二十二日罷樞密使，授彰信軍節度使、同平章事、判許州，其年十一月十六日舉行南郊大禮，明年即致仕。則此二文當作於治平二年十一月二十五日南郊大禮加恩百官時。

草《嘉勒斯賚依前保順河西節度使加食邑實封功臣制》。

本集卷三三有《嘉勒斯賚依前保順河西節度使加食邑實封功臣制》；此文亦見《宋大詔令集》卷二三九，題作《唃厮囉授依前保順河西節度加食邑實封功臣制》，題下注"郊祀"[1]。文中云："朕親執豆籩，祗見郊廟。乘一氣之復，以體天施之仁。合萬靈之休，以孚邦渙之號。疇膺丕制，首暨諸藩。""適竣祀於圜丘，宜冊勳於太寢。"（第231頁）嘉勒斯賚即唃厮囉，嘉祐八年（1063）四月二日授河西節度使，治平二年十月三日去世。則此文當作於治平二年十一月二十五日南郊大禮加恩百官時，其時宋廷尚不知唃厮囉去世之消息。

草《李璋授依前武成軍節度使加勳食邑制》。

本集卷三六有《李璋授依前武成軍節度使加勳食邑制》，此文又見《宋大詔令集》卷一〇一，云："朕肇禋陽郊，先事世室。禮行而孝慈服，誠至而福瑞熙。參繹內外之勞，合孚上下之施。疇先列位，我有勁臣。"（第254頁）《宋史》卷四六四《李璋傳》記李璋在英宗即位時所任官職爲武勝軍節度使、殿前都指揮使，而後以武成軍節度使知鄆州。自嘉祐八年（1063）四月一日英宗即位至熙寧三年（1070）十二月王珪拜參知政事，其間舉行過兩次南郊大禮：一在治平二年十一月十六日，一在熙寧元年十一月十八日。熙寧元年知鄆州者乃向傳範[2]，則此文當作於治平二年十一月二十五日南郊大禮加恩百官時。

草《韓琦授依前同中書門下平章事進封魏國公加封邑功臣制》《賜宰臣韓琦南郊加恩告敕口宣二道》其二。

本集卷三七有《韓琦授依前同中書門下平章事進封魏國公加封邑功臣制》；此文又見《宋大詔令集》卷六一，題作《韓琦受依前同中書門下平章

---

[1] 司義祖整理《宋大詔令集》，第936頁。
[2] 參李之亮《北宋京師及東西路大郡守臣考》，第405頁。

事進封魏國公加食邑實封功臣制》，題下注"治平二年郊"[1]。卷三一有《賜宰臣韓琦南郊加恩告敕口宣二道》。其一云："朕習卜歲祥，肇興時祀。丕布休成之澤，首推顯相之勞。宜體靈歆，即祗渙命。"其二云："卿肅禆大猷，總相元祀。裁儀適於巨典，竣事攏於蕃釐。肆爲龍光，首褒衡弼。自天有命，與國承休。"（第223頁）按，韓琦嘉祐三年（1058）六月七日拜相，治平四年九月二十六日罷相。在此期間，僅治平二年十一月十六日舉行過一次南郊大禮。韓忠彥《韓魏公家傳》卷六載治平"三年五月，以樞密使富弼在告久，差兼樞密院公事"，"十一月，充南郊大禮使。禮成，恩封魏國公"[2]。"三年"爲"二年"之誤。體會文意，韓琦接到南郊加恩制之後，曾上表請辭，故《韓琦授依前同中書門下平章事進封魏國公加封邑功臣制》《賜宰臣韓琦南郊加恩告敕口宣二道》其二當作於治平二年十一月二十五日南郊大禮加恩百官時，《賜宰臣韓琦南郊加恩告敕口宣二道》其一當作於十一月二十五日之後。

草《皇伯允弼授依前東平郡王加食邑實封制》。

本集卷三七有《皇伯允弼授依前東平郡王加食邑實封制》；此文又見《宋大詔令集》卷四二，題作《皇伯允弼授依前東平郡王加食邑實封賜功臣制》，題下注"治平郊"[3]。此文當作於治平二年十一月二十五日南郊大禮加恩百官時。

十一月二十八日，有《泗州盱眙縣尉向君夫人李氏墓記》。

本集卷六〇有《泗州盱眙縣尉向君夫人李氏墓記》，記向宗諤妻李氏乃李就之女，"降年不永，其嫁之明年以疾卒，享年十有九。治平二年，葬開封府開封縣汴陽鄉豐臺里。十一月甲申之吉，謹記"（第446頁）。甲申爲二十八日。按，向宗諤當爲向敏中家族中人。[4]

是月，草《賜武成軍節度使知鄆州李璋免南郊加恩第一表不允詔》《賜武成軍節度使知許州李璋告敕口宣》《賜知許州李璋免恩命不允批答》。

本集卷一八有《賜武成軍節度使知鄆州李璋免南郊加恩第一表不允詔》，

［1］司義祖整理《宋大詔令集》，第304頁。
［2］韓琦著，李之亮、徐正英校箋《安陽集編年箋注》，第1816頁。
［3］司義祖整理《宋大詔令集》，第222頁。
［4］參任立輕《宋代河內向氏家族研究》，河北大學2006年碩士學位論文，第9~10頁。

卷二九有《賜武城（成）軍節度使知許州李璋告敕口宣》，卷二六有《賜知許州李璋免恩命不允批答》。第二文云：“卿入提禁旅，顧積厥勤；出領藩符，庶均其秩。載蕃之寵，毋替而忠。”（第210頁）第三文云：“卿出於外家，襲組高閥，擢自先帝，統師嚴陛。忽陳宿衛之勞，乃冀便安之地。宜齋場之換節，俾輔郡之膺符。”（第184頁）按，第一文當作於治平二年十一月二十五日南郊大禮加恩百官之後。據“忽陳宿衛之勞，乃冀便安之地”來看，李璋當在南郊大禮後辭去殿前都指揮使之職，請求閑郡，遂得知許州，旋改爲知鄆州。則後二文當作於治平二年十一月十六日南郊大禮之後。李之亮以爲李璋治平三年知鄆州，熙寧三年（1070）至五年知許州[1]，恐不確，李璋應未赴知許州任。

草《賜越國長公主等答詔》《賜貴妃沈氏答詔》《賜皇后高氏答詔》。

本集卷一八有《賜越國長公主等答詔》《賜貴妃沈氏答詔》，卷二一有《賜皇后高氏答詔》。第一文云：“屬熙成於郊旅，甫丕集於神祺。適返齋園，遽馳慶牘。”第二文云：“朕躬臨泰時，祇薦嘉牲。仰格上靈之歡，還孚萬有之澤。睠三朝之舊德，乘大呂之嘉辰。”（第132頁）第三文云：“朕以長至之序，大旅於郊。至音繹和，精志孚盡。肆上儀之不就，繄内治之素勤。清蹕初還，慶函首及。”（第150頁）此三文當作於治平二年十一月十六日南郊大禮之後。按，高氏爲英宗皇后，沈氏爲真宗貴妃。越國長公主（1038—1070）爲仁宗長女，英宗即位後進封越國長公主，熙寧三年薨，年三十三，《宋史》卷二四八有傳。

草《賜康州防禦使竇舜卿等賀皇太后皇后授冊進馬詔》。

本集卷一九有《賜康州防禦使竇舜卿等賀皇太后皇后授冊進馬詔》，云：“朕鄉緣初郊，畢講巨禮。眷肅膺於寵寄，遽列上於慶儀。”（第138頁）按，《宋史》卷三四九《竇舜卿傳》云：“湖北蠻猺彭仕義叛，徙爲鈐轄，兼知辰州。……擢康州刺史，加龍神衛、捧日天武四廂指揮使、馬軍殿前都虞候，三遷邕州觀察使，歷邠寧環慶路副都總管。”[2]《長編》卷一八八載嘉祐三年（1058）九月辛未，“西京左藏庫使、荆湖北路鈐轄兼知辰州竇舜卿領康州刺

[1] 參李之亮《北宋京師及東西路大郡守臣考》，第405、77~78頁。
[2] 脱脱等《宋史》，第32冊第11053頁。

史，禮賓副使兼閤門通事舍人、權荆湖北路鈐轄兼知澧州郭逵爲禮賓使，舜卿、逵仍各賜錢二十萬，並以招降彭仕義有勞故也"。卷二二一云：熙寧四年（1071）三月"丁酉，降殿前都虞候、邕州觀察使、邠寧環慶副都總管竇舜卿爲康州防禦使。廣銳兵叛，舜卿失覺察故也"[1]。王珪熙寧四年已爲參知政事，不當再作詔書，此文當作於嘉祐三年九月之後。考英宗嘉祐八年四月五日立皇太后，二十九日立皇后，而行冊禮是在治平二年十一月十六日南郊大禮之後。則此文當作於治平二年十一月十六日之後，姑繫於此。

草《賜四方館使知相州曹偕賀南郊進馬詔》。

《宋史》卷四六四《曹偕傳》云："知雄州，……進華州防禦使，知相州"[2]。《宋會要》兵二七之四一載嘉祐"六年六月十六日，知雄州曹偕言"[3]事，可知曹偕知相州當在嘉祐六年（1061）以後。本集卷一九有《賜四方館使知相州曹偕賀南郊進馬詔》。嘉祐六年至英宗一朝僅舉行過一次南郊大禮，即治平二年十一月十六日南郊大禮。則此文當作於治平二年十一月十六日之後，姑繫於此。按，李之亮認爲曹偕知相州在嘉祐五年至八年，又引此文謂"南郊在嘉祐八年七月"[4]，實誤，《長編》卷一九九載嘉祐八年七月戊辰，百官請大行皇帝謚於南郊，此是爲請仁宗謚而集百官於南郊壇告天，不是通常意義上之祭天大典。

草《賜皇伯東平郡王判大宗正司允弼免行事允詔》《賜皇伯東平郡王允弼免恩命第一表不允口宣》《賜皇伯允弼免恩命第二表不允斷來章口宣》。

本集卷二一有《賜皇伯東平郡王判大宗正司允弼免行事允詔》，卷三一有《賜皇伯東平郡王允弼免恩命第一表不允口宣》《賜皇伯允弼免恩命第二表不允斷來章口宣》。第一文云："國家卜天正之吉，修郊見之儀。將命親賢之臣，肆陪裸薦之事。粵予伯父，以老自辭。"（第156頁）第二文云："朕履初陽之吉，躬大禘之虔。肆均神荚之休，已下宗藩之制。"（第222頁）趙允弼嘉祐八年（1063）四月十二日封東平郡王，直至去世均帶此王爵。《宋

---

[1] 李燾撰，上海師範大學古籍整理研究所、華東師範大學古籍整理研究所點校《續資治通鑑長編》，第8冊第4525頁、第9冊第5379頁。
[2] 脫脫等《宋史》，第39冊第13573頁。
[3] 劉琳等校點《宋會要輯稿》，第15冊第9204頁。
[4] 李之亮《宋河北河東大郡守臣易替考》，第164～165頁。

會要》禮一之三〇云："英宗治平二年十一月十六日，親郊，皇子潁王爲郊廟亞獻，皇兄涇州觀察使、舒國公從式爲終獻。初命東平郡王允弼爲三獻，辭以疾，改差襄陽郡王允良，又以疾辭，故命從式。"[1] 鄭玄注："大禘，郊祭天也。"[2] 則前一文當作於治平二年十一月十六日南郊大禮之前，後二文當作於十一月二十五日南郊大禮加恩百官之後，姑繫於此。

草《賜判許州張昇進南郊慶成詩獎諭詔》《賜張昇免南郊恩命第二表不允斷來章口宣》。

張昇治平二年七月二十二日出判許州，明年致仕。本集卷二一有《賜判許州張昇（昇）進南郊慶成詩獎諭詔》，當作於治平二年十一月十六日南郊大禮之後；卷三一有《賜張昇（昇）免南郊恩命第二表不允斷來章口宣》，當作於十一月二十五日南郊大禮加恩百官之後，姑繫於此。

草《賜翰林學士馮京已下進南郊慶成詩獎諭詔》。

本集卷二二有《賜翰林學士馮京已下進南郊慶成詩獎諭詔》。按，彭汝礪《宋故宣徽南院使檢校司空太子太保致仕上柱國始平郡開國公食邑八千七百戶食實封二千七百戶贈司徒謐文簡馮公墓誌銘》云："遷翰林學士知制誥權知開封府事。……仁宗登遐，……出安撫陝西，……使還，爲南郊儀仗使館伴北使。……丁冀國憂。……服除，復爲學士。"[3] 據《學士年表》，馮京嘉祐七年（1062）十月拜翰林學士，治平三年八月丁母憂罷任。考本集卷五五《永壽郡太君朱氏墓誌銘》，馮京之母朱氏治平三年八月丙午卒，丙午爲二十三日。按宋人爲父母守喪二十七個月計算，馮京服除復任翰林學士當在熙寧元年（1068）十一月下旬。嘉祐七年至熙寧三年王珪拜參知政事之前，南郊大禮舉行過兩次，一在治平二年十一月十六日，一在熙寧元年十一月十八日。則此文當作於治平二年十一月十六日之後，姑繫於此。

草《賜皇姪叔敖進南郊慶成頌獎諭敕書》。

據《宋史》卷二三四《宗室世系表二十》，趙叔敖爲趙廷美曾孫趙克繼之子，英宗之姪。本集卷二四有《賜皇姪叔敖進南郊慶成頌獎諭敕書》，此

[1] 劉琳等校點《宋會要輯稿》，第 1 冊第 508 頁。
[2] 鄭玄箋，孔穎達疏，朱傑人、李慧玲整理《毛詩注疏》，上海古籍出版社 2013 年版，第 2138 頁。
[3] 中國文物研究所、河南省文物研究所編《新中國出土墓誌·河南（壹）》，下冊第 350 頁。

文當作於治平二年十一月十六日南郊大禮之後，姑繫於此。

草《賜宰臣韓琦免南郊恩命第一表不允批答》、《賜韓琦免南郊恩命第二表不允斷來章批答》、《賜韓琦免南郊恩命第一表不允口宣》、《賜韓琦免南郊恩命第二表不允斷來章口宣》、《賜宰臣韓琦南郊加恩告敕口宣二道》其一、《賜韓琦乞退第二表不允批答》。

　　本集卷二六有《賜宰臣韓琦免南郊恩命第一表不允批答》《賜韓琦免南郊恩命第二表不允斷來章批答》；卷二九有《賜韓琦免南郊恩命第一表不允口宣》《賜韓琦免南郊恩命第二表不允斷來章口宣》；卷三一有《賜宰臣韓琦南郊加恩告敕口宣》，爲《賜宰臣韓琦南郊加恩告敕口宣二道》其一。第二文云："朕以辛未明發，飭齋輅於郊。越仲冬景至，蒙休燎之氣。"（第189頁）《長編》卷二〇六云：治平二年十一月"庚午，朝饗景靈宫。辛未，饗太廟。壬申，祀天地於圜丘，以太祖配，大赦"[1]。庚午、辛未、壬申分別爲十四日、十五日、十六日。"辛未明發，飭齋輅於郊"當指饗太廟後赴南郊齋宿。則此五文當作於治平二年十一月二十五日南郊大禮加恩百官之後，姑繫於此。

　　本集卷二八有《賜韓琦乞退第二表不允批答》，云："卿先帝大臣，遺以輔朕。勤勞夙夜，於兹三年。今郊祠甫竣，乃露章自列。"（第207頁）據"遺以輔朕""於兹三年""郊祠甫竣"來看，此文當作於治平二年十一月十六日南郊大禮之後，姑繫於此。

奉命爲趙從古夫人宋道柔作墓誌銘，有《宗室延州觀察使夫人京兆郡君宋氏墓誌銘》。

　　本集卷五四有《宗室延州觀察使夫人京兆郡君宋氏墓誌銘》，記趙從古夫人、宋偓之孫女、宋元載之女宋道柔（1004—1064），字仲和，治平元年六月五日卒，年六十一，"明年十一月庚寅，葬河南永安縣"，"其將葬也，有詔史臣考夫人之淑行以爲之銘"（第399頁）。治平二年十一月丁巳朔，無庚寅日，十二月有庚寅日，庚寅爲五日，疑"十一月"爲"十二月"之訛。姑繫於此。

---

[1] 李燾撰，上海師範大學古籍整理研究所、華東師範大學古籍整理研究所點校《續資治通鑑長編》，第8冊第5007頁。

十二月，草《賜西蕃邈川首領保順軍節度洮州管内觀察處置押蕃落等使董氈依前官照例支請俸詔》《賜董氈加食邑實封誥敕示諭詔》《賜起復董氈官誥敕牒對衣等示諭詔》。

本集卷一八有《賜西蕃邈川首領保順軍節度洮州管内觀察處置押蕃落等使董氈依前官照例支請俸詔》，卷二三有《賜董氈加食邑實封誥敕示諭詔》《賜起復董氈官誥敕牒對衣等示諭詔》；此三文又見《宋大詔令集》卷二三九，第一文題作《賜西蕃邈川首領保順軍節度洮州管内觀察處置押蕃落等使董氈依唃廝囉例支請俸詔》。第一文云：“方崇建於高牙，且紹綬於舊土。宜優廩禄之給，以寵封疆之勞。”（第 124 頁）第二文云：“卿材推種豪，代襲邦爵。乃眷守方之勩，特頒進律之恩。”第三文云：“卿材雄種落，世守方隅。眷恪奉於王輸，宜嗣膺於孝服。特起苴麻之制，更專鈇鉞之征。往厲忠圖，永綏休命。已降制命，除授卿冠軍大將軍、右金吾衛大將軍，置同正員，充保順節度、押蕃等使。今賜卿官誥敕牒，并對衣金帶銀器衣著，具如别録，至可領也。”（第 169 頁）按，董氈（1032—1083），清人譯爲董氈，唃廝囉第三子，元豐六年卒[1]，年五十一，生平事迹見《宋史》卷四九二《吐蕃傳》、《東都事略》卷一二九《西蕃傳》。《宋史·吐蕃傳》載唃廝囉治平二年冬去世，其“第三子董氈嗣”，“初，廝囉死，董氈嗣爲保順軍節度使、檢校司空。神宗即位，加太保，進太傅”[2]。又考《宋大詔令集》卷二三九，《賜西蕃邈川首領保順軍節度洮州管内觀察處置押蕃落等使董氈依唃廝囉例支請俸詔》置於《唃廝囉加恩制》《唃廝囉授依前保順河西節度加食邑實封功臣制》之後，後二文題下分别注“即位”“郊祀”，則《唃廝囉加恩制》當作於嘉祐八年（1063）四月一日英宗即位之後，《唃廝囉授依前保順河西節度加食邑實封功臣制》當作於治平二年十一月二十五日南郊大禮加恩百官之時。唃廝囉治平二年十月三日去世，三年五月二日下葬。[3]可知治平二年十一月宋廷尚不知唃廝囉去世之消息，則宋廷承認董氈爲西蕃邈川首

[1]董氈卒年，有元豐六年、元祐元年兩種説法。顧吉辰考爲元豐六年（參顧吉辰《〈宋史〉比事質疑》，第 67~68 頁），祝啓源亦認同此説（參祝啓源《青唐盛衰——唃廝囉政權研究》，青海人民出版社 2010 年版，第 243~247 頁）。

[2]脱脱等《宋史》，第 40 册第 14162、14164 頁。

[3]參齊德舜《唃廝囉家族世系史》，民族出版社 2011 年版，第 90 頁。

領最早當在治平二年十二月，姑繫於此。

草《賜夏國主賀壽聖節進馬詔》《賜夏國主賀正旦進馬駝詔》。

《長編》卷二〇六云：治平二年十二月"甲辰，夏國主諒祚使人來賀正旦，丁未，使人來賀壽聖節"[1]。甲辰爲十九日，丁未爲二十二日。壽聖節爲英宗誕節，在正月三日。本集卷二一有《賜夏國主賀壽聖節進馬詔》《賜夏國主賀正旦進馬駝詔》。胡玉冰繫此二文於治平二年十二月[2]，茲從之。

有《寇平墓誌銘》。

本集卷五五有《寇平墓誌銘》，記寇平（1004—1065），字均轉（輔），萊州膠水（今山東平度）人，蔡齊外甥，景祐元年（1034）進士，官終太常少卿、直昭文館、知鄭州，治平二年十二月庚戌卒，年六十二，"明年二月甲寅，葬於許州之荆山，以從其先塋也"（第403頁）。庚戌爲二十五日，甲寅爲三十日。

冬，草《賜三司使韓絳乞外郡不允詔》。

本集卷一八有《賜三司使韓絳乞外郡不允詔》，云："惟三司總天下之計，而正使亞二府之列。故事劇則慎所任，秩重則難其退。方倚心術之裕，以制邦用之廣。忽辭以疾，有怫予聞。"（第127頁）按，韓絳治平二年七月遷尚書户部侍郎、權知開封府，僅十天，又改任權三司使，四年九月拜樞密副使。[3]《全宋文》卷一〇二六據《聖宋名賢五百家播芳大全文粹》收錄韓絳《與張端明帖》兩件，其一云："鄉嘗寓書郵中，計徹鈴下。牙校來止，辱貶教尺，意愛之厚，溢於文辭，非情好篤密，孰能至此！愧佩嘉善，言不可盡。日俟使還修答，久無消息，必私去矣，以是報禮爲緩，諒垂恕察也。暴寒大雪，彼亦爾否？偃息優裕，必惟體況康佳。侍祠勞苦，良可度知。未卜時言，馳想曷既。千萬以時爲國自重，少副魁祝。謹奉狀謝，不宣。"其二云："節序每煩貶教，深負愧悚之懷。適聆憂恤，不敢復賀，伏惟日來起居萬福。承貺佳醖，感戢奚勝。絳以守官無狀，故求外補。屢煩詔諭，未敢

---

[1]李燾撰，上海師範大學古籍整理研究所、華東師範大學古籍整理研究所點校《續資治通鑑長編》，第8冊第5008頁。

[2]參周春著，胡玉冰校補《西夏書校補》，第2冊第638頁。

[3]參苗書梅《韓絳生平政績初探》，程民生主編《古史新探》，人民出版社2013年版，第165~166頁。

固請，須俟少間，當力引去也。未遂談晤，企仰實勞。千萬爲國自珍，以慰祝望之懇。"[1]"張端明"當指張方平。張方平嘉祐四年三月罷三司使，遷端明殿學士兼龍圖閣學士、尚書左丞、知陳州，改知應天府；五年三月，遷工部尚書、知秦州；七年八月十日甲申，徙知應天府；八年，英宗即位後遷禮部尚書、知陳州；十月，留判尚書都省；治平元年十月，改知鄆州；二年，徙知定州，以親老乞歸養，改知徐州；三年正月，除翰林學士承旨；四年九月二十六日辛丑，除參知政事；十月五日，丁父憂罷任。[2]"侍祠"云云，應指治平二年十一月十六日舉行之南郊大禮。此文和《與張端明帖》當均作於治平二年冬。

草《賜樞密副使吕公弼生日禮物詔二道》其一。

本集卷二三有《賜樞密副使吕公弼生日禮物詔二道》，其二云："命發紫樞，方倚勝謀之助；寒生玉管，環臨誕序之祥。"（第 170 頁）按，吕公弼治平二年七月二十三日辛巳拜樞密副使，四年九月二十六日辛丑拜樞密使。[3]由"寒生玉管"云云，可知吕公弼生日在冬季。則《賜樞密副使吕公弼生日禮物詔二道》當作於治平二年、三年冬，每年一道，惟不詳二道與二年之具體對應關係，姑繫其一作於治平二年冬，其二作於治平三年冬。

是年，草《賜端明殿學士知定州張方平免恩命乞侍養不允詔》。

本集卷一八有《賜端明殿學士知定州張方平免恩命乞侍養不允詔》。王鞏《樂全先生張公行狀》云："未幾，請知鄆州。……未幾，加翰林侍讀學士，徙知定州、本路安撫使。公以親老，復請歸養，改徐州。以舟行侍親爲便，故受命。明年春，召還翰林，充學士承旨。"[4]《長編》卷二〇七云：治平三年正月"辛巳，端明殿學士兼龍圖閣學士、知徐州張方平爲翰林學士承旨"[5]。辛巳爲二十六日。可知張方平徙知定州當在治平二年，然並未赴任，

［1］曾棗莊、劉琳主編《全宋文》，第 47 册第 331～332 頁。
［2］參王智勇《張方平年譜》，四川大學古籍整理研究所、四川大學宋代文化研究資料中心編《宋代文化研究》第 3 輯，四川大學出版社 1993 年版，第 167～171 頁。
［3］參徐自明撰，王瑞來校補《宋宰輔編年録校補》，第 2 册第 364 頁。
［4］張方平《樂全先生文集》附録，《宋集珍本叢刊》，第 6 册第 269 頁。
［5］李燾撰，上海師範大學古籍整理研究所、華東師範大學古籍整理研究所點校《續資治通鑑長編》，第 8 册第 5022 頁。

經請求，改知徐州。按，李之亮據《宋史》卷三一八《張方平傳》，謂張方平由知鄆州還任翰林學士承旨[1]，蓋未檢王銍《樂全先生張公行狀》、《蘇軾文集》卷一四《張文定公墓誌銘》。

草《賜樞密使富弼乞外郡第一劄子不允詔》《賜富弼乞外郡第二劄子不允詔》《賜宰臣富弼乞外任不允手詔》。

《長編》卷二〇五云：治平二年五月“甲申，命宰相韓琦、曾公亮權兼樞密院公事，富弼在告故也。弼自去冬以足疾臥家，至是，章二十餘上，乞補外郡，終不許”。七月，“樞密使、戶部尚書、同平章事富弼累上章以疾求罷，至二十餘。上固欲留之，不可，癸亥，罷爲鎮海節度使、同平章事、判河陽”[2]。甲申爲二十五日，癸亥爲五日。富弼《上神宗敘述前後辭免恩命以辯讒謗》云：“英宗朝，臣作樞密使，以足疾假滿，求解樞職，凡二十餘章，始遂所請，乃除授右僕射、使相判河陽。”[3]本集卷二一有《賜樞密使富弼乞外郡第一劄子不允詔》《賜富弼乞外郡第二劄子不允詔》《賜宰臣富弼乞外任不允手詔》。第一文云：“朕承九五之尊，御億兆之衆。日有萬幾之務，咨於二柄之臣。而卿偶疾家居，露章朝聽，欲避繁機之委，將圖便郡之行。”第二文云：“卿舊德之良，先帝所遺。邁群材而奮用，更二府之倚成。比違嗇養之和，旋被康寧之福。方仄席以是念，忽請藩而自陳。”第三文云：“省所上劄子，願解機政，乞假麾符，事具悉。……朕緬循前聖，登相舊人，誠罔有不及，禮罔有不至。而輔政未幾，引疾屢辭。……所乞宜不允，仍斷來章。”（第157頁）此三文當作於治平二年五月以前，姑繫於此。

草《賜端明殿學士知大名府王拱辰免恩命不允詔》。

安燾《諡懿恪王公墓誌銘》云：“治平二年，遷吏部，移留守北都。……四年，神宗皇帝即位，除太子少保。……熙寧元年，除檢校太傅、宣徽北院使，留再任。……十二月，公還朝。”[4]本集卷二二有《賜端明殿學士知大名府王拱辰免恩命不允詔》，云：“朕承先帝遺業，思與賢士大夫興治天下，其

[1]參李之亮《北宋京師及東西路大郡守臣考》，第405頁。
[2]李燾撰，上海師範大學古籍整理研究所、華東師範大學古籍整理研究所點校《續資治通鑑長編》，第8冊第4966、4976頁。
[3]趙汝愚編，北京大學中國中古史研究中心校點整理《宋朝諸臣奏議》卷七五，第818頁。
[4]洛陽地區文物工作隊《北宋王拱辰墓及墓誌》，《中原文物》1985年第4期。

於委遇，豈有内外之間乎？大名主别京之鑰也，以卿望重而名美，故以付之。令加秩一等，豈厭朕所以待之之意，尚何辭焉？”（第163頁）據文意來看，此文當作於治平二年。

草《賜樞密副使胡宿乞退第二表不允批答》。

《長編》卷一九五載嘉祐六年（1061）閏八月辛丑，“翰林學士兼端明殿學士、翰林侍讀學士、左司郎中、知制誥、史館修撰胡宿爲左諫議大夫、樞密副使”。卷二〇八云：治平三年四月，“樞密副使、禮部侍郎胡宿，累乞致仕。庚戌，罷爲吏部侍郎、觀文殿學士知杭州”[1]。辛丑爲二十一日，庚戌爲二十七日。歐陽修《居士集》卷三四《贈太子太傅胡公墓誌銘》云：“治平三年，累上表乞致仕，未允。久之，拜尚書吏部侍郎、觀文殿學士、知杭州。”[2]此謂胡宿治平三年累上表乞致仕，而事實是胡宿治平二年已上表乞退。《長編》卷二〇五云：治平二年五月“癸亥，資政殿學士，禮部侍郎陳旭爲樞密副使。先是，吕誨言：……張昇先乞還政，胡宿又復請郡，彼誠年高不任於事，樞府殆曠，政將安寄？”[3]癸亥爲四日。本集卷二七有《賜樞密副使胡宿乞退第二表不允批答》，此文當作於治平二年。

子仲脩接蘇軾呈詩。

《蘇軾詩集》卷五有《夜直秘閣呈王敏甫》，查慎行《蘇詩補注》、馮應榴《蘇文忠公詩合注》、王文誥《蘇文忠公詩編注集成》等均定爲治平二年蘇軾直史館時作。孔凡禮定蘇軾熙寧二年（1069）十一月以殿中丞、直史館、判官告院權開封府推官，繫此詩於熙寧三年四月，理由是王仲脩入館當爲熙寧三年登進士第以後事。[4]然考蘇詩，題中王仲脩名未帶官職，詩中亦

［1］李燾撰，上海師範大學古籍整理研究所、華東師範大學古籍整理研究所點校《續資治通鑑長編》，第8冊第4718、5051頁。
［2］歐陽修撰，洪本健校箋《歐陽修詩文集校箋》，第910～911頁。
［3］李燾撰，上海師範大學古籍整理研究所、華東師範大學古籍整理研究所點校《續資治通鑑長編》，第8冊第4963頁。
［4］參孔凡禮《三蘇年譜》，第1冊第544、565～566頁。

未言及其及第事；且北宋元豐以前新及第進士亦無可能初授即爲館職。[1] 則此詩很可能作於王仲脩及第之前，姑從舊説，繫於治平二年。按，此可從側面反映王珪與蘇軾之關係。

約於是年，與范鎮議契丹史事。

范鎮《東齋記事》卷五云：“契丹之先，有一男子乘白馬，一女子駕灰牛，相遇於遼水之上，遂爲夫婦。生八男子，則前史所謂迭爲君長者也。此事得於趙志忠。志忠嘗爲契丹史官，必其真也。前史雖載八男子，而不及白馬、灰牛事。契丹祀天，至今用灰牛、白馬。予嘗書其事於《實録·契丹傳》，王禹玉恐其非實，刪去之。予在陳州時，志忠知扶溝縣，嘗以書問其八男子迭相君長時爲中原何代。志忠亦不能答，而云：‘約是秦漢時。’恐非也。”[2] 按，嘉祐八年（1063）十二月十三日始命王珪、賈黯、范鎮修《仁宗實録》，修成進呈在熙寧二年（1069）七月二十五日。《長編》卷二〇七云：治平三年正月“壬申，翰林學士、給事中、知制誥范鎮爲翰林侍讀學士、集賢殿修撰、知陳州”[3]。則王珪與范鎮議契丹史事當在范鎮出知陳州前之治平元年、二年間，姑繫於此。

草《賜樞密副使胡宿生日禮物詔》。

本集卷一八有《賜樞密副使胡宿生日禮物詔》，云：“涼薦仲秋之籥，慶垂左户之弧。”（第 123 頁）胡宿嘉祐六年（1061）閏八月二十一日拜樞密副使，治平三年四月二十七日罷，其生日在八月。則此文當作於嘉祐七年至治平二年間某年八月，姑繫於此。

草《賜賀正旦副使茶藥詔》《賜契丹皇帝賀正旦大使茶藥詔》《賜賀正旦副使茶藥詔》《賜賀正旦副使茶藥詔》《賜契丹皇太后賀正旦大使茶藥詔》《賜賀正旦副使茶藥詔》《賜賀正旦大使茶藥詔》《賜賀正旦副使茶藥詔》

[1]《宋史》卷一六二《職官志二·諸修撰直閣》云：“元豐以前，凡狀元、制科一任還，即試詩賦各一而入，否則用大臣薦而試，謂之入館。”（脱脱等《宋史》，第 12 冊第 3822 頁）《長編》卷一八八載嘉祐三年閏十二月丁丑詔“自今制科入第三等與進士第一，除大理評事、簽書兩使幕職官事，代還陞通判，再任滿試館職”（李燾撰，上海師範大學古籍整理研究所、華東師範大學古籍整理研究所點校《續資治通鑑長編》，第 8 冊第 4540 頁）。

[2] 范鎮、宋敏求撰，汝沛、誠剛點校《東齋記事 春明退朝録》，第 43 頁。

[3] 李燾撰，上海師範大學古籍整理研究所、華東師範大學古籍整理研究所點校《續資治通鑑長編》，第 8 冊第 5020 頁。

《賜賀正旦大使茶藥詔》《賜賀正旦副使茶藥詔》《賜契丹皇帝賀正旦大使茶藥詔》《賜賀正旦大使茶藥詔》《賜賀正旦副使茶藥詔》《班荆館賜契丹皇帝賀正旦人使到闕酒果口宣》《都亭驛賜契丹皇帝賀正旦人使春旛勝等口宣》《都亭驛賜契丹皇帝賀正旦人使生餼口宣》《恩州賜契丹皇帝賀正旦人使茶藥口宣三道》《恩州賜契丹兩番賀正旦人使茶藥口宣二道》《恩州賜契丹皇太后賀正旦人使茶藥口宣》《都亭驛賜契丹皇帝賀正旦人使酒果口宣》《都亭驛賜契丹皇帝賀正旦人使朝辭酒果口宣》等。

　　本集卷一八有《賜賀正旦副使茶藥詔》《賜契丹皇帝賀正旦大使茶藥詔》《賜賀正旦副使茶藥詔》《賜賀正旦副使茶藥詔》，卷二三有《賜契丹皇太后賀正旦大使茶藥詔》《賜賀正旦副使茶藥詔》《賜賀正旦大使茶藥詔》《賜賀正旦副使茶藥詔》《賜賀正旦大使茶藥詔》《賜賀正旦副使茶藥詔》《賜契丹皇帝賀正旦大使茶藥詔》《賜賀正旦大使茶藥詔》《賜賀正旦副使茶藥詔》，卷三〇有《班荆館賜契丹皇帝賀正旦人使到闕酒果口宣》《都亭驛賜契丹皇帝賀正旦人使春旛勝等口宣》《都亭驛賜契丹皇帝賀正旦人使生餼口宣》《恩州賜契丹皇帝賀正旦人使茶藥口宣三道》《恩州賜契丹兩番賀正旦人使茶藥口宣二道》《恩州賜契丹皇太后賀正旦人使茶藥口宣》，卷三二有《都亭驛賜契丹皇帝賀正旦人使酒果口宣》《都亭驛賜契丹皇帝賀正旦人使朝辭酒果口宣》。按，治平三年正月十八日，契丹改國號爲大遼。上述各文中，有“驅馳原隰之長，偃薄風霜之厲”（第126頁）、“念馳勞於寒日，特賁賚於中途”（第169頁）等句。王珪嘉祐元年（1056）十二月至熙寧三年（1070）十二月爲翰林學士，其中嘉祐二年七月至四年十月丁母憂罷任。則以上各文當作於嘉祐元年、四年十二月，二年正月，五年至治平二年間某些年份之十二月或正月，姑繫於此。

草《賜判延州程戡乞致仕第一表不允詔》《賜程戡乞致仕第二表不允詔》《賜程戡乞致仕第三劄子不允詔》《賜判延州程戡乞退不允詔》。

　　本集卷一九有《賜判延州程戡乞致仕第一表不允詔》《賜程戡乞致仕第二表不允詔》《賜程戡乞致仕第三劄子不允詔》，卷二一有《賜判延州程戡乞退不允詔》。第一文云：“卿昔嘗陪予議政於巖廊之上，今年耆而德隆，朕益所加遇者也。矧延川一道，臨蕃户之吭，實賴卿鎮撫之，何疑而上守邊之印以歸？是薄朕忘舊故之臣而期以自高也。"（第136頁）第二文云："肆予纂緒，屢以引年。"第三文云："延爲靈夏之吭，而比年以來，羌人弗諫，數擾我邊氓。方飭兵重屯，以講廟勝之策，而卿總制在延，爲日蓋久，實賴威名以鎮守之。"（第137頁）第四文云："卿頃在先朝，嘗更二府。自出守於邊寄，顧薦易於年陰。"（第146頁）按，《長編》卷二〇七云：治平三年正月"乙亥，宣徽南院使、武安節度使程戡卒。戡守延州凡六年，比儕輩名習事，然無他智略，不爲言者所與。……自以年過七十，告老章凡十數上，上終弗聽，遣中使齎手詔問勞，賜茶藥黃金。乃再上章曰：'臣老，疾劇矣！高奴屯勁兵，爲要地，豈養病所邪？'召還，至澄城卒，贈太尉，諡康穆"[1]。趙瞻《上英宗乞許張昇程戡致仕》云："陛下自即大位，已再周星，將相大臣無不獲禮。如張昇、程戡屢上章疏，情皆懇到，諫臣臺司亦嘗論列，陛下皆未聽從。"末注："治平二年六月上，時爲侍御史。"呂大防《上英宗論優待大臣以禮不必過爲虛飾》云："竊見陛下待遇臣下，禮數太隆。雖使臣以禮，聖人之所重，然禮既過厚，則誠有所不通。至如……程戡辭老不能當邊事，至恐死塞上，免以尸柩還家爲請，而陛下不從。"末注："治平二年上，時爲監察御史裹行。"[2]《長編》卷二〇五治平二年六月辛卯節引此文。則此四文當作於嘉祐八年英宗即位至治平二年間，姑繫於此。

草《賜給事中呂居簡轉官謝恩進馬詔》。

本集卷二〇有《賜給事中呂居簡轉官謝恩進馬詔》，云："麟符刻玉，奉寄留都。輯上歲勞，入拜青瑣。權奇之貢，食我天閑。"（第139頁）按，《宋史》卷二六五《呂居簡傳》云："拜集賢院學士，知梓州、應天府，徙荊南，進龍圖閣直學士、知廣州"[3]。"奉寄留都"當指知應天府。《宋會要》選舉三三之九云："嘉祐二年四月二十八日，光祿卿呂居簡爲右諫議大夫、集賢院學士、知梓州。"[4]歐陽修《內制集》卷八有《賜右諫議大夫知梓州呂

［1］李燾撰，上海師範大學古籍整理研究所、華東師範大學古籍整理研究所點校《續資治通鑑長編》，第8冊第5022頁。
［2］趙汝愚編，北京大學中國中古史研究中心校點整理《宋朝諸臣奏議》卷七四、卷一四，第805、806、125頁。
［3］脫脫等《宋史》，第26冊第9150頁。
［4］劉琳等校點《宋會要輯稿》，第10冊第5884頁。

居簡進奉乾元節無量壽佛一幀救書》，題下注嘉祐五年（1060）"八月十六日"[1]。此注恐誤。乾元節爲仁宗誕節，在四月十四日，吕居簡進奉乾元節禮物當在四月以前。《長編》卷一九一云：嘉祐五年四月"丙戌，命權三司使包拯、右諫議大夫吕居簡、户部副使吴中復同詳定均税"[2]。丙戌爲二十八日。此當是吕居簡知梓州任滿後所任新職。其知應天府時間史無明載，李之亮考爲嘉祐八年至治平二年間。[3] 姑繫於此。

草《賜樞密使張昇生日禮物詔》。

本集卷二一有《賜樞密使張昇（昇）生日禮物詔》，云："南訛紀序，六射協辰。爰有寵頒，以將禮遇。"（第 155 頁）張昇嘉祐六年（1061）閏八月二十日至治平二年七月二十二日任樞密使。據"南訛紀序"云云，可知張昇生日在夏季。則此文當作於嘉祐七年至治平二年間某年夏，姑繫於此。

草《賜翰林學士權知開封府馮京待罪特放詔》。

彭汝礪《宋故宣徽南院使檢校司空太子太保致仕上柱國始平郡開國公食邑八千七百户食實封二千七百户贈司徒謚文簡馮公墓誌銘》及《宋史》卷三一七《馮京傳》等均載馮京以翰林學士權知開封府。《開封府題名記》碑載馮京"嘉祐八年□月□□學□權知，當年十月□充山陵頓遞使，十二月□日還府"[4]。《宋會要》禮二九之三七、禮三七之九均載嘉祐八年（1063）四月四日以翰林學士、權知開封府馮京爲橋道頓遞使。仁宗崩於三月二十九日，十月六日發引，二十七日安葬。可知馮京權知開封府當在嘉祐八年四月以前，十月仁宗發引時離開開封府，還知開封府在十二月。《長編》卷二〇五載治平二年五月癸亥，"翰林學士、權知開封府馮京爲陝西安撫使，代陳旭也"[5]。癸亥爲四日。本集卷二三有《賜翰林學士權知開封府馮京待罪特放詔》，此文當作於嘉祐八年至治平二年間，姑繫於此。

[1] 歐陽修著，李逸安點校《歐陽修全集》，第 4 冊第 1307 頁。

[2] 李燾撰，上海師範大學古籍整理研究所、華東師範大學古籍整理研究所點校《續資治通鑑長編》，第 8 冊第 4621 頁。

[3] 參李之亮《北宋京師及東西路大郡守臣考》，第 327～328 頁。

[4] 劉順安《〈開封府題名記〉碑研究》，《開封研究》，第 184 頁。

[5] 李燾撰，上海師範大學古籍整理研究所、華東師範大學古籍整理研究所點校《續資治通鑑長編》，第 8 冊第 4964 頁。

草《賜契丹皇帝賀壽聖節大使茶藥詔》《賜賀壽聖節副使茶藥詔》《賜契丹皇太后賀壽聖節大使茶藥詔》《賜賀壽聖節副使茶藥詔》《雄州撫問契丹兩番賀壽聖節人使口宣》《都亭驛賜契丹皇帝賀壽聖節人使內中酒果口宣》。

    本集卷二一有《賜契丹皇帝賀壽聖節大使茶藥詔》《賜賀壽聖節副使茶藥詔》《賜契丹皇太后賀壽聖節大使茶藥詔》《賜賀壽聖節副使茶藥詔》，卷三一有《雄州府（撫）問契丹兩番賀壽聖節人使口宣》《都亭驛賜契丹皇帝賀壽聖節人使內中酒果口宣》。第二、第四、第六文中分別有“屬祁寒之晚候”“驚歲管之殘陰”（第 154 頁）及“顧寒律之將窮”（第 223 頁）句。壽聖節爲英宗誕節，在正月三日。治平三年正月十八日，契丹改國號爲大遼。則此六文當作於嘉祐八年（1063）至治平二年間某些年份之十二月，姑繫於此。

草《皇帝賀契丹皇太后正旦書》《皇帝賀契丹皇帝正旦書二道》其二。

    本集卷二四有《皇帝賀契丹皇太后正旦書》《皇帝賀契丹皇帝正旦書》，後者爲《皇帝賀契丹皇帝正旦書二道》其二；此二文又見《宋大詔令集》卷二三〇。前一文云：“正月一日，姪大宋皇帝謹致書於嬸大契丹慈懿仁和文惠純孝廣愛宗天皇太后闕下。”後一文云：“正月一日，兄大宋皇帝致書於弟大契丹聖文神武睿孝皇帝闕下。”（第 174 頁）此“契丹皇太后”當指遼興宗皇后蕭撻里。《遼史》卷二一《道宗本紀一》云：清寧二年（1056）十二月“甲寅，上皇太后尊號曰慈懿仁和文惠孝敬廣愛宗天皇太后”[1]。卷七一《后妃傳》所記尊號相同。然《宋大詔令集》卷二三〇、卷二三一所收宋致契丹國書中均稱其尊號爲“慈懿仁和文惠純孝廣愛宗天皇太后”。由《宋大詔令集》卷二二九、卷二三〇所收宋致契丹國書來看，“契丹聖文神武睿孝皇帝”指遼道宗。遼興宗與宋英宗相當於叔姪關係，宋英宗與遼道宗相當於兄弟關係。治平三年正月十八日，契丹改國號爲大遼，而北宋指派賀契丹正旦使一般都在八月。則此二文當作於嘉祐八年（1063）至治平二年間某年八月，姑繫於此。

---

[1] 脫脫等《遼史》（點校本二十四史修訂本），第 1 冊第 289 頁。

應程戡之請，爲其父坦作神道碑，有《國子博士致仕贈太師中書令兼尚書令追封成國公程公神道碑銘》。

本集卷四七有《國子博士致仕贈太師中書令兼尚書令追封成國公程公神道碑銘》，云："國子博士致仕程公之既葬也，其子宣徽南院使、安武軍節度使、檢校太傅、判延州戡使人以告予曰：'我先君不幸，材居於位，而墓碑之未立，後世將泯而無聞，朝夕以是爲懼而不敢寧，敢請以銘。'予得其世序之所以來，又迹其所滀者厚而不克大發於時，偉夫程氏之有後也，爲之銘。"（第 345 頁）按，程戡（990—1066），字勝之，許州陽翟（今河南禹州）人，天禧三年（1019）進士，官至參知政事，治平三年正月卒，年七十七[1]，謚康穆，《宋史》卷二九二、《隆平集》卷八、《東都事略》卷七〇有傳，生平事迹見張方平《樂全先生文集》卷三六《贈太尉謚曰康穆程公神道碑銘》，《全宋詩》卷二〇二録其詩一首，《全宋文》卷四七九收其文八篇。張方平《贈太尉謚曰康穆程公神道碑銘》云："英宗踐祚，視秩帝傅。是歲，就錫命，以安武軍節旄再判延州。"[2]則王珪此文當作於嘉祐八年（1063）至治平二年間，姑繫於此。鄭克《折獄龜鑑》卷一《辛祥察色》節引此文片段，注"見王珪丞相所撰《墓誌》"[3]，不確，"墓誌"當爲"神道碑"。

英宗治平三年丙午（1066），四十八歲

在汴京。爲翰林學士，授兼端明殿學士、知審官院。有詩一首、文二十七篇，約可繫文十三篇。

正月二十七日，奉命舉御史兩人，薦郭源明、孔宗翰。

《長編》卷二〇七載治平三年正月壬午，因吕誨、范純仁、吕大防等被貶，"詔翰林學士、知制誥、御史中丞、知雜，各舉御史兩人"。三月"壬

---

[1] 清鈔本《樂全先生文集》卷三六《贈太尉謚曰康穆程公神道碑銘》記程戡享年七十七，文淵閣《四庫全書》本《樂全先生文集》則謂程戡享年七十。考《隆平集》《東都事略》之《程戡傳》皆謂程戡享年七十七；而《長編》卷二〇七治平三年正月乙亥及《隆平集》《東都事略》之《程戡傳》皆有程戡以年過七十，告老章十數上之記載。則程戡享年七十七當可信。
[2] 張方平《樂全先生文集》卷三六，《宋集珍本叢刊》，第 6 冊第 171 頁。
[3] 鄭克編撰，劉俊文譯註點校《折獄龜鑑譯註》，上海古籍出版社 1988 年版，第 12 頁。

戌，屯田員外郎、簽書江寧節度判官事孫昌齡爲殿中侍御史，太常博士、監永豐倉郭源明爲監察御史裏行。甲子，都官員外郎黄照爲侍御史，太常博士蔣之奇爲監察御史裏行。初，命王珪等舉官，已除昌齡及源明，而尚闕兩員。中書以珪等前所舉都官員外郎孔宗翰等七名進，而照中選。上又特批之奇與御史。……昌齡，晉陵人。照，江陵人。源明，勸子。之奇，宜興人，堂從子。宗翰，道輔子也"[1]。壬午、壬戌、甲子分別爲二十七日、八日、十日。按，郭源明（1022—1076），初名元賔，字永叔，後更名源明，字潛亮，鄆州須城（今山東東平）人，郭勸子，嘉祐二年（1057）進士，官終尚書職方員外郎、知單州，熙寧九年卒，年五十五，生平事迹見《宋史》卷二九七《郭勸傳》、《嘉泰會稽志》卷三《縣令長·蕭山》、蘇頌《蘇魏公文集》卷五九《職方員外郎郭君墓誌銘》等。《職方員外郎郭君墓誌銘》云："治平二年，用今丞相王郇公承學士詔薦御史爲監察裏行"[2]。此繫王珪薦郭源明事於治平二年，當誤。孔宗翰（1029—1088），字周翰，曲阜（今屬山東）人，孔道輔次子，皇祐元年（1049）進士，官至刑部侍郎，元祐三年卒，年六十，《宋史》卷二九七、《東都事略》卷六〇有傳，《全宋詩》卷六三二錄其詩二首，《全宋文》卷一五一九收其文四篇。

是月，獲英宗贊能爲詔書。

《長編》卷二〇七云：治平三年正月"辛巳，端明殿學士兼龍圖閣學士、知徐州張方平爲翰林學士承旨。初，上謂執政，學士獨王珪能爲詔，餘多不稱職。因問方平文學如何？歐陽修對曰：'方平亦有文學，但挾邪不直。'曾公亮以爲不聞其挾邪，趙槩又以爲無迹。故卒命之"[3]。辛巳爲二十六日。

爲程戡作墓誌銘。

鄭克《折獄龜鑑》卷三《程戡得謀》節引"王珪丞相所撰墓誌"云："程戡宣徽，知處州。民有積爲仇者，一日，諸子私謂其母曰：'今母老且

---

[1] 李燾撰，上海師範大學古籍整理研究所、華東師範大學古籍整理研究所點校《續資治通鑑長編》，第8冊第5037、5042頁。
[2] 蘇頌著，王同策等點校《蘇魏公文集》，第905頁。
[3] 李燾撰，上海師範大學古籍整理研究所、華東師範大學古籍整理研究所點校《續資治通鑑長編》，第8冊第5022頁。

病，恐不得更壽，請以母死報仇。'乃殺其母，置仇人之門，而訴於官。仇者不能自明，而戡疑之。僚屬皆言理無足疑，戡曰：'殺人而置其門，非可疑耶？'乃親劾治，具得本謀。"[1] 按，張方平《贈太尉諡曰康穆程公神道碑銘》云："治平三年正月乙亥，行次同州澄城縣，索筆牘欲自具遺奏，章（草）數字而薨，享年七十有七。……四月，葬我康穆公於舊學鄉先公之塋。"[2] 乙亥爲二十日。程戡未嘗知處州，劉俊文考"處州"當爲"虔州"之誤。程戡墓誌銘原文已佚。

草《賜安武軍節度使宣徽南院使程戡赴闕茶藥詔》。

本集卷二一有《賜安武軍節度使宣徽南院使程戡赴闕茶藥詔》，其中有"適擁節以遄歸，正涉春之餘凜"（第146頁）句。程戡嘉祐五年（1060）八月一日爲宣徽南院使、判延州，守延州凡六年乃召還，治平三年正月二十日卒於道。則王珪此文當作於治平三年正月。

草《賜鎮海軍節度使同中書門下平章事富弼生日進馬詔二道》其一。

富弼治平二年七月五日罷樞密使，爲鎮海軍節度使、同平章事、判河陽，四年正月十九日改武寧軍節度使，其生日在正月一日。[3] 本集卷二一有《賜鎮海軍節度使同中書門下平章事富弼生日進馬詔二道》，其一云："朕肇臨大統，欣矚邇僚。紀慶誕之嘉辰，推寵盼於舊式。"其二云："卿比膺朝檢，外領藩符。極存闕之深思，虔貢庭之舊式。"（第148頁）前一文當作於治平三年正月，後一文當作於治平四年正月。

草《賜樞密副使胡宿已下賀壽星出見批答》。

本集卷二六有《賜樞密副使胡宿已下賀壽星出見批答》，云："乃庚子之晨，祥星著見。"（第192頁）按，胡宿嘉祐六年（1061）閏八月二十一日至治平三年四月二十七日爲樞密副使。在此期間，有記載之老人星見有：嘉祐七年正月三日辛亥，八年正月十九日辛酉，治平元年二月二十三日己丑、七月三十日癸巳，二年二月三日癸巳、八月十二日己亥，三年正月二十五日庚

[1] 鄭克編撰，劉俊文譯註點校《折獄龜鑑譯註》，第146~147頁。

[2] 張方平《樂全先生文集》卷三六，《宋集珍本叢刊》，第6冊第172頁。

[3] 參曹清華《富弼年譜》，《宋人年譜叢刊》，第2冊第950、952、893頁。

辰。[1] 疑 "庚子" 或爲 "庚辰" 之誤，若如此，則此文當作於治平三年正月
二十五日之後。

三月，有《玉津園罷散爲民禳災天皇九曜道場青詞》。

《長編》卷二〇七云：治平三年三月 "丁巳，賜群臣御筵於諸園苑。己
未，彗星晨見於壁，長七尺許"。"庚午，以彗出，避正殿、減常膳。上對樞
臣，以彗爲憂。" 卷二〇八載治平三年四月壬子，"司天監奏彗星浸微，群臣
詣閣門拜表乞御正殿，復常膳，不許。自是三表，乃許之"[2]。丁巳、己未、
庚午、壬子分別爲三日、五日、十六日、二十九日。本集卷一三有《玉津園
罷散爲民禳災天皇九曜道場青詞》，云："比春律之向闌，乃星躔之示變。爰
祓華林之會，仰延飇駕之游。至忱格於靈觀，順象澄於宵旰。益懷修省之
懼，庶答蓋林之私。"（第90頁）此文當作於三月五日之後。

草《撫問知延州孫沔口宣》。

本集卷二九有《撫問知延州孫沔口宣》，云："卿向被朝僉，出膺邊寄。
顧封疆之勞慮，因霧露之爽和。適及春餘，勉綏德履。"（第212頁）孫沔治
平三年四月一日自知慶州徙知延州，未到任，卒於道。則此文當作於治平三
年三月。

四月，爲孫沔作墓誌。

畢仲游《孫威敏公沔神道碑》云："故相國王珪嘗誌其墓，凡公之行事
與三代封爵贈謚、所娶所生之子，皆誌之矣，故今專序公出處進退之本末。
有略之者，以其見於誌也。"[3] 樓鑰《跋陳進道所藏杜祁公詩》云："王岐公
作孫威敏墓誌，嘗以樞密直學士知益州，道中罹母憂，服除，以爲陝西都
轉運使。未欲遠去墳墓，得知明州。屬盜起山東，改知徐州。"[4]《長編》卷
一六一慶曆七年九月甲戌注、卷一七三皇祐四年八月辛卯注，《寶慶四明志》
卷一《敘郡上·郡守》、卷八《敘人上·先賢事迹上》等亦曾提及王珪作孫

---

[1] 參馬端臨著，上海師範大學古籍研究所、華東師範大學古籍研究所點校《文獻通考》卷二九四
《象緯考十七·瑞星》，第12冊第8016頁。

[2] 李燾撰，上海師範大學古籍整理研究所、華東師範大學古籍整理研究所點校《續資治通鑑長編》，
第8冊第5040、5043、5052頁。

[3] 杜大珪《名臣碑傳琬琰集》上集卷二三，《宋代傳記資料叢刊》，第14冊第383頁。

[4] 樓鑰撰，顧大朋點校《樓鑰集》卷七一，第4冊第1270頁。

沔墓誌。孫沔卒於治平三年四月一日。按，孫沔（996—1066），字元規，越州會稽（今浙江紹興）人，天禧三年（1019）進士，官至樞密副使，治平三年卒，年七十一[1]，諡威敏，《宋史》卷二八八、《隆平集》卷一一、《東都事略》卷七三有傳，生平事迹見杜大珪《名臣碑傳琬琰集》上集卷二三畢仲游《孫威敏公沔神道碑》，《全宋詩》卷一八七錄其詩四首、殘句一聯，《全宋文》卷四三四、卷四三五收其文二卷。

王珪所作孫沔墓誌不見於今本《華陽集》，原文當已失傳。鄭克《折獄龜鑑》卷一《辛祥察色》節引其中片段："孫沔副樞爲趙州司理參軍時，盜發屬縣，爲捕者所迫，乃棄其刀並所盜贓於民家。後即其家得會飲者十六人，適如其數，捕繫縣獄，掠使服罪，法皆當死。以具獄上，沔疑其枉而留訊之。州將怒，然終不敢決。未幾，得真盜，州將反喜，謂沔曰：'微子，吾得自脫耶！'"[2]

有《挽霸州文安縣主簿蘇明允》詩。

本集卷六有《挽霸州文安縣主簿蘇明允》（第41頁）。厲鶚《宋詩紀事》卷一五《王珪》據《蘇集附錄》收錄此詩，題作《挽老蘇先生》。蘇洵治平三年四月二十五日戊申卒於京師，六月九日壬辰英宗敕有司具舟載其喪歸蜀，四年十月二十七日壬申葬於眉州彭山安鎮可龍里。趙槩、曾公亮、歐陽修、韓琦、王拱辰、陳襄、鄭獬、蘇頌、姚闢、劉攽、張商英、張燾等均有詩挽蘇洵。[3]歐陽修《居士集》卷一四收錄《蘇主簿挽歌》，原繫於治平三年；孔凡禮《三蘇年譜》繫於治平四年，當誤；劉德清等繫於治平三年四月[4]，姑從之。按，蘇洵（1009—1066），字明允，眉州眉山（今屬四川）人，官至秘書省校書郎，治平三年卒，年五十八，《宋史》卷四四三、《東都事略》卷一一四有傳，生平事迹見歐陽修《居士集》卷三四《故霸州文安縣

---

[1] 孫沔享年，《東都事略·孫沔傳》及畢仲游《孫威敏公沔神道碑》均記爲"卒年七十一"，而《隆平集·孫沔傳》記爲"卒年七十二"。考《寶慶四明志》卷八《敘人上·先賢事迹上》有《孫沔傳》，亦謂孫沔卒年七十一，小注謂此傳"以《續通鑑》及王岐公所撰墓誌及樓宣獻公所跋杜正獻公詩參修"（方萬里、羅濬纂《寶慶四明志》，《宋元方志叢刊》，中華書局1990年影印本，第5冊第5077頁），因知王珪所作孫沔墓誌亦載孫沔卒年七十一。
[2] 鄭克編撰，劉俊文譯註點校《折獄龜鑑譯註》，第11頁。
[3] 參孔凡禮《三蘇年譜》，第1冊第484、485、493、495~499頁。
[4] 參歐陽修撰，劉德清、顧寶林、歐陽明亮箋注《歐陽修詩編年箋注》，第4冊第1768頁。

主簿蘇君墓誌銘》、張方平《樂全先生文集》卷三九《文安先生墓表》，何掄編有《眉陽三蘇先生年譜》[1]，今人所編年譜有易蘇民《三蘇年譜彙證》[2]、劉少泉《蘇老泉年譜》[3]、曾棗莊《蘇洵年譜》[4]、謝武雄《蘇洵年譜》[5]、關賢柱《蘇洵年譜》[6]、孔凡禮《三蘇年譜》等。

草《賜武康軍節度使知相州李端愿赴闕詔》《賜武康軍節度使李端愿赴闕口宣》。

  本集卷二二有《賜武康軍節度使知相州李端愿赴闕詔》，卷二九有《賜武康軍節度使李端愿赴闕口宣》。前一文云："卿參華戚苑，奉寄侯藩。載惟問俗之勞，得亡存闕之念？宜往傳於迅召，佇還對於嘉謀。屬在睠懷，尤深馳想。宜交割職分公事與以次官員權管勾訖，乘遞馬疾速發來赴闕。"（第159頁）按，《宋史》卷四六四《李端愿傳》云："拜武康軍節度使、知相州。請歸，除醴泉觀使。"[7]李端愿治平二年七月五日爲武康節度使、知相州。《宋會要》職官五四之五云：治平"三年八月，以武康軍節度使李端愿爲醴泉觀使"[8]。可知李端愿知相州是在治平二年七月至三年八月間。李之亮以爲韓琦治平四年九月接替李端愿知相州[9]，當誤。《長編》卷二〇七云：治平三年三月"壬午，孛於畢，如月。武康節度使、知相州李端愿上疏論政事，驛召賜對。端愿曰：'彗所以除舊布新也，今官冗士偽，費廣兵驕，非大更張不可塞異，如或不然，安知不有大掃除者乎？'"[10]壬午爲二十八日。則此二文當作於治平三年四月。

---

[1] 王水照編《宋人所撰三蘇年譜彙刊》，上海古籍出版社 1989 年版。

[2] 易蘇民《三蘇年譜彙證》，大學文選社 1969 年版。

[3] 劉少泉《蘇老泉年譜》，四川省中心圖書委員會 1981 年版。

[4] 曾棗莊《蘇洵年譜》，《四川大學學報（哲學社會科學版）》1981 年第 4 期。

[5] 謝武雄《蘇洵年譜》，謝武雄《蘇洵言論及其文學之研究》附錄一，文史哲出版社 1981 年版。

[6] 關賢柱《蘇洵年譜》，《貴陽師院學報（社會科學版）》1982 年第 3 期。

[7] 脱脱等《宋史》，第 39 冊第 13570 頁。

[8] 劉琳等校點《宋會要輯稿》，第 8 冊第 4467 頁。

[9] 參李之亮《宋河北河東大郡守臣易替考》，第 165 頁。

[10] 李燾撰，上海師範大學古籍整理研究所、華東師範大學古籍整理研究所點校《續資治通鑑長編》，第 8 冊第 5044 頁。

草《賜同簽書樞密院事郭逵免恩命不允斷來章批答》《賜同簽書樞密院事郭逵免恩命不允斷來章口宣》。

    《長編》卷二〇八載治平三年四月庚戌，“殿前都虞候、容州觀察使郭逵檢校太保、同簽書樞密院事”[1]。庚戌爲二十七日。《東都事略》卷七《英宗本紀》、《宋史》卷二一一《宰輔表二》亦繫此事於治平三年四月庚戌；《宋史全文》卷一〇繫於治平三年四月；范祖禹《太史范公文集》卷四〇《檢校司空左武衛上將軍郭公墓誌銘》繫於治平三年；《宋史》卷二九〇《郭逵傳》則繫於治平二年，當誤。本集卷二六有《賜同簽書樞密院事郭逵免恩命不允斷來章批答》，卷二九有《賜同簽書樞密院事郭逵免恩命不允斷來章口宣》，此二文當作於四月二十七日之後，姑繫於此。

五月，草《皇長女德寧公主進封徐國公主制》。

    《宋會要》帝系八之二六云：“魏、楚國大長公主。嘉祐八年五月封德寧。治平三年五月，進封徐國，降左衛將軍王師約。”[2]本集卷三七有《皇長女德寧公主進封徐國公主制》；此文又見《宋文鑑》卷三五；又見《宋大詔令集》卷三七，題下注“治平，降王師約”[3]。

七月十三日，草《賜保静軍三軍將吏僧道百姓等除皇兄宗諤爲本鎮節度使示諭敕書》《賜皇兄保静軍節度使宗諤告敕口宣》。

    《長編》卷二〇八云：治平三年七月“乙丑，奉國留後、虢國公宗諤爲保静節度使”[4]。乙丑爲十三日。本集卷二四有《賜保静軍三軍將吏僧道百姓等除皇兄宗諤爲本鎮節度使示諭敕書》，卷三一有《賜皇兄保静軍節度使宗諤告敕口宣》。前一文又見《宋大詔令集》卷一八八，題作《皇兄宗諤授保静軍節度使賜本鎮敕書》，題下注“治平”[5]，云：“今特授宗諤依前檢校右散騎常侍、使持節宿州諸軍事、宿州刺史兼御史大夫、虢國公、充保静軍節度、宿州管内觀察處置河堤等使，加食邑七百户、食實封二百户，散官、

---

[1] 李燾撰，上海師範大學古籍整理研究所、華東師範大學古籍整理研究所點校《續資治通鑑長編》，第8冊第5051頁。

[2] 劉琳等校點《宋會要輯稿》，第1冊第191頁。

[3] 司義祖整理《宋大詔令集》，第195頁。

[4] 李燾撰，上海師範大學古籍整理研究所、華東師範大學古籍整理研究所點校《續資治通鑑長編》，第8冊第5057頁。

[5] 司義祖整理《宋大詔令集》，第690頁。

勳、封如故。"（第175~176頁）按，趙宗諤（？—1082）爲趙元份之孫、趙允寧之子，於英宗爲兄，於神宗爲伯，《宋史》卷二四五有傳。

八月，爲馮京之母朱氏作墓誌銘，有《永壽郡太君朱氏墓誌銘》。

本集卷五五有《永壽郡太君朱氏墓誌銘》，記馮京之母朱氏治平三年八月丙午卒，年七十二，"其年十月庚寅，祔於河南府密縣義臺鄉南朱村給事之墓"（第406頁）。丙午爲二十三日，庚寅爲九日。此文當是應馮京之請而作。按，馮京（1021—1094），字當世，舊家河朔，至其父馮式始定居鄂州江夏（今屬湖北武漢），皇祐元年（1049）狀元，官至參知政事，紹聖元年卒，年七十四，謚文簡，《宋史》卷三一七、《東都事略》卷八一有傳，生平事迹見杜大珪《名臣碑傳琬琰集》下集卷一六《馮文簡公京傳》、彭汝礪《宋故宣徽南院使檢校司空太子太保致仕上柱國始平郡開國公食邑八千七百户食實封二千七百户贈司徒謚文簡馮公墓誌銘》，《全宋詩》卷五七八錄其詩七首、殘句六聯，《全宋文》卷一三六二收其文十一篇。

九月五日，獲英宗召對蕊珠殿，授兼端明殿學士、知審官院。

《宋史》本傳云："始，珪之請對而作詔也，有密譖之者。英宗在位之四年，忽召至蕊珠殿，傳詔令兼端明殿學士，錫之盤龍金盆，諭之曰：'秘殿之職，非直器卿於翰墨間，二府員缺，即出命矣。曩有讒口，朕今釋然無疑。'珪謝曰：'非陛下至明，臣死無日矣。'"[1]《神道碑》云："英宗嘗召對蕊珠殿，設紫花墩命坐，翊日賜盤龍金盆以示恩意。"（第142頁）《長編》卷二〇八云：治平三年九月"丙辰，幸天章、寶文閣，命兩府觀翰林學士兼侍讀學士王珪所書仁宗御詩石刻。初，仁宗立上爲皇子，珪請對而後草詔，後有間珪者。是日，上御蕊珠殿召珪，設紫花墩賜坐，勞問久之，詔中書授珪兼端明殿學士，且諭曰：'執政員闕，即命卿矣。'翌日，又賜盤龍金盆一，珪皇恐謝，上謂曰：'朕知卿忠純有守，曩者有讒語，朕今釋然無疑，故有此賜。'珪頓首曰：'非陛下保全，何以至此！'"[2]王應麟《玉海》卷九〇《治平賜盤龍金盆》云："治平三年九月丙辰夜，召學士王珪至蕊珠殿，特詔

[1]脫脫等《宋史》，第29冊第10242頁。

[2]李燾撰，上海師範大學古籍整理研究所、華東師範大學古籍整理研究所點校《續資治通鑑長編》，第8冊第5058頁。

中書除端明殿學士。翌日，又賜盤龍金盆一，曰：'知卿忠純有守，故有此賜。'"[1]丙辰爲五日。

韓維《翰林學士兼侍讀學士右諫議大夫知制誥充史館修撰王珪可特授依前右諫議大夫翰林學士兼端明殿學士翰林侍讀學士知審官院兼充史館修撰散官如故》制云："敕：朝（闕）者（闕）過高學士之選，非夙尚文雅，久次華要。雖有積日之勤，莫兼數職之重。茲我茂典，屬之俊臣。具官某，姿度靖夷，才猷敏邵，學博而善知其統，文麗而不忘其要。而自入直辭禁，進侍經席，深厚之訓，爲國光輝；法義之言，廣朕聞聽。不有優拜，曷章異禮？宜參秘殿之列，益重清廟之訪。噫！考近傅之課，則有獻可替否之責；論太史之法，則無虛美隱惡之過。益屬乃職，以副朕懷。可。"[2]

按，關於召對蕊珠殿一事，一說在二月十五日。武英殿聚珍本《華陽集》卷二《英宗皇帝挽詞五首》其五云："憶昔承君召，春風候禁門。曾陪蕊珠殿，獨賜紫花墩。遼水千年隔，鈞天一夢存。龍髯攀不得，無路可酬恩。"頷聯下自注云："臣去年二月十五日，蒙召對蕊珠殿，特賜紫花墩令坐，逾數刻乃罷。"[3]張邦基《墨莊漫録》卷四云："王禹玉爲翰苑，治平三年二月十五日，召對蕊珠殿，時賜紫花衣墩令坐，逾數刻方罷。明年，英廟上仙，珪作挽詞，有云：'曾陪蕊珠殿，獨賜紫花墩。'蓋謂是也。"[4]《墨莊漫録》所記當本於《華陽集》。考慮到王珪去世二十四年後《華陽集》始編輯成書，此注或有訛誤，姑從《長編》與《玉海》。

九月六日，獲賜盤龍金盆。

見上考。

是月，有《除兼端明殿學士舉官自代奏狀》、《免兼端明殿學士第一奏狀》、《第二奏狀》、《第三奏狀》、《謝賜對衣金帶鞍轡馬奏狀三道》其二、《謝兼端明殿學士表》。

本集卷七有《除兼端明殿學士舉官自代奏狀》《免兼端明殿學士第一奏

［1］王應麟輯《玉海》，第3冊第1647頁。
［2］韓維《南陽集》卷一八，景印文淵閣《四庫全書》，臺灣商務印書館1986年版，第1101冊第674~675頁。
［3］王珪《華陽集》，《叢書集成初編》，第14頁。
［4］張邦基、范公偁、張知甫撰，孔凡禮點校《墨莊漫録 過庭録 可書》，第124頁。

狀》《第二奏狀》《第三奏狀》《謝賜對衣金帶鞍轡馬奏狀》，卷四四有《謝兼端明殿學士表》。第一文云："臣蒙恩授兼端明殿學士，依敕節文舉官自代者。臣伏見龍圖閣直學士兼侍讀李柬之，孤風表俗，厚望端朝，久同侍於禁筵，未見榮於秘殿。"第二文云："臣今月五日，蒙宣至蕊珠殿面諭，除臣兼端明殿學士者。"（第49頁）第四文云："臣奉敕書《仁宗皇帝御製之碑》，及碑成，蒙陛下獨於兩制中召臣至蕊珠殿坐上，傳宣中書令，除臣兼端明殿學士。"（第49~50頁）第五文爲《謝賜對衣金帶鞍轡馬奏狀三道》其二，云："兼職禁塗，頒恩御府。榮逾常分，悸集丹衷。竊以勞大者得爵尊，名隆者與器重，時則加以衣服之美，錫之車馬之蕃。矧參秘殿之延，尤異畯林之選。"（第50頁）治平三年九月五日，英宗夜御蕊珠殿召對王珪，授兼端明殿學士。王珪當於接到官誥後按成規作第一文舉李柬之自代；再作中三文辭免；不獲允，又作後二文。則此六文當作於治平三年九月五日之後。按，李柬之（996—1073），字公明，濮州鄄城（今屬山東）人，李迪長子，景祐元年（1034）賜同進士出身，官至集賢院學士，熙寧六年卒，年七十八，《宋史》卷三一〇、《東都事略》卷五一有傳，《全宋詩》卷一八七錄其詩一首、殘句二句，《全宋文》卷四七七收其文十篇。

秋，草《賜龍圖閣直學士知成都府趙抃治迹尤異獎諭詔》。

本集卷一九有《賜龍圖閣直學士知成都府趙抃治迹尤異獎諭詔》；此文又見《成都文類》卷一七，題作《賜趙抃父老借留獎諭詔》。後者文字更全，云："敕趙抃：省成都路轉運提刑司奏（云云）。蜀遠在西南，最要部也。朕常患吏不能究宣德澤，以被於遠民，故其擇守，非慈良簡重者不以命之。卿在蜀甫逾年，而使者以其治迹尤異上於朝廷。夫吏，所以治民也。能盡其治，民賴之，豈不嘉汝乎？故茲獎諭，想宜知悉。秋熱，卿比平安好？遣書，指不多及。"後有閻灝所作序，云："龍圖閣直學士天水公治蜀甫閲歲，府之黎老士民舉千百數伏使者車，言曰：'蜀之壤陋衆夥，俛首輸賦，風尚孅靡，怯不鷙立。自公問俗布政，闊略法禁，緒正綱目，坐格醇茂。仁義道德，衍爲教化。徭賦均節，俗本生業。人人自愛，以重犯法。風雨時若，粒米狼戾。民惕然懼朝廷之召遷，而父母去我矣。願上書借公留。'語聞上，上以手迹細札獎勸褒嘉之。都人頓首伏讀，欣喜蹈舞。恭惟天詔有

'慈良簡重''治迹尤異'之稱，公恕物以仁，約己以禮，表俗以信，鎮浮以
德，故上知公之深如此。漢膠東相成、潁川守霸，皆有璽書勉勵異等効，著
在篇簡。今公之拜休寵者，當有以揭金石刻，永傳無窮，而爲西南藩維之光
華也。《書》不云乎：'敢對揚天子之休命。'《詩》云：'虎拜稽首，天子萬
年。'蓋報上歸美，所宜侈大也。治平二年九月一日，秘書丞閭灝謹序。"[1]
按，《長編》卷二〇三云：治平元年十二月"癸丑，吏部員外郎、天章閣待
制、河北都轉運使趙抃爲龍圖閣直學士、知成都府"[2]。癸丑爲二十二日。趙
抃到任當在治平二年四月。文同《丹淵集》卷二四《成都府學射山新修祠宇
記》云："龍圖閣直學士趙公抃治平二年夏四月被詔守蜀。明年春三月上巳
來游學射山，主民樂也。"[3]閭灝序，《成都文類》謂作於治平二年，《宋代蜀
文輯存》則謂作於治平三年，《全蜀藝文志》卷二六所收《英宗賜趙抃父老
借留獎諭詔》各本作"二年""三年"不同。劉琳、王曉波認爲作"三年"
是，此文當作於治平三年七月或八月[4]，姑從之。

十月二日，草《賜夏國主取問無名舉兵迫大順城詔》。

《長編》卷二〇八載治平三年九月，"夏國主諒祚舉兵寇大順城，入寇
柔遠寨，燒屈乞等三村，柵段木嶺"。十月"癸未，遣西京左藏庫副使何次
公齎詔賜夏國主諒祚，問所以入寇之故，仍止其歲賜銀帛"[5]。癸未爲二日。
胡玉冰據此繫此文於治平三年十月二日[6]，當是。《宋大詔令集》卷二三四
有《賜夏國主取問無名舉兵迫大順城詔》，云："今特遣某人齎詔往彼取問，
到日可具事理聞奏。"題下注："治平二年十月二日，王珪撰，與《寔録》不
同，重出。"[7]此"二年"當爲"三年"之誤。《全宋文》卷一一二七據《宋大
詔令集》繫此文於治平二年十月二日，失考。此文今本《華陽集》失收。

---

[1] 袁説友等編，趙曉蘭整理《成都文類》，中華書局 2011 年版，第 363~364 頁。按，閭灝所作序，
《宋代蜀文輯存》卷一七題作《英宗賜趙抃詔書序》。
[2] 李燾撰，上海師範大學古籍整理研究所、華東師範大學古籍整理研究所點校《續資治通鑑長編》，
第 8 冊第 4927 頁。
[3] 文同著，胡問濤、羅琴校注《文同全集編年校注》，巴蜀書社 1999 年版，第 816 頁。
[4] 參楊慎編，劉琳、王曉波點校《全蜀藝文志》，第 694 頁。
[5] 李燾撰，上海師範大學古籍整理研究所、華東師範大學古籍整理研究所點校《續資治通鑑長編》，
第 8 冊第 5062、5063 頁。
[6] 參周春著，胡玉冰校補《西夏書校補》，第 2 冊第 642 頁。
[7] 司義祖整理《宋大詔令集》，第 913 頁。

十二月二十一日，於學士院當直。

蘇軾《張文定公墓誌銘》云："英宗不豫，學士王珪當直不召，召公赴福寧殿。上憑几不言，賜公坐。出書一幅，八字，曰'來日降詔，立皇太子'。公抗聲曰：'必潁王也，嫡長而賢，請書其名。'上力疾書以付公。公既草制，尋充冊立皇太子禮儀使。"[1]《長編》卷二〇八云：治平三年十二月"辛丑，帝疾增劇，輔臣問起居罷，琦復奏曰：'陛下久不視朝，中外憂惶，宜早立皇太子，以安衆心。'帝頷之，琦請帝親筆指揮，帝乃書曰：'立大王爲皇太子。'琦曰：'必潁王也，煩聖躬更親書之。'帝又批於後曰：'潁王頊。'琦即召內侍高居簡授以御劄，命翰林學士草制。學士承旨張方平至榻前稟命，帝憑几出數語，方平不能辨，帝以手指畫几，方平因請進筆書所諭，遂進筆，帝書'來日降制，立某爲皇太子'十字，所書名不甚明，方平又進筆請之，帝再書'潁王'二字，又書'大大王'三字，方平退而草制"[2]。辛丑爲二十一日。

十二月二十三日，有《治平立皇太子赦文》。

本集卷九有《治平立皇太子赦文》；此文又見《宋文鑑》卷三二；又見《宋大詔令集》卷二五，題作《治平三年建儲赦》，題下注"十二月癸卯"[3]。《長編》卷二〇八云：治平三年十二月"壬寅，立皇子潁王頊爲皇太子。……癸卯，大赦，賜文武官子爲父後者勳一轉"[4]。壬寅爲二十二日，癸卯爲二十三日。

十二月二十五日，奉命撰《治平四年冊皇太子文》。

《長編》卷二〇八云：治平三年十二月"乙巳，詔以來年正月十九日冊皇太子，翰林學士承旨張方平爲禮儀使，翰林學士王珪撰冊文，錢明逸書冊，知制誥宋敏求書寶。"[5]乙巳爲二十五日。《宋大詔令集》卷二五有《治

[1] 孔凡禮點校《蘇軾文集》卷一四，第 2 冊第 452 頁。
[2] 李燾撰，上海師範大學古籍整理研究所、華東師範大學古籍整理研究所點校《續資治通鑑長編》，第 8 冊第 5068~5069 頁。
[3] 司義祖整理《宋大詔令集》，第 124 頁。
[4] 李燾撰，上海師範大學古籍整理研究所、華東師範大學古籍整理研究所點校《續資治通鑑長編》，第 8 冊第 5069 頁。
[5] 李燾撰，上海師範大學古籍整理研究所、華東師範大學古籍整理研究所點校《續資治通鑑長編》，第 8 冊第 5069 頁。

平四年冊皇太子文》，云："惟治平四年歲次丁未正月庚戌朔十九日戊辰，皇
帝若曰：……。"[1] 蓋原定於治平四年正月十九日冊立趙頊爲皇太子，但因正
月八日英宗薨、趙頊繼位，冊禮實未舉行。此文今本《華陽集》《全宋文》
均失收。

冬，草《賜樞密副使呂公弼生日禮物詔二道》其二。

本集卷二三有《賜樞密副使呂公弼生日禮物詔二道》，其二當作於治平
三年冬，參本書治平二年譜。

**奉命爲宋庠作神道碑，有《推誠保德崇仁守正忠亮佐運翊戴功臣開府儀同
三司守司空致仕上柱國鄭國公食邑一萬一千六百户贈太尉兼侍中宋元憲公
神道碑銘》。**

本集卷四八有《推誠保德崇仁守正忠亮佐運翊戴功臣開府儀同三司守
司空致仕上柱國鄭國公食邑一萬一千六百户贈太尉兼侍中宋元憲公神道碑
銘》，云："治平三年四月辛丑，司空致仕、鄭國公薨於京師。""其年十月己
酉，葬公許州陽翟縣之三封原，是日又廢朝。既葬，御篆其碑曰'忠規德
範之碑'，既又詔太史臣珪以銘其碑。"（第358頁）辛丑爲十八日，己酉爲
二十八日。此文當作於治平三年十月二十八日之後，姑繫於此。按，宋庠
（996—1066），初名郊，字伯庠，後改名庠，字公序，開封雍丘（今河南杞
縣）人，天聖二年（1024）狀元，官至同中書門下平章事，治平三年卒，年
七十一，謚元憲，《宋史》卷二八四、《隆平集》卷五、《東都事略》卷六五
有傳，生平事迹見王珪《贈太尉兼侍中宋元憲公神道碑銘》，今存《永樂大
典》本《元憲集》三十六卷。

**是年，草《賜判河陽富弼乞罷使相第一表不允詔》《賜富弼乞罷使相第二
表不允詔》。**

本集卷二二有《賜判河陽富弼乞罷使相第一表不允詔》《賜富弼乞罷使
相第二表不允詔》《賜富弼乞罷使相第三表不允詔》《賜富弼乞罷使相第四表
不允詔》《賜富弼乞罷使相第五表不允詔》。第一文云："卿推舊政之良，膺
兩朝之遇。不見逾歲，猶思武帳之冠；何疑上書，欲歸丞相之綬？"第二

---

[1] 司義祖整理《宋大詔令集》，第125頁。

文云："卿名德之重，表儀群倫。代天熙工，厥有成績。間請自外，亦既彌年。"（第 164 頁）第三文云："朕猥膺大統，尊見舊臣。方謀治於朝廷，益倚綏於方嶽。何意露章之及，重形還節之文？"第五文云："在昔先朝，載謀舊德。不圖離疾，力謝政幾。以至去都，薦更氣籥。肆膺運曆之御，莫遏德音之聞。奚爲底書，數欲上綬？"（第 165 頁）按，富弼治平二年以足疾乞罷樞密使，七月五日癸亥罷爲鎮海節度使、同平章事、判河陽，熙寧元年（1068）二月詔入覲。[1] 體會文意，前二文當作於治平三年秋冬間；後三文當作於治平四年正月八日神宗即位之後。

約於是年，推重許安世文字。

許顗《彥周詩話》云："先伯父治平四年舉進士第一，少從丁寶臣，以文字爲歐陽文忠公、王岐公所稱重。"又云："王豐父待制，岐公丞相之子，少年詞賦登科，文章世其家。我先伯父狀元實岐公客，僕亦獲事待制公。"[2] 胡仔《苕溪漁隱叢話》後集卷二一《王禹玉》節引後一則。歐陽修治平四年三月二十四日罷參知政事、知亳州[3]，則其與王珪推重許安世文字當在此之前，姑繫於此。按，許安世（1041—1083），字少張，襄邑（今河南睢縣）人，治平四年狀元，官至都官員外郎，元豐六年卒，年四十三[4]，生平事迹見陸佃《陶山集》卷一四《許侯墓誌銘》，魏泰《東軒筆錄》卷一四，《彥周詩話》，朱希召《宋歷科狀元錄》卷四，厲鶚《宋詩紀事》卷二三，王梓材、馮雲濠《宋元學案補遺》卷九八《荊公新學略補遺・陸氏門人》等，《全宋詩》卷八七八錄其詩四首，《全宋文》卷二四〇八收其文二篇。

草《賜龍圖閣直學士知審刑院錢象先斷絶獎論詔二道》。

張方平《宋故朝散大夫守尚書吏部侍郎致仕上柱國彭城郡開國公食邑三千一百戶食實封四百戶賜紫金魚袋錢公墓誌銘並序》云："服除還朝，超拜天章閣待制，仍侍講，就遷龍圖閣直學士。久之，出知蔡州。閱歲徙知河南府兼西京留守司。就徙亳州，又改陳州，至未周月，召還，復兼侍講、知

---

[1] 參曹清華《富弼年譜》，《宋人年譜叢刊》，第 2 冊第 949~950、953 頁。
[2] 何文煥輯《歷代詩話》，第 380、400 頁。
[3] 參劉德清《歐陽修紀年錄》，第 416 頁。
[4] 參李裕民《宋人生卒行年考》，第 209~210 頁。

審刑院。屢請補外，得許州，兼京西北路安撫使。就徙潁州，再改陳州。逾年，復被召，因請老，以吏部侍郎致仕。"[1]該墓誌銘謂錢象先曾"三爲審刑大理"，但僅記其出知許州前曾知審刑院。《宋史》卷三三〇《錢象先傳》又記錢象先在加龍圖閣直學士前曾知審刑院。《長編》卷一九二云：嘉祐五年八月"庚辰，刑部郎中、天章閣待制兼侍讀錢象先爲契丹國母生辰使"[2]。而吳奎《宋故贈尚書駕部員外郎傅府君墓誌銘》作於嘉祐六年秋冬間，署"龍圖閣直學士、朝散大夫、尚書右司郎中、兼侍講、同判太常寺、兼禮儀使、權判少府監、護軍、吳興縣開國子、食邑六百户、賜紫金魚袋錢象先篆蓋"[3]。可知錢象先蓋於嘉祐六年出使契丹歸來後遷龍圖閣直學士。其出知蔡州在嘉祐七年三月庚申[4]，由陳州召還復兼侍講、知審刑院蓋在治平元年[5]，四年九月已在知許州任[6]。高保衡等《校定〈備急千金要方〉後序》文末注："治平三年正月二十五日進呈訖，至四月二十六日奉聖旨鏤版施行。"所列有關校刊官員中有"龍圖閣直學士、朝散大夫、守尚書工部侍郎兼侍講、知審刑院事兼判少府監、提舉醴泉觀兼提舉校正醫書、上柱國、彭城郡開國公、食邑二千一百户、食實封二百户、賜紫金魚袋臣錢象充（先）"[7]。則錢象先第一次知審刑院當在嘉祐五年以前，第二次知審刑院當在治平元年至三年間；其第三次知審刑院時間不詳，或在致仕前不久，其時王珪已不再任翰林學士。[8]據文題推斷，此二文當作於錢象先第二次知審刑院期間，姑繫於此。

草《賜參知政事歐陽修生日禮物詔》。

歐陽修爲參知政事在嘉祐六年（1061）閏八月二十一日至治平四年三月

---

［1］張方平《樂全先生文集》卷四〇，《宋集珍本叢刊》，第6冊第257頁。

［2］李燾撰，上海師範大學古籍整理研究所、華東師範大學古籍整理研究所點校《續資治通鑑長編》，第8冊第4641頁。

［3］于聯凱、馬慶民《〈宋贈尚書駕部員外郎傅府君墓誌銘並序〉考釋》，《臨沂師專學報》1997年第2期。

［4］參李燾撰，上海師範大學古籍整理研究所、華東師範大學古籍整理研究所點校《續資治通鑑長編》卷一九六，第8冊第4744頁。

［5］參李之亮《北宋京師及東西路大郡守臣考》，第177頁。

［6］參劉琳等校點《宋會要輯稿》兵一一之二七，第14冊第8832頁。

［7］孫思邈撰，劉清國等校注《千金方》，中國中醫藥出版社1998年版，第9頁。

［8］參李之亮《北宋京師及東西路大郡守臣考》，第178頁。

二十四日間，其生日在六月二十一日。[1] 本集卷二〇有《賜參知政事歐陽修生日禮物詔》，此文當作於嘉祐七年至治平三年間某年六月，姑繫於此。

草《賜使相判許州張昇乞致仕第一表不允詔》《賜張昇乞致仕第二表不允詔》《賜張昇乞致仕第三表不允詔》《賜張昇乞致仕第四表不允詔》《賜判許州張昇乞致仕第一劄子不允詔》《張昇授太子太師致仕加封邑制》。

　　本集卷二一有《賜使相判許州張昇（昪）乞致仕第一表不允詔》《賜張昇（昪）乞致仕第二表不允詔》《賜張昇（昪）乞致仕第三表不允詔》《賜張昇（昪）乞致仕第四表不允詔》《賜判許州張昇（昪）乞致仕第一劄子不允詔》，卷三七有《張昇（昪）授太子太師致仕加封邑制》。第一文云：“卿向秉政幾，屢辭顯重。自均藩寄，甫便燕私。奚爲上牘之來，重有遺榮之舉？”第二文云：“卿早以碩望，列於輔臣。比睠年德之高，聽解樞機之務。既優以陪藩之寄，又寵以台鉞之行。歲月未逾，封章疊至。”第三文云：“卿孤風少附，耆德益明。自辭柄府之勤，適就陪藩之佚。徒念山川之間，每極思賢之懷。顧日月未逾，奚爲謝事之請。”（第 147 頁）第六文云：“鄉解樞機之煩，適從藩翰之佚。受遺之託，終始萬世之安；告老之書，繼上三朝之聽。朕篤終始之明分，睠春秋之素高。其拜東宮之師，以安近邑之第。”（第 275 頁）張昇治平二年七月二十二日罷樞密使，爲彰信軍節度使、同平章事、判許州。由文意來看，張昇到知許州任未滿一年即累章乞致仕，並最終獲允。《長編》卷二八五云：熙寧十年（1077）十月“戊戌，許州言太子太師致仕張昇卒。昇忠信儉謹，退居十餘年，葺田廬於嵩陽紫虛谷，澄心養氣，不問時事，耆老而耳目聰明，卒年八十六”[2]。由熙寧十年逆推十餘年，張昇致仕至遲當在治平三年。則此六文當作於治平二、三年間，姑繫於此。

草《皇帝回契丹皇太后賀壽聖節書》《皇帝回契丹皇帝賀壽聖節書》。

　　本集卷二四有《皇帝回契丹皇太后賀壽聖節書》《皇帝回契丹皇帝賀壽聖節書》，此二文又見《宋大詔令集》卷二三〇。前一文云：“姪大宋皇帝謹致書於孀大契丹慈懿仁和文惠純孝廣愛宗天皇太后闕下。”後一文云：“正月

---

[1] 參劉德清《歐陽修紀年録》，第 10 頁。

[2] 李燾撰，上海師範大學古籍整理研究所、華東師範大學古籍整理研究所點校《續資治通鑑長編》，第 12 冊第 6981 頁。

一日，兄大宋皇帝致書於弟大契丹聖文神武睿孝皇帝闕下。"（第176頁）壽聖節爲英宗誕節，嘉祐八年（1063）八月二十三日建節。治平三年正月十八日，契丹改國號爲大遼。文中"契丹皇太后"指遼興宗皇后蕭撻里，"契丹皇帝"指遼道宗。宋英宗與遼道宗相當於兄弟關係。此二文當作於治平元年至三年中某年之正月，姑繫於此。按，《宋大詔令集》此二文開頭均爲"正月日"。壽聖節在正月三日，宋廷不可能正月一日提前發表回契丹國書，故當以《宋大詔令集》爲是。

草《賜皇叔襄陽郡王允良生日禮物口宣》。

趙允良治平元年五月改封襄陽郡王，至四年三月去世，未再改封王爵，其生日在十二月。本集卷三一有《賜皇叔襄陽郡王允良生日禮物口宣》，此文當作於治平元年至三年間某年十二月，姑繫於此。

草《賜皇長子潁王頊生日禮物口宣》。

趙頊治平元年六月五日進封潁王，三年十二月二十二日立爲皇太子，其生日在四月十日。本集卷三一有《賜皇長子潁王頊生日禮物口宣》，此文當作於治平二年或三年四月十日之前，姑繫於此。

英宗治平四年丁未（1067），四十九歲

在汴京。拜翰林學士承旨。有詩九首、文八十九篇，約可繫文二十五篇。

正月十九日，以神宗即位推恩，遷朝請大夫、給事中。

《神道碑》云："自起居舍人四遷爲給事中。"（第138頁）韓維《翰林學士兼端明殿學士翰林侍讀學士右諫議大夫知制誥充史館修撰王珪可朝請大夫給事中依前充翰林學士兼端明殿學士翰林侍讀學士知制誥充史館修撰加食實封二百户……》制云："敕：朕遭家不造，賴士大夫之力，獲保宗廟，以臨海内。大賚之澤既周洽矣，而吾侍從之臣顧可以勿褒乎？具官某，直諫可風，亮節是式。底其忠嘉，績用休茂。見器昭考，以屬朕躬。故於嗣位之始，加厚寵秩。所以推先志，示隆禮也。若夫讜言忠謀以佐不逮，則朕之

所虛宁而俟也，往其懋哉。可。"[1]《宋史》卷一四《神宗本紀一》云：治平"四年正月丁巳，英廟崩，帝即皇帝位。戊午，赦天下常赦所不原者。……戊辰，……群臣進秩有差"[2]。丁巳、戊午、戊辰分別爲八日、九日、十九日。據韓維制詞來看，王珪當是於治平四年正月十九日神宗即位後推恩百官時遷朝請大夫、給事中。

草《曹佾授檢校太傅同中書門下平章事加食邑實封制》《賜昭德軍三軍將吏僧道百姓等除曹佾爲本鎮節度使示諭敕書》。

《宋史》卷一四《神宗本紀一》載治平四年正月戊辰，"曹佾改昭慶軍節度使、檢校太傅"，"三月壬子，曹佾加檢校太尉兼侍中"[3]。戊辰爲十九日，壬子爲四日。《宋會要》儀制三之三一云：治平四年"三月六日，新除昭德軍節度使、兼侍中曹佾大赦後繫書令在富弼之上"[4]。本集卷三七有《曹佾授檢校太傅同中書門下平章事加食邑實封制》，卷二四有《賜昭德軍三軍將吏僧道百姓等除曹佾爲本鎮節度使示諭敕書》。後一文云："朕以曹佾地處戚藩，位聯台鼎。適紹休於邦祚，爰更寵於節旄。載惟昭德之封，實均全晉之奧。肇有定命，良慰輿懷。今特授曹佾檢校太尉，依前同中書門下平章事、充景靈宮使、行潞州大都督府長史、充昭德軍節度、潞州管內觀察處置等使，加食邑七百户、食實封三百户，散官、勳、封如故。"（第 173 頁）此文又見《宋大詔令集》卷一八九，題作《曹佾授昭德軍節度使賜本鎮敕書》，題下注"治平"，其中"檢校太尉"作"檢校太傅"[5]。蓋曹佾治平四年正月十九日除昭德軍節度使、檢校太傅，三月四日加檢校太尉兼侍中。《宋史·神宗本紀一》誤"昭德軍"爲"昭慶軍"。後一文中未提及加檢校太尉、兼侍中事，故當以《宋大詔令集》之"檢校太傅"爲是。

---

[1] 韓維《南陽集》卷一八，景印文淵閣《四庫全書》，第 1101 冊第 679 頁。

[2] 脫脫等《宋史》，第 2 冊第 264 頁。

[3] 脫脫等《宋史》，第 2 冊第 264、265 頁。

[4] 劉琳等校點《宋會要輯稿》，第 4 冊第 2346 頁。

[5] 司義祖整理《宋大詔令集》，第 691 頁。

草《賜集慶軍三軍將吏僧道百姓等除皇伯宗諤爲本鎮節度使示諭敕書》《皇伯宗諤授光禄大夫檢校尚書左僕射同中書門下平章事虢國公集慶軍節度使加封邑制》。

  《宋史》卷一四《神宗本紀一》云：治平四年正月戊辰，“宗諤同中書門下平章事，改集慶軍節度使、檢校尚書左僕射”[1]。戊辰爲十九日。本集卷二五有《賜集慶軍三軍將吏僧道百姓等除皇伯宗諤爲本鎮節度使示諭敕書》，卷三七有《皇伯宗諤授光禄大夫檢校尚書左僕射同中書門下平章事虢國公集慶軍節度使加封邑制》。此二文又見《宋大詔令集》卷一八八、卷四二，分別題作《皇伯宗諤授集慶軍節度使賜本鎮敕書》《皇伯宗諤授光禄大夫檢校尚書左僕射同中書門下平章事虢國公集慶軍節度使加食邑實封制》，後一文題下注“神宗即位”[2]。前一文云：“今特授宗諤光禄大夫、檢校尚書左僕射、同中書門下平章事、使持節亳州諸軍事、亳州刺史、虢國公、充集慶軍節度、亳州管内觀察處置河堤等使，加食邑七百户、食實封三百户，勳、封如故。”（第 179 頁）

草《賜皇弟樂安郡王頵告敕口宣》《皇弟頵授光禄大夫依前檢校太尉同中書門下平章事充武勝軍節度使進封樂安郡王加封邑制》《賜武勝軍三軍將吏僧道百姓等除皇弟頵爲本鎮節度使示諭敕書》。

  《宋史》卷一四《神宗本紀一》云：治平四年正月戊辰，“鄂國公頵進封樂安郡王”[3]。戊辰爲十九日。《宋會要》帝系一之三七載趙頵治平“四年正月，加檢校太尉、同中書門下平章事、武勝軍節度使，封樂安郡王”[4]。本集卷三二有《賜皇弟樂安郡王頵告敕口宣》，卷三七有《皇弟頵授光禄大夫依前檢校太尉同中書門下平章事充武勝軍節度使進封樂安郡王加封邑制》，卷二五有《賜武勝軍三軍將吏僧道百姓等除皇弟頵爲本鎮節度使示諭敕書》。第二、第三文又見《宋大詔令集》卷二七、卷一八九，分別題作《皇弟頵授光禄大夫依前檢校太尉同中書門下平章事充武勝軍節度使進封樂安郡王加

---

[1]脱脱等《宋史》，第 2 册第 264 頁。
[2]司義祖整理《宋大詔令集》，第 223 頁。
[3]脱脱等《宋史》，第 2 册第 264 頁。
[4]劉琳等校點《宋會要輯稿》，第 1 册第 25 頁。

勳食邑實封制》《皇弟頵授武勝軍節度使賜本鎮敕書》，後者題下注"治平四年"[1]。第一文云："朕肇纂丕圖，遍澤群位。申言同氣之愛，難徇終喪之情。"（第 225 頁）第三文云："今特授頵光禄大夫、依前檢校太尉、同中書門下平章事、使持節鄧州諸軍事、鄧州刺史、充武勝軍節度、鄧州管内觀察處置等使，進封樂安郡王，加食邑七百户、食實封四百户，勳、封如故。"（第 179 頁）

草《郝質授殿前都指揮使安武軍節度使加封邑制》《賜安武軍三軍將吏僧道百姓等除郝質爲本鎮節度使示諭敕書》。

本集卷三七有《郝質授殿前都指揮使安武軍節度使加封邑制》；此文又見《宋大詔令集》卷一〇一，題作《郝質授殿前都指揮使安武軍節度使加勳食邑實封制》；又見《宋文鑑》卷三五，題作《除郝質殿前都指揮使安武軍節度使加勳食邑實封制》。文中云："肇臨發政之辰，首下頒朝之命。"（第 273 頁）本集卷二五有《賜安武軍三軍將吏僧道百姓等除郝質爲本鎮節度使示諭敕書》；此文又見《宋大詔令集》卷一八九，題作《郝質授武安軍節度賜本鎮敕書》，題下注"嘉祐"[2]。文中云："朕以郝質秉將鉞之雄，總禁屯之重，屬受圖於帝極，更拜節於師壇。""今特授郝質檢校尚書左僕射、使持節冀州諸軍事、冀州刺史兼御史大夫、充殿前都指揮使、安武軍節度、冀州管内觀察處置等使，加上柱國、食邑七百户、食實封三百户，功臣、散官、勳、封如故。"（第 179 頁）《東都事略》卷八四《郝質傳》云："神宗即位，遷殿前都指揮使，徙鎮安武。"[3]則郝質很可能於治平四年正月十九日神宗即位後推恩百官時授殿前都指揮使、安武軍節度使，姑繫於此。《宋大詔令集》第二文文題誤"安武軍"爲"武安軍"。

草《曾公亮授門下侍郎兼吏部尚書依前同中書門下平章事進封英國公加封邑功臣制》。

《宋史》卷一四《神宗本紀一》云：治平四年正月戊辰，"曾公亮行門

---

[1]司義祖整理《宋大詔令集》，第 691 頁。

[2]司義祖整理《宋大詔令集》，第 691 頁。

[3]王稱撰，孫言誠、崔國光點校《東都事略》，第 704 頁。

下侍郎兼吏部尚書，進封英國公”[1]。戊辰爲十九日。本集卷三七有《曾公亮授門下侍郎兼吏部尚書依前同中書門下平章事進封英國公加封邑功臣制》；此文又見《宋文鑑》卷三五，題作《除曾公亮門下侍郎兼吏部尚書進封英國公制》；又見《宋大詔令集》卷六一，題作《曾公亮除門下侍郎兼吏部尚書依前同中書門下平章事進封英國公加食邑實封功臣制》，題下注“治平四年”[2]。

草《皇伯祖承亮授檢校工部尚書榮國公感德軍節度使加封邑制》。

本集卷三七有《皇伯祖承亮授檢校工部尚書榮國公感德軍節度使加封邑制》；此文又見《宋文鑑》卷三五，題作《除皇伯祖承亮授檢校工部尚書榮國公感德軍節度使制》；又見《宋大詔令集》卷四二，題作《皇伯祖承亮授檢校工部尚書榮國公感德軍節度使加食邑實封制》。文中云：“按戊午之新澤，合南陽之近親。”（第276頁）趙承亮爲趙廷美之孫、趙德雍之子，《宋史》卷二四四有傳。“戊午之新澤”當指治平四年正月九日戊午，神宗即位後赦天下常赦所不原者。趙承亮授官當在正月十九日神宗即位後推恩百官時。

正月二十一日，有《内中福寧殿英宗二七水陸道場齋文》。

本集卷一六有《内中福寧殿英宗二七水陸道場齋文》。英宗正月八日薨，二七當在二十一日。

正月二十五日，奉命與張茂則覆按英宗山陵地圖。

《宋會要》禮二九之四七載治平四年正月九日，命“入内副都知李繼和爲山陵按行使，帶御器械李若愚副之”，“二十五日，按行使李繼和等上所按地圖，命翰林學士王珪、入内内侍省副都知張茂則覆按之”[3]。

是月，有《英宗皇帝挽詞五首》。

《長編》卷二〇九云：治平四年正月“丁巳，帝崩於福寧殿”[4]。丁巳爲

---

[1]脱脱等《宋史》，第2冊第264頁。

[2]司義祖整理《宋大詔令集》，第304頁。

[3]劉琳等校點《宋會要輯稿》，第3冊第1346、1347頁。

[4]李燾撰，上海師範大學古籍整理研究所、華東師範大學古籍整理研究所點校《續資治通鑑長編》，第9冊第5073頁。

八日。武英殿聚珍本《華陽集》卷二有《英宗皇帝挽詞五首》[1]，清抄本胡宿《文恭集》卷二有《挽英宗皇帝詞》二首，文彥博《文潞公文集》卷八有《英宗皇帝挽詞》三首，張方平《樂全先生文集》卷三有《英宗皇帝挽辭五首》，韓琦《安陽集》卷四五有《英宗皇帝挽詞三首》，南宋刻本陳襄《古靈先生文集》卷四有《英宗皇帝挽詞二首》，曾鞏《元豐類稿》卷六有《英宗皇帝挽詞二首》，《司馬光集》卷一一有《英宗皇帝挽歌辭三首》，王安石《臨川先生文集》卷三五有《英宗皇帝挽辭二首》，朱長文《吳郡樂圃朱先生餘稿》卷五有《英宗皇帝挽詞五首》，當爲同時之作。按，《安陽集》卷三三《中書進英宗皇帝挽詞狀》云：“今諏辰云吉，遷坐有期，臣等啜泣悼心，各著成挽詞三首，願假執綍者，以發揚其攀號痛慕之情。”[2]可知王珪等人當是奉詔撰英宗挽詞。

草《賜李璋免恩命不允詔》。

本集卷一八有《賜李璋免恩命不允詔》，云：“朕踐祚之始，澤及四遐。矧予親賢，守在藩寄。豈無褒寵，庸答爾勞？毋或固辭，以格成命。”（第 128 頁）英宗即位時，李璋在京任殿前副都指揮使，而此云“踐祚之始”“守在藩寄”，則此文當作於治平四年正月十九日神宗即位推恩百官之後。

草《賜鎮海軍節度使同中書門下平章事富弼生日進馬詔二道》其二。

本集卷二一有《賜鎮海軍節度使同中書門下平章事富弼生日進馬詔二道》，其一當作於治平三年正月，其二當作於治平四年正月，參治平三年譜。

草《賜宰臣韓琦免恩命不允手詔》。

《宋宰輔編年錄》卷五記韓琦治平“二年正月，除守司空兼侍中”[3]，當誤。《宋史》卷一四《神宗本紀一》云：治平四年正月“戊辰，以韓琦守司空兼侍中”[4]。戊辰爲十九日。《東都事略》卷八《神宗本紀》所記同。《東都事略》卷六九、《宋史》卷三一二《韓琦傳》，《名臣碑傳琬琰集》中集卷

---

［1］參王珪《華陽集》，《叢書集成初編》，第 14 頁。
［2］韓琦著，李之亮、徐正英校箋《安陽集編年箋注》，第 1013 頁。
［3］徐自明撰，王瑞來校補《宋宰輔編年錄校補》，第 1 冊第 339 頁。
［4］脫脫等《宋史》，第 2 冊第 264 頁。

四八李清臣《韓忠獻公琦行狀》、上集卷一宋神宗《兩朝顧命定策元勳之碑》，韓忠彥《韓魏公家傳》卷六等皆記韓琦除守司空兼侍中在神宗即位後之治平四年正月，後者並録有制詞、韓琦辭免劄子及神宗手詔。本集卷二一有《賜宰臣韓琦免恩命不允手詔》，云："省所上劄子，陳避司空兼侍中事，具悉。"（第150頁）此文當作於治平四年正月十九日之後。按，此文文字與《韓魏公家傳》所録神宗手詔略有不同。韓琦《安陽集》卷三四有《丁未春辭免司空兼侍中劄子》《丁未春辭免司空兼侍中第二劄子》《丁未春辭免司空兼侍中第三劄子》。

草《賜樞密使文彥博免恩命不允手詔》。

《宋史》卷一四《神宗本紀一》載治平四年正月戊辰，以"文彥博行尚書左僕射、檢校司徒兼中書令"[1]。戊辰爲十九日。本集卷二一有《賜樞密使文彥博免恩命不允手詔》，云："省所累上劄子，奏乞罷左僕射恩命事，具悉。"（第151頁）此文當作於正月十九日之後。

草《賜皇伯使相宗諤免恩命第一表不允批答》《賜皇伯宗諤免恩命第二表不允斷來章批答》《賜皇伯集慶軍節度使同中書門下平章事宗諤乞罷赴中書禮上允詔》。

本集卷二七有《賜皇伯使相宗諤免恩命第一表不允批答》《賜皇伯宗諤免恩命第二表不允斷來章批答》，卷二一有《賜皇伯集慶軍節度使同中書門下平章事宗諤乞罷赴中書禮上允詔》。第一文云："朕猥以眇沖，膺於統序。肇臨庶政，先録近親。"第二文云："屬予踐祚之初，首沛合親之澤。"（第198頁）趙宗諤治平四年正月十九日授檢校尚書左僕射、同中書門下平章事、集慶軍節度使，此三文當作於正月十九日之後，姑繫於此。

草《賜吳奎免恩命不允斷來章批答》。

本集卷二七有《賜吳奎免恩命不允斷來章批答》，云："朕肇親邦務，尊用弼臣。矧曰舊人之良，實爲先帝所睠。向居喪制，不可奪情。茲復政常，猶且避寵。"（第196頁）按，吳奎嘉祐七年（1062）三月八日拜樞密副使，治平元年十一月二十七日以丁父憂罷，四年正月十七日服闋復拜樞密副

---

[1] 脱脱等《宋史》，第2冊第264頁。

使，三月二十五日拜參知政事。體會文意，此文當作於治平四年正月十七日之後。

草《賜使相曹佾免恩命第一表不允批答》《賜曹佾免恩命第二表不允斷來章批答》。

本集卷二七有《賜使相曹佾免恩命第一表不允批答》《賜曹佾免恩命第二表不允斷來章批答》。前一文云："朕纂大位，而推恩之及天下也，不敢遺遐外之臣，況國之親賢乎？戊辰之制，已布在廷。其勉承之，毋廢朕之新命。"（第197頁）"戊辰之制"當指治平四年正月十九日戊辰曹佾授昭德軍節度使、檢校太傅，則此二文當作於正月十九日之後，姑繫於此。

草《賜皇弟樂安郡王頵免恩命第一表不允批答》《賜皇弟樂安郡王頵免恩命第二表不允批答》。

本集卷二七有《賜皇弟樂安郡王頵免恩命第一表不允批答》《賜皇弟樂安郡王頵免恩命第二表不允批答》。趙頵治平四年正月十九日授檢校太尉、同中書門下平章事、武勝軍節度使，進封樂安郡王，則此二文當作於正月十九日之後，姑繫於此。

草《賜郝質免恩命不允批答》《賜安武軍節度使郝質免恩命第一表不允批答》。

本集卷二八有《賜郝質免恩命不允批答》《賜安武軍節度使郝質免恩命第一表不允批答》。前一文又見《宋文鑑》卷三三，云："國家提萬兵之勁，萃之畿中；謀元帥之良，護於巖下。矧卿嘗從征伐之事，加有宿衛之勤，宜授鉞於師壇，總環宮之夜柝。"（第203頁）後一文云："朕賴天之靈，獲主宗廟。踐祚之始，大賚庶方。時維虎臣，提甲巖下，豈不夙夜寔有厥勞？"（第205頁）此二文當作於治平四年正月十九日郝質授殿前都指揮使、安武軍節度使之後。

草《都亭驛賜大遼皇帝賀正旦壽聖節人使宴花酒果口宣》。

本集卷三一有《都亭驛賜大遼皇帝賀正旦壽聖節人使宴花酒果口宣》，云："歲更芳律，邦集善祥。眷奉聘之有儀，已經筵之在館。"（第223頁）壽聖節爲英宗誕節，在正月三日。治平三年正月十八日，契丹改國號爲大遼，而英宗薨於治平四年正月八日。則此文當作於治平四年正月三日之前。

草《撫問修山陵所殿前副都指揮使郝質已下兼賜湯藥口宣》。

　　本集卷三二有《撫問修山陵所殿前副都指揮使郝質已下兼賜湯藥口宣》。郝質治平元年八月授殿前副都指揮使，四年正月十九日授殿前都指揮使，可知郝質等所修山陵爲英宗永厚陵，此文當作於治平四年正月八日英宗薨之後、十九日郝質授殿前都指揮使之前。

草《寶安公主進封舒國長公主制》。

　　本集卷三七有《寶安公主進封舒國長公主制》，此文又見《宋大詔令集》卷三七。寶安公主爲英宗第二女。《宋會要》帝系八之二七云：“魏國大長公主。嘉祐八年五月封寶安。治平四年正月，進封舒國長公主。”[1]

草《皇長女徐國公主進封陳國長公主制》。

　　本集卷三七有《皇長女徐國公主進封陳國長公主制》；此文又見《宋大詔令集》卷三七，題作《徐國公主進封陳國長公主制》，題下注“神廟”[2]。“皇長女”指英宗長女。《宋會要》帝系八之二六云：“魏、楚國大長公主。嘉祐八年五月封德寧。治平三年五月，進封徐國，降左衛將軍王師約。四年正月，進封陳國長公主。”[3]

草《順國長公主進封冀國大長公主制》。

　　本集卷三七有《順國長公主進封冀國大長公主制》；此文又見《宋大詔令集》卷三七，題下注“神廟，仁宗十二女”[4]。《宋會要》帝系八之二五云：“燕、舒國大長公主。嘉祐六年三月封寶壽。八年五月，進封順國長公主。治平四年正月，進封冀國大長公主。”[5]

二月九日，草《李日尊進封南平王加封邑制》。

　　本集卷三七有《李日尊進封南平王加封邑制》；此文又見《宋大詔令集》卷二三八，題作《李日尊進封南平王加食邑實封制》。《宋史》卷一四《神宗

---

[1] 劉琳等校點《宋會要輯稿》，第 1 冊第 192 頁。
[2] 司義祖整理《宋大詔令集》，第 196 頁。
[3] 劉琳等校點《宋會要輯稿》，第 1 冊第 191 頁。
[4] 司義祖整理《宋大詔令集》，第 196 頁。
[5] 劉琳等校點《宋會要輯稿》，第 1 冊第 191 頁。

本紀一》云：治平四年二月“戊子，進封交阯郡王李日尊爲南平王”[1]。戊子爲九日。

二月二十一日，言覆定陵地如初按。

《宋會要》禮二九之五〇云：治平四年二月“二十一日，王珪等言覆定陵地如初按。從之”[2]。

三月八日，草《賜歐陽修乞退不允批答》。

本集卷二六有《賜歐陽修乞退不允批答》，云：“前日御史加非於卿，朕惟其辭甚悖於義理之文，今讒者放而疑者釋，卿猶欲以去位，豈朕所望焉？”（第190頁）按，治平四年正月，殿中侍御史裏行蔣之奇、御史中丞彭思永以“帷薄”事誣告參知政事歐陽修；三月四日，蔣、彭二人被貶；五日，敕榜朝堂，昭示歐案虛妄；二十四日，歐陽修罷參知政事、出知亳州。[3]歐陽修《表奏書啓四六集》卷四有《乞罷政事第二表》《乞罷政事第三表》，前者即此文批答對象，後者云：“臣近再上表，乞解政事，除一外郡差遣，奉今月八日批答，所乞宜不允者。”[4]

是月，草《賜檢校太尉兼侍中曹佾免恩命第一表不允口宣》《賜曹佾免恩命第二表不允斷來章口宣》《賜檢校太尉兼侍中曹佾免恩命第二劄子不允詔》。

本集卷二九有《賜檢校太尉兼侍中曹佾免恩命第一表不允口宣》《賜曹佾免恩命第二表不允斷來章口宣》，卷二一有《賜檢校太尉兼侍中曹佾免恩命第二劄子不允詔》。第三文云：“朕纂祖之休，顧義爲天下重；繩民以化，知孝於人道先。故懽然有恩，以交乎中；必渙然有文，以施乎外。”（第146頁）此三文當作於治平四年三月四日曹佾加檢校太尉兼侍中之後。

草《賜參知政事吳奎免恩命劄子不允詔》。

《長編》卷二〇九云：治平四年三月“癸酉，樞密使、禮部侍郎吳奎參

---

[1] 脱脱等《宋史》，第2冊第264頁。按，《宋會要》蕃夷四之三五載“神宗熙寧元年十一月二十六日，交阯郡王李日尊上表”云云，不確，是時當稱李日尊爲“南平王”。

[2] 劉琳等校點《宋會要輯稿》，第3冊第1347頁。

[3] 參劉德清《歐陽修紀年錄》，第412~416頁。

[4] 歐陽修著，李逸安點校《歐陽修全集》，第4冊第1372頁。

知政事"[1]。癸酉爲二十五日。《宋史》卷二一一《宰輔表二》、《宋宰輔編年録》卷七等均載吳奎自樞密副使拜參知政事，可知《長編》所記不確。吳奎任參知政事僅六月，九月二十六日辛丑罷。[2]本集卷二二有《賜參知政事吳奎免恩命劄子不允詔》，此文當作於治平四年三月二十五日之後。

草《賜歐陽修再乞退第三表不允斷來章批答》。

本集卷二七有《賜歐陽修再乞退第三表不允斷來章批答》，云："朕臨位未久，悼道弗明。方倚大臣同心之謀，以經千載不世之治。而卿數懷欲去之計，自嗜獨高之風，豈不念先帝委政之甚勤，又將詒冲人遇賢之靡篤？"（第194頁）此文批答對象爲歐陽修《表奏書啓四六集》卷四《乞罷政事第三表》，當作於治平四年三月八日神宗批答歐陽修《乞罷政事第二表》之後、二十四日歐陽修罷參知政事之前。

閏三月十一日，草《賜樞密使文彦博乞罷節度使公使錢獎諭詔》。

《長編》卷二〇九載治平四年閏三月己丑，"樞密使、永興軍節度使文彦博言：'蒙賜本鎮公使錢三分之一，向因奏事略具陳述，蓋樞府無燕犒之費，公錢無虛受之理，伏望寢罷。仍乞自今樞密使領節度使准此。'從之。舊例，在京公使錢，惟宗室減一半，管軍三分給一，餘悉罷。後增樞密使例，至是因彦博辭而罷之"[3]。己丑爲十一日。本集卷二〇有《賜樞密使文彦博乞罷節度使公使錢獎諭詔》，云："省中書准樞密院劄子奏，卿因進呈宗室公使錢文字，嘗言'樞密使帶節度使，不當例受公使錢，今檢去年八月臣所奏劄子上進，伏望許從寢罷'事。朕日財萬幾，晨訪近輔。而卿因録先朝之奏草，載辭舊府之公錢，乃謂，'在外則有犒軍師之常，在内則無享賓僚之事，顧敢受於私室？願悉還於縣官。'"（第142頁）按，文彦博《文潞公文集》卷三五有《辭免公使錢劄子》，明嘉靖五年（1526）刻本《文潞公文集》

---

[1] 李燾撰，上海師範大學古籍整理研究所、華東師範大學古籍整理研究所點校《續資治通鑑長編》，第9冊第5082頁。

[2] 參徐自明撰，王瑞來校補《宋宰輔編年録校補》，第2冊第360頁。按，《東都事略》卷八《神宗本紀》，《宋史》卷一四《神宗本紀一》、卷二一一《宰輔表二》等亦載吳奎治平四年九月辛丑罷參知政事，惟《宋會要》職官七八之二一謂其治平四年八月二十四日罷參知政事，當誤。

[3] 李燾撰，上海師範大學古籍整理研究所、華東師範大學古籍整理研究所點校《續資治通鑑長編》，第9冊第5085頁。

此文題下注"治平四年"[1]。

閏三月十六日,奉命堂祭趙允良,有《贈太師定王允良堂祭文》。

《宋會要》帝系三之一一一云:"[皇]叔祖寧海平江軍節度使、守太保、兼中書令、襄陽郡王允良,治平四年閏三月贈太師、尚書令、定王。"[2]張方平《贈太師尚書令兼中書令追封定王墓誌銘》云:"治平四年三月二十六日甲戌薨,享年五十有五。……閏三月甲午,茲塗於正寢之西楹。八月癸酉,英宗龍輴西引,從葬於河南永安先王之塋,英國夫人張氏祔焉。"[3]甲午為十六日,癸酉為二十七日。本集卷四七有《贈太師定王允良堂祭文》,云:"維治平四年歲次丁未,月日,皇帝遣某官致祭於故太師、尚書令兼中書令、定王允良之靈。惟王生於帝家,世大而昌。將牙軒軒,相紳煌煌。遠轡之馳,中麇用傷。鳴佩不來,奄塗於堂。"(第345頁)王珪奉命堂祭趙允良當在治平四年閏三月十六日。

閏三月十七日,有《英宗開啓百日道場疏》。

本集卷一五有《英宗開啓百日道場疏》。英宗薨於治平四年正月八日,其百日祭在閏三月十七日。

閏三月二十六日,草《宣召翰林學士司馬光入院口宣》。

《學士年表》載司馬光治平四年"閏三月,以龍圖閣直學士、右諫議大夫兼侍講拜。四月,除權御史中丞,罷。九月,復拜"[4]。《長編》卷二〇九載治平四年閏三月甲辰,"龍圖閣直學士、知蔡州呂公著,龍圖閣直學士兼侍講司馬光,並為翰林學士。光累奏固辭,不許。上面諭光曰:'古之君子,或學而不文,或文而不學,惟董仲舒、揚雄兼之。卿有文學,尚何辭!'光曰:'臣不能為四六。'上曰:'如兩漢制詔可也。'光曰:'本朝事不可。'上曰:'卿能舉進士高等,而不能為四六,何也?'光趨出,上遣內侍至閤門強光受告,光拜而不受,詔趣光入謝,光入至庭中猶固辭,詔以告置光懷

[1]文彥博《文潞公文集》,《宋集珍本叢刊》,綫裝書局2004年影印本,第5冊第427頁。
[2]劉琳等校點《宋會要輯稿》,第1冊第80頁。
[3]張方平《樂全先生文集》卷三八,《宋集珍本叢刊》,第6冊第196頁。
[4]佚名《學士年表》,《翰學三書》,第1冊第94頁。

中，光不得已乃受"[1]。甲辰爲二十六日。本集卷三〇有《宣召翰林學士司馬光入院口宣》，云："卿才思穎華，風規端劭。久侍露門之講，兼紬廣內之書。器業足以輔皇猷，文章足以潤天藻。宜與禁除之召，益光賢蘊之修。"（第217頁）體會文意，此文當作於閏三月二十六日司馬光拜翰林學士當日。

是月，詳定館職罷試詩賦。

《宋會要》職官一八之三云："神宗治平四年（即位未改元。）閏三月，御史吳申言：'竊見先朝宰相韓琦等所薦十人試館職，而開封府界提點陳汝羲別以奏對稱旨，亦與試，漸至冗濫。兼所試止於詩賦，非經國治民之急。乞參用兩制薦舉，仍策以經史及世務，勿用詩賦。'詔兩制詳定以聞。其後翰林學士王珪等言宜罷詩賦，如申言。乃詔自今館職試論一首、策一道。"[2]《宋會要》選舉三一之三六、《長編》卷二〇九治平四年閏三月己丑、陳俱《麟臺故事》卷三《選任》等亦載此事，但謂王珪時任翰林學士承旨，當誤，王珪遷翰林學士承旨在治平四年九月。

四月十七日，草《賜宰臣韓琦不赴文德殿立班待罪不允手詔》《賜宰臣曾公亮不赴文德殿立班待罪不允手詔》。

《續資治通鑑長編拾補》（以下簡稱"《長編拾補》"）卷一云：治平四年四月，"先是，御史臺以狀申中書云：'檢會《皇祐編敕》，應正衙常朝及橫行，並須宰相立班。常朝日，輪宰相一員押班；尋常多據贊引官稱宰臣，更不過來。竊慮上項《編敕》儀制別有衝替，更不行用，伏乞明降指揮。'時閏三月己丑也。……中書不報。辛酉，中丞王陶因以狀白宰相，云天子新即位，不應隳廢朝儀。又不報。陶遂劾奏韓琦、曾公亮不臣，至引霍光、梁冀等事爲喻，斥韓琦驕主之色過於霍光；且言欲保全琦族，故劾奏之"。"甲子，韓琦、曾公亮再上表待罪，詔答不允，仍斷來章。"又引《續資治通鑑長編紀事本末》原注云："琦再上表，據琦《集》及王珪答詔。"[3]己丑、辛酉、甲子分別爲十一日、十四日、十七日。本集卷一八有《賜宰臣韓琦不赴

[1]李燾撰，上海師範大學古籍整理研究所、華東師範大學古籍整理研究所點校《續資治通鑑長編》，第9冊第5088頁。

[2]劉琳等校點《宋會要輯稿》，第6冊第3472頁。

[3]黃以周等輯注，顧吉辰點校《續資治通鑑長編拾補》，中華書局2004年版，第1冊第2頁。

文德殿立班待罪不允手詔》《賜宰臣曾公亮不赴文德殿立班待罪不允手詔》；
前一文又見《宋文鑑》卷三一，題作《賜宰臣韓琦不赴文德殿立班待罪不允
詔》。韓琦所作二表見《安陽集》卷二九《丁未因中丞彈不赴文德殿常朝待
罪第一表》《丁未因中丞彈不赴文德殿常朝待罪第二表》。

是月，有《奏乞李柬之致仕增俸劄子》。

《宋會要》職官七七之五四云："治平四年四月，李柬之致仕"[1]。本集卷
八有《奏乞李柬之致仕增俸劄子》，云："臣等伏見太子少保致仕李柬之久在
經筵，今引年得謝，而清風孤節，可以表厲朝廷。臣等竊聞，致仕官月俸例
給見錢一分，柬之之歸，族大而家最貧，恐不能以自給。又故事，經筵之臣
出外，皆有所賜，而近歲未有致仕之例，亦恐不沾。並望宸慈特出異恩，以
稱優遇耆學之意。"（第59頁）

草《賜臺諫官詔》。

《宋史》卷二九〇《郭逵傳》云："治平二年，以檢校太保同簽書樞密
院，旋出領陝西宣撫使，判渭州。逵雖立軍功，而驟躋政地，議者不厭，諫
官、御史交論之，不聽。神宗即位，遷靜難軍留後，召還。言者復力爭，乃
改宣徽南院使、判鄆州。"[2]《宋宰輔編年錄》卷七載治平四年九月癸卯，郭
逵罷同簽書樞密院事，改宣徽南院使、判鄆州。又云："逵自治平三年四月
除同簽書樞密院事，是年九月罷，在樞府幾二年。逵久而終未諧於簽書，出
爲陝西四路沿邊宣撫使判渭州，嘗有軍功，而驟躋政地，言者交論之。不
聽。神宗即位，遷靜難軍節度觀察留後，召還赴闕。陶等嘗力諫，上以劄諭
陶等曰：'先朝舊臣，雖士論未洽，然在位已逾數月，後因西賊寇邊，即遣
宣撫。逮至軍中，處事平允。今遽罷之，是先帝有任人之失。身爲人子，必
不可彰父之過，寧負暗於知人之責耳。'其後御史張紀、唐淑問言：'逵自進
用以來，人言至今不息，況聞王陶親奉德音，中外側耳以俟聖斷。若用范仲
淹兩府出使例，落簽書且在陝西任使，於逵亦未爲損。'趙抃爲諫官，又言：

---

[1] 劉琳等校點《宋會要輯稿》，第9冊第5169頁。
[2] 脫脫等《宋史》，第28冊第9724頁。按，郭逵拜同簽書樞密院時間，《長編》卷二〇八、《東都
事略》卷七《英宗本紀》、《宋史》卷二一一《宰輔表二》、《宋宰輔編年錄》卷六等均繫於治平三
年四月庚戌；《宋史·郭逵傳》繫於治平二年，不確。

'遽簽書，誠不允公議。到闕未旬，星變地震，深秋雷電，白晝氛霾，不可不罷。'而遽亦屢乞補郡，故有是命。"[1]癸卯爲二十八日。《宋史全文》卷一〇繫神宗以手劄諭王陶等於治平四年四月。王陶治平四年三月爲右諫議大夫、權御史中丞[2]，四月十九日丙寅遷翰林學士[3]。本集卷二二有《賜臺諫官詔》，此文又見《宋大詔令集》卷一九四，云："樞密，本兵之府也。在祖宗時，固嘗得勳勞親信之武臣而參用之。日者先帝用郭遽，蓋有意乎此也。今臺諫官爭言遽不宜在執政之地，朕嘗熟復於懷，以一言之譽進之，以一言之毀退之，豈朝廷篤於用人之意邪？至引德宗之黜常衮，憲宗之貶韋執誼，豈不傷先帝知人之明，使朕亦踧踖而靡安也？夫言而不闊於情，體諸朝廷之宜而易行，朕何憚而不從？毋爲徒紛紛也，其審朕言，毋忽。"（第159~160頁）此文當作於治平四年四月。

草《賜宰臣韓琦乞退第一表不允批答》《賜韓琦乞退第三表不允斷來章批答》《賜宰臣韓琦乞退第三表不允詔》。

　　韓琦爲相期間曾六次主動上疏求退。第一次是嘉祐八年（1063）春，所上表章不存[4]；第二次是治平元年冬，《安陽集》卷二八有《甲辰冬乞罷相第一表》《甲辰冬乞罷相第二表》《甲辰冬乞罷相第三表》，卷三四有《甲辰冬乞罷相劄子》《甲辰冬乞罷相第二劄子》《甲辰冬乞罷相第三劄子》《甲辰冬乞罷相第四劄子》《甲辰冬乞罷相第五劄子》；第三次是治平二年夏，《安陽集》卷二八有《乙巳夏乞罷相第一表》《乙巳夏乞罷相第二表》《乙巳夏乞罷相第三表》，卷三四有《乙巳乞罷相劄子》；第四次是治平二年冬，《安陽集》卷二八有《乙巳冬乞罷相第一表》《乙巳冬乞罷相第二表》《乙巳冬乞罷相第三表》，卷三四有《乙巳冬乞罷相劄子》《乙巳冬乞罷相第二劄子》《乙巳冬乞罷相第三劄子》《乙巳冬乞罷相第四劄子》《乙巳冬乞罷相第五劄子》；第

---

[1]徐自明撰，王瑞來校補《宋宰輔編年錄校補》，第2冊第374~375頁。

[2]參李燾撰，上海師範大學古籍整理研究所、華東師範大學古籍整理研究所點校《續資治通鑑長編》卷二〇九，第9冊第5078頁。

[3]參黃以周等輯注，顧吉辰點校《續資治通鑑長編拾補》，第1冊第3頁。

[4]《安陽集》卷三四《甲辰冬乞罷相第五劄子》云："去年春初，已曾上章，乞退便私。值先帝服藥，奄至上仙。陛下嗣承大統，未敢再入文字，遷延至此。"（韓琦著，李之亮、徐正英校箋《安陽集編年箋注》，第1028頁）

五次是治平四年夏,《安陽集》卷二八有《丁未夏乞罷相第一表》《丁未夏乞罷相第二表》《丁未夏乞罷相第三表》;第六次是治平四年秋,《安陽集》卷二八有《丁未秋乞罷相第一表》《丁未秋乞罷相第二表》,卷三四有《丁未秋乞罷相劄子》《丁未秋乞罷相第二劄子》《丁未秋乞罷相第三劄子》《丁未秋乞罷相第四劄子》。

本集卷二八有《賜宰臣韓琦乞退第一表不允批答》《賜韓琦乞退第三表不允斷來章批答》,卷二二有《賜宰臣韓琦乞退第三表不允詔》。第一文云:"維時上宰之賢,實乃先帝所遺。甄序群品,若衡倚平;詢質大疑,如龜獻兆。朕方積思於諒闇,委成於謨明。遽聞欲去之言,深駭無因而至。豈朕鬱於大道,未昭治亂之原?將卿保其成功,自潔進退之分?夙夜惟念,予心惘然。"第二文云:"卿位總百僚,而無曠工;事更紊朝,而無遺策。屬朕遭家多難,享國日淺。仗顧命之元老,寄皇圖於大治。而忽求自免,匪擇予聞。"(第207頁)第三文云:"今卿名蓋於四海,功施於三朝。乃曲徇自滿之戒,繼陳欲去之辭。"(第162頁)據"朕方積思於諒闇,委成於謨明。遽聞欲去之言,深駭無因而至"云云,可知第一文當作於治平元年冬或治平四年夏。《甲辰冬乞罷相第一表》云:"方求引罷,免玷弼諧。忽悲軒馭之登天,獲奉舜躬而受歷。永昭置使,既畢九虞。長樂復權,肇新獨斷。欲貢避賢之請,俄推進秩之恩。面謝之辰,言陳備極。愧冒塵之為久,加恤療之日增,止俟首冬,懇辭重柄。此愚誠之上叩,蓋睿聽之前知。"[1]可知韓琦治平元年冬上表乞退前已向英宗表達了求退之意,此與"遽聞欲去之言,深駭無因而至"之意有別。則第一文當作於治平四年夏,是針對韓琦《丁未夏乞罷相第一表》而作。據"功施於三朝"云云,可知第二、第三文當作於神宗朝。治平四年,韓琦曾兩次上章求退,一在夏,一在秋。據"忽求自免"云云,可知第二、第三文當作於治平四年夏,當是針對韓琦《丁未夏乞罷相第三表》而作。

《長編拾補》卷一云:治平四年四月"乙卯,初,御史中丞王陶等屢言韓琦自嘉祐末專執國柄,君弱臣強,乞行退罷。是日,陶遂極口詆琦,意謂必能逐去。既而上不許,陶始失望"。"乙丑,王陶入對,……又申中書,乞

---

[1]韓琦著,李之亮、徐正英校箋《安陽集編年箋注》,第905頁。

休韓絳、彭思永等例責降。韓琦亦屢請罷，不許，遂在告不出。”“壬申，追取吳奎青州告，詔對延和殿慰勞，使復爲參知政事，……於是，遣内侍張茂則賜琦手札曰：‘卿援立先帝，功在王府。自朕纂承，虛懷託賴，惟是同德，豈容閑言？昨王陶等所言，過爲誣訾。至於事理，朕所自明，但中丞屢斥，頗動朝議。欲除學士，意者示之美遷，其實使去言路。不謂卿亦有章表，遽然避位，是著朕之不德，益駭天下之聽。已處分王陶舊職出知陳州，乃君臣大義。卿其勿以爲嫌。國之休戚，卿當與朕共之。言發於誠，想宜知悉。’吳奎既復位，邵亢更以爲言，上手札諭亢曰：‘此無他，欲起堅卧者爾！’堅卧者，蓋指琦也。”[1]乙卯、乙丑、壬申分别爲八日、十八日、二十五日。韓忠彦《韓魏公家傳》卷六引神宗賜韓琦手札後云：“公乃入謝復位。”[2]可知韓琦治平四年夏上表求退是在四月。

草《賜天章閣待制知渭州蔡挺告敕銀器衣著並傳宣撫問口宣》。

《宋史》卷三二八《蔡挺傳》云：“神宗即位，加天章閣待制、知渭州。”[3]《長編》卷二三〇云：熙寧五年（1072）二月“丙寅，知渭州、龍圖閣直學士、右諫議大夫蔡挺爲樞密副使”。注云：“挺以治平四年四月，自慶徙渭，熙寧二年九月再任，五年二月召入。”[4]丙寅爲十六日。本集卷三〇有《賜天章閣待制知渭州蔡挺告敕銀器衣著並傳宣撫問口宣》，此文當作於治平四年四月。

五月，與范鎮共薦張唐英。

《長編拾補》卷一云：治平四年五月“甲辰，屯田員外郎張唐英爲殿中侍御史裏行。唐英，雙流人。初，英宗立，上《謹始書》言：‘爲人後者爲之子，恐他日有引定陶故事以惑聖聽者，願杜其漸。’既而臺諫官相次黜逐，故王珪、范鎮謂唐英有先見之明，共薦之”[5]。甲辰爲二十七日。彭百川《太平治迹統類》卷一二《神宗聖政》所記同。王珪、范鎮共薦張唐英當

---

[1]黄以周等輯注，顧吉辰點校《續資治通鑑長編拾補》，第1冊第1、3、9~10頁。

[2]韓琦著，李之亮、徐正英校箋《安陽集編年箋注》，第1826頁。

[3]脱脱等《宋史》，第30冊第10576頁。

[4]李燾撰，上海師範大學古籍整理研究所、華東師範大學古籍整理研究所點校《續資治通鑑長編》，第9冊第5600頁。

[5]黄以周等輯注，顧吉辰點校《續資治通鑑長編拾補》，第1冊第19頁。

在治平四年五月二十七日之前。按，張唐英（1026—1068），字次功，一作次公，自號黃松子，蜀州新津（今屬四川成都）人，張商英之兄，慶曆三年（1043）進士，官至殿中侍御史裏行，熙寧元年卒，年四十三，《宋史》卷三五一、《東都事略》卷一〇二有傳，生平事迹見杜大珪《名臣碑傳琬琰集》中集卷一四張商英《張御史唐英墓誌銘》、《成都文類》卷五〇張商英《寧魂》等，《全宋詩》卷六二〇録其詩二首、殘句一聯，《全宋文》卷一五三〇至卷一五三二收其文三卷。

預資善堂餞送李柬之御筵，奉命作《資善堂御筵送太子少保致仕李柬之歸西京詩》及《送太子少保致仕李柬之歸西京詩序》。

《宋會要》方域三之二一云：“治平四年五月餞李柬之，十月乙卯餞李受，命侍臣賦詩。時謂遠過二疏。”[1] 王應麟《玉海》卷一六一《祥符資善堂》所記同。本集卷四有《資善堂御筵送太子少保致仕李柬之歸西京詩》，題下注：“治平四年奉聖旨撰。”（第 25 頁）卷四六有《送太子少保致仕李柬之歸西京詩序》，云：“龍圖閣直學士、工部尚書兼侍讀李柬之，在先帝時數請老以去。今天子即位，乃繼上書曰：‘先臣迪相真宗、仁宗，勤勞王家，年七十二而致仕。臣無功名在朝，而年已與先臣等，陛下不使臣去，是使臣重得苟禄之罪而以辱先臣。’上度其不可屈，於是聽以太子少保致仕。凡致仕，閤門無謝辭。翌日，特召對延和殿，既而賜坐，所以嘉勞之甚厚。其將行也，又特賜餞於資善堂，命講讀官臣王珪、臣李受、臣王獵、臣孫思恭、臣傅卞、臣王廣淵，修起居注臣滕甫、楊繪預其會。會上凡六遣使存問，賜白金龍茶及給以優奉。仍出禁中珍品，勸飲者至於再三。徐又詔曰：‘先帝梓宮在殯，不欲親爲詩。’敕臣等八人皆賦送行詩以進，於是少保亦自進《感遇詩》一章。……上既賜以八臣所作詩，乃召臣珪爲之序。……治平四年五月十一日，臣謹序。”（第 341～342 頁）可知資善堂設御筵餞送李柬之當在五月十一日之前。

---

[1] 劉琳等校點《宋會要輯稿》，第 15 冊第 9309 頁。

六月，草《賜大遼皇帝弔慰大使茶藥詔》《賜祭奠大行皇帝副使茶藥詔》《班荆館賜大遼皇帝弔慰人使酒果口宣》。

本集卷二一有《賜大遼皇帝弔慰大使茶藥詔》《賜祭奠大行皇帝副使茶藥詔》，卷三〇有《班荆館賜大遼皇帝弔慰人使酒果口宣》。文中有"言涉暑威之熾""炎威勃滴"（第153頁）及"冒征炎陸"（第219頁）等語，可知作於夏季。治平三年正月十八日，契丹改國號爲大遼，可知文題中之"大行皇帝"當指英宗。《宋史》卷一四《神宗本紀一》云：治平四年"六月己酉，遼遣蕭餘慶等來弔祭"[1]。己酉爲三日。《宋會要》蕃夷二之二〇云："治平四年六月三日，（神宗已即位，未改元。）以英宗崩，大遼國主與其國母遣祭奠、弔慰使奉寧軍節度使蕭禧等並入奠皇儀殿。是日，上御殿之東幄，禧等進慰書，入見。退，賜御筵於都亭驛，命參知政事吳奎主之。"[2]則此三文當作於治平四年六月三日前後，姑繫於此。

七月，草《賜夏國主令遵守藩儀詔》。

本集卷一九有《賜夏國主令遵守藩儀詔》，此文又見《宋大詔令集》卷二三四。胡玉冰繫此文於治平四年七月[3]，茲從之。

八月，草《賜從靈駕皇親東平郡王允弼等茶藥詔》。

本集卷五七《宗室推誠保順同德亮節守正佐運翊戴功臣鳳翔雄武等軍節度管内觀察處置等使開府儀同三司檢校太傅守太保兼中書令行鳳翔尹使持節泰州諸軍事泰州刺史上柱國東平郡王食邑一萬七千一百户食實封四千八百户贈太師尚書令兼中書令追封相王謚孝定墓誌銘》云："英宗初，兼中書令，行河中尹，換節護國軍，仍徙封東平，詔五日一奉朝。上登極，拜太保，行鳳翔尹，領節鳳翔、雄武軍，聽朝朔望。王辭者再三，優詔不從。其秋，從英宗靈駕至厚陵，聞楚國薨，王哀毁之不勝。"（第418頁）英宗薨於治平四年正月八日，其靈柩八月八日發引，二十七日葬於永厚陵。本集卷二一有《賜從靈駕皇親東平郡王允弼等茶藥詔》，云："卿護神駕之遊，宅鼎郊之兆，執龍輔之素緋，從玉帳之容衣。沉露起於山河，寒暉薄於原下，有懷哀瘁，

[1] 脱脱等《宋史》，第2冊第266頁。
[2] 劉琳等校點《宋會要輯稿》，第16冊第9750頁。
[3] 參周春著，胡玉冰校補《西夏書校補》，第2冊第649頁。

爰致恩頌。"(第149頁)此文當作於治平四年八月八日之後。

奉命作宗室趙宗藝、趙世延、趙宗嚴、趙子柳墓誌銘，有《宗室金紫光禄大夫檢校太子賓客左驍衛大將軍使持節淄州諸軍事淄州刺史充本州防禦使兼御史大夫上護軍天水郡開國公食邑二千七百户食實封二百户贈武寧軍節度觀察留後追封彭城郡公墓誌銘》《宗室金紫光禄大夫檢校右散騎常侍右武衛大將軍使持節絳州諸軍事絳州刺史充本州防禦使兼御史大夫上柱國天水郡開國公食邑二千七百户食實封四百户贈武寧軍節度觀察留後追封彭城郡公墓誌銘》《宗室金紫光禄大夫檢校右散騎常侍右羽林軍大將軍使持節慶州諸軍事慶州刺史充本州防禦使兼御史大夫上柱國天水郡開國公食邑三千户食實封六百户贈武寧軍節度觀察留後追封彭城郡公墓誌銘》《宋宗室太子右内率府副率子柳墓記》。

本集卷五五有《宗室金紫光禄大夫檢校太子賓客左驍衛大將軍使持節淄州諸軍事淄州刺史充本州防禦使兼御史大夫上護軍天水郡開國公食邑二千七百户食實封二百户贈武寧軍節度觀察留後追封彭城郡公墓誌銘》《宗室金紫光禄大夫檢校右散騎常侍右武衛大將軍使持節絳州諸軍事絳州刺史充本州防禦使兼御史大夫上柱國天水郡開國公食邑二千七百户食實封四百户贈武寧軍節度觀察留後追封彭城郡公墓誌銘》《宗室金紫光禄大夫檢校右散騎常侍右羽林軍大將軍使持節慶州諸軍事慶州刺史充本州防禦使兼御史大夫上柱國天水郡開國公食邑三千户食實封六百户贈武寧軍節度觀察留後追封彭城郡公墓誌銘》。第一文記趙宗藝。趙宗藝（1029—1065），字用之，趙元偓之孫、趙允弼之子，官至左驍衛大將軍，"治平二年六月乙丑[1]，以疾卒，享年三十七"，"後二年八月癸酉，葬河南之永安縣"（第406、407頁）。癸酉為二十七日。第二文記趙世延。趙世延（1022—1065），字叔僖，趙惟吉之孫、趙守節之子，官至右武衛大將軍，"治平二年七月癸酉，以疾卒，享年四十四"，"後二年八月癸酉，葬先帝於永厚陵，而宗室之喪，皆從窆原下。其窆公，亦用癸酉之良"（第407、407~408頁）。第三文記趙宗嚴。趙宗嚴（1013—1066），字子莊，趙元佐之孫、趙允成之子，官至右羽林軍大將軍，

---

[1] 治平二年六月己丑朔，五乙丑日，"乙丑"當爲"己丑"之訛。

治平二年十二月戊申卒，"享年五十三。四年八月癸酉，葬河南永安縣三陵旁"（第408頁）。按，《全宋詩》卷五七九錄趙世延詩一首。

《新中國出土墓誌·河南（壹）》收錄趙子柳墓記，題作《宋宗室太子右內率府副率子柳墓（下殘）》，云："皇姪孫太子右內率府副率子柳，……父令轂，……治平元年正月（下殘）壽聖節初賜名拜官。又明年八月庚（下殘）英宗皇帝葬河南之永安縣謹記。"題下署"翰林學士、兼端明殿學士、翰林侍讀學士、朝請大夫、給事中、知制誥、充史館脩撰、判館事（下殘）"[1]。體會文意，趙子柳當亦是治平四年八月癸酉隨英宗下葬。按，治平四年任翰林學士者有錢明逸、王珪、司馬光、呂公著、鄭獬、王安石、張方平、范鎮八人，符合此署名官職者僅王珪一人。[2]

趙宗藝、趙世延、趙宗嚴、趙子柳四人乃是隨英宗下葬，王珪當是奉命作四人墓誌銘，姑繫於此。

九月十日，題英宗神主謐號。

《宋會要》禮二九之五五云：治平四年九月"十日，上奉寧神主訖，自集英殿導至宣德門外奉辭。有司奉神主至太廟，翰林學士王珪題謐號，行祔饗之祭，祔於第九室。禮畢，群臣奉慰"[3]。李攸《宋朝事實》卷一三《英宗葬永厚陵》云："乙酉，未明，百官序立集英殿下，上自東南來登殿哭奠，拜，降就幄。宗正卿告遷酌獻畢，虞主乘腰輿，出兩府前導，上步從，至宣德門，乘玉輅，上北面再拜，辭。是日早，太祝浴栗主於廟門西幄，王禹玉題之。輅及廟門，百官拜迎於門外，虞主御腰輿，入就幄。辰時，百官又立於殿庭，內臣以腰輿迎栗主，置於中庭之褥子，又於褥西北面，俛伏興，稱英宗憲文憲［肅］武宣孝皇帝祔廟。內臣奉主於腰輿，升自阼階，詣真宗室，祔坐於東壁下，少頃，詣本席褥位，公卿以下，行禮奏樂，如時享之儀。畢，以腰輿奉桑主，埋於席北，百官入慰。乙酉，祔英宗於太廟。"[4]據《宋史》卷一四《神宗本紀一》、《長編拾補》卷二等，此"乙酉"指治平四

---

[1] 中國文物研究所、河南省文物研究所編《新中國出土墓誌·河南（壹）》，下冊第284頁。

[2] 參李之亮《宋代京朝官通考》，第1冊第669頁。

[3] 劉琳等校點《宋會要輯稿》，第3冊第1351頁。

[4] 李攸《宋朝事實》，《叢書集成初編》，商務印書館1936年版，第211~212頁。

年九月十日乙酉。

九月十一日，拜翰林學士承旨，有《除翰林學士承旨舉官自代奏狀》《依御批受翰林承旨奏狀》《謝翰林學士承旨表》《謝翰林學士承旨笏表》。

本集卷七有《除翰林學士承旨舉官自代奏狀》《依御批受翰林承旨奏狀》，《永樂大典》卷一〇一五五有王珪《謝翰林學士承旨表》《謝翰林學士承旨笏表》。第一文云："右，臣蒙恩特授臣依前官充學士承旨，准敕節文舉官自代者。臣伏見翰林侍讀學士、禮部侍郎范鎮，博學有文，秉節據正，不以夷險易其操，不以進退累其心。俾之代臣，實允公議。"第二文云："右，臣適奉御批：'已除卿承旨，命下便可祗受，蓋出朕意。'臣竊惟此職，朝廷素以待年德之臣。而臣名望素微，恐不足以進承密旨，首班近臣。方欲削章陳避，而蒙陛下過賜教諭，臣何勝睠遇之隆，來日便於閤門承命。"（第50頁）第三文云："今月十一日，待詔某至臣所居，奉宣宸指，召臣入院充學士承旨者。"[1]《學士年表》載王珪治平四年九月遷翰林學士承旨。可知王珪治平四年九月十一日拜翰林學士承旨，隨官誥有神宗御批，促其上任，故而王珪當即接受任命，未作辭免奏章，僅按慣例舉范鎮自代。《宋宰輔編年錄》卷七、《宋史》卷二一一《宰輔表二》均記張方平治平四年九月辛丑自翰林學士承旨拜參知政事，辛丑爲二十六日，可知王珪當是代張方平爲翰林學士承旨。

鄭獬《翰林學士給事中王珪可承旨制》云："唐學士六人，而年德最茂者遷爲承旨，深謀秘論，率得預聞。當時諸公由此以攝大柄者，踵相躡也。具官某風華秀整，處謙履順，文章雄駛，如群馬之四馳。更直玉堂，已逾一紀，比之數子，乃爲舊德。進承密詔，僉曰然哉。朕方以乾剛斷天下，又得爾老筆輔之，風飛霆擊，以令四方，其孰有不從哉！可。"[2]

周必大《省齋文稿》卷一七《跋王禹玉謝翰林學士承旨表本》云："翰苑多雜制，故其體不一。某以乾道庚寅歲初忝寓直，凡詞頭之小者，院吏輒以片紙錄舊作前，謂之屛風兒。予笑曰：'此陶穀所謂一生依本畫葫蘆耶！'今觀王岐公謝承旨表稿亦連別本，殆屛風之類矣。其詞謂'繇西掖入北門，

---

[1] 解縉等奉敕纂《永樂大典》，第5冊第4237頁。
[2] 鄭獬《鄖溪集》卷一，《宋集珍本叢刊》，第15冊第5頁。

行將二紀'，又云'鼎聖曆之肇新，顧藩麾之屢易'，則爲張文定公安道無疑。然'閎博燕閑，浮黿宣精'等語，岐公表實用之，文體大略亦相類。二公蓋同直者，顧不嫌於同，此前輩廣大規模也。淳熙戊戌十月十四日。"[1]

九月二十七日，草《文彥博授守司空依前樞密使加封邑制》《曾公亮授尚書左僕射依前同中書門下平章事進封袞國公加封邑制》。

《宋史》卷一四《神宗本紀一》云：治平四年九月"壬寅，以曾公亮爲尚書左僕射，文彥博爲司空"。卷二一一《宰輔表二》云：治平四年"九月壬寅，曾公亮自集賢殿大學士、同中書門下平章事加尚書左僕射"[2]。《宋宰輔編年錄》卷六載文彥博治平"四年九月，自行尚書左僕射除守司空"[3]。壬寅爲二十七日。本集卷三七有《文彥博授守司空依前樞密使加封邑制》《曾公亮授尚書左僕射依前同中書門下平章事進封袞國公加封邑制》。前一文又見《宋文鑑》卷三七，題作《除文彥博守司空依前樞密使加食邑實封制》；後一文又見《宋大詔令集》卷六一，題作《曾公亮進左僕射封袞國公加恩制》，題下注"治平四年九月壬寅"[4]。按，申利繫前一文於治平二年七月[5]，當誤。

是月，言蔡襄人賢，其亡可惜。

歐陽修《居士集》卷三五《端明殿學士蔡公墓誌銘》云："公累官至禮部侍郎，既卒，翰林學士王珪等十餘人列言公賢，其亡可惜。天子新即位，未及識公，而聞其名久也，爲之惻然，特贈吏部侍郎，官其子旻爲秘書省正字，孫傳及弟之子均，皆守將作監主簿，而優以賻恤。以旻尚幼，命守吏助給其喪事。"[6]蔡襄治平四年八月十六日卒於莆田家中[7]，《宋會要》儀制一一之七、之八均記蔡襄治平四年十月贈吏部侍郎，則王珪等人列言蔡襄之賢當在十月以前；而歐文中稱王珪是時官職爲翰林學士，故繫於九月。

[1] 周必大《周必大全集》，第1冊第148頁。按，原文標點有誤。
[2] 脫脫等《宋史》，第2冊第267頁、第16冊第5483頁。
[3] 徐自明撰，王瑞來校補《宋宰輔編年錄校補》，第1冊第353頁。按，該書將此則材料與呂公弼事迹連排在一段，實誤。
[4] 司義祖整理《宋大詔令集》，第304頁。
[5] 申利編著《文彥博年譜》，第137頁。
[6] 歐陽修撰，洪本健校箋《歐陽修詩文集校箋》，第922頁。
[7] 參蔣維鍌編著《蔡襄年譜》，第225頁。

接從兄琪詩，喜道士陳景元之來，俾隸籍於瑞雲觀。

薛致玄《道德真經藏室纂微開題科文疏》卷一云："慶曆二年，即高郵天慶觀禮崇道大師韓知止爲師，三年試經，度爲道士。十八負笈遊名山，抵天台，閱三洞經。遇高士張無夢，得老莊微旨，爾後隱逸於江淮間，以琴書自娛。久之，欲觀光京輦，維楊使君禮部侍郎王琪，以詩薦於王岐公云：鼇山舊詞長，還喜見方瞳。時岐公爲翰林承旨，且喜其來，俾隸籍於瑞雲，由是上宮觀請講《道德》二篇及《南華》，疊疊不絶，於時公卿大夫無不欲争識者。於是醴泉觀提總奏充本觀修撰，遇邛王謁真君祠，下召問道家事，以該通奏賜紫衣。神宗設普天大醮，有敕令修撰青詞，進上稱旨，復令預建章閣同天節修奉，因召見，賜真靖之號。"[1] 其後又記吳奎、蒲宗孟、王珪等與陳景元以篇什唱酬。按，李之亮考王琪第一次知揚州在嘉祐六年（1061）至七年，第二次知揚州在治平二年，其後治平二年七月至熙寧元年（1068）知揚州者爲富弼[2]，其説不確。據考證，富弼治平二年七月至熙寧元年二月判河陽。[3] 可知治平二年至四年知揚州者當爲王琪。《嘉定鎮江志》卷一五《宋潤州太守》記王琪曾三知潤州，其中第三次在治平初[4]，當誤。吳奎治平四年三月二十五日拜參知政事，九月二十六日出知青州，熙寧元年（1068）七月二十七日卒於青州任。[5] 則王珪與陳景元相識當在治平四年九月十一日遷翰林學士承旨之後，姑繫於此。按，陳景元（1025—1094），字太初，號碧虚子，神宗賜號真靖，建昌南城（今屬江西）人，北宋著名道士，與王琪、王珪、王安石、吳奎、蒲宗孟、蘇軾等人均有交往，生平事迹見《宣和書譜》卷六、薛致玄《道德真經藏室纂微開題科文疏》卷一、趙道一《歷世真仙體道通鑑》卷四九等，金建鋒對其生平有考述。[6]

草《謝賜對衣金帶鞍轡馬奏狀三道》其三。

本集卷七有《謝賜對衣金帶鞍轡馬奏狀三道》，其三云："伏念臣蚤以謭

---

［1］蒙文通輯校《道書輯校十種》，巴蜀書社2001年版，第878頁。

［2］參李之亮《宋兩淮大郡守臣易替考》，第15~16頁。

［3］參曹清華《富弼年譜》，《宋人年譜叢刊》，第2冊第950~953頁。

［4］參史彌堅修，盧憲纂《嘉定鎮江志》，《宋元方志叢刊》，第3冊第2457頁。

［5］參劉攽《彭城集》卷三七《吳公墓誌銘》，景印文淵閣《四庫全書》，第1096冊第362頁。

［6］參金建鋒《北宋道士陳景元生平事迹考述》，《中國道教》2011年第2期。

能，塵於辭級。誤荷三朝之采，遍更二禁之榮。敷潤大猷，素無東里之學；進承密旨，深入玉堂之游。而復申衍舊儀，加膺蕃數。衣從上褚，焕珍帶以紆華；馬出内閑，驟文鑣而駕駿。"（第51頁）此文當作於治平四年九月十一日王珪拜翰林學士承旨之後。

草《賜韓琦乞退第二劄子不允詔》《賜韓琦乞退第三劄子不允詔》《賜鎮安武勝等軍節度使守司徒兼侍中判相州韓琦免恩命不允詔》《賜判相州韓琦免恩命第一表不允批答》。

　　本集卷二一有《賜韓琦乞退第二劄子不允詔》《賜韓琦乞退第三劄子不允詔》。第一文云："蓋聞二帝之時，君臣相與始終，輯大治，享大榮，以施諸亡窮，朕甚慕之。日者先帝不以菲德，使奉宗廟之祀，而丞相嘗與定大策矣。今與朕共濟之，可乎？"第二文云："顧予甫膺聖序，夙夜敢遑？實賴輔臣，左右以濟。惟卿之計，罔有弗交，何嫌疑而上書，欲逡巡而去位？且馮拯嘗受真宗之託，然疾乃聽辭；張昇（昇）亦承文考之遺，雖老不得謝。矧卿賦有康寧之德，未及風力之衰。與其退營便安之私，孰若進敷美利之澤？七頒詔諭，豈不予從！"（第151頁）"二帝"指仁宗與英宗，馮拯爲仁宗朝大臣，張昇爲英宗朝大臣。韓琦治平四年九月二十六日罷相，可知此二文當作於治平四年正月八日神宗即位之後。治平四年，韓琦曾兩次上章求退，一在夏，一在秋。檢《安陽集》，韓琦治平四年夏求退只有三道表，没有劄子，而是年秋求退有兩道表、四道劄子。《安陽集》卷三四《丁未秋乞罷相劄子》云："臣近以先帝山陵事畢，回次鞏縣，即附遞上表，乞解相任。至京，伏蒙聖慈差降中使賜以批答不允。尋再具表，赴通進司投下。本司稱有聖旨，不許收接。"《丁未秋乞罷相第二劄子》云："臣近上表，乞解相任，蒙降批答不允。今月十三日，已再具劄子面奏"[1]。韓忠彦《韓魏公家傳》卷六云：治平四年"九月，英宗山陵復土。公還至鞏縣，即上章乞罷相。尋詔諸處無得受公章奏"[2]。可知《丁未秋乞罷相劄子》當上於九月十三日。則王珪此二文當作於九月十三日之後，是針對韓琦《丁未秋乞罷相第二劄子》《丁未秋乞罷相第三劄子》而作。

---

[1] 韓琦著，李之亮、徐正英校箋《安陽集編年箋注》，第1041、1043頁。
[2] 韓琦著，李之亮、徐正英校箋《安陽集編年箋注》，第1826頁。

本集卷二二有《賜鎮安武勝等軍節度使守司徒兼侍中判相州韓琦免恩命不允詔》，卷二八有《賜判相州韓琦免恩命第一表不允批答》。第四文云："今卿功就而不居，任隆而又損。其始去位，誠恐恩禮之未昭；奚爲上書，猶懷謙畏之靡已？矧易大廷之號，聽還兩鎮之旄。倘復殺恩，庸何稱德！"（第 203 頁）此二文當作於九月二十六日韓琦罷相之後。《宋大詔令集》卷六八有《韓琦罷相除陳鄭兩鎮節度出判相州制》，題下注"治平四年九月辛丑"，其中謂"推忠協謀同德守正亮節佐理翊戴功臣、開府儀同三司、守司空、兼侍中、昭文館大學士、監修國史兼譯經潤文使、上柱國、魏國公、食邑一萬二千七百戶、食實封四千六百戶韓琦"，"可特授守司徒，檢校太師兼侍中，持節陳州、鄧州諸軍事，行陳州、鄧州刺史，鎮安、武勝等軍節度，陳州、鄧州管內觀察處置營田等使，判相州軍州事，同群牧兼管內勸農使，加食邑一千戶、食實封四百戶，仍改賜推誠保德崇仁守正協恭贊治亮節翊戴功臣"[1]。辛丑爲二十六日。《韓魏公家傳》卷六引此詔後云："是日早，上趣召公對於便殿，上諭曰：'侍中須要去，今日已有恩命矣。'上遂泣下，公亦感激垂涕，敘謝而退。又詔賜第一區於京師，擢忠彥爲秘閣校理，仍授二子官。初，除公鎮安、武勝兩軍節度使，公以兩鎮之命，本朝以來未嘗有此除授，力辭不敢當。上面諭之曰：'朕再三思之，禮數大段殊異。侍中必不肯當，惟此兩鎮，可稍示殊禮，朕秤量得甚得中也，切不須辭。'……上又以手詔賜公曰：'兩鎮節度未嘗除，非有所愛也，誠有待之也。今卿歷相三朝，功烈休顯。抗言引去，朕歉然有不足於心。推求恩禮，惟恐遇卿之薄也，尚何辭哉！'公又奏：'祖宗舊制，惟宗室近屬，方有茲拜。臣若逾越常制，不自度而處之，則是開邇臣希望僭忒之源，自臣而始。'章累上，制改淮南節度使。"[2]其中所謂"手詔"即此第三文。由第四文可知，韓琦在辭免鎮安、武勝兩鎮節度使之後，仍上表辭免恩命。

草《賜宰臣曾公亮免恩命剳子不允詔》。

本集卷二三有《賜宰臣曾公亮免恩命剳子不允詔》，云："始朕即位之初，恩施於天下，而丞相之秩未加典外，固常慊然在心也。今厚陵復土，方

---

[1] 司義祖整理《宋大詔令集》，第 332 頁。
[2] 韓琦著，李之亮、徐正英校箋《安陽集編年箋注》，第 1828 頁。

親庶政，所與朕共承社稷安元元，獨丞相一人，豈無恩禮以昭朕意乎？"（第167頁）"厚陵復土"指治平四年八月二十七日英宗葬於永厚陵。則此文當作於治平四年九月二十七日曾公亮授左僕射、進封兗國公之後，姑繫於此。

草《賜皇弟岐王顥免恩命第二表不允斷來章批答》《賜皇弟高密郡王頵免恩命第二表不允斷來章批答》。

《宋史》卷一四《神宗本紀一》云：治平四年九月"辛卯，徙封顥爲岐王，頵爲高密郡王"[1]。辛卯爲十六日。本集卷二七有《賜皇弟岐王顯（顥）免恩命第二表不允斷來章批答》《賜皇弟高密郡王頵免恩命第二表不允斷來章批答》，此二文當作於九月十六日之後。鄭獬《郹溪集》卷九有《賜皇弟岐王顥免恩命第一表不允批答》，當作於此二文之前。

草《賜樞密使呂公弼免恩命第一表不允批答》《賜呂公弼免恩命第二表不允斷來章批答》。

《宋史》卷二一一《宰輔表二》云：治平四年"九月辛丑，呂公弼自樞密副使、刑部侍郎除檢校太傅、樞密使"[2]。辛丑爲二十六日。本集卷二八有《賜樞密使呂公弼免恩命第一表不允批答》《賜呂公弼免恩命第二表不允斷來章批答》，此二文當作於九月二十六日之後，姑繫於此。

十月九日，聽神宗稱美《資治通鑑》。

《長編拾補》卷二云：治平四年十月"甲寅，司馬光初讀《資治通鑑》。上親製《序》面賜光，賜名《資治通鑑》，令候書成日寫入，又賜潁邸舊書二千四百二卷"[3]。司馬光《溫公日録》云："甲寅，余初赴經筵，上自製自書《資治通鑑序》以授光，光受讀，降，再拜。讀三家爲諸侯論，上顧禹玉等，稱美久之。"[4]甲寅爲九日。

十月十日，預資善堂餞送李受御筵，奉命作《資善堂御筵送尚書刑部侍郎致仕李受歸廬山詩》及《送刑部侍郎致仕李受歸廬山詩集序》。

本集卷四有《資善堂御筵送尚書刑部侍郎致仕李受歸廬山詩》，題下注

---

[1]脫脫等《宋史》，第2冊第266頁。
[2]脫脫等《宋史》，第16冊第5483頁。
[3]黃以周等輯注，顧吉辰點校《續資治通鑑長編拾補》，第1冊第67頁。
[4]顧宏義、李文整理標校《宋代日記叢編》，上海書店出版社2013年版，第1冊第85頁。

"治平四年奉聖旨撰"，尾聯下自注："侍郎先帝東宮舊臣，嘗爲諫官。近陪靈駕西還，即致仕以歸。"（第25頁）卷四六有《送刑部侍郎致仕李受歸廬山詩集序》，云："臣伏思先帝在東宮，舊嘗延忠篤粹夷嘉美之士，以輔於聖學。有若龍圖閣直學士兼侍讀、給事中李受，實維其人。先帝即位之明年，輒上書言：'臣老矣，顧無以裨聖化，願乞骸骨以歸。'書至五六上。它日自厚陵泣還，乃復言曰：'臣在先帝時，年已七十，不敢竊禄以自安也，數有請於朝。今又加以數年，臣之筋力不能甚矣，惟天子惻哀之。'獨念先帝東宮舊臣無幾，而受之篤道潔身，亦閔勞以官職之事。於是聽以尚書刑部侍郎致仕。十月庚戌，召對延和殿。乙卯，詔侍讀臣珪、臣光、臣鎮、侍講臣公著、臣獵、臣思恭、臣卞、修起居注臣繪飲餞資善堂。上數遣使盼予之良厚，既又命即席賦詩以送之。昔漢二疏一朝辭位而去歸其鄉，道路觀者雖歎息以爲賢，然不見當時公卿祖送之詩。前日李柬之去自經筵，臣等已嘗爲詩。今復使賦送受之詩，誠以事在人耳目，久則泯，至於所命之詩，則將流於金石之傳愈新。夫然，顧上之所以褒待師儒之禮何如哉！柬之素家洛，受近徙九江，雖世族不同，然其迹出於一時。世之言二李者，不亦遠過二疏之事乎？受且行，自陳感遇之意，亦作詩二章，用繫詩末云。治平四年十月庚申日，臣謹序。"題下注"奉聖旨撰"（第342~343頁）。庚戌爲五日，乙卯爲十日，庚申爲十五日。《宋會要》職官七七之五四引宇文紹奕《石林燕語考異》云：治平四年"九月，李受致仕"。又引倪思《經鉏堂雜志》云："宋李受字益之，其先自長沙徙江州，登天聖五年進士第，累官至龍圖閣學士、給事中，引年乞歸廬州，以刑部侍郎致仕。詔王珪、司馬光、范鎮、呂公著、傅卞、宋敏求、楊繪、王獵、孫思恭餞飲資善堂，又賦詩送之，内出金花異果，賜賚甚富。"[1]"廬州"當爲"廬山"之訛。按，李受（994—1073），字益之，祖籍長沙瀏陽（今屬湖南），後徙江州德化（今江西九江），天聖五年（1027）進士，官至給事中，熙寧六年卒，年八十，《宋史》卷三一〇有傳，《全宋詩》卷一六三録其詩一首，《全宋文》卷三二八收其文二篇。

---

[1] 劉琳等校點《宋會要輯稿》，第9冊第5169、5170頁。

是月，薦黄君俞可除一太學或國子四門助教。

《宋會要》選舉三一之一七云：“英宗治平四年十月十一日，（神宗已即位，未改元。）進士黄君俞召試舍人院，策、論入等，詔爲撫州司户參軍，充國子監直講。翰林學士王珪等薦君俞‘博通經藝，爲諸生景仰，累被開封府優薦，老於場屋。兼據新及第進士許安世等百五十人狀，及知舉官司馬光三人累有論薦，欲望依李覯例，除一太學或國子四門助教，令就蓋説書，庶幾激勸學者’，遂召試而命之。”[1] 選舉三四之四〇亦載此事，但繫於十月九日。王珪等薦黄君俞當在治平四年十月以前，姑繫於此。按，黄君俞（1025—1079），字庭僉，莆田（今屬福建）人，四舉進士不第，官至館閣校勘，元豐二年卒，年五十五，生平事迹見黄庭堅《山谷外集》卷二二《黄庭僉墓誌銘》，《全宋詩》卷六一九録其詩一首。

有《斷范亦顔論追尊濮安懿王是非議》。

范祖禹《帝學》卷七云：治平四年十月“壬戌，上出知鳳州梁泉縣令范亦顔所上書及《濮廟議》，命邇英閣講讀官定奪，仍宣諭立濮王廟非先帝本意。先是，七月，亦顔以前嘉州夾江縣令投撿（檢）上書曰：‘《中庸》曰：“非天子不議禮。”是禮惟天子可得而議也。仁宗皇帝無子，子英宗而付以天地之大業，盛德也。英宗皇帝即大位，服三年，日夜惝慄，恐墜休緒，大孝也。詔議變禮以尊所生，不忘本也。濮安懿王之於英宗，伯父也。原所生之德而尊其號，冠之以所封之濮，明止一國非所以兼天下也。’於是右司諫劉庠、侍御史張紀、殿中侍御史張唐英、監察御史裏行唐淑問等言，亦顔小臣，敢爲欺罔，以白爲黑，惑亂天聽，詿誤聖朝，挾邪亂政，漸不可長。乃降亦顔下縣主簿尉”[2]。壬戌爲十七日。本集卷四五有《斷范亦顔論追尊濮安懿王是非議》，云：“臣伏奉聖旨，看詳范亦顔文字，斷其是非以聞者。”（第331頁）王珪此文當作於十月十七日之後。黄淮、楊士奇編《歷代名臣奏議》卷二八二有鄭獬《駁范亦顔濮議》，當爲同時之作。

---

[1] 劉琳等校點《宋會要輯稿》，第10冊第5848頁。
[2] 范祖禹《帝學》，景印文淵閣《四庫全書》，臺灣商務印書館1986年版，第696冊第770~771頁。

代神宗作《資治通鑑序》。

許光疑《華陽集序》云："神考每有聖作，多令公視草。"[1] 樓鑰《跋王岐公端午帖子》云："嘉定二年，大宗正丞兼權吏部郎王君以曾祖岐公《端午帖子》並和范蜀公詩一軸示某，且求跋。某曰：'《華陽集》一百卷，可謂多矣。然岐公在翰苑幾二十年，著述殆不止此。'嘗問公之孫大監，云：'不惟有所遺逸，如《資治通鑑序》《韓魏公神道碑》皆曰御製，不敢編入家集中。'"[2]《宋史》卷一四《神宗本紀一》云：治平四年十月"甲寅，製《資治通鑑序》賜司馬光"[3]。甲寅爲九日。現存《資治通鑑》卷首有宋神宗《資治通鑑序》，此文當作於治平四年十月九日之前。

十二月，以來年正旦日食，奉命祭社。

《宋史》卷一○二《禮志五》云："治平四年十二月，詔以來歲正旦日食，命翰林學士承旨王珪祭社。"[4]

冬，草《賜判延州郭逵官告敕牒兼傳宣撫問口宣》《賜宣徽南院使判延州郭逵免恩命不允詔》。

范祖禹《檢校司空左武衛上將軍郭公墓誌銘》云：治平"三年，領簽書樞密院事，爲陝西四路安撫使、權涇原路馬步軍都總管、經略司（使）、兼判渭州。公懇辭樞職。……神宗即位，加靜難軍節度觀察留後。復乞解樞職。會御史中丞言宰相不押常朝班，以爲跋扈，指公爲黨。公因請閑郡，召還朝，至京師，闔門待罪。上遣中貴貴人促視事，公力辭，乃爲宣徽南院使，充京東西路安撫使、判鄆州。至州七日，拜鄜延路馬步軍都總管、經略安撫使、判延州"[5]。郭逵治平四年九月二十八日罷同簽書樞密院事，爲宣徽南院使、判鄆州。本集卷三○有《賜判延州郭逵官告敕牒兼傳宣撫問口宣》，卷二二有《賜宣徽南院使判延州郭逵免恩命不允詔》，此二文當作於治平四年十月、十一月間。

---

[1] 解縉等奉敕纂《永樂大典》卷二二五三六，第 8 冊第 7873 頁。
[2] 樓鑰撰，顧大朋點校《樓鑰集》卷七三，第 4 冊第 1316 頁。
[3] 脫脫等《宋史》，第 2 冊第 267 頁。
[4] 脫脫等《宋史》，第 8 冊第 2501 頁。
[5] 范祖禹《太史范公文集》卷四○，《宋集珍本叢刊》，綫裝書局 2004 年影印本，第 24 冊第 400 頁。

是年，以《仁宗實録》將成，權免學士院諸雜文字。

范祖禹《乞解給事中狀》云："神宗皇帝治平四年，《仁宗（祖）實録》將成，提舉韓琦奏修撰王圭（珪）權免學士院諸雜文字，吕夏卿、宋敏求亦免舍人院輪直，專意筆削，遂成大典。"[1] 按，此事當在王珪拜翰林學士承旨之前。

有《大慶殿樂章二首》。

《宋會要》樂七之八引《宋會要》云："皇帝初舉酒，用《靈芝曲》（治平四年諸臣撰，三曲。）：華滋凝氣，靈粹發祥。紫蓋輪囷，金跗煒煌。陽寮三秀，甘泉九房。瑞圖休證，君王壽昌。再舉酒用《嘉禾之曲》：太平之符，昭發衆瑞。爰有嘉禾，異壠合穗。大田如雲，既穫既刈。野人愉愉，不亦有歲。三舉酒用《慶雲之曲》：毓粹乾坤，儲休陰陽。氤氳馥郁，紛煒煌煌。融爲和氣，發爲祥光。瑞牒昭紀，萬壽無疆。"[2] 《宋史》卷一三八《樂志十三》録"熙寧中朝會三首"樂章云："皇帝初舉酒，《慶雲》：乾坤順夷，皇有嘉德。爰施慶雲，承日五色。輪囷下乘，萬物皆飾。惟天祚休，長彼無極。再舉酒，《嘉禾》：彼美嘉禾，一莖九穗。農疇告祥，史牒書瑞。擊壤歡歌，如京委積。留獻春種，昭錫善類。三舉酒，《靈芝》：皇仁溥博，品物蕃滋。慶祥回復，秀發神芝。靈華雙舉，連葉四施。披圖按牒，永享純禧。"[3] 本集卷六有《大慶殿樂章二首》，其一《慶雲之曲》云："乾坤順夷，皇有嘉德。爰施慶雲，承日五色。輪囷下垂，萬物皆飾。維天祚休，長被無極。"其二《嘉禾之曲》云："太平之符，昭發衆瑞。爰有嘉禾，異壠合穗。大田如雲，既穫既刈。野人愉愉，不亦有歲。"（第43頁）武英殿聚珍本《華陽集》卷一收録此二詩，分別題作《皇帝冬至御大慶殿舉第一盞酒奏慶雲之曲》《皇帝冬至御大慶殿舉第二盞酒奏嘉禾之曲》。此二詩當作於治平四年神宗即位之後。

有《神宗皇帝第一女剃胎髮文》。

本集卷一六有《神宗皇帝第二（一）女剃胎髮文》，云："伏以叶洽之

---

［1］范祖禹《太史范公文集》卷五，《宋集珍本叢刊》，第 24 冊第 173 頁。
［2］劉琳等校點《宋會要輯稿》，第 1 冊第 455 頁。
［3］脱脱等《宋史》，第 10 冊第 3253～3254 頁。

年，姑洗之月，動星彩於瑤精，發神光於紫闥。月娣分相，王姬擅榮。珠璣
具文褋之飾，環珮下丹臺之聲。儀同聖表，惠若天成。貴專九御之保，喜洽
三宮之情。百辰斯滿，此日維良。"（第 114 頁）"叶洽之年，姑洗之月"指
未年三月。《長編》卷二一八云：熙寧三年十二月"庚申，封皇第二女爲寶
慶公主"。卷二三五云：熙寧五年七月"甲申，寶慶公主薨，輟視朝。公主，
上第二女也，母曰婕妤張氏，生三歲而薨，追封吳國公主"[1]。可知神宗第
二女生於熙寧三年（1070）。熙寧三年爲庚戌年，換算成歲星紀年法，應爲
"閹茂之年"。考《宋會要》帝系八之二九，神宗共有十女，結合王珪任翰林
學士之時間，此文題中"第二女"當爲"第一女"之訛。《宋會要》載神宗
長女爲"周國長公主。熙寧元年三月封延禧公主。元豐元年二月薨，追封燕
國。元符三年三月，追封周國長公主，賜諡淑懷"[2]。《宋史》卷二四八《公
主傳》載周國長公主"年十二卒"[3]。可知神宗第一女當生於治平四年三月，
其百日剃胎髮當在六、七月間。治平四年爲丁未年，與"叶洽之年"相應。

草《賜定國軍節度使李端愿乞致仕不允詔》。

《宋史》卷四六四《李端愿傳》云："連年請老，以太子少保致仕。"[4]
《宋會要》職官七七之四二云："熙寧元年二月二十六日，以醴泉觀使、定國
軍節度使李端愿爲太子少保致仕。端愿以目疾屢請休退，故事多除大將軍
致事，上命討閱唐制，優加是命。"[5]李端愿在治平元年五月十三日"太后撤
簾"之後即以目疾屢請退休，直至熙寧元年（1068）二月始如願。《宋會要》
儀制三之三一載李端愿治平三年九月尚以武康節度使之身份言事，其遷定國
節度使當在治平四年正月八日神宗即位之後。本集卷一八有《賜定國軍節度
使李端愿乞致仕不允詔》，此文最有可能作於治平四年。按，鄭獬《郧溪集》
卷九有《賜醴泉觀使定國軍節度使李端愿乞致仕不允詔》，當作於同年。

［1］李燾撰，上海師範大學古籍整理研究所、華東師範大學古籍整理研究所點校《續資治通鑑長編》，
　　　第 9 冊第 5293 頁、第 10 冊第 5700 頁。
［2］劉琳等校點《宋會要輯稿》，第 1 冊第 193 頁。
［3］脫脫等《宋史》，第 25 冊第 8780 頁。
［4］脫脫等《宋史》，第 39 冊第 13571 頁。
［5］劉琳等校點《宋會要輯稿》，第 9 冊第 5164 頁。

草《賜知大名府王拱辰乞暫赴闕朝覲不允詔》。

　　本集卷二二有《賜知大名府王拱辰乞暫赴闕朝覲不允詔》，云："卿久去禁游，薦更藩寄。屬筆承於題序，蘄入展夫觀儀。"（第 163 頁）王拱辰治平二年至熙寧元年（1068）在知大名府任。"屬筆承於題序"當指神宗即位。則此文當作於治平四年正月八日神宗即位之後。

草《賜富弼乞罷使相第三表不允詔》《賜富弼乞罷使相第四表不允詔》《賜富弼乞罷使相第五表不允詔》。

　　見本集卷二二有《賜富弼乞罷使相第三表不允詔》《賜富弼乞罷使相第四表不允詔》《賜富弼乞罷使相第五表不允詔》，此三文當作於治平四年正月八日神宗即位之後，參治平三年譜。

草《賜參知政事趙槩乞退不允批答》。

　　本集卷六〇《太子少師致仕上柱國天水郡開國公食邑四千五百户食實封一千四百户贈太子太師謚康靖趙公墓誌銘》云："詔爲樞密副使，又以爲參知政事。……英宗即位，遷户部侍郎，既又遷吏部侍郎。今上初，遷左丞。公年七十矣，即以老求去位，數上不許。間復請，乃以爲觀文殿學士、吏部尚書、知徐州。"（第 443 頁）趙槩嘉祐七年（1062）三月八日拜參知政事，熙寧元年（1068）正月二十三日丙申罷爲觀文殿學士、吏部尚書、知徐州。[1]本集卷二六有《賜參知政事趙槩乞退不允批答》，此文當作於治平四年正月八日神宗即位之後。

草《謝賜修實録獎諭手詔表》。

　　本集卷四四有《謝賜修實録獎諭手詔表》，云："伏奉手詔，以近傳宣取索《仁宗實録》二册入内，特賜獎諭者。伏讀歡驚，戰汗失次。恭以仁宗皇帝享御天下四十二年，豐功茂烈，實配天地。宜得遷、固之材，以論撰本末，著之無窮。先皇帝乃誤以臣等充詔，而歲月淹晚，未克就緒。伏遇皇帝陛下始初清明，追悼文武。方虞罪斥，而特形手札之賜，奎璧宸謨，驚震群視。雖前世史官，饗蒙獎遇，未有若此之比也。臣某等敢不夙夜研思，趣成大典，勉以稱陛下褒勵之意。"（第 324 頁）《仁宗實録》嘉祐八年（1063）

---

[1] 參徐自明撰，王瑞來校補《宋宰輔編年録校補》，第 2 册第 376 頁。

十二月始修，熙寧二年（1069）七月修成。體會文意，此文當作於神宗即位後不久。

約於是年，贈歐陽修金漆書案、車螯，接歐陽修致謝書簡。

歐陽修《與王文恭公》書簡四篇其一云：“修啓。適辱延顧，繼承惠教，兼以金漆書案爲贈，益所珍荷。不獨可置筆研，兼可以列盤肴也，呵呵。人還，謹此致謝，不宣。修再拜禹玉內翰執事。廿九日。”其四云：“修啓。適自外歸，得手誨。承惠車螯，解釋勞乏，當自引一盃。其餘，俟三兩日少間可烹，併伸感愧。人還，姑此爲謝，不宣。修再拜禹玉內翰。九日。”[1] 王珪爲翰林學士在嘉祐元年（1056）十二月至熙寧三年（1070）十二月，其間嘉祐二年七月至四年十月因丁母憂罷任；歐陽修自至和元年（1054）五月爲母守喪期滿，至治平四年三月罷參知政事、出知亳州，在京任職。歐陽修《居士集》卷六有《初食車螯》詩，作於嘉祐元年秋。[2] 則此二簡當作於嘉祐元年至治平四年間，姑繫於此。

草《賜夏國主生日禮物詔四道》中之三道。

本集卷一八有《賜夏國主生日禮物詔四道》，其一云：“西郊展輅，迎氣始清；左戶垂弧，紀祥初誕。”其二云：“素律凝商，涼颸應物。載紀左弧之慶，善承西土之封。”其三云：“素商始序，嘉誕協辰。”其四云：“屬祁寒之薦候，嘉誕日之開祥。”（第123頁）胡玉冰繫此四文於治平元年正月[3]，疑有誤。王珪嘉祐元年（1056）十二月至熙寧三年（1070）十二月間爲翰林學士，其中嘉祐二年七月至四年十月因丁母憂罷任。考王珪爲翰林學士期間有兩位西夏國主，前者爲李諒祚，後者爲李秉常。《宋史》卷四八五《夏國傳上》記李諒祚“以慶曆七年丁亥二月六日生”，治平四年“十二月，諒祚殂，年二十一”。卷四八六《夏國傳下》記李秉常“治平四年冬即位”，元祐元年“秋七月乙丑，秉常殂，時年二十六”[4]。本集卷一九《賜夏國主乞用漢儀詔》記李諒祚自稱“來年七月臣生日”（第134頁），然則李諒祚生日當在七月，

---

[1]［日］東英壽考校，洪本健箋注《新見歐陽脩九十六篇書簡箋注》，第96、98頁。
[2]參歐陽修撰，劉德清、顧寶林、歐陽明亮箋注《歐陽修詩編年箋注》，第3冊第1268頁。
[3]參周春著，胡玉冰校補《西夏書校補》，第2冊第629頁。
[4]脫脫等《宋史》，第40冊14000、14003、14007、14015頁。

疑《宋史》有誤。則前三文當作於嘉祐二年或五年至治平四年間某三年之七月，其中之夏國主應指李諒祚；後一文當作於熙寧元年至三年間某年冬，其中之夏國主應指李秉常，其生日在冬季。姑繫前三文於此。

草《賜宰臣韓琦生日禮物詔》《賜宰臣韓琦生日進馬詔二道》《賜宰臣韓琦生日禮物口宣六道》。

　　本集卷一八有《賜宰臣韓琦生日禮物詔》，卷二〇有《賜宰臣韓琦生日進馬詔二道》，卷三二有《賜宰臣韓琦生日禮物口宣六道》。韓琦嘉祐三年（1058）六月七日拜相，治平四年九月二十六日罷相。其生日在七月二日。[1] 王珪嘉祐元年十二月至熙寧三年（1070）十二月爲翰林學士，其間嘉祐二年七月至四年十月因丁母憂罷職。則此九文當作於嘉祐五年至治平四年間，姑繫於此。

草《賜參知政事趙槩生日禮物詔》。

　　本集卷一八有《賜參知政事趙槩生日禮物詔》，云："維時上冬，氣應寒苦。是生良輔，允迪化均。"（第125頁）趙槩嘉祐七年（1062）三月八日拜參知政事，熙寧元年（1068）正月二十三日罷。"上冬"即十月。則此文當作於嘉祐七年至治平四年間某年之十月，姑繫於此。

草《賜樞密副使陳升之生日禮物詔》。

　　陳升之曾兩任樞密副使：一是嘉祐五年（1060）十一月十六日至六年四月二十七日，二是治平二年五月四日至四年九月二十六日。本集卷一八有《賜樞密副使陳升之生日禮物詔》，此文具體作年不詳，姑繫於此。

草《賜鎮海軍節度使同中書門下平章事判河陽富弼進壽聖節上壽金酒器並馬詔》。

　　本集卷二一有《賜鎮海軍節度使同中書門下平章事判河陽富弼進壽聖節上壽金酒器並馬詔》。富弼治平二年七月五日爲鎮海軍節度使、同平章事、判河陽，四年正月十九日改武寧軍節度使。壽聖節爲英宗誕節，在正月三日。則此文當作於治平三年或四年正月，姑繫於此。

[1] 參楊丹《韓琦年譜新編》，第9頁。

草《賜外任臣僚馬尋等進賀壽聖節絹詔》《賜外任臣僚呂溱等進賀壽聖節絹詔》《賜外任臣僚呂居簡等進賀壽聖節功德疏詔》。

本集卷二一有《賜外任臣僚馬尋等進賀壽聖節絹詔》《賜外任臣僚呂溱等進賀壽聖節絹詔》，卷二二有《賜外任臣僚呂居簡等進賀壽聖節功德疏詔》。壽聖節爲英宗誕節，在正月三日。英宗嘉祐八年（1063）四月一日即位，治平四年正月八日薨。則此三文當作於治平元年至四年間，姑繫於此。

草《賜龍圖閣直學士知河南府韓贄待罪特放詔》。

《宋史》卷三三一《韓贄傳》云：“知河南府，建永厚陵，費省而不擾，神宗稱之。還知審刑院、糾察在京刑獄。”[1] 韓贄治平二年九月十九日丙子由龍圖閣直學士、判都水監出知河南府。[2] 建永厚陵在治平四年正月八日英宗去世之後。韓贄知河南府任滿還朝約在熙寧元年（1068）。本集卷二二有《賜龍圖閣直學士知河南府韓贄待罪特放詔》，此文當作於治平二年至四年間，姑繫於此。

草《賜宰臣韓琦已下賀老人星出見批答》《賜宰臣韓琦已下賀老人星出見批答》《賜宰臣韓琦已下賀壽星出見批答》三道。

本集卷二六有《賜宰臣韓琦已下賀老人星出見批答》《賀（賜）宰臣韓琦已下賀老人星出見批答》《賜宰臣韓琦已下賀壽星出見批答》三道。此五文當作於嘉祐六年（1061）閏八月二十日至治平四年九月二十六日韓琦任昭文相期間。此間有記載之老人星見有：嘉祐七年正月三日辛亥，八年正月十九日辛酉，治平元年二月二十三日己丑、七月三十日癸巳，二年二月三日癸巳、八月十二日己亥，三年正月二十五日庚辰、八月二十八日庚戌，四年二月十四日癸巳、八月二日戊申[3]、九月二日丁丑[4]。此五文具體作年不詳，姑繫於此。

---

[1] 脱脱等《宋史》，第30冊第10667頁。

[2] 參李燾撰，上海師範大學古籍整理研究所、華東師範大學古籍整理研究所點校《續資治通鑑長編》卷二〇六，第8冊第4978頁。

[3] 參馬端臨著，上海師範大學古籍整理研究所、華東師範大學古籍整理研究所點校《文獻通考》卷二九四《象緯考十七・瑞星》，第12冊第8016～8017頁。

[4] 參劉琳等校點《宋會要輯稿》瑞異一之一六，第5冊第2599頁。

草《賜皇伯東平郡王允弼生日禮物口宣》。

本集卷三一有《賜皇伯東平郡王允弼生日禮物口宣》。趙允弼於英宗爲伯，其生日在正月。其封東平郡王當與趙允良封襄陽郡王同時，均在治平元年五月；此後直至熙寧二年（1069）七月去世，其所任王爵沒有改變。[1] 則此文當作於治平二年至四年間某年之正月，姑繫於此。

宋神宗熙寧元年戊申（1068），五十歲

在汴京。爲翰林學士承旨。有詩一首、文四十篇，約可繫文四篇。

正月二十二日，與滕甫一同言事。

《宋會要》儀制六之一四云：“神宗熙寧元年正月二十二日，考課院王珪、滕甫言：‘有本職公事，上殿敷奏。’從之。”[2]

是月，草《賜曾公亮旱災乞退第一表不允斷來章批答》。

《宋宰輔編年録》卷七云：“神宗初即位，公亮自門下侍郎、兼吏部尚書、平章事、集賢殿大學士、英國公除尚書左僕射、依前兼集賢，進封兗國公。不以監修國史及昭文館大學士授公亮，爲韓琦故也。至熙寧元年正月以旱甚，公亮援宰相以災異罷免故事，乞罷政。手詔答以‘書雖百上，朕亦不聽也’。二年二月，富弼始爲首相，十月弼罷，公亮乃遷首相。”[3] “手詔”指鄭獬《郧溪集》卷九《賜宰臣曾公亮乞免退不允手詔》。曾公亮嘉祐六年（1061）閏八月二十日庚子拜集賢相[4]，熙寧二年十月三日丙申拜昭文相[5]，三年九月十三日庚子罷相[6]。可知自治平四年（1067）九月韓琦罷相後，至熙寧二年二月富弼爲首相前，宰相僅曾公亮一人。本集卷二八有《賜曾公亮旱災乞退第一表不允斷來章批答》，此文當作於熙寧元年正月。

---

[1] 參劉琳等校點《宋會要輯稿》帝系一之三四，第 1 冊第 23 頁。
[2] 劉琳等校點《宋會要輯稿》，第 4 冊第 2408 頁。
[3] 徐自明撰，王瑞來校補《宋宰輔編年録校補》，第 2 冊第 420 頁。
[4] 參李燾撰，上海師範大學古籍整理研究所、華東師範大學古籍整理研究所點校《續資治通鑑長編》卷一九五，第 8 冊第 4718 頁。
[5] 參徐自明撰，王瑞來校補《宋宰輔編年録校補》，第 2 冊第 408 頁。
[6] 參李燾撰，上海師範大學古籍整理研究所、華東師範大學古籍整理研究所點校《續資治通鑑長編》卷二一五，第 9 冊第 5238 頁。

草《董戩起復依前保順軍節度使加封邑制》。

本集卷三七有《董戩起復依前保順軍節度使加封邑制》；此文又見《宋大詔令集》卷二三九，題作《董氈落起復依前保順軍節度使加食邑實封制》。文中云：“四封之守，仗許國之素勳；三年之喪，爲報親之達禮。乃眷西屏，時維偉臣。方終纂於戎缋，盍還儀於命載。……維是苴麻之飭，亦既日月之除。肆下書於外廷，式加寵於舊服。昨以爰田之户，倍之眞井之租。用嘉乃勞，丕顯亦世。”（第272頁）唃厮囉治平二年（1065）十月三日去世，董氈守喪期滿當在熙寧元年正月。

二月九日，有《服除躬行郊廟議》。

《宋史》卷九九《禮志二》云：“神宗之嗣位也，英宗之喪未除。是歲當郊，帝以爲疑，以問講讀官王珪、司馬光、王安石，皆對以不當廢。”[1]《宋會要》禮二八之八云：“熙寧元年二月九日，翰林學士承旨王珪言：‘准詔令兩制以上至臺諫官，與太常禮院同詳定今年冬至當與未當親行郊禮，謹上議曰：……’詔用景德故事，惟郊廟及景靈宮禮神用樂，鹵簿鼓吹及樓前宮架、諸軍音樂皆備而不作，警場止鳴金鉦、鼓角，仍罷諸軍呈閱騎隊。”[2]所引上議見本集卷四五《服除躬行郊廟議》；此文又見《宋朝諸臣奏議》卷八五，題作《上神宗論諒陰合行郊禮》，後注“熙寧元年四月上”[3]。姑從《宋會要》，繫於二月九日。

二月十一日，奉命保舉一員堪充刑獄、錢穀繁難任使者，薦張諷。

《宋會要》選舉二八之六云：“神宗熙寧元年二月十一日，詔：‘翰林承旨以下、知雜御史以上，各於内外文官歷一任通判以上人内，同罪保舉一員，堪充刑獄、錢穀繁難任使。’翰林承旨王珪等奏舉虞部員外郎張諷等二十員，詔見在京及得替到闕者，並令上殿。”[4]按，張諷（1015—1076），字隱直，建州浦城（今屬福建）人，徙居蘇州（今屬江蘇），張沔長子，以蔭入仕，官終司勳員外郎、成都府路提點刑獄，熙寧九年卒，年六十二，生

---

[1] 脱脱等《宋史》，第8冊第2444頁。
[2] 劉琳等校點《宋會要輯稿》，第3冊第1269頁。
[3] 趙汝愚編，北京大學中國中古史研究中心校點整理《宋朝諸臣奏議》，第918頁。
[4] 劉琳等校點《宋會要輯稿》，第10冊第5789頁。

平事迹見沈遼《雲巢編》卷九《張司勳墓誌銘》、卷一〇《宋太子中舍張傳師墓誌銘》《祭張司勳文》，王梓材、馮雲濠《宋元學案補遺》卷六《士劉諸儒學案補遺·張氏家學》，《全宋文》卷一〇四三收其文二篇。

與范鎮、司馬光等爲神宗講《禮記》，讀《史記》《資治通鑑》。

王應麟《玉海》卷二六《熙寧邇英閣講禮記》云："熙寧元年二月十一日，御閣，召王珪、范鎮等講《禮記》。十月戊申，詔經筵毋講《禮記》。"又《熙寧讀資治通鑑》云："熙寧元年二月十一日，御閣，召王珪、范鎮、司馬光、呂公著、吳申、周孟陽講《禮記》，讀《史記》《資治通鑑》。（光讀至蘇秦事。）"[1] 戊申爲九日。《長編拾補》卷三上繫始講《禮記》於熙寧元年二月庚申，卷三下繫罷講《禮記》於十月壬寅，庚申爲十七日，壬寅爲三日。茲從《玉海》。

三月，與范鎮乞留宋敏求，使成《仁宗實錄》。

《宋史》卷二九一《宋敏求傳》云："治平中，召爲《仁宗實錄》檢討官，同修起居注、知制誥、判大常寺。""英宗在殯，有言宗室服疏者可嫁娶，敏求以爲大行未發引，不可。逾年，又有言者。敏求言宗室義服，服降而練，可嫁娶矣。坐前後議異，貶秩知絳州。王珪、范鎮乞留之，使成《實錄》。神宗曰：'典禮，國之所重，而誤謬如是，安得無責。'然敏求議初不誤，曾公亮惡禮院劉瑾附敏求爲說，故因是去之。是歲，即詔還。"[2] 宋敏求熙寧元年三月十八日貶知絳州[3]，則王珪、范鎮乞留之當在三月十八日以後。

六月二十八日，奉命取英宗神御殿名，有《神御殿名劄子》。

本集卷八有《神御殿名劄子》，云："今月二十八日，入内供奉官至學士院奉傳聖旨，取英宗皇帝神御殿名。今撰到殿名十，不與前代相犯。"（第58頁）所撰殿名中有"英德殿"。《宋會要》禮一三之三云："景靈宮英德殿。（奉英宗神御。）治平四年十月十二日，詔移景靈宮道院向西修建，直南置殿門。熙寧元年七月，以内降殿名，將奉安英宗神御。殿後小殿曰靈

---

[1] 王應麟輯《玉海》，第1冊第523、529頁。
[2] 脫脫等《宋史》，第28冊9736頁。
[3] 參張保見《宋敏求事迹簡錄》，吳洪澤、尹波主編《宋人年譜叢刊》，四川大學出版社2002年版，第3冊第1634～1635頁。

豫，改爲預真。二年正月二十四日，奉英宗御容赴殿奉安。"[1] 可知熙寧元年七月將英宗神御殿正式命名爲英德殿，則王珪奉命取英宗神御殿名當在六月二十八日。

夏，有《舉王安國奏狀》。

本集卷七有《舉王安國奏狀》，云："伏見應茂材異等科王安國，翰林學士安石之弟，行義純茂，而學足以明先王之道。其少已自高，耻與天下士出入場屋間，況肯晚同門蔭子弟，以苟一時之進哉！今年將四十，身不得厠皂衣之列，行與陛下之民老於太平無所爲，士大夫咸爲惜之。夫三歲一詔貢舉，而實學者未必盡得，制科所得又不過一二人，豈若博取而廣收之？若安國者，儻得間有所收，不亦爲明朝得人之慶乎？伏望特許如王回、孫侔、黄君俞等例，除一恩命。且令於國子監講解，以試其長。或不如所舉，臣當坐冒聞朝廷之罪。"（第 48~49 頁）彭百川《太平治迹統類》卷一三《神宗任用安石》云："熙寧元年四月……丁丑，賜布衣王安國進士及第，注初等職官。安國，安石弟也。於書無所不讀。數舉進士，試禮部輒不中。又舉茂材異等，有司考其策第一，召試密（秘）閣，母喪罷。上即位，翰林承旨王珪首薦之，樞密副使韓絳、邵亢又同以安國所著《序言》十卷進。上於是出手詔稱美，令召試舍人院。"[2]《長編拾補》卷三上、《宋史》卷一四《神宗本紀一》等記王安國賜進士及第在熙寧元年七月丁丑，丁丑爲七日，《宋會要》選舉三一之一七亦繫此事於熙寧元年七月七日。而熙寧元年四月壬寅朔，無丁丑日，可知《太平治迹統類》所記有脱文。

王珪等薦王安國，乃奉命舉賢。《宋史》卷一四《神宗本紀一》云：治平四年（1067）十一月"乙未，詔令内外文武官各舉有材德行能者"[3]。乙未爲二十一日。《宋會要》選舉二八之五云：治平四年十一月"二十一日，手詔：'孔子曰："脩廢官，舉逸民，則四方之政行焉。"朕以天之靈，獲守大器，永惟興治之本，必待賢而後成。方今中外群才，輻湊並進，不爲不多

---

[1] 劉琳等校點《宋會要輯稿》，第 2 册第 719 頁。
[2] 彭百川《太平治迹統類》，景印文淵閣《四庫全書》，臺灣商務印書館 1986 年版，第 408 册第 371~372 頁。
[3] 脱脱等《宋史》，第 2 册第 267 頁。

矣。尚慮藏器抱道之士，沉於下僚，鬱而未伸，宜令内外兩府、兩制、文臣三司副使、武臣正任已上，下至臺諫官并逐路提刑、轉運使，於京朝官、使臣、幕職、州縣官、選人内，各舉所知者二人，見任兩府三人。或耻於自媒，久淹下位，或偶因微累，遂廢周行者，咸以名聞，以佐吾顯側陋、振淹滯之意。仍各明言其人臨事已彰實狀，堪何任使，朕將量才而用之。其所舉須實負才業淹廢之人，即不得舉懷姦養譽、闊於事情、陰趣進用者及權要族屬，可共昭至公之道焉。'"[1]

王珪、韓絳、邵亢等人薦王安國當在熙寧元年四月以後。吕誨《上神宗論王安石姦詐十事》云："安石初入翰林，未聞進一士之善，首率同列，稱弟安國之才。朝廷與狀元恩例，猶謂之薄。"[2] 王安石治平四年（1067）九月二十三日拜翰林學士，時在知江寧府任上，熙寧元年三月離江寧赴闕，四月四日越次入對。[3] 按，王安國（1030—1076），字平甫，臨川（今屬江西撫州）人，王安石之弟，熙寧元年賜進士及第，官至大理寺丞，卒年四十七，《宋史》卷三二七、《東都事略》卷七九有傳，生平事迹見王安石《臨川先生文集》卷九一《王平甫墓誌》。其卒年有熙寧七年、熙寧九年、元豐初年三種説法，湯江浩考爲熙寧九年。[4] 則熙寧元年王安國當爲三十九歲，與此文中"今年將四十"相合。《全宋詩》卷六三一録其詩一卷，《全宋文》卷一五八六、卷一五八七收其文二卷。

七月四日，草《熙寧元年南郊御札》。

本集卷一一有《熙寧元年南郊御札》；此文又見《宋文鑑》卷三三；又見《宋大詔令集》卷一一八，題作《熙寧元年有事南郊御札》，題下注"七月甲戌"[5]。甲戌爲四日。

七月十三日，有《乞左藏庫逐庫置監官奏》。

《宋會要》職官二七之四云：熙寧元年"七月十三日，提舉在京諸司庫

[1] 劉琳等校點《宋會要輯稿》，第 10 册第 5789 頁。

[2] 趙汝愚編，北京大學中國中古史研究中心校點整理《宋朝諸臣奏議》卷一〇九，第 1181 頁。

[3] 參劉成國《王安石年譜長編》，第 2 册第 754、768、771 頁。

[4] 參湯江浩《北宋臨川王氏家族及文學考論——以王安石爲中心》，人民文學出版社 2005 年版，第 62~70 頁。

[5] 司義祖整理《宋大詔令集》，第 404 頁。

務王珪等言：'左藏庫自來匹帛與金銀錢等分庫，各有專副人員等。惟是監官四員通管，日輪一員在金銀錢帛庫支納。既更互不定，則容公人等乘間生弊。乞將南、北兩庫添差文資一員，各令監官。內南庫文資一，使臣二，北庫文資、使臣各一。其新添官仍乞下三司、提舉司輪舉。其請給、酬獎，並依本庫舊例施行。自今年十月立界，所貴逐庫各得監官專一管勾，息絕欺弊。監門即仍通管。'詔減一小使臣，添文資朝臣，餘並從之"[1]。食貨五一之二五亦載此事。《全宋文》卷一一五三據後者收録王珪奏疏，題作《乞左藏庫逐庫置監官奏》。

七月十八日，奉命爲南郊禮儀使。

《宋會要》禮二八之八三云："神宗熙寧元年七月十八日，以親郊，命宰臣曾公亮爲大禮使，翰林學士承旨王珪爲禮儀使，翰林學士司馬光爲鹵簿使，權御史中丞滕甫爲儀仗使，翰林學士、權知開封府呂公著爲橋道頓遞使。"[2]

是月，對司馬光言異事。

吳曾《能改齋漫録》卷一五《龍腦白氅》云："英州因雷震一山，梓樹盡枯，而生龍腦。京師龍腦爲之賤，時熙寧元年七月也。王禹玉言於司馬文正公，使人就市買之，信然。一兩值錢千四百，味苦而香酷烈，不甚佳也。又言：'潭州益陽雷震，山裂，出米可數十萬斛。炊之成飯，而腥不可食。有齎其米至京師者，禹玉以相貽，其狀信米也，而色黑如炭。'又言：'荊、襄之間，天雨白氅，如馬尾，長者尺餘，彌漫山谷。亦有齎至京師者。'予謂此蓋管輅所謂'天雨毛，賢人逃'者也。然《前漢‧五行志》亦云：'天漢三年，天雨白氂。'氅、氂通用。"[3] 按，吳曾所記，當出自《溫公日録》，此爲今本《溫公日録》佚文。司馬光熙寧元年在京任翰林學士兼翰林侍讀學士。

草《賜樞密副使邵亢乞外郡第一劄子不允詔》《賜邵亢乞外郡第二劄子不允詔》。

本集卷一八有《賜樞密副使邵亢乞外郡第一劄子不允詔》《賜邵亢乞外

---

[1] 劉琳等校點《宋會要輯稿》，第6冊第3711頁。
[2] 劉琳等校點《宋會要輯稿》，第3冊第1312頁。
[3] 吳曾《能改齋漫録》，第454頁。

郡第二劄子不允詔》。後一文云："卿早以德義傳朕，而預政未幾，奚爲數陳筋力之不强，視聽之不明，而欲以去朕也？且爲國之道，在篤於任賢而不可移。詩云'我心匪石，不可轉也'。今進未逾年而遽去之，不亦使朕得轉石之譏乎？其安於位，毋人言之是恤也。"（第 129 頁）邵亢治平四年（1067）九月二十六日辛丑拜樞密副使，熙寧元年十二月二十三日辛酉罷。[1]《宋史》卷三一七《邵亢傳》云："亢在樞密逾年，無大補益，帝頗厭之，嘗與諫官孫覺言，欲以陳升之代亢，而使守長安。覺遽劾亢薦升之，帝怒其希指，黜覺，亢亦引疾辭，以資政殿學士知越州。"[2]《宋史全文》卷一一云：熙寧元年四月"癸亥，孫覺爲右正言，赴諫院供職"。七月"辛巳，孫覺責授太子中允，仍知諫院。先是，陳升之登對，上面許擢置中樞。覺相繼登對，上因與言：'陳升之宜居宥密，邵亢不才，向欲使守長安，而執政以爲無過。'時升之已有成命，而覺不知，退即上言宜使亢知永興，升之爲樞密使。上以覺爲希旨收恩，且區處大臣非小臣所宜，故責之。覺又言滕甫貪污頗僻，斥其七罪。上不信，悉以覺疏示甫。甫謝曰：'陛下無所疑臣，無愧足矣。'"八月壬寅，"同知諫院孫覺通判越州。覺既降官，累章求出，不許。覺以爲去歲有罰金御史，今茲有貶秩諫官，未有罰金貶秩而猶居其位者也。覺遂移牒閣門、御史臺云論邵亢、滕甫奸邪，方待罪，更不入朝及釐務。閣門以聞。上批出曰：'覺牒與所言事不同，宜與外任差遣。'"[3]癸亥、辛巳、壬寅分別爲二十二日、十一日、二日。《宋會要》職官六五之二九記後二事於七月十二日和八月三日。《太平治迹統類》卷一二《神宗聖政》記孫覺降官後累章求出，"邵亢亦累章求出，不許"；孫覺出爲越州通判後，"邵亢復入，視事如故"[4]。趙汝愚《宋朝諸臣奏議》卷五二孫覺《上神宗論諫官貶秩不當再舉其職》亦言及此事。可知孫覺彈劾邵亢、邵亢累章求出當在熙寧元年七月。按，鄭獬《鄖溪集》卷九有《賜樞密副使諫議大夫邵亢乞出不允詔》，

[1] 參徐自明撰，王瑞來校補《宋宰輔編年録校補》，第 2 冊第 372、378 頁。
[2] 脱脱等《宋史》，第 30 冊第 10337 頁。
[3] 汪聖鐸點校《宋史全文》，中華書局 2016 年版，第 3 冊第 639、641、641~642 頁。按，孫淑彦《孫莘老先生年譜長編》對孫覺知諫院及罷任時間之考證稍顯粗疏（參孫淑彦《孫淑彦文字集》，作家出版社 2014 年版，第 9 冊第 100~123 頁）。
[4] 彭百川《太平治迹統類》，《景印文淵閣四庫全書》，第 408 冊第 347 頁。

王安石《臨川先生文集》卷四七有《賜樞密副使右諫議大夫邵亢乞郡詔》，當作於同月。

草《賜守司徒兼侍中判相州韓琦赴闕召見後赴任詔》《賜使相韓琦赴闕生料口宣》《賜判相州韓琦赴闕朝見口宣》《賜判相州韓琦赴闕茶藥口宣》。

《宋宰輔編年録》卷七載韓琦治平四年（1067）九月辛丑罷相，"自守司空、兼侍中、魏國公除守司徒、兼侍中、檢校太師、鎮安武勝軍節度使判相州"[1]。辛丑爲二十六日。韓忠彦《韓魏公家傳》卷七云：治平四年"十一月，改差公判永興軍兼陝府西路經略安撫使"。又云："熙寧元年七月，公以凡處置多爲執政沮難，不得如志，又邊事向寧，乃以疾求罷。因奏曰：'陛辭之日，親奉德音，候西事稍寧，即令臣却知相州。願全舊恩，使均勞佚。'章六七上，不許，乃召忠彦上殿，令馳驛往彼慰諭及詢訪邊事。忠彦回，又附表懇訴之，乃詔復知相州，仍令赴闕朝覲。公時冒大暑至都，上見公形顏鼊瘁，驚歎久之。"[2]本集卷二二有《賜守司徒兼侍中判相州韓琦赴闕召見後赴任詔》，卷二九有《賜使相韓琦赴闕生料口宣》，卷三二有《賜判相州韓琦赴闕朝見口宣》《賜判相州韓琦赴闕茶藥口宣》，此四文當作於熙寧元年七月。

草《賜曾公亮地震水災乞退第二表不允斷來章批答》。

《宋史》卷六一《五行志一上》云："熙寧元年秋，霸州山水漲溢，保定軍大水，害稼，壞官私廬舍、城壁，漂溺居民。河決恩、冀州，漂溺居民。"[3]曾鞏《元豐類稿》卷一八《瀛洲興造記》云："熙寧元年七月甲申，河北地大震，壞城郭屋室，瀛洲爲甚。"[4]錢顗《上神宗論地震》云："臣伏以今月甲申至辛卯，京師連日地震者五。……河北諸郡，大河決潰，地復震裂，廬舍摧塌，人民壓溺，幾以萬數。其餘百川涌溢，天下被水患者十有五六，殊可駭愕。雖《春秋》所記災異，未有若此之甚者。"末注："熙寧元年七月上，時爲殿中侍御史裏行。"[5]甲申爲十四日，辛卯爲二十一日。本集

［1］徐自明撰，王瑞來校補《宋宰輔編年録校補》，第 2 冊第 360 頁。

［2］韓琦著，李之亮、徐正英校箋《安陽集編年箋注》，第 1830、1836～1837 頁。

［3］脱脱等《宋史》，第 5 冊第 1327 頁。

［4］曾鞏撰，陳杏珍、晁繼周點校《曾鞏集》，第 302 頁。

［5］趙汝愚編，北京大學中國中古史研究中心校點整理《宋朝諸臣奏議》卷四二，第 429 頁。

卷二八有《賜曾公亮地震水災乞退第二表不允斷來章批答》，云：“朕獲保宗廟，夙夜祇畏，顧德不能綏天下。乃甲申地震，河朔大水，壓覆人民，朕甚懼焉。卿三朝社稷之臣，方共圖所以應變之術，奚遽上書而引咎也？”（第206～207頁）此文當作於七月十四日之後。

八月十三日，於延和殿評司馬光與王安石辯宰臣辭郊賚事。

司馬光《八月十一日邇英對問河北災變》云：熙寧元年“八月十一日，邇英進讀已，召對，……上又問：‘兩府辭郊賚劄子，何不呈？’對以：‘同僚有假故。’……後數日，光與禹玉、介甫同進呈郊賚劄子於延和殿。光言：‘方今國用不足，災害薦臻，節省冗費，當自貴近爲始。宜聽兩府辭賞爲便。’介甫曰：‘國家富有四海，大臣郊賚所費無幾，而惜不之與，未足富國，徒傷大體。昔常衮辭賜饌，時議以爲衮自知不能，當辭禄。今兩府辭郊賚，正與此同耳。且國用不足，非方今之急務也。’……與介甫爭論久之。禹玉曰：‘司馬光言省費自貴近始，光言是也；王安石言所費不多，恐傷國體，安石言亦是也。惟陛下裁之。’上曰：‘朕亦與司馬光同，今且以不允答之可也。’”[1]《長編拾補》卷三下繫司馬光與王安石辯宰臣辭郊賚事於熙寧元年八月癸丑，癸丑爲十三日，茲從之。

八月二十四日，草《封太祖皇帝後詔》。

《宋會要》帝系四之一七云：熙寧元年“八月二日，詔曰：‘昔我藝祖皇帝之興，以天發之期，再造區夏，大謀偉烈，被諸萬世而莫高焉。朕奉承聖緒，夙夜不敢康。乃顧後之子孫，而有司未嘗議封爵之文，豈朕所以尊大統、推親親之意哉！且積厚者流必遠，施大者報必豐。其令中書門下考大宗之籍，以屬近而行尊者一人，裂土地而王之，使常從獻於郊廟，世世勿復絶，以稱朕尊祖報本之意焉。’”[2]所引詔書見本集卷二三《封太祖皇帝後詔》。此文又見《宋文鑑》卷三一；又見《宋大詔令集》卷五〇，題作《封藝祖後一人爲王詔》，題下注“熙寧元年九月甲子”[3]。而《宋史》卷一四《神宗本紀一》、《東都事略》卷八《神宗本紀》、《皇宋十朝綱要》卷九、《宋

---

[1] 司馬光撰，李文澤、霞紹暉校點《司馬光集》卷三九，第2冊第884～886頁。

[2] 劉琳等校點《宋會要輯稿》，第1冊第108頁。

[3] 司義祖整理《宋大詔令集》，第253頁。

史全文》卷一一等繫此詔於熙寧元年八月甲子，甲子爲二十四日。考熙寧元年九月庚午朔，無甲子日，可知《宋大詔令集》所注"九月"當爲"八月"之訛。姑從《宋史》等，繫於二十四日。

八月二十六日，草《皇伯宗諤落同中書門下平章事制》。

《宋會要》帝系四之一七云：熙寧元年八月"二十六日，集慶軍節度使、同中書門下平章事宗諤落中書門下平章事，節制如故。坐以濮王、魯王宮奉給分作兩曆勘請，遣吏於三司請托，爲御史所彈故也"[1]。本集卷三七有《皇伯宗諤落同中書門下平章事制》，此文又見《宋大詔令集》卷五〇。

是月，爲賈昌朝及其繼室陳氏作墓誌銘，有《賈昌朝墓誌銘》《魏國夫人陳氏墓誌銘》。

本集卷五六有《賈昌朝墓誌銘》，云："治平二年七月戊寅，觀文殿大學士、尚書左僕射、魏公薨於京師。……熙寧元年八月庚申，葬於許州陽翟縣大儒鄉元老里之原。"（第409頁）又有《魏國夫人陳氏墓誌銘》，記賈昌朝繼室陳氏（1005—1067）乃陳堯咨之女，"治平四年十一月甲辰，薨於開封府春明坊之第，後魏公二年，享年六十三"，"明年八月庚申，同魏公葬於許州陽翟縣大儒鄉元老里"（第415頁）。戊寅、庚申、甲辰分別爲二十日、二十日、三十日。王安石《臨川先生文集》卷八七《贈司空兼侍中文元賈魏公神道碑》載賈昌朝治平二年（1065）九月甲申初葬於開封汴陽里其父墓次，甲申爲二十七日，可知《賈昌朝墓誌銘》所記乃改葬之期。則王珪爲賈昌朝及其繼室陳氏作墓誌銘當在治平四年十一月三十日之後、熙寧元年八月二十日之前，姑繫於此。按，賈昌朝（998—1065），字子明，舊爲真定獲鹿（今屬河北石家莊鹿泉）人，自其父賈注葬於開封，遂爲開封（今屬河南）人，天禧元年（1017）賜同進士出身，官至昭文相，治平二年卒，年六十八，謚文元，《宋史》卷二八五、《隆平集》卷五、《東都事略》卷六五有傳，生平事迹見王珪《賈昌朝墓誌銘》、王安石《贈司空兼侍中文元賈魏公神道碑》，《全宋詩》卷二二六錄其詩三首、殘句一句，《全宋文》卷四八一收其文一卷。

---

[1] 劉琳等校點《宋會要輯稿》，第1冊第108頁。

九月十八日，有《論裁定臣僚奏薦疏》。

《長編拾補》卷三下云：熙寧元年九月"丁亥，翰林學士承旨王珪等言：'舊制，……'詔並從之。先是，殿中御史裏行陳兆楷言：'仁宗以來，屢革京官之授。'知諫院吳申言：'今卿、監七十餘員，將來子孫盡奏京官，少卿、監中帶職員郎共五百餘員，員外郎八百員，數年之後，盡遷郎中，將來奏薦，復倍於今。'同知諫院吳充言：'宮掖妃嬪恩例亦乞裁酌。'都官員外郎龐元英言：'入官之弊，獨諸副使未甚裁損。'四狀並批送學士院，集兩制同詳定"[1]。丁亥爲十八日。《宋代蜀文輯存》卷二、《全宋文》卷一一五三據《續資治通鑑長編紀事本末》卷六七收錄王珪此奏疏，題作《論裁定臣僚奏薦疏》。

十一月十八日，草《皇后向氏賀南郊禮成表》。

本集卷一〇有《皇后向氏賀南郊禮成表》，云："妾蚤緣家閥，獲侍宸尊。承甫就於鴻儀，激素傾之榮抱。"（第72頁）此文乃王珪代神宗皇后向氏而作。按，向氏（1046—1101），向敏中曾孫女，懷州河內（今河南沁陽）人，治平四年（1067）立爲皇后，建中靖國元年薨，年五十六，《宋史》卷二四三、《東都事略》卷一四有傳。神宗朝共舉行南郊大禮四次，其中在王珪任翰林學士期間舉行者僅一次，即熙寧元年十一月十八日南郊大禮。

十一月二十六日，草《賜樞密使呂公弼加恩告敕口宣》《呂公弼授依前樞密使光禄大夫加封邑制》。

本集卷三一有《賜樞密使呂公弼加恩告敕口宣》，卷三七有《呂公弼授依前樞密使光禄大夫加封邑制》。前一文云："朕承天正之序，脩郊見之儀。竣祠熙明，介福穰簡。爰推惠澤，以寵輔臣。"（第223頁）後一文云："朕初承邦序，適考郊年。緣景德之祀文，即泰禋之齋宇。乃輯大事，以賓上神。"（第273頁）呂公弼治平四年（1067）九月二十六日拜樞密使，熙寧三年七月四日壬辰罷。[2]在此期間，僅於熙寧元年十一月十八日舉行過南郊大禮。《宋史》卷一四《神宗本紀一》云：熙寧元年十一月"丁亥，祀天地於

---

[1] 黄以周等輯注，顧吉辰點校《續資治通鑑長編拾補》，第1冊第130～132頁。

[2] 參李燾撰，上海師範大學古籍整理研究所、華東師範大學古籍整理研究所點校《續資治通鑑長編》卷二一三，第9冊第5166頁。

圜丘，大赦，群臣進秩有差。乙未，京師及莫州地震”[1]。丁亥爲十八日，乙未爲二十六日。本集卷二八《賜樞密使吕公弼免南郊恩命第一表不允批答》云：“朕獲執圭幣，初見郊廟。而左右之臣，罔不夙夜在事，以致力於休成。乃乙未之制，大告於廷，所以均神惠而答祀勞也。”（第205頁）可知熙寧元年南郊大禮推恩不是在丁亥日，而是在乙未日，《宋史》連書不確。則此二文當作於十一月二十六日南郊大禮推恩百官之時。

草《賜宰臣曾公亮南郊加恩告敕口宣》。

本集卷三一有《賜宰臣曾公亮南郊加恩告敕口宣》。曾公亮嘉祐六年（1061）閏八月二十日拜相，熙寧三年九月十三日罷相。在此期間舉行過兩次南郊大禮，一在治平二年（1065）十一月十六日，二在熙寧元年十一月十八日。本集卷二八《賜宰臣曾公亮免南郊恩命第一表不允批答》云：“朕猥以眇身，託於王公之上。夙夜祗栗，懼不能荷先帝遺烈。乃仲冬之序，獲將犧牲，以見天地宗廟。”（第203頁）據“託於王公之上”云云，知此文當作於神宗朝。則此文當作於十一月二十六日南郊大禮推恩百官之時。

草《皇伯宗樸授光禄大夫依前檢校尚書左僕射同中書門下平章事充彰德軍節度使加封邑功臣制》。

本集卷三七有《皇伯宗樸授光禄大夫依前檢校尚書左僕射同中書門下平章事充彰德軍節度使加封邑功臣制》；此文又見《宋大詔令集》卷四二，題中“封邑”作“食邑”，題下注“熙寧郊”[2]。趙宗樸爲趙元份之孫、趙允讓之子，於英宗爲兄，於神宗爲伯。王珪拜參知政事前，神宗僅於熙寧元年十一月十八日舉行過南郊大禮。《宋會要》禮一之三〇云：“神宗熙寧元年十一月，合祭天地於南郊，以皇弟、泰寧鎮海軍節度使、同中書門下平章事、岐王顥爲郊廟亞獻，皇伯、彰德軍節度使、同中書門下平章事、濮國公宗樸爲終獻。”[3]本集卷二八《賜皇伯使相宗樸免恩命第一表不允批答》云：“矧予伯父，侍祠在郊。而秉德嘉栗，實相厥成。顧無神惠之報乎？乃乙未之命，詢謀大同。毋爲過辭，以稽我上帝之旣。”（第200頁）則此文當作於

---

[1] 脱脱等《宋史》，第2冊第269頁。

[2] 司義祖整理《宋大詔令集》，第223頁。

[3] 劉琳等校點《宋會要輯稿》，第1冊第509頁。

十一月二十六日南郊大禮推恩百官之時。

是月，草《賜楚國大長公主等詔》。

本集卷二二有《賜楚國大長公主等詔》，云：“朕躬即崇丘，祇見上帝。乘一陽之孳物，飭百執以錯儀。適涓釐事之成，遽有慶函之上。”（第162頁）楚國大長公主（1038—1070）爲仁宗長女，“治平四年五月，進楚國大長公主”[1]。王珪拜參知政事前，神宗朝僅熙寧元年十一月十八日舉行過南郊大禮。則此文當作於十一月十八日南郊大禮之後。

草《賜皇后向氏答詔》。

本集卷二二有《賜皇后向氏答詔》，云：“比迪先彝，有嚴大報。乘初陽而錯事，蘄群福以裕民。迨終嘉薦之虔，適攬慶辭之美。”（第164頁）向氏爲神宗皇后。此文當作於熙寧元年十一月十八日南郊大禮之後。

草《賜皇伯使相宗樸免恩命第一表不允批答》《賜皇伯宗樸免恩命第二表不允斷來章批答》。

本集卷二八有《賜皇伯使相宗樸免恩命第一表不允批答》《賜皇伯宗樸免恩命第二表不允斷來章批答》。後一文云：“朕蒙祖宗之休，守天下大器，棠棠如不勝。乃仲冬景至，獲祠上帝於嘉壇，屑然若神靈之下賜之福禄也。禮成熙明，朕不敢以專饗，嘉與叔父共承之，何屢辭焉？”（第200頁）趙宗樸於神宗爲伯。此二文當作於熙寧元年十一月二十六日南郊大禮推恩百官之後，姑繫於此。

草《賜宰臣曾公亮免南郊恩命第一表不允批答》《賜曾公亮免南郊恩命第二表不允斷來章批答》《賜宰臣曾公亮免南郊恩命第一表不允口宣》《賜曾公亮免南郊恩命第二表不允斷來章口宣》。

本集卷二八有《賜宰臣曾公亮免南郊恩命第一表不允批答》《賜曾公亮免南郊恩命第二表不允斷來章批答》，卷三二有《賜宰臣曾公亮免南郊恩命第一表不允口宣》《賜曾公亮免南郊恩命第二表不允斷來章口宣》。此四文當作於熙寧元年十一月二十六日南郊大禮推恩百官之後，姑繫於此。

---

[1] 劉琳等校點《宋會要輯稿》帝系八之一六，第1冊第186頁。

草《賜樞密使呂公弼免南郊恩命第一表不允批答》《賜呂公弼免南郊恩命第二表不允批答》《賜樞密使呂公弼免南郊恩命第一表不允口宣》《賜呂公弼免南郊恩命第二表不允斷來章口宣》。

本集卷二八有《賜樞密使呂公弼免南郊恩命第一表不允批答》《賜呂公弼免南郊恩命第二表不允批答》，卷三二有《賜樞密使呂公弼免南郊恩命第一表不允口宣》《賜呂公弼免南郊恩命第二表不允斷來章口宣》。此四文當作於熙寧元年十一月二十六日南郊大禮推恩百官之後，姑繫於此。

十二月，草《賜武成軍節度使知陳州李璋南郊謝恩進馬詔》。

本集卷二〇有《賜武成軍節度使知陳州李璋南郊謝恩進馬詔》。《宋史》卷四六四《李璋傳》記李璋於英宗即位後"以武成軍節度使知鄆州。……知鄧州，坐失舉，改節振武軍，知鄆州。還朝，道卒，年五十三"[1]，未言其知陳州事。李璋卒於熙寧六年十一月辛酉。[2] 前已考出，李璋治平二年（1065）十一月南郊大禮時在知鄆州任，其知陳州應在此後。治平三年至熙寧三年十二月王珪拜參知政事之前，南郊大禮僅於熙寧元年十一月十八日舉行過一次。可知李璋熙寧元年在知陳州任。李之亮以為李璋嘉祐七年（1062）至治平元年間知陳州[3]，當誤，在此期間沒有舉行過南郊大禮。此文當作於熙寧元年十一月二十六日南郊大禮推恩百官之後，最有可能作於十二月，姑繫於此。

草《撫問判相州韓琦兼賜湯藥口宣》。

本集卷三二有《撫問判相州韓琦兼賜湯藥口宣》，云："卿內辭宰司，出撫鄉郡。適及歲陰之莫，固多政事之勤。特示撫循，以申眷遇。"（第229頁）韓琦治平四年（1067）九月二十六日罷相，以守司徒兼侍中、檢校太師、鎮安武勝軍節度使判相州，但尚未赴任，即於十一月改判永興軍兼陝府西路經略安撫使，熙寧元年七月復判相州[4]，十二月二十七日乙丑改判大名

---

[1] 脫脫等《宋史》，第39冊第13566頁。
[2] 參李燾撰，上海師範大學古籍整理研究所、華東師範大學古籍整理研究所點校《續資治通鑑長編》卷二四八，第10冊第6048頁。
[3] 參李之亮《北宋京師及東西路大郡守臣考》，第177頁。
[4] 參韓琦著，李之亮、徐正英校箋《安陽集編年箋注》，第1830、1836頁。

府[1]，六年二月二十八日壬寅又徙判相州[2]。體會文意，此文當作於熙寧元年冬。《韓魏公家傳》卷七云："公至相州數月，上遣御藥院內侍劉有方齎手詔曰：'地震河朔，涉秋冬未止，川防潰決，里民流離，朕甚惕然。朕嘗虛上宰之位，佇卿之還。雖歲月一易，猶恐未欲輕去鄉里。且大名爲天下喉襟之地，相去只數舍間，人情未爲不樂也。將欲除卿河北四路安撫使，故馳一介之使，以諭朕意。苟勉而祗命，則朝廷豈有北顧之憂哉！'公奏曰：'君之使臣，當即降命，而先馳使指，委曲爲諭，此乃陛下仁恤老臣，過示優禮。然臣方得守鄉郡，陛辭之日，陛下矜臣狀貌，知其未安，許臣亟赴本任。今到任未及百日，恐未能輕當煩重。況當此大異之後，正在朝廷加意拯救。凡有措置，須假應副。若復如陝西，一皆沮而不行，必上誤聖寄。'"[3]考《宋史》卷一四《神宗本紀一》，河北發生大水、地震在熙寧元年夏秋間。則此文或即由劉有方送達韓琦者，據"適及歲陰之莫"云云，繫於十二月。

是年，爲韓絳戲言當作宣徽使。

魏泰《東軒筆錄》卷一〇云："王拱辰自翰林承旨除宣徽使，張方平自承旨爲參知政事，不數日，而以憂去，服除，亦以宣徽使學士院，以承旨閣子爲不利市，凡入翰林無肯居之者。熙寧初，王珪爲承旨，韓絳戲之曰：'禹玉行將入宣徽營矣。'未幾禹玉除參知政事，不久遂大拜，元豐官制改換左僕射，凡秉政十五年而卒於位，近世承旨之達無此也。"[4]韓絳治平四年（1067）九月二十六日辛丑拜樞密副使，熙寧三年四月十九日己卯拜參知政事。[5]王珪治平四年九月拜翰林學士承旨，此云"熙寧初"，姑繫於此。

有《題招提院靜照堂》詩。

《至元嘉禾志》卷一八《碑碣》收錄徐植《招提教院置田記》，云："嘉興招提教院，考之紀載，則唐刺史曹君之故居也。光啓四年，舍以爲寺，敕名羅漢院。國朝治平初，改賜今額。規模雖未大，然在元祐間，名公巨卿，

---

［1］參黃以周等輯注，顧吉辰點校《續資治通鑑長編拾補》卷三下，第 1 冊第 140 頁。

［2］參李燾撰，上海師範大學古籍整理研究所、華東師範大學古籍整理研究所點校《續資治通鑑長編》卷二四二，第 10 冊第 5907 頁。

［3］韓琦著，李之亮、徐正英校箋《安陽集編年箋注》，第 1837 頁。

［4］魏泰撰，李裕民點校《東軒筆錄》，中華書局 1983 年版，第 114～115 頁。

［5］參徐自明撰，王瑞來校補《宋宰輔編年錄校補》，第 2 冊第 372、416 頁。

如荆國王公、内翰蘇公，更唱迭和，寄題静照，篇什盈軸。静照即院之一室也。能以一室聲聞京師，蓋亦名刹矣。"[1]《弘治嘉興府志》卷四《寺觀》云："招提講寺在郡治西北二里。唐光啓四年，曹刺史舍宅爲院，賜名羅漢院。宋治平四年改招提院。嘉祐丁酉年，僧慧空住院。有静照堂，蘇文忠公、王丞相介甫、韓丞相維諸名公皆有詩，司馬文（温）公亦有詩悼之，以故江湖最有名。"[2]《至元嘉禾志》卷二七《題詠》收録蘇軾、王安石、王珪、鄭獬、范鎮等三十七人三十八首《題招提院静照堂》詩，其中王異詩云："珍重慧空營妙隱，標題静照作佳名。新堂復勝牛車樂，舊閣如抛火宅縈。"自注云："慧空舊主精嚴寺，居安隱閣，經嘉祐丁酉火鞠爲煨燼。今住招提院，復創此堂，故有是句。"李常詩云："藻户面通漕，飛甍出重城。堂成未遑息，復作千里行。塵埃袖短褐，蒙暑蹋寒冰。其求異求食，志欲詩編盈。寧辭閣吏慢，聊爲一堂榮。都城競名利，日出車馬聲。詩云方外士，奔走亦有營。惟静制衆動，自照中乃明。胡爲撓山水，風急帆更輕。歲闌歸勿緩，恐負新堂名。"顧臨詩云："蹋暑夏日長，履霜冬日短。乞詩賁新堂，經年不辭緩。虚室莓苔青，客衣塵土滿。自矜非俗求，容色長衎衎。盈篋寶珠璣，東歸春正暖。静照名已傳，主人宜亦反。"司馬光《悼静照堂僧》詩前半云："寶閣灰寒净照新，馬蹄從此蹋京塵。金門乞得詩千首，蕭寺歸來老一身。"[3]可知慧空原住嘉興精嚴寺，嘉祐二年（1057）所居安隱閣被火焚毀，遂遷居招提院，創静照堂，建成後赴京，遍乞名公題詩，其入京在盛夏，隆冬離京。查慎行《蘇詩補注》卷六注蘇軾《秀州僧本瑩静照堂》云："慧空即本瑩字也。"[4]徐植謂元祐間蘇軾等人寄題静照堂；但孔凡禮認爲，熙寧二年二月，蘇軾、蘇轍始由鄉返京，三月，"秀州僧本瑩（慧空）來訪，軾、轍題其静照堂"[5]。則釋本瑩當於熙寧元年夏入京求詩，二年冬滿載而歸。本集卷一有《題招提院静照堂》，姑繫於熙寧元年。

---

[1] 單慶修，徐碩纂《至元嘉禾志》，《宋元方志叢刊》，中華書局1990年影印本，第5冊第4551頁。

[2] 柳琰纂修《弘治嘉興府志》，《四庫全書存目叢書》，齊魯書社1996年影印本，史部第179冊第43頁。

[3] 單慶修，徐碩纂《至元嘉禾志》，《宋元方志叢刊》，第5冊第4618、4619、4620頁。

[4] 查慎行補注，王友勝校點《蘇詩補注》，鳳凰出版社2013年版，第143頁。

[5] 孔凡禮《三蘇年譜》，第1冊第527頁。

草《賜夏國主乞早頒封冊允詔》《賜夏國主爲行冊禮詔》。

　　本集卷一八有《賜夏國主乞早頒封冊允詔》，卷一九有《賜夏國主爲行冊禮詔》，此二文亦見《宋大詔令集》卷二三五。胡玉冰繫此二文於熙寧元年[1]，茲從之。

約於是年，草《賜外任臣僚知陳州李璋進端午馬詔》。

　　本集卷二〇有《賜外任臣僚知陳州李璋進端午馬詔》。李璋熙寧元年在知陳州任，則此文當作於熙寧元年前後，姑繫於此。

草《賜樞密使文彥博免南郊恩命不允口宣》《賜文彥博免南郊恩命第二表不允斷來章口宣》。

　　本集卷二九有《賜樞密使文彥博免南郊恩命不允口宣》《賜文彥博免南郊恩命第二表不允斷來章口宣》。文彥博治平二年（1065）七月二十二日拜樞密使，熙寧六年四月二十六日己亥罷。[2] 在此期間，南郊大禮舉行過兩次，一在治平二年十一月十六日，二在熙寧元年十一月十八日。此二文具體作年不詳，姑繫於此。

草《撫問知北京王拱辰口宣》。

　　本集卷三〇有《撫問知北京王拱辰口宣》，云："適及凝嚴之序，有懷鎮輔之勞。"（第216~217頁）王拱辰曾兩知大名府：一是治平二年（1065）至熙寧元年十二月[3]，二是元豐三年（1080）九月二十六日乙酉[4] 至八年七月二十一日[5]。王珪熙寧三年十二月拜參知政事。則此文當作於治平二年至熙寧元年間某年冬，姑繫於此。

---

[1] 參周春著，胡玉冰校補《西夏書校補》，第2冊第689頁。
[2] 參李燾撰，上海師範大學古籍整理研究所、華東師範大學古籍整理研究所點校《續資治通鑑長編》卷二四四，第10冊第5944頁。
[3] 參洛陽地區文物工作隊《北宋王拱辰墓及墓誌》，《中原文物》1985年第4期。
[4] 參李燾撰，上海師範大學古籍整理研究所、華東師範大學古籍整理研究所點校《續資治通鑑長編》卷三〇八，第12冊第7486頁。
[5] 參劉敞《公是集》卷五一劉摯《王開府行狀》，景印文淵閣《四庫全書》，第1095冊第857頁。

神宗熙寧二年己酉（1069），五十一歲

在汴京。爲翰林學士承旨，進禮部侍郎。有詩三首、文三十三篇。

正月十九日，上言詳定內臣諸司副使奏薦兒男，須是年五十歲者方得奏薦。

　　《宋會要》職官三六之一五云：熙寧"二年正月十九日，翰林學士承旨王珪等言：'詳定內臣諸司副使奏薦兒男，須是年五十歲者方得奏薦。'詔內臣諸司副使須自入仕後經兩省祗應及三十年者，方許奏薦"[1]。

是月，爲鄭民慶作墓誌銘，有《朝奉郎守殿中丞知越州諸暨縣事騎都尉賜緋魚袋鄭君墓誌銘》。

　　本集卷五六有《朝奉郎守殿中丞知越州諸暨縣事騎都尉賜緋魚袋鄭君墓誌銘》，記鄭民度。鄭民度（1029—1069），字仲祥，鄭戩之子，以父蔭入仕，官至知縣，"享年四十一"，"以熙寧二年正月丁酉卒，其［年］七月壬午葬吳郡薦福山文肅公之墓次"（第416頁）。丁酉爲二十九日，壬午爲十八日。考胡宿《文恭集》卷三六《贈太尉文肅鄭公墓誌銘》，鄭戩有五子，分別爲民彝、民初、民秀、民慶、民用，無名"民度"者，據其字仲祥來看，"民度"當爲"民慶"之訛。

二月七日，草《賜判大名府韓琦爲水災撫輯河北詔》《賜判大名府韓琦便宜從事手詔》。

　　本集卷二二有《賜判大名府韓琦爲水災撫輯河北詔》《賜判大名府韓琦便宜從事手詔》；前一文又見《宋大詔令集》卷一五三，題作《賜韓琦詔》，題下注"熙寧二年二月甲辰"[2]。甲辰爲七日。前一文云："大河之北，歲比不登，又有水溢、地震之災。方春東作，民益不聊生，携老幼，棄田廬，日流徙於道，朕甚閔之。豈役煩歛重，而吏莫之省邪？將奸人乘此災變而動之也？朕中夜以興，爲之慘怛不安。前日徙卿以鎮大名者，非有意於此乎？其經制之方，已聽便宜從事。"（第161頁）後一文云："省所上劄子，辭判大名府事具悉。朕比以大河之北，水患相仍；又去年地震不已，城壁室廬，茸

――――――――――

[1] 劉琳等校點《宋會要輯稿》，第7冊第3895頁。
[2] 司義祖整理《宋大詔令集》，第572頁。

而復騂，變孰甚焉？朕憫然有封場之虞，深思得人以鎮撫一方。卿舊政之臣，維是國家休戚之均，故前遣使者以諭屬卿之指，庶幾莫或予違。今乃以去鄉閭、攖疾患爲辭，豈朕所望焉？……已除卿判大名府、河北路安撫使，仍聽便宜從事。苟朝廷有可應副，朕當力爲主張。今差入內東頭供奉官、勾當御藥院李舜舉齎敕賜卿，即宜祗受，便發赴任，以副朕意。"（第162頁）韓忠彥《韓魏公家傳》卷七記韓琦熙寧元年請辭判大名府之任命，後云："二月，復降手詔曰：'已除卿判大名府，充河北路安撫使，仍聽便宜從事。苟朝廷有可應副，朕當力爲主張。今差御藥院內侍李舜舉齎敕賜卿，宜即祗受。'公再辭，不許，遂之任。"[1] 據此可知，熙寧元年十二月二十七日詔韓琦判大名府之後，韓琦上《辭免河北四路安撫使劄子》[2]，二年二月神宗降手詔聽便宜從事，韓琦又上《辭免河北四路安撫使第二劄子》[3]，不許，始就任。《長編拾補》卷三下引有《韓魏公家傳》此段文字，但改"二月"爲"十二月"，蓋以爲"降手詔聽便宜從事"在熙寧元年十二月。考《宋史》卷一四《神宗本紀一》，河北發生大水、地震在熙寧元年夏秋間，王珪文中繫於"去年"，可知《韓魏公家傳》所記準確無誤，惟漏却"二年"二字而已。則詔韓琦撫輯河北，聽便宜從事當在熙寧二年二月七日。

三月十四日，草《立夏國主冊文》。

周春《西夏書》卷七《惠宗載記》云：熙寧二年"三月，冊秉常爲夏國主"[4]。本集卷九有《立夏國主冊文》；此文又見《宋文鑑》卷三二；又見《宋大詔令集》卷二三五，題作《立夏國主冊》。其中云："維熙寧二年歲次己酉，三月戊辰朔，十四日辛巳，皇帝若曰……"（第66頁）

三月二十一日，草《賜夏國主給還綏州誓詔》。

周春《西夏書》卷七《惠宗載記》云：熙寧二年三月"戊子，秉常上誓表，納塞門、安遠二砦，乞綏州，詔許之"[5]。本集卷一九有《賜夏國主給

---

[1] 韓琦著，李之亮、徐正英校箋《安陽集編年箋注》，第1837～1838頁。

[2] 參韓琦著，李之亮、徐正英校箋《安陽集編年箋注》，第1069～1070頁。

[3] 參韓琦著，李之亮、徐正英校箋《安陽集編年箋注》，第1072～1073頁。按，李之亮、徐正英繫此文於熙寧元年，乃是受《長編拾補》誤導。

[4] 周春著，胡玉冰校補《西夏書校補》，第2冊第700頁。

[5] 周春著，胡玉冰校補《西夏書校補》，第2冊第699頁。

遺綏州誓詔》；此文又見《宋大詔令集》卷二三五，題下注"熙寧二年二月
戊子"[1]。熙寧二年二月戊戌朔，無戊子日，《宋大詔令集》題下所注"二月"
當爲"三月"之誤。三月戊子即三月二十一日。

是月，草《撫問知青州歐陽修口宣》。

本集卷三一有《撫問知青州歐陽修口宣》。歐陽修熙寧元年八月四日知
青州，三年七月三日改知蔡州。[2] 胡柯《廬陵歐陽文忠公年譜》云：熙寧二
年"三月，内侍王延慶便道傳宣撫問，仍賜香藥一銀合，又遞賜新校定《前
漢書》，以公嘗預刊定也"[3]。

四月二十二日，奉命議學校貢舉之法，有《議貢舉庠序奏狀》。

馬端臨《文獻通考》卷三一《選舉考四·舉士》云："神宗熙寧二年，
議更貢舉法，罷詩賦、明經、諸科，以經義、論、策試進士。初，王安石以
爲古之取士俱本於學，請興建學校以復古，其明經、諸科欲行廢罷，取元解
明經人數增進士額。詔兩制、兩省、待制以上，御史、三司、三館議之。"[4]
王應麟《玉海》卷一一六《熙寧議貢舉學校制》云："熙寧二年四月戊午，
詔：'執經藝者專誦數，趨鄉舉者狃文辭，群臣詳議，別爲新規。'（兩制、
兩省、三司、三館議貢舉學校之制，御史臺亦議，仍趣限一月條上。）"[5]
戊午爲二十二日。《長編拾補》卷四載熙寧二年五月，"是月，群臣准詔議
學校貢舉，多欲變改舊法，獨殿中丞、直史館、判官告院蘇軾云云"[6]。本
集卷七有《議貢舉庠序奏狀》，云："右臣得御史臺牒，奉詔令議貢舉庠序
之法。……又諸科徒專誦數之學，無補於時。請自今新人毋得應諸科，皆
令習明經，不數舉間，可以盡革其弊。若乃貢舉以詩賦策論取人，蓋自祖
宗以來，收攬天下豪俊，莫不用此，臣不敢輕議。"（第47~48頁）蓋四月
二十二日群臣奉詔議學校貢舉之法，王珪上《議貢舉庠序奏狀》或在五月。

[1] 司義祖整理《宋大詔令集》，第916頁。

[2] 參劉德清《歐陽修紀年録》，第432、450頁。

[3] 吳洪澤、尹波主編《宋人年譜叢刊》，第2冊第1011頁。

[4] 馬端臨著，上海師範大學古籍研究所、華東師範大學古籍研究所點校《文獻通考》，第2冊第
    906頁。

[5] 王應麟輯《玉海》，第4冊第2154頁。

[6] 黃以周等輯注，顧吉辰點校《續資治通鑑長編拾補》，第1冊第183頁。

是月，有《贈禮部尚書唐質肅公挽詞二首》。

本集卷六有《贈禮部尚書唐質肅公挽詞二首》，其一尾聯下自注云：“公今葬密縣泰山下。”（第39頁）本集卷五七《推忠佐理功臣正奉大夫行給事中參知政事上護軍魯國郡開國公食邑二千三百戶食實封四百戶賜紫金魚袋贈禮部尚書謚質肅唐公墓誌銘》云：熙寧二年“四月乙未，幸其第臨問，公寢劇不能言。上泫然出涕曰：‘能復爲朕起乎？’明日公薨。……四年二月辛酉，葬江陵龍山之東原”（第422頁）。熙寧二年四月丁酉朔，無乙未日，“乙未”當爲“己未”或“乙巳”之訛，己未爲二十三日，乙巳爲九日。《宋史》卷一四《神宗本紀一》、《東都事略》卷八《神宗本紀》均載唐介薨於熙寧二年四月丁未，丁未爲十一日，乃訃達朝廷之日，可知“乙未”當爲“乙巳”之訛。劉摯《忠肅集》卷一一《唐質肅神道碑》亦記唐介熙寧四年二月葬於江陵縣。據此詩可知，唐介靈柩熙寧二年權厝於鄭州密縣（今河南新密）泰山下。按，唐介（1010—1069），字子方，江陵（今湖北荊州市荊州區）人，天聖八年（1030）進士，官至參知政事，熙寧二年卒，年六十，謚質肅，《宋史》卷三一六、《東都事略》卷七三有傳，生平事迹見王珪《推忠佐理功臣正奉大夫行給事中參知政事上護軍魯國郡開國公食邑二千三百戶食實封四百戶賜紫金魚袋贈禮部尚書謚質肅唐公墓誌銘》、劉摯《唐質肅神道碑》，《全宋詩》卷三五四錄其詩四首、殘句二聯，《全宋文》卷九三二收其文十六篇。

草《賜文武百僚宰臣富弼已下請御正殿復常膳舉樂第四表不允批答》。

本集卷二八有《賜文武百僚宰臣富弼已下請御正殿復常膳舉樂第四表不允批答》；此文又見《宋大詔令集》卷一五三，題作《宰臣富弼以下請御正殿復常膳舉樂第四表不允批答》。《宋大詔令集》將此文置於《旱災避殿撤樂減膳詔》之後，前者題下注“熙寧二年四月丙辰”[1]。《東都事略》卷八《神宗本紀》云：熙寧二年“夏四月甲辰，詔曰：‘方夏大旱，麥將槁。朕惟災變之來，蓋不虛發，豈朕政令未孚，聽納靡中，以致厥咎與？其罷同天節上壽。公卿大夫其勉修厥職，以圖修復。’”“丙辰，詔曰：‘傳曰：“近臣盡

---

[1] 司義祖整理《宋大詔令集》，第572頁。

規。"以其榮耻與上同也。今此在位者，視朕過失與朝廷政事之闕，默而不言，乃或私議竊歎，若以其責不在己。夫豈皆習見成俗以爲當然，其以有含章懷寶待倡而發者也。今百度隳弛，風俗偷惰，薄蝕災異，譴告不一。此誠忠賢助朕憂惕以創制改法救弊除患之時，宜令侍從官，自今視朕過失與朝廷政事之闕，無有巨細，各具章極言無隱。噫！言善而不用，朕有厥咎；道之而不言，爾爲不恭。朕將用此考察在位所以事君之實，而明黜陟焉。'"[1]甲辰爲八日，丙辰爲十九日。同天節乃神宗誕節，在四月十日。《宋大詔令集》所收《旱災避殿撤樂減膳詔》即《東都事略》所記甲辰詔書，可知《宋大詔令集》小注"丙辰"乃"甲辰"之訛。《宋史》卷一四《神宗本紀一》謂熙寧二年二月"乙巳，帝以災變避正殿，減膳徹樂"，四月"甲子，御殿復膳"[2]。乙巳爲八日，甲子爲二十七日。黄以周等已辨前者之誤，認爲"二月乙巳"乃"四月乙巳"之誤[3]，甚是。四月乙巳爲四月九日。則此文當作於四月九日之後、二十七日之前。

五月，議選知州以下條制，以爲未曾歷知州人，不得權入轉運判官以上差遣。

呂公著《上神宗論除監司條制》云："臣先準中書批狀，送兩制議選知州以下條制。內一項王珪等議，未曾歷知州人，不得權入轉運判官以上差遣，臣愚以爲未便。竊以國家承平雖久，於人材素養之法，有所未備，緩急求才，猶恐難得，若資格愈密，則簡拔愈難。今知州以下從審官院差遣，則嚴其條式可也，轉運判官以上自朝廷推擇，則不當更增以資格。昔荀況稱賢與能不待次而舉，疲不能不待頃而廢。董仲舒亦稱小才雖累日不離於小官，賢才雖未久不害爲輔佐。且漢之部刺史，今之監司，如雋不疑乃自布衣拔爲青州刺史，當時號爲稱職。方今豪俊之士，多伏在下位，若必待其已歷知州然後任使，則或至白首而不見旌用。臣愚以謂知州有治迹者，固當升入監司；自餘果有才能爲衆所推，雖資歷尚淺，亦繫自朝廷不次選擇充轉運判官、權發遣省府推判官及權充知州差遣。若試用無效，自可退從常調。如

［1］王稱撰，孫言誠、崔國光點校《東都事略》，第 55 頁。

［2］脫脫等《宋史》，第 2 冊第 270 頁。

［3］參黃以周等輯注，顧吉辰點校《續資治通鑑長編拾補》卷四，第 1 冊第 175~176 頁。

此，則勸沮兼行，賢愚無滯。"後注"熙寧二年五月上，時爲翰林學士"[1]。

草《賜奉安仁宗英宗御容禮儀使宰臣曾公亮茶藥詔》《賜宰臣禮儀使曾公亮已下往西京奉安仁宗英宗御容回茶藥口宣》《賜宰臣禮儀使曾公亮往西京奉安仁宗英宗御容都城門外酒果口宣》。

《宋史》卷一四《神宗本紀一》云：熙寧二年四月"癸丑，命曾公亮爲西京奉安仁宗、英宗御容禮儀使"。五月"丁亥，奉安仁宗、英宗御容於會聖宫及應天院"[2]。癸丑爲十七日，丁亥爲二十二日。《宋會要》禮四五之一四云：熙寧二年"六月四日，宰臣曾公亮西京應天禪院會聖宫奉安仁宗、英宗神御回，宴於垂拱殿"[3]。本集卷二三有《賜奉安仁宗英宗御容禮儀使宰臣曾公亮茶藥詔》，卷三二有《賜宰臣禮儀使曾公亮已下往西京奉安仁宗英宗御容回茶藥口宣》《賜宰臣禮儀使曾公亮往西京奉安仁宗英宗御容都城門外酒果口宣》。第一文云："卿即中洛之區，安兩朝之像。穀林朝望，既驚王氣之長；羽衛天回，更想宸遊之在。顧上儀之肆舉，佇不日之來還。適屬煩歊，宜資輔嗇。"（第168頁）第二文云："卿等出擁使車，往安真像。甫終盛禮，將戒近圻。"第三文中云："卿肅奉真儀，往安梵宇。方屬炎歊之候，靡勝護從之勞。"（第227頁）此三文當作於熙寧二年五月。

六月，草《賜宣徽北院使知應天府王拱辰到任謝恩進馬詔》。

本集卷一九有《賜宣徽北院使知應天府王拱辰到任謝恩進馬詔》。《長編拾補》卷四云：熙寧二年五月"癸未，鄭獬知杭州，王拱辰判應天府，錢公輔知江寧府"[4]。癸未爲十八日。王拱辰到任當在六月，姑繫於此。

夏，草《撫問判大名府韓琦兼賜湯藥口宣》。

本集卷三二有《撫問判大名府韓琦兼賜湯藥口宣》，云："卿出擁使旄，就更留鑰。屬暑威之方熾，顧藩事之多勤。"（第229頁）韓琦熙寧元年十二月二十七日由判相州改判大名府，但二年二月始就任，六年二月二十八日又徙判相州。據"就更留鑰""屬暑威之方熾"云云，知此文當作於熙寧二

[1] 趙汝愚編，北京大學中國中古史研究中心校點整理《宋朝諸臣奏議》卷六七，第742頁。
[2] 脱脱等《宋史》，第2冊第270、271頁。
[3] 劉琳等校點《宋會要輯稿》，第3冊1727頁。
[4] 黄以周等輯注，顧吉辰點校《續資治通鑑長編拾補》，第1冊第177頁。

年夏。

七月二十五日，以修《仁宗實録》成，進禮部侍郎，有《免禮部侍郎劄子》。

《神道碑》云："修《仁宗實録》成，進尚書禮部侍郎。"（第138頁）王應麟《玉海》卷四八《嘉祐仁宗實録》載熙寧二年七月己丑，韓琦上《仁宗實録》。己丑爲二十五日。本集卷八有《免禮部侍郎劄子》。

蘇頌《翰林學士承旨兼端明殿學士翰林侍讀學士給事中知制誥王珪可禮部侍郎》云："敕：惟我仁祖，享國永年。盛德成功，將傳於萬世。備言廣記，必藉於三長。間諮博洽之材，入預刊修之職。筆削之載，方覽奏篇之來；感愴之餘，良嘉善志之美。以爾具官某，文章高第，經濟閎才。承密命於内庭，屢聞忠益；領諸儒於東觀，甫就編研。追書四紀之見聞，大備一朝之典法。言觀類例，咸自裁成。惟史氏之懋官，有前書之舊比。宗伯典禮，天臺貳卿，用旌善職之勤，且慰述先之念。欽茲寵渥，體我眷懷。可。"[1]

是月，草《賜皇弟岐王顥生日禮物口宣二道》之一。

本集卷三一有《賜皇弟岐王顥生日禮物口宣二道》。按，《宋史》卷一四《神宗本紀一》云：治平四年（1067）九月"辛卯，徙封顥爲岐王"[2]。辛卯爲十六日。《長編》卷三〇八載元豐三年（1080）九月丙戌，"泰寧鎮海等軍節度使、檢校太尉、同平章事岐王顥守司空、開府儀同三司，依前泰寧鎮海等軍節度使，進封雍王"[3]。丙戌爲二十七日。可知趙顥爲岐王在治平四年九月至元豐三年九月之間。《蘇軾文集》卷四一有《賜皇叔揚王顥生日禮物口宣》，卷四二有《賜皇叔徐王顥生日禮物口宣》，題下分別注"元祐二年七月十九日""元祐四年六月二十一日"[4]，可知趙顥生日當在七月。王珪熙寧三年十二月拜參知政事，則《賜皇弟岐王顥生日禮物口宣二道》當作於熙寧元年至三年之間。考王安石《臨川先生文集》卷四八有《賜皇弟岐王顥生日禮物口宣》，而王安石治平四年九月二十三日拜翰林學士，熙寧元年四月始到京上

---

[1]蘇頌著，王同策等點校《蘇魏公文集》卷三〇，第425頁。

[2]脱脱等《宋史》，第2冊第266頁。

[3]李燾撰，上海師範大學古籍整理研究所、華東師範大學古籍整理研究所點校《續資治通鑑長編》，第12冊第7488頁。

[4]孔凡禮點校《蘇軾文集》，第3冊第1197、1231頁。

任，二年二月三日拜參知政事。[1] 可知熙寧元年《賜皇弟岐王顥生日禮物口宣》由王安石作，二年、三年《賜皇弟岐王顥生日禮物口宣》由王珪作，惟不知《賜皇弟岐王顥生日禮物口宣二道》何者作於熙寧二年，何者作於熙寧三年。

奉命爲趙允弼作墓誌銘，有《宗室推誠保順同德亮節守正佐運翊戴功臣鳳翔雄武等軍節度管内觀察處置等使開府儀同三司檢校太傅守太保兼中書令行鳳翔尹使持節泰州諸軍事泰州刺史上柱國東平郡王食邑一萬七千一百户食實封四千八百户贈太師尚書令兼中書令追封相王謚孝定墓誌銘》。

本集卷五七有《宗室推誠保順同德亮節守正佐運翊戴功臣鳳翔雄武等軍節度管内觀察處置等使開府儀同三司檢校太傅守太保兼中書令行鳳翔尹使持節泰州諸軍事泰州刺史上柱國東平郡王食邑一萬七千一百户食實封四千八百户贈太師尚書令兼中書令追封相王謚孝定墓誌銘》，記趙允弼。趙允弼（1008—1069），字公輔，宋太宗之孫、趙元偓之子，官至太保、鳳翔雄武軍節度使，"王薨，實熙寧三年七月癸酉也，享年六十二"，"十一月癸酉，葬河南之永安"（第418、419頁）。熙寧三年七月己丑朔，無癸酉日；十一月戊子朔，亦無癸酉日。考《宋會要》帝系一之三四、五七，帝系三之五、一一，禮四一之一、一八、二四，以及《宋史》卷一四《神宗本紀一》等皆記趙允弼熙寧二年七月卒，《宋史》卷二四五《趙允弼傳》亦謂其熙寧二年卒，可知文中"熙寧三年"乃"熙寧二年"之訛。則趙允弼當卒於熙寧二年七月九日癸酉，十一月十日癸酉葬。《宋史・神宗本紀一》記趙允弼熙寧二年七月甲戌薨，甲戌爲十日，乃訃達朝廷之日。文中云："臣伏觀自昔同姓諸侯王，多溺於驕奢之志，甚者又或至於禍敗而不可救，豈其勢使然耶？若孝定王爲四朝近屬，而溫仁恭儉，行足以高一時，名足以動後世，顧雖河間、沛國，恐未能以遠過也。"（第420頁）可知王珪當是奉神宗之命爲趙允弼作墓誌銘。

八月四日，預垂拱殿宴。

王應麟《玉海》卷七三《元豐集英殿宴群臣》云："熙寧二年八月四日，以《兩朝實錄》成，宴近臣於垂拱殿。（修撰、檢討官預。）"[2] 王珪爲《仁宗

---

[1] 參劉成國《王安石年譜長編》，第3冊第840頁。
[2] 王應麟輯《玉海》，第2冊第1367頁。

實錄》修撰官，當預此次宴會。

是月，草《賜宰臣富弼乞解機政不允手詔》。

本集卷二二有《賜宰臣富弼乞解機政不允手詔》，云："省所上表，爲久病乞解機政事具悉。朕承祖宗之烈，履士民之尊。思茂經於治原，故歷卜於賢輔。以卿暴大名於天下，推全德於三朝，屢遣使輶之行，審從齋閣之訪。遂復來相，庶幾仰成。若作室而汝墉，若濟川而汝楫。朕之所遇，顧豈不隆？何意歲時之未周，而引疾患之爲計。間或咨於丕務，似有秘於嘉謀。忽此露章，乃欲避位。大失初終之望，重爲上下之疑。豈朕臨政之不明，涉道之猶寡，使卿外示弗强之力，内懷欲去之圖？予心漠然，中夕永歎。且賢者道欲行己，要澤物於一時；忠臣義不忘君，肯愛身於當國？諒素存於耆慮，勉起翼於皇機。所乞宜不允。如氣體果未安，且在告將齎，以佇痊平。"（第164頁）據"推全德於三朝"云云，知此文當作於神宗朝。《宋宰輔編年録》卷七載富弼熙寧二年二月己亥再入相，十月丙申罷相，並引《丁未録》云："故事，兩制差除必宰相當筆。是時，富弼在告，曾公亮出使，獨王安石參知政事，心惡錢公輔等，遽除出之。公輔遂自知制誥知鎮江府，鄭獬亦自翰林學士知杭州。弼由此不平，多稱疾臥家。及御史劉琦、錢顗等奏劾安石及其他大臣，並落御史被貶。范純仁亦露章顯奏，琦、顗指安石及在位大臣，又盡録前奏申中書。於是，執政大臣俱列名露章求罷。上以優詔答之，富弼自是不復出視事。""王安石既得志，專權自恣，盡取祖宗法度紛更之。弼每爭不能得，故常移病不入。旬日一再見，三日一復謁告，如是者數矣。久之，遂引疾辭位，上省奏不悦，以手詔責之。弼既得詔，皇恐復入具奏。於是召見垂拱殿，賜弼坐，從容謂曰：'二府中謂卿實無病。'弼頓首謝曰：'實病。'既退，遂稱篤固請，不許。奏五上，又求對固請，上不得已許之。"[1]己亥爲二日，丙申爲三日。考《宋史》卷一四《神宗本紀一》云：熙寧二年五月"癸未，翰林學士鄭獬罷知杭州，宣徽北院使王拱辰罷判應天府，知制誥錢公輔罷知江寧府"。"八月癸卯，侍御史劉琦貶監處州鹽酒務，御史裏行錢顗貶監衢州鹽稅，亦以論安石故。……丙午，同修起居注范純仁以言事多

---

[1] 徐自明撰，王瑞來校補《宋宰輔編年録校補》，第2册第403~404頁。

忤安石，罷同知諫院。……己酉，范純仁知河中府。"[1]癸未、癸卯、丙午、己酉分別爲十八日、九日、十二日、十五日。可知此文即神宗責富弼之手詔，當作於熙寧二年八月。

草《賜樞密使文彥博已下賀壽星出見批答》。

本集卷二六有《賜樞密使文彥博已下賀壽星出見批答》，云："玉管凝商，適履秋分之後；珠躔麗極，遽騰天社之南。"（第191~192頁）文彥博爲樞密使在治平二年（1065）七月二十二日至熙寧六年四月二十六日之間。熙寧四年二月五日辛酉，詔罷老人星見上賀表。[2]可知此文當作於治平二年七月二十二日至熙寧三年之間。在此期間，有記載之老人星見秋季有七次：治平二年八月十二日己亥，三年八月二十八日庚戌，四年八月二日戊申、九月二日丁丑，熙寧元年八月十五日乙卯，二年八月二十八日壬戌，三年八月十六日癸酉。[3]治平二年秋分在八月十三日庚子，三年秋分在八月二十三日乙巳，四年秋分在八月五日辛亥，熙寧元年秋分在八月十六日丙辰，二年秋分在八月二十八日壬戌，三年秋分在八月十日丁卯。則此文當作於熙寧二年八月二十八日之後，姑繫於此。

九月二十八日，草《章惠太后寶冊遷赴萬壽觀廣愛殿庫奏告祝文》。

本集卷一四有《章惠太后寶冊遷赴萬壽觀廣愛殿庫奏告祝文》，云："日者有司以謂先王之制，禮不可過，請瘞神主於寢園。今廟有寶冊，不敢以毀，宜於祠殿而奉置之，不敢不告。"（第105頁）章惠太后乃真宗淑妃楊氏，仁宗養母。《宋會要》禮一〇之八云："神宗熙寧二年九月二十八日，命龍圖閣直學士張掞攝太常卿，奉章惠太后神主赴西京瘞陵園。是日，帝詣瓊林苑奉辭，群臣班於苑中。"[4]

[1] 脫脫等《宋史》，第2冊第270~271頁。
[2] 參李燾撰，上海師範大學古籍整理研究所、華東師範大學古籍整理研究所點校《續資治通鑑長編》卷二二〇，第9冊第5337頁。
[3] 參馬端臨撰，上海師範大學古籍研究所、華東師範大學古籍研究所點校《文獻通考》卷二九四《象緯考十七·瑞星》，第12冊第8016~8017頁；劉琳等校點《宋會要輯稿》瑞異一之一六，第5冊第2599頁。按，熙寧元年八月之"乙卯"原作"已卯"，考熙寧元年八月辛丑朔，無已卯日，故知"已卯"當爲"乙卯"之訛。
[4] 劉琳等校點《宋會要輯稿》，第2冊第689頁。

是月，草《賜皇伯崇信軍節度使宗旦免恩命第二表不允斷來章批答》。

《宋大詔令集》卷四二有《皇伯宗旦除崇信軍節度使制》，題下注“熙寧二年九月”，文中載“皇伯、鎮潼軍節度觀察留後、金紫光禄大夫、檢校右散騎常侍、使持節華州諸軍事、華州刺史、兼御史大夫、知大宗正事、上柱國、天水郡開國公、食邑五千一百户、食實封一千七百户宗旦”，“可特授依前檢校右散騎常侍、使持節隨州諸軍事、隨州刺史、兼御史大夫、知大宗正事、崇信軍節度、隨州管内觀察處置等使、加食邑七百户、食實封二百户”[1]。此文乃韓維作，見《南陽集》卷一五，題作《除皇伯宗旦制》。本集卷二七有《賜皇伯崇信軍節度使宗旦免恩命第二表不允斷來章批答》，此文當作於熙寧二年九月趙宗旦授崇信軍節度使之後。按，趙宗旦（？—1082）爲趙元佐之孫、趙允升之子，《宋史》卷二四五有傳。

十月三日，草《曾公亮授依前同中書門下平章事進封魯國公加封邑功臣制》《曾公亮授依前同中書門下平章事昭文館大學士加封邑制》。

《宋史》卷二一一《宰輔表二》云：熙寧二年“十月丙申，曾公亮自行吏部侍郎、同平章事、集賢殿大學士加昭文館大學士、監修國史兼譯經潤文使、魯國公”[2]。丙申爲三日。本集卷三七有《曾公亮授依前同中書門下平章事進封魯［國］公加封邑功臣制》《曾公亮授依前同中書門下平章事昭文館大學士加封邑制》。前一文又見《宋大詔令集》卷六一，題作《曾公亮授依前同中書門下平章事進封魯國公加食邑實封功臣制》，題下注“熙寧二年”[3]，可知本集此文文題中脱一“國”字。後一文又見《宋大詔令集》卷五六，題作《曾公亮進昭文相制》，題下注“熙寧二年十月丙申”[4]；又見《宋宰輔編年録》卷七。

草《富弼授依前同中書門下平章事武寧軍節度使判河南府兼西京留守仍賜功臣制》。

《長編拾補》卷五云：熙寧二年十月“丙申，開府儀同三司、行左僕

---

［1］司義祖整理《宋大詔令集》，第 224 頁。

［2］脱脱等《宋史》，第 16 册 5485 頁。

［3］司義祖整理《宋大詔令集》，第 305 頁。

［4］司義祖整理《宋大詔令集》，第 282 頁。

射、門下侍郎平章事富弼罷爲武寧軍節度使、同平章事、判亳州"[1]。丙申爲三日。《宋史》卷一四《神宗本紀一》、卷二一一《宰輔表二》等所記同。實際上三日所下詔書任命富弼判河南府，經富弼請求，八日貼麻改判亳州。《宋宰輔編年録》卷七云："以弼欲西京養疾，乃命判河南。制下六日，而乞改亳州。於是令貼麻改正，從弼請也。"[2]《温公日録》卷一載熙寧二年十月，"富公辭洛陽請亳。""辛丑，貼麻從判亳州。"[3]辛丑爲八日。《長編》卷二三一熙寧五年三月戊戌注引林希《野史》云：熙寧二年"十二月二日，上語王珪曰：'弼始許相我，無何忽求去，日遣使召之，終不爲朕留，此意殊不可曉，朕甚恨之。卿於制詞道朕此意也。'是夜，除弼使相、判河南府改亳州，進昭文大學士"[4]。所記富弼罷相時間與他書不同，疑"十二月"爲"十月"之衍。本集卷三七有《富弼授依前同中書門下平章事武寧軍節度使判河南[府]兼西京留守仍賜功臣制》；此文又見《宋文鑑》卷三五，題作《除富弼判河南府制》；又見《宋大詔令集》卷六八，題作《富弼罷相除武寧軍節度判亳州制》，内容較本集更完整；又見《宋宰輔編年録》卷七。按，《長編拾補》卷二載治平四年（1067）十月丁未，"富弼判河陽，從所乞也"。丁未爲二日。小注中録《宋四六選》所收"王珪行《富弼除使相判河陽兼西京留守仍賜功臣制》"[5]，蓋以爲即此時作。考彭元瑞、曹振鏞輯《宋四六選》卷二，其文原題作《富弼除使相判河南府兼西京留守仍賜功臣制》，内容與本集相同，《長編拾補》誤改文題中之"河南府"爲"河陽"。

草《陳升之除禮部尚書同中書門下平章事集賢殿大學士加封邑制》。

《宋宰輔編年録》卷七載熙寧二年十月丙申，陳升之"自尚書左丞、知樞密院事除行禮部尚書、同平章事、集賢殿大學士"。後引《長編》云："本朝宰相，有以侍郎爲之，而無左右丞爲之者。學士王珪當制，以故事言，故

---

[1] 黄以周等輯注，顧吉辰點校《續資治通鑑長編拾補》，第1冊第241頁。

[2] 徐自明撰，王瑞來校補《宋宰輔編年録校補》，第2冊第404頁。

[3] 顧宏義、李文整理標校《宋代日記叢編》，第1冊第42頁。

[4] 李燾撰，上海師範大學古籍整理研究所、華東師範大學古籍整理研究所點校《續資治通鑑長編》，第9冊第5616頁。

[5] 黄以周等輯注，顧吉辰點校《續資治通鑑長編拾補》，第1冊第66、67頁。按，中華書局點校本《續資治通鑑長編拾補》將"宋四六選"誤爲韓維《富文忠公墓誌銘》中文字。

升之躐遷尚書。"[1]丙申爲三日。《宋會要》職官七七之四三謂此則史料出自《富公乞致仕手録》。本集卷三七有《陳升之除禮部尚書同中書門下平章事集賢殿大學士加封邑制》；此文又見《宋文鑑》卷三五，題作《除陳升之禮部尚書同中書門下平章事集賢殿大學士加食邑實封制》；又見《宋大詔令集》卷五六，題作《陳升之拜集賢相制》，内容較本集更完整；又見《宋宰輔編年録》卷七。按，《溫公日録》卷一熙寧二年十月乙卯云："昜叔之大拜，禹玉爲制詞，曰：'問甲兵，則有鎮撫四夷之略；問衣食，則有運理群物之心。'又曰：'論金穀之計，其歸内史之司；作霖雨之滋，是應高宗之命。'"[2]乙卯爲二十二日。所引文字即出自此文。

十月二十五日，草《賜皇伯虢國公宗諤告敕口宣》。

《宋史》卷一四《神宗本紀一》載治平四年（1067）正月戊辰，"宗諤同中書門下平章事，改集慶軍節度使、檢校尚書左僕射"；熙寧元年八月"丙寅，罷宗諤平章事"；二年十月"戊午，宗諤復平章事"[3]。戊辰、丙寅、戊午分別爲十九日、二十六日、二十五日。《宋會要》帝系四之一七云：熙寧二年十月"二十五日，制以集慶軍節度使、檢校尚書、左僕射、虢國公宗諤復爲同中書門下平章事。初，帝欲復宗諤官，王安石曰：'陛下姑遣使存問，諭以恩意，俟裁處宗室事定乃復。'帝曰善。至是宗室法議定，將降詔施行，乃復之"[4]。本集卷三二有《賜皇伯虢國公宗諤告敕口宣》，云："適遷上鉉之崇，已告大廷之衆。"（第227頁）趙宗諤爲神宗伯父。

是月，草《賜夏國主不還綏州詔》。

本集卷一九有《賜夏國主不還綏州詔》，此文又見《宋大詔令集》卷二三五。胡玉冰繫此文於熙寧二年十月[5]，兹從之。

草《賜皇伯宗諤免恩命第一表不允批答》《賜皇伯宗諤免恩命第二表不允斷來章批答》《賜皇伯宗諤免恩命第一表不允口宣》。

本集卷二七有《賜皇伯宗諤免恩命第一表不允批答》《賜皇伯宗諤免恩

---

[1]徐自明撰，王瑞來校補《宋宰輔編年録校補》，第2冊第408～409頁。

[2]顧宏義、李文整理標校《宋代日記叢編》，第1冊第42頁。

[3]脱脱等《宋史》，第2冊第264、269、272頁。

[4]劉琳等校點《宋會要輯稿》，第1冊第109頁。

[5]參周春著，胡玉冰校補《西夏書校補》，第2冊第705頁。

命第二表不允斷來章批答》，卷三二有《賜皇伯宗諤免恩命第一表不允口
宣》。第一文云："矧我伯父之尊，舊惟作相，豈久而不復哉？"（第199頁）
第三文云："朕孝治四方，恩先九族。睠戚蕃之近屬，還宰鉉之榮章。"（第
227頁）此三文當作於熙寧二年十月二十五日趙宗諤復爲同中書門下平章事
之後，姑繫於此。

草《賜宰臣陳升之免恩命第二表不允斷來章批答》。

本集卷二八有《賜宰臣陳升之免恩命第二表不允斷來章批答》，云："矧
卿迪王佐之幾，昭勿聽之美。篤我簡照，對於弼諧。尚何需牘之陳，欲止
告廷之渙？夢卜之象已屬，陰陽之應已孚。惟其肅承，是亦終賴。"（第205
頁）此文當作於熙寧二年十月三日陳升之拜集賢相之後。

十一月十一日，拒草《皇族出官敕詞》。

葉夢得《石林燕語》卷九云："熙寧初，中書議定改宗室條制，召學士
王禹玉草制。禹玉辭曰：'學士，天子私人也。若降詔付中書施行，則當
草之。今中書已議定宗室事，則當使舍人院草敕爾。學士非所預，不敢失
職也。'乃命知制誥蘇子容草敕。近世凡朝廷詔命，皆學士爲之，重王命
也。"[1]《長編拾補》卷六云：熙寧二年十一月"甲戌，中書、樞密院言：'伏
以祖宗受命百年，皇族日加蕃衍，而親疏之施未有等衰，甄敘其才，未能如
古。臣等今議定方今可行之制：……'於是詔曰：……"[2]所錄詔文即蘇頌
《蘇魏公文集》卷二九《皇族出官敕詞》。《宋大詔令集》卷五〇亦載此詔，
題作《宗子恩禮詔》，題下注"熙寧二年十一月甲戌"[3]。甲戌爲十一日。

十一月十七日，於邇英閣聽司馬光爲神宗讀《資治通鑑》，言坐倉非計。

馬端臨《文獻通考》卷二一《市糴考二·常平義倉租稅》云："熙寧二
年，帝閱群臣奏，以儀鸞司官孫思道言坐倉事，善之。坐倉者，以諸軍餘糧
願糴入官者計價支錢，復儲其米於倉也。詔條例司條例以聞，條例司請如嘉
祐附令敕坐倉故事行之。曾公亮謂支米有量數不同，難以立價。帝曰：'家
各有斗，人自知其所得之多寡，雖定價，庸何傷？然此法第以恤軍班防監

---

[1] 葉夢得撰，宇文紹奕考異，侯忠義點校《石林燕語》，第128頁。
[2] 黃以周等輯注，顧吉辰點校《續資治通鑑長編拾補》，第1冊第256~258頁。
[3] 司義祖整理《宋大詔令集》，第254頁。

人可也。'安石曰:'誠然。今立價自一千至六百,過此則軍人自糴,與民間所定價亦適平,更增數錢,未至傷民。價錢賤於所定,則軍人受患矣。'帝曰:'善。'而司馬光恐其動衆,因經筵進對,爲帝言之。呂惠卿曰:'諸軍糴石米,止得八百。募其願以一千糴之,何以致動衆?'王珪亦曰:'外郡用錢四十,可致斗米至京師。今京師乏錢,反用錢百坐倉糴一斗,此極非計。'異日,帝又謂執政坐倉糴米何如?珪等皆起對曰:'坐倉甚不便,朝廷近罷之,甚善。'帝曰:'未嘗也。'光曰:'坐倉之法,蓋因小郡乏米而庫有餘錢,故反就軍人糴米以給次月之糧,出於一時之急計耳。今京師有七年之儲,而府庫無錢,更糴軍人之米,使積久陳腐,其爲利害,非臣所知也。'惠卿曰:'今京師坐倉得米百萬石,則減東南歲漕百萬石,轉易爲錢,以供京師,何患無錢?'光曰:'臣聞江淮之南,民間乏錢,謂之錢荒。而土宜粳稻,彼人食之不盡。若官不糴取,以供京師發泄,必甚賤傷農矣。且民有米而官不用米,民無錢而官必使之出錢,豈通財利民之道乎?'"[1]《宋史》卷一七五《食貨志上三》亦載此事,但較簡略。江少虞《宋朝事實類苑》卷一五《顧問奏對·司馬溫公》云:"熙寧二年十一月庚辰,司馬光讀《資治通鑑·漢紀》,至曹參代蕭何爲相國,一遵何故規。因言參以無事鎮撫海内,得守成之道,故孝惠、高后時,天下晏然,衣食滋殖。上曰:'使漢常守蕭何之法,久而不變,可乎?'光曰:'何獨漢也!夫道者,萬世無弊,夏、商、周之子孫,苟能常守禹、湯、文、武之法,雖至今存可也。武王克商曰:"乃反商政,政由舊",雖周,亦用商政也。《書》曰:"毋作聰明,亂舊章",然則祖宗舊法,何可變也?漢武帝用張湯之言,取高帝法紛更之,盜賊半天下。宣帝用高帝舊法,但擇良二千石使治民,而天下大治。元帝初立,頗改宣帝之政,丞相衡上疏言:"臣竊恨國家釋樂成之業,虛爲此紛紛也。"陛下視宣帝、元帝之爲政,誰則爲優?荀卿曰:"有治人,無治法",故爲治在得人,不在變法也。'上曰:'人與法,亦相表裏耳。'光曰:'苟得其人,則無患法之不善。不得其人,雖有善法,失先後之施矣。故當急於求人,而緩於立法也。'""壬午,呂惠卿講《咸有一德》,因言:'法不可不變,先王之法,有

---

[1] 馬端臨著,上海師範大學古籍研究所、華東師範大學古籍研究所點校《文獻通考》,第1冊第620~621頁。

一歲一變者，正月始和，置於象魏是也。有五歲一變者，五載一巡守，考制度於諸侯是也。有一世一變者，刑罰世輕世重是也。有百世不變者，父慈子孝，兄友弟恭是也。前日，司馬光言漢守蕭何之法則治，變之則亂，臣竊以爲不然。惠帝除三族罪、妖言令、挾書律，文帝除收孥令，安得謂之不變哉？武帝以窮兵黷武，奢淫厚斂，而盜賊起。宣帝以總覈名實，而天下治。元帝以任用恭顯，殺蕭望之，而漢道衰。皆非由變法與不變法也。夫以弊則必變，安得坐視其弊而不變邪？《書》所謂"無作聰明，亂舊章"者，謂實非聰明，而强作之，非謂舊章不可變也。光之措意，蓋不徒然，必以國家近日多更張舊政，因此規諷。又以臣制置三司條例，及看詳中書條例，故發此論也。臣願陛下深察光言，苟光言爲是，則當從之；若光言爲非，陛下亦當播告之，修不匿厥旨，召光詰問，使議論歸一。'上召光前，謂曰：'卿聞呂惠卿之言乎？惠卿之言如何？'光對曰：'惠卿之言，有是有非。惠卿言漢惠、文、武、宣、元，治亂之體，是也。其言先王之法，有一歲一變，五歲一變，一世一變，則非也。正月始和，置於象魏者，乃舊章也，非一歲一變也。亦猶州長、黨正、族師於四孟月朔屬民而讀邦法也，豈得爲時變邪？天子恐諸侯變禮易樂，故五載一巡守，有變亂舊章者，則削黜之，非五歲一變法也。刑罰世輕世重，……蓋新國、亂國、平國，隨時而用，非一世一變也。且治天下，譬如居室，弊則修之，非大壞，不更造也。大壞而更造，必得良匠，又得美材，今二者皆無有，臣恐風雨之不庇也。講筵之官，皆在此，乞陛下問之。三司使掌天下財，不才而黜可也，不可使兩府侵其事，今爲制置三司條例司，何也？宰相以道佐人主，安用例？苟用例而已，則胥史足矣。今爲看詳中書條例司，何也？'惠卿曰：'司馬光備位侍從，見朝廷事有未便，即當論列。有官守者，不得其守則去，有言責者，不得其言則去，豈可但已？'光曰：'前者，詔書責侍從之臣言事，臣嘗上疏，指陳得失，如制置條例司之類，盡在其中，未審得進達聖聽否？'上曰：'見之。'光曰：'然則臣不爲不言也，至於言不用而不去，此則臣之罪也。惠卿責臣，實當其罪，臣不敢逃。'上曰：'相與共講是非耳，何至乃爾。'王珪進曰：'司馬光所言，蓋以朝廷所更之事，或爲利甚少，爲害甚多者，亦不必更耳。'因目光令退。王珪進讀《史記》，光進讀《資治通鑑》畢，降階，將退，上命

415

遷坐敦於門内御榻之前，皆命就坐。王珪禮辭，不許，乃皆再拜而坐。左右皆避去，上曰：'朝廷每更一事，舉朝士大夫訩訩皆以爲不可，又不能指名其不便者，果何事也？'珪對曰：'臣疏賤，在闕門之外，朝廷之事不能盡知，借使聞之道路，又不能知其虛實也。'上曰：'據所聞言之。'光曰：'朝廷散青苗錢，兹事非便。今間里富民乘貧者乏無之際，出息錢以貸之，俟其收穫，責以穀麥。貧者寒耕熟耘，僅得斗斛之收，未離場圃，已盡爲富室奪去。彼皆編户齊民，非有上下之勢，刑罰之威，徒以富有之故，尚能蠶食細民，使之困瘁，況縣官督責之嚴乎？臣恐細民將不聊生矣。'吕惠卿曰：'司馬光不知此事，彼富室爲之，則害民，今縣官爲之，乃所以利民也。昨者，青苗錢令民願取者則與之，不願者不强也。'光曰：'愚民知取債之利，不知還債之害，非獨縣官不强，富民亦不强也。臣聞作法於貪，弊將若何？昔太宗平河東，立和糴法，時米斗十餘，草束八錢，民樂與官爲市。其後物貴，而和糴不解，遂爲河東世世患。臣恐異日之青苗，亦如河東之和糴也。'上曰：'陝西行之久矣，民不以爲病也。'光曰：'臣陝西人也，見其病，不見其利。朝廷初不許也，而有司尚能以病民，況今立法許之乎？'上曰：'坐倉糴米，何如？'王珪等皆起對曰：'坐倉甚不便，朝廷近罷之，甚善。'上曰：'未嘗罷也。'光曰：'今京師有七年之儲，而錢常乏。若坐倉錢益乏，米益陳，奈何？'惠卿曰：'坐倉得米百萬石，則歲減東南百萬之漕，以其錢供京師，何患無錢？'光曰：'東南錢荒而米狼戾，今不糴米而漕錢，棄其有餘，取其所無，農末皆病矣。'侍講吴申起曰：'光言至論也。'光曰：'此皆細事，不足煩聖慮，陛下但當擇人而任之，有功則賞，有罪則罰，此則陛下職也。'上曰：'然，"文王罔攸，兼於庶言，庶獄庶慎，惟有司之牧夫。"正謂此也。'上復與衆人講論治道，至晡後，王珪等請起，上命賜湯。復謂光曰：'卿勿以向者吕惠卿之言，遂不慰意。'光對曰：'不敢。'遂退。"[1]庚辰爲十七日，壬午爲十九日。《長編拾補》卷六亦載此二日事，記其地在邇英閣。則王珪言坐倉非計當在十一月十七日。

---

[1]江少虞《宋朝事實類苑》，上海古籍出版社 1981 年版，第 181~185 頁。按，明抄本《宋朝事實類苑》注出《涑水記聞》，今本《涑水記聞》無此則。

十一月十九日，於邇英閣止司馬光與吕惠卿争論，爲神宗讀《史記》。

見上。

十一月二十四日，以神宗長子趙佾生，有《宫詞》記事。

本集卷五有《宫詞》一百篇，其六十七云："東宫降誕挺佳辰，少海星邊擁瑞雲。中尉傳開三日宴，翰林當撰洗兒文。"（第33頁）王珪嘉祐元年（1056）十二月至熙寧三年十二月爲翰林學士，在此期间出生之皇子只有神宗長子成王趙佾一人。《宋會要》帝系一之四五云："成王佾，熙寧二年十一月二十四日生，閏月六日薨。元符三年三月，追賜名，贈太師、尚書令，封成王。"后妃三之八云："神宗貴妃宋氏。……生咸（成）王佾、唐王俊、賢孝長公主。"[1]可知詩中"東宫"不是指太子所居之宫，而是指神宗貴妃宋氏所居之宫，"佳辰"指冬至節，熙寧二年冬至節在十一月三十日，"洗兒"即今日所説之"洗三"。

是月，有《集英殿皇子降生大燕教坊樂語》。

吳曾《能改齋漫録》卷一一《赤氣爲皇子之祥》云："熙寧二年十一月，京師每夕有赤氣，見西南隅，如火，至人定乃滅。人以爲皇子降生之祥。故王禹玉作《大宴樂辭》云：'未晚清風生殿閣，經旬赤氣照乾坤。'"[2]胡仔《苕溪漁隱叢話》後集卷二一《王禹玉》引《司馬文正公日録》云："神廟時，經月每夕有赤氣見西北隅如火，至人定乃滅，人以爲皇子生之祥。故禹玉作《大燕樂詞》云：'未曉清風生殿閣，經旬赤氣照乾坤。'未幾皇子生，大燕群臣於集英殿。"[3]阮閲《詩話總龜》後集卷一《御燕門》亦載此則，注出《文正公日録》。厲鶚《宋詩紀事》卷一五《王禹玉》引此則，謂出自《王文正公日録》，"王"字當爲衍文。司馬光所説王珪《大燕樂詞》，即本集卷一七《集英殿皇子降生大燕教坊樂語》，其中《教坊致語》云："伏以魯觀占雲，適紀新陽之應；震宫主鬯，早開皇序之祥。況寶曆之逢熙，復宸居之乘豫。特頒廣燕，用飾多驩。"（第118頁）《小兒致語》云："今則陽生寶燭，陰謝窮郊。麗日重輪，已應千齡之瑞；條風入律，更萌萬物之華。"

---

[1]劉琳等校點《宋會要輯稿》，第1冊第30、307頁。
[2]吳曾《能改齋漫録》，第327頁。
[3]胡仔纂集，廖德明校點《苕溪漁隱叢話·後集》，第148頁。

（第 119 頁）《女弟子致語》云：“時及新陽之復，早逢重日之暉。”（第 120 頁）熙寧二年冬至節在十一月三十日，此文當作於冬至節前。本集卷五《宮詞》一百篇其六十七云：“中尉傳開三日宴，翰林當撰洗兒文。”（第 33 頁）蓋以皇子降生，本年冬至節大宴連開三日。此與“適紀新陽之應”“陽生寶燭，陰謝窮郊”“時及新陽之復”等相應。按，《全宋詩》卷四九七據《詩話總龜》錄王珪詩一聯殘句[1]，失考。

是年，草《賜使相判大名府韓琦條畫河北利害詔》。

本集卷二二有《賜使相判大名府韓琦條畫河北利害詔》。韓忠彥《韓魏公家傳》卷八引用此詔絕大部分內容，後錄韓琦針對此詔所上奏章，繫於熙寧三年。然考韓琦奏章，其中云：“去年秋，偶以地震、水災，頹圮處多。賴朝廷究心，隨已復故。惟是霸州、信安軍數處，以工料稍大，經冬息役。今則兵力已集，土場盡出，不三數月間，亦見成就。”又云：“自去秋黃河決溢，恩、深等州悉被水患，朝廷累遣近臣與都水監官員經度，已於二股河進約分減大河之勢，西治生堤，以防漫溢。臣亦嘗以衆議未一，輒有論列，已蒙朝廷遣司馬光等集議條奏，事已施行。若得向去大河水勢均調，於今冬來春，自可再圖其便。”又云：“臣竊見本路今夏蠶麥盡登，流庸漸復，此乃上天垂鑑陛下旰昃憂民之心。”[2]所言地震、水災，乃熙寧元年夏秋間事，則此文當作於熙寧二年。《韓魏公家傳》在韓琦奏章後云：“是秋，方行青苗法”[3]。青苗法又叫“常平給斂法”。《宋史》卷一四《神宗本紀一》云：熙寧二年九月“丁卯，立常平給斂法”[4]。丁卯爲四日。此亦可證此文作於熙寧二年。

草《賜宰臣曾公亮乞退第三表不允斷來章批答》。

本集卷二八有《賜宰臣曾公亮乞退第三表不允斷來章批答》，云：“朕茂

[1] 參北京大學古文獻研究所編《全宋詩》，第 9 冊第 6006 頁。按，《全宋詩》卷四九七據《全芳備祖》前集卷二〇收錄王珪“朱門深鎖不知春，苒苒年光暗中換”一聯殘句，亦誤，此二句爲本集卷四《失題》二首其二之後兩句。又，《全宋詩》卷四九〇據《全芳備祖》前集卷二〇收錄劉敞《迎春花》，此詩實即王珪《失題》二首其一。

[2] 韓琦著，李之亮、徐正英校箋《安陽集編年箋注》，第 1839、1840 頁。

[3] 韓琦著，李之亮、徐正英校箋《安陽集編年箋注》，第 1841 頁。

[4] 脫脫等《宋史》，第 2 冊第 272 頁。

憲古誼，欽屬大臣。矧曰元德之老，濟予萬事之舉。方圖功以加治，忽避劇
而累陳。"（第208頁）按，《宋宰輔編年錄》卷七載曾公亮熙寧三年九月庚
子罷相，云："及新法之行，劉琦、錢顗等奏劾王安石併及其它大臣，其奏
曰：'曾公亮位居丞弼，反有畏避安石之意，陰自結援，更相稱譽，以固寵
榮。致安石敗壞中書故事，曾公亮之罪也。趙抃則括囊拱手，但務依違。'
疏奏，琦等遂罷。御史知諫院范純仁亦露奏乞解王安石機務，并言曾公亮、
趙抃等不能救。且曰：'曾公亮年高不退，一切依隨。趙抃心知其非，不能
力救。'亦不報。"又云："初，公亮久在政府，王安石之入也，公亮力薦引
之。故安石初參大政，上召謂曰：'曾公亮必更與卿協力。'及同執政，公亮
知上方向安石，陰助之而外若不與同者，置條例司，更張衆事，一切聽之。
每遣其子孝寬與安石謀議，至上前無所異。於是，上益專信任，安石以其助
己，深德之。故推尊公亮而沮抑韓琦。御史至中書爭論青苗事，公亮俛首不
答，安石厲聲與之往返。由是言者亦以安石爲專，而公亮不預也。蘇軾嘗從
容責公亮不能救正朝廷，公亮曰：'上與安石如一人，此乃天也。'然安石猶
以公亮不盡同己，數加毀訾。公亮年已七十，雖屢乞致仕，上輒留之，公亮
去亦弗勇，安石黨友猶疾之。其後安石益自用，公亮數爭上前不能奪，屢請
致仕，至是始得罷"[1]。庚子爲十三日。曾公亮嘉祐六年（1061）閏八月二十
日拜集賢相，熙寧二年十月三日拜昭文相，其七十歲爲熙寧元年。王安石熙
寧二年二月三日拜參知政事。則此文最有可能作於熙寧二年。

神宗熙寧三年庚戌（1070），五十二歲

**在汴京。拜參知政事。有詩四十九首、文五十一篇，約可繫詩一首、
文三十八篇。**

正月九日，奉命權知貢舉。

　　《宋會要》選舉一之一一二云："神宗熙寧三年正月九日，以翰林學士承旨
王珪權知貢舉，御史中丞呂公著、知制誥蘇頌、直集賢院同修起居注孫覺

---

[1] 徐自明撰，王瑞來校補《宋宰輔編年錄校補》，第2冊第420、421~422頁。

並權同知貢舉。合格奏名進士陸佃已下三百人。"選舉一九之一五云：熙寧"三年正月九日，以翰林學士承旨王珪等權知貢舉，虞部郎中盧盛、職方員外郎徐九思監貢院門，監察御史裏行張戩、御史臺推直官張景真封彌，秘書郎李清臣、著作佐郎鄧潤甫、館閣編校林希、西京留守推官蘇轍、國子監直講王汝翼、張巨、崇文院校書邢恕、館閣校勘蒲宗孟點檢試卷，審刑院詳議官王彭、朱太簡、韓晉卿、刑部詳覆官胡援諸科出義，刑部檢法官王圭、大理寺詳斷官邵奎、孟璋、刑部詳覆官陳端、前鄆州中都縣主簿傅宏、殿中丞袁廷之、祥符縣丞田盛考試，刑部詳覆官朱溫其、御史臺主簿錢長卿、吳王宮睦親廣親小學教授張元興、宋璋覆考，天章閣侍講吳申、監察御史裏行程顥考試知舉官親戚舉人"[1]。

是月，草《賜觀文殿學士知河南府張方平告敕口宣》。

王鞏《樂全先生張公行狀》云："安石預政，與公志趣不同，又聞中司之議沮，乘公執喪之間，衆口交爍。服竟，乃除觀文殿學士，知西京留府，遣使齎敕告帶馬，即家以賜。旬餘，中批令赴闕朝見。公既入對，懇請南京留司御史臺，上慰問移晷，且諭公可以宣徽使留供職，公堅辭，惟南臺是請。翌日，乃除判尚書都省，領集禧觀。"[2]張方平治平四年（1067）九月二十六日辛丑拜參知政事，十月四日己酉以丁父憂去位。[3]宋代士大夫爲父母守喪三年，實爲二十七個月，張方平服除授官當在熙寧三年正月初。《長編拾補》卷七云：熙寧三年正月"戊午，知河南府、觀文殿學士、戶部尚書張方平判尚書省兼提舉集禧觀"[4]。戊午爲二十六日。本集卷二九有《賜觀文殿學士知河南府張方平告敕口宣》，云："卿甫畢親喪，合還朝位。既進班於秘殿，且均寄於留都。"（第210頁）按，王智勇定張方平熙寧二年"服除，除觀文殿學士留守西京"[5]，不確。

---

[1]劉琳等校點《宋會要輯稿》，第9冊第5253頁、第10冊第5628頁。

[2]張方平《樂全先生文集》附録，《宋集珍本叢刊》，第6冊第271~272頁。

[3]參徐自明撰，王瑞來校補《宋宰輔編年録校補》，第2冊第420、421~422頁。

[4]黃以周等輯注，顧吉辰點校《續資治通鑑長編拾補》，第1冊第299頁。

[5]王智勇《張方平年譜》，四川大學古籍整理研究所、四川大學宋代文化研究資料中心編《宋代文化研究》第3輯，四川大學出版社1993年版，第171頁。

三月二十一日，子仲脩進士及第。

　　樓鑰《跋王岐公端午帖子》云："嘉定二年，大宗正丞兼權吏部郎王君以曾祖岐公《端午帖子》並和范蜀公詩一軸示某，且求跋。……後一詩集中詩題有云：'兼呈司馬君實內翰。'又自注云：'自太平興國以來，四世凡十榜登科。'又云：'予與景仁、君實有子登第。'公之長子仲脩，蜀公之子百揆俱在葉公祖洽榜第四甲，溫公之子康中明經一甲，亦在是年。集中詩與子皆同，惟'鳴鳳'作'雛鳳'云。"[1]《宋會要》選舉七之一九云："神宗熙寧三年三月八日，上御集英殿試禮部奏名進士，……得葉祖洽以下三百五十五人，第爲五等，賜及第、出身、同出身。"[2]《長編拾補》卷七云：熙寧三年三月"壬子，上御集英殿，賜進士第"[3]。壬子爲二十一日。按，本年進士取士人數，有二百九十五人、三百五十五人等不同記載。[4]省元陸佃，狀元葉祖洽。[5]

是月，草《賜宰臣曾公亮乞致仕第一表不允批答》《賜曾公亮乞致仕第二表不允批答》。

　　《長編》卷二一五載熙寧三年九月庚子曾公亮罷相原因爲："公亮初薦王安石可大用，及同執政，知上方向安石，陰助之而外若不與同者。……然安石猶以公亮不盡同己，數加毀訾。公亮雖屢乞致仕，上輒留之，公亮去亦弗勇，安石黨友尤疾之。上御集英殿冊進士，午漏，上移御需雲便坐，延輔臣，賜茶。公亮陟降殿陛，足跌僕於地，上遽命左右掖起之。明日，以告病連乞致仕，於是乃聽公亮罷相。"[6]神宗御集英殿冊進士在三月二十一日。可知曾公亮在熙寧三年三月二十一日之前已多次上表乞致仕，三月二十一日之後又多次上表乞致仕。本集卷二八有《賜宰臣曾公亮乞致仕第一表不允批答》《賜曾公亮乞致仕第二表不允批答》。前一文云："朕據守成之統，有求

---

［1］樓鑰撰，顧大朋點校《樓鑰集》卷七三，第 4 冊第 1316 頁。

［2］劉琳等校點《宋會要輯稿》，第 9 冊第 5398～5399 頁。

［3］黃以周等輯注，顧吉辰點校《續資治通鑑長編拾補》，第 1 冊第 342 頁。

［4］參龔延明、祖慧編撰《宋登科記考》，第 297 頁。

［5］參馬端臨著，上海師範大學古籍研究所、華東師範大學古籍研究所點校《文獻通考》卷三二《選舉考五・舉士》，第 2 冊第 945 頁。

［6］李燾撰，上海師範大學古籍整理研究所、華東師範大學古籍整理研究所點校《續資治通鑑長編》，第 9 冊第 5238～5239 頁。

治之心。日圖元老之臣，共起太平之務。惟卿功素存於社稷，位實倚於機
衡。何意累章之來，欲辭大任而去。矧老而未謝，召公猶輔於康王；舊常有
恩，丙吉終憂於漢帝。宜體三朝之遇，尚需萬事之咨。”（第208頁）據“何
意累章之來，欲辭大任而去”云云，知此二文當作於三月二十一日之後。

春，有《送向防禦出守淮陽》詩。

本集卷四有《送向防禦出守淮（河）陽》，云：“漢符新寄近天畿，便別
晨班下玉扉。金印旋成龜左顧，瑤箱嘗認燕雙歸。春風滿野紅旌駐，夜雨侵
筵翠斝飛。況是韋平有家學，須將名譽敵恩輝。”（第25頁）“向防禦”當指
向經。沈括《長興集》卷二八《定國軍節度觀察留後光禄大夫檢校工部尚書
使持節同州刺史兼御史大夫知青州兼管内隄堰橋道勸農使充京東東路安撫使
兼本州兵馬都總管上柱國河間郡開國侯食邑一千一百户食實封二百户贈侍中
向公墓誌銘》云：“熙寧元年，提舉集禧觀。明年出知陳州。……罷陳，更
蔡州，又易河陽。時旱蝗，人多餓而州粟少，不足遍餉。公乃自出俸田，得
其租數百斛以飴餓者。於是民爭出粟佐公施，人不加歛，而有餘之粟益出。
未幾移徐州。”[1]《長編拾補》卷五云：熙寧二年九月“壬申，光州團練使向
經爲濰州防禦使、知陳州”[2]。壬申爲九日。《司馬光集》卷一一有《送向防
禦經知陳州》。《宋史》卷四六四《向經傳》云：“徙徐州，遷明州觀察使。
召還，提舉景靈宫。”[3]《長編》卷二二六云：熙寧四年九月“戊戌，濰州防
禦使向經爲明州觀察使”[4]。《宋史》卷六六《五行志四》云：熙寧“三年，
諸路旱。六月，畿内旱。八月，衛州旱”[5]。可知向經出守河陽當在熙寧三年
春。此詩題中之“淮陽”應爲“河陽”之誤。淮陽軍屬於京東東路，與汴京
之間隔有徐州、單州和應天府，不可言“近天畿”；而河陽即孟州，屬於京
西北路，與汴京之間僅隔一鄭州，確屬“近天畿”。李之亮據此詩定“向某”

[1] 沈括原著，楊渭生新編《沈括全集》，浙江大學出版社2011年版，第121頁。
[2] 黄以周等輯注，顧吉辰點校《續資治通鑑長編拾補》，第1冊第237頁。按，司馬光《温公日録》
卷一謂熙寧二年九月“甲戌，向經防禦使、知陳州”（顧宏義、李文整理標校《宋代日記叢編》，
第1冊第41頁），甲戌爲十一日。
[3] 脱脱等《宋史》，第39冊第13580頁。
[4] 李燾撰，上海師範大學古籍整理研究所、華東師範大學古籍整理研究所點校《續資治通鑑長編》，
第9冊第5514頁。
[5] 脱脱等《宋史》，第5冊第1441頁。

嘉祐六年（1061）至八年知楚州[1]，既未考"向防禦"乃向經，又誤"淮陽"爲"山陽"。淮陽軍治下邳（今江蘇睢寧古邳鎮），楚州治山陽（今江蘇淮安市淮安區）。按，向經（1023—1076），字審禮，一作審理，開封（今屬河南）人，向敏中之孫、向傳亮之子，神宗皇后之父，以蔭入仕，官至定國軍節度觀察留後，熙寧九年卒，年五十四，《宋史》卷四六四有傳，生平事迹見沈括《贈侍中向公墓誌銘》。

四月七日，預聞喜宴，有《聞喜燕上贈狀元葉祖洽》詩。

本集卷三有《聞喜燕上贈狀元葉祖洽》（第18頁）。司馬光《溫公日錄》卷一記熙寧三年"四月七日，聞喜宴"[2]。按，葉祖洽（1046—1117），字敦禮，邵武軍泰寧（今屬福建）人，熙寧三年狀元，官至徽猷閣直學士，政和七年卒，年七十二，《宋史》卷三四五有傳，《甘泉葉氏房譜》《南陽郡葉氏家譜》對其生平事迹有較詳細記載，《全宋詩》卷八七八錄其詩二首、殘句一聯，《全宋文》卷二二七一收其文十八篇。葉祖洽能中狀元，主要原因爲他在殿試對策中支持變法。《司馬光集》補遺卷五《蘇軾擬進士對策錄》云："韓秉國、呂惠卿初考策，阿時者皆在高等，訐直者多在下列，宋次道、劉貢父覆考反之，吳沖卿、陳述古多從初考。葉祖洽策言：'祖宗多因循苟簡之政，陛下即位，革而新之。'初考爲三等上，覆考爲五等中，沖卿等奏之，從初考。李才元、蘇子瞻編排上官均第一、祖洽第二、陸佃第五，上令陳相面讀均、祖洽策，擢祖洽第一。上又問佃卷安在？佃者，佃卷號也，擢爲第三。子瞻退擬進士對策而獻之，且言：'祖洽詆祖宗以媚時君而魁多士，何以正風化？'"[3]《經進東坡文集事略》卷二一《擬進士對御試策》郎曄注、彭百川《太平治迹統類》卷二七《祖宗科舉取人·神宗》、胡仔《苕溪漁隱叢話》後集卷三〇《東坡五》均引司馬光《日錄》有相似記載，但現存《溫公日錄》卷一所記與諸書所引有異。韓秉國即韓維，字持國，司馬光避其父司馬池之家諱改持國爲秉國。[4]《蘇軾文集》卷二八《參定葉祖洽廷試策狀》

---

［1］參李之亮《宋兩淮大郡守臣易替考》，第91頁。
［2］顧宏義、李文整理標校《宋代日記叢編》，第1冊第46頁。
［3］司馬光撰，李文澤、霞紹暉校點《司馬光集》，第3冊1694頁。
［4］參方健《〈蘇軾年譜〉（上冊）辨證釋例》，王水照等主編《新宋學》第2輯，上海辭書出版社2003年版，第99頁。

謂葉祖洽初考爲第三等中，覆考爲第五等中。蘇軾在殿試後曾專門上疏（其文不傳），論葉祖洽試策有議論乖謬處，乞行黜落。[1]《宋史·葉祖洽傳》謂葉祖洽性狠愎，喜諛附，紹聖中密言王珪於冊立哲宗時有異論。

有《依韻和景仁聞喜席上作兼呈司馬君實内翰》詩。

本集卷三有《依韻和景仁聞喜席上作兼呈司馬君實内翰》，云："奉詔華林事最榮，門前幾度放門生。三朝遇主惟文翰，十榜傳家有姓名。碧海蟠桃和露重，丹山雛鳳入雲清。詩書教子終須立，篋裏黄金一顧輕。"頷聯下自注云："自太平興國以來，四世凡十榜登科。"尾聯下自注云："予與景仁、君實皆有子登第。"（第21頁）樓鑰《跋王岐公端午帖子》云："公之長子仲脩，蜀公之子百揆俱在葉公祖洽榜第四甲，温公之子康中明經一甲，亦在是年。"[2]葉夢得《石林燕語》卷九云："王禹玉歷仁宗、英宗、神宗三朝，爲翰林學士，其家自太平興國至元豐十榜，皆有人登科。熙寧初，葉尚書祖洽榜，聞喜燕席上和范景仁詩云：'三朝遇主惟文翰，十榜傳家有姓名。'此事他人所無有也。"[3]熙寧三年四月七日開聞喜宴。范鎮原唱已失傳。《司馬光集》卷一一有《和景仁瓊林席上偶成》，乃同時之作，題下注云："時康與禹玉、景仁、次道之子同時登科在席。"[4]按，司馬光（1019—1086），字君實，號迂夫，晚號迂叟，陝州夏縣（今屬山西）涑水鄉人，世稱涑水先生，景祐五年（1038）進士，官至左僕射兼門下侍郎，元祐元年卒，年六十八，謚文正，《宋史》卷三三六、《東都事略》卷八七有傳，生平事迹見《蘇軾文集》卷一六《司馬温公行狀》、卷一七《司馬温公神道碑》，杜大珪《名臣碑傳琬琰集》中集卷一八范鎮《司馬文正公光墓誌銘》。年譜有馬巒《司馬温公年譜》六卷、顧棟高《司馬太師温國文正公年譜》八卷、陳弘謀《宋司馬文正公光年譜》一卷，前二種有整理本，後者附録於清乾隆六年（1741）培遠堂刊《司馬文正公傳家集》之後。有南宋紹興刻本《温國文正司馬公文集》八十卷等傳世。

---

[1] 參孔凡禮《三蘇年譜》，第1冊第557～558頁。按，孔凡禮繫此事於二月，不確，本年殿試在三月八日。

[2] 樓鑰撰，顧大朋點校《樓鑰集》卷七三，第4冊第1316頁。

[3] 葉夢得撰，宇文紹奕考異，侯忠義點校《石林燕語》，第135頁。

[4] 司馬光撰，李文澤、霞紹暉校點《司馬光集》，第1冊第368頁。

四月八日，草《宣召翰林學士馮京入院口宣》。

彭汝礪《宋故宣徽南院使檢校司空太子太保致仕上柱國始平郡開國公食邑八千七百户食實封二千七百户贈司徒謚文簡馮公墓誌銘》云：“遷翰林學士知制誥權知開封府事。……丁冀國憂。……服除，復爲學士。……以端明殿學士兼翰林侍讀學士，知太原府。……復召爲學士兼端明殿學士知制誥權知開封府”[1]。馮京嘉祐七年（1062）十月拜翰林學士，治平三年（1066）八月丁母憂罷任。本集卷三〇有《宣召翰林學士馮京入院口宣》，云：“早視北門之草，比更大鹵之符。適峻列於中司，宜寵還於舊物。更從嚴召，以獎英游。”（第217頁）“大鹵”爲古地名，在今山西太原西南，此借指太原府。《長編》卷二一〇載熙寧三年四月戊辰，詔“知太原府、端明殿學士兼翰林侍讀學士馮京爲翰林學士兼端明殿學士、知開封府”[2]。戊辰爲八日。

是月，有《端午内中帖子詞》。

本集卷五有《端午内中帖子詞》，包括《皇帝閣》五言五首、七言七首，《太上皇后閣》五言六首、七言六首，《皇后閣》五言四首、七言六首，《夫人閣》五言三首、七言六首。張曉紅認爲，此《端午内中帖子詞》當爲兩組，《太上皇后閣》其一、其七兩首並非爲太皇太后曹氏作，而是爲皇太后高氏作，“疑《太皇太后閣》與《皇太后閣》部分帖子散佚，此乃兩類合爲一類者。除了寫於熙寧三年的端午帖子詞外，王珪還有一組端午帖子詞，作時很可能爲熙寧二年端午前”。帖子詞之撰寫時間，仁宗時期尚未固定（但也須提前撰寫），此後則規定須提前一個月撰進。[3] 則王珪熙寧三年作《端午内中帖子詞》當在四月。

樓鑰《跋王岐公端午帖子》云：“嘉定二年，大宗正丞兼權吏部郎王君以曾祖岐公《端午帖子》並和范蜀公詩一軸示某，且求跋。……某謹考此軸所書‘太皇太后’，慈聖光獻也，‘皇太后’，宣仁聖烈也，‘皇后’，欽聖憲肅也。時熙寧三年，裕陵之盛際也。”[4] 洪邁《容齋五筆》卷九《端午貼

[1] 中國文物研究所、河南省文物研究所編《新中國出土墓誌·河南（壹）》，下册第350頁。
[2] 李燾撰，上海師範大學古籍整理研究所、華東師範大學古籍整理研究所點校《續資治通鑑長編》，第9册第5095頁。
[3] 參張曉紅《宋代帖子詞研究》，第51、7頁。
[4] 樓鑰撰，顧大朋點校《樓鑰集》卷七三，第4册第1316頁。

子詞》云："唐世五月五日揚州於江心鑄鏡以進，故國朝翰苑撰端午貼（帖）子詞，多用其事，然遣詞命意，工拙不同。王禹玉云：'紫閣瞳曨隱曉霞，瑤墀九御薦菖華。何時又進江心鑑，試與君王却衆邪。'……大概如此。唯東坡不然，曰：'講餘交翟轉回廊，始覺深宮夏日長。揚子江心空百鍊，只將《無逸》監興亡。'其輝光氣焰，可畏而仰也。……端午故事，莫如楚人競渡之的，蓋以其非吉祥，不可施諸祝頌，故必用鏡事云。"[1] 所引王珪詩爲《端午内中帖子詞》中《皇后閣》之七言第六首。劉克莊《後村詩話》前集卷二云："夏英公《宮詞》云：'絳脣不敢深深注，却怕香脂汙玉簫。'不減《香奩》《花間》之作。王岐公《夫人閣端午帖子》云：'後苑尋青趁午前，歸來競鬭玉欄邊。袖中獨有香芸草，留與君王辟蠹編。'出新意於采絲巧糉之外，可喜也。"[2] 所引王珪詩爲《端午内中帖子詞》中《夫人閣》之七言第三首。葉大慶《考古質疑·佚文》云："大慶丁卯年抵豫章，因見林介翁震、葛司成次仲皆有集句詩，觀其所集，機杼真若己出，但其混然天成，初無牽強之態，往往有勝如本詩者，誠足使人擊節也。試舉其警聯，附見於此。林公所集，……如《集英春宴罷赴太常寺點宿》云：'孔雀徐開扇尾還，玉階朝罷卷晨班。蝶隨花艷留星弁，日繞龍鱗識聖顏。晝漏未移天正午，朱衣只在殿中間。斜陽醉出宮城去，獨宿冰廳夢帝關。'（子美、永叔、趙槩、子美、王珪、子美、陳充、永叔。）"[3] 其中"晝漏未移天正午"一句，出自王珪《端午内中帖子詞》中《皇帝閣》之七言第三首。

草《賜判大名府韓琦乞移徐州不允詔》。

《長編拾補》卷七云：熙寧三年二月"乙酉，韓琦言：'河朔連歲豐稔，編户安復，兼臣已老病，願罷臣河北安撫使。'從之。其實王安石怒琦言青苗事，欲以沮琦也"[4]。乙酉爲二十四日。《長編》卷二一〇載熙寧三年四月，"韓琦乞徐州養疾。……琦章四上，上卒遣内侍李舜舉開諭，琦乃止"[5]。韓

［1］洪邁撰，孔凡禮點校《容齋隨筆》，第 941~942 頁。
［2］劉克莊撰，王秀梅點校《後村詩話》，中華書局 1983 年版，第 22 頁。
［3］袁文、葉大慶著，李偉國校點《甕牖閑評 考古質疑》，上海古籍出版社 1985 年版，第 77 頁。
［4］黃以周等輯注，顧吉辰點校《續資治通鑑長編拾補》，第 1 冊第 315~316 頁。
［5］李燾撰，上海師範大學古籍整理研究所、華東師範大學古籍整理研究所點校《續資治通鑑長編》，第 9 冊第 5116 頁。

琦《安陽集》卷三六有《北京乞就移徐州劄子》《北京乞就移徐州第二劄子》《北京乞就移徐州第三劄子》《北京乞就移徐州第四劄子》，各劄子皆有不允詔，今存者僅司馬光和王珪所作二道。司馬光《賜守司徒兼侍中判大名府韓琦不允詔》云：“省所四上劄子，乞就移徐州一任，事具悉。”[1]知是針對韓琦《北京乞就移徐州第四劄子》所作。本集卷一八有《賜判大名府韓琦乞移徐州不允詔》，云：“卿頃去鼎司，出均藩寄。自易官符之守，良紓邊瑣之憂。殊鄰輯寧，屬境恬豫。適遷四路之劇，且閔舊臣之勞。何煩累章，更欲徙郡？”（第131頁）據“何煩累章”云云，則當是針對韓琦《北京乞就移徐州第二劄子》或《北京乞就移徐州第三劄子》所作。

五月十七日，有《武臣磨勘年限奏》。

《宋史》卷一五八《選舉志四》云：“初置審官西院，磨勘武臣，並如審官院格，而舊審官曰東院。御史中丞呂公著言：‘英宗時，文臣磨勘，例展一年，至少卿、監止。武臣橫行以上及使臣，猶循舊制，固未嘗如文臣有所節抑也。又仁宗時，嘗著令，正任防禦、團練以上，非邊功不遷。今及十年嘗歷外任，即許轉，亦未如少卿、監之有限止也。’詔兩制詳定。王珪等言：‘文武兩選磨勘，已皆均用四年。請今自正任刺史以上，轉官未滿十年，若有顯效者自許特轉，其非次恩惟許改易州鎮，以示旌寵。有過，則比文臣展年。’從之。”[2]《長編》卷二一一載熙寧三年五月丙午，“翰林學士承旨王珪等言：‘英宗時，文臣磨勘已展爲四年，比之武臣年限相若，其武臣不可更展。乞自今應正任刺史、團練、防禦使以上遷官未滿十年者，非有顯效，遇非次恩，止與移改州鎮。十年內有過犯者，仍比文臣展年。’從之”[3]。丙午爲十七日。《全宋文》卷一一五三據《長編》收錄王珪奏疏，題作《武臣磨勘年限奏》。

是月，有《論蘇頌等封還李定辭頭劄子》。

本集卷八有《論蘇頌等封還李定辭頭劄子》，云：“臣伏見近日除李定爲

---

［1］司馬光撰，李文澤、霞紹暉校點《司馬光集》卷五六，第2冊第1170頁。

［2］脫脫等《宋史》，第11冊第3706頁。

［3］李燾撰，上海師範大學古籍整理研究所、華東師範大學古籍整理研究所點校《續資治通鑑長編》，第9冊第5131頁。

臺官，自宋敏求封還辭頭後，蘇頌等相繼不肯命詞，蓋謂近制未有自選人除臺官者。今上還除命，至於六七，頌等雖欲命之，勢不可得。竊恐論者以謂天子之命其屈（臣），至於不能使命，不逐頌等，不足爲朝廷。臣則以爲不然，且頌等職在侍從，豈有輒拒君命之禮？蓋事下有司，亦欲共守陛下之法爾。況舍人院自有封還詞頭故事，今守其官者得罪，是則使人不可以守官也。頌等既被責，定得爲臺官，當亦有不自安之心。萬一後人典誥命者猶引嚮來之議，豈能盡責之？頌等非不知命詞則安，不則危，而能固守之，亦不易得。雖然，此事蓋亦難處。陛下若恢天地之度，而與兩全之美，莫若今日且除李定一京官，明日除臺官，則頌等豈敢有它説哉！"（第54頁）此文寫作背景乃北宋著名的"三舍人議案"。綜合《長編》卷二一〇、卷二一一，趙汝愚《宋朝諸臣奏議》卷五二，《宋史》卷三四〇《蘇頌傳》等之記載，其梗概如下：熙寧三年四月十九日，神宗任命王安石學生、前秀州軍事判官李定爲太子中允、權監察御史裏行，知制誥宋敏求認爲此任命"弗循官制之舊，而未厭群議"[1]，因此封還詞頭。二十二日，宋敏求罷知制誥。其後神宗又多次命知制誥蘇頌、李大臨起草制書，二人以同樣理由封還詞頭。五月"癸卯，上批：'近以秀州軍事判官李定爲太子中允、權監察御史裏行。知制誥李大臨、蘇頌累格詔命不下，乃妄引詔中丞薦舉條，絶無義理。而頌於中書面乞明降特旨方敢命辭，泊朝廷行下，反又封還，輕侮詔命，飜覆若此，國法豈容！大臨、頌可並以本官歸班。'大臨及頌時皆爲工部郎中"[2]。癸卯爲十四日。《宋朝諸臣奏議》卷五二收録司馬光《上神宗論不當復劄下舍人院須令草李定詞頭》，所議事與王珪相同，文後注"熙寧三年五月上，時爲翰林學士"[3]。該文亦見於《司馬光集》卷四三，題作《論李定劄子》，題下注"熙寧三年五月二日上"[4]。則此文當作於五月二日前後。

---

[1] 趙汝愚編，北京大學中國中古史研究中心校點整理《宋朝諸臣奏議》卷五二宋敏求《上神宗繳李定詞頭》，第575頁。

[2] 李燾撰，上海師範大學古籍整理研究所、華東師範大學古籍整理研究所點校《續資治通鑑長編》卷二一一，第9冊第5123~5124頁。

[3] 趙汝愚編，北京大學中國中古史研究中心校點整理《宋朝諸臣奏議》，第581頁。

[4] 司馬光撰，李文澤、霞紹暉校點《司馬光集》，第2冊第941頁。

詳定入閣儀，有《論入閣儀疏》。

《長編》卷二一一云：熙寧三年五月"壬子，詔罷入閣儀。先是，翰林學士承旨王珪等言：'謹案入閣者，乃唐隻日紫宸殿受常朝之儀也。唐紫宸與今同，而唐宣政殿，即今文德殿。唐制，天子坐朝，必立仗於正衙。若止御紫宸，即喚正衙仗自宣政殿東西閣門入，故謂之"入閣"。五代以來，廢正衙立仗之制，今閣門所載入閣儀者，止是唐常朝之儀，非爲盛禮，不可遵行。'故罷之"[1]。壬子爲二十三日。《宋會要》儀制一之二八云："神宗熙寧三年五月，知制誥宋敏求等言：'奉詔重修定《閣門儀制》，內文德殿入閣儀，今儀制所載，與《國朝會要》及時人論議頗或異同。按今文德殿，唐宣政殿也；紫宸殿，唐紫宸殿也。然祖宗視朝，皆曾御文德殿入閣。唐制，常設仗衛於宣政殿，或遇只坐紫宸，即喚仗入閣。如此，則當御紫宸殿入閣，方協舊制。乞下兩制及太常禮院詳定。'詔學士院議。翰林學士承旨王珪等言：'按入閣者，乃唐隻日紫宸殿受常朝之儀也。唐宣政殿，即今文德殿；唐紫宸殿，即今紫宸殿也。唐制，天子坐朝，必立仗於正衙；若止御紫宸，即喚正衙仗自宣政殿東西閣門入，故爲入閣。五代以來，遂廢正衙立仗之制。今閣門所載入閣儀者，止是唐常朝之儀，非爲盛禮，不可遵行。'從之。"[2]馬端臨《文獻通考》卷一〇八《王禮考三》、《宋史》卷一一七《禮志二十》等亦載此事。《宋代蜀文輯存》卷二、《全宋文》卷一一五三據《宋會要》收錄王珪奏疏，題作《論入閣儀疏》。

六月十八日，草《皇伯祖承亮授依前感德軍節度使改封秦國公制》。

《長編》卷二一二載熙寧三年六月丁丑，"封感德軍節度使、榮國公承亮爲秦國公"[3]。丁丑爲十八日。本集卷三七有《皇伯祖承亮授依前感德軍節度使改封秦國公制》；此文又見《宋大詔令集》卷四二，題作《皇伯祖承亮特授依前檢校工部尚書充感德軍節度使改封泰國公餘如故制》，題下注"熙

[1] 李燾撰，上海師範大學古籍整理研究所、華東師範大學古籍整理研究所點校《續資治通鑑長編》，第9冊第5137頁。

[2] 劉琳等校點《宋會要輯稿》，第4冊第2312頁。

[3] 李燾撰，上海師範大學古籍整理研究所、華東師範大學古籍整理研究所點校《續資治通鑑長編》，第9冊第5151頁。

寧三年六月十八日"[1]。《宋大詔令集》誤"秦國公"爲"泰國公"。

是月，草《賜皇伯祖承亮改封秦國公免恩命不允批答》《賜皇伯祖感德軍節度使承亮改封秦國公免恩命第一表不允口宣》《賜皇伯祖承亮免恩命第二表不允斷來章口宣》。

　　本集卷二七有《賜皇伯祖承亮改封秦國公免恩命不允批答》，卷三一有《賜皇伯祖感德軍節度使承亮改封秦國公免恩命第一表不允口宣》《賜皇伯祖承亮免恩命第二表不允斷來章口宣》。第一文又見《宋文鑑》卷三三；此三文當作於熙寧三年六月十八日趙承亮進封秦國公之後。

七月三日，奉命詳定宗室襲封，有《封諸王後議》。

　　《長編》卷二一三載熙寧三年七月癸丑，"寧武軍留後、遂國公宗立爲魏國公。左武衛大將軍、鄆州防禦使、申國公世清爲越國公。初，宗室克繼、承選言封秦王後嫡庶不當，詔兩制詳定。翰林學士承旨王珪、范鎮、司馬光等言：'……秦王、楚王後，宜如薦議。魏王後，宜以仲蒼嗣。'下其奏中書，中書言：'越王德昭無嫡子、嫡孫，無嫡子同母弟，無庶子，宜以庶長孫宗立嗣。世程、宗惠不應封。餘如六月詔書。'於是，元議官判太常寺陳薦、李及之、章衡、周孟陽，知禮院文同、張公裕各降一官。陳睦、韓忠彥各罰銅三十斤，而忠彥與蘇頌皆以去官免。再議官王珪、范鎮、司馬光、韓維、吳充、王益柔、蔡延慶、呂大防各罰銅三十斤。……上曰：'欲施行盡理，中書亦有失點檢。'眾以爲俟行下，即當自劾。已而宰相曾公亮以下上表待罪，詔釋之"[2]。癸丑爲二十五日。《宋會要》帝系四之二〇載熙寧三年六月十四日，"封……吉州團練使宗惠爲魏國公，……右驍衛將軍、泰州刺史世程爲越國公。以二年十一月十一日敕祖宗之後傳襲封公故也"。"同日，判太常寺兼禮儀事陳薦、李及之、周孟陽、章衡，同知禮院文同、張公裕等言：'秦王、楚王之後各無嫡子嫡孫及同母弟，亦無庶子傳至庶孫，詔依令敕詳定。……秦王之後合立庶曾孫克繼，楚王之後合立庶曾孫世逸。其克繼、世逸祖父皆嫡。'知禮院韓忠彥、陳睦等奏以：'……其秦王合以庶長

[1] 司義祖整理《宋大詔令集》，第224頁。
[2] 李燾撰，上海師範大學古籍整理研究所、華東師範大學古籍整理研究所點校《續資治通鑑長編》，第9冊第5182~5185頁。

孫承亮，楚王合以庶長孫從式定襲封。'詔依忠彦等所定，……七月三日，大宗正司奏：'克繼、承選言：秦王下見封嫡庶不當，乞賜詳定。'詔兩制官檢詳敕令、皇族屬籍，十日内再議合襲封者以聞。乃改封寧武軍節度觀察留後宗立爲魏國公，左武衛大將軍、鄞州防禦使世清爲越國公，宗惠、世程敕誥繳納中書。禮院元定奪官除蘇頌、韓忠彦去官，陳睦特罰銅三十斤外，李及之、章衡、周孟陽、文同、張公裕並降一官，陳薦令定該與不該去官。再定奪官王珪、范鎮、司馬光、韓維、吴充、王益柔、蔡延慶、吕大防並罰銅三十斤"[1]。《全宋文》卷一一五二據《長編》收録王珪奏疏，題作《封諸王後議》；此文亦見《司馬光集》卷四二，題作《宗室襲封議》。王珪等人上《封諸王後議》當在七月三日之後、二十五日之前。

草《賜宣徽南院使判太原府歐陽修免恩命允詔》。

本集卷二三有《賜宣徽南院使判太原府歐陽修免恩命允詔》，云："朕比顧太原之道實當二衝，擇廊廟之舊臣，委邊防之大計。而繼陳悃愊，重託衰遲。雖加勸諭之勤，莫奪誠辭之守。宜聽安於便地，庶增適於高懷。予於老成，惟恐不至。特依所乞，仍仰繳納宣徽使敕，就差知蔡州。"（第 167 頁）歐陽修熙寧三年四月十二日壬申授檢校太保、宣徽南院使、判太原府、河東路經略安撫使，兼并、代、澤、潞、麟、府、嵐、石路兵馬都總管。其後連上六劄請辭，又乞知蔡州。七月三日辛卯，罷宣徽南院使，復爲觀文殿學士，知蔡州。[2] 此文當即七月三日所下詔書。

七月二十五日，因詳定宗室襲封不當，罰銅三十斤。

見上。

是月，草《賜宰臣曾公亮已下議宗室封爵不當待罪特放手詔》。

《長編》卷二一三載熙寧三年七月癸丑，王珪等人因詳定宗室襲封不當被罰，"上曰：'欲施行盡理，中書亦有失點檢。'衆以爲俟行下，即當自劾。已而宰相曾公亮以下上表待罪，詔釋之"[3]。癸丑爲二十五日。本集卷一八有

[1] 劉琳等校點《宋會要輯稿》，第 1 册第 110～111 頁。
[2] 參劉德清《歐陽修紀年録》，第 445～450 頁。
[3] 李燾撰，上海師範大學古籍整理研究所、華東師範大學古籍整理研究所點校《續資治通鑑長編》，第 9 册第 5185 頁。

《賜宰臣曾公亮已下議宗室封爵不當待罪特放手詔》，云："朕惇骨肉之親，[廣]封爵之典。而有司失於博考，於令乖乎適從。既推義之所安，自疏恩之唯允。矧總裁於大政，誠日委於繁機。宜寬引咎之文，姑體遇賢之意。"（第132頁）此文當作於七月二十五日之後。

草《賜皇弟岐王顥生日禮物口宣二道》之一。

本集卷三一有《賜皇弟岐王顥生日禮物口宣二道》，一作於熙寧二年，一作於熙寧三年，參熙寧二年譜。

八月十五日夜，與神宗對飲，爲宮嬪題詩。

沈括《夢溪補筆談》卷一云："熙寧三年，召對翰林學士承旨王禹玉於內東門小殿。夜深，賜銀臺燭雙引歸院。"[1]葉寘《愛日齋叢抄》卷一所記略同。錢世昭《錢氏私志》云："岐公在翰苑時，中秋有月，上問當直學士是誰，左右以姓名對。命小殿對設二位，召來賜酒。公至殿側侍班。俄頃，女童小樂引步輦至，宣學士就坐。公奏：'故事無君臣對坐之禮，乞正其席。'上云：'天下無事，月色清美，與其醉聲色，何如與學士論文。若要正席，則外廷賜宴。正欲略去苟禮，放懷飲酒。'公固請不已，再拜就坐。上引謝莊賦、李白詩，美其才，又出御制詩示公。公歎仰聖學高妙。每起謝，必敕內侍挾掖，不令下拜。夜漏下三鼓，上悅甚，令左右宮嬪各取領巾、裙帶或團扇、手帕求詩。內侍舉牙床，以金相水晶硯、珊瑚筆格、玉管筆皆上所用者於公。前來者應之，略不停綴，都不蹈襲前人，盡出一時新意，仍稱其所長，如美貌者，必及其容色。人人得其歡心，悉以進呈。上云：'豈可虛辱，須與學士潤筆。'遂各取頭上珠花一朵，裝公襆頭，簪不盡者置公服袖中，宮人旋取針綫縫聯袖口。宴罷，月將西沈，上命輟金蓮燭，令內侍扶掖歸院。翌日問：'學士夜來醉否？'奏云：'雖有酒不醉，到玉堂不解帶便上床，取襆頭在面前，抱兩公服袖坐睡，恐失花也。'都下盛傳天子請客。明年中秋，公已參政，蔡確爲學士。上講故事，命宮嬪求詩。蔡奏云：'不敢。'遂命出公舊作。蔡云：'臣才思短澀，不及王某。'酒再行而止。左右

---

[1]沈括撰，金良年點校《夢溪筆談》，第270頁。

不悦，云："這個學士刺撒。"……岐公，王禹玉也。"[1] 按，三書所記當爲同一事。徐𤊹《徐氏筆精》卷八《雜記·金蓮炬》云："金蓮炬送歸院，始於令狐綯。宋王珪、蘇軾、晁迥、史浩亦被此寵，今人但知蘇軾。"[2]

北宋皇帝似乎很喜歡和親近大臣對坐飲酒，王珪説"故事無君臣對坐之禮"，並不確切。沈括《夢溪筆談》卷二五云："陳文忠爲樞密，一日日欲没時，忽有中人宣召。既入右掖，已昏黑，遂引入禁中，屈曲行甚久，時見有簾幄、燈燭，皆莫知何處。已而到一小殿，殿前有兩花檻，已有數人先至，皆立廷中，殿上垂簾，蠟燭十餘炬而已。相繼而至者凡七人，中使乃奏班齊，唯記文忠、丁謂、杜鎬三人，其四人忘之，杜鎬時尚爲館職。良久，乘輿自宮中出，燈燭亦不過數十而已，宴具甚盛，捲簾令不拜，升殿就坐，御座設於席東，設文忠之坐於席西，如常人賓主之位。堯叟等皆惶恐不敢就位，上宣喻不已，堯叟懇陳，自古未有君臣齊列之禮，至於再三，上作色曰：'本爲天下太平，朝廷無事，思與卿等共樂之。若如此，何如就外朝開宴？今日只是宮中供辦，未嘗命有司，亦不召中書輔臣。以卿等機密及文館職任，侍臣無嫌，且欲促坐語笑，不須多辭。'堯叟等皆趨下稱謝，上急止之，曰：'此等禮數，且皆置之。'堯叟悚慄危坐，上語笑極歡，酒五六行，膳具中各出兩絳囊，置群臣之前，皆大珠也，上曰：'時和歲豐，中外康富，恨不得與卿等日夕相會。太平難遇，此物助卿等燕集之費。'群臣欲起謝，上云：'且坐，更有。'如是酒三行，皆有所賜，悉良金重寶，酒罷，已四鼓。時人謂之'天子請客'。文忠之子述古得於文忠，頗能道其詳，此略記其一二耳。"[3] 兩則故事情節近似，故録以備考。

八月二十七日，草《賜大渡河南邛部川山前山後百蠻首領苴尅賀大登寶位進方物敕書》。

《宋史》卷四九六《黎州諸蠻傳》云："邛部川蠻，亦曰大路蠻，亦曰勿鄧，居漢越巂郡會無縣地。""熙寧三年，苴尅遣使來賀登寶位，自稱'大渡

［1］錢世昭撰，查清華、潘超群整理《錢氏私志》，《全宋筆記》第二編，大象出版社2006年版，第7冊第66～68頁。按，明王世貞《藝苑巵言》卷八節録此事。
［2］徐𤊹《徐氏筆精》，景印文淵閣《四庫全書》，臺灣商務印書館1986年版，第856冊第583頁。
［3］沈括撰，金良年點校《夢溪筆談》，第245頁。

河南邛部川山前、山後百蠻都首領’，賜敕書、器幣、襲衣、銀帶。”[1]《宋會要》蕃夷七之三一云：熙寧三年“八月二十七日，大渡河南邛部川山前後百蠻都首領苴剋奉表，貢馬、犀”[2]。《長編》卷二一四云：熙寧三年八月“甲申，賜大渡河南邛部川山前、山後百蠻都首領苴剋敕書、器幣、襲衣、銀帶，以賀登位、貢馬等故也”[3]。甲申爲二十七日。本集卷二四有《賜大渡河南印（邛）部川山前山後百蠻首領苴尅賀大登寶位進方物敕書》。

八月二十八日，提舉編修三司令式。

《長編》卷二一四云：熙寧三年八月“乙酉，命提舉在京諸司庫務王珪、李壽朋同三司使、副使提舉編修三司令式。候成，各賜一本，令三司通共遵守施行”[4]。王應麟《玉海》卷一八六《熙寧會計司》云：“熙寧三年八月二十八日，命王珪等編修三司令式。（十二月庚辰，宰臣王安石提舉。）七年三月八日，三司敕式成四百卷。”[5]乙酉爲二十八日，庚辰爲二十四日。按，李壽朋（？—1071），字延老，一作廷老，當誤，徐州豐縣（今屬江蘇）人，李淑之子、李復圭之兄，以蔭入仕，康定二年（1041）賜同進士出身，官至鹽鐵副使，熙寧四年卒，《宋史》卷二九一有傳，《全宋詩》卷四三一錄其詩殘句一句，《全宋文》卷九九二收其文四篇。熙寧三年八月二十八日至七年三月八日間，三司使先後爲吳充、李中師、李肅之、薛向、曾布。[6]

九月八日，草《賜陝西諸州軍官吏將校僧道耆老百姓等遣韓絳往彼宣撫敕書》。

《長編》卷二一五云：熙寧三年九月“乙未，工部侍郎、參知政事韓絳爲陝西路宣撫使，度支員外郎、直舍人院呂大防爲宣撫判官”[7]。乙未爲八日。本集卷二四有《賜陝西諸州軍官吏將校僧道耆老百姓等遣韓絳往彼宣撫

[1] 脱脱等《宋史》，第 40 冊第 14232、14235 頁。
[2] 劉琳等校點《宋會要輯稿》，第 16 冊第 9956 頁。
[3] 李燾撰，上海師範大學古籍整理研究所、華東師範大學古籍整理研究所點校《續資治通鑑長編》，第 9 冊第 5224 頁。
[4] 李燾撰，上海師範大學古籍整理研究所、華東師範大學古籍整理研究所點校《續資治通鑑長編》，第 9 冊第 5226 頁。
[5] 王應麟輯《玉海》，第 5 冊第 3403 頁。
[6] 參李之亮《宋代京朝官通考》，第 1 冊第 420~422 頁。
[7] 李燾撰，上海師範大學古籍整理研究所、華東師範大學古籍整理研究所點校《續資治通鑑長編》，第 9 冊第 5236 頁。

敕書》；此文又見《宋大詔令集》卷一八八，題作《韓絳宣撫陝西賜本路敕書》，題下注"熙寧三年九月"[1]。文中云："今特遣尚書吏部侍郎、參知政事韓絳往彼宣撫。"（第174頁）按，《宋史》卷二一一《宰輔表二》云：熙寧三年"四月己卯，韓絳自樞密副使除兼參知政事"。"九月乙未，韓絳自樞密副使除陝西路宣撫使。"[2]己卯爲十九日。王瑞來指出，韓絳熙寧三年四月是由樞密副使拜參知政事，並非兼任；九月是自參知政事而非樞密副使除陝西宣撫使；《長編》"工部侍郎"乃"吏部侍郎"之誤。[3]此文可證其説。

九月十三日，草《曾公亮授檢校太師守司空兼侍中河陽三城節度使集禧觀使仍賜功臣制》《賜河陽三軍將吏僧道百姓等除曾公亮爲本鎮節度使示諭敕書》。

《長編》卷二一五云：熙寧三年九月"庚子，左僕射、兼門下侍郎、平章事曾公亮爲司空、兼侍中、河陽三城節度使、集禧觀使，仍五日一奉朝請"[4]。庚子爲十三日。本集卷三七有《曾公亮授檢校太師守司空兼侍中河陽三城節度使集禧觀使仍賜功臣制》；此文又見《宋大詔令集》卷六八，題作《曾公亮罷相建節集禧觀使制》，題下注"熙寧三年九月庚子"[5]；又見《宋宰輔編年録》卷七。本集卷二五有《賜河陽三軍將吏僧道百姓等除曾公亮爲本鎮節度使示諭敕書》；此文又見《宋大詔令集》卷一八八，題作《曾公亮授河陽三城節度使賜本鎮敕書》，題下注"熙寧三年八月"[6]。《宋大詔令集》將後一文繫於八月，不確。

王明清《揮麈餘話》卷一云："熙寧三年，曾宣靖爲昭文相，以疾乞解機政。久之，除守司空、侍中、河陽三城節度使、集禧觀使。王文恭爲内相，當制，進進草。神宗讀至'高旗巨節，遥臨踐土之邦；間（閑）館珍臺，獨揖浮丘之袂'，顧文恭笑云：'此句甚熟，想備下多時。'文恭曰：'誠

---

[1] 司義祖整理《宋大詔令集》，第689頁。
[2] 脱脱等《宋史》，第16冊第5486頁。
[3] 參王瑞來《宋史宰輔表考證》，中華書局2012年版，第26~27頁。
[4] 李燾撰，上海師範大學古籍整理研究所、華東師範大學古籍整理研究所點校《續資治通鑑長編》，第9冊第5238頁。
[5] 司義祖整理《宋大詔令集》，第332頁。
[6] 司義祖整理《宋大詔令集》，第690頁。

如聖訓。'歸語其子仲修云:'吾自聞魯公丐去,即辦此一聯。'歎服上之精鑑如此。蘇仁仲云。"[1]按,蘇師德(1098—1177),字仁仲,蘇頌之孫、蘇京之子,鎮江府丹徒(今屬江蘇鎮江)人,以蔭入仕,官終湖南提舉常平,淳熙四年卒,年八十,生平事迹見韓元吉《南澗甲乙稿》卷二〇《故中散大夫致仕蘇公墓誌銘》。

九月十六日,請續修、增損《國朝會要》,有《乞續修國朝會要劄子》。

王應麟《玉海》卷五一《慶曆國朝會要元豐增修》云:"慶曆四年四月己酉,修國史章得象上《新修國朝會要》一百五十卷。……《會要》止修至慶曆三年,後事莫述。熙寧三年九月十六日,翰林學士王珪請續修慶曆四年以後止熙寧三年。(時編修院修國史,詔於崇文院修纂。仍詔增修至十年,凡三十四年。)珪以舊書尚有遺事,所載頗多吏文,因略加增損,凡十二年乃成。……元豐四年九月己亥,宰臣王珪上之。"[2]本集卷八有《乞續修國朝會要劄子》,云:"臣伏見《國朝會要》,凡朝廷檢用故事,未嘗不用此書。然上修至慶曆四年,其後事迹,恐歲久不脩,寖成淪墜。又當時亟欲成書,及欲廣其部帙,故其間尚有遺事,而所載頗多吏文,恐不足行遠。欲乞選差官下史院,自慶曆五年以後續修至熙寧三年,其舊書因而略行增損,庶成一代之典。"(第60頁)按,文中謂原《國朝會要》修至慶曆四年,乞自慶曆五年以後續修至熙寧三年,與《玉海》所記稍異。

九月二十四日,爲制科御試覆考官。

《長編》卷二一五載熙寧三年九月壬子,"詔賢良方正等科太常博士、通判蜀州呂陶陞一任,與堂除;太廟齋郎張繪堂除判、司、主簿或尉。前台州司戶參軍孔文仲,令流內銓告示發赴單州團練推官本任。陶等皆中選而文仲策初在第三等。……是歲,舉制科者五人,文仲所對策,指陳時病,語最切直。初考,宋敏求、蒲宗孟置第三等,上覆考,王珪、陳睦置第四等,詳定韓維從初考。陶語亦稍直,繪記誦該博,錢勰文稍工,皆入第四等。侯溥稱災異皆天數,又用王安石《洪範説》,云:'肅時雨若非時雨順之也,德如時雨耳。'眾皆惡其阿諛而黜之。維又奏勰文平緩,亦黜之。安石見文仲

---

[1] 王明清《揮麈録》,第223~224頁。
[2] 王應麟撰,武秀成、趙庶洋校證《玉海藝文校證》,第826頁。

策，大惡之，密啓於上，御批黜文仲"。注引林希《野史》云："孔文仲對制策，悉及時事，切直無所回避，其語驚人。初考官宋敏求、蒲宗孟署三等上，覆考官王珪、陳睦畏避，止署四等，詳定官王存、韓維定從初考。故事推恩當得京官簽判，有怒其斥己者，自呂陶等皆推恩，惟文仲特黜，下流內銓遣還本任，中外大驚。"[1] 壬子爲二十五日。《宋會要》選舉一一之一二云：熙寧三年"九月二十四日，上御崇政殿試賢良方正直言極諫太常博士呂陶、殿中丞錢勰、台州司户參軍孔文仲、太廟齋郎張繪。……文仲所對策考入第三等，……既而詔流內銓告示文仲，發赴本任。陶升一任，堂除差遣；繪堂除判司簿尉，勰不入等"[2]。蓋熙寧三年制科御試在九月二十四日，發榜在二十五日。

是月，草《賜陝西宣撫使韓絳湯藥詔》《撫問陝西宣撫使韓絳判官呂大防等兼賜湯藥口宣》。

《長編》卷二一五載熙寧三年九月甲辰，"詔執政官同詣韓絳第別絳，絳以翌日西征也"。卷二一七載熙寧三年十一月乙卯，"命陝西宣撫使韓絳爲陝西、河東宣撫使，判官呂大防爲陝西、河東路宣撫判官。絳時治兵鄜延，欲通道河東，故有是命"[3]。甲辰爲十七日，乙卯爲二十八日。本集卷一八有《賜陝西宣撫使韓絳湯藥詔》、卷二九有《撫問陝西宣撫使韓絳判官呂大防等兼賜湯藥口宣》。前一文云："敵褏興祅，重我邊陲之擾；戎車餝駕，蒙於霜露之勞。維經制之有方，固旋歸之匪日。特頒靈劑，用輔沖襟。"（第130頁）後一文云："羌種跳梁，邊萌騷繹。念使車之夙駕，犯塞路之苦寒。宜有寵頒，以資沖衛。"（第213頁）體會文意，此二文最有可能作於九月十八日韓絳出征前後，姑繫於此。

草《賜河陽三城節度使兼侍中曾公亮乞免冊禮允詔》《賜使相曾公亮免恩命第三表不允斷來章批答》。

本集卷二三有《賜河陽三城節度使兼侍中曾公亮乞免冊禮允詔》，卷

---

[1] 李燾撰，上海師範大學古籍整理研究所、華東師範大學古籍整理研究所點校《續資治通鑑長編》，第9冊第5245～5246、5247頁。

[2] 劉琳等校點《宋會要輯稿》，第9冊第5477～5478頁。

[3] 李燾撰，上海師範大學古籍整理研究所、華東師範大學古籍整理研究所點校《續資治通鑑長編》，第9冊第5236、5241、5283頁。

二八有《賜使相曾公亮免恩命第三表不允斷來章批答》。前一文又見《宋文鑑》卷三一，云："天子臨軒拜三公，其禮舊矣。今朕以上公之秩，加於元臣。方戒有司，卜日而冊授之。乃援疾固辭，不能爲朕引紱廷下。"（第167～168頁）此二文當作於九月十三日曾公亮授檢校太師、守司空兼侍中、河陽三城節度使、集禧觀使之後。按，在宋代，親王、樞密使、留守、節度使兼有侍中、中書令、同平章事銜者，稱爲"使相"。北宋前期，以太尉、司徒、司空爲三公；政和二年（1112）九月，改太師、太傅、太保爲三公。

十月，應俞充之請，爲其母皋氏作墓誌銘，有《皋氏墓誌銘》。

本集卷五七有《皋氏墓誌銘》云："著作佐郎、知司農寺丞事俞充既喪其母，予往弔之，泣以謂予曰：'我家世四明人也，先妣姓皋氏，年十五以歸我先人，能自承舅姑，不失其婦事。……熙寧三年九月己亥，終於司農寺，享年五十四。明年十月庚午，葬明之鄞縣清道鄉小江里。……今葬既有日矣，生無以爲養，没無以爲禮，不求當世之能文以銘，以圖長存，是充重不孝，不足以見我鄉之人。敢告以先妣姓、壽、卒、葬，與夫平生之所爲銘之。'"（第425～426頁）己亥爲十二日，庚午爲十九日。據"今葬既有日矣"云云，知此文當作於熙寧四年十月以前，姑繫於此。按，俞充（1033—1081），字公達，明州鄞縣（今浙江寧波鄞州）人，嘉祐四年（1059）進士，官至天章閣待制、知慶州，元豐四年（1081）卒，年四十九，《宋史》卷三三三、《寶慶四明志》卷八等有傳，《全宋詩》卷七二二録其詩二十一首，《全宋文》卷一七六五收其文五篇。

爲孫長卿作墓誌銘。

鄭克《折獄龜鑑》卷五《孫長卿訊兄》節引"王珪丞相所撰墓誌"云："孫長卿侍郎，知和州。民有訴弟爲人所殺者，察其言不情，乃問：'汝户幾等？'曰：'上等也。''汝家幾人？'曰：'唯一弟與妻子耳。'長卿曰：'殺弟者，兄也。豈將併有其貲乎？'按之，果然。"[1]按，孫長卿（1005—1070），字次公，揚州（今屬江蘇）人，以蔭入仕，官至兵部侍郎、知定州，熙寧三年卒，年六十六，《宋史》卷三三一有傳。《宋史·孫長卿傳》云：

---

[1] 鄭克編撰，劉俊文譯註點校《折獄龜鑑譯註》，第304～305頁。

"拜龍圖閣直學士、知定州。熙寧元年，河北地大震，城郭倉庾皆隤，長卿盡力繕補。神宗知其能，轉兵部侍郎，留再任。明年，卒，年六十六。……既没，詔中使護其喪歸葬。"[1]《長編拾補》卷四云：熙寧二年四月"戊戌，權知開封府滕甫知瀛州，甫以父諱，辭改知鄆州。知瀛州李肅之爲天章閣待制、知開封府。先是，知定州孫長卿歲滿，上欲令甫與長卿易任，富弼、曾公亮未對，王安石獨以爲宜，弼請徐議之。既退，富弼、曾公亮曰：'甫姦人，宜在外。'他日進見，上又欲令肅之代長卿，弼極稱其才。公亮曰：'肅之不如長卿。'安石曰：'長卿細密，然兩人皆可試府事也。'於是命肅之代甫，而長卿再任知定州"[2]。戊戌爲二日。《宋會要》選舉三二之一五云：熙寧三年"十月十九日，詔遣使護知定州孫長卿喪，揚州借官舍如例"[3]。可知孫長卿熙寧二年四月再任知定州，三年十月卒於任。今人多據《宋史·孫長卿傳》定孫長卿卒於熙寧二年，不確。王珪所作孫長卿墓誌銘原文已佚。

有《滕學士移河朔》詩。

本集卷三有《滕學士移河朔》（第20頁）。"滕學士"指滕甫。蘇軾《故龍圖閣學士滕公墓誌銘》云："公以皇考諱，辭高陽關，乃除鄆州。治盜有方，不獨用威猛，時有所縱捨，盜爲屏息。移定州。許入覲，立言新法之害，曰：'臣始以意度其不可耳。今爲郡守，親見其害民者。'具道所以然之狀。"[4]《長編》卷二一五載熙寧三年九月甲辰，"知鄆州滕甫知定州"[5]。甲辰爲十七日。考慮到滕甫入覲，故繫此詩於十月。按，滕甫（1020—1090），字元發，後避宣仁太后父高遵甫諱，更名元發，字達道，東陽（今屬浙江）人，皇祐五年（1053）進士，官至翰林學士，元祐五年卒，年七十一，諡章敏，《宋史》卷三三二、《東都事略》卷九一有傳，生平事迹見龔明之《中吴紀聞》卷二《滕章敏公》、蘇軾《故龍圖閣學士滕公墓誌銘》，《全宋詩》卷五一八錄其詩五首、殘句七聯，《全宋文》卷一三五九收其文十三篇。

---

[1] 脱脱等《宋史》，第30冊第10642~10643頁。

[2] 黄以周等輯注，顧吉辰點校《續資治通鑑長編拾補》，第1冊第172頁。

[3] 劉琳等校點《宋會要輯稿》，第10冊第5871頁。

[4] 孔凡禮點校《蘇軾文集》卷一五，第2冊第462~463頁。

[5] 李燾撰，上海師範大學古籍整理研究所、華東師範大學古籍整理研究所點校《續資治通鑑長編》，第9冊第5241頁。

草《賜外任臣僚曆日二道》其二、《賜靜海軍節度使同中書門下平章事安南都護南平王李日尊曆日敕書》。

　　本集卷二三有《賜外任臣僚曆日》，卷二四有《賜靜海軍節度使同中書門下平章事安南都護南平王李日尊曆日敕書》。前一文爲《賜外任臣僚曆日二道》其二，後一文又見《宋大詔令集》卷二三八。二者文末曰："今賜卿熙寧四年曆日一卷，至可領也。"（第 172、177 頁）北宋頒曆一般在十月一日。此二文當作於熙寧三年十月。

十一月二十八日，草《賜梓州路轉運使韓璹等減罷重難差役獎諭敕書》《獎諭韓璹詔》。

　　《宋史》卷三三〇《韓璹傳》云："熙寧初，爲梓州路轉運使。朝廷命諸道議更役法，璹首建併綱減役之制，綱以數計者百二十有八，衙前以人計者二百八十有三，省役人五百。又請裁定諸州衙簿，於是王安石言：'璹所言皆久爲公私病，監司背公養譽，莫之或恤，而獨能體上意，宜加賞。'乃下褒詔，且賜帛二百。"[1]《長編》卷二一七載熙寧三年十一月乙卯，詔曰："夫天下之役，常困吾民，至使罹飢寒而不能以自存，豈朕爲民父母之意哉！吾詔書數下，欲寬其役，而事未興，是吏奉吾詔不勤而察民未深也。今梓州路獨能興民之利而去其害，欲加之賞，朕何愛焉。觀執政之用心，於朕豈有異乎？其轉運使韓璹等，已降敕書獎諭，仍各賜帛二百，餘並依所奏施行。"[2]乙卯爲二十八日。本集卷二五有《賜梓州路轉運使韓璹等減罷重難差役獎諭敕書》，卷二〇有《獎諭韓璹詔》。

草《賜宣徽南院使判延州郭逵赴闕茶藥詔》《賜判延州郭逵赴闕茶藥口宣》。

　　《長編》卷二一七云：熙寧三年十一月"乙卯，詔判延州郭逵赴闕"[3]。乙卯爲二十八日。本集卷二三有《賜宣徽南院使判延州郭逵赴闕茶藥詔》，卷二九有《賜判延州郭逵赴闕茶藥口宣》。

[1] 脫脫等《宋史》，第 30 冊第 10631 頁。

[2] 李燾撰，上海師範大學古籍整理研究所、華東師範大學古籍整理研究所點校《續資治通鑑長編》，第 9 冊第 5285 頁。

[3] 李燾撰，上海師範大學古籍整理研究所、華東師範大學古籍整理研究所點校《續資治通鑑長編》，第 9 冊第 5283 頁。

是月，與吳充共薦陳知彥。

《長編》卷二一八載熙寧三年十二月丁卯，"賜布衣陳知彥進士出身、試銜知縣，王輔同進士出身、試銜大郡判司、大縣薄尉。知彥以樞密副使吳充、翰林學士承旨王珪薦其辭學，輔以太原府敦遣赴闕，並試於舍人院中等也"[1]。丁卯爲十一日。吳充熙寧三年九月十四日辛丑拜樞密副使，八年四月十七日戊寅拜樞密使。[2]《宋會要》職官一三之九云："熙寧三年十一月二十一日，詔貢院聽期喪滿三月者應舉。時因大臣言應制舉陳知彥以期喪不赴召，既特召試，因降是旨。"[3] 則王珪與吳充共薦陳知彥當在熙寧三年十一月。按，陳知彥（生卒年不詳），諸書無傳，僅知熙寧三年因吳充、王珪薦舉，以布衣身份召試，十二月十一日賜進士出身、試銜知縣，十年十二月十二日戊子，奉命以試校書郎修《國朝會要》[4]，元豐四年（1081）九月十六日己亥，王珪上《國朝會要》三百卷，編修官"知甘泉縣陳知彥循兩資"[5]。

有《奏交趾事迹劄子》。

《長編》卷二一七載熙寧三年十一月，"翰林學士承旨王珪言：'臣近聞經制交趾事宜。臣頃於廣西轉運使杜杞得所奏交趾事，其言自盜據以來世次與夫山川道路兵民之類爲最詳，其末又言存取之計，頗可采。如聞樞密院文字比多散失，輒用錄進，以備聖覽。'既而上以珪所進文字付參知政事王安石，安石言：'伏奉手詔，賜示王珪所進文字，且論及交趾事。竊承聖志以豐財靖民爲事，此生民之福也。然萬里之外，計議於初，不容不審，溫杲等以欽、廉等州爲憂，是也。至於戒敕邊臣，撫慰交趾，即恐不須如此，既傷陛下之信，或更致交趾之疑，蓋朝廷未嘗有此，而今有此，則彼安能不思其所以然乎？昔者秦有故，厚遺義渠戎王，更爲義渠所覺，反見侵伐。臣恐用

[1] 李燾撰，上海師範大學古籍整理研究所、華東師範大學古籍整理研究所點校《續資治通鑑長編》，第 9 冊第 5302 頁。

[2] 參李燾撰，上海師範大學古籍整理研究所、華東師範大學古籍整理研究所點校《續資治通鑑長編》卷二一五、卷二六二，第 9 冊第 5239 頁、第 11 冊第 6399 頁。

[3] 劉琳等校點《宋會要輯稿》，第 6 冊第 3374 頁。

[4] 參李燾撰，上海師範大學古籍整理研究所、華東師範大學古籍整理研究所點校《續資治通鑑長編》卷二八六，第 12 冊第 6998 頁。

[5] 李燾撰，上海師範大學古籍整理研究所、華東師範大學古籍整理研究所點校《續資治通鑑長編》卷三一六，第 13 冊第 7642 頁。

杲之策，即萬一交趾更覺而自備，且或爲難於邊，則是秦與義渠之事也。其餘所建明數事，并易潘夙、陶弼，候開假取旨。'"注云："珪集自注云熙寧三年冬。是年十二月丁卯，珪知參政。""三年二月十八日清明，十一月二日冬至，安石云候假開取旨，必冬至也。安石奏乃陸佃所紀者，不得其時，今因王珪劄子，附十一月。"[1] 本集卷八有《奏交趾事迹劄子》，無王珪自注。

爲嬭母狄氏作墓誌銘，有《同安郡君狄氏墓誌銘》。

本集卷五七有《同安郡君狄氏墓誌銘》，云："珪也少孤，蒙夫人撫養之甚厚。以至今日之成就，念夫人之恩，未始一日忘也。去年以叔父以衛尉卿守四明別夫人，尚笑語如平時。纔數月，訃來京師，於是内外之恩，無長少戚疏，皆失聲大慟，視珪之心，其痛可勝陳哉！今將葬也，屬在翰林，不得挽車原下，以申欲報之情，没固有恨矣。夫人以熙寧二年四月庚戌卒，明年十一月丙申葬潤州丹徒縣崇德鄉永安里，享年六十九。"（第421頁）庚戌爲十四日，丙申爲九日。按，據"今將葬也"云云，知此文當作於熙寧三年十一月九日之前，姑繫於此。

十二月四日，草《皇第二女封寶慶公主制》。

《長編》卷二一八云：熙寧三年十二月"庚申，封皇第二女爲寶慶公主"[2]。庚申爲四日。本集卷三五有《皇第二女封寶慶公主制》，此文又見《宋大詔令集》卷三七。

十二月八日，草《宣召翰林學士楊繪入院口宣》。

范祖禹《天章閣待制楊公墓誌銘》云："丁内艱，服除入對，面受翰林學士"[3]。《長編》卷二一八云：熙寧三年十二月"甲子，知制誥楊繪爲翰林學士"[4]。甲子爲八日。本集卷三〇有《宣召翰林學士楊繪入院口宣》，云："屬因艱以去朝，甫即吉以還序。且奉北門之訪，更華二禁之遊。"（第

［1］李燾撰，上海師範大學古籍整理研究所、華東師範大學古籍整理研究所點校《續資治通鑑長編》，第9冊第5285～5287頁。
［2］李燾撰，上海師範大學古籍整理研究所、華東師範大學古籍整理研究所點校《續資治通鑑長編》，第9冊第5293頁。
［3］范祖禹《太史范公文集》卷三九，《宋集珍本叢刊》，第24冊第394頁。
［4］李燾撰，上海師範大學古籍整理研究所、華東師範大學古籍整理研究所點校《續資治通鑑長編》，第9冊第5295頁。

217頁）

十二月十日，獲神宗面諭，知已除參知政事，作《韓絳授金紫光禄大夫同中書門下平章事昭文館大學士加封邑功臣制》《王安石授金紫光禄大夫禮部侍郎同中書門下平章事監修國史進封開國公加封邑功臣制》。

《長編》卷二一八云：熙寧三年十二月"丁卯，吏部侍郎、參知政事韓絳依前官平章事、昭文館大學士，遣使即軍中拜之。……右諫議大夫、參知政事王安石爲禮部侍郎、平章事、監修國史，翰林學士承旨、端明殿學士、翰林侍讀學士、禮部侍郎王珪守本官，參知政事。前一日，使者數輩召珪，至左掖門，已闔，赴右掖門，久之，傳旨啓關，乃得入。上御小殿，諭以相韓絳、王安石，因出御批示珪，曰：'已除卿參知政事矣。'"注引林希《野史》云："王珪參知政事，謝景温曰：'珪徒有浮文，執政豈所宜耶！'上曰：'珪久次，姑容之。中書三員，韓絳奉使，遇齋、祠、告，遂無可押班，且當用珪。'薛昌朝曰：'執政繫天下輕重，豈但充位押班者。陛下待執政意何薄也！'上曰：'兩制中誰可易珪者？'昌朝曰：'臣位賤職卑，豈敢預此。以臣觀之，司馬光豈不賢於珪？'"[1]丁卯爲十一日。徐度《却掃編》卷上云："韓康公、王荆公之拜相也，王岐公爲翰林學士，被召命詞。既授旨，神宗因出手札示之曰：'已除卿參知政事矣。'國朝以來，因命相而遂用草制學士補其處，如此者甚多。近歲亦時有之，世謂之'潤筆執政'。"[2]本集卷三七有《韓絳授金紫光禄大夫同中書門下平章事昭文館大學士加封邑功臣制》《王安石授金紫光禄大夫禮部侍郎同中書門下平章事監修國史進封開國公加封邑功臣制》；此二文又見《宋大詔令集》卷五六，分別題作《韓絳昭文相制》《王安石宰相制》，題下注"熙寧三年十二月丁卯"[3]，內容較本集更完整；又見《宋宰輔編年録》卷七。

王銍《四六話》卷下云："先子嘗言王荆公作相，天下士以文字頌其道德勳業者不可以數計也。如祥道啓曰：'六經之書，得孔子而備；六經之理，

---

[1] 李燾撰，上海師範大學古籍整理研究所、華東師範大學古籍整理研究所點校《續資治通鑑長編》，第9冊第5301頁。

[2] 徐度撰，朱凱、姜漢椿整理《却掃編》，《全宋筆記》第三編，大象出版社2008年版，第10冊第121頁。

[3] 司義祖整理《宋大詔令集》，第283頁。

得先生而明。'王禹玉作《除相麻詞》曰:'至學窮於聖原,貴名薄於天下。'熊伯通賀啓曰:'燭照數計,洞九變之本原;玉振金聲,破千齡之堙鬱。'又曰:'永惟卓偉之烈,絕出古今之時。'鄧溫伯作白麻曰:'道德合符乎古人,學問爲法於海内。越升冢宰,大熙衆功。力行所學,而朝以不疑;謀合至神,而人莫爲問。'若此者劇多,然不若子瞻《贈太傅誥》曰:'浮雲何有,脫屣如遺。'此兩句乃能真道荆公出處妙處也。世人謂中含譏切,恐大不然。"[1]

十二月十一日,拜參知政事,有《免參知政事表》。

本集卷四四《謝參知政事表》云:"伏奉制命,特授臣依前官參知政事,仍加食邑實封,尋具表辭免,蒙降批答不允,仍斷來章者。"(第318頁)本集卷四四有《免參知政事表》,此文當作於十二月十一日王珪接到參知政事正式任命之後。

是月,有啓上王安石,接安石回啓。

王安石《臨川先生文集》卷七九有《回謝王參政啓》《回王參政免啓》。前者云:"伏審光被上恩,寵參國論,明綸敷告,庶位交忻。歷選迓衡之君,疇諮當軸之輔。尚尤違之敢弼,則曰汝無後言;欲譽問之能宣,則曰子有疏附。厥懷協濟,乃稱具瞻。當盛德之日躋,攬衆材而時舉。懋膺休顯,允屬耆明。恭惟參政侍郎,秉哲在躬,推仁及物。告嘉謀於後,學皆會於本原;揚孚號於庭,辭必稽於典要。以陳善閉邪之賴,應贊元經體之求。重念羈單,最稱眷舊。牽絲一府,久承論議之餘;持橐三朝,常出踐更之後。復叨榮於並命,茲竊幸於爲僚。曲荷至懷,先詒重問,方勵同寅之志,敢忘胥顧之勤?"後者云:"伏審升拜帝恩,進陪國論。孚號布宣於朝位,歡言騰溢於士林。草與朋游,實先慶抃。恭惟某官,元精發秀,沖氣鍾和。贊密命於三朝,鶩隆名於四海。大忠無拂,常深簡於上心;經德不回,非外移於衆口。久蓄庇民之施,果膺置輔之求。方當上同扶世之猷,庶以自免瘝官之責。過煩重問,曲喻至懷。冀回操以就工,遂協謀而許國。"[2]"王參政"當指王珪。此二文當作於熙寧三年十二月十一日王珪拜參知政事之後,王珪上王安石啓

---

[1] 王水照主編《歷代文話》,第1冊第22頁。
[2] 王水照主編《王安石全集》,第7冊第1400~1401、1405頁。

今不傳。

有《謝參知政事表》《謝參知政事笏記》。

本集卷四四有《謝參知政事表》，卷八有《謝參知政事笏記》，此二文當作於十二月十一日王珪拜參知政事之後。

有《免學士院潤筆劄子》。

本集卷八有《免學士院潤筆劄子》，云："臣蒙降中使，賜寶慶公主加恩潤筆銀一百兩、綵一百匹。學士院故事，凡潤筆並與見在院學士均分。緣臣參命二府，理難以當，又當時新學士元絳、楊繪並未到院，所有恩賜，今附中使隨劄子繳納。"（第56頁）熙寧三年十二月四日，神宗第二女封寶慶公主，王珪草《皇第二女封寶慶公主制》，而楊繪十二月八日拜翰林學士。則此文當作於十二月十一日王珪拜參知政事之後。

冬，草《賜韓絳御寒衣服詔》《撫問韓絳等兼賜湯藥口宣》《撫問韓絳等禦寒衣服口宣》。

本集卷一九有《賜韓絳御寒衣服詔》，卷二九有《撫問韓絳等兼賜湯藥口宣》《撫問韓絳等禦寒衣服口宣》。第一文云："比將使指，出護邊虞。屬歲景之嚮窮，冒關程之正邈。埃塵薄於四野，雨雪犯於重裘。適懷征鞅之勤，特解御衣之賜。"（第135頁）第二文云："羌人背約，王旅多屯。有煩使指之行，適冒祁寒之候。宜蕃珍錫，以導至和。"（第213頁）第三文云："敵褫未夷，王師在外。惟風霜之所薄，固夙夜之多虞。特致恩頒，更爲寒禦。"（第213頁）韓絳熙寧三年九月八日出爲陝西路宣撫使，十一月二十八日爲陝西、河東宣撫使，十二月十一日拜昭文相。則此三文當作於熙寧三年冬韓絳宣撫陝西期間。

是年，疑僧智緣診父之脈而知子之禍福，古之無有。

周輝《清波雜志》卷一一云："輝嘗見父友許志康宦論太素脈，謂可卜人之休咎。因及治平中京師醫僧智緣爲王荊公診脈，言當有子登科甲之喜。時王禹玉在坐，深不然之。明年，雱果登第。緣自矜語驗，詣公乞文以爲寵。公爲書曰：妙應大師智緣，診父之脈，而知其子有成名之喜。翰林王承旨疑古無此，緣曰：'昔秦醫和診晉侯之脈，知其良臣將死。夫良臣之命，尚於晉侯脈息見之；因父知子，又何怪乎？'所書大略如此。許云：'此非

荆公之文，特其徒假公重名矜衒，以售其術爾.'"[1]王安石嘉祐八年（1063）
八月丁母憂，罷知制誥歸江寧，直至熙寧元年四月始入京任職；其子王雱治
平四年（1067）三月進士及第。[2]王珪治平中均在京爲官，無金陵之行。可
知《清波雜志》所記殊不可信。王安石《臨川先生文集》卷七一有《與妙
應大師說》，即《清波雜志》所引之文，末署："熙寧庚戌十二月十九日，某
書。"[3]《長編》卷二二六載熙寧四年八月辛酉，"著作佐郎、同提舉秦州西路
蕃部及市易王韶爲太子中允、秘閣校理、兼管勾秦鳳路緣邊安撫司、兼營田
市易。……韶以董氊、木征多與僧親善，而僧結吳叱臘主部帳甚衆，故請與
智緣俱至邊。……智緣者，善醫察脈，知人貴賤、禍福、休咎，言輒驗。京
師士大夫爭造之，或診父之脈而知其子禍福，所言若神。安石尤信之，王珪
疑古無此，安石曰：'秦醫和診晉侯之脈，而知其良臣將死。夫良臣之命乃
見於晉侯之脈，則診父知子，又何足怪哉！'"[4]辛酉爲九日。此蓋據王安石
《與妙應大師說》，然誤智緣之言爲王安石之語。據王安石文署名時間，王珪
疑智緣之說當在熙寧三年十二月十一日拜參知政事之前。按，智緣（生卒
年不詳），祖籍隨州（今屬湖北），北宋東京相國寺僧人，《宋史》卷四六二
《方技傳下》有傳，齊德舜對其生平事迹有專門研究。[5]

與林希交往頗密。

《長編》卷三八七云：元祐元年（1086）九月"辛未，起居郎、修實錄
院檢討官林希爲中書舍人。右司諫王覿言：'竊聞起居郎林希召試中書舍人。
希雖簿有文藝，素號憸巧。當王珪用事之際，希諂奉之無所不至，與其不肖
子弟日相親昵，及韓縝作相，希復爲其鷹犬。今中書侍郎張璪傾邪著聞，士
人之稍自重者，莫不耻遊其門，而希與之深相交結，不畏譏議，何可使代言
禁掖，入侍近班！兼聞希已有章乞免召試，伏望聖慈指揮，除希一外任差

---

[1] 周煇撰，劉永翔校注《清波雜志校注》，中華書局 1994 年版，第 463~464 頁。
[2] 參劉成國《王安石年譜長編》，第 2 冊第 656、771、742 頁。
[3] 王水照主編《王安石全集》，第 6 冊第 1286 頁。
[4] 李燾撰，上海師範大學古籍整理研究所、華東師範大學古籍整理研究所點校《續資治通鑑長編》，
第 9 冊第 5501~5503 頁。
[5] 參齊德舜《北宋相國寺僧人智緣生平史籍考辨》，姜錫東主編《宋史研究論叢》第 24 輯，科學出
版社 2019 年版。

遣，所重朝廷名器不濫，邪正有別。'"[1]卷三八八元祐元年九月壬申載孫升亦有類似言論。卷四九七元符元年（1098）四月壬辰載蔡蹈上疏論林希，謂其"事王珪最爲親密，珪前後薦論，凡累數十"[2]。邵伯温《邵氏辨誣》謂"林希本出珪門下，又是親戚"[3]。《宋史》卷三四三《林希傳》云："舉進士，調涇縣主簿，爲館閣校勘、集賢校理。神宗朝，同知太常禮院。……及遣使高麗，希聞命，懼形於色，辭行。神宗怒，責監杭州樓店務。歲餘，通判秀州，復知太常禮院，遷著作佐郎、禮部郎中。元豐六年，詔修《兩朝寶訓》，上之。元祐初，歷秘書少監、起居舍人、起居郎，進中書舍人。言者疏其行誼浮僞，士論羞薄，不足以玷從列。"[4]林希熙寧三年五月九日戊戌由涇縣主簿爲館閣校勘，元豐元年（1078）三月七日辛巳謫監杭州樓店務，三年五月復召爲國史院編修官。[5]可知熙寧三年後至元祐初，林希基本上都在京爲官，其間與王珪交往頗爲密切。但林希人品爲人詬病，其與王珪交往當出於個人利益之考量，這從他所著《林氏野史》中對王珪多有貶損也可以看出來。

奉命祭社，有《題齋宮》詩。

《宋史》本傳云："珪典內外制十八年，最爲久次，嘗因展事齋宮，賦詩有所感，帝見而憐之。熙寧三年，拜參知政事。"（第10242頁）魏泰《東軒筆錄》卷六云："京師春秋社祭，多差兩制攝事。王僕射珪爲內外制十五年，祭社者屢矣。熙寧四年，復以翰林承旨攝太尉，因作詩曰：'雞聲初動曉驂催，又向靈壇飲福杯。自笑怡怡不辭醉，明年强健更須來。'是冬，遂參知政事。"[6]江少虞《宋朝事實類苑》卷三六《詩歌賦詠·王禹玉》引《倦遊雜錄》云："京師祭二社，多差近臣。王禹玉在兩禁二十年，熙寧三年，爲翰

[1]李燾撰，上海師範大學古籍整理研究所、華東師範大學古籍整理研究所點校《續資治通鑑長編》，第16冊第9427~9428頁。
[2]李燾撰，上海師範大學古籍整理研究所、華東師範大學古籍整理研究所點校《續資治通鑑長編》，第20冊第11828頁。
[3]李燾撰，上海師範大學古籍整理研究所、華東師範大學古籍整理研究所點校《續資治通鑑長編》卷四八六紹聖四年四月辛丑注，第19冊第11541頁。按，《長編拾補》卷一八載建中靖國元年八月邢恕《申實錄院狀》中亦有此語。
[4]脫脫等《宋史》，第31冊10913頁。
[5]參李燾撰，上海師範大學古籍整理研究所、華東師範大學古籍整理研究所點校《續資治通鑑長編》卷二一一、卷二八八、卷三〇四，第9冊第5122頁、第12冊第7049、7409頁。
[6]魏泰撰，李裕民點校《東軒筆錄》，第68頁。

林丞旨，又膺是任，題詩齋宮曰：'鄰鷄未動曉驂催，又向靈壇飲福杯。自笑治聾不知足，明年強健更重來。'執政聞而憐之。"[1]《續墨客揮犀》卷六、阮閱《詩話總龜》前集卷一七《紀實門上》、曾慥《類說》卷一六《倦遊雜錄》亦引此則，其中《類說》未記年月，《詩話總龜》記於熙寧間。王珪熙寧三年十二月拜參知政事，茲從《宋朝事實類苑》。各書所引詩見本集卷四，題作《題齋宮》。宋代以立春後第五個戊日爲春社，立秋後第五個戊日爲秋社。[2]不詳王珪此次所祭爲春社還是秋社。

馬永卿《嬾真子録》卷二《作詩換骨法》云："舊說載王禹玉久在翰苑，曾有詩云：'晨光未動曉驂催，又向壇頭飲社盃。自笑治聾終不是，明年強健更重來。'或曰，古人之詩有此意乎？僕曰：白樂天爲忠州刺史，《九日題塗溪》云：'蕃草席鋪楓岸葉，竹枝歌送菊花盃。明年尚作南賓守，或值重陽更一來。'亦此意也。但古人作詩必有所擬，謂之'神仙換骨法'，然非深於此道者亦不能也。"[3]厲鶚《宋詩紀事》卷一五《王珪》據此收録王珪詩，題作《在翰苑作》。

有《刑部侍郎致仕王熙仲挽詞》。

本集卷六有《刑部侍郎致仕王熙仲挽詞》，云："洧水於今寒露起，漢臺依舊白雲深。"（第42頁）。按，王子融本名疇，字子融，元昊反，請以字爲名，改字熙仲，青州益都（今山東青州）人，王曾之弟，大中祥符中進士及第，官至給事中，卒年八十一，《宋史》卷三一〇、《東都事略》卷五一有傳，《全宋文》卷三二八收其文四篇。韓琦《安陽集》卷六《次韻和致政王子融侍郎歸休述懷二首》其一云："六十九歸今昔少，萬年青史紀高人。"卷四五《致政王子融侍郎挽辭三首》其三云："僕始慚當軸，公方遂引年。"[4]《長編》卷一八七載嘉祐三年（1058）六月丙午，富弼拜昭文相，韓琦拜集賢相，宋庠拜樞相。[5]丙午爲七日。可知王子融當於嘉祐三年致仕，時年

[1]江少虞《宋朝事實類苑》，第472頁。

[2]參朱瑞熙等《宋遼西夏金社會生活史（修訂本）》，中國社會科學出版社2005年版，第422頁。

[3]馬永卿撰，崔文印校釋《嬾真子録校釋》，第48頁。

[4]韓琦著，李之亮、徐正英校箋《安陽集編年箋注》，第221、1388頁。

[5]參李燾撰，上海師範大學古籍整理研究所、華東師範大學古籍整理研究所點校《續資治通鑑長編》，第8冊第4511~4512頁。

六十九，則當生於淳化元年（990），其卒年八十一，則當卒於熙寧三年。韓琦《致政王子融侍郎挽辭三首》其一謂王子融自致仕至去世“陶然逾五閏”，自嘉祐三年至熙寧三年，適歷五個閏年。宋庠《元憲集》卷一〇有《和致政王子融侍郎喜昭文龐相公登庸》，考龐籍皇祐三年（1051）十月二十二庚子拜昭文相，五年閏七月五日壬申罷相[1]，此與其他材料相齟齬，可知“龐相公”當爲“富相公”之誤。韓琦《次韻和致政王子融侍郎歸休述懷二首》、宋庠《和致政王子融侍郎喜昭文龐相公登庸》當作於嘉祐三年，王珪《刑部侍郎致仕王熙仲挽詞》、韓琦《致政王子融侍郎挽辭三首》當作於熙寧三年。李之亮、徐正英繫韓琦《次韻和致政王子融侍郎歸休述懷二首》《致政王子融侍郎挽辭三首》分別作於皇祐間和治平間[2]，均誤。“洧水”云云，當指王子融葬地。據《安陽集》卷二三《三賢贊》，王曾之墓在鄭州新鄭縣臨洧鄉[3]，王子融之墓當亦在此地。

有《乞京東西一州劄子》《乞知青州劄子》。

本集卷八有《乞京東西一州劄子》《乞知青州劄子》。前者云：“臣自塵文館，以至歷更二禁，凡二十五年，未嘗一得出外。雖在仁宗、英宗朝，累乞補郡，及嚮會面陳悃愊，終未遂所請。然臣年齒寖高，衰病日侵，不惟文思荒落，不能副詞翰之職，且當階下求治之辰，無銖髮之補。朝夕惟有妨別進儒賢，内不自安。伏望宸慈許令出守京東西一州。臣不敢以遠近爲擇，庶得稍親民政，以塞素餐之責。”（第55～56頁）後者云：“臣以孤陋之學，久塵禁林，終無所補。自仁宗朝累會乞出外，比亦數於朝廷，乞京東西一閑郡，未遂私誠。今聞鄭獬以疾求罷青州，儻使臣得代獬行，臣雖齒髮蚤衰，猶能勉力民事，上副陛下圖治之心。”題下注“熙寧三年”（第56頁）。自王珪慶曆六年（1046）直集賢院始，歷二十五年，當熙寧三年。《乾道臨安志》卷三《牧守·國朝》載知杭州鄭獬熙寧“三年四月己卯，徙知青州”[4]。《長

[1] 參李燾撰，上海師範大學古籍整理研究所、華東師範大學古籍整理研究所點校《續資治通鑑長編》卷一七一、卷一七五，第7冊第4116、4223頁。

[2] 參韓琦著，李之亮、徐正英校箋《安陽集編年箋注》，第221、1387頁。

[3] 參韓琦著，李之亮、徐正英校箋《安陽集編年箋注》，第769頁。按，《景文集》卷五八《文正王公墓誌銘》記王曾墓在新鄭縣“臨濟鄉”，當誤，流經新鄭縣城者爲洧水。

[4] 周淙纂修《乾道臨安志》，《宋元方志叢刊》，第4冊第3245頁。

編》卷二一八載熙寧三年十二月庚申，"侍御史知雜事謝景溫言：'知青州鄭獬卧病，乞別選近臣代之。'詔知杭州、資政殿學士趙抃知青州，仍令京東轉運司體量獬疾狀以聞"[1]。庚申爲四日。則此二文當作於熙寧三年十二月十一日王珪拜參知政事之前。

有《薦李徽之劄子》。

本集卷八有《薦李徽之劄子》，云："臣伏見諫議大夫李徽之，相門之彥，備探經術，前後累更寄任，而其治不與俗吏同務。昨差知鳳翔府，先帝知其名，特召對而遣之。近以疾求領南京晉（留）司御史臺。今聞疾已平，尚在陳晉，未赴任。方朝廷急於用人，若徽之者，可惜置之閑廢之地。望特出宸衷，試許入見，觀其議論可取，却與一要劇差遣，則徽之既蒙省録，當益盡補報之心。"（第56~57頁）《長編》卷二一八載熙寧三年十二月甲子，"右諫議大夫李徽之提舉鴻慶宮。徽之在病告四年，至是，乞赴朝參，而有是命"[2]。甲子爲八日。則此文當作於熙寧三年十二月八日之前。據此文可知，李徽之治平年間曾知鳳翔府。按，李徽之（1007—1090），字休甫，濮州（今河南濮陽）人，李迪次子，天聖八年（1030）賜同進士出身，官至給事中，元祐五年卒，年八十四，生平事迹見張方平《樂全先生文集》卷三六《大宋故推誠保德崇仁守正翊戴功臣開府儀同三司太子太傅致仕上柱國隴西郡開國公食邑八千一百户食實封二千四百户贈司空侍中諡文定李公神道碑銘並序》、吳處厚《青箱雜記》卷四、陸增祥《八瓊室金石補正》卷九八《宋十七·南海廟韓碑陰題名四段·祖無擇題名》等，《全宋文》卷九九二收其文二篇。

草《賜判亳州富弼乞罷使相第一表不允詔》。

本集卷二一有《賜判亳州富弼乞罷使相第一表不允詔》；此文又見《宋文鑑》卷三一，題作《賜判亳州富弼乞罷使相不允詔》。其中云："朕初臨丕基，首選大吏。方勞精而共務，忽引疾以屢辭。去雖逾於歲年，念不舍於朝

[1] 李燾撰，上海師範大學古籍整理研究所、華東師範大學古籍整理研究所點校《續資治通鑑長編》，第9冊第5293頁。

[2] 李燾撰，上海師範大學古籍整理研究所、華東師範大學古籍整理研究所點校《續資治通鑑長編》，第9冊第5296頁。

夕。適覽奏函之苡，又將使袞之還。"（第153頁）按，富弼熙寧二年十月三日罷昭文相，爲武寧軍節度使、同平章事、判河南府，八日貼麻改判亳州。《長編》卷二二三載熙寧四年五月辛亥，"先是，判亳州富弼四上章乞解使相，不許，又乞給假就西京養疾，未報。會青苗獄起，弼因不敢言，及朝廷有案後收坐指揮，弼知免劾，乃復乞養疾西京。是日詔與弼假"。卷二二〇載熙寧四年二月辛酉，"詔江、淮發運司遣官劾亳州屬縣官吏阻遏願請青苗錢人戶事狀，及令轉運、提刑司體量逐縣不被訴災傷因依以聞。其災傷戶雖不檢放，其未納稅賦權與倚閣。管勾淮南路常平等事、著作佐郎趙濟言：'富弼以大臣廢格新法，法行當自貴近始，若置而不問，無以令天下矣！'故有是命"[1]。辛亥爲二十七日，辛酉爲五日。此即所謂"青苗獄"。由"去雖逾於歲年"一句來看，此文當作於熙寧三年。

草《撫問觀文殿學士判太原府呂公弼口宣》。

本集卷三二有《撫問觀文殿學士判太原府呂公弼口宣》，云："卿輟於機務，殿彼方隅。載惟疆事之廛，無爽時休之輔。"（第226頁）呂公弼熙寧三年七月四日壬辰罷樞密使，爲吏部侍郎、觀文殿學士、知太原府，四年七月二十一日甲辰徙知鄭州。[2]體會文意，此文當作於熙寧三年秋冬間。

爲唐介作墓誌銘，有《推忠佐理功臣正奉大夫行給事中參知政事上護軍魯國郡開國公食邑二千三百户食實封四百户賜紫金魚袋贈禮部尚書謚質肅唐公墓誌銘》。

本集卷五七有《推忠佐理功臣正奉大夫行給事中參知政事上護軍魯國郡開國公食邑二千三百户食實封四百户賜紫金魚袋贈禮部尚書謚質肅唐公墓誌銘》，云："熙寧元年正月，制以權三司使、給事中唐公爲參知政事。明年三月，遽寢疾不朝，上遣太醫日夜視公疾。四月乙未（巳），幸其第臨問，公寢劇不能言。上泫然出涕曰：'能復爲朕起乎？'明日公薨，乘輿復臨奠，哭之慟，廢朝二日，贈禮部尚書。……四年二月辛酉，葬江陵龍山之東原。

[1]李燾撰，上海師範大學古籍整理研究所、華東師範大學古籍整理研究所點校《續資治通鑑長編》，第9冊第5437、5341頁。
[2]參李燾撰，上海師範大學古籍整理研究所、華東師範大學古籍整理研究所點校《續資治通鑑長編》卷二一三、卷二二五，第9冊第5166、5490頁。

前此，其孤以余職在太史，使人來京師求銘以納其墓中。且余觀公之所以進、所以黜，其節皆有足以動後人，故爲序而銘之。"（第422頁）乙巳爲九日，辛酉爲五日。據"余職在太史"云云，知此文當作於熙寧三年十二月十一日王珪拜參知政事之前，姑繫於此。

約於是年，始與鄧忠臣交往。

《長編》卷四六四元祐六年（1091）八月己亥記右僕射劉摯言：鄧"忠臣，長沙人，王珪門客，及第後，因緣入館，丁憂去。服除，再入秘書爲正字，爲言者所攻，去，通判瀛州。還，差注《晉書》，校對黃本。忠臣有學問，能文，長於雜記。頃嘗注杜詩，久留心晉史，故使注之"[1]。本年王珪權知貢舉，鄧忠臣於是年登進士第，其成爲王珪門客當在是年以前，姑繫於此。按，鄧忠臣（生卒年不詳），字慎思，自號玉池先生，潭州長沙（今屬湖南）人，一作潭州湘陰（今屬湖南）人，熙寧三年進士，官至考功郎，陸心源《宋史翼》卷二六有傳，《全宋詩》卷八七七録其詩一卷，《全宋文》卷一六六三收其文四篇。

援引黎錞甚力。

呂陶《朝議大夫黎公墓誌》云："渠江黎希聲，專經而信道，常謂《春秋》緣舊史之文，假聖師之筆，行王者之事，其文坦易，其法簡嚴，思之不必太深，求之不必太過，則有得。乃探索蘊奧，敷暢厥旨，著《春秋經解》十卷，大率以經爲主，不泊於異家曲説之紛紜，傳諸士林，信之深，從之衆。熙寧初，丞相韓魏公上其書於朝，謂可置文館，翰林王禹玉輩援之甚力。會貢舉更制，《春秋》不爲科，議乃寢，公亦浩然有歸意，遂老於蜀。"[2]韓琦治平四年（1067）九月二十六日罷相，其上黎錞之書於朝當在此之前。"貢舉更制"云云，指熙寧四年二月丁巳朔詔罷明經、諸科，進士罷詩賦、帖經、墨義，以經義、論、策試進士。[3]則王珪等援引黎錞當在治平四年至熙寧三年間，姑繫於此。按，黎錞（1015—1093），字希聲，廣

[1] 李燾撰，上海師範大學古籍整理研究所、華東師範大學古籍整理研究所點校《續資治通鑑長編》，第18冊第11079頁。

[2] 呂陶《淨德集》卷二二，景印文淵閣《四庫全書》，第1098冊第184~185頁。

[3] 參李燾撰，上海師範大學古籍整理研究所、華東師範大學古籍整理研究所點校《續資治通鑑長編》卷二二〇，第9冊第5334頁。

安（今屬四川）人，慶曆六年（1046）進士，官終知簡州，元祐八年卒，年
七十九，陸心源《宋史翼》卷二三有傳，生平事迹見呂陶《淨德集》卷二二
《朝議大夫黎君墓誌銘》，《全宋文》卷一〇四三收其文一篇。

爲陳之奇作墓誌銘。

范成大《吳郡志》卷二五《人物》云："陳之奇，字虞卿。……王岐公
聞其喪……乃爲誌其墓，而題曰：太常博士致仕陳君子之墓云。"[1] 龔明之
《中吳紀聞》卷一《陳君子》、《嘉定鎮江志》卷一七《丹徒縣令》亦載王珪
作陳之奇墓誌銘事。陳之奇約卒於熙寧三年前後，姑繫於此。陳之奇墓誌銘
今已不存。

有《送陸子履修撰出守澶淵》詩。

本集卷四有《送陸子履修撰出守澶淵》，云："金門學士富才華，又擁雙
旌照水涯。海日三竿隨放仗，春風五馬去如花。帳兵夜握龍泉濕，舞女朝垂
錦帶斜。君看有唐賢太守，風流常是屬詩家。"題下注："前守滑臺"（第24
頁）。"滑臺"即滑州。《宋史》卷八五《地理志一·京西北路·滑州》云：
"熙寧五年，廢州，縣並隸開封府。元豐四年，復舊，縣復來隸。"[2] 考陸經
治平四年（1067）五月尚在知潁州任[3]，熙寧四年五月二十二日丙午以集賢
校理、假知制誥充高麗使館伴，五年四月六日乙卯以刑部員外郎、集賢校
理同判太常寺[4]，八年已在知河中府任[5]，十年正月二十五日丙子爲集賢殿修
撰，再任知河中府[6]，元豐元年（1078）召還京師，知審官東西院，旋卒。[7]
可知陸經知滑州、澶州當在熙寧元年至三年間。《宋會要》職官五七之三九

---

[1] 范成大撰，陸振岳點校《吳郡志》，第374~375頁。
[2] 脱脱等《宋史》，第7冊第2116頁。
[3] 參歐陽修《居士集》卷四〇《仁宗御飛白記》，《歐陽修詩文集校箋》，第1041頁。
[4] 參李燾撰，上海師範大學古籍整理研究所、華東師範大學古籍整理研究所點校《續資治通鑑長
編》卷二二三、卷二三二，第9冊第5432頁、第5630頁。
[5] 《千唐誌齋藏誌》收錄陸經作《宋故朝奉郎守太子中舍騎都尉賜緋魚袋張君墓誌銘並序》，作於熙
寧八年，署名"朝散大夫、行尚書兵部員外郎、直史館、知河中軍府兼管內勸農事、兼提舉解州
慶成軍兵馬巡檢公事、輕車都尉、賜紫金魚袋陸經撰"（河南省文物研究所、河南省洛陽地區文管
處編《千唐誌齋藏誌》，第1280頁）；《宋史》卷九五《河渠志五》載熙寧八年"八月，知河中府
陸經奏"事（脱脱等《宋史》，第7冊第2372頁）。
[6] 參李燾撰，上海師範大學古籍整理研究所、華東師範大學古籍整理研究所點校《續資治通鑑長
編》卷二八〇，第11冊第6854頁。
[7] 參劉德清《陸經詩文酬唱及其對宋代文學的貢獻》，《江西社會科學》2007年第1期。

云：熙寧元年“五月九日，以龍圖閣直學士、工部郎中、知滑州王獵守工部侍郎致仕，從其請也”[1]。陸經當是代王獵知滑州，其出守澶州很可能是在熙寧三年春，姑繫於此。

有《集英殿秋燕教坊樂語》。

本集卷一七有《集英殿秋燕教坊樂語》，其中《小兒致語》有“恭惟皇帝陛下紹五聖之閎休”句（第 121 頁），可知此次大宴當在神宗朝。王珪熙寧三年十二月十一日拜參知政事，而神宗治平四年（1067）、熙寧元年尚在爲英宗守喪期間，不太可能舉行春秋大宴，至少不會在春秋大宴上舉行歌舞表演，則此文當作於熙寧二年或三年秋，姑繫於此。有學者認爲本集卷一七所收三篇教坊樂語必作於熙寧九年至元豐八年（1085）之間[2]，所考失當，這三篇教坊樂語均作於熙寧三年以前。

草《賜夏國主生日禮物詔四道》其四

此文當作於熙寧元年至三年間某年冬，姑繫於此。參治平四年譜。

草《賜樞密使文彥博生日禮物詔三道》其二、其三及《賜樞密使文彥博生日禮物口宣》。

本集卷一八有《賜樞密使文彥博生日禮物詔三道》，卷二九有《賜樞密使文彥博生日禮物口宣》。文彥博治平二年（1065）七月二十二日拜樞密使，熙寧六年四月二十六日罷，其生日在十月，而王珪熙寧三年十二月十一日拜參知政事。前已考出《賜樞密使文彥博生日禮物詔三道》其一作於治平二年十月，則其二、其三當作於治平三年至熙寧三年間某兩年之十月，《賜樞密使文彥博生日禮物口宣》當作於治平二年至熙寧三年間某年十月，姑繫於此。

草《賜夏國主中冬時服詔四道》。

本集卷一九有《賜夏國主中冬時服詔四道》，此四文當作於熙寧三年十二月十一日王珪拜參知政事之前，姑繫於此。按，胡玉冰繫此四文於元豐二年（1079）正月[3]，當誤。

---

[1] 劉琳等校點《宋會要輯稿》，第 8 冊第 4579 頁。
[2] 參張春義《〈宋史·樂志〉大宴儀繫年考辨》，《史學集刊》2002 年第 3 期。
[3] 參周春著，胡玉冰校補《西夏書校補》，第 2 冊第 810 頁。

草《賜天章閣待制權知審刑院孫固斷絕獎諭詔》。

　　《宋史》卷三四一《孫固傳》云："治平中，神宗爲潁王，以固侍講；及爲皇太子，又爲侍讀。至即位，擢工部郎中、天章閣待制、知通進銀臺司。种諤取綏州，固知神宗志欲經略西夏，欲先事以戒，即上言：'待遠人宜示之信，今無名舉兵，非計之得。願以漢韓安國、魏相、唐魏徵論兵之略，參校同異，則是非炳然矣。兵，凶器也，動不可妄，妄動將有悔。'大臣惡其説，出知澶州。遷知審刑院，復領銀臺、封駮兼侍讀，判少府監。……及安石當國，更法度，固數議事不合；青苗法出，又極陳其不便。及韓琦疏至，神宗感動，謂固曰：'朕熟計之，誠不便。'固出語執政曰：'及上有意，宜亟圖之，以福天下。'既而竟從安石。固復領銀臺司。"[1]神宗治平四年（1067）正月八日即位；"种諤取綏州"指治平四年十月种諤誘降西夏嵬名山，築城於綏州[2]；王安石熙寧二年二月三日拜參知政事[3]，三年十二月十一日拜國史相；青苗法正式推出在熙寧二年九月四日；韓琦上疏論青苗法在熙寧三年二月壬戌朔[4]；孫固熙寧三年五月六日乙未復知通進銀臺司，四年七月八日辛卯罷知審刑院。[5]綜合各條資料，可以推測出孫固出知澶州當在治平四年冬，遷知審刑院當在熙寧元年。本集卷二〇有《賜天章閣待制權知審刑院孫固斷絕獎諭詔》，此文當作於熙寧三年十二月十一日王珪拜參知政事之前，姑繫於此。按，李之亮認爲孫固熙寧四年至七年知澶州[6]，當誤。

草《賜光禄卿知濟州楊申訓兵有法獎諭詔》。

　　本集卷二〇有《賜光禄卿知濟州楊申訓兵有法獎諭詔》。《隆慶臨江府志》卷一二《人物列傳》云："楊申字宣卿，新喻人。天聖二年進士乙科。上饒丞，入爲太常少卿，遷光禄卿。正色立朝。與王安石論新法不合，出知濟州，多善政。監司皆新進，申以舊人，不欲治朱墨於其間，力乞閑，以中

［1］脱脱等《宋史》，第31冊第10874~10875頁。

［2］參黄以周等輯注，顧吉辰點校《續資治通鑑長編拾補》卷一，第1冊第68頁。

［3］參劉成國《王安石年譜長編》，第3冊第840頁。

［4］參黄以周等輯注，顧吉辰點校《續資治通鑑長編拾補》卷七，第1冊第300~304頁。

［5］參李燾撰，上海師範大學古籍整理研究所、華東師範大學古籍整理研究所點校《續資治通鑑長編》卷二一一、卷二二五，第9冊第5121、5475頁。

［6］參李之亮《宋河北河東大郡守臣易替考》，第40頁。

散大夫致仕。家於郡城，呂大防表所居爲耆德坊。"[1] 王安石熙寧二年二月三日拜參知政事，開始實行新法。可知楊申出知濟州當在熙寧二年，此文當作於熙寧三年十二月十一日王珪拜參知政事之前，姑繫於此。按，李之亮認爲楊申治平二年（1065）至熙寧元年知濟州[2]，當誤。

草《賜使相曹佾生日禮物詔四道》《賜使相曹佾生日禮物口宣二道》。

本集卷二一有《賜使相曹佾生日禮物詔四道》，卷二九有《賜使相曹佾生日禮物口宣二道》。《賜使相曹佾生日禮物詔四道》其四有"高門積厚，季夏紀生"（第 155 頁）句，可知曹佾生日在六月。曹佾治平元年（1064）五月二十一日拜使相，此後直至元豐三年（1080）九月二十七日丙戌進封濟陽郡王，均爲使相[3]，而王珪熙寧三年十二月拜參知政事。則此六文當作於治平元年至熙寧三年間，姑繫於此。

草《賜判延州郭逵乞京西一郡不允詔》。

本集卷二二有《賜判延州郭逵乞京西一郡不允詔》，云："卿守在要防，居有重望。恩信足以懷士卒，威略足以動羌夷。正仗折衝之圖，遽陳厭劇之請。矧敵情之難度，方邊備之益修。尚輯乃勞，用安予倚。"（第 164 頁）郭逵治平四年（1067）冬判延州，熙寧三年八月戊午朔加檢校太尉、雄武軍留後，令再任[4]，十一月二十八日詔赴闕。則此文當作於熙寧元年至三年間，姑繫於此。

草《賜兵部員外郎知制誥知江寧府錢公輔待罪特放詔》。

《宋史》卷三二一《錢公輔傳》云："王安石雅與之善，既得志，排異己者，出滕甫鄆州。公輔數於帝前言甫不當去。薛向更鹽法，安石主其議，而公輔謂向當黜，遂拂安石意，罷諫職，旋出知江寧府。明年，帝欲召還，安石言其助小人爲異議，不宜在左右，但徙揚州。"[5]《長編拾補》卷四、《宋

---

[1] 劉松纂《臨江府志》，《天一閣藏明代方志選刊》，上海古籍書店 1962 年影印本。

[2] 參李之亮《北宋京師及東西路大郡守臣考》，第 423 頁。

[3] 參李燾撰，上海師範大學古籍整理研究所、華東師範大學古籍整理研究所點校《續資治通鑑長編》卷三〇八，第 12 冊第 7488 頁。

[4] 參李燾撰，上海師範大學古籍整理研究所、華東師範大學古籍整理研究所點校《續資治通鑑長編》卷二一四，第 9 冊第 5193 頁。

[5] 脱脱等《宋史》，第 30 冊第 10422 頁。

史》卷一四《神宗本紀一》均載錢公輔熙寧二年五月癸未出知江寧府，癸未
爲十八日，而《景定建康志》卷一三《建康表九》載熙寧二年“八月二十六
日，以尚書兵部員外郎、知制誥錢公輔知府事”，四年，“公輔移知揚州。六
月八日，以尚書工部郎中、充集賢殿修撰沈起知府事”[1]。蓋錢公輔熙寧二年
八月二十六日始到知江寧府任，四年初移知揚州。《宋宰輔編年録》卷七引
《丁未録》謂錢公輔自知制誥出知鎮江府[2]，當有誤。本集卷二三有《賜兵部
員外郎知制誥知江寧府錢公輔待罪特放詔》，此文當作於熙寧二、三年間，
姑繫於此。

草《賜宰臣曾公亮生日禮物詔》《賜宰臣曾公亮生日禮物口宣二道》。

　　本集卷二三有《賜宰臣曾公亮生日禮物詔》，卷三二有《賜宰臣曾公亮
生日禮物口宣二道》。其一云：“屬仲陽之紀律，載左户之垂弧。”（第167
頁）《賜宰臣曾公亮生日禮物口宣二道》其二云：“時維仲春，日在營室。紀
天穌之茂節，生邦輔之粹臣。”（第229頁）可知曾公亮生日在二月。曾公亮
爲相在嘉祐六年（1061）閏八月二十日至熙寧三年九月十三日之間。則此三
文當作於嘉祐七年至熙寧三年間，姑繫於此。

草《賜參知政事王安石生日禮物詔》。

　　本集卷二三有《賜參知政事王安石生日禮物詔》。王安石熙寧二年二月
三日拜參知政事，三年十二月十一日拜國史相，其生日在十一月十三日。[3]
則此文當作於熙寧二年或三年十一月，姑繫於此。按，劉成國繫此文於熙寧
二年十一月[4]，但未舉證。

草《皇帝賀大遼皇帝正旦書》《皇帝謹賀大遼皇太后正旦書》《回大遼賀同
天節書》《回大遼皇太后賀同天節書》《恩州賜大遼皇太后賀正旦人使茶藥
口宣》《雄州撫問大遼皇帝賀正旦人使口宣》《恩州賜大遼皇帝賀正旦人使
茶藥口宣》《都亭驛賜大遼皇帝賀正旦人使銀鈔鑼等口宣》《都亭驛賜大遼
兩番賀正旦人使酒果口宣》《班荆館賜大遼皇帝賀正旦人使到關酒果口宣》

[1] 周應合撰，王曉波等點校《景定建康志》，《宋元珍稀地方志叢刊》甲編，第1冊第561、562頁。
[2] 參徐自明撰，王瑞來校補《宋宰輔編年録校補》，第2冊第403頁。
[3] 參劉成國《王安石年譜長編》，第1冊第56頁。
[4] 參劉成國《王安石年譜長編》，第3冊第954頁。

《賜大遼兩番賀正旦人使生餼口宣》《都亭驛賜大遼皇帝賀同天節人使銀鈔鑼等口宣》《賜大遼兩番賀同天節人使生餼口宣》。

本集卷二四有《皇帝賀大遼皇帝正旦書》，卷二五有《皇帝謹賀大遼皇太后正旦書》《回大遼賀同天節書》《回大遼皇太后賀同天節書》，卷三一有《恩州賜大遼皇太后賀正旦人使茶藥口宣》，卷三二有《雄州撫問大遼皇帝賀正旦人使口宣》《恩州賜大遼皇帝賀正旦人使茶藥口宣》《都亭驛賜大遼皇帝賀正旦人使銀鈔鑼等口宣》《都亭驛賜大遼兩番賀正旦人使酒果口宣》《班荊館賜大遼皇帝賀正旦人使到關酒果口宣》《賜大遼兩番賀正旦人使生餼口宣》《都亭驛賜大遼皇帝賀同天節人使銀鈔鑼等口宣》《賜大遼兩番賀同天節人使生餼口宣》。前四文又見《宋大詔令集》卷二三〇，其中第三、第四文題首多“皇帝”二字。第一文云：“正月一日，姪大宋皇帝謹致書於叔大遼聖文神武全功大略聰仁睿孝天祐皇帝闕下。”（第178頁）第二文云：“正月一日，姪孫大宋皇帝致書於叔祖母大遼慈懿仁和文惠純孝顯聖昭德廣愛宗天皇太后闕下。”（第180頁）第三文云：“四月一日，姪大宋皇帝謹致書於叔大遼聖文神武全功大略聰仁睿孝天祐皇帝闕下。”第四文云：“四月一日，姪孫大宋皇帝致書於叔祖母大遼慈懿仁和文惠純孝顯聖昭德廣愛宗天皇太后闕下。”（第184頁）第五文云：“適冒隆冬，宜推優錫。”（第223頁）“四月一日”，《宋大詔令集》作“四月日”。治平三年（1066）正月十八日，契丹改國號爲大遼，故此“大遼皇帝”指遼道宗，“大遼皇太后”指遼興宗皇后蕭撻里。遼道宗與宋神宗相當於叔姪關係。同天節爲神宗誕節，在四月十日，治平四年二月十一日建節。則第一、第二文當作於治平四年至熙寧三年間某年之八月或九月，第三、第四、第十二、第十三文當作於熙寧元年至三年間某年之四月，第五至第十一文當作於治平三年至熙寧三年間某年之十二月或治平四年至熙寧三年間某年之正月，姑繫於此。

草《撫問判大名府韓琦口宣》。

本集卷三二有《撫問判大名府韓琦口宣》，云：“適履隆寒，無虧冲守。”（第226頁）韓琦熙寧元年十二月二十七日由判相州改判大名府，六年二月二十八日復徙判相州，而王珪熙寧三年十二月十一日拜參知政事。則此文當作於熙寧二年或三年冬，姑繫於此。

草《賜皇伯虢國公宗諤生日禮物口宣》。

　　本集卷三二有《賜皇伯虢國公宗諤生日禮物口宣》，云："卿望重宗藩，榮聯宰鉉。屬恢台之首序，紀誕育之多祥。"（第228頁）可知趙宗諤生日在四月，此文作於其爲使相期間。趙宗諤爲神宗伯父，嘉祐四年（1059）十一月二十四日乙卯封虢國公[1]，治平四年（1067）正月十九日拜使相，熙寧元年八月二十六日罷同中書門下平章事，二年十月二十五日復拜同中書門下平章事，元豐元年（1078）四月二十二日乙丑進封豫章郡王。[2]王珪熙寧三年十二月十一日拜參知政事。則此文當作於治平四年、熙寧元年或三年中某年之四月，姑繫於此。

草《賜皇伯使相宗樸生日禮物口宣》。

　　本集卷三二有《賜皇伯使相宗樸生日禮物口宣》，云："月旅嘉平，日臨上浹。載紀生於英戚，實表德於皇支。"（第228頁）"嘉平"爲臘月之別稱，"上浹"乃上旬之意，可知趙宗樸生日當在十二月上旬。《宋會要》帝系四之二七云：熙寧六年"十一月十九日，大宗正司言：'宗樸生日，合賜禮物，乞依例者。舊制，宗室使相生日禮賜，客省請降宣，差官押賜。'詔令本司諭宗室，自今不須自陳"[3]。此亦可證其生日確在十二月。《宋大詔令集》卷四二有《宗樸除使相制》，題下注"治平四年五月庚子"[4]。此文又見鄭獬《郧溪集》卷二，題作《皇伯彰德軍節度使濮國公宗樸可檢校左僕射同中書門下平章事充彰德軍節度使濮國公制》。可知趙宗樸拜使相在治平四年（1067）五月二十三日庚子。王珪熙寧三年十二月十一日拜參知政事。則此文當作於治平四年至熙寧三年間某年之十二月，姑繫於此。

---

[1] 參李燾撰，上海師範大學古籍整理研究所、華東師範大學古籍整理研究所點校《續資治通鑑長編》卷一九〇，第8冊第4599頁。
[2] 參李燾撰，上海師範大學古籍整理研究所、華東師範大學古籍整理研究所點校《續資治通鑑長編》卷二八九，第12冊第7069頁。
[3] 劉琳等校點《宋會要輯稿》，第1冊第114頁。
[4] 司義祖整理《宋大詔令集》，第223頁。

神宗熙寧四年辛亥（1071），五十三歲

在汴京。爲參知政事。有詩二首、文二篇。

二月，以曾布每事白王安石即行之，爲楊繪劾以爲政苟且。

《長編》卷二二〇云：熙寧四年二月“甲子，太子中允、集賢校理、直舍人院、檢正中書户房公事曾布檢正五房公事。布每事白王安石即行之。或謂布當白兩參政，指馮京及王珪也。布曰：‘丞相已議定，何問彼爲！俟敕出令押字耳！’御史中丞楊繪言：‘近者進奏院班下四方及流内銓榜示條貫，其首但云據某房檢正官申具，其末又云進呈奉聖旨依檢正官所定，首末並以檢正官爲文。若不曾經中書、門下，殊失朝廷號令之體。’又言：‘臣常論朝廷號令之體不當首末止作檢正官名目，尋聞先已改更，只作諸房者。臣竊疑猶未當理。夫奉聖旨指揮頒下者，即朝廷之政令，諸房乃胥吏之曹名，今作檢正官名目尚謂失體，況止作某房名目，則天下之人豈不訝其所出乎！況已經中書、門下參定，則可只作中書、門下，何必須曰某房哉！臣又聞諸房檢正官每有定奪文字，未申上聞，並只獨就宰臣王安石一處商量稟覆，即便逕作文字申上，其馮京等只是據已做成申上者文字簽押施行。臣竊謂國家並建輔弼，不惟凡事欲集長以詳處其當，亦欲防權柄事歸於一門也。今檢正官等皆朝廷選用之人，不識體如此，是致外議譁然，咸謂雖塗注亦有只是宰臣王安石與都檢正官曾布商議，而參知政事馮京、王珪或有不先預聞者。臣亦料此説非實，然安得家至户到而曉之乎？伏乞陛下特賜誡勵檢正官等，每有定奪文字，須是遍行稟復；並指揮馮京、王珪等，令各振其職，無苟且焉。’”注云：“布三年九月十五日爲户房檢正，五月三日詳定編敕，其直舍人院在此月五日。”[1] 甲子爲八日。司馬光《温公瑣語》引蘇兖語云：“曾布字子宣，鞏之弟也。呂惠卿遭父憂，介甫未知心腹所託可與謀事者。布時以著作佐郎編敕，巧黠，善迎合介甫意，介甫悦之，數日間除中允、館職、判司農寺。告謝之日，抱詰敕五六通。曾布爲都檢正，事已白介甫者，即行文書。時馮

---

[1] 李燾撰，上海師範大學古籍整理研究所、華東師範大學古籍整理研究所點校《續資治通鑑長編》，第 9 冊第 5346～5347 頁。

當世、王禹玉並參知政事，或曰：'當更白二參。'布曰：'丞相已有處分，何問彼爲？敕出，令署字耳。'"[1]邵伯温《邵氏聞見録》卷一三所記略同《温公瑣語》。

按，關於王珪、馮京所謂"爲政苟且"之原因，余英時有過確切之分析："從熙寧二年行'新法'以來，權力中心完全隨着安石個人的職位而移動：他任參知政事，曾公亮、陳升之並相，位同虚設；升之略與立異，建議三司條例司並歸中書，忤安石，終於惶恐去位。""及王安石獨相，大權又全入宰相之手，參知政事馮京、王珪兩人反而只有'押字'的份了。這種特殊的權力動態只能有一個解釋，即神宗對王安石的絶對支持。所以不但神宗與安石'如一人'，而且在某一意義上説，君權與相權也暫時合而爲一了。"[2]

三月二十二日，聽神宗與王安石論保甲事。

《長編》卷二二一載熙寧四年三月丁未，"上與王安石論保甲事，以爲誠有斬指者，中官歷十三縣探麥苗問得如此，然百姓亦多會得見。……安石曰：'今保甲固疑有斷指以避丁者。然臣召八鄉人問保甲事，皆以爲便。則合衆赤論之，固知其便。設有斬指者，非衆情皆然也。今所以爲保甲，足以除盗，然非特除盗也，固可漸習其爲兵。既人人能射，又爲旗鼓變其耳目，漸與約免税，上番代巡檢下兵士，又令都副保正能捕賊者獎之，或使爲官，則人競勸，然後使與募兵相參，則可以消募兵驕志，省養兵財費，事漸可以復古。此宗廟長久計，非小事也。但要明斷，不爲浮議所奪而已。趙子幾能得府界民情，可久任，付以此事必有成。今保户已願免體量草，養馬事固已有緒。'上大説，曰：'此極好事，然且緩而密。'安石曰：'日力可惜。'上曰：'然亦不可遽，恐却沮事。'安石曰：'此事自不敢不密，今日獨王珪在此，必不漏此言，所以敢具陳。'"[3]丁未爲二十二日。

四月，與神宗議常秩除官。

《長編》卷二二二云：熙寧四年四月"甲戌，試將作監主簿常秩爲右正

[1] 司馬光撰，鄧廣銘、張希清點校《涑水記聞》附録三，第385~386頁。
[2] 余英時《朱熹的歷史世界——宋代士大夫政治文化的研究》，生活·讀書·新知三聯書店2004年版，第239頁。
[3] 李燾撰，上海師範大學古籍整理研究所、華東師範大學古籍整理研究所點校《續資治通鑑長編》，第9册第5391~5392頁。

言、直集賢院、管勾國子監。初，秩不肯仕宦，世以爲必退者也。及王安石更定法令，士大夫沸騰，以爲不便。秩在間閻，見所下詔書，獨以爲是。……初議除秩官，王珪曰：'可太子中允。'上曰：'待此等人當適理分之宜。'乃有是命"[1]。甲戌爲十九日。王珪與神宗議常秩除官當在四月十九日之前。

六月一日，奉命爲明堂大禮橋道頓遞使。

《長編》卷二二四云：熙寧四年六月"甲寅朔，宰臣王安石爲明堂大禮使，樞密使文彥博爲禮儀使，參知政事馮京爲儀仗使，樞密副使吳充爲鹵簿使，參知政事王珪爲橋道頓遞使"[2]。按，《長編》卷二二六云：熙寧四年九月"戊子，齋於文德殿。己丑，薦享景靈宮，齋於太廟。庚寅，朝饗八室，齋於文德殿。辛卯，大饗明堂，以英宗配。御宣德門大赦天下，本朝嘗任中書、樞密院官及節度使、勳臣之家，後嗣無人食祿者，量材録用；無子孫者，録有服弟姪"[3]。戊子、己丑、庚寅、辛卯分別爲七日、八日、九日、十日。

六月十一日，有《乞罷勘箭劄子》。

《長編》卷二二四載熙寧四年六月甲子，"參知政事王珪言：'臣前爲南郊禮儀使，竊見乘輿所過必勘箭，然後出入，此蓋天子師行故事，大駕既動，禮無不備。及入景靈宮太廟門，恐不當行勘箭之禮，請下禮官考詳。'詔禮院詳定以聞。於是禮院言：'皇帝親行大祠，所過宣德門、景靈宮太廟門，出入勘箭；南薰門入則勘、出則否；至於文德殿門并親郊出入朱雀門，則勘契。考詳勘契之制，即唐交魚符、開閉符之比，用之車駕所過宮殿城門，所以嚴至尊備非常也。惟勘箭不見所起之因，當是師行所用，施於宮廟，似非所宜，誠可廢罷。其宮殿城門并太廟車駕齋宿，請並勘契。至於景靈宮，止少留薦享，亦乞不用勘契。'從之"[4]。甲子爲十一日。所引王珪奏

[1] 李燾撰，上海師範大學古籍整理研究所、華東師範大學古籍整理研究所點校《續資治通鑑長編》，第9冊第5407頁。

[2] 李燾撰，上海師範大學古籍整理研究所、華東師範大學古籍整理研究所點校《續資治通鑑長編》，第9冊第5439頁。

[3] 李燾撰，上海師範大學古籍整理研究所、華東師範大學古籍整理研究所點校《續資治通鑑長編》，第9冊第5512頁。

[4] 李燾撰，上海師範大學古籍整理研究所、華東師範大學古籍整理研究所點校《續資治通鑑長編》，第9冊第5450頁。

疏見本集卷八《乞罷勘箭劄子》。

是月，言歐陽修若去位，衆必藉以爲説。

《長編》卷二二四云：熙寧四年六月“甲子，觀文殿學士、兵部尚書、知蔡州歐陽修爲太子少師、觀文殿學士致仕。修以老病數上章乞骸骨，馮京固請留之，上不許。王安石曰：‘修附麗韓琦，以琦爲社稷臣，尤惡綱紀立、風俗變。’上曰：‘修爲言事官，獨能言事。’安石曰：‘以其後日所爲，考其前日用心，則恐與近日言事官用心未有異。’王珪曰：‘修若去位，衆必藉以爲説。’上曰：‘罔違道以干百姓之譽，衆説何足恤？修頃知青州殊不佳。’安石曰：‘如此人，與一州則壞一州，留在朝廷則附流俗，壞朝廷，必令留之何所用？’上以爲然”[1]。甲子爲十一日。王珪等議歐陽修去位當在六月十一日之前。

以晁端禀作答歐陽修謝致仕啓。

朱弁《曲洧舊聞》卷五云：“晁端禀大受，少以《知人則百僚任職》爲開封府解頭。大受爲文敏而工，於王禹玉爲表姪。禹玉内集，酒數行而歐公《謝致仕啓事》至。禹玉發緘看，稱美不已，謂大受曰：‘須以一啓答之。此題目甚好，非九哥不能作也。’大受略不辭讓。酒罷，方啜茶，啓已成矣。禹玉驚其速，雖誇於坐人，而意終不樂。”[2]歐陽修熙寧四年六月十一日致仕，其《謝致仕啓事》達於王珪當在此日之後。所謂《謝致仕啓事》，當即歐陽修《表奏書啓四六集》卷七《致仕謝兩府書》。按，晁端禀（1045—1090），字大受，自號寂默居士，澶州清豐（今屬河南）人，晁仲衍之子、晁宗愨之孫，熙寧六年進士，官終知堯山縣，元祐五年卒，年四十六，生平事迹見晁補之《濟北晁先生鷄肋集》卷六三《寂默居士晁君墓表》，《全宋詩》卷九七八録其詩五首。

七月五日，以爲不當使楊繪、劉摯分析曾布《條奏役法疏》。

《長編》卷二二五載熙寧四年七月戊子，“檢正中書五房公事、同判司農寺曾布言：‘臣伏見言事官屢以近日所議差役新法不便，論議紛紜，上煩

[1]李燾撰，上海師範大學古籍整理研究所、華東師範大學古籍整理研究所點校《續資治通鑑長編》，第9冊第5449頁。
[2]李廌、朱弁、陳鵠撰，孔凡禮點校《師友談記 曲洧舊聞 西塘集耆舊續聞》，第147頁。

聖聽。臣承司農之乏，而又備官屬於中書，凡御史之言，臣所預見，考其所陳，皆失利害之實，非今日所以更張之意。雖陛下睿智聰明，洞照其說，然流聞四方，使任事者選懦觀望，不敢營職，而懷貳沮善之人將因此洶洶，轉相倡和，以疑天下之人矣。……’王安石以布所言進呈，上問如何？安石曰：‘欲劄與繪、摯，令繪、摯分析。’馮京、王珪以爲不當使分析，京又言繪、摯近日別無文字。上曰：‘令分析方是朝廷行遣。’京、珪曰：‘恐復紛紛不安。’上曰：‘待分析到更相度。’因言繪作富弼辭，乃更稱譽弼，殊不體朝廷意。”[1]戊子爲五日。《全宋文》卷一八三五據此收曾布奏疏，題作《條奏役法疏》。按，劉摯是時爲監察御史裏行。

七月十四日，爲劉摯劾以爲政依違自固。

《長編》卷二二五載熙寧四年七月丁酉，楊繪、劉摯上疏分析曾布《條奏役法疏》，劉摯彈劾王安石專權，言：“臣願陛下思祖宗基業之艱難，念天下生靈之危苦，少回幾慮，收還威柄，深恐異時專權肆志，將有陛下所不能堪者，則必至於虧失君臣之恩，是今日養之適所以害之也。若夫馮京、王珪，同列預政，皆依違自固，不扶顛危，雖心知其非而無所救正，已之進退又婡婀而不決，皆非所謂輔臣之體。”因觸怒王安石，“於是詔繪落翰林學士、御史中丞，爲翰林侍讀學士；摯落館閣校勘、監察御史裏行，監衡州鹽倉。後兩日以繪知鄭州”[2]。丁酉爲十四日。

十月七日，入居東府，預王安石位賜宴，有《依韻和張文裕龍圖賀執政入東西府詩》。

本集卷三有《依韻和張文裕龍圖賀執政入東西府詩》。《王荆文公詩箋注》卷二八有《張侍郎示東府新居詩因和酬二首》，文彥博《文潞公文集》卷五有《和致政侍郎張文裕二府詩》，韻脚與王珪詩相同，當爲同時之作。李壁注云：“國朝未建東、西府前，執政皆儌宅以居。有功並眷厚者，皆賜官宅。熙寧中，因一日急速文字不時進入，詰之，乃以執政居第散處四隅，

---

[1] 李燾撰，上海師範大學古籍整理研究所、華東師範大學古籍整理研究所點校《續資治通鑑長編》，第9冊第5469～5474頁。

[2] 李燾撰，上海師範大學古籍整理研究所、華東師範大學古籍整理研究所點校《續資治通鑑長編》，第9冊第5486、5488頁。

轉達稽留。神宗始有意建東、西府，遣中官度闕前舊八作司地爲之。既成，車駕因過周示，命刻擇官選時日，宣執政遷入，借官車輦，仍賜御筵。致仕張侍郎揆，有《賀兩府入東西府》詩曰：'五仙同日集蓬萊，玉宇珠簾次第開。乍向壺中窺日月，猶疑海上見樓臺。光生金鉉調元地，榮極璿樞命世才。共荷聖賢天地寵，定知霖雨及時來。'揆亦公所厚，故和其詩。東、西府，凡八位，其制度高下、大小、間架皆一。其後所居，或東或西，先拜者先占，不分官序也。初入，借官車般，遂爲定制，下府司差。自建二府，終神廟朝，執政無賜第者。"[1]《長編》卷二一五云：熙寧三年九月"癸丑，作東、西府以居執政官"。卷二二六載熙寧四年九月丁未，"先是，詔建東西二府各四位，東府第一位凡一百五十六間，餘各一百五十三間。東府命宰臣、參知政事居之；西府命樞密使、副使居。府成，上以是日臨幸。後十日，賜宴於王安石位。始遷也，三司副使、知雜御史以上皆預"[2]。注謂賜宴在十月丁巳。癸丑、丁未、丁巳分別爲二十六日、二十六日、六日。王安石《臨川先生文集》卷五七《遷入東府賜御筵謝表》云："伏奉差中使傳宣，今月七日辰時三刻遷入新府，并借宮軍就賜御筵者。"[3]可知丁巳乃賜宴詔下之日，御筵舉行實在十月七日。則張揆、王安石、文彥博、王珪等人唱和詩作當在十月七日。

　　葉夢得《石林詩話》卷中云："京師職事官，舊皆無公廨，雖宰相執政官，亦僦舍而居，每遇出省或有中批外奏急速文字，則省吏遍持於私第呈押，既稽緩，又多漏泄。元豐初，始建東西二府於右掖門之前，每府相對爲四位，俗謂之八位。裕陵幸尚書省回，嘗特臨幸，駐輦環視久之。時張侍郎文裕以詩慶宰執，元參政厚之和云：'黃閣勢連東鳳闕，紫樞光直右銀臺。'蓋東府與西閣角相近，西府正直右掖門。崇寧末，蔡魯公罷相，始賜第於梁門外；大觀初再入，因不復遷府居。自是相繼，何丞相伯通、鄭丞相達夫與今王丞相將明，皆賜第，援魯公例，皆於私第治事，而二府往往多虛位，或

[1]王安石著，李壁箋注，高克勤點校《王荊文公詩箋注》，第686頁。
[2]李燾撰，上海師範大學古籍整理研究所、華東師範大學古籍整理研究所點校《續資治通鑑長編》，第9冊第5247、5517頁。
[3]王水照主編《王安石全集》，第6冊第1075頁。

為書局官指射以置局，與元豐本意稍異也。"[1] 可知元絳亦有詩和張掞。葉夢得謂元豐初始建東、西二府，當屬誤記。按，張掞（995—1074），字文裕，齊州歷城（今屬山東濟南）人，張蘊之子、張掞之弟，登進士第，官至龍圖閣直學士、工部郎中，熙寧七年卒，年八十，《宋史》卷三三三有傳，《全宋詩》卷一七八錄其詩六首，《全宋文》卷四一三收其文一篇。張掞熙寧三年八月十三日庚午以户部侍郎致仕。[2]

有《又依韻和吳樞密上史館王相公西府偶成》。

本集卷三在《依韻和張文裕龍圖賀執政入東西府詩》後有《又依韻和吳樞密上史館王相公西府偶成》，前二聯云："潭潭相對府中居，見說論交二紀餘。喜賜御花新燕後，憶乘天馬並遊初。"題下自注云："冲卿昔與介甫同領郡牧。"（第16頁）《王荊文公詩箋注》卷二八有《和吳相公東府偶成》，韻腳與王珪詩相同，當為同時之作，其前二聯云："承華往歲幸躊躇，風月清談接緒餘。並轡趁朝今已老，連墻得屋喜如初。"李壁題下注云："吳時為樞密使。"[3]"吳樞密""吳相公"當指吳充。李德身《王安石詩文繫年》繫王安石詩於熙寧八年王安石復相後不久、吳充為樞密使時，童強則繫於熙寧九年王安石再次罷相、尚未返回金陵時[4]，均不確，二人蓋未注意到王珪這首同時之作。考吳充熙寧三年九月十四日拜樞密副使，八年四月十七日拜樞密使；王安石熙寧三年十二月十一日拜史館相，七年四月十九日罷相，出知江寧府，八年二月十一日再入為昭文相。[5]結合二王詩意，可知吳充與王珪、王安石唱和詩作當亦在熙寧四年十月七日宰執入居東西二府、參加王安石位賜宴之時。吳充原唱不存。王珪詩題中之"西府"乃就吳充宅所在而言，王安石詩題中之"東府"疑為後人妄改，因王安石當時居住於東府。沈家本《日南隨筆》卷五《潭潭》謂此詩作者為陳與義[6]，不詳何據。按，吳充

[1] 葉夢得撰，逯銘昕校注《石林詩話校注》，第147~148頁。
[2] 參李燾撰，上海師範大學古籍整理研究所、華東師範大學古籍整理研究所點校《續資治通鑑長編》卷二一四，第9冊第5202頁。
[3] 王安石著，李壁箋注，高克勤點校《王荊文公詩箋注》，第691頁。
[4] 參童強《王安石詩歌繫年補正》，莫礪鋒編《周勛初先生八十壽辰紀念文集》，中華書局2008年版，第370頁。
[5] 參劉成國《王安石年譜長編》，第5冊第1747、1775頁。
[6] 參沈家本著，沈厚鐸重校《日南隨筆》，商務印書館2017年版，第124頁。

（1021—1080），字沖卿，建州浦城（今屬福建）人，吳待問之子、吳育之弟，景祐五年（1038）進士，官至國史相，元豐三年卒，年六十，謚正憲，《宋史》卷三一二、《東都事略》卷六三有傳，生平事迹見杜大珪《名臣碑傳琬琰集》中集卷二七李清臣《吳正憲公充墓誌銘》，《全宋詩》卷五三四録其詩八首、殘句二聯，《全宋文》卷一六九七、卷一六九八收其文三十二篇。

是年，爲梁適作墓誌銘，有《梁莊肅公適墓誌銘》。

本集卷五八有《梁莊肅公適墓誌銘》，云："熙寧元年，天子親祠南郊，詔公入祠，公以疾不能至，上懷之不勝，賜襲衣金帶。明年十二月十八日，薨於鄆州遵化坊之里第，享年七十。……四年九月三日，葬須城縣登庸鄉執政里。"（第430頁）《宋史》卷二八五《梁適傳》謂梁適熙寧三年卒，不確。此文當作於熙寧四年九月三日之前，姑繫於此。按，梁適（1000—1069），字仲賢，鄆州須城（今山東東平）人，梁顥第三子，景祐元年（1034）進士，官至集賢相，熙寧二年卒，年七十，謚莊肅，《宋史》卷二八五、《東都事略》卷六六有傳，生平事迹見王珪《梁莊肅公適墓誌銘》，《全宋文》卷五九一收其文四篇。

神宗熙寧五年壬子（1072），五十四歲

在汴京。爲參知政事。有文一篇。

正月二十八日，薦楚建中代謝景温爲陝西都轉運使。

《長編》卷二二九云：熙寧五年正月"戊申，度支副使、兵部郎中楚建中爲天章閣待制、陝西都轉運使。王安石以謝景温害王韶事欲罷之。上問：'誰可代景温者？'王珪言：'建中可用。'上許之。安石因請與建中轉職，又言：'建中强幹，與蘇寀、榮諲不類。'故有是命。尋命景温知襄州，又改曹州"[1]。戊申爲二十八日。按，楚建中（1010—1090），字正叔，河南府洛陽（今屬河南）人，登進士第，官至天章閣待制、陝西都轉運使，元祐五

---

[1] 李燾撰，上海師範大學古籍整理研究所、華東師範大學古籍整理研究所點校《續資治通鑑長編》，第9冊第5581頁。

年卒，年八十一，《宋史》卷三三一有傳，《全宋詩》卷三六〇録其詩二首，《全宋文》卷九三一收其文二篇。

是月，聽王安石訴以疾病衰憊，但目前未敢告勞。

《長編》卷二二九載熙寧五年正月壬寅，"上批：'近中書畫旨施行事，止用申狀，或檢正官取索到文字，此事體不便，可檢會熙寧三年條約遵守。'……安石曰：'……如臣者又疾病，屢與馮京、王珪言，雖荷聖恩，然疾病衰憊，耗心力於簿書期會之故，已覺不逮，但目前未敢告勞。然恐終不能上副陛下責任之意。'"注云："上批見《御集》正月二十三日，《日録》録此段亦在正月二十三日。"[1] 壬寅爲二十二日。王安石與馮京、王珪言其疾病衰憊云云當在正月二十三日之前，姑繫於此。

問程昉何以與李若愚不相得。

《長編》卷二二九載熙寧五年正月丁酉，"侍御史知雜事鄧綰言：'内侍押班李若愚以勞績求官其子，違祖宗舊制，且内臣僥求亂法，不可長。'從之。若愚尋言於樞密院，乞解押班。文彦博云：'若愚恐有人欲傾奪其位者，故求罷。'王安石白上：'……不知若愚辭差遣何意？'上曰：'若愚言，爲廢前省奏人，故乞罷。'安石曰：'前省不奏人，干若愚何事？聞密院説恐有傾奪其位者。'上曰：'若愚爲與程昉不相得。'"癸卯，"安石曰：'……如李若愚言，恐程昉讒害，乞罷押班。臣與王珪竝曾問昉，皆言與若愚無隙。若其有隙，不知是何時有隙，如何今日乃始乞罷押班以避昉？'上曰：'若愚不爲程昉乞罷押班。'安石曰：'臣但見密院如此説。'上曰：'密院只是料其如此，昉不曾有此言。'安石曰：'不然，陛下何以知昉與若愚有隙？'上曰：'爲淤田司事異同，有文字。'"[2] 丁酉爲十七日，癸卯爲二十三日。

六月五日，言狄青尊尹洙。

《長編》卷二三四載熙寧五年六月癸丑，"上又論水洛城事，言歐陽修議狀極無理趣。安石曰：'尹洙主此議，洙實不曉事，妄作向背而有時名，

---

[1] 李燾撰，上海師範大學古籍整理研究所、華東師範大學古籍整理研究所點校《續資治通鑑長編》，第9冊第5572～5574、5575頁。

[2] 李燾撰，上海師範大學古籍整理研究所、華東師範大學古籍整理研究所點校《續資治通鑑長編》，第9冊第5569～5570、5575頁。

爲人所傾向，如此等人最害世事。'上曰：'韓琦亦非水洛事。'安石曰：'琦尤嚴重洙。'王珪言：'狄青亦尊洙。'安石曰：'青但以洙有時名，能毀譽人，可因以致名譽，取利祿，故推尊洙，非實以洙爲可宗師也。青所以獲譽於世又多爵祿者，洙亦有力也。'上以爲然"[1]。癸丑爲五日。

七月十七日，謂契丹大點集必無慮。

《長編》卷二三五云：熙寧五年七月"甲午，河東經略司言：'契丹大點集，云防托漢界，至召女真、渤海首領，自來點集未嘗如此。'上曰：'如何？'王安石曰：'此事惟須静以待之，内自修補，次及於邊。'王珪、馮京皆謂必無慮，安石曰：'無恃其不來，恃吾有以待之。吾今未有以待，彼亦不可忽也。'上曰：'卿昨言但使彼知戒懼，即非所宜，良是也。'"[2]甲午爲十七日。

是月，與神宗、王安石議黜李評。

《長編》卷二三五云：熙寧五年七月"戊戌，東上閤門使、樞密都承旨李評知保州，仍領榮州刺史，用罷都承旨恩例也。先是，評坐同天節不令殿前、馬、步軍司赴垂拱殿起居，及判刑部杜紘不告謝兼失申舉，爲中書劾奏，罷管勾閤門，送宣徽院取勘，及案具，罰銅六斤，評遂乞免閤門供職，上不許。王安石曰：'此乃評避中書點檢，承前詔意，恐中書推求其罪。緣臣董正百官，見左右近習有罪，豈得不案？陛下方尊寵倚信李評，臣當避位。'……上曰：'評固非忠良，又無遠識，今當與換何等差遣？'……王珪請與冀州，上曰：'評父老，與宮觀何如？'既而曰：'如此則又不離閤門。'珪曰：'罷都承旨，例亦合遷官。'上良久曰：'評以罪去官，豈當復遷？'乃令與保州，珪曰：'評若思過，更年歲間卻收用可也。'安石曰：'變詐小人若復親近，但有虧損聖德。若陛下果能覺悟，又安可復親近？然此事須陛下熟慮，若以臣故强勉斥逐，則臣更有放橫之嫌矣。'……上又問都承旨解職恩例。及進呈，有除大將軍、刺史者，上曰：'刺史太優。'詔評領榮州刺

[1] 李燾撰，上海師範大學古籍整理研究所、華東師範大學古籍整理研究所點校《續資治通鑑長編》，第10冊第5673頁。
[2] 李燾撰，上海師範大學古籍整理研究所、華東師範大學古籍整理研究所點校《續資治通鑑長編》，第10冊第5709頁。

史"[1]。戊戌爲二十一日。王珪與神宗、王安石議黜李評當在七月二十一日之前。按，李評（1032—1083），字持正，開封（今屬河南）人，李遵勖之孫、李端愿之子，以蔭入仕，官至東上閣門使、樞密都承旨，元豐六年卒，年五十二，《宋史》卷四六四有傳。李評深得神宗寵信，因批評新法，王安石必欲逐之。

與神宗、王安石、文彥博等議賞王韶。

《長編》卷二三五云：熙寧五年七月"丙午，右正言、直集賢院、管勾秦鳳路緣邊安撫司王韶爲集賢殿修撰。先是，上謂王安石曰：'高遵裕非首謀，近又退縮避事，官賞乃已過韶。'安石曰：'遵裕誠非首謀，能與韶不爲異而已，亦未至退縮避事。然韶功誠大，賞薄。'上令再議韶賞，王珪請與直龍圖閣，文彥博曰：'如此，則邊上便呼龍圖。'珪曰：'趙卨尚作龍圖。'上曰：'龍圖與直集賢院何所校？'欲與修撰，且曰：'沈起亦作修撰。'彥博曰：'邊人不知職名高下，但見呼龍圖即以爲尊。如唐時藩鎮言軍中只知尚書轉僕射。'上曰：'修撰要是勝直龍圖閣。'安石欲與史館，而故事史館不帶出，乃除集賢殿修撰，仍差入内供奉官、秦鳳路緣邊安撫司勾當公事李憲就賚誥敕往賜。時朝廷命修瑪勒寨，遵裕乞緩興工，故上以爲退縮避事也"[2]。丙午爲二十九日。王珪與神宗、王安石、文彥博等議賞王韶當在七月二十九日之前。

閏七月四日，與神宗、王安石議塞河。

《長編》卷二三六載熙寧五年閏七月辛亥，"上謂執政曰：'京東調修河夫甚不易，有壞産者，聞河北調急夫亦多。若河復決，即更無力可塞。河決不過占得一河之地，或西決，或東決，若利害無所校，隨其所趨，不塞如何？'王安石曰：'昨北流若不塞，即計夫功物料，修立堤埽，不減於修二股。而北流所占地至多，又水散漫，非久必復淤塞，自今年未閉第五埽時，已覺下流淤塞，即復有決處，此所以不可不修塞也。昨修二股河，所用夫功

---

[1] 李燾撰，上海師範大學古籍整理研究所、華東師範大學古籍整理研究所點校《續資治通鑑長編》，第 10 冊第 5712~5714 頁。

[2] 李燾撰，上海師範大學古籍整理研究所、華東師範大學古籍整理研究所點校《續資治通鑑長編》，第 10 冊第 5719 頁。

物料比北流所費不多，又出公私田土爲北流所占者極衆，向時潟鹵，今皆肥壤，河北自此必豐富如京東，其功利非細也。今年所發急夫，比去年數目極少，若更茸理堤防，漸成次第。即河北逐年所調夫必大減省。'王珪因白上：'漳、洛河人户數十人，經待漏謝朝廷與開河出美田三四百里。'安石曰：'漳河一淤凡數千頃。'又言：'程昉作浮梁於洺州之五橋已了當。'上悦"[1]。辛亥爲四日。

閏七月七日，與神宗、王安石、馮京等議懲責張利一。

《長編》卷二三六載熙寧五年閏七月甲寅，"王安石曰：'張利一生事，致北界騷動，宜懲責。'上以爲然。安石曰：'种診擅與西人文牒，尚降一官。'上曰：'環州不曾以文牒與西人往來，种診乃擅如此。'安石曰：'利一添差弓手，亦不依舊；嘗修驛，又致北界騷動。且與利一轉官再任，非藉其經略契丹，但要安帖無事。今致驚擾如此，其罪豈特种診之比？'王珪、馮京欲候此事帖息乃行遣，上曰：'亦不須。'京、珪以爲恐北界聞之，安石曰：'正欲北界聞知非我縱其如此，乃所以帖息邊事也。'"[2]甲寅爲七日。按，張利一治平二年（1065）六月二十一日己酉至熙寧五年閏七月十三日庚申知雄州。[3]

八月六日，與王安石、文彦博等議雄州繳進涿州牒。

《長編》卷二三七載熙寧五年八月壬午，"王安石白上曰：'雄州繳進涿州牒，牒語甚激切，皆由張利一牒涿州所言非理，故致彼如此。又利一非理侵侮北界事極多。'文彦博曰：'北人稱將禮物來白溝驛送納，元書内云交割，今輒云送納，邊臣自當理會。'安石曰：'當時但爲爭獻納字，今送納與交割亦何校？'王珪曰：'元書有納字。'安石曰：'既有納字，今送字又是平語，何理會之有？'彦博曰：'如此不理會，則必來移口鋪矣。'安石曰：'待

---

[1] 李燾撰，上海師範大學古籍整理研究所、華東師範大學古籍整理研究所點校《續資治通鑑長編》，第10冊第5729頁。

[2] 李燾撰，上海師範大學古籍整理研究所、華東師範大學古籍整理研究所點校《續資治通鑑長編》，第10冊第5730~5731頁。

[3] 參李燾撰，上海師範大學古籍整理研究所、華東師範大學古籍整理研究所點校《續資治通鑑長編》卷二〇五、卷二三六，第8冊第4968頁、第10冊第5739頁。

彼移口鋪，別理會。'彥博曰：'當先事理會。'"[1] 壬午爲六日。

八月二十六日，爲唐坰劾以奴事王安石，猶懼不可。

《長編》卷二三七載熙寧五年八月癸卯，"貶太子中允、同知諫院、權同判吏部流内銓唐坰爲潮州別駕。坰初以王安石薦得召見，驟用爲諫官，數論事不聽，遂因百官起居越班叩陛請對。上諭止之，坰堅請上殿讀疏，論王安石用人變法非是。上怒其詭激，故貶。坰疏留中，其略云：'安石用曾布爲腹心，張琥、李定爲爪牙，劉孝孫、張商英爲鷹犬，元絳、陳繹爲廝役。逆意者久不召還，附同者雖不肖爲賢。又作姦令章惇變李定獄事。又擅議宗廟事，有輕神祖之心。保甲以農爲兵，凶年必至怨叛。免役損下補上，人人怨諮，而令監司壓塞州縣，事不上聞。又保甲事，曾布蔽塞人情，欺誣人主，以爲情願。又置市易司，都人有致餓死者。以安石比李林甫、盧杞，自文彥博以下皆畏安石。'又言'王珪奴事安石，猶懼不可'。……王珪謝上曰：'臣等不能調一内外，故致小人詆宰相。'上曰：'誠然。'御史中丞鄧綰上疏救坰遠徙，仍自劾妄舉之罪。上令放罪。翊日，執政進呈，安石言坰素狂，不足深責，乃改授大理評事、監廣州軍資庫"。注引《中書時政記》云："八月閣門言，今月二十六日百官起居退，有知諫院、太子中允唐坰越班叩陛，輒有奏陳。竊謂臣子涖職，蓋有著位。今唐坰直敢邀君請對，瀆亂無儀，傳之中外，有虧國體。乞賜聖斷，以肅朝風。詔曰：'朕置諫爭之臣，以左右交儆，懼明有所未燭，智有所未周，何嘗不虛心聽受，擇是而從？至於獻納之臣，固有清問之燕，況乎咸造勿褻百辟。今坰越次以前，率爾求對，妄肆誣詆，鄰於猖狂，殆必設奇詭以沽直，矯經常而駭俗，非所以稱朕獎擢責任之意，可責授評事、監廣州軍資庫。其論宰臣王安石疏留中。'"又引林希《野史》云："唐坰少年輕狷無行，以秘書正字監北京倉草場，數上書言事。安石患諸臣不唱和新法，坰請誅敢有異議者。安石喜之，力薦於上，得召對，上薄其爲人，但試出身，除知錢塘縣。安石固留之，以爲校書，修令式，遂使鄧綰薦爲御史，除太子中允。數月，欲用爲諫官，則疑其輕脱，暴得位，將背己立名，時不除職，但以本官同知諫院，故事未嘗有

---

[1] 李燾撰，上海師範大學古籍整理研究所、華東師範大學古籍整理研究所點校《續資治通鑑長編》，第10冊第5761頁。

也。坰氣脫，果怒安石易己，見縚等碌碌如庸奴，心薄之，思自立名字，自壬子三月入院，至秋，凡奏二十餘疏，論時事。上已怪之，疏皆留中不出。八月二十六日，垂拱殿起居，百官方退，兩府猶侍立未奏事，坰忽扣殿陛請對，事不素請，殿中皆驚，上愕然，遣閣門使諭坰他日請對，坰不肯，又令詣後殿，坰曰：‘臣所言者，請與大臣面辨。’又再三諭旨，坰伏不起，乃召陞殿，坰至御座前，徐徐於袖中出一大軸，將進讀，上曰：‘疏留此，卿姑退。’坰曰：‘臣所言皆大臣不法，請對陛下一一陳之。’乃擗笏展疏，目安石曰：‘王安石近御座前聽劄子。’安石初猶遲遲不肯前，坰呵曰：‘陛下前猶敢如此倨慢，在外可知。’安石悚然，為進數步。坰大聲宣讀，凡六十餘條，大略以‘安石專作禍福，布等表裏擅權，傾震中外，引用親黨，以及阿諛無行小人，布在要地，為己耳目，天下但知憚安石威權，不知有陛下。新法煩苛，刻剝萬端，天下困苦，即將危亡。今大臣外則韓琦，內則文彥博、馮京等，明知如此，憚安石不敢言。陛下深居九重，無由得知。王珪備位政府，曲事安石，無異厮僕’。且讀且目珪，珪慚懼，俛首退縮。‘元絳、薛向典領省府，安石頤指氣使，無異家奴。臺官張商英等彈奏，未嘗言及安石黨，此乃安石鷹犬，非陛下耳目也。’每讀一事畢，即指安石曰：‘請陛下宣諭安石，臣所言虛耶，實耶？’上屢止之，坰慷慨自若，略不退懾。侍臣、衛士，相顧失色。讀畢，又指御座曰：‘陛下即不聽臣言，不得久居此座。’降殿，再拜而出，至殿廬，揖縚曰：‘某蒙公薦引，不敢負德。’乃乘馬直出東門永寧院待罪。上顧左右問坰何乃敢爾。安石曰：‘此小兒風狂，又為小人所使，不足怪也。’初議貶潮州別駕，韶州安置。明日，以大理評事監廣州軍資庫。上意雖寬，亦不深怒。安石初用坰時，京以其輕佻無行，不可處彌縫顧納之任，屢爭之不聽，至是貶，京力救之。”[1]癸卯為二十七日。《宋史》卷三二七《唐坰傳》亦略載此事。

十月，與神宗、王安石等議程昉再遷官。

《長編》卷二三九載熙寧五年十月壬辰，“初，程昉之再遷官也，安石言昉功多賞不厚，欲升昉資序。上令與昉都鈐轄請受，王珪乞且與鈐轄。上

[1] 李燾撰，上海師範大學古籍整理研究所、華東師範大學古籍整理研究所點校《續資治通鑑長編》，第 10 冊第 5778~5781 頁。

曰：'昉自合入鈐轄，既云酬獎，當與都鈐轄。'珪曰：'密院言內臣無作都鈐轄者，昉亦止欲得鈐轄耳。'安石曰：'昉未嘗以資序爲言也。宋昌言往修河時，稱昉資序深，但爲中書使昉故，密院不與勘會理資序。'上既批出與昉都鈐轄，明日又令再進呈取旨，及再呈，上曰：'聞密院言路分都監無條例以資考平入鈐轄、都鈐轄，數任有功乃特遷，今當何以處昉？'珪又乞與昉鈐轄，安石曰：'昉資序自合入，無以賞其買草之功，欲且與鈐轄，候三年除都鈐轄。'上曰：'善。'"[1] 壬辰爲十七日。王珪與神宗、王安石等議程昉再遷官當在十月十七日之前。

十一月，與神宗、王安石議奉僖祖神主爲太廟始祖。

《長編》卷二四〇載熙寧五年十一月戊辰，"中書奏：'……伏請奉僖祖神主爲太廟始祖，遷順祖神主藏之夾室，依禮不諱，孟夏祀感生帝，以僖祖配。'詔恭依。先是，壬子詔書，（四月三日。）令學士院集兩制議。已而兩制乞與待制、臺諫、禮官共議之。上曰：'人本乎初，豈覆議功？當時合便施行，不須根議。'王安石曰：'宗廟重事，令兩制議之足矣。'上曰：'兩制誰欲如此？'王珪曰：'聞韓維欲如此。'上曰：'維意謂何？'安石曰：'聞維意未以爲然，然不知維意欲如何，恐付之禮官即更紛紛。若維特有所見，不妨異論，何勞博引議者爲助？欲止令兩制議，議定，送禮官草儀注而已。'上曰：'善。'"[2] 戊辰爲二十三日。王珪與神宗、王安石議奉僖祖神主爲太廟始祖當在十一月二十三日之前。

十二月十三日，薦蔡延慶爲秦鳳等路都轉運使。

《長編》卷二四一載熙寧五年十二月丁亥，"司封員外郎、直史館蔡延慶爲天章閣待制、秦鳳等路都轉運使。馮京初欲用劉瑾，王安石曰：'百司方賴瑾提舉，未宜差出。'王珪言延慶可用，安石亦稱之，且曰：'延慶嘗修注，宜與待制。'上從之"[3]。丁亥爲十三日。按，蔡延慶（1029—1090），字

[1] 李燾撰，上海師範大學古籍整理研究所、華東師範大學古籍整理研究所點校《續資治通鑑長編》，第10冊第5814頁。按，《長編》標點有誤。
[2] 李燾撰，上海師範大學古籍整理研究所、華東師範大學古籍整理研究所點校《續資治通鑑長編》，第10冊第5838頁。
[3] 李燾撰，上海師範大學古籍整理研究所、華東師範大學古籍整理研究所點校《續資治通鑑長編》，第10冊第5878頁。

仲遠，萊州膠水（今山東平度）人，蔡齊从子，登進士第，官至吏部侍郎，元祐二年卒，年六十二，《宋史》卷二八六、《東都事略》卷五三有傳，《全宋詩》卷六六〇録其詩一首，《全宋文》卷一六五一收其文十五篇。

十二月二十三日，與神宗、王安石議熙河事。

《長編》卷二四一載熙寧五年十二月丁酉，"上問王安石曰：'見王中正否？'安石曰：'見之。'問何言，安石曰：'中正言熙河人情甚喜，蕃酋女子至連袂圍繞漢官踏歌，言自今後無仇殺，有買賣，快樂作得活計，不被木征來奪人口牛馬也。'上曰：'邊事須委付，不可擾之。王韶等不怕西邊事宜，却怕東邊事宜。每得朝命，或不應事機，即人情疑沮。'安石曰：'熙州事陛下一一應副無違，不知更有何事，致人情疑沮？昨者韶亦無説，方克武勝，人人望功賞，乃有朝中人書報韶將以城還木征，人情大段疑沮。'王珪曰：'此必是聞吳充奏乞以城還木征事。'上曰：'由此觀之，事皆在廟堂。'"[1] 丁酉爲二十三日。

是年，傳録花蕊夫人《宮詞》。

王安國《蜀花蕊夫人宮詞序》云："熙寧五年，奉詔定蜀民楚民秦民三家所獻書可入館者，令令史李希顔料理之。其書多剥脱，而得二敝紙所書花蕊夫人詩筆，書乃出於花蕊夫人手，而詞甚奇，與王建《宮詞》無異。建自唐至今讀者不絶口，而此獨遺棄不見取，前受詔定三家書者又斥去之，甚爲可惜也。謹令令史郭祥繕寫入三館，而口誦數篇於左相王安石，明日與中書語及之，而王珪、馮京願傳其本，於是盛行於時。花蕊者，僞蜀孟昶侍人，事在國史。"[2] 胡仔《苕溪漁隱叢話》後集卷四〇《麗人雜記》、阮閲《詩話總龜》後集卷四一《歌詠門》、魏慶之《詩人玉屑》卷二〇《閨秀·費氏》引録此序，文字稍有不同。釋文瑩《續湘山野録》云："王平甫安國奉詔定蜀民、楚民、秦民三家所獻書可入三館者，令令史李希顔料理之。其書多剥脱，而二詩弊紙所書花蕊夫人詩，筆書乃花蕊手寫，而其辭甚奇，與王建

---

[1] 李燾撰，上海師範大學古籍整理研究所、華東師範大學古籍整理研究所點校《續資治通鑑長編》，第 10 册第 5886 頁。

[2] 浦江清《浦江清文録》，第 49 頁。按，此據浦江清《花蕊夫人宮詞考證》中所引明萬曆本花蕊夫人《宮詞》卷首序録文，與《全宋文》卷一五八六所收王安國《花蕊夫人詩序》文字有異。另參《全宋文》卷一九四二所收蘇軾《花蕊夫人宮詞跋》。

《宮詞》無異。建之辭，自唐至今，誦者不絶口，而此獨遺棄不見取，受詔定三家書者，又斥去之，甚爲可惜也。遂令令史郭祥繕寫入三館。既歸，口誦數篇與荆公，荆公明日在中書語及之，而禹玉相公、當世參政願傳其本，於是盛行於時。文瑩親於平甫處得副本，凡三十二章，因録於此。"[1]此乃轉述王安國《蜀花蕊夫人宮詞序》，其中稱王珪爲"相公"，乃是就其最高官職而言，而非王珪熙寧五年時所任官職。王安國熙寧四年十月至六年十一月在京爲權武昌軍節度推官、崇文院校書。[2]

約於是年，薦章公量。

《康熙餘干縣志》卷九《隱逸傳》云："宋章公量字寬夫，餘干人。性嗜學。元祐間，從歐陽修、曾鞏遊。屢舉不第，遂隱居讀書。崇寧間，王珪薦之，不起。年七十六卒。黃庭堅爲作墓碣，蘇軾題其額。"[3]《道光餘干縣志》卷一四《處士傳》、《同治餘干縣志》卷一三《隱逸傳》、《康熙饒州府志》卷三〇《隱逸傳》等所記同。孔凡禮認爲，"元祐"爲"嘉祐"之誤，"崇寧"爲"熙寧"之訛。[4]熙寧共十年，取其中爲熙寧五年，姑繫於此。

爲從兄琪作墓誌銘。

《宋史》卷三一二《王琪傳》云："琪字君玉，兒童時已能爲歌詩。起進士，調江都主簿。上時務十二事，請建義倉，置營田，減度僧，罷鬻爵，禁錦綺、珠貝，行鄉飲、籍田，復制科，興學校。仁宗嘉之，除館閣校勘、集賢校理。"[5]《長編》卷一〇三云：天聖三年（1025）十一月，"前江都縣主簿王琪上疏陳十二事，曰復制科，禁錦綺、珠貝，置營田，立義倉，減度僧，罷鬻爵、榷酤、和糴，行鄉飲、藉田，復閱武之法，興郡學，令公卿子弟入國學，置《五經》博士、進士專經。上以琪學通世務，特命試學士院。甲申，授大理評事、館閣校勘。琪，成都人也"[6]。由此可知，王琪進士

[1] 文瑩撰，鄭世剛、楊立揚點校《湘山野録 續録 玉壺清話》，中華書局1984年版，第81~82頁。
[2] 參湯江浩《北宋臨川王氏家族及文學考論——以王安石爲中心》，第78頁。
[3] 呂瑋修，張潔、胡思藻纂《餘干縣志》，清康熙二十三年（1684）刻本（中國國家圖書館藏）。
[4] 參孔凡禮《蘇軾年譜》，第1134頁。
[5] 脱脱等《宋史》，第29冊第10245頁。
[6] 李燾撰，上海師範大學古籍整理研究所、華東師範大學古籍整理研究所點校《續資治通鑑長編》，第4冊第2392頁。

及第後授江都主簿，天聖三年因上疏言事特命試學士院，授大理評事、館閣校勘。則其進士及第當在天聖三年之前。考此前最近兩次進士考試，一在天聖二年，一在天禧三年（1019）。依宋代官員三年一任之規定，王琪當爲天聖二年進士。《宋代登科總録》謂北宋有兩位王琪進士及第：一爲成都華陽人，太平興國中登進士第；一爲舒州人，慶曆中登進士第。[1] 實際上，此二者當爲同一人。王琪與王珪一樣，原爲成都華陽人，後遷居舒州懷寧。王琪既非太平興國中登進士第，亦非慶曆中登進士第。《宋史·王琪傳》云："復爲揚州、潤州。以禮部侍郎致仕。卒，年七十二。"[2] 晁説之《宋故贈承議郎陳公墓誌銘》云："夫人疾愈，去爲揚州節度推官。王君玉侍郎知揚州，以聲譽老成自高，待公忘年，每與論《新唐書》牴牾，而不吏之也。韓丞相玉汝以員外郎，年甫三十餘，來知州事。……有江都宰者，地寒而賢，後太守朱大監以私意欲罪去之，公率郡官廷辯曰：'江都宰無罪且才之。'公在揚州四年。"[3] "陳公"指陳造，"韓玉汝"即韓縝，"朱大監"爲朱壽隆。杜大珪《名臣碑傳琬琰集》下集卷二〇《韓太保縝傳》云："神宗即位，遷刑部郎中、知揚州。"[4] 韓縝紹聖四年（1097）卒，年七十九，當生於天禧三年，三十歲時爲熙寧元年。王琪治平二年（1065）第二次知揚州。可知韓縝代王琪知揚州當在治平四年或熙寧元年。宋代規定，文武官年七十以上求退者，許致仕。若王琪熙寧三年七十歲致仕，其卒年約在熙寧五年，生年約在咸平四年（1001），其進士及第時爲二十四歲。此推測，雖不中，亦不遠矣。

《長編》卷一六〇慶曆七年二月丙午注謂王珪作有王琪墓誌。王珪所作王琪墓誌銘原文已失傳，鄭克《折獄龜鑑》卷八《矜謹·王琪留獄》引有片段："王琪侍郎，知復州。民有毆佃客死者，吏將論如法，忽夢有人持牒叩庭下，曰：'某事未可遽以死論也。'琪疑之，因留獄未決。有司曰：'無足疑者。'琪曰：'第留之。'後十餘日，果有新制下：'凡主人毆佃客死，聽以

［1］參龔延明、祖慧編著《宋代登科總録》，第 13 冊第 6745～6746 頁。

［2］脱脱等《宋史》，第 29 冊第 10246 頁。

［3］晁説之《嵩山文集》卷二〇，《四部叢刊續編》，商務印書館 1934 年影印本。

［4］杜大珪《名臣碑傳琬琰集》，《宋代傳記資料叢刊》，第 16 冊第 444 頁。

減死論.'吏民莫不神服."[1] 此外,《宋史‧王琪傳》之源頭應即王珪所作墓誌銘.

有《代叔父光禄卿乞致仕表》.

本集卷四四有《代叔父光禄卿乞致仕表》,云:"今年加而志彌衰,疾侵而形愈耗.""臣某欲乞特守本官致仕."(第 325 頁)《宋史》卷三一二《王罕傳》云:"徙知明州.以光禄卿卒,年八十."[2] 本集卷五七《同安郡君狄氏墓誌銘》記王罕熙寧二年以衛尉卿知明州.《長編》卷二一一載熙寧三年"五月庚寅朔,知明州、衛尉卿王罕"[3] 上疏言事.據此推斷,王罕當是知明州任滿後遷光禄卿,以年老乞致仕.姑繫於此.

神宗熙寧六年癸丑(1073),五十五歲

在汴京.爲參知政事.有詩八首、文一篇.

正月二日,與二府宰執拜訪曾公亮,有《依韻和曾侍中謝二府相顧》《依韻和吳樞密正月二日留題曾侍中齋閣》.

本集卷二有《依韻和曾侍中謝二府相顧》,云:"年年常過平津館,解組歸來苦未贏.曉日初臨金闕動,春風正與玉盃期.三公就第誰同壽,丞相傳經自有兒.感舊不辭今日醉,江湖思去已多時."(第 11 頁)卷三有《依韻和吳樞密正月二日留題曾侍中齋閣》,云:"昨日春風變舊年,連珂來訪紫芝仙.三朝元仗鴻鈞手,萬里今同不繫船.壽酒一傾人共醉,賜書千軸子多賢.從前身退如公少,莫把長竿憶渭川."(第 20 頁)此二詩當作於同時."曾侍中"指曾公亮,"吳樞密"指吳充.曾公亮熙寧三年九月十三日罷昭文相,授檢校太師、守司空、兼侍中、河陽三城節度使、集禧觀使,四年四月二十六日辛巳判永興軍,五年三月二十八日戊申詔赴闕,五月十三日壬辰復

---

[1] 鄭克編撰,劉俊文譯註點校《折獄龜鑑譯註》,第 528 頁.按,劉俊文注謂"此事今見王珪撰《華陽集》卷一三《王公墓誌銘》",當誤,今本《華陽集》中無王琪墓誌.

[2] 脫脫等《宋史》,第 29 冊第 10245 頁.

[3] 參李燾撰,上海師範大學古籍整理研究所、華東師範大學古籍整理研究所點校《續資治通鑑長編》,第 9 冊第 5119 頁.

爲集禧觀使，六月四日壬子守太傅致仕。[1]吳充熙寧三年九月十四日拜樞密副使，八年四月十七日拜樞密使，九年十月二十三日丙午拜國史相。[2]體會詩意，此二詩當作於曾公亮致仕後第一年春天，即熙寧六年正月二日。曾公亮、吳充原詩不存。按，曾公亮（999—1078），字明仲，泉州晉江（今屬福建）人，天聖二年（1024）進士，官至昭文相，元豐元年卒，年八十，謐宣靖，《宋史》卷三一二、《東都事略》卷六九有傳，生平事迹見杜大珪《名臣碑傳琬琰集》中集卷五二曾肇《曾太師公亮行狀》，張小平編有《曾公亮年譜》[3]，《全宋詩》卷二二六録其詩四首、殘句一聯，《全宋文》卷五四八收其文二十一篇。

二月九日，與文彥博、馮京、吳充、蔡挺於將軍齋會見日僧成尋。

成尋《參天台五臺山記》卷六云：熙寧六年二月"九日（癸未）天晴。院內來將軍齋。巳時，依請行向，五人前吃茶湯。樞密侍中文彥博、參政侍郎王珪（中書）、參政諫議馮京（中書）、樞密副使諫議吳充、樞密副使諫議蔡挺，如例問日本作法，以通事答了"[4]。

是月，以溫齊古言告王安石。

《長編》卷二四二載熙寧六年二月丁丑，"詔開封府判官梁彥明、推官陳忱各罰銅十斤。去月十四日，宣德門親從官王宣等與宰臣王安石家人從喧競，指揮使李師錫擅傳語開封府官行遣，而彥明、忱不察虛實，親從官阮睿本不與喧競，亦決杖。御史蔡確彈奏開封府官吏曲意迎奉大臣之家，望特加重貶，故罰及之。先是，安石從駕觀鐙，乘馬入宣德門，衛士呵止之，撾傷安石馬。安石大怒，請送衛士於開封府，又請罷勾當御藥院內侍一人，上皆從之。……安石自敘其白上語云：'親從官撾擊坐車及旌旄，臣至宣德門，依常例於門內下馬，又爲守門者撾馬及從人。臣疑親從官習見從來事體，於

---

[1] 參李燾撰，上海師範大學古籍整理研究所、華東師範大學古籍整理研究所點校《續資治通鑑長編》卷二二二、卷二三一、卷二三三、卷二三四，第9冊第5411、5623、5656頁，第10冊第5672頁。

[2] 參李燾撰，上海師範大學古籍整理研究所、華東師範大學古籍整理研究所點校《續資治通鑑長編》卷二七八，第11冊第6804頁。

[3] 張小平《宋人年譜二種》，三秦出版社2008年版。

[4] [日]成尋著，王麗萍點校《新校參天台五臺山記》，第540~541頁。

執政未必敢如此，今敢如此，當有陰使令之。都緣臣居常遇事多抗争曲直，臣所以如此者，乃爲義故，豈敢以私事肆爲驕騃不遜？恐姦人欲以此激怒臣，冀臣不勝忿，因中傷臣以爲不遜。’……安石又言：‘檢到嘉祐年後行首司日記，並於門裏下馬。然問馮京，則云忘之，記得亦有在門外下馬時。而文彦博遂揚言云，我從來只於門外下馬。’安石又云：‘中書驅使官温齊古見堂吏看棚者云："守門人自相與言，擊宰相馬，馬驚致傷損，罪豈小？"一員僚曰："我豈不解此，但上面逼得緊，將奈何！"齊古以白王珪。’然齊古者憚入獄置對，安石問之，乃言不記堂吏姓名，安石亦不復以齊古言告上也"。注云："温齊古事，據《日録》二月十六日所載。"[1]丁丑爲三日。王珪以温齊古言告王安石當在二月十六日之前。

奉命與馮京曉諭王安石，令入視事。

《長編》卷二四二云：熙寧六年二月，"先是，王安石以病謁告彌旬，乃求解機務，且入對，上面還其章，安石固求罷，上不許曰：‘卿每求罷，朕寢食不安。朕必有待遇卿不至處，且恕朕，豈宣德門事否？’安石曰：‘臣所以辨宣德門事，正恐小人更以臣爲驕僭，事既明白，又復何言。’上曰：‘令子細推究，實無人使。’安石曰：‘臣初豈能無疑，既已推究，復何所疑。’上曰：‘卿如此，必是以朕終不能有成功，久留無補，所以決去。’安石曰：‘陛下聖德日躋，非臣所能仰望。後來賢俊自有足用者，臣久妨賢路，又病，所以求罷，非有它。’上曰：‘朕置卿爲相，事事賴卿以濟。後來可使者何人？孰可以爲相者？卿所見也。’安石曰：‘豈可謂無其人，但陛下未試用爾。’上曰：‘卿頻求出，於四方觀聽不美。’又引古君臣相終始者曉譬安石。安石曰：‘臣前所以求罷，皆以陛下因事有疑心，義不敢不求罷。今求罷真以病故，非有他。且古今事異，久任事，積怨怒衆，一旦有負敗，亦累陛下知人之明。且又病，若昧冒，必致曠敗。’上再三曉譬，安石乃乞告將理。既而上又召安石子雱再三問勞，又令馮京、王珪喻旨，於是安石復入視事"[2]。

---

[1] 李燾撰，上海師範大學古籍整理研究所、華東師範大學古籍整理研究所點校《續資治通鑑長編》，第10冊第5898～5899頁。

[2] 李燾撰，上海師範大學古籍整理研究所、華東師範大學古籍整理研究所點校《續資治通鑑長編》，第10冊第5907～5908頁。

三月，有《贈太尉呂惠穆公挽詞》。

本集卷六有《贈太尉呂惠穆公挽詞》（第 42 頁）。"呂惠穆公"指呂公弼。杜大珪《名臣碑傳琬琰集》上集卷二六范鎮《呂惠穆公公弼神道碑》云："熙寧六年三月辛亥，東平呂公薨於管城之第。訃聞，天子震悼，輟視朝二日，贈太尉，録其子孫有差。太常考行：'遺愛在民曰惠'，'恭明其德曰穆'，易其名曰'惠穆'。""享年六十七，其年五月庚申，葬於懷忠里先公之塋。"[1] 辛亥爲八日，庚申爲十八日。《長編》卷二四三云：熙寧六年三月"丙辰，宣徽南院使、檢校太尉、西太一宮使、贈太尉、謚惠穆呂公弼卒"[2]。丙辰爲十三日，當爲訃達朝廷之日。文彦博《文潞公文集》卷八有《故宣徽惠穆呂公挽詞二首》，劉摯《忠肅集》卷一六有《哀太尉惠穆公三首》，文同《丹淵集》卷二〇有《呂惠穆挽詩四首》，當與王珪詩作於同時；而蘇轍《欒城集》卷六有《惠穆呂公挽詞二首》，則作於熙寧九年蘇轍過鄭州時。[3] 按，呂公弼（1007—1073），字寶臣，壽州（今安徽鳳臺）人，呂夷簡次子，明道二年（1033）賜進士出身，官至樞密使，熙寧六年卒，年六十七，謚惠穆，《宋史》卷三一一、《東都事略》卷五二有傳，生平事迹見王安禮《王魏公集》卷八《宋故推誠保德崇仁翊戴功臣宣徽南院使光禄大夫檢校太尉充太乙宮使東平郡開國公食邑六千户實封一千四百户上柱國呂公行狀》、杜大珪《名臣碑傳琬琰集》上集卷二六范鎮《呂惠穆公公弼神道碑》，《全宋詩》卷三〇四録其詩三首，《全宋文》卷六六二收其文十三篇。

有《工部尚書致仕王懿敏公挽詞》《王懿敏公素墓誌銘》。

本集卷六有《工部尚書致仕王懿敏公挽詞》（第 41 頁）。又卷五八有《王懿敏公素墓誌銘》，云："熙寧六年三月甲寅，告公薨，輟視朝一日，有司謚公曰'懿敏'。其年五月庚申，葬公開封縣新里大邊村文正公原下。……余與今參知政事馮公當世少從公游，及公薨，余自次公平生所爲作之銘，而當世爲公書，既又樞密相文潞公爲篆公之銘蓋，皆不待公子之所求。"（第

[1] 杜大珪《名臣碑傳琬琰集》，《宋代傳記資料叢刊》，第 14 册第 413、418 頁。
[2] 李燾撰，上海師範大學古籍整理研究所、華東師範大學古籍整理研究所點校《續資治通鑑長編》，第 10 册第 5918 頁。
[3] 參孔凡禮《蘇轍年譜》，學苑出版社 2001 年版，第 129 頁。

435 頁）甲寅爲十一日，庚申爲十八日。文彦博《文潞公文集》卷八有《故尚書懿敏王公挽詞》二首，蘇轍《欒城集》卷五有《王仲儀尚書挽詞》，當與王珪詩作於同時。按，王素（1007—1073），字仲儀，舊家大名府莘縣（今屬山東），自其祖王祐始著籍開封（今屬河南），王旦第三子，天聖五年（1027）賜進士出身，官至工部尚書，熙寧六年卒，年六十七，諡懿敏，《宋史》卷三二〇、《東都事略》卷四〇有傳，生平事迹見王珪《王懿敏公素墓誌銘》、張方平《樂全先生文集》卷三七《宋故端明殿學士金紫光禄大夫行工部尚書致仕上柱國太原郡開國公食邑三千八百户食實封一千二百户諡懿敏王公神道碑銘並序》，《全宋詩》卷三〇四録其詩三首，《全宋文》卷六六一收其文五篇。

四月三日，言蔡延慶、蔡朦不須俱留熙河。

《長編》卷二四四載熙寧六年四月丙子，"又詔熙河路止留蔡延慶應副軍須外，餘轉運使副、判官並歸本路。時蔡朦與其父挺書，言王韶修城非要，又殺羌多，無補，並及韶它事。挺頗爲上言之，王安石曰：'朦等皆不樂韶，韶方舉事，恐被衆人窺覘，難以成功。'王珪因言延慶及朦俱留熙河，恐不須爾。安石請遣朦歸，上從之"[1]。丙子爲三日。

五月，以神宗欲以王中正代王寧策應熙河，言恐中正不能將兵。

《長編》卷二四五云：熙寧六年五月"丁卯，遣帶御器械王中正括麟府路曠閑侵冒地，募弓箭手及點閲番兵。上既令王寧策應熙河，已而追取前詔，欲用中正代寧。王安石曰：'中正與王韶不咸，不如且用寧。'上曰：'中正首宣力，今又欲自效，與韶亦無它。'遂改命中正。安石又白上：'中正不宜往。前中正欲往青唐助韶，數爲臣言之，然聞中正與往熙州者言，乃極搖動韶事。緣中正初與韶協謀，一旦韶皆棄之，事功皆爲李憲所收，其怨韶宜出死力以報，且熙河新造，易以口語搖動，誠不可使中正往。'馮京、王珪又言：'策應六千人，恐中正不能將。'上曰：'但爲與韶不咸，若將兵，則中正善撫士卒，非不能也。然中正亦止求邊任，不專要將策應軍。'於是復用寧如故。安石因言：'麟府事合經制，宜使中正往。'上丞召中正問狀，中正

---

[1] 李燾撰，上海師範大學古籍整理研究所、華東師範大學古籍整理研究所點校《續資治通鑑長編》，第 10 冊第 5932 頁。

請行，故有是命”[1]。丁卯爲二十五日。馮京、王珪言恐王中正不能將兵當在五月二十五日之前。

六月四日，與神宗、王安石議用蕃兵之法，言當別給蕃兵衣爲號。

《長編》卷二四五云：熙寧六年六月“丙子，上謂執政曰：‘昨洮西香子城之戰，聞官軍貪功，有斬巴氈角部蕃兵以效級者，人極嗟憤。此爲害不細，不可不察。蓋李靖陣法，以漢兵爲一隊，蕃兵爲一隊，用人如此，自無紛亂。可令王韶詳度，具條約以聞。’王安石曰：‘武王用庸、蜀、微、盧、彭、濮人，但爲一法，今欲用夏變夷，則宜令蕃兵稍與漢同，與蕃賊異。’王珪言當別給衣爲號，上疑別給衣費用，安石曰：‘今欲用，必先用其豪傑，所謂“蕃敢勇”者。既收其用，豈可惜費？計比招軍，其費亦不爲多。蕃敢勇既樂爲用，則其餘漸皆慕向，樂爲用矣。’”[2]丙子爲四日。

八月，隨神宗言王韶爲將佐煎迫得去蕃部常家族。

《長編》卷二四六云：熙寧六年八月“甲午，賜熙河路討蕃部常家族及涇原路會合禁軍等特支錢有差”。注引王安石《熙寧日録》十五日記事云：“上見王韶去常家族，曰：‘韶被將佐煎迫得去。’翊日，余得韶書，將佐乃皆不欲往，韶獨決計，以書白上曰：‘誰以爲韶將佐煎迫？’上曰：‘王珪言此。’珪心只是料其如此，余見珪但隨上語，非珪唱爲此言也。”[3]甲午爲二十三日。王珪隨神宗言王韶爲將佐煎迫得去常家族當在八月十五日之前。

九月二十一日，爲奉安太一前導官。

《長編》卷二四七云：熙寧六年九月“辛酉，命宰臣王安石爲奉安太一使，樞密使陳升之、參知政事馮京王珪、樞密副使吳充蔡挺爲前導官，龍圖閣直學士孫固管勾鹵簿儀仗，入内都知張茂則都大管勾。初，進呈奉安故事，當差宰臣，上欲止差參知政事，以爲郊始用宰臣爲使。王安石曰：‘太一即天帝。’上乃差宰臣。前導用御容例，即差兩府，上令差兩制。安石言：

---

[1] 李燾撰，上海師範大學古籍整理研究所、華東師範大學古籍整理研究所點校《續資治通鑑長編》，第10冊第5961頁。

[2] 李燾撰，上海師範大學古籍整理研究所、華東師範大學古籍整理研究所點校《續資治通鑑長編》，第10冊第5964頁。

[3] 李燾撰，上海師範大學古籍整理研究所、華東師範大學古籍整理研究所點校《續資治通鑑長編》，第10冊第5997頁。

'恐合依御容例。'上曰：'天神也。'仍差兩府前導"[1]。辛酉爲二十一日。

是月，弟倩玉助郭景脩中武舉。

王允中《宋故降授西上閤門使新就差知鎮戎軍事兼管內勸農使兼管勾涇原路沿邊安撫司公事武功縣開國男食邑三百户上騎都尉郭公墓誌銘》云："熙寧中公舉武科，將試秘閣，故事先較騎射於馬軍司以定取黜。會故相國王公禹玉秉鈞，其弟倩玉雅與公遊善，適遇之□京師，相見握手歡甚，謂公曰：'馬軍賈夔乃吾家門人，試有期，幸先示報，當密達公之名，萬無相遺理。'公雖愧謝，竟不往謁。"[2]游彪考出郭景脩熙寧六年九月中武舉，並認爲郭景脩極有可能得到王珪家人暗中相助。[3]按，郭景脩（1044—1108），字伯永，鄆州須城（今山東東平）人，官終知鎮戎軍，大觀二年卒，年六十四，生平事迹見王允中《宋故降授西上閤門使新就差知鎮戎軍事兼管內勸農使兼管勾涇原路沿邊安撫司公事武功縣開國男食邑三百户上騎都尉郭公墓誌銘》。

十月十二日，與王安石等上表賀修復熙、洮等州，獲賜玉帶。

《神道碑》云："先帝拓熙河，賜之玉帶，前後加勳至極品。"（第142頁）《長編》卷二四七云：熙寧六年十月"辛巳，宰臣王安石等以修復熙州、洮、岷、疊、宕等州，幅員二千餘里，斬獲不順蕃部萬九千餘人，招撫小大蕃族三十餘萬帳，各已降附，上表稱賀。上解所服玉帶賜安石，遣內侍李舜舉諭旨曰：'洮河之舉，小大並疑，惟卿啓迪，迄有成功。今解朕所御帶賜卿，以旌卿功。'安石再拜固辭曰：'陛下拔王韶於疏遠之中，恢復一方，臣與二三執政奉承聖旨而已，不敢獨當此賜。'上又令舜舉諭旨曰：'群疑方作，朕亦欲中止，非卿助朕，此功不成。賜卿帶以傳遺子孫，表朕與卿君臣一時相遇之美也。'安石受賜。常日御垂拱殿，是日以受賀故，再御紫宸"[4]。辛巳爲十二日。王珪當與王安石同日受賜玉帶。

［1］李燾撰，上海師範大學古籍整理研究所、華東師範大學古籍整理研究所點校《續資治通鑑長編》，第10冊第6014頁。

［2］羅振玉輯《山左冢墓遺文》，《歷代碑誌叢書》，第15冊第329頁。

［3］參游彪《小人物與大歷史：一個被遺忘的北宋將官》，《北京師範大學學報（社會科學版）》2008年第4期。

［4］李燾撰，上海師範大學古籍整理研究所、華東師範大學古籍整理研究所點校《續資治通鑑長編》，第10冊第6022~6023頁。

以熙河大捷，與蔡挺、元絳唱和，有《依韻和蔡樞密岷洮恢復部落迎降》《和元厚之平羌》。

本集卷三有《依韻和蔡樞密岷洮恢復部落迎降》（第18頁）、《和元厚之平羌》（第23頁）；此二詩又見方回《瀛奎律髓》卷三〇，後者題作《依韻和元厚之內翰平羌》。《王荊文公詩箋注》卷二八有《和蔡副樞賀平戎慶捷》《次韻元厚之平戎慶捷》，韻腳均與王珪詩相同，後者題下注云：“來詩有‘何人更得通天帶，謀合君心只晉公’之語。”[1]“蔡樞密”“蔡副樞”當指蔡挺。蔡挺熙寧五年二月十六日拜樞密副使，八年正月七日庚子罷。[2]考熙寧六年十月十二日，神宗以王韶修復熙、洮、岷、疊、宕等州，解所服玉帶賜王安石，則王珪與蔡挺、元絳等人唱和當在是日。蔡挺原詩不存。按，蔡挺（1014—1079），字子政，一作子正，應天府宋城（今河南商丘睢陽）人，蔡亢之弟，景祐元年（1034）進士，官至樞密副使，元豐二年卒，年六十六，諡敏肅，《宋史》卷三二八、《東都事略》卷八二有傳，生平事迹見張方平《樂全先生文集》卷四〇《宋故推誠保德功臣資政殿學士正奉大夫行右諫議大夫判南京留司御史臺上護軍南陽郡開國侯食邑一千八百户食實封二百户賜紫金魚袋贈工部尚書蔡公墓誌銘》，《全宋詩》卷三九九錄其詩二首，《全宋文》卷一〇三三收其文十篇。

《依韻和蔡樞密岷洮恢復部落迎降》又見《王荊文公詩箋注》卷三七、王安石《王文公文集》卷五三，題作《次韻王禹玉平戎慶捷》，後者題下注“或云王禹玉詩”[3]。李燕新指出，王安石《和蔡副樞賀平戎慶捷》韻腳與《次韻王禹玉平戎慶捷》皆同，王安石既和蔡挺之詩，自不可能再以相同之韻腳和王珪，由是可知原詩必爲蔡挺所作，因樞密院主管軍事，故蔡挺先有詩，而王安石、王珪均有和作，後人不察，遂以王珪詩誤入王安石文集。[4]王傳龍、王一方亦以爲此詩爲王珪作無疑。[5]

---

［1］王安石著，李壁箋注，高克勤點校《王荊文公詩箋注》，第692頁。
［2］參李燾撰，上海師範大學古籍整理研究所、華東師範大學古籍整理研究所點校《續資治通鑑長編》，第11冊第6309頁。
［3］王安石著，唐武標校《王文公文集》，上海人民出版社1974年版，第595頁。
［4］參李燕新《王安石僞詩考辨》，《宋代文學研究叢刊》第3期，第293頁。
［5］參王傳龍、王一方《王珪〈華陽集〉的誤收、輯佚與流傳》，《中州學刊》2016年第2期。

十月十七日，與神宗、王安石、馮京等議取西夏之策。

《長編》卷二四七載熙寧六年十月丙戌，"秦鳳路轉運使蔡延慶言：'比差三班奉職伊懷寶管押糧草出洮西，而懷寶以前日部糧草得賞輕，乃求隨軍。如奏功，望毋推恩，以誡微倖。'上曰：'此亦人之常情。管押糧草，何人不可？懷寶亦勇士，正堪行陣，蓋延慶使之非當耳。'又曰：'岷、河蕃部族帳甚多，倘撫御咸得其用，可以坐制西夏，政所謂以蠻夷攻蠻夷。若於陝西極邊會合閱練，爲用兵之勢以形敵人，彼必隨而點集以應我。頻年如此，自致困敝，兵法所謂"佚能勞之"者也。'王安石曰：'朝廷但當先爲不可勝，聚糧積財，練選兵而已。新附之羌，厚以爵賞，收其豪傑，賜之堅甲，以激其氣，使人人皆有趨赴之志，待我體完力充，鼓行而西，將無不可。'馮京、王珪曰：'倘如聖策，多方以誤之，彼既疲於點集，而我無攻取之實，一二年間，必不我應。自爾舉兵，若蹈無人境矣。'上曰：'此乃昔人取吳之策也。夫欲經營四夷，宜無先於此。'"[1] 丙戌爲十七日。

十一月，與馮京共薦王安國。

《長編》卷二四八云：熙寧六年十一月"戊午，權武昌軍節度推官、崇文院校書王安國爲著作佐郎、秘閣校理。故事，崇文院校書二年，乃除館閣校勘，安國以參知政事馮京、王珪薦其學行，故特有是命"[2]。戊午爲十九日。馮京、王珪共薦王安國當在十一月十九日之前。

有《依韻和王宣徽奉安中太一神像》詩。

《長編》卷二四八云：熙寧六年十一月"癸丑，冬至，奉安中太一神象"[3]。癸丑爲十四日。本集卷四有《依韻和王宣徽奉安中太一神像》，云："歲入飛宮初在丑，神移列馭直從坤。"（第26頁）"王宣徽"當爲王拱辰。王珪出仕期間，王姓宣徽使僅王拱辰一人。王拱辰是時爲宣徽北院使，在

---

［1］李燾撰，上海師範大學古籍整理研究所、華東師範大學古籍整理研究所點校《續資治通鑑長編》，第10冊第6025頁。

［2］李燾撰，上海師範大學古籍整理研究所、華東師範大學古籍整理研究所點校《續資治通鑑長編》，第10冊第6045頁。

［3］李燾撰，上海師範大學古籍整理研究所、華東師範大學古籍整理研究所點校《續資治通鑑長編》，第10冊第6045頁。

判河南府任。[1] 此詩當作於十一月十四日之後。王拱辰原詩不存。按，王拱辰（1012—1085），原名拱壽，仁宗賜名拱辰，字君貺，開封府咸平（今河南通許）人，天聖八年（1030）狀元，官至宣徽南院使，元豐八年卒，年七十四，謐懿恪，《宋史》卷三一八、《東都事略》卷七四有傳，生平事迹見劉敞《公是集》卷五一劉摯《王開府行狀》、安燾《謐懿恪王公墓誌銘》、杜大珪《名臣碑傳琬琰集》下集卷二〇《王懿恪公拱辰傳》，《全宋詩》卷三九四錄其詩六首、殘句一聯，《全宋文》卷一〇二七收其文十七篇。

冬，有《宮詞》記事。

本集卷五《宮詞》一百篇其二十二云：“兩班齊賀玉關清，新奏熙州曲破成。畫鼓連聲催擷遍，內人多半未知名。”（第30頁）此詩當作於熙寧六年十月王韶收復熙、洮、岷、疊、宕等州之後，姑繫於此。

約於是年，嘲王安石鬚虱。

《墨客揮犀》卷四云：“荊公、禹玉熙寧中同在相府。一日，同侍朝，忽有虱自荊公襦領而上，直緣其鬚。上顧之而笑，公不自知也。朝退，禹玉指以告公，公命從者去之。禹玉曰：‘未可輕去，輒獻一言，以頌虱之功。’公曰：‘如何？’禹玉笑而應曰：‘屢遊相鬚，曾經御覽。’荊公亦爲之解頤。”[2] 此條出自《遯齋閑覽》。褚人獲《堅瓠集》丙集卷三有《鬚虱頌》，云：“王介甫、王禹玉（珪）同侍朝，見虱自介甫襦領直緣其鬚，上顧之而笑，介甫不自知也。朝退，介甫問上笑之故，禹玉指以告。介甫命從者去之。禹玉曰：‘未可輕去，願頌一言。’介甫曰：‘何如？’禹玉曰：‘屢遊相鬚，曾經御覽。未可殺也，或曰放焉。’眾大笑。”[3] 此當爲就《遯齋閑覽》敷衍之作。王安石熙寧三年十二月十一日拜史館相，七年四月十九日罷相，八年二月十一日再入爲昭文相，九年十月二十三日再罷相。[4]《遯齋閑覽》既云此事發生於熙寧中，姑繫於此。

---

[1] 參李之亮《北宋京師及東西路大郡守臣考》，第54頁。

[2] 趙令時、彭□、彭□撰，孔凡禮點校《侯鯖錄 墨客揮犀 續墨客揮犀》，第326頁。

[3] 褚人獲輯撰，李夢生校點《堅瓠集》，上海古籍出版社2012年版，第1冊第211頁。

[4] 參劉成國《王安石年譜長編》，第5冊第1930頁。

神宗熙寧七年甲寅（1074），五十六歲

在汴京。爲參知政事。有詩三首、文三篇，約可繫詩一首。

正月，以王韶請一中人在軍中往來奏事，言中人監軍非善事。

《長編》卷二五〇云：熙寧七年二月“己巳朔，知熙州、端明殿學士、兼龍圖閣學士王韶爲資政殿學士、兼制置涇原秦鳳路軍馬糧草。先是，韶自熙州入覲，與二府議夏國事於資政殿，韶請一中人在軍中往來奏事。王珪曰：‘中人監軍非善事，若陛下於韶無疑，則不須如此。’”“韶議築贊納克城，須兵三萬，上令韶兼四路制置糧草。安石曰：‘今未有實事，先張此聲，徒致紛紛，非便。’衆皆以爲然。……上曰：‘贊納克既爲咽喉之地，西人必爭，則須兵力首尾相援，涇原、秦鳳若不令韶兼領，則緩急無以應敵。’王安石等曰：‘前日之議，未欲令韶兼領四路者，恐虛名以形敵而失我實利耳。今既止兼兩路，壤界相接，恐亦無傷。’故有是命。”[1] 王韶入覲、與二府議夏國事當在正月。

與兩府大臣赴資政殿聽讀《詩》義，有《依韻和吳樞密上王相公同召赴資政殿聽讀詩義感事》詩。

本集卷三有《依韻和吳樞密上王相公同召赴資政殿聽讀詩義感事》（第18頁）。《王荊文公詩箋注》卷二八有《次韻吳冲卿聽讀詩義感事韻》，韻腳與王珪詩相同，題下注云：“冲卿詩云：‘雪銷鳲鵲御溝融，燕見殊恩綴上公。晝日乍驚三接寵，正風獲聽《二南》終。解顧共仰天顏喜，牆面裁容聖域通。午漏漸長知禹錫，侍臣何術補堯聰？’時脩撰經義所初進《二南》，有旨資政殿進讀。”[2] 可知王珪、王安石與吳充唱和乃同時之事。《長編》卷二四三載熙寧六年三月庚戌，始置經義局，“命知制誥吕惠卿兼修撰國子監經義，太子中允、崇政殿説書王雱兼同修撰”，“已而又命安石提舉”。卷二六五載熙寧八年六月己酉，“中書言，《詩》《書》《周禮義》欲以副本送國子監鏤板頒行。從之”。卷二六八熙寧八年九月辛未引吕惠卿劄子云：“當初

---

[1] 李燾撰，上海師範大學古籍整理研究所、華東師範大學古籍整理研究所點校《續資治通鑑長編》，第10冊第6080~6081頁。

[2] 王安石著，李壁箋注，高克勤點校《王荊文公詩箋注》，第683頁。

進《二南》義之時，陛下特開便殿，召延兩府，安石與臣對御更讀，以至終篇，陛下褒稱，聖言可記。"[1] 庚戌爲七日，己酉爲十九日。李德身繫王安石詩於熙寧六年[2]，當誤。據吳充詩首聯來看，其事當在正月，故繫於置經義局之次年正月。劉成國亦繫此詩於熙寧七年正月。[3]

有《宮詞》記事。

本集卷五《宮詞》一百篇其十五云："太尉洮岷破敵回，腰垂金帶入關來。殿前獻壽天顏喜，花覆千官拱御杯。"（第 29～30 頁）"太尉"在宋代多用於對武將之尊稱。[4] 此"太尉"當指王韶。王韶雖是文官，但就所取事功而言實爲武將。其於熙寧六年九月收復熙、洮、岷、疊、宕五州，七年正月自熙州入覲。詩中描寫王韶入覲時宮中宴饗之事，故繫於此。

二月十八日，與神宗言太祖事周事。

《長編》卷二五〇載熙寧七年二月丙戌，"詳定令式所言：'韓國獻穆大長公主宅月給太宗、真宗神御香酒等物當罷。'上曰：'諸侯不得祖天子，此固不應典禮，惟在京光教院周高祖、世宗及諸后像，太祖親事周，禮當有異，月給宜如舊，餘勿給。'王珪曰：'今周之陵宮猶有太祖繪像，當時嘗有人言不當施繪像於彼者，太祖曰："誰不知朕事周朝？"又詔慶、懿二陵歲時益加修治。'"[5] 丙戌爲十八日。

是月，以嘗止李憲往熙河，受到王韶感謝。

《長編》卷二五〇載熙寧七年二月辛卯，"上批付王安石：'已差李憲往熙河勾當公事，今軍行豫議，其坐次可依奉使例進呈。'安石曰：'"師出以律，否臧凶。"則王韶節制於景思立。"長子帥師，弟子輿屍，貞凶。"則李憲又同三軍之政。如此任將，恐難責成功。'上言韶自要憲，安石曰：'軍中豈樂有此輩？但不得已耳。韶昨知王珪嘗止憲行，方謝珪，今韶意不過

---

［1］李燾撰，上海師範大學古籍整理研究所、華東師範大學古籍整理研究所點校《續資治通鑑長編》，第 10 冊第 5917 頁，第 11 冊 6493、6566 頁。

［2］參李德身《王安石詩文繫年》，第 222 頁。

［3］參劉成國《王安石年譜長編》，第 5 冊 1699 頁。

［4］參龔延明《中國歷代職官別名大辭典》，第 97 頁。

［5］李燾撰，上海師範大學古籍整理研究所、華東師範大學古籍整理研究所點校《續資治通鑑長編》，第 10 冊第 6099 頁。

防異論，欲憲爲保證也。'上曰：'不然。詔言：執政不欲憲在軍中，臣實賴其議事，願陛下勿泄臣言。'安石曰：'河州之行太遽，詔乃言被憲督迫，故舍此倉卒。兼王珪問詔出軍日不佳，詔亦答云憲欲急行，王珪遂具奏其事。'""然上卒遣憲往熙河"。"先是，安石與王珪同白上，因李憲往諭王韶少留效用人，省浮費，上令作文字與，安石曰：'恐不須作朝廷文字，陛下以聖旨諭之，彼得聖旨亦有辭以拒來者及裁省公費，今一最下士人亦須月費百千以上，而往者無已，窮邊錢難致，如何經久。昨臣已令人致意王韶，今事功略就，人之多言，更在於傷財，不比初舉事，士人憚往。至於供給，皆可裁減，兼效用人徒費官賞，不如以其財專撫養鬭士也。'及是，上又令憲詣安石問復有何事諭詔，安石具爲憲言之。"[1]辛卯爲二十三日。按，王韶（1030—1081），字子純，一作子淳，江州德安（今屬江西）人，嘉祐二年（1057）進士，官至樞密副使，元豐四年卒，年五十二，諡襄敏，《宋史》卷三二八、《東都事略》卷八二有傳，王可喜、王兆鵬編有《王韶行年考》[2]，《全宋詩》卷六七八錄其詩四首、殘句二聯又一句，《全宋文》卷一六六二收其文二十二篇。

三月六日，以邊奏木征、鬼章大兵轉入岷州，言岷州保亡慮。

《長編》卷二五一載熙寧七年三月壬寅，"吳充建議乞棄岷州，上曰：'自可守，何須棄。'王安石言：'岷州若棄，必有取而爲主者，則階、秦、熙、河皆受敵。'上曰：'誠然。是於兩路脅股間，又生一夏國也。'翌日，邊奏木征、鬼章大兵轉入岷州。上以爲憂，安石與王珪皆言：'彼師已老，必難涉險遠攻，岷州保亡慮。'馮京獨不謂然。已而奏至，果如安石等所料"[3]。壬寅爲五日。

四月，爲舅父薛季卿作墓誌銘，有《朝請大夫守司農少卿贈兵部侍郎上柱國賜紫金魚袋薛公墓誌銘》。

本集卷五九有《朝請大夫守司農少卿贈兵部侍郎上柱國賜紫金魚袋薛公

[1] 李燾撰，上海師範大學古籍整理研究所、華東師範大學古籍整理研究所點校《續資治通鑑長編》，第10冊第6101~6102頁。

[2] 王可喜、王兆鵬《王韶行年考》，陶新民主編《古籍研究》第49期，安徽大學出版社2006年版。

[3] 李燾撰，上海師範大學古籍整理研究所、華東師範大學古籍整理研究所點校《續資治通鑑長編》，第10冊第6110頁。

墓誌銘》，記薛季卿。薛季卿（997—1060），字公遜，其先汾陰（今山西萬榮）人，自其曾祖薛競始徙居於蜀（今四川成都），薛映之子，以蔭入仕，官至司農少卿，"丁所生之憂，執喪哀甚，以嘉祐五年六月乙酉，終於京師榆林之第，享年六十有四"。"珪，公之甥也，故能道公平生之所爲如此。公以子在朝，累贈兵部侍郎。娶李氏，封平原縣君，先公十三年卒。熙寧七年四月丁酉，葬公開封府開封縣丁岡村。子六人：長曰維，尚書水部郎中；次曰綜，皆早卒；次曰經，錄事參軍；次曰紘，試將作監主簿；曰繹、曰絢，未仕。女二人，一早卒，一尚幼。孫十五人。"（第 436~437 頁）乙酉爲二十八日，丁酉爲三十日。此文當作於熙寧七年四月三十日之前，姑繫於此。

夏，有《乞令密章不得還熙州劄子》。

　　本集卷八有《乞令密章不得還熙州劄子》，云："臣早來伏奉聖諭，王韶欲令密章復還熙州，臣甚惑之。竊惟熙河一道，俗本羌戎，自唐以來，乘中原盛衰，或得或失。然失之莫不易，得之莫不難也。今得其地環數千里，據大河上游，使夏國有腹背之憂，董氈失唇齒之附，不爲不要矣。顧非陛下獨奮英武，蓋未易得之。前日得巴珍覺、轄烏、察棟固數人，皆授以官而遣之，蓋欲招致密章爾。密章既出，而韶意欲復還者，不過以南山猶有未附之人。臣以爲不然，且密章屢殺害邊吏，衆亦知其出而不還，非如巴珍覺等之比。因而縻之足使未附之人皆憚漢之威靈，却易撫輯。況西番大首領，其桀黠更無有過密章者。自韶經制一方，捕斬無慮數萬級，其威名早立。今所遺一二種落，豈待密章還而後定？觀密章之降，蓋勢不獲已，即非誠有向漢之心。如使居熙州，我之動靜虛實，一以得之。其衆人皆腹心，又怨漢深，一旦引夏國與董氈，乘暇發兵，扼通遠之衝，絕枹罕之餉，四面番部合力而攻，熙州、洮、岷、疊壨連衡而撓階、秦，方是之時，恐熙河非復我有也。踏白之變，度猶可以復勝者，彼內無應也。儻謀出密章，變起熙州，則事安可測也？不但失之四邊，又從而見侮，棄前功而貽後患，不可不思也。竊以爲密章之還，利小而害大。如陛下必欲慰羌人之心，且令居秦州爲便。臣之愚見如此，不敢自默，更繫聖裁。"（第 61~62 頁）明永樂十四年（1416）內府刊本《歷代名臣奏議》卷三四四收錄此文，"密章"作"木征"。按，木征（？—1077），神宗賜名趙思忠，吐蕃首領唃厮囉孫，瞎氈子，《宋史》卷四九二有傳。"前日得巴珍覺、轄烏、察棟固數人，皆授以官而遣之"指熙寧六年十二月二十七日乙未，神宗特授來降之木征弟瞎吳叱、巴氈角爲崇儀副使，董古爲禮賓副使，三人並爲蕃部鈐轄。"踏白之變"指熙寧七年二月十六日甲申，木征乘王韶赴京入覲之機，聯合董氈別將青宜結鬼章襲擾河州，知河州景思立因輕敵冒進敗死於踏白城一事。[1]《長編》卷二五二載熙寧七年四月甲申，"王韶大破西蕃，木征降"。"丁酉，李憲言木征出降，輔臣皆賀，詔：'木征及母、妻、子，令王韶、李憲發遣赴闕，走馬承受長孫良臣押引，優厚支錢，令緣路供給。'"卷二五四載熙寧七年六月丁亥，"賜木征姓趙名思忠，爲榮州團練使"。注云："又詔思忠、包氏，聞女夫婦不相能，今當和睦。思忠不能奉詔，乃詔思忠居熙州，包氏、俞龍七居河州。"卷二五八載熙寧七年十二月丁卯，"榮州團練使趙思忠等入辭，詔以思忠爲秦州鈐轄，不釐事。思忠乞廨舍，上曰：'爲爾創所居，比到完矣。'"[2]甲申、丁酉、丁亥、丁卯分別爲十七日、三十日、二十一日、四日。則此文當作於熙寧七年五、六月間，神宗最終還是采納了王珪建議。

十二月，有《贈禮部尚書邵安簡公挽詞》《推誠保德功臣資政殿學士朝請大夫守尚書禮部侍郎護軍丹陽郡開國侯食邑一千八百户賜紫金魚袋贈吏部尚書安簡邵公墓誌銘》。

本集卷六有《贈禮部尚書邵安簡公挽詞》。又卷五九有《推誠保德功臣資政殿學士朝請大夫守尚書禮部侍郎護軍丹陽郡開國侯食邑一千八百户賜紫金魚袋贈吏部尚書安簡邵公墓誌銘》，此文又見杜大珪《名臣碑傳琬琰集》中集卷一九，題作《邵安簡公亢墓誌銘》，云："公熙寧七年十二月二十五日終，明年十一月二十六日葬潤州丹陽縣上德鄉耿崗原。……子男二人：壎，秘書省校書郎；鬹，太常寺太祝。……予少遇公於江湖之上，其後入朝與公游，蓋嘗聞平生之言。今公子以公治命屬予銘，予雖久不爲文，尚能爲公銘。"（第441頁）

[1] 參李燾撰，上海師範大學古籍整理研究所、華東師範大學古籍整理研究所點校《續資治通鑑長編》卷二四八、卷二五〇，第10冊第6063、6098頁。
[2] 李燾撰，上海師範大學古籍整理研究所、華東師範大學古籍整理研究所點校《續資治通鑑長編》，第10冊第6160、6179、6212、6213頁，第11冊第6295頁。

　　許顗《彥周詩話》云："外祖父邵安簡公，布衣時上《平元昊策》，又嘗勸仁廟早立太子。晚年自樞府出知越州，又移知鄆州。其薨也，岐公作《挽詞》云：'被褐曾陳定羌策，汗青猶著立儲書。春風澤國吟牋落，夜雨溪堂燕豆疏。'前輩詩不獨語句精鍊，且是著題。"[1] 胡仔《苕溪漁隱叢話》後集卷二一《王禹玉》、阮閱《詩話總龜》後集卷三五《傷悼門》引此則。厲鶚《宋詩紀事》卷一五《王珪》據《彥周詩話》錄此詩四句，蓋未見全詩。按，邵亢（1014—1074），字興宗，潤州丹陽（今屬江蘇）人，慶曆元年（1041）以獻《康定兵說》召試學士院，授權邠州觀察推官，官至樞密副使，熙寧七年卒，年六十一，謚安簡，《宋史》卷三一七、《東都事略》卷八一、《京口耆舊傳》卷三有傳，生平事迹見王珪《贈吏部尚書安簡邵公墓誌銘》，《全宋詩》卷三九九錄其詩五首，《全宋文》卷一〇三三收其文七篇。

約於是年，有《題道録陳景元中太乙宮種玉軒詩》。

　　本集卷二有《題道録陳景元中太乙宮種玉軒詩》。按，薛致玄《道德真經藏室纂微開題科文疏》卷一云："謁告還高郵葬親，上時命中使賜白金三十鎰，仍宣諭云：比期中太乙宮成，俾陳景元主之。逮還闕，令選舉博加精進戒潔之士，共不過二十人同焚修者。六年十一月十二日延和殿引見，各賜賚差等，十五日奉安太乙。翊日，聖駕詣宮，朝謁禮畢，於延祺殿召見，特轉額外右街副道録，並度弟子三人。仍本宮每歲許度弟子一人，月給齋糧米六十斛，緡二萬錢，兼給賜南北兩莊土田以贍衆。久之，以事累稠遷，乞去，隱廬阜。有司具以奏，朝廷不允。復有旨主本宮事，令官吏不干預。……所隱有軒曰種玉，自大丞相吳奎、左相蒲宗孟、翰林學士王岐公而下，一時宗工巨儒，泊賢士大夫，以篇什唱酬迭遺者甚多，以其辭煩，故不備録，附於別傳。……元豐六年，罷本宮事，歸隱茅山，刊正三洞經法，四方采真之士投迹者熙熙然。"[2] "六年"指熙寧六年。《宣和書譜》卷六記陳景元"己卯，乞歸廬山"[3]。己卯歲即元符二年（1099），而陳景元卒於紹聖元年（1094），可知"己卯"當爲"乙卯"之訛，乙卯歲爲熙寧八年。故知陳

[1] 何文焕輯《歷代詩話》，第386頁。
[2] 蒙文通輯校《道書輯校十種》，第878~879頁。
[3] 佚名撰，顧逸點校《宣和書譜》，上海書畫出版社1984年版，第50頁。

景元熙寧八年曾暫隱廬山，旋即被召還。其於熙寧六年始主中太乙宮，則其建種玉軒當在此後。姑繫此詩於熙寧七年。

神宗熙寧八年乙卯（1075），五十七歲

在汴京。爲參知政事。有詩一首、文三篇。

三月十九日，對神宗用李靖法作陣圖沉默不言。

《長編》卷二六〇熙寧八年二月戊寅注引王安石《熙寧日録》云："八年三月十九日，上用李靖法作陳圖，隊爲四部，將居中，有親兵而無部。前此呂惠卿極論其不可，安石亦爲上言其非是。是日又進呈，斂順上意以爲善，獨安石與惠卿共難，而王珪不言，安石曰：'先王伍法恐必不可改，今作四部，即兵以分合爲變，不知四部分，則大將在中何所依附？若附四部中，則一部乃有兩人大將；若不附四部中，大將反無以自衛，如何待敵？'上默然，乃且令試教。"[1]《長編》卷二六四熙寧八年五月己巳注引《實録》亦載此事，但謂是三月十五日事，姑從前說。

是月，有《依韻和蔡樞密山藥》詩。

本集卷四有《依韻和蔡樞密山藥》，云："鳳池春晚綠生烟，曾見高枝蔓正延。常伴兔絲留我篋，幾隨竹葉泛君筵。誰言御水傳名久，須信睢（睢）園得地偏。纔獲靈根便親植，一番新葉已森然。"第四句下自注云："持正家爲山藥酒最佳，去冬屢享之。"（第24頁）"持正"，武英殿聚珍本《華陽集》作"子正"，當是。"持正"乃蔡確之字，而蔡確未曾擔任過樞密使或樞密副使，此詩所和對象應爲蔡挺。"睢園"即梁園，在南京應天府。張方平《宋故推誠保德功臣資政殿學士正奉大夫行右諫議大夫判南京留司御史臺上護軍南陽郡開國侯食邑一千八百戶食實封二百戶賜紫金魚袋贈工部尚書蔡公墓誌銘》云：熙寧"七年冬，奏事御前，忽眩而仆，内侍掖就西廂，上親臨賜藥，自殿中肩輿歸西府。中人監太醫診療，晨夕奏起居狀，存問相屬。逾月

---

[1] 李燾撰，上海師範大學古籍整理研究所、華東師範大學古籍整理研究所點校《續資治通鑑長編》，第11冊第6342頁。

少間，懇祈罷退，恩旨固留，章七八上，方除資政殿學士、判南京留司御史臺。上使近臣宣旨慰諭：厚自持，有瘳復位。末弱，遂不良行。元豐二年五月一日薨，享年六十有六"[1]。《長編》卷二五九云：熙寧八年正月"庚子，樞密副使、右諫議大夫蔡挺爲資政殿學士、判南京留司御史臺。挺先以疾賜告，至是從所乞也"[2]。庚子爲七日。《王荊文公詩箋注》卷二八有《和蔡樞密南都種山藥法》，韻脚與王珪詩相同，題下注云："蔡詩並序云：'蒙見索《南都種山藥法》，並以生頭百十莖送上，因成小詩：青青正是中分天，區種何妨試玉延。即見引須緣夏木，定知如蹠薦冬筵。（注："俗傳種時以足按之，即如人足。"）潤邊御水冰霜結，蔭近堯雲雨露偏。自裹自題還自愧，揠苗應笑宋人然。'"[3] 王安石熙寧八年二月十一日再拜昭文相，三月一日離江寧赴闕，中旬抵京；九年十月二十三日再罷相還江寧。[4] 由"纏獲靈根便親植"及王珪自注，可知二王與蔡挺唱和山藥當在熙寧八年三月。劉成國亦繫王安石詩於熙寧八年三月。[5]

閏四月八日，言盛陶資性頗邪，終始如一。

《長編》卷二六三載熙寧八年閏四月己亥，"御史盛陶乞出，鄧綰奏陶資性端謹，終始如一，乞甄擢。上目王安石及呂惠卿而笑，王珪曰：'惠卿適改云資性頗邪，終始如一。'安石曰：'綰爲國司直，其言事如此，何止尸素而已。'上曰：'鄧綰，兩制猶之可也。如文彥博，任遇更重，乃舉劉庠，屢陳讜論。要治此等事，不可勝治。'……陶尋出爲簽書隨州判官"[6]。己亥爲八日。

是月，參與處理李逢案。

《長編》卷二六三載熙寧八年閏四月壬子，"賜右羽林軍大將軍、秀州團練使世居死，翰林祗候劉育陵遲處死，試將作監主薄張靖腰斬；司天監學

［1］張方平《樂全先生文集》卷四〇，《宋集珍本叢刊》，第6冊第255頁。
［2］李燾撰，上海師範大學古籍整理研究所、華東師範大學古籍整理研究所點校《續資治通鑑長編》，第11冊第6309頁。
［3］王安石著，李壁箋注，高克勤點校《王荊文公詩箋注》，第688頁。
［4］參劉成國《王安石年譜長編》，第5冊第1775～1781、1930頁。
［5］參劉成國《王安石年譜長編》，第5冊第1783～1784頁。
［6］李燾撰，上海師範大學古籍整理研究所、華東師範大學古籍整理研究所點校《續資治通鑑長編》，第11冊第6433頁。

生秦彪、百姓李士寧杖脊，並湖南編管；大理評事王鞏追兩官勒停，知瀛州、祠部員外郎、天章閣待制劉瑾落職，知明州，前翰林侍讀學士、禮部侍郎滕甫落職，候服闋與知州。……育、靖並坐與李逢等結謀不軌，彪以《星辰行度圖》與世居，士寧收鈒龍刀及與世居飲，甫、瑾與世居書簡往還，鞏見徐革言涉不順而不告，皆特斷也。先是，范百禄言徐禧論滕甫事過當。上謂王安石，滕甫不合移鄧州，甫元無罪，因禧有言故移。……翼日，王珪、呂惠卿進呈滕甫乃徐禧未言以前，上令移之。……呂惠卿又言：‘王鞏與韓絳親戚，取下狀三日不奏，王珪點檢方奏，元狀甚疑，韓知情後，勘得乃無罪。若使鞏與臣及王安石親戚，三日取下狀不奏，因王珪點檢方奏，即大涉嫌疑也。’上曰：‘鞏情不佳。’安石曰：‘鞏情亦無甚可惡。’”[1] 壬子爲二十一日。按，李逢案，美國學者賈志揚有較全面之研究。[2]

五月二十八日，未入內奏事。

《長編》卷二六四載熙寧八年五月丁亥，“御史蔡承禧言呂升卿招權慢上，并及呂惠卿，是日進呈”。“明日，惠卿求去，韓絳、王珪不入，安石獨奏事。”[3] 丁亥爲二十七日。

六月十六日，與神宗、王安石議黜宋昌言等。

《長編》卷二六五云：熙寧八年六月“丙午，詔判都水監李立之、丞王令圖、主簿李黼、句當公事陳祐甫各罰銅二十斤，立之出知陝州；前判監、衛尉少卿、知陝州宋昌言，汴口官、都官郎中王琉，都官員外顏處恭，西京左藏庫副使劉文應各降一官，改昌言知丹州。並坐閉塞家口不當也。王安石初議，汴口官及昌言爲一等，當奪一官，立之等罪止贖銅。上欲罷立之都水，與郡。王珪又言昌言專受指相度，罰宜更重。安石曰：‘琉言昌言明與人言執政意必欲閉，琉屢爭弗得。’上曰：‘既如此不奏，乃依違，何名守官？’安石曰：‘此所以與昌言同罰。然昌言誠宜更重。’乃奪昌言陝州，而

[1] 李燾撰，上海師範大學古籍整理研究所、華東師範大學古籍整理研究所點校《續資治通鑑長編》，第11冊第6446~6447頁。
[2] 參［美］賈志揚著，趙冬梅譯《天潢貴冑——宋代宗室史》（第二版），江蘇人民出版社2010年版，第86~91頁。
[3] 李燾撰，上海師範大學古籍整理研究所、華東師範大學古籍整理研究所點校《續資治通鑑長編》，第11冊第6480頁。

使立之代之"[1]。丙午爲十六日。卷二六三熙寧八年閏四月甲午注引王安石《熙寧日録》六月十六日記事云："進呈閉訾家口官，余請以汴口及宋昌言爲一等，奪一官；李立之等爲一等，贖銅。上曰：'却是劉瑍説此事。'余曰：'誠如此，兼瑍前開訾家口有功，欲以功免此一罰。'上曰：'好。'更令余勘會侯叔獻勞績取旨。叔獻乃與瑍同救得訾家口者也。上又令李立之與郡，珪言昌言專受指去相度，宜更重。余曰：'見王琉言昌言明説得執政意指須要閉，琉屢爭不得。'上曰：'既如此，不奏乃依違，何名守官？'余曰：'此所以欲與昌言同罰，然昌言誠當更重。'上乃令與昌言一郡，余曰：'李立之即令替昌言知陝府。'上曰：'好。'"[2]

是月，議韓琦贈官。

《長編》卷二六五載熙寧八年六月戊午，"司徒、兼侍中、判相州韓琦薨，年六十八。前一夕，大星隕州治，櫪馬皆驚。上聞訃，輟視朝三日，發哀於後苑，遣句當御藥院李舜舉特賜其家銀絹各二千五百兩匹，又特遣入内都知張茂則管句葬事，又就差知安陽縣吕景陽、相州觀察判官陳安民專管句葬事，許即墳造酒，以備支用，聽數外留占吏卒，命同知禮院李清臣即其喪祭奠，顧恤其家甚厚。上自爲碑文，載琦大節，又篆其首曰'兩朝顧命定策元勳之碑'，謚忠獻，贈尚書令，配饗英宗廟廷。初，執政進呈琦贈官，王珪言吕夷簡贈太師、中書令。王安石曰：'琦受遺立先帝，非夷簡比。'謂宜特贈，乃贈尚書令。琦合加恩禮，上即日批出，無一闕者"[3]。戊午爲二十八日。陳薦《宋故推忠宣德崇仁保順守正協恭贊洽純誠亮節佐運翊戴功臣永興軍節度管内觀察處置等使開府儀同三司守司徒檢校太師兼侍中行京兆尹判相州軍州事兼管内勸農使上柱國魏國公食邑一萬六千八百户食實封六千五百户贈尚書令謚忠獻配享英宗廟廷韓公墓誌銘並序》[4]、杜大珪《名臣碑傳琬琰

[1] 李燾撰，上海師範大學古籍整理研究所、華東師範大學古籍整理研究所點校《續資治通鑑長編》，第 11 册第 6487 頁。
[2] 李燾撰，上海師範大學古籍整理研究所、華東師範大學古籍整理研究所點校《續資治通鑑長編》，第 11 册第 6423 頁。
[3] 李燾撰，上海師範大學古籍整理研究所、華東師範大學古籍整理研究所點校《續資治通鑑長編》，第 11 册第 6517 頁。
[4] 參許世娣《北宋韓琦墓誌研究》，姜錫東主編《宋史研究論叢》第 14 輯，河北大學出版社 2013 年版。

集》上集卷一宋神宗《兩朝顧命定策元勳之碑》、韓忠彥《韓魏公家傳》卷一〇等均載韓琦六月甲寅卒於相州，甲寅爲二十四日，可知《長編》所載乃訃至京師之日。王珪等議韓琦贈官當在六月二十八日後，姑繫於此。

有《回吕參政謝給事書》。

《永樂大典》卷七九六二録王珪《回吕參政謝給事書》，云：“方真主之勵精，稽先王而發政。謂六經所以制天下之治，非大賢不能濟人文之興。”[1]“吕參政”當指吕惠卿。《長編》卷二六五云：熙寧八年六月“辛亥，吏部尚書、平章事、昭文館大學士王安石加左僕射、兼門下侍郎，右諫議大夫、參知政事吕惠卿加給事中，右正言、天章閣待制王雱加龍圖閣直學士，太子中允、館閣校勘吕升卿直集賢院，並以修《詩》《書》《周禮義解》畢，推恩也”[2]。辛亥爲二十一日。此文不見於今本《華陽集》，《全宋文》亦失收，當作於六月二十一日之後。按，吕惠卿（1032—1111），字吉甫，泉州晉江（今屬福建）人，嘉祐二年（1057）進士，官至參知政事，政和元年卒，年八十，《宋史》卷四七一、《東都事略》卷八三有傳，生平事迹見杜大珪《名臣碑傳琬琰集》下集卷一四《吕參政惠卿傳》，陸傑編有《吕惠卿年譜》[3]，《全宋詩》卷七二一録其詩四首、殘句三聯，《全宋文》卷一七一九至卷一七二一收其文三卷。

接王安石《上執政辭僕射啓》，代爲辭左僕射。

王安石《臨川先生文集》卷七九《上執政辭僕射啓》云：“竊以中臺揆路之要，左省侍班之崇，以疇茂勳，乃稱公論。某誤尸宰事，久曠天工，方慚莫副於具瞻，豈意更叨於殊獎？比陳愚款，未賜俞音。伏惟某官，仁在曲成，義惟兼善，特借未（末）辭之助，庶逃虛授之尤。”[4]王安石熙寧八年六月二十一日以修《三經新義》畢，推恩加左僕射兼門下侍郎。王安石三上劄子、二上表辭免左僕射，神宗不允，故致啓執政，請代辭左僕射。劉成國

---

[1] 參解縉等奉敕纂《永樂大典》，第 4 冊第 3692 頁。

[2] 李燾撰，上海師範大學古籍整理研究所、華東師範大學古籍整理研究所點校《續資治通鑑長編》，第 11 冊第 6495 頁。

[3] 陸傑《吕惠卿年譜》，上海師範大學古籍整理研究所編《中國傳統文化與典籍論叢》，甘肅人民出版社 2014 年版。

[4] 王水照主編《王安石全集》，第 7 冊第 1406 頁。

云：“此時公爲首相，王珪、呂惠卿爲參知政事，而惠卿亦因修經加給事中，公應無請惠卿代辭之理，此執政當爲王珪。”[1] 姑從之。

七月，奉命與王安石曉諭呂惠卿，令入視事。

《長編》卷二六六熙寧八年七月癸未載因蔡承禧彈劾呂升卿，事連呂惠卿，“惠卿乃謁告，上遣馮宗道撫問，召赴中書。王安石又親詣惠卿，道上意。惠卿於是上表求補外者三，上皆遣中使封還；又入劄子，上復令安石同王珪諭惠卿”[2]。癸未爲二十三日。按，呂惠卿原是王安石推行新法之得力助手，但熙寧八年二月王安石復相後，二人在政見、用人、經義等方面產生分歧，並最終分裂。呂惠卿認爲，練亨甫勾結蔡承禧陷害其兄弟二人，練亨甫背後之人乃王雱，王安石沒有爲他們兄弟辨誣，因此覺得像以前那樣與王安石同心協力推行新法已不可能，所以向神宗提出辭去參知政事之職。[3]

爲王仲京岳父蒲慎密作墓誌銘，有《朝奉郎守尚書屯田郎中致仕上騎都尉賜緋魚袋蒲君墓誌銘》。

本集卷五九有《朝奉郎守尚書屯田郎中致仕上騎都尉賜緋魚袋蒲君墓誌銘》，記蒲慎密。蒲慎密（1012—1072），字叔榮，果州（今四川南充）人，景祐五年（1038）進士，官至屯田郎中，“熙寧五年七月十八日，以疾卒於京師，享年六十一”，“八年七月十三日癸酉，葬華州鄭縣孝悌鄉田村社”，“子男二人：希孟，右班殿直；希閔，太廟齋郎。女二人，長適光祿寺丞王仲京，次適太廟齋郎張公著”（第437~438頁）。王仲京爲王珪之姪。此文當作於熙寧八年七月十三日之前，姑繫於此。鄭克《折獄龜鑑》卷四《蒲謹密敢爭》注“見曾肇内翰所撰《墓誌》”，劉俊文指出其誤，今本曾肇《曲阜集》無《蒲慎密墓誌》，《折獄龜鑑》所引事實出王珪《華陽集》。[4] 而《折獄龜鑑》將蒲慎密寫成“蒲謹密”，當是爲避宋孝宗趙昚嫌名而改。

八月十五日，聽呂惠卿告以王安石於中書言曾布之惡。

《長編》卷二七一熙寧八年十二月庚寅引《呂惠卿日録》九月十六日記

---

[1] 劉成國《王安石年譜長編》，第5冊第1849頁。

[2] 李燾撰，上海師範大學古籍整理研究所、華東師範大學古籍整理研究所點校《續資治通鑑長編》，第11冊第6532頁。

[3] 參呂一燃《呂惠卿與王安石變法》，《史學月刊》2003年第2期。

[4] 參鄭克編撰，劉俊文譯註點校《折獄龜鑑譯註》，第225頁。

事云：“只有個曾布，安石未嘗喚來内裏。八月十五日，中書聚聽，言他數件大惡。臣曾説與王珪云：‘相公曾説曾布事來呵。’”[1]

八月二十四日，與王安石、吕惠卿進呈兩浙轉運司體量王子京兄弟不當事。

《長編》卷二六八熙寧八年九月乙酉云：“初，惠卿既進劄子與安石辨改經義事，乞去位，因出前後與安石議論不合者。如兩浙提舉官王子京與其弟知蘇州吴縣事子韶，於秀州買板葬父虧價，轉運使王庭老、張靚奏劾之。法寺斷子韶杖六十私罪，刑房稱庭老、靚奏劾違法。安石令子韶依斷，而除落子京不覺察罪，將上乞取勘庭老、靚。惠卿以謂子韶依斷太輕，子京以兄弟同謀葬父，豈得坐不覺察？轉運司當奏劾，無可取勘之理。”注引《吕惠卿日録》云：“八月二十四日進呈刑房具到兩浙轉運司體量王子京、子韶不當事，上曰：‘如此，即是轉運司不合體量。’余曰：‘臣前日因節出案内事節，可見子京、子韶無可恕之情，運司無可怒之理。’王子韶，元初子京出頭子差人買板，豈可只於子韶處取覆？一家買板葬父，無不知。又自熙寧六年正月初九日下縣買板，板主不在，只於看守人處取來，直至七年八月板主回歸來，説道‘此板直三四十貫錢’，行人方經縣論訴，乞定奪。本縣差兩番行人，並作三十貫，令本縣行人甘認填還。至十一月，縣中行人經州陳狀，却是先行遣柳行人下縣買板。知州理斷，稱此板只直十五貫文。余曰：‘直至推院方勘稱本縣行人爲嫌。州中下縣收買，所以大估價錢，即當時此事誼鬧可知。元條既許體訪，即訪聞無不可知之理。前日見王安石，安石果言張靚等言安石與臣同存條例司，嫌子韶，所以如此。不知在條例時嫌子韶則甚？嫌子韶，自是批出來，外持守正之名，内懷朋姦之實。罷臺官干他別人甚事！大凡心有可疑，即不得其正。臣因問安石，昨來子韶爲不葬父，被張商英言，遂罷湖南運判，知高郵縣，不知希阿誰指？如此，張靚亦是曉事底人，豈肯説與人，道我希執政？如此不足信。’上曰：‘恐無是事。’安石曰：‘子韶之言固不足信，前見吕惠卿要衝替王子京。’余曰：‘固不曾要衝替王子京，只是言不當勘轉運司。’上曰：‘子韶誠可罪，子京不知，運司不合不取案看。’石又言：‘運司不合體量子韶崑山縣事，乞衝替不當。’余曰：‘誠

---

[1] 李燾撰，上海師範大學古籍整理研究所、華東師範大學古籍整理研究所點校《續資治通鑑長編》，第11冊第6634頁。

有過當之辭，但子韶爲知縣却差手下廳子充青苗庫子，誠不得。’石曰：‘無
條不得差廳子。’余曰：‘廳子自是三貫文雇，手力自是四貫文雇，自然不合
差假。如差鄉書手充青苗庫子，豈須一一有條不得差方是違條。’上曰：‘庫
子是優饒差遣，到了不合差廳子。然買板事却是子京不知。’王珪曰：‘且令
分析。’上曰：‘好。’余曰：‘本房稱王子韶合取旨。’上曰：‘子韶此事誠是
不得。’石曰：‘已該赦。’”又引同書云：“九月十六日進呈前後與安石所爭事
目，余曰：‘只如王子京事，伊元初斷子韶依斷，王子京令大理寺更不收不
覺察罪。臣説與堂後官，王子京弟兄商量買板葬父，自熙寧六年正月買板，
次年十一月行人猶理會陪錢，却只收不覺察罪，已是情理輕，却令除落。又
子韶託官員下縣買物，令人陪錢，如此依斷，莫輕否？莫將聚廳處商量，不
知堂後官去他處説什麼？’安石更不商量，遂大怒言：‘張靚、王庭老體量
他不當，須要將上取勘，叫這漢一年閑住却添支，不知受底人苦，自總會
他不得。’比至將上，安石乞取勘，臣以爲不當取勘，陛下頗助臣説，遂得
旨令本房做文字。本房做到狀將上，臣讀見與案内事節不同，問安石曾見案
來否？安石言已見，臣道見來便得。見他怒，不敢與他議，將上。除臣道理
不是處，即對陛下開陳其不實處，稱買板頭引是子韶一面指揮，據案却是子
京出頭引之類，即不欲盡説。陛下必須罪檢正官。既罪檢正官，是他須閉門
閉户，便喚道臣趲逼他。然陛下以其理未當，故不許將下來。是他又令本房
做白劄子，依前與案内事節不同，如秀州前後行人等狀，並只稱王太丞買
板，元不曾指説王子京。緣所稱王著作、王提舉便是王子京。雖無陪錢三十
貫事狀，緣累次估作三十貫，並不聲説。又稱無不得差廳子充青苗條貫。廳
子、手力雇錢既不同，又是祗應人，即自不合充受納庫子。應不合差之人，
豈須一一有條貫指揮？又同共商量買板葬父母，却稱係各居，兄更無不覺察
罪。又只有不合差弓手催免役錢并支青苗，不覺察書手乞覓人户青苗錢，該
赦衝替體例，獨無此體例，緣不合差弓手催免役錢，便可比差廳子充庫子，
不覺察廳子取受。其於不覺察鄉書手，豈得事事一般，方得爲例？臣略説指
一兩事與他，他又怒。王珪遂勸令且休，將上更商議。臣遂説與安石：‘莫
相公未見案節子細？待節出案内要節，相公看過，如實有可怒情節，即取
勘。’遂節其數段，以見子京、子韶無可矜之情，而張靚、王庭老無可怒之

理。安石却送令檢正官疏臣文字，又説的不是，只一向游辭。又別做一狀，將上前後三狀説得一般。若是元初見得有可勘情罪，豈至如此？是他却一向怒不解。待漏院説次，忽然耳語問臣：'王庭老何故升一任？'臣高聲問王珪：'相公問王庭老何故升一任？'王珪言：'當時不是官家道不要移寧，與轉官，遂商量爲轉官。'是他又説外面煞有議論，道是安石與賢在制置司時嫌王子韶故張，希望如此體量。臣前已曾面論，是他平常不曾見他如此，臣此事不爭亦得。然陛下置許多大臣，吳充雖與他小異，只是自固之計，豈敢違他？王珪又絶好人，王韶又如此，臣更饒過放他使性氣，更有甚人？奈何！"[1]乙酉爲二十六日。

八月二十八日，與呂惠卿進呈張靚乞避盧秉狀。

《長編》卷二五六載熙寧七年九月癸亥，"權發遣兩浙轉運副使張靚言：'體量官司行鹽法差誤十事，内三事盧秉舉覺已根究外，越州有因監催鹽賞錢，母殺子者；又瀕海等縣，隔州縣追同保人，令本路轉運司劾官吏。其鹽事司違法第月比較課利，決責、枷錮專副。'詔淮南西路轉運司劾盧秉以聞。其後奏至，秉坐公罪杖六十，用赦原之"。注引《呂惠卿日録》云："熙寧八年八月二十八日，進呈張靚乞避盧秉狀，上曰：'是他乞移京東西一路，或解罷赴闕，莫只是要朝廷知。'僉曰：'是如此。'余曰：'但陛下察之，便得見説。盧秉尤怨臣等，至於人前泣訴。'王珪曰：'韓絳等當時便要衝替却。'上曰：'秉誠有過當事。'……八年七月九日，盧秉自淮東提刑除發運副使，靚時任兩浙運副，故乞回避"[2]。癸亥爲二十八日。

八月二十九日，議差官定驗兩浙興修水利不當事。

《長編》卷二六七載熙寧八年八月戊午，"中書進呈，户房乞下兩浙提舉水利及轉運司，各差官定驗兩浙興修水利不當事。上曰：'沈括所差官，即運司管不得。運司所差官，即在安撫使轄下，可差侯叔獻去否？'王珪

---

[1] 李燾撰，上海師範大學古籍整理研究所、華東師範大學古籍整理研究所點校《續資治通鑑長編》，第 11 冊第 6573、6575~6576、6576~6577 頁。

[2] 李燾撰，上海師範大學古籍整理研究所、華東師範大學古籍整理研究所點校《續資治通鑑長編》，第 10 冊第 6265~6266 頁。

曰：'侯叔獻不可去。王古今在河南，乞就差古。'"[1]戊午爲二十九日。

是月，聽神宗贊李清臣有良史才。

晁補之《資政殿大學士李公行狀》云："忠獻韓公薨，公被旨祭奠，因爲其行狀。神宗謂王珪曰：'李清臣敘韓琦事甚典麗，良史才也。'"[2]韓琦卒於熙寧八年六月二十四日。李清臣《韓忠獻公琦行狀》文末署"熙寧八年八月日，宣德郎、守太常寺、充集賢校理、同知太常禮院李清臣狀"[3]，則神宗對王珪贊李清臣有良史才當在八月或稍後，姑繫於此。

十月二十九日，子仲脩爲崇文院校書、知禮院。

《長編》卷二六九載熙寧八年十月丁巳，"著作佐郎王仲脩爲崇文院校書、知禮院。仲脩，珪子也"[4]。丁巳爲二十九日。而《宋會要》選舉三三之一四云：熙寧八年"十一月二十九日，著作佐郎王仲脩賜對，命充崇文院校書、同知太常禮院"[5]。考熙寧八年十一月己未朔，無丁巳日，則《宋會要》之"十一月"或爲"十月"之衍。姑從《長編》。

冬，代神宗作《兩朝顧命定策元勳之碑》。

葉廷琯《吹網録》卷六《石林燕語》據樓鑰《跋王岐公端午帖子》，定韓琦神道碑爲王珪所作。韓琦卒於熙寧八年六月二十四日，葬於十一月二日庚申。韓忠彥《韓魏公家傳》卷一〇云："有司考行應憂國忘家文賢有成之法，諡曰忠獻，詔本家令以行狀來上，神宗乃親製神道碑以賜之，題碑額曰'兩朝顧命定策元勳之碑'，葬於相州安陽縣豐安村祖塋之西北原。"[6]似乎韓琦神道碑作於其靈柩下葬之前。考杜大珪《名臣碑傳琬琰集》上集卷一《兩朝顧命定策元勳之碑》云："朕念既葬而墓隧之碑未立……今觀公之大節所以始，所以終，宜有金石刻之，以著信於後世，而錫訓於子孫，非朕，其誰

[1]李燾撰，上海師範大學古籍整理研究所、華東師範大學古籍整理研究所點校《續資治通鑑長編》，第11冊第6556頁。
[2]晁補之《濟北晁先生雞肋集》卷六二，明崇禎八年（1635）顧凝遠詩瘦閣刻本（中國國家圖書館藏）。
[3]杜大珪《名臣碑傳琬琰集》中集卷四八，《宋代傳記資料叢刊》，第15冊第557頁。
[4]李燾撰，上海師範大學古籍整理研究所、華東師範大學古籍整理研究所點校《續資治通鑑長編》，第11冊第6609頁。
[5]劉琳等校點《宋會要輯稿》，第10冊第5888頁。
[6]韓琦著，李之亮、徐正英校箋《安陽集編年箋注》，第1861頁。

爲之？”“公薨前夕，有大星殞於厩中，櫪馬皆鳴。其年十一月庚申，發兩河卒，以一品鹵簿葬公相州安陽縣農安材（村）之原，享年六十八歲。”[1]陳薦《贈尚書令謐忠獻配享英宗廟廷韓公墓誌銘》未提及神宗爲韓琦作神道碑事。則王珪代神宗作韓琦神道碑當在熙寧八年十一月二日韓琦下葬之後，姑繫於此。

葉夢得《石林燕語》卷二云：“神宗初，欲爲《韓魏公神道碑》。王禹玉爲學士，密詔禹玉具故事有無。禹玉以唐太宗作《魏徵碑》，高宗作《李勣碑》，明皇作《張説碑》，德宗作《段秀實碑》，及本朝太宗作《趙普碑》，仁宗作《李用和碑》六事以聞，於是御製碑賜魏公家。或云：即禹玉之辭也。”汪應辰《石林燕語辨》云：“熙寧三年十二月，王禹玉參知政事；八年六月，韓魏公薨。此云禹玉爲學士，非也。”[2]

是年，奉命爲許國大長公主擇婿。

錢世昭《錢氏私志》云：“神廟熙寧間，諭宰相王岐公云：‘昭陵二女，皆朕之姑。卿可選勳賢之後有福者尚之。’岐公未有以奉詔。會大父寶閣知台州回，光玉補試入太學，適與岐公之子敏甫同齋。敏甫告岐公云：‘近有一錢少監子，風骨不群，文采富贍，恐可奉詔。’岐公遂就啓聖院設齋，令敏甫盡召同舍。飯罷，岐公會茶，熟視光玉甚久，皆不喻其意。翊日，又令敏甫竊取所業，携以進御，云：‘臣向奉詔選勳賢之後尚主，今得吳越王錢某之孫，與臣男同齋，得其業。’又奏啓聖親見之事，乞賜召見。上云：‘待共太皇商量。’後數日，有旨令三班奉職曹詩、進士錢某，又一人忘其姓名，於某月某日同候宣押。曹詩以本色服，光玉服布衣，巳時候内侍宣押。入内，至一小殿，殿内皆宫嬪，兩貴主在焉。引曹與光玉立於簾前。斯須，上小帽領出簾外熟視，云簾外與簾内一般，顧左右令止御樂聽聖旨。簾内宫人傳旨：‘錢某可尚慶壽公主，曹詩可尚承壽公主。’引入幕次更衣，各賜襲衣玉帶。服所賜畢，引至殿下謝恩。殿上軸簾，慈聖、裕陵、宣仁、欽聖同坐。慈聖謂曹詩曰：‘你是我姪曾見。’拊光玉背曰：‘錢郎好女婿。’上云：‘是個享福節度使。’左右宫妃觀者如堵。上同三殿徐登步輦還内，樂聲漸

---

[1] 杜大珪《名臣碑傳琬琰集》，《宋代傳記資料叢刊》，第 14 冊第 18、25～26 頁。
[2] 葉夢得撰，宇文紹奕考異，侯忠義點校《石林燕語》，第 23、182 頁。

遠。復引光玉與曹詩再入幕次，賜酒五行，執事皆宮人。飲罷，内侍復引至宮門，各以仗下御馬一匹，崇政殿親從官二十人導歸第，謂之宣繫玉帶。赴朝三日，除正刺史，却繫方金御仙花帶赴朝參。逾年，賢穆下降三殿，護送就第，太常鹵簿迎引。故事，下降後三日，貴主同副車詣景靈宫。及入内謝畢，方見舅姑。舊例貴主畫堂垂簾坐舅姑，拜簾外。賢穆奏乞行常人禮，上與慈聖大喜，再三稱詔從請。上令中使宣諭宰執，嘉其賢德。次日，宰執殿上稱賀。"[1]"大父"指錢惟演之子、錢恂之祖錢暄，"光玉"指錢恂之父錢景臻。"慶壽公主""賢穆"均指仁宗第十女秦、魯國賢穆明懿大長公主，《宋史》卷二四八有傳。《長編》卷二六七載熙寧八年八月乙巳，詔："大長公主當降出，其令内外兩制以上及諸路監司訪世族子弟性行良善、儀狀秀整，可備選尚者以名聞。在外令乘驛赴闕。"卷二七一云：熙寧八年十二月"丙申，詔贈太師、尚書令、兼中書令、英國公錢惟演孫景臻尚許國大長公主，贈安化軍節度使、兼侍中曹琮孫詩尚邠國大長公主，並授左領軍衛大將軍、駙馬都尉"[2]。乙巳爲十六日，丙申爲九日。"許國大長公主"即秦、魯國賢穆明懿大長公主。《宋會要》帝系八之一七云："秦、魯國（按《宋史》作"魯國"。）賢穆明懿大長公主。嘉祐五年封慶壽，進惠國。治平四年五月，進許國大長公主。降右領軍衛大將軍錢景臻。"[3]可知王珪奉命爲許國大長公主擇婿當在熙寧八年秋冬間。按，邵伯温《邵氏聞見録》卷二謂"熙寧初，仁宗皇帝幼女下嫁錢景臻"[4]，當有誤。

向宋敏求咨詢玉魚袋故實。

吴曾《能改齋漫録》卷二《製玉魚袋》云："宋敏求薨後，因討論典故。神考初製玉魚袋，欲賜荆、揚二王，疑非故實。丞相王文恭公召宋公次道諮之，宋曰：'按《唐六典》，親王三品以上，二王後服用紫，飾以玉帶及魚袋，皆飾也。'文公挾策以進，議遂定。"[5]《宋會要》帝系二之一二云：熙寧

［1］錢世昭撰，查清華、潘超群整理《錢氏私志》，《全宋筆記》第二編，第7冊第63～64頁。
［2］李燾撰，上海師範大學古籍整理研究所、華東師範大學古籍整理研究所點校《續資治通鑑長編》，第11冊第6550、6638頁。按，《宋會要》帝系八之五〇繫後一事於十二月十六日。
［3］劉琳等校點《宋會要輯稿》，第1冊第186頁。
［4］邵伯温撰，李劍雄、劉德權點校《邵氏聞見録》，中華書局1983年版，第16頁。
［5］吴曾《能改齋漫録》，第18頁。

"八年四月二十六日，岐王顥、嘉王頵言：'蒙遣中使賜臣等方團玉帶各一，及准閤門著爲朝儀。臣等欲寶藏於家，不敢服用。'帝不許。又乞佩金魚以別嫌，詔以玉魚賜之。（親王賜玉帶佩魚自此始。）[1]"王明清《揮麈前錄》卷一、《宋史》卷一五三《輿服志五》有類似記載。沈括《夢溪補筆談》卷一《故事》云："國朝儀制，親王玉帶不佩魚。元豐中，上特製玉魚袋，賜揚王、荊王施於玉帶之上。"[2]揚王、荊王就是岐王顥、嘉王頵。《宋史》卷一七《哲宗本紀一》載元豐八年（1085）三月庚申，"顥進封揚王，頵爲荊王，並加太保"[3]。沈括所記製玉魚袋時間與《宋會要》不同。考呂希哲《呂氏雜記》卷上云："熙寧中，内出玉帶垂金魚以寵岐、嘉二王。神宗又令工琢玉魚袋，數年然後成，以賜二王。"[4]蓋熙寧八年神宗始令工匠製玉魚袋，製成、頒賜當在元豐年間。宋敏求卒於元豐二年四月六日甲辰。[5]王珪向宋敏求咨詢玉魚袋事當在熙寧八年四月以後。按，宋敏求（1019—1079），字次道，趙州平棘（今河北趙縣）人，宋綬之子，寶元二年（1039）賜進士出身，官至右諫議大夫、龍圖閣直學士，元豐二年卒，年六十一，《宋史》卷二九一、《東都事略》卷五七有傳，生平事迹見杜大珪《名臣碑傳琬琰集》中集卷一六范鎮《宋諫議敏求墓誌銘》、蘇頌《蘇魏公文集》卷五一《龍圖閣直學士修國史宋公神道碑》，張保見編有《宋敏求事迹簡録》，《全宋詩》卷五一四録其詩六首、殘句三聯又二句，《全宋文》卷一一一四收其文二十一篇。

神宗熙寧九年丙辰（1076），五十八歲

在汴京。拜集賢相。有詩一首、文四篇。

三月三日，奉命爲仁宗賢妃周氏冊禮使。

《宋會要》后妃三之一五云："神宗熙寧九年三月一日，制婉容周氏進封

---

[1] 劉琳等校點《宋會要輯稿》，第 1 冊第 45 頁。

[2] 沈括撰，金良年點校《夢溪筆談》，第 270 頁。

[3] 脱脱等《宋史》，第 2 冊第 318 頁。

[4] 呂希哲撰，夏廣興整理《呂氏雜記》，《全宋筆記》第一編，第 10 冊第 276 頁。

[5] 參張保見《宋敏求事迹簡録》，《宋人年譜叢刊》，第 3 冊第 1638 頁。

賢妃，令有司備禮冊命。三日，命參知政事王珪爲賢妃冊使，元絳副使，翰
林學士楊繪撰冊文並書冊、印。十四日，內降賢妃周氏冊、印，宰臣率百官
班文德殿庭行禮。"[1] 其後録楊繪所作冊文。

五月十四日，以神宗諭王安石勉留王韶，因言王韶求去之緣由。

《長編》卷二七五載熙寧九年五月己巳，"上謂王安石曰：'王韶疑卿迫
之，力求去，恐復如呂惠卿。韶幸無他，冀後尚有可任使，卿宜勉留之。'
又言：'韶論事時不燭理，然不忌能，平直。'安石曰：'韶緩急足用，誠亦豪
傑之士。'王珪言昨緣馬珹、高遵裕事，必不悅。安石曰：'高遵裕害馬珹，
既不見聽，遂乞自引避。珹以爲非我莫能守熙河，朝廷竟移珹江西，若監司
才守法，便爲方鎮傾害，則國家紀綱敗壞矣，此臣所以不敢阿韶所奏。臣與
韶無他，陛下所知。'"[2] 己巳爲十四日。按，熙河路經略使高遵裕與轉運判
官馬珹不和，樞密副使王韶曾爲此於熙寧八年十二月丙申上疏，謂"馬珹專
以捃拾熙河官吏報復私仇爲意，致一路重擾。乞罷珹歸闕"[3]。王安石則認爲
是高遵裕害馬珹，因此與王韶產生分歧。

**七月十八日，奉命爲高瓊、高繼勳作神道碑，有《推誠保節忠亮翊戴功臣
建雄軍節度晉州觀察處置等使金紫光禄大夫檢校司空使持節晉州諸軍事晉
州刺史兼御史大夫上柱國渤海郡開國公食邑七千九百户食實封一千六百户
累贈太師尚書令兼中書令穆武高康王神道碑銘》《推忠保節翊戴功臣忠武
軍節度許州管内觀察處置等使開府儀同三司檢校太尉使持節許州諸軍事行
許州刺史兼御史大夫上柱國渤海郡開國公食邑八千七百户食實封三千户累
贈太師尚書令兼中書令烈武高衛王神道碑銘》。**

《神道碑》云："又記寶文閣奉詔爲高衛王、康王碑，發明天子所以崇事
聖母之意，天子嘉之。"（第142頁）許光疑《華陽集序》云："嘗奉詔述高
康王、衛王碑，天語稱以'真大手筆'。"[4]

[1] 劉琳等校點《宋會要輯稿》，第1冊第311頁。
[2] 李燾撰，上海師範大學古籍整理研究所、華東師範大學古籍整理研究所點校《續資治通鑑長編》，第11冊第6730頁。
[3] 李燾撰，上海師範大學古籍整理研究所、華東師範大學古籍整理研究所點校《續資治通鑑長編》卷二七一，第11冊第6638頁。
[4] 解縉等奉敕纂《永樂大典》卷二二五三六，第8冊第7873頁。

本集卷四九有《推誠保節忠亮翊戴功臣建雄軍節度晉州觀察處置等使金紫光禄大夫檢校司空使持節晉州諸軍事晉州刺史兼御史大夫上柱國渤海郡開國公食邑七千九百户食實封一千六百户累贈太師尚書令兼中書令穆武高康王神道碑銘》，云："熙寧九年七月壬申，臣珪奏事殿上。皇帝曰：'朕奉承聖序，方以天下致養於皇太后，而外家賞賜官爵，未嘗輒有所加。朕每興言禁中，太后數不許。嘗考《國史》《實録》，見高氏之世次，惟烈武王有子十四人。其長康王，於太后爲大父，歷事三朝，出征入衛，有夙夜之勞。王葬有年矣，而謚未告其第，碑未刻其阡，朕甚悼之。今特賜之謚曰穆武，其爲朕作康穆武王之碑，庸稱所以推崇太后祖考之意。'"又云："臣珪既述王碑而工未就，乃八月庚戌，皇太后敕中使趣其文畚上。且聞天子有詔，賜碑銘曰《克勤敏功鍾慶之碑》。"（第367、369頁）壬申爲十八日，庚戌爲二十七日。此文又見杜大珪《名臣碑傳琬琰集》上集卷九，題作《高康王繼勳克勤敏功鍾慶之碑》。《長編》卷二七七云：熙寧九年七月"己卯，詔贈皇太后曾祖贈衛王高瓊謚曰烈武，祖贈康王高繼勳謚曰穆武"[1]。己卯爲二十五日。《宋會要》崇儒六之一三記神宗御書"康王高繼勳"神道碑額爲"克難敏功鍾慶"[2]，當有誤。

本集卷四九有《推忠保節翊戴功臣忠武軍節度許州管内觀察處置等使開府儀同三司檢校太尉使持節許州諸軍事行許州刺史兼御史大夫上柱國渤海郡開國公食邑八千七百户食實封三千户累贈太師尚書令兼中書令烈武高衛王神道碑銘》，云："嘉祐八年，王之曾孫女進冊爲皇后，以故累贈至太師、尚書令兼中書令、秦國公。治平四年，爲皇太后，遂贈至衛王，王薨七十一年矣。其葬也，弗及請謚於有司。熙寧九年，天子篤寶慈之養，而念王之功，乃親考六家之書，以'安民有功曰烈，折衝禦侮曰武'，特賜謚曰'烈武'。又以王墓有窆碑而文未刻，乃詔臣珪，述王遺休而刻之。既又賜之篆，曰《決策靖難顯忠基慶之碑》。嗚呼，何其盛歟！"（第365~366頁）此文又見《名臣碑傳琬琰集》上集卷九，題作《高衛王瓊決策定難顯忠基慶之碑》。

---

[1] 李燾撰，上海師範大學古籍整理研究所、華東師範大學古籍整理研究所點校《續資治通鑑長編》，第11冊第6772頁。
[2] 劉琳等校點《宋會要輯稿》，第5冊第2868頁。

《宋會要》禮五八之七九云："忠武軍節度使、追封衛王高瓊，諡烈武。安民有功曰烈，折衝禦侮曰武。《續會要》云：初諡烈武，以校書郎王仲修言瓊諡與神考徽號字同，太常請改爲武烈，詔可。"[1] 既然高瓊與其子高繼勳同在熙寧九年七月二十五日獲得贈諡，且王珪所作神道碑中仍稱其初諡"烈武"，故知王珪當是受命同時作高瓊、高繼勳父子神道碑，此點亦可由本集卷八《免撰高衛王康王碑潤筆剳子》《謝撰高衛王康王碑潤筆剳子》來證明。《名臣碑傳琬琰集》署王珪撰碑時官銜爲翰林學士，不確。按，高繼勳（961—1036），字紹先，亳州蒙城（今屬安徽）人，高瓊長子，以蔭入仕，官至建雄軍節度使、知滑州，景祐三年卒，年七十六，《宋史》卷二八九、《隆平集》卷一七、《東都事略》卷四二有傳，生平事迹見王珪《穆武高康王神道碑銘》。《穆武高康王神道碑銘》記高繼勳卒於景祐二年（1035），"二"當是"三"之訛。《長編》卷一一九載景祐三年八月丁未，"滑州言建雄節度使高繼勳卒"[2]。丁未爲二日。《宋會要》禮四一之五二載景祐三年八月爲建雄軍節度使高繼勳輟朝一日。《名臣碑傳琬琰集》上集卷九《高康王繼勳克勤敏功鍾慶之碑》正作景祐三年。《宋史》《隆平集》《東都事略·高繼勳傳》皆記其卒年七十八，然《穆武高康王神道碑銘》謂高繼勳卒年七十六，姑從後者。高瓊（935—1006），字寶臣，出身行伍，官終檢校太尉、忠武軍節度使，景德三年卒，年七十二，《宋史》卷二八九、《隆平集》卷一七、《東都事略》卷四二有傳，生平事迹見王珪《烈武高衛王神道碑銘》。

是月，奉命爲向經作神道碑。

《長編》卷二七三載熙寧九年二月乙未，"定國軍留後、前知青州向經卒於淄州。上廢朝三日，命内侍往迎其喪。皇后成服於第，喪至，又哭於國門之外。贈侍中，諡康懿。將葬，上出郊奠之，周視其柩。明日，皇后臨之，前葬之三日，又臨於墓下。上篆其碑額曰'忠勤懿戚之碑'，命參知政事王珪爲文"[3]。乙未爲九日。沈括《長興集》卷二八《贈侍中向公墓誌銘》

---

[1] 劉琳等校點《宋會要輯稿》，第4冊第2055頁。

[2] 李燾撰，上海師範大學古籍整理研究所、華東師範大學古籍整理研究所點校《續資治通鑑長編》，第5冊第2798頁。

[3] 李燾撰，上海師範大學古籍整理研究所、華東師範大學古籍整理研究所點校《續資治通鑑長編》，第11冊第6681頁。

云："熙寧九年二月乙未次淄州，卧遂不起，年五十有四。……二月丙辰，公之喪至自淄，天子遣使臨奠。……以七月辛酉襄事於開封府開封縣豐臺村，即祖塋以葬。"[1] 丙辰爲三十日，辛酉爲七日。這裏未提及神宗篆書向經神道碑額事，則王珪奉命爲向經作神道碑當在七月七日之後，姑繫於此。王珪所作向經神道碑今不傳。

接王安石書簡，代乞神宗許解機務。

王安石《臨川先生文集》卷七三有《與參政王禹玉書》二道，其一云："某啓：越宿，伏惟台候萬福。某久尸宰事，每念無以塞責。而比者憂患之餘，衰疹浸加，自惟身事，漫不省察，持此謀國，其能無所曠廢，以稱主上任用之意乎？況自春以來，求解職事，至於四五。今則疾病日甚，必無復任事之理。仰恃契眷，謂宜少敦僚友之義，曲爲開陳，使得盍遂所欲，而不宜迪上見留，以重某逋慢之罪也。區區之懷，言不能盡，惟望深賜矜憐而已。不宜。"其二云："某啓：繼蒙賜臨，傳喻聖訓，彷徨跼踏，無所容措。某羇孤無助，遭值大聖，獨排衆毀，付以宰事。苟利於國，豈辭糜殞？顧自念行不足以悦衆，而怨怒實積於親貴之尤；智不足以知人，而險詖常出於交游之厚。且據勢重而任事久，有盈滿之憂；意氣衰而精力弊，有曠失之懼。歷觀前世大臣，如此而不知自弛，乃能終不累國者，蓋未有也。此某所以不敢逃逋慢之誅，欲及罪戾未積，得優游里閭，爲聖時知止不殆之臣，庶幾天下後世，於上拔擢任使無所譏議。伏惟明公，方佐佑大政，上爲朝廷公論，下及僚友私計，謂宜少垂念慮，特賜敷陳。某既不獲通章表，所恃在明公一言而已。心之精微，書不能傳，惟加憫察。幸甚！不宣。"[2] 體會文意，此二簡當作於王雱卒後、王安石罷相前。王雱卒於六月二十五日，王安石十月二十三日罷相。劉成國繫此二簡於熙寧九年七月[3]，姑從之。

九月，有《免撰高衛王康王碑潤筆劄子》《謝撰高衛王康王碑潤筆劄子》。

本集卷八有《免撰高衛王康王碑潤筆劄子》《謝撰高衛王康王碑潤筆劄子》，前一文云："臣今日伏蒙使者臨門奉傳聖詔，以臣撰進衛王高瓊、康王

［1］沈括原著，楊渭生新編《沈括全集》，第 122 頁。
［2］王水照主編《王安石全集》，第 6 冊第 1313～1314 頁。
［3］參劉成國《王安石年譜長編》，第 5 冊第 1922、1930、1925 頁。

高繼勳神道碑，特賜臣銀絹各五百兩匹、金腰帶一條、衣一襲者。"（第56頁）本集卷四九《穆武高康王神道碑銘》言及熙寧九年八月庚戌皇太后敕中使趣王珪早上高繼勳神道碑，而是時"既述王碑而工未就"（第369頁），庚戌爲二十七日，則王珪以撰進高瓊、高繼勳神道碑獲賜潤筆當在九月。

十月十五日，隨神宗幸開寶寺福聖院慶壽崇因閣，有《慶壽崇因閣次韻》。

本集卷一有《慶壽崇因閣次韻》，前四句云："崇因開寶構，金碧畫相輝。禁蹕隨曦馭，曾城轉斗機。"（第8頁）武英殿聚珍本《華陽集》卷一收録此詩，題作《從駕至開寶寺慶壽崇因閣依韻和吳相公》。此詩又見方回《瀛奎律髓》卷二，題作《依韻和吳相公從駕至開寶寺慶壽崇因閣》。《宋會要》禮五二之九云：熙寧"九年十月十五日，幸開寶寺福聖院慶壽崇因閣，以閣新成也"[1]。王應麟《玉海》卷一六三《祥符寶符閣》所記同。《長編》卷二七八云：熙寧九年十月"戊戌，朝獻景靈宫，又幸開寶寺福聖院，慶壽崇因閣成也"[2]。戊戌爲十五日。志磐《佛祖統紀》卷四六云：熙寧"九年，敕開寶寺靈感塔，建慶壽崇因之閣，中建木塔，御篆鴻福圓成之塔"[3]。李洵《宋西京鞏縣大力山十方浄土寺住持寶月大師碑銘並序》記熙寧"八年，開寶寺創崇因閣，復召師赴闕下，修佛事以慶其成"[4]。蓋崇因閣始建於熙寧八年，九年乃成。"吳相公"指吳充。吳充原唱不存。

胡應麟《詩藪》外編卷五云："王禹玉：'塔疑從地湧，棟擬入雲飛。'梅聖俞：'暮雪懷梁苑，朝雲識楚宫。'……皆陳末、唐初遺響也。"[5]所引王珪詩即出自此詩。其中"塔疑從地湧"一句，係直接引自北齊蕭慤《和崔侍中從駕經山寺》一詩。紀昀亦云："莊重而不板滯，尚近初唐應制體裁，自是一種文字，但學詩則不宜從此入手耳。"[6]楊慎《哲匠金桴》卷一《上平·五微》

［1］劉琳等校點《宋會要輯稿》，第4冊第1918頁。

［2］李燾撰，上海師範大學古籍整理研究所、華東師範大學古籍整理研究所點校《續資治通鑑長編》，第11冊第6801頁。按，中華書局點校本《續資治通鑑長編》此段標點爲："戊戌，朝獻景靈宫，又幸開寶寺、福聖院慶壽崇，因成也。"蓋因有脱字而致誤。

［3］志磐撰，釋道法校注《佛祖統紀校注》，第1090頁。

［4］陸增祥《八瓊室金石補正》卷一〇七，第757頁。

［5］胡應麟《詩藪》，第218~219頁。

［6］方回選評，李慶甲集評校點《瀛奎律髓彙評》，第56頁。

引有此詩"梵音獅子吼，妙相鵠王歸""塔疑從地湧，棟擬入雲飛"兩聯。[1]

十月二十三日，以王安石之薦，拜集賢相。

《長編》卷二七八云：熙寧九年十月"丙午，左僕射、兼門下侍郎、平章事、昭文館大學士、監修國史王安石罷爲鎮南軍節度使、同平章事、判江寧府。安石之再入也，多謝病求去，子雱死，尤悲傷不堪，力請解機務，上亦滋厭安石所爲，故有是命""樞密使、工部侍郎吳充依前官平章事、監修國史。""禮部侍郎、參知政事王珪依前官平章事、集賢殿大學士。資政殿學士、右諫議大夫、知成都府馮京爲給事中、知樞密院事。"[2]丙午爲二十三日。王珪拜集賢相之時間，《東都事略》卷八《神宗本紀》，《皇宋十朝綱要》卷一〇上，《宋史全文》卷一二，《宋史》卷一五《神宗本紀二》、卷二一一《宰輔表二》，《宋會要》職官七八之二三，《宋大詔令集》卷五六《王珪拜集賢相制》等所記同《長編》；而《宋宰輔編年錄》卷八謂吳充、王珪熙寧九年十二月丙午拜相，丙午爲二十四日，李心傳《舊聞證誤》卷二謂"吳沖公、王岐公拜相以十二月二十三日"[3]，章定《名賢氏族言行類稿》卷二四又謂王珪"元豐二年拜相"[4]，當均誤。王珪拜相，應出於王安石之推薦。晁説之《感事》云："人物今朝何寂寞，我思前輩太崢嶸。仙才難測趙周翰，俗眼聊窺石曼卿。鸞鳳騰輝何處在，珪璋振德是人斯。怪來高論空無驗，可是岐公作宰司。"尾聯下自注云："王荊公在嘉祐間，言人才雖乏，不曾教王禹玉作宰相。至熙寧中，公乃薦王代作相焉。"[5]

《宋大詔令集》卷五六《王珪拜集賢相制》云："門下：天尊地卑，交泰而四時合序；君倡臣和，相須而庶績咸熙。矧惟魁柄之司，茲實官師之表。將新寵命，爰告路朝。推忠佐理功臣、金紫光禄大夫、行尚書禮部侍郎、參知政事、同譯經潤文使、都大提舉三館秘閣抄寫校勘書籍、上柱國、太原郡開國公、食邑三千五百户、食實封八百户王珪，以辭章甲賢科，以行誼階仕

---

[1] 參楊慎《哲匠金桴》，《叢書集成初編》，商務印書館1939年版，第15、16頁。

[2] 李燾撰，上海師範大學古籍整理研究所、華東師範大學古籍整理研究所點校《續資治通鑑長編》，第11冊第6803、6804頁。

[3] 張世南、李心傳撰，張茂鵬、崔文印點校《遊宦紀聞 舊聞證誤》，第37頁。

[4] 章定《名賢氏族言行類稿》，景印文淵閣《四庫全書》，第933冊第357頁。

[5] 晁説之《嵩山文集》卷七，《四部叢刊續編》，商務印書館1934年影印本。

籍。學窮經史之奧，識洞天人之交。自參貳於台衡，已著更於歲律。茂宣忠力，協贊治功。宜陞調鼎之聯，庶盡秉鈞之效。於戲！善事者先利其器，朕既庸於材能；言古者必驗之今，卿當勉於事業。輔成美化，無忘訓辭。可特授依前行尚書禮部侍郎、同中書門下平章事、集賢殿大學士、加食邑一千戶、食實封四百戶，仍賜推忠協謀佐理功臣。”題下注“同上”，即同上一文《吳充拜相制》題下注：“熙寧九年十月丙午。”[1] 此文又見《宋宰輔編年錄》卷八，作者不詳。

冬，與吳充不合。

黃震《古今紀要》卷一九《吳充》云：“在西府，數言王安石政事非是。爲相務靜（熙寧九年拜）。陰欲更新法之不便者。乞還司馬光、呂公著、蘇頌、韓維，又薦孫覺、李常、程頤等。王珪忌之。”[2]《宋史》卷三一二《吳充傳》云：“充雖與安石連姻，而心不善其所爲，數爲帝言政事不便。帝察其中立無與，欲相之，安石去，遂代爲同中書門下平章事、監修國史。充欲有所變革，乞召還司馬光、呂公著、韓維、蘇頌，乃薦孫覺、李常、程顥等數十人。”“王珪與充並相，忌充，陰掣其肘。而充素惡蔡確，確治相州獄，捕安持及親戚、官屬考治，欲鈎致充語，帝獨明其亡他。及確預政，充與議變法於前，數爲所詘。安南師出無功，知諫院張璪又謂充與郭逵書，止其進兵，復置獄。充既數遭同列困毀，素病瘤，積憂畏，疾益侵。元豐三年三月，輿歸第，罷爲觀文殿大學士、西太一宮使。逾月，卒，年六十。”[3] 吳充與王珪同時拜相是在熙寧九年十月二十三日，“相州獄”發生於元豐元年（1078），則二人不合當自拜相後不久始，姑繫於此。

以對吳充變行新法無所異同，爲彭汝礪所劾，由是力主新法不肯變。

司馬光《涑水記聞》卷一六云：“介甫既罷相，沖卿代之，於新法頗更張，禹玉始無異同。御史彭汝礪劾奏禹玉云：‘向者王安石行新法，王珪從而和之；今吳充變行新法，王珪亦從而和之。若昨是則今非，今是則昨非

---

［1］司義祖整理《宋大詔令集》，第 285 頁。

［2］黃震著，張偉、何忠禮主編《黃震全集》，浙江大學出版社 2013 年版，第 10 冊第 3253～3254 頁。

［3］脫脫等《宋史》，第 29 冊第 10239～10240、10240 頁。

矣。乞令珪分析。’禹玉由是力主新法不肯變。汝礪又言：‘俞充爲成都轉運使，與宦官王中正共討茂州蠻，媚事中正，故得都檢正。’又言：‘李憲擁兵驕恣。’由是不得居臺中，加館職充江南東路提刑。汝礪固辭館職。”[1] 彭汝礪熙寧九年十月五日戊子爲太子中允、權監察御史裏行，十二月十九日辛丑劾李憲擁兵驕恣，十年九月十八日乙丑劾俞充媚事王中正，元豐元年（1078）閏正月十三日戊子除館閣校勘、江南東路轉運判官[2]，則其劾奏王珪當在熙寧九年十月五日之後，姑繫於此。

是年，接趙㮣託作墓誌銘書簡。

本集卷六〇有《太子少師致仕上柱國天水郡開國公食邑四千五百户食實封一千四百户贈太子太師謚康靖趙公墓誌銘》，云：“元豐六年正月十五日，薨於永安坊里第，年八十六”，“其年四月二十二日，葬虞城縣天巡鄉”，“予從公游舊矣，迹公終身之所行，豈《詩》所謂豈弟君子者歟？前七年，公嘗以書遺予求銘誌墓中。是時，公健尚如少時。予報曰：‘生死安可期？未必不及以爲託也。’”（第 443、444 頁）

神宗熙寧十年丁巳（1077），五十九歲

在汴京。爲集賢相。有詩七首。

正月二十九日，乞有司推究其與王永年所告謀作亂之宗室有無相涉。

《長編》卷二八〇云：熙寧十年正月“庚辰，詔開封府判官吳幾復劾東頭供奉官王永年，以永年詣宰相訟宗室叔皮等易衣私出求卜。宰臣王珪言：‘永年嘗言宗室與臣是親，蓋臣妻父鄭戩兄載女嫁楊億之子紘，紘子緘非鄭氏所出，緘有女嫁宗室叔兼，故永年言與臣親。今永年所論，言涉不順，乞下有司推究有無與臣相涉事，免惑衆聞。’從之。永年妻，叔皮女弟。永年自江南罷官，押錢綱赴京師，盜用數千緡，冀妻家爲償之，叔皮不爲償。三

[1] 司馬光撰，鄧廣銘、張希清點校《涑水記聞》，第 316～317 頁。

[2] 參李燾撰，上海師範大學古籍整理研究所、華東師範大學古籍整理研究所點校《續資治通鑑長編》卷二七八、卷二七九、卷二八四、卷二八七，第 11 冊第 6795、6839～6843 頁，第 12 冊第 6963～6964、7030 頁。

司督錢甚急，永年知叔皮嘗於上元夜微服遊閭里，乃夜扣東府告變，云叔皮兄弟私訪卜者，謂己有天命，謀作亂，密造乘輿服御物已具。故命幾復鞫之，幾復按驗皆無狀。永年既服罪，會病死獄中。"[1] 庚辰爲二十九日。

三月二十三日，子仲脩與蘇軾、蘇轍等人同觀褚遂良模《禊帖》真迹。

卞永譽《式古堂書畫彙考·書》卷五《蘭亭墨迹·褚模禊帖》載若干題跋，其中有："純老、彥祖、巨源、成伯、子雍、完夫、正仲、子中、敏甫、子瞻、子由同觀。熙寧十年三月廿三日書。"[2] 人皆書字，分別是錢藻（純老）、王汾（彥祖）、孫洙（巨源）、陳侗（成伯）[3]、陳睦（子雍）、胡宗愈（完夫）、王存（正仲）、林希（子中）、王仲脩（敏甫）、蘇軾（子瞻）、蘇轍（子由）。蘇軾、蘇轍兄弟是時寓居汴京城外范鎮之東園。[4]

四月，有《依韻和元參政喜雨四首》。

本集卷三有《依韻和元參政喜雨四首》，其一云："歲旱連春與俗憂，忽興嘉雨遍群州。郊禾蘙蘙青如積，宮瓦差差翠欲流。良弼爲霖辜宿望，神僧作霧應精求。西成喜有登年候，況此新晴見麥秋。"頸聯後自注云："雨前一夕，上夢異僧吐雲霧興雨。及覺，求其象佛閣中，乃第十尊羅漢。上之精祈感應如此。"（第22頁）魏泰《東軒筆錄》卷四云："熙寧十年夏，京輔大旱，主上以祈禱未應，聖慮焦勞，一夕，夢異僧吐雲霧致雨，翌日，甘澍滂足，遂以其像求之佛閣中，乃第十尊羅漢也。上之精虔感應如此。時集賢王丞相珪有《賀雨詩》，略曰：'良弼爲霖孤宿望，神僧作霧應精求。'即其事也。"卷六又云："熙寧十年，京師旱，上焦勞甚，樞密副使王韶言：'昔桑弘羊爲漢武帝籠天下之利，是時卜式乞烹弘羊以致雨。今市易務喪剥民利，十倍弘羊，而比來官吏失於奉行者多至黜免。今之大旱皆由呂嘉問作法害人，以致和氣不召，臣乞烹嘉問以謝天下，宜甘澤之可致也。'"[5] 張邦基

---

[1] 李燾撰，上海師範大學古籍整理研究所、華東師範大學古籍整理研究所點校《續資治通鑑長編》，第11冊第6856~6857頁。

[2] 卞永譽纂輯《式古堂書畫彙考》，浙江人民美術出版社2012年影印本，第1冊第226頁。

[3] 劉尚榮認爲"成伯"指趙庚（參劉尚榮《蘇轍佚著輯考》，《文學遺產》1984年第3期），孔凡禮考爲陳侗（參孔凡禮《三蘇年譜》，第2冊第920頁）。茲從後者。

[4] 參孔凡禮《三蘇年譜》，第2冊第917頁。

[5] 魏泰撰，李裕民點校《東軒筆錄》第45、65~66頁。

《墨莊漫録》卷九云："熙寧十年，京師春旱，上心焦勞，於後苑瑤津亭建道場祈禱。上精誠甚切，一夕，夢一僧，形容甚異，於空中吐雲霧以興雨。及覺，雨遂大注，上大悦，求其像於佛閣下，乃羅漢中第十尊者也。元絳厚之時爲參政，作《喜雨》詩，王禹玉和其韻云：'紫殿宵祈感聖憂，玉毫曾降梵王州。慈深三界雲常聚，法遍諸天雨自流。作弻爲霖孤宿望，神僧吐霧應精求。'云云。時臺省館閣悉和之，崔伯易云：'陽亢彌春帝爲愁，比丘龍起睠神州。慈云遍覆諸天潤，惠澤相和萬國流。'云云。人多稱之。"[1]葉夢得《石林詩話》卷中云："元豐間，嘗久旱不雨，裕陵禁中齋禱甚力。一日，夢有僧乘馬馳空中，口吐雲霧，既覺而雨大作。翌日，遣中貴人道夢中所見，物色於相國寺三門五百羅漢中，第十三尊略仿佛，即迎入内視之，正所夢也。王丞相禹玉作《喜雨詩》云：'良弻爲霖辜宿望，神僧做霧應精求。'元參政厚之云：'仙驥籋雲穿仗下，佛花吹雨匝天流。'蓋記此。相國寺羅漢，本江南李氏時物，在廬山東林寺。曹翰下江南，盡取其城中金帛寶貨，連百餘舟，私盜以歸，無以爲之名，乃取羅漢，每舟載十許尊獻之，詔因賜於相國寺，當時謂之押綱羅漢云。"[2]胡仔《苕溪漁隱叢話》前集卷五六《洪覺範》、阮閲《詩話總龜》後集卷四三《釋氏門》引此則。三書所記有異。考王韶熙寧十年二月十八日己亥罷樞密副使；元絳熙寧八年十二月十五日壬寅拜參知政事，元豐二年（1079）五月十七日甲申罷。[3]"麥秋"，武英殿聚珍本《華陽集》作"黍秋"。"黍秋"不詞，當以"麥秋"爲是。《禮記・月令》云：孟夏之月，"靡草死，麥秋至"[4]。《初學記》卷三引蔡邕《月令章句》云："百穀各以其初生爲春，熟爲秋，故麥以孟夏爲秋。"[5]據"彌春""麥秋"云云，可知元絳、王珪唱和喜雨詩當在熙寧十年初夏。《東軒筆録》《墨莊漫録》所記可信，《石林詩話》所記有誤。按，崔公度（？—1097），字伯易，號曲轅子，揚州高郵（今屬江蘇）人，以父蔭補三班差使，官至朝散大

［1］張邦基、范公偁、張知甫撰，孔凡禮點校《墨莊漫録 過庭録 可書》，第248～249頁。
［2］葉夢得撰，逯銘昕校注《石林詩話校注》，第116頁。
［3］參李燾撰，上海師範大學古籍整理研究所、華東師範大學古籍整理研究所點校《續資治通鑑長編》卷二八〇、卷二七一、卷二九八，第11冊第6865、6642頁，第12冊第7247頁。
［4］鄭玄注，孔穎達正義，呂友仁整理《禮記正義》，上海古籍出版社2008年版，第659頁。
［5］徐堅等《初學記》，中華書局1962年版，第50頁。

夫、直龍圖閣、知通州，紹聖四年卒，《宋史》卷三五三有傳，《全宋詩》卷七八三錄其詩二首，《全宋文》卷一六五三、卷一六五四收其文八篇。《全宋詩》失收《墨莊漫録》所錄崔公度詩。

五月，預史院賜筵，有《依韻和吳相公史院開局》。

王明清《揮麈後録》卷一云："神宗朝，詔修仁、英《兩朝國史》。開局日，詔史院賜筵。時吳冲卿爲首相，提舉二府及修史官就席上成詩賦。冲卿唱首云：'蘭臺開史局，玉斝賜君餘。賓友求三事，規摹本八書。汗青裁仿此，衰白盍歸歟。詔許從容會，何妨醉上車。'王禹玉云：'曉下金門路，君筵聽召餘。簪纓三壽客，筆削兩朝書。身老雖逢此，恩深盡醉歟。傳聞訪餘事，應走使臣車。'元厚之云：'殿帷昕對罷，省户雨陰餘。詔賜堯罇酒，人探禹穴書。夔龍方客右，班馬蓋徒歟。徑醉俄歸弁，雲西見日車。'王君貺云：'累聖千年統，編年四紀餘。官歸柱史筆，經約魯麟書。班馬才長矣，仁英道偉歟。恩招宴東觀，釃酒荷盈車。'馮當世云：'天密叢雲曉，風清一雨餘。三長太史筆，二典帝皇書。接武知何者，沾恩匪幸歟。吐茵平日事，何憚汙公車。'曾令綽云：'御府盼醇釀，君恩錫餕餘。賜筵遵故事，紬史重新書。燕飲難偕此，風流不偉歟。素餐非所職，愧附相君車。'宋次道云：'二聖垂鴻烈，天臨四紀餘。元台來率屬，賜會寵刊書。世業叨榮甚，君恩可報歟。衮衣相照爛，歸擁鹿鳴車。'王正仲云：'上聖思論著，前言摭緒餘。瓊筵初賜醴，石室載紬書。徽範貽來者，成功念昔歟。欲知開局盛，門擁相君車。'黄安中云：'禮攽三事宴，史發兩朝餘。偶綴金閨彦，來紬石室書。法良司馬否，辭措子游歟。盛事逢衰懶，重須讀五車。'林子中云：'調元台極貴，須宴帝恩餘。昔副名山録，今裁史觀書。天心憂作者，國論屬誰歟。寂寞懷鉛客，容瞻相府車。'可見一時人物之盛。真迹今藏禹玉孫曉處，嘗出以示明清。曉云：'史院賜燕唱和，國朝故事也。'"[1]《長編》卷二八二云：熙寧十年五月"戊午，詔修仁宗、英宗兩朝正史，命宰臣吳充提舉；以龍圖閣直學士、右諫議大夫宋敏求爲修史；秘書監、集賢院學士蘇頌同修史；秘書丞、集賢校理王存，太子中允、集賢校理、崇政殿説書黄履，

---

[1] 王明清《揮麈録》，第43~44頁。

著作佐郎、集賢校理林希並爲編修官；勾當御藥院李舜舉管勾兼受奏事"[1]。
王應麟《玉海》卷四六《熙寧修仁宗英宗兩朝正史》云："熙寧十年五月戊
午，詔修仁宗、英宗兩朝正史，以宰臣吳充提舉，龍圖閣直學士、史館修撰
宋敏求編，集賢院學士蘇頌同集賢校理王存、黃履、林希同爲編修官。七月
辛未，率官屬以二帝紀草二冊進呈。上服靴袍，御資政殿，學士內侍進案，
充與敏求進讀，上立而覽之，顧問反覆，至讀畢始坐。充等降階以謝，又命
坐賜茶。"[2]戊午爲九日，辛未爲二十三日。則修仁宗、英宗兩朝國史開局賜
筵當在五月九日之後。此次唱和由提舉官吳充首唱，依韻和詩者有王珪、元
絳、王拱辰、馮京、曾孝寬、宋敏求、王存、黃履、林希等人。王珪詩見本
集卷一，題作《依韻和吳相公史院開局》。厲鶚《宋詩紀事》卷一五《王珪》
據《揮塵錄》收錄此詩，題作《史院席上和首相吳公原韻》。

以修仁宗、英宗《兩朝國史》開局，獲賜御墨、澄心堂紙。

蘇象先《丞相魏公譚訓》卷二云："熙寧九年，祖父同修國史。開局
日，賜李廷珪墨，子承晏'笏挺''雙脊龍'，張遇丸墨，澄心堂紙。及對，
上曰：'禁中自此少矣，宜寶之。'王岐公爲相，先留數丸，笑曰：'所謂掐
尖。'"[3]所記時間不確。熙寧十年五月九日，詔修仁宗、英宗《兩朝國史》。
蘇頌熙寧九年正月九日丙寅選知杭州，四月四日到任；十年五月九日戊午被
召同修《兩朝國史》，六月九日尚在杭州，到京蓋在七八月間。[4]正因如此，
蘇頌沒有參加開局日史院賜筵。王珪以修仁宗、英宗兩朝國史開局，獲賜御
墨、澄心堂紙當在五月九日之後。

六月，有《送程公闢給事出守會稽》詩。

本集卷四有《送程公闢給事出守會稽》，第三句下自注云："公闢新奉
使歸。紫濛，使中館名。"（第24頁）《嘉泰會稽志》卷二《太守》載程師

---

[1] 李燾撰，上海師範大學古籍整理研究所、華東師範大學古籍整理研究所點校《續資治通鑑長編》，
第12冊第6903頁。
[2] 王應麟撰，武秀成、趙庶洋校證《玉海藝文校證》，第568頁。
[3] 蘇象先撰，儲玲玲整理《丞相魏公譚訓》，《全宋筆記》第三編，大象出版社2008年版，第3冊
第53頁。
[4] 參翁福清《蘇頌生平事迹研究》，徐規主編《宋史研究集刊》，浙江古籍出版社1986年版，第
276~277頁。

孟"熙寧十年十月，以給事中、充集賢殿修撰知"越州，"元豐二年十二月替"[1]。程師孟熙寧九年八月六日己丑奉命爲契丹生辰使[2]，其"奉使歸"當在十年二月。《王荆文公詩箋注》卷二六有《次韻送程給事知越州》，李壁注謂"公闕熙寧十年五月守越"[3]，當有誤。《長編》卷二八三載熙寧十年六月壬辰，"權判都水監程師孟減磨勘一年，監丞耿琬三年，管勾官霍翔與有官親屬一名指射差遣，餘推恩有差。以師孟等引河水淤京東、西沿汴田九千餘頃也"[4]。壬辰爲十四日。可知程師孟六月十四日尚在京爲權判都水監。考黃康弼編《續會稽掇英總集》五卷，所錄即爲程師孟出守越州、中外臣僚送行之作。其中王益柔詩有"若耶溪上朝風快，宛委山中六月涼"句，曾孝寬詩有"長江風月消殘暑，故國蓴鱸近早秋"句[5]，熙寧十年立秋在七月九日，則京中臣僚送別程師孟當在六月下旬。《嘉泰會稽志》所載應爲程師孟實際到任時間。

方回《瀛奎律髓》卷五將此詩列於"鄭毅夫"名下，鄭獬《郧溪集》卷二七、文淵閣《四庫全書》本《兩宋名賢小集》卷一三三鄭獬《幻雲居詩稿》亦收錄此詩，當誤。考《續會稽掇英總集》卷一收錄此詩，署名"尚書禮部侍郎、同中書門下平章事、集賢殿大學士王珪"。此書卷首李定《諸公送行詩序》云："會稽距濤江，岸大海，爲浙東大府，總治六州之軍政，朝廷常選高才碩望以爲鎮守。熙寧丁巳，天子以給事中、集賢殿修撰程公出領牧事。於是中外巨德，臺省諸英，各賦詩以贈行，合一百二十五篇，將刻石於州舍，馳書屬定以序。……元豐元年十一月己卯謹序。"[6]可知《續會稽掇英總集》乃據石刻收錄，可信度極高。而該書並未收錄鄭獬詩，此因鄭獬卒於熙寧五年九月十二日丁巳[7]，無緣送程師孟出守越州。

[1] 沈作賓等修，施宿等纂《嘉泰會稽志》，《宋元浙江方志集成》，第 4 冊第 1672 頁。
[2] 參李燾撰，上海師範大學古籍整理研究所、華東師範大學古籍整理研究所點校《續資治通鑑長編》卷七七，第 11 冊第 6775 頁。
[3] 王安石著，李壁箋注，高克勤點校《王荆文公詩箋注》，第 643 頁。
[4] 李燾撰，上海師範大學古籍整理研究所、華東師範大學古籍整理研究所點校《續資治通鑑長編》，第 12 冊第 6924 頁。
[5] 參黃康弼編《續會稽掇英總集》卷一，《續修四庫全書》，上海古籍出版社 2001 年影印本，第 1682 冊第 471、470 頁。
[6] 黃康弼編《續會稽掇英總集》卷首，《續修四庫全書》，第 1682 冊第 467 頁。
[7] 參李燾撰，上海師範大學古籍整理研究所、華東師範大學古籍整理研究所點校《續資治通鑑長編》卷二三八，第 10 冊第 5797 頁。

七月二十三日，爲張頡開脱，僅移其差遣。

蘇轍《欒城集》卷四〇《再言張頡狀》云："右臣近言張頡除户部侍郎不允公議，具陳頡頃在廣南用心陰險，措置乖刺三事，乞追還告命，未施行間，臣又訪聞頡昔知荆南，所爲貪虐，提舉官張琬按發七事。内一事：頡下行買烏頭，行人蔣三供納烏頭。頡凡三四次退换，蔣三揣頡意欲要附子，遂買附子作烏頭供納，頡方肯納下。緣烏頭、附子色額不同，價例亦别，此一事係贓罪。又一事：勒部下玉泉寺僧修治諸官園亭，費用常住人、牛、錢、物不少，以修唐僧齊己草堂爲名，令頡鄉僧居止其中，此一事係私罪。琬奏既上，前宰相王珪等，爲與頡私有情分，遂移頡差遣，而以越職勘琬，特行衝替。頡當時若無上件贓私，忝爲士人，理須訴雪。頡曾不敢以一字自明，受移而去，則其罪狀顯然無疑。"[1] 此狀上於元祐元年（1086）八月十一日。《長編》卷二八七載元豐元年（1078）正月戊辰，"詔同提舉荆湖北路常平等事、著作佐郎張琬衝替。坐越職言荆南張頡不當也"。注云："熙寧十年七月辛未，頡自荆南帥移廣西漕，元祐元年七月己丑除户侍。"[2] 戊辰爲二十二日，辛未爲二十三日。元祐元年七月丙辰朔，無己丑日。考《長編》卷三八四云：元祐元年八月"己丑，朝請大夫、直龍圖閣張頡爲户部侍郎"[3]。己丑爲四日。可知注誤"八月"爲"七月"。按，張頡（？—1090），字仲舉，其先金陵（今江蘇南京）人，徙鼎州桃源（今屬湖南），皇祐元年（1049）進士，官終寶文閣待制、知荆南，元祐五年卒，《宋史》卷三三一有傳，《全宋詩》卷五一四錄其詩三首，《全宋文》卷一一一九收其文五篇。

十二月，有《和元參政喜雪》詩。

本集卷二有《和元參政喜雪》，云："千里同雲向夕繁，風迎嘉雪臘前翻。紫壇轉仗回馳道，玉律驚灰入奉元。半夜桂花飄碧海，先春柳絮撲朱門。萬方已有豐年號，不惜當筵醉御樽。"（第 11 頁）"元參政"指元絳。元絳熙寧八年十二月十五日拜參知政事，元豐二年（1079）五月十七日罷。詩

---

［1］陳宏天、高秀芳點校《蘇轍集》，中華書局 1990 年版，第 2 册第 704～705 頁。

［2］李燾撰，上海師範大學古籍整理研究所、華東師範大學古籍整理研究所點校《續資治通鑑長編》，第 12 册第 7018 頁。

［3］李燾撰，上海師範大學古籍整理研究所、華東師範大學古籍整理研究所點校《續資治通鑑長編》，第 16 册第 9356 頁。

中“紫壇轉仗回馳道”句，當指南郊大禮完成；“萬方已有豐年號”句，當指神宗改年號爲元豐。《長編》卷二八五云：熙寧十年十一月“甲戌，冬至，合祭天地於南郊，以太祖配，大赦天下”。卷二八六云：十二月“壬午，詔自明年正月朔旦改元爲元豐”[1]。甲戌爲二十七日，壬午爲六日。則此詩當作於十二月六日之後。

約於是年，妻鄭氏卒，因上奏其臨終遺言，乞度爲女真。

江少虞《宋朝事實類苑》卷四三《仙釋僧道·死後出家》引《倦遊雜錄》云：“熙寧中年，王禹玉丞相奏亡妻慶國夫人鄭氏，臨終遺言，乞度爲女真。敕特許披戴，賜名希真，仍賜紫衣，號冲静大師。”[2]王闢之《澠水燕談錄》卷一〇云：“丞相王公之夫人鄭氏，奉佛至謹，臨終囑其夫曰：‘即死，願得落髮爲尼。’及死，公奏乞賜法名師號，斂以紫方袍。王荆公之子雱（旁），少得心疾，逐其妻，荆公爲備禮嫁之。好事者戲之曰：‘王太祝生前嫁婦，鄭夫人死後出家。’人以爲異。”[3]《宋朝事實類苑》卷六四《談諧戲謔·語嘲》亦引此則。王珪妻鄭氏卒年不詳。考王珪熙寧九年十月二十三日始拜相，則鄭氏當卒於熙寧九年十月至十年十二月間，姑繫於此。劉成國考王雱無出妻之事，出妻者乃王安石次子王旁，而王旁出妻約在熙寧十年。[4]

爲季父罕作墓誌銘。

《長編》卷一四五云：慶曆三年（1043）十一月，“初，詔定天下公田，諸路多誤以户絶爲荒田，給官吏。其後國子博士華陽王罕提點湖南路刑獄，諭所部以法不當給，聽自舉覺。既而廣南諸州，坐收户絶田以臟廢者七十餘人。知審刑院張揆嘗見湖南官吏列首狀，他日，遇罕殿廷，謂罕曰：‘公德及人多矣。’”注云：“王罕事，據王珪誌罕墓及本傳。罕爲湖南憲，乃慶曆五年十一月，張揆知審刑，又在皇祐五年二月，今并附此。”[5]《嘉定鎮江

[1] 李燾撰，上海師範大學古籍整理研究所、華東師範大學古籍整理研究所點校《續資治通鑑長編》，第12冊第6991、6994頁。
[2] 江少虞《宋朝事實類苑》，第566頁。
[3] 王闢之、歐陽脩撰，吕友仁、李偉國點校《澠水燕談錄 歸田錄》，第123頁。
[4] 參劉成國《王安石年譜長編》，第1冊第36~38頁、第5冊第1971~1972頁。
[5] 李燾撰，上海師範大學古籍整理研究所、華東師範大學古籍整理研究所點校《續資治通鑑長編》，第6冊第3511頁。

志》卷一一《古迹·墓·丹徒縣》云："光禄卿王罕及其妻夫人狄氏、子昭州平樂縣主簿潞（璐）並葬崇德鄉永安里，丞相岐國公王珪銘。"[1] 王罕生卒年史無明載，只能據史料作大致之推測。宋代法定婚齡是男子年滿十五歲，女子年滿十三歲，而從實際情況來看，當時男子初婚年齡以二十歲爲最多，女子初婚年齡以十八歲爲最多。[2] 據本集卷五七《同安郡君狄氏墓誌銘》所載，狄氏十七歲歸王罕，熙寧二年卒，年六十九。以王罕二十歲結婚計，則其生年約爲咸平元年（998），《宋史》卷三一二《王罕傳》記其卒年八十，則其卒年約在熙寧十年。此推測結果與王罕生平事迹相吻合，誤差應不大。

按，王珪所作王罕墓誌銘原文當已失傳，僅有只鱗片爪留存。鄭克《折獄龜鑑》卷六《王罕按圖》云："王罕大卿初知常州宜興縣時，縣臨沴湖，民歲訴水，多幸免。罕因農休，召封内父老，各列其田之高下，繪而爲圖。明年，既得訴狀，乃親往按之。其臨一鄉，輒曰：'某户輸可免，某户不可免。'衆環視無一辭。是時范仲淹知潤州，乃奏罕檢田法，下諸路。"卷八《王罕資遷》云："王罕大卿，知潭州。民有與其族人争産者，辨而復訴，前後十餘年。罕一日悉召立庭下，謂曰：'諸家皆里富人，無乃厭追逮之苦？今無狀子寒饑不能以自存，況析産之券有不明，以故久不決。人能少資之，令其遠去，後復何患乎？'皆泣聽罕命，自言方對吏時，雖欲求爲此，顧不可得。於是遷所訴者於旁州，獄訟爲之衰止。"二者均注"見王珪丞相所撰墓誌"[3]。又陳昉《穎川語小》卷上云："丈人，蓋父行也，稱人之父曰丈者，所以父其父也。以某丈相呼者，尊之也。……又按，王岐公撰《光禄卿王師言罕墓誌銘》云'罕乃岐公之叔父，行也第六，既以年德尊，又其子弟多與公卿游，故自今丞相臨川公而下，皆稱爲六丈'，此最分曉。"[4]

[1] 史彌堅修，盧憲纂《嘉定鎮江志》，《宋元方志叢刊》，第 3 冊第 2400 頁。

[2] 參鄭麗萍《宋代男女初婚年齡探析》，《華東師範大學學報（哲學社會科學版）》2010 年第 3 期。

[3] 鄭克編撰，劉俊文譯註點校《折獄龜鑑譯註》，第 342、492 頁。

[4] 陳昉撰，湯勤福整理《穎川語小》，《全宋筆記》第八編，大象出版社 2017 年版，第 4 冊第 160～161 頁。

宋神宗元豐元年戊午（1078），六十歲

在汴京。爲集賢相。有詩四首。

閏正月二十五日，奏用蔡確同御史臺鞫相州獄。

《長編》卷二八七載元豐元年閏正月庚子，"知諫院蔡確同御史臺鞫相州失入死罪，審刑院、大理寺定奪不當，干繫官吏令開封府劾之。潘開事下御史獄旬餘，所案與開封無異，乃詔確與御史同鞫。確以擊搏進，吳充素惡其爲人。會充謁告，王珪奏用確。上從珪所請也"[1]。庚子爲二十五日。《宋史》卷四七一《蔡確傳》亦略載此事，而司馬光《涑水記聞》卷一六記此事頗詳。按，"潘開獄"又稱"相州獄"，爲熙豐時期重大詔獄之一，此案受牽連者甚多，前後逮捕繫獄者達數百人，御史中丞鄧潤甫、監察御史裏行上官均等因此案罷官，宰相吳充亦受波及。[2] 按，蔡確（1037—1093），字持正，泉州晉江（今屬福建）人，嘉祐四年（1059）進士，官至左僕射、兼門下侍郎，元祐八年卒，年五十七，謐忠懷，《宋史》卷四七一、《東都事略》卷八〇有傳，生平事迹見杜大珪《名臣碑傳琬琰集》下集卷一八《蔡忠懷公確傳》，《全宋詩》卷七八三錄其詩二十首、殘句二聯，《全宋文》卷二〇〇七、卷二〇〇八收其文二卷。

是月，有《贈太師中書令魯國曾宣靖公挽詞二首》。

本集卷六有《贈太師中書令魯國曾宣靖公挽詞二首》（第41頁）。"曾宣靖公"指曾公亮。曾肇《曾太師公亮行狀》云："元豐元年閏正月戊戌，薨於正寢。""訃聞，特輟視朝三日，車駕臨哭盡哀。三月丙子，又爲素服哭於苑中。贈太師、中書令，配享英宗廟廷，賻恤加等。敕天章閣待制、樞密都承旨韓縝攝鴻臚卿，同入內內侍省都知、利州觀察使張茂則典護喪事。以五月庚寅，葬於開封府新鄭縣東里鄉北趙村之原。"[3] 戊戌、丙子、庚寅分別爲二十三日、二日、十七日。《長編》卷二八七云：元豐元年閏正月"己

---

[1] 李燾撰，上海師範大學古籍整理研究所、華東師範大學古籍整理研究所點校《續資治通鑑長編》，第12冊第7034頁。

[2] 參戴建國《熙豐詔獄與北宋政治》，《上海師範大學學報（哲學社會科學版）》2013年第1期。

[3] 杜大珪《名臣碑傳琬琰集》中集卷五二，《宋代傳記資料叢刊》，第16冊第72~73、74頁。

亥，太傅兼侍中致仕、魯國公曾公亮卒，年八十。上莫哭之，輟視朝三日，贈太師、中書令，配享英宗廟廷，諡宣靖。及葬，恩禮視韓琦，篆其碑首曰'兩朝顧命定策亞勳之碑'"[1]。己亥爲二十四日，當爲訃達朝廷之日。文彥博《文潞公文集》卷八有《中書令魯國宣靖魯公挽詞》四首，劉攽《彭城集》卷九有《曾魯公挽詩》三首，陳襄《古靈集》卷二三有《故太師中書令曾魯公挽詞二首》，劉摯《忠肅集》卷一六有《哀魯國宣靖曾公三首》，黃裳《演山先生文集》卷三二有《曾魯公挽辭》，當爲同時之作。

春，有《寄公闢》詩。

本集卷四有《寄公闢》，云："念昔都門手一携，春禽爭向苧蘿啼。夢回金殿風光別，吟到銀河月影低。舞急錦腰迎十八，酒酣玉醆照東西。何時得遂扁舟去，雪棹同君訪剡溪。"（第24頁）。

此詩作者有多種記載。一是鄭獬：方回《瀛奎律髓》卷五將此詩列於"鄭毅夫"名下，鄭獬《鄖溪集》卷二七、文淵閣《四庫全書》本《兩宋名賢小集》卷一三三鄭獬《幻雲居詩稿》亦收錄此詩，均題作《寄程公闢》。二是王安國：《瀛奎律髓》卷二二收錄王安石《陪友人中秋賞月》，方回注中謂"舞急錦腰纏十八，酒酣玉盞照東西"是王安國詩。三是王安石：王安石《王文公文集》卷五九、《王荊文公詩箋注》卷三七收錄此詩，題作《寄程給事》；史容注黃庭堅《次韻吉老十小詩》其六"美酒玉東西"句，亦以爲是王安石詩。[2]四是秦觀：秦觀《淮海后集》卷三收錄此詩，題作《寄公闢》。李燕新認爲程師孟與王"安石、王珪、鄭獬、秦觀等人俱有交往，四人集中均有多首與公闢唱和之作，故此詩殊難考定爲何人所作"[3]。實際上，此詩爲王珪作當可確定。首先可以排除鄭獬。《長編》卷二三八載鄭獬卒於熙寧五年（1072）九月丁巳，丁巳爲十二日，杜大珪《名臣碑傳琬琰集》下集卷一五《鄭翰林獬傳》則謂鄭獬熙寧五年八月卒，雖所記月份有異，但其卒於熙寧五年可以確定。程師孟熙寧十年六月出知越州，鄭獬不可能在熙寧

---

[1] 李燾撰，上海師範大學古籍整理研究所、華東師範大學古籍整理研究所點校《續資治通鑑長編》，第12冊第7034頁。

[2] 參黃庭堅撰，任淵等注，黃寶華點校《山谷詩集注》，上海古籍出版社2003年版，第906頁。

[3] 李燕新《王安石僞詩考辨》，《宋代文學研究叢刊》第3期，第294頁。

十年以後寄詩給程師孟。其次可以排除秦觀。周義敢等認爲，秦觀元豐二年至越州省親時方與程師孟結識，其時仍是布衣身份，不可能在此之前以達官口吻寫作此詩。[1]徐培均也認爲秦觀未嘗於熙寧十年以前在京爲程師孟送別，“即此可證此詩非少游所作”[2]。再次可以排除王安石。王安石熙寧九年十月二十三日罷相、判江寧府，其熙寧十年不在京城，此與“念昔都門手一携”所寫情形不符，所以李壁指出此詩“恐非公作”[3]。王安石確實有詩送程師孟出守越州，《臨川先生文集》卷一七、《王荆文公詩箋注》卷二六均收録《次韻送程給事知越州》，從詩題看，顯非在京作。最後王安國作之説，僅方回一人持此説，且其觀點自相矛盾，故亦應予以排除。而王珪爲此詩作者，除《華陽集》這一文獻依據外，尚有另外一有力證據。張邦基《墨莊漫録》卷四云：“王禹玉丞相《寄程公闢詩》云：‘舞急錦腰迎十八，酒酣玉盞照東西。’樂府《六么曲》有《花十八》，古有玉東西杯，其對甚新也。”[4]

“春禽爭向苧蘿啼”之“爭”，《瀛奎律髓》《鄖溪集》《兩宋名賢小集·幻雲居詩稿》作“幾”，《王文公文集》《王荆文公詩箋注》《淮海后集》作“初”。徐培均繫此詩於元豐元年春，姑從之。或以爲此詩作於熙寧十年程師孟出守會稽之時[5]，不確，程師孟熙寧十年六月出知越州，元豐二年十二月離任，“春禽”云云，表明此詩當作於春季。

五月，有《依韻和宋次道龍圖館閣暴書》詩。

本集卷三有《依韻和宋次道龍圖館閣暴書》（第20頁）。蘇頌《蘇魏公文集》卷一〇有《和宋次道戊午歲館中曝書畫》，劉攽《彭城集》卷一三有《和宋次道三館曬書》，劉摯《忠肅集》卷一八有《秘閣曝書畫次韻宋次道》，韻脚與王珪詩相同，乃同時之作。蘇頌詩云：“鴻都清集秘圖開，偏閲真仙暨草萊。氣韻最奇知鹿馬，丹青一定見樓臺。宴觴更盛華林會，坐客咸推大厦才。久事簿書抛翰墨，文林何幸許參陪。”首聯下自注云：“是日諸公觀

---

[1]參秦觀撰，周義敢等校注《秦觀集編年校注》，人民文學出版社2001年版，第331頁。
[2]秦觀撰，徐培均箋注《淮海集箋注》，上海古籍出版社2010年版，第1435頁。
[3]王安石著，李壁箋注，高克勤點校《王荆文公詩箋注》卷三七，第931頁。
[4]張邦基、范公偁、張知甫撰，孔凡禮點校《墨莊漫録 過庭録 可書》，第109頁。
[5]陳小輝《〈全宋詩〉之王珪、鄭獬、王安國詩重出考辨》，《湖南工業大學學報（社會科學版）》2017年第4期。

畫，尤愛梁令瓚題吳生《五星二十八宿真形》，又謂淳化《豐稔村田娶婦圖》曲盡田舍佚樂之意態。"頷聯下自注云："韓幹馬，東丹王千歲鹿，荆浩山水屋木，皆爲精絕。"[1] 郭若虛《圖畫見聞志》卷一《敘國朝求訪》云："秘閣每歲因暑伏曝蠹，近侍暨館閣諸公張筵縱觀。圖典之盛，無替天禄、石渠、妙楷、寶迹矣。"[2] 蔡絛《鐵圍山叢談》卷一云："秘書省歲曝書，則有會號曰曝書會。侍從皆集，以爵爲位叙。"[3]《宋史》卷一六四《職官志四》云：秘書省"歲於仲夏曝書，則給酒食費，尚書、學士、侍郎、待制、兩省諫官、御史並赴。遇庚伏則前期，遣中使諭旨，聽以早歸"[4]。北宋曝書會元豐以前在仲夏，元祐以後改爲仲秋，南宋曝書會則固定在七月七日。[5] 則此詩當作於元豐元年五月。宋敏求原唱不存。

八月十一日，奏乞用俞充爲邊帥，以迎合神宗，自固其位。

《長編》卷二九一載元豐元年八月壬子，"提舉市易司兼在京諸司庫務、太常丞、集賢殿修撰俞充爲右正言、天章閣待制、知慶州。王珪知上欲伐夏國，故奏乞用充爲邊帥，使圖之，以迎合上意，自固其位云"[6]。壬子爲十一日。

按，邵伯溫《邵氏聞見録》卷一三云："元豐初，蔡確排吳充罷相，指王珪爲充黨，欲並逐之。珪畏確，引用爲執政。時珪獨相久，神宗厭薄之，珪不悟。確機警，覺之，一日密問珪曰：'近上意於公厚薄何如？'珪曰：'無他。'確曰：'上厭公矣！'珪曰：'奈何？'確曰：'上久欲收復靈武，患無任責者。公能任責，則相位可保也。'珪喜謝之。適江東漕張琬有違法事，帝語珪欲遣官按治，珪以帝意告都檢正俞充。充與琬善，以書告琬。琬上章自辯，帝問珪曰：'張琬事唯語卿，琬何從知？'珪以漏上語，退朝甚憂，召俞充問之，充對以實。珪曰：'某與君俱得罪矣。然有一策，當除君帥環

---

[1] 蘇頌著，王同策等點校《蘇魏公文集》，第 121 頁。

[2] 郭若虛撰，黄苗子點校《圖畫見聞志》，人民美術出版社 1963 年版，第 4 頁。

[3] 蔡絛撰，馮惠民、沈錫麟點校《鐵圍山叢談》，中華書局 1983 年版，第 20 頁。

[4] 脱脱等《宋史》，第 12 冊第 3873 頁。

[5] 參陳元鋒《北宋館閣翰苑與詩壇研究》，第 167 頁。

[6] 李燾撰，上海師範大學古籍整理研究所、華東師範大學古籍整理研究所點校《續資治通鑑長編》，第 12 冊第 7115 頁。

慶，亟上取靈武之章，上喜罪可免。'乃除充待制，帥環慶，充果建取靈武之章。未幾，充暴卒，以高遵裕代之。有旨以遵裕節度五路大兵，爲靈武之役。涇原副帥劉昌祚領大兵先至靈武城下，以遵裕未至，不敢進。熙河李憲兵不至，鄜延副帥种諤獨乞班師。遵裕至，夏人大集，決黃河水以灌我師，凍餒沉溺不戰而死者十餘萬人。遵裕狼狽以遁，虜追襲之。諤擁兵不救，以實其説。推其兵端由王珪避漏泄上語之罪所致。紹聖初，謂珪策立哲宗有異議，以爲臣不忠追貶，實非其罪，而靈武之禍其罪也。蔡確罪尤大，貶死新州，有以也夫。"[1] 彭百川《太平治迹統類》卷一五《种諤建議大舉》引錄此則前半部分。然此則記載舛誤甚多，李燾辨之云："蔡確以［元豐］二年五月參政，吳充三年三月乃罷相，此云充已罷相，王珪恐並被逐，引確參政，誤也。俞充罷都檢正在熙寧十年十二月五日，以集賢殿修撰都提舉市易司及在京諸司庫務。元豐元年四月四日，向宗儒實爲都檢正，俞充八月十一日方除待制、知慶州，此時俞充已不爲都檢正，吳充初未罷相。又張琬以荆湖北路提舉常平，坐不當越職言知荆南張頡衝替，實元豐元年正月二十日，此云吳充罷相，俞充爲都檢正、張琬爲江東漕，皆誤也。張琬當是何琬。按俞充本傳，充屢請討伐西夏，元豐四年五月又上章，六月，充暴卒。然則初除充帥慶州時，未即上靈武之章，靈武之章蓋後此三年。《聞見錄》所載事，要不可信。或珪用充作帥，其意固在迎合上旨，故《實錄》舊傳云：'充既死，西師遂大舉，實自充發之。'但《聞見錄》所載因由，悉差繆耳。今附見於此，更俟考詳。俞充後坐以何琬案發呂嘉問事告嘉問，罰銅二十斤，在二年五月六日。詰呂嘉問何從知何琬案發，在元年九月二十六日。"[2] 李心傳《舊聞證誤》卷二亦辨之云："按《實錄》，元豐三年五月，知慶州俞充罰銅三十斤，坐爲都檢正日，江東漕何琬劾知潤州呂嘉問，充以語人。章未下，而嘉問上疏自理也。此時充帥環慶久矣。方蔡新州執政，吳正憲公尚在位，子文所記不必審。"[3] 考《長編》卷二九八及《宋會要》職官六六之六均記元豐二

---

［1］邵伯温撰，李劍雄、劉德權點校《邵氏聞見録》，第 142~143 頁。

［2］李燾撰，上海師範大學古籍整理研究所、華東師範大學古籍整理研究所點校《續資治通鑑長編》卷二九一元豐元年八月壬子注，第 12 冊第 7115~7116 頁。

［3］張世南、李心傳撰，張茂鵬、崔文印點校《遊宦紀聞 舊聞證誤》，第 33 頁。

年五月六日癸酉知慶州俞充以吕嘉問事罰銅三十斤[1]，可知《舊聞證誤》"三年"乃"二年"之訛。"靈武之禍"指元豐四年宋廷舉五路大軍討伐西夏、大敗於靈州事。[2] 又《宋史》卷三三三《俞充傳》謂王珪薦俞充帥邊是爲了遏止神宗召用司馬光，恐亦不確。

八月十四日，與神宗議及解子平事。

《長編》卷二九一云：元豐元年八月"乙卯，上謂輔臣曰：'昔諸葛亮將有事於中國，即先有事於蠻夷，如孟獲輩至七縱而七禽之，蓋先有以服其心，使無後患，然後可以東向與魏争利而定霸也。然則天下之事，欲爲之豈可以無序哉？'語已，因及解子平事，王珪曰：'北人自劉六符、杜防輩畫策，請時以小事撓中國，所以示强，亦足固歲幣也。邇來數辯疆場小事，其意蓋出於此。'上曰：'時有變，事有宜，欲持守常之論，以應無窮之變，未見彼之利也。昔王猛將死，符堅以國事詢之，猛戒其伐晉，堅不聽，卒致敗者，蓋猛自知將死，顧群臣皆出己下，必不能取晉，故以此戒堅。使猛在，則他日取晉亦不難，此時事所以不可一概論也。'吴充曰：'慕容，秦之世仇，而腹心之患也，堅不知憂此，而勤遠略，故猛深以爲言耳。'上因言：'人主當厲精身先，昔秦孝公用一商鞅，賞罰必信，故能興起功業。趙武靈王胡服，國人鼓舞服從，至後世白起長平之役坑趙卒四十萬，而人心不離，猶足存趙，豈非國人服習武靈王之法邪？古人云"豈無辟王、賴前哲以免者"此也。且唐藩鎮不如六國之强，秦并六國，而唐不能制藩鎮，良有以也。故孟子曰："入則無法家拂士，出則無敵國外患者，國恒亡。然後知生於憂患，而死於安樂也。"且如唐明皇能加意政事常如開元時，豈復有安史之亂邪？其後穆、恭皆昏主，不足言。惟憲宗初振紀綱，委任裴度，能平淮西，後亦惑於方士，外不能制藩鎮，内不能制閹宦，卒致禍變。是以天下之事，常戒於漸，朝廷之法，當在堅守也。'元絳曰：'總攬權綱在人君，人臣奉循法度而已。'上曰：'臣下或逾法度，過求恩澤，顧未爲害，惟不可使小人撓政爾。'吴充曰：'昔顏淵問爲邦，夫子尚戒其放鄭聲、遠佞人。佞人爲害，不可不察。'元絳因論宋興百年，用刑不濫，民心所以安固者，其刑

---

[1]《長編》卷二九二元豐元年九月己亥注謂元豐二年三月六日俞充罰銅，當有誤。
[2] 參李華瑞《宋夏關係史》，中國人民大學出版社2010年版，第139~144頁。

平而已。自古以來，百年中興無事，未有如此之盛者。上曰：‘此祖宗成憲，
朕敢不承？卿等執政日久，朕所倚任，惟協心以輔朕。’吳充曰：‘臣等才術
短淺，雖知難強，然苟有聞見，敢不盡愚。況皆親承聖訓，願殫夙夜之力。’
於是帥同列再拜以謝”。注云：“《中書時政記》載此事在十四日，其語尤詳，
《實錄》在十三日，今從《時政記》，語則從《實錄》。”[1]乙卯爲十四日。按，
《長編》卷二八七載元豐元年正月癸亥，“降前知真定府、龍圖閣直學士、吏
部侍郎致仕韓贄一官，追其孫思純將作監主簿告，通判鄭淵、簽書判官王欽
臣各降一官，判官許章、推官劉處厚各衝替，司隸參軍劉舜理以下三人勒
停，北寨主楊充德以下三人除名編管，並不用赦降去官。坐牒易州捕盗，誤
以解子平爲北界地，啟其爭疆之隙也”[2]。癸亥爲十七日。

九月，與呂公著、吳充等議復肉刑。

《長編》卷二九二云：元豐元年九月“乙酉，端明殿學士兼翰林侍讀學
士、寶文閣學士、户部侍郎吕公著，樞密直學士、工部侍郎薛向，並同知樞
密院事。……上初即位，韓絳即建議復肉刑，至是，復詔執政議。公著以
爲後世禮教未備，而刑獄繁，肉刑不可復，將有踊貴屨賤之譏。吳充議復置
圜土，衆以爲難行。王珪欲取開封死囚罪，試以劓刖。公著曰：‘刖而不死，
則肉刑遂行矣。’議竟得寢”。注云：“據《時政記》，公著以十七日戊子供
職，向以二十二日癸巳供職。”[3]乙酉爲十四日。王珪等人議復肉刑當在九月
十七日之後。

十一月五日，助王拱辰獲賜方團金帶，並獲許墳壟建寺。

王鞏《甲申雜記》云：“張文定前參知政事，後爲宣徽北院使。神宗嘗
俾張承旨誠一密問宋龍圖敏求：‘不知前兩府有賜方團筭頭帶例否？’宋公
報曰：‘非前宰相，無賜例。’及文定改南院使、知南京，辭日，始被賜，爲
異恩也。後王宣徽知西京，引例以爲言，遂亦被賜。王宣徽實王相禹玉坐

[1] 李燾撰，上海師範大學古籍整理研究所、華東師範大學古籍整理研究所點校《續資治通鑑長編》，
第12冊第7120~7121頁。
[2] 李燾撰，上海師範大學古籍整理研究所、華東師範大學古籍整理研究所點校《續資治通鑑長編》，
第12冊第7015頁。
[3] 李燾撰，上海師範大學古籍整理研究所、華東師範大學古籍整理研究所點校《續資治通鑑長編》，
第12冊第7133~7134頁。

主，陰有力焉。"[1] 所載不確，王拱辰獲賜方團金帶在爲西太一宮使時，而非知西京河南府時。安燾《謚懿恪王公墓誌銘》載王拱辰曾三知河南府：一在皇祐元年（1049）七月至十一月，二在嘉祐五年（1060）至七年，三在熙寧五年（1072）至八年。又云："元豐元年，公思歸洛，乃乞涖閑局，章［凡］八上，始除檢校太尉，充宣徽南院使、西太一宮使。將行，屢引對便坐。上眷其舊德，錫以毬文方團帶，及許墳塋建寺，皆輔臣例也。"[2] 劉摯《王開府行狀》云："公懇求間退，章八上。元豐元年，檢校太尉，南院宣徽、西太一宮使。賜金方團帶，先塋得置寺，皆異禮也。歸居洛陽，面辭，陳天下利害，有人所難言者。自執政而下侍從館閣士大夫，皆爲詩以美其行。"[3] 《長編》卷二九三云：元豐元年十月"己未，以宣徽北院使、檢校太傅、中太一宮使王拱辰爲檢校太尉、宣徽南院使、西太一宮使，許居京師"。卷二九四云：十一月"乙亥，宣徽南院使王拱辰乞依二府例賜墳寺敕額，歲度僧一人。詔旨以拱辰歷事三朝，累經內外清要繁劇，特從其請，不得爲例。又賜方團金帶。拱辰辭之"。注云："辭帶十六日丙戌事，今并載此。"[4] 己未爲十八日，乙亥爲五日。

十一月二十九日，與吳充、元絳請罷功臣號。

《長編》卷二九四載元豐元年十一月己亥，"宰臣吳充王珪、參知政事元絳言：'功臣非古，始唐德宗多難之餘，乃有奉天、定難之號，不應盛世猶襲陳迹。況陛下即位以來，上徽號至數十而不許，臣等何功，乃例蒙恩，乞於銜位之中悉減罷。'詔答曰：'唐之中世，時屬多虞，制爲功臣，寵厥將吏。因仍弗革，稱謂實繁，溢美遇情，空名眩實，施之近世，或適權宜，襲於來今，固非通制。卿等爲國丞弼，悃愊無華，帥先臣鄰，願罷功號，朕用嘉歎，其敢弗從，宜如所請。'於是知樞密院馮京等繼請，從之。遂詔管軍

---

［1］王鞏撰，戴建國、陳雷整理《甲申雜記》，《全宋筆記》第二編，大象出版社 2006 年版，第 6 冊第 42 頁。

［2］洛陽地區文物工作隊《北宋王拱辰墓及墓誌》，《中原文物》1985 年第 4 期。

［3］劉摯撰，裴汝誠、陳曉平點校《忠肅集·忠肅集拾遺》，第 477 頁。

［4］李燾撰，上海師範大學古籍整理研究所、華東師範大學古籍整理研究所點校《續資治通鑑長編》，第 12 冊第 7153、7164 頁。

臣僚以下至諸軍班，銜內帶功臣者並罷"[1]。己亥爲二十九日。《宋會要》禮五九之二五亦載此事；而《神道碑》繫於元豐二年，不確。

十二月二十九日，與二府同僚獲賜吳道子畫鍾馗像。

葉夢得《石林燕語》卷五云："宰執每歲有內侍省例賜新火冰之類，將命者曰'快行家'，皆以私錢一千贈之。元豐元年除日，神宗禁中忽得吳道子畫鍾馗像，因使鏤板賜二府。吳沖卿時爲相，欲贈以常例。王禹玉曰：'上前未有特賜，此出異恩，當稍增之。'乃贈五千。其後御藥院遂爲故事。明年除日，復賜沖卿，例復授五千，沖卿因戲同列曰：'一馗足矣。'衆皆大笑。宣和間，一二大臣恩幸既殊，將命之人有飲食果實而得五十千者，日或至一再賜也。"[2]元豐元年除日在十二月二十九日。

是年，受張頡所獻辰錦砂，曲爲蓋芘，使其免於誅竄。

蘇轍《欒城集》卷四〇《論張頡劄子》云："臣竊見知廣州張頡，自直龍圖閣擢爲户部侍郎，除目一下，中外驚疑。謹按頡猜險邪佞，狡愎暗刻，具此八德，了無一長。臣非敢風聞臆度，謹具實狀如左。一、頡爲廣南運使日，朝旨那移兵馬就食全、永。經略使趙卨爲見順州戍兵年滿合替，遂差兵戍順州，却令順州替兵就食全、永。頡但知出納之吝，恐往來戍兵糜費錢糧，一日之間四次移牒，故作行遣申奏趙卨不肯移兵，又奏卨暗添昭州雇夫錢六萬貫，又奏卨違法差衙前。朝旨令卨分析，乃是頡判狀令差，卨曾具元判狀繳奏。其餘所奏，更無一事稍實。因此挾恨遷怒，訴罟桂州官吏，作緑衫下包個奴婢，名呼趙卨，仍罵作賊。提舉官劉誼，曾具事由聞奏，有旨罷轉運使。一、頡爲轉運使日，有安南般糧夫數千人逃還，已經曲赦放罪，每人只有欠官米錢七百。後來頡欲差人往全州般糧，遂召陽朔縣令魏九言、臨桂縣令李譯，勒令差兩縣逃亡夫往全州般糧，仍令九言取本縣百姓莫飯奴等七人狀，云'所欠官錢七百，情願往全州般糧填還'。其七人中，又有三人不係逃亡，只取到四人情願狀，便差數千人。況欠錢止於七百，而全州水路二十餘程，豈有情願之理？因此溺殺人不少，致人户經提舉司過狀，亦是劉

---

[1] 李燾撰，上海師範大學古籍整理研究所、華東師範大學古籍整理研究所點校《續資治通鑑長編》，第12冊第7174頁。

[2] 葉夢得撰，宇文紹奕考異，侯忠義點校《石林燕語》，第67頁。

誼具事由聞奏，方始住差。一、頡爲桂州經略使日，有安化州首領，以本族饑饉依久例借糧於宜州。頡指揮宜州不借一粒，致夷人作過，於省界偷牛。因此夷、漢互仇殺。頡更無方略，直令宜州興兵討之。致本州兵官陷沒。頡遂發數千人，令供備庫副使費萬往討之，全軍皆沒。頡又遣路分都監王奇知宜州，仍以數千人入討，全軍復沒。事聞朝廷，先帝爲之旰食，遣謝麟將數萬人，費百餘萬貫，竟以招降而定。頡既措置乖方，致陷兩將兵馬，而費萬、王奇之死，又不以實奏。因轉運使馬默等論列，朝旨差賓州推官朱恂取勘。因此落職奪官知均州。右，臣所論三事，皆有文案，可以覆驗。據頡處事乖剌，致寇覆軍，與沈起、劉彝同罪，理合誅竄。所以累次常獲寬宥者，蓋其家素富，本以行賂得進。鄉近辰、錦，多蓄奇砂，嘗以獻遺前宰相王珪。珪每出示親客，云此砂張頡所獻，以此曲爲蓋芘。今來縱未黜廢，豈可特膺非次擢用？兼臣訪聞三省執政本不知其人，失於采聽，爲薦者所誤，若置之戶部，必害民物。伏乞追寢前命，以厭公議。"[1] 此劄子上於元祐元年（1086）八月八日。其中所言前二事，發生於張頡任廣南西路轉運使期間；後一事發生於張頡任桂州知州期間。熙寧十年（1077）七月二十三日，張頡自荊南帥移廣西漕。《長編》卷二九一載元豐元年八月壬寅朔，"詔廣南西路提點刑獄司，劾轉運司發土丁運糧，及以賣不售衣物折軍士衣賜因依以聞"。注云："蘇轍《論張頡除戶侍不當劄子》第二項有運糧事，折支衣賜未詳。"卷二九四載元豐元年十一月乙亥，"提舉廣南西路常平等事劉誼言：'近准朝旨，下提點刑獄司劾本路轉運使張頡，頡由此忿躁，凌辱官吏，甚於前日。桂州司理參軍沈竦因白公事，頡罵竦爲賊，怒竦分説，以至令軍士捽抑之。'詔張頡罷任，於潭州供答文字，及具析劉誼所奏事理以聞"。卷三三二云：元豐六年正月"甲午，朝奉大夫、直龍圖閣、前知桂州張頡落職知均州，坐不能察蠻賊爲寇，會赦也"。注云："頡三年閏九月，除桂州；五年七月，替；今責降。"[2] 乙亥爲五日。甲午爲十八日。可知蘇轍劄子中前二事發生於元豐元年，後一事發生於元豐五年。

[1] 陳宏天、高秀芳點校《蘇轍集》，第 2 冊第 703～704 頁。

[2] 李燾撰，上海師範大學古籍整理研究所、華東師範大學古籍整理研究所點校《續資治通鑑長編》，第 12 冊第 7111、7164 頁，第 13 冊第 8000 頁。

以薛向之薦，結識吳處厚。

王明清《揮塵三録》卷一云："蔡持正既孤居陳州，鄭毅夫冠多士，通判州事，從毅夫作賦。吳處厚與毅夫同年，得汀州司理，來謁毅夫，間與持正游。明年，持正登科，寖顯於朝矣。處厚辭王荊公薦，去從滕元發。薛師正辟於中山，大忤荊公，抑不得進。元豐初，師正薦於王禹玉，甚蒙知遇。已而持正登庸，處厚乞憐頗甚，……然持正終無汲引之意。是時，王、蔡並相，禹玉薦處厚作大理寺丞。會尚書左丞王和甫與御史中丞舒亶有隙。元豐初改官制，天子勵精政事，初嚴六察，亶彈擊大吏，無復畏避，最後糾和甫尚書省不用例事，以侵和甫。和甫復言亶以中丞兼直學士院，在官制既行之後，祇合一處請給，今亶仍舊用學士院廚錢蠟燭爲贓罪。亶奏事殿中，神宗面喻亶，亶力請付有司推治，詔送大理寺。亶恃主姥盛隆，自以無疵，欲因推治益明白。且上初無怒亶意，姑從其請而已。處厚在大理，適當推治亶擊和甫，而和甫與禹玉合謀傾亶。亶事得明，必參大政；亶若罪去，則禹玉必引和甫並位，將代持正矣。處厚觀望，佑禹玉，鍛鍊傅致，固稱亶作自盜贓。是時大理正王吉甫等二十餘人咸言亶乃夾誤，非贓罪明白。禹玉、和甫從中助，下亶於獄，坐除名之罪。當處厚執議也，持正密遣達意救亶，處厚不從。故亶雖得罪，而御史張汝賢、楊畏先後論和甫諷有司陷中司等罪，出和甫知江寧府，致大臣交惡。而持正大怒處厚小官，規動朝聽，離間大臣。欲黜之，未果。會皇嗣屢夭，處厚論程嬰、公孫杵臼存趙孤事，乞訪其墳墓。神宗喜，禹玉請擢處厚館職。持正言反覆小人，不可近。禹玉每挽之，憚持正輒止。終神宗之世，不用。哲宗即位，禹玉爲山陵使，辟處厚掌牋表。禹玉薨，持正代爲山陵使，首罷處厚。山陵畢事，處厚言嘗到局，乞用衆例遷官，不許，出知通利軍。後以賈種民知漢陽軍，種民言母老不習南方水土，詔與處厚兩易其任。處厚詣政事堂言：'通利軍人使路已借紫矣，改漢陽則奪之一等作郡，請仍舊。'持正笑曰：'君能作真知州，安用假紫邪。'處厚積怒而去。其後，持正罷相守陳，又移安州。有靜江指揮卒當出戍漢陽，持正以無兵，留不遣，處厚移文督之。持正寓書荊南帥唐義問固留之，義問令無出戍。處厚大怒曰：'汝昔居廟堂，固能害我，今貶斥同作郡耳，尚敢爾耶！'會漢陽僚吏至安州者，持正問處厚近耗，吏誦處厚《秋興亭近詩》云：‘雲共去時天杳杳，雁連來處水茫茫。’持正笑曰：‘猶亂道如此。’吏歸以告處厚，處厚曰：‘我文章蔡確乃敢譏笑耶？’未幾，安州舉子吳擴自漢江販米至漢陽，而郡遣縣令陳當至漢口和糴，吳袖刺謁當，規欲免糴，且言近離鄉里時，蔡丞相作《車蓋亭》十詩，舟中有本，續以寫呈，既歸舟，以詩送之。當方盤量，不暇讀，姑置懷袖。處厚晚置酒秋興亭，遣介亟召當，當自漢口馳往，既解帶，處厚問懷中何書，當曰：‘適一安州舉人遺蔡丞相近詩也。’處厚亟請取讀，篇篇稱善而已，蓋已貯於心矣。明日，於公宇冬青堂箋注上之。後兩日，其子柔嘉登第，授太原府司戶，至侍下，處厚迎謂曰：‘我二十年深仇，今報之矣。’柔嘉問知其詳，泣曰：‘此非人所爲。大人平生學業如此，今何爲此？將何以立於世？柔嘉爲大人子，亦無容迹於天地之間矣。’處厚悔悟，遣數健步，剩給緡錢追之，馳至進邸，云邸吏方往閤門投文書，適校俄頃時爾。先子久居安陸，皆親見之。又，伯父太中公與持正有連，聞處厚事之詳。世謂處厚首興告訐之風，爲搢紳復仇禍首，幾數十年，因備敘之。”[1] 按，薛向（1016—1081），字師正，河中府萬泉（今屬山西萬榮）人，薛顏之孫，以蔭入仕，官至樞密副使，元豐四年卒，年六十六，諡恭敏，《宋史》卷三二八、《東都事略》卷八二有傳，《全宋文》卷一〇五一收其文二十篇。薛向熙寧七年（1074）二月九日丁丑知定州，元豐元年八月五日丙午召赴闕，九月十四日乙酉與呂公著同知樞密院事，三年九月二十七日丙戌出知潁州。[2] 其薦吳處厚於王珪，當在元豐元年九月十四日授同知樞密院事之後。吳處厚（？—1091），字伯固，邵武（今屬福建）人，皇祐五年（1053）進士，官終知衛州，元祐六年卒，《宋史》卷四七一有傳，《全宋詩》卷六一七錄其詩二十三首、殘句二聯又一句，《全宋文》卷一五一八收其文十一篇。王珪對吳處厚較爲賞識，二人關係又牽涉蔡確，故此一併考之。

蔡確拜尚書右僕射兼中書侍郎在元豐五年四月二十二日癸酉[3]，王珪薦

---

[1] 王明清《揮麈錄》，第184～186頁。
[2] 參李燾撰，上海師範大學古籍整理研究所、華東師範大學古籍整理研究所點校《續資治通鑑長編》卷二五〇、卷二九一、卷二九二、卷三〇八，第10冊第6089頁，第12冊第7112、7133、7489頁。
[3] 參李燾撰，上海師範大學古籍整理研究所、華東師範大學古籍整理研究所點校《續資治通鑑長編》卷三二五，第13冊第7823頁。

吳處厚作大理寺丞當在此後。

　　王珪與王安禮合力驅逐舒亶當在元豐六年夏。《長編》卷三三二云：元豐六年正月“癸巳，詔給事中陸佃、中書舍人蔡卞勘詳御史中丞舒亶論奏尚書省錄目事，案罪以聞”。乙未，“尚書省言：‘御史臺編《一司敕》，於官制後違法請公使錢。御史中丞舒亶直學士院日，於官制後違法請廚錢。臺察官朋蔽不言，乞並付有司推治。’詔大理寺鞫之。”卷三三五云：元豐六年六月“己酉，詔通直郎、試御史中丞、權直學士院舒亶免除名，止追兩官勒停；奉議郎、守監察御史頓起衝替，係事理重；御史臺、太府寺官吏以疏決釋之。初，亶不曉法意，誤謂當別置錄目，因言尚書省不置錄目，不奉法。尚書省辯論既明，亶猶固執。他日，上諭都省，令取亶臺中所置錄目，必無之。亶果不置，仍以他簿書增寫‘錄目’字與僚屬書押送都省，坐此被劾。又學士院公使時悉罷，而亶輒以本院廚錢自給，復坐計贓杖九十。兩案具奏，上諭近臣曰：‘亶學士院自盜贓罪，情至輕而法重，其詐爲錄目，乃法輕情重。身爲中丞，詐妄如此，不可恕也。’於是詔亶歷任職事官及知制誥並不爲官，宜追寄禄兩官，故有是命。起以附阿亶言錄目事不實，故亦黜之”。注云：“亶本傳云，異時學士草制，月給油燭。亶承故例取之，事下大理，初謂誤用，法官吳處厚駁之，卒抵置罪。《實錄》乃不載吳處厚駁案事，當考。《舊紀》書中丞舒亶輒用公使，坐贓追官勒停。田畫[1]作《王安禮行狀》云：三省既建，臺諫官頗言中書省，至有不當而被斥者。時舒亶爲御史中丞，亶性傾覆，有姦雄才，而内實闇，不曉政事，數爲舉劾以自逞，氣焰灼然，見者側目，而心獨憚安禮。嘗上疏言事，其辭有執政官喜爲虛語以籠士大夫者，意乃指王珪，以明不爲安禮發。安禮以謂亶姦人，身執法，言執政大臣，豈有遷就而爲疑詞者？亶又言尚書省不置錄目，有旨按責其罪，安禮曰：‘尚書省有發放歷，錄其事目，以付法曹，不曰錄目乎？’亶曰：“錄目行下，始爲發放，此固非元法。’安禮曰：‘願得御史臺錄目以爲式。’亶視臺中所用歷，乃與尚書省同，即謬爲臺歷，注‘錄目’字於其首。安禮知其姦，乃以狀彈之，並劾其直學士院冒用公使物，有詔雜治。獄成，具

得其贓妄狀。安禮奏上曰：'亶所坐冒用公物，則贓輕而法重；注錄目，則事微而情惡。願陛下斷而行之，以儆有位。'又曰：'臣觀陛下行事時輕時重，一屈一伸。'上曰：'何謂也？'安禮曰：'陛下每譴言事官，則疑臣等太伸，以故裁抑執政，而亶等乘間敢肆詆欺臣。望陛下視理如何，循法所在，雖百屈百伸，臣之願也。'上曰：'亶論如法。'於時多右亶者，故安禮特力爭之。"[1]癸巳、乙未、己酉分別為十七日、十九日、五日。據此可知王珪與王安禮何以要"合謀傾亶"。按，王安禮（1035—1096），字和甫，撫州臨川（今屬江西撫州）人，王安石六弟，嘉祐六年（1061）進士，官至尚書左丞，紹聖三年卒，年六十二，《宋史》卷三二七、《東都事略》卷七九有傳，有《永樂大典》本《王魏公集》八卷傳世。王安禮元豐五年四月二十三日甲戌為尚書右丞，六年八月十八日辛卯轉左丞，七年七月十七日甲寅出知江寧府。[2]

據《揮塵錄》所載，王珪請擢吳處厚館職當在元豐六年六月五日驅逐舒亶之後，但薦舉理由發生時間却在兩年以前。《長編》卷三一二云：元豐四年五月"戊申，詔河東、河北路轉運司尋訪程嬰、公孫杵臼墳廟所在。以承議郎吳處厚言，二人保全趙孤，乞加封爵故也。後轉運司言，嬰、杵臼墓在絳州太平縣西南趙大夫塋內，及塑像在廟中。詔嬰封成信侯，杵臼封忠智侯，於墓側別立廟，載祀典"。注云："吳處厚申請，指言皇嗣，當檢附。《新》《舊》並書封嬰及杵臼。《神宗寶訓·獎忠義篇》：'四年，監京東柏稅竹木箔場吳處厚奏："臣常考趙氏廢興之本末，惟程嬰、公孫杵臼二人各盡死以保趙氏孤兒，最為忠義。請於晉、趙分域之內，訪求二人墓廟，特加封爵旌表，永為典祀。"詔念功追遠，朝廷善教，宜如所奏。復訪求二人墓在絳州太平縣，詔嬰封成信侯，杵臼封忠智侯，仍立廟，載在祀典。'"[3]戊申為二十二日。蓋王珪以吳處厚佑己驅逐舒亶而請擢以館職，理由之一是兩年

［1］李燾撰，上海師範大學古籍整理研究所、華東師範大學古籍整理研究所點校《續資治通鑑長編》，第13冊第7999~8000、8077~8078頁。
［2］參李燾撰，上海師範大學古籍整理研究所、華東師範大學古籍整理研究所點校《續資治通鑑長編》卷三二五、卷三三八、卷三四七，第13冊第7825頁，第14冊第8149、8327頁。
［3］李燾撰，上海師範大學古籍整理研究所、華東師範大學古籍整理研究所點校《續資治通鑑長編》，第13冊第7577~7578頁。

前吳處厚曾上言程嬰、公孫杵臼保全趙孤，乞加封爵，然此薦爲蔡確所阻，終不得行。

王珪元豐八年三月七日被任命爲神宗山陵使，五月十七日薨於位，其辟吳處厚掌箋表當在元豐八年三月七日以後。

神宗元豐二年己未（1079），六十一歲

在汴京。爲集賢相。有詩二首、文五篇，約可繫詩三首。

正月二十六日，與神宗議鹽鈔之法。

《長編》卷二九六云：元豐二年正月“丙申，上謂輔臣曰：‘向以陝西用度不足，出鈔稍多，而鈔加賤，遂建京師買鹽鈔之法。本欲權鹽價，飛錢於塞下，而出鈔付陝西無止法，都内凡出錢五百萬緡，卒不能救鈔法之弊。蓋新進之人輕議更法，其後見法不可行，猶遂非憚改。’王珪曰：‘利不百，不變法。’上曰：‘大抵均輸之法，如齊之管仲，漢之桑宏羊，唐之劉晏，其才智僅能推行，況其下者乎！朝廷措置經始，所當重惜，雖少年所不快意，然於國計甚便，姑静以待之。’”[1] 丙申爲二十六日。

二月二十五日，有《依韻和吳相公聞南宮放榜喜雨即事絕句》。

本集卷四有《依韻和吳相公聞南宮放榜喜雨即事絕句》，云：“紫掖清晨捧號來，門前桃李占先開。滿城風雨逢寒食，更聽春巖第一雷。”（第27頁）“吳相公”指吳充。吳充熙寧九年（1076）十月二十三日拜國史相，元豐三年三月二日乙丑罷相[2]，四月一日甲午卒[3]，其間僅元豐二年有貢舉。由此詩可知，元豐二年禮部放榜正值清明節前之寒食節，而元豐二年清明節在二月二十七日，寒食節在二月二十五日。吳充原詩不存。

[1] 李燾撰，上海師範大學古籍整理研究所、華東師範大學古籍整理研究所點校《續資治通鑑長編》，第 12 冊第 7202~7203 頁。

[2] 參李燾撰，上海師範大學古籍整理研究所、華東師範大學古籍整理研究所點校《續資治通鑑長編》卷三〇三，第 12 冊第 7364 頁。

[3] 參杜大珪《名臣碑傳琬琰集》中集卷二七李清臣《吳正憲公充墓誌銘》，《宋代傳記資料叢刊》，第 15 冊第 232 頁。

四月，有《贈禮部侍郎宋次道挽詞》。

本集卷六有《贈禮部侍郎宋次道挽詞》，蘇頌《蘇魏公文集》卷一四有《國史龍圖侍郎宋次道挽辭五首》，劉摯《忠肅集》卷二〇有《挽宋次道二首》，當作於同時。蘇頌《龍圖閣直學士修國史宋公神道碑》云：“公年六十一，以元豐二年四月甲辰終於春明坊之適寢。以其年七月癸酉葬管城縣馬亭鄉東城原宣獻公之右次。”[1]甲辰爲六日，癸酉爲七日。

五月，援引張璪，使試知制誥兼知諫院。

《長編》卷三七〇載元祐元年（1086）閏二月呂陶上疏云：“張璪之爲人柔邪猥佞，善能窺人主之意，隨勢所在而依附之，往往以危機中人。熙寧初，擢在條例司，講議役法，遂置儒館，預諫列，唯諾備位，無所發明，常持兩端。先帝聖慮高遠，察見反覆，斥逐於外，復爲王珪出力援引，試知制誥兼知諫院。珪實欲使之在言路，以杜塞內外耳目，天下有志之士，無不扼腕憤疾。後爲翰林學士，同舒亶判國子監，深交於亶，以至株連大獄，璪有力焉。尋判司農寺，詳定官制，遂忝執政。”[2]考韋驤《錢塘韋先生文集》卷一六《故資政殿大學士右光禄大夫知揚州軍州事兼管內勸農使充淮南東路兵馬鈐轄上柱國馮翊郡開國公食邑三千六百户食實封九百户贈右金紫光禄大夫張公行狀》，張璪熙寧九年（1076）二月除知許州，未行，改河陽；十年二月移滄州，未及境召還，權三司度支副使；元豐二年五月除右正言、知制誥，又知審官東院，兼知諫院、判國子監；三年二月除翰林學士、知制誥。《長編》卷二九八載元豐二年五月戊子，“右正言、知制誥、知審官東院張璪兼知諫院、判國子監”[3]。戊子爲二十一日。王珪援引張璪當在五月二十一日之前，姑繫於此。按，張璪（？—1093），初名琥，字邃明，滁州全椒（今屬安徽）人，張洎之孫、張瓊之弟，嘉祐二年（1057）或四年進士，官至參知政事，元祐八年卒，謚簡翼，《宋史》卷三二八、《東都事略》卷八三有

---

[1] 蘇頌著，王同策等點校《蘇魏公文集》卷五一，第777頁。

[2] 李燾撰，上海師範大學古籍整理研究所、華東師範大學古籍整理研究所點校《續資治通鑑長編》，第15冊第8961頁。按，《歷代名臣奏議》卷一七七收録呂陶此奏疏，題作《乞早賜聖斷罷免韓縝張璪事疏》。

[3] 李燾撰，上海師範大學古籍整理研究所、華東師範大學古籍整理研究所點校《續資治通鑑長編》，第12冊第7249頁。

傳，生平事迹見韋驤《張公行狀》，《全宋詩》卷八四三録其詩二首，《全宋文》卷二〇一八收其文十六篇。

九月，於待漏院與蘇携語，奇之，因助蘇頌雪冤。

汪藻《故徽猷閣待制致仕蘇公墓誌銘》云："公諱携，字季升，丞相季子也。幼莊重，舉止如成人。丞相自開封尹知濠州，赴御史臺詔獄，公年十三，隨至京師，僦舍御史府前，朝夕入問起居狀。間衣舉子服，訴其誣於待漏院，宰相吳正肅、王文恭見其警敏，召至前與語，奇之，事由是得白，而公亦以此知名。"[1]曾肇《贈司空蘇公墓誌銘》云："公在開封，嘗治國子博士陳世儒母爲群婢所殺事，獄具，輒爲法官所駁。或謂公欲寬世儒夫婦，上以詰公，且曰：'此人倫大惡，毋縱有罪。'公對：'事在［有］司，臣固不敢言寬，亦不敢輸（諭）之使重。'既而公罷開封，獄移大理寺。大理奏世儒妻母因緣大臣，有請於公。又移御史臺，自濠逮公赴對。御史以言導公，公曰：'使某誣人死，不可爲。若自誣，雖重得罪不避。'手書數百言，皆自誣詞也。上閱獄詞，疑不直，詔更劾實。御史推窮，乃大理丞賈種民增損因詞，以爲有請，得其稿於獄吏家，於是種民抵罪，而公得白。顧嘗因人語及世儒帷箔事，公應曰然，以是爲泄獄情，罷郡歸班。"[2]《長編》卷二九九載元豐二年八月壬子，"中丞李定言，已遣王彭年就濠州劾蘇頌，乞令彭年逮頌詣臺對獄"[3]。壬子爲十七日。蘇頌《蘇魏公文集》卷一〇有《己未九月，予赴鞫御史，聞子瞻先已被繫。予晝居三院東閣，而子瞻在知雜南廡，才隔一垣，不得通音息。因作詩四篇，以爲異日相遇一噱之資耳》。則王珪與蘇携語、助蘇頌雪冤當在元豐二年九月。蘇携生於治平二年（1065），元豐二年虛歲爲十五歲，《故徽猷閣待制致仕蘇公墓誌銘》謂蘇頌繫獄時蘇携年十三，或就其實歲而言。按，蘇頌（1020—1101），字子容，蘇紳子，原籍泉州同安（今屬福建廈門），徙居潤州丹陽（今屬江蘇），慶曆二年（1042）

---

[1]汪藻《浮溪集》卷二五，景印文淵閣《四庫全書》，臺灣商務印書館1986年版，第1128冊第227~228頁。

[2]曾肇《曲阜集》卷三，景印文淵閣《四庫全書》，臺灣商務印書館1986年版，第1101冊第383頁。

[3]李燾撰，上海師範大學古籍整理研究所、華東師範大學古籍整理研究所點校《續資治通鑑長編》，第12冊第7285頁。

進士，官至尚書右僕射兼中書侍郎，建中靖國元年卒，年八十二，追諡正
簡，《宋史》卷三四○、《東都事略》卷八九有傳，生平事迹見曾肇《贈司空
蘇公墓誌銘》、鄒浩《道鄉先生文集》卷三九《故觀文殿大學士蘇公行狀》，
點校本《蘇魏公文集》附録有顏中其《蘇頌年表》，顏中其、蘇克福編有
《蘇頌年譜》[1]，有《蘇魏公文集》七十二卷傳世。蘇攜（1065—1140），字季
升，蘇頌第六子，以蔭入仕，官至刑部侍郎，紹興十年卒，年七十六，生平
事迹見汪藻《故徽猷閣待制致仕蘇公墓誌銘》，《全宋文》卷二九一八收其文
一篇。王珪與蘇頌爲同年，二人關係頗爲密切，王珪爲蘇頌雪冤，當不僅因
蘇攜也。蘇象先《丞相魏公譚訓》卷六云：“祖父與王岐公同年，王每相訪，
祖父必拜之。王逡巡引避，時以爲得體。”[2]

十月二十日，以慈聖光獻太后薨，入慰神宗。

葉夢得《石林燕語》卷九云：“神宗天性至孝，事慈聖光獻太后尤謹。
升遐之夕，王禹玉爲相入慰，執手號慟，因引至斂所，發視御容，左右皆
感絶。”[3]王得臣《麈史》卷中云：“慈聖光獻皇后以元豐庚申十月二十日上
仙。是夕，永裕召執政近臣入侍聖容。”[4]《宋史》卷一五《神宗本紀二》、卷
一二三《禮志二十六》，《東都事略》卷八《神宗本紀》，《宋會要》后妃一之
三、禮三二之三○、禮五五之三，《長編》卷三○○等均載慈聖光獻太后薨
於元豐二年十月乙卯或二十日，《麈史》記於元豐三年庚申，有誤。

撰寫並宣讀《慈聖光獻太皇太后遺詔》。

《長編》卷三○○云：元豐二年十月“乙卯，太皇太后崩於慶壽宮，百
官入班宮庭，時宰臣吴充以疾不至，王珪升西階宣遺詔，園陵制度依昭憲、
明德皇太后故事施行”[5]。乙卯爲二十日。本集卷二三有《慈聖光獻太皇太后
遺詔》。

---

[1] 顏中其、蘇克福編撰《蘇頌年譜》，北方婦女兒童出版社 1993 年版。
[2] 蘇象先《丞相魏公譚訓》，《全宋筆記》第三編，第 3 冊第 79 頁。
[3] 葉夢得撰，宇文紹奕考異，侯忠義整理《石林燕語》，第 134 頁。
[4] 王得臣撰，俞宗憲點校《麈史》，上海古籍出版社 1986 年版，第 47 頁。
[5] 李燾撰，上海師範大學古籍整理研究所、華東師範大學古籍整理研究所點校《續資治通鑑長編》，
第 12 冊第 7313 頁。

十月二十六日，上表請神宗聽政。

《宋會要》禮五五之三云："元豐二年十月二十日，慈聖光獻皇后崩。二十六日，宰臣王珪等上表請聽政，不允。繼七上表，乃詔候終易月之制，有司定日御殿。十一月十九日，御崇政殿聽政。上服素紗襆頭、淡黄衫、黑犀帶，於殿西廡幄次號哭見群臣。西向起居畢，中書、樞密院，次使相至閤門副使，次翰林學士至修起居注官，並升殿奉慰。二十八日，宰臣吴充等再上表請御正殿，詔曰：'朕既逾易月，即御便朝，外雖攬於繁機，内更深於悲慕。何需章之來上，祈路寢之親臨。宜體至情，勿爲迫遽。所請宜不允。'至是五表，乃從之。至十二月二十三日，始御垂拱殿。"[1] 王珪等所上表不存。

觀入慈聖光獻太后梓宮物。

葉夢得《石林燕語》卷九載王珪以慈聖光獻太后薨，入慰神宗後，繼云："將斂，復召侍臣觀入梓宮物，親舉一玉椀及玉弦曰：'此太后常所御也。'又慟幾欲仆。禹玉爲輓辭云：'誰知老臣淚，曾及見珠襦。'又云：'冰弦湘水急，玉椀漢陵深。'皆紀實也。"[2]《宋會要》禮三二之三二載慈聖光獻太后元豐二年十月"二十六日，大斂"[3]。

爲慈聖光獻太后山陵使，有《免山陵使劄子》。

《長編》卷三〇〇云：元豐二年十月"辛酉，命宰臣王珪爲大行太皇太后山陵使，判太常寺陳薦爲禮儀使，御史中丞李定爲儀仗使，知開封府錢藻爲橋道頓遞使，同判太常寺陳襄爲鹵簿使，後襄辭疾，以翰林學士蒲宗孟代之"[4]。辛酉爲二十六日。本集卷八有《免山陵使劄子》，云："臣伏奉御批，充大行太皇太后山陵使。臣按昭憲山陵，雖嘗命次相王溥，至明德園陵，乃命首相李沆。臣伏思陛下舉太皇太后喪事，於禮無所不加，臣實位吴充下，恐不足稱陛下所以追隆之意。伏乞改命充，應用故典。"（第61頁）按，王珪乞改命首相吴充爲山陵使，因吴充時疾不能起，未獲允許。

[1] 劉琳等校點《宋會要輯稿》，第4冊第1963頁。
[2] 葉夢得撰，宇文紹奕考異，侯忠義整理《石林燕語》，第134頁。
[3] 劉琳等校點《宋會要輯稿》，第3冊第1468頁。
[4] 李燾撰，上海師範大學古籍整理研究所、華東師範大學古籍整理研究所點校《續資治通鑑長編》，第12冊第7316頁。

十一月十七日，以慈聖光獻太后禫祭，於慶壽宮奉慰神宗，有《請皇帝去杖經表》。

　　《宋會要》禮三二之三四載神宗遵照慈聖光獻太后遺詔之要求，實行以日易月之喪禮，元豐二年十一月"十七日，禫祭"[1]。本集卷四三有《請皇帝去杖經表》，云："臣某等今月十七日慶壽宮西序奉慰，伏覩皇帝尚躬重服。臣某等忝陪近侍，獲奉清光。適臨既禫之祥，猶御始喪之服。薦紳駭顧，若無所容。"（第316頁）此文當作於十一月十七日慈聖光獻太后禫祭之後。

是月，有《請對劄子》。

　　本集卷八有《請對劄子》，云："臣等前此兩日，至慶壽宮移班奉慰，伏見陛下摧泣過常，殆非人情之所能勝，群臣相顧，憂至變色。竊惟易月之制，已及外除，陛下致哀無窮，経杖未去，恐非先王近中之道。臣等久不奏事殿中，十七日禫祭之後，望略賜對，使臣等得以奉遵遺訓，面釋聖懷。"（第55頁）此文當作於十一月十七日慈聖光獻太后禫祭之前。

冬，有《辭免遺賜劄子》。

　　本集卷八有《辭免遺賜劄子》，云："臣等蒙降中使，賜臣等大行太皇太后遺留物者。臣等備位二府，禄賜已厚，豈可因茲變故，更復冒恩？況今陵寢工費，所用不貲，義有可辭，不能自己。伏望聖慈察臣等微誠，特賜寵罷。"（第60頁）慈聖光獻太后元豐二年十月二十日薨，三年三月十日癸酉葬於永昭陵。[2]此文當作於慈聖光獻太后去世之後、下葬之前，姑繫於此。

是年，詆蘇軾有不臣意。

　　《長編》卷三四二元豐七年正月辛酉據李丙《丁未錄》云："元豐中，軾繫御史獄，上本無意深罪之。宰臣王珪進呈，忽言蘇軾於陛下有不臣意。上改容曰：'軾固有罪，然於朕不應至是，卿何以知之？'珪因舉軾《檜詩》'根到九泉無曲處，世間唯有蟄龍知'句，對曰：'飛龍在天，軾以爲不知己，而求之地下之蟄龍，非不臣而何？'上曰：'詩人之詞，安可如此論？彼自詠檜，何預朕事！'珪語塞。章惇亦從旁解之曰：'龍者，非獨人君，

[1]劉琳等校點《宋會要輯稿》，第3冊第1470頁。
[2]參李燾撰，上海師範大學古籍整理研究所、華東師範大學古籍整理研究所點校《續資治通鑑長編》卷三〇三，第12冊第7365頁。

人臣俱可以言龍也。'上曰：'自古稱龍者多矣，如荀氏八龍、孔明臥龍，豈人君也？'遂薄其罪，以黃州團練副使安置。"[1]葉夢得《石林詩話》卷上、陳巖肖《庚溪詩話》卷上、彭百川《太平治迹統類》卷二五《蘇軾立朝大概》等所記略同。

王鞏《聞見近錄》云："王和甫嘗言，蘇子瞻在黃州，上數欲用之，王禹玉輒曰：'軾嘗有"此心惟有蟄龍知"之句，陛下龍飛在天而不敬，乃反欲求蟄龍乎？'章子厚曰：'龍者，非獨人君，人臣皆可以言龍也。'上曰：'自古稱龍者多矣，如荀氏八龍，孔明臥龍，豈人君也？'及退，子厚詰之曰：'相公乃欲覆人之家族耶？'禹玉曰：'它舒亶言爾。'子厚曰：'亶之唾亦可食乎？'"[2]周紫芝《詩讞》引此則。《長編》卷三四二元豐七年正月辛酉注引朱勝非《秀水閑居錄》所記略同。

葛立方《韻語陽秋》卷五云："《石林詩話》載，元豐間，東坡繫獄，神宗本無意罪之。時相因舉軾《檜詩》'根到九泉無曲處，歲寒惟有蟄龍知。'且云："陛下龍飛在天，軾以為不知己，而求知地下之蟄龍，非不臣而何？'得章子厚從而解之，遂薄其罪。而王定國《見聞錄》云：'東坡在黃州時，上欲復用，王禹玉以"歲寒惟有蟄龍知"激怒上意，章子厚力解，遂釋。'余觀東坡自獄中出《與章子厚書》云：'某所以得罪，其過惡未易一二數，平時惟子厚與子由極口見戒，反復甚苦，某強很自不以為然。'又云：'異時相識，但過相稱譽，以成吾過，一旦有患難，無復相哀者。惟子厚平居遺我以藥石，及困急又有以救恤之，真與世俗異矣。'則知坡繫獄時，子厚救解之力為多，《石林詩話》不妄也。"[3]阮閱《詩話總龜》後集卷五《友義門》引此則。

按，《丁未錄》與《聞見近錄》所記王珪詆蘇軾有不臣意時間有異，一在蘇軾繫獄時，一在蘇軾貶黃州團練副使時，茲從《長編》。元豐二年七月二十八日，中使皇甫遵至湖州勾攝蘇軾；蘇軾八月十八日赴御史臺獄，十二

[1] 李燾撰，上海師範大學古籍整理研究所、華東師範大學古籍整理研究所點校《續資治通鑑長編》，第14冊第8228頁。
[2] 王鞏撰，戴建國整理《聞見近錄》，《全宋筆記》第二編，第6冊第26頁。
[3] 何文煥輯《歷代詩話》，第527頁。

月二十六日責授水部員外郎、黄州團練副使。[1] 則王珪詆蘇軾有不臣意當在元豐二年秋冬間。

約於是年，有《依韻和王宣徽冬燕》詩。

王拱辰至和二年（1055）六月十二日己亥除宣徽北院使、判并州，七月十二日戊辰罷宣徽北院使，改知永興軍[2]，隨後知秦州、判河南府、知定州、判大名府，熙寧元年（1068）除檢校太傅、宣徽北院使，留再任，十二月還朝[3]，以議論新法，二年五月十八日癸未判應天府[4]，其後知河陽、再判河南府，八年召還，九年正月二十四日辛巳兼中太一宮使，十年七月二十三日辛未權御史中丞，元豐元年十月十八日己未爲檢校太尉、宣徽南院使、西太一宮使，三年九月二十六日乙酉再判大名府[5]，八年七月二十三日卒於任[6]。本集卷三有《依韻和王宣徽冬燕》（第22頁），此詩當作於熙寧八年至元豐二年間某年十一月，姑繫於此。

有《依韻和吳相公南郊春晴題齋宮壁》詩。

本集卷四有《依韻和吳相公南郊春晴題齋宮壁》（第27頁）。"吳相公"指吳充。李清臣《吳正憲公充墓誌銘》云："歲己未秋，病不能朝，天子遣中人將太醫診治有間。時慶壽宮違豫，上憂恐，奔走群祀，大赦罪人。十月乙卯，太皇太后遺誥出，公欲赴臨，詔止之。公聞上哀毀過度，耿耿不食，復請入對。上使諭指：'卿羸茶强起，疾動則平復益遲，當體此意。'公奏曰：'臣受國厚恩，不得班慶壽殿伏哭盡哀，又不得望見陛下顔色，慰解聖意，臣抱恨死不瞑矣。'乃許成服大慰。前一夕，習步履拜跪，力不勝，仆地，即拜章言：'臣不幸犬馬之疾，寖以弗瘳，臣自度不復任陛下政事，罷相位，歸骨丘墓。'手詔慰諭，還其奏章，七上弗已。明年春，肩輿歸第，

[1] 參孔凡禮《三蘇年譜》，第2冊第1137、1146、1159頁。

[2] 參李燾撰，上海師範大學古籍整理研究所、華東師範大學古籍整理研究所點校《續資治通鑑長編》卷一八〇，第7冊4353、4358頁。

[3] 參洛陽地區文物工作隊《北宋王拱辰墓及墓誌》，《中原文物》1985年第4期。

[4] 參黃以周等輯注，顧吉辰點校《續資治通鑑長編拾補》卷四，第1冊第177頁。

[5] 參李燾撰，上海師範大學古籍整理研究所、華東師範大學古籍整理研究所點校《續資治通鑑長編》卷二七二、卷二八三、卷二九三、卷三〇八，第11冊第6665頁，第12冊第6938、7153、7486頁。

[6] 參劉摯撰，裴汝誠、陳曉平點校《忠肅集·忠肅集拾遺·王開府行狀》，第477頁。

遂拜觀文殿大學士、西太乙宫使。四月甲午朔，公薨聞。"[1]"己未歲"即元
豐二年，乙卯爲二十日。《長編》卷三〇三云：元豐三年三月"乙丑，工部
侍郎、平章事、監修國史吴充罷爲吏部尚書、觀文殿大學士、西太一宫使，
仍大朝會許綴中書門下班，依知大藩例支添給。充爲相務安静，不遣使，不
滋長法令，所言於上，人無知者。先是，上怒安南師出無功，言者又因周沃
謝表，謂充與郭逵書，止其進兵，乃置獄劾逵事，人皆爲充懼。然充書但勸
逵以經久省便，非止其進兵也。充既數爲同列所危，素病瘤，積憂畏，疾益
侵。慈聖光獻太后崩，不能入臨，力辭位。不許。章七上，遂輿疾歸第，上
始聽充罷"。注云："周沃事，初在二年八月辛亥，後在此年二月丙辰、八月
乙卯。《舊紀》書充以疾罷，《新紀》不書因由。"[2]乙丑、辛亥、丙辰、乙
卯分別爲二日、十六日、十七日、二十五日。吴充熙寧九年（1076）十月
二十三日始拜國史相。則此詩當作於熙寧十年至元豐二年間某年春，姑繫於
此。吴充原詩不存。

有《依韻和元參政正月十九日候聚廳移刻未至口占絶句》詩。

本集卷四有《依韻和元參政正月十九日候聚廳移刻未至口占絶句》（第
28頁）。"元參政"當指元絳。元絳熙寧八年（1075）十二月十五日拜參知
政事，元豐二年五月五日罷，則此詩當作於熙寧九年至元豐二年間某年正月
十九日，姑繫於此。

神宗元豐三年庚申（1080），六十二歲

**在汴京。拜國史相。有詩四首、殘句二聯，文十八篇，約可繫詩
一首。**

正月十四日，奉寶册上慈聖光獻太后謚號。

《宋大詔令集》卷一二《慈聖光獻謚册》云："維元豐三年歲次庚申正月
乙丑朔十四日戊寅，孝孫嗣皇帝臣某謹再拜稽首言曰……謹遣攝太尉、光禄

---

[1] 杜大珪《名臣碑傳琬琰集》中集卷二七，《宋代傳記資料叢刊》，第15册第231~232頁。
[2] 李燾撰，上海師範大學古籍整理研究所、華東師範大學古籍整理研究所點校《續資治通鑑長編》，第12册第7364頁。

大夫、行尚書禮部侍郎、同中書門下平章事、集賢殿大學士、上柱國、太原郡開國公、食邑五千五百户、食實封一千六百户臣王珪奉寶册,上尊謚曰慈聖光獻皇后。"[1] 按,據《長編》卷三〇〇元豐二年十月戊午所載,此文乃吕公著所作。

是月,奉命作《慈聖光獻太后挽詞》,有殘句二聯傳世。

葉夢得《石林燕語》卷九云:"[慈聖光獻太后]將斂,復召侍臣觀入梓宮物,親舉一玉椀及玉弦曰:'此太后常所御也。'又慟幾欲仆。禹玉爲輓辭云:'誰知老臣淚,曾及見珠襦。'又云:'冰弦湘水急,玉椀漢陵深。'皆紀實也。"[2] 王得臣《麈史》卷中云:"慈聖光獻皇后以元豐庚申十月二十日上仙。……其年春,上幸西池。慈聖以珠盤躉馬鞍遺上,上自池乘以歸。慈聖好植花,多乘小輦游苑中,上常扶侍之。所居殿曰'慶壽',在福寧之東,是夜毀香閣垣爲百官入聽遺告。庭中有二小亭,金書牌曰'賞蟠桃''賞大椿'。明年三月,將奉山陵,詔百官各進挽詞二首。故相王珪曰:'誰知老臣淚,曾泣見珠襦。'王存時爲從官,曰:'珠韉錫御恩猶在,玉輦親扶事已空。'予亦例進曰:'春風三月暮,寂莫大椿庭。'百官有云東朝,蓋斥慶壽也。"[3] 慈聖光獻太后元豐三年二月二十日甲寅靈駕發引,三月十日癸酉葬於永昭陵[4],王珪等人奉詔作挽詞當在正月。王珪所作挽詞全篇不存,僅存此殘句二聯,今本《華陽集》《全宋詩》均失收。據韻脚分析,此二聯當分屬於二首詩。陳襄《古靈先生文集》卷六有《慈聖光獻太皇后挽詞二首》,曾鞏《元豐類稿》卷六有《慈聖光獻皇太后挽詞二首并進狀》,蘇頌《蘇魏公文集》卷一四有《慈聖光獻皇后挽詞七首》,王安石《臨川先生文集》卷三五有《慈聖光獻皇后挽詞二首》,范純仁《范忠宣公集》卷五有《慈聖光獻皇后挽詞二首》,劉摯《忠肅集》卷一六有五律《輓慈聖光獻皇后二首》、卷二〇有七律《輓慈聖光獻皇后二首》等,當作於同時。

---

[1] 司義祖整理《宋大詔令集》,第 57 頁。

[2] 葉夢得撰,宇文紹奕考異,侯忠義整理《石林燕語》,第 134 頁。

[3] 王得臣撰,俞宗憲點校《麈史》,第 47 頁。

[4] 參李燾撰,上海師範大學古籍整理研究所、華東師範大學古籍整理研究所點校《續資治通鑑長編》卷三〇二、卷三〇三,第 12 冊第 7358、7365 頁。

奉命作濮安懿王夫人挽詞，有《濮安懿王夫人挽詞二首》。

　　濮安懿王趙允讓有三位夫人，分別是譙國太夫人王氏、襄國太夫人韓氏、仙遊縣君任氏。《宋會要》禮四〇之三云："元豐二年五月十三日，詔中書曰：'濮安懿王，先帝斟酌典禮，即園立廟，詔王子孫歲時奉祀，義叶恩稱，後世無得議焉。今三夫人名位或未正，塋域或異處，有司置而不講，曷足以彰明先帝甚盛之德、仰承在天之志乎？三夫人可並稱曰"王夫人"，命主司擇歲月遷祔濮園，俾其子孫以時奉主與王合食，而致孝思焉。'初，濮國公宗暉言：'父贈濮王，而母襄國太夫人韓氏墳猶用堊飾，乞下有司議增修，兼乞專隸濮王園廟，歲時奉祀。'上批：'依。'所奏未下，而有是詔。""初，濮安懿王以譙國王氏合葬，而襄國韓氏亦前葬西塋，其距濮園猶遠，仙遊任氏乃葬京城東南繁臺村奉先資福禪院之西偏，故遷祔焉。"[1] 司天監原選用元豐六年四月遷祔韓氏、任氏二夫人於濮園，適慈聖光獻太后薨，故詔濮安懿王三夫人同時舉葬。[2]《宋會要》禮四〇之四云：元豐"三年正月十八日，翰林學士章惇言：'濮安懿王二夫人哀誌，未委依常用石蓋，或用漆匣？'詔造木漆匣，量加裝釘。又言：'導引儀仗內有挽歌人而無挽詞，乞令中書、樞密院、兩制、侍從、兩省、館閣、臺諫官各撰挽詞二首。'從之。上亦製詞四首付之"[3]。慈聖光獻太后元豐三年三月十日葬於永昭陵，濮安懿王夫人遷祔濮園當亦在其時。本集卷六有《濮安懿王夫人挽詞二首》，蘇頌《蘇魏公文集》卷一四有《濮安懿王夫人挽辭二首》，文彥博《文潞公文集》卷八有《濮安懿王夫人挽詞》二首，劉摯《忠肅集》卷一六有《挽濮安懿王任夫人二首》，當均作於元豐三年正月十八日之後。神宗所作挽詞不存。

二月十一日，子仲脩爲館閣校勘。

　　《宋會要》選舉三三之一六云：元豐"三年二月十一日，秘書丞、崇文院校書王仲脩爲館閣校勘。"[4] 楊傑《回賀王敏甫學士館職啓》云："恭惟判院

---

［1］劉琳等校點《宋會要輯稿》，第 3 冊第 1620、1620～1621 頁。
［2］參劉琳等校點《宋會要輯稿》禮四〇之三、禮三二之三七，第 3 冊第 1471、1620 頁。
［3］劉琳等校點《宋會要輯稿》，第 3 冊第 1621 頁。
［4］劉琳等校點《宋會要輯稿》，第 10 冊第 5889 頁。

學士國器宏深，天資茂粹。綵衣就養，業詩禮以趨庭；青雲致身，角英雄而入彀。識高衆譽，名重上知。方挺秀於相門，再假途於儒館。"[1] 此"館職"指館閣校勘。洪邁《容齋隨筆》卷一六《館職名存》云："國朝館閣之選，皆天下英俊，然必試而後命。一經此職，遂爲名流。其高者，曰集賢殿修撰、史館修撰、直龍圖閣、直昭文館、史館、集賢院、祕閣。次曰集賢、祕閣校理。官卑者，曰館閣校勘、史館檢討，均謂之館職。記注官缺，必於此取之，非經修注，未有直除知制誥者。官至員外郎則任子，中外皆稱爲學士。"[2]

二月二十日，以慈聖光獻太后靈柩發引，開釋神宗。

《長編》卷三〇二云：元豐三年二月"甲寅，大行太皇太后發引，上自慶壽殿步導梓宮，且行且哭，至宣德門外立班俟時，號慟不絕聲。王珪等及雍王顥、曹王頵更進開釋，不能止。百官士卒感慟悲咽，高麗使至於出涕。靈駕既行，上衰服還內"[3]。甲寅爲二十日。

有《靈駕發引慰皇太后表》《靈駕發引慰皇帝表》。

本集卷四三有《靈駕發引慰皇太后表》《靈駕發引慰皇帝表》，起首均云："臣某言，今月二十日，扈從大行太皇太后靈駕發引者。"（第316、317頁）"大行太皇太后"指慈聖光獻太后曹氏，其靈駕發引在元豐三年二月二十日；"皇太后"指英宗皇后高氏，"皇帝"指神宗。

二月二十九日，護從慈聖光獻太后靈駕抵達永昭陵，有《奉太皇太后靈駕到陵下奏皇帝狀》。

本集卷七有《奉太皇太后靈駕到陵下奏皇帝狀》，云："右臣護從靈駕，今月二十九日已達永昭陵下宮奉安，一行並獲妥寧者。"（第51頁）慈聖光獻太后元豐三年二月二十日靈駕發引，三月十日葬於永昭陵，可知文中"今月"當指二月。

是月，有《謝太后撫問第一表》《第二表》《第三表》《謝皇帝撫問第一表》《第二表》《第三表》。

本集卷四三有《謝太后撫問第一表》《第二表》《第三表》《謝皇帝撫

---

[1] 楊傑撰，曹小雲校箋《無爲集校箋》，黃山書社2014年版，第392頁。

[2] 洪邁撰，孔凡禮點校《容齋隨筆》，第208頁。

[3] 李燾撰，上海師範大學古籍整理研究所、華東師範大學古籍整理研究所點校《續資治通鑑長編》，第12冊第7358頁。

問第一表》《第二表》《第三表》。第一、第四文起首云："臣某等言，伏蒙聖慈以臣祗奉大行太皇太后靈駕在道，特降中使傳宣撫問者。"（第315、315～316頁）慈聖光獻太后元豐三年二月二十日靈駕發引，二十九日靈駕抵達永昭陵，則此六文當作於二月二十日至二十九日之間。

三月六日，在永昭陵護從慈聖光獻太后靈駕，有《寒食節慰皇帝表》《寒食節慰皇太后表》。

本集卷四二有《寒食節慰皇帝表》《寒食節慰皇太后表》。前者云："臣某言，伏以大行太皇太后靈駕下宮，奄經寒食節者。""臣伏恨祗事山陵，不獲隨班詣西上閤門，謹奉表稱慰以聞。"（第308頁）後者亦有類似語句。慈聖光獻太后靈駕元豐三年二月二十九日抵達永昭陵，三月十日安葬。元豐三年清明節在三月八日，寒食節在三月六日。王珪爲慈聖光獻太后山陵使，寒食節時在永昭陵護從靈駕。"皇帝"指神宗，"皇太后"指英宗皇后高氏。

三月十日，有《掩皇堂慰皇帝表》《掩皇堂慰太后表》。

《宋會要》禮三二之四三載慈聖光獻太后元豐三年三月"十日，葬於永昭陵，群臣奉慰，及慰皇太后"[1]。本集卷四一有《掩皇堂慰皇帝表》《掩皇堂慰太后表》，起首云："今月十日，太皇太后山陵掩皇堂禮畢者。"（第304頁）"皇帝"指神宗，"皇太后"指英宗皇后高氏。按，王銍《四六話》卷下云："四六貴出新意，然用景太多，而氣格低弱，則類俳矣。唯用景而不失朝廷氣象，語劇豪壯而不怒張，得從容中和之道，然後爲工。王岐公作《慈聖皇后山陵使掩壙慰表》云：'雁飛銀漢，雖閱景於千齡；龍繞青山，終儲祥於百世。'滕元發《乞致仕表》云：'雲霄鴻去，免罹矰繳之施；野渡舟橫，無復風波之懼。'呂太尉《謝賜神宗御集表》云：'鳳生而五色，悵丹穴之已遙；龍藏乎九淵，驚驪珠之忽得。'凡此之類，皆以氣勝與語勝也。"[2]所引王珪文即《掩皇堂慰皇帝表》。

三月十一日，提舉監修《兩朝國史》，有《謝史院賜筆墨奏狀》《謝史院賜器幣奏狀》。

《長編》卷三〇三云：元豐三年三月"甲戌，命王珪提舉修《兩朝國

[1]劉琳等校點《宋會要輯稿》，第3冊第1474頁。
[2]王水照主編《歷代文話》，第1冊第18頁。

史》"[1]。甲戌爲十一日。《宋會要》職官一八之七六云："熙寧十年五月，命宰臣吳充監修仁宗、英宗《兩朝國史》。元豐三年三月十一日，充罷，命王珪提舉。（五年六月，史成，珪賜銀絹千、對衣、金帶，改官，聽辭免，賜一子緋章服。）"[2]本集卷七有《謝史院賜筆墨奏狀》《謝史院賜器幣奏狀》。前者云："右臣伏蒙聖慈以臣提舉脩國史，特降中使賜臣筆、墨、紙者。"（第51頁）後者云："右臣伏蒙聖慈以臣提舉修國史，特降中使賜臣銀器一百兩、衣著一百匹者。使及私門，寵將御筐。光榮燭外，愧仄盈中。伏念臣本起寒生，寖登宰席。既無能而冒錄，況已老而逢衰。方皇帝陛下摹羲、黃上世之書，紀仁、英兩朝之迹，垂精大典，追緝先猷。乃命臣愚，爰承人乏。"（第52頁）

春，有《依韻和蔡參政導洛》詩。

《宋史》卷九四《河渠志四》云：元豐二年"三月庚寅，以用臣都大提舉導洛通汴。四月甲子興工，……六月戊申，清汴成，凡用工四十五日。自任村沙口至河陰縣瓦亭子；並汜水關北通黃河，接運河，長五十一里。兩岸爲堤，總長一百三里，引洛水入汴"[3]。庚寅、甲子、戊申分別爲二十一日、二十六日、十一日。本集卷三有《依韻和蔡參政導洛》，云："浩浩鴻河一派收，亘山回洛駮陰虹。錦張客幔從隋去，黿負神書入宋流。波急滿川跳萬鯉，氣溫銷凍運千舟。誰言伯禹能行水，不見當時爲帝謀。"（第19頁）"蔡參政"當指蔡確。蔡確元豐二年五月二十一日戊子拜參知政事。[4]據"氣溫銷凍"云云，知此詩當作於元豐三年春。蔡確原詩不存。

五月二日，爲明堂大禮使。

《長編》卷三〇四云：元豐三年五月"甲子，禮院言，司天監定九月辛巳有事於明堂。詔恭依，命宰臣王珪爲明堂大禮使，知樞密院馮京爲禮儀使，同知樞密院孫固爲儀仗使，參知政事蔡確爲鹵簿使，章惇爲橋道頓遞

---

[1] 李燾撰，上海師範大學古籍整理研究所、華東師範大學古籍整理研究所點校《續資治通鑑長編》，第12冊第7366頁。

[2] 劉琳等校點《宋會要輯稿》，第5冊第3525頁。

[3] 脫脫等《宋史》，第7冊第2328頁。

[4] 參李燾撰，上海師範大學古籍整理研究所、華東師範大學古籍整理研究所點校《續資治通鑑長編》卷二九八，第12冊第7249頁。

使"[1]。甲子爲二日，辛巳爲二十二日。

五月八日，乞推恩弟珫。

《長編》卷三〇四云：元豐三年五月"庚午，宰臣王珪言，弟職方郎中珫昨管勾大行太皇太后山陵使司牒表，乞推恩。詔以珫爲蔡河撥發"[2]。庚午爲八日。

六月，與蔡確贊行神宗修改官制。

《宋宰輔編年錄》卷八引《祖宗官制舊典》云："神宗喜觀《唐六典》，一日，諭王珪等：朕欲仿《唐六典》，酌今之宜，修改官制。時蔡確爲參知政事，與珪力贊行之，設官置局。元豐三年，明堂禮成，宰執加恩，即以宰相王珪禮部侍郎升改銀青光禄大夫，以久次也。而蔡確以諫議大夫改太中大夫。餘内外文臣皆以階官易舊官，初班雜壓。至五年五月朔，降制，王珪以史館相除左僕射兼門下侍郎，蔡確以參知政事除右僕射兼中書侍郎，……"[3]《宋會要》職官一之七五云："熙寧末，上欲正官名，始命館閣校《唐六典》。元豐三年，以摹本賜群臣，遂下詔命官置局，以議製作。上自考求故實，間下手詔，或親臨決，以定其論。……五年，三省、六曹、御史臺、秘書省、九寺五監之法成。"[4]《長編》卷三〇五云：元豐三年六月"丙午，詔中書置局詳定官制，命翰林學士張璪、樞密副都丞旨張誠一領之，祠部員外郎王陟臣、光禄寺丞李德芻檢討文字，應詳定官名制度，並中書進呈。其後又以著作佐郎、秘閣校理何洵直兼檢討文字"[5]。丙午爲十五日。蔡確元豐二年五月二十一日拜參知政事，五年四月二十二日拜右僕射兼中書侍郎。

七月，以王安禮上書譏切執政大臣，欲使其條具所以。

《長編》卷三〇六載元豐三年七月癸未，"彗出西北太微垣郎位南，在軫"。"丙戌，詔以星變，自今月戊子避正殿，減常膳，中外臣僚並許直言朝

[1] 李燾撰，上海師範大學古籍整理研究所、華東師範大學古籍整理研究所點校《續資治通鑑長編》，第12冊第7393頁。

[2] 李燾撰，上海師範大學古籍整理研究所、華東師範大學古籍整理研究所點校《續資治通鑑長編》，第12冊第7405頁。

[3] 徐自明撰，王瑞來校補《宋宰輔編年錄校補》，第2冊第498頁。

[4] 劉琳等校點《宋會要輯稿》，第5冊第2978頁。

[5] 李燾撰，上海師範大學古籍整理研究所、華東師範大學古籍整理研究所點校《續資治通鑑長編》，第12冊第7424頁。

政闕失。……知制誥王安禮言：'和氣致祥，乖氣致沴。意者執政大臣是非好惡不遵諸道，乘權射利者，不察主上惠養元元之意，用力殫於溝瘠，取利究於園夫，殆有以召星變。臣願陛下省不急之改作，紓弗勝之工力。至於祈禳小數，貶損舊意，恐非應天以實者。'上覽疏嘉歎。他日進對，上曰：'王珪欲使卿條具所以。朕嘗謂左右大臣，宣導下情以達於上，不應沮格人言，以壅障人主。今以一指蔽目，雖泰、華在前，不之見也。近習之蔽，其君何以異此！朕今信卿，卿亦當自信，第言之毋憚。'"[1] 癸未、丙戌、戊子分別爲二十二日、二十五日、二十七日。孔平仲《談苑》卷二所記有所不同："神宗以星變祗懼，許人上封事言得失。於是王安禮上書，語頗訐直，上微不悦，以示王珪，珪曰：'觀安禮所言，皆是臣等執政後來事，無一字及安石所爲者，其意蓋怨望安石在外，專欲譏切臣等耳。安禮每對臣言云："似爾名位，我亦須做。"'上笑曰：'大用豈不在朕，而安禮狂妄自許如此。'後一年，安禮自翰林學士遷尚書右丞。"[2] 王珪欲令王安禮條具分析星變上疏當在七月二十五日之後，姑繫於此。

八月九日，率群臣上表乞神宗御正殿復常膳。

《長編》卷三〇七云：元豐三年八月"己亥，群臣上表乞御正殿，復常膳。不允。自是五上表，乃從之"[3]。己亥爲九日。《宋大詔令集》卷一五四有《彗星避殿減膳許中外直言朝政闕失詔》，據《長編》卷三〇六所載，此乃元豐三年七月二十五日丙戌詔書；其後爲《星變後百官乞御正殿復常膳不允批答》，題下注"元豐三年八月乙亥，五表乃從"[4]；其後爲《賜宰臣王珪以下上第五表請御正殿復常膳允批答》。元豐三年八月辛卯朔，無乙亥日，當以《長編》所載"己亥"爲是。

九月二十四日，以階易官，禮部侍郎換爲正議大夫。

《長編》卷三〇八載元豐三年九月乙亥，"詳定官制所上《以階易官寄

---

[1] 李燾撰，上海師範大學古籍整理研究所、華東師範大學古籍整理研究所點校《續資治通鑑長編》，第 12 冊第 7443～7444 頁。

[2] 孔平仲撰，池潔整理《談苑》，《全宋筆記》第二編，第 5 冊第 305 頁。

[3] 李燾撰，上海師範大學古籍整理研究所、華東師範大學古籍整理研究所點校《續資治通鑑長編》，第 12 冊第 7455 頁。

[4] 司義祖整理《宋大詔令集》，第 574 頁。

禄新格》"。"癸未，尚書禮部侍郎、平章事王珪換正議大夫，右諫議大夫、參知政事章惇、蔡確並換太中大夫。工部侍郎、同知樞密院薛向換正議大夫，右諫議大夫、同知樞密院孫固換太中大夫，並樞密副使。"[1] 乙亥爲十六日，癸未爲二十四日。按，《東都事略》本傳云："元豐二年，以階易官，珪時爲禮部侍郎，當爲正議大夫，遂越拜銀青光禄大夫兼門下侍郎、同中書門下平章事、監修國史。"（第 673 頁）"二年"乃"三年"之訛。

九月二十七日，以明堂大禮推恩，授銀青光禄大夫、兼門下侍郎、同中書門下平章事、監修國史，有《免門下侍郎監修國史第一表》。

《長編》卷三〇八云：元豐三年九月"丙戌，正議大夫、平章事、集賢殿大學士王珪爲銀青光禄大夫、兼門下侍郎、平章事、兼修國史"。注云："《新》《舊紀》並書王珪監修國史。"[2] 丙戌爲二十七日。《宋史》卷二一一《宰輔表二》僅記元豐三年"九月丙戌，王珪自同中書門下平章事加監修國史"[3]，不如《長編》全面。馬端臨《文獻通考》卷六四《職官考十八·光禄大夫以下》云："宋元豐更官制，以金紫光禄大夫換吏部尚書，銀青光禄大夫換五部尚書，光禄大夫換尚書左、右丞。"夾注云："時宰相王珪任禮部侍郎、同平章事，上以珪久不進官，因改官制，乃特授銀青光禄大夫。"[4] 本集卷四三有《免門下侍郎監修國史第一表》，云："伏奉制命，特授臣銀青光禄大夫兼門下侍郎、同中書門下平章事、監修國史，仍加食邑實封者。"（第 313 頁）此文當作於王珪授兼門下侍郎當日。

王珪此次遷官，實爲明堂大禮推恩。本集卷四三《免門下侍郎監修國史第二表》云："伏以禮行合宮，惟聖人爲能盡孝；命降祖廟，惟王者爲能廣恩。肆承神之嘉釐，孚浹宇之曠澤。不圖異數，施及具臣。某中謝。伏念臣微生江湖，晚位廊廟。陪至神之興運，振歷古之墜文。禄靡材勝，每懼隳於天職；老將疾會，猶竊據於邦衡。方皇帝陛下躬嚴配於崇筵，致齋誠於太室。宗子奉事，過周家之盛時；六天並祠，斥漢儒之異説。臣雖叨使領，盡出聖謨，逮躋成於上儀，敢冒服於殊獎？”（第314頁）《長編》卷三〇八云：元豐三年九月“辛巳，大饗於明堂，御紫宸殿，群臣稱賀，御宣德門。大赦”[1]。辛巳爲二十二日。

《宋大詔令集》卷六二《王珪授銀青光禄大夫兼門下侍郎依前平章事監修國史制》云：“門下：朕稽若古訓，肇新庶官，必也正名，率由道揆，因以制禄，庶無食浮。粤惟宰制之司，首被甄升之命。誕揚涣號，播告治朝。尚書禮部侍郎、同中書門下平章事、集賢殿大學士王珪，直恭惠和，敦大簡重。富有賢業，蔚爲名臣。選貳譽髦，擢秉機務。夙夜匪懈，毀譽不回。納忠告猷，有謨明弼諧之效；揆策圖事，得消萌禦侮之謀。歷選是從，具瞻惟允。進西臺之要地，兼右相之崇資。若時茂恩，屬我良弼。於戲！循明責實，庶圖保乂之勳；經體贊元，允賴惠疇之輔。往踐厥位，永孚於休。可特授銀青光禄大夫、兼門下侍郎、依前平章事、監修國史，勳、封、食邑如故，主者施行。”題下注“元豐三年九月”[2]。按，此文作者不詳。

王應麟《玉海》卷一六五《建隆昭文館太平興國三館四館》云：“李燾曰：本朝因唐故事，命宰輔兼領三館，首相曰昭文館大學士，次曰監修國史，又次曰集賢院大學士。或虛相位，則命參政權領。監修，自景德二年王旦始。昭文大學士，熙寧九年王安石罷，遂不復除。集賢大學士，元豐三年王珪遷，亦不復除。惟監修國史相傳至今。自王珪後，宰輔皆不入銜。監修之名，廢於元豐而復於紹興。”[3]《玉海》所載，乃節引李燾《國史監修提舉題名序》，見《咸淳臨安志》卷七《行在所録·秘書省·國史院》。

是月，以明堂禮成，曾祖永贈太師、中書令，曾祖母尹氏追封吳國太夫人，祖贄追封蜀國公，祖母丘氏追封秦國太夫人，父準追封魯國公，母薛氏追封兗國太夫人，亡妻鄭氏追封越國夫人。

王安禮《王魏公集》卷二有《王珪曾祖永皇任起居舍人贈太師可特贈太

[1] 李燾撰，上海師範大學古籍整理研究所、華東師範大學古籍整理研究所點校《續資治通鑑長編》，第12冊第7486頁。

[2] 司義祖整理《宋大詔令集》，第306頁。

[3] 王應麟輯《玉海》，第5冊第3043頁。

師中書令制》《曾祖母追封韓國太夫人尹氏可追封吳國太夫人制》《祖贊皇兵
部郎中贈太師中書令兼尚書令追封昌國公可追封蜀國公餘如故制》《祖母陳國
太夫人丘氏可追封秦國太夫人制》《父準皇任三司鹽鐵判官太常博士秘閣校理
贈太師中書令兼尚書令追封兗國公可追封魯國公餘如故制》《母追風（封）周
國太夫人薛氏可追封兗國太夫人制》《亡妻鄭國夫人追賜冲静大師鄭氏可特追
封越國夫人制》。第一文云："先王追崇宗廟，而其禮達於諸侯；肆朕嚴聖父
以配天，而亦褒厚於羣臣之祖考。"第七文云："宗祀休成，澤均中外。朝廷
之士，家室與榮。矧予輔弼之臣，當極追褒之數。"[1]王安禮元豐二年七月兼
直舍人院，三年春進知制誥[2]，四年三月十七日爲翰林學士，五年四月二十三
日爲中大夫、守尚書右丞。[3]在此期間，神宗親郊大禮僅有一次。《長編》卷
三〇六云：元豐三年七月"丁亥，詔中書曰：'朕惟先王制行以赴禮，孝莫大
於嚴父，嚴父莫大於配天。配天一也，而屬有尊親之殊，禮有隆殺之別。故
遠而尊者祖，則祀於郊之圜丘而配天；邇而親者禰，則祀於國之明堂而配上
帝。天足以及上帝，而上帝未足以盡天，故圜丘祀天則對越諸神，明堂則上
帝而已。故其所配如此，然後足以適尊親遠近之義。昔周公之所親行，而孔
子以爲盛者也。事載典冊，其理甚明。而歷代以來，合宮所配，既紊於經，
乃至雜以先儒六天之説，皆因陋昧古，以失情文之宜，朕甚不取。其將來祀
英宗皇帝於明堂，惟以配上帝，餘從祀群神悉罷。'"卷三〇八云：元豐三年
九月"辛巳，大饗於明堂"[4]。丁亥爲二十六日，辛巳爲二十二日。則王安禮
作王珪三代及妻追封制書當在元豐三年九月二十二日明堂大禮之後。

爲子仲皖求官。

王安禮《王魏公集》卷二《王珪男仲皖可大理評事制》云："敕某：郊
丘慶成，澤逮臣庶，矧吾輔弼，爲爾求官。爰錫命書，是稽前比。勉於修
飭，思稱恩榮。可。"[5]宋代廣義之親郊大禮包括圜丘南郊大禮、季秋吉辛日

［1］王安禮《王魏公集》，《宋集珍本叢刊》，綫裝書局2004年影印本，第17冊第168、169頁。
［2］參湯江浩《北宋臨川王氏家族及文學考論——以王安石爲中心》，第162頁。
［3］參劉成國《王安石年譜長編》，第6冊第2063、2090頁。
［4］李燾撰，上海師範大學古籍整理研究所、華東師範大學古籍整理研究所點校《續資治通鑑長編》，第12冊第7387、7447、7486頁。
［5］王安禮《王魏公集》，《宋集珍本叢刊》，第17冊第166頁。

明堂大禮和正月圜丘祈穀大禮三類。[1] 神宗元豐年間有兩次親郊大禮：一爲元豐三年九月二十二日辛巳明堂大禮，二爲元豐六年十一月五日丙午南郊大禮。王安禮元豐三年春進知制誥，四年三月十七日拜翰林學士。則此文當作於元豐三年九月二十二日明堂大禮之後。王珪當於明堂大禮結束之後，按慣例爲子王仲㟽求官，並獲恩准。

有《免門下侍郎監修國史第二表》《謝門下侍郎監修國史表》。

本集卷四三有《免門下侍郎監修國史第二表》《謝門下侍郎監修國史表》。後一文云："近奉制命，除授銀青光禄大夫兼門下侍郎、同中書門下平章事、監修國史，加食邑實封，尋再具表辭免，蒙降批答不允，仍斷來章者。"（第 314 頁）王珪元豐三年九月二十七日授銀青光禄大夫兼門下侍郎、同中書門下平章事、監修國史，當日作《免門下侍郎監修國史第一表》，此二文當作於九月二十七日之後，姑繫於此。

閏九月二十四日，有《奉詔赴瓊林苑燕餞太尉潞國文公出鎮西都》詩。

魏泰《東軒筆録》卷一〇云："嘉祐中，文潞公、富鄭公爲相，劉丞相沆、王文安公堯臣爲參知政事，始議立皇嗣，而事秘不傳，雖英宗亦莫知也。元豐中，文安子同老上書言：'先帝之立，乃先臣在政府始議也，其始終事並藏於家。'及宣取，上驚歎久之。是時鄭公、劉公、王公皆已薨，獨潞公留守西京，遽召至闕，慰藉恩禮，窮極隆厚，冊拜太尉。及還西都，上作詩送行，有'報主不言功'之句。兩府並出餞，皆有詩，王丞相禹玉詩有'功業特高嘉祐末，精神如破貝州時'，蓋謂是也。"[2] 胡仔《苕溪漁隱叢話》前集卷二八《文潞公》引此則；厲鶚《宋詩紀事》卷一五《王珪》、孫濤《全宋詩話》卷四《王珪》亦引此則，謂出自《東皋筆録》，"同老"作"同光"，當誤。張邦基《墨莊漫録》卷四云："文潞公丞相出鎮西京，奉詔於瓊林苑燕餞，從列皆預，賦詩送行。王禹玉時爲內相，詩云：'都門秋色滿旌旗，祖帳容陪醉御巵。功業迴高嘉祐末，精神如破貝州時。匣中寶劍騰霜鍔，海上仙桃壓露枝。昨日更聞褒詔下，別看名姓入周彝。'時以爲警絕。曾紘伯容爲予言：此詩第一句，便見體面之大，若非上公大僚，詎敢於都門

---

[1] 參楊高凡《宋代明堂禮制研究》，第 23 頁。
[2] 魏泰撰，李裕民點校《東軒筆録》，第 113 頁。

而張旟旗耶！此餘人所不可當也。白居易《獻裴度丞相》詩云：'聞説風情筋力在，只如初破蔡州時。'禹玉用此事也。"[1] 所引王珪詩見本集卷三《奉詔赴瓊林苑燕餞太尉潞國文公出鎮西都》詩。考文彥博元豐三年九月二十七日授守太尉、開府儀同三司、依前河東節度使、判河南府；閏九月二十四日，賜宴於瓊林苑，以二府大臣押伴，神宗賜詩以寵其行，命章惇作序。[2]《東軒筆録》所記有兩處不夠準確：一是文彥博等人議立英宗爲太子事在至和三年（1056）[3]，二是文彥博元豐三年九月四日癸亥由判大名府召還京陪祠明堂大禮[4]，而非由西京留守召還。《墨莊漫録》謂王珪此時爲内相（翰林學士），亦不確。

此詩深得後人青睞。陸游《老學庵筆記》卷一〇云："白樂天《寄裴晉公詩》云：'聞説風情筋力在，只如初破蔡州時。'王禹玉《送文太師詩》云：'精神如破貝州時。'用白語而加工，信乎善用事也。"[5] 曾季貍《艇齋詩話》云："元豐中，王禹[玉]《餞文潞公》詩云：'功業獨高嘉祐末，精神如破貝州時。'最爲的當。然此語亦本白樂天《上裴晉公》：'聞説風情筋力在，秖如初破蔡州時。'世間佳語，未有無來歷也。"[6] 趙與虤《娛書堂詩話》卷上云："白樂天《獻裴晉公》詩云：'聞説風情筋力在，只如初破蔡州時。'王禹玉《上文潞公》詩云：'功業特高嘉祐末，精神如破貝州時。'隱括樂天語也。"[7] 賀裳《載酒園詩話》云："《奉詔餞潞公出鎮西京》：'功業迥高嘉祐末，精神如破貝州時。'形容老壯，果不入俗，固一時之冠。"[8]

方回《瀛奎律髓》卷五收録此詩，列於"鄭毅夫"名下，鄭獬《郇溪

---

[1] 張邦基、范公偁、張知甫撰，孔凡禮點校《墨莊漫録 過庭録 可書》，第 121 頁。

[2] 參申利編著《文彥博年譜》，第 233～234 頁。按，陳小輝定此詩作於元豐五年（參陳小輝《〈全宋詩〉之王珪、鄭獬、王安國詩重出考辨》，《湖南工業大學學報（社會科學版）》2017 年第 4 期），不確。

[3] 參李燾撰，上海師範大學古籍整理研究所、華東師範大學古籍整理研究所點校《續資治通鑑長編》卷三〇九元豐三年閏九月乙卯，第 13 冊第 7500 頁。

[4] 參李燾撰，上海師範大學古籍整理研究所、華東師範大學古籍整理研究所點校《續資治通鑑長編》卷三〇八，第 12 冊第 7476 頁。

[5] 陸游撰，李劍雄、劉德權點校《老學庵筆記》，第 135 頁。

[6] 丁福保輯《歷代詩話續編》，第 326 頁。

[7] 丁福保輯《歷代詩話續編》，第 492 頁。

[8] 郭紹虞編選，富壽蓀校點《清詩話續編》，第 1 冊第 421 頁。

集》卷二七、文淵閣《四庫全書》本《兩宋名賢小集》卷一三三鄭獬《幻雲居詩稿》亦錄此詩，當誤。鄭獬卒於熙寧五年（1072），無緣送文彥博出鎮河南府。按，文彥博（1006—1097），字寬夫，號伊叟，汾州介休（今屬山西）人，天聖五年（1027）進士，官至昭文相，紹聖四年卒，年九十二，追諡忠烈，《宋史》卷三一三、《東都事略》卷六七有傳，生平事迹見杜大珪《名臣碑傳琬琰集》下集卷一三《文忠烈公彥博傳》，申利編有《文彥博年譜》，有明嘉靖五年（1526）平陽守王溱刻本《文潞公文集》四十卷傳世。

閏九月二十五日，出曾孝寬知陳州。

魏泰《東軒筆錄》卷八云："熙寧中，曾孝寬以端明殿學士簽書樞密院公事，未幾，以父魯公憂解去。服除，判司農寺。舊例，百官以事至中書，即宰相據案，百官北向而坐。前兩府白事，即宰相去案，敘賓主東西行坐，時謂之掇案。及孝寬之至司農也，吳正憲公當國，不以前兩府之禮待之，每至中書，不爲掇案。自後每有建白，止令同判寺太常博士周直孺詣中書，孝寬不至矣，正憲頗疑之。未幾，除直孺爲兩浙提刑，以張璪判寺，璪爲翰林學士，班在端明之上，乃本寺官長也。異時白事，皆璪詣中書，而孝寬亦竟不至，於是正憲知其果以掇案爲嫌，而世亦譏其隘矣。"[1]《長編》卷三〇九載元豐三年閏九月甲寅，"判司農寺、端明殿學士曾孝寬知陳州"。李燾辨魏泰所記云："案元豐三年四月二日，宰相吳充卒。十三日，以知河陽、端明殿學士、起居舍人曾孝寬判司農寺，改權判寺、太常博士周直孺權知司農寺。七月二十三日，以翰林學士、右正言、知制誥、知審官西院張璪兼判司農寺，權知司農寺、太常博士周直孺權兩浙轉運副使。閏九月二十五日，孝寬出知陳州。不爲孝寬掇案，當是王珪，非吳充也。魏泰所聞繆矣。孝寬在司農，不半歲遂出，或亦以此故，當刪取修入。"[2]

十一月一日，上表賀日食以雲陰不見。

《長編》卷三一〇云：元豐三年十一月"己丑朔，翰林天文院言，日食，雲陰不見。又言，巳時六刻，雲開見日，不及所食分數。宰臣王珪等上

［1］魏泰撰，李裕民點校《東軒筆錄》，第89~90頁。
［2］李燾撰，上海師範大學古籍整理研究所、華東師範大學古籍整理研究所點校《續資治通鑑長編》，第13冊第7499~7500頁。

表賀”[1]。王珪等所上表今不存。

是月，至慈聖光獻太后神御殿。

《長編》卷三一〇載元豐三年十一月丙申，“侍御史知雜事何正臣言：‘中書吏王冕、馬永錫不當扶宰臣王珪升慈聖光獻太后神御殿階。’詔王冕、馬永錫各罰銅八斤”[2]。丙申爲八日。王珪至慈聖光獻太后神御殿當在十一月八日之前，姑繫於此。

約於是年，有《依韻和王宣徽春雨》詩。

本集卷一有《依韻和王宣徽春雨》（第6頁），此詩當作於熙寧二年（1069）、九年至元豐三年間某年春，姑繫於此。參元豐二年譜。

神宗元豐四年辛酉（1081），六十三歲

在汴京。爲國史相。有詩三首、文七篇。

正月，奉命審處瀘州邊事，有《請對天章閣劄子》。

本集卷八有《請對天章閣劄子》，云：“臣等昨日嘗奉聖旨，審處瀘州邊事。仰尊睿畫，在於事機勢不可援（緩）。如韓存寶朝夕奏到，果輒退軍，欲望特賜召對天章閣，更稟處分。”（第55頁）按，韓存寶曾兩次率軍赴瀘州平亂。第一次是元豐元年七月甲戌，詔：“以西上閤門使、忠州團練使、涇原路總管韓存寶都大經制瀘州納溪夷賊公事。”“九月辛卯討蠻賊，至十月辛亥，回軍攻破賊後城等十三囤。”[3]甲戌、辛卯、辛亥分別爲二日、二十日、十日。第二次是元豐三年五月甲申，“命涇原路總管兼第一將、四方館使、忠州團練使韓存寶都大經制瀘州蠻賊事”；四年“春正月辛卯，存寶至瀘州。上聞存寶逗撓，輒自退軍，欲按軍法誅之，會言者亦劾存寶玩寇欺

---

[1] 李燾撰，上海師範大學古籍整理研究所、華東師範大學古籍整理研究所點校《續資治通鑑長編》，第13冊第7512頁。

[2] 李燾撰，上海師範大學古籍整理研究所、華東師範大學古籍整理研究所點校《續資治通鑑長編》，第13冊第7514頁。

[3] 李燾撰，上海師範大學古籍整理研究所、華東師範大學古籍整理研究所點校《續資治通鑑長編》卷二九〇、卷二九四，第12冊第7095、7166頁。

君，乃議遣林廣代將存寶軍，即瀘州置獄鞠其罪"[1]。甲申爲二十二日，辛卯爲三日。則此文當作於元豐四年正月三日之後。

三月，以三薦張璪而不用，乞罷相。

《長編》卷三一一云：元豐四年三月"甲辰，翰林學士、承議郎張璪爲太中大夫、參知政事。先是，王珪嘗三薦璪，不用。珪曰：'璪果賢，陛下未嘗用以爲不賢，讒也。臣恐士弗得進矣。臣爲宰相，三薦賢三不用，臣失職，請罷。'上喜曰：'宰相當如是。朕姑試卿德不回，朕復何慮。'"注云："王珪薦張璪，據珪舊傳附見。時人號珪爲'三旨宰相'，恐不辦此，或恐未必是薦璪爲參政也。當考。"[2]甲辰爲十七日。《東都事略》本傳亦載王珪三薦張璪事。章定《名賢氏族言行類稿》卷二四謂王珪"二"薦張璪，當誤。王珪三薦張璪當在三月十七日之前，姑繫於此。

以豐稷劾王安禮性行淫僻，不可爲翰林學士，奉命宣諭之。

李朴《豐清敏公遺事》云："王安禮自潤州召知制誥，公言安禮守潤，所爲不法，及飲宴刁約家，因誘其二婢辱之，淫邪不可侍從。章累上，不報。已而安禮遂遷翰林學士，公復言：'安禮罪當譴逐，陛下置而不問。今又躐等超擢，實內結近習，不知悛畏。臣言如不用，願黜臣以勵風憲。'章復上，上命宰相王文恭公宣諭公曰：'安禮事誠聞有之，然朕以其兄安石有功朝廷，今閑居江寧，昨遣其弟安上爲江東監司，使照恤之，乃與孫珪爭論，停廢在家。今若行遣安禮，恐無人照管安石。朕當戒約之，如不悛改，當如卿所奏。'"[3]王安禮元豐三年春進知制誥。《長編》卷三一一載元豐四年三月甲辰，"知制誥王安禮爲翰林學士。安禮於訓辭初不經意而典贍（贍）豐潤，上數稱之。御史豐稷言：'安禮性行淫僻，師言鄙之，大德包覆，竊幸顯途，矜奮自高，無敢論者。臣仰惟陛下躬道德，履法度，以迪勵風俗，俾皆有士君子之行。今安禮所爲，鄙夫恥之，擢在詞禁，地親職重，將何以訓多士，儀四方？臣恐天下之心不以名節，望朝廷而僥倖萬一，惟陛下察

[1]李燾撰，上海師範大學古籍整理研究所、華東師範大學古籍整理研究所點校《續資治通鑑長編》卷三〇四、卷三一一，第12冊第7410頁、第13冊第7531頁。
[2]李燾撰，上海師範大學古籍整理研究所、華東師範大學古籍整理研究所點校《續資治通鑑長編》，第13冊第7552頁。
[3]李朴《豐清敏公遺事》，《叢書集成初編》，商務印書館1939年版，第2頁。

之。孔子天縱之聖，以言取人，不能無失，況安禮言放行污，無足觀者。伏望追寢成命，以釋群疑。'……不聽"[1]。甲辰爲十七日。則王珪奉命宣諭豐稷當在元豐四年三月十七日之後。按，豐稷（1033—1107），字相之，明州鄞縣（今浙江寧波鄞州）人，嘉祐四年（1059）進士，官至權禮部尚書，大觀元年卒，年七十五，追諡清敏，《宋史》卷三二一、《東都事略》卷九四有傳，生平事迹見《四明叢書》本《豐清敏公遺書》附錄李朴《豐清敏公遺事》、陳瓘《宋禮部尚書敘復朝請郎提舉亳州太清宮豐公墓誌》等，《全宋詩》卷七二四錄其詩十三首、殘句一聯，《全宋文》卷一七六四收其文一卷。

四月，以路昌衡之助，撇清與余行之案之關係，又欲借此案排擠陸佃。

劉安世《論王子韶路昌衡差除不當第八》云："臣又聞昌衡治余行之獄，輒廢録問，違經亂法，天下以爲酷吏。然而行之舊游王珪之門，昌衡既於案牘之間隱落其事，又密告於王，以市私恩。仍與蔡確陰相交結，故珪、確用事之日，寖盜華要。"[2] 此奏上於元祐四年（1089）三月。王明清《揮塵後録》卷六引陸游語云："元豐中，太原府推官郭時亮首教授余行之有文字結連外界。神宗語宰相王岐公曰：'小人妄作，固不足慮。行之士人，爲此恐有謀非便。'時陸農師爲學官，岐公素不相知，欲乘此擠之，奏曰：'學官陸佃與之厚善，乞召問之。'翌日，上令以佗事召直講陸佃對事，未宣也，上徐問曰：'卿識余行之否？'佃曰：'臣與之有故，初亦甚厚。臣昨歸鄉里越州，行之來作山陰尉，携其妻而捨其母，臣以此少之，自是往來甚疏。'上曰：'儻如此，不足以成事矣。'然農師由此遂受知神宗，不次拔擢。乃知窮達有命，雖當國者不能巧抑其進焉。行之既腰斬，時亮改京秩，辭不受。時人有詩云：'行之三截斷，時亮一生休。'行之，靖之族孫也。"[3] 陸游《家世舊聞》卷上云："韓康公尹大名，有余行之者上書，其言狂悖，至勸康公爲伊、霍之舉。康公得其書，未讀，偶門客取讀之，大驚，徑入卧内白康公，即日捕得行之，械送京師，其實病狂無他也。有司鍛鍊，遂以爲謀逆，請

［1］李燾撰，上海師範大學古籍整理研究所、華東師範大學古籍整理研究所點校《續資治通鑑長編》，第13冊第7552~7553頁。
［2］劉安世《元城先生盡言集》卷八，《四部叢刊續編》，商務印書館1934年影印本。
［3］王明清《揮塵録》，第124頁。

論如律。楚公時侍邇英，神祖眷待方厚，有嫉公者輒讒公，以爲與行之善。上以問公，公曰：'行之嘗官越州，臣越人，實識之，狂易人也。棄妻、子，出遊二十年不歸。其子長大，聞父客京師，來省之，拒不見，子泣而去。觀此，非狂而何！'上惻然，曰：'然則誅及其妻、子，得無濫耶！羈置遠郡足矣。'於是獨誅行之，而妻、子皆得免。"[1]《長編》卷三一一載元豐四年二月乙酉，"詔開封府司錄參軍路昌衡鞫前太原府教授余行之於邢州"。卷三一二載四月壬申，"詔前追官勒停人越州山陰縣主簿、太原府教授余行之陵遲處死。先是，行之以廢黜怨望，妄造符讖，指斥乘輿，言極切害。定州教授、潁州團練推官郭時亮詣闕告之，知定州韓絳即收行之付獄。詔開封府司錄參軍路昌衡就邢州鞫之，行之伏誅。以時亮爲通直郎，召對，時亮堅辭不受，聽還舊任。行之初繫獄，上以問同修起居注陸佃，對曰：'臣識其人，是常爲山陰主簿，妻子皆不之顧，何有於陛下？'上曰：'如此，則妄人耳。'行之既伏誅，因赦其妻子"。注云："《九朝通略》云：《陸佃家傳》曰：'上初有憂色，既聞佃對，乃喜曰："廖恩作過，無足多慮。今行之乃搢紳士大夫，而有此謀，故朕甚憂之，深恐朝廷紀綱有可窺覦者。今聞卿言，乃妄人耳。"行之獄具，遂赦其妻子。'蓋王珪密爲上言，陸佃與行之甚熟，故上問之。此據《陸佃本傳》。遣昌衡在二月二十七日。"[2]乙酉爲二十八日，壬申爲十五日。可知路昌衡助王珪撇清與余行之案之關係，王珪欲借此案排擠陸佃當在四月十五日之前，姑繫於此。按，陸佃（1042—1102），字農師，號陶山，越州山陰（今浙江紹興）人，陸游之祖父，熙寧三年（1070）進士，官至尚書左丞，崇寧元年卒，年六十一，《宋史》卷三四三、《東都事略》卷九七有傳，生平事迹見陸游《家世舊聞》等，有《永樂大典》本《陶山集》十六卷傳世。路昌衡（？—1103？），字持正，開封府祥符（今屬河南開封）人，登進士第，官至寶文閣直學士、知應天府，約卒於崇寧二年，《宋史》卷三五四有傳，《全宋文》卷二五七一收其文二篇。

---

［1］姚寬、陸游撰，孔凡禮點校《西溪叢語　家世舊聞》，中華書局1993年版，第189頁。

［2］李燾撰，上海師範大學古籍整理研究所、華東師範大學古籍整理研究所點校《續資治通鑑長編》，第13冊第7547、7565～7566頁。

六月，諫止神宗以李憲主兵討西夏。

《東都事略》本傳云："神宗欲以內侍李憲主兵，珪奏：'非祖宗故事，陛下獨不鑑漢唐之亂乎？'"（第 673 頁）《長編》卷三五六元豐八年五月庚戌注引《王珪舊傳》云："神宗欲遣內侍李憲，珪奏：'非祖宗故事，陛下獨不鑑漢、唐之亂乎？'神宗批旨付珪奬之，因令永爲甲令，世世守之。"[1] 所記當指元豐四年六月以李憲統兵討伐西夏事。《長編》卷三一三云：元豐四年六月"丙寅，詔李憲赴熙河路經制司管勾職事。先是，憲久留闕下，將用兵西邊，故遣還"[2]。甲申，"上初議西討，知樞密院孫固曰：'舉兵易，解禍難。'前後論之甚切。上意既決，固曰：'必不得已，請聲其罪，薄伐之，分裂其地，使其酋長自守。'上笑曰：'此直酈生之説。'時執政有請直渡河者，上意益堅，固曰：'然則孰爲陛下任此者？'上曰：'吾以屬李憲。'固曰：'伐國大事，而使宦者爲之，士大夫孰肯爲用？'上不悦，固請去，不許。他日，又對曰：'今舉重兵，五路並進，而無大帥，就使成功，兵必爲亂。'固數以大帥爲言，上諭以無其人，同知樞密院呂公著進曰：'既無其人，不若且已。'固曰：'公著言是也。'"[3] 丙寅爲十一日，甲申爲二十九日。可知當時反對李憲主兵者尚有孫固、呂公著等人。

七月，爲豐稷劾以不能肅正閨門，宜從罷免，因固請窮治子仲端被誣事。

《神道碑》云："公榮遇最久，諸臣無以爲比，而謙儉慎默，未嘗有過，有毀者率弗驗，其後眷待愈隆。御史欲誣其子仲端以事，公固請窮治，已而不挂一毫，言者服罪。"（第 142 頁）李朴《豐清敏公遺事》云："王文恭公子仲煜，以姦污爲有司所劾，公言：'王珪備位元宰，不能肅正閨門，使其子所爲若是，何以糾正百官？宜從罷免。'"[4]《長編》卷三一三云：元豐四年六月"甲子，朝請大夫、判登聞檢院王琥衝替。以御史朱服言'琥父子同

[1] 李燾撰，上海師範大學古籍整理研究所、華東師範大學古籍整理研究所點校《續資治通鑑長編》，第 14 冊第 8518 頁。
[2] 李燾撰，上海師範大學古籍整理研究所、華東師範大學古籍整理研究所點校《續資治通鑑長編》，第 13 冊第 7586 頁。
[3] 李燾撰，上海師範大學古籍整理研究所、華東師範大學古籍整理研究所點校《續資治通鑑長編》，第 13 冊第 7596 頁。
[4] 李朴《豐清敏公遺事》，第 2 頁。

惡，行如禽獸，雖會赦降，而朝廷原情揆法，固將投棄荒裔，終身不齒。今有司雖許令釐務，而琉略無愧恥，遽請朝見'故也。琉坐與其子仲甫姦大理評事石士端妻王氏，付有司劾治，尋詔琉放歸田里"。注云："放歸田里在二十二日，今並書之。"卷三一七載元豐四年十月庚申，"詔：'承事郎、大理寺丞王援，朝奉郎、集賢校理、大理少卿朱明之，承務郎王防各追一官勒停，明之落職；前權漳州軍事判官練亨甫除名勒停，編管均州；知諫院舒亶、大理卿崔台符、少卿楊汲各罰銅二十斤；通直郎、集賢校理蔡京落職。'先是，大理寺鞫王琉與石士端妻王氏姦罪，辭及王珪之子仲端，亶上言琉父子事連仲端甚明，有司以故觀望，不敢盡理根治。仲端亦自訴。上命內侍馮宗道監劾，而事果不實。宗道面奏，乃元告人許貴避罪虛妄，見已結案。上批：'獄丞王援承勘作姦，不可不治。'乃命監察御史裏行朱服、檢正中書刑房公事路昌衡移劾於同文館，仍以宗道監劾。明之妻翰林學士王安禮之姪也，與集賢校理、知諫院蔡卞連親，知安禮等與珪有隙。明之嘗薦引援，遂諭旨於援，令劾仲端有姦狀，及以證左兩詞互說聞上，退又僞爲上語以語其妻。於是安禮之子防以語亨甫，亨甫以語亶，亶信之以聞。援嘗爲安禮所舉，欲合明之意，故入仲端罪。防傳明之所造上語於亨甫，意欲傳達言事者以聞，根治仲端則事連珪。亨甫以防所傳仲端事語亶，意欲求亶引薦，亶褒稱亨甫，許以言達於上，又漏露所奏及宣諭語。京嘗在朝堂與明之語仲端事，云丞相疑吾董獄事，切須子細。及赴臺再問，報上不實。台符、汲坐知援等爲姦，俱不按發故也"。注云："七月四日再鞫王仲端，二十五日劾王援，移大理獄於同文館，今并入此，不復見於彼。"[1] 甲子爲九日，庚申爲七日。由《長編》可知，姦人妻室者乃王珪之弟王琉及其子王仲甫，受牽連者爲王珪次子王仲端，而王仲煜爲王珪第五子，與此案無關，李朴所記有誤。豐稷劾王珪當在七月四日之前，姑繫於此。

按，有學者認爲，王琉父子姦人妻室事實屬荒誕，"後經復勘爲誣告不實"[2]。實際上，經復勘爲誣告不實者僅爲王仲端涉案事。因王珪與王安禮不

---

[1] 李燾撰，上海師範大學古籍整理研究所、華東師範大學古籍整理研究所點校《續資治通鑑長編》，第 13 冊第 7586、7665～7666 頁。

[2] 王兆鵬、王可喜、方星移《兩宋詞人叢考》，第 39 頁。

合，朱明之等欲借此案逐之，故一再牽連王仲端。

沮神宗起用蘇軾修國史。

《宋史》卷三三八《蘇軾傳》云：元豐"三年，神宗數有意復用，輒爲當路者沮之。神宗嘗語宰相王珪、蔡確曰：'國史至重，可命蘇軾成之。'珪有難色。神宗曰：'軾不可，姑用曾鞏。'鞏進《太祖總論》，神宗意不允，遂手扎（札）移軾汝州，有曰：'蘇軾黜居思咎，閱歲滋深，人材實難，不忍終棄。'"[1]王鞏《聞見近錄》、邵博《邵氏聞見後錄》卷二一亦載此事。考元豐四年七月二十四日己酉，神宗手詔命曾鞏充史館修撰，專典史事[2]，則王珪沮神宗起用蘇軾修國史當在七月二十四日之前。

八月六日，與神宗議修史，言《新唐書》褒貶亦甚無法。

《長編》卷三一五云：元豐四年八月"庚申，史館修撰曾鞏兼同判太常寺。詔鞏專典史事，更不預修《兩朝史》。上曰：'修史最爲難事，如《魯史》亦止備錄《國史》，待孔子然後筆削。司馬遷材足以開物，猶止記君臣善惡之迹，爲實錄而已。'王珪曰：'近修《唐書》，褒貶亦甚無法。'上曰：'唐太宗治僭亂以一天下，如房、魏之徒，宋祁、歐陽修輩尚不能窺其淺深，及所以成就功業之實。爲史官者，材不足以過其一代之人，不若實錄事迹，以待賢人去取褒貶爾。'"[3]庚申爲六日。

九月十六日，上《國朝會要》三百卷，有《進國朝會要表》。

《長編》卷三一六云：元豐四年九月"己亥，宰臣王珪上《國朝會要》三百卷。仁宗時修《會要》，自建隆至慶曆四年一百五十卷，熙寧初，珪請續之，凡十二年乃成，止熙寧十年，通舊增損成三百卷。於是編修官、宣德郎李得（德）芻遷一官，知甘泉縣陳知彥循兩資，管勾内臣劉惟簡、李友詢、馮仲禮各賜銀絹"[4]。己亥爲十六日。王應麟《玉海》卷五一《慶曆國

[1]脱脱等《宋史》，第31冊第10809頁。
[2]參李燾撰，上海師範大學古籍整理研究所、華東師範大學古籍整理研究所點校《續資治通鑑長編》卷三一四，第13冊第7609頁。
[3]李燾撰，上海師範大學古籍整理研究所、華東師範大學古籍整理研究所點校《續資治通鑑長編》，第13冊第7619頁。
[4]李燾撰，上海師範大學古籍整理研究所、華東師範大學古籍整理研究所點校《續資治通鑑長編》，第13冊第7642頁。

朝會要元豐增修》亦繫此事於九月己亥，但注謂“一本云：元豐四年八月二十五日進呈於延和殿”[1]。姑從《長編》。本集卷四四有《進國朝會要表》。

九月十九日，子仲脩爲蔡卞劾以在揚州燕飲，所爲不檢，罰銅十斤，衝替。

《長編》卷三一六載元豐四年九月壬寅，“詔奉議郎、館閣校勘、同知禮院王仲修罰銅十斤，衝替。仲修，宰相珪之子，先謁告往淮南，諫官蔡卞言其在揚州燕飲，所爲不檢，簽書判官邵光與之陪涉，光替罷，即差權都水監主簿，衆皆喧傳非笑。詔淮南轉運司體量，轉運使言仲修因燕會與女妓戲，有逾違之實故也”[2]。壬寅爲十九日。

秋，有《送元厚之歸吳中》詩。

《長編》卷三一三載元豐四年六月辛巳，“資政殿學士、正議大夫、兼侍讀、提舉中太一宮元絳爲太子少保、資政殿學士致仕”[3]。辛巳爲二十六日。《全宋詩》卷四九七據葉廷珪《海録碎事》卷五輯録王珪《送元厚之歸吳中》詩殘句一聯：“澤國旅艎衝雨黑，都門祖廟照堤紅。”[4]曾鞏《元豐類稿》卷八有《送元厚之資政致仕歸蘇州》，云：“笑指家園是五湖，畫船東下載圖書。收功玉鉉丹青後，得老銅樓羽翼初。醒醉放懷從野服，登臨乘興屬安車。都門飲餞光華盛，不獨當年有二疏。”頸聯下自注云：“公既謝事，即日野服安輿，優遊從適。”[5]此二詩當均作於六月二十六日元絳致仕之後，姑繫於是年秋。

有《送公闢給事自青州致政歸吳中》詩。

龔明之《中吳紀聞》卷三《程光禄》云：“出知越州。……青社闕帥，以通議大夫充京東安撫使。期年政成，上疏告老，遷正議大夫致仕。”[6]《王荆文公詩箋注》卷二七有《公闢枉道見過獲聞新詩因敘歎仰》，卷二六有《送程公闢得謝還姑蘇》，李壁注前者云：“公闢自越召入，元豐三年出知青

---

[1] 王應麟撰，武秀成、趙庶洋校證《玉海藝文校證》，第 826 頁。
[2] 李燾撰，上海師範大學古籍整理研究所、華東師範大學古籍整理研究所點校《續資治通鑑長編》，第 13 冊第 7647 頁。
[3] 李燾撰，上海師範大學古籍整理研究所、華東師範大學古籍整理研究所點校《續資治通鑑長編》，第 13 冊第 7593 頁。
[4] 北京大學古文獻研究所編《全宋詩》，第 9 冊第 6006 頁。
[5] 曾鞏撰，陳杏珍、晁繼周點校《曾鞏集》，第 136 頁。
[6] 龔明之撰，孫菊園校點《中吳紀聞》，第 55 頁。

州。逾年告老，年已七十餘。此自青州歸蘇日過公也。"又注後者云："公闢
自知青州告老，以正議大夫致仕，時元豐四年，公在金陵。"[1]可知程師孟元
豐四年致仕。本集卷二有《送公闢給事自［青］州致政歸吳中》（第15頁），
據末聯"扁舟定約元宮保，瀟灑蓮涇二大夫"可知，程師孟致仕在元絳致仕
之後。劉成國繫程師孟過江寧於元豐四年秋[2]，姑從之。按，方回《瀛奎律
髓》卷五將此詩列於"鄭毅夫"名下，鄭獬《郧溪集》卷二七、文淵閣《四
庫全書》本《兩宋名賢小集》卷一三三鄭獬《幻雲居詩稿》亦收錄此詩，當
誤，鄭獬卒於熙寧五年（1072），無緣送程師孟致仕。

十月五日，有《聞种諤米脂川大捷》詩。

本集卷二有《聞种諤米脂川大捷》，云："神兵十萬忽乘秋，西磧妖氛一
夕收。匹馬不嘶榆塞外，長城自起玉關頭。君王別繪凌烟閣，將帥今輕定遠
侯。莫道無人能報國，紅旗行去取涼州。"（第9頁）此詩又見方回《瀛奎律
髓》卷三〇。或以爲此詩作於治平四年（1067）十月，"是一次納降事件所
引起的"[3]，當誤。西夏嵬名山率衆投降种諤，事在治平四年十月，與"神兵
十萬忽乘秋"無關。考元豐四年四月，西夏皇室发生内訌，种諤等人建請神
宗乘機吞併西夏。九月，北宋發五路大軍進攻西夏。其中，种諤率十萬大軍
於無定河擊敗西夏援軍，攻占米脂寨。[4]十月戊午，"种諤破米脂援軍捷書
至，上喜動颜色，群臣稱賀"[5]。戊午爲五日。畢沅《關中勝迹圖志》卷三〇
《綏德州·大川》云："無定河，在米脂縣西五十里。自榆林界入境，又東南入
綏德界。《水經注》：'奢延水自合帝原水，又東徑膚施縣。'《元和郡縣志》：
'無定河自夏州界流入，又徑撫寧縣北二十里。'《縣志》：'元豐四年，种諤
攻米脂，敗夏人於無定河即此。'""米脂川，在米脂縣東南百步。《雍勝略》：
'西南流入於無定河。'《通志》：'源出張家山，地沃宜粟，米汁如脂，故

[1] 王安石著，李壁箋注，高克勤點校《王荆文公詩箋注》，第665、646頁。
[2] 參劉成國《王安石年譜長編》，第6冊第2066～2067頁。
[3] 張廷傑《宋夏戰事詩研究》，甘肅文化出版社2002年版，第276頁；張廷傑《宋夏戰事詩題
   材論析》，莫礪鋒編《第二屆宋代文學國際研討會論文集》，江蘇教育出版社2003年版，第
   155～156頁。
[4] 參李華瑞《宋夏關係史》，第139～141頁。
[5] 李燾撰，上海師範大學古籍整理研究所、華東師範大學古籍整理研究所點校《續資治通鑑長編》
   卷三一七，第13冊第7659頁。

名。'"[1] 後録蘇軾《聞米脂川大捷》、王珪《米脂川大捷》詩。蘇軾詩見《蘇軾詩集》卷二一，題作《聞捷》，小序云："元豐四年十月二十二日，謁王文父於江南。坐上，得陳季常書報：是月四日，种諤領兵深入，破殺西夏六萬餘人，獲馬五千匹。衆喜忭唱樂，各飲一巨觥。"[2] 則王珪詩當作於元豐四年十月五日。

十月七日，聽神宗諭以人材難得，士大夫不可有利心。

《長編》卷三一七載元豐四年十月庚申，"上諭輔臣曰：'如明之輩不肯以忠實事上，人材可謂難得。使内外小大之臣皆有至誠惻怛之心以爲朝廷，則政事修舉，夷狄知畏。今士大夫出公門入私門者，凡以爲利而已，劉向所謂行汙而寄治，心私而託公。昔李斯相秦，并一天下，可謂有功矣，及趙高説以扶蘇立則蒙恬用，蒙恬用不復提通侯之印，斯既有利心，高説得入，不獨喪其身，并亡秦之天下。夫能上不爲名，下不爲利，中守義而已，可謂君子人也。左右近司亦當以此風厲在位。'宰臣王珪等曰：'屢聞聖訓，臣等交相儆厲，考察人才，比數年間沙汰成就，必有材能以副聖意。'"[3] 庚申爲七日。

是月，有《再乞退表》。

本集卷四二有《再乞退表》，云："伏念臣仕久妨賢，志非合衆。學雖誠身而自篤，術於應務而輒迂。蚤誤聖恩，獨出諸臣之右；乃心王室，殆逾一紀之年。任已重而望輕，功未昭而業謝。比族中之奸禁，復次子之離冤。小人濟朋黨之奸，虐吏亂是非之實。謗書僅盈於一篋，市虎何啻於三人。陛下燭萬物以無私，法皇天之不宰。默知被枉，公治舞文。命別訊於初情，果平反於絶獄。"（第311頁）"一紀之年"指熙寧三年（1070）十二月王珪拜參知政事以來之時間，"次子離冤"指王仲端被誣以姦污之事實。王仲端被誣昭雪在元豐四年十月七日，則此文當作於十月七日之後，姑繫於此。

十二月二十三日，以慈聖光獻太后禫除，有《服除請復樂表》。

《宋史》卷一六《神宗本紀三》云：元豐四年十二月"乙亥，慈聖光獻

---

[1] 畢沅撰，張沛校點《關中勝迹圖志》，三秦出版社2004年版，第929頁。
[2] 王文誥輯注，孔凡禮點校《蘇軾詩集》，中華書局1982年版，第4冊第1089頁。按，"十月"或作"十二月"，當誤（孔凡禮《三蘇年譜》，第2冊第1285頁）。
[3] 李燾撰，上海師範大學古籍整理研究所、華東師範大學古籍整理研究所點校《續資治通鑑長編》，第13冊第7666頁。

皇后禫祭，宰臣王珪等上表請聽樂，不許，自是五表，乃從之"[1]。乙亥爲二十三日。《長編》卷三二一亦繫此事於十二月乙亥。《宋會要》禮三五之一三云："元豐四年十二月二十三日，宰臣王珪等上表曰：'喪以外除，既畢三年之制；恩緣義斷，當陳九奏之音。敢率瞽言，冒聞聰聽。竊以禮云順變，事貴從宜。示民有終，粵禫安而即吉；徙月而樂，將日舉以遵和。制自先王，施諸後世。成規不易，故實具存。伏惟皇帝陛下憲道於天，施仁自己。言貴稽古，動皆合經。方太母之升遐，以神孫而服重。易月之制，雖勉徇於外朝；茹茶之悲，自真行於中禁。孝形海宇，誼動神靈。燧火薦更，縞纖易御，是新觀聽，當復故常。伏望深詔有司，俯遵彝典，戒工師而率職，齊羽萬以俟期。當堯曆之肇新，近舜韶而盡善。上崇德美，迓協氣於三靈；下飾宴慈，格歡心於萬國。'詔答曰：'朕欲於慈聖光獻皇后伸三年之喪，以致隆極報，雖竭情盡義，猶未足以稱思慕之至也。今禫祭初徹，餘哀未忘，而群公卿士乃詣門上表，遽以聲樂爲請，則豈曰達朕志哉！所請宜不允。'自是五上表，乃從之。"[2]惟《宋會要》禮三二之四四繫此事於十一月二十三日，且謂王珪等上表請神宗聽政，"十一月"當爲"十二月"之誤。《宋代蜀文輯存》卷二、《全宋文》卷一一四八據《宋會要》禮三五之一三收錄王珪奏疏，題作《服除請復樂表》。

冬，以京師術者言王安禮明年二月作執政告神宗。

曾慥《高齋漫録》云："元豐中，王岐公位宰相。王和甫尹京，上眷甚渥，行且大用。公乘間奏曰：'京師術者皆言王安禮明年二月作執政。'神宗怒曰：'執政除拜由朕，豈由術者之言！他日縱當次補，特且遲之。'明年春，安禮果拜左丞。珪曰：'陛下乃違前言，何也？'上默然久之，曰：'朕偶忘記。'信知果是命也。"[3]王安禮元豐四年十一月二十六日以翰林學士、知制誥權知開封府[4]，五年四月二十三日守尚書右丞，六年八月十八日轉左丞。《高齋漫録》所載"明年春，安禮果拜左丞"云云不確。則王珪以京師

[1] 脱脱等《宋史》，第2冊第306頁。
[2] 劉琳等校點《宋會要輯稿》，第3冊第1532頁。
[3] 曾慥撰，俞鋼、王燕華整理《高齋漫録》，《全宋筆記》第四編，大象出版社2008年版，第5冊第102頁。
[4] 參李之亮《北宋京師及東西路大郡守臣考》，第24頁。

術者言王安禮明年二月作執政告神宗當在元豐四年十一、十二月間。

是年，有《乞退第一表》《乞退第二表》《乞退第三表》。

本集卷四二有《乞退第一表》《乞退第二表》《乞退第三表》。第一文云：
"伏念臣起家單陋，遭世休平，過自飾於空愚，濫遍更於華近。適幸聖圖之作，俾參幾事之元，以至審於師虞，付以宰政。方皇帝陛下振興法度，收拾俊豪，臣於此時，曾何云補？既無代天之妙用，又鮮經國之智謀。久積妨賢之譏，疇歸空食之咎？加之禍生於福過，老至而疾侵，妻逝女亡，神殫形瘁。一脛之瘣，幾至如腰；雙瞳之昏，莫能視物。儻顧貪於厚祿，終孤負於明恩。"（第310頁）第二文云："矧家嬰禍釁，內積悲傷。因氣血之交攻，苦拜趨之難力。外廷竊議，驚廉恥之自頽；三事空官，敢寵榮之安處？伏望皇帝陛下推帝仁之廣育，體天造之曲成。聽還印於上臺，許投身於散地。閔以衰遲之齒，信非矯飾之情。"第三文云："矧遇皇帝陛下博觀前王，大新庶政。既修歷代已紊之官制，又甄一世可作之人材。乃容疲曳之身，以據表儀之位。伏望考慎元輔，閔老孤臣。終以至恩之臨，免其積咎之斥。"（第311頁）此三文當作於王珪妻逝女亡之後、年老體衰之時，其時神宗正"修歷代已紊之官制"。王珪妻鄭氏約卒於熙寧十年（1077），其女卒年不詳。神宗元豐三年六月十五日始置局詳定官制，五年五月朔頒行新官制。[1] 本集卷四二有《再乞退表》，作於元豐四年十月，其中提及次子王仲端被誣昭雪事；而此三文未提及此事，則當作於元豐四年七月王仲端被誣之前。

神宗元豐五年壬戌（1082），六十四歲

在汴京。拜左僕射兼門下侍郎。有詩三首、文五篇。

正月十四日夜，隨神宗御正陽門樓觀燈，有《恭和御製上元觀燈》詩。

趙令時《侯鯖錄》卷二云："元豐中，裕陵以元夕御樓，宰臣、親王觀燈，有御製，令從臣和進。王禹玉爲左相，蔡持正爲右相。蔡密叩王云：

---

[1] 參李燾撰，上海師範大學古籍整理研究所、華東師範大學古籍整理研究所點校《續資治通鑑長編》卷三二五元豐五年四月癸酉注，第13冊第7824頁。

'應制上元詩，如何使事？'禹玉曰：'鼇山鳳輦外，不可使。'章子厚時爲黃門侍郎，面笑之，云：'此誰不知。'十七日登對，裕陵獨賞禹玉詩，云：'妙於使事。'詩云：'雪消華月滿仙臺，萬燭當樓寶扇開。雙鳳雲中扶輦下，六鼇海上駕山來。鎬京春酒沾周燕，汾水秋風陋漢才。一曲昇平人共樂，君王又進紫霞杯。'（是夕以高麗進樂，又添一盃。）"[1] 所引詩見本集卷四《恭和御製上元觀燈》（第 26 頁），此詩亦見《宋文鑑》卷二四。厲鶚《宋詩紀事》卷一五《王珪》引此則，謂出自葛立方《韻語陽秋》，當誤。曾慥《類說》卷一五、胡仔《苕溪漁隱叢話》前集卷二八《王岐公》、魏慶之《詩人玉屑》卷七《用事·妙於用事》、何汶《竹莊詩話》卷一七等引《侯鯖錄》，以及孔平仲《談苑》卷四等謂此爲元祐中事，張端義《貴耳集》卷上則繫於宣和元夜，當均誤，王珪卒於元豐八年，不可能於元祐或宣和中觀燈賦詩。陳元靚《歲時廣記》卷一一《使故事》引《侯鯖錄》此則，作"元豐中"，可證趙令畤原記當爲"元豐中"。考王珪、蔡確元豐五年四月二十二日癸酉分任左、右相，章惇元豐五年四月二十三日甲戌自知定州召爲門下侍郎（舊稱黃門侍郎）[2]，因此《侯鯖錄》所記之事當發生於元豐六年至八年間。《宋會要》帝系一〇之二云："國朝之制，每歲正月十一日，車駕詣寺觀祖宗神御殿朝謁，十四日始幸諸寺觀焚香。是夕，還御正陽門樓觀燈。應從駕官俟皇帝登樓座，通事舍人引宰臣已下分班橫行，奏聖躬萬福，再拜稱萬歲，就座，進酒如常儀。酒三行，皇帝降座，臨軒觀燈，宰臣已下分班侍座。觀燈罷，再拜，退，皇帝降座，還內。"帝系一〇之七云：元豐"四年上元節，罷觀燈，以明州觀察使宗悌卒，輟朝臨奠故也"。"七年上元節，罷觀燈，以魯國大長公主在殯故也。八年上元節，罷觀燈，以上不豫故也。"[3] 可知《侯鯖錄》所記之事只能發生於元豐六年。然考蘇頌《蘇魏公文集》卷一《恭和御製上元觀燈》、王安禮《王魏公集》卷一《恭和御製上元觀燈》、曾鞏《元豐類稿》卷八《和御製上元觀燈》與王珪詩韻脚相同，必作於同時，而蘇頌

［1］趙令畤、彭□、彭□撰，孔凡禮點校《侯鯖錄 墨客揮犀 續墨客揮犀》，第 67 頁。
［2］參李燾撰，上海師範大學古籍整理研究所、華東師範大學古籍整理研究所點校《續資治通鑑長編》卷三二五，第 13 冊第 7823、7825 頁。
［3］劉琳等校點《宋會要輯稿》，第 1 冊第 231~232、234~235 頁。

詩題下自注云：“元豐五年正月，畢仲衍押伴高麗賜燕樓下賜詩”[1]。畢仲游《起居郎畢公夷仲行狀》云：“久之，高麗入貢，上自選君館伴高麗使人。上元觀燈，君與使人宴東闕下，因作詩道盛德。上見，俯同君韻，和而賜焉，諸公畢和，當時而爲寵。”[2]又考曾鞏仕歷，元豐三年九月入京勾當三班院，四年八月充史館修撰，專典史事，五年四月擢試中書舍人，九月丁母憂罷職，六年四月卒於江寧府。[3]則王珪、曾鞏等人與神宗上元唱和只能在元豐五年正月十四日夜。《侯鯖錄》所記亦多失實。錢世昭《錢氏私志》云：岐公“在相位，御樓觀燈，同列謂公：‘主上或索詩，用甚故事？’公云：‘只是鰲山鳳輦。’同列以爲相薄。洎進詩云：‘雪消華月滿仙臺，萬燭當樓寶扇開。五鳳雲中扶輦下，六鼇海上駕山來。鎬京春酒沾周宴，汾水秋風陋漢才。一曲昇平人共樂，君王又進紫霞杯。’時高麗賀正旦禮中有紫霞杯，五色玻璃也。是夕，上用進酒。同列始服。岐公，王禹玉也。”[4]所記較《侯鯖錄》更可信。按，或據《談苑》，謂此詩乃元豐八年上元節年僅九歲之太子趙煦所作，題作《妙於使事》[5]，顯誤。

王珪此詩頗受後人推重。《韻語陽秋》卷二云：“應制詩非他詩比，自是一家句法，大抵不出於典實富艷爾。夏英公《和上元觀燈詩》云：‘魚龍曼衍六街呈，金鎖通宵啓玉京。冉冉遊塵生輦道，遲遲春箭入歌聲。寶坊月皎龍燈淡，紫館風微鶴馭平。宴罷南端天欲曉，回瞻河漢尚盈盈。’王岐公詩云：‘雪消華月滿仙臺，萬燭當樓寶扇開。雙鳳雲中扶輦下，六鼇海上駕山來。鎬京春酒沾周燕，汾水秋風陋漢材。一曲昇平人共樂，君王又進紫霞杯。’二公雖不同時，而二詩如出一人之手，蓋格律當如是也。丁晉公《賞花釣魚詩》云：‘鶯鶯鳳輦穿花去，魚畏龍顏上釣遲。’胡文公云：‘春暖仙

---

[1] 蘇頌著，王同策等點校《蘇魏公文集》，第4頁。
[2] 畢仲游《西臺集》卷一六，景印文淵閣《四庫全書》，臺灣商務印書館1986年版，第1122冊第211頁。
[3] 參李震《曾鞏年譜》，蘇州大學出版社1997年版，第397~442頁。
[4] 錢世昭撰，查清華、潘超群整理《錢氏私志》，《全宋筆記》第二編，第7冊第67~68頁。
[5] 參史泠歌《宋代皇帝的疾病、醫療與政治》，河北大學出版社2013年版，第150~151頁。按，《四庫全書總目》卷一二八子部雜家類存目五著錄明黃元會《仙愚館雜帖》七卷，館臣謂是書引據雜說多有譌舛，並舉卷三《點陳言爲佳句》謂宋王珪與唐柳宗元論詩爲證。檢《四庫全書存目叢書補編》影印明刻本《仙愚館雜帖》，該條所記正爲王珪作元宵應制詩事，其中與之問答者爲“邹子厚”，“邹”蓋“章”之筆誤。館臣讀之不細，誤認爲“柳子厚”耳。

蓂初霡靡，日斜芝蓋尚徘徊。'鄭毅夫云：'水光翠繞九重殿，花氣濃薰萬壽杯。'皆典實富艷有餘。若作清癯平淡之語，終不近爾。"[1]阮閱《詩話總龜》後集卷一一《評論門》引此則。范晞文《對牀夜語》卷四云：李"商隱又有題《新創河亭》詩云：'河蛟縱玩難爲室，海蜃遥驚耻化樓。'不過蛟室蜃樓耳，而點化如此。世稱王禹玉'鳳輦鼇山'之句，本斯意也"[2]。葉盛《水東日記》卷一〇《蘇秉衡論詩》云："海昌詩人蘇平秉衡者，嘗言宋一代近體詩，其彷彿唐人，僅王禹玉《元夕》一詩耳。猶惜其'鎬京春酒沾周宴''沾周'字音調不諧，易'沾'爲'陪'可也。"[3]胡應麟《詩藪》外編卷五謂王珪《元宵》、楊蟠《金山》、米芾《潮》、蘇舜欽《長橋》"四詩皆全篇可觀，雖不純唐調，而冠裳偉麗，宋詩最合作者"[4]。

葉廷珪《海録碎事》卷一〇上《帝王部·御宴門·鈞曲》引"王禹玉詩"云："夜又（久）更傳仙鶴語，爲延鈞曲與民娛。是夕，傳宜（宣）緩奏露臺樂。"[5]所引殘句當亦出自某年上元觀燈詩，作年不詳，姑繫於此。此殘句不見於今本《華陽集》，《全宋詩》亦失載。

與曾鞏唱和上元觀燈。

曾鞏《元豐類稿》卷八有《和史館相公上元觀燈》，置於《和御製上元觀燈》之後。"史館相公"指王珪。洪本健繫此二詩於元豐四年[6]，當誤。據上考可知，曾鞏隨神宗上元觀燈只能在元豐五年上元前夜。王珪原唱不存。按，曾鞏（1019—1083），字子固，世稱南豐先生，建昌軍南豐（今屬江西）人，嘉祐二年（1057）進士，官至中書舍人，元豐六年卒，年六十五，追謚文定，《宋史》卷三一九、《東都事略》卷四八有傳，生平事迹見曾肇《曲阜集》卷三《曾舍人鞏行狀》、《曾鞏集》附録林希《朝散郎試中書舍人輕車都尉賜紫金魚袋曾公墓誌銘並序》、韓維《南陽集》卷二九《朝散郎試中書舍人輕車都尉賜紫金魚袋曾公神道碑》，年譜有清人楊希閔《曾文定公年譜》、

---

［1］何文焕輯《歷代詩話》，第498頁。

［2］丁福保輯《歷代詩話續編》，第437~438頁。

［3］葉盛撰，魏中平校點《水東日記》，中華書局1980年版，第110頁。

［4］胡應麟《詩藪》，第223頁。

［5］葉廷珪撰，李之亮校點《海録碎事》，第496頁。按，原書標點有誤。

［6］參洪本健編著《宋文六大家活動編年》，華東師範大學出版社1993年版，第295頁。

姚範《南豐先生年譜》，近人周明泰《曾子固年譜稿》、王煥鑣《曾南豐先生年譜》，今人李震《曾鞏年譜》，有《元豐類稿》五十卷傳世。

是月，率群臣上表乞神宗御正殿復常膳。

《宋大詔令集》卷一五四《日食後宰臣王珪等上第二表乞御正殿復常膳不允批答》云："正月之朔，候屬元陽。此日而微，其咎安在？"其後《第三表允批答》云："當元陽之辰，陰雨晦塞。至誠昭格，浮祲自消。"[1]此二文雖未注明年月，但置於元豐三年和五年詔令之間，可知此正月一日之日食當發生於元豐四年或五年。考宋代史料，未見相關記載。《長編》卷三二二及《宋史》卷一六《神宗本紀三》均有元豐五年正月癸未朔不受朝之記載，當即緣於日食。王珪等所上表文不存。

四月三日，與神宗議禱雨。

《宋會要》禮一八之一五云：元豐"五年四月三日，詔輔臣謝雨於天地、宗廟、社稷。初，自春不雨，祈禱備至，及是雨尺餘，帝喜見於色，諭輔臣曰：'禁中令人掘地，潤及一尺五寸，秋成當復有望，殆天助也。'王珪曰：'陛下正身修德，格於皇天，前後祈禱，未嘗不應。'帝曰：'卿等更宜悉心補朕不逮，庶合天意。'"[2]

四月二十二日，以新官制成，授左僕射兼門下侍郎，有《辭免尚書左僕射第一表》。

《長編》卷三二五云：元豐五年四月"癸酉，銀青光祿大夫兼門下侍郎、同中書門下平章事、監修國史王珪依前官守尚書左僕射兼門下侍郎，太中大夫、參知政事蔡確依前官守尚書右僕射兼中書侍郎"。注云："《舊紀》書：癸酉，官制成，詔以五月朔頒行，以王珪爲尚書左僕射兼門下侍郎，蔡確爲右僕射兼中書侍郎。"[3]癸酉爲二十二日。王珪授左相時間，《宋宰輔編年錄》卷八，《宋史全文》卷一二下，《宋史》卷一六《神宗本紀三》、卷二一一《宰輔表二》，《宋大詔令集》卷五七《王珪左相制》等所記同《長

---

[1] 司義祖整理《宋大詔令集》，第574頁。

[2] 劉琳等校點《宋會要輯稿》，第2冊第958頁。

[3] 李燾撰，上海師範大學古籍整理研究所、華東師範大學古籍整理研究所點校《續資治通鑑長編》，第13冊第7823～7824頁。

編》，而《東都事略》卷八《神宗本紀》繫於四月癸丑，癸丑爲二日，當誤。《神道碑》謂王珪授右僕射，亦誤。本集卷四三有《辭免尚書左僕射第一表》，云："伏奉制命，特受臣尚書左僕射兼門下侍郎，加食邑實封者。"（第312頁）此文當作於王珪接到左僕射任命之當天。

《宋大詔令集》卷五七《王珪左相制》云："門下：臨政願治，不因時而損益，則心雖勞而莫成；膠柱調弦，不解琴而更張，則力愈多而益紊。朕大修庶職，丕正百工，以道揆任廟堂之閎謀，以法守聽官府之小治。作起萬事，紹隆三王。疇庸命渥之頒，爰有弼諧之長。宜敷廷號，以聳民瞻。銀青光禄大夫、兼門下侍郎、同中書門下平章事、監修國史、上柱國、太原郡開國公、食邑六千九百户、食實封二千二百户王珪，秉義竭忠，率身勵下。見聞殫洽，多識前載之傳；論議雍容，尤達當今之務。一德是履，十年不渝。比議廢官，肇更丕典。興滯補敝，寔宣是正之勤；據舊鑑新，皆出將明之助。爰正名於左相，俾分侍於東臺。邑衍真租，食陪多賦。名雖考古，事悉因今。鼎鉉不移，益峻台衡之望；衮衣載錫，更增宰路之華。於戲！欲法之經遠持久者，在濟之以有終；欲吏之嚮方宿業者，在董之以無倦。爵名初易，衆人尚狃於故常；法度已完，群下未知於循守。往率在位，共修厥官。可特授依前銀青光禄大夫、守尚書左僕射、兼門下侍郎，加食邑七百户、食實封三百户，勳封如故。主者施行。"題下注"元豐五年四月癸酉"[1]。

按，龐元英《文昌雜録》卷一記元豐五年五月一日行新官制後，"尚書省官：左僕射王公珪，右僕射蔡公確，左丞蒲公宗孟，右丞王公安禮，吏部尚書李清臣，户部尚書安燾。四曹闕：吏部左選侍郎蘇頌，右選侍郎何正臣，尋出知潭州，除李承之，户部左曹侍郎陳安石，右曹侍郎李定，禮部侍郎謝景溫，兵部侍郎許將，刑部侍郎崔台符，工部侍郎熊本。郎中、員外互置不備員。左司郎中吳雍，右司員外郎王震，吏部郎中曾肇，員外郎劉奉世，司封員外郎王祖道，司勳郎中穆珣，考功員外郎范峋、蔡京，户部郎中劉珵，員外郎黃好謙、王陟臣、馬琉，度支員外郎陳珣，金部員外郎晁端彥，倉部郎中韓正彥，禮部郎中劉贄，員外郎王子韶，祠部郎中趙令鑠，主

---

[1] 司義祖整理《宋大詔令集》，第286頁。

客郎中元英忝冒焉，膳部郎中魯有開，兵部員外郎潘良器，職方員外郎黃萃，駕部郎中王欽臣，庫部郎中林積，刑部郎中胡授、杜紘，都官員外郎韓宗良，比部員外郎宇文昌齡，司門員外郎王諤，工部郎中范子奇，員外郎高遵惠，屯田員外郎張敘，虞部員外郎李閎，水部郎中李文卿。未逾月，而兵部、都官、屯田三員外相繼以病卒。於是杜常、許安世補兵部員外郎、屯田闕。六月，敕吏部增員外郎一員，除文及甫，潞公之子也"[1]。王珪作爲尚書省首腦，當與以上尚書省各部官員多有交集。

以拜左相，曾祖永贈開府儀同三司，曾祖母尹氏追封燕國太夫人，祖贄追封魏國公，祖母丘氏追封魏國太夫人，父準追封漢國公，母薛氏追封漢國太夫人，妻鄭氏追封楚國夫人。

曾鞏《元豐類稿》卷二一有《左僕射門下侍郎王珪追封三代並妻制》，包括《曾祖永贈開府儀同三司》《曾祖母尹氏追封燕國太夫人》《祖贄追封魏國公》《祖母丘氏追封魏國太夫人》《父準追封漢國公》《母薛氏追封漢國太夫人》《妻鄭氏追封楚國夫人》。曾鞏元豐五年四月擢試中書舍人，九月丁母憂罷任，其草《左僕射門下侍郎王珪追封三代並妻制》當在元豐五年四月二十二日王珪授左僕射兼門下侍郎時。

四月二十三日，奉命特授李清臣朝奉大夫。

晁補之《資政殿大學士李公行狀》云："寄禄官承議郎視正言，執政擬公本官試吏部尚書。上諭宰相王珪曰：'安有尚書而猶承議郎者？'乃授朝奉大夫。"[2]《長編》卷三二五載元豐五年四月甲戌，"翰林學士、承議郎李清臣試吏部尚書。尋詔清臣特遷朝奉大夫，曰：'安有尚書而猶承議郎者？'"[3]甲戌爲二十三日。

四月二十五日，留畢仲衍除命不使受，而爭於神宗前，以爲優甚。

畢仲游《起居郎畢公夷仲行狀》云："入爲司農寺主簿，遷丞。以事至中書，丞相吳充素不識君，一見大喜，即以君爲中書刑房檢正官，俄遷户

---

[1] 龐元英《文昌雜録》，第1～2頁。

[2] 晁補之《濟北晁先生雞肋集》卷六二，明崇禎八年（1635）顧凝遠詩瘦閣刻本（中國國家圖書館藏）。

[3] 李燾撰，上海師範大學古籍整理研究所、華東師範大學古籍整理研究所點校《續資治通鑑長編》，第13冊第7825頁。

房。……改太常丞。……是時故岐公王珪與吴正憲在中書議論不合，以君爲正憲之所用，遂深嫉君，數求罪過欲中傷之。而爲人詳慎精密，卒無纖芥可乘，然亦四年不遷。及置局定官制，遂以君爲檢討官。君乞罷户房檢正事，即除秘閣校理、同知太常禮院。……及官制行，君以秘閣校理換遷朝奉郎，上又自除君起居郎兼詳定官制。是時吴正憲已薨，他宰相素不右君，即留除命不使受，而争於上前曰：‘畢某以秘閣校理換遷官，而又爲起居郎。起居郎即修起居注也，前日修注者未嘗不帶職，即是畢某以職換遷一官，復帶職，而又爲修注也，優甚。’上知君不爲宰相所右，因笑曰：‘是當得爾，是當得爾。’君以力辭而後受命。……官制遂定，而君亦勞矣。會大暑，君坐宣徽院與他官論録黄，語未竟，疾作，久之，殆不知人。上聞驚，即詔君肩輿歸私第，遣侍醫治療。是夕卒，年四十三。上悼惜久之，翼日遣中使劉援撫問其家，賜錢五十萬。遺恩當補子一人爲官，而宰相猶以平昔芥蒂不肯行者五年。及司馬文正入朝，舊相或死或罷去，始得補其子完爲太廟齋郎，則君之進退可知矣。”[1]《宋史》卷二八一《畢仲衍傳》徑謂“他宰相”乃王珪。《宋會要》職官二之一四云：元豐“五年四月二十五日，改修起居注爲起居郎、起居舍人。同日，承議郎、秘閣校理、群牧判官畢仲衍爲朝奉郎、守起居郎，通直郎、集賢校理、管勾國子監兼崇政殿説書蔡卞爲奉議郎、試起居舍人”[2]。熙寧十年（1077）七月，御史中丞鄧潤甫薦“權檢正中書户房公事畢仲衍才任御史”[3]，而吴充熙寧九年十月二十三日始與王珪同拜相，可知吴充識拔畢仲衍當在熙寧十年七月以前。按，畢仲衍（1040—1082），字夷仲，鄭州管城（今河南鄭州）人，畢士安曾孫、畢仲游之兄，熙寧三年進士，官至起居郎[4]，元豐五年卒，年四十三，《宋史》卷二八一有傳，生平事迹見畢仲游《起居郎畢公夷仲行狀》，《全宋詩》卷八七五録其詩一首，《全宋文》卷二一〇七收其文三篇。

---

［1］畢仲游《西臺集》卷一六，景印文淵閣《四庫全書》，第1122冊第210~212頁。

［2］劉琳等校點《宋會要輯稿》，第5冊第2994頁。

［3］李燾撰，上海師範大學古籍整理研究所、華東師範大學古籍整理研究所點校《續資治通鑑長編》卷二八三熙寧十年七月丙辰，第12冊第6933頁。

［4］《東都事略》卷四一《畢士安傳》謂畢仲衍“元豐中爲中書舍人”，當誤。

是月，有《辭免尚書左僕射第二表》《謝尚書左僕射表》。

　　本集卷四三有《辭免尚書左僕射第二表》《謝尚書左僕射表》。後者云：
"伏奉制命，特授臣尚書僕射兼門下侍郎，加食邑實封，尋再具表辭免，蒙
降批答不允，仍斷來章者。"（第313頁）此二文當作於四月二十二日王珪授
左僕射、兼門下侍郎之後。

五月九日，與神宗、王安禮、張璪等議徐禧党附呂惠卿。

　　《長編》卷三二六云：元豐五年五月"己丑，承議郎、試御史中丞徐禧
試給事中。先是，龍圖閣待制鄧綰知永興軍，禧言：'永興故爲浩穰，其民
鬭暴，加以兵政所寄，千里折衝。於今人才闒茸偷惰無居綰右者，伏乞移綰
內郡，別選才望之臣。'詔知青州、龍圖閣直學士劉庠與綰對易。上謂執政
曰：'徐禧舉孔武仲、邢恕爲御史，如何？'王安禮曰：'武仲與恕志趣豈可
爲御史？'張璪曰：'此兩人皆異論者。'上曰：'徐禧論事，其意漸可見，大
率懷呂惠卿之恩，尤欲進異論之人。蓋惠卿已叛去王安石，故多結附往時
異論之人，欲以爲黨。唐坰乃上書薦惠卿天下奇才，蓋坰適過揚，見惠卿，
其事可知。禧自爲中丞，昨日方請對，情狀已露。'王珪曰：'賴陛下早辨。'
上曰：'履霜堅冰至，由辨之不早，辨也豈宜更在此位？'張璪曰：'今日即
欲別除一官。'安禮曰：'禧號能治邊，或授以帥爲宜。'上曰：'雖稍加進
寵，與外任無害。'安禮曰：'事君者不可以貳，苟貳焉，無所不至。禧尚是
知縣資序，陛下拔擢過分，宜何以爲報，而懷姦若此。'上曰：'禧何曾有資
序，自布衣即擢至此。禧事惠卿如父，如禧今日殺身可也，豈知論報？'安
禮曰：'禧論鄧綰非才，不當除知永興軍。'上曰：'此亦用惠卿之意也。'故
雖改綰青州，亦罷禧中丞，仍詔中書省，命詞止云'門下省關掌出納命令之
重，故選才換授'，勿言禧不當處言職也"[1]。己丑爲九日。

與蔡確拜辭新除左右僕射用壬辰日赴尚書省行禮上儀，不獲允。

　　《長編》卷三二六載元豐五年五月己丑，"詔新除左右僕射，用壬辰日
赴尚書省行禮上儀"[2]。己丑爲九日，壬辰爲十二日。葉夢得《石林燕語》卷

---

[1] 李燾撰，上海師範大學古籍整理研究所、華東師範大學古籍整理研究所點校《續資治通鑑長編》，
　　第13冊第7845~7846頁。
[2] 李燾撰，上海師範大學古籍整理研究所、華東師範大學古籍整理研究所點校《續資治通鑑長編》，
　　第13冊第7846頁。

二云："元豐官制行，王禹玉爲左僕射，蔡持正爲右僕射，新省成，即都堂禮上，……時有司定儀制以聞，禹玉等拜辭，神宗以官名始正，特行之。自後爲相者，初正謝即辭，例從之，故唯此一舉而已。"[1]

以新官制給事中獨許書畫黄，而不得書草請示神宗。

《長編》卷三二六載元豐五年五月己丑，"王珪言：'故事，中書進熟、進草，惟執政書押。今官制，門下省給事中獨許書畫黄，而不得書草。舒亶疑之，因以爲請。'上曰：'造令、行令，職分宜別。給事中不當書草，著爲令。'"[2]己丑爲九日。

五月十一日，與神宗、王安禮等議李稷欺妄、呂惠卿乞避蔡承禧。

《長編》卷三二六云：元豐五年五月"辛卯，起居舍人蔡卞兼權國子司業，樞密都承旨張誠一兼權太僕卿，東上閣門使曹誦兼權軍器監"。"上因言：'昨陝西初有師期，李稷奏運糧夫已備，及師行，夫數甚不足，蓋稷所奏文具耳，無實也。稷所言多欺妄，幾誤朝廷大事。稷，呂惠卿所薦，人物甚似惠卿，可誅，好大言，無誠實，外似剛直，質極汙邪。'王珪曰：'稷深爲惠卿所知。惠卿奏乞避蔡承禧，乃言："執政知臣與承禧有隙，授以淮南，意在撓臣。"不知承禧之除，出於陛下。'安禮曰：'承禧何足畏？惠卿居喪，有何事令承禧得以報怨？'上曰：'惠卿性極貪鄙，閑居不免私汙，干擾州縣，慮爲承禧所持，所以心不自安。'上因議陝西兵食，謂執政曰：'康定中，西鄙用兵，契丹乘間有所要請，仁宗御延和對輔臣，至於感憤涕泣。朕爲人子孫，守祖宗神器，每念付託之重，宜如何也！'因改容泣下，群臣震恐莫敢對。"[3]辛卯爲十一日。按，《長編》卷三二二載元豐五年正月丙午，"承議郎、集賢校理蔡承禧權發遣淮南路轉運副使"。注引《呂惠卿家傳》云："承禧除淮南運副，蓋執政欲令承禧伺惠卿過失。惠卿時居喪揚州，即求避焉。"[4]丙午爲二十四日。

---

[1] 葉夢得撰，宇文紹奕考異，侯忠義點校《石林燕語》，第17頁。

[2] 李燾撰，上海師範大學古籍整理研究所、華東師範大學古籍整理研究所點校《續資治通鑑長編》，第13冊第7846頁。

[3] 李燾撰，上海師範大學古籍整理研究所、華東師範大學古籍整理研究所點校《續資治通鑑長編》，第13冊第7846~7848頁。

[4] 李燾撰，上海師範大學古籍整理研究所、華東師範大學古籍整理研究所點校《續資治通鑑長編》，第13冊第7767~7768頁。

五月十二日，與蔡確於尚書省都堂行禮上儀，退即尚書省燕。

《神道碑》云：元豐"五年四月，復三省官，爲尚書右僕射兼門下侍郎。上日，御史中丞率百官班賀"（第138頁）。"右"當爲"左"之誤。龐元英《文昌雜録》卷一云：元豐五年"五月十二日，左右僕射赴上於都堂。是日，郎中、員外班迎僕射。拜廳訖，各判祥瑞等三案。遂引學士、兩省官賀於廳上。御史中丞、尚書已下百官班於廷中，東西相向，引僕射降階就褥位。直省官贊揖，朱衣吏引御史中丞出班，北向躬致辭賀，復位贊拜，百官皆拜，僕射答拜。班退，尚書省侍郎已上、兩省給舍已上、御史中丞、學士皆御賜寓，百官就食幕次"[1]。葉夢得《石林燕語》卷二云："元豐官制行，王禹玉爲左僕射，蔡持正爲右僕射，新省成，即都堂禮上，郎中、員外郎迎於門外。僕射拜廳訖，升廳，各判祥瑞案三道，學士、兩省官賀於廳上，中丞、尚書以下百官班於庭下，東西向。僕射降階就褥位，直省官贊揖；臺吏引中丞出班，北向致辭賀，復位；直省吏贊拜，僕射答拜；退即尚書省燕，侍郎、給舍以上，及中丞、學士皆與。"[2]洪邁《容齋續筆》卷一一《百官見宰相》云："《天聖編敕》載文武百官見宰相儀。文明殿學士至龍圖閣直學士，列班於都堂階上，堂吏贊云：'請，不拜，班首前致詞，訖，退，歸位，列拜。宰相答拜。'兩省官相次同學士之儀。上將軍、大將軍、將軍、御史臺官，及南班文武百僚，序班於中書門外，應節度使至刺史，並綴本班，中丞揖訖，入。宰相降階，南向立於位，乃稱班，文東武西，並北上，臺官南行，北向東上。贊云：'百僚拜，宰相答拜，訖，退。'內客省使至閤門使見宰相、樞密使，並階上列行拜，不答拜；見參知政事、樞密副使、宣徽使，客禮展拜；皇城使以下諸司使、橫行副使見宰相、樞密使，並階下連姓稱職展拜，不答拜；見參政、副樞，並列行拜。若諸司副使、閤門祗候見參樞，亦不答拜。國朝上下等威，其嚴如此。已而浸廢。文潞公、富韓公至和中自外鎮拜相，詔百官班迎於門，言者乃謂隆之以虛禮。元豐定官制，王禹玉、蔡持正爲僕射，上日始用此禮。其後復不行。"[3]

---

［1］龐元英《文昌雜録》，第3～4頁。

［2］葉夢得撰，宇文紹奕考異，侯忠義點校《石林燕語》，第17頁。

［3］洪邁撰，孔凡禮點校《容齋隨筆》，第358頁。

五月二十一日，爲舒亶劾以怙權擅事，輕蔑朝廷。

《長編》卷三二六載元豐五年五月辛丑，"給事中舒亶言：'吏房前後發李規、王務民奏鈔，令臣書'讀'，侍郎王珪已書'省審'，坐違式舉行，門下省但勘罰。今緣奏鈔皆王珪書名，自合省問，豈容但稱不知，歸罪令史？自非執政大臣怙權擅事，輕蔑朝廷，即是吏史憑附大臣，沮壞法令。陛下新正官名，而上下橫屬如此，不治其微，實恐陛下復古建事之意或成虛名，爲天下後世所議。'詔承行吏人送門下省別加重罰"[1]。辛丑爲二十一日。

是月，與神宗、王安禮等議黜何正臣。

《長編》卷三二六云：元豐五年五月"丁未，通直郎、試吏部侍郎何正臣爲寶文閣待制、知潭州。正臣爲吏部，職事疏略，所注擬多牴牾。事聞，正臣以制法未善爲辭，王安禮曰：'法未善，存司所當請，豈可歸罪於法？'故罷之。先是，上問安禮曰：'近事有可言者乎？'安禮曰：'朝廷建文昌一代官制，以法先王，當遴簡人材以處之，顧有姦回如何正臣者，乃得周旋其間，豈不污蔑士類？'上頷之。他日，上臨朝，謂近臣曰：'何正臣如何人也？'王珪曰：'臣不知其爲人。'安禮曰：'王珪爲元宰，而二三從官安得不知？且正臣姦回，天下能道之，而珪曰不知者，何也？'上曰：'可黜知宿州。'正臣主蔡確，確時以祀事出齋，珪曰：'請與確議。'確入，改知潭州"[2]。丁未爲二十七日。王珪與神宗等議黜何正臣當在五月二十七日之前。

與神宗、王安禮等議再伐西夏。

《長編》卷三二七載元豐五年六月乙卯，"上批：'昨據李憲奏請涇原路自熙寧寨進置堡障，直抵鳴沙城，以爲駐兵討賊之地，朝廷悉力應副。近李舜舉奏財糧未備，人夫憚行。朝廷以舜舉所言忠實可聽信，已指揮放散人夫等，更不追集諸路兵，即是已罷深入攻取之策。……令李憲依前詔速具利害以聞。若果難興作，即罷涇原路經略制置使，歸熙河蘭會路經制司本任，候過防秋赴闕。'""先是，五路出兵，問罪夏國，幾百萬，行千里無所獲而歸，

---

[1] 李燾撰，上海師範大學古籍整理研究所、華東師範大學古籍整理研究所點校《續資治通鑑長編》，第13冊第7853~7854頁。

[2] 李燾撰，上海師範大學古籍整理研究所、華東師範大學古籍整理研究所點校《續資治通鑑長編》，第13冊第7859頁。

上意歉然，念未有以復其志者。至是，臨軒謂宰相王珪曰：‘西師再舉，趣以期上。’珪曰：‘自古行師，惟恐饋運不繼，比朝廷捐錢鈔五百萬，以佐軍食，既有備矣，復何虞？’尚書右丞王安禮曰：‘珪所言特文具耳，陛下誠聽之，恐必誤國家事。且鈔不可啖，必變而爲錢，錢又變而爲芻粟。今五月矣，使七月用兵，則未易濟也。’上顧安禮曰：‘卿亦知靈州事耶？’簡牘具存，敕安禮就蔡確觀之。安禮曰：‘臣固不知靈州事，然以今揆之，未可再舉。’上曰：‘姑徐議之。’後十數日，見上有細書於策者，出以示執政曰：‘此熙河措置事也，實李憲爲之。憲云："昨欲行軍，糧糧已具，下至士卒藥石，無不有也。一聞罷師，士皆喪氣。"憲，宦者，猶欲立事，分朝廷憂，卿等獨無意乎？在唐憲宗時，淮蔡爲亂，廷臣附和爲含蓄計，其謀議與主合者，獨裴度耳，故一舉而元濟殲焉。惜乎度之謀議不出於公卿之上，而乃在於閹寺之間，朕甚陋之。’群臣相視無以爲對，安禮曰：‘淮西之叛，非有險固可負，特以兵利卒頑，奕世擅命，然必有裴度之謀，光顏之忠，李愬、李祐之勇，爲之裨輔，引天下方鎮屠之，顧猶假以歲月而後得志。今夏國之強，非淮西之比也；李憲之庸，非裴度之匹也；麾下諸將，非有光顏、愬、祐之忠勇；而五路之兵，非有魏博、朔方之節制。自軍興以來，士卒羸耗，器械散亡幾盡，當議所以蕃息之，用兵非策也。且異時陛下固嘗遣憲，而憲輒辭。今誠知其不可，而強欲請行，此爲姦言以釣其上，不可不察。’於是上悵然感悟，不復議再舉事。”[1] 乙卯爲五日。王珪與神宗、王安禮等議再伐西夏當在六月五日前十餘日。

迎見李舜舉，爲舜舉所譏。

司馬光《涑水記聞》卷一四云：“高遵裕既敗歸，元豐五年，李憲請發兵自涇原築寨稍前，直抵靈州攻之，可以必取。詔從之。先是，朝廷知陝西困於夫役，下詔諭民，更不調夫。至是，李憲牒都轉運司，復調夫饋糧，以和雇爲名，官日給錢二百，仍使人逼之，云‘受密詔：若乏軍興，斬都運使以下’。民間騷然，出錢百緡不能雇一夫，相聚立柵於山澤，不受調，吏往輒毆之。解州枷知縣以督之，不能集；知州、通判自詣縣督之，亦不能集；

---

[1] 李燾撰，上海師範大學古籍整理研究所、華東師範大學古籍整理研究所點校《續資治通鑑長編》，第 13 冊第 7868~7871 頁。

命巡檢、縣尉逼之，則執梃欲鬬，州縣無如之何。士卒前出塞，凍餒死者什五六，存者皆憚行，無鬬志。倉庫蓄積皆竭。群臣莫敢言，獨西京留守文潞公上言：'師不可再舉。'天子遜辭謝之。樞密副使呂晦叔亦言其不可，上不懌，晦叔因請解機務，即除知定州。會內侍押班李舜舉自涇原來，爲上泣言：'必若出師，關中必亂。'上始信之，召晦叔慰勞之。舜舉退，詣執政王禹玉，禹玉迎見，以好言悅之，曰：'朝廷以邊事屬押班及李留後，無西顧之憂矣。'舜舉曰：'四郊多壘，此卿大夫之辱也。相公當國，而以邊事屬二內臣可乎？內臣正宜供禁庭灑掃之職耳，豈可當將帥之任邪？'聞者代禹玉發慚。"[1]《長編》卷三二五云：元豐五年四月"丁丑，正議大夫、同知樞密院呂公著爲光祿大夫、資政殿學士、知定州。始，議五路舉兵伐夏，公著諫，不聽，尋上表求罷，仍謁告不出。……於是用李憲策，將圖再舉，公著又固諫，上不悅。會章惇自定州召爲門下侍郎，公著固乞代惇守邊。……章繼上，乃有是命。及李舜舉入奏，上意悟，欲罷西師。公著入辭，上慰勞之曰：'卿不當居外，行且召卿矣。'"注云："公著以四月二十六日特除定州，五月二十一日，始有詔罷涇原進築，六月五日，令李憲還熙河。舜舉入奏時，恐公著已去京師矣。或舜舉入奏在二十一日以前，公著猶未入辭也。按《公著家傳》，入辭以五月十六日"[2]。則李舜舉自涇原返京當在五月。

以行宰相上事儀，接元絳賀詩。

葉夢得《石林詩話》卷下云："元豐既行官制，準唐故事，定宰相上事儀，以御史中丞押百官班，拜於階下，而宰相答拜於阼階上。時王禹玉除左僕射，蔡持正右僕射，神宗命即尚書省行之。二人力辭，帝不可，曰：'既以董正治官，不得不正其名分於始，此國體，非爲卿設也。'二人乃受命。時元厚之已致仕居吳，以詩賀王禹玉，有'前殿聽宣中禁制，南宮看集外朝班。星辰影落三階下，桃李陰成四海間'之句，時最爲盛事。自是相繼入相者，皆不復再講此禮，信不可常行也。"[3]胡仔《苕溪漁隱叢話》前集卷二八

---

［1］司馬光撰，鄧廣銘、張希清點校《涑水記聞》，第282~283頁。

［2］李燾撰，上海師範大學古籍整理研究所、華東師範大學古籍整理研究所點校《續資治通鑑長編》，第13冊第7828~7829頁。

［3］葉夢得撰，逯銘昕校注《石林詩話校注》，第177~178頁。

《王岐公》引此則。元絳寄詩賀王珪行宰相上事儀當在五月十二日左、右僕射於尚書省都堂行禮上儀之後，姑繫於此。

六月四日，上《兩朝國史》一百二十卷，與蒲宗孟、李清臣等於垂拱殿進讀紀、傳，獲賜銀絹千、對衣、金帶，改官，又獲賜一子緋章服，有《預免脩國史恩例劄子》。

《長編》卷三二七云：元豐五年六月"甲寅，修《兩朝正史》成一百二十卷，上服靴袍，御垂拱殿，引監修國史王珪，修史官蒲宗孟、李清臣、王存、趙彥若、曾肇進讀紀、傳。賜珪銀絹千、宗孟六百，各賜對衣金帶，改官，並不聽辭免；珪賜一子緋章服，清臣、存、彥若、肇各遷一官；與修史官蘇頌、黃履、林希、蔡卞、劉奉世各賜銀絹有差，故相吳充銀絹六百，故史館修撰宋敏求百五十"。注云："兩紀並書王珪上《兩朝史》。"[1] 甲寅爲四日。王應麟《玉海》卷四八《實錄》卷末云："《仁》《英錄》並《兩朝正史》成，提舉韓琦、曾公亮、王珪並辭之，但賜器幣有差，珪又增一子六品服。"[2]《兩朝正史》即《兩朝國史》，參本譜著述部分。本集卷八有《預免脩國史恩例劄子》，云："臣昨奉敕提舉修《兩朝正史》，今已書（成）。"（第54頁）此文當作於六月四日以上《兩朝正史》獲推恩當天。

《宋大詔令集》卷六二《王珪加恩制》云："朕誕膺駿命，恭紹慶基。永惟仁祖之享邦，暨我英皇之垂統。惟神功莫得而紀，念後嗣其何以觀。寤寐興懷，逸遺是懼。董成丕典，時倚宗工。稽訂故常，峻躋位序。誕孚渙號，申告治朝。具官某，望具師瞻，寄隆邦揆。克勤小物，夙纘事爲之勞；多識前言，雅長體要之事。於皇二后之美，對越百王之休。後先相望，今古絕擬。而文謨武烈，尚故牒之弗倫；義士忠臣，或幽光之未發。首咨鴻博，三屬雋髦。采摭殘編，網羅隱德。品章甫就，齋祓再觀。旁貫異聞，固多金匱之舊；昭示來世，不愧名山之藏。上足慰往聖貽謀之心，俯以成眇躬繼志之善。忠嘉所止，欽歡弗忘。肆舉褒章，進崇寵秩。及貳中臺之劇，肇開西土之封。併厚恩私，式殊體貌。於戲！禮稱達孝，蓋能述事以圖終；史重良

---

[1] 李燾撰，上海師範大學古籍整理研究所、華東師範大學古籍整理研究所點校《續資治通鑑長編》，第13冊第7866頁。
[2] 王應麟撰，武秀成、趙庶洋校證《玉海藝文校證》，第665頁。

才，謂匪耀文而失實。燦然絕迹，著在新書。豈特朕獲伸罔極之恩，亦惟爾與有無窮之聞。尚期交飭，勿替前修。"題下注："元豐五年兩朝史成"[1]。

六月五日，與神宗議种世衡用間殺野利旺榮。

《長編》卷三二七載元豐五年六月乙卯，"三省因論奏趙彥若草吕公著告詞事，王珪曰：'彥若性多執，昨修《國史·龐籍傳》，种世衡之子古上書，以其父首用間以殺野利旺榮，遂致元昊乞和，龐籍爲樞密使，抑其功，朝廷下御史臺，至定贈世衡防禦使。彥若争此一事久不決，雖然事在境外，固不可知。'上曰：'是不然。當是時，元昊作逆既久，困於點集，其勢已蹙，非因世衡用間。昔鄒與魯閧，三戰而三北之，小固不可以敵大，以中國事勢，元昊區區一小國爾，安能抗也？'珪又曰：'世衡在青澗城久，邊人至今思之，以謂有良將才。'上曰：'世衡不知教養士卒，使之樂戰，欲以口舌取勝。昔吴起爲楚將，損不急之官，廢公族疏遠者，以撫養戰鬬之士，要在强兵，破馳説之從横者，遂成霸業。此所謂知本矣。'初，彥若草公著知定州告，右丞王安禮父名益，嫌用'益'字，輒塗改數句，彥若不從。及權起居郎，因對邇英閣奏之，上曰：'安禮侵官，當戒之。'月餘，中書取安禮所塗草，彥若即以進入，故及之"[2]。乙卯爲五日。

六月六日，言中書省獨取旨，事體太重。

《長編》卷三二七載元豐五年六月乙卯，"詔：'自今事不以大小，並中書省取旨，門下省覆奏，尚書省施行。三省同得旨事，更不帶"三省"字行出。'是日，輔臣有言中書省獨取旨，事體太重。上曰：'三省體均，中書省揆而議之，門下省審而覆之，尚書省承而行之。苟有不當，自可論奏，不當緣此以亂體統也。'先是，官制所雖仿舊三省之名，而莫能究其分省設官之意，乃釐中書門下爲三，各得取旨出命，既紛然無統紀，至是，上一言遂定體統也。初，上欲仿《唐六典》修改官制，王珪、蔡確力贊之。官制：以中書造命，行無法式事；門下審覆，行有法式事；尚書省奉行。三省分班奏事，各行其職令，而政柄盡歸中書。確先説珪曰：'公久在相位，必拜中

---

[1]司義祖整理《宋大詔令集》，第 306 頁。

[2]李燾撰，上海師範大學古籍整理研究所、華東師範大學古籍整理研究所點校《續資治通鑑長編》，第 13 冊第 7868 頁。

書令。'故珪不疑。一日，確因奏事罷留身，密言：'三省長官位高，恐不須設，只以左僕射兼門下侍郎，右僕射兼中書侍郎，各主兩省事可也。'上以爲然。已而確果獨專政柄，凡除吏，珪皆不與聞。後累月，珪乃言：'臣備位宰相，不與聞進退百官，請尚書省官及諸道帥臣許臣同議。'上許之"[1]。乙卯爲五日。《宋宰輔編年錄》卷八繫此詔於六月丙辰，丙辰爲六日，當是。田志光認爲"言中書省獨取旨，事體太重"者應該是首相王珪，"其作爲左僕射兼門下侍郎主管門下省事，取消了門下省的取旨權會大大削弱王珪的實權，這也在以後的政務決策中得以體現，所以他在該詔令頒下當日就提出反對意見，無奈神宗態度堅決，並未聽從王珪的意見"[2]。

按，王珪雖爲首相，但並不似王安石那樣擁有專權獨斷之權力，且其相權之核心權力又被蔡確傾奪。《宋史》卷四七一《蔡確傳》云："初議官制，蓋仿《唐六典》，事無大小，並中書取旨，門下審覆，尚書受而行之，三省分班奏事，柄歸中書。確說王珪曰：'公久在相位，必得中書令。'珪信不疑。確乃言於帝曰：'三省長官位高，不須置令，但令左右僕射分兼兩省侍郎足矣。'帝以爲然。故確名爲次相，實顓大政，珪以左僕射兼門下，拱手而已。帝雖以次敘相珪、確，然不加禮重，屢因微失罰金，每罰輒門謝。宰相罰金門謝，前此未有，人皆恥之。"[3]馬端臨《文獻通考》卷五〇《職官考四》云："蓋元豐官制之行，王珪爲首相，蔡確爲次相。確奏乞以首相兼門下侍郎，次相兼中書侍郎，其實以唐制有中書造命之説，於是奏事取旨皆次相，而首相並不得預，蓋陰傾珪而奪之權。及溫公爲門下侍郎，嘗懇確，欲數會議，各盡所見，而確終不許。此小人擅權之常態。"[4]

六月八日，乞修仁宗、英宗《兩朝寶訓》。

《長編》卷三二七云：元豐五年六月"戊午，宰臣王珪云：'天聖中，修《真宗正史》成，別錄《三朝寶訓》，以備省覽。今當修仁宗、英宗《兩朝寶

[1]李燾撰，上海師範大學古籍整理研究所、華東師範大學古籍整理研究所點校《續資治通鑑長編》，第 13 冊第 7871～7872 頁。
[2]田志光《北宋中後期三省決策與權力運作機制》，《史林》2013 年第 6 期。
[3]脫脫等《宋史》，第 39 冊第 13699～13700 頁。
[4]馬端臨著，上海師範大學古籍整理研究所、華東師範大學古籍研究所點校《文獻通考》，第 3 冊第 1426 頁。

訓》。'詔秘書省著作局依例修進，差林希、曾肇"[1]。王應麟《玉海》卷四九
《元豐兩朝寶訓 元豐聖訓》云："元豐五年六月八日戊午，宰臣王珪言：'天
聖中修《真宗正史》，別録《三朝寶訓》以備省覽，今當修仁、英《兩朝寶
訓》。'詔吏部郎曾肇、著作佐郎林希編修。至六年四月十九日書成，凡二十
卷，希上之。賜銀絹二百。紹興六年五月，希子虡以副本來上。（始於孝德，
終於治夷，分七十六門。）"[2]

六月二十二日，與神宗、張璪等議藝祖養兵之法。

《長編》卷三二七載元豐五年六月壬申，廣南西路轉運使馬默乞用兵捕
殺安化州蠻，神宗與大臣言"用兵大事，極須謹重"，以爲"事之將兆，天
常見象"，王珪因曰："天象既如此，必至於用兵，此亦數也。"神宗"又曰：
'前世爲亂者，皆無賴不逞之人。藝祖平定天下，悉招聚四方無賴不逞之人
以爲兵，連營以居之，什伍相制，節以軍法，厚禄其長，使自愛重，付以生
殺，寓威於階級之間，使不得動。無賴不逞之人既聚而爲兵，有以制之，無
敢爲非，因取其力以衛養良民，各安田里，所以太平之業定，而無叛民，自
古未有及者。藝祖養兵止二十二萬，京師十萬餘，諸道十萬餘。使京師之兵
足以制諸道，則無外亂；合諸道之兵足以當京師，則無内變。内外相制，無
偏重之患，天下承平百餘年，蓋因於此。'王珪曰：'《國朝會要》言國朝兵
制雖詳，然莫能推明其意。'張璪曰：'非陛下神聖，孰能知之。'"[3] 壬申爲
二十二日。

是月，以蔡確獨專政柄，乞神宗許其同議尚書省官及諸道帥臣除授。

王珪乞神宗許其同議尚書省官及諸道帥臣除授當在六月六日之前，參本
年六月六日譜。

於尚書省集議趙宗諤謚號。

《長編》卷三二七云：元豐五年六月"癸酉，鎮南節度使、開府儀同三
司、豫章郡王宗諤卒。輟視朝二日，臨奠之，贈太尉、韓王。先是，中書省

---

[1] 李燾撰，上海師範大學古籍整理研究所、華東師範大學古籍整理研究所點校《續資治通鑑長編》，
　　第 13 冊第 7874 頁。
[2] 王應麟撰，武秀成、趙庶洋校證《玉海藝文校證》，第 704 頁。
[3] 李燾撰，上海師範大學古籍整理研究所、華東師範大學古籍整理研究所點校《續資治通鑑長編》，
　　第 13 冊第 7882~7884 頁。

擬封於魯，上批'魯乃祖封，太宗皇帝下見有承嫡者傳襲，干紊正統，理極未便，可改封'故也。太常擬諡，博士王古曰：'寵祿光大曰榮，慈惠愛親曰孝，請諡曰榮孝。'尚書省集議，以宗諤外招事權，凌轢宗党，不應稱'孝'。博士楊蟠曰：'欽事尊上曰恭，請諡曰榮恭。'左僕射王珪曰：'以宗諤爲欽事尊上，義亦未安，有司別定。'於是博士何洵直曰：'追悔前過曰思，諡曰榮思。'議乃定"[1]。癸酉爲二十三日。尚書省集議趙宗諤諡號當在六月二十三日之後，姑繫於此。

有《再免修國史恩劄子》。

本集卷八有《再免修國史恩劄子》，云："臣伏奉中書劄子錄黃，以提舉脩史成，賜臣銀絹各五百匹兩、對衣、金帶，仍與一子六品服。伏以行賞必以勞，受賞必以分。今《兩朝正史》官臣宗孟以下，實有汗青之勞，臣援例提舉，不得以論勞也。"（第54頁）此文當作於六月四日以上《兩朝國史》獲推恩之後。

七月二十日，蓋芘知桂州張頡，使獲寬宥，僅衝替。

《長編》卷三二八載元豐五年七月甲申，"詔除名人、前如京副使費萬追復如京副使。廣南經略司言萬死事故也。張頡不能蚤慮蠻寇，戎備不飭，致失兵將，令轉運司劾罪以聞"。"丁亥，朝散郎、新除工部侍郎熊本爲龍圖閣待制、知桂州。本自廣州召還，未至，會宜州蠻擾邊，故改是命，代張頡也。"[2]甲申爲十七日，丁亥爲二十日。按，據前引蘇轍《欒城集》卷四〇《論張頡劄子》，王珪受張頡所獻辰錦砂，曲爲蓋芘，使其免遭誅竄，常獲寬宥，此亦其一例。

七月二十八日，以《兩朝國史》成，預垂拱殿賜燕。

王應麟《玉海》卷四六《元豐兩朝正史》云：元豐五年"七月丁未，以史成，燕垂拱殿。（燕修史官。）"[3]丁未爲二十八日。王珪爲《兩朝國史》提舉官，當預此次御筵。

---

[1] 李燾撰，上海師範大學古籍整理研究所、華東師範大學古籍整理研究所點校《續資治通鑑長編》，第13冊第7884頁。

[2] 李燾撰，上海師範大學古籍整理研究所、華東師範大學古籍整理研究所點校《續資治通鑑長編》，第13冊第7892、7894頁。

[3] 王應麟撰，武秀成、趙庶洋校證《玉海藝文校證》，第568頁。

十月一日，以永樂城陷，聽神宗訓示此後應諫止其用兵。

《長編》卷三三〇云：元豐五年十月"戊申朔，李秬、种諤、沈括奏：'永樂城陷，蕃漢官二百三十人、兵萬二千三百餘人皆没。'先是，沈括奏：'敵兵來逼城，見官軍整，故還。'上覽奏憂之，曰：'括料敵疏矣！彼來未戰，豈肯遽退耶？必有大兵在後。'已而果然。及聞城陷，涕泣悲憤，爲之不食。早朝，對輔臣慟哭，莫敢仰視，既而歎息曰：'永樂之舉，無一人言其不可者。'右丞蒲宗孟進曰：'臣嘗言之。'上正色曰：'何嘗有言？在内惟呂公著、在外惟趙卨嘗言用兵不是好事耳。'"十月乙丑注引《王安禮行狀》云："居無幾，上早朝，出永樂奏，流涕謂大臣曰：'朕恨無諫官，不圖爲國，以至於斯也！'安禮曰：'陛下方有建立時，大臣且不能回，今乃欲追咎諫官，臣以謂罪在臣等。'上顧王珪曰：'王安禮常勸朕勿用兵，少置獄，此誠可聽。他日爲此，卿等尚諫之。'安禮顧珪等曰：'永佩聖訓。'"[1]

按，上述記載，或有誇飾之嫌。方震華認爲，現存之部分宋代文獻對於永樂之役之記載包含三個重點：一是宋軍在戰鬥中蒙受重大傷亡，折損官兵與民夫在十萬人以上；二是神宗因此役慘敗而中止對西夏用兵之政策；三是神宗在精神上受打擊甚大，不僅曾在群臣面前痛哭，更因此鬱鬱不樂以致崩殂。但實際情形是，儘管永樂之役是一場重大挫敗，但宋之軍事實力受損不大，神宗並未放棄攻擊西夏之意志，永樂之敗與其健康狀況之變化亦無因果關係。司馬光等元祐大臣乘編修《神宗實錄》之機會，藉永樂之役之歷史書寫來塑造神宗"厭戰"之印象，以達到改變神宗拓邊之做法，代以和平之外交關係的目的。[2]

十月二十五日，不樂呂惠卿同去巡邊之請，與神宗、王安禮、張璪等議改授其職。

杜大珪《名臣碑傳琬琰集》下集卷一四《呂參政惠卿傳》云："母喪服除，以資政殿大學士知太原府、河東路經略安撫使。陛對，請輔臣王珪同

---

[1] 李燾撰，上海師範大學古籍整理研究所、華東師範大學古籍整理研究所點校《續資治通鑑長編》，第 13 冊第 7945、7956 頁。

[2] 參方震華《戰爭與政争的糾葛——北宋永樂城之役的紀事》，《漢學研究》2011 年第 3 期。

巡邊。時議欲復除惠卿鄜延，不果，移知蔡州，落職知單州。"[1]《長編》卷三三〇載元豐五年十月癸酉，"新知太原府、資政殿大學士、通議大夫呂惠卿落職守本官知單州。惠卿初除母喪，即有太原之命。及入見，上將改授鄜延，且諭令總四路守備。惠卿手疏言：'陝西之師，非惟不可以攻，亦不可以守。爲今日之計，要在大爲形勢。形勢之説，非一二可盡，因請三省、樞密院議邊事日，乞召臣同對。'上謂輔臣曰：'如惠卿之言，陝西一路無可守之理，則陝西可棄也。所謂形勢者，惠卿言欲得執政宣撫四路，己爲副，乃可行。用意如此，豈不可委以邊事？可却令赴河東。'王安禮曰：'既不令往陝西，恐不可更令帥太原，與一閑郡如陳、潁可也。'上曰：'與潁州或蔡州。'張璪曰：'欲與蔡州。'上可之。命未下，翌日，三省、樞密院對上語及惠卿，王安禮曰：'臣再三思之，自古禍福多藏於無形，如惠卿用舍，實繫朝廷禍福。且惠卿久在朝廷，朋附者衆，今日罷帥與郡，曾不明示過惡，議者必謂惠卿論事切當，主上不能容受讜言，輔臣中有擠之者，故及於此，惠卿亦必以此爲解。臣以謂宜告命中明言惠卿之罪，落大學士，與一小郡如單州之類爲允，使中外小大之臣知惠卿過惡所在，人人警懼，因又知名位不可以計數取，兼足以整勵風俗。緣惠卿肆爲浮言，覬動朝廷，弼臣議政，自請造前，躁輕矯誣，出於爲利。若行制誥，當如此命詞，則惠卿雖被重責，必無以爲説。未審聖意如何。'上曰：'甚善。可落職與通議大夫、知單州，召舍人以此命詞。'張璪曰：'欲召舍人諭以意。'上曰：'趙彥若安能爲之？便可指揮令用此詞行下。'三省至都堂，召中書舍人趙彥若，諭以聖意，王珪書告詞付彥若。彥若以故事未有定草令舍人行者，退而論列。上不許，乃用元擬詞，彥若書名行下"。注引《呂惠卿家傳》云："惠卿除大資政、知太原，入覲賜對，……惠卿曰：'……陛下雖令總領四路，如熙河在千里之外，緩急何由節制？不若令臣往來邊上，親見利害，不須專在鄜延也。'上曰：'此甚好。'惠卿曰：'欲乞一輔臣同行，臣但副之。'上曰：'誰可使者？'惠卿曰：'王珪。'上曰：'要他何用？'惠卿曰：'王珪見任宰相，不惟彈壓，兼奏請諸事爲便。'上曰：'此亦不難。昨韓絳亦是以宰相宣撫，但不知珪敢去

---

[1] 杜大珪《名臣碑傳琬琰集》，《宋代傳記資料叢刊》，第16冊第365～366頁。

否，當與議之。'惠卿曰：'臣久居憂，今之邊事皆不知始末。'上曰：'今早已指揮三省、樞密院，將軍興以來文字盡送卿看詳。朕自永樂事後，文字更不曾看，只候卿來。'惠卿曰：'俟見文字，節次具利害奏請。'……惠卿退，遂至都堂見珪等，珪曰：'朝廷見議除公鄜延，早來上曾及之否？'惠卿曰：'適已奏知，乞相公同去巡邊。'珪色變不悦。既數日，無如聖諭送至文字看詳者，惠卿意珪之不樂巡邊之請也，遂以所聞本路兩次敗人馬見在數目，乞與政府面議。明日，請對，上曰：'今議更不屈卿河東、鄜延，已除卿知蔡州。'惠卿曰：'陛下千里促召臣至此，未及有所議，乃除臣蔡州，何也？'上曰：'爲要兵，朝廷無可應副。既議論不合，所以別除卿差遣。'惠卿不敢復言，而執政者必欲罪惠卿，上不得已，卒坐請議落職知單州。"[1] 癸酉爲二十六日。"翌日"當指二十六日，神宗、王安禮等議改授呂惠卿知蔡州當在二十五日。李燾謂《呂惠卿家傳》不足憑，但其所記呂惠卿乞與王珪同去巡邊當爲事實。李燾注載癸酉詔書云："呂惠卿，弼臣議政，自請造前，躁輕矯誣，出於爲利。落資政殿大學士，知單州。"又引《王安禮行狀》謂此詔乃王安禮所擬，則王珪僅爲詔書書寫者。

十月二十六日，書王安禮所擬降授呂惠卿通議大夫、知單州誥詞付中書舍人趙彦若。

見上。

十一月四日，爲奉安禮儀使奉皇室祖宗神御升彩輿赴集英殿。

《長編》卷三三一云：元豐五年十一月"辛巳，奉安禮儀使宰臣王珪、蔡確，知樞密院孫固，門下侍郎章惇，中書侍郎張璪，同知樞密院韓縝，尚書左丞蒲宗孟及百官等，班集英殿門。上詣蕊珠、凝華等殿祖宗神御行告遷禮，至慈聖光獻皇后、英宗皇帝坐，號慟久之，群臣莫能仰視。於是珪等奉神御升彩輿赴集英殿，有司請皇帝還內，上不聽，每神御步從出殿，次第導畢始還宮。時將奉安景靈宮，至是塑像工畢，始遷坐於集英殿也"[2]。辛巳爲

---

[1] 李燾撰，上海師範大學古籍整理研究所、華東師範大學古籍整理研究所點校《續資治通鑑長編》，第13冊第7960~7963頁。

[2] 李燾撰，上海師範大學古籍整理研究所、華東師範大學古籍整理研究所點校《續資治通鑑長編》，第13冊第7968~7969頁。

四日。龐元英《文昌雜録》卷二云：元豐五年"十一月四日午時四刻，殿中細仗金吾旗幡、僧道威儀、教坊樂奉引列聖神御，自天章閣出晨暉門，赴集英殿。上步出集英門，每神御步至右承天門奉迎。至慈聖光獻太皇太后，上雨泣前導。於時日景晏溫，皆以謂恭孝所感"[1]。

十一月五日，奉安皇室祖宗神御於景靈宮。

《長編》卷三三一云：元豐五年十一月"壬午，質明，宰臣、百官班集英殿，上御殿東幄，陞殿奠薦如儀。禮儀使以神御綵輿行，有司奏請還內，上不聽，步出幄，每神御導出至宣德門外，次第導辭畢還宮，奉安於景靈宮"[2]。壬午爲五日。龐元英《文昌雜録》卷二云：元豐五年十一月"初五日，鸞駕儀衛太常鼓吹凡四千人，奉引赴景靈宮。上步出宣德門，上香再拜，仍却拜褥"[3]。

十一月六日，隨神宗朝享景靈宮。

《長編》卷三三一云：元豐五年十一月"癸未，上朝享景靈宮，宰臣、百官陪祠殿下，先詣天興，次遍諸殿，至繼仁殿，哀慟久之。先是，祖宗神御殿分建於諸寺觀，上以爲未足以稱嚴奉之義，乃酌原廟之制，即景靈宮建十一殿，每歲孟月朝享，以盡時王之禮。及是，宮成，奉安禮畢，初朝享也"[4]。癸未爲六日。龐元英《文昌雜録》卷二云：元豐五年十月，"景靈宮神御殿成，榜名皆上親製。宣祖曰天元，后殿曰太姞。太祖曰皇武，后殿曰儷極。太宗曰大定，后殿曰輝德。真宗曰熙文，后殿曰衍慶。仁宗曰美成，后殿曰繼仁。英宗曰治隆。將以十一月五日奉安，丞相、執政官分充禮儀使，仗衛如式"。十一月"初六日，車駕詣宮，行朝謁之禮。至繼仁殿，上出小次，悲哽。酌獻畢，號慟久之。在列莫不悽愴。是日，微有雲物"[5]。

---

[1] 龐元英《文昌雜録》，第 17 頁。
[2] 李燾撰，上海師範大學古籍整理研究所、華東師範大學古籍整理研究所點校《續資治通鑑長編》，第 13 冊第 7969 頁。
[3] 龐元英《文昌雜録》，第 17 頁。
[4] 李燾撰，上海師範大學古籍整理研究所、華東師範大學古籍整理研究所點校《續資治通鑑長編》，第 13 冊第 7969 頁。
[5] 龐元英《文昌雜録》，第 14、17 頁。

十一月八日，以皇室祖宗神御奉安景靈宮禮畢，率百官詣東上閣門奉表稱賀。

《長編》卷三三一云：元豐五年十一月"乙酉，以景靈宮奉安神御禮成，大赦天下，文武舊臣預神御殿繪象之子若孫，並與初品官，親王之後與見襲爵者，遷一官"[1]。乙酉爲八日。龐元英《文昌雜録》卷二云：元豐五年十一月"初六日，……前此芝産天元殿栱。初八日，宰相率百官詣東上閣門，奉表稱賀。故禮部王員外表辭云：'考宮之日，靈芝秀於虹梁；薦鬯之辰，慶雲承於玉宇。'用此事也"[2]。

有《依韻和章樞密景靈宮奉安列聖神御》詩。

本集卷三有《依韻和章樞密景靈宮奉安列聖神御》，云："清都鐃吹犯宵寒，寶帳雲龍度帝關。禁蹕忽傳天直北，仙山元在海中間。九門日月蒙嘉氣，六殿衣冠繪晬顏。翠輦歸來朝獻罷，千官齊拜未央班。"（第17頁）元豐五年十一月五日奉安皇室祖宗神御於景靈宮，六日神宗朝享景靈宮，八日宰相率百官詣東上閣門奉表稱賀。體會詩意，此詩當作於十一月八日。陸佃《陶山集》卷一有《依韻和章樞密景靈宮奉安列聖神御》，韻脚與王珪詩相同，應爲同時之作。然自慶曆六年（1046）王珪入京任職至元豐八年王珪去世，其間並無章姓樞密使、樞密副使或知樞密院事、同知樞密院事，而章惇元豐八年五月二十六日戊午始同知樞密院事[3]，其時王珪已卒。但筆者認爲，此"章樞密"仍當指章惇，因章惇亦爲奉安神御禮儀使之一。王珪、陸佃詩題之所以稱"章樞密"，有兩種可能：一是詩題爲後擬，二是章惇元豐五年十一月可能兼有樞密都承旨、樞密直學士之類職銜。按，章惇（1035—1105），字子厚，建州浦城（今屬福建）人，嘉祐二年（1057）、四年兩登進士第，官至左僕射兼門下侍郎，崇寧四年卒，年七十一，《宋史》卷四七一、《東都事略》卷九五有傳，生平事迹見杜大珪《名臣碑傳琬琰集》下集卷一八《章丞相惇傳》，《全宋詩》卷七八〇録其詩十三首、殘句四聯，《全宋

---

[1] 李燾撰，上海師範大學古籍整理研究所、華東師範大學古籍整理研究所點校《續資治通鑑長編》，第13冊第7970頁。

[2] 龐元英《文昌雜録》，第17頁。

[3] 參李燾撰，上海師範大學古籍整理研究所、華東師範大學古籍整理研究所點校《續資治通鑑長編》卷三五六，第14冊第8521頁。

文》卷一七九五至卷一七九七收其文三卷。

十一月十三日，預紫宸殿大燕。

《長編》卷三三一云：元豐五年十一月"庚寅，燕於紫宸殿，以奉安列
聖於景靈宮禮成故也"[1]。庚寅爲十三日。王珪爲奉安禮儀使，當預此御筵。

十一月二十八日，從子仲京爲向宗賢揭發在官非監臨贓罪。

《長編》卷三三一載元豐五年十一月乙巳，"奉議郎、知楚州鹽城縣向
宗賢言：'本縣前監都鹽倉、通直郎王仲京，在任於質户質錢倍過物價，已
贖，仍虧子錢百千。仲京，宰相王珪之從子，故無敢發摘。乞選官根究。'
詔淮南路轉運司劾之"[2]。乙巳爲二十八日。按，此案後經大理卿楊汲等審
理，王仲京未受懲處。《長編》卷三八一載元祐元年（1086）六月甲寅，"詔
寶文閣待制、知廬州楊汲落待制，知黃州；刑部侍郎崔台符知相州；大理寺
卿王孝先知濮州。仍各降一官"。注引《政目》云："汲、台符、孝先並坐元
豐中斷王仲京曲法。"又引監察御史孫升奏疏云："近曾劾刑部侍郎崔台符、
大理卿王孝先，在先帝服藥日，於案外增添'兩和情願'之文，全出宰相王
珪親姪仲京在官非監臨贓罪。台符、孝先本以庸材叨國厚禄，被遇先朝，恩
顧不小，一旦先帝不豫，忍乘此時，幸以爲私結權臣之恩，曾無犬彘向主之
心，何以參綴從班，玷污清列。伏望聖慈詳酌事理，重行竄黜，爲士大夫附
下罔上、爲臣不忠之戒。"[3]甲寅爲二十八日。《宋會要》職官六六之三四記
楊汲等被貶在六月二十七日。

十二月十六日，假中赴尚書省覆王詔已下謚議。

龐元英《文昌雜録》卷二云：元豐五年十二月"十六日，都省覆王詔
已下謚議。左僕射王公式假，右僕射蔡公服藥。傳宣召左僕射赴省，左丞
對席，右丞獨坐於西偏。尚書、侍郎、郎中、員外分左右曹，東西各重行。
考功郎中、監儀御史坐北向。酒九行，僕射秉筆，有司贊揖。頂筆故事廢

---

[1] 李燾撰，上海師範大學古籍整理研究所、華東師範大學古籍整理研究所點校《續資治通鑑長編》，
    第 13 冊第 7973 頁。
[2] 李燾撰，上海師範大學古籍整理研究所、華東師範大學古籍整理研究所點校《續資治通鑑長編》，
    第 13 冊第 7979 頁。
[3] 李燾撰，上海師範大學古籍整理研究所、華東師範大學古籍整理研究所點校《續資治通鑑長編》，
    第 15 冊第 9270~9271 頁。

矣"[1]。是時尚書左丞爲蒲宗孟，右丞爲王安禮。

是年，沮神宗召用司馬光、范純仁、蘇軾。

《長編》卷三五〇元豐七年十二月戊辰云："初，元豐五年，將行官制，上於禁中自爲圖，帖定未出，先謂輔臣曰：'官制將行，欲取新舊人兩用之。'又曰：'御史大夫非司馬光不可。'蔡確進曰：'國是方定，願少遲之。'王珪亦助確，乃已。"卷三四五載元豐七年五月辛酉，"朝散大夫、直集賢院、權管勾西京留守司御史臺范純仁權知河中府。官制初行，上欲召純仁用之，王珪、蔡確言純仁好異論，且疾病不可用。及純仁弟純粹由陝西轉運副使入對，上問純仁無恙否，純粹對以實。上悟，尋有是命"[2]。辛酉爲二十三日。蘇轍《欒城後集》卷二二《亡兄子瞻端明墓誌銘》云：元豐"五年，上有意復用，而言者沮之"[3]。邵伯溫《邵氏聞見綠》卷一一云："元豐四年官制書成，神宗自禁中帖定圖本出，先謂宰輔曰：'官制將行，欲取新舊人兩用之。'又曰：'御史大夫非司馬光不可。'蔡確進曰：'國是方定，願少遲之。'王珪亦助之。又有旨：范純仁、李常除太常少卿，珪、確奏曰：'純仁已病，止用李常。'後純仁弟純粹自京東提舉常平移陝西轉運判官，上殿，帝問：'純仁無恙？'純粹曰：'臣兄純仁無恙。'帝方悟。時純仁爲西京留臺，尋除直龍圖閣、知河南府，擢慶陽帥。珪、確知帝欲用之，故不令入朝。嗚呼！王珪、蔡確者不能將順神宗美意，取新舊人兼用之，遂起朋黨之禍，蓋其罪大矣。"[4]朱弁《曲洧舊聞》卷二云："元豐初，官制將行，裕陵以圖子示宰執，於御史中丞、執政位牌上，貼司馬溫公姓名。又於中書舍人、翰林學士位牌上，貼東坡姓名。其餘與新政不合者，亦各有攸處。仍宣諭曰：'此諸人雖前此立朝，議論不同，然各行其所學，皆是忠於朝廷也。安可盡廢！'王禹玉曰：'領德音。'蔡持正既下殿，謂同列曰：'此事烏可？須作死馬醫始得。'其後上每問及，但云臣等方商量進擬。未幾宮車晏駕，而裕陵之美意卒不能行。新州之貶，無人名正其罪。紹聖間，黨論一興，至

［1］龐元英《文昌雜録》，第20頁。

［2］李燾撰，上海師範大學古籍整理研究所、華東師範大學古籍整理研究所點校《續資治通鑑長編》，第14冊第8390、8289頁。

［3］陳宏天、高秀芳點校《蘇轍集》，第3冊第1120頁。

［4］邵伯溫撰，李劍雄、劉德權點校《邵氏聞見綠》，第117～118頁。

崇、觀而大熾，其貽禍不獨縉紳而已。士大夫有知之者，莫不歎恨也。"[1] 據《長編》及蘇轍《亡兄子瞻端明墓誌銘》，可知王珪、蔡確沮神宗起用司馬光、范純仁、蘇軾當在元豐五年；《邵氏聞見錄》繫於"元豐四年"，《曲洧舊聞》繫於"元豐初"，茲不從。按，范純仁（1027—1101），字堯夫，蘇州吳縣（今江蘇蘇州）人，范仲淹次子，皇祐元年（1049）進士，官至尚書右僕射兼中書侍郎，建中靖國元年卒，諡忠宣，年七十五，《宋史》卷三一四、《東都事略》卷五九下有傳，生平事迹見曾肇《曲阜集》卷四《范忠宣公墓誌銘》，《范忠宣公文集》卷一八至卷二〇李之儀《范忠宣公行狀》、卷一八《忠宣公國史本傳》，有《范忠宣公文集》二十卷傳世。《范忠宣公行狀》記范純仁知齊州時，"以連喪子，請宮祠，詔以公管勾西京留司御史臺"[2]。王珪、蔡確言范純仁疾病不可用，蓋指其連喪子事；至於言范純仁好異論，則指其反對新法。

《東都事略》本傳云：元豐"五年，拜尚書左僕射、兼門下侍郎，以蔡確爲右僕射。初，神宗既新官制，先謂執政曰：'官制將行，欲新舊人兩用之。'又曰：'御史大夫，非司馬光不可。'時珪、確相顧失色，珪憂甚，不知所出。確曰：'陛下久欲收復靈武，公能任責，則相位可保也。'珪喜，謝之。自是西師深入，靈武之役，死者十餘萬。蓋自西邊用兵，神宗常持淺攻之議，雖一勝一負，猶不至大有殺傷。至於西邊將帥，習知兵事，亦無肯言深入者。非珪、確不歷外任，不習邊事，無敢開此議者。"（第 673 頁）《宋史》本傳亦載此事，並云："帝嘗欲召司馬光，珪薦俞充帥慶，使上平西夏策。珪意以爲既用兵深入，必不召光，雖召，將不至。已而光果不召。永樂之敗，死者十餘萬人，實珪啓之。"（第 10242~10243 頁）蘇轍《龍川別志》卷下云："元祐中，蔡確坐弟碩事，謫知安州，作甄山公等詩，意有所譏切。……然文臣持確議不置，確遂南遷新州，時議者皆以爲用法太深。然確頃自小臣擢用，每遷，皆以鞫獄被賞，衆以爲善惡之報不可誣也。孫和甫時在樞院，予偶見之，問及新州事，予以所聞答之。和甫曰：'固在西府親

---

[1] 李廌、朱弁、陳鵠撰，孔凡禮點校《師友談記 曲洧舊聞 西塘集耆舊續聞》，第 102~103 頁。
[2] 范純仁《范忠宣公文集》卷一九，《宋集珍本叢刊》，綫裝書局 2004 年影印本，第 15 冊第 513 頁。

見神宗晚年，以事無成功，當寧太息，欲召司馬君實用之。時王禹玉、蔡持正並在相位，相顧失色。禹玉不知所出，持正密議，欲於西邊深入，掠虜巢穴，以爲此議若行，必不復召君實，雖召，將不至。自是，西師入討，夷夏被害，死者無算，新州之命，則此報也。'蓋自西邊用兵，神宗常持淺攻之議，雖一勝一負，猶不至大有殺傷。至於西邊將帥，習知兵事，亦無肯言深入者。非禹玉、持正不歷外任，不習邊事，無敢開此議者。新州之禍，實出於此。"[1] 李燾辨其誤云："按，元豐四年六月末，初議舉兵入界，七月五日庚寅，遂降十六項指揮，九月二十三日丙午，始降敕榜諭夏國，似參用孫固聲罪薄伐之說也。固說見此年六月末，當此時王珪獨相，蔡確但爲參政，明年四月二十二日癸酉，確乃與珪並相。蘇轍云云當與邵伯溫云云並考。"[2] 筆者以爲，王珪、蔡確沮神宗召用司馬光當是事實，"這當然是因爲他們害怕司馬光的'異論'萬一說動了神宗，'國是'便會改變，'國是'變則宰相必將易人"[3]；但謂王珪爲阻止司馬光入朝而開吞併西夏之議，當是其政敵誣蔑之詞。考种諤、沈括、曾孝寬、俞充、苗授、王克臣等邊臣於元豐四年四月已紛紛上表請求趁西夏内訌之機興兵滅之[4]，宋廷因此遂於九月發五路大軍攻打西夏，至十一月以兵敗結束。又《長編》卷三一三載元豐四年六月壬戌，"知慶州、天章閣待制俞充卒。充知上有用兵意，屢請討伐西夏"。注云："熙寧中，充以推行新法淤田征利，銳於進取，自小官不數年擢至侍從，一歲或六七遷。既死，西師遂大舉，實自充發之。此墨本充傳云爾。朱本簽帖云：充爲先朝擢用，非獨以推行新法，而西兵之舉，亦不盡因充，前史官妄造此語，今削去。案充驟登侍從，蓋因王中正、王珪之力；西師啓端，种諤居多，充蓋與有力焉，非首謀也。今但看其所上疏，充知慶州在元豐元年八月十一日。"[5] 壬戌爲七日。可知主張攻打西夏者乃神宗與种諤，王珪只不

［1］蘇轍撰，俞宗憲點校《龍川略志 龍川別志》，中華書局 1982 年版，第 93～94 頁。
［2］李燾撰，上海師範大學古籍整理研究所、華東師範大學古籍整理研究所點校《續資治通鑑長編》卷二九一元豐元年八月壬子注，第 12 冊第 7116～7117 頁。
［3］余英時《朱熹的歷史世界——宋代士大夫政治文化的研究》，第 258 頁。
［4］參李燾撰，上海師範大學古籍整理研究所、華東師範大學古籍整理研究所點校《續資治通鑑長編》卷三一二元豐四年四月壬申，第 13 冊第 7566 頁。
［5］李燾撰，上海師範大學古籍整理研究所、華東師範大學古籍整理研究所點校《續資治通鑑長編》，第 13 冊第 7584～7585 頁。

過贊同該主張而已，其薦用俞充是在元豐元年，而俞充在攻夏戰争中“非首謀也”。永樂之敗乃元豐五年九月事，與王珪並無直接關係。方震華指出：“永樂之役長期成爲反戰官員據以攻擊主戰政策的理由，也使得關於此一戰役的歷史書寫受到政治立場所左右。反戰官員誇大此役的傷亡，塑造神宗厭戰的印象，以合理化他們對西夏議和的主張，並用以斥逐主戰官員。此類説法在元祐時期不斷出現，形塑了後世對於永樂之役的理解，也掩蓋了某些歷史的實情。”[1]

薦吴處厚爲大理寺丞。

王珪薦吴處厚爲大理寺丞當在元豐五年四月二十二日蔡確拜尚書右僕射、兼中書侍郎之後，參元豐元年譜。

持立賢無方之説，格陸佃稍視舊制分流品之議。

陸游《家世舊聞》卷上云：“祖宗官制，於流品最精，凡遷、改悉不同制。舉進士、門蔭、流外及曾任清望、曾犯贓罪之類，色色有别。自元豐官制，一切掃去。楚公在後省，嘗建言：曾孝寬比爲簽書樞密院官，纔起居舍人（合換朝省郎），而今堂吏乃有至朝請大夫者，非朝廷體。謂宜稍視舊制分流品。神祖以爲然，而王相禹玉持立賢無方之説，議遂格。”[2]“楚公”指陸佃，“後省”乃元豐改制後設立之中書後省、門下後省之簡稱。陸佃元豐五年至八年任給事中[3]，此爲門下後省之官職。曾孝寬熙寧八年（1075）十二月十五日壬寅拜同簽書樞密院事，元豐三年三月二十五日戊子罷爲端明殿學士、知河陽。[4]陸佃之議，當在元豐五年五月一日行新官制之後。

觀李清臣所藏王維《江干初雪圖》，有《題李右丞王維畫雪景絶句》。

葉夢得《石林詩話》卷上云：“《江干初雪圖》真迹，藏李邦直家，唐蠟紙本。世傳爲摩詰所作，末有元豐間王禹玉、蔡持正、韓玉汝、章子厚、

---

[1] 方震華《戰争與政争的糾葛——北宋永樂城之役的紀事》，《漢學研究》2011 年第 3 期。

[2] 姚寬、陸游撰，孔凡禮點校《西溪叢語 家世舊聞》，第 186 頁。

[3] 參李燾撰，上海師範大學古籍整理研究所、華東師範大學古籍整理研究所點校《續資治通鑑長編》卷三二七元豐五年六月己未、卷三六二元豐八年十二月甲戌，第 13 冊第 7875 頁、第 14 冊第 8668 頁。

[4] 參李燾撰，上海師範大學古籍整理研究所、華東師範大學古籍整理研究所點校《續資治通鑑長編》卷二七一、卷三〇三，第 11 冊第 6642 頁、第 12 冊第 7370 頁。

王和甫、張邃明、安厚傾（卿）七人題詩。建中靖國元年，韓師朴相，邦
直、厚卿同在二府，時前七人者所存惟厚卿而已，持正貶死嶺外，禹玉追
貶，子厚方貶，玉汝、和甫、邃明則死久矣，故師朴繼題其後曰：'諸公當
日聚巖廊，半謫南荒半已亡。惟有紫樞黃閣老，再開圖畫看瀟湘。'是時邦
直在門下，厚卿在西府，紫樞黃閣，謂二人也。厚卿復題云："曾遊滄海困
驚瀾，晚涉風波路更難。從此江湖無限興，不如祇向畫圖看。'而邦直亦自
題云：'此身何補一豪芒，三辱清時政事堂。病骨未爲山下土，尚尋遺墨話
存亡。'余家有此摹本，並錄諸公詩續之，每出讀之慨然。自元豐至建中靖
國幾三十年，諸公之名宦亦已至矣，然始皆有願爲圖中之遊而不暇得，故
禹玉云：'何日扁舟載風雪，却將蓑笠伴漁人。'玉汝云："君恩未報身何有，
且寄扁舟夢想中。'其後廢謫流竄，有雖死不得免者，而江湖間此景無處不
有，皆不得一償。厚卿至爲危辭，蓋有激而云，豈此景無不可得，亦自不能
踐其言耳。"[1] 胡仔《苕溪漁隱叢話》前集卷二八《韓玉汝》引此則。元豐間
題詩之七人爲王珪、蔡確、韓縝、章惇、王安禮、張璪、安燾，建中靖國元
年（1101）題詩之三人爲韓忠彥、安燾、李清臣。其中所錄王珪詩見本集卷
四《題李右丞王維畫雪景絕句》，全篇云："微生江海一閑身，偶上青雲四十
春。何日扁舟載風雪，却將蓑笠伴漁人。"（第27頁）王珪慶曆二年（1042）
入仕，至元豐五年恰爲"四十春"，故繫於此。

元豐間所題七詩，除了王珪這一首，尚有兩首存世。一是章惇《題李邦
直家江村初雪圖》："江頭微雪北風急，憶泊武昌洲尾時。潮來浪打船欲破，
擁被醉眠人不知。"[2] 二是蔡確《題王維江行初雪畫》："吳兒龜手網寒川，急
雪鳴蓑浪拍船。青弋渡頭曾臥看，令人却憶十年前。"[3]《蔡忠懷公確傳》云：
"丞相韓絳宣撫陝西，喜確所造樂語，薦其才，移太平州繁昌令，改著作佐
郎，知陝州閿鄉縣事。絳又薦於其弟維，維知開封府，奏爲管勾右廂公事。
後知府劉庠責確廷參，確以爲藩鎮辟除椽（掾）屬乃有此禮，今輦轂下比肩

［1］葉夢得撰，逯銘昕校注《石林詩話校注》，第50～51頁。
［2］侯延慶撰，劉宇等整理《退齋雅聞錄》，《全宋筆記》第十編，大象出版社2018年版，第12冊第
　　119頁。
［3］孫紹遠《聲畫集》卷三，景印文淵閣《四庫全書》，臺灣商務印書館1986年版，第1349冊第
　　843頁。

事主，雖故事不可用。庠不能屈。神廟聞而嘉之，改充三班院主簿。"[1]"青
弋"指青弋水，於太平州蕪湖縣入長江，而繁昌（今屬安徽蕪湖）在蕪湖西
南，因知"十年前"乃蔡碻任繁昌令之時。考蔡碻《繁昌縣北園記》文末署
"熙寧元年十二月十五日記"[2]，而文中明言此乃其"將罷官"時所作。據此
可知，蔡碻熙寧元年（1068）十二月罷繁昌令，其於"元豐間"題詩只能在
元豐元年前後。則元豐間七人於李清臣所藏王維《江干初雪圖》上題詩非在
同時。按，李清臣（1032—1102），字邦直，相州安陽（今屬河南）人，皇
祐五年（1053）進士，官至門下侍郎，崇寧元年卒，年七十一，《宋史》卷
三二八、《東都事略》卷九六有傳，生平事迹見晁補之《濟北晁先生鷄肋集》
卷六二《資政殿大學士李公行狀》，《全宋詩》卷七二一錄其詩七首、殘句二
聯，《全宋文》卷一七○九收其文十八篇。

王士禛《帶經堂詩話》卷一五云："題跋古人書畫，須論人品，品格高
足爲書畫增重，否則適足爲辱耳。葉石林《詩話》載王摩詰《江干初雪圖》，
末有元豐間王珪、蔡碻、韓縝、章惇、安惇、李清臣等七人題詩，詩非無佳
語，但諸人名字，千古而下見之欲睡，此圖之辱爲何如哉？余少嘗語汪鈍翁
云：吾輩立品，須爲他日詩文留地步。正此意也。每觀《鈐山集》，亦作此
歎。"[3]按，王士禛對北宋新黨不滿，故有此論。

約於是年，隨神宗於集英殿考試進士。

陳應行《吟窗雜録》卷三九《聖德》云："王珪曰：'元豐元年考試進士
於集英殿，主上親較名，至日昃尚未進饌。'"[4]元豐元年未有進士常科考試。
考元豐年間神宗親試進士共有兩次：一在元豐二年三月十一日庚辰，一在元
豐五年三月十一日壬辰。[5]可知《吟窗雜録》之"元豐元年"當是"元豐二
年"或"元豐五年"之誤，姑繫於此。

---

[1] 杜大珪《名臣碑傳琬琰集》下集卷一八，《宋代傳記資料叢刊》，第 16 冊第 411 頁。
[2] 曾棗莊、劉琳主編《全宋文》，第 92 冊第 332 頁。
[3] 王士禛著，張宗柟纂集，戴鴻森校點《帶經堂詩話》，第 398 頁。
[4] 陳應行編，王秀梅整理《吟窗雜録》，中華書局 1997 年影印本，第 1086 頁。
[5] 參李燾撰，上海師範大學古籍整理研究所、華東師範大學古籍整理研究所點校《續資治通鑑長
　　編》卷二九七、卷三二四，第 12 冊第 7219 頁、第 13 冊第 7802 頁。

上元節邀范鎮宴集。

葉夢得《石林燕語》卷五云：“故事：臣僚告老，一章即從。仁宗時，始命一章不允，兩章而後從，所以示優禮也。熙寧末，范景仁以薦蘇子瞻、孔經甫不從，曰‘臣無顔可見班列’，乃乞致仕。章四上不報。最後第五章併論青苗法，於是始以本官致仕。神宗初未嘗怒也。景仁既得謝，猶居京師者三年。時王禹玉爲執政，與景仁久同翰林，景仁每從容過之道舊，樂飲終日，自不以爲嫌，當權者亦不之責。”[1]范鎮《祭王岐公文》云：“自予退居，人事殊絕。侍從常僚，不復通謁。惟公每歲，遇上元節，置酒開罇，笙歌間設。樂道舊故，窮歡極悦。”[2]范鎮熙寧三年（1070）十月二十二日己卯致仕[3]，居京師數年，後遷居許昌。其遷居許昌時間，前人多以爲在熙寧四年，陳小青考爲約在元豐三年[4]，似均不確。司馬光《聞景仁遷居許昌爲詩寄之》云：“許昌昔名都，於今亦雄藩。先賢雖已遠，風迹凜猶存。況復多巨公，分義素所敦。丞相辭黄閣，學士乘朱輶。青雲同禁省，白首會山樊。”[5]韓維有《次韻和君實寄景仁》，韻脚與司馬光詩相同，云：“予年行七十，惟日就志昏。雖高鴻鵠舉，尚困鷄鶩喧。壯心久已摧，弱羽不得翻。每誦少游言，顧慚下澤輾。蜀公有高志，謝事久杜門。擾擾世俗務，不復挂口論。群經雜圖史，擁坐如周垣。上談千載故，速若水注盆。客來必命酒，左右拱諸孫。雖無鼓舞懽，自喜談笑溫。仰高顧吾私，有類甀觸藩。尚期蓬蓽完，亦有桑榆存。近觀敕子詩，尤見朋義敦。卜居近吾廬，指日駕君輶。構堂始云基，築圃亦已樊。前知會合期，不慘離索魂。想像入第初，親賓燕華樽。談高一理會，體王百疾奔。共完天純粹，豈識世詐諼。方笑司馬翁，獨樂守空園。”[6]韓維卒於元符元年（1098），年八十二[7]，則當生於天禧元年（1017），

---

[1] 葉夢得撰，宇文紹奕考異，侯忠義點校《石林燕語》，第 66 頁。

[2] 袁説友等編，趙曉蘭整理《成都文類》卷五〇，第 987 頁。按，點校本正文此文題目漏一“公”字，目録不誤。

[3] 參李燾撰，上海師範大學古籍整理研究所、華東師範大學古籍整理研究所點校《續資治通鑑長編》卷二一六，第 9 冊第 5263 頁。

[4] 陳小青《范鎮年譜》，《古籍研究》2015 年第 1 期。

[5] 司馬光撰，李文澤、霞紹暉校點《司馬光集》卷五，第 1 冊第 136 頁。

[6] 韓維《南陽集》卷六，景印文淵閣《四庫全書》，第 1101 冊第 562 頁。

[7] 杜大珪《名臣碑傳琬琰集》下集卷一七《韓侍郎維傳》、《東都事略》卷五八、《宋史》卷三一五《韓維傳》均謂韓維卒年八十二，惟《南楊集》附録鮮于綽《韓維行狀》謂其卒年八十三，姑從前者。

七十歲爲元祐元年（1086）。韓氏一族，自韓億時已定居許昌長社（今河南許昌魏都）。[1] 司馬光詩中之"丞相"當指韓絳，其熙寧三年十二月十一日拜昭文相，四年三月二十二日丁未罷，七年四月十九日丙戌拜國史相，八年八月二十一日庚戌罷。[2] 由韓維詩可知，在韓維年將七十歲時，范鎮始在許昌韓家附近構堂以居。本集卷三有《送范景仁正議致政歸潁昌》詩，"正議"乃正議大夫之省稱。《蘇軾文集》卷一四《范景仁墓誌銘》、《南陽集》卷三〇《端明殿學士銀青光禄大夫致仕柱國蜀郡開國公食邑二千六百户食實封五百户贈右金紫光禄大夫謚忠文范公神道碑》均記元豐官制行，范鎮致仕官稱改爲正議大夫，而新官制元豐五年五月一日始頒行。可知范鎮遷居許昌當在元豐六年至八年間。《石林燕語》謂范鎮致仕後居京師三年，不確。王珪邀范鎮參加上元節宴集約在熙寧四年至元豐五年間，姑繫於此。

神宗元豐六年癸亥（1083），六十五歲

在汴京。爲左僕射兼門下侍郎。有文二篇。

正月二日，與龐元英、蘇頌言玉輅異事。

龐元英《文昌雜録》卷三云：元豐六年正月"初二日，謁左僕射，因言：'仁宗朝作新玉輅既成，與舊輅同呈於崇政殿。舊輅在後，忽有大聲隱隱如海獸狀。仁宗訝之，乃令新輅在後，遂無聲。既出殿門，舊輅復在後，又有大聲如前。'吏部蘇侍郎云：'此輅唐高宗顯慶年造，製作極工，歷五代至皇朝。今在太僕寺。'"[3] "蘇侍郎"指蘇頌。按，龐元英（生卒年不詳），字懋賢，單州成武（今屬山東）人，龐籍次子，至和二年（1055）賜進士出身，曾官光禄寺丞、群牧判官、都官郎中、主客郎中、鴻臚少卿、知晉州等，生平事迹見《宋史》卷三一一《龐籍傳》、龐元英《文昌雜録跋》等，《全宋詩》卷六一九録其詩一首，《全宋文》卷一四二四收其文一篇。

[1] 參張妍菊《韓維及其詩歌研究》，南京師範大學 2008 年碩士學位論文，第 1~2 頁。
[2] 參李燾撰，上海師範大學古籍整理研究所、華東師範大學古籍整理研究所點校《續資治通鑑長編》卷二二一、卷二五二、卷二六七，第 9 冊第 5389 頁、第 10 冊第 6168~6169 頁、第 11 冊第 6551 頁。
[3] 龐元英《文昌雜録》，第 25 頁。

正月，爲趙槩作墓誌銘，有《太子少師致仕上柱國天水郡開國公食邑四千五百户食實封一千四百户贈太子太師謚康靖趙公墓誌銘》。

本集卷六〇有《太子少師致仕上柱國天水郡開國公食邑四千五百户食實封一千四百户贈太子太師謚康靖趙公墓誌銘》，記趙槩元豐六年正月十五日卒，四月二十二日下葬，"公薨，其子元緒念公言而屬予銘，可不銘？"（第444頁）

四月，與神宗、王安禮、章惇、蔡確等議劉摯衝替。

《長編》卷三三四云：元豐六年四月"己巳，左右司言：'御史臺察開封府不置承受條貫聚聽供呈歷，據刑部、編敕所定奪，各言所察允當。然看詳敕意，止爲州縣立法，故令案察官點檢，於開封府既無案察官司，於上條似無所礙。其因臺察後輒旋置歷，乃是御史所當察。'詔：'依刑部、編敕所定，開封府官吏令大理寺劾罪以聞。尚書省左右司所申，顯有觀望，右司郎中劉摯衝替，係事理重。'居數日，詔改爲'事理輕'。時王安禮言：'摯以觀望罷黜，陛下必以臣嘗知開封府，故摯於開封府不置供呈條貫歷，不敢指以爲罪。'上曰：'非爲如此，摯亦嘗爲開封府判官。'安禮曰：'開封府不置歷之罪，止於應行下不行下爾，失減、從減之外，法或不及知府。兼臣與摯同時在府，既皆去官，又所坐皆在赦前，恐別無觀望。'上曰：'論法至輕，觀望未必有。劉摯衝替，可改作"事理輕"。'王珪曰：'欲改作"稍重"。'上曰：'既無觀望，豈宜更作"稍重"？所謂"灼見三有俊心"者當欽識百辟享，亦識其有不享。今執政既爲開陳，明知其非罪，不當不與辨正也。'安禮曰：'摯在都省，每白公事，必至聚聽處，未嘗間見執政。此一事已可稱。'章惇曰：'事固未嘗有兩可者。其鹵莽極當責，若以爲觀望，則實無之。臣見蔡確言此事皆吏人盧宗彥執覆，確亦嘗詰難宗彥，然則摯應坐不能詰伏宗彥，此事可責而情可矜也。摯爲人平直不反覆，前此左右司皆間見執政，摯止於都堂白事，蓋與宰府掾屬持兩端以取容者有間矣。'安禮曰：'摯實有行義，爲士大夫所知，忽被此惡名而去，臣若自以小嫌不爲辨直，使賢者之行不爲明主所察，臣不忍也。'蔡確曰：'摯固善士，但嘗異論爾。'上曰：'異論是昔時事。'惇曰：'摯自被逐，不復異論。人豈不容改過？'確曰：‘臣前日已嘗論奏，此事實出於吏人爾。’故有是命”[1]。己巳爲二十四日。王珪與神宗等議劉摯衝替當在四月二十四日之後。

五月二十八日，代神宗主持北郊祭地大禮。

龐元英《文昌雜錄》卷四云：“元豐元年，詳定禮文所言：‘古者祀天於地上圓丘，在國之南。祭地於澤中之方丘，在國之北。其牲幣器色，歌詩奏樂，亦皆不同。凡以順陰陽、因高下而事之以其類也。漢元始間，以祀樂既各有合，而禮又有夫婦共牢之文，於是合祭天地，以隆一體之義。後漢、魏、晉及唐以來，皆因仍之。本朝親祀上帝，即設皇地祇位，稽之典禮，有所未合。’敕詳定更改禮文聞奏。……張璪議曰：‘竊謂陽生於十一月，陰生五月，則陰陽之生，天地致用之始。故天神地祇，可得而禮。然當今萬乘儀衛，加倍於古。方盛夏之時，不可以躬行。臣以謂宜即郊祀之歲，於夏至之日，盛禮容，具樂舞，遣冢宰攝事。雖未能皆當於禮，庶幾先王之遺意猶有存焉。’敕如璪議。其親祠南郊，罷皇地祇並從祀位。六年五月二十八日夏至，適當親祀之歲，於是左相王公攝事，禮部黃尚書、太常李少卿爲亞、終獻，中書蔡舍人讀冊文，且用備樂。”[2]“左相王公”指王珪，“禮部黃尚書”指黃履，“太常李少卿”指李常，“中書蔡舍人”指蔡卞。

閏六月二十六日，與群臣請上仁宗、英宗徽號。

《長編》卷三三六云：元豐六年閏六月“庚子，王珪等請上仁宗徽號曰體天法道極功全德神文聖武睿哲明孝，英宗曰體乾膺歷隆功盛德憲文肅武睿神宣孝。詔以群臣所上請於本廟本室”[3]。庚子爲二十六日。《宋會要》帝系一之一一，禮五八之三四、三九繫此事於二十五日，茲從《長編》。《宋代蜀文輯存》卷二據《宋會要》禮五八之三四、三九收錄王珪《上仁宗徽號議》《上英宗徽號議》，吳洪澤指出，此二文乃鄧潤甫所撰。[4]

龐元英《文昌雜錄》卷四有兩則相關記載，附列於此。其一云：元豐六

[1]李燾撰，上海師範大學古籍整理研究所、華東師範大學古籍整理研究所點校《續資治通鑑長編》，第13冊第8052~8053頁。

[2]龐元英《文昌雜錄》，第48~50頁。

[3]李燾撰，上海師範大學古籍整理研究所、華東師範大學古籍整理研究所點校《續資治通鑑長編》，第13冊第8112~8113頁。

[4]參傅增湘原輯，吳洪澤補輯《宋代蜀文輯存校補》，第1冊第65、67頁。

年“六月二日，三省官集於吏部寓治都聽講求，奉上仁宗皇帝、英宗皇帝徽號。初四日，兩省官與尚書省左右司郎已上又赴門下、中書都堂再議，執政官在中，設群官位，重行，皆北向焉”。其二云：元豐六年閏六月“二十四日，尚書令廳集三省官上仁宗皇帝、英宗皇帝徽號，奏議群官雜壓，非故事也”[1]。

夏，與王安禮合力驅逐舒亶。

王珪與王安禮合力驅逐舒亶當在元豐六年夏，參本書元豐元年譜。

七月十三日，奉命爲南郊大禮使。

《長編》卷三三七載元豐六年七月丙辰，“命宰相王珪爲南郊大禮使，禮部侍郎李常爲禮儀使，御史中丞黃履爲儀仗使，兵部侍郎許將爲鹵簿使，知開封府王存爲橋道頓遞使”[2]。丙辰爲十三日。

七月十八日，以左右丞兩位修葺廳堂初不承稟，爲御史楊畏劾以循私壞法，無復綱紀。

《長編》卷三三七載元豐六年七月辛酉，“御史楊畏言：‘樞密院左知客、勾當西府周克誠二月辛亥申本府，以左右丞兩位修葺廳堂，乞批狀送工部下將作監。今詳狀後批“依所申”，乃止是蒲宗孟、王安禮簽書，用尚書省印，既不赴王珪、蔡確書押，又不經開拆房行下。至壬子酉時下工部，工部案驗批稱“不候押，先印發”，是夜四鼓，巡兵下符將作監。准格，尚書省掌受付六曹諸司文書，舉省內綱紀程式，又內外文字申都省開拆房，受左右司分定，印日發付；而工部式，修造有委所屬保明取旨，有令申請相度指揮，程式甚嚴，蓋不可亂，尚書省職在舉之而已。今克誠狀不由都省，宗孟、安禮爲左右丞直判官，依申用省印發之，而王珪、蔡確百官之長，初不承稟，循私壞法，無復綱紀。大臣如此，何以輔人主正百官！其工部既見狀無付受格式而闕僕射簽書，所宜執議稟白，豈容略不省察？又非倉卒事故，何致不俟郎官簽付而承行疾若星火？媚權慢法，莫甚於斯！伏望並加推治。’詔中丞黃履與楊畏等限十日推究以聞，楊畏仍不許避免”[3]。辛酉爲十八日。

[1] 龐元英《文昌雜録》，第50、52頁。
[2] 李燾撰，上海師範大學古籍整理研究所、華東師範大學古籍整理研究所點校《續資治通鑑長編》，第14冊第8119頁。
[3] 李燾撰，上海師範大學古籍整理研究所、華東師範大學古籍整理研究所點校《續資治通鑑長編》，第14冊第8124~8125頁。

七月二十五日，率文武百官詣太廟奏請上仁宗徽號。

龐元英《文昌雜録》卷四云：元豐六年七月"二十五日，文武百官詣太廟，奏請上仁宗徽號曰體天法道極功全德神文聖武濬哲明孝皇帝。左相行事，起居郎蔡京、著作郎豐稷讀祝。其祝言皇帝謹遣百官奏請徽號之意云"[1]。"左相"指王珪。

七月二十七日，奉命作仁宗徽號冊文，有《仁宗皇帝加上徽號冊文》。

《宋會要》帝系一之一一云："神宗元豐六年三月二十五日，詔：仁宗皇帝、英宗皇帝尊謚宜加上至十六字，有司詳具典禮聞奏，仍於大禮前擇日奉上冊、寶。五月二日，詔加上仁宗皇帝、英宗皇帝尊謚改作奉上徽號，仍令三省官、雜學士以上與太常寺官同詳定，以禮部尚書撰議文。閏六月四日，詔改差翰林學士鄧潤甫撰仁宗、英宗徽號議文。二十五日，宰臣王珪等請上仁宗皇帝徽號曰體天法道極功全德神文聖武濬哲明孝皇帝。是日，又上英宗皇帝徽號體乾膺曆隆功盛德憲文肅武睿神宣孝皇帝。七月二十七日，詔仁宗皇帝徽號冊文命宰臣王珪撰，門下侍郎章惇書；英宗皇帝徽號冊文命宰臣蔡確撰，中書侍郎張璪書；兩朝徽號寶文命尚書右丞王安禮書。"[2]本集卷九有《仁宗皇帝加上徽號冊文》，此文亦見《宋文鑑》卷三二；又見《宋大詔令集》卷一四一，題作《仁宗加上體天法道極功全德神文聖武濬哲明孝皇帝冊文》。

是月，爲給事中韓忠彥劾以不用官制。

畢仲游《丞相儀國韓公行狀》云："公又言：'左僕射王珪爲南郊大禮使，所下之書不從中書畫旨出，一時又不從中書奏審，皆非官制也。官制之行，將爲萬世不易之典。今行未期月，而南郊大禮所行已不用官制，後將若之何？'神宗皇帝詔如官制，於是中外之事必由三省而下。"[3]韓忠彥劾王珪不用官制當在七月十三日王珪爲南郊大禮使之後，姑繫於此。韓忠彥是時爲給事中。[4]

---

[1] 龐元英《文昌雜録》，第 54 頁。
[2] 劉琳等校點《宋會要輯稿》，第 1 冊第 7、8 頁。
[3] 畢仲游《西臺集》卷一五，景印文淵閣《四庫全書》，第 1122 冊第 191~192 頁。
[4] 參李之亮《宋代京朝官通考》，第 2 冊第 484~485 頁。

八月十八日，坐左右丞兩位修葺廳堂不經左右僕射書押，罰銅八斤。

《長編》卷三三八云：元豐六年八月"辛卯，詔中大夫、尚書左丞蒲宗孟守本官知汝州，工部侍郎王克臣、將作少監鍾浚各罰銅二十斤，工部郎中范子奇、員外郎高遵惠、將作監丞韓玠各罰銅十斤。宗孟坐違法繕治西府；克臣、子奇、遵惠承都省批狀修造，不經左右僕射書押，乃即施行；浚坐違法不分緊慢修造，而玠爲從及不趣行遣，故有是責。於是宰臣王珪、蔡確各罰銅八斤，右丞王安禮罰銅十斤，皆以案後收坐，會赦特旨也。珪等初皆納尚書省印，家居待罪，詔遣內侍復以印付珪等，乃出視事"[1]。辛卯爲十八日。

秋，以姻嫌罷晁端仁監察御史之任，又止其爲使高麗書狀官。

晁補之《朝請大夫致仕晁公墓誌銘》云："初修官制，預討論者皆一時文學士，而公在選中。時尚書右丞黃公履爲御史中丞，又以御史薦公。既召對，而宰相王歧（岐）公以姻嫌罷之，然公資抗直喜事，人亦畏其在言責者。會再遣使高麗，議以公爲書狀官。往見歧（岐）公，未及語，歧（岐）公曰：'豈以母老憚海行乎？還朝爲館職，有故事矣。'公曰：'非爲是也，顧事有細而繫國體者。頃豐稷嘗以此官往矣，高麗使者欲令稷庭謁，稷不肯，使者雖降揖，而竟不客之。時稷猶選人也，今用朝臣往見其國主，固客也，而其使者欲不客之，可乎？願蕰此儀，即往。'歧（岐）公難之而止。"[2] "公"指晁端仁。《長編》卷三三五云：元豐六年六月"癸丑，禮部尚書黃履試御史中丞"。卷三三九云：元豐六年九月"丙辰，承議郎、左司郎中楊景略爲高麗祭奠使，供備庫副使兼閣門通事舍人王舜封副之；朝散郎錢勰爲弔慰使，西頭供奉官、閣門祗候宋球副之"[3]。則王珪罷晁端仁監察御史之任、止其爲使高麗書狀官當在元豐六年秋。按，晁端仁（1035—1102），字堯民，澶州清豐（今屬河南）人，晁迥之兄晁迪之曾孫，治平二

[1] 李燾撰，上海師範大學古籍整理研究所、華東師範大學古籍整理研究所點校《續資治通鑑長編》，第 14 冊第 8124~8125、8148~8149 頁。

[2] 晁補之《濟北晁先生雞肋集》卷六七，明崇禎八年（1635）顧凝遠詩瘦閣刻本（中國國家圖書館藏）。

[3] 李燾撰，上海師範大學古籍整理研究所、華東師範大學古籍整理研究所點校《續資治通鑑長編》，第 13 冊第 8079 頁、第 14 冊第 8167 頁。

年（1065）進士，官至金部郎中，崇寧元年卒，年六十八，生平事迹見晁補之《朝請大夫致仕晁公墓誌銘》。華陽王氏與昭德晁氏聯姻始於王珪姑母歸晁迥之子晁宗愨，隨後王罕之女又嫁晁宗愨之子晁仲蔚，而晁仲蔚之女歸王瓘之子王仲原。

十月，命移崔白畫蘆雁屏於尚書令廳後。

龐元英《文昌雜録》卷四云："舊三司使廳屏風，崔白畫蘆雁，用意極工。昨爲僕丞都堂，此屏在後閣。及遷都省，左僕射命移於尚書令廳後。亦近世之奇筆也。"[1]《長編》卷三四一云：元豐六年十二月"甲申，入內供奉官、寄內藏庫使、慶州團練使宋用臣爲昭宣使寄資，及遷一子官；……賞修尚書省之勞也。尚書省即殿前司廨舍地爲之，自令、僕射、丞、左右司，六曹尚書、侍郎、郎中、員外郎廳事，下至吏舍，爲屋四千三十一間，以五年五月癸巳即工，六年十月庚子乃成。……上稽古董正治官，既復尚書二十四司職事，創作新省，其規摹區處、詳密曲折，皆出制旨裁定，用臣承詔督工，壯偉雄盛，近世未有也。又以舊中書東西廳爲門下、中書省，都堂爲三省都堂，徙建樞密院於中書省之西，以故樞密院，宣徽、學士院地爲中書、門下後省，列左右常侍至正言廳事直兩省之後，都承旨司直樞密院之後。由是三省、樞密院位著官儀，焕然一新矣"[2]。庚子爲二十八日。王珪命移崔白畫蘆雁屏於尚書令廳後當在元豐六年十月二十八日尚書省新省建成之後，姑繫於此。

十一月二日，赴太廟奉上仁宗徽號寶、冊。

《宋會要》帝系一之一一云：元豐六年"十一月二日，帝詣大慶殿，備禮奉徽號寶、冊授左僕射王珪，赴太廟奉上仁宗室。又授徽號寶、冊於右僕射蔡確，赴太廟奉上英宗室"[3]。龐元英《文昌雜録》卷四云：元豐六年"十一月十二日，大慶殿遣上仁宗皇帝、英宗皇帝玉冊玉寶。上服絳紗袍，再拜廷中，跪授冊寶。使既出大慶門，禮儀使奏禮畢，上猶立廷中。冊寶

［1］龐元英《文昌雜録》，第52頁。

［2］李燾撰，上海師範大學古籍整理研究所、華東師範大學古籍整理研究所點校《續資治通鑑長編》，第14冊第8210、8211頁。

［3］劉琳等校點《宋會要輯稿》，第1冊第8頁。

升輅既遠，從官方前導歸御幄云"[1]。《長編》卷三四一、《宋史》卷一六《神宗本紀三》均繫此事於十一月癸卯，癸卯即二日，可知《文昌雜録》繫年不確。

十一月十三日，以南郊大禮成，封郇國公。

《神道碑》云："仁宗、英宗加徽號，爲仁宗冊寶使。禮成，封郇國公。"（第138頁）《長編》卷三四一云：元豐六年十一月"癸卯，奉仁宗、英宗徽號冊寶於太廟"。"丙午，冬至，祭昊天上帝於圜丘，以太祖配，始罷合祭天地也。還御宣德門，大赦天下。""甲寅，文武官並以南郊赦書加恩。"[2]癸卯、丙午、甲寅分別爲二日、五日、十三日。《宋大詔令集》卷六二《王珪加恩制》云："門下：朕以方隆底定，年穀屢豐，乃承景至之辰，躬脩郊見之禮。歸中壇之承宇，以逆三神之鑾；啓南端之特闈，大均四海之澤。眷於上宰，褒進寵章。某清明而沖醇，和裕而宏毅。巖廊敷論，贊元經體者歷年；華省正名，亮采惠疇者一節。屬舉筆裡之典，顯相巨儀之修。樂奏而神意娛，禮行而天休至。百工莫不有嘉德，四海罔不格歡心。是用錫爾以成國之封，衍爾以上腴之賦。以圖丕績，以蕃寵名。於戲！惟神祇祖考之安，乃膺於介福；惟耳目股肱之翼，乃底於丕平。往承之休，益茂爾烈。"題下注"元豐六年郊"[3]。則王珪封郇國公當在元豐六年十一月十三日南郊大禮推恩百官之時。

葉廷琯《鷗陂漁話》卷三《王郇公封國年月》對王珪封郇國公之時間有所考證，姑録以備參考："王郇公非但見於《圖經續記》，憶《蘇沈良方》亦稱王郇公有治小便不通方，但以史無明文，猶待搜考。近見王明清《揮塵後録》（三）舉熙寧以後宰輔封國，王文恭下注'郇''岐'二字，是禹玉之初封郇公，已有明證矣，然猶未詳其得封年月也。既而勞季言寓書告余曰：'考《長編》（三百五十五），元豐八年三月庚申，銀青光禄大夫守尚書左僕射兼門下侍郎郇國公王珪爲金紫光禄大夫，進封岐國公。又考《宋朝大

---

[1] 龐元英《文昌雜録》，第55頁。

[2] 李燾撰，上海師範大學古籍整理研究所、華東師範大學古籍整理研究所點校《續資治通鑑長編》，第14冊第8195、8197頁。

[3] 司義祖整理《宋大詔令集》，第306～307頁。

詔令集》（五十七），元豐五年四月癸酉，王珪左相制結銜尚稱太原郡開國公，其封郇國當在六年十一月甲寅，文武官並以南郊赦書加恩時。（見《長編》三百四十一。）《詔令》（六十二）載《加恩制》略云："錫爾以成國之封。"《圖經續記》成於元豐七年，正珪封郇公時也。其丁母憂在嘉祐二年七月，復拜學士在四年十月，張詩書石當在嘉祐，程詩當作於熙寧三年王未參政之前，故以内翰稱之。'又胡心耘示以杜大圭《名臣碑傳琬琰之集》（宋本有'之'字，近刻刪去。）上集第八卷李清臣所撰《王太師珪神道碑》，今節錄其文云：'元豐三年，朝廷用階官寄禄，超授銀青光禄大夫兼門下侍郎監修國史。五年四月，復三省官，爲尚書右僕射兼門下侍郎。上日御史中丞率百官班賀。仁宗、英宗加徽號（按《本紀》事在六年閏六月），爲仁宗册寶使，禮成封郇國公。上即位恩加金紫光禄大夫，改岐國公。元豐八年五月己酉薨。'是禹玉之封郇國，具有的確年月可據。且岐國之封，身受只及兩月，而郇國則閲二年，《宋史》本傳與《東都事略》皆不紀，致後世不知，未免疏漏，殆以虛封爲無關輕重而略之歟？得此考證，不特可補史文之闕，並足爲《圖經續記》注脚也。"[1]

十一月十九日，隨神宗視察尚書省新省，獲推恩。

《長編》卷三四一云：元豐六年十一月"庚申，恭謝萬壽觀，回幸尚書省，駐輦令廳，上顧謂執政曰：'新省宏壯，甚與官制相稱。'王珪等對：'規摹制作，皆出聖謨。'次至僕射廳，又曰：'新省制作，非苟而已，卿等宜率勵官屬，勉修職事。'既又召尚書、侍郎以下，隨其曹問以所掌職事甚悉，因戒敕曰：'朕所以待遇、責任非輕，宜各思自勉，盡心職事。'乃傳詔：'尚書省執政官與五服内未仕者一人承務郎，六曹都司、吏部尚書至員外郎遷寄禄官一等，賜吏史有差。'遂幸凝祥池、中太一宮、集禧觀"[2]。庚申爲十九日。按，朱彧《萍州可談》卷一云："三省俱在禁中，元豐間移尚書省於大内西，切近西角樓，人呼爲'新省'。崇寧間，又移於大内西南，其地遂號'舊省'，以建左右班直。或云，舊省不利宰相，自創省至廢，蔡確、王珪、

[1] 葉廷琯撰，黃永年校點《吹網録 鷗陂漁話》，第 55～56 頁。
[2] 李燾撰，上海師範大學古籍整理研究所、華東師範大學古籍整理研究所點校《續資治通鑑長編》，第 14 册第 8200～8201 頁。

呂公著、司馬光、呂大防、劉摯、蘇頌、章惇、曾布更九相，唯子容居位日淺，亦謫罷，餘不以存没，或貶廣南，或貶散官。"[1]

十一月二十四日，乞辭十九日推恩所遷職秩。

《長編》卷三四一載元豐六年十一月乙丑，"王珪等言：'車駕幸尚書省，自尚書以下並遷職秩。臣等職在近輔，豈可復與諸曹例沾聖澤？竊不自安，乞寢罷。'上曰：'君臣之際，惟義而已。尚書以下既已推恩，卿等義所當得，毋固辭也。'"[2]乙丑爲二十四日。

冬，沮神宗起用蘇軾知江州。

《長編》卷三四二載元豐七年正月辛酉，"責授黃州團練副使蘇軾言，汝州無田產，乞居常州。從之"。又據李丙《丁未錄》記蘇軾被貶黃州後情況云："然上每記憐之。一日，語執政曰：'國史大事，朕欲俾蘇軾成之。'執政有難色，上曰：'非軾則用曾鞏。'其後，鞏亦不副上意。上復有旨起軾，以本官知江州，中書蔡確、張璪受命，王震當詞頭。明日，改承議郎、江州太平觀。又明日，命格不下，於是卒出手札，徙軾汝州，有'蘇軾黜居思咎，閱歲滋深，人材實難，不忍終棄'之語。軾即上表謝。前此，京師盛傳軾已白日仙去，上對左丞蒲宗孟嗟惜久之，故軾於此表有'疾病連年，人皆相傳爲已死；饑寒並日，臣亦自厭其餘生'之句也。"[3]王鞏《聞見近錄》亦載此事，並云："命格不下，曰皆王禹玉力也。"[4]《長編》卷三五六元豐八年五月戊戌注謂蘇軾自黃移汝在元豐七年正月二十一日；孔凡禮則定元豐七年正月"二十五日，神宗手札移蘇軾汝州團練副使、本州安置"[5]。然據《長編》卷三四二所載，元豐七年正月二十一日爲蘇軾乞居常州上表到闕日，則其自黃移汝似當在元豐六年冬。姑從《三蘇年譜》，繫王珪沮神宗起用蘇軾知江州等事於元豐六年冬。按，莫礪鋒認爲，王珪一再打壓蘇軾，可能是出

[1] 陳師道、朱彧撰，李偉國點校《後山談叢 萍州可談》，中華書局2007年版，第109頁。
[2] 李燾撰，上海師範大學古籍整理研究所、華東師範大學古籍整理研究所點校《續資治通鑑長編》，第14冊第8202頁。
[3] 李燾撰，上海師範大學古籍整理研究所、華東師範大學古籍整理研究所點校《續資治通鑑長編》，第14冊第8228、8228~8229頁。
[4] 王鞏撰，戴建國整理《聞見近錄》，《全宋筆記》第二編，第6冊第26頁。
[5] 孔凡禮《三蘇年譜》，第2冊第1431頁。

於忌賢害能之心理。[1]

是年，請擢吳處厚館職，爲蔡確所阻。

王珪請擢吳處厚館職當在元豐六年六月五日驅逐舒亶之後，理由之一是吳處厚曾上疏論程嬰、公孫杵臼存趙孤事，然事爲蔡確所阻，終不得行。參本書元豐元年譜。

約於是年，問勞故人。

曾慥《高齋漫録》云："王相珪當國，有故人至政事堂，公問勞甚厚。其人宦遊不遂，有憔悴可憐之色。時用郊恩改章服，公曰：'吾友蹇連歲久，且喜進賜章服。'故人笑曰：'某舊著綠時，只是清貧，自著緋後，轉更赤窮。'諸公閧堂爲之絶倒。"[2]王珪熙寧九年（1076）十月拜昭文相，元豐五年四月進左相，八年五月卒於任。在其任宰相期間，舉行過三次親郊大禮，分別是熙寧十年十一月二十七日南郊大禮、元豐三年九月二十二日明堂大禮、六年十一月五日南郊大禮。王珪問勞故人當在此三年之某年冬，姑繫於此。

嗟賞黃嗣徽之詩，以故人子奏於朝，乞以門客恩澤承務郎。

許顗《彥周詩話》云："黃嗣徽少年時，讀書有俊聲，不幸爲後母訴於官，隸軍籍。王岐公丞相宣籍得之，聞其識字，使抄書。一日，觀宋復古郎中所畫山水，使子弟賦詩，嗣徽亦請賦，公頷之。頃刻成一絶句曰：'匣有瑤琴篋有書，栖遲猶未卜吾廬。主人況是丹青手，乞取生涯似畫圖。'岐公大嗟賞之，及問知曲折，以故人子奏於朝，乞以門客恩澤承務郎，特補之。命下之日，暴卒，窮命如此哉！"[3]黃嗣徽之生平事迹僅見於此。《宋史》卷一七〇《職官志十·臣僚大禮蔭補》云："宰相、執政官：本宗、異姓、門客、醫人各一人。"[4]王珪以故人子奏黃嗣徽於朝，當在其任宰相期間某次親

---

[1]參莫礪鋒《蘇軾的敵人》，《學術界》2008年第2期。按，關於王珪與蘇軾交惡的情況，可參閱：劉昭明《蘇軾〈與章子厚書〉殘簡發微》，張高評主編《宋代文學研究叢刊》第10期，麗文文化事業公司2004年版；劉昭明《蘇軾與章惇關係考——兼論相關詩文與史事》，新文豐出版股份有限公司2011年版。

[2]曾慥撰，俞鋼、王燕華整理《高齋漫録》，《全宋筆記》第四編，第5冊第102頁。

[3]何文煥輯《歷代詩話》，第393頁。

[4]脱脱等《宋史》，第12冊第4098頁。

郊大禮之後，姑繫於此。

神宗元豐七年甲子（1084），六十六歲

在汴京。爲左僕射兼門下侍郎。有詩五首、文一篇，約可繫詩一首、文一篇。

二月一日，爲監察御史朱京劾以進擬有愛憎之私，陰收其權，歸怨於上。

《長編》卷三四四云：元豐七年三月"壬子，降宣德郎、監察御史朱京爲宣義郎、監興國軍鹽酒稅務。初，京言：'朝請郎董揚休前使沂州監司，體量以疾曠官衝替，法當與宮觀，展磨勘一年。有司審驗體量應格，考功言陳乞宮觀，留臺不許磨勘。揚休雖非陳乞，未有此例，御史臺定當依本法與磨勘，而朝旨不行。朝議大夫致仕宋彥緣事故差任宮觀，大略與揚休相類，王珪、蔡確由中書進擬與磨勘，改太常少卿。案：揚休年六十二，彥年六十九，皆未及七十，老疾雖同，長少則異。揚休已該磨勘，因差任宮觀而所乞不行，彥則通理兩任宮觀留臺月日，許與磨勘。臣竊意大臣進擬有愛憎之私，陰收其權，歸怨於上，望別定奪改正。'中書門下言，京所奏與事實不同。詔京具析，而京言果不實，故責之"。注云："京初有言，乃二月一日，今并入此。"[1] 壬子爲十三日。

二月二十三日，預玉津園餞送文彥博賜燕，有《送致政太師潞國文公以賜燕玉津園感恩述懷》詩。

王闢之《澠水燕談錄》卷二云："元豐七年春，文太師既告老，奏乞赴闕，親辭天陛，庶盡臣子之誠。既見，神宗即日對御賜宴，顧問溫渥，上酌御盞親勸。數日，朝辭，上遣中使以手札諭公留過清明，飭有司令與公備二舟，泝汴還洛。清明日，錫宴玉津園，公作詩示同席。翌日，上用公韻屬和，親灑宸翰，就第賜公。將行，特命三省以上赴瓊林苑宴餞，復賜御詩送行。公留京師一月，凡對上者五，錫宴者三，錫詩者再，顧問不名，稱曰

---

[1] 李燾撰，上海師範大學古籍整理研究所、華東師範大學古籍整理研究所點校《續資治通鑑長編》，第 14 冊第 8257 頁。

'太師'，寵數優異，近世無比。"[1] 龐元英《文昌雜錄》卷五云：元豐七年"二月五日，太師致仕文公自西京造朝修謝，對於垂拱。詔是日特開宴，酒五行，命御藥院内侍梁從政，特以大觴酌御樽酒以賜之。且命飲，侍臣拭目以觀恩禮之隆遇焉"。"三月二日，太師潞公西歸。詔宰相、執政官、三省近臣、學士、待制宴餞於瓊林院，賜御詩以寵行。前此，令有司不得收河東印節。又令都水具舟，由洛河以歸。清明日，特宴於玉津園，唯執政官得預。太師以詩述感遇之意以遺丞相。次日，賜御詩，俯同元韻。恩數之隆蓋如此，公卿聳羨云。"[2] 本集卷四有《送致政太師潞國文公以賜燕玉津園感恩述懷》（第26頁），當作於元豐七年清明節。文彦博元豐六年十一月十三日致仕，七年正月四日乞陛辭。[3] 元豐七年清明節在二月二十三日。《文潞公文集》卷七有《清明日玉津園賜宴即席》，此即文彦博"述感遇之意以遺丞相"之詩。劉摯《忠肅集》卷一九有《清明日玉津園奉陪賜宴文太師》，乃同日之作。蒲積中《古今歲時雜詠》卷一五收錄《清明日赴玉津園宴集五首》，分別署名王安國、蔡襄、章惇、韓維、安德裕，當亦作於元豐七年清明節，但其中三首署名有誤：署名王安國者當爲王安禮之作[4]，署名蔡襄者當爲蔡確之作[5]，署名安德裕者當爲安燾之作。[6]

二月二十四日，有《依韻恭和聖製俯同太師文彦博玉津園賜宴席上述懷》詩。

本集卷一有《依韻恭和聖製俯同太師文彦博玉津園賜宴席上述懷》（第9頁），韻脚與文彦博《文潞公文集》卷七《清明日玉津園賜宴即席》相同，而後者題下注"元豐七年"[7]。據前引王闢之《澠水燕談錄》卷二、龐元英《文昌雜錄》卷五所載，神宗和文彦博在元豐七年清明節之翌日，即二月二十四日，則王珪詩當亦作於二月二十四日。神宗和詩不存。

[1] 王闢之、歐陽脩撰，吕友仁、李偉國點校《澠水燕談錄 歸田錄》，第18頁。
[2] 龐元英《文昌雜錄》，第58、59頁。
[3] 參申利編著《文彦博年譜》，第262、268頁。
[4] 參李懿《〈古今歲時雜詠〉所收宋詩部分補正》，《古籍整理研究學刊》2016年第3期。
[5] 參北京大學古文獻研究所編《全宋詩》卷七八三，第13冊第9075頁。
[6] 參北京大學古文獻研究所編《全宋詩》卷七四七，第13冊第8700頁。
[7] 文彦博《文潞公文集》，《宋集珍本叢刊》，第5冊第308頁。

三月二日，預瓊林苑餞送文彥博賜宴，有《瓊林苑御筵送致政太師潞國文公歸西洛》詩。

《長編》卷三四四云：元豐七年三月"辛丑，賜文彥博燕於瓊林苑，上製詩以賜之"[1]。辛丑爲二日。王闢之《澠水燕談錄》卷二、龐元英《文昌雜錄》卷五所載已見前引。本集卷四有《瓊林苑御筵送致政太師潞國文公歸西洛》（第 26 頁），當作於元豐七年三月二日。文彥博《文潞公文集》卷七有《西歸日瓊林苑賜宴即席》，陸佃《陶山集》卷一有《瓊林苑御筵奉詔送文太師致政歸西都四首》，蘇頌《蘇魏公文集》卷一一有《三月二日奉詔赴西園曲宴席上賦呈致政開府太師三首》《次韻開府太師留別諸公》，乃同日之作。按，申利以爲三月二日賜文彥博宴於瓊林苑，隨後清明日賜宴玉津園，文彥博歸洛陽日再賜宴於瓊林苑[2]，實誤。《澠水燕談錄》所謂"錫宴者三"，乃指二月五日賜宴垂拱殿、清明日即二月二十三日賜宴玉津園、三月二日賜宴瓊林苑；"錫詩者再"，乃指二月二十四日和三月二日賜詩。

三月十八日，率百官廷賀延安郡王侍宴，有《賀皇子延安郡王侍燕笏記》；又進詩稱美，有《依韻和蔡相公侍燕集英殿詩》。

《長編》卷三四四云：元豐七年三月"丁巳，大燕集英殿。中燕，皇子延安郡王初侍立於前，宰臣王珪率百僚廷賀，宣答曰：'皇家慶事，與卿等同，深爲欣懌。'及珪等升殿，上又諭王珪等復前，分班再拜稱謝就坐。久之，乃退。王年未當出閤，上特令侍燕，以見群臣"。卷三五二元豐八年三月甲午注引蔡惇《夔州直筆》云："神宗朝，元豐七年春宴中歇，登延春閣寢，得異夢，驚起，召欽聖憲肅皇后諭其所夢。乃呼欽成朱后攜哲宗來，時方九歲，從上御集英院。詔揖宰執、親王，侍立御前，觀築球畢，退歸。時宰相王珪等進詩稱美。"[3]丁巳爲十八日。龐元英《文昌雜錄》卷五云：元豐七年三月"十八日，集英殿大宴，再坐，延安郡王侍立。百官稱賀廷中，既升殿，上遣內侍引王揖宰相輔臣，皆再拜以謝。酒再行，方還內。在位瞻

---

[1] 李燾撰，上海師範大學古籍整理研究所、華東師範大學古籍整理研究所點校《續資治通鑑長編》，第 14 冊第 8253 頁。
[2] 參申利編著《文彥博年譜》，第 269 頁。
[3] 李燾撰，上海師範大學古籍整理研究所、華東師範大學古籍整理研究所點校《續資治通鑑長編》，第 14 冊第 8262、8447~8448 頁。

覿，莫不悦懌抃蹈，共醻賜觴焉”[1]。本集卷八有《賀皇子延安郡王侍燕笏記》，云：“臣某等適得閤門告報，延安郡王今日出侍大燕者。”題下注“元豐七年三月”（第64頁）。卷四有《依韻和蔡相公侍燕集英殿詩》，題下注：“元豐七年三月十八日，是日皇子延安郡王侍立。”（第26頁）“蔡相公”指蔡確，其原唱不存。

蘇頌有《和王禹玉相公三月十八日皇子侍宴長句三首》，其一尾聯下自注云：“是日公就班中，口占致賀辭語。”其二首聯下自注云：“皇子侍宴初至位，恩旨令揖左右臣僚。”其三頸聯云：“已聞幼海歌重潤，更得清風誦十章。”自注云：“三省樞密皆再和，凡十篇。”[2]此三詩韻脚與王珪《依韻和蔡相公侍燕集英殿詩》相同，當亦作於元豐七年三月十八日。據顏中其《蘇頌年表》考證，蘇頌此時爲光禄大夫、吏部侍郎。[3]

三月十九日，請立延安郡王爲皇太子。

《長編》卷三五二元豐八年三月甲午注引章惇《王珪挽詞》自注云：“自建三省，惇與公便居門下。元豐七年春，語次，與公同奏，今上爲延安郡王侍宴。翊日，門下省奏事，請出閤之期，因陳東宮之議，大行皇帝諭以當俟來春。”[4]哲宗爲延安郡王侍宴在三月十八日，則“翌日”爲十九日。按，陳振孫云：“元豐末命，珪本無異論，亦緣其備首相，不能早發大議，依違遷延，以召讒賊，卒爲本朝大禍。需（懦），事之賊也，豈不然哉！珪一身追貶，不足道也。”[5]此言王珪不能早發大議，立哲宗爲太子，顯爲不實之詞。

四月二十三日，隨神宗朝獻景靈宫，以靈芝産於天元殿門，稱賀於齋殿。

《長編》卷三四五云：元豐七年四月“壬辰，朝獻景靈宫，至天元殿觀芝草，宰臣王珪等稱賀，仍宣從官以上賜茶。自是朝獻畢，皆御齋殿賜茶”[6]。壬辰爲二十三日。龐元英《文昌雜録》卷五云：“景靈宫天元殿考宫

---

[1] 龐元英《文昌雜録》，第59頁。

[2] 蘇頌著，王同策等點校《蘇魏公文集》卷一一，第140頁。

[3] 參蘇頌著，王同策等點校《蘇魏公文集》附録，第1269頁。按，顏中其誤“吏部侍郎”爲“禮部侍郎”。

[4] 李燾撰，上海師範大學古籍整理研究所、華東師範大學古籍整理研究所點校《續資治通鑑長編》，第14冊第8449頁。

[5] 陳振孫撰，徐小蠻、顧美華點校《直齋書録解題》卷一七《華陽集一百卷》，第498頁。

[6] 李燾撰，上海師範大學古籍整理研究所、華東師範大學古籍整理研究所點校《續資治通鑑長編》，第14冊第8280頁。

之初，靈芝産於殿栱。今歲孟夏朝獻，車駕詣宮。前數日，芝又産於殿門。近臣賀於齋殿，右僕射賦詩，命禮曹郎官屬和焉。”[1]“今歲”指元豐七年，“右僕射”指蔡確。

是月，以不欲以一詩召人，恐長浮競爲由，沮神宗召對張景修。

龔明之《中吳紀聞》卷三《張敏叔》云：“張景修，字敏叔。人物蕭灑，文章雅正，登治平四年進士第。雖兩爲憲漕，五領郡符，其家極貧窶，僦市屋以居。嘗有絶句云：‘茅簷月有千金税，稻飯年無一粒租。生事蕭條人問我，水芭蕉與石菖蒲。’觀其詩，大抵多清淡。嘗題集清軒詩云：‘洗竹放教風自在，傍溪看得月分明。’又多好用俗語，如《得五品服》詩云：‘白快近來逢素鬢，赤窮今日得朱袍。’又《謝人惠油衣》詩云：‘何妨包裹如風藥，且免淋漓似水鷄。’蓋以文滑稽也。舊嘗作古風《送朱天錫童子》云：‘黃金滿籯富有餘，一經教子金不如。君家有兒不肯娛，口誦《七經》隨卷舒。渥洼從來産龍駒，鸑鷟乃是真凰雛。一朝過我父子俱，自稱窮苦世爲儒。雪窗夜映孫康書，春隴晝荷兒寬鋤。翻然西入天子都，出門慷慨曳長裾。神童之科今有無，談經射策皆壯夫。古來取士凡數塗，但願一一令吹竽。甘羅相秦理不誣，世人看取掌中珠。折腰未便賦歸歟，待君釋褐還鄉閭。’初，景修爲汝州梁令，作此詩。天錫既到闕下，忘取本州公據，爲禮部所却，因擊登聞鼓，繳景修詩爲證。神宗一見，大稱賞之。翌日，以語宰相王珪，而恨四方有遺材，即令召對。珪言：‘不欲以一詩召人，恐長浮競，不若俟其秩滿，然後擢用之。’遂止，令中書籍記姓名。比罷官，而神宗已升遐矣。景修歷仕三朝，每登對，上必問：‘聞卿作《朱童子》詩，試爲舉似。’由此詩名益著。終祠部郎中，年七十餘卒。平生所作詩幾千篇，號《張祠部集》。子漢之。（漢之嘗宰崑山，頗緩於索租，邑人戲云：‘渠家自來無此，故不與人索也。’敏叔有《花客詩》十二章。梁縣屬汝州。）”[2]《長編》卷三四五載元豐七年四月丁丑，“賜饒州童子朱天錫《五經》出身。天錫年九歲，禮部試誦《七經》皆通。上召入禁中，取諸經試之，隨問即誦，歎曰：‘此童誦書不遺一字，又無所畏懼，乃天稟也！’延安郡王時在旁，上指天錫而撫王曰：

[1] 龐元英《文昌雜録》，第 60 頁。
[2] 龔明之撰，孫菊園校點《中吳紀聞》，第 65～66 頁。

'汝能如彼誦書乎？'面賜錢五萬，使買書以歸，戒以後無廢學"[1]。丁丑爲八日。龐元英《文昌雜録》卷五云：元豐七年"四月初五日，禮部試饒州童子朱天錫，年十一，念《周易》《尚書》《毛詩》《周禮》《禮記》《論語》《孟子》凡七經，各五道，背全，通無一字少誤者。是日，禮部侍郎召本曹郎官赴坐，左右觀者數百人，此童諷誦自若，略無懾懼。後數日，召至睿思殿，賜《五經》出身。昔晏元獻公名貫撫州，近年何正臣名占臨江，皆童子舉。江南多奇偉，亦山川之秀使然邪？"[2]則王珪沮神宗召對張景修當在元豐七年四月。按，張景修，一作景脩（生卒年不詳），字敏叔，常州（今屬江蘇）人，治平四年（1067）進士，官至祠部郎中，年七十餘卒，生平事迹見葉夢得《避暑録話》卷上、葉夢得《石林詩話》卷中、《中吳紀聞》卷三、張泉《吳中人物志》卷一〇等，《全宋詩》卷八四〇録其詩二十七首、殘句七聯，《全宋文》卷二〇二九收其文四篇。

六月二十六日，因陳乞子仲端勾當京西排岸司，爲侍御史張汝賢彈劾。

《長編》卷三四七云：元豐七年七月"甲寅，尚書左丞王安禮爲端明殿學士、知江寧府。初，侍御史張汝賢言：'吏部以王珪陳乞子仲端勾當京西排岸司礙選格，而本部留闕，妄作行遣。又王安禮乞子枋勾當九龍廟，見任官二人有溢員，吏部言當使闕。去年，孫固陳乞子野勾當裁造院，礙法，吏部具特旨例申稟，而都省批令具鈔。及安禮陳乞姪游監泗州糧料院，則援野爲例；韓縝之姪宗迪指射尚衣庫，又以游爲例。此乃引用都省批狀，例外起例，陛下之法遂格不用。此弊相襲，實害大政，乞賜施行。'上以珪子仲端已退所乞差遣，而安禮子枋、姪游差遣有條許用例奏鈔，汝賢章格不下。安禮聞之，面奏乞治汝賢之罪。上宣諭可且令分析"。注云："六月甲午，汝賢奏。"[3]甲寅爲十七日，甲午爲二十六日。

是月，有《贈太子少師元章簡公挽詞》。

本集卷六有《贈太子少師元章簡公挽詞》（第41~42頁）。"元章簡公"

[1]李燾撰，上海師範大學古籍整理研究所、華東師範大學古籍整理研究所點校《續資治通鑑長編》，第14冊第8273頁。
[2]龐元英《文昌雜録》，第59頁。
[3]李燾撰，上海師範大學古籍整理研究所、華東師範大學古籍整理研究所點校《續資治通鑑長編》，第14冊第8327~8328、8333頁。

指元絳。王安禮《資政殿學士太子少保致仕贈太子少師諡章簡元公墓誌銘》云：“元豐六年七月十二日庚辰，資政殿學士、太子少保致仕、上柱國、魏郡開國公、食邑二千八百户、食實封一千户元公，諱絳，字厚之，薨於蘇州袞繡坊之私第，年七十六。訃聞，天子震悼，輟視朝一日，贈太子少師，諡曰章簡，録其子孫四人。以八月二十九日丙申葬於杭州百丈鳳凰山之原。”[1]然元豐六年七月甲辰朔，十二日爲乙卯，無庚辰日；八月甲戌朔，二十九日爲壬寅，丙申爲二十三日。可知墓誌銘所記有誤。考蘇頌《太子少保元章簡公神道碑》云：“公生大中祥符己酉，終元豐甲子。”“薨之明年某月某日，葬於杭州錢塘縣某鄉某里，去祖塋幾里所。”[2]《長編》卷三四六載元豐七年六月庚辰，“蘇州言資政殿學士、太子少保致仕元絳卒”[3]。《宋會要》禮四一之四六載元豐七年六月爲太子太保致仕元絳輟朝。元豐七年六月己巳朔，庚辰爲十二日，八月戊子朔，丙申爲二十九日。可知墓誌銘“元豐六年七月”當爲“元豐七年六月”之訛。楊傑《無爲集》卷六有《資政少保章簡公挽詞》，當與王珪詩作於同時。《欒城集》卷一四有《元絳參政挽詞》，則是蘇轍元豐八年十月過杭州時所作。[4]

九月十四日，預集英殿秋宴，以神宗忽暴得風疾，不果終燕。

《長編》卷三四八云：元豐七年九月“辛亥，大燕集英殿，酒五行罷，以上服藥也”。注云：“《舊紀》書：上以疾，不果終燕，戊午，疾愈。《新紀》同。放翁《家世舊聞》：元豐秋燕，神祖方舉酒，手緩，盞傾覆，酒沾御袍。時都下盛傳《側金盞曲》，有司以爲不祥，遂禁之。明年，宮車晏駕，楚公進挽辭曰：‘花是高秋宴後萎。’（楚公，陸農師也。）意蓋謂此。”[5]辛亥爲十四日，戊午爲二十一日。陸游《老學庵筆記》卷七云：“元豐七年秋宴，神廟舉御觴示丞相王岐公以下，忽暴得風疾，手弱觴側，餘酒沾汙御袍。是

---

[1] 王安禮《王魏公集》卷八，《宋集珍本叢刊》，第 17 册第 232 頁。
[2] 蘇頌著，王同策等點校《蘇魏公文集》卷五二，第 784、785 頁。
[3] 李燾撰，上海師範大學古籍整理研究所、華東師範大學古籍整理研究所點校《續資治通鑑長編》，第 14 册第 8310 頁。
[4] 參孔凡禮《蘇轍年譜》，第 296 頁。
[5] 李燾撰，上海師範大學古籍整理研究所、華東師範大學古籍整理研究所點校《續資治通鑑長編》，第 14 册第 8359 頁。

時京師方盛歌《側金盞》，皇城司中官以爲不祥，有歌者輒收繫之，由是遂絕。先楚公進《裕陵挽詞》有云：'輅從元朔朝時破，花是高秋宴後萎。'二句皆當時實事也。"[1]

十月，謂遷韓忠彥禮部尚書太峻。

《長編》卷三四九云：元豐七年十月"乙亥，給事中韓忠彥爲禮部尚書。忠彥入謝，上諭曰：'先令公之勳，朕所不敢忘。卿復盡忠朝廷，此未足以酬卿也。'"注云："文彥博《私記》云：王珪謂遷忠彥太峻，獨蔡確左右之。上曰：'此特爲其父故，不可爲例也。'且云：'忠彥方許確婚，故得確助。'"[2]乙亥爲九日。王珪謂遷韓忠彥禮部尚書太峻當在十月九日之前，姑繫於此。按，韓忠彥（1038—1109），字師樸，相州安陽（今屬河南）人，韓琦長子，嘉祐六年（1061）進士，官至左僕射兼門下侍郎，大觀三年卒，年七十二，《宋史》卷三一二、《東都事略》卷六九有傳，生平事迹見畢仲游《西臺集》卷一五《丞相儀國韓公行狀》，《全宋詩》卷八四三録其詩二首、殘句四句，《全宋文》卷二〇一六收其文一卷。

十二月三日，以《資治通鑑》書成，與蔡確問神宗其書何如，請觀之。

《長編》卷三五〇云：元豐七年十二月"戊辰，端明殿學士兼翰林侍讀學士、太中大夫、提舉崇福宮司馬光爲資政殿學士，降詔獎諭，賜銀、絹、衣帶、馬；奉議郎范祖禹爲秘書省正字；並以修《資治通鑑》書成也。《資治通鑑》自治平三年置局，光乞以韶州翁源縣令劉恕、將作監主簿趙君錫同修。君錫以父喪不赴，太常博士國子監直講劉攽代之。攽在局五年，通判泰州，知資州龍水縣范祖禹代之。每修一代史畢，上之，至是上《五代紀》三十卷，總二百九十四卷，《目録》《考異》各三十卷。時攽出監衡州鹽酒務而恕已前卒。上諭輔臣曰：'前代未嘗有此書，過荀悦《漢紀》遠矣。'輔臣請觀之，遂命付三省，仍令速進入"[3]。戊辰爲三日。邵博《邵氏聞見後錄》卷二一云："元豐末，司馬文正《資治通鑑》成，進御。丞相王珪、蔡確見

---

[1] 陸游撰，李劍雄、劉德權點校《老學庵筆記》，第91頁。

[2] 李燾撰，上海師範大學古籍整理研究所、華東師範大學古籍整理研究所點校《續資治通鑑長編》，第14冊第8368頁。

[3] 李燾撰，上海師範大學古籍整理研究所、華東師範大學古籍整理研究所點校《續資治通鑑長編》，第14冊第8390頁。

上，問何如？上曰：'當略降出，不可久留。'又諮歎曰：'賢於荀悦《漢紀》遠矣。'罷朝，中使以其書至政事，每葉縫合以睿思殿寶章。睿思殿，上禁中觀書之地也。舍人王震等在省中，從丞相來觀，丞相笑曰：'君無近禁臠。'以言上所愛重者。"[1]

十二月十五日，奉命於南郊謝雪，子仲脩與楊傑、陸佃有詩唱和其事。

陸佃《門下王相公南郊謝雪子敏甫學士監禮楊傑有詩次其韻》云："雪擁平田萬頃寬，一郊和氣屬天官。撒鹽久欲資調鼎，成璧初疑捧上壇。雀帶玉飛金屋暖，龍和珠睡錦牕寒。他年祠罷親陪燕，應得屏風隔坐觀。"[2]曹小雲謂"王敏甫於熙寧八年十月以著作佐郎爲崇文院校理知禮院。據此該詩當作於熙寧八年或稍後"[3]，不確。王珪元豐三年九月二十七日授銀青光禄大夫兼門下侍郎、同中書門下平章事、監修國史，此後方可稱爲"門下相公"。而自元豐三年至八年五月十七日王珪去世，有關謝雪之記載僅有一次。《長編》卷三五〇云：元豐七年"十二月丙寅朔，分命輔臣祈雪"，"庚辰，分命輔臣謝雪"[4]。庚辰爲十五日。則王珪以"門下相公"之身份奉命於南郊謝雪當在元豐七年十二月十五日，子仲脩與楊傑、陸佃唱和其事應在是日。王仲脩、楊傑此次唱和詩不傳。按，楊傑（1023—1092）[5]，字次公，號無爲子，無爲軍無爲（今屬安徽）人，嘉祐四年（1059）進士，官終徐王府侍講，元祐七年卒，年七十，《宋史》卷四四三、《東都事略》卷一一五有傳，生平事迹見宗曉《樂邦文類》卷三《大宋無爲子楊提刑傳》，有《無爲集》十五卷傳世。"監禮"爲太常博士之別稱。《宋史》《東都事略·楊傑傳》均謂楊傑元豐中官太常者數任。《宋會要》樂五之一五云：元豐七年"正月十九日，詔奉宸庫選玉造磬，就差太常博士楊傑審定玉磬音律，提轄主管。從協律郎榮咨道請也"[6]。《無爲集》卷五有《皇帝朝獻景靈

[1] 邵博撰，劉德權、李劍雄點校《邵氏聞見後録》，第167～168頁。
[2] 陸佃《陶山集》，景印文淵閣《四庫全書》，臺灣商務印書館1986年版，第1117冊第65頁。
[3] 楊傑撰，曹小雲校箋《無爲集校箋》，第392頁。
[4] 李燾撰，上海師範大學古籍整理研究所、華東師範大學古籍整理研究所點校《續資治通鑑長編》，第14冊第8389、8394頁。
[5] 參李裕民《宋人生卒行年考》，第296～297頁。
[6] 劉琳等校點《宋會要輯稿》，第1冊第413頁。

宮天元殿門有靈芝爲瑞時備員博士前導聖駕得預瞻仰獲綴賀班賦詩上進》，所記乃元豐七年四月二十三日神宗朝獻景靈宮，以靈芝產於天元殿門，近臣稱賀於齋殿，右僕射蔡確賦詩，命禮曹郎官屬和之事。可知元豐七年楊傑確任太常博士一職。

冬，歷數李憲招權怙勢狀。

《長編》卷三五二載元豐八年三月甲午朔，“景福殿使、武信軍留後、入內副都知、熙河蘭會路經略安撫制置使李憲，追入內副都知，武信軍留後，應熙河蘭會路差遣並依舊。以憲遣將討賊有功，特免勒停。……憲等坐奏邊功不實，下御史臺劾，憲三問不承，臺請追攝，詔用衆證結案，至是案奏特責之”。注云：“詔用衆證結案，乃去年十二月辛未，今依朱本并入此。”又引章惇《王珪挽詞》自注云：“惇言用李憲事不可爲後法，公歷數憲招權怙勢狀，先帝頷之，云當罷憲內職。”[1]辛未爲六日。王珪歷數李憲招權怙勢狀當在元豐七年十二月六日之前。按，李燾認爲：“章惇作珪挽詞，亦載罷憲內職，由珪及惇奏請，恐珪及惇未必敢拂神宗意，其後姑借此以迎合太皇太后耳！”[2]此可備一說。

是年，屬喬執中喻意秦觀，使進謁其門。

秦觀《淮海集》卷三七《上王岐公論薦士書》云：“比者先人之友喬君執事，奉使吳越，道過淮南，具言常辱相公齒及名氏。屬喬君喻意，使進謁於門下。”[3]“喬君”指喬執中。徐培均考喬執中奉使吳越約在元豐七年冬[4]，姑從之。蘇軾《應詔論四事狀》云：“伏見元祐元年九月八日敕：‘尚書戶部狀，據提點兩浙刑獄公事喬執中奏，熙寧四年以後至元豐三年以前新法，積欠鹽錢及有均攤等人陪填，見今貧乏無可送納，已累經赦恩，比類市易等錢，只令送納產鹽場監官本價錢，其餘並乞除放等事。’”[5]可知喬執中

[1] 李燾撰，上海師範大學古籍整理研究所、華東師範大學古籍整理研究所點校《續資治通鑑長編》，第14冊第8448~8449頁。
[2] 李燾撰，上海師範大學古籍整理研究所、華東師範大學古籍整理研究所點校《續資治通鑑長編》卷三五六元豐八年五月庚戌注，第14冊第8518頁。
[3] 秦觀撰，徐培均箋注《淮海集箋注》，第1191頁。
[4] 參徐培均《秦少游年譜長編》，中華書局2002年版，第259頁。
[5] 孔凡禮點校《蘇軾文集》卷三一，第2冊第877頁。

“奉使吳越”實即就任提點兩浙刑獄公事，赴任途中過高郵，與秦觀會面。按，喬執中（1033—1095），字希聖，揚州高郵（今屬江蘇）人，治平二年（1065）進士，官至刑部侍郎，紹聖二年卒，年六十三，《宋史》卷三四七有傳，《全宋文》卷一七六五收其文二篇。秦觀（1049—1100），字少游，一字太虛，號淮海居士，揚州高郵（今屬江蘇）人，元豐八年進士，官至秘書省正字、兼國史院編修官，元符三年卒，年五十二，《宋史》卷四四四、《東都事略》卷一一六有傳，其年譜自明代以來編有多種，集大成者爲徐培均《秦少游年譜長編》。有《淮海集》四十卷、《淮海後集》六卷、《淮海居士長短句》三卷傳世。

與神宗議馬政。

晁說之《元符三年應詔封事》云：“神宗因馬法之弊，爲王珪等言：‘朕於是愧見文彥博。’珪言：‘當時改舊法，自是王安石主議。’神宗爲之歎息。”又《論神廟配享劄子》云：“元豐末，不得已創爲戶馬之說，神宗俯首歎曰：‘朕於是乎愧於文彥博矣。’王珪等請宣德音，復曰：‘文彥博頃年爭國馬不勝，乃奏曰：“陛下十年必思臣言。”’珪因奏曰：‘罷去祖宗馬監，是王安石堅請行之者，本非陛下意也。’上復歎曰：‘安石相誤，豈獨此一事？’”[1]《長編》卷二六二熙寧八年（1075）四月己丑注云：“吳沖卿、蔡子正等爲樞密副使，上言請廢河南北監牧司，文潞公爲樞密使，以爲不可。元厚之爲翰林學士，與曾孝寬受詔詳定，厚之計其吏兵之祿及牧田可耕種，所以奏稱兩監歲費錢五十六萬，所息之馬，用三萬緡可買。詔盡廢天下馬監，止留沙苑一監，選其馬可充軍用者悉送沙苑監，其次給傳置，其次斥賣之，牧田聽民租佃，盡令轉運司輸每歲所省五十三萬緡於市易務。馬既給諸軍，則當給芻粟及傔衣糧，所費甚廣；監馬送沙苑止四千餘匹，在道羸瘠死者殆半，國馬盡於此矣。時熙寧八年冬也。此據司馬光《記聞》，當考。《兵志》第六卷：六年四月二十五日，群牧制置使文彥博言：‘議者欲賦牧地與民而斂租課，散國馬於編戶而責孳息，不便。’乃詔元絳、蔡確比校利害上之。於是，中書、樞密院言：‘河南北十二監，起熙寧二年至五年，歲出馬

---

[1] 晁說之《嵩山文集》卷一、卷三，《四部叢刊續編》，商務印書館1934年影印本。

千六百四十四，可給騎兵者二百六十四，餘止堪給郵傳。而兩監牧歲費及所占地租總五十三萬九千六百三十餘緡，而所出馬爲錢三萬六千四百九十六緡而已。其九監馬三萬餘匹，倘不更制，則日有死耗。'於是詔以沙苑監隸群牧司，廢八監，並兩監牧司善馬分隸諸監，餘鬻之，收其租之入，以給市易茶本錢，餘寓常平籍，取子錢以市馬；馬監兵五千，以爲廣固、保忠指揮，修完京城焉。初，欲廢監牧，樞密院文彥博、吳充固爭，以爲：'監牧不當廢，若外敵旅拒，馬不可買，則中國如何得馬？恐法不善，但當變法。'王安石曰：'向令劉航變法初，人固知其無後效，非今而後可知也。密院委人立法牧養，諸司不得關預，行之一年，乃費五十三萬緡，得三萬貫。今欲變法，恐復如劉航。且今所校利害，止公家費省而已，民之利害，尚不備言。如馬之害稼，田之廢耕，此乃民之利害也。'上曰：'雖如此，牧馬亦無補。'於是卒廢之。按：廢監牧實在八年四月二十八日，雖中書、密院奏稱二年至五年，蓋以五年馬數比校耳。本志便於六年繫此事，誤也。"[1] 戶馬法元豐三年二月始行，至七年破壞殆盡，八年四月宣布取消。[2] 神宗元豐八年正月三日寢疾，三月五日薨，生病期間似不太可能與王珪談論馬政之事，故繫於元豐七年。

乞樞密院降指揮轉員文字並送門下省。

《宋會要》職官一之三九載宣和四年（1122）八月二十日王黼上疏云："臣又聞，元豐七年王珪爲左僕射、章惇爲門下侍郎日，樞密院降指揮轉員文字更不送門下省。珪等力爭之，尋被旨應緣轉員文字並送門下省，仍依樞密院例宿直，樞密院已得旨揮更不施行。"[3]

患腹痛，曾予沈括之友治小便不通藥。

蘇軾、沈括《蘇沈內翰良方》卷四《小建中湯》云："元豐中，丞相王郇公病少腹痛不止，宣差太醫，攻治備至，皆不效。凡藥之至熱，如附子、硫黃、五夜叉丸之類，用之亦不瘥。駙馬張都尉令取婦人油頭髮燒如灰，細

[1] 李燾撰，上海師範大學古籍整理研究所、華東師範大學古籍整理研究所點校《續資治通鑑長編》，第 11 冊第 6412～6413 頁。
[2] 參杜文玉《宋代馬政研究》，黃永年等編《中國古代史論集》，陝西師範大學出版社 1999 年版，第 783～784 頁。
[3] 劉琳等校點《宋會要輯稿》，第 5 冊第 2959～2960 頁。

研篩過，溫酒服二錢，即時痛止。”卷八《治小便不通》云：“琥珀研成粉，每服二錢，煎萱草根濃汁調下，空心服。予友人曾小腸秘甚成淋，每旋只一二滴，痛楚至甚，用惡藥逐之，皆不通。王郇公與此藥，一服遂通。人有病痔腸腫，因不能尿，候如淋疾，他藥不能通，惟此法可治。”[1] 此兩則皆出自沈括所記。[2] 王珪元豐六年十一月十三日始封郇國公，八年五月卒，其患腹痛、予人藥當在元豐七年。

　　按，“駙馬張都尉”當爲張敦禮。宋代可考之駙馬都尉凡三十人，張姓者僅張敦禮一人。[3] 張敦禮，字君俞，一作君予[4]，熙寧元年（1068）尚英宗第三女，大觀初授雄武節度使，《宋史》卷四六四有傳。張敦禮與王珪、蘇軾、秦觀等均有交往，蓋因其善畫。湯垕《畫鑑》云：“張敦禮汴梁人，善畫人物，師六朝筆意。哲宗婿也。嘗見其論畫曰：‘畫之爲藝雖小，至於使人鑑別善惡，聳人觀聽，爲補豈可儕於衆工哉。’敦禮畫人物，貴賤美惡，容貌可見。筆法緊細，神彩如生。江南見‘陳元達鎖樹諫圖’，其忠義之氣，突出縑素。在京師見‘阮孚蠟屐圖’，人物、樹石，並仿顧、陸。後有敦禮所受追贈太師誥命，是其家藏之物，子孫就以誥命附其後，真奇品也。”[5] 明清以來有關張敦禮之記載均自此出。如夏文彥《圖繪寶鑑》卷三云：“張敦禮，汴梁人，哲宗婿也。畫人物、樹石，並仿顧、陸，筆法緊細，神采如生。贈太師。”[6] 朱謀垔《畫史會要》卷二同《圖繪寶鑑》。此三書均將張敦禮誤爲哲宗婿。或以爲駙馬都尉張敦禮並非畫家，畫家張敦禮乃南宋時避光宗諱改名爲張訓禮者。[7] 實際上，北宋、南宋各有一張敦禮，恰好二者都善畫，只不過北宋張敦禮多了駙馬都尉之身份而已。《圖繪寶鑑》卷四、《畫史會要》卷三著録南宋張敦禮，與北宋張敦禮分得很清楚。南宋人王禹錫撰

[1] 沈括原著，楊渭生新編《沈括全集》，第698、774頁。
[2] 參胡道静《〈蘇沈内翰良方〉楚蜀判——分析本書每個方、論所屬的作者：“沈方”抑爲“蘇方”》，《社會科學戰綫》1980年第3期。
[3] 參張邦煒《宋代皇親與政治》，四川人民出版社1993年版，第104～107頁。
[4] 參孔凡禮《三蘇年譜》，第3冊第2051～2052頁；張志烈《東坡書簡人物辨（之二）》，《黄岡師專學報》1999年第2期。
[5] 湯垕撰，馬采標點注譯《畫鑑》，人民美術出版社1959年版，第46頁。
[6] 夏文彥《圖繪寶鑑》，《叢書集成初編》，商務印書館1937年版，第49頁。
[7] 參陳野《南宋繪畫史》，上海古籍出版社2008年版，第140～143頁。

《海陵三仙傳》一卷，第一篇《徐神翁》記北宋道士徐守信（1032—1108）之神異事迹，其中云：“駙馬都尉張敦禮，圖公像以進奏，賜紫衣，號圓通大師，公不受。”[1]徐守信弟子苗希頤輯録《虚静冲和先生徐神翁語録》卷上記此事於元祐中。

約於是年，歡賞吕倚善屬對。

王應麟《困學紀聞》卷一九《評文》云：“吕倚《謝王岐公饋錢酒》，用‘白水真人’‘青州從事’，岐公稱之。”[2]胡仔《苕溪漁隱叢話》後集卷二一《王禹玉》引《復齋漫録》云：“文之所以貴對偶者，謂出於自然，非假於牽強也。《潘子真詩話》記禹玉元豐間以錢二萬、酒十壺餉吕夢得，夢得作啓謝之，有‘白水真人，青州從事。’禹玉歡賞，爲其切題。後毛達可有《謝人惠酒啓》云：‘食窮三載，曾無白水之真人；出錢百壺，安得青州之從事。’此用夢得語，尤爲無功，非惟出於剽竊，亦是白水真人爲虚設也。至若東坡得章質夫書，遺酒六瓶，書至而酒亡，因作詩寄之云：‘豈意青州六從事，化爲烏有一先生。’二句渾然，絶無斧鑿痕，更覺真切。”[3]魏慶之《詩人玉屑》卷七《屬對》、吴曾《能改齋漫録》卷一〇《議論》亦引此則。潘淳《潘子真詩話·白水真人青州從事》云：“吕倚夢得，維揚人。少有場屋聲，善屬對，喜收書畫，蹭蹬不偶，老始以恩補虔州瑞金簿，致仕，貧無以歸。年八十餘，惟有一女，嫁贛人，因居焉。與王禹玉有舊，元豐間餉錢二萬，酒十壺。夢得作啓致謝，隔句中用‘白水真人，青州從事’爲對。禹玉極歡賞之。其後東坡過虔，以詩遺之云：‘揚雄老無子，馮衍終不遇。不識孔方兄，但有靈照女。家藏古今帖，墨色照箱篋。饑來據空案，一字不堪煮。枯腸五千卷，磊落相撑柱。吟爲蜩蛚聲，時有鳥可句。爲語里長者，德齒敬已古。如翁有幾人？薄少可時助。’”[4]王珪於元豐間餉吕倚錢二萬、酒十壺事，具體年月待考，姑繫於此。按，吕倚（1019—？），字夢得，揚州

[1]王禹錫《海陵三仙傳》，《叢書集成初編》，商務印書館1937年版，第2頁。
[2]王應麟著，翁元圻等注，欒保群等校點《困學紀聞（全校本）》，上海古籍出版社2008年版，第2080頁。
[3]胡仔纂集，廖德明校點《苕溪漁隱叢話·後集》，第151~152頁。
[4]郭紹虞輯《宋詩話輯佚》，中華書局1980年版，第311頁。按，“其後東坡過虔”云云，疑非《潘子真詩話》原文。

（今屬江蘇）人，躊躇不偶，老始以恩補虔州瑞金（今屬江西）簿，致仕後居虔州（今江西贛州），卒年不詳。蘇軾建中靖國元年（1101）三月自海南北歸至虔州，有詩贈呂倚，見《蘇軾詩集》卷四五《虔州呂倚承事年八十三讀書作詩不已好收古今帖貧甚至食不足》，內容見前引。《景蘇園帖》收錄蘇軾一帖，云："呂夢得承事，年八十三，讀書作詩，手不廢卷，室如懸磬，但貯古今書帖而已，作詩以示慈雲老師。"[1] 亦爲建中靖國元年蘇軾過虔時所作。黃裳《演山先生文集》卷六有《贈呂夢得》。

跋王羲之《稚恭帖》。

米芾《書史》云："晉右將軍會稽內史王羲之行書帖真迹，天下法書第二，右軍行書第一也。帖辭云：'羲之死罪。伏想朝廷清和，稚恭遂進鎮，東西齊舉，想尅定有期也。羲之死罪。'長慶某年月日，太常少卿蕭祐鑑定。在王珪禹玉家，後有禹玉跋，以門下省印印之。時貴多跋。後爲章惇子厚借去不歸。其子仲脩，專遣介請未至。是竹絲乾筆所書，鋒勢鬱勃，揮霍濃淡如雲烟，變怪多態。'清'字破損，余親臨得之。"[2] 王珪跋《稚恭帖》當在熙寧三年（1070）十二月拜參知政事之後，姑繫於此。其跋語不傳。墨本米芾《寶章待訪錄·目覩》第七則云："逸少《稚恭進鎮帖》真迹，麻紙書，著作郎王仲脩藏。"[3] 墨本《寶章待訪錄》成書於元祐元年（1086）八月九日，而《書史》則定稿於崇寧二年（1103）之後[4]，因知章惇强奪《稚恭帖》當在元祐元年以後。

獲賜金橘，與蔡確唱和，有《依韻和蔡相公宣賜金橘詩》。

本集卷三有《依韻和蔡相公宣賜金橘詩》（第 21 頁）。"蔡相公"當指蔡確。蔡確元豐五年四月二十二日拜右僕射兼中書侍郎，王珪元豐八年五月十七日卒。此詩寫深秋情景，當作於元豐五年至七年間某年九月，姑繫於此。蔡確原唱不存。

---

[1] 孔凡禮《三蘇年譜》，第 4 冊第 2958 頁。

[2] 米芾著，黃正雨、王心裁輯校《米芾集》，湖北教育出版社 2002 年版，第 117 頁。

[3] 張丑撰，徐德明校點《清河書畫舫》，上海古籍出版社 2011 年版，第 464 頁。

[4] 參王宏生《北宋書學文獻考論》，上海三聯書店 2008 年版，第 214、236 頁。

接荆湖北路轉運使馳書存問，作簡謝之，有《與人書一首》。

吳升《大觀錄》卷四《王文公湖北札》收錄王珪一件書簡："珪啓：汗後下血不已，其勢殊可怪，然今已小愈矣。過賜存誨，不勝感激。朝夕馳見，且復手啓。不宣。珪再拜湖北運使郎中坐前。初二日。"[1]《宋代蜀文輯存》卷二、《全宋文》卷一一五三據此收錄王珪書簡，題作《與人書一首》。"湖北運使郎中"不詳爲何人。簡中提及王珪汗後下血不已，或即其患腹痛之症狀，姑繫於此。

神宗元豐八年乙丑（1085），六十七歲

在汴京。爲左僕射兼門下侍郎，薨於位。有文二篇，約可繫詩一首。

正月三日，入問神宗疾於福寧殿東寢閣。

《長編》卷三五一云：元豐八年"春正月戊戌，上寢疾。日昃，三省、樞密院詣内東門請入問聖體，遣勾當御藥院梁從政、劉惟簡傳宣放。宰臣王珪等再附從政奏，乃令從政等引入，見上於福寧殿東寢閣，自是問聖體皆如之"[2]。戊戌爲三日。

正月四日，入問神宗疾於福寧殿東寢閣，進竹瀝三器。

《長編》卷三五一云：元豐八年正月"己亥，詔不視事五日。三省、樞密院問疾於福寧殿東寢閣。宰臣言上未視事，應合行事，乞權作聖旨行出以聞，事體稍重者，進畫施行。又言：'六日欲於大慶殿設消災祈福道場七晝夜，罷日，設大醮，啓罷日，三省、樞密院官並宿齋，餘日番宿。在京宫觀寺院各道場七晝夜，差官啓罷。五嶽四瀆，就遣所在長吏準此。'上不能言，首肯之。晚再詣福寧殿，上書字諭王珪等，自來日可只早入。珪等進竹瀝三器"[3]。己亥爲四日。

---

[1]吳升《大觀錄》，徐娟主編《中國歷代書畫藝術論著叢編》，中國大百科全書出版社1997年影印本，第29冊第374頁。

[2]李燾撰，上海師範大學古籍整理研究所、華東師範大學古籍整理研究所點校《續資治通鑑長編》，第14冊第8403頁。

[3]李燾撰，上海師範大學古籍整理研究所、華東師範大學古籍整理研究所點校《續資治通鑑長編》，第14冊第8403頁。

正月二十日，接神宗手諭，可間日入問。

《長編》卷三五一云：元豐八年正月“乙卯，上手書字諭王珪等，自今可間日入問。自戊戌上不豫，三省、樞密院日至寢閤，至是上小瘳，故有是旨”[1]。乙卯爲二十日。

正月二十二日，言神宗聖體向安，御殿有期。

《長編》卷三五一云：元豐八年正月“丁巳，王珪等言聖體向安，御殿有期，臣等不勝欣喜。上欣然首肯之”[2]。丁巳爲二十二日。

正月二十四日，以神宗再感寒氣，欲復日入問候。

《長編》卷三五一云：元豐八年正月“己未，上移御寢閤之東榻。勾當御藥梁從政及醫官陳易簡言於珪等，上昨日行步多，體勞有汗，再感寒氣。珪等欲復日入問候，又以適得間日詔旨，遽復日入，恐人心驚憂，故且間入”[3]。己未爲二十四日。

正月二十六日，入福寧殿奏事。

《長編》卷三五一云：元豐八年正月“辛酉，執政官入至福寧殿，王珪言制勘熙河蘭會路經略司使李憲等案熙河入界賞功狀，欲候御殿取旨。從之。又言元豐五年十一月，詔臣僚上殿劄子並送中書省取旨，欲有司勘當，小事權進入候畫旨施行；其難行事，中書省收訖，奏候御殿依舊。從之”[4]。辛酉爲二十六日。

正月二十八日，入福寧殿奏事。

《長編》卷三五一云：元豐八年正月“癸亥，執政官入至福寧殿，王珪言閤門見謝辭，權放，內不許隨放之人，令入門見，其上殿臣僚非召赴闕者，有奏陳事，權令進入，並至視事依舊。從之”[5]。癸亥爲二十八日。

---

[1] 李燾撰，上海師範大學古籍整理研究所、華東師範大學古籍整理研究所點校《續資治通鑑長編》，第14冊第8405頁。

[2] 李燾撰，上海師範大學古籍整理研究所、華東師範大學古籍整理研究所點校《續資治通鑑長編》，第14冊第8405頁。

[3] 李燾撰，上海師範大學古籍整理研究所、華東師範大學古籍整理研究所點校《續資治通鑑長編》，第14冊第8405頁。

[4] 李燾撰，上海師範大學古籍整理研究所、華東師範大學古籍整理研究所點校《續資治通鑑長編》，第14冊第8406頁。

[5] 李燾撰，上海師範大學古籍整理研究所、華東師範大學古籍整理研究所點校《續資治通鑑長編》，第14冊第8406頁。

二月二十九日，入問神宗疾於福寧殿東閣之西間，再請立延安郡王爲皇太子。

《長編》卷三五一云：元豐八年二月"癸巳，上疾甚，遷御福寧殿東閣之西間。三省、樞密院入問聖體，見上於榻前。王珪言去冬嘗奉聖旨，皇子延安郡王來春出閣，願早建東宮。凡三奏，上三顧，微肯首而已。又乞皇太后權同聽政，候康復日依舊，上亦顧視肯首。既退，移班東間。皇子及皇太后、皇后、朱德妃皆在簾下，珪等奏請皇太后權同聽政，皇太后辭避。入內都知張茂則言皇太后且爲國家社稷事大，不宜固辭。珪等請至於再三，皇太后泣許。珪進言自去歲上令皇子侍燕，群臣皆嘗見之，今必更長立，乞再瞻覯"。"先是，蔡確疑上復用呂公著及司馬光，則必奪己相，乃與邢恕謀爲固位計。恕故與皇太后姪光州團練使公繪、寧州團練使公紀交，……上初寢疾，恕密問公繪，具言疾可憂狀，恕聞此，更起邪謀。確嘗遣恕要公繪、公紀，二人辭不往。明日，又遣人招置東府，確曰：'宜往見邢職方。'恕曰：'家有桃著白花，可愈人主疾，其説出《道藏》，幸留一觀。'入中庭，紅桃花也，驚曰：'白花安在？'恕執二人手曰：'右相令布腹心，上疾未損，延安郡王沖幼，宜早定議，雍、曹皆賢王也。'公繪等懼曰：'君欲禍我家！'徑去。已而恕反謂雍王顥有覬覦心，皇太后將舍延安郡王而立之，王珪實主其事。與內殿承制致仕王棫共造誣謗。棫，開封人，嘗從高遵裕掌機宜於涇原，傾巧士也，故恕因之。又知確與珪素不相能，欲借此以陷珪。他日，亟問確曰：'上起居狀比何如？'確曰：'疾向安，將擇日御殿。'恕微哂曰：'上疾再作，失音直視，聞禁中已別有處分，首相外爲之主。公爲次相，獨不知耶？一日片紙下，以某爲嗣，則公未知死所矣。公自度有功德在朝廷乎？天下士大夫素歸心乎？'確竦然曰：'然則計將安出？'恕曰：'延安郡王今春出閣，上去冬固有成言，群臣莫不知。公盍以問疾率同列俱入，亟於上前白發其端。若東宮由公言而早建，千秋萬歲後，公安如太山矣。'確深然之。恕又曰：'此事當略設備，今與平時不同，庶可以自表見。其曲折第告子厚，同列勿使知。'子厚，章惇字也。確愧謝，謂恕曰：'和叔見子厚，具言之。'惇固凶險，即許諾。遂與確定議，仍約知開封府蔡京以其日領壯士待變於外廷，謂曰：'大臣共議建儲，若有異議者，當以壯士入斬之。'是日，三省、樞密院俱入問疾，初亦未敢及建儲事。既退，乃於樞密院南廳共議之。

確、惇屢以語迫珪，幸其應對或有差誤，即以珪爲首誅。珪口吃，連稱是字數聲，徐曰：‘上自有子，復何議！’蓋珪實無他志，但蓄縮不能先事納説，所以致疑，及是出語，確、惇顧無如珪何。尋復入奏，得請，俱出，逢雍王顥及曹王頵於殿門外，惇更厲聲曰：‘已得旨，立延安郡王爲皇太子矣！奈何？’顥曰：‘天下幸甚。’已而禁中安堵如故。輔臣等各罷歸。翌日，遂立皇太子。確、惇、京、恕邪謀雖不得逞，其蹤迹詭秘亦莫辯詰，各自謂有定策功。事久語聞，卒爲朝廷大禍，其實本恕發之。”[1]癸巳爲二十九日。《宋史》卷四七一《邢恕傳》所記略同。

關於元豐八年二月立延安郡王爲皇太子事之具體細節，尚有以下兩則材料值得關注。《宋史》卷二四二《英宗宣仁聖烈高皇后傳》云：“元豐八年，帝不豫，浸劇，宰執王珪等入問疾，乞立延安郡王爲皇太子，太后權同聽政，帝頷之。珪等見太后簾下。后泣，撫王曰：‘兒孝順，自官家服藥，未嘗去左右，書佛經以祈福，喜學書，已誦《論語》七卷，絶不好弄。’乃令王出簾外見珪等，珪等再拜謝且賀。是日降制，立爲皇太子。……蔡確坐《車蓋亭詩》謫嶺表，后謂大臣曰：‘元豐之末，吾以今皇帝所書佛經出示人，是時惟王珪曾奏賀，遂定儲極。且以子繼父，有何間言？而確自謂有定策大功，妄扇事端，規爲異時眩惑地。吾不忍明言，姑託訕上爲名逐之耳。此宗社大計，姦邪怨謗所不暇恤也。’”[2]晁補之《資政殿大學士李公行狀》云：“神宗不豫久，執政入問。公行語門下侍郎章惇曰：‘延安郡王何不來侍藥？清臣將出白之。’惇曰：‘未可，恐壞大事。’退集都堂，公又語惇曰：‘相公在此，門下侍郎何不早定議？’惇連問王珪曰：‘如何？’珪徐曰：‘上自有子，然須垂箔。’議既定，公復曰：‘若臨事有異者，鼎鑊所不敢避也。’遽命取紙，書‘延安郡王爲皇太子’；又取紙，書‘皇太后權同聽軍國事’。俱入禀。”[3]

按，“元豐末命”影響極爲深遠。李燾云：“推原後來致禍如彼慘毒，敵

---

[1] 李燾撰，上海師範大學古籍整理研究所、華東師範大學古籍整理研究所點校《續資治通鑑長編》，第 14 冊第 8409～8411 頁。

[2] 脱脱等《宋史》，第 25 冊第 8625～8626 頁。

[3] 晁補之《濟北晁先生雞肋集》卷六二，明崇禎八年（1635）顧凝遠詩瘦閣刻本（中國國家圖書館藏）。

人遂入中國者，蓋由王珪任首相，不早建白立太子，致蔡確、章惇、蔡京等得乘隙造謗，而萌芽則自邢恕發之。其令蔡京領劄子入內庭，確、惇當時亦必有他説給珪，故珪不以爲疑。然開封知府何與朝廷事，此正坐珪愚闇耳。若珪能即拒絕，既無疑似之迹，則橫禍又何從而來？疑似之迹，當時不過如此耳。其後浸淫轉加增飾，遂有宣訓事、粉昆事、黃履疏、高士京書，至蔡懋宣和間劄子，用誣訕文字，託名御製極矣，誠可爲痛哭也。非建炎初聖主覺悟，果斷明辨，則朝廷之禍豈有極乎？"[1] 可見在立哲宗爲太子這件事上，王珪並無異心，但蔡確、章惇、蔡京等人出於爭奪鞏固個人權力之私心，不惜誣謗王珪與高太后合謀，擬立雍王趙顥爲皇位繼承人，蔡京、蔡卞等人更在修《神宗實錄》《哲宗實錄》時將誣謗之辭寫入其中，致使高宗不得不下旨重修二書。因此，元豐末建儲事遂出現了諸家異説，《長編》多次對此加以辨析考訂，較爲集中者有卷三三九元豐六年九月壬申注、卷三五一元豐八年二月癸巳注、卷三五二元豐八年三月甲午注、卷三五六元豐八年五月戊戌注、卷四八六紹聖四年四月丁未注、卷四九〇紹聖四年八月丁酉注等。爲便於説明和理解，筆者對有關材料略作分類，羅列如下。

首先是蔡確、章惇黨羽污蔑王珪之奏疏。《長編》卷三五二元豐八年三月甲午注云：

《舊錄》卷第五十九，《新錄》卷第一百三十二，紹聖四年四月丁未，三省言，元豐八年二月二十九日，御史中丞黃履奏："訪聞兩府大臣嘗議奏請皇子就傅、建儲事，王珪轉語李清臣云：'自他家事，外廷不當管他。'蔡確、章惇聞之，對衆窮其所立，珪不得已，方云：'上自有子。'確、惇乃宣言於衆，其議遂定。臣又聞王珪陰交高遵裕，嘗招其子士充傳達語言。臣伏思陛下推大公至誠之心，以槐位處珪，以鼎鍊養珪，凡十有六年，今聖躬偶感微疹，而珪已懷二心，此而可容，何以示懲勸於天下？"黃貼子："近有高士英者，輒至臣家，稱上服藥中，若皇太后或皇后權同聽覽，則傳命者審。臣正色答之，以爲豈可私議？臣忝位中執法，士英尚敢率爾如此發言，今珪無故輒自招士充，又對清臣有如此言，竊慮必有姦謀。"至三月初，履

---

[1] 李燾撰，上海師範大學古籍整理研究所、華東師範大學古籍整理研究所點校《續資治通鑑長編》卷三五一元豐八年二月癸巳注，第 14 冊第 8411～8412 頁。

又言："大臣體國休戚，一切事有權宜，自合奏稟，豈得私有所召及稱'不當管他'？此而可容，何以懲勸？臣於左僕射王珪議儲之際，既聞其然，不敢不論。今已累日，未見施行，臣伏思之，使臣之言果合義，則珪不可以不責，使臣之言無補於事，則臣不可以無罪。今皇太后權同處分，建立儲位，以安天下，臣雖萬死，猶生之年，伏望朝廷早賜指揮。"又紹聖二年十一月內，右正言劉拯奏："先帝疾，宰臣王珪持二心，臣僚嘗具彈奏，蔡確等定策受顧命，輔翼陛下。已而權臣擅政，確等繼被逐，又恐他日復用為己禍也，於是因事誣毀，擠之廢死之地，而後移定策之功於王珪。珪之薨也，賜宅、贈官、錫子、敕葬特厚，而確死投竄之地，雖蒙昭雪，贈復官爵，恩例比珪甚薄。且父子繼世，雖有定禮，神器輕重，亦繫一時，功罪不明，孰大於此？今為忠者被禍，為姦者受賞，何以教天下、示後世？伏望究珪之罪，錄確之功，優加恩典。"又今年宮苑副使、西京第七副將高士京進狀稱："先臣遵裕，當先帝服藥危疑之際，有故宰相王珪召臣親弟承議郎士充，密議取決於先臣，欲知太皇太后意所欲立。蓋為是時先臣為高氏之長，又知先帝、太皇太后聽用，故來相問尋。時先臣泣下，大怒曰：'姦臣敢如此！況國家自有正統，何決於我？'遂叱罵故弟士充：'如敢更往，即杖汝死。'尋將此意指，說與先辟機宜官王棫，自可照證。竊念先臣，昨因攻取靈州，師老糧匱，大河不凍，故不能上奉聖訓，責置散官，遂先朝露。其後雖稍加牽復，然未嘗別加贈典，又不獲伸訴於陛下，欲乞優加褒贈。"又給事中葉祖洽言："先皇帝所以待王珪，可謂厚矣，自翰林學士承旨擢為參知政事，自參知政事擢為右相，自右相擢為左相，在政府凡十六年。又擢其子為館職，自珪之身及其兄弟、子孫、皂隸，凡受朝廷恩命者，臣不知其數。然則先帝之於珪，可謂無負矣。當先帝違豫，至於大漸，儲位未正，中外皇皇，延頸以望，珪為上相，眾目所視，所宜率先建議，首定大計，以慰宗廟；珪乃持疑顧望，含糊不決，至於同列以大義迫之，不得已而後應，不知珪意安在？使同列不切責之，則珪將遂無言，豈不誤事？天下至今罪之。臣於是時，適在朝廷，親聞士大夫之論，藉藉罪珪。已而珪死，天下莫不快之。然是時，朝廷所以賻贈周恤，恩禮過厚，仍賜甲第一區，莫非異數。臣聞特恩賜第，所以待殊勳異德，為臣不忠，何以得此？乞下有司正王珪之罪，以戒天下不忠不孝之臣，使知治世典刑，無前後之私也。"祖洽又言："臣嘗論王珪悖逆不忠之罪，未見施行，不知所謂。若以珪之事爲無實迹耶？則當時二三執政尚在，及見今侍從間甚有知其詳者，皆可考正其事。黃履爲御史中丞，嘗論之於前，劉拯爲右正言，又論之於後，近日高士京又極陳其狀。伏惟陛下察臣之言，出於公論，稽合群情，決於獨斷，以慰中外。"[1]

又記宣和初蔡確之子蔡懋上殿劄子云：

臣三月十八日上殿奏事，面奉聖旨，令臣具元豐末先臣確受遺定策本末。臣契勘元豐八年正月二日，神宗聖體稍康，至二十六日，神宗疾勢再作，儲嗣未建，中外洶洶。先臣時任尚書右僕射，念宰輔之責，日夕憂懼，朝路行次，以密語問宰臣王珪，珪但唯唯而已，先臣疑之。繼問邢恕，云近見致仕官王棫言，王珪嘗遣高士充問其父遵裕云："萬一有變故，長樂意欲立誰？"先臣曰："珪不忠於王矣！"於是以身任之，以章惇意氣可任，而惇爲門下侍郎，令邢恕約以共濟大事，惇喜功名，慨然相從。以燕達忠實可託，而達爲殿前指揮使。復令臣叔碩約達，達報云："願盡死力，上助相公。"以蔡京知開封，面諭京云："姦人如有異同，須正典刑。"京乃備劍子隨行。又令臣叔碩采聽中外，恐緩急失事機。臣叔碩時爲軍器監，與閤守懃職事相干，聞閤守懃云："二王每問神宗聖體，多不避宮人，直詣宣仁聖烈皇后左右，屏人語，移時不出。神宗疾不能言，但怒目之而已。"守懃又云："去年十二月，守懃在延春閣奏事，神宗下閣云：'我足跌頭痛。'又歎息云：'我好孤寒！'及語慈聖光獻皇后事，多追慕感泣。二月間因寫字指揮事，獨守懃在側，寫一'太'字指示守懃，沈思久之，復塗'太'字，又寫與守懃'不入局做甚？'"守懃與臣叔碩言，不曉聖意寫"太"字謂何，臣叔碩白先臣云："聖意深遠，寫'太'字者，豈非欲寫'皇太子'字耶？此事大臣主張得定，即不須指揮，若大臣不忠，主張不定，徒爲禍端，所以不欲當面指揮輔臣，知汝與守懃時相見，欲令傳聖意與我耳。"臣叔碩又聞御藥劉惟簡言，王珪不知使誰狀入文字來，惟簡在張茂則房内，竊見其中云："今來建儲事，上繫皇太后聖斷，非外廷所當預。"先臣曰："珪嘗語同列曰：

[1] 李燾撰，上海師範大學古籍整理研究所、華東師範大學古籍整理研究所點校《續資治通鑑長編》，第 14 冊第 8425~8427 頁。

'立嗣，人主家事，吾曹不要管他。'惟簡之言，殆不誣矣。"既而臣叔碩復見李嗣徽，具述姦人陰謀不可量，且曰："萬一爲此輩所先，中夜御寶一紙出，明日奈何？"又見向宗回，訪以所聞，宗回曰："若問所聞，寒心難言。前聞雍王乞於内中止宿，中宮厲聲紛争乃已。"先臣以謂事勢危迫如此，而又神宗疾勢彌留，恐變出不意，須早定大計，使姦人不及謀，則萬全之道也。然須内外協力，事乃克濟。立儲前，令臣叔碩諭燕達等曰："輔臣之家，平時不可與中官軍帥交一語，今國家艱難，正忘身報上之時，固不可以小嫌誤大事也。"因令臣叔碩謝劉惟簡、閻守懃曰："前所喻，已見忠於國家。御藥侍奉左右，凡事更加謹察，有合知者，速須報來。事有成敗，上繫宗社安危，彼此禍福不足言也。"又諭達云："事在旦夕，若萬一有異同如何？"達曰："丞相率百官，達率將校争之，有死無二。"又令閻守懃密白知欽聖憲肅皇后，明日建儲，禁中諸事，乞加意伺察，至時中宮須至在福寧殿。欽聖憲肅皇后云："裏面事不須憂，外面議論如何？"守懃云："蔡相已布置定大事。"二月二十九日，先臣更不宿，約諸大臣自内東門回，直邀王珪暨執政官就南廳聚議。先臣即語王珪曰："神宗疾勢漸急，在上有人問，當何以對？"珪俛首不語。久之，先臣云："今日非尋常議事之時，安可緘默觀望？"回目章惇，惇復以語恐之，珪色變不答。先臣顧惇曰："相公豈有他哉，特臨大事持重爾。"又語珪曰："去年春延安郡王出侍大宴，聖意已定。"珪不得已，方云延安郡王。惇曰："此是第一句爾，不知第二句云何？"珪無語。先臣曰："相公之言足矣。"先臣於是索紙寫劄子，令惇手書及率衆大臣書名押字。是晚同執政至神宗御牀前奏云："去年春得旨，令延安郡王今春出閣，今大本未見，乞立爲皇太子，以安宗社之基。請來早降別處分，仍肆大赦天下。"神宗聞之首肯泣下，輔臣嗚咽流涕，帳後宮人聞之，莫不飲泣。先臣執劄子顧張茂則，厲聲云："已得聖旨，立延安郡王爲皇太子，請都知奏皇太后，某等賀。"於是茂則引輔臣至簾前再拜而出。太后熟視狀奏，差中使鎖學士院。三月一日，文德殿宣制，因奏乞改哲宗廟諱，貼麻施行。二日，肆赦天下。尋選神宗所信任中使十人，令侍衛皇太子。三月五日，宣仁聖烈皇后急召二府趨至殿門，先臣却步語王珪曰："萬一有不諱，須先請皇太子即皇帝位。"珪云："待到簾前取旨。"先臣云："今日之事，各繫家族，儲嗣已定，相公尚云取旨何也？"珪倉皇曰："惟命是聽。"洎至簾前，神祖已升遐，輔臣向簾前慟哭。王珪與張茂則相語，欲先到樞前先就坐，即皇帝位。先臣奏，乞捲簾與諸輔臣見嗣君。訖，下殿再拜，退至會通門南幕次。凡有指揮事，並先臣親書，令小黃門持至內東門，付本房行遣。再入奠於神宗樞前，乃召軍帥、二王上殿，簾前諭以神宗升遐，嗣君即位。次率百官軍校班於福寧殿，宣遺制，見嗣君訖。退時，簾前出遺制，不言欽成皇后，先臣奏云："德妃朱氏誕生聖嗣，遺制內並無尊崇之禮，欲添入德妃朱氏，可尊爲皇太妃。"久之，曰："可！"先臣復與諸大臣奏乞以梁從政承受資善堂文字。先臣內宿凡七日，歸，號泣謂臣祖母明氏曰："去年冬，中書奏事，神宗因論天下事，泣然流涕，某因問何爲傷感，豈非宮中有所不快？神宗良久曰：'天下事只做到這裏，兒子年小，須得長君繼爲之。'某奏云：'陛下春秋方盛，豈可爲此語？'神宗曰：'天下事止如此。'某復言：'陛下有子岐嶷，臣等未先朝露，當以死報陛下。'神宗喜，顧某曰：'卿必無負。'又某初除右僕射時，神宗宣諭云：'朝廷命相，須可以託國建儲。'前二日某因蔽身同列之後以觀，神宗不見某，枕上展轉驚愕，某近前，神宗乃定。然某素受神宗顧託，今可無愧，但吾家如晁錯於漢室矣。"神宗既殿攢，哲宗與宣仁聖烈皇后御迎陽門垂簾聽政。是時眾議哲宗與宣仁聖烈皇后同設席，忽有中人至崇政殿門閣子內見二府，云欲少却御椅子及微偏，以明崇事寶慈之禮。先臣云："朝與宮中不同，豈可如此！請奏知，一如儀注。"臣祖母明氏、母孫氏入見，欽聖憲肅皇后言，相公簾前奏請立皇太子時，皇太后擁哲宗付劉惟簡，出就坐，而太皇太后以手指撝皇太后，云"你這回放心"。因指胸示臣祖母，猶有青痕，及見欽成皇后號泣曰："若非相公，我子母幾無去處。"先臣奉詔爲山陵使，臣祖母入見，因令奏知欽聖憲肅皇后，將來神宗山陵發引，乞且保佑嗣君，不可遠行，宜請皇太妃扈從。是時中外既安，司馬光與諸用事之臣素爲神宗所退黜者，皆欲乘時攄其憤氣。於是神宗法度，欲一切掃革之而後已。朝廷不問是否，一切從之。先臣奏云："太皇太后於神宗爲母子，舉動若此，反類有仇。皇帝陛下父子繼統，政事固有隨時損益，不宜過聽人言，以傷事體。"自爲永裕山陵使回，即求解機務，宣仁聖烈皇后未許，既而稱疾，請益堅，乃以觀文殿知陳州。謹錄進呈，取進止。臣蔡懋劄子。[1]

李燾特別注明：“此劄子出於內侍閻守懃家。初，蔡確與守懃實同謀共爲誣
罔事者。”[2]

其次是史官之考證。《長編》卷三五二元豐八年三月甲午注云：

《新錄》辯《舊錄》誣謗，今具錄如後。《哲宗實錄辨誣》卷第一：“太
子未建，中外洶洶。皇弟雍王顥問疾，輒穿帳徑至皇太后所語，見宮嬪不
避，神宗數怒目視之，顥無復忌憚。”臣等辯曰：“據曾布《手記》，神宗違
豫，岐、嘉二王日詣寢殿問候起居。及疾勢稍增，太皇太后即時面諭，並令
還宮，非遇宣召，不得輒入。自‘太子未建’，至‘無復忌憚’四十二字，
並刪去。”“皇后憂恐，出財佛祠設齋，揭榜曰‘延安郡王祈禱’，冀天下知
王長立，能致恭孝。”臣等辯曰：“神宗寢疾，皇后出財設齋，意在祈禱而
已，豈得便懷希覬，預爲關防？此實厚誣欽聖。自‘皇后憂恐’至‘能致恭
孝’三十字，並刪去。”“二月，神宗疾甚，辛卯，輔臣入問，至紫宸殿。顥
乃邀於廊曰：‘軍國事，當請皇太后垂簾。’又奏乞止宿侍疾，皇后力爭，得
不宿。既而留禁中，曹王顥屢牽臂引出。”臣等辯曰：“國朝親王宰執，法制
甚嚴，未嘗交談。所謂皇后力爭者，皇后於親王無相見之禮，若謂與宣仁
力爭，則竊聞宣仁聖性嚴毅，人不敢犯。欽聖孝恭，備盡婦道，豈有力爭
之理？引臂之說，尤爲怪誕，不惟誣謗二后，亦且不知祖宗家法及國朝典
禮。自‘二月’至‘引出’六十字，並刪去。”“右僕射蔡確懼，乃以建儲意
問左僕射王珪，珪不答，確益懼，不知所出。事愈急，會確母得入禁中，皇
后使諭確，使外託主兵官燕達等輔立，又因內侍閻守懃諭確協力早定。或
謂確曰：‘此大事也，請與眾詢珪，不言，則正厥罪。’是時，輔臣韓縝、安
燾、張璪、李清臣陰持兩端，嘿不語。確獨約門下侍郎章惇共力。癸巳，輔
臣聚南廳，確顧謂珪，珪亦不語。確曰：‘去春延安郡王侍宴，嘗有旨，來
春出閣，議已定，不言何也？’惇曰：‘言之是則從，不則與公偕死。’珪始

---

[1] 李燾撰，上海師範大學古籍整理研究所、華東師範大學古籍整理研究所點校《續資治通鑑長編》，
    第14冊第8434～8438頁。
[2] 李燾撰，上海師範大學古籍整理研究所、華東師範大學古籍整理研究所點校《續資治通鑑長編》，
    第14冊第8434頁。

曰：'上自有子，何議之有！'是日日晡，詣榻前奏曰：'去冬得旨，皇子延安郡王今春出閤，乞立爲皇太子，以係天下。'三奏，神宗三顧肯首。又奏：'請皇太后權同聽政，以俟康復。'神宗亦顧視肯首，既退，不待奏請，殿東間已垂簾。於是輔臣簾前具奏上旨如前，皇太后泣許。是日，顥牽幕欲入，頵力挽止之。"臣等辯曰："國朝宰執母妻入禁中有時，豈有確母獨得入禁中者。據曾布《手記》：'元符末，欽聖云："章惇等誤哲宗處多。"布言："只如言宣仁及大臣有傾搖廢立意，以此激怒哲宗，恐無以取信，遂云神宗非宣仁所生。"欽聖云："宣仁是慈聖養女，嫁與英宗，當時是甚事勢？又宣仁實妬忌，方十六七歲，豈容有他人所生之子？廢立事亦冤他。"'契勘京、卞等既修成史錄，即將《時政記》盡皆焚毀，肆其誣謗，何所稽考？若當時委有前件事因，欽聖於此豈不説及？亦豈可掩？又據《實錄》及《會要》等書，元豐七年三月丁巳，大燕集英殿，中燕，延安郡王侍立，宰臣王珪率百官賀，神宗宣答曰：'皇家慶事，與卿等同深欣懌。'及升殿，神宗又諭王與珪等相見，復分班再拜稱謝，就坐久之乃退。是冬，神宗諭輔臣曰：'皇子明年出閤，當以吕公著爲師保。'八年三月甲午，輔臣王珪等入問神宗聖體，皇子立簾外，宣仁諭王珪等曰：'皇子精俊好學，已誦《論語》七卷，略不好弄，止是學書。自神宗服藥，手寫佛經二卷祈福。'因以經示珪等，字極端謹。珪等拜賀。是日，降制立皇太子。曾布《手記》亦言建儲之際，大臣未常啓沃，太皇太后内出哲宗手書佛經，宣示執政，遂令草詔。恭惟神宗與子，宣仁立孫，本無間隙，事已素定，而姦邪誣罔，盡以爲蔡確、章惇定策之功。自'右僕射'至'挽止之'二百八十三字，並刪去。""太子立，皇后謝皇太后簾中，太后抵后胸曰：'事遂矣。'其後欽聖數指胸示上曰：'痛猶在也。'上泣謝。"臣等辨曰："抵胸之事，雖士庶家婦姑之際有所不爲，而謂宣仁爲之。指胸以示上曰'痛猶在也'，欽聖果出此言乎？哲宗泣謝，尤爲虚誕，不知何所依據而爲此説。況欽聖宣諭宰執，以謂冤宣仁，則其事可見，此一段，宣仁、欽聖、哲宗皆被誣謗，姦臣爲利，何有於君父？無所忌憚，一至於此。自'太子立'至'上泣謝'三十七字並刪去。"如"望之肅然，履帝位若固有之"。臣等辯曰："哲宗天性至孝，當神宗初晏駕，哀痛之心，必見於形容，如'望之肅然，履帝位若固有之'，似誣聖德，今刪去。”《高遵裕傳》：“元豐末，神宗寢疾，儲嗣未立，宰臣王珪初懷猶豫，嘗密召遵裕子士充，問遵裕所欲立意。遵裕聞之，泣且怒，戒其子勿復往。既久語聞。”臣等辯曰：“哲宗嫡長仁聖，立儲定於侍燕之日，而乃王珪問所欲立於遵裕，此豈遵裕所得與聞者！姦臣爲説，意在誣謗宣仁。自‘元豐末’至‘既久語聞’五十一字，並刪去。”《燕達傳》：“進殿前副都指揮使，拜武康軍節度使。元豐八年，神宗寢疾益甚，會確母入禁中，皇后使諭確，外託主兵官燕達等輔立皇太子。逮神考升遐，宿衛於内東門。百官朝晡臨，由垂拱殿入，皇族親王由内東門入。達謂人曰：‘天子新即位，我坐甲於此，以備非常，萬一有姦人隨皇族而入，則事起不測，又豈能人人辯之。’將入上奏，人或止之曰：‘皇族之事，非所當言，言之恐被罪。’達曰：‘我蒙先帝大恩，拔擢常在衆先，言之苟當，雖死何憾！’遂奏上，大臣嘉歎之。”臣等辯曰：“蔡確誣謗事，朝廷已追正其罪，託燕達輔立皇太子事，合刪去。”《荆王頵傳》：“及神宗疾，徐王顥有覬幸意，每侍疾，數牽幕直入，頵屢挽止之。朝遇蔡確，數以言促確曰：‘延安郡王，太子也，不立何待？’確猶豫未決，頵曰：‘晚則他人是有。’神宗疾甚，顥欲留宿禁中，頵奏，得弗宿。太子立，頵内助居多，逮元祐初，始賜第咸宜坊，曰親賢宅，居之。仍賜國子監書。諸子自勝衣以上，趨拜應對甚謹，上皆命進官。自太皇太后聽政，頵非大朝會未嘗進見，間遣使宣召，頵曰：‘未復辟，不敢往。’澹泊謙畏，喜筆札，飛白、篆、籀皆工。賓禮宮僚，去輒奏留，久者至十餘年。喜釋、老書，尤好書，手著《普惠乘閑集效方》，數以藥救病者，其仁厚天禀。暴得疾，左右不以聞，太皇太后不及問，至薨，口鼻皆流血，又或止之，亦不果臨奠。方國危疑，皇嗣未立，頵能不負神考，奮不顧身，爲宗社計，雖古之所謂臨大節而不可奪者，何以加諸！”臣等辯曰：“此正蔡確等傅會一時之説，謗誣宣仁聖德者。《實錄》元豐八年三月載上即位事，辯之詳矣，此一節合刪去。”《蔡確傳》：“元豐六年秋，確與中書侍郎張璪奏事崇政殿，上悲不自勝，謂確曰：‘天下事止此矣。’確駴曰：‘敢問所因。’上曰：‘子幼奈何！’確曰：‘陛下春秋鼎盛，忽有不祥之言，不審所謂。’上曰：‘天下事，當得長君維持否？’確曰：‘延安郡王，陛下長子，臣不知其他，臣有死而已，不敢奉詔。’上曰：‘卿果能爲社稷計，宜早定。’確與璪俱進曰：‘臣等敢以死守。’上曰：‘善。’確被顧託，乃謀欲請王出閤，建儲議不協。又意上特悲思無聊耳，猶豫不決。七年春，延安郡王出侍宴集英殿，確始奏請欲來春出閤，上可之。後因有對者言及確，上曰：‘群臣皆先皇帝遺朕者，如確自小官，朕親擢至此，必不負朕。然氣弱，得人輔之乃可。’確聞益自奮。久之，八年正月，神宗疾彌月，皇嗣未立，中外洶洶，確始懼，乃以建儲意問左僕射王珪，珪不答，確益懼，不知所出。事愈急，會確母得入禁中，欽聖憲肅皇后諭確，使外託主兵官燕達等輔立，又因內侍閻守懃諭確早定。或謂確曰：‘此大事也，請與眾詢珪，不言，則正厥罪。’是時輔臣韓縝、安燾、張璪、李清臣持兩端，噤不語，確獨約門下侍郎章惇共力。癸巳，輔臣聚南廳，確謂珪，珪亦不語。確曰：‘去春延安郡王侍宴，嘗有旨，來春出閤。議已定，不言何也。’惇曰：‘言之是則從，不則與公偕死。’珪始曰：‘上有子，何議之有？’是日日晡議定，詣榻前奏曰：‘去冬得旨，皇子延安郡王今春出閤，乞立爲皇太子，以係天下。’三奏，上三顧肯首。”臣等辯曰：“秘書省國史案文載太皇太后御崇政殿宣諭三省貶確事七百十三字甚詳。其間云：‘皇帝是神宗長子，子承父業，其分當然。昨神宗服藥既久，曾因宰執等對時，吾以皇帝所寫佛經宣示，其時眾中止是首相王珪，因奏延安郡王當爲皇太子，餘人無語，安燾其時悉見。’又云：‘皇帝乃先帝長子，嗣位乃從來常事，孰有間言。’蔡確班在珪下，何以獨謂更有定策功邪？安燾奏曰：‘當時惟首相王珪一人進對，太皇太后遂泣下開許，便批聖語。’其餘執政更何曾有言？況前年上宣皇子使見群臣，足知先帝之意素定也。兼當日三省《時政記》已如此修定進呈，豈容外人敢如此妄說。謹按此事已修入元祐四年五月丁亥蔡確責授英州別駕、新州安置事下，詳此，即確傳前項所載顯爲誣謗，今刪去‘六年秋’至‘三顧肯首’四百六十二字。”“確終坐黜，而梁燾等猶論不已，遂責確英州別駕、新州安置。確受先帝顧命，姦臣睥睨，坐誣投遐荒，乃命中使馳傳押至貶所。屢經赦罪，無不得宥，獨確四年不得還，八年正月六日，卒貶所，年五十七。天下莫不冤之。”臣等辨曰：“確終坐黜，是吳處厚繳詩事；梁燾等猶論不已，是確自稱受遺事，若爲一說，使後世不可曉，又皆誣謗之言，今刪去‘確終’至‘冤之’八十二字。”《鄧潤甫傳》：“元祐用事之臣結黨排陷，坐製蔡確麻詞妄言有定策功，以龍圖閣學士知亳州。"臣等辯曰："按元祐《時政記》，當神宗末命，宣仁聖烈皇后以哲宗所寫經宣示宰執，當時惟王珪進對，餘人無言。且哲宗以神宗長子嗣位，孰有間言？而潤甫於麻制中推確定策之功，斯罔明甚，史官乃謂元祐之臣結黨排陷，是誣也。今刪去十字。"内臣《劉惟簡傳》云："方神宗疾，蔡確入問，帷幄深密不詳見上，惟簡屢以太子促之，確猶豫。一日，惟簡取幄外燭引確見上，確知疾革，遂立太子。上即位，確懼，選惟簡等十人朝夕左右輔翌。姦人方睥睨，未閱月，黜惟簡，餘九人悉罷，人莫不寒心。"臣等辨曰："哲宗之立爲太子，非由蔡確，確身爲宰相，不思宗社大計，而因宦者所促，遂立太子，寧有此理？自'方神宗疾'以下八十五字合刪去。"《舊錄》卷第六十一，紹聖四年五月己巳，三省言："按劉惟簡、陳衍在元祐時，内挾黨類，外交權臣，邪謀詭計，無所不至。宣仁聖烈誠心德意，不能動搖，皇太后、皇太妃保佑擁護，朝夕備至，故惟簡、衍不得逞其姦心。原其罪惡，族滅爲宜，陛下寬仁，止從投竄。然聞惟簡、衍尚有親戚供職禁中，此曹私心各懷危懼，何可更充内侍，伏乞聖斷，索惟簡、衍親戚并素所厚善逐出外。"臣等辨曰："此一段雖推尊東朝，歸罪閹户，原其誣謗之意，尤爲深切，今刪去七十六字。"《舊錄》卷第六十七，紹聖四年十一月，《梁燾傳》："吳處厚繳進蔡確詩，疏其怨謗，燾與吳安持、劉安世協力攻之，欲以悖逆不道寘確必死。又造爲險語以激怒宣仁。彭汝礪救解之，且請罪處厚。"臣等辨曰："以《實錄》考之，蔡確自以爲策立顧命之臣，貪天之功以爲己力，梁燾嘗疏論之。而史臣以爲造爲險語，以激怒宣仁，誣罔甚矣。今削去。"《舊錄》卷第七十，元符元年二月張士良獄辭："間有臣僚奏請東朝還政者，衍輒詆之曰：'此不忠不孝之人也。'匿其奏置匱中，不以聞東朝，亦不以聞於上。及與呂大防往來，以合密賜大防妻，皆不聞上。"臣等辨曰："宣仁遺誥云：'欲釋天下之重負，就東朝之燕閑，復辟以時，實吾之志。'是臣僚前此未嘗有請還政章奏，或有之，則宣仁在上，豈容陳衍藏匿？又呂大防妻爲國夫人，必歲時入朝三宮，如太皇太后賜合，容有不必聞上之理，史臣此言，顯屬誣謗。今刪去前件五十九字。""又奏除范純仁右僕射，召文彦博平章事。"臣等辨曰："宣仁進用大臣，豈至謀及中宫，史臣妄意簾帷易欺，增重陳衍之罪，所以汙衊聖母，不知無根輕發，不可以欺天下後世。今刪去前件十六字。”“先是，文及甫元祐五年以書抵邢恕，其書有‘司馬昭之心，路人所知’，及‘以眇躬爲甘心快意之地，可爲寒心’，‘其徒實繁，氣燄可畏’等語，於是詔恕繳元書。書至，命京、惇究問及甫，蓋以劉摯爲司馬昭，以‘眇躬’爲主上，‘其徒’謂王巖叟、梁燾、劉安世、孫升、韓川等輩。京、惇進呈，上曰：‘元祐人果如此！’京等曰：‘誠有是心，然反形未具，摯等已責遠方。’上曰：‘若陳衍，朕親見之，不可貸。’故有是命。”臣等辨曰：“文及甫書乃六十四卷‘粉昆’事，不當再録於此。此事是《宣仁聖烈事迹》冊中具載，惇、卞欲廢宣仁，哲宗怒抵其奏於地，遂追張士良於雷州，將脅成其獄，以逞餘憤，士良不可屈而罷。今云上親見陳衍之罪，蓋誣也。刪去前件一百四十四字。”[1]

按，《哲宗實録辨誣》乃范祖禹之子范冲所編，當作於紹興六年（1136）范冲參與重修《哲宗實録》時。[2]

最後是文臣之辨誣。邵伯溫撰有《邵氏辨誣》一書，或名《元祐辨誣》，“專辨紹聖群小誣謗宣仁事本末”[3]。《長編》卷三五二元豐八年三月甲午注引用該書多則史料證明王珪被誣之事，包括如下。

一、邵伯溫之分析

邢恕誘高士京上書，論其父臨死時，屏左右謂士京曰：“神宗彌留之際，王珪遣高士充來問我曰，不知皇太后欲立誰，我斥士充去。”恕又不考究高遵裕既坐知慶州日建議取靈武事敗，神宗貶遵裕散官，以宣仁故，免安置，留京師。宣仁后猶不喜，雖該哲宗登位覃恩，亦不許敘，又安能預策立大計？惇、卞但欲誣罔宣仁，遂贈遵裕節度使，遷士京皇城使，特追貶王珪崖州司戶參軍，貶高士充散官。至元符末，高士育上書，自稱遵裕幼子，其父最愛，父病且死，未嘗離左右，不見士充來說王珪所問之語，士京亦不在父所。時欽聖后垂簾，特與士育改文資，除環慶路經略安撫司幹辦公事，蓋察其言之實也。伯溫見高公諫言，士京乃遵裕假子，士育實遵裕幼子。士京既

[1] 李燾撰，上海師範大學古籍整理研究所、華東師範大學古籍整理研究所點校《續資治通鑑長編》，第 14 冊第 8419~8425 頁。
[2] 參蔡崇榜《宋代修史制度研究》，第 99~101 頁。
[3] 陳振孫撰，徐小蠻、顧美華點校《直齋書録解題》卷五，第 151 頁。

為邢恕所誘作此事，恨章惇不甚進用之，屢欲自陳虛妄，南北宅高氏皆絕之。靖康初，諸王府贊讀江端友上書，論士京事甚詳，端友與高氏子孫相熟也。邢恕又言黃履在元豐末，曾有章疏言宣仁后欲立徐邸事，伯溫後在同州，於曾布之子紆處見曾布手記當時事一編云：「禁中元無黃履文字，黃履家出稿草入獄，為諂黃履與恕自未第而交遊相善，恕亦與履同謀也。」王棫，京師人，有口辯，好議論。熙寧中，為熙河路走馬承受致仕。家富，游公卿之門，與邢恕為死黨。伯溫嘗見王棫、尚洙、李洵於恕所，皆妄人也。後章惇因恕薦，落棫致仕，除知北平軍。未幾棫死，其子直方不以父為然，每為士大夫言父晚年病心。直方後亦死，無子，與晁載之相善，以平生所收書畫歸載之。觀直方所留書畫，於其間得王棫與邢恕往來書一通，皆共謀誣造諸人廢立事者。[1]

二、江端友之上書

靖康元年月日，諸王府贊讀臣江端友昧死再拜上書皇帝陛下：臣伏覩宣仁聖烈皇后當元豐末垂簾聽政，保佑哲宗皇帝，起司馬光為宰相，天下歸心焉。九年之間，朝廷清明，海內乂安，人到於今稱之。其大公至正之道，仁民愛物之心，可以追配仁宗，至於力行祖宗故事，抑絕外家私恩，當是時，耆老盛德之士，田野至愚之人，皆有復見女中堯舜之語。其功德巍巍如此，天下歌誦如彼，而一邢恕造無根之語以為謗議，使後世疑焉，如日月之明而浮雲弊之，臣不勝痛恨。初，元豐中，高遵裕大敗於靈武，責散官安置。未幾，神宗崩，哲宗嗣位。宰臣蔡確以謂遵裕者，宣仁族叔也，即建請牽復以悅宣仁之意，而不知宣仁之不私其親也。宣仁簾中宣諭曰：「遵裕喪師數十萬，先帝緣此震驚，愊愊成疾，以至棄天下。今肉未寒，豈忍邊私骨肉而忘先帝乎？」即日批出曰：「遵裕得罪先帝，今來垂簾，凡高氏推恩，獨不可及遵裕。」確謀大沮。後確責知安州，作詩譏訕，坐貶新州。而邢恕乃確之腹心也，偶與遵裕之子士京中山同官，遂以垂簾時不推恩牽復事激怒之，使上書言王珪曾遣遵裕之子士充來議策立事，遵裕斥去之。士京庸懦不識字，實恕教之為書。士充疏遠小臣，素不識珪，珪安得與之議及社稷大計？又何

[1]李燾撰，上海師範大學古籍整理研究所、華東師範大學古籍整理研究所點校《續資治通鑑長編》，第 14 冊第 8427～8428 頁。

從輒通宮禁語言？且上書時，珪、士充、遵裕亦皆死矣，何所考按？臣竊聞元豐八年《時政記》即確所修，其載三月中策立事甚詳，何嘗有一疑似之言。恕之本心，但謂不顯王珪異同，則難以歸功蔡確，而不知厚誣聖母之罪大也。恕之爲人，非獨有識之士無取，其子居實亦不樂其父所爲也。天下皆知之。章惇，排斥元祐者也，在簾前奏事，惇傲不遜，都堂會議以市井語誚侮同列，豈忠厚君子哉？尚云極力以消除徐王覬覦之謗。惇與王珪、蔡確同爲執政顧命，使當時果有異同，豈有復爲此言乎？則恕之謗可謂欺天矣。緣此紹聖中，蔡卞獨倡追廢聖母之議，賴哲宗仁孝，不聽其說，不然，人神痛憤，失天下心，爲後世笑，悔可及乎？自比年以來，三變屢作，禍亂繁興，水旱相仍，北敵内侮，安知非祖宗之靈赫怒於斯耶？至於高氏一族，銜冤抱恨，無所伸雪，亦足以感傷和氣，召致災祥，未必不由此也。臣竊惟聖人之德莫先於孝祖廟，帝王之政必急於明是非，陛下即位以來，登用賢俊，退斥姦邪，如追贈司馬光等，既以辨人臣之謗而明是非矣。而宣仁聖烈皇后者，神宗之母，陛下之曾祖母也，被三十餘年之謗，公卿大臣未嘗以一語及之，可不痛乎？范純仁遺表有云，宣仁之誣謗未明，使純仁在朝廷，必能辨之也。臣顧陛下敕有司檢尋案牘，推究言語之端，發之於誰何，其證佐安在，則小人之情見矣。誕發明詔，曉諭中外，庶使遠邇臣民，疑議消釋，渙然如清冰之近太陽，豈不快乎！然後以策告宣仁及神宗廟，上以慰在天之靈，下以解人神之憤。昔漢靈帝夢威帝怒其責宋皇后；周成王時，皇天動威，彰周公之德。以此知宗廟之靈、禍福之變，甚可懼也。宣仁之謗，臣以爲陛下惟不聞耳，聞而不辨，豈所謂教天下以孝乎？臣不勝區區之情，惟陛下裁幸。[1]

三、曾布《日録》之記載

三省用葉祖洽言，追貶王珪昌化司户，追賜第、遺表恩例及子孫等，如劉摯等指揮再録[2]，未及奏事，上遽宣諭："王珪當先帝不豫時持兩端，又召

---

[1] 李燾撰，上海師範大學古籍整理研究所、華東師範大學古籍整理研究所點校《續資治通鑑長編》，第14冊第8428~8430頁。

[2] "如劉摯等指揮再録"，邵博《邵氏聞見後録》卷二《曾丞相布手記》作"如劉摯等旨揮。再對"（邵博撰，劉德權、李劍雄點校《邵氏聞見後録》，第14頁），當是。

高遵裕子與議事，當時黃履曾有文字論列，及同列敦迫，其後方言‘上自有子’。”布云：“此事皆臣等所不知，但累見章惇、邢恕等道其略，不知黃履章疏在否？”上云“有！”布等聞禁中無此章，履曾於紹聖初録奏此，三省又令履録私稿以爲質證。上又言：“高士英者詣黃履，問誰當立者，此亦履貼黃中曾論列。”布與林希云：“天命何可移易，但小人妄意窺測爾。兼宣仁亦無此心。”上云：“宣仁乃婦人之堯舜也。外則珪等，內則劉惟簡輩，妄爲此紛紛爾。”布云：“德音如此，臣復何言！然願諭三省，於詔令中明述此意，使天下曉然，知朝廷誅責大臣而陛下推明太母德意如此，則誰敢復議？亦當書之典冊，以示後世。”林希進曰：“臣謹當著之《時政記》。”上云：“告命當令進呈，然後行下。”布與林希皆稱善。退以語林希云，布欲增四句云：“先帝付託，群臣所知；太母睿明，聖德無爽。”希稱善。仍督希以白惇，布亦慮詔令之出，中外有疑於形迹宣仁者，遂持以示惇，惇不得已，但改云：“昭考與子之意，素已著明；太母愛孫之慈，初無間隙。”希大喜，以謂微布發之，何以有此！使人知上德仁孝，於宣仁無疑，此乃於國體爲便。進呈，上指所增四語云：“極當！”又添近日三省以大防等有廢立謀逆之意，又發揚王珪觀望，以明定策之功，故痛貶大防、珪等。又言嚴叟等意不在確，皆欲以此感動上意爲誅戮，凶逆之人，不避怨怒，以爲忠藎，故上亦爲之欣納。凡所爲姦，無不如意者，萬一有異論之人，則指以爲逆黨，所以鉗天下之口。吁，可畏也！布是日悒悒，爲之寢食不安，不勝憤怨，而以林希亦云貶竄者未足道，但爲此言以離間宣仁，使上於宣仁不能無疑，致其骨肉間有芥蒂，此尤爲可憤。兼蔡京曾云，仁宗時嘗欲以庶人禮葬章獻，然考之國書，無此事，京輩大概每欲如此。京又嘗言車駕不可幸楚邸。又嘗云上比來以覺悟楚王，二婿盡罷翰林司御廚，此輩豈可使居此地？此論殊可怪。又云京嘗言天下根本未正，意謂不誅楚邸則未安爾。是時楚王未薨，故有此論。及被詔作墓銘，乃固辭，亦此意也。布又云：“梁燾言及楚邸，不知聖意以爲如何。”上曰：“他必不知。”布云：“誠如聖諭，若大臣與楚邸交通，真有此謀，豈一二人所能辨？外議皆疑朝廷欲行遣楚邸，臣獨以謂聖意素不如此，必無此理。今聖諭亮其不知，臣復何言！謂楚邸不知，固無可議，就令當時實有此謀，陛下亦當涵容闊略，此豈惟傷先帝篤愛兄弟之恩，兼形迹宣仁，於國體豈爲穩便？如此則上累聖德不細。"上亦然之。太母又太息云："誤他處多。"布云："只如言宣仁及大臣有傾搖廢立之意，以此激怒先帝，恐無以取信，遂云神宗非宣仁所生。"太母云："宣仁是慈聖養女，嫁與英宗，當時是甚事勢？又宣仁實妒忌，方十六七歲，豈容有他人所生之子？廢立事亦冤他，孃孃豈有此意？如此教他先帝怎生不惡？"布云："先帝所以切齒元祐之人，正爲此爾。此事莫如皇太后知虛實。"太母云："無此事。楚王希望不可知。"布云："大臣果有此謀否？"太母云："當時不聞，誰敢説及此事？他只説人罵神宗，又説出此一事，怎生教他不惡？"布云："外人皆言惇既誣罔元祐人以廢立事，又深貶王珪以定策之際持觀望之意，今日惇簾前出不正之語，人皆以爲報應。"太母云："是報應也。"[1]

四、韓宗武所記其父韓縝之語

韓太中宗武記父丞相縝語。縝，元豐末知樞密院，與王珪、蔡確等同預顧命者。元豐八年，神宗服藥日久，先公一日語張璪曰："上服藥日久，建儲如何？"璪曰："子厚多口，試説與看。"先公一日又語章惇，惇曰："此議甚好。"説與二相，亦以爲然。一日，約集議於樞密院南廳，盡屏去人吏，止留筆硯一副，紙數張。就坐久之，皆無語。先公視王珪語曰："今日之議，立延安郡王爲皇太子。去年上已令侍宴，出見群臣，又有聖旨四月一日出閣，此事何疑。相公爲百辟領袖，今日之議，何故都無一言？"珪云："諸公之議，亦珪之意，別有何疑。"張璪推筆硯紙章惇，令於紙上寫"立延安郡王爲皇太子"，遂相約來日問聖體奏事。來日至寢門，召內臣張茂則云："今日欲奏事，立延安郡王爲皇太子。"張茂則令於神宗寢榻前設案，王珪將所書紙鋪在案上，奏請立延安郡王爲皇太子。時神宗風喑已不能語，但慘怛久之，衆人皆拱立，未敢復言。時太妃亦在帳中露半面，國婆婆抱哲宗坐。頃之再奏，婆婆云："聖意已允。"王珪問張茂則"太后在甚處？"太后自云"這裏"。張茂則令內臣張簾，太后在簾下云："相公立得這孩兒便好，這孩兒真是孝，自官家服藥，只是吃素寫經。"簾內傳出經兩卷，一《消災經》，一《延壽經》。後題云："延安郡王爲皇帝服藥日久，寫某經一卷，願

---

[1] 李燾撰，上海師範大學古籍整理研究所、華東師範大學古籍整理研究所點校《續資治通鑑長編》，第 14 冊第 8430~8432 頁。

早康復。”自簾內宮人抱出哲宗，裹帽子，著衫帶，立於簾外。諸公環視久之，無他語，遂宣制施行。後神宗上仙，宣遺詔立皇太子，內外欣戴，初無異聞。[1]

五、靖康元年（1126）大臣請黜蔡懋、爲高太后和王珪雪謗之奏疏

計有中書舍人顏岐、安扶，諫議大夫楊時、徐秉哲，御史中丞陳過庭，吏部侍郎馮澥，戶部侍郎邵溥七人。茲引其中五人奏疏。

楊時上殿劄子云：

臣聞天下之本在國，國之本在家。竊惟宣仁聖烈皇后保佑哲宗皇帝，枉被誣謗，久而未明，臣謹具本末於左。昔元豐之末，伏見神宗皇帝不豫，哲宗皇帝幼冲，宣仁聖烈皇后有旨，令二王非宣召不得入內，其關防之慮深矣。是時，王珪首建大議，請立延安郡王爲皇太子，餘人無言者。退批聖語在中書，仍關實錄院，衆臣簽書，本末詳具。天地鬼神臨之在上，質之在旁，不可誣也。至元祐中，蔡確以罪去，其黨始造爲姦謀，冀邀異日之福。紹聖初，章惇、蔡卞用事，欲中傷舊臣，報復私怨，遂實其說。上誣聖母，而以大逆之名加王珪，以定策之功歸蔡確，而己亦與焉。其爲此謀，非私於蔡確也，其實自爲，因以中元祐之人耳。天下銜冤積憤，幾四十年。伏遇陛下嗣守神器，如大明之無隱不燭，而臣幸得備員諫省，不得不爲陛下言之也。凡元祐政事，著在甲令者，皆以焚毀，則當時所批聖語在中書者，必無遺矣。所幸紹聖中所修《時政記》具在，秘書國史案猶可考也。此天實存之以遺陛下，伏乞下秘書國史案，取索元祐《時政記》，一賜觀覽，足以具見事實，昭洗王珪爲臣不忠之名，追奪蔡確冒受褒贈之典，濫恩所被，悉行改正，以釋天下積年憤鬱之氣，臣不勝幸願之至。[2]

陳過庭奏疏云：

及章惇晚年被斥，頗有悔過之意，其謝表則曰：“極力以遏徐王覬覦之謗，一心以明宣仁保佑之功。”觀此，知當時固嘗起徐王之謗，而掩宣仁之

---

[1] 李燾撰，上海師範大學古籍整理研究所、華東師範大學古籍整理研究所點校《續資治通鑑長編》，第 14 冊第 8433~8434 頁。

[2] 李燾撰，上海師範大學古籍整理研究所、華東師範大學古籍整理研究所點校《續資治通鑑長編》，第 14 冊第 8439 頁。

功矣。[1]

馮澥上殿劄子云：

臣恭惟宣仁聖烈皇后以盛德大恩保佑哲廟，八九年間，盡其心力，天地神明，所共昭鑑。功施社稷，德被區宇，日月光明，安可蔽翳！而元豐姦慝，輒加誣詆，妄興廢立之議，興造事端，迫脅不肖子弟以爲證佐，上下共知，人臣同憤，三十年間，無敢言者。[2]

邵溥上殿劄子云：

元豐間，蔡確以起獄至輔相，神宗皇帝上賓，懼司馬光、呂公著之還朝不容己也，造爲曖昧不根之言，誣詆宣仁聖后，志在要功以固寵祿。其後群凶資以爲貨，紹聖間，章惇欲同蔡確之功以自大，繼主其説。是時同列大臣如韓縝、安燾尚在，初不聞有此議也。政和間，蔡京因王珪以沮鄭居中之爲相，故命史官述哲宗之紀。宣和間，蔡懋因蔡京以規蔡確之封王，故請上皇作蔡確之傳。宣仁，神宗之母。歲九月祀神宗於明堂，宣仁忌辰在散齋之內，上皇既不受慰，在廷之臣無一人詣景靈宮者。尊神宗而卑神宗之母，可見蔡京之無忌憚也。上皇，宣仁之孫也，以一蔡確之故，用一蔡懋之説，親作王母之謗史，可見蔡確之無忌憚也。在昔神宗皇帝奉事兩宮，孝德彰聞，友愛二弟，止處東宮，而確、惇、京、懋乃敢蔑視宣仁，掩神宗十九年之聖孝。范純仁遺表曰：“若宣仁之誣謗未明，致保佑之憂勤不顯。”本權臣務快其私忿，非泰陵實謂之當然，是豈哲宗之意哉！哲宗之紀，蔡確之傳，非元豐三省、樞密院《時政記》所載，無有據依，皆出蔡懋臆説。甚者託以祖母明氏之言，不獨厚誣宣仁，又且上累欽聖，是豈上皇之意哉？[3]

徐秉哲上殿劄子云：

伏聞哲宗皇帝既即大位，蔡確、章惇疾王珪爲首相，恐其專有扶持挾輔之功，乃造作語言，詆誣宣仁。謂當神廟不豫之時，屬意在雍王而不在哲

---

[1] 李燾撰，上海師範大學古籍整理研究所、華東師範大學古籍整理研究所點校《續資治通鑑長編》，第 14 冊第 8440 頁。

[2] 李燾撰，上海師範大學古籍整理研究所、華東師範大學古籍整理研究所點校《續資治通鑑長編》，第 14 冊第 8440 頁。

[3] 李燾撰，上海師範大學古籍整理研究所、華東師範大學古籍整理研究所點校《續資治通鑑長編》，第 14 冊第 8441~8442 頁。

宗，自稱其有策立主上之力，天下不平之久矣。及確因弟碩贓汙事發，罷相補外。至安陸，不自循省，謗訕君親，投竄嶺表。當時謫辭曰："先皇與子，孰云定策之功？太母立孫，乃敢貪天之力！"其旨意明矣。上皇謫惇，有謝表亦云："盡力過徐王覬覦之謗，一心明宣仁保佑之功。"則惇已悔前日誣言之非矣。況當日門下省《時政記》，惇所錄進，未嘗有他語也。元祐四年，左正言劉安世亦嘗論列，且曰："不若早爲辨正，以解天下之惑，臣恐異日爲朝廷之患。"觀今日之紛紛不已，安世之言驗矣。蔡懋初與蔡京不相能，屢爲京竄逐，自政和中，遂通京賂，厚相結納，懋盛稱京知開封府，且入立殿下，有助定策之功。京素誕誇，以功名自任，乃極力主懋之説。初除懋徽猷閣待制，明年進直學士，又引令上殿面陳誣罔之語，確遂封王爵，懋升延康殿學士，因而爲尚書，爲府尹，爲執政。其叔碩贓敗免死，亦贈待制。諸弟、諸子、諸孫、諸婿、諸女、諸妾，或爲侍從，或爲郎官，或爲監司，或加封號，門戶華耀，氣焰炙手，猶以爲未足，乃誣撰哲宗帝紀與宣仁、雍王二傳，欺罔上皇，以帝紀爲御製，使人不得擬議，茲尤可駁。臣自筮仕以來，聞長老爲臣言宣仁之誣謗，及臣僚所上章疏，固非一事，臣未敢決其是非。一觀懋所撰謗史，以帝紀及二傳參考，所謂宣仁保佑之功，蔡懋父子誣罔之迹，較然自明，豈非豐功大烈，神物護持，姦臣賊子，終不得而掩没。臣請摭其一二辨白之。謹按哲宗帝紀曰："三月朔，輔臣入，太子立簾外，皇太后諭王珪等，太子精俊好學，已誦《論語》七卷，略不好弄。珪等再拜賀，是日改今名。"若宣仁意在雍王，豈有盛稱太子之美於未定之前耶？是日建儲改名，今謗史不言建儲，止言改名者，掩其因宣仁褒稱而建儲也。又按宣仁列傳曰："神宗感疾，太子手書佛經以祈福，既正儲位，因輔臣奏事，后於簾前出書經示之曰：'太子聰哲，社稷之慶。'"使宣仁意不在哲宗，何以未踐阼之前盛稱儲君之美？以謗史考之，哲宗建儲踐阼，盡出宣仁聖意之先定，昭昭乎如日星之不可掩，又何假於外助，此理曉然，士庶具知。雖懋之姦巧，且不可得而改易。又按哲宗帝紀曰："太子立，皇后謝，太后抵后胸曰：'事遂矣！'其後數指胸示哲宗曰：'痛猶在。'後確母入禁中，太后示其擊痕尚存。"又宣仁列傳曰："神宗疾，雍王顥數穿帷入白后，后卒不果。及皇太子立，手抵向后胸曰：'事畢矣！'"臣讀此，不覺淚之橫流也。宣仁身爲天下母，保佑哲宗，正位天極，垂簾十年，陰功厚德，滲瀝四海，女后之賢，前古所無。姦臣賊子，妄稱父功，僥倖恩賞，乃以閭巷所不爲之事，上誣聖母，茲尤可痛。前曰以手抵胸，中曰痛猶在，後曰擊痕尚存，是何毒手尊拳，若是之甚也！懋等但求其言之深切，使人爲可信，不知其自牴牾也。又況上皇乃宣仁之孫也，揚美不揚惡者，子孫之職。借使果有是事，自當爲尊者諱，況事無其實，盡出誣詆，何可書邪？懋等乃敢欺罔上皇，託以御製，傳之後世，使人得以議上皇播揚祖母之惡。臣恐上皇不知帝紀所載之文如是爾，若或知之，必不肯借御製之名也。懋欲竊取寵祿，榮耀其私家，使宣仁、上皇負謗天下，於懋安乎？陛下爲人子孫，所不忍聞也。又帝紀曰："蔡確以建儲問左僕射王珪，珪不答。輔臣韓縝、安燾、張璪、李清臣拱默無言，確獨約門下侍郎章惇爲助，惇怒曰：'言之是則從，不然偕死。'珪始曰：'上自有子，何議之有？'"臣觀宣仁三月朔稱美太子精俊好學之若是，其意斷可識矣，何待珪等有語！珪答以上自有子，何議之有！珪爲首相，其語如是，事無疑矣，輔臣復何異論？當時大臣不知以何罪而例遭遠竄。若確獨約章惇爲助，觀惇所進門下省《時政記》，敘其建立之事，未嘗有他語。惇被責，謝表之詞已自明白，是惇初雖惡珪，妄爲此語，實未嘗助確也。又帝紀曰："會確母入禁中，皇后令諭確託主兵官燕達等輔立。"又雍王傳曰："會確母入禁中，皇后使諭確，外託主兵官燕達、知開封府蔡京輔立。"臣竊觀元豐七年秋宴之日，太子出見群臣，神宗與子之意定矣；次年三月朔，太子立於簾外，宣仁立孫之意定矣；燕達、蔡京何豫焉？朝廷大事，自有宰輔大臣，何關於殿前司、開封府乎？懋稱託達者，以主兵明其將有變故，是欲大其事也。必稱託京之助己，乃以輔立之事悅之，使其出力爾。蔡京素多姦詐，懋之姦詐又出其上。又觀紀傳所載必言確母宣諭，又言以擊痕示確母。方此危疑之時，確母安得數入宮禁？此又懋之姦詐，欲稱確母之功。然懋非獨稱確母之功，又且確以大事未定，歸詢其母，有妾豫議，遂乞封爲夫人，乃蔡莊所生也。封告之文，尚可稽考。懋欲揚其祖母父妾爲有助於定策，乃陷宣仁於非義，豈得不爲之痛心乎？臣又聞帝紀曰："確請擇忠勤內侍十人於皇太子左右翊衛，以備非意。"臣觀宣仁之保佑哲宗，恩義盡矣，何非意之可備？言而及此，誣詆益又甚焉！臣又聞蔡京所以助懋成此誣罔之説，非特爲納懟之賂，揚己之功，其意蓋在於鄭居中也。居中，王珪之婿。方蔡京爲太師，居中爲宰相，論議多不協和，京欲排去居中，未有夤緣，故詆王珪爲不忠，將并其婿而逐之。京欲用私意而厚誣宣仁，海外之竄，未當其罪。[1]

此外，《長編》卷三五一元豐八年二月癸巳注引趙子崧《中外舊事》云：

元豐末命，公正明白，王、蔡二相，初無矛盾，特出邢恕妄作耳。王文恭公薨時，舉朝名士挽詩，皆以立子之功歸之，當時無異論也。自司馬温公入朝，恕乃用捭闔之術，欲合蔡公於温公，温公不疑，初亦稱其材，群僚大懼，既而公議不容，乃出守宛邱，會恕亦憂去，因梁左丞燾過懷，恕見之，怵梁論蔡之功，不宜遠外，自此遂攘其事。蔡自以謗詩貶，皇太后命三省、樞密院於《時政記》《日録》明著元豐八年三月事，以示後世，且曰：“官家是神宗長子，子繼父業，乃是本分。昨神宗服藥時，將官家所寫佛經宣示宰執，其時衆中只是首相王珪曾奏乞立延安郡王爲皇太子，其餘人別無言語。今安燾其時亦在，盡見子細。確有何策，立功勞若是？確他日復來欺罔上下，豈不爲朝廷之害？恐官家制御此人不得，於社稷不便。”所以皇太后不避姦邪之怨，因其自敗，如此行遣，蓋爲社稷也。嗚呼！堯、舜之明不過如此。確既死，其子懋衣齊衰立馮公喪筵，唐突告變，章雷州力主之，王文恭公之子仲修録章所爲挽詩二章，刻石愬於相府，章慚不能答。方元祐初，皇太后嘗牓高公繪之門，不得與邢恕相見，懋之姦惡，未可殫舉，蔡魯公亦畏之。蓋初事元度，密間其兄弟，後事攸，又間其父子，然卒引致西府者，使監攸也。宣和間，結梁師成，至請太上皇親述確傳，指斥太皇太后無所不至。又推恩其兄承、弟莊，皆從官；子堅、皋，皆郎官；婿邢倞、曾詠、王晉明，皆監司。善善及子孫，未聞及子婿，蓋欲激去鄭燕公耳。夫王禹玉之事，與鄭何與？本朝宮禁之嚴，古今所無。懋乃謂神宗大漸，確使妾趙氏入見長樂，趙氏，莊之母也，故宣和間封夫人。又謂使府尹蔡京挾劍子入内隨徐王，尤可駭，寸刃豈能入皇城？況危疑時，此不可欺三尺童子，而卒用以富貴數世，安而無禍，天難諶哉！……余既書元豐末命，紹興二年四月避地

[1] 李燾撰，上海師範大學古籍整理研究所、華東師範大學古籍整理研究所點校《續資治通鑑長編》，第14冊第8444～8446頁。

潯江，偶司諫韓瑝叔夏謫監潯州鹽稅，暇日語及，因借得其父文若記莊敏丞相作樞長時，神宗服藥日久，韓一日語張璪曰："上服藥日久，建儲如何？"璪曰："子厚多口，試說與看。"韓乃語章惇。惇曰："此議甚好。"說與二相，亦以爲然。約集議於密院南廳，屏人，留筆研一副，紙數幅。就坐久之，皆無語。韓視王珪曰："今日之議，立延安郡王爲太子。延安郡王去年上巳令侍宴，出見群臣，又有旨四月一日出閤，此事何故都無一言？"珪云："諸公之意，亦珪之意也，別有何疑？"張璪推筆研紙與章惇，令於紙上寫"立延安郡王爲皇太子"。來日至寢閣，召內臣張茂則云："今日奏事，欲立延安郡王爲太子。"茂則令於御榻前設案，王珪將所書紙鋪在案上，奏請欲立延安郡王爲皇太子。時神宗風喑不能語，但慘怛久之。衆人皆拱立，未敢復言。時太妃亦在帳中露半面，國婆婆抱上坐。頃之，再奏，國婆婆云："聖意已允。"張茂則云："聖意已允。"王珪問張茂則："太后在甚處？"太后自云："在此中。"茂則令內臣張簾，太后在簾下云："相公等立得這孩兒便好，這孩兒真是孝，自官家服藥，只是吃素、寫經。"簾內出經兩卷，一卷《延壽經》，一卷《消災經》，逐卷後題云："延安郡王臣某奉爲皇帝服藥日久，寫某經一卷，願早康復。"自簾內宮人抱出哲廟，哲廟裹帽子，著彩帶，立於簾外，諸公環侍久之，無他語，遂宣制施行。後神宗上仙，宣遺制立皇太子，內外欣戴，初無異聞。已上韓氏手録，不敢增損一字。[1]

又《長編》卷四八六紹聖四年四月丁未注引王鞏《甲申雜記》云："武臣王棫爲邢恕教令上書，誣宣仁於哲宗有異心，及教蔡渭等上書論元祐及元豐末年事，其書一篋悉在，皆恕手筆，其間塗竄者非一。棫於哲宗朝論之，得閤門職名。既卒，其子直方特出其書，以示親密。自元豐末至宣仁上仙，無不被誣者，而禹玉尤甚。蔡奉議蕃嘗謂直方曰：'使王氏子竭產，亦願得此書也。'蔡倅潤過高郵，爲予言之。王居東京九龍廟側。"又引"劉跂《辨謗録》載李清臣説章惇元符末因奏事自言：'王珪、司馬光、劉摯、梁燾等行遣，皆是邢恕説與臣。'恕坐此責。恕上章乞與惇各被五木對吏，章不降

[1] 李燾撰，上海師範大學古籍整理研究所、華東師範大學古籍整理研究所點校《續資治通鑑長編》，第14冊第8413~8414頁。

出"。[1]

　　據以上材料，可知王珪被誣始於蔡確，而由邢恕發其端，其後章惇、蔡京、蔡懋等人各以私利繼主其説，其事又因新、舊黨争而牽連於高太后，遂造成紛擾。按，邢恕（生卒年不詳），字和叔，鄭州原武（今屬河南原陽）人，治平四年（1067）進士，官至御史中丞，卒年七十，《宋史》卷四七一、《東都事略》卷九九有傳，《全宋詩》卷八七四録其詩十首、殘句四聯，《全宋文》卷一八二一至卷一八二三收其文二卷餘。蔡京（1047—1126），字元長，興化軍仙遊（今屬福建）人，熙寧三年（1070）進士，官至左僕射，靖康元年卒，年八十，《宋史》卷四七二、《東都事略》卷一〇一有傳，曾莉編有《蔡京年譜》[2]，《全宋詩》卷一〇四三録其詩十七首、殘句五聯又二句，《全宋文》卷二三五八至卷二三六四收其文七卷。

是月，險爲邢恕、蔡確所傾。

　　《長編》卷三五四云：元豐八年四月"辛巳，奉議郎、職方員外郎邢恕爲右司員外郎。蔡確初未知恕，文彦博之歸洛陽也，恕有詩送行，神宗嘗對確稱焉，且謂恕久在館下，當遷。確曰：'熙寧變法之初，恕有異議，不可用。'神宗不答。確退朝，即召恕告之。恕尋遷著作佐郎。（元豐七年五月一日）不半歲，又遷職方員外郎。（七年十一月九日。）恕雅善司馬光、吕公著，確度光及公著必復用，遂深交恕，意欲因恕以結二人也。然恕傾險，乃更與確陰謀，謂確有定策功，於是驟遷都司"。注云："此據邵伯温《邢恕傳》，然伯温謂恕爲都司，薦劉摯等於蔡確，確不能用。摯等既攻確并及恕，恕怒，遂以謀廢立事報摯等。按恕與確畫策，欲傾王珪，蓋二月末間，今遷都司，蓋確藉其畫策耳，不縁欲因恕結司馬光等也，今刪取之。"[3]邢恕與蔡確畫策事，見前引《長編》卷三五一元豐八年二月癸巳記事。

奉命作《惠國公主祭文》。

　　錢世昭《錢氏私志》在記王珪中秋夜受召與神宗對飲事後，云："又，

［1］李燾撰，上海師範大學古籍整理研究所、華東師範大學古籍整理研究所點校《續資治通鑑長編》，
　　　第 19 册第 11557～11558、11558 頁。
［2］曾莉《蔡京年譜》，廣西師範大學出版社 2019 年版。
［3］李燾撰，上海師範大學古籍整理研究所、華東師範大學古籍整理研究所點校《續資治通鑑長編》，
　　　第 14 册第 8478～8479 頁。

上鍾愛一公主七歲而薨，親送殯宮，歸路悲甚，命宮門外再設祭，命公作祭文。公度起草不及，乃就馬上自書祝版，云：'唯主如冰如雪，如花如月，冰散雪消，花殘月缺。嗚呼哀哉！尚饗。'皆服其敏辨得體。"[1] 所引祭文不見於今本《華陽集》，《全宋文》亦失收。考《宋史》卷二四八《公主傳》及《宋會要》帝系八之二九，神宗共有十女，分別是周國公主、楚國公主、唐國公主、潭國公主、鄆國公主、潞國公主、邢國公主、邠國公主、兖國公主和徐國公主，其中楚國、鄆國、潞國、邢國、邠國、兖國六位公主早卒，而"七歲而薨"者僅一人，即鄆國公主。《長編》卷三五一云：元豐八年二月"甲申，上第五女卒，母朱德妃也，生始七歲，追封惠國公主"[2]。甲申爲二十日。《宋會要》帝系八之三一云："鄆國長公主。元豐八年二月薨，追封惠國公主。元符三年二月，追封鄆國長公主。"[3] 則王珪奉命作《惠國公主祭文》當在元豐八年二月二十日之後。

三月一日，再入問神宗疾，擁立延安郡王爲皇太子。

《長編》卷三五二云：元豐八年"三月甲午朔，執政詣內東門，入問候。皇太后垂簾，皇太子立簾外。皇太后諭珪等：'皇子精俊好學，已誦《論語》七卷，略不好弄，止是好學書。自皇帝服藥，手寫佛經二卷祈福。'因出所寫經示珪等，書字極端謹，珪等拜賀。遂宣制，立爲皇太子，改名煦，仍令有司擇日備禮冊命。又詔：'軍國事，並皇太后權同處分，俟康復日依舊。'未刻，執政再入問聖體，進呈立皇太子例降敕。皇太后諭珪等：'皇太子立，大事已定，天下事更在卿等用心。'珪等言：'朝廷法度紀綱素具，臣等敢不悉心奉行。'自此執政日再入"[4]。

三月四日，同意以溫州僧道親所進龍壽丹進御神宗。

《長編》卷三五三云：元豐八年三月"丁酉，皇太后遣勾當御藥院梁從政問王珪等，欲以溫州僧道親前年所進龍壽丹進皇帝，卿等議其可否？珪

---

[1] 錢世昭撰，查清華、潘超群整理《錢氏私志》，《全宋筆記》第二編，第 7 冊第 67 頁。

[2] 李燾撰，上海師範大學古籍整理研究所、華東師範大學古籍整理研究所點校《續資治通鑑長編》，第 14 冊第 8408 頁。

[3] 劉琳等校點《宋會要輯稿》，第 2 冊第 194 頁。

[4] 李燾撰，上海師範大學古籍整理研究所、華東師範大學古籍整理研究所點校《續資治通鑑長編》，第 14 冊第 8417 頁。

等言，今疾勢如此，醫工束手無如之何，尚冀此藥靈異，萬一有效。因以進御，然亦無及也。初，元豐五年秋，上不豫。道親詣尚書省，自陳前年在雁蕩山巖崖間逢一老人，自上而下，與道親語，付藥一丸，其大如彈，曰：‘爾速入京以進皇帝。此藥以萬歲藤膏熬成，可以金盂玉鉢研之。日三服，三日九服，此可保九九之數。藥名龍壽丹。’道親得之，數月未行，再於山林遇之，仍趣其行。比至都，已聞上不豫，依老人語，不敢隱避。尚書省異之，不敢受其狀，後因奏事言及之。上命從政取其狀并藥，及問所欲。道親云：見老人但戒進藥。仍言乞濟拯孤窮，禁天下勿捕黿。又乞太歲本命四立日節酒樂，此外無所需也。上遣從政至雁蕩山，燒香爲名訪之，無所見示。皇太后遣人於睿思殿求得之，藥與道親二狀，皆上手自封題。其言九九，上即位至是十八年。又云四立日節酒樂，上以立春日得疾云”[1]。丁酉爲四日。

三月五日，宣讀神宗遺制。

　　《長編》卷三五三云：元豐八年三月“戊戌，上崩於福寧殿，宰臣王珪讀遺制。哲宗即皇帝位。尊皇太后爲太皇太后，皇后爲皇太后，德妃朱氏爲皇太妃。應軍國事並太皇太后權同處分，依章獻明肅皇后故事”[2]。戊戌爲五日。《宋史》卷一六《神宗本紀三》，《東都事略》卷八《神宗本紀》，《皇宋十朝綱要》卷一〇下，《宋史全文》卷一二下《宋神宗三》，《宋會要》禮二九之五七、禮三七之一三等所記同《長編》。唯龐元英《文昌雜錄》卷六云：“八年正月二日，先帝不豫。二月五日，遽宣遺制。”[3]“二日”當爲“三日”之誤，“二月”應爲“三月”之訛。《宋會要》禮二九之五七云：“元豐八年三月五日，神宗崩於福寧殿。遺制曰：‘朕以菲涼，奉承大統，獲事宗廟，十有九年。永惟萬機，靡敢暇逸，賴天祐序，方內乂寧。逮茲首春，偶至違豫，病既益進，遂爾彌留，恐不復誓言，以嗣茲志。皇太子煦溫文日就，睿智夙成，仁厚孝恭，發於天性，人望攸屬，神器所歸。可於柩前即皇帝位。然念方在沖年，庶務至廣，保茲皇緒，實繫母儀。皇太后聖哲淵深，

---

[1] 李燾撰，上海師範大學古籍整理研究所、華東師範大學古籍整理研究所點校《續資治通鑑長編》，第 14 冊第 8455～8456 頁。

[2] 李燾撰，上海師範大學古籍整理研究所、華東師範大學古籍整理研究所點校《續資治通鑑長編》，第 14 冊第 8456 頁。

[3] 龐元英《文昌雜錄》，第 68 頁。

慈仁惻隱，輔佐先帝，擁佑朕躬，誠達幾微，聞於四海，宜尊爲太皇太后。皇后爲皇太后，德妃朱氏爲皇太妃。應軍國事，並太皇太后權同處分，依章獻明肅皇后故事施行。如向來典禮有所闕失，命有司更加討論。諸軍賞給，並取嗣君處分。喪服以日易月，山陵制度務從儉約。在外群臣止於本處舉哀，不得擅離治所，成服三日而除。應緣邊州鎮皆以金革從事，不用舉哀。於戲！推生知死，惟聖人能達其情；託重受遺，惟賢者能致其義。尚賴左右輔弼、文武官師，同寅協恭，永底至治。' 召群臣敘班殿庭，輔臣宣制發哀於殿之西階，移班於殿之東偏稱賀。"[1] 神宗遺制又見《宋大詔令集》卷七，題作《元豐遺制》。

三月七日，奉命爲神宗山陵使。

《宋會要》禮二九之五八云：元豐八年三月"七日，命宰臣王珪爲山陵使，禮部尚書韓忠彥爲禮儀使，兵部侍郎許將爲鹵簿使，御史中丞黃履爲儀仗使，龍圖閣待制、權知開封府蔡京爲橋道頓遞使"[2]。

三月二十七日，敘遷金紫光禄大夫，進封岐國公。

《長編》卷三五三云：元豐八年三月"庚申，銀青光禄大夫、守尚書左僕射兼門下侍郎、郇國公王珪爲金紫光禄大夫，進封岐國公"[3]。《宋史》卷一七《哲宗本紀一》亦載此事於三月庚申，庚申爲二十七日。龐元英《文昌雜録》卷六云：元豐八年"二月二十七日，內出白麻，丞相而下，進官一等。是日麻案在崇政殿門，百官素服序班於門外、南北相向。通事舍人宣麻於正東西向，示變禮也"[4]。"二月"當爲"三月"之訛。《宋史》本傳及《神道碑》《宋會要》《長編》《宋大詔令集》《宋宰輔編年録》等皆記王珪最後所得爵位爲"岐國公"；但《東都事略》本傳則謂爲"歧國公"，洪邁《容齋隨筆》卷九、王明清《揮塵餘話》卷二、王銍《四六話》卷上、謝伋《四六談麈》、胡柯《廬陵歐陽文忠公年譜》等稱王珪爲"歧公"，趙希弁《讀書附志》卷下稱王珪爲"歧國"，或因二字形近致訛，或因二字本可通用。就其

---

[1] 劉琳等校點《宋會要輯稿》，第 3 冊第 1352 頁。
[2] 劉琳等校點《宋會要輯稿》，第 3 冊第 1353 頁。
[3] 李燾撰，上海師範大學古籍整理研究所、華東師範大學古籍整理研究所點校《續資治通鑑長編》，第 14 冊第 8464 頁。
[4] 龐元英《文昌雜録》，第 68 頁。

本字來說，當以“岐”字爲是。“岐國”指今陝西岐山，其地有“鳳鳴岐山”之典故。

《宋大詔令集》卷六二《左相王珪進金紫光禄大夫封岐國公制》云：“門下：朕鄉荷燕謀，奉承大曆。繼猶泮涣，永惟寶器之安；宏濟艱難，實賴辰獻之告。睠夫上宰，翊我寧朝。利澤昭於四方，元功冠於百辟。肆頒顯冊，敷告治廷。某學蹈高明之方，辭兼麗雅之訓。敷文西掖，早膺文祖之知；持橐北門，浸被厚陵之遇。越事皇考，遂持政鈞。士多新美之才，時無兵革之氣。屬紹休於皇緒，預定議於禁塗。傅説之總百官，倚之輔德；畢公之弼四世，惟以仰成。是用進以崇階，錫以名國，陪敦多井，增衍真封，以協榮懷，以隆體貌。於戲！儲思恭默，念高宗之宅憂；秉德柔嘉，賴樊侯之賦命。往承茂渥，永底丕平。”題下注“元豐八年”[1]。此文當爲鄧温伯作。《長編》卷四三九云：元祐五年（1090）三月“己卯，知亳州、龍圖學士鄧温伯爲翰林學士承旨。中書舍人王巖叟封還詞頭，言：‘温伯賦性憸柔，巧於傅會，元豐之末，已在翰苑，交結蔡確，求固寵禄。及陛下踐祚之始，褒嘉大臣，是時，王珪實位上相，温伯草珪麻制，則曰“預定議於禁塗”，及爲確詞，則曰“尤嘉定議之功”，輕重之間，包蓄姦意，陰受邪説，以攘王珪之美，徼幸異日，操心不忠，莫大於此。’”[2]同卷三月辛巳及卷四四二元祐五年五月辛卯載孫升兩次彈劾鄧温伯奏疏，以及劉安世《元城先生盡言集》卷一三《論鄧温伯差除不當奏》等，其中亦有類似之語。

是月，辟吳處厚掌箋表。

王珪辟吳處厚掌牋表當在元豐八年三月七日奉命爲神宗山陵使以後，參本書元豐元年譜。

對高太后召用司馬光、吕公著等事，皆不預知。

《宋史》卷二四二《英宗宣仁聖烈高皇后傳》云：“哲宗嗣位，尊爲太皇太后。驛召司馬光、吕公著，未至，迎問今日設施所宜先。未及條上，已散遣修京城役夫，減皇城覘卒，止禁庭工技，廢導洛司，出近侍尤亡狀者。

---

[1] 司義祖整理《宋大詔令集》，第 307 頁。

[2] 李燾撰，上海師範大學古籍整理研究所、華東師範大學古籍整理研究所點校《續資治通鑑長編》，第 18 冊第 10577 頁。

戒中外毋苛斂，寬民間保户馬。事由中旨，王珪等弗預知。"[1]《長編》卷三五三載元豐八年三月，高太后"遣内侍梁惟簡勞光，問所當先者。光乃上疏"[2]云云。可知高太后召用司馬光、吕公著等事當發生於元豐三年三月神宗駕崩之後至五月王珪去世之前，姑繫於此。

四月，感疾。

《神道碑》云："元豐八年四月，丞相王公珪感疾，詔國醫診視，遣尚宫數就問，賜以御膳珍藥。"（第 136 頁）

五月五日，請以十二月八日爲興龍節。

《宋會要》禮五七之一八云：元豐"八年五月五日，（時哲宗已即位。）宰臣王珪等上言，請以十二月八日爲興龍節。從之。（上寔七日生，以避僖祖改焉。）"[3]

五月六日，上神宗山陵名曰永裕陵，有《陵名奏狀》《上永裕陵名表》。

《宋會要》禮二九之五九云：元豐八年五月"六日，宰臣王珪上山陵名曰永裕陵，詔恭依"[4]。本集卷七有《陵名奏狀》，云："大行皇帝陵名，伏請爲永裕陵。"（第 52 頁）王珪同時還作有《上永裕陵名表》。陸游《家世舊聞》卷上云："王禹玉作《上永裕陵名表》，云：'垂精七閏之餘。'表猶未出，楚公與衆從官見韓玉汝。玉汝曰：'今日左揆上陵名表，用"七閏"字何所出？'坐客莫能對。玉汝乃特以問公，公不得已，徐曰：'"五歲再閏。"注似云十九年七閏爲一章。'聞者駭服。是時禹玉已病矣，猶如是之工。"[5]"楚公"指陸佃。《上永裕陵名表》不見於今本《華陽集》，《全宋文》亦失載此殘句。按，韓縝（1019—1097），字玉汝，其先真定靈壽（今屬河北）人，徙居開封雍丘（今河南杞縣），韓億第六子，慶曆二年（1042）進士，官至尚書右僕射兼中書侍郎，紹聖四年卒，年七十九，謚莊敏，《宋史》卷三一五、《東都事略》卷五八有傳，生平事迹見《名臣碑傳琬琰集》下集卷

［1］脱脱等《宋史》，第 25 册第 8625 頁。

［2］李燾撰，上海師範大學古籍整理研究所、華東師範大學古籍整理研究所點校《續資治通鑑長編》，第 14 册第 8465 頁。

［3］劉琳等校點《宋會要輯稿》，第 4 册 1991 頁。

［4］劉琳等校點《宋會要輯稿》，第 3 册 1354 頁。

［5］姚寬、陸游撰，孔凡禮點校《西溪叢語 家世舊聞》，第 181 頁。

二〇《韓太保績傳》，《全宋詩》卷五一四錄其詩四首、殘句六聯，《全宋文》卷一一一七收其文十四篇。

五月十七日，薨於位，初贈太尉，再贈太師，諡文恭。

《長編》卷三五六云：元豐八年五月“己酉，詔右僕射蔡確權領山陵使事，以王珪病故也。庚戌，金紫光禄大夫、守尚書左僕射、兼門下侍郎岐國公王珪卒。輟視朝五日，初贈太尉，再贈太師，諡文恭。禮部言當舉哀成服，詔以大行在殯，罷之”。注云：“罷成服在二十八日庚申，今並書。”[1] 己酉爲十七日，庚戌爲十八日。《宋宰輔編年録》卷九，《宋史》卷一七《哲宗本紀一》、卷二一一《宰輔表二》等亦載王珪卒於五月庚戌，不確，庚戌當爲訃達朝廷之日，王珪實卒於己酉。《神道碑》云：“五月己酉，薨於位。訃聞，兩宮震悼，特輟視朝五日，諭三省悉哀故事，恤用優典，賻金帛五千，賜壽昌坊大第處其孤，加贈太師，錫符陵録婆律香，俾佐斂具。貴臣護喪，恩禮視魏國韓忠獻公，敕使督將作穿土斲石治壙。”（第 136～137 頁）《宋會要》禮五八之一〇一謂王珪卒時爲右僕射，“右”當爲“左”之訛。

王珪諡號，宋人文獻皆記爲“文恭”，茲舉兩例可爲確證者。王明清《揮麈後録》卷五記宋人諡號，其中“宰相諡”明載“王禹玉珪”諡號爲“文恭”[2]。陸游《老學庵筆記》卷四云：“陳魯公薨，以其遭際龍飛，又薨於位，與王岐公同，於是詔用岐公元豐末贈典，超贈太師，其他恩數皆視岐公，猶可也，及其家請諡，遂特賜諡曰文恭，蓋亦用岐公諡。用他人之諡以爲恩數，自古烏有此事哉！”[3]“陳魯公”即陳康伯。按，陳康伯（1097—1165），字長卿，信州弋陽（今屬江西）人，宣和三年（1121）進士，官至左僕射、同中書平章事，由福國公進封魯國公，乾道元年卒，年六十九，初諡文恭，後改諡文正，《宋史》卷三八四有傳，羅國威編有《陳康伯年譜》[4]，有其裔孫所編《陳文恭公文集》十三卷傳世。可知王珪諡號爲“文恭”無疑。然清代以來或有謂王珪諡號爲“文”者，如厲鶚《宋詩紀事》

[1] 李燾撰，上海師範大學古籍整理研究所、華東師範大學古籍整理研究所點校《續資治通鑑長編》，第 14 冊第 8517 頁。

[2] 王明清《揮麈録》，第 106 頁。

[3] 陸游撰，李劍雄、劉德權點校《老學庵筆記》，第 54 頁。

[4] 吳洪澤、尹波主編《宋人年譜叢刊》，第 8 冊第 4943～4976 頁。

卷一五《王珪》，王梓材、馮雲濠《宋元學案補遺》卷九六《元祐黨案補遺·元祐黨案》，郭紹虞《宋詩話考》卷下《王禹玉詩話》，上海辭書出版社編《宋詩鑑賞辭典》等，顯誤。

按，王珪爲相，與時俯仰，被目爲“三旨相公”。王稱云：“王珪爲相，隨時俯仰，與蔡確比，以沮司馬光而興西師之役，此可罪也。珪既死，而爲章惇所陷，誣以爲臣不忠，追貶散秩，則非其罪矣。”（第674頁）朱熹云：“蔡京誣王珪當時有不欲立哲宗之意。珪無大惡，然依違鶻突；章惇則以不欲立徽宗之故，故入姦黨；皆爲爲臣不忠。”[1]李燾云：“珪自輔政至宰相，凡十六年，無所建明，守成而已。時號爲‘三旨宰相’，以其上殿進呈，云‘取聖旨’；上可否訖，又云‘領聖旨’；既退，諭稟事者，云‘已得聖旨’故也。”[2]元朝史臣云：“珪容身固位，於勢何所重輕，而陰忌正人，以濟其患失之謀，鄙夫可與事君也與哉！”[3]周必大《平園續稿》卷二六《敷文閣學士李文簡公燾神道碑》對“三旨”之解釋稍有不同：“三旨者，謂上有可否，珪曰‘領聖旨’；諭軍國事，曰‘誠如聖旨’；啓擬，曰‘取聖旨’也。”[4]四庫館臣云：“珪少掇高科，以文章致位通顯，不出國門而致參預大政。詞人榮遇，蓋罕其比。晚居相位，惟務持祿固寵。與蔡確朋比，沮司馬光，復依阿時局，倡興西夏之役。大爲物論所不予。人品事業，皆無可取。”[5]

然考宋人對王珪之評價，實有一由褒至貶之漸變過程。許光疑《華陽集序》云：“岐國王公，弱冠登甲科，不出都城，致位宰相。當熙寧、元豐之際，翊戴聖主，比隆堯舜。蓋自嘉祐之初，與歐陽永叔、蔡君謨更直北門，聲名振於一時，學者尤所師慕。每一篇出，四方傳誦之。後雖當軸處中，朝廷有大典冊，必命公爲之。則事業文章，可謂兼之矣。”[6]李燾云：“《舊傳》

[1] 黎靖德編，王星賢點校《朱子語類》，中華書局1986年版，第8冊第3127頁。
[2] 李燾撰，上海師範大學古籍整理研究所、華東師範大學古籍整理研究所點校《續資治通鑑長編》卷三五六元豐八年五月庚戌，第14冊第8517頁。
[3] 脫脫等《宋史》卷三一二《王珪傳》，第29冊第10247頁。
[4] 周必大撰，王蓉貴、[日]白井順點校《周必大全集》，第2冊第618頁。
[5] 魏小虎編撰《四庫全書總目彙訂》卷一五二《華陽集六十卷附錄十卷》，第8冊第4898頁。
[6] 解縉等奉敕纂《永樂大典》卷二二五三六，第8冊第7873頁。

云：珪議論平恕，畏遠權勢，引拔賢俊，世莫知之。珪嘗三薦張璪不用，珪曰：'璪果賢，陛下未嘗用，以爲不賢，讒也。臣恐士弗得進矣！臣爲宰相，三薦賢，三不用，臣失職，請罷。'神宗喜曰：'宰相當如是，朕以試卿，卿德不回，朕復何慮？'珪爲人寬抑不忤，然至義理所在不可奪。神宗欲遷內侍李憲，珪奏：'非祖宗故事，陛下獨不鑑漢、唐之亂乎？'神宗批旨付珪獎之，因令永爲甲令，世世守之。自輔政至宰相十六年，終始不懈。《舊傳》不知出誰手，蓋多諛辭。《新傳》雖削去'引拔賢俊，世莫知之'，猶存薦張璪事，不知珪果能辦此否，已於璪參政時辨之。又削去'爲人寬抑不忤，然至義理所在不可奪'，猶存遷李憲事，不知神宗欲遷憲何官而珪爭不可，永爲甲令，又不知是何等事也。章惇作珪挽詞，亦載罷憲內職，由珪及惇奏請，恐珪及惇未必敢拂神宗意，其後姑借此以迎合太皇太后耳！憲罷內職事，亦已辨之，當考。神宗親札，《御集》又弗編入，不得不疑耳。三旨宰相，據鮮于綽《傳信記》。綽又載珪數事，今附見於此，更俟參詳修入。……又云：'禹玉自熙寧中拜相，神宗聰明睿智以臨臣下，新法百度已就，禹玉無所建明，但守成而已。執政日久，人有干差遣者，每唯喏之而實無薦引也。時人爲之語云："禹玉禹玉！精神滿腹。除卻脫空，十相具足。"又謂之三旨宰相云。'"[1] 所記對王珪之爲人行事持否定態度。然王珪所爲亦有可取者。黃震《古今紀要》卷一九《王珪》云："王珪字禹玉，成都人。進士第二。郊以太祖專配，諫三后並配。改溫成廟爲祠。置梐敔去節鼓。草立英宗詔。請以仁宗配明堂。議濮王當稱皇伯。贊熙寧元年郊祀從《王制》禮。熙寧九年拜相。三薦張璪不行，求去。諫以內侍李憲主兵。大略隨時俯仰，與蔡確比而沮溫公。蔡確教之收復靈武以固位，死者十餘萬。"[2] 對王珪生平大要及時人評價之記述較爲全面客觀。王珪爲人處世老成持重，瞻前顧後，思慮周全，故能長住京城，身居高位。自政治立場視之，其隸屬新黨無疑，在

［1］李燾撰，上海師範大學古籍整理研究所、華東師範大學古籍整理研究所點校《續資治通鑑長編》卷三五六元豐八年五月庚戌注，第 14 冊第 8517~8518 頁。
［2］黃震著，張偉、何忠禮主編《黃震全集》，浙江大學出版社 2013 年版，第 10 冊第 3253 頁。

王安石去位後，仍能堅持新法。[1] 然封建時代對於鼓吹變法者多持批判態度，加之新舊黨爭中舊黨不遺餘力之攻擊污衊，王珪之聲譽遂每況愈下，最終淪爲人人耻笑之"三旨相公"。

王珪成爲"三旨宰相"，尚有深層次原因。方誠峰認爲，元豐時期形成了神宗乾綱獨斷、宰執奉行成命之統治模式，君主本人角色突出，宰執弱勢，王珪"三旨宰相"之形象，不但是個性使然，更是當時宰相地位、事權之反映。[2] 田志光指出："元豐改制後，左僕射兼門下侍郎爲首相，右僕射兼中書侍郎均爲次相，左尊於右。但由於右僕射兼中書侍郎，有取旨之權，也就獲得了更多的與皇帝商議政務的便利，形成了次相實際權力重於首相的局面。在改制之初，王珪爲左僕射，蔡確爲右僕射，蔡確實權在握。儘管有三省同進呈取旨的規定，但爲蔡確所阻撓，從而實際形成了中書單獨取旨的形態。"[3] 可知元豐時期相權本就偏弱，元豐改制後，相權之核心權力又被蔡確掌控，王珪大多數情況下只能奉行成命。

是月，受文及甫、范鎮、劉攽弔祭。

岳珂《寶真齋法書贊》卷一八收録《文周翰盛暑帖》，云："及啓：前日承垂訪，冗迫未遑再詣，攀仰攀仰。辱教，欣承盛暑動止萬福。以往故相府奠酹，不即奉謝，至悚至悚。給假指揮，旦夕必下，來日當爲督之，奉納次。哲人云亡，同深殄瘁之歎，況出陶冶，均增哀疚也。朝夕奉見，區區面叙不宣。及再拜居易少卿兄。令妹起居，朝夕歸拜見也。"岳珂跋云："右紹聖集賢殿修撰，文公及甫字周翰，《盛暑帖》真迹一卷。喬木世臣，鼎鼐遺烈，固已具是，惜也其不稱也。帖中所述，蓋王文恭珪薨，以元豐八載之五月，時宣仁御朝，避魯王諱，止稱'及'云。贊曰：同文之獄，諸賢非

---

[1] 劉子健謂王珪"在實行王安石新法的時期，從一〇七〇到一〇八五，都在臺上，但並非真正相信新法。神宗去世，他看出朝廷的情勢改變，又轉而擁護恢復舊法的太后"（劉子健《秦檜的親友》，《兩宋史研究彙編》，第147頁）。此說恐不能成立。王珪所擁護者乃哲宗，高太后垂簾聽政事出偶然，亦是當時情勢之必然，並無史料顯示王珪在哲宗即位時對高太后有特別之對待。況且高太后垂簾聽政後所采取之系列行動"皆事由中旨，王珪等弗預知"，他如何能在哲宗即位時預料高太后之政治動向？

[2] 參方誠峰《北宋晚期的政治體制與政治文化》，北京大學出版社2015年版，第43~44頁。

[3] 田志光《北宋中後期三省決策與權力運作機制》，《史林》2013年第6期。

一族，殄瘁之悲，獨及於禹玉。豈一人之言，自爲之反覆？傷哉利祿！"[1]
按，文及甫（生卒年不詳），字周翰，又字繼武，汾州介休（今屬山西）人，
文彥博第七子，吳充婿，官至工部侍郎，《宋史》卷三一三、《東都事略》卷
六七有傳，《全宋文》卷二〇一五收其文二篇。《長編》卷三五三載元豐八年
三月己未，"詔太皇太后父魯王遵甫，宜避名下一字"[2]。文及甫爲避高遵甫
諱改名文及。"居易少卿"疑指徐碻。徐碻（生卒年不詳），字居易，莆田
（今屬福建）人，元豐五年進士，官至刑部員外郎。[3] 文及甫元豐五年六月
爲吏部員外郎[4]，八年五月十八日除直龍圖閣、知同州。[5] 帖中"給假指揮"
云云當指其新除知同州赴任前之假期。則文及甫弔祭王珪當在元豐八年五月
十八日之後。

范鎮有《祭王岐公文》，云："維鎮與公，官事多同。若一臂交，常相
依從。公進於朝，鎮退居窮。深十六年，公譽日充。方遂平生，奄忽以終。
自予退居，人事疏絕。侍從常僚，不復通謁。惟公每歲，遇上元節，置酒
開鐏，笙歌間設。樂道舊故，窮歡極悅。自顧耄耋，年七十八。苟在人世，
能幾日月？今公此行，豈爲永訣？所恨老劣，不能酹別。"[6] 范鎮嘉祐三年
（1058）三月起任知制誥，五年六月至熙寧三年（1070）十月任翰林學士，
因反對青苗法致仕。[7] 其在任知制誥、翰林學士期間與王珪共事。由此文可
知，王珪喜於上元節大開筵席，廣邀故舊，范鎮致仕後多有參與。王珪去世
時，范鎮居許昌，故爲文遙祭。此文當作於元豐八年五月十七日王珪去世之
後，姑繫於此。

劉攽有《代祭王左相文》，云："穆穆王公，盛德之興。世有顯聞，以遠
厥聲。曰嘉與商，實相西京。自導至儉，江左底平。惟皇有作，克昌厥輔。
擢之不疑，機柄以付。訓齊臣工，新美王度。二紀艱哉，始卒公助。據古殫

[1] 岳珂《寶真齋法書贊》，第 251 頁。
[2] 李燾撰，上海師範大學古籍整理研究所、華東師範大學古籍整理研究所點校《續資治通鑑長編》，第 14 冊第 8463 頁。
[3] 參楊文新《宋代市舶司研究》，廈門大學出版社 2013 年版，第 262 頁。
[4] 參龐元英《文昌雜錄》卷一，第 2 頁。
[5] 參申利編著《文彥博年譜》，第 24 頁。
[6] 袁說友等編，趙曉蘭整理《成都文類》卷五〇，第 987 頁。
[7] 參陳小青《范鎮年譜》，《古籍研究》2015 年第 1 期。

洽，傅誼雍容。丙吉寬大，胡廣中庸。年高彌劭，道大益沖。古之惇史，舉世是宗。夫豈一名，厥有大節。繁潰危疑，談笑以決。淵渟無波，山立不折。皇哉得公，千百而一。惟皇厭世，御氣上賓。公亦不憖，奄忽收神。幽明異趣，竟爲君臣。公乎知終，實哀斯人。斯人是哀，亦私自喑。公方通顯，某則疏賤。省户選郎，宰府除掾。推轂提衡，媒之上眷。退而味公，直道是依。不以勢合，亦不以離。風雨如晦，金石能移。閱人孔多，曾獨見知。方以外使，越在西境。薨問奄至，哀惶悲哽。蓄厚不貲，覆以俄頃。一訣終天，無復音聲。嗚呼哀哉！三臺夜坼，一鑑朝亡。宅更平仲，襚歸柳莊。殯帷沈寂，銘旌飛揚。城空鶴去，劍没龍藏。嗚呼哀哉！想公儀兮倏如故，魂幻眇兮今焉處。施則厚兮報無所，臨文辭兮涕零雨。嗚呼哀哉！尚饗。"[1] 劉跂元豐二年進士及第後授亳州州學教授，五年離任，八年四月起爲吏部郎中，七月改秘書少監，九月擢侍御史。[2] 劉跂代何人作此祭文，暫不可考。但由祭文内容來看，王珪於此人有知遇之恩，其人時在宋之西部邊境公幹，故委託劉跂代祭。此文當作於元豐八年五月十七日王珪去世之後，姑繫於此。按，劉跂（1053—？），字斯立，號盧商老人、學易老人，小名便了，永靜東光（今屬河北）人，劉摯長子，元豐二年進士，官至朝奉郎，有《永樂大典》本《學易集》八卷傳世。

獲章惇、文彦博、范祖禹、黃庭堅、黃裳、畢仲游、無名子挽詞悼念。

《長編》卷三五二元豐八年三月甲午注云："章惇作王珪挽詞云：'自奉鸞臺直，叨隨陟降蹤，共陳尊聖嗣，屢請罷軍容。'自注云：'自建三省，惇與公便居門下。元豐七年春，語次，與公同奏，今上爲延安郡王侍宴。翊日，門下省奏事，請出閣之期，因陳東宮之議，大行皇帝諭以當俟來春。又門下省每奏李憲怗權難親事，語次，惇言用李憲事不可爲後法，公歷數憲招權怗勢狀，先帝領之，云當罷憲内職。'按二事皆惇於元祐初因珪挽詞自序云耳。尊聖嗣事，後乃自以爲功，誣奏珪有不臣之心。故珪子仲修録白進呈，明其反覆。罷軍容事，亦必是因憲以邊奏不實罷，遂冒爲己嘗同珪納

---

[1] 劉跂《學易集》卷八，景印文淵閣《四庫全書》，臺灣商務印書館1986年版，第1121冊第624頁。

[2] 參韓志會《劉跂及其〈學易集〉研究》，吉林大學2017年碩士學位論文，第13~15頁。

説，今並不取，更須考詳。"[1]

文彥博有《王太師挽詞珪二首》，其一云："賢書蚤入英雄彀，冠歲高馳賈馬聲。一紀玉堂司大筆，兩朝金鼎主和羹。天邊遽失騎箕象，川上猶思用楫名。欲識聖恩優異處，密章重疊賁佳城。"其二云："去春解組遂西征，曾辱都門出餞行。席上詩成光退迹，樽中酒滿敘離情。經年方歎音容隔，此日俄驚柱石傾。羸老不能親引紼，臨風灑淚濕襟纓。"[2]文彥博是時致仕居洛陽。按，申利繫王珪卒於元豐六年五月[3]，當係筆誤。

范祖禹有《王岐公挽詞三首》，其一云："景運光華際，洪鈞十六年。文明憲前古，禮樂被敷天。有美經邦業，無成載物權。君臣時契會，俯仰逐流川。"其二云："乘雲仙馭遠，出震帝圖新。百辟瞻元宰，繁機仗老臣。中天扶日月，拱極失星辰。終始先朝遇，勤勞至沒身。"其三云："王儉風流相，岐公博贍（贍）資。敷文成國典，亮采作官師。劍佩空黃閣，音容想赤墀。元臣葬禮盛，簫吹朔風悲。"[4]范祖禹元豐七年十二月三日以《資治通鑑》書成，遷秘書省正字；八年十月十七日，改著作佐郎。[5]按，范祖禹（1041—1098），字淳甫，一字夢得，成都華陽（今四川成都雙流）人，范鎮從孫，呂公著婿，嘉祐八年（1063）進士，官至翰林學士，元符元年卒，年五十八，追謚正獻，《宋史》卷三三七、《東都事略》卷七七有傳，生平事迹見杜大珪《名臣碑傳琬琰集》下集卷一九《范直講祖禹傳》，年譜有施懿超《范祖禹年譜簡編》[6]、高葉青《范祖禹年譜》，有《太史范公文集》五十五卷傳世。

黃庭堅有《王文恭公挽詞二首》，其一云："先皇憑玉几，末命寄元勳。賓日行黃道，攀髯上白雲。四時成歲律，五色補天文。不謂堂堂去，今爲馬鬣墳。"其二云："宥密深黃閣，光輝極上臺（台）。藏舟移夜壑，華屋落

---

[1] 李燾撰，上海師範大學古籍整理研究所、華東師範大學古籍整理研究所點校《續資治通鑑長編》，第 14 冊第 8449 頁。

[2] 文彥博《文潞公文集》卷八，《宋集珍本叢刊》，第 5 冊第 318 頁。

[3] 參申利編著《文彥博年譜》，第 281、261 頁。

[4] 范祖禹《太史范公文集》卷三，《宋集珍本叢刊》，第 24 冊第 162 頁。

[5] 參高葉青《范祖禹年譜》，高葉青《范祖禹生平與史著研究》附錄一，陝西師範大學 2008 年博士學位論文，第 128、129 頁。

[6] 施懿超《范祖禹年譜簡編》，《文獻》2001 年第 3 期。

泉臺。雨緋誰爲挽，寒笳故作哀。傷心具瞻地，無復袞衣來。"[1] 黄庭堅元豐八年四月十四日自監德州德平鎮召爲秘書省校書郎，九月入館。[2] 按，黄庭堅（1045—1105），字魯直，號山谷道人、涪翁、黔江居士，人稱菜肚老人、黄太史、豫章先生、黄文節公，洪州分寧（今江西修水）人，治平四年（1067）進士，官至秘書丞，崇寧四年卒，年六十一，《宋史》卷四四四、《東都事略》卷一一六有傳，生平事迹見黄震《黄氏日抄》卷六五《豫章先生傳》，嘉靖本《豫章黄先生文集》附録佚名《豫章先生傳》、周季鳳《山谷先生別傳》，年譜有《山谷内集詩注》附録任淵《山谷年譜》、黄䇮《山谷先生年譜》、鄭永曉《黄庭堅年譜新編》等，有《豫章黄先生文集》三十卷、《外集》十四卷、《別集》二十卷、《簡尺》二卷、《山谷老人刀筆》二十卷、《豫章先生遺文》十二卷、《山谷琴趣外編》三卷等傳世。

　　黄裳有《王岐公挽辭》四首，其一云："世事今朝了，天閽昨夜開。自當騎鶴去，誰更作霖來。宝座扶初日，灵光落上台。管弦空悵望，重蓋幾時回。"頷聯下自注云："薨前夢跨白鶴上天。"其二云："貳車登第日，秉軸蓋棺時。未掩西陵土，先埋上相碑。白麻人已化，黄壤客空悲。歲晚林間趣，歸侯想恨遲。"其三云："鼎味難求和，龍髯忽許攀。應隨先帝仗，已立太師班。人散沙堤悄，恩收客館閑。風神巖競秀，千古畫圖間。"其四云："富貴風波静，文章態度清。有緣登相府，無日出都城。彝鼎垂行止，金珠照死生。百年留不住，廣皁暮烟横。"[3] 黄裳元豐八年在京爲太學博士。[4] 按，黄裳（1044—1130），字冕仲，號演山，晚號紫玄翁，南劍州（今福建南平）人，元豐五年狀元，官至禮部尚書，建炎四年卒，年八十七，謚忠文，陸心源《宋史翼》卷二六有傳，生平事迹見《演山先生文集》附録程瑀《宋端明

---

[1] 黄庭堅撰，任淵等注，劉尚榮校點《黄庭堅詩集注》卷二，中華書局2003年版，第1冊第94~95頁。

[2] 參鄭永曉《黄庭堅年譜新編》，社會科學文獻出版社1997年版，第157~159頁。

[3] 黄裳《演山先生文集》卷三二，《宋集珍本叢刊》，綫裝書局2004年影印本，第25冊第45頁。

[4] 參劉琳等校點《宋會要輯稿》選舉一九之一八，第10冊第5630頁。

殿學士正議大夫贈少傅黄公神道碑》，趙榮鳳編有《黄裳簡譜》[1]，有《演山先生文集》六十卷傳世。

畢仲游有《輓王元之相公二首》，其一云：“門風清可尚，有道付陶甄。舊載傳家榜，新承顧命篇。遺文星轉斗，定策日升天。東府功名地，安居十五年。”其二云：“道與風雲會，思留雨露滋。小心黄閣老，大手白麻詞。家有衣冠盛，朝無故舊私。不須三寸舌，終號帝王師。”[2]考畢仲游爲官期間，王姓宰相有三人，分别爲王安石、王珪和王黼。王黼靖康元年（1126）被殺，可以首先排除。王安石熙寧二年（1069）二月拜參知政事，三年十二月拜相，七年四月罷相，八年二月再入相，九年十月罷相，前後任宰執凡八年，與“東府功名地，安居十五年”不合，亦可排除。王珪熙寧三年十二月拜參知政事，九年十月拜相，元豐八年五月卒於任，前後任宰執凡十六年。而神宗熙寧三年九月詔作東、西府以居執政官，四年九月府成。王珪熙寧四年十月入居東府，至元豐八年五月去世，恰好十五年。則畢仲游此詩所挽對象顯爲王珪，後蓋爲避嫌而改題，因王珪之字禹玉與王禹偁之名相近，故改題王禹偁之字“元之”。畢仲游元豐八年任監在京粳米第八界。[3]按，畢仲游（1047—1121），字公叔，鄭州管城（今河南鄭州）人，畢仲衍之弟，熙寧三年進士，官至禮部郎中，宣和三年卒，年七十五，《宋史》卷二八一、《東都事略》卷四一有傳，生平事迹見《永樂大典》卷二〇二〇五陳恬《西臺畢仲游墓誌銘》，張慧燕編有《畢仲游年譜》。

《長編》卷三五六元豐八年五月庚戌注引鮮于綽《傳信記》云：“二府中無土地祠，而每位有不動尊佛堂，蓋天王也。大抵京師官府多塑天王，如開封麵院之類皆如此。王禹玉在兩府凡十餘年薨，後有輕薄子戲爲挽詞，有‘東府自來無土地，直須正授不須權’，蓋謂此也。其全篇云：‘太

［1］趙榮鳳《黄裳簡譜》，趙榮鳳《黄裳詩歌研究》附録，華東師範大學 2007 年碩士學位論文。按，黄裳卒年，程瑀《宋端明殿學士正議大夫贈少傅黄公神道碑》謂建炎二年致仕，次年八月十八日卒；《建炎以來繫年要録》卷三九則謂建炎四年十一月甲寅卒，《宋會要》儀制一一之一〇亦載建炎四年十一月黄裳贈四官。疑《神道碑》“二年”爲“三年”之誤。參鄭騫《宋人生卒考示例》，華世出版社 1977 年版，第 16～17 頁。
［2］畢仲游《西臺集》卷一九，景印文淵閣《四庫全書》，第 1122 冊第 241 頁。
［3］參張慧燕《畢仲游年譜》，張慧燕《畢仲游及其文學創作》附録，華東師範大學 2005 年碩士學位論文，第 44 頁。

師贈詒子孫煎，身後無名只有錢。喏喏佞翻王特進，孜孜留得宋昭宣。欄干井上休言戲，政事堂中不記年。東府自來無士地，直須正授不須權。'太師，禹玉贈官。元豐末，經顧命，子孫陳乞，皆援韓忠獻例，故有'子孫煎'之句。王特進，謂介甫；宋昭宣，用臣也。'欄干井戲'，傳者謂親黨有勸乞出者，禹玉云：'井子上欄干，不是作劇處。'輕薄子爲此詩，納於獻紙贈箱中，達之王氏子孫，追尋不復知其誰何。投牒開封，乞根治，府尹出榜，立賞告捉，竟不獲。而詩因此大播。有疑'説諢話'張山人爲之者，府尹呼詰之，山人沉吟曰：'此非某所能。某尋常只是鼓合聚市井小人戲笑，那裏做得他恁地着題。'府官爲之閧笑。"[1] 胡仔《苕溪漁隱叢話》前集卷二八《王岐公》引《王直方詩話》、曾慥《類説》卷五七《王直方詩話》亦載此事。

諸子託林希作墓誌銘。

《長編》卷四八一云：元祐八年（1093）二月"己巳，監察御史來之邵言：'天章閣待制林希除禮部侍郎，按希在元祐初嘗除中書舍人。臣僚論希平日受知於宰臣王珪，珪薨，珪之諸子以墓銘屬希。既已諾其請而爲之文矣，然其心以珪非時望所屬，不欲自爲。外示相好之迹，乃假李德芻之名。及得王氏贈遺，則與德芻中分之。當時論者以希行誼浮薄，不可處之侍從，故輟西省之命，而假以偏州。'"[2] 可知五月十七日王珪去世後，諸子託林希爲作墓誌銘，但希以珪非時望所屬，乃署李德芻之名。姑繫於此。

《長編》卷四二五載元祐四年四月甲子，"校書郎、集賢校理李德芻爲都官員外郎。右司諫吳安詩言德芻往任宗正司，憑藉王安石氣燄，後爲王珪耳目。又殿中侍御史翟思言娶婦論財，乃詔德芻依舊校書郎"[3]。可知李德芻亦與王珪關係密切。按，李德芻（生卒年不詳），徐州豐縣（今屬江蘇）人，李淑之子，以蔭入仕，曾官光禄寺丞、集賢校理、都官員外郎等，生平事

[1] 李燾撰，上海師範大學古籍整理研究所、華東師範大學古籍整理研究所點校《續資治通鑑長編》，第14冊第8518頁。
[2] 李燾撰，上海師範大學古籍整理研究所、華東師範大學古籍整理研究所點校《續資治通鑑長編》，第19冊第11449~11450頁。
[3] 李燾撰，上海師範大學古籍整理研究所、華東師範大學古籍整理研究所點校《續資治通鑑長編》，第17冊第10289頁。

迹見《長編》卷二二五、卷二三〇、卷二六一、卷二七一、卷三〇九、卷三七七、卷四〇四、卷四二五，《宋會要》職官六七之三六，陳振孫《直齋書録解題》卷五等，《全宋文》卷一五八八收其文五篇。

六月五日，獲賜壽昌坊官第一百七十八間，神道碑額曰"懿文"，遺表恩澤十人。

《長編》卷三五七云：元豐八年六月"丁卯，賜故左僕射王珪壽昌坊官第，神道碑額曰'懿文'，遺表恩澤十人。詔給事中陸佃監護葬事"。注云："賜宅一百七十八間。《御集》在五月二十日，今從《實録》。《政目》云：詔葬王珪依韓琦例。"[1]丁卯爲五日。

九月三十日，與妻鄭氏同葬於開封府東明縣清陵鄉之原。

《神道碑》云："卜開封東明縣清陵鄉之原，曰：'廣阜在旁，小頓大起。五音地學，於商家吉。'將以九月辛酉襄事。""夫人鄭氏，奉國軍節度使戩之女，今舉以祔。"（第137頁）辛酉爲三十日。按，《太平寰宇記》卷二《河南道二·東京下》云："東明縣，（東九十里。六鄉。）即府界静戎鎮之地，尋爲東明鎮，西南去陳留縣八十里，在東昏城之東。至皇朝建隆四年七月於本鎮城置縣，仍以東明爲名。"[2]北宋東明縣治在今河南蘭考北。

是月，子仲脩、仲端乞蔡確作神道碑。

《長編》卷四〇一載元祐二年（1087）五月丁丑，"丁憂人前朝奉郎、著作佐郎王仲脩特勒停，前宣義郎王仲端特依差替人例，以仲脩等坐令蔡碩屬其兄確撰父珪神道碑爲美詞，及受碩請屬，以犯杖人王儀冒名補授門客恩澤故也"[3]。丁丑爲二十六日。李清臣約於九月奉命撰王珪神道碑，此爲官方認可之作。王珪諸子當在李清臣奉詔之前私自請託蔡確撰神道碑，後遂棄而不用。姑繫於此。按，蔡確元豐八年五月二十六日戊午拜左僕射兼門下侍

---

［1］李燾撰，上海師範大學古籍整理研究所、華東師範大學古籍整理研究所點校《續資治通鑑長編》，第14冊第8529頁。

［2］樂史撰，王文楚等點校《太平寰宇記》，第1冊第34頁。

［3］李燾撰，上海師範大學古籍整理研究所、華東師範大學古籍整理研究所點校《續資治通鑑長編》，第16冊第9772頁。

郎，元祐元年閏二月二日庚寅罷相，以觀文殿大學士知陳州。[1]

神道碑由李清臣作。

《神道碑》云："將以九月辛酉襄事。有詔尚書右丞李清臣，其爲太師珪銘。"（第137頁）可知李清臣奉命作王珪神道碑當在元豐八年九月三十日王珪下葬之前，姑繫於此。

是年，接秦觀《上王岐公論薦士書》。

秦觀《淮海集》卷三七《上王岐公論薦士書》云："門下相公閣下，某淮海一介之士，行能無取，比汲汲焉惟犬馬之養是營，釜鍾之禄是干。行年三十有七矣，而脂韋汩没，德不加充，學不加進，可謂無以別於常人者，豈復有意求知於搢紳先生之門哉？比者先人之友喬君執事，奉使吳越，道過淮南，具言常辱相公齒及名氏。屬喬君喻意，使進謁於門下。夫布衣之賤，獲見知於宰相，此古人所以書亟上、日掃門而求者也。顧某之不肖，何以辱此？幸甚幸甚。然嘗聞之，禍莫大於蔽賢，福莫長於薦士。漢武之大臣，其功莫如衛、霍，其酷莫如張湯。青、去病之後，侯失國除，其傳不過一再。而湯之子孫，茅土相襲，逮乎東京，何哉？一身之功過，不足以易天下之利害。故青、去病受蔽賢之禍，而湯獲薦士之福。雖微二三子，古之人其孰不然哉？一沐三握髮，一飯三吐哺，起以待士，猶恐失天下之賢人。蓋其封於少昊之墟曲阜，廟食者三十有四世，其別封者又爲凡、蔣、邢、茅、胙、祭之國。夫周公之求賢豈有意求於求福哉？天之報施，自當然耳。伏惟相公輔先帝已來，陰陽調和，庶政具舉，吏民效職，夷狄賓貢，其度數聲名文物之盛，粲然與唐虞同風。逮承顧命，立今天子，宗社至計，定於從容，已事缺然，若無所與，其功德可謂冠百辟而通神明矣。當此之時，雖持尊養嚴，却客疏士，固於盛致未可云損。然猶區區訪諏，發於至誠。如某之不肖，尚挂左右之餘論，又況盛德尊行、魁奇雋偉之才乎！誠推所以辱賜不肖之意，思天下所謂盛德尊行、魁奇雋偉之才，抱能而不試、已用而未顯者，兼收並進之，使朝野内外，才能各當其分，無一人失其所者；則相公雖不求於天，天之所以報王氏之子孫者，當不下於周公矣。惟相公察焉！干冒鈞嚴，俯伏惟

---

[1] 參李燾撰，上海師範大學古籍整理研究所、華東師範大學古籍整理研究所點校《續資治通鑑長編》卷三五六、卷三六八，第14冊第8520頁、第15冊第8854頁。

命，不宣。"[1] 此爲干謁之作。徐培均考此書作於元豐八年三月五日哲宗登基至五月十七日王珪去世期間[2]，姑從之。

約於是年，有《送范景仁正議致政歸潁昌》詩。

本集卷三有《送范景仁正議致政歸潁昌》，云："十年漢殿辭榮去，潁水今歸作故鄉。曾賦洞簫真蜀客，能吟夜雨勝何郎。放懷雲外追黃鵠，別夢春深過玉堂。可惜當年挂冠早，華星不及到文昌。"頷聯下自注云："公少以詩賦動場屋。"（第16頁）范鎮約於元豐六年至八年間某年春遷居潁昌，參本書元豐五年譜，姑繫於此。

宋哲宗元祐元年丙寅（1086），卒後一年

爲王安石所夢，神道碑額由錢勰書。

四月六日，爲王安石所夢。

劉延世《孫公談圃》卷下云："徐君平，金陵人。親見荆公病革時獨與一醫者對牀而寢，荆公驟蹶然起，云：'適夢與王禹玉露髻不巾，同立一壇上。'已而遂薨。此可怪也。"[3] 王安石卒於元祐元年四月六日。[4]

四月二十四日，神道碑額由錢勰書。

《長編》卷三七六載元祐元年四月辛亥，"詔故宰相王珪神道碑，賜'懿文'爲額，仍差中書舍人錢勰書"[5]。辛亥爲二十四日。

---

[1] 秦觀撰，徐培均箋注《淮海集箋注》，第1191~1192頁。按，北京故宮博物院藏有蔣之奇《北客帖》，徐邦達認爲此帖投寄對象爲司馬光，曹寶麟認爲是王珪，張衛忠爲蔡京（張衛忠《蔣之奇〈北客帖〉考辨》，《美術研究》2020年第4期）。因涉及王珪，姑附於此。

[2] 參徐培均《秦少游年譜長編》，第264頁。

[3] 潘汝士撰，楊倩描、徐立群點校《丁晉公談録（外三種）》，中華書局2012年版，第148頁。

[4] 參劉成國《王安石年譜長編》，第6冊第2203頁。

[5] 李燾撰，上海師範大學古籍整理研究所、華東師範大學古籍整理研究所點校《續資治通鑑長編》，第15冊第9118頁。

哲宗元祐二年丁卯（1087），卒後二年

子仲脩特勒停，仲端特依差替人例。

五月二十六日，子仲脩特勒停，仲端特依差替人例，坐令蔡碩屬其兄確撰父神道碑爲美詞，及受碩請屬，以犯杖人王儀冒名補授門客恩澤。

見本書元豐八年譜。

宋哲宗紹聖二年乙亥（1095），卒後十年

身後所生孫五人獲蔭。

約於是年，身後所生孫五人獲蔭。

常安民《上哲宗論大臣唱紹述之説》云："朝廷凡事不用元祐例，至王珪家蔭孫五人，皆珪身後所生，乃引元祐例許奏薦。近日講復官制，職事官不帶職，寄禄官不帶左右，至於權尚書侍郎，獨以林希、李琮之故，不復改易。如此等事，謂之公心可乎？"後注"紹聖二年九月上"[1]。《長編拾補》卷一二紹聖二年九月壬戌亦載此奏，後引《續資治通鑑長編紀事本末》原注云："林希權禮書，二年三月二日；李琮權戶侍，元年九月二十一日；……職事官不帶職，三月二十四日詔；寄禄官不帶左右字，四月三十日詔。"[2]則蔭王珪孫五人當在紹聖元年或二年，姑繫於此。

哲宗紹聖四年丁丑（1097），卒後十二年

追貶萬安軍司戶參軍。

四月二十四日，以邢恕之謗，遣表恩例，並行追奪，子孫與次遠監當差遣，仍永不注近京路分，所賜宅拘收入官，追貶萬安軍司戶參軍。

《宋史》本傳云："紹聖中，邢恕謗起，黃履、葉祖洽、劉拯交論珪元豐

---

[1] 趙汝愚編，北京大學中國中古史研究中心校點整理《宋朝諸臣奏議》卷一一九，第1310頁。
[2] 黃以周等輯注，顧吉辰點校《續資治通鑑長編拾補》，第2冊第481頁。

末命事，以爲當時兩府大臣，嘗議奏請建儲，珪輒語李清臣云：‘他自家事，外庭不當管。’恕又誘教高遵裕子士京上奏，言珪欲立雍王，遣士京故兄士充，傳道言語於禁中。珪由是得罪，追貶萬安軍司户參軍，削諸子籍。徽宗即位，還其官封。蔡京秉政，復奪贈謐。政和中，又復之。”（第10243頁）

卷四七一《邢恕傳》云：“紹聖初，擢寶文閣待制、知青州。章惇、蔡卞得政，將甘心元祐諸人，引恕自助，召爲刑部侍郎，再遷吏部尚書兼侍讀，改御史中丞。恕既處風憲，遂誣宣仁后有廢立謀，引司馬光言北齊婁后宣訓事，訹高遵裕之子士京追訟其父在日，王珪令其兄士充來謀立雍王，遵裕非之。又教蔡懋上文及甫私牘爲庾詞，歷詆梁燾、劉摯，云陰圖不軌，且加司馬光、呂公著以凶悖名。惇使蔡京置獄於同文館，組織萬端，將悉陷諸人於族罪，既而無所得，乃已。”[1]

《東都事略》本傳云：“紹聖四年，章惇奏：‘神宗寢疾之際，中丞黃履吉（言）大臣奏請建儲，珪嘗語李清臣：“他家事，外廷不當與。”’邢恕又誘高遵裕之子士京上書，言珪當元豐末命，嘗招其兄士充詢遵裕以建儲意，遵裕怒叱其子勿再往。及議建儲，珪初無語，蔡確與章惇共詰之，珪乃曰：‘上自有子，何議之有？’用此爲珪罪，遂追貶萬安軍司户參軍。元符三年，其子仲脩訴其父冤，乃盡復故官、贈謐。及蔡京用事，以珪爲臣不忠，入黨籍。後以受八寶赦，出籍云。”（第674頁）

《長編》卷四八六載紹聖四年四月丁未，“詔：‘王珪遺表恩例，並行追奪，其子孫與次遠監當差遣，仍永不注近京路分，所賜宅拘收入官。故承議郎高士英，特追毁出身以來文字。’制曰：‘臣無二志，戒在懷姦；國有常刑，義難逃罪。其申後罰，以正往愆。故金紫光禄大夫、守尚書左僕射兼門下侍郎、贈太師王珪，竊文華之上科，躬柔險之誠行，馴致顯位，遂居家司。先帝優容臣鄰，務盡禮意，掩覆瑕瑕，多歷歲時。邱山之恩，毫髮未報。屬在彌留之際，是謂憂疑之時，欲豫安於人心，當丕正於國本。矧復昭考與子之意，素已著明；太母愛孫之慈，初無間隙。而乃妄懷窺度，專務婐阿，指朝廷爲他家，用社稷爲私計。同列誚詰，久無定言，陰持兩端，

---

[1] 脱脱等《宋史》，第39冊第13704頁。

不顧大義。僅免生前之顯戮,更叨身後之餘榮。公議弗容,舊疏具在,反復參驗,心迹較然。使其免惡於一時,難以示懲於萬世。貶從散秩,追正誤恩,庶令官邪,咸知警憲。可特追貶萬安軍司户參軍。'""先是,樞密院奏事,上宣諭:'王珪當先帝不豫時持兩端,又召高遵裕子與議事,當時黄履曾有文字論列,及同列敦迫,其後方言"上自有子"。'曾布曰:'此事皆臣等所不知,但累見章惇、邢恕等道其略,不知黄履章疏在否?'上曰:'有。'布等聞禁中無此章疏,履曾於紹聖初録奏,比三省又令履録私稿以爲質證。""上之嗣位,邢恕與蔡確等自謂有定策功,既而確死貶所,恕亦斥不用,心恨之,日夜圖報復。黄履舊與恕深相得,恕誣謗宣仁聖烈皇后,履與其謀。元豐八年二月三日,乃追爲之,非當日所奏。曾布亟請於上,蓋知其妄也。高士京者,遵裕假子,士京爲將官,嘗與恕同官。士京庸暗,恕一日置酒,從容問士京曰:'公知元祐間獨不與先公推恩否?'士京曰:'不知。'又問:'有弟兄無?'士京曰:'有兄士充,死。'恕曰:'此乃傳王珪語言之人也。當是時,王珪爲相,欲立徐王,遣公兄士充傳道語言於禁中,知否?'士京曰:'不知。'恕因誘士京以官爵,曰:'公不可言不知,當爲公作此事,第勿以語人。'因令所親信王棫崇飾誣詞,爲士京作奏上之。珪由是得罪。遵裕最愛少子士育,病且死,士育未嘗離左右。士育每爲人言:'初不見士充來告遵裕以珪所問事也。'其後士京恨所得官爵不稱意,屢欲自陳虚妄,高氏諸族皆惡之,絶不與通。"[1]《宋大詔令集》卷二〇九《王珪追貶萬安軍司户參軍制》亦繫追貶王珪事於四月丁未,而《宋史》卷二一二《宰輔表三》繫於二月甲申,《宋宰輔編年録》卷一〇則繫於二月癸未。丁未、甲申、癸未分别爲二十四日、二十九日、二十八日。兹從《長編》。按,蔡懋原名蔡渭,蔡確之子,其上文及甫私牘在紹聖四年八月丁酉。[2]

王明清《揮麈餘話》卷二云:"紹聖親政,追貶萬安軍司户,諸子皆勒停,不得入國門,奪所賜第以予王荆公家。"[3]

---

[1]李燾撰,上海師範大學古籍整理研究所、華東師範大學古籍整理研究所點校《續資治通鑑長編》,第19冊第11552、11553、11555~11556頁。

[2]參李燾撰,上海師範大學古籍整理研究所、華東師範大學古籍整理研究所點校《續資治通鑑長編》卷四九〇,第19冊第11628頁。

[3]王明清《揮麈録》,第242頁。

宋哲宗元符元年戊寅（1098），卒後十三年

諸子並特勒停，永不收敘。

九月四日，以葉祖洽之言，諸子並特勒停，永不收敘。

　　《長編》卷五〇二載元符元年九月己酉，"權吏部尚書葉祖洽言：'近劉摯、梁燾諸子並勒停，永不收敘，仍各於元指定州軍居住。伏見王珪罪惡，比摯等最爲暴著，今罪罰輕重不侔，何以慰天下公議！'詔王珪諸子並特勒停，永不收敘"[1]。己酉爲四日。《宋會要》職官六七之二一繫此事於九月二日，茲從《長編》。

哲宗元符三年庚辰（1100），卒後十五年

追復故官，諸子並許敘復。

五月二十三日，追復金紫光禄大夫、左僕射兼門下侍郎、岐國公、贈太師、謚文恭，諸子並許敘復。

　　《宋史》卷一九《徽宗本紀一》云：元符三年五月"己丑，詔追復文彥博、王珪、司馬光、呂公著、呂大防、劉摯等三十三人官。辛卯，還司馬光等致仕遺表恩"[2]。己丑爲二十三日，辛卯爲二十五日。《宋會要》職官七六之六〇云："元符三年五月二十三日，（徽宗即位未改元。）詔：'朕嗣位三月，三下恩書。徽纆桁楊，栖置弗用；流竄放逐，係踵生還。尚念故老元臣，嘗位丞弼，或奪爵身後，或殞命貶中。霈澤之行，豈限存歿，不有追復，孰慰營魂！故降授太子少保致仕、潞國公文彥博，可追復河東節度、管内觀察處置等使、太師、開府儀同三司、太原尹、潞國公；追貶萬安軍司戶參軍王珪，追復金紫光禄大夫、守尚書左僕射、兼門下侍郎、岐國公，贈太師，謚文恭；故責授蘇州團練副使、循州安置呂大防，追復光禄大夫；故責授鼎州團練副使、新州安置劉摯，追復中大夫；故左朝議大夫致仕韓維，追復資政

[1] 李燾撰，上海師範大學古籍整理研究所、華東師範大學古籍整理研究所點校《續資治通鑑長編》，第20冊第11951頁。
[2] 脫脫等《宋史》，第2冊第359頁。

殿大學士、太子少傅；故責授雷州別駕、化州安置梁燾，追復左中散大夫；追貶朱崖軍司户參軍司馬光、追貶昌化軍司户參軍吕公著，並追復太子太保；故太中大夫鄭雍，追復資政殿學士；追貶雷州別駕王巖叟、追貶海州別駕孔文仲，並追復朝奉郎；故責授昭州別駕、化州安置范祖禹，追復朝奉大夫；故責授安遠軍節度副使、灃州安置趙彦若，追復龍圖閣學士、中大夫；故左朝議大夫錢勰、故朝散大夫顧臨，並追復龍圖閣學士；故左朝請大夫、少府少監、分司南京趙君錫，追復天章閣待制；故中大夫、寶文閣待制李之純，追復寶文閣直學士；故朝散郎孔武仲，故承議郎、尚書水部員外郎、分司南京姚勔，並追復寶文閣待制；故左朝議大夫盛陶，追復龍圖閣待制；故左中散大夫趙卨，追復太中大夫、端明殿學士，贈左光禄大夫；故朝請郎孫覺，追復朝散大夫、龍圖閣直學士；故朝散郎杜純，追復集英殿修撰；追貶柳州別駕朱光庭，追復朝散郎；追貶唐州團練副使李周，追復朝請郎、集賢殿修撰；追取出身文字人高士英，追復承議郎；故責授果州團練副使、汀州安置孫升，追復朝請郎。’”[1] 陳均《皇朝編年綱目備要》卷二五載元符三年二月，“范純仁等並收敘”。注云：“尋詔劉摯、梁燾許歸葬；摯、燾、王珪、吕大防、范祖禹、王巖叟、劉安世、朱光庭諸子並許敘復。”同卷又載五月，“追復文彦博、司馬光等官”。注云：“凡三十三人。右僕射韓忠彦白上，以元祐生者已被恩，而死者殊未甄復，此當出自上意。……文彦博、王珪、吕大防、劉摯、韓維、梁燾、司馬光、吕公著、孫固、傅堯俞、趙瞻、鄭雍、王巖叟、范祖禹、趙彦若、錢勰、顧臨、趙君錫、李之純、吕大忠、鮮于侁、孔武仲、姚勔、盛陶、趙卨、孫覺、杜純、孔文仲、朱光庭、李周、張茂則、高士英、孫升並追復，内彦博、維悉復官職，光、公著、大防等止復官，燾、摯比舊猶降一官。”[2] 曾肇亦有與韓忠彦類似議論，見《曲阜集》卷四所附《行狀》及楊時所作《神道碑》。

《宋大詔令集》卷二二一有《文彦博追復官制》，題下注“五月二十四日”，與《宋史》《宋會要》稍有不同。其後有《王珪追復官制》，云：“具官某起自儒林，致身王相。逮事先帝，奄忽云亡。人之多言，闔棺未已。盡

---

[1] 劉琳等校點《宋會要輯稿》，第9册第5129～5130頁。
[2] 陳均編，許沛藻等點校《皇朝編年綱目備要》，中華書局2006年版，第621～622、628頁。

削名秩，罪均越荒。閲歲已深，蒙惡滋久。稽參故實，蔽自朕心。揆路師垣，悉還舊貫。崇階高爵，併以歸之。榮賁九原，澤及後嗣。死而不昧，尚或欽承。可追復金紫光禄大夫、尚書右僕射、兼門下侍郎，贈太師，諡文恭。"[1]"右僕射"當爲"左僕射"之誤。

徽宗詔復王珪故官、贈諡及許其諸子敘復當均在元符三年五月。此與向太后垂簾聽政有關。《宋史》卷一九《徽宗本紀一》云："元符三年正月己卯，哲宗崩，……乃召端王入，即皇帝位，皇太后權同處分軍國事。"卷二四三《神宗欽聖獻肅向皇后傳》載向太后"獨決策迎端王。章惇異議，不能沮。徽宗立，請權同處分軍國事，后以長君辭。帝泣拜，移時乃聽。凡紹聖、元符以還，惇所斥逐賢大夫士，稍稍收用之"。然其垂簾"才六月，即還政。明年正月崩，年五十六"[2]。蓋因向太后同情舊黨，故王珪之子仲脩得以訴冤，參紹聖四年譜。

宋徽宗崇寧元年壬午（1102），卒後十七年

入元祐黨籍，子孫並不許到闕。

九月十七日，入元祐黨籍，御書刻石端禮門，子孫並不許到闕。

李壆《皇宋十朝綱要》卷一六云：崇寧元年九月"己亥，籍元祐、元符宰執文彦博、侍從蘇軾、餘官秦觀凡一百有二十人，御書刻石端禮門"[3]。己亥爲十七日。陳均《皇朝編年綱目備要》卷二六載崇寧元年九月，"刻御書黨籍端禮門"。注云："奉御寶批：'應元祐謫籍，並元符末敘復過當之人，各具元籍定姓名人數進入；仍常切覺察，不得與在京差遣。'文臣曾任宰相執政官文彦博、呂公著、司馬光、呂大防、劉摯、范純仁、韓忠彦、王珪、梁燾、王巖叟、王存、鄭雍、傅堯俞、趙瞻、韓維、孫固、范百禄、胡宗愈、李清臣、蘇轍、劉奉世、范純禮、安燾、陸佃，曾任待制以上官蘇軾、范祖禹、王欽臣、姚勔、顧臨、趙君錫、馬默、孔武仲、王汾、孔文仲、朱光

---

[1] 司義祖整理《宋大詔令集》，第853頁。
[2] 脱脱等《宋史》，第2冊第357~358頁、第25冊第8630頁。
[3] 李壆撰，燕永成校正《皇宋十朝綱要校正》，中華書局2013年版，第436頁。

庭、吳安持、錢勰、李之純、孫覺、鮮于侁、趙彦若、趙卨、孫升、李周、劉安世、韓川、賈易、呂希純、曾肇、王覿、范純粹、楊畏、呂陶、王古、陳次升、豐稷、謝文瓘、鄒浩、張舜民，餘官秦觀、湯戭、杜純、司馬康、宋保國、吳安詩、張耒、歐陽棐、呂希哲、劉唐老、晁補之、黃庭堅、黃隱、畢仲游、常安民、孔平仲、王鞏、張保源、汪衍、余爽、鄭俠、常立、程頤、唐義問、余卞、李格非、商倚、張庭堅、李祉、陳祐、任伯雨、朱光裔、陳郛、陳瓘、蘇嘉、龔夬、呂希績、歐陽中立、吳儔、呂仲甫、徐常、劉當時、馬琮、謝良佐、陳彦默、劉昱、魯君貺、韓跋，内臣張士良、魯燾、趙約、譚宸、楊偁、陳詢、張琳、裴彦臣，武臣王獻可、張遜、李備、胡田凡一百一十九人。御書刻石端禮門。尋詔黨人子孫，有官無官，並不許到闕。明年，又詔宗室，不得與黨人子孫及有服親爲婚姻。又詔應責降人子弟，令參選人於家狀内開具父親兄弟係與不係黨籍之人。其後，呂仲甫、徐常、劉當時、馬琮、謝良佐、陳彦默、劉昱、魯君貺、韓跋九人，並出籍。"[1] 按，王珪入元祐黨籍，乃出於蔡京之謀，參紹聖四年譜。蔡京崇寧元年七月五日戊子拜尚書右僕射兼中書侍郎，二年正月七日丁亥進左僕射，五年二月三日丙寅罷。[2]

徽宗崇寧二年癸未（1103），卒後十八年

追贈官並謚，子仲端、仲嶷並放罷。

四月三十日，追贈官並謚，子仲端、仲嶷並放罷，遺表恩例減半。

《長編拾補》卷二一云：崇寧二年四月"戊寅，臣僚上言：'故宰相王珪遭遇神宗，擢在政府凡十六年，其所蒙被恩澤，無與比倫。逮神宗違豫，至於大漸，是宜早建儲君，以定人心。而乃遲疑顧望，語及同列，謂是他家事，外庭不當管；又密召高士充，欲成其姦謀。其爲悖逆，前後臣僚言之甚詳云云。伏望檢會元符三年後來指揮，並令改正，依所得指揮施行。'

---

[1] 陳均編，許沛藻等點校《皇朝編年綱目備要》，第665～666頁。
[2] 參徐自明撰，王瑞來校補《宋宰輔編年録校補》，第2冊第700、708、723頁。

詔：'王珪追贈官並謐，王仲端、王仲嶷並放罷，遺表恩例減半。'"[1]戊寅爲三十日。

徽宗崇寧三年甲申（1104），卒後十九年

與章惇別爲一籍，入"爲臣不忠曾任宰臣"。

二月六日，與章惇別爲一籍。

《宋會要》職官六八之九云：崇寧三年"二月六日，詔：'章惇、王珪爲臣不忠，可別爲一籍，仍依元祐姦党指揮施行。'以臣僚論其姦惡，乞編入元符姦籍故也"[2]。《宋史全文》卷一四云：崇寧三年"二月，臣僚上言：'章惇陰懷異志，内挾奧助，其謀詭秘，乃敢肆爲同胞之説。'詔章惇、王珪爲臣不忠，可別爲一籍，仍依元祐姦党指揮施行"[3]。《宋史》卷一九《徽宗本紀一》繫此事於二月己酉，己酉爲五日，茲從《宋會要》。

六月，以元符黨籍併入元祐黨籍，與章惇入"爲臣不忠曾任宰臣"，附於元祐黨籍之末，御書刻石文德殿門，頒之天下。

陳均《皇朝編年綱目備要》卷二七云：崇寧三年六月，"重定黨人及上書邪等，刻石文德殿門"。注云："定元祐、元符黨人，宰執司馬光、侍從蘇軾、餘官秦觀以下，及上書邪等者合爲一籍，通三百九人，書而刻諸石。詔置文德殿門。蔡京自書爲豐碑，頒之天下。餘並出籍。"[4]《長編拾補》卷二四云：崇寧三年"六月甲辰，詔：'元符末姦黨並通入元祐籍，更不分三等，應係籍姦黨已責降人，並各依舊，除今來入籍人數外，餘並出籍，今後臣僚更不得彈劾奏陳。'令學士院降詔。元祐姦黨：文臣：……武臣：……内臣：……爲臣不忠，曾任宰臣：王珪（故）、章惇。詔：'重定元祐、元符黨人及上書邪等事者，合爲一籍，通三百九人，刻石朝堂，餘並出籍，自今毋得復彈奏。'""戊午，詔曰：'朕嗣位之始，恭默未言，往歲姦朋，復相汲

---

[1] 黄以周等輯注，顧吉辰點校《續資治通鑑長編拾補》，第2冊第741~742頁。

[2] 劉琳等校點《宋會要輯稿》，第8冊第4877頁。

[3] 汪聖鐸點校《宋史全文》，第3冊第929頁。

[4] 陳均編，許沛藻等點校《皇朝編年綱目備要》，第681頁。

引，倡導邪説，實繁有徒。或據要路而務變更，或上封章而肆詆毀，同惡相濟，非止一端，推原其心，豈勝誅殛！比詔編類，具列姓名，乃下從班，博盡衆議，仍爲三等，各竭所聞，庶幾僉同，罔有漏失。惟邪慝之復起，蓋源流之相承。迹其從來，於元祐得罪宗廟，寧分等差？悉皆親書，通爲一籍，載刊諸石，實在廟堂。爲臣不忠，附見於末，所麗雖異，其罪惟均。朕方以仁恩遍覆天下，前既遣黜，弗忍再行，亦有可矜，出於籍外，自是厥後，已定不渝，群臣式孚，毋復輒論。其元符末姦黨並通入元祐籍，更不分三等。應係籍姦黨已責降人，並各依舊。除今來入籍人數外，餘並出籍，今後臣僚更不得彈劾奏陳。'""壬戌，蔡京奏：'奉詔，令臣書元祐黨籍姓名。……謹書元祐姦黨姓名，仍連元書本進呈。'"[1]甲辰、戊午、壬戌分別爲三日、十七日、二十一日。

按，有關元祐黨籍碑之具體情形，可參閱海瑞《元祐黨籍碑考》、王昶《金石萃編》卷一四五《元祐黨籍碑本末》、錢大昕《潛研堂金石文字跋尾》卷一三《元祐黨籍碑》、陸心源《元祐黨人傳》等，今人羅昌繁有相關研究成果。[2]列入元祐黨籍碑者姓名，文獻記載有異。今據《金石萃編》卷一四四《元祐黨籍碑》，參以存世元祐黨籍碑拓片，將碑文全錄於此：

皇帝嗣位之五年，旌別淑慝，明信賞刑，黜元祐害政之臣，靡有佚罰。乃命有司，夷考罪狀，第其首惡與其附麗者以聞，得三百九人。皇帝書而刊之石，置於文德殿門之東壁，永爲萬世臣子之戒。又詔臣京書之，將以頒之天下。臣竊惟陛下仁聖英武，遵制揚功，彰善癉惡，以昭先烈。臣敢不對揚休命，仰承陛下孝悌繼述之志。司空、尚書左僕射、兼門下侍郎臣蔡京謹書。

元祐姦黨

文臣

曾任宰臣執政官

司馬光（故） 文彥博（故） 呂公著（故） 呂大防（故） 劉摯（故）

［1］黄以周等輯注，顧吉辰點校《續資治通鑑長編拾補》，第 2 冊第 810～815、817、818 頁。

［2］羅昌繁《元祐黨籍碑的立毀與版本源流——兼論元祐黨籍名録的變更》，《北京社會科學》2018 年第 11 期。

范純仁（故） 韓忠彦 曾布 梁燾（故） 王巖叟（故） 蘇轍 王存（故）
鄭雍（故） 傅堯俞（故） 趙瞻（故） 韓維（故） 孫固（故） 范百禄
（故） 胡宗愈（故） 李清臣（故） 劉奉世 范純禮 安燾 陸佃（故）
黃履（故） 張商英 蔣之奇（故）

　　曾任待制以上官

　　蘇軾（故） 劉安世 范祖禹（故） 朱光庭（故） 姚勔（故） 趙君錫
（故） 馬默（故） 孔武仲（故） 孔文仲（故） 吳安持（故） 錢勰（故）
李之純（故） 孫覺（故） 鮮于侁（故） 趙彦若（故） 趙卨（故） 王欽
臣（故） 孫升（故） 李周（故） 王汾（故） 韓川（故） 顧臨（故） 賈
易 呂希純 曾肇 王覿 范純粹 呂陶 王古 豐稷 張舜民 張問
（故） 楊畏 鄒浩 陳次升 謝文瓘 岑象求（故） 周鼎 徐勣 路昌衡
（故） 董敦逸（故） 上官均 葉濤（故） 郭知章 楊康國 龔原 朱紱
葉祖洽 朱師服

　　餘官

　　秦觀（故） 黃庭堅 晁補之 張耒 吳安詩 歐陽棐 劉唐老 王鞏
呂希哲 杜純（故） 張保源 孔平仲（故） 衡鈞 袞[1]公適（故） 馮百
藥 周誼 孫琮 范柔中 鄧考甫 王察 趙峋 封覺民（故） 胡端修
李傑 李賁 趙令時 郭執中 石芳 金極 高公應 安信之 張集 黃策
吳安遜 周永徽 高漸 張夙（故） 鮮于綽 呂諒卿 王貫 朱紘 吳朋
（故） 梁安國 王古 蘇迴 檀固 何大受 王篆 鹿敏求 江公望 曾紆
高士育 鄧忠臣（故） 种師極 韓治 都貺 秦希甫 錢景祥 周綍 何
大正 呂彦祖 梁寬 沈千 曹興宗 羅鼎臣 劉勃 王拯 黃安期 陳師
錫 于肇 黃遷 莫佚正[2] 許堯輔 楊朏 胡良 梅君俞 寇宗顔 張居
李脩 逢純熙（故） 高遵恪 黃才 曹盥 侯顧道 周遵道 林膚 葛輝
（故） 宋壽岳 王公彦 王交 張溥 許安修 劉吉甫 胡潛 董祥 楊瓌

---

[1] 羅昌繁考"袞"當爲"兖"（參羅昌繁《〈元祐黨籍碑〉之黨人異名叢考》，郭英德主編《斯文》
　　第2輯，社會科學文獻出版社2018年版，第232~233頁）。
[2] 羅昌繁考"莫佚正"當爲"萬俟正"（參羅昌繁《〈元祐黨籍碑〉之黨人異名叢考》，《斯文》第2
　　輯，第236~237頁）。

竇　倪直孺　蔣津　王守　鄧允中　梁俊民　王陽　張裕　陸表民　葉世英
謝潛　陳唐　劉經國（故）　湯鹹（故）　司馬康（故）　宋保國（故）　黃
隱　畢仲游　常安民　汪衍　余爽　鄭俠　常立　程頤　唐義問（故）　余
卞　李格非　陳瓘　任伯雨　張庭堅　馬涓　孫諤（故）　陳郛　朱光裔
蘇嘉　龔史^[1]　王回（故）　呂希績（故）　吳儔（故）　歐陽中立（故）　尹
材（故）　葉伸（故）　李茂直　吳處厚（故）　李積中　商倚（故）　陳祐
虞防　李祉　李深　李之儀　范正平　曹蓋　楊緯^[2]　蘇昞　葛茂宗　劉謂
柴袞　洪羽　趙天佐　李新　扈充（故）　張恕　陳幷　洪芻　周鍔　蕭刓
趙越　滕友　江洵　方適　許端卿　李昭玘　向紃　陳察　鍾正甫　高茂華
楊彥璋　廖正一　李夷行　彭醇　梁士能

　　　武臣

　　張巽　李備（故）　王獻可（故）　胡田　馬諗　王履　趙希夷　任濬
郭子旅　錢盛　趙希德　王長民　李永（故）　王庭臣　吉師雄　李愚　吳
休複（故）　崔昌符　潘滋　高士權　李嘉亮　李琮　劉延肇　姚雄　李基

　　　內臣

　　梁惟簡（故）　陳衍（故）　張士良　梁知新（故）　李倬　譚扆　竇鉞
趙約　黃卿從　馮說　曾燾　蘇舜民　楊偁　梁弼　陳恂　張茂則（故）
張琳　裴彥臣　李偁（故）　閻守懃　王紱　李穆　蔡克明　王化基　王道
鄧世昌　鄭居簡　張祐^[3]　王化臣

　　　爲臣不忠曾任宰臣

　　王珪（故）　章惇

---

［1］羅昌繁考"史"當爲"夬"（參羅昌繁《〈元祐黨籍碑〉之黨人異名叢考》,《斯文》第2輯,第
　　233頁）。
［2］羅昌繁考"緯"當爲"琳"（參羅昌繁《〈元祐黨籍碑〉之黨人異名叢考》,《斯文》第2輯,第
　　238頁）。
［3］羅昌繁考"祜"當爲"祐"（參羅昌繁《〈元祐黨籍碑〉之黨人異名叢考》,《斯文》第2輯,第
　　241頁）。

徽宗崇寧五年丙戌（1106），卒後二十一年

入元祐黨籍第一類“曾任宰臣執政等官”第二等。

三月六日，以定元祐黨籍爲五類三等，入第一類“曾任宰臣執政等官”第二等。

《長編拾補》卷二六云：崇寧五年“三月戊戌，詔：‘應舊係石刻人除第三等許到闕外，餘並不得到闕下。其前到降重者，不得至四輔，輕者不得至畿縣，指揮更不施行。勘會除第二等張士良今年二月十六日奉御寶批爲係哲宗皇帝隨龍人，特許任便居住外。’”[1]下列曾任宰臣執政等官、曾任待制以上官、餘官、内臣、武臣五類黨籍人員名單，每類分第一等、第二等、第三等共三等，王珪被列入“曾任宰臣執政等官”第二等。戊戌爲六日。

宋徽宗大觀二年戊子（1108），卒後二十三年

子仲脩等上文集一百卷，與孫固出元祐黨籍。

正月三日，子仲脩等奉詔序次文集成一百卷，表進之。

趙希弁《讀書附志》卷下著録“王歧（岐）公《華陽集》一百卷”，云：“大觀二年，詔故相歧（岐）國王公之家，以文集來上，其子朝奉大夫、管勾南京鴻慶宮上護軍仲修等表進之，許光疑爲之序。”[2]許光疑《華陽集序》云：“大觀二年正月甲寅，有詔故相岐國王公之家以文集來上。臣仲脩等表言曰：‘先臣珪以文翰被遇四朝，輔相神考十有六年。晚膺顧托，首陳上自有子之言，以定儲議，不敢自以爲功。既没一紀之餘，仇怨攘功，架以奇禍。賴哲宗皇帝睿明，闔門得以全度。洎陛下嗣守大位，予其爵秩，禄其子孫。臣等雖萬死，豈足以仰報聖澤之萬一。茲承睿旨，宣取先臣遺稿，臣等被命，感泣不自勝。謹序次成一百卷，繕寫以進。唯陛下哀憐先帝之舊臣，明其誣謗，而顯其餘勳，以示天下。不勝幸甚。’上覽奏惻然，展讀嘉歎。

［1］黄以周等輯注，顧吉辰點校《續資治通鑑長編拾補》，第 2 冊第 880 頁。
［2］晁公武撰，孫猛校證《郡齋讀書志校證》，第 1178 頁。

既又除罪籍，還贈諡，復繪像，畀其遺恩如故。"[1]甲寅爲三日。

四月十三日，與孫固出元祐黨籍。

《東都事略》本傳云："及蔡京用事，以珪爲臣不忠，入黨籍。後以受八寶赦，出籍云。"（第674頁）李埴《皇宋十朝綱要》卷一七云：大觀二年"正月壬子朔，受八寶於大慶殿，大赦。元祐黨人情輕者，落籍敍復官職"[2]。《宋會要》職官七六之二六云：大觀二年"三月二十八日，三省言：'檢會今年正月一日八寶赦書："元祐之初，姦臣放廢，言念歲月之久，屢更赦宥，可議等第，取情理輕者與落罪籍，特與甄收差遣。"具到孫固、陸佃、王存、蔣之奇、趙瞻、安燾、顧臨、張問、朱師服、錢勰、王欽臣、楊畏、李之純、王汾、馬默、周鼎、向絪、李昭玘、歐陽棐、陳察、梁士能、楊彦璋、李貫、鍾正甫、許端卿、趙彦若、賈易、姚勔、吕希績、歐陽中立、葉伸、陳郛、朱光裔、蘇嘉、吳儔、常立、李茂直、司馬康、都覬、鄧忠臣、廖正一、吕希哲、秦希甫、張耒、杜純四十五人，編寫成冊。'詔除孫固、安燾、賈易外，餘並出籍。續奉聖旨，孫固爲係神宗隨龍人，王珪初懷猶豫，終能協濟，特與出籍。續詔葉祖洽、郭知章、上官均、朱綬、种師極、錢景祥併出罪籍。"[3]《長編拾補》卷二八繫此事於三月戊辰，注云："詔旨六月十九日可考。初草王珪、孫固出籍在四月十三日，今不取。"又云：六月"戊戌，門下中書後省左右司除節次看詳中納孫固等六十人外，今依赦看詳到韓維、……等九十五人。詔併出籍"。注云："詔旨故事三月二十八日可考。"[4]戊辰爲十八日，戊戌爲十九日。按，《長編拾補》繫於三月戊辰當誤。幾條史料相互參證，蓋三月二十八日門下中書後省左右司看詳孫固等四十五人出籍，詔除孫固、安燾、賈易外，餘併出籍；四月十三日，又詔孫固、王珪出籍。《全宋文》卷三五六八據《宋會要》收錄《孫固王珪特與出籍詔》，繫於大觀二年三月，不確。

---

[1]解縉等奉敕纂《永樂大典》卷二二五三六，第8冊第7872～7873頁。

[2]李埴撰，燕永成校正《皇宋十朝綱要校正》，第467頁。

[3]劉琳等校點《宋會要輯稿》，第9冊第5111頁。

[4]黃以周等輯注，顧吉辰點校《續資治通鑑長編拾補》，第2冊第939、945～946頁。

宋徽宗政和三年癸巳（1113），卒後二十八年

復贈官並謚。

七月六日，復贈官並謚。

李壆《皇宋十朝綱要》卷一七云：政和三年"七月甲申，進復王珪、孫固贈官並謚及韓忠彥、曾布、安燾、李清臣、黃履職名"[1]。甲申爲六日。

徽宗政和七年丁酉（1117），卒後三十二年

獲徽宗書新神道碑額。

二月十八日，獲徽宗書新神道碑額曰"元豐治定弼亮功成之碑"。

趙希弁《讀書附志》卷下著録"王歧（岐）公《華陽集》一百卷"，云："哲宗嘗篆其碑額曰'懿文'，徽宗又賜之曰：'元豐治定，弼亮功成。'"[2] 王明清《揮麈後録》卷七載御書碑額，有"王文恭曰'元豐治定弼亮功成'"[3]。王明清《揮麈餘話》卷二云："王仲嶷字豐父，歧（岐）公暮子。有風采，善詞翰，四六尤工。以名字典郡。政和末，爲中大夫，守會稽，頗著績效，如乾湖爲田、導水入海是也。童貫時方用事，貫苦腳氣，或云楊梅仁可療是疾，豐父衰五十石以獻之，才可知矣。後擢待制。再任不歷貼職，徑登次對，前後惟豐父一人。初，歧（岐）公爲首台，元豐末命。或云：'歧（岐）公有異議。'紹聖親政，追貶萬安軍司户，諸子皆勒停，不得入國門，奪所賜第以予王荆公家。崇寧初，以爲臣不忠，列黨籍碑。至是，豐父既有内援，而又鄭達夫歧（岐）公之婿，相與申理，遂洗前誣，詔盡復歧（岐）公爵謚，祐陵又題其墓刻云'元豐治定弼亮功成之碑'。御筆云：'嘉祐中，英宗立爲皇子，王珪時爲學士，預聞大議。近因其子仲嶷以其詔稿來上，始得究其本末。乃知神考擢置政府，厥有攸在。協贊事功，維持法度，十有六年。元豐末，上自有子，發言自珪，遂定大策，安宗廟。墜碑未立，惻

---

[1] 李壆撰，燕永成校正《皇宋十朝綱要校正》，第 482 頁。
[2] 晁公武撰，孫猛校證《郡齋讀書志校證》，第 1178 頁。
[3] 王明清《揮麈録》，第 129 頁。

然於懷，賜額親筆書題。'此政和七年二月丙子也。豐父謝表，有'金杯賜第，玉篆題碑'之對。"[1]丙子爲十八日。《三朝北盟會編》卷五二靖康元年八月二十三日丙辰云："始貫欲自謂韓魏公之出子，數以言動吏部侍郎韓粹彦。粹彦毅然曰：'先公平昔無茲事。'於是王仲嶷者久依貫，聞是語而自詣貫識之，以爲珪之子也。貫大喜，故王氏於政和以後恩數及褒詔，悉貫之力。"[2]可知王珪復爵謚係因童貫、鄭居中之力。童貫政和六年十一月二日辛卯拜簽書樞密院事，七年三月權領樞密院事，自十二月十七日庚午起任領樞密院事長達八年。[3]鄭居中大觀元年（1107）閏十月四日丙戌爲同知樞密院事，三年四月十九日癸巳爲知樞密院事，四年十月二日丁酉罷，政和三年正月二十四日丁丑再知樞密院事，六年五月七日庚子爲太宰、兼門下侍郎，七年八月十五日庚午以丁母憂罷職。[4]按，童貫（1054—1126），字道夫，一作道輔，開封（今屬河南）人，宦官，官至領樞密院事，靖康元年被殺，年七十三，《宋史》卷四六八、《東都事略》卷一二一有傳，生平事迹見《宣和畫譜》卷一二、《三朝北盟會編》卷五二等，《全宋文》卷二七〇四收其文一卷。

［1］王明清《揮麈録》，第242頁。
［2］徐夢莘《三朝北盟會編》，第391～392頁。
［3］參徐自明撰，王瑞來校補《宋宰輔編年録校補》，第2冊第775～776頁。
［4］參徐自明撰，王瑞來校補《宋宰輔編年録校補》，第2冊第743、745、758、770、777、781頁。

傳記資料

《宋史》卷三一二《王珪傳》

王珪字禹玉，成都華陽人，後徙舒。曾祖永，事太宗爲右補闕。吳越納土，受命往均賦，至則悉除無名之算，民皆感泣。使還，或言其多弛賦租。帝詰之，對曰："使新附之邦，蒙天子仁恩，臣雖得罪，死不恨。"帝大悅。

珪弱歲奇警，出語驚人。從兄琪讀其所賦，嗟曰："騏驥方生，已有千里之志，但蘭筋未就耳。"舉進士甲科，通判揚州。吏民皆少珪，有大校嫚不謹，捽置之法。王倫犯淮南，珪議出郊掩擊之，賊遁去。召直集賢院，爲鹽鐵判官、修起居注。接伴契丹使，北使過魏，舊皆盛服入。至是，欲便服，妄云衣冠在後乘。珪命取授之，使者愧謝。遂爲賀正旦使。進知制誥、知審官院，爲翰林學士、知開封府。遭母憂，除喪，復爲學士，兼侍讀學士。

先是，三聖並侑南郊，而溫成廟享獻同太室。珪言："三后並配，所以致孝也，而瀆乎饗帝。後宮有廟，所以廣恩也，而僭乎饗親。"於是專以太祖侑於郊，而改溫成廟爲祠殿。嘉祐立皇子，中書召珪作詔，珪曰："此大事也，非面受旨不可。"明日請對，曰："海內望此舉久矣，果出自聖意乎？"仁宗曰："朕意決矣。"珪再拜賀，始退而草詔。歐陽脩聞而歎曰："真學士也。"帝宴寶文閣，作飛白書分侍臣，命珪識歲月姓名。再宴群玉，又使爲序，以所御筆、墨、牋、硯賜之。

英宗立，當撰先帝謚，珪言："古者賤不誄貴，幼不誄長，故天子稱天以誄之，制謚於郊，若云受之於天者。近制，唯詞臣撰議，庶僚不得參聞，頗違稱天之義。請令兩制共議。"從之。濮王追崇典禮，珪與侍從、禮官合議宜稱皇伯，三夫人改封大國，執政不以爲然。其後三夫人之稱，卒如初議。始，珪之請對而作詔也，有密譖之者。英宗在位之四年，忽召至蕊珠殿，傳詔令兼端明殿學士，錫之盤龍金盆，諭之曰："秘殿之職，非直器卿於翰墨間，二府員缺，即出命矣。曩有讒口，朕今釋然無疑。"珪謝曰："非陛下至明，臣死無日矣。"神宗即位，遷學士承旨。珪典內外制十八年，最爲久次，嘗因展事齋宮，賦詩有所感，帝見而憐之。熙寧三年，拜參知政事。九年，進同中書門下平章事、集賢殿大學士。

元豐官制行，由禮部侍郎超授銀青光祿大夫。五年，正三省官名，拜尚書左僕射兼門下侍郎，以蔡確爲右僕射。先是，神宗謂執政曰："官制將行，欲新舊人兩用之。"又曰："御史大夫，非司馬光不可。"珪、確相顧失色。珪憂甚，不知所出。確曰："陛下久欲收靈武，公能任責，則相位可保也。"珪喜，謝確。帝嘗欲召司馬光，珪薦俞充帥慶，使上平西夏策。珪意以爲既用兵深入，必不召光，雖召，將不至。已而光果不召。永樂之敗，死者十餘萬人，實珪啓之。

八年，帝有疾，珪白皇太后，請立延安郡王爲太子。太子立，是爲哲宗。進珪金紫光祿大夫，封岐國公。五月，卒於位，年六十七。特輟朝五日，賻金帛五千，贈太師，謚曰文恭。賜壽昌甲第。

珪以文學進，流輩咸共推許。其文閎侈瓌麗，自成一家，朝廷大典策，多出其手，詞林稱之。然自執政至宰相，凡十六年，無所建明，率道諛將順。當時目爲"三旨相公"，以其上殿進呈，云"取聖旨"；上可否訖，云"領聖旨"；退諭稟事者，云"已得聖旨"也。紹聖中，邢恕謗起，黃履、葉祖洽、劉拯交論珪元豐末命事，以爲當時兩府大臣，嘗議奏請建儲，珪輒語李清臣云："他自家事，外庭不當管。"恕又誘教高遵裕子士京上奏，言珪欲立雍王，遣士京故兄士充，傳道言語於禁中。珪由是得罪，追貶萬安軍司戶參軍，削諸子籍。徽宗即位，還其官封。蔡京秉政，復奪贈謚。政和中，又復之。珪季父罕，從兄琪。

············

論曰：[曾] 公亮静重鎮浮，練達典憲，與韓琦並相，號稱老成。[陳] 升之自爲言官，即著直聲。然皆挾術任數，公亮疾琦專任，薦王安石以間之，升之陰助安石，陽爲異同，以避清議，二人措慮如此，豈誠心謀國者乎？新法之行，何望其能正救也。及安石去位，[吳] 充、[王] 珪實代之，天下喁喁，思有所休息。充力不逮心，同僚左掣右伺，至鞅鞅以死，傷哉，其不足與有行也。珪容身固位，於勢何所重輕，而陰忌正人，以濟其患失之謀，鄙夫可與事君也與哉！

《東都事略》卷八〇《王珪傳》

王珪字禹玉，成都華陽人也，徙家開封。父準，爲太常博士、秘閣校理。珪少好學，日誦數千言，及長，博通群書。舉進士，庭試第二，爲大理評事，通判揚州。召試學士院，遷太子中允，直集賢院、同修起居注，改右正言、知制誥。其文典麗，有西漢風。

嘉祐初，爲翰林學士。初。詔以三聖並配於郊，溫成皇后立廟城南，牲幣、祼獻、登歌、設樂同太廟。珪曰：“三后並配，欲以致孝也，而瀆乎享帝。後宮有廟，欲以廣恩也，而僭乎享親。”於是郊以太祖專配，而改溫成廟爲相（祠）。近世享郊，廟堂上升歌有節鼓而無柷敔。珪言：“柷敔所以著樂之終始八音，豈容有闕？願詔有司考古，增定之。”是歲，明堂始置柷敔，黜節鼓而用搏拊，以備八音。

仁宗以英宗爲皇子，珪當草詔，明日請對崇政殿，曰：“天下望立皇子久矣，果出自陛下意乎？”仁宗曰：“朕意決矣。”珪再拜賀曰：“陛下誠能爲宗廟社稷計，天下之福也。”於是退而草詔。

英宗即位，詔珪撰仁宗謚，珪言：“古者賤不誄貴，幼不誄長，天子稱天以誄之。欲稽舊典，先請於郊。”遂爲定制。仁宗既祔廟，珪以嚴父配天之義，請以仁宗專配明堂。明年小祥，禮官言當以十月祫祭太廟，而未終三年之制，宜行時饗。既禫，請行禘祭。珪曰：“神主祔廟已嘗告祭，奈何禫畢復行饋食乎？”詔議濮安懿王典禮，珪與禮官合奏，宜依先朝封贈期尊稱皇伯，濮安懿王三夫人當封大國。執政不以爲然，其後三夫人卒如珪議。除端明殿學士，遷翰林學士承旨。

熙寧元年，當郊祀，神宗疑亮闇，珪曰：“《王制》喪三年不祭，惟祭天地社稷，爲越紼行事，不敢以卑廢尊。真宗居明德皇后之喪，既易月而服除，明年遂享太廟，祀天地於圜丘，請如故事。其服冕、車輅、儀物、音樂緣事神者，皆不可廢。”從之。三年，除參知政事。九年，拜同中書門下平章事、集賢殿大學士。

元豐二年，以階易官，珪時爲禮部侍郎，當爲正議大夫，遂越拜銀青光祿大夫兼門下侍郎、同中書門下平章事、監修國史。珪嘗薦張璪，不用。珪曰："臣爲宰相，三薦瑑矣，而不見用，是臣失職也。"請罷，神宗喜曰："宰相當如是。"神宗欲以内侍李憲主兵，珪奏："非祖宗故事，陛下獨不鑑漢唐之亂乎？"五年，拜尚書左僕射兼門下侍郎，以蔡確爲右僕射。

初，神宗既新官制，先謂執政曰："官制將行，欲新舊人兩用之。"又曰："御史大夫，非司馬光不可。"時珪、確相顧失色，珪憂甚，不知所出。確曰："陛下久欲收復靈武，公能任責，則相位可保也。"珪喜，謝之。自是西師深入，靈武之役，死者十餘萬。蓋自西邊用兵，神宗常持淺攻之議，雖一勝一負，猶不至大有殺傷。至於西邊將帥，習知兵事，亦無肯言深入者。非珪、確不歷外任，不習邊事，無敢開此議者。

神宗不豫，珪奏："乞立皇太子，請皇太后權同聽政，候聖體康復，依舊。"神宗首肯之。皇太子既立，未幾，神宗升遐，哲宗即位，拜金紫光祿大夫，封歧國公。薨於位，贈太師，謚曰文恭。

紹聖四年，章惇奏："神宗寢疾之際，中丞黃履吉（言）大臣奏請建儲，珪嘗語李清臣：'他家事，外廷不當與。'"邢恕又誘高遵裕之子士京上書，言珪當元豐末命，嘗招其兄士充詢遵裕以建儲意，遵裕怒叱其子勿再往。及議建儲，珪初無語，蔡確與章惇共詰之，珪乃曰："上自有子，何議之有？"用此爲珪罪，遂追貶萬安軍司户參軍。元符三年，其子仲脩訴其父冤，乃盡復故官、贈謚。及蔡京用事，以珪爲臣不忠，入黨籍。後以受八寶赦，出籍云。珪有文百卷，號《華陽集》。

臣稱曰：王珪爲相，隨時俯仰，與蔡確比，以沮司馬光而興西師之役，此可罪也。珪既死，而爲章惇所陷，誣以爲臣不忠，追貶散秩，則非其罪矣。其後惇於簾前有異議，亦以爲臣不忠貶。夫吉凶之於人，猶影響也，可不戒哉！

《名臣碑傳琬琰集》上集卷八李清臣《王太師珪神道碑》

元豐八年四月，丞相王公珪感疾，詔國醫診視，遣尚宮數就問，賜以御膳珍藥。五月己酉，薨於位。訃聞，兩宮震悼，特輟視朝五日，諭三省悉哀故事，恤用優典，賵金帛五千，賜壽昌坊大第處其孤，加贈太師，錫符陵録婆律香，俾佐斂具。貴臣護喪，恩禮視魏國韓忠獻公，敕使督將作穿土斲石治壙。卜開封東明縣清陵鄉之原，曰："廣阜在旁，小頓大起。五音地學，於商家吉。"將以九月辛酉襄事。

有詔尚書右丞李清臣，其爲太師珪銘。臣清臣頓首曰："臣淺陋，大懼晦太師顯行，天子有命，踧踖弗敢辭。"臣竊觀熙寧以來，先皇帝憂勞天下，內孝養兩宮，友睦宗姓，外經緯文武，訓兵足食，斂爲訓言，陳爲法度，皆天子神智。然太師陪輔十有五年，其贊策納議爲最多。及先皇帝厭萬機、託國事，寶慈宮建立皇太子以定大統。未幾，今聖踐祚，太皇太后同聽斷，所以慰安人心，肅寧宮禁，流澤兆庶，懷服戎貊，至於天下卒無事。原其功德，實自寶慈宮開佐聖孫，爲宗廟計，而太師一時元臣，與其列請命福寧閣，以及雙日朝延和，謀謨陟降，瘝瘁滋力，克終大事，有勳烈焉。

謹推考世次。公五世祖及暨，高祖景圖，成都華陽人。曾祖永爲西畿令，從蜀王昶歸朝，授右補闕，遷起居舍人。祖贊歷侍御史，三司判官，九爲轉運使，更領十州，所至有能名。考諱準，以辭學擢秘閣校理，終鹽鐵判官。自公貴，三世贈太師、中書令兼尚書令，而曾祖封公於榮國，母尹氏封太夫人於燕國，祖封魏國，考封漢國，祖母丘氏、妣薛氏封太夫人，各從其國。由榮國以下，葬河南，始徙籍於舒。

公字禹玉，幼警悟力學，日誦數千言，識者奇之。十二能文辭。二十四舉進士，名在第二，授大理評事，通判揚州。召試優等，遷太子中允，直集賢院。對便殿，賜五品服，同修起居注。爲太常丞，遷博士。試中書，以右正言知制誥，加三品服，拜翰林侍讀學士，入翰林爲學士。丁內艱，喪除復職，兼史館修撰，又兼端明殿學士，進承旨。自起居舍人四遷爲給事中。修《仁宗實錄》成，進尚書禮部侍郎。熙寧三年，參知政事。九年，拜同中書門下平章事、集賢殿太（大）學士。元豐三年，朝廷用階官寄祿，超授銀素（青）光祿大夫，兼門下侍郎、監修國史。五年四月，復三省官，爲尚書右僕射兼門下侍郎。上日，御史中丞率百官班賀。仁宗、英宗加徽號，爲仁宗冊寶使。禮成，封郇國公。上即位，恩加金紫光祿大夫，改歧（岐）國公。初任揚州，既還朝，遂極文章之選，自是不復更外。無事任要重，靡不歷試。嘗爲三司鹽鐵判官，又判句院國子監，糾察刑獄，修《三司條例》，判禮部、刑部，知吏部流內銓、審官、審刑院，提舉集禧觀，判昭文館，權發遣開封府，接伴契丹使，奉使契丹，提舉諸司庫務，權尚書都省。同議茶法，考轉運使、提點刑獄課績，判太常寺者再，知貢舉者四。英宗南郊，先帝兩祀明堂，及原廟成，奉安神御於天元殿，公歷爲頓遞、禮儀、大禮使，又爲慈聖光獻皇后、大行皇帝山陵使。

公臨官不苟，務於稱辦，惡詭激憸戁者，曰："訐上厲下，吾不爲也。"自初服政，已若宿練。其在揚州攝行太守事，大校以公年少，藐視不虔，立命捽首付獄。王倫大掠淮海，將及境，州將恐懼，公奮厲其衆，欲要擊之。賊聞，乃由他道去。公平居言色安徐，猝應事物，初若不用意，而敏捷精盡，雖素慮者無以加也。其迎虜使至北都，使者欲輕裘便面過闕，公折以舊例必朝服，乃紿對服在後乘，公使馳取授之，虜人慚服。慶曆中，契丹數邀求生事，劉六符者號才黠，公出使，六符來會食，聲言將有所議，馳請公以動之，且觀其舉措。公怡然往，六符大爲公屈，卒無所言。舊待虜使應辦疲擾，公建爲三頓，請分供帳食飲器，後先迭用，以周其闕。尤明典章，善論事，其語潔齊易聽，故多施行。嘗言貢舉諸科滯於記誦，已立法使兼通本經大義，將有造浮説以揺前令者，願確守之，法卒不廢。又論伎術官蔭子孫，宜各以其類，若醫官使奏醫學，教坊使補色長，不獨使專其業，且以杜入官之濫，至今行之。皇祐中，三聖並配於郊，又溫成皇后立廟薦獻略比太廟。禮官列奏，以爲當改，而大臣猶不從。公曰："並配以致孝也，而瀆乎帝；后廟以廣恩也，而僭乎親。皆違經背禮，豈可以示後世乎？"遂定配太祖，而改溫成廟爲祠殿，薦以常饌。宮臣執事，自此正焉。嘗作《明堂樂章》，因言升歌闋柷敔，無終始之節，而節鼓非雅音，乃詔增柷敔搏拊而黜節鼓。公爲仁宗謚議，奏謂："賤不諱貴，故臣下稱天以諱天子，讀謚南郊，受之天也。今詞臣草謚議，即降詔命，有司初不預聞，殆非禮意，宜合百官讀謚元丘。"上可其議。仁宗既祔廟，以考位配明堂，而真宗當罷。御史請分太宗之大雩以配真宗，講官和之。公議曰："嚴公配仁宗，得禮之正，而欲祧遷分祀以苟厭神靈之意，臣恐祖宗弗饗也。"知禮者以其言爲是。及論喪畢禘祫、神主祔廟已嘗吉祭，不當於禫畢復行饋食之禮，以折禮官，衆論遂定。治平中，大議追尊濮王，公於兩制爲議首，執用封期親尊屬故事，執政以爲不然。公持之，卒不奪。其後諫官、御史争論，久不決，帝以乎

（手）詔裁定，多如其初。熙寧元年，當郊，上疑於諒闇。公與兩制合奏：
"《王制》三年不祭，唯天地社稷越紼而行事，不以卑廢尊也。自漢文帝以來
即位而謁廟，至唐德宗以後逾年而不行郊。真宗居明德太后喪，明年亦祀
圓丘、享太廟。今宜如故事，其冕服、車輅、儀物、音樂緣神事者，皆不可
廢。"其年遂行大禮。朝廷將復入閣儀，公曰："唐紫宸為正衙，不御則喚仗
由閣門入，則入閣非盛禮也，此不足復。"

公泛通六經，深於《詩》《書》，善史學。其為文豪贍有氣，閎侈壞
（瓌）麗而不失義正，自成一家。掌文誥二十年，每一篇出，四方傳誦之。
帝數語大臣："王珪誥有體，他學士不逮遠矣。"朝廷有大述作，雖已秉政，
猶特命為之。修仁宗、英宗《實錄》及正史，多所刊定，意足而無長語。擬
稿上，先帝手詔以比班馬。英宗為皇子，中書召公草詔，公對曰："天下屬
望立嗣子久矣，然必出自陛下意，則後莫能搖。一有搖動，所以階禍亂也。"
帝諭以"決自朕意"，乃進稿。歐陽文忠公以為得學士體。公草仁宗遺制、
先帝為太子冊、慶壽宮還政書，皆宣敘明嵒，人以謂協濟大事，有翰墨之功
焉。又記寶文閣奉詔為高衛王、康王碑，發明天子所以崇事聖母之意，天子
嘉之。

公榮遇最久，諸臣無以為比，而謙儉慎默，未嘗有過，有毀者率弗驗，
其後眷待愈隆。御史欲誣其子仲端以事，公固請窮治，已而不挂一毫，言者
服罪。英宗嘗召對蕊珠殿，設紫花墩命坐，翌日賜盤龍金盆以示恩意。先帝
拓熙河，賜之玉帶，前後加勳至極品。元豐二年，增授功臣號，率同列辭上
曰："功臣自唐中葉以寵從行軍士，非古也。"因詔罷功臣。公自奉甚約，而
厚於昆弟，然於親屬終不敢私援薦，不知者至或怨之。

子：仲脩，以學登進士第，今為秘書省著作佐郎；仲端，承事郎、籍田
令；仲嶷，承奉郎；仲皖、仲煜，承事郎。女：長適鄆州教授李格非，早
卒；次適前權太常博士閭丘籲；次許嫁前進士鄭居中，並封蓬萊縣君；次尚
幼。孫男三人：昭，承奉郎；次晏，次晟。

公享年六十七，文集一百卷。夫人鄭氏，奉國軍節度使戩之女，今舉以
祔。銘曰：

自公五世，居蜀成都。高祖逮祖，食吏躬儒。維者（考）漢公，始徙家

舒。至於太師，幼奮鄉閭。發爲文章，璣貝瓊琚。翰林是職，相府是居。事業煌煌，何其偉與。公意愉夷，公貌虛徐。蹈勤履艱，勇則有餘。文武聖皋，造設新書。學以教士，士衆黿魚。法以練卒，卒勁虎貙。拓洮披夏，聲動穹廬。贊贊厥功，公吁帝俞。聖母神孫，並照天衢。霽寨霧收，六合開除。公於斯時，載持載扶。有巖岱華，視我丕圖。公卧在疾，錫問趨趨。公終考年，澤賁幽墟。嗚呼太師，顯孰公如。

引 用 文 獻

著作

包拯撰，楊國宜校注《包拯集校注》，黄山書社 1999 年版。

北京大學古文獻研究所編《全宋詩》（全七十二冊），北京大學出版社 1991—1998 年版。

畢沅撰，張沛校點《關中勝迹圖志》，三秦出版社 2004 年版。

畢仲游《西臺集》，景印文淵閣《四庫全書》，臺灣商務印書館 1986 年版。

卞永譽纂輯《式古堂書畫彙考》（全四冊），浙江人民美術出版社 2012 年影印本。

蔡崇榜《宋代修史制度研究》，文津出版社 1991 年版。

蔡絛撰，馮惠民、沈錫麟點校《鐵圍山叢談》，中華書局 1983 年版。

蔡襄著，徐燉等編，吴以寧點校《蔡襄集》，上海古籍出版社 1996 年版。

蔡襄撰，陳慶元等校注《蔡襄全集》，福建人民出版社 1999 年版。

曹學佺《蜀中廣記》，景印文淵閣《四庫全書》，臺灣商務印書館 1986 年版。

昌彼得等編，王德毅增訂《宋人傳記資料索引》（全六冊），中華書局 1988 年版。

晁補之《濟北晁先生鷄肋集》，明崇禎八年（1635）顧凝遠詩瘦閣刻本（中國國家圖書館藏）。

晁公武撰，孫猛校證《郡齋讀書志校證》（全二冊），上海古籍出版社 1990 年版。

晁説之《嵩山文集》，《四部叢刊續編》，商務印書館 1934 年影印本。

晁載之《續談助》，《叢書集成初編》，商務印書館 1939 年版。

陳柏泉編著《江西出土墓誌選編》，江西教育出版社 1991 年版。

陳法駕、叶大鏘等修，曾鑑、林思進等纂，王曉波等校點《民國華陽縣志》，《成都舊志》，成都時代出版社 2007 年版。

陳昉撰，湯勤福整理《潁川語小》，《全宋筆記》第八編，大象出版社 2017 年版。

陳光崇《中國史學史論叢》，遼寧人民出版社 1984 年版。

陳宏天、高秀芳點校《蘇轍集》（全四冊），中華書局 1990 年版。

陳均編，許沛藻等點校《皇朝編年綱目備要》（全二冊），中華書局 2006 年版。

陳騤、佚名撰，張富祥點校《南宋館閣錄 續錄》，中華書局 1998 年版。

陳良玉纂修《順治鄧州志》，清順治十六年（1659）刻本（中國科學院圖書館藏）。

陳橋驛主編《中國都城辭典》，江西教育出版社 1999 年版。

陳讓、夏時正纂修《成化杭州府志》，《四庫全書存目叢書》，齊魯書社 1996 年影印本。

陳尚君《唐代文學叢考》，中國社會科學出版社 1997 年版。

陳師道、朱彧撰，李偉國點校《後山談叢 萍州可談》，中華書局 2007 年版。

陳野《南宋繪畫史》，上海古籍出版社 2008 年版。

陳應行編，王秀梅整理《吟窗雜錄》（全二冊），中華書局 1997 年影印本。

陳元鋒《北宋館閣翰苑與詩壇研究》，中華書局 2005 年版。

陳振孫撰，徐小蠻、顧美華點校《直齋書錄解題》，上海古籍出版社 1987 年版。

［日］成尋著，王麗萍校點《新校參天台五臺山記》，上海古籍出版社 2009 年版。

程大昌撰，許沛藻、劉宇整理《演繁露》，《全宋筆記》第四編，大象出版社 2008 年版。

程敏政輯撰，何慶善、于石點校《新安文獻志》（全三冊），黃山書社

2004 年版。

褚人獲輯撰，李夢生校點《堅瓠集》（全四冊），上海古籍出版社 2012 年版。

戴璟主修《廣東通志初稿》，廣東省地方史志辦公室 2003 年影印本。

［日］丹波元胤編《中國醫籍考》，人民衛生出版社 1983 年版。

丁福保輯《歷代詩話續編》（全三冊），中華書局 1983 年版。

［日］東英壽考校，洪本健箋注《新見歐陽脩九十六篇書簡箋注》，上海古籍出版社 2014 年版。

杜大珪《名臣碑傳琬琰集》，《宋代傳記資料叢刊》，北京圖書館出版社 2006 年影印本。

段莉萍《後期"西昆派"研究》，巴蜀書社 2009 年版。

范成大撰，陸振岳點校《吳郡志》，江蘇古籍出版社 1999 年版。

范純仁《范忠宣公文集》，《宋集珍本叢刊》，綫裝書局 2004 年影印本。

范學輝《宋代三衙管軍制度研究》（全二冊），中華書局 2015 年版。

范鎮、宋敏求撰，汝沛、誠剛點校《東齋記事 春明退朝錄》，中華書局 1980 年版。

范祖禹《帝學》，景印文淵閣《四庫全書》，臺灣商務印書館 1986 年版。

范祖禹《太史范公文集》，《宋集珍本叢刊》，綫裝書局 2004 年影印本。

方誠峰《北宋晚期的政治體制與政治文化》，北京大學出版社 2015 年版。

方回選評，李慶甲集評校點《瀛奎律髓彙評》（全三冊），上海古籍出版社 1986 年版。

方健《北宋士人交遊錄》，上海書店出版社 2013 年版。

方萬里、羅濬纂《寶慶四明志》，《宋元方志叢刊》，中華書局 1990 年影印本。

方向東《大戴禮記彙校集解》（全二冊），中華書局 2008 年版。

費袞撰，金圓校點《梁谿漫志》，上海古籍出版社 1985 年版。

傅樂煥《遼史叢考》，中華書局 1984 年版。

傅璇琮《唐代詩人叢考》，中華書局 2003 年版。

傅璇琮、施純德編《翰學三書》（全二冊），遼寧教育出版社 2003 年版。

傅璇琮主編《唐才子傳校箋》（全五冊），中華書局 1987—1995 年版。

傅增湘原輯，吳洪澤補輯《宋代蜀文輯存校補》（全六冊），重慶大學出版社 2014 年版。

龔明之撰，孫菊園校點《中吳紀聞》，上海古籍出版社 1986 年版。

龔延明《中國古代制度史研究》，浙江大學出版社 2013 年版。

龔延明《中國歷代職官別名大辭典》，上海辭書出版社 2006 年版。

龔延明、祖慧編著《宋代登科總錄》（全十四冊），廣西師範大學出版社 2014 年版。

龔延明、祖慧編撰《宋登科記考》（全二冊），江蘇教育出版社 2009 年版。

谷曙光《貫通與駕馭：宋代文體學述論》，人民文學出版社 2016 年版。

顧宏義、李文整理標校《宋代日記叢編》（全三冊），上海書店出版社 2013 年版。

顧吉辰《〈宋史〉比事質疑》，書目文獻出版社 1987 年版。

顧吉辰《〈宋史〉考證》，華東理工大學出版社 1994 年版。

顧祖禹撰，賀次君、施和金點校《讀史方輿紀要》（全十二冊），中華書局 2005 年版。

郭茂育、劉繼保編著《宋代墓誌輯釋》，中州古籍出版社 2016 年版。

郭若虛撰，黃苗子點校《圖畫見聞志》，人民美術出版社 1963 年版。

郭紹虞《宋詩話考》，中華書局 1979 年版。

郭紹虞編選，富壽蓀校點《清詩話續編》（全四冊），上海古籍出版社 1983 年版。

郭紹虞輯《宋詩話輯佚》（全二冊），中華書局 1980 年版。

韓淲《澗泉集》，景印文淵閣《四庫全書》，臺灣商務印書館 1986 年版。

韓琦著，李之亮、徐正英校箋《安陽集編年箋注》（全二冊），巴蜀書社 2000 年版。

韓維《南陽集》，景印文淵閣《四庫全書》，臺灣商務印書館 1986 年版。

韓酉山《秦檜研究》，人民出版社 2008 年版。

韓愈《順宗實錄》，《叢書集成初編》，商務印書館 1936 年版。

何文煥輯《歷代詩話》（全二冊），中華書局 1981 年版。

何新所《昭德晁氏家族研究》，上海古籍出版社 2006 年版。

何忠禮《宋史選舉志補正（修訂本）》，中華書局 2013 年版。

河南省文物考古研究所編《北宋皇陵》，中州古籍出版社 1997 年版。

河南省文物研究所、河南省洛陽地區文管處編《千唐誌齋藏誌》（全二冊），文物出版社 1984 年版。

洪本健編著《宋文六大家活動編年》，華東師範大學出版社 1993 年版。

洪邁撰，何卓點校《夷堅志》（全四冊），中華書局 1981 年版。

洪邁撰，孔凡禮點校《容齋隨筆》（全二冊），中華書局 2005 年版。

侯延慶撰，劉宇等整理《退齋雅聞錄》，《全宋筆記》第十編，大象出版社 2018 年版。

胡聘之《山右石刻叢編》（全六冊），山西人民出版社 1988 年影印本。

胡銓《胡澹庵先生文集》，清乾隆二十二年（1757）胡氏練月樓刻本（中國國家圖書館藏）。

胡宿《文恭集》，景印文淵閣《四庫全書》，臺灣商務印書館 1986 年版。

胡應麟《詩藪》，上海古籍出版社 1979 年版。

胡震亨《唐音癸籤》，上海古籍出版社 1981 年版。

胡仔纂集，廖德明校點《苕溪漁隱叢話》，人民文學出版社 1962 年版。

胡纘宗纂修《正德安慶府志》，《四庫全書存目叢書》，齊魯書社 1996 年影印本。

皇侃撰，高尚榘校點《論語義疏》，中華書局 2013 年版。

黃裳《演山先生文集》，《宋集珍本叢刊》，綫裝書局 2004 年影印本。

黃大宏《唐五代逸句詩人叢考》，中華書局 2011 年版。

黃康弼編《續會稽掇英總集》，《續修四庫全書》，上海古籍出版社 2001 年影印本。

黃任《鼓山志》，《故宮珍本叢刊》，海南出版社 2001 年影印本。

黃庭堅撰，任淵等注，黃寶華點校《山谷詩集注》（全二冊），上海古籍出版社 2003 年版。

黃庭堅撰，任淵等注，劉尚榮校點《黃庭堅詩集注》（全五冊），中華書局 2003 年版。

黄以周等輯注，顧吉辰點校《續資治通鑑長編拾補》（全四册），中華書局2004年版。

黄罃、齊碩修，陳耆卿纂《嘉定赤城志》，《宋元方志叢刊》，中華書局1990年影印本。

黄震著，張偉、何忠禮主編《黄震全集》（全十册），浙江大學出版社2013年版。

賈敬颜《五代宋金元人邊疆行記十三種疏證稿》，中華書局2004年版。

［美］賈志揚著，趙冬梅譯《天潢貴胄——宋代宗室史》（第二版），江蘇人民出版社2010年版。

江少虞《宋朝事實類苑》（全二册），上海古籍出版社1981年版。

蔣維錟編著《蔡襄年譜》，厦門大學出版社2000年版。

蔣一葵《堯山堂外紀》，《續修四庫全書》，上海古籍出版社1996年影印本。

蔣祖怡、張滌雲整理《全遼詩話》，岳麓書社1992年版。

孔安國傳，孔穎達疏《尚書正義》，《十三經注疏》，中華書局1980年影印本。

孔凡禮《三蘇年譜》（全四册），北京古籍出版社2004年版。

孔凡禮《蘇轍年譜》，學苑出版社2001年版。

孔凡禮點校《蘇軾文集》（全六册），中華書局1986年版。

孔繁敏編《包拯年譜》，黄山書社1986年版。

孔平仲撰，池潔整理《談苑》，《全宋筆記》第二編，大象出版社2006年版。

孔文仲、孔武仲、孔平仲《三孔先生清江文集》，《宋集珍本叢刊》，綫裝書局2004年影印本。

勞格《讀書雜識》，《續修四庫全書》，上海古籍出版社2001年影印本。

黎靖德編，王星賢點校《朱子語類》（全八册），中華書局1986年版。

李德身《王安石詩文繫年》，陝西人民出版社1987年版。

李格非、范成大《洛陽名園記 桂海虞衡志》，文學古籍刊行社1955年版。

李國玲編纂《宋人傳記資料索引補編》（全三册），四川大學出版社1994

年版。

李華瑞《宋夏關係史》，中國人民大學出版社 2010 年版。

李良學《李良學講包公》，南開大學出版社 2014 年版。

李朴《豐清敏公遺事》，《叢書集成初編》，商務印書館 1939 年版。

李燾撰，上海師範大學古籍整理研究所、華東師範大學古籍整理研究所點校《續資治通鑑長編》（全二十冊），中華書局 2004 年版。

李心傳編撰，胡坤點校《建炎以來繫年要錄》（全八冊），中華書局 2013 年版。

李攸《宋朝事實》，《叢書集成初編》，商務印書館 1936 年版。

李裕民《宋人生卒行年考》，中華書局 2010 年版。

李元綱撰，朱旭強整理《厚德錄》，《全宋筆記》第六編，大象出版社 2013 年版。

李載陽修，游端友、張必剛纂《乾隆潛山縣志》，《故宮珍本叢刊》，海南出版社 2001 年影印本。

李震《曾鞏年譜》，蘇州大學出版社 1997 年版。

李之亮《北宋京師及東西路大郡守臣考》，巴蜀書社 2001 年版。

李之亮《宋川陝大郡守臣易替考》，巴蜀書社 2001 年版。

李之亮《宋代京朝官通考》（全五冊），巴蜀書社 2003 年版。

李之亮《宋代路分長官通考》（全三冊），巴蜀書社 2003 年版。

李之亮《宋河北河東大郡守臣易替考》，巴蜀書社 2001 年版。

李之亮《宋兩湖大郡守臣易替考》，巴蜀書社 2001 年版。

李之亮《宋兩淮大郡守臣易替考》，巴蜀書社 2001 年版。

李之亮《宋兩江郡守易替考》，巴蜀書社 2001 年版。

李之亮《宋兩浙路郡守年表》，巴蜀書社 2001 年版。

李之亮箋注《歐陽修集編年箋注》（全八冊），巴蜀書社 2007 年版。

李之亮箋注《司馬溫公集編年箋注》（全六冊），巴蜀書社 2009 年版。

李埴撰，燕永成校正《皇宋十朝綱要校正》（全二冊），中華書局 2013 年版。

李廌、朱弁、陳鵠撰，孔凡禮點校《師友談記 曲洧舊聞 西塘集耆舊續聞》，中華書局 2002 年版。

　　厲鶚輯撰《宋詩紀事》（全四冊），上海古籍出版社 2008 年版。

　　梁克家纂修《淳熙三山志》，《宋元方志叢刊》，中華書局 1990 年影印本。

　　廖用賢輯《尚友錄》，《四庫全書存目叢書》，齊魯書社 1996 年影印本。

　　林師蒧等編《天台續集》，景印文淵閣《四庫全書》，臺灣商務印書館 1986 年版。

　　劉安世《元城先生盡言集》，《四部叢刊續編》，商務印書館 1934 年影印本。

　　劉攽《彭城集》，景印文淵閣《四庫全書》，臺灣商務印書館 1986 年版。

　　劉敞《公是集》，景印文淵閣《四庫全書》，臺灣商務印書館 1986 年版。

　　劉成國《王安石年譜長編》（全六冊），中華書局 2018 年版。

　　劉德清《歐陽修紀年錄》，上海古籍出版社 2006 年版。

　　劉高培修，趙志本纂《乾隆萬縣志》，《中國地方志集成·重慶府縣志輯》，巴蜀書社 2017 年影印本。

　　劉克莊著，辛更儒箋校《劉克莊集箋校》（全十六冊），中華書局 2011 年版。

　　劉克莊撰，王秀梅點校《後村詩話》，中華書局 1983 年版。

　　劉琳等校點《宋會要輯稿》（全十六冊），上海古籍出版社 2014 年版。

　　劉跂《學易集》，景印文淵閣《四庫全書》，臺灣商務印書館 1986 年版。

　　劉松纂《臨江府志》，《天一閣藏明代方志選刊》，上海古籍書店 1962 年影印本。

　　劉正成主編《中國書法全集·北宋名家卷》，榮寶齋出版社 2010 年版。

　　劉摯撰，裴汝誠、陳曉平點校《忠肅集》，中華書局 2002 年版。

　　劉子健《兩宋史研究彙編》，聯經出版事業公司 1987 年版。

　　柳琰纂修《弘治嘉興府志》，《四庫全書存目叢書》，齊魯書社 1996 年影印本。

　　柳宗元撰，尹占華、韓文奇校注《柳宗元集校注》（全十冊），中華書局 2013 年版。

　　樓鑰撰，顧大朋點校《樓鑰集》（全六冊），浙江古籍出版社 2010 年版。

盧向前主編《唐宋變革論》，黃山書社 2006 年版。

盧熊《蘇州府志》，《中國方志叢書》，成文出版社 1983 年影印本。

陸容撰，佚之點校《菽園雜記》，中華書局 1985 年版。

陸游撰，李劍雄、劉德權點校《老學庵筆記》，中華書局 1979 年版。

陸增祥《八瓊室金石補正》，文物出版社 1985 年影印本。

呂陶《淨德集》，景印文淵閣《四庫全書》，臺灣商務印書館 1986 年版。

呂瑋修，張潔、胡思藻纂《餘干縣志》，清康熙二十三年（1684）刻本（中國國家圖書館藏）。

呂希哲撰，夏廣興整理《呂氏雜記》，《全宋筆記》第一編，大象出版社 2003 年版。

呂兆祥《陋巷志》，《儒藏·史部·孔孟史志》，四川大學出版社 2005 年影印本。

呂祖謙編，齊治平點校《宋文鑑》（全三冊），中華書局 1992 年版。

羅振玉輯《山左冢墓遺文》，《歷代碑誌叢書》，江蘇古籍出版社 1998 年影印本。

馬端臨著，上海師範大學古籍研究所、華東師範大學古籍研究所點校《文獻通考》（全十四冊），中華書局 2011 年版。

馬巒、顧棟高編著，馮惠民整理《司馬光年譜》，中華書局 1990 年版。

馬廷鸞《碧梧玩芳集》，景印文淵閣《四庫全書》，臺灣商務印書館 1986 年版。

馬永卿撰，崔文印校釋《嬾真子錄校釋》，中華書局 2017 年版。

梅堯臣著，朱東潤編年校注《梅堯臣集編年校注》（全三冊），上海古籍出版社 1980 年版。

蒙文通輯校《道書輯校十種》，巴蜀書社 2001 年版。

孟元老撰，伊永文箋注《東京夢華錄箋注》（全二冊），中華書局 2007 年版。

米芾著，黃正雨、王心裁輯校《米芾集》，湖北教育出版社 2002 年版。

歐陽修等奉敕編《太常因革禮》，《宛委別藏》，江蘇古籍出版社 1988 年影印本。

歐陽修著，洪本健校箋《歐陽修詩文集校箋》（全三冊），上海古籍出版社2009年版。

歐陽修著，李逸安點校《歐陽修全集》（全六冊），中華書局2001年版。

歐陽修撰，劉德清、顧寶林、歐陽明亮箋注《歐陽修詩編年箋注》（全四冊），中華書局2012年版。

潘汝士撰，楊倩描、徐立群點校《丁晉公談錄（外三種）》，中華書局2012年版。

龐元英《文昌雜錄》，中華書局1958年版。

彭百川《太平治迹統類》，景印文淵閣《四庫全書》，臺灣商務印書館1986年版。

浦江清《浦江清文錄》，人民文學出版社1989年版。

齊德舜《唃厮囉家族世系史》，民族出版社2011年版。

啓功、王靖憲主編《中國法帖全集》（全十七冊），湖北美術出版社2002年版。

潛說友纂修《咸淳臨安志》，《宋元方志叢刊》，中華書局1990年影印本。

錢大昕著，方詩銘、周殿傑校點《廿二史考異》（全二冊），上海古籍出版社2014年版。

錢大昕著，楊勇軍整理《十駕齋養新錄》，上海書店出版社2011年版。

錢基博《中國文學史》（全三冊），中華書局1993年版。

錢世昭撰，查清華、潘超群整理《錢氏私志》，《全宋筆記》第二編，大象出版社2006年版。

錢仲聯、馬亞中主編《陸游全集校注》（全十三冊），浙江教育出版社2011年版。

強至《祠部集》，景印文淵閣《四庫全書》，臺灣商務印書館1986年版。

秦觀撰，徐培均箋注《淮海集箋注》（全三冊），上海古籍出版社1994年版。

秦觀撰，周義敢等校注《秦觀集編年校注》（全二冊），人民文學出版社2001年版。

清高宗敕撰《續通典》，商務印書館1935年版。

任競澤《宋代文體學研究論稿》，商務印書館 2011 年版。

阮元校刻《十三經注疏》（全二冊），中華書局 1980 年影印本。

阮元修，陳昌齊、劉彬華等纂《廣東通志》（全五冊），上海古籍出版社 1990 年影印本。

阮閱編，周本淳校點《詩話總龜》（全二冊），人民文學出版社 1987 年版。

單慶修，徐碩纂《至元嘉禾志》，《宋元方志叢刊》，中華書局 1990 年影印本。

邵伯溫撰，李劍雄、劉德權點校《邵氏聞見錄》，中華書局 1983 年版。

邵博撰，劉德權、李劍雄點校《邵氏聞見後錄》，中華書局 1983 年版。

申利編著《文彥博年譜》，巴蜀書社 2011 年版。

沈遘、沈遼、沈括《沈氏三先生文集》，《四部叢刊三編》，商務印書館 1936 年影印本。

沈家本著，沈厚鐸重校《日南隨筆》，商務印書館 2017 年版。

沈括原著，楊渭生新編《沈括全集》（全三冊），浙江大學出版社 2011 年版。

沈括著，胡道静校證《夢溪筆談校證》（全二冊），上海古籍出版社 1987 年版。

沈括撰，金良年點校《夢溪筆談》，中華書局 2015 年版。

沈作賓等修，施宿等纂《嘉泰會稽志》，《宋元浙江方志集成》，杭州出版社 2009 年版。

施蟄存《唐詩百話》，上海古籍出版社 1987 年版。

史泠歌《宋代皇帝的疾病、醫療與政治》，河北大學出版社 2013 年版。

史彌堅修，盧憲纂《嘉定鎮江志》，《宋元方志叢刊》，中華書局 1990 年影印本。

史能之纂修《咸淳毗陵志》，《宋元方志叢刊》，中華書局 1990 年影印本。

司馬光撰，鄧廣銘、張希清點校《涑水記聞》，中華書局 1989 年版。

司馬光撰，李文澤、霞紹暉校點《司馬光集》（全三冊），四川大學出版社 2010 年版。

司馬遷撰，裴駰集解，司馬貞索隱，張守節正義《史記》（點校本二十四史修訂本）（全十冊），中華書局 2014 年版。

司義祖整理《宋大詔令集》，中華書局 1962 年版。

四川大學古籍整理研究所編《儒藏·史部·儒林年譜》（全五十冊），四川大學出版社 2007 年影印本。

宋祁《景文集》，景印文淵閣《四庫全書》，臺灣商務印書館 1986 年版。

宋祁《景文宋公集》，《佚存叢書》，商務印書館 1924 年影印本。

宋祁撰，儲玲玲整理《宋景文公筆記》，《全宋筆記》第一編，大象出版社 2003 年版。

宋庠《元憲集》，景印文淵閣《四庫全書》，臺灣商務印書館 1986 年版。

蘇頌著，王同策等點校《蘇魏公文集》（全二冊），中華書局 1988 年版。

蘇象先撰，儲玲玲整理《丞相魏公譚訓》，《全宋筆記》第三編，大象出版社 2008 年版。

蘇轍撰，俞宗憲點校《龍川略志 龍川別志》，中華書局 1982 年版。

孫覿《鴻慶居士集》，景印文淵閣《四庫全書》，臺灣商務印書館 1986 年版。

孫紹遠《聲畫集》，景印文淵閣《四庫全書》，臺灣商務印書館 1986 年版。

孫思邈撰，劉清國等校注《千金方》，中國中醫藥出版社 1998 年版。

湯垕撰，馬采標點注譯《畫鑑》，人民美術出版社 1959 年版。

湯江浩《北宋臨川王氏家族及文學考論——以王安石爲中心》，人民文學出版社 2005 年版。

唐圭璋編纂，王仲聞參訂，孔凡禮補輯《全宋詞》（全五冊），中華書局 1999 年版。

唐紅衛、李光翠、陽海燕《二晏年譜長編》，南開大學出版社 2016 年版。

唐兆民編《靈渠文獻粹編》，中華書局 1982 年版。

脫脫等《遼史》（點校本二十四史修訂本）（全五冊），中華書局 2017 年版。

脫脫等《宋史》（全四十冊），中華書局 1977 年版。

萬文武、萬文周主編《萬氏詩詞》，武漢出版社 1997 年版。

汪聖鐸點校《宋史全文》（全九冊），中華書局 2016 年版。

汪藻《浮溪集》，景印文淵閣《四庫全書》，臺灣商務印書館 1986 年版。

王安禮《王魏公集》，《宋集珍本叢刊》，綫裝書局 2004 年影印本。

王安石著，李壁箋注，高克勤點校《王荊文公詩箋注》（全三冊），上海古籍出版社 2010 年版。

王安石著，唐武標校《王文公文集》（全二冊），上海人民出版社 1974 年版。

王安石撰，李之亮箋注《王荊公文集箋注》（全三冊），巴蜀書社 2005 年版。

王安中《初寮集》，《宋集珍本叢刊》，綫裝書局 2004 年影印本。

王鏊等修纂《姑蘇志》（全二冊），《中國史學叢書》初編，臺灣學生書局 1986 年影印本。

王昶輯《金石萃編》（全五冊），中國書店 1985 年影印本。

王稱撰，孫言誠、崔國光點校《東都事略》，《二十五別史》，齊魯書社 2000 年版。

王得臣撰，俞宗憲點校《麈史》，上海古籍出版社 1986 年版。

王夫之著，舒士彥點校《宋論》，中華書局 1964 年版。

王鞏撰，戴建國、陳雷整理《甲申雜記》，《全宋筆記》第二編，大象出版社 2006 年版。

王鞏撰，戴建國整理《聞見近錄》，《全宋筆記》第二編，大象出版社 2006 年版。

王珪《華陽集》，《叢書集成初編》，商務印書館 1935 年版。

王珪《華陽集》，景印文淵閣《四庫全書》，臺灣商務印書館 1986 年版。

王珪著，沈澍農、李珊麗校注《〈泰定養生主論〉新注》，人民衛生出版社 2017 年版。

王海根編纂《古代漢語通假字大字典》，福建人民出版社 2006 年版。

王宏生《北宋書學文獻考論》，上海三聯書店 2008 年版。

王明清《揮麈錄》，上海書店出版社 2001 年版。

王闢之、歐陽修撰，呂友仁、李偉國點校《澠水燕談錄 歸田錄》，中華書局 1981 年版。

王瑞來《宋史宰輔表考證》，中華書局 2012 年版。

王瑞來《知人論世——宋代人物考述》，山西教育出版社 2015 年版。

王士禛著，張宗柟纂集，戴鴻森校點《帶經堂詩話》（全二冊），人民文學出版社 1963 年版。

王水照編《宋人所撰三蘇年譜彙刊》，上海古籍出版社 1989 年版。

王水照主編《歷代文話》（全十冊），復旦大學出版社 2007 年版。

王水照主編《王安石全集》（全十冊），復旦大學出版社 2017 年版。

王文楚《史地叢稿》，上海人民出版社 2014 年版。

王文誥輯注，孔凡禮點校《蘇軾詩集》（全八冊），中華書局 1982 年版。

王應麟輯《玉海》（全五冊），廣陵書社 2003 年影印本。

王應麟著，翁元圻等注，欒保群等校點《困學紀聞（全校本）》（全三冊），上海古籍出版社 2008 年版。

王應麟撰，武秀成、趙庶洋校證《玉海藝文校證》（全三冊），鳳凰出版社 2013 年版。

王禹錫《海陵三仙傳》，《叢書集成初編》，商務印書館 1937 年版。

王兆鵬《宋南渡詞人群體研究》，鳳凰出版社 2009 年版。

王兆鵬、王可喜、方星移《兩宋詞人叢考》，鳳凰出版社 2007 年版。

王之道《相山集》，景印文淵閣《四庫全書》，臺灣商務印書館 1986 年版。

王銍、王栐撰，朱傑人、誠剛點校《默記 燕翼詒謀録》，中華書局 1981 年版。

魏齊賢、葉棻編《五百家播芳大全文粹》，景印文淵閣《四庫全書》，臺灣商務印書館 1986 年版。

魏齊賢、葉棻編著《聖宋名賢五百家播芳大全文粹》，《中國史學叢書》初編，臺灣學生書局 1985 年影印本。

魏泰著，陳應鸞校注《臨漢隱居詩話校注》，巴蜀書社 2001 年版。

魏泰撰，李裕民點校《東軒筆錄》，中華書局 1983 年版。

魏小虎編撰《四庫全書總目彙訂》（全十一冊），上海古籍出版社 2012 年版。

文同著，胡問濤、羅琴校注《文同全集編年校注》（全二冊），巴蜀書社

1999 年版。

文彥博《文潞公文集》,《宋集珍本叢刊》, 綫裝書局 2004 年影印本。

文瑩撰, 鄭世剛、楊立揚點校《湘山野録 續録 玉壺清話》, 中華書局 1984 年版。

吳鞏、董淳修, 潘時彤等纂, 李文澤、王小紅校點《嘉慶華陽縣志》,《成都舊志》, 成都時代出版社 2007 年版。

吳洪澤、尹波主編《宋人年譜叢刊》(全十二冊), 四川大學出版社 2002 年版。

吳孟復《吳孟復安徽文獻研究叢稿》, 黄山書社 2006 年版。

吳潛修, 傅汝舟纂《正德夔州府志》,《天一閣藏明代方志選刊》, 上海古籍書店 1962 年影印本。

吳天墀《西夏史稿》, 商務印書館 2010 年版。

吳廷燮撰, 張忱石點校《北宋經撫年表 南宋制撫年表》, 中華書局 1984 年版。

吳翌鳳撰, 吳格點校《遜志堂雜鈔》, 中華書局 1994 年版。

吳泳《鶴林集》, 景印文淵閣《四庫全書》, 臺灣商務印書館 1986 年版。

吳曾《能改齋漫録》(全二冊), 上海古籍出版社 1979 年版。

吳自牧《夢粱録》, 浙江人民出版社 1984 年版。

夏文彥《圖繪寶鑑》,《叢書集成初編》, 商務印書館 1937 年版。

蕭滌非主編《杜甫全集校注》(全十二冊), 人民文學出版社 2014 年版。

解縉等奉敕纂《永樂大典》(全十一冊), 中華書局 1986 年影印本。

徐燉《徐氏筆精》, 景印文淵閣《四庫全書》, 臺灣商務印書館 1986 年版。

徐度撰, 朱凱、姜漢椿整理《却掃編》,《全宋筆記》第三編, 大象出版社 2008 年版。

徐娟主編《中國歷代書畫藝術論著叢編》, 中國大百科全書出版社 1997 年影印本。

徐光浦《自號録》,《宛委別藏》, 江蘇古籍出版社 1988 年影印本。

徐堅等《初學記》(全二冊), 中華書局 1962 年版。

徐夢莘《三朝北盟會編》(全二冊), 上海古籍出版社 1987 年影印本。

徐培均《秦少游年譜長編》（全二冊），中華書局 2002 年版。

徐元杰《楳埜集》，《宋集珍本叢刊》，綫裝書局 2004 年影印本。

徐自明撰，王瑞來校補《宋宰輔編年錄校補》（全四冊），中華書局 1986 年版。

許慎撰，徐鉉校定《説文解字》，中華書局 2013 年影印本。

楊慎《哲匠金桴》，《叢書集成初編》，商務印書館 1939 年版。

楊慎編，劉琳、王曉波點校《全蜀藝文志》（全三冊），綫裝書局 2003 年版。

楊文新《宋代市舶司研究》，廈門大學出版社 2013 年版。

楊曉靄《宋代聲詩研究》，中華書局 2008 年版。

楊億《武夷新集》，《宋集珍本叢刊》，綫裝書局 2004 年影印本。

楊淵纂修《弘治撫州府志》，《天一閣藏明代方志選刊續編》，上海書店 1990 年影印本。

姚寬、陸游撰，孔凡禮點校《西溪叢語 家世舊聞》，中華書局 1993 年版。

葉昌熾撰，柯昌泗評，陳公柔、張明善點校《語石 語石異同評》，中華書局 1994 年版。

葉昌熾撰，張維明校補《寒山寺志》，江蘇古籍出版社 1999 年版。

葉夢得撰，逯銘昕校注《石林詩話校注》，人民文學出版社 2011 年版。

葉夢得撰，徐時儀整理《避暑錄話》，《全宋筆記》第二編，大象出版社 2006 年版。

葉夢得撰，宇文紹奕考異，侯忠義點校《石林燕語》，中華書局 1984 年版。

葉盛撰，魏中平校點《水東日記》，中華書局 1980 年版。

葉廷琯撰，黃永年校點《吹網錄 鷗陂漁話》，遼寧教育出版社 1998 年版。

葉廷珪撰，李之亮校點《海錄碎事》（全二冊），中華書局 2002 年版。

軼名撰，顧逸點校《宣和書譜》，上海書畫出版社 1984 年版。

永瑢等《四庫全書簡明目錄》（全二冊），古典文學出版社 1957 年版。

余英時《朱熹的歷史世界——宋代士大夫政治文化的研究》，生活·讀書·新知三聯書店 2004 年版。

袁桷著，楊亮校注《袁桷集校注》（全六冊），中華書局 2012 年版。

袁説友等編，趙曉蘭整理《成都文類》（全二冊），中華書局 2011 年版。

袁文、葉大慶著，李偉國校點《甕牖閑評　考古質疑》，上海古籍出版社 1985 年版。

岳珂《寶真齋法書贊》，《叢書集成初編》，商務印書館 1936 年版。

樂史撰，王文楚等點校《太平寰宇記》（全九冊），中華書局 2007 年版。

曾鞏撰，陳杏珍、晁繼周點校《曾鞏集》（全二冊），中華書局 1984 年版。

曾棗莊、劉琳主編《全宋文》（全三百六十冊），上海辭書出版社、安徽教育出版社 2006 年版。

曾棗莊主編《中國文學家大辭典・宋代卷》，中華書局 2004 年版。

曾慥編纂，王汝濤校注《類説校注》（全二冊），福建人民出版社 1996 年版。

曾慥撰，俞鋼、王燕華整理《高齋漫録》，《全宋筆記》第四編，大象出版社 2008 年版。

查慎行補注，王友勝校點《蘇詩補注》（全三冊），鳳凰出版社 2013 年版。

張邦基、范公偁、張知甫撰，孔凡禮點校《墨莊漫録　過庭録　可書》，中華書局 2002 年版。

張邦煒《宋代皇親與政治》，四川人民出版社 1993 年版。

張伯偉編校《稀見本宋人詩話四種》，江蘇古籍出版社 2002 年版。

張丑撰，徐德明校點《清河書畫舫》，上海古籍出版社 2011 年版。

張方平《樂全先生文集》，《宋集珍本叢刊》，綫裝書局 2004 年影印本。

張津等纂修《乾道四明圖經》，《宋元浙江方志集成》，杭州出版社 2009 年版。

張楷修，安慶師範學院、安慶市地方志編纂委員會整理《安慶府志》（全二冊），中華書局 2009 年版。

張立榮《北宋前期七言律詩研究》，中國社會科學出版社 2014 年版。

張亮采編《補遼史交聘表》，中華書局 1958 年版。

張培瑜《三千五百年曆日天象》，大象出版社 1997 年版。

張如安《〈全宋詩〉訂補稿》，群言出版社 2005 年版。

張世南、李心傳撰，張茂鵬、崔文印點校《游宦紀聞 舊聞證誤》，中華書局 1981 年版。

張廷傑《宋夏戰事詩研究》，甘肅文化出版社 2002 年版。

張希清《中國科舉制度通史・宋代卷》（全二冊），上海人民出版社 2017 年版。

張小平《宋人年譜二種》，三秦出版社 2008 年版。

章定《名賢氏族言行類稿》，景印文淵閣《四庫全書》，臺灣商務印書館 1986 年版。

趙抃《趙清獻公文集》，《宋集珍本叢刊》，綫裝書局 2004 年影印本。

趙令時、彭□、彭□撰，孔凡禮點校《侯鯖錄 墨客揮犀 續墨客揮犀》，中華書局 2002 年版。

趙汝愚編，北京大學中國中古史研究中心校點整理《宋朝諸臣奏議》（全二冊），上海古籍出版社 1999 年版。

趙與峕著，齊治平校點《賓退錄》，上海古籍出版社 1983 年版。

鄭克編撰，劉俊文譯註點校《折獄龜鑑譯註》，上海古籍出版社 1988 年版。

鄭騫《宋人生卒考示例》，華世出版社 1977 年版。

鄭天挺等主編《中國歷史大辭典（音序本）》（全二冊），上海辭書出版社 2007 年版。

鄭獬《鄖溪集》，《宋集珍本叢刊》，綫裝書局 2004 年影印本。

鄭玄箋，孔穎達疏，朱傑人、李慧玲整理《毛詩注疏》（全三冊），上海古籍出版社 2013 年版。

鄭玄注，孔穎達正義，呂友仁整理《禮記正義》（全三冊），上海古籍出版社 2008 年版。

鄭永曉《黃庭堅年譜新編》，社會科學文獻出版社 1997 年版。

志磐撰，釋道法校注《佛祖統紀校注》（全三冊），上海古籍出版社 2012 年版。

中國文物研究所、河南省文物研究所編《新中國出土墓誌・河南（壹）》（全二冊），文物出版社 1994 年版。

周春著，胡玉冰校補《西夏書校補》（全四冊），中華書局 2014 年版。

周必大撰，王蓉貴、［日］白井順點校《周必大全集》（全三冊），四川大學出版社 2017 年版。

周城撰，單遠慕點校《宋東京考》，中華書局 1988 年版。

周淙纂修《乾道臨安志》，《宋元方志叢刊》，中華書局 1990 年影印本。

周敦頤著，陳克明點校《周敦頤集》，中華書局 2009 年版。

周敦頤撰，梁紹輝等點校《周敦頤集》，岳麓書社 2007 年版。

周煇撰，劉永翔校注《清波雜志校注》，中華書局 1994 年版。

周密撰，吳企明點校《癸辛雜識》，中華書局 1988 年版。

周應合撰，王曉波等點校《景定建康志》，《宋元珍稀地方志叢刊》甲編，四川大學出版社 2007 年版。

朱長文撰，金菊林校點《吳郡圖經續記》，江蘇古籍出版社 1999 年版。

朱德才主編《增訂注釋全宋詞》（全四冊），文化藝術出版社 1997 年版。

朱瑞熙等《宋遼西夏金社會生活史（修訂本）》，中國社會科學出版社 2005 年版。

朱熹《五朝名臣言行錄》，《四部叢刊》，商務印書館 1919 年影印本。

朱熹撰，朱傑人、嚴佐之、劉永翔主編《朱子全書（修訂本）》（全二十七冊），上海古籍出版社、安徽教育出版社 2010 年版。

朱翌撰，朱凱、姜漢椿整理《猗覺寮雜記》，《全宋筆記》第三編，大象出版社 2008 年版。

祝穆撰，祝洙增訂，施和金點校《方輿勝覽》（全三冊），中華書局 2003 年版。

祝尚書《宋代科舉與文學》，中華書局 2008 年版。

祝尚書《宋人別集敘錄》（全二冊），中華書局 1999 年版。

祝尚書《宋人總集敘錄》，中華書局 2004 年版。

莊綽撰，蕭魯陽點校《雞肋編》，中華書局 1983 年版。

左宏濤、張恒《兩宋浙東高氏家族研究》，海洋出版社 2010 年版。

論文

汴力《包拯年表》，《河南大學學報（社會科學版）》1985 年第 1 期。

蔡文福《蔡襄年譜簡編》，蔡金發主編《蔡襄及其家世》，福建人民出版社 1990 年版。

陳靜《〈宋人佚簡〉之“舒州”、“龍舒”地名考》，《滄州師範專科學校學報》2011 年第 3 期。

陳孟慶《新近出土宋代狀元彭汝礪所撰的墓誌銘》，《波陽文史資料》第 11 輯，政協波陽縣委員會文史資料研究委員會 1996 年版。

陳小輝《〈全宋詩〉之王珪、鄭獬、王安國詩重出考辨》，《湖南工業大學學報（社會科學版）》2017 年第 4 期。

陳小青《范鎮年譜》，《古籍研究》2015 年第 1 期。

陳元鋒《北宋〈學士年表〉疏誤補證》，鄧喬彬編《第五屆宋代文學國際研討會論文集》，暨南大學出版社 2009 年版。

陳子彬、齊敬之《蘇頌〈使遼詩〉注釋》，《承德民族師專學報》1993 年第 2 期。

承德地區文化局遼驛調查組《遼中京至南京口外驛道調查》，《社會科學戰綫》1984 年第 1 期。

褚玄仁、李順保《王珪生平年表》，《江蘇中醫》1995 年第 1 期。

戴建國《熙豐詔獄與北宋政治》，《上海師範大學學報（哲學社會科學版）》2013 年第 1 期。

杜文玉《宋代馬政研究》，黃永年等編《中國古代史論集》，陝西師範大學出版社 1999 年版。

方健《〈蘇軾年譜〉（上冊）辨證釋例》，王水照等主編《新宋學》第 2 輯，上海辭書出版社 2003 年版。

方蔚《沈邁考》，華中科技大學文華學院學術委員會組編《華中科技大學文華學院十年校慶學術論文集》，華中科技大學出版社 2013 年版。

方震華《戰爭與政爭的糾葛——北宋永樂城之役的紀事》，《漢學研究》2011 年第 3 期。

高葉青《范祖禹生平與史著研究》，陝西師範大學 2008 年博士學位論文。

谷曙光《論王珪的"至寶丹"體詩》，《文學遺産》2005 年第 5 期。

關賢柱《蘇洵年譜》，《貴陽師院學報（社會科學版）》1982 年第 3 期。

韓志會《劉跂及其〈學易集〉研究》，吉林大學 2017 年碩士學位論文。

何冠環《將門學士：楊家將第四代傳人楊畋生平考述》，李裕民主編《首屆全國楊家將歷史文化研討會論文集》，科學出版社 2009 年版。

胡道静《〈蘇沈内翰良方〉楚蜀判——分析本書每個方、論所屬的作者："沈方"抑爲"蘇方"》，《社會科學戰綫》1980 年第 3 期。

胡可先《〈全宋詞〉綜考（一）》，張高評主編《宋代文學研究叢刊》第 6 期，麗文文化事業公司 2000 年版。

胡廷榮《遼中京至廣平甸捺鉢間驛館考略》，《中國邊疆史地研究》2004 年第 1 期。

胡廷榮、劉建柱《遼棄通天館並遷址長興館考實》，《赤峰學院學報（漢文哲學社會科學版）》2020 年第 7 期。

黄志輝《余靖生平事迹考述》，《韶關師專學報》1988 年第 4 期。

江雲《北宋郊祀研究》，河北大學 2016 年碩士學位論文。

金建鋒《北宋道士陳景元生平事迹考述》，《中國道教》2011 年第 2 期。

黎國韜《"致語"不始於宋代考》，《中山大學學報（社會科學版）》2010 年第 2 期。

李小霞《宋代官方宴飲制度研究》，河南大學 2015 年碩士學位論文。

李言《〈全宋詩〉中誤收元代王圭詩考》，《南京師範大學文學院學報》2010 年第 4 期。

李言《宋王珪〈華陽集〉疑詩考》，北京師範大學古籍與傳統文化研究院編《中國傳統文化與元代文獻國際學術研討會會議論文集》，中華書局 2009 年版。

李燕新《王安石僞詩考辨》，張高評主編《宋代文學研究叢刊》第 3 期，麗文文化事業公司 1997 年版。

李懿《〈古今歲時雜詠〉所收宋詩部分補正》，《古籍整理研究學刊》2016 年第 3 期。

李裕民《劉敞〈楊無敵廟〉詩考釋》，張小兵主編《陝北歷史文化與楊家將文化學術研討會論文集》，陝西人民出版社 2012 年版。

劉德清《陸經詩文酬唱及其對宋代文學的貢獻》，《江西社會科學》2007 年第 1 期。

劉琳《蔡襄年譜》，四川大學古籍整理研究所、四川大學宋代文化研究資料中心編《宋代文化研究》第 4 輯，四川大學出版社 1994 年版。

劉浦江《遼朝國號考釋》，《歷史研究》2001 年第 6 期。

劉順安《〈開封府題名記〉碑研究》，劉順安主編《開封研究》，中州古籍出版社 2001 年版。

劉昭明《蘇軾〈與章子厚書〉殘簡發微》，張高評主編《宋代文學研究叢刊》第 10 期，麗文文化事業公司 2004 年版。

陸傑《呂惠卿年譜》，上海師範大學古籍整理研究所編《中國傳統文化與典籍論叢》，甘肅人民出版社 2014 年版。

陸胤《北宋科舉鎖院詩考論》，張伯偉、蔣寅主編《中國詩學》第 13 輯，人民文學出版社 2008 年版。

呂一燃《呂惠卿與王安石變法》，《史學月刊》2003 年第 2 期。

羅昌繁《元祐黨籍碑的立毀與版本源流——兼論元祐黨籍名錄的變更》，《北京社會科學》2018 年第 11 期。

羅昌繁《〈元祐黨籍碑〉之黨人異名叢考》，郭英德主編《斯文》第 2 輯，社會科學文獻出版社 2018 年版。

洛陽地區文物工作隊《北宋王拱辰墓及墓誌》，《中原文物》1985 年第 4 期。

苗書梅《韓絳生平政績初探》，程民生主編《古史新探》，人民出版社 2013 年版。

莫礪鋒《蘇軾的敵人》，《學術界》2008 年第 2 期。

齊德舜《北宋相國寺僧人智緣生平史籍考辨》，姜錫東主編《宋史研究論叢》第 24 輯，科學出版社 2019 年版。

齊濤《包公年譜》，《安徽史學》1986 年第 1 期。

任立輕《宋代河内向氏家族研究》，河北大學 2006 年碩士學位論文。

［日］蔡毅《從日本漢籍看〈全宋詩〉補遺——以〈參天台五臺山記〉爲例》，沈松勤主編《第四屆宋代文學國際研討會論文集》，浙江大學出版社2006年版。

施懿超《范祖禹年譜簡編》，《文獻》2001年第3期。

宋業春《張耒詩文真偽考辨》，《南京理工大學學報（社會科學版）》2009年第5期。

田志光《北宋中後期三省決策與權力運作機制》，《史林》2013年第6期。

童强《王安石詩歌繫年補正》，莫礪鋒編《周勛初先生八十壽辰紀念文集》，中華書局2008年版。

王傳龍、王一方《王珪〈華陽集〉的誤收、輯佚與流傳》，《中州學刊》2016年第2期。

王可喜、王兆鵬《王韶行年考》，陶新民主編《古籍研究》第49期，安徽大學出版社2006年版。

王可喜、王兆鵬《吳中復年譜》，趙敏俐主編《中國詩歌研究》第9輯，社會科學文獻出版社2013年版。

王善軍《宋代華陽王氏家族科舉論略》，《中華文化論壇》2005年第1期。

王秀雲《宋裴煜生平事迹初考》，《中國古代散文國際學術研討會（北京）暨中國古代散文學會第十屆年會論文集》，首都師範大學2014年版。

王智勇《張方平年譜》，四川大學古籍整理研究所、四川大學宋代文化研究資料中心編《宋代文化研究》第3輯，四川大學出版社1993年版。

韋人方《王珪詩歌研究》，西南交通大學2017年碩士學位論文。

翁福清《蘇頌生平事迹研究》，徐規主編《宋史研究集刊》，浙江古籍出版社1986年版。

吳瓊、王兆鵬《北宋杜集傳播奠基者王洙行年考》，《杜甫研究學刊》2015年第4期。

許世娣《北宋韓琦墓誌研究》，姜錫東主編《宋史研究論叢》第14輯，河北大學出版社2013年版。

閻萬章《遼代畫家考》，《遼海文物學刊》1986年第2期。

楊丹《韓琦年譜新編》，蘭州大學2013年碩士學位論文。

楊高凡《宋代明堂禮制研究》，河南大學 2011 年博士學位論文。

游彪《小人物與大歷史：一個被遺忘的北宋將官》，《北京師範大學學報（社會科學版）》2008 年第 4 期。

于聯凱、馬慶民《〈宋贈尚書駕部員外郎傅府君墓誌銘並序〉考釋》，《臨沂師專學報》1997 年第 2 期。

曾棗莊《蘇洵年譜》，《四川大學學報（哲學社會科學版）》1981 年第 4 期。

張春義《〈宋史·樂志〉大宴儀繫年考辨》，《史學集刊》2002 年第 3 期。

張慧燕《畢仲游及其文學創作》，華東師範大學 2005 年碩士學位論文。

張廷傑《宋夏戰事詩題材論析》，莫礪鋒編《第二屆宋代文學國際研討會論文集》，江蘇教育出版社 2003 年版。

張衛忠《蔣之奇〈北客帖〉考辨》，《美術研究》2020 年第 4 期。

張驍飛《北宋〈學士年表〉正補》，《古籍研究》2014 年第 1 期。

張曉紅《宋代帖子詞研究》，西北師範大學 2010 年博士學位論文。

張妍菊《韓維及其詩歌研究》，南京師範大學 2008 年碩士學位論文。

張志烈《東坡書簡人物辨（之二）》，《黃岡師專學報》1999 年第 2 期。

趙榮鳳《黃裳詩歌研究》，華東師範大學 2007 年碩士學位論文。

鄭麗萍《宋代男女初婚年齡探析》，《華東師範大學學報（哲學社會科學版）》2010 年第 3 期。

周到《宋魏王趙頵夫妻合葬墓》，《考古》1964 年第 7 期。

祝寧《胡宿行實著述編年》，杭州師範大學 2012 年碩士學位論文。

祝尚書《論後期"西昆派"》，《社會科學研究》2002 年第 5 期。

索　引

人名索引

地名索引

編年繫地作品篇名索引

後　　記

　　經過將近七年斷斷續續的寫作，終於完成這部仍顯稚嫩的書稿。七年間，世事風雲變幻，我的親人和我個人也經歷了重大變故，這讓我對過去和未來有了全新的認識。

　　2001 年 9 月，我在本科畢業工作四年後考入廈門大學，跟隨吳在慶先生攻讀隋唐五代文學方向的碩士學位。吳先生温潤儒雅，循循善誘，引領我這個門外漢走入古代文學研究的聖殿。在他的建議下，我選定了"徐鉉研究"作爲畢業論文題目，並藉此獲得了碩士學位。後來又在先生的推薦下，報考了復旦大學陳尚君先生的博士生。陳先生教導我們做學問必須有大的格局和國際視野。我天生愚鈍，性情疏懶，在學術上無所建樹，但先生的教誨是銘刻於心的。畢業後，我進入內蒙古大學文學與新聞傳播學院工作。當時學院領導鼓勵教師出版學術著作，因一時沒有合適的選題，我就把擱置了四五年的碩士學位論文拿出來，將其中三萬餘字的附錄一《徐鉉事迹作品編年》擴充修改成二十一萬字的《徐鉉年譜》，於 2010 年在內蒙古教育出版社出版。

　　2013 年初，王兆鵬先生託人捎口信過來，索要拙作《徐鉉年譜》。我懷著忐忑不安的心情將書寄出，等待王先生的批評。意外的是，3 月份我收到了王先生的信，不僅對拙作予以肯定，還邀請我參加國家社科基金重大項目"唐宋文學編年繫地信息平臺建設"項目組。入組後，我負責徐鉉、李昉、宋白、田錫、魏野、林逋、夏竦、宋庠、宋祁、張方平、祖無擇、王珪及"九僧"等二十一人的數據庫錄入工作。我原以爲兩三年之內即可完成，因爲據當時檢索所見，除了李昉、夏竦、宋庠、祖無擇、王珪等人外，其他人都有一些研究成果可資利用。待工作展開後才發現，情況遠非那麼簡單。已有的研究成果，有的只是生平事迹的概述，有的雖然是年譜類的著述，但考證多比較粗疏，都需要花大氣力閱讀詩文元典，檢索相關史料，對各人生平經歷、詩文創作重新繫年編排。光數據錄入就花了將近兩年的時間。此後，我投入有別集傳世者的年譜編寫工作之中。原擬完成夏竦、宋庠、王珪、祖無擇四人年譜，不久發現有學者發表了夏竦的年譜簡編，遂決定放棄夏竦，集中精力編寫宋庠、王珪、祖無擇三人年譜。從 2014 年開始，至 2019 年結束，先後完成了《宋庠行年繫地譜》[1]和《王珪行年繫地譜》的初稿編寫工作。之所以持續這麼長時間，主要有兩個原因：一是其間我承擔的兩個科研項目需要按時結項，耗費精力較多；二是 2016 年我體檢查出身患重疾，住院手術、休養康復又花去一年多時間。因爲怕耽誤項目進程，經與王先生商量，我最終放棄了祖無擇年譜的編寫工作。

這部書稿的初稿寫了五年多，曾先後三次修改補充。2019 年 12 月至 2020 年 11 月，又用了將近一年的時間作了最後的修訂。拙作能夠問世，需要感謝許多人。首先是吳在慶先生，先生當年不以我荒疏淺陋而招我入門，使我有幸能夠從事學術研究工作，從而在碩士學位論文的基礎上出版了《徐鉉年譜》。其次是陳尚君先生，先生的教誨讓我視學術爲生命，不敢有絲毫的苟且懈怠。再次是王兆鵬先生，先生不斷督促鼓勵我完成有關的研究工作，可以說沒有先生的鞭策，就不會有這部書稿。還要感謝陳冠明先生，先生指出拙稿在形式和內容方面存在的許多問題，從而大大提高了書稿的質量。最後要感謝我的家人，妻子崔進分擔了大部分家務，岳父、岳母幫忙照看幼子，讓我能夠比較從容地從事書稿的寫作。

2020 年 11 月 20 日於呼和浩特陋室

---

[1]《宋庠行年繫地譜》即將完成，我才得知王瑞來先生早在 2008 年就發表了關於宋庠、宋祁兄弟的《二宋年譜》(《中國典籍與文化論叢》第 10 輯，北京大學出版社 2008 年版，第 201～254 頁)。